WBC 성경주석

요한계시록(중)

솔로몬

WORD BIBLICAL COMMENTARY

Volume 52B

Revelation 6–16

DAVID E. AUNE

THOMAS NELSON PUBLISHERS
Nashville

목 차

편집자 서문

본 성경 주석 전집(WBC: Word Biblical Commentary)이 세상에 나오기까지는 수 년 간의 기획 과정이 필요했다. 1977년에 본 전집의 편집위원회 위원들은 발행인들과 회합한 자리에서 몇 가지 뚜렷한 특징을 지닌 새로운 성경 주석의 발간 가능성을 면밀하게 검토했다. 그러한 특징이 무엇인지는 독자들이 이 주석서들을 진지한 자세로 읽어 내려가는 과정에서 금방 알게 될 것이다. 하지만 본 성경 주석이 당초에 목표로 삼은 것이 과연 얼마나 완벽하게 성취되었는지는 오로지 시간만이 말해 줄 수 있을 것이다.

우선, 우리는 우리와 뜻을 같이하면서 세계 도처의 대학교, 신학교 등에서 가르침의 사역에 종사하고 있는 학자들을 되도록 폭 넓게 선발하여 본 성경 주석의 기고자로 삼기 위해 많은 노력을 기울여 왔다. 매우 다양한 교단적 배경을 지닌 본서 기고자들의 폭 넓은 시야는 가히 "복음주의적" – 성경을 하나님의 계시로 받아들이고 기독교 복음의 진리와 능력을 자신의 생명처럼 여긴다는 적극적이고 역사적인 의미에서 – 이라 불려지는 것이 마땅하다.

다음으로, 본 전집에 포함된 주석서들은 처음부터 『WBC 성경주석』의 일환으로 쓰여진 책들이다. 오늘날 성경 주석 분야에서 상당한 호평을 받고 있는 몇몇 전집들이 영어 이외의 언어로 쓰여진 저작들을 영어로 번역한 것에 비하여, 본 성경 주석은 오로지 처음부터 영어로 쓰여진 책들만이 포함되어 있다. 또한 본 전집의 주석가들은 성경 원문을 각자 나름대로 영어로 번역한 다음, 그 번역된 성경 본문을 자신들의 주해와 주석의 바탕으로 삼는 것을 원칙으로 삼았다. 나아가서 본 전집의 대표적인 특징으로는, 그 내용이 어디까지나 성경적인 언어를 바탕으로 하면서도 각계각층의 독자들 – 공부하는 학생들, 현재 목회 사역에 종사하고 있는 교역자들 그리고 이 분야를 전공하는 학자들이나 교수들 – 이 성경에 대한 신학적 이해를 학문적이면서도 실제적으로 쌓아 나갈 수 있고, 또 그들에게 현실적인 도움이 될 수 있도록 구성되어 있다는 점을 들 수 있다.

마지막으로, 본 성경 주석의 구성 양식에 관하여 몇 마디 말을 덧붙이고자 한다. 우리는 여러 계층의 – 그리고 상이한 수준의 – 독자들을 의식하여, 확실하게 구분되는 몇 개의 단락으로 나누어 책의 내용을 구성했다. 예를 들어, 번역된 성경 본문의 바탕을 이루는 [히브리어와 헬라어] 원문에 관하여 좀더 깊이 있게 공부하려는 독자들은 본 성경 본문의 "원문주해"를 살펴보고, 현대 신학자들이 어떠한 해석을 내리고 있는지에 관심이 있다면 "참고문헌" 및 "양식/구조/배경"을 참조하면 될 것이다. 또한 어떤 성경 본문의 의미 및 그 본문에 포함된 성경적 계시를 좀더 폭 넓은 관점에서 이해하려면 "주석"과 "해설"을 보면 된다. 그러므로 본 성경 주석을 펼쳐 든 사람이라면 누구나 자신에게 유익한 자료들을 얻을 수 있으리라 믿어 의심치 않는다.

이상과 같은 우리의 목표가 상당히 만족스러운 수준까지 달성될 때, 우리 편집자들이 당초에 의도했던 것들이 구체적으로 실현됨과 아울러 본 전집의 기고자들이 흘린 땀방울도 충분한 보상을 받을 수 있게 될 것이다.

책임 편집자 : 데이비드 허바드(David A. Hubbard)
글렌 바커(Glenn Barker)
구약 편집자 : 존 와츠(John D. W. Watts)
신약 편집자 : 랠프 마틴(Ralph P. Martin)

저자 서문

이 주석에 대한 진지한 연구는 내가 트론트하임 대학교 종교학과의 풀브라이트 객원 교수로 학구적인 생활을 하고 있던 1982-83년에 시작되었다. 나의 주임 교수는 페더 보겐이었다. 나는 보겐 교수와 그의 아내 잉거가 그 활기 찬 시기 동안 나의 가족과 나에게 보여 준 친절과 환대와 우정에 감사한다. 주석 작업은 약 12년 후인 1994-95년에 튀빙겐 대학교에서 완성되었다. 그때 나는 튀빙겐 대학교에서 알렉산더 본 훔볼트 재단 연구 기금의 수령자로 연구를 계속하고 있었다. 그 곳에서 나의 주임 교수는 마틴 헹겔(나는 그가 1983년 봄에 트론트하임 대학교에서 강의를 하고 있을 때 처음 그를 만났다)이었다. 나의 아내와 나는 헹겔 교수의 가족과 페터 스툴마허 교수 부부로부터 여러 번 친절과 환대를 경험했다. 또한 헹겔 교수의 연구 보조자인 용 프레이 박사에게 감사를 표한다. 왜냐하면 그는 튀빙겐 신학대학에서 많은 실제적인 세부 사항들을 다루는 네 기꺼이 도움을 주었기 때문이다. 트론트하임과 튀빙겐 대학교에서 보낸 시기는 이 주석의 착수와 완성에 있어 중요했다. 나는 감사함으로 이 작품을 보겐 교수의 가족과 헹겔 교수 가족에게 헌정한다. 또한 물론 국제 교환 학자 평의회의 풀브라이트 장학금과 알렉산더 본 훔볼트 재단 연구 기금에 깊이 감사하며, 1994-95년의 연구 시기 동안 장려금을 받는 휴가를 허용한 시카고 로욜라 대학교에도 감사한다.

수많은 동료들과 학생들이 이 주석에 중요한 기여를 했다. 이 주석의 여러 부분을 읽고 비평을 해준 동료들로는 히브리 대학교의 리 레바인 교수, 암스텔담 대학교의 얀 빌렘 반 헨텐 교수 그리고 프린스톤 신학대학원의 브루스 메츠거 교수가 있다. 이 주석에 도입된 일부 자료는 아버딘 대학교(1983년 2월), 오슬로 대학교와 오슬로의 침례교 신학대학원(1983년 3월), 워싱톤 대학교(1990년 2월) 그리고 위트레흐트 대학교(1995년 3월)에서 강의한 것이다. 또한 나는 다양한 요한계시록 세미나들에 참석함으로 큰 도움을 받았다. 이 세미나들에는 아델라 야브로 콜린스 교수가 주최한 초기 기독교 묵시 사상에 대한 세미나, 데이비드 바르 교수가 주최한 묵시록 해석에 대한 세미나(이 두 세미나는 모두 성경 문학 협회의 후원을 받아 열렸다), 그리고 트로이고트 홀츠 교수, 엘리자베스 쉬슬러 피오렌자 교수, 찰스 H. 기블린 교수, 엔스 타이거 교수를 포함하는 학자들이 독일 신약성경 연구 협회의 후원을 받아

주최한 신약성경의 묵시에 대한 세미나가 포함된다. 세 명의 대학원 연구 조교들, 페터 시빌리오(1994년 봄), 파울 할토그(1995년 가을) 그리고 케빈 맥그루덴(1997년 봄)은 셀 수 없이 많은 본문 페이지들을 읽어 수많은 오류들을 발견해 주었다.

요한계시록에 대한 나의 관심은 『초기 기독교와 고대 지중해 연안 세계의 예언』(*Prophecy in Early Christianity and the Ancient Mediterranean World*[Grand Rapids, MI: Eerdmans, 1983])이라는 제목의 책에서 열매를 맺게 된 초기 기독교 예언과 관련된 문제에 대한 작품과 관련하여 시작되었다. 요한계시록에 대한 정밀한 연구에 집중하게 된 것은 그 관심의 자연스러운 연속이었을 것이다. 나는 랠프 마틴 교수가 나의 작품에 가진 신뢰에 감사한다. 왜냐하면 그 신뢰로 인해 이 주석이 본 성경주석 전집의 부분으로 출판되었기 때문이다.

성경 중 어떤 책의 주석을 쓴다는 것은 감히 하기 힘든 떨리는 작업이며, 요한계시록의 경우에는 특별히 더 그러하다. 요한계시록을 다룬 서적과 논문들의 목록은 어마어마하지만(본서에는 대단히 많은 참고문헌이 수록되었지만 전체에 비하면 보잘것없다), 나는 특별히 빌헬름 부세트와 R. H. 찰스의 훌륭하고 창조적인 주석들에 큰 신세를 졌고, 또한 H. C. 호스키어와 요셉 쉬미트의 상세하고 고심을 들인 작품에도 큰 신세를 졌다. J. W. v. 괴테의 말로 표현해 보고자 한다.

그 말씀들(:작품들)이 주님이심을 보게 하옵시며,	Seh ich die Werke der Meister an,
그로 인해 그것들이 의미했던 것이 무엇인지를 보게 하옵소서.	So seh ich das, was sie getan:
나의 용도만을 생각하게 하옵시며,	Betracht ich meine Siebensachen,
내가 행했어야 할 것이 무엇인지를 보게 하옵소서.	Seh ich, was ich hätt sollen machen.

본 주석의 원문주해 부분에는 요한계시록의 문법과 본문에 대한 토론을 실었다. 요한계시록의 본문에 특별한 관심이 있는 독자들은 서론 제6부를 읽을 것을 강력하게 권한다. 왜냐하면 그 부분에서 사본들 및 사본에 속하는 문서 집단들의 많은 생략에 대해 충분한 설명을 발견할 수 있기 때문이다.

1997년 봄
시카고 로욜라 대학교에서
데이비드 E. 아우네

약어표

A. 일반적인 약어

abs.	absolute
acc.	accusative
adj.	adjective, adjectival
adv.	adverb, adverbial
aor.	aorist
Aram.	Aramaic
ca.	*circa*, about
cent.	century
cf.	*confer*, compare
chap(s).	chapter(s)
d.	deceased
dat.	dative
DSS	Dead Sea Scrolls
ed.	editor, edited by
e.g.	*exempli gratia*, for example
ET	English translation
et. al.	*et alii*, and others
fem.	feminine
fig.	figure
fl.	*floruit*, flourished
fol.	folio
FS	*Festschrift*, volume written in honor of
fut.	future
gen.	genitive
Gk.	Greek
hap. leg.	*hapax legomenon*, sole occurrence
Heb.	Hebrew
id.	*idem*, the same
i.e.	*id est*, that is
imper.	imperative
impf.	imperfect
ind.	indicative
inf.	infinitive
lit.	literally
LXX	Septuagint
masc.	masculine
MS(S)	manuscript(s)
MT	Masoretic text
n.	note
n.d.	no date
neut.	neuter
no.	number
nom.	nominative
n.s.	new series
NT	New Testament
obj.	object, objective
OL	Old Latin
OT	Old Testament
par.	parallel
pass.	passive
PEnteux	*Enteuxeis* Papyri(Cairo)
pf.	perfect
PGiss	Giessen Papyri
PKöln	Kölner Papyri
pl.	plural
plupf.	pluperfect
PLond	London Papyri
poss.	possessive

POxy Oxyrhynchus Papyri
prep. preposition
PRoss Papyri russischer und georgischer Sammlungen
ptcp. participle
PWash Washington University Papyri
repr. reprint
rev. revised, reviser, revision
sc. *scilicet*, namely
ser. series
sing. singular
s.v. *sub verbo*, under the word
Sync Syncellus
Theod Theodotion
tr. translator, translated by, translation
UP University Press
v, vv verse, verses
var. lect. *varia(e) lectio(nes)*, "variant reading(s)"
vol. volume
x times(2x=two times)

B. 성경 번역본

ASV American Standard Version, American Revised Version (1901)
AV Authorized Version=KJV
KJV King James Version(1611)=AV
NASB New American Standard Bible
NEB New English Bible
NIV New International Version
NRSV New Revised Standard Version
REB Revised English Bible
RSV Revised Standard Version

C. 정기 간행물, 연속 간행물 및 참고 자료

AAA R. A. Lipsius and M. Bonnet (eds.), *Acta Apostolorum Apocrypha*
AB Anchor Bible
ABD D. N. Freedman(ed.), *Anchor Bible Dictionary*, 6 vols.
AC *Antike und Christentum*
AcCl *Acta Classica*
AD I. J. Gelb et al. (eds), *The Assyrian Dictionary of the Oriental Institute of the University of Chicago*, 21 vols.
AHI G. I. Davies (ed.), *Ancient Hebrew Inscriptions: Corpus and Concordance*
AJA *American Journal of Archaeology*
AJAH *American Journal of Ancient History*
AJBI Annual of the Japanese Biblical Institute
AJP *American Journal of Philology*

ALUOS Annual of Leeds University Oriental Society
AnBib Analecta biblica
AnBoll Analecta Bollandiana
ANEP J. B. Pritchard(ed.), *The Ancient Near East in Pictures*
ANET J. B. Pritchard(ed.), *Ancient Near Eastern Texts*
ANRW *Aufstieg und Niedergang der römischen Welt*
ANTF Arbeiten zur neutestamentlichen Textforschung
AOB Acta Orientalia Beligica
AOT H. F. D. Sparks (ed.), *The Apocryphal Old Testament*
AramBib Aramaic Bible (Wilmington, DE: Glazier)
ARW *Archiv für Religionswissenschaft*
AsSeign *Assemblées du Seigneur*
ASTI *Annual of the Swedish Theological Institute*
ATANT Abhandlungen zur Theologie des Alten und Neuen Testaments
ATR *Anglican Theological Review*
Aug *Augustinianum*
AUSDDS Andrews University Seminary Doctoral Dissertation Series
AUSS *Andrews University Seminary Studies*

BA *Biblical Archaeologist*
BAGD W. Bauer, W. F. Arndt and F. W. Gingrich, and F. W. Danker, *A Greek-English Lexicon of the NT*, 2nd ed.
BAR *Biblical Archaeologist Reader*
BARev *Biblical Archaeology Review*
BARevSup *BARev* Supplementary Series
BASOR *Bulletin of the American Schools of Oriental Research*
BASORSup *BASOR* Supplementary Studies
Baurer-Aland W. Bauer, *Griechisch-deutsches Wörterbuch zum den Schriften des Neuen Testaments und der frühchristlichen Literatur*, 6th ed., rev. K. and B. Aland
BCH *Bulletin de Correspondance Hellénique*
BDB F. Brown, S. R. Driver, and C. A. Briggs, *Hebrew and English Lexicon of the OT*
BDF F. Blass, A. Debrunner, and R. W. Funk, *A Greek Grammar of the NT*
BDR F. Blass, A. Debrunner, and F. Rehkopf, *Grammatik des neutestamentlichen Griechisch* (1984)
BETL Bibliotheca ephemeridum theologicarum lovaniensium
BEvT Beiträge zur Evangelischen Theologie
BG W. C. Till (ed.), *Die gnostischen Schriften des koptischen Papyrus Berolinensis 8502*

BGBE Beiträge zur Geschichte der biblischen Exegese
BHS *Biblia hebraica stuttgartensia*
BHT Beiträge zur historischen Theologie
Bib *Biblica*
BibLeb *Bibel und Leben*
BibReal K. Galling (ed.), *Biblisches Reallexikon*, 2nd ed.
BJRL *Bulletin of the John Rylands University Library of Manchester*
BJS Brown Judaic Studies
BK *Bibel und Kirche*
BMC H. Mattingly, *Coins of the Roman Empire in the British Museum*
BMI *British Museum Inscriptions*
BN *Biblische Notizen*
BR *Biblical Research*
BSac *Bibliotheca Sacra*
BT *The Bible Translator*
BTB *Biblical Theology Bulletin*
BurH *Buried History*
BVC *Bible et vie chrétienne*
BWANT Beiträge zur Wissenschaft vom Alten und Neuen Testament
ByzNeugrJb *Byzantinisch-neugriechische Jahrbücher*
BZ *Biblische Zeitschrift*
BZAW Beihefte zur *ZAW*
BZNW Beihefte zur *ZNW*

CA *Classical Antiquity*
CAH *Cambridge Ancient History*
CBQ *Catholic Biblical Quarterly*
CBQMS Catholic Biblical Quarterly – Monograph Series
CCL Corpus Christianorum, Series Latina
CH *Church History*
Checklist J. F. Oates, R. S. Bagnall, W. H. Willis, and K. A. Worp, *Checklist of Editions of Greek Papyri and Ostraca*, 3rd ed.
CIG *Corpus Inscriptionum Graecarum*, 4 vols.
CIJ *Corpus Inscriptionum Judaicarum*
CIL *Corpus Inscriptionum Latinarum*
CIMRM M. J. Vermaseren (ed.), *Corpus Inscriptionum et Monumentorum Religionis Mithraicae*, 2 vols.
CJ *Classical Journal*
CMIR J. R. Cayón, *Compendio de las Monedas del Imperio Romano*, 2 vols.
ConBNT Coniectanea biblica, NT series
ConBOT Coniectanea biblica, Old Testament
ConNT Coniectanea neotestamentica
CP *Classical Philology*
CPJ V. A. Tcherikover, A. Fuks, and M. Stern (eds.), *Corpus Papyrorum Judaicorum*, 3 vols.
CQ *Classical Quarterly*

CQR *Church Quarterly Review*
CREBM H. Mattingly and R. A. G. Carson, *Coins of the Roman Empire in the British Museum*, 6 vols.
CRINT Compendia Rerum Iudaicarum ad Novum Testamentum
CSCA *California Studies in Classical Antiquity*
CSCO Corpus scriptorum christianorum orientalium
CSEL Corpus scriptorum ecclesiasticorum latinorum
CTA A. Herdner, *Corpus des tablettes en cunéiformes alphabétiques*
CTM *Concordia Theological Monthly*
CTQ *Concordia Theological Quarterly*
CTR *Criswell Theological Review*

DACL F. Cabrol (ed.), *Dictionnaire d'archéologie chrétienne et la liturgie*, 15 vols.
DBSup *Dictionnaire de la Bible, Supplément*
DCH D. J. A. Clines (ed.), *The Dictionary of Classical Hebrew*
DDD K. van der Toorn, B. Becking, and P. W. van der Horst (eds.), *Dictionary of Deities and Demons in the Bible*
DJD Discoveries in the Judaean Desert
DJPA M. Sokoloff, *A Dictionary of Jewish Palestinian Aramaic of the Byzantine Period*
DSD *Dead Sea Discoveries*
DTT *Dansk teologisk tidsskrift*

EDNT H. Balz and G. Schneider (eds.), *Exegetical Dictionary of the New Testament*, 3 vols.
EEC Angelo Di Berardino (ed.), *Encyclopedia of the Early Church*, 2 vols.
EncJud *Encyclopedia Judaica*, 16 vols.
EncRel M. Eliade (ed.), *The Encyclopedia of Religion*
EPRO Études préliminaires aux religions orientales dans l'empire romain
ERE J. Hastings (ed.), *Encyclopedia of Religion and Ethics*
ErFor Erträge der Forschung
ESAR T. Frank (ed.), *An Economic Survey of Ancient Rome*, 5 vols.
ETL *Ephemerides theologicae lovanienses*
ETR *Études théologiques et religieuses*
EvQ *Evangelical Quarterly*
EvT *Evangelische Theologie*
EWNT H. Balz and G. Schneider (eds.), *Exegetisches Wörterbuch zum Neuen Testament*, 3 vols.

ExpTim *Expository Times*
FHJA C. R. Holladay (ed.), *Fragments from Hellenistic Jewish Authors*, 4 vols.
FNT *Filologia Neotestamentaria*
FOTL The Forms of the Old Testament Literature
FrGrHist F. Jacoby (ed.), *Die Fragmente der griechischen Historiker*
FRLANT Forschungen zur Religion und Literatur des Alten und Neuen Testaments
FuF *Forschungen und Fortschritte*
FVS H. Diels and W. Kranz, *Die Fragmente der Vorsokratiker*, 3 vols.

GCS Griechischen christlichen Schriftsteller
GELS J. Lust, E. Eynikel, and K. Hauspie, *A Greek-English Lexicon of the Septuagint*
GGR M. P. Nilsson, *Geschichte der griechischen Religion*, vol. 1, 3rd ed. (1967); vol. 2, 2nd ed. (1961)
GHÅ *Göteborgs Högskolas Årsskrift*
GKC *Gesenius' Hebrew Grammar*, ed. E. Kautzsch, tr. A. E. Cowley
GL *Geist und Leben*
GNS Good News Studies
GR *Greece and Rome*
GRBS *Greek, Roman, and Byzantine Studies*
GTJ *Grace Theological Journal*

HAT Handbuch zum Alten Testament
HCNT M. E. Boring, K. Berger, and C. Colpe, *Hellenistic Commentary to the NT*
HDA H. Bächtold-Stäubli with E. Hoffmann-Krayer (eds.), *Handwörterbuch des deutschen Aberglaubens*
HDR Harvard Dissertations in Religion
HeyJ *Heythrop Journal*
HibJ *Hibbert Journal*
HNT Handbuch zum Neuen Testament
HSCP *Harvard Studies in Classical Philology*
HSM Harvard Semitic Monographs
HSS Harvard Semitic Studies
HTR *Harvard Theological Review*
HTS Harvard Theological Studies
HUCA *Hebrew Union College Annual*
HUT Hermeneutische Untersuchungen zur Theologie

IBM *Ancient Greek Inscriptions in the British Museum*, 4 vols.
IDB G. A. Buttrick(ed.), *Interpreter's Dictionary of the Bible*, 4 vols.
IDBSup Supplementary volume to *IDB*

IEJ *Israel Exploration Journal*
I. Eph. H. Wankel (ed.), *Die Inschriften von Ephesos*, IGSK, 8 vols.
IGRom R. Cagnat et al., *Inscriptiones Graecae ad res Romanas pertinentes*, 4 vols.
IGSK Inschriften griechischer Städte aus Kleinasien
IM *Istanbuler Mitteilungen*
Int *Interpretation*
ISBE G. W. Bromiley (ed.), *International Standard Bible Encyclopedia*, rev., 4 vols.
ITQ *Irish Theological Quarterly*

JAAR *Journal of the American Academy of Religion*
JAC Jahrbuch für Antike und Christentum
JAF *Journal of American Folklore*
JAOS *Journal of the American Oriental Society*
JBL *Journal of Biblical Literature*
JBR *Journal of Bible and Religion*
JE *Jewish Encyclopedia*
JETS *Journal of Evangelical Theological Society*
JHS *Journal of Hellenic Studies*
JIGRE W. Horbury and D. Noy (eds.), *Jewish Inscriptions of Graeco-Roman Egypt*
JJS *Journal of Jewish Studies*
JMS *Journal of Mithraic Studies*
JNES *Journal of Near Eastern Studies*
JP *Journal of Philology*
JPOS *Journal of Palestine Oriental Society*
JQR *Jewish Quarterly Review*
JR *Journal of Religion*
JRS *Journal of Roman Studies*
JSJ *Journal for the Study of Judaism in the Persian, Hellenistic and Roman Period*
JSNT *Journal for the Study of the New Testament*
JSNTSup Journal for the Study of the New Testament – Supplement Series
JSOT *Journal for the Study of the Old Testament*
JSOTSup Journal for the Study of the Old Testament – Supplement Series
JSP *Journal for the Study of the Pseudepigrapha*
JSPSup Supplement to *JSP*
JSS *Journal of Semitic Studies*
JTC *Journal for Theology and the Church*
JTS *Journal of Theological Studies*

KAT Kommentar zum Alten Testament
KAV Kommentar zu den Apostolischen Vätern
KB[3] L. Koehler and W. Baumgartner, *Hebräisches*

und Aramäisches Lexicon zum Alten Testament, 3rd ed., 4 vols.

KD — *Kerygma und Dogma*

Kleine Pauly — K. Ziegler and W. Sontheimer, *Der Kleine Pauly: Lexikon der Antike*, 5 vols.

LB — *Linguistica Biblica*

LCL — Loeb Classical Library

LexÄgypt — W. Helck and E. Otto (eds.), *Lexikon der Ägyptologie*

LIMC — *Lexicon Iconographicum Mythologiae Classicae*

Louw-Nida — J. P. Louw and E. A. Nida, *Greek-English Lexicon of the New Testament Based on Semantic Domains*, 2 vols.

LQHR — *London Quarterly and Holburn Review*

LR — *Lutherische Rundschau*

LSJ — H. G. Liddell, R. Scott, H. S. Jones, and R. McKenzie, *A Greek-English Lexicon*, 9th ed.

MAMA — W. M. Calder and J. M. R. Cormack (eds.), *Monumenta Asiae Minoris Antiqua*

MDAIRA — *Mitteilungen des deutschen archaeologischen Instituts, Römische Abteilung*

MeyerK — H. A. W. Meyer, Kritisch-exegetischer Kommentar über das Neue Testament

MGWJ — *Monatschrift für Geschichte und Wissenschaft des Judentums*

MIR — I. G. Mazzini, *Monete Imperiale Romane*, 4 vols.

MM — J. H. Moulton and G. Milligan, *The Vocabulary of the Greek Testament*

MQ — *McCormick Quarterly*

Mus — *Le Muséon*

NCB — New Century Bible

NEAEHL — E. Stern (ed.), *The New Encyclopedia of Archaeological Excavations in the Holy Land*, 4 vols.

NedTTs — *Nederlands theologisch tijdschrift*

Neot — *Neotestamentica*

Nestle-Aland[26] — E. Nestle, K. Aland, et al. (eds.), *Novum Testamentum Graece*, 26th ed.

Nestle-Aland[27] — E. Nestle, K. Aland, et al. (eds.), *Novum Testamentum Graece*, 27th ed.

Neuer Wettstein — G. Strecker and U. Schnelle (eds.), *Neuer Wettstein: Texte zum Neuen Testament aus Griechentum und Hellenismus*: vol. 2/2. *Texte zur Briefliteratur und zur Johannes-apokalypse*

New Docs — G. H. R. Horsley and S. R.

	Llewelyn (eds.), *New Documents Illustrating Early Christianity*
NGM	*National Geographic Magazine*
NHS	Nag Hammadi Studies
NICNT	New International Commentary on the New Testament
NIDNTT	C. Brown (ed.), *The New International Dictionary of New Testament Theology*
NKZ	*Neue kirchliche Zeitschrift*
NorTT	*Norsk Teologisk Tijdsskrift*
NovT	*Novum Testamentum*
NovTSup	Novum Testamentum, Supplements
NRT	*La nouvelle revue théologique*
NTA	E. Hennecke and W. Schneemelcher (eds.), *New Testament Apocrypha*, rev. ed.
NTAbh	Neutestamentliche Abhandlungen
NTOA	Novum Testamentum et Orbis Antiquus
NTS	*New Testament Studies*
NumenSup	Supplements to *Numen*
NumZ	*Numismatische Zeitschrift*
OBO	Orbis biblicus et orientalis
OCD[2]	*Oxford Classical Dictionary* 2nd ed. (1975)
OGIS	W. Dittenberger, *Orientis Graeci Inscriptiones Selectae*, 2vols.
OLD	P. G. W. Glare (ed.), *Oxford Latin Dictionary*
OrChr	*Oriens christianus*
ORPB	*Oberrheinisches Pastoralblat*
OTL	Old Testament Library
OTP	J. H. Charlesworth (ed.), *The Old Testament Pseudepigrapha*
OTS	*Oudtestamentische Studiën*
OTS	Old Testament Studies
PAAJR	*Proceedings of the American Academy of Jewish Research*
PBA	*Proceedings of the British Academy*
PDM	H. D. Betz (ed.), *The Greek Magical Papyri in Translation, including the Demotic Spells*
PEQ	*Palestine Exploration Quarterly*
PG	J.-P. Migne, *Patrologia graeca*
PGL	G. H. W. Lampe (ed.), *A Patristic Greek Lexicon*
PGM	K. Preisendanz (ed.), *Papyri graecae magicae*, 2nd ed., 2 vols.
PL	J.-P. Migne, *Patrologia latina*
PW	Pauly-Wissowa, *Real-Encyclopädie der classischen Altertumswissenschaft*
PWSup	Supplement to PW

RAC *Reallexicon für Antike und Christentum*
RArch *Revue archéologique*
RÄRG H. Bonnet (ed.), *Reallexikon der ägyptischen Religionsgeschichte*, 2nd ed.
RB *Revue biblique*
RBén *Revue bénédictine*
RCT *Revista Catalana de Teologia*
RE *Realencyklopädie für protestantische Theologie und Kirche*
REA *Revue des études anciennes*
REG *Revue des études grecques*
REJ *Revue des études juives*
ResQ *Restoration Quarterly*
RevExp *Review and Expositor*
RevistB *Revista bíblica*
RevQ *Revue de Qumran*
RevThom *Revue thomiste*
RF Rivista di Filologia
RGG *Religion in Geschichte und Gegenwart*
RGRW Religions in the Graeco-Roman World (formerly EPRO)
RHPR *Revue d'histoire et de philosophie religieuses*
RHR *Revue de l'histoire des religions*
RIC H. Mattingly, E. A. Sydenham, et al., *Roman Imperial Coinage*, 8 vols.
RivB *Rivista biblica*
RMP *Rheinisches Museum für Philologie*
RQ *Römische Quartalschrift für christliche Altertumskunde und Kirchengeschichte*
RQSup Supplement to *RQ*
RSR *Recherches de science religieuse*
RVV *Religionsgeschichtliche Versuche und Vorarbeiten*

SB F. Preisigke et al. (eds.), *Sammelbuch griechischer Urkunden aus Ägypten*
SBFLA *Studii Biblici Franciscani Liber Annuus*
SBL Society of Biblical Literature
SBLDS SBL Dissertation Series
SBLMS SBL Monograph Series
SBM Stuttgarter biblische Monographien
SBS Stuttgarter Bibelstudien
SBT Studies in Biblical Theology
SC Source chrétiennes
SCHNT Studia ad corpus hellenisticum Novi Testamenti
ScrT *Scripta Theologica*
SEÅ *Svensk exegetisk årsbok*
SE *Studia Evangelica* 1, 2, 3 (= TU 73[1959], 87[1964], 88[1964], 102[1968], 103 [1968], 112[1973])
SD Studies and Documents
SEG *Supplementum Epigraphicum Graecum*
SGU Studia Graeca Upsaliensia

SIG	W. Dittenberger (ed.), *Sylloge Inscriptionum Graecarum*, 3rd ed., 4 vols.
SJLA	Studies in Judaism in Late Antiquity
SJT	*Scottish Journal of Theology*
SKI	Studien zu Kirche und Israel
SNT	Studien zum Neuen Testament
SNTSMS	Society for New Testament Studies Monograph Series
SNTU	*Studien zum Neuen Testament und seiner Umwelt*
SO	*Symbolae osloenses*
SPA	*Studia Philonica Annual*
SPap	*Studia papyrologica*
SPB	Studia postbiblica
SR	*Studies in Religion/Sciences religieuses*
ST	*Studia theologica*
STDJ	Studies on the Texts of the Desert of Judah
Str-B	[H. Strack and] P. Billerbeck, *Kommentar zum Neuen Testament aus Talmud und Midrash*
StudP	*Studia Patristica*
SUNT	Studien zur Umwelt des Neuen Testaments
SVF	J. von Arnim, *Stoicorum Veterum Fragmenta*, 4 vols.
SVTG	Septuaginta: Vetus Testamentum Graecum
TAPA	*Transactions of the American Philological Association*
TBA	*Tübinger Beiträge zur Altertumswissenshaft*
TBei	*Theologische Beiträge*
TBl	*Theologische Blätter*
TCGNT[1]	B. M. Metzger, *A Textual Commentary on the Greek New Testament*
TCGNT[2]	B. M. Metzger, *A Textual Commentary on the Greek New Testament*, 2nd ed.
TDNT	G. Kittel and G. Friedrich, (eds.), *Theological Dictionary of the New Testament*, 10 vols.
TDOT	G. J. Botterweck and H. Ringgren (eds.), *Theological Dictionary of the Old Testament*
TextsS	Texts and Studies
TGl	*Theologie und Glaube*
TGL	H. Stephanus, *Thesaurus Graecae Linguae*
THAT	E. Jenni and C. Westermann (eds.), *Theologisches Handwörterbuch zum Alten Testament*
THKNT	Theologischer Handkommentar zum Neuen Testament
TLNT	C. Spicq, *Theological Lexicon of the New Testament*, tr. J. D. Ernst, 3 vols.
TLZ	*Theologische Literaturzeitung*
TPQ	*Theologisch-Praktische*

	Quartalschrift
TQ	*Theologische Quartalschrift*
TRE	*Theologische Realenzyklopädie*
TRu	*Theologische Rundschau*
TS	*Theological Studies*
TSK	*Theologische Studien und Kritiken*
TT	*Teologisk Tijdskrift*
TThQ	*Tübinger theologische Quartalschrift*
TTZ	*Trierer theologische Zeitschrift*
TU	Texte und Untersuchungen
TWAT	G. J. Botterweck H. Ringgren, and H.-J. Fabry (eds.), *Theologisches Wörterbuch zum Alten Testament*
TWNT	G. Kittel and G. Friedrich, (eds.), *Theologisches Wörterbuch zum Neuen Testament*
TynBul	*Tyndale Bulletin*
TZ	*Theologische Zeitschrift*
UBSGNT^{3}	K. Aland et al. (eds.), United Bible Societies *Greek New Testament*, 3rd ed.
UBSGNT^{4}	K. Aland et al. (eds.), United Bible Societies *Greek New Testament*, 4rd ed.
VC	*Vigiliae Christianae*
VCaro	*Verbum caro*
VD	*Verbum domini*

VoxEv	*Vox Evangelica*
VT	*Vetus Testamentum*
VTG	Vetus Testamentum Graecum
VTSup	Supplements to *Vetus Testamentum*
WBC	Word Biblical Commentary
WHort	B. F. Westcott and F. J. A. Hort, *The New Testament in the Original Greek*
WMANT	Wissenschaftliche Monographien zum Alten und Neuen Testament
WO	*Die Welt des Orients*
WTJ	*Westminster Theological Journal*
WUNT	Wissenschaftliche Untersuchungen zum Neuen Testament
ZASA	*Zeitschrift für Ägyptische Sprache und Altertumskunde*
ZAW	*Zeitschrift für die alttestamentlich Wissenschaft*
ZKT	*Zeitschrift für katholische Theologie*
ZNW	*Zeitschrift für die neutestamentliche Wissenschaft*
ZPE	*Zeitschrift für Papyrologie und Epigraphie*
ZRGG	*Zeitschrift für Religions- und Geistesgeschichte*
ZST	*Zeitschrift für systematische Theologie*

ZTK	*Zeitschrift für Theologie und Kirche*	*ZWT*	*Zeitschrift für wissenschaftliche Theologie*
ZVS	*Zeitschrift für vergleichende Sprachforschung*	*ZZ*	*Zeichen der Zeit*

D. 성경 및 외경

구약성경

Gen	1-2 Kgs	Cant	Obad
Exod	1-2 Chr	Isa	Jonah
Lev	Ezra	Jer	Mic
Num	Neh	Lam	Nah
Deut	Esth	Ezek	Hab
Josh	Job	Dan	Zeph
Judg	Ps(s)	Hos	Hag
Ruth	Prov	Joel	Zech
1-2 Sam	Eccl	Amos	Mal

신약성경

Mark	1-2 Cor	1-2 Thess	Jas
Luke	Gal	1-2 Tim	1-2 Pet
John	Eph	Titus	1-2-3 John
Acts	Phil	Philem	Jude
Rom	Col	Heb	Rev

외경

1 Kgdms	1 Kingdoms	Wis	Wisdom of Solomon
2 Kgdms	2 Kingdoms	Sir	Ecclesiasticus(Wisdom of Jusus the son of Sirach)
3 Kgdms	3 Kingdoms		
4 Kgdms	4 Kingdoms	Bar	Baruch
1-2 Esdr	1-2 Esdras	Ep Jer	Epistle of Jeremiah
Tob	Tobit	S Th Ch	Song of the Three Children (or Young Men)
Jdt	Judith		
Add Esth	Additions to Esther	Sus	Susanna
4 Ezra	4 Ezra	Bel	Bel and the Dragon

Pr Azar	Prayer of Azariah	3 Macc	3 Maccabees
1 Macc	1 Maccabees	4 Macc	4 Maccabees
2 Macc	2 Maccabees		

E. 위경과 초기 유대교 문학

Adam and Eve	*Books of Adam and Eve* or *Vita Adae et Evae*	*Jos. As.*	*Joseph and Aseneth*
		Jub.	*Jubilees*
Apoc. Abr.	*Apocalypse of Abraham*	*Mart. Isa.*	*Martyrdom of Isaiah*
2-3 Apoc. Bar.	Syriac, Greek *Apocalypse of Baruch*	*Par. Jer.*	*Paraleipomena Jeremiou* or *4 Baruch*
Apoc. Sedr.	*Apocalypse of Sedrach*	*Pr. Man.*	*Prayer of Manassis*
Apoc. Zeph.	*Apocalypse of Zephaniah*	*Pss. Sol.*	*Psalms of Solomon*
Bib. Ant.	Ps.-Philo, *Biblical Antiquities*	*Sib. Or.*	*Sibylline Oracles*
		T. Job	*Testament of Job*
1-2-3 Enoch	Ethiopic, Slavonic, Hebrew *Enoch*	*T. Mos.*	*Testament of Moses (Assumption of Moses)*
Ep. Arist.	*Epistle of Aristeas*	*T. 12 Patr.*	*Testaments of the Twelve Patriarchs*
Jos. Ag. Ap.	*Josephus Against Apion*		
Ant.	*The Jewish Antiquities*	*T. Levi*	*Testament of Levi*
J. W.	*THe Jewish War*	*T. Benj.*	*Testament of Benjamin*
Life	*The Life*	*T. Reub.*	*Testament of Reuben*, etc.

F. 사해 두루마리

CD	Cairo(Genizah text of the) *Damascus(Document)*	Mird	Khirbet Mird texts
		Mur	Wadi Murabba'at texts
Ḥev	Naḥal Ḥever texts	p	pesher(commentary)
8 Ḥev XIIgr	Greek Scroll of the Minor Prophets from Naḥal Ḥever	Q	Qumran
		1Q, 2Q, 3Q, etc.	Numbered caves of Qumran
		QL	Qumran literature
Mas	Masada texts	1QapGen	*Genesis Apocryphon of* Qumran Cave 1
MasShirShabb	*Songs of Sabbath Sacrifice*, or *Angelic Liturgy* from Masada	1QH	*Hôdāyôt(Thanksgiving Hymns)* from Qumran

	Cave 1
1QpHab	*Pesher on Habakkuk* from Qumran Cave 1
1QM	*Milḥāmāh(War Scroll)*
1QS	*Serek hayyaḥad(Rule of the Community, Manual of Discipline)*
1QSa	Appendix A(*Rule of the Congregation*) to 1QS
1QSb	Appendix B(*Blessings*) to 1QS
3Q*15*	*Copper Scroll* from Qumran Cave 3
4QFlor	*Florilegium(or Eschatological Midrashim)* from Qumran Cave 4
4QMess ar	Aramaic "Messianic" text from Qumran Cave 4
4QMMT	*Miqsat Ma'aseh Torah* form Qumran Cave 4
4QPhyl	Phylacteries from Qumran Cave 4
4QPrNab	*Prayer of Nabonidus* from Qumran Cave 4
4QPssJosh	*Psalms of Joshua* from Qumran Cave 4
4QShirShabb	*Songs of Sabbath Sacrifice,* or *Angelic Liturgy* from Qumran Cave 4
4QTestim	*Testimonia* text from Qumran Cave 4
4QTLevi	*Testament of Levi* from Qumran Cave 4
11QMelch	*Melchizedek* text from Qumran Cave 11
11QShirShabb	*Songs of Sabbath Sacrifice,* or *Angelic Liturgy* from Qumran Cave 11
11QTemple	*Temple Scroll* from Qumran Cave 11
11QpaleoLev	Copy of Leviticus in paleo-Hebrew script from Qumran Cave 11
11QtgJob	*Targum of Job* from Qumran Cave 11

G. Philo

Abr.	*De Abrahamo*
Aet.	*De aeternitate mundi*
Agr.	*De agricultura*
Cher.	*De cherubim*
Conf.	*De confusione linguarum*
Congr.	*De congressu eruditionis gratia*
Decal.	*De decalogo*
Det.	*Quod deterius potiori insidiari solet*
Ebr.	*De ebrietate*
Flacc.	*In Flaccum*
Fug.	*De fuga et inventione*
Gig.	*De gigantibus*
Hyp.	*Hypothetica/Apologia pro Iudaeis*
Jos.	*De Josepho*
Leg.	*De legatione ad Gaium*

Leg. All.	*Legum allegoriarum*
Mig.	*De migratione Abrahami*
Mos.	*De vita Mosis*
Mut.	*De mutatione nominum*
Op.	*De opificio mundi*
Plant.	*De plantatione*
Post.	*De posteritate Caini*
Praem.	*De praemiis et poenis*
Prov.	*De providentia*
Quaest. in Gn.	*Questiones et solutiones in Genesin*
Quaest. in Ex.	*Questiones et solutiones in Exodum*
Quis Her.	*Quis rerum divinarum heres sit*
Quod Deus	*Quod Deus sit immutabilis*
Quod Omn.	*Quod omnis Probus Prob. Liber sit*
Sac.	*De Sacrificiis Abelis et Caini*
Sob.	*De sobrietate*
Som.	*De somniis*
Spec. Leg.	*De specialibus legibus*
Virt.	*De virtute*
Vit. Cont.	*De vita contemplativa*

H. 초기 기독교 문학

Acts Pil.	*Acts of Pilate*
Acts Scill.	*Acts of the Scillitan Martyrs*
Apoc. Pet.	*Apocalypse of Peter*
Apost. Const.	*Apostolic Constitutions*
Asc. Isa.	*Ascension of Isaiah*
Barn.	*Barnabas*
1-2 Clem.	*1-2 Clement*
Corp. Herm.	*Corpus Hermeticum*
Did.	*Didache*
Diogn.	*Diognetus*
Ep. Lugd.	*Epistula ecclesiarum apud Lugdunum et Viennam= Letter of the Churches of Lyons*
Eusebius *Hist. ecc.*	Eusebius *Historia Ecclesiastica*
Praep.	*Praeparatio evangelica*
Gos. Eb.	*Gospel of the Ebionites*
Gos. Heb.	*Gospel of the Hebrews*
Gos. Naass.	*Gospel of the Naassenes*
Gos. Pet.	*Gospel of Peter*
Herm. *Mand.*	Hermas *Mandate(s)*
Sim.	*Similitude(s)*
Vis.	*Vision(s)*
Ign. Eph.	*Ignatius Letter to the Ephesians*
Magn.	*Letter to the Magnesians*
Phld.	*Letter to the Philadelphians*
Pol.	*Letter to Polycarp*
Rom.	*Letter to the Romans*
Smyrn.	*Letter to the Smyrnaeans*
Trall.	*Letter to the Trallians*
Iren. *Adv. Haer.*	Irenaeus *Against All Heresies*
Jos. *Ag. Ap.*	Josephus *Against Apion*
Ant.	*The Jewish Antiquities*
J.W.	*The Jewish War*
Life	*The Life*
Justin *Apol.*	Justin *1 Apology*

2 Apol. — *2 Apology*
Dial. — *Dialogue with Trypho*
Mart. Agape — *The Martyrdom of Agape, Irene, Chione, Companions*
Mart. Apollonius — *The Martyrdom of Apollonius*
Mart. Carpus — *Martyrdom of Saints Carpus, Papylus, and Agathonice*
Mart. Dasius — *The Martyrdom of Dasius*
Mart. Fruct. — *The Martyrdom of Bishop Fructuosus and his Deacons, Augurius and Eulogius*
Mart. Julius — *The Martyrdom of Julius thc Veteran*
Mart. Justin — *The Martyrdom of Saints Justin, Chariton, Charito, Evelpistus, Hierax, Paeon, Liberian, and Their Community*
Mart. Mont. — *Martyrdom of Saints Montanus and Lucius*
Mart. Perpetua — *The Martyrdom of Perpetua and Felicitas*
Mart. Pionius — *The Martyrdom of Pionius*
Mart. Pol. — *The Martyrdom of Polycarp*
Odes Sol. — *Odes of Solomon*
Pol. *Phil.* — Polycarp, *Letter to the Philippians*
Prot. Jas. — *Protevangelium of James*
Tert. *De Praesc. Haer.* — Tertullian, *On the Proscribing of Heretics*
Test. Forty Martyrs — *The Testament of the Forty Martyrs of Sebaste*

I. 탈굼 자료

Tg. Onq. — *Targum Onqelos*
Tg. Neb. — *Targum of the Prophets*
Tg. Ket. — *Targum of the Writings*
Tg. Isa. — *Targum of Isaiah*
Tg. Neof. — *Targum Neofiti I*
Tg. Ps.-J. — *Targum Pseudo-Jonathan*
Tg. Esth. I, II — *First or Second Targum of Esther*
Tg. Ezek. — *Targum of Ezekiel*

J. 나그 함마디 논문들

Acts Pet. 12 Apost. — *Acts of Peter and the Twelve Apostles*
Allogenes — *Allogenes*
Ap. Jas. — *Apocryphon of James*
Ap. John — *Apocryphon of John*
Apoc. Adam — *Apocalypse of Adam*
1-2 Apoc. Jas. — *1-2 Apocalypse of James*
Apoc. Paul — *Apocalypse of Paul*
Apoc. Pet. — *Apocalypse of Peter*
Asclepius — *Asclepius 21-29*
Auth. Teach. — *Authoritative Teaching*
Dial. Sav. — *Dialogue of the Savior*
Disc. 8-9 — *Discourse on the Eight and Ninth*

Ep. Pet. Phil.	*Letter of Peter to Philip*
Eugnostos	*Eugnostos the Blessed*
Exeg. Soul	*Exegesis on the Soul*
Gos. Eg.	*Gospel of the Egyptians*
Gos. Phil.	*Gospel of Philip*
Gos. Thom.	*Gospel of Thomas*
Gos. Truth	*Gospel of Truth*
Great Pow.	*Concept of our Great Power*
Hyp. Arch.	*Hypostasis of the Archons*
Hypsiph.	*Hypsiphrone*
Interp. Know.	*Interpretation of Knowledge*
Marsanes	*Marsanes*
Melch.	*Melchizedek*
Norea	*Thought of Norea*
On Bap. A-B-C	*On Baptism A-B-C*
On Euch. A-B	*On the Eucharist A-B*
Orig. World	*On the Origin of the World*
Paraph. Shem	*Paraphrase of Shem*
Pr. Paul	*Prayer of the Apostle Paul*
Pr. Thanks.	*Prayer of Thanksgiving*
Sent. Sextus	*Sentences of Sextus*
Soph. Jes. Chr.	*Sophia of Jesus Christ*
Steles Seth	*Three Steles of Seth*
Teach. Silv.	*Teachings of Silvanus*
Testim. Truth	*Testimony of Truth*
Thom. Cont.	*Book of Thomas the Contender*
Thund.	*Thunder, Perfect Mind*
Treat. Res.	*Treatise on Resurrection*
Treat. Seth	*Second Treatise of the Great Seth*
Tri. Trac.	*Triparite Tractate*
Trim. Prot.	*Trimorphic Protennoia*
Val. Exp.	*A Valentinian Exposition*
Zost.	*Zostrianos*

K. 계시록 사본들

Andr or Andreas Andreas, or Andrew, a bishop of Caesarea in Cappadocia, wrote a commentary on Revelation, ca. A.D. 600 (J. Schmid, ed., *Studien*, part 1: *Der Apokalypse-Kommentar des Andreas von Kaisareia*). "Andreas" means that the reading is in the text of Schmid. "Andr," when followed by a letter, e.g., "a," refers to a group of Andreas MSS (listed in the *Introduction*, Section 6: Test); when a letter is followed by a superscript number, e.g., Andreas f^{051}, only that MS in the group has the reading; when a letter is followed by a super script prefixed with a minus sign, e.g., f^{2023}, only that MS in the group lacks the reading.

Apringius Apringius of Beja, a Spanish biblical interpreter (mid-sixth century A.D.) who wrote a commentary on Revelation; portions on Rev 1:5-7; 18:7-22:20 survive.

Arethas	Arethas (ca. 850-944), a native of the Peloponnesus who became the bishop of Caesarea in 902, wrote a commentary on Revelation that was a revision of the commentary of Andreas of Caesarea.
arm	Armenian version of the NT: F. C. Conybeare, *Armenian Version*. arm^1 = Bodleian Codex (Conybeare, 115-134, appendix 1-189); arm^2 = British Museum Codex (Conybeare, 135-37); arm^3 = Bibliotheque Nationale (Conybeare, 135-37); arm^4 = Armenian Convent Codex (Conybeare, 95-114).
Beatus	Beatus of Liebana, d. 798, was a Spanish abbot who compiled a commentary on Revelation, chiefly from the now lost commentary of Tyconius. The Tyconian text of Beatus is printed in Vogels, *Untersuchungen*, 194-208. For the modern critical edition of Beatus, *Commentarius in Apocalypsin*, see Romero-Pose, *Sancti Beati*.
bo	Bohairic version of Coptic NT.
Byz	Byzantine family of MSS. When followed by an arabic numeral and superscript arabic numbers, e.g., Byz $1^{920\ 1859}$, this refers to family 1 of the Byzantine recension (as described by Schmid, *Studien*), and specifically to MSS 920 and 1859 within that family.
Byzantine	When most MSS in the Byzantine, or Koine, recension support a reading, the designation is spelled out in full.
Compl.	Complutensian group of MSS.
cop	Coptic version of the NT: used when the Sahidic (sa) and Bohairic (bo) agree.
eth	Variants discussed by J. Hofmann, *Die äthiopische Johannes-Apokalypse*.
eth^{comm}	Commentaries on the Ethiopic version of Revelation published by R. W. Cowley, *Ethiopian Orthodox*.

Fulgentius	Bishop of Ruspe in North Africa (A.D. 468-533): Latin text of Revelation in Vogels, *Untersuchungen*, 217-19.
Irenaeus^{Lat}	Irenaeus, bishop of Lyons, died ca. A.D. 200: evidence for his use of the Old Latin version is collected in Sanday-Turner, *Nouum Testamentum*.
Oecumenius	Greek bishop of Tricca (early seventh century) and author of a commentary on Revelation: see in H. C. Hoskier, ed., *Oecumenius*. As used in the *Notes*, Oecumenius refers to the reading in Hoskier's text, while the citation of a particular MS with a superlinear number, e.g., Oecumenius^{2053}, refers to a specific MS.
Prom	*De promissionibus et praedictionibus dei*, anonymous composition with Latin quotations from Revelation (in Vogels, *Untersuchungen*, 215-17).
sa	Sahidic version of the NT.
syr	Syriac version of the NT.
TR	The so-called *Textus Receptus*, "Received Text," of the NT, consisting of Erasmus' edition of the Greek NT of 1516 based largely on minuschule codex 1 (twelfth-thirteenth century) of the NT.
Tyc	Tyconius, died ca. A.D. 400, was a Donatist who wrote a commentary on Revelation, which exists only in fragments and excerpts. Tyc^1 = Turin fragments of Tyconius (first edited by the Benedictines of Monte Cassino in the third volume of the *Spicilegium Casinense* [reproduced in Vogels, *Untersuchungen*, 179-82] but more recently edited by F. Lo Bue, *Tyconius*), containing only Rev 2:18-4:1; 7:16-12:6; Tyc^2 = Tyconius text of the Ps.- Augustine Homily (Vogels, *Untersuchungen*, 182-90); Tyc^3 = Tyconius text of the *Summa Dicendorum* of Beatus (Vogels, *Untersuchungen*, 190-93).
Victorinus	Victorinus of Petovium (died ca. 304 B.C.) wrote the first commentary on Revelation: see in J. Haussleiter, ed., *Victorinus*.

vg Vulgate: *Biblia sacra iuxta Vulgatam versionem*, ed. R. Weber.

Notes: Some textual notes and numbers are drawn from the apparatus criticus of *Novum Testamentum Graece*, ed. E. Nestle, K. Aland, et al., 26th ed. (Stuttgart: Deutsche Bibelgesellschaft, 1979); from *Novum Testamentum Graece*, ed. E. Nestle, K. Aland, et al., 27th ed. (Stuttgart: Deutsche Bibelgesellschaft, 1994), designated Nestle-Aland^{26} and Nestle-Aland^{27}; and from *The Greek New Testament*, ed. K. Aland, M. Black, C. Martini, B. M. Metzger, and A. Wikgren, 4th ed. (New York: United Bible Societies, 1994), designated UBSGNT^{4}. These three identical editions of the Greek New Testament are the bases for the *Translation* sections.

주석 참고문헌

Alford, H. "Apocalypse of John." In *The Greek Testament.* Chicago: Moody, 1958. 4:544-750. **Allo, E. B.** *L'Apocalypse du Saint Jean.* Paris: Gabalda, 1933. **Beasley-Murray, G. R.** *Revelation.* Rev. ed. NCB. London: Marshall, Morgan & Scott, 1978. **Beckwith, I. T.** *The Apocalypse of John.* New York: Macmillan, 1919. **Behm, J.** *Die Offenbarung des Johannes.* Göttingen: Vandenhoeck & Ruprecht, 1935. **Böcher, O.** *Die Johannesapokalypse.* 2nd ed. ErFor 41. Darmstadt: Wissenschaftliche Buchgesellschaft, 1980. **Boring, M. E.** *Revelation.* Interpretation. Louisville: John Knox, 1989. **Bousset, W.** *Die Offenbarung Johannis.* 6th ed. Kritisch-exegetischer Kommentar zum Neuen Testament 16. Göttingen: Vandenhoeck & Ruprecht, 1906. ______. *Die Offenbarung Johannis.* 5th ed. Kritisch-exegetischer Kommentar zum Neuen Testament 16. Göttingen: Vandenhoeck & Ruprecht, 1896. **Brütsch, C.** *Die Offenbarung Jesu Christi: Johannes-Apokalypse.* 2nd ed. 3 vols. Zürcher Bibelkommentare. Zürich: Zwingli, 1970. **Buchanan, G. W.** *The Book of Revelation: Its Introduction and Prophecy.* Mellen Biblical Commentary, NT Series 22. Lewiston, NY: Mellen Biblical, 1993. **Caird, G. B.** *A Commentary on the Revelation of St. John the Divine.* Harper's/Black's New Testament Commentaries. New York: Harper & Row, 1966. **Charles, R. H.** *A Critical and Exegetical Commentary on the Revelation of St. John.* 2 vols. Edinburgh: T. & T. Clark, 1920. **Delebecque, É.** *L'Apocalypse de Jean.* Paris: Mame, 1992. **Eichhorn, J. G.** *Commentarius in Apocalypsin Joannis.* 2 vols. Göttingen: Dieterich, 1791. **Ford, J. M.** *Revelation: Introduction, Translation and Commentary.* AB 38. Garden City, NY: Doubleday, 1965. **Giblin, C. H.** *The Book of Revelation: The Open Book of Prophecy.* GNS 34. Collegeville, MN: Liturgical, 1991. **Giesen, H.** *Johannes-Apokalypse.* 2nd ed. Stuttgarter kleiner Kommentar NT 18. Stuttgart: Katholisches Bibelwerk, 1989. ______. *Die Offenbarung des Johannes.* Regensburger Neues Testament. Regensburg: Pustet, 1997. **Glasson, T. F.** *The Revelation of John.* CBC. Cambridge: Cambridge UP, 1965. **Hadorn, D. W.** *Die Offenbarung des Johannes.* THKNT 18. Leipzig: Deichert, 1928. **Harrington, W. J.** *Revelation.* Sacra Pagina 16. Collegeville: Liturgical, 1993. **Hendricksen, W.** *More Than Conquerors.* Grand Rapids, MI: Baker, 1944. **Hengstenberg, E. W.** *The Revelation of St. John.* Edinburgh: T. & T. Clark, 1851. **Hort, F. J. A.** *The Apocalypse of St John I-III.* London: Macmillan, 1908. **Kiddle, M.,** and

Ross, M. K. *The Revelation of St. John.* London: Hodder & Stoughton, 1946. **Kraft, H.** *Die Offenbarung des Johannes.* HNT 16a. Tübingen: Mohr-Siebeck, 1974. **Krodel, G. A.** *Revelation.* Augsburg Commentary on the New Testament. Minneapolis: Augsburg, 1989. **Ladd, G. E.** *A Commentary on the Revelation of John.* Grand Rapids, MI: Eerdmans, 1972. **Lange, J. P.** *Die Offenbarung des Johannes.* 2nd ed. Bielefield/Leipzig: Velhagen und Klasing, 1878. **Lohmeyer, E.** *Die Offenbarung des Johannes.* 3rd ed. HNT 16. Tübingen: Mohr-Siebeck, 1970. **Lohse, E.** *Die Offenbarung des Johannes.* Göttingen: Vandenhoeck & Ruprecht, 1976. **Loisy, A.** *L'Apocalypse de Jean.* Paris: Nourry, 1923. **Moffatt, J.** "The Revelation of St. John the Divine." In *The Expositor's Greek Testament.* ed. W. R. Nicoll. London: Hodder & Stoughton, 1910. 5:297-494. **Mounce, R. H.** *The Book of Revelation.* NICNT. Grand Rapids, MI: Eerdmans, 1977. **Müller, U. B.** *Die Offenbarung des Johannes.* Gütersloh: Mohn, 1984. **Prigent, P.** *L'Apocalypse de Saint Jean.* 2nd ed. Geneva: Labor et Fides, 1988. **Rissi, M.** "The Revelation of St. John the Divine: Introduction and Exegesis." In *The Interpreter's Bible.* ed. G. A. Buttrick et al. New York: Nashville: Abingdon, 1957. 12:345-613. **Roloff, J.** *Die Offenbarung des Johannes.* Zürcher Bibelkommentare NT 18. Zürich: Theologischer, 1984. ______. *The Revelation of John.* Tr. J. E. Alsup. Continental Commentaries. Minneapolis: Fortress, 1993(hereafter Roloff, ET). **Romero-Pose, E.** *Sancti Beati a Liebana Commentarius in Apocalypsin.* 2 vols. Rome: Typis Officinae Polygraphicae, 1985. **Rowland, C.** *Revelation.* Epworth Commentaries. London: Epworth, 1993. **Spitta, F.** *Die Offenbarung des Johannes.* Halle: Waisenhaus, 1889. **Stuart, M.** *Commentary on the Apocalypse.* 2 vols. Andover: Allen, Morrill and Wardwell, 1845. **Sweet, J. P. M.** *Revelation.* Philadelphia: Westminster, 1979. **Swete, H. B.** *The Apocalypse of John.* 3rd ed. London: Macmillan, 1908. **Talbert, C. H.** *The Apocalypse: A Reading of the Revelation of John.* Louisville: Westminster John Knox, 1994. **Völter, D.** *Die Offenbarung Johannis neu untersucht und erläutert.* 2nd ed. Strassburg: Heitz & Mundel, 1911. **Weiss, J.**, and **Heitmüller, W.** "Die Offenbarung des Johannes." In *Die Schriften des Neuen Testaments.* 3rd ed. Göttingen: Vandenhoeck & Ruprecht, 1920. 4:229-319. **Wikenhauser, A.** *Die Offenbarung Johannes.* 3rd. ed. Das Neue Testament 9. Regensburg: Pustet, 1959. **Zahn, T.** *Die Offenbarung des Johannes.* 1st to 3rd ed. 2 vols. Kommentar zum Neuen Testament 18. Leipzig: Erlangen: Deichert, 1924.

일반 참고문헌

Abbott, E. A. *Johannine Grammar.* London: Adam & Charles Black, 1906. **Aberbach, M.,** and **Grossfeld, B.** *Targum Onkelos to Genesis.* New York: Ktav, 1982. **Abrahams, I.** *Studies in Pharisaism and the Gospels.* 1924. Repr. New York: Ktav, 1967. **Achelis, H.** *Hippolyt's kleinere exegetische und homiletische Shriften.* GCS 1.2. Leipzig: Hinrichs, 1897. **Adler, A.,** ed., *Suidae Lexicon.* Leipzig: Teubner, 1928-38. **Aejmelaeus, A.** *Parataxis in the Septuagint: A Study of the Renderings of the Hebrew Coordinate Clauses in the Greek Pentateuch.* Helsinki: Suomalainen Tiedeakatemia, 1982. **Albright, W. F.** *Archaeology and the Religion of Israel.* Baltimore: Johns Hopkins UP, 1956. ______. *Yahweh and the Gods of Canaan.* Garden City, NY: Doubleday, 1969. **Alföldi, A.** "Die Ausgestaltung des monarchischen Zeremoniells am römischen Kaiserhofe." *MDAIRA* 49(1934) 1-118. ______. *Die monarchische Repräsentation im römischen Kaiserreiche.* Darmstadt: Wissenschaftliche Buchgesellschaft, 1970. **Allen, J. H.,** and **Greenough, J. B.** *A Latin Grammar: Founded on Comparative Grammar.* Rev. ed. Boston: Ginn and Heath, 1884. **Andersen, F. I.** *The Sentence in Biblical Hebrew.* The Hague: Mouton, 1974. ______ and **Freedman, D. N.** *Amos.* New York: Doubleday, 1989. **Attridge, H. W.** *The Epistle to the Hebrews.* Philadelphia: Fortress, 1989. ______. *First-Century Cynicism in the Epistles of Heraclitus.* HTS 29. Missoula, MT: Scholars, 1976. ______, ed. *Nag Hammadi Codex I(The Jung Codex).* NHS 22. Leiden: Brill, 1985. ______, ed. *Nag Hammadi Codex I(The Jung Codex) Notes.* NHS 23. Leiden: Brill, 1985. ______ and **Oden, R. A.** *Philo of Byblos: The Phoenician History.* CBQMS 9. Washington, DC: The Catholic Biblical Association, 1981. ______ and **Oden, R. A.** *The Syrian Goddess(De Dea Syria).* Missoula, MT: Scholars, 1976. **Audet, J.-P.** *La Didachè: Instructions des Apôtres.* Paris: Gabalda, 1958. **Aune, D. E.** "The Apocalypse of John and Graeco-Roman Revelatory Magic." *NTS* 33(1987) 481-501. ______. "Charismatic Exegesis in Early Judaism and Early Christianity." In *The Pseudepigrapha and Early Biblical Interpretation,* ed. J. H. Charlesworth and C. A. Evans. Sheffield: JSOT, 1993. 126-50. ______. *The New Testament in Its Literary Environment.* Philadelphia: Westminster, 1987. ______. "The Odes of Solomon and Early Christian Prophecy." *NTS* 28(1982) 435-60. ______. "Prolegomena to the Study of Oral Tradition in the Hellenistic World." In *Jesus and the Oral Gospel Tradition,* ed. H. Wansbrough. JSNTSup 64. Sheffield: Sheffield Academic, 1991. 59-106. ______. *Prophecy in Early Christianity and the Ancient Mediterranean World.* Grand Rapids, MI: Eerdmans, 1983. **Avigad, N.** *Beth She'arim: Report on the Excavations during 1953-1958.* Vol. 3. New Brunswick, NJ: Rutgers UP, 1976. **Bailey, C.** *Titi Lucreti Cari De Rerum Natura Libri Sex.* 3 vols. Oxford: Clarendon, 1947. **Baillet, M.** *Qumran Grotte 4.* Vol. 3. DJD 7. Oxford: Clarendon, 1982. **Bakker, W. F.** *The Greek Imperative: An Investigation into the Aspectual Differences between the Present and Aorist Imperatives in Greek Prayer from Homer up to the Present Day.* Amsterdam: Hakkert, 1966. ______. *Pronomen Abundans and Pronomen Coniunctum: A Contribution to the History of the Resumptive Pronoun with the Relative Clause in Greek.* Amsterdam: North-Holland, 1974. **Balsdon, J. P. V. D.** *Romans and Aliens.* Chapel Hill: University of North Carolina, 1979. **Barr, J.** *The Semantics of Biblical Language.* Oxford: Oxford UP, 1961. **Barrett, C. K.** *The Gospel According to St. John.* 2nd ed. London: SPCK, 1978. **Barton, J.** *Oracles of God: Perceptions of Ancient Prophecy in Israel after the Exile.* New York: Oxford UP, 1988. **Bauckham, R. J.** *The Climax of Prophecy: Studies on the Book of Revelation.* Edinburgh: T. & T. Clark, 1993. ______. *Jude, 2 Peter.* WBC 50. Waco, TX: Word, 1983. ______. *The Theology of the Book of Revelation.* Cambridge: Cambridge UP, 1993. **Bauer, W.**, and **Paulsen, H.** *Die Briefe des Ignatius von Antiochia und des Polykarp von Smyrna.* 2nd ed. HNT 18. Tübingen: Mohr-Siebeck, 1985. **Baumgarten, A. I.** *The Phoenician History of Philo of Byblos: A Commentary.* Leiden: Brill, 1981. **Beale, G. K.** *The Use of Daniel in Jewish Apocalyptic Literature and in the Revelation of John.* Lanham: University Press of America, 1984. **Beck, R.** *Planetary Gods and Planetary Orders in the Mysteries of Mithras.* EPRO 109. Leiden: Brill, 1988. **Bell, A. A.** "The Date of John's Apocalypse." *NTS* 25(1978) 98-99. **Benoit, P., Milik, J. T.**, and **Vaux, R. de.** *Les Grottes de Muraba'at.* DJD 2. Oxford: Clarendon, 1961. **Berger, A.** *Encyclopedic Dictionary of Roman Law.* Philadelphia: American Philosophical Society, 1953. **Berger, K.** *Die Amen-Worte Jesu: Eine Untersuchung zum Problem der Legitimation in apokalyptischer Rede.* BZNW 39. Berlin: de Gruyter, 1970. ______. *Formgeschichte des Neuen Testaments.* Heidelberg: Quelle & Meyer, 1984. ______. *Die griechische Daniel-Diegese: Eine altkirchliche Apokalypse: Text, Übersetzung und Kommentar.* SPB 27. Leiden: Brill, 1976. ______, **Boring, M. E.**, and **Colpe, C.** *Hellenistic Commentary to the New Testament.* Minneapolis: Fortress, 1995. **Bergman, J.** *Ich bin Isis: Studien zum memphitischen Hintergrund der griechi-*

schen Isisaretalogien. Lund: Berlingska Boktryckeriet, 1968. **Bergmeier, R.** "'Jerusalem, du hochgebaute Stadt." *ZNW* 75(1984) 86-106. **Berlin, A.** *Zephaniah.* AB 25A. New York: Doubleday, 1994. **Beskow, P.** *Rex Gloriae: The Kingship of Christ in the Early Church.* Stockholm: Almqvist & Wiksell, 1962. **Betz, H. D.** *Galatians: A Commentary on Paul's Letter to the Churches in Galatia.* Philadelphia: Fortress, 1979. ______. *Lukian von Samosata und das Neue Testament: Relgionsgeschichtliche und Paränetische Parallelen.* Berlin: Akademie, 1961. ______, ed. *The Greek Magical Papyri in Translation Including the Demotic Spells.* 2nd ed. Chicago: University of Chicago, 1992. ______, ed. *Plutarch's Ethical Writings and Early Christian Literature.* Leiden: Brill, 1978. ______, ed. *Plutarch's Theological Writings and Early Christian Literature.* Leiden: Brill, 1975. **Beyer, K.** *Die aramäischen Texte vom Toten Meer.* Göttingen: Vandenhoeck & Ruprecht, 1984. ______. *Die aramäischen Texte vom Toten Meer: Ergänzungsband.* Göttingen: Vandenhoeck & Ruprecht, 1994. ______. *Semitische Syntax im Neuen Testament.* Göttingen: Vandenhoeck & Ruprecht, 1962. **Beyerlin, J.** *Near Eastern Religious Texts Relating to the Old Testament.* Philadelphia: Westminster, 1978. **Bidez, J.**, and **Cumont, F.** *Les mages hellenises: Zoroastre, Ostanes et Hystaspe d'après la tradition grecque.* 1938. Repr. New York: Arno, 1975. **Bietenhard, H.** *Die himmlische Welt im Urchristentum und Spätjudentum.* Tübingen: Mohr-Siebeck, 1951. ______. *Der Tosefta-Traktat Soṭa: Hebräischer Text mit kritischem Apparat, Übersetzung, Kommentar.* Bern: Frankfurt am Main: New York: Lang, 1986. **Bihlmeyer, K.** *Die apostolischen Väter.* 2nd ed. Part 1. Tübingen: Mohr-Siebeck, 1956. ______. *Die apostolischen Väter: Neubearbeitung der funkschen Ausgabe.* 2nd ed. Ed. W. Schneemelcher. Tübingen: Mohr-Siebeck, 1956. **Birt, T.** *Das antike Buchwesen in seinem Verhältnis zur Literatur.* Berlin: W. Hertz, 1882. **Black, M.** *An Aramaic Approach to the Gospels and Acts.* 3rd ed. Oxford: Clarendon, 1967. ______. *The Book of Enoch or 1 Enoch: A New English Edition with Commentary and Textual Notes.* Leiden: Brill, 1985. ______. *The Scrolls and Christian Origins.* London: Thomas Nelson, 1961. ______, ed. *Apocalypsis Henochi Graeci.* Leiden: Brill, 1970. **Blakeney, E. H.**, ed. and tr. Laetantius, *Epitome institutionem divinarum.* London: S.P.C.K., 1950. **Blomqvist, J.** *Das sogennante KAI adversitivum: Zur Semantik einer griechischen Partikel.* SGU 13. Stockholm, 1979. **Blümner, H.** *The Home Life of the Ancient Greeks.* Tr. A. Zimmern. New York: Cooper Square, 1966. **Böcher, O.** "Johanneisches in der Apokalypse des Johannes." *NTS* 27(1981) 310-21. ______. *Kirche in Zeit und Endzeit: Aufsätze zur Offenba-*

rung des Johannes. Neukirchen: Neukirchener, 1983. **Bodenmann, R.** *Naissance d'une Exégèse: Daniel dans l'Église ancienne de trois premiers siècles.* BGBE 28. Tübingen: Mohr-Siebeck, 1986. **Böhlig, A., Wisse, F.,** and **Labib, P.** *Nag Hammadi Codices II,2 and IV,2: The Gospel of the Egyptians.* NHS 4. Leiden: Brill, 1975. **Boll, F.** *Aus der Offenbarung Johannis: Hellenistische Studien zum Weltbild der Apokalypse.* Leipzig; Berlin: Teubner, 1914. **Bömer, F.** *Untersuchungen über die Religion der Sklaven in Griechenland und Rom.* 4 vols. Wiesbaden: Steiner, 1958-63. ______. *Untersuchungen über die Religion der Sklaven in Griechenland und Rom.* Dritter Teil: *Die wichtigsten Kulte der Griechischen Welt.* 2nd ed. with P. Herz. Stuttgart: Steiner, 1990. **Bonner, C.** *Studies in Magical Amulets Chiefly Graeco-Egyptian.* Ann Arbor: University of Michigan, 1950. **Boring, M. E.** *Sayings of the Risen Jesus: Christian Prophecy in the Synoptic Tradition.* SNTSMS 46. Cambridge: Cambridge UP, 1982. **Bornkamm, G.** "Die Komposition der apocalyptischen Visionen in der Offenbarung Johannis." *ZNW* 36(1937) 132-49. **Borsch, F. H.** *The Christian and Gnostic Son of Man.* SBT 2nd ser. 14. London: SCM, 1970. **Bouché-Leclerq, A.** *Histoire de la divination dans l'antiquité.* 4 vols. 1879-82. Repr. Aalen: Scientia, 1978. **Boulluec, A. Le,** and **Sandevoir, P.** *L'Exode.* Vol. 2 of *La Bible d'Alexandrie.* Paris: Cerf, 1980. **Bousset, W.** *Textkritische Studien zum Neuen Testament.* TU 11/4. Leipzig: Hinrichs, 1894. ______ and **Gressmann, H.** *Die Religion des Judentums im späthellenistischen Zeitalter.* 4th ed. Tübingen: Mohr-Siebeck, 1966. **Bowersock, G.** *Augustus and the Greek World.* Oxford: Clarendon, 1965. **Bowker, J.** *The Targums and Rabbinic Literature.* Cambridge: Cambridge UP, 1969. **Bratcher, R. G.,** and **Hatton, H. A.** *A Handbook on the Revelation to John.* New York: United Bible Societies, 1993. **Braude, W. G.** *The Midrash on Psalms.* 2 vols. New Haven, CT: Yale UP, 1959. **Brenk, F. E.** *In Mist Apparelled: Religious Themes in Plutarch's Moralia and Lives.* Leiden: Brill, 1977. **Brettler, M. Z.** *God Is King: Understanding an Israelite Metaphor.* JSOTSup 76. Sheffield: JSOT, 1989. **Briscoe, J.** *A Commentary on Livy, Books XXXIV XXXVI.* Oxford: Clarendon, 1981. **Brown, R. E.** *The Epistles of John: A New Translation with Introduction and Commentary.* AB 30. Garden City, NY: Doubleday, 1982. ______. *The Gospel according to John.* 2 vols. Garden City, NY: Doubleday, 1966-70. **Brownlee, W. H.** *Ezekiel.* WBC 28. Waco, TX: Word, 1986. **Bruce, F. F.** "The Spirit in the Apocalypse." In *Christ and Spirit in the New Testament.* FS C. F. D. Moule, ed. B. Lindars and S. Smalley. Cambridge: Cambridge UP, 1973. 333-44. **Bultmann, R.** *Die Geschichte der synoptischen*

Tradition. 8th ed. Göttingen: Vandenhoeck & Ruprecht, 1970. ______. *Die Geschichte der synoptischen Tradition: Ergänzungsheft.* Rev. G. Theissen and P. Vielhauer. 4th ed. Göttingen: Vandenhoeck & Ruprecht, 1971. ______. *The History of the Synoptic Tradition.* Tr. J. Marsh. New York: Harper & Row, 1963. **Burkert, W.** *Ancient Mystery Cults.* Cambridge: Harvard UP, 1987. ______. *Greek Religion.* Tr. J. Raffan. Cambridge: Harvard UP, 1985. ______. *Homo Necans: The Anthropology of Ancient Greek Sacrificial Ritual and Myth.* Tr. P. Bing. Berkeley: Los Angeles: University of California Press, 1983. ______. *Structure and History in Greek Mythology and Ritual.* Berkeley: University of California, 1979. **Burney, C. F.** *The Aramaic Origin of the Fourth Gospel.* Oxford: Clarendon, 1922. **Burton, E. DeW.** *Syntax of the Moods and Tenses in New Testament Greek.* 3rd ed. Edinburgh: T. & T. Clark, 1898. **Buttmann, A.** *A Grammar of the New Testament Greek.* Andover: Warren F. Draper, 1878. **Cadbury, H. J.** *The Making of Luke-Acts.* London: SPCK, 1958. **Caley, E. R.** *Orichalcum and Related Ancient Alloys: Origin, Composition and Manufacture, with Special Reference to the Coinage of the Roman Empire.* New York: American Numismatic Society, 1964. **Carr, W.** *Angels and Principalities.* SNTSMS 42. Cambridge: Cambridge UP, 1981. **Casson, L.** *The Periplus Maris Erythraei Text: with Introduction, Translation and Commentary.* Princeton: Princeton UP, 1989. **Cathcart, K. J.,** and **Gordon, R. P.** *The Targum of the Minor Prophets: Translated, with a Critical Introduction, Apparatus, and Notes.* AramBib 14. Wilmington, DE: Glazier, 1989. **Charles, R. H.** *The Book of Enoch.* 2nd ed. Oxford: Clarendon, 1912. ______. *The Greek Versions of the Testaments of the Twelve Patriarchs.* Oxford: Clarendon, 1908. ______. *Studies in the Apocalypse: Being Lectures Delivered before the University of London.* Edinburgh: T. & T. Clark, 1913. **Chilton, B. D.** *The Isaiah Targum: Introduction, Translation, Apparatus, Notes.* AramBib. Wilmington, DE: Glazier, 1987. **Chilver, G. E. F.** *A Historical Commentary on Tacitus' Histories I and II.* Oxford: Clarendon, 1979. **Clemen, C. C.** *Religionsgeschichtliche Erklärung des Neuen Testaments.* Giessen: Töpelmann, 1924. **Collins, J. J.** *The Apocalyptic Vision of the Book of Daniel.* Missoula, MT: Scholars, 1977. ______. *Daniel: A Commentary on the Book of Daniel.* Minneapolis: Fortress, 1993. ______. *The Sibylline Oracles of Egyptian Judaism.* Missoula, MT: Scholars, 1972. **Comblin, J.** *Le Christ dans l'Apocalypse.* Paris: Tournai: Desclée, 1965. **Conybeare, F. C.** *The Armenian Version of Revelation.* London: The Text and Translation Society, 1907. ______ and **Stock, St. G.** *Grammar of Septuagint Greek.* 1905. Repr. Peabody, MA:

Hendrickson, 1988. **Conzelmann, H.** *1 Corinthians: A Commentary on the First Epistle to the Corinthians.* Tr. J. W. Leitch; ed. G. W. MacRae. Philadelphia: Fortress, 1975. ______. *An Outline of the Theology of the New Testament.* Tr. J. Bowden. New York; Evanston, IL: Harper & Row, 1969. **Copely, F. O.** *Vergil, The Aeneid.* 2nd ed. Indianapolis: Bobbs-Merrill, 1975. **Copenhaver, B. P.** *Hermetica: The Greek Corpus Hermeticum and the Latin Asclepius in a New English Translation with Notes and Introduction.* Cambridge: Cambridge UP, 1992. **Court, J.** *Myth and History in the Book of Revelation.* Atlanta: John Knox, 1979. **Cousar, C. B.** *A Theology of the Cross: The Death of Jesus in the Pauline Letters.* Minneapolis: Fortress, 1990. **Cowley, A.** *Aramaic Papyri of the Fifth Century B.C.* Oxford: Clarendon, 1923. **Cowley, R. W.** *The Traditional Interpretation of the Apocalypse of St John in the Ethiopian Orthodox Church.* Cambridge: Cambridge UP, 1983. **Cranfield, C. E. B.** *Romans.* 2 vols. Edinburgh: T. & T. Clark, 1975-79. **Cross, F. M.** *Canaanite Myth and Hebrew Epic.* Cambridge, MA: Harvard UP, 1973. **Crossan, J. D.** *In Fragments: The Aphorisms of Jesus.* San Francisco: Harper & Row, 1983. **Cullmann, O.** *Early Christian Worship.* Tr. A. S. Todd and J. B. Torrance. London: SCM, 1953. **Cumont, F.** *The Mysteries of Mithra.* New York: Dover, 1956. ______. *Oriental Religions in Roman Paganism.* New York: Dover, 1956. ______. *Recherches sur le Symbolisme Funéraire des Romains.* Paris: Geuthner, 1942. **Cuss, D.** *Imperial Cult and Honorary Terms in the New Testament.* Fribourg: The University Press, 1974. **Dalman, G.** *Aramäisch-Neuhebräisches Handwörterbuch zu Targum, Talmud und Midrasch.* 2nd ed. Göttingen: Vandenhoeck & Ruprecht, 1938. ______. *Grammatik des jüdisch-palästinischen Aramäisch.* Leipzig: Hinrichs, 1905. ______. *Die Worte Jesu mit Berücksichtigung des nachkanonischen jüdischen Schrifttums und der Aramäischen Sprache.* 2nd ed. 1930. Repr. Darmstadt: Wissenschaftliche Buchgesellschaft, 1965. **Danby, H.** *The Mishnah.* London: Oxford UP, 1933. **Daniel, R. W.,** and **Maltomini, F.** *Supplementum Magicum.* Vol. 1. Papyrologica Coloniensia 16.1. Oppladen: Westdeutscher, 1990. Vol. 2. Papyrologica Coloniensia 16.2. Oppladen: Westdeutscher, 1992. **Daniélou, J.** *The Theology of Jewish Christianity.* Tr. J. A. Baker. London: Darton, Longman & Todd, 1964. **Danker, F. W.** *Benefactor: Epigraphic Study of a Graeco-Roman and New Testament Semantic Field.* St. Louis: Clayton, 1982. **Davies, P. R.** *1QM, the War Scroll from Qumran: Its Structure and History.* Rome: Biblical Institute, 1977. ______. *The Damascus Covenant.* JSOTSup 25. Sheffield: JSOT, 1983. **Davies, W. D.** *Paul and Rabbinic Judaism: Some Rabbinic*

Elements in Pauline Theology. Rev. ed. New York: Evanston: Harper & Row, 1955. ______ and **Allison, D. C., Jr.** *A Critical and Exegetical Commentary on the Gospel according to Saint Matthew.* 2 vols. ICC. Edinburgh: T. & T. Clark, 1988, 1991. **Day, J.** *God's Conflict with the Dragon and the Sea.* Cambridge: Cambridge UP, 1985. **Debord, P.** *Aspects Sociaux et économiques de la vie religieuse dans l'Anatolie greco-romaine.* Leiden: Brill, 1982. **Deichgräber, R.** *Gotteshymnus und Christushymnus in der frühen Christenheit: Untersuchungen zu Form, Sprache und Stil der frühchristlichen Hymnen.* Göttingen: Vandenhoeck & Ruprecht, 1967. **Deissmann, A.** *Bible Studies.* Edinburgh: T. & T. Clark, 1901. ______. *Light from the Ancient East.* New York: London: Hodder & Stoughton, 1910. **Delatte, A.** *Anecdota Atheniensia.* Paris, Champion, 1927. ______ and **Derchain, Ph.** *Les intailles magiques gréco-égyptiennes.* Paris: Bibliothèque Nationale, 1964. **Delling, G.** *Jüdische Lehre und Frömmigkeit in den Paralipomena Jeremiae.* BZAW 100. Berlin: Töpelmann, 1967. ______. *Worship in the New Testament.* Tr. P. Scott. Philadelphia: Westminster,1962. **Delobel, J.** "Le texte de l'Apocalypse: Problemes de méthode." In *L'Apocalypse*, ed. J. Lambrecht. 151-66. **Denis, A.-M.** *Concordance Grecque des Pseudépigraphes d'ancien Testament: Concordance, Corpus des textes, Indices.* Louvain-la-Neuve: Université Catholique de Louvain, 1987. ______. *Fragmenta Pseudepigraphorum quae supersunt Graeca.* Leiden: Brill, 1970. **Deniston, J. D.** *The Greek Particles.* 2nd ed. Oxford: Clarendon, 1954. ______. *Greek Prose Style.* Oxford: Clarendon, 1952. **Dexinger, F.** *Henochs Zehnwochenapokalypse und offene Probleme der Apokalyptikforschung.* SPB 29. Leiden: Brill, 1977. **Dibelius, M.**, and **Greeven, H.** *James: A Commentary on the Epistle of James.* Tr. M. A. Williams. Philadelphia: Fortress, 1976. **Dick, K.** *Der schriftstellerische Plural bei Paulus.* Halle: Niemeyer, 1900. **Dieterich, A.** *Abraxas: Studien zur Religionsgeschichte.* Leipzig: Teubner, 1891. ______. *Eine Mithrasliturgie.* 2nd ed. Leipzig: Berlin: Teubner, 1910. **Diobouniotis, C.**, and **Harnack, A.** *Der Scholien-Kommentar des Origenes zur Apokalypse-Johannis.* TU 38/3. Leipzig: Hinrichs, 1911. **Dodd, C. H.** *According to the Scriptures.* Digswell Place: James Nisbet, 1952. ______. *The Interpretation of the Fourth Gospel.* Cambridge: Cambridge UP, 1965. **Dogniez, C.**, and **Harl, M.** *Le Deutéronome.* La Bible d'Alexandrie 5. Paris: Cerf, 1992. **Doran, R.** *Temple Propaganda: The Purpose and Character of 2 Maccabees.* CBQMS 12. Washington DC: Catholic Biblical Association, 1981. **Dornseiff, F.** *Das Alphabet in Mystik und Magie.* 2nd ed. Leipzig: Berlin: Teubner, 1925. **Dothan, M.** *Hammath Tiberias: Early Synagogues* *and the Hellenistic and Roman Remains.* Jerusalem: Israel Exploration Society, 1983. **Doudna, J. C.** *The Greek of the Gospel of Mark.* Philadelphia: Society of Biblical Literature, 1961. **Dover, K. J.** *Greek Popular Morality.* Berkeley; Los Angeles: University of California, 1974. **Dunn, J. D. G.** *Romans.* 2 vols. WBC 38A-B. Waco, TX: Word, 1988. **Durham, J. I.** *Exodus.* WBC 3. Waco, TX: Word, 1987. **Durling, R. J.** *A Dictionary of Medical Terms in Galen.* SAM 5. Leiden: Brill, 1993. **Eckhardt, K. A.** *Der Tod des Johannes.* Berlin: de Gruyter, 1961. **Ehrenberg, V.,** and **Jones, A. H. M.** *Documents Illustrating the Reigns of Augustus and Tiberius.* 2nd ed. Oxford: Clarendon, 1976. **Eisenman, R. H.,** and **Wise, M.** *The Dead Sea Scrolls Uncovered.* Rockport: Element, 1992. **Eissfeldt, O.** *The Old Testament: An Introduction.* Tr. P. R. Ackroyd. New York; Evanston, IL: Harper & Row, 1965. **Eitrem, S.** *Papyri Osloenses.* Fasc. 1: *Magical Papyri.* Oslo: Dybwad, 1925. ______. *Some Notes on the Demonology in the New Testament.* 2nd ed. Oslo: Universitetsforlaget, 1966. **Eliade, M.** *The Sacred and the Profane: The Nature of Religion.* Tr. W. R. Trask. New York: Harper & Row, 1959. **Elliott, J. H.** *A Home for the Homeless: A Sociological Exegesis of I Peter.* Philadelphia: Fortress, 1981. **Engelmann, H.** *The Delian Aretalogy of Sarapis.* Leiden: Brill, 1975. **Enslin, M. S.,** and **Zeitlin, S.** *The Book of Judith.* Leiden: Brill, 1972. **Epstein, I.,** ed. *Babylonian Talmud.* 35 vols. London: Soncino, 1935-52. **Ernst, J.** *Die eschatologischen Gegenspieler in den Schriften des Neuen Testaments.* Regensburg: Pustet, 1967. **Evans, C. A, Webb, R. L.,** and **Wiebe, R. A.** *Nag Hammadi Texts and the Bible: A Synopsis and Index.* Leiden: Brill, 1993. **Fanning, B. M.** *Verbal Aspect in New Testament Greek.* Oxford: Clarendon, 1990. **Farrer, A.** *A Rebirth of Images: The Making of St John's Apocalypse.* Albany: State University of New York, 1986. **Fee, G.** *The First Epistle to the Corinthians.* Grand Rapids, MI: Eerdmans, 1987. **Fekkes, J.** *Isaiah and Prophetic Traditions in the Book of Revelation.* JSNTSup 93. Sheffield: JSOT, 1994. **Ferrar, W. J.,** ed. and tr. *Eusebius, The Proof of the Gospel.* 2 vols. New York: Macmillan, 1920. **Festugière, A.-J.** *La révélation d'Hermès Trismégiste.* 4 vols. Paris: J. Gabalda, 1950-54. **Fiedler, P.** *Die Formel "Und Siehe" im Neuen Testament.* Munich: Kosel, 1969. **Field, F.** *Origenis Hexaplorum quae supersunt; sive Veterum Interpretum Graecorum in totus Veius Testamentum Fragmenta.* 2 vols. Oxford: Clarendon, 1875. **Finegan, J.** *The Archaeology of the New Testament.* Princeton: Princeton UP, 1969. **Finley, M. I.** *The Ancient Economy.* Berkeley; Los Angeles: University of California, 1985. ______. *The World of Odysseus.* Rev. ed. New

York: Penguin, 1979. **Fitzmyer, J. A.** *The Gospel according to Luke.* 2 vols. Garden City, NY: Doubleday, 1979-83. **Fontenrose, J.** *The Delphic Oracle: Its Responses and Operations with a Catalogue of Responses.* Berkeley: Los Angeles: University of California, 1978. ______. *Didyma: Apollo's Oracle, Cult, and Companions.* Berkeley: University of California, 1988. **Forestell, J. T.** *Targumic Traditions and the New Testament.* Chico, CA: Scholars, 1979. **Fraenkel, E.** *Aeschylus, Agamemnon.* Oxford: Clarendon, 1950. ______. *Horace.* Oxford: Clarendon, 1957. **Frank, T.**, ed. *An Economic Survey of Ancient Rome.* 6 vols. Baltimore: Johns Hopkins, 1933-40. **Fraser, P. M.**, and **Matthews, E.** *A Lexicon of Greek Personal Names.* Vol. 1: *The Aegean Islands, Cyprus, Cyrenaica.* Oxford: Clarendon, 1987. **Freedman, H.**, and **Simon, M.**, eds. *Midrash Rabbah.* 3rd ed. 10 vols. London: New York: Soncino, 1983. **Friesen, S. J.** *Twice Neokoros: Ephesus, Asia and the Cult of the Flavian Imperial Family.* Leiden: Brill, 1993. **Frisk, H.** *Griechisches Etymologisches Wörterbuch.* 3 vols. Heidelberg: Winter, 1960. ______. *Le Périple de la Mer Érythrée suivi d'une étude sur la tradition et la langue.* Göteborg: Elander, 1927. **Frost, S. B.** *Old Testament Apocalyptic.* London: Epworth, 1952. **Fustel de Coulanges, N. D.** *The Ancient City.* Baltimore: Johns Hopkins UP, 1980. **Gallop, D.** *Plato, Phaedo: Translated with Notes.* Oxford: Clarendon, 1975. **García Martínez, F.** *The Dead Sea Scrolls Translated.* Leiden: Brill, 1994. ______. *Qumran and Apocalyptic: Studies on the Aramaic Texts from Qumran.* Leiden: Brill, 1994. **Geissen, A.** *Der Septuaginta-Text des Buches Daniel nach dem Kölner Teil des Papyrus 967: Kap. V-XII.* Bonn: Habelt, 1968. **Georgi, D.** *Die Gegner des Paulus im 2. Korintherbrief.* WMANT 11. Neukirchen: Neukirchener, 1964. **Gibson, J. C. L.** *Canaanite Myths and Legends.* 2nd ed. Edinburgh: T. & T. Clark, 1978. ______. *Hebrew and Moabite Inscriptions.* Vol. 1 of *Textbook of Syrian Semitic Inscriptions.* Oxford: Clarendon, 1973. **Giet, S.** *L'Apocalypse et l'Histoire.* Paris: Presses universitaires de France, 1957. **Gignac, F. T.** *A Grammar of the Greek Papyri of the Roman and Byzantine Periods.* 2 vols. Milan: Cisalpino-Goliardica, 1976-81. **Ginzberg, L.** *The Legends of the Jews.* Philadelphia: Jewish Publication Society of America, 1909. **Goldin, J.** *The Fathers according to Rabbi Nathan.* 1955. Repr. New York: Schocken, 1974. **Goldingay, J. E.** *Daniel.* WBC 30. Dallas: Word, 1989. **Gollinger, H.** *Die Kirche in der Bewährung: Eine Einführung in die Offenbarung des Johannes.* Aschaffenburg: Pattloch, 1973. **Goodenough, E. R.** *Jewish Symbols in the Greco-Roman Period.* 12 vols. New York: Bollingen Foundation, 1953-65. ______. "The Menorah among Jews of the Roman

World." *HUCA* 23(1950-51) 449-92. **Goodspeed, E. J.** *Problems of New Testament Translation.* Chicago: University of Chicago, 1945. **Gow, A. S. F.**, and **Page, D. L.** *The Greek Anthology: The Garland of Philip and Some Contemporary Epigrams.* Vol. 1. Cambridge: Cambridge UP, 1968. **Grant F. C.**, ed. *Hellenistic Religions: The Age of Syncretism.* New York: Liberal Arts, 1953. **Grant, R. M.** *Early Christianity and Society.* New York: Harper & Row, 1977. **Grese, W. C.** *Corpus Hermeticum XII and Early Christian Literature.* SCHNT 5. Leiden: Brill, 1979. **Gressmann, H.** *Altorientalische Texte zum Alten Testament.* 2nd ed. Berlin: Leipzig: de Gruyter, 1926. **Griffiths, J. G.** *Apuleius of Madauros, The Isis-Book(Metamorphoses, Book XI).* Leiden: Brill, 1975. **Gross, W.** *Die Pendenskonstruktion im biblischen Hebräisch.* St. Ottilien: EOS, 1987. **Grossfeld, B.** *The First Targum to Esther.* New York: Sepher-Hermon, 1983. ______. *The Targum Sheni to the Book of Esther.* New York: Sepher-Hermon, 1994. ______. *The Two Targums of Esther.* AramBib 18. Wilmington, DE: Glazier, 1991. ______, tr. *The Targum Onqelos to Leviticus and The Targum Onqelos to Numbers.* AramBib 8. Wilmington, DE: Glazier, 1988. **Grotius, H.** *Annotationes in Novum Testamentum.* 8 vols. Groningen: Zuidema, 1830. **Gruenwald, I.** *Apocalyptic and Merkavah Mysticism.* Leiden: Brill, 1980. **Guelich, R. A.** *Mark 1-8:26.* WBC 34A. Dallas: Word, 1989. **Gunkel, H.** *Schöpfung und Chaos in Urzeit und Endzeit: Eine religionsgeschichtliche Untersuchung über Gen 1 und Ap Joh 12.* Göttingen: Vandenhoeck & Ruprecht, 1921. ______. *Zum religionsgeschichtlichen Verständnis des Neuen Testaments.* Göttingen: Vandenhoeck & Ruprecht, 1903. **Guthrie, D.** *New Testament Introduction.* Downers Grove, IL: Inter-Varsity Press, 1970. **Gwynn, J.** *The Apocalypse of St. John, in a Syriac Version Hitherto Unknown.* 1897. Repr. Amsterdam: APA-Philo, 1981. **Hachlili, R.** *Ancient Jewish Art and Archaeology in the Land of Israel.* Leiden: Brill, 1988. **Hadas, M.** *The Third and Fourth Books of Maccabees.* New York: Harper & Brothers, 1953. **Hadas-Lebel, M.** *Jérusalem contre Rome.* Paris: Cerf, 1990. **Haelst, J. van.** *Catalogue des papyrus littéraires Juifs et Chrétiens.* Paris: Publications de la Sorbonne, 1976. **Haenchen, E.** *A Commentary on the Gospel of John.* 2 vols. Hermeneia. Philadelphia: Fortress, 1984. **Hafemann, S. J.** *Paul, Moses, and the History of Israel.* WUNT 81. Tübingen: Mohr-Siebeck, 1995. ______. *Suffering and the Spirit: An Exegetical Study of II Cor. 2:14-3:3 within the Context of the Corinthian Correspondence.* WUNT 2/19. Tübingen: Mohr-Siebeck, 1986. **Hahn, F.** "Die Rede von der Parusie des Men-schensohnes Markus 13." In *Jesus und der Menschensohn*, ed. R. Pesch and R.

Schnackenburg. Freiburg: Herder & Herder, 1975. ______. *Mission in the New Testament.* London: SCM, 1965. **Hals, R. M.** *Ezekiel.* FOTL 19. Grand Rapids, MI: Eerdmans, 1989. **Hands, A. R.** *Charities and Social Aid in Greece and Rome.* Ithaca, NY: Cornell UP, 1968. **Hannestad, N.** *Roman Art and Imperial Policy.* Aarhus: Aarhus UP, 1988. **Hanson, A. T.** *The Wrath of the Lamb.* London: S.P.C.K., 1957. **Hanson, P. D.** *The Dawn of Apocalyptic.* Philadelphia: Fortress, 1975. **Haran, M.** *Temples and Temple-Service in Ancient Israel.* Oxford: Clarendon, 1978. **Hare, D. R. A.** *The Son of Man Tradition.* Minneapolis: Fortress, 1990. **Harnisch, W.** *Verhängnis und Verheißung der Geschichte: Untersuchungen zum Zeit- und Geschichtsverständnis im 4. Buch Esra und in der syr. Baruchapokalypse.* FRLANT 97. Göttingen: Vandenhoeck & Ruprecht, 1969. **Harrington, D. J.**, and **Saldarini, A. J.** *Targum Jonathan of the Former Prophets: Introduction, Translation and Notes.* AramBib 10. Wilmington, DE: Glazier, 1987. **Harrington, W. J.** *Understanding the Apocalypse.* Washington, DC: Cleveland: Corpus Books, 1969. **Harvey, W. W.** *Sanci Irenaei Episcopi Lugdunensis Libros quinque adversus Haereses.* 2 vols. Cambridge: Typis Academicis, 1857. **Hatch, E.** *Essays in Biblical Greek.* Oxford: Oxford UP, 1889. **Haussleiter, J.** *Victorinus Episcopi Petavionensis Opera.* Leipzig: Freytag, 1916. **Hay, D. M.** *Glory at the Right Hand: Psalm 110 in Early Christianity.* Nashville: Abingdon, 1973. **Hayward, R.** *The Targum of Jeremiah: Translated, with a Critical Introduction, Apparatus, and Notes.* AramBib 12. Wilmington, DE: Glazier, 1987. **Heidel, A.** *The Gilgamesh Epic and Old Testament Parallels.* 2nd ed. Chicago: University of Chicago, 1949. **Heiler, F.** *Prayer: A Study in the History and Psychology of Religion.* Tr. S. McComb. London: New York: Oxford UP, 1932. **Heinemann, J.** *Prayer in the Talmud.* Berlin: New York: de Gruyter, 1977. **Helbing, R.** *Die Kasussyntax der Verba bei den Septuaginta: Ein Beitrag zur Hebraismenfrage und zur Syntax der Κοινή.* Göttingen: Vandenhoeck & Ruprecht, 1928. **Hellholm, D.** "The Problem of Apocalyptic Genre and the Apocalypse of John." In *Early Christian Apocalypticism: Genre and Social Setting,* ed. A. Yarbro Collins. *Semeia* 36(1986) 13-64. ______, ed. *Apocalypticism in the Mediterranean World and the Near East.* Tübingen: Mohr-Siebeck, 1983. **Hemer, C. J.** *The Letters to the Seven Churches of Asia in Their Local Setting.* JSNTSup 11. Sheffield: JSOT, 1986. **Hengel, M.** *The Charismatic Leader and His Followers.* New York: Crossroad, 1981. ______. *Judaism and Hellenism.* Philadelphia: Fortress, 1974. ______. *The Zealots: Investigations into the Jewish Freedom Movement in the Period from Herod I until 70 A.D.* Tr. D. Smith. Edinburgh: T. & T. Clark, 1989. **Hercher, R.** *Epistolographi graeci.* 1873. Repr. Amsterdam: Hocker, 1965. **Heubeck, A., West, S.,** and **Hainsworth, J. B.** *A Commentary on Homer's Odyssey.* Vol. 1. Oxford: Clarendon, 1988. **Hilhorst, A.** *Sémitismes et Latinismes dans le Pasteur d'Hermas.* Nijmegen: Dekker and Van de Vegt, 1976. **Hill, D.** *New Testament Prophecy.* Atlanta: John Knox, 1979. ______. "Prophecy and Prophets in the Revelation of St. John." *NTS* 18(1971-72) 401-18. **Hillers, D.** *Treaty-Curses and the Old Testament Prophets.* Rome: Pontifical Biblical Institute, 1964. **Himmelfarb, M.** *Ascent to Heaven in Jewish and Christian Apocalypses.* New York: Oxford: Oxford UP, 1993. ______. *Tours of Hell: An Apocalyptic Form in Jewish and Christian Literature.* Philadelphia: University of Pennsylvania, 1983. **Hobbs, T. R.** *2 Kings.* WBC 13. Waco, TX: Word, 1985. **Hofmann, J.** *Die äthiopische Johannes-Apokalypse kritisch Untersucht.* CSCO 297. Louvain: Secrétariat du CorpusSCO, 1969. **Holladay, W. L.** *Jeremiah 1.* Philadelphia: Fortress, 1986. **Hollander, H. W.,** and **Jonge, M. de.** *The Testaments of the Twelve Patriarchs: A Commentary.* Leiden: Brill, 1985. **Holmberg, B.** *Sociology and the New Testament.* Minneapolis: Fortress, 1990. **Holtz, T.** *Die Christologie der Apokalypse des Johannes.* 2nd ed. Berlin: Akademie, 1971. **Hopfner, T.** *Griechisch-Ägyptischer Offenbarungszauber.* 2 vols. Leipzig: Haessel, 1921-24. **Horgan, M. P.** *Pesharim: Qumran Interpretations of Biblical Books.* CBQMS 8. Washington, DC: Catholic Biblical Association of America, 1979. **Horst, J.** *Proskynein: Zur Anbetung im Urchristentum nach ihrer religionsgeschichtlichen Eigenart.* Gütersloh: Bertelsmann, 1932. **Horst, P. W. van der.** *Ancient Jewish Epitaphs.* Kampen: Kok Pharos, 1991. **Hoskier, H. C.** *The Complete Commentary of Oecumenius on the Apocalypse.* Ann Arbor: University of Michigan, 1928. ______. *Concerning the Date of the Bohairic Version Covering a Detailed Examination of the Text of the Apocalypse.* London: Quaritch, 1911. ______. *Concerning the Text of the Apocalypse.* 2 vols. London: Quaritch, 1929. **Houtman, C.** *Der Himmel im Alten Testament: Israels Weltbild und Weltanschauung.* Oudtestamentische Studiën 30. Leiden: Brill, 1993. **Hurtado, L.** *One God, One Lord: Early Christian Devotion and Ancient Jewish Monotheism.* London: SCM, 1988. **Hvalvik, R.** *The Struggle for Scripture and Covenant: The Purpose of the Epistle of Barnabas and Jewish-Christian Competition in the Second Century.* WUNT 2/82. Tübingen: Mohr-Siebeck, 1996. **Isbell, C. D.** *Corpus of the Aramaic Incantation Bowls.* SBLDS 17. Missoula, MT: Scholars, 1975. **Jacobson, H.** *The Exagoge of Ezekiel.* Cambridge: Cambridge UP, 1983. **James, M. R.** *The Psalms of Solomon.* Cambridge: Cambridge UP, 1891. **Jastrow, M.** *A Dictionary of the Targumim, the Talmud Babli and Yerushalmi and the Midrashic Literature.* 2 vols. New York: Ktav, 1950. **Jellicoe, S.** *The Septuagint and Modern Study.* 1968. Repr. Winona Lake, IN: Eisenbrauns, 1989. **Jellinek, A.,** ed. *Bet Ha-Midrasch.* 3rd ed. 6 vols. Jerusalem: Sifre Vahrman, 1967. **Jeremias, A.** *Babylonisches im Neuen Testament.* Leipzig: Hinrichs, 1905. **Jeremias, C.** *Die Nachtgeschichte des Sacharja.* FRLANT 117. Göttingen: Vandenhoeck & Ruprecht, 1977. **Jeremias, Joachim.** *The Eucharistic Words of Jesus.* New York: Scribner's Sons, 1966. ______. *Jerusalem in the Time of Jesus.* Tr. F. H. and C. H. Cave. Philadelphia: Fortress, 1969. ______. *The Parables of Jesus.* Rev. ed. New York: Scribner, 1964. ______. *The Prayers of Jesus.* Philadelphia: Fortress, 1978. ______. *New Testament Theology.* New York: Scribner's Sons, 1971. ______ and **Strobel, A.** *Die Briefe an Timotheus und Titus, Der Brief an die Hebräer.* 12th ed. Göttingen: Vandenhoeck & Ruprecht, 1981. **Jeremias, Jörg.** *Theophanie: Die Geschichte einer alttestamentlichen Gattung.* WMANT 10. 2nd ed. Neukirchen: Neukirchener, 1977. **Johannessohn, J.** *Der Gebrauch der Kasus und der Präpositionen in der Septuaginta.* Berlin: Friedrich-Wilhelms-Universität, 1910. **Jones, A. H. M.** *The Cities of the Eastern Roman Provinces.* Oxford: Clarendon, 1937. ______. *The Greek City from Alexander to Justinian.* Oxford: Clarendon, 1940. **Jones, C. P.** *The Roman World of Dio Chrysostom.* Cambridge: Harvard UP, 1978. **Jonge, M. de.** *The Testaments of the Twelve Patriarchs: A Critical Edition of the Greek Text.* Leiden: Brill, 1978. **Jörns, K.-P.** *Das hymnische Evangelium: Untersuchungen zu Aufbau, Funktion und Herkunft der hymnischen Stücke in der Johannesoffenbarung.* Gütersloh: Mohn, 1971. **Joüon, P.** *A Grammar of Biblical Hebrew.* 3 vols. Rome: Pontifical Biblical Institute, 1991. **Kahn, C. H.** *The Art and Thought of Heraclitus: An Edition of the Fragments with Translation and Commentary.* Cambridge: Cambridge UP, 1979. **Karrer, M.** *Die Johannesoffenbarung als Brief: Studien zu ihrem literarischen, historischen und theologischen Ort.* Göttingen: Vandenhoeck & Ruprecht, 1986. **Kaufmann, Y.** *The Religion of Israel: From Its Beginnings to the Babylonian Exile.* Tr. M. Greenberg. Chicago: University of Chicago, 1960. **Kavanagh, M. A.** *Apocalypse 22:6-21 as Concluding Liturgical Dialogue.* Rome: Pontifical Gregorian University, 1984. **Keel, O.** *Die Welt der altorientalischen Bildsymbolik und das Alte Testament.* Zürich: Benziger; Neukirchen: Neukirchener, 1972. **Kees, H.** *Der Götterglaube im alten Aegypten.* Leipzig: Hinrichs, 1941. **Kilmer, A. D., Crocker, R. L.,** and **Brown, R. R.** *Sounds from Silence: Recent Discoveries in Ancient Near Eas-*

tern Music. Berkeley: Bit Enki, 1976. **Klein, M. L.** *The Fragment-Targums of the Pentateuch according to their Extant Sources.* AnBib 76. 2 vols. Rome: Biblical Institute, 1980. **Klein, R.** *1 Samuel.* WBC 10. Waco, TX: Word, 1983. **Kloppenborg, J. S.** *The Formation of Q: Trajectories in Ancient Wisdom Collections.* Philadelphia: Fortress, 1987. **Knibb, M. A.** *The Ethiopic Book of Enoch: A New Edition in the Light of the Aramaic Dead Sea Fragments.* 2 vols. Oxford: Clarendon Press, 1978. ______. *The Qumran Community.* Cambridge: Cambridge UP, 1987. **Koch, G.**, and **Sichtermann, H.** *Römische Sarkophage.* Munich: Beck, 1982. **Koch, K.** *The Growth of the Biblical Tradition.* New York: Scribner's Sons, 1969. **Koep, L.** *Das himmlische Buch in Antike und Christentum: Eine religionsgeschichtliche Untersuchung zur altchristlichen Bildersprache.* Bonn: Hanstein, 1952. **Koester, H.** *Introduction to the New Testament.* 2 vols. Philadelphia: Fortress, 1982. **Korpel, M. C. A.** *A Rift in the Clouds: Ugaritic and Hebrew Descriptions of the Divine.* Münster: UGARIT-Verlag, 1990. **Kraabel, A. T.** "Judaism in Western Asia Minor under the Roman Empire, with a Preliminary Study of the Jewish Community at Sardis, Lydia." Diss., Harvard, 1968. **Kraeling, C. H.** *The Synagogue.* The Excavations at Dura Europas 8/1. New Haven, CT: Yale UP, 1956. **Kraus, H.-J.** *Theology of the Psalms.* Tr. K. Crim. Minneapolis: Augsburg, 1986. ______. *Worship in Israel: A Cultic History of the Old Testament.* Richmond: John Knox, 1966. **Krause, M.**, and **Labib, P.** *Die drei Versionen des Apokryphon des Johannes.* Wiesbaden: Harrassowitz, 1962. **Krauss, F. B.** *An Interpretation of the Omens, Portents, and Prodigies Recorded by Livy, Tacitus, Suetonius.* Philadelphia: University of Pennsylvania, 1930. **Krauss, S.** *Talmudische Archäologie.* Leipzig: Fock, 1910-12. **Kreitzer, L. J.** *Jesus and God in Paul's Eschatology.* Sheffield: JSOT, 1987. **Kroll, J.** *Die Lehren des Hermes Trismegistos.* 2nd ed. Münster: Aschendorff, 1928. **Kropp, A. M.** *Ausgewählte Koptische Zaubertexte.* 3 vols. Bruxelles: Égyptologique Reine Élisabeth, 1930-31. **Krüger, G.**, and **Ruhbach, G.** *Ausgewählte Märtyrerakten.* 4th ed. Tübingen: Mohr-Siebeck, 1965. **Kuhn, P.** *Offenbarungsstimmen im Antiken Judentum: Untersuchungen zur Bat Qol und verwandten Phänomenen.* Texte und Studien zum Antiken Judentum 20. Tübingen: Mohr-Siebeck, 1989. **Kuhnen, H.-P.** *Nordwest-Palästina in hellenistisch-römischer Zeit: Bauten und Gräber im Karmelgebiet.* Weinheim: VCH Verlagsgesellschaft, 1987. **Kühner, R.** and **Gerth, B.** *Ausführliche Grammatik der griechischen Sprache: Satzlehre.* 2 vols. 3rd ed. Hannover: Hahsche, 1898-1904. **Kümmel, W. G.** *Introduction to the New Testament.* Rev. ed. Tr. H. C. Kee. Nashville: Abingdon,

1975. **Lambrecht, J.,** ed. *L'Apocalypse johannique et l'Apocalyptique dans le Nouveau Testament.* Leuven: Leuven UP, 1980. **Lancellotti, A.** *Uso delle forme verbali nell'Apocalisse alla luce ella sintassi ebraica.* Assisi: Studio Teologico "Porziuncola," 1964. **Lange, N. M. R. de.** *Origen and the Jews.* Cambridge: Cambridge UP, 1976. **Lattimore, R.** *Themes in Greek and Latin Epitaphs.* Urbana: University of Illinois, 1962. **Laughlin, T. C.** *Solecisms of the Apocalypse.* Princeton: C. S. Robinson, 1902. **Lauterbach, J. Z.** *Mekilta De-Rabbi Ishmael.* 3 vols. Philadelphia: Jewish Publication Society of America, 1935. **Leaney, A. R. C.** *The Rule of Qumran and Its Meaning.* Philadelphia: Westminster, 1966. **Lee, D.** "The Narrative Asides in the Book of Revelation." Diss., Chicago Theological Seminary, 1990. **Levey, S. H.** *The Targum of Ezekiel: Translated, with a Critical Introduction, Apparatus, and Notes.* AramBib 13. Wilmington, DE: Glazier, 1987. **Levy, J.** *Wörterbuch über die Talmudim und Midraschim.* 4 vols. Darmstadt: Wissenschaftliche Buchgesellschaft, 1963. **Lieberman, S.** *Hellenism in Jewish Palestine.* New York: The Jewish Theological Seminary of America, 1962. **Liebeschuetz, J. H. W. G.** *Antioch: City and Imperial Administration in the Later Roman Empire.* Oxford: Clarendon, 1972. ______. *Continuity and Change in Roman Religion.* Oxford: Clarendon, 1979. **Lifshitz, B.** *Donateurs et fondateurs dans les synagogues juives.* Paris: Gabalda, 1967. **Lightfoot, J.** *Horae Hebraicae et Talmudicae.* 4 vols. Oxford UP, 1959. **Lightfoot, J. B.** *The Apostolic Fathers: Clement, Ignatius, and Polycarp.* Two parts in 5 vols. London: Macmillan, 1889-90. **Lindars, B.** *Jesus Son of Man: A Fresh Examination of the Son of Man Sayings in the Gospels in the Light of Recent Research.* Grand Rapids, MI: Eerdmans, 1983. ______. *New Testament Apologetic: The Doctrinal Significance of the Old Testament Quotations.* London: SCM, 1961. **Lindblom, J.** *Gesichte und Offenbarungen: Vorstellungen von göttlichen Weisungen und übernatürlichen Erscheinungen im ältesten Christentum.* Lund: Gleerup, 1968. **Lindemann, A.** *Die Clemensbriefe.* HNT 17. Tübingen: Mohr-Siebeck, 1992. ______. *Paulus im ältesten Christentum.* BHT 58. Tübingen: Mohr-Siebeck, 1979. **Ljungvik, H.** *Beiträge zur Syntax der spätgriechischen Volkssprache.* Uppsala: Almqvist & Wiksell; Leipzig: Harrassowitz, 1932. **Lo Bue, F.** *The Turin Fragments of Tyconius' Commentary on Revelation,* ed. G. G. Willis. Cambridge: Cambridge UP, 1963. **Lohse, E.** *Colossians and Philemon.* Philadelphia: Fortress, 1971. **Louw, J. P.** "On Greek Prohibitions." *AcCl* 2(1959) 43-57. **Lücke, F.** *Versuch einer vollständigen Einleitung in die Offenbarung des Johannes oder Allgemeine Untersuchungen über die apokalyptischen*

Literatur überhaupt und die Apokalypse des Johannes insbesondere. 2nd ed. Bonn, 1852. **Luterbacher, F.** *Der Prodigienglaube und Prodigienstil der Römer.* Burgdorf: Langlois, 1880. **MacDonald, D. R.,** ed. *The Acts of Andrew and The Acts of Andrew and Matthias in the City of the Cannibals.* Atlanta: Scholars, 1990. **Mach, M.** *Entwicklungsstadien des jüdischen Engelglaubens in vorrabbinischer Zeit.* Tübingen: Mohr-Siebeck, 1992. **Macho, A. D.** *Neophyti: Targum Palestinense Ms de la Biblioteca Vaticana.* Vol. 1. Madrid: Barcelona: Consejo Superior de Investigaciones Científicas, 1968. **MacMullen, R.** *Paganism in the Roman Empire.* New Haven, CT: Yale UP, 1981. **Magie, D.** *Roman Rule in Asia Minor to the End of the Third Century after Christ.* 2 vols. Princeton: Princeton UP, 1950. **Maher, M.** *Targum Pseudo-Jonathan: Genesis.* AramBib 1b. Wilmington, DE: Glazier, 1992. **Maier, J.** *The Temple Scroll.* JSOTSup 34. Sheffield: JSOT, 1985. **Malherbe, A. J.** *Moral Exhortation: A Greco-Roman Sourcebook.* Library of Early Christianity. Philadelphia: Westminster, 1986. ______. *Social Aspects of Early Christianity.* 2nd ed. Philadelphia: Fortress, 1983. **Malina, B. J.** *On the Genre and Message of Revelation: Star Visions and Sky Journeys.* Peabody, MA: Hendrickson, 1995. **Maloney, E. C.** *Semitic Interference in Marcan Syntax.* Chico, CA: Scholars, 1981. **Marcovich, M.,** ed. *Hippolytus Refutatio Omnium Haeresium.* Patristische Texte und Studien 25. Berlin: New York: de Gruyter, 1986. **Martin, J.** *Commodiani Carmina.* CCL 128. Turnholti: Typographi Brepols Editores Pontificii, 1960. **Martin, R. H.** *Tacitus.* Berkeley: University of California, 1981. **Mason, H. J.** *Greek Terms for Roman Institutions: A Lexicon and Analysis.* Toronto: Hakkert, 1974. **Mateos, J.** *El Aspecta Verbal en el Neuevo Testamento.* Madrid: Ediciones Cristiandad, 1977. **Matthiae, K.,** and **Schönert-Geiss, E.** *Münzen aus der urchristlichen Umwelt.* Berlin: Evangelische, 1981. **Maurer, C.** *Ignatius von Antiochien und das Johannesevangelium.* Zürich: Zwingli, 1949. **Mayser, E.** *Satzlehre.* Vol. 2/3 of *Grammatick der griechischen Papyri aus der Ptolemäerzeit.* Berlin: Leipzig: de Gruyter, 1934. **Mazzaferri, F. D.** *The Genre of the Book of Revelation from a Source-critical Perspective.* BZNW 54. Berlin: New York: de Gruyter, 1989. **McDonald, M. F.,** tr. *Lactantius: The Divine Institutes.* Washington, DC: The Catholic University of America, 1964. **McKay, K. L.** *Greek Grammar for Students: A Concise Grammar of Classical Attic with Special Reference to Aspect in the Verb.* Canberra: Australian National University, 1974. **McNamara, M.** *The New Testament and the Palestinian Targum to the Pentateuch.* Rome: Pontifical Biblical Institute, 1966. ______. *Targum and Testament.* Grand Rapids, MI: Eerdmans,

1972. ______. *Targum Neofiti 1: Leviticus.* Collegeville: Liturgical, 1994. ______ and **Clarke, E. G.** *Targum Neofiti 1: Numbers.* AramBib 4. Wilmington, DE: Glazier, 1995. ______, **Hayward, R.**, and **Maher, M.** *Targum Neofiti 1: Exodus and Targum Pseudo-Jonathan: Exodus.* AramBib 2. Wilmington, DE: Glazier, 1984. ______, **Hayward, R.**, and **Maher, M.** *Targum Neofiti 1: Leviticus and Targum Pseudo-Jonathan: Leviticus.* AramBib 3. Wilmington, DE: Glazier, 1994. **Meiggs, R.**, and **Lewis, D.** *A Selection of Greek Historical Inscriptions to the End of the Fifth Century* B.C. Oxford: Clarendon, 1969. **Mellor, R.** *ΘΕΑ 'ΡΩΜΗ: The Worship of the Goddess Roma in the Greek World.* Göttingen: Vandenhoeck & Ruprecht, 1975. **Ménard, J. E.** *L'Évangile de Vérité: Rétroversion Grecque et Commentaire.* Paris: Letouzey & Ané, 1962. ______. *L'Évangile selon Thomas.* Montélimar: Marsanne, 1974. **Merk, A.**, ed. *Novum Testament: Graece et Latine.* 10th ed. Rome: Pontifical Biblical Institute, 1984. **Meshorer, Y.** *Jewish Coins of the Second Temple Period.* Tr. I. H. Levine. Tel-Aviv: Am Hassefer, 1967. **Metzger, B. M.** *Breaking the Code: Understanding the Book of Revelation.* Nashville: Abingdon, 1993. ______. *Manuscripts of the Greek Bible.* New York: Oxford: Oxford UP, 1981. ______. *The Text of the New Testament: Its Transmission, Corruption and Restoration.* 2nd. ed. New York: Oxford UP, 1968. ______. *A Textual Commentary on the Greek New Testament:* Stuttgart: United Bible Societies, 1975. **Meyer, E.** *Ursprung und Anfänge des Christentums.* 3 vols. 1923. Repr. Darmstadt: Wissenschaftliche Buchgesellschaft, 1962. **Michaels, J. R.** *1 Peter.* WBC 49. Waco, TX: Word, 1988. ______. *Interpreting the Book of Revelation.* Grand Rapids, MI: Baker, 1992. **Michl, J.** *Die Engelvorstellung in der Apokalypse.* Munich: Hueber, 1937. **Milik, J. T.** *The Books of Enoch: Aramaic Fragments of Qumran Cave 4.* Oxford: Clarendon, 1976. **Millar, F.** *The Emperor in the Roman World(31* B.C.-A.D. *337).* Ithaca, NY: Cornell UP, 1977. ______. *The Roman Near East 31* B.C.-A.D. *337.* Cambridge: Harvard UP, 1993. **Miller, A. M.** *From Delos to Delphi: A Literary Study of the Homeric Hymn to Apollo.* Leiden: Brill, 1986. **Minear, P. S.** *I Saw a New Earth: An Introduction to the Visions of the Apocalypse.* Washington DC: Cleveland: Corpus, 1968. **Mitchell, S.** *Anatolia: Land, Men, and Gods in Asia Minor.* 2 vols. Oxford: Clarendon, 1993. **Mommsen, T.** *Römisches Staatsrecht.* 3rd ed. Graz: Akademische Druck- und Verlagsanstalt, 1952. ______ and **Krueger, P.** *The Digest of Justinian.* Tr. and ed. Alan Watson. 4 vols. Philadelphia: University of Pennsylvania, 1985. **Montgomery, J. A.** *Aramaic Incantation Texts from Nippur.* Philadelphia: The

University Museum, 1909. ______. *A Critical and Exegetical Commentary on the Book of Daniel.* Edinburgh: T. & T. Clark, 1927. **Moore, C. A.** *Judith: A New Translation with Introduction and Commentary.* AB 40. Garden City, NY: Doubleday, 1985. **Moore, G. F.** *Judaism in the First Centuries of the Christian Era: The Age of the Tannaim.* 3 vols. Cambridge: Harvard UP, 1927. **Moran, H. E.** *The Consolations of Death in Ancient Greek Literature.* Washington, DC: The Catholic University of America, 1917. **Morenz, S.** *Egyptian Religion.* Tr. A. E. Keep. Ithaca, NY: Cornell UP, 1973. **Morgan, M. A.,** tr. *Sepher ha-Razim: The Book of the Mysteries.* Chico, CA: Scholars, 1983. **Moule, C. F. D.** *An Idiom-Book of New Testament Greek.* 2nd ed. Cambridge: Cambridge UP, 1959. **Moulton, J. H.** *A Grammar of New Testament Greek.* 3 vols. Edinburgh: T. & T. Clark, 1908-76. ______. *Prolegomena.* Vol. 1 of *A Grammar of New Testament Greek.* 3rd ed. Edinburgh: T. & T. Clark, 1908. ______ and **Howard, W. F.** *Accidence and Word-Formation.* Vol. 2 of *A Grammar of New Testament Greek.* Edinburgh: T. & T. Clark, 1928. **Mowinckel, S.** *Offersang og Sangoffer.* Oslo: Universitetsforlaget, 1951. ______. *The Psalms in Israel's Worship.* 2 vols. New York: Nashville: Abingdon, 1967. **Müller, U. B.** "Literarische und formgeschichtliche Bestimmung der Apokalypse des Johannes als einem Zeugnis frühchristlicher Apokalyptic." In *Apocalypticism,* ed. D. Hellholm. 599-620. ______. *Messias und Menschensohn in jüdischen Apokalypsen und in der Offenbarung des Johannes.* SNT 6. Gütersloh: Mohn, 1972. ______. *Prophetie und Predigt im Neuen Testament: Formgeschichtliche Untersuchungen zur urchristlichen Prophetie.* Gütersloh: Mohn, 1975. ______. *Zur frühchristlichen Theologiegeschichte: Judenchristentum und Paulinismus in Kleinasien an der Wende vom ersten zum zweiten Jahrhundert n. Chr.* Gütersloh: Mohn, 1976. **Muraoka, T.** *A Greek-English Lexicon of the Septuagint(Twelve Prophets).* Louvain: Peeters, 1993. **Mussies, G.** *Dio Chrysostom and the New Testament.* Leiden: Brill, 1972. ______. "Identification and Self-Identification of Gods in Classical and Hellenistic Times." In *Knowledge of God in the Graeco-Roman World,* ed. R. van den Broek, T. Baarda, and J. Mansfeld. EPRO 112. Leiden: Brill, 1988. 1-18. ______. *The Morphology of Koine Greek as Used in the Apocalypse of John: A Study in Bilingualism.* Leiden: Brill, 1971. **Musurillo, H.** *The Acts of the Christian Martyrs.* Oxford: Clarendon, 1972. **Myers, J. M.** *I and II Esdras.* AB 42. Garden City, NY: Doubleday, 1974. **Nachmanson, E.** *Partitives Subjekt im Griechischen.* Göteborg: Elanders Boktryckeri, 1942. **Nauck, A.** *Tragicorum graecorum fragmenta.* Leipzig: Teubner, 1856. **Naveh, J.,** and

Shaked, S. *Amulets and Magic Bowls: Aramaic Incantations of Late Antiquity.* Jerusalem: Magnes; Leiden: Brill, 1985. **Neusner, J.**, ed. *Pesiqta de Rab Kahana.* 2 vols. BJS 122-23. Atlanta: Scholars, 1987. **Newsom, C.** *Songs of the Sabbath Sacrifice: A Critical Edition.* Atlanta: Scholars, 1985. **Nickelsburg, G. W. E.** *Jewish Literature between the Bible and the Mishnah.* Philadephia: Fortress, 1981. **Niederwimmer, K.** *Die Didache.* KAV 1. Göttingen: Vandenhoeck & Ruprecht, 1989. **Niggemeyer, J.-H.** *Beschwörungsformeln aus dem 'Buch der Geheimnisse'(Sefär ha-razîm).* Hildesheim; New York: Olms, 1975. **Nock, A. D.** *Essays on Religion and the Ancient World,* ed. Z. Stewart. 2 vols. Oxford: Clarendon, 1972. ______ and **Festugière, A.-J.**, eds. *Corpus Hermeticum.* 6th ed. Paris: Société d'édition "Les belles lettres," 1983. ______ and **Festugière, A.-J.** *Hermès Trismégiste.* 4 vols. Paris: Société d'édition 'Les belles lettres,' 1954-60. **Norden, E.** *Agnostos Theos: Untersuchungen zur Formengeschichte religiöser Rede.* Darmstadt: Wissenschaftliche Buchgesellschaft, 1956. **Nussbaum, M.** *The Therapy of Desire: Theory and Practice in Hellenistic Ethics.* Princeton: Princeton UP, 1994. **Odelain, O.**, and **Séguineau, R.** *Lexikon der Biblischen Eigennamen.* Düsseldorf: Patmos; Neukirchen: Neukirchener, 1981. **Olyan, S. M.** *A Thousand Thousands Served Him: Exegesis and the Naming of Angels in Ancient Judaism.* Tübingen: Mohr-Siebeck, 1993. **Palmer, L. R.** *The Greek Language.* Atlantic Highlands, NJ: Humanities, 1980. **Parker, R.** *Miasma: Pollution and Purification in Early Greek Religion.* Oxford: Clarendon, 1983. **Pax, E.** *Epiphaneia: Ein religionsgeschichtlier Beitrag zur biblischen Theologie.* Munich: Münchener Theologische Studien, 1955. **Peerbolte, L. J. L.** *The Antecedents of Antichrist: A Traditio- Historical Study of the Earliest Christian Views on Eschatological Opponents.* Leiden: Peerbolte, 1995. **Perrin, M.**, ed. *Épitomé des institutions divines, [par] Lactance.* SC 335. Paris: Cerf, 1987. **Perrin, N.** *Rediscovering the Teaching of Jesus.* New York; Evanston, IL: Harper & Row, 1967. **Pesch, R.** *Das Markus-evangelium.* 2 vols. Freiburg: Herder, 1977. ______. *Naherwartungen: Tradition und Redaktion in Mk 13.* Düsseldorf: Patmos, 1968. **Peterson, E.** *Εἷς Θεός: Epigraphische, formgeschichtliche und religionsgeschichtliche Untersuchungen.* Göttingen: Vandenhoeck & Ruprecht, 1926. **Pétrement, S.** *A Separate God: The Christian Origins of Gnosticism.* San Francisco: Harper & Row, 1990. **Petzl, G.** *Die Inschriften von Smyrna.* Part 1: *Grabinschriften, postume Ehrungen, Grabepigramme. Inschriften griechischer Städte aus Kleinasien,* vol. 23. Bonn: Habelt, 1982. ______. *Die Inschriften von Smyrna.* Part 2, vol. 2. Bonn: Habelt, 1990. **Philipp, H.** *Mira et*

Magica: Gemmen im ägyptischen Museum der staatlichen Museen, preussischer Kulturbesitz Berlin-Charlottenburg. Mainz am Rhein: von Zabern, 1986. **Philonenko, M.** *Joseph et Aséneth.* Leiden: Brill, 1968. **Pietersma, A.** *The Apocryphon of James and James the Magician.* RGRW 119. Leiden: Brill, 1994. ______ et al., eds. and trs. *The Apocalypse of Elijah: Based on P. Chester Beatty 2018.* Atlanta: Scholars, 1981. **Ploeg, J. P. M. van der,** and **Woude, A. S. van der,** eds. *Le Targum de Job de la grotte XI de Qumran.* Leiden: Brill, 1971. **Pohlenz, M.** *Vom Zorne Gottes: Eine Studie über den Einfluss der griechischen Philosophie auf das alte Christentum.* FRLANT 12. Göttingen: Vandenhoeck & Ruprecht, 1909. **Pollitt, J. J.** *Art in the Hellenistic Age.* Cambridge: Cambridge UP, 1986. **Porten, B.** *Archives from Elephantine: The Life of an Ancient Jewish Military Colony.* Berkeley; Los Angeles: University of California, 1968. ______ and **Yardeni, A.** *Textbook of Aramaic Documents from Ancient Egypt.* 3 vols. Jerusalem: Hebrew University, 1986-93. **Porter, S. E.** *Verbal Aspect in the Greek of the New Testament with Reference to Tense and Mood.* Frankfurt/M.; Berne; New York: Lang, 1978. **Qimron, E.,** and **Strugnell, J.** *Qumran Cave 4.* Vol. V: *Miqsat Ma'ase ha-Torah.* DJD 10. Oxford: Clarendon, 1994. **Rad, G. von.** *Old Testament Theology.* 2 vols. New York; Evanston, IL: Harper & Row, 1962-65. ______. *Wisdom in Israel.* Nashville; New York: Abingdon, 1972. **Radermacher, L.** *Neutestamentliche Grammatik.* 2nd ed. Tübingen: Mohr-Siebeck, 1925. **Rahlfs, A.** *Septuaginta: Id est Vetus Testamentum graece iuxta LXX interpretes.* 8th ed. 2 vols. Stuttgart: Würtembergische Bibelanstalt, 1935. **Ramsay, W. M.** *The Cities of St. Paul: Their Influence on His Life and Thought.* London: Hodder and Stoughton, 1907. ______. *The Letters to the Seven Churches.* London: Hodder & Stoughton, 1904. **Reader, W. W.** "Die Stadt Gottes in der Johannesapokalypse." Diss., Göttingen, 1971. **Rehm, B.** *Die Pseudoklementinen.* Vol. 1: *Homilien.* GCS. Berlin: Akademie, 1953. **Reichelt, G.** *Das Buch mit den sieben Siegeln in der Apokalypse des Johannes.* Göttingen: Georg-August-Universität zu Göttingen, 1975. **Reichelt, H.** *Angelus Interpres-Texte in der Johannes-Apokalypse.* Frankfurt am Main: Lang, 1994. **Reicke, B.** *The New Testament Era: The World of the Bible from 500 B.C. to A.D. 100.* Philadelphia: Fortress, 1968. ______. *Die zehn Worte in Geschichte und Gegenwart.* BGBE 13. Tübingen: Mohr-Siebeck, 1973. **Rendtorff, R.** *Studien zur Geschichte des Opfers im alten Israel.* Neukirchen: Neukirchener, 1967. **Reynolds, J.** *Aphrodisias and Rome.* London: Society for the Promotion of Roman Studies, 1982. ______ and **Tannenbaum, R.** *Jews and Godfearers at Aphrodisias.*

Cambridge: Cambridge Philological Society, 1987. **Rijksbaron, A.** *The Syntax and Semantics of the Verb in Classical Greek: An Introduction.* Amsterdam: Gieben, 1984. **Rissi, M.** *The Future of the World: An Exegetical Study of Revelation 19.11-22.15.* SBT 23. Naperville, IL: Allenson, n.d. ______. *Die Hure Babylon und die Verführung der Heiligen: Eine Studie zur Apokalypse des Johannes.* BWANT 136. Stuttgart: Kohlhammer, 1995. ______. "The Kerygma of the Revelation to John." *Int* 22(1968) 3-17. ______. *Zeit und Geschichte.* Zürich: Zwingli, 1952. ______. *Time and History: A Study on the Revelation.* Tr. G. C. Winsor. Richmond, VA: Knox, 1966.**Robert, L.** *Hellenica: Recueil d'epigraphie de numismatique et d'antiquities grecques.* 13 vols. Limoges: Bontemps, 1940-65. ______. *Nouvelles inscriptions de Sardes.* Paris: Librairie d'Amérique et d'Orient, 1964. **Robertson, A. T.** *A Grammar of the Greek New Testament in the Light of Historical Research.* Nashville: Broadman, 1934. **Robinson, J. A. T.** *Redating the New Testament.* Philadelphia: Westminster, 1976. **Robinson, J. M.**, ed. *The Nag Hammadi Library.* Rev. ed. San Francisco: Harper & Row, 1988. **Roloff, J.** *Das Kerygma und der irdische Jesus: Historische Motive in den Jesus-Erzählungen der Evangelien.* Göttingen: Vandenhoeck & Ruprecht, 1970. **Romero-Pose, E.**, ed. *Sancti Beati a Liebana Commentarius in Apocalipsin.* Rome: Typis officinae polygraphicae, 1985. **Rordorf, W.**, and **Tuilier, A.** *La Doctrine des douze Apôtres(Didachè).* SC 248. Paris: Cerf, 1978. **Roscher, W. H.** *Ausführliches Lexikon der griechischen und römischen Mythologie.* 6 vols. Leipzig: Teubner, 1884-1937. **Rosenstiehl, J.-M.** *L'Apocalypse d'Elie.* Paris: Geuthner, 1972. **Rosenthal, F.** *A Grammar of Biblical Aramaic.* Wiesbaden: Harrassowitz, 1963. **Rostovtzeff, M.** *The Social and Economic History of the Roman Empire.* 2nd ed. by P. M. Fraser. 2 vols. Oxford: Clarendon, 1957. **Roueché, C.** *Aphrodisias in Antiquity.* London: Society for the Promotion of Roman Studies, 1989. **Ruckstuhl, E.**, and **Dschulnigg, P.** *Stilkritik und Verfasserfrage im Johannesevangelium.* Göttingen: Vandenhoeck & Ruprecht; Freiburg: Universitätsverlag, 1991. **Rudolf, K.** *Gnosis: The Nature and History of Gnosticism.* Tr. R. McL. Wilson. San Francisco: Harper & Row, 1983. **Rusam, F.** "Hymnische Formeln in Apokalypse 1." Diss., Christian-Albrechts-Universität zu Kiel, 1970. **Russell, D. S.** *The Method and Message of Jewish Apocalyptic.* Philadelphia: Westminster, 1964. **Rydbeck, L.** *Fachprosa, Vermeintliche Volkssprache und Neues Testament.* Uppsala: Berlingska Boktryckeriet, 1967. **Sanday, W.**, and **Headlam, A. C.** *Romans.* 5th ed. Edinburgh: T. & T. Clark, 1902. ______ and **Turner, C. H.** *Nouum Testamentum Sancti Irenaei Episcopi*

Lugdunensis. Old-Latin Biblical Texts 7. Oxford: Clarendon, 1923. **Sanders, E. P.** *Jesus and Judaism.* Philadelphia: Fortress, 1985. **Sanders, J. T.** *The New Testament Christological Hymns: Their Historical Religious Background.* SNTSMS 15. Cambridge: Cambridge UP, 1971. **Sandnes, K. O.** *Paul - One of the Prophets? A Contribution to the Apostle's Self-Understanding.* WUNT 2/43. Tübingen: Mohr-Siebeck, 1991. **Satake, A.** *Die Gemeindeordnung in der Johannesapokalypse.* WMANT 21. Neukirchen: Neukirchener, 1966. **Sattler, W.** "Das Buch mit sieben Siegeln: Studien zum literarischen Aufbau der Offenbarung Johannis." *ZNW* 20(1921) 231-40. **Sauter, F.** *Der römische Kaiserkult bei Martial und Statius.* Stuttgart: Berlin: Kohlhammer, 1934. **Schäfer, P.** *Synopse zur Hekhalot-Literatur.* Tübingen: Mohr-Siebeck, 1981. **Schiffman, L. H.,** and **Swartz, M. D.** *Hebrew and Aramaic Incantation Texts from the Cairo Genizah: Selected Texts from Taylor-Schechter Box K1.* Sheffield: Sheffield Academic, 1992. **Schlatter, A.** *Das Alte Testament in der johanneischen Apokalypse.* Gütersloh: Bertelsmann, 1912. **Schlier, H.** *Der Brief an die Galater.* 12th ed. Göttingen: Vandenhoeck & Ruprecht, 1962. **Schmid, J.** *Studien zur Geschichte des griechischen Apokalypse-Textes.* 2 vols. Munich: Zink, 1955. **Schmidt, C.,** and **MacDermot, V.** *The Books of Jeu and the Untitled Text in the Bruce Codex.* NHS 13. Leiden: Brill, 1978. ______ and **MacDermot, V.** *Pistis Sophia.* NHS 9. Leiden: Brill, 1978. ______ and **Till, W.** *Koptisch-gnostische Schriften.* Vol. 1: *Die Pistis Sophia, Die beiden Bücher des Jeu, Unbekanntes altgnostisches Werk.* GCS 13. 3rd ed. Berlin: Akademie, 1962. **Schmidt, F.** *Le Testament grec d'Abraham.* Tübingen: Mohr-Siebeck, 1986. **Schnackenburg, R.** *The Gospel according to St. John.* 3 vols. Vol. 1: New York: Herder & Herder, 1968; Vol. 2: New York: Seabury, 1980; Vol. 3: New York: Crossroad, 1982. **Schoedel, W. R.** *Ignatius of Antioch: A Commentary on the Letters of Ignatius of Antioch.* Philadelphia: Fortress, 1985. **Schowalter, D. N.** *The Emperor and the Gods: Images from the Time of Trajan.* HDR 28. Minneapolis: Fortress, 1993. **Schrenk, G.** *Die Weissagung über Israel im Neuen Testament.* Zürich: Gotthelf, 1951. **Schröder, S.** *Plutarchs Schrift De Pythiae oraculis. Text, Einleitung und Kommentar.* Stuttgart: Teubner, 1990. **Schürer, E.** *The History of the Jewish People in the Age of Jesus Christ.* 4 vols. Ed. G. Vermes, F. Millar, and M. Goodman. Edinburgh: T. & T. Clark, 1973-87. **Schüssler Fiorenza, E.** "Apokalypsis and Propheteia: The Book of Revelation in the Context of Early Christian Prophecy." In *L'Apocalypse johannique et l'Apocalyptique dans le Nouveau Testament,* ed. J. Lambrecht. Leuven: Leuven UP, 1980. 105-28. ______. *The Book of*

Revelation: Justice and Judgment. Philadelphia: Fortress, 1985. ______. "Composition and Structure of the Book of Revelation." *CBQ* 39(1977) 344-66. ______. "The Eschatology and Composition of the Apocalypse." *CBQ* 30(1968) 564. ______. *Priester für Gott: Studien zum Herrschafts- und Priestermotiv in der Apokalypse.* NTAbh 7. Münster: Aschendorf, 1972. ______. "The Quest for the Johannine School: The Apocalypse and the Fourth Gospel." *NTS* 23(1976-77) 402-27. **Schwemer, A. M.** "Studien zu den frühjüdischen Prophetenlegenden: Vitae Prophetarum." 2 vols. Diss., Tübingen, 1993. **Scott, W.** *Hermetica: The Ancient Greek and Latin Writings Which Contain Religious or Philosophic Teachings Ascribed to Hermes Trismegistus.* 4 vols. 1924-36. Repr. Boston: Shambhala, 1985. **Scullard, H. H.** *Festivals and Ceremonies of the Roman Republic.* Ithaca, NY: Cornell UP, 1981. **Sellin, E.,** and **Fohrer, G.** *Introduction to the Old Testament.* Tr. D. E. Green. Nashville: Abingdon, 1968. **Shepherd, M. H.** *The Paschal Liturgy and the Apocalypse.* Richmond: John Knox, 1960. **Sherk, R. K.** *Roman Documents from the Greek East: Senatus Consulta and Epistulae to the Age of Augustus.* Baltimore: Johns Hopkins UP, 1969. **Sherwin-White, A. N.** *The Letters of Pliny: A Historical and Social Commentary.* Oxford: Clarendon, 1966. **Sickenberger, J. B.** *Erklärung der Johannesapokalypse.* Bonn: Hanstein, 1940. **Simon, M.** *Verus Israel: A Study of the Relations between Christians and Jews in the Roman Empire(A.D. 135-425).* Oxford: Oxford UP, 1986. **Simpson, M.,** tr. *Gods and Heroes of the Greeks: The Library of Apollodorus.* Amherst: University of Massachusetts, 1976. **Skarsaune, O.** *The Proof from Prophecy: A Study in Justin Martyr's Proof-Text Tradition: Text-Type, Provenance, Theological Profile.* NovTSup 56. Leiden: Brill, 1987. **Skehan, W., Ulrich, E.,** and **Sanderson, J. E.** *Qumran Cave 4.* Vol. 4: *Palaeo-Hebrew and Greek Biblical Manuscripts.* DJD 9. Oxford: Clarendon, 1992. **Skutsch, O.** *The Annals of Quintus Ennius.* Oxford: Clarendon, 1985. **Smalley, S. S.** *Thunder and Love: John's Revelation and John's Community.* Milton Keynes: Nelson Word, 1994. **Smith, J. Z.** "The Prayer of Joseph." In *Religions in Antiquity,* ed. J. Neusner. NumenSup 14. Leiden: Brill, 1968. 253-94. **Smith, K. F.** *The Elegies of Albius Tibullus.* New York: American Book Company, 1913. **Smith, M.** *Tannaitic Parallels to the Gospels.* SBLMS 6. 2nd ed. Philadelphia: Society of Biblical Literature, 1968. **Smyth, H. W.** *Greek Grammar.* Rev. G. M. Messing. Cambridge: Harvard UP, 1956. **Soden, H. F. von.** *Text mit Apparat.* Part 2 of *Die Schriften des Neuen Testaments in ihrer ältesten erreichbaren Textgestalt.* Göttingen: Vandenhoeck & Ruprecht, 1913. **Söder, R.** *Die apokryphen*

Apostelgeschichten und die romanhafte Literatur der Antike. Stuttgart: Kohlhammer, 1932. **Soisalon-Soininen, I.** *Die Infinitive in der Septuagints.* Helsinki: Suomalainen Tiedeakatemia, 1965. **Sokolowski, F.** *Lois sacrées de l'Asie Mineure.* Paris: de Boccard, 1955. **Sollamo, R.** *Renderings of Hebrew Semiprepositions in the Septuagint.* Helsinki: Suomalainen Tiedeakatemia, 1979. **Souza Nogueira, P. A. de.** "Der Widerstand gegen Rom in der Apokalypse des Johannes: Eine Untersuchung zur Tradition des Falls von Babylon in Apokalypse 18." Diss., Heidelberg, 1991. **Spengel, L.** *Rhetores Graeci.* 3 vols. Leipzig: Teubner, 1853-56. **Sperber, A.** *The Bible in Aramaic.* 4 vols. Leiden: Brill, 1959-73. **Spicq, C.** *Notes de lexicographie Néo-testamentaire.* 3 vols. Göttingen: Vandenhoeck & Ruprecht, 1978-82. **Stegemann, W.** *Zwischen Synagoge und Obrigkeit: Zur historischen Situation der lukanischen Christen.* Göttingen: Vandenhoeck & Ruprecht, 1991. **Stengel, P.** *Die griechischen Kultusaltertümer.* 3rd ed. Munich: Beck, 1920. **Stone, M. E.** *Fourth Ezra: A Commentary on the Book of Fourth Ezra.* Minneapolis: Fortress, 1990. **Stoneman, R.** *Palmyra and Its Empire: Zenobia's Revolt against Rome.* Ann Arbor: University of Michigan, 1992. **Strobel, A.** "Apokalypse des Johannes." In *Theologische Realenzyklopädie.* Vol. 3. New York; Berlin: de Gruyter, 1978. **Stroker, W. D.** *Extracanonical Sayings of Jesus.* Atlanta: Scholars, 1989. **Stuckenbruck, L. T.** *Angel Veneration and Christology: A Study in Early Judaism and the Apocalypse of John.* Tübingen: Mohr-Siebeck, 1995. **Stuhlmann, R.** *Das eschatologische Maß im Neuen Testament.* Göttingen: Vandenhoeck & Ruprecht, 1983. **Swartz, M. D.** *Mystical Prayer in Ancient Judaism: An Analysis of Ma'aseh Merkavah.* Tübingen: Mohr-Siebeck, 1992. **Swete, H. B.** *Introduction to the Old Testament in Greek.* Cambridge: Cambridge UP, 1914. **Syme, R.** *Tacitus.* 2 vols. Oxford: Clarendon, 1958. **Tagawa, K.** *Miracles et Évangile: la pensée personelle de l'évangeliste Marc.* Paris: Presses universitaires de France, 1966. **Tajra, H. W.** *The Martyrdom of St. Paul: Historical and Judicial Context, Traditions and Legends.* WUNT 2/67. Tübingen: Mohr-Siebeck, 1994. **Taylor, L. R.** *The Divinity of the Roman Emperor.* Middletown: American Philological Association, 1931. **Tcherikover, V.** *Hellenistic Civilisation and the Jews.* Philadelphia: Jewish Publication Society of America, 1961. **Thackeray, H. St. J.** *A Grammar of the Old Testament in Greek.* Cambridge: Cambridge UP, 1909. ______. *Josephus the Man and the Historian.* New York: Ktav, 1967. **Thayer, J. H.** *A Greek-English Lexicon of the New Testament.* Grand Rapids, MI: Zondervan, n.d. **Theisohn, J.** *Der auserwählte Richter: Untersuchungen zur traditionsgeschichtlicher Ort* *der Menschensohngestalt der Bilderreden des Äthiopisch Henoch.* Göttingen: Vandenhoeck & Ruprecht, 1976. **Theissen, G.** *The Gospels in Context: Social and Political History in the Synoptic Tradition.* Minneapolis: Fortress, 1991. ______. *The Miracle Stories of the Early Christian Tradition.* Philadelphia: Fortress, 1983. **Theodor, J.,** and **Albeck, Ch.** *Midrash Bereshit Rabba: Critical Edition with Notes and Commentary.* 3 vols. Jerusalem: Vahrman, 1965. **Thompson, L. L.** *The Book of Revelation: Apocalypse and Empire.* New York: Oxford UP, 1990. **Thompson, S.** *The Apocalypse and Semitic Syntax.* SNTSMS 52. Cambridge: Cambridge UP, 1985. ______. *Motif-Index of Folk-Literature.* 6 vols. 1932-34. Repr. Bloomington: Indiana UP, 1983. **Tischendorf, C.** *Novum Testamentum Graece.* 8th ed. 2 vols. Leipzig: Giesecke & Devrient, 1872. **Tödt, H. E.** *The Son of Man in the Synoptic Tradition.* Tr. D. M. Barton. Philadelphia: Westminster, 1965. **Toit, A. du.** "Vilification as a Pragmatic Device in Early Christian Epistolography." *Bib* 75(1994) 403-12. **Torrey, C. C.** *The Apocalypse of John.* New Haven: Yale UP, 1958. **Touilleux, P.** *L'Apocalypse et les cultes de Domitien et de Cybèle.* Paris: Librairie Orientaliste Paul Geuthner, 1935. **Tov, E.** *The Greek Minor Prophets Scroll from Nahal Ḥever(8ḤevXIIgr. The Seiyal Collection I).* DJD 8. Oxford: Clarendon, 1990. **Trebilco, P.** *Jewish Communities in Asia Minor.* SNTSMS 69. Cambridge: Cambridge UP, 1991. **Trites, A. A.** *The New Testament Concept of Witness.* Cambridge: Cambridge UP, 1977. **Tromp, J.** *The Assumption of Moses: A Critical Edition with Commentary.* Leiden: Brill, 1992. **Turner, N.** *Grammatical Insights into the New Testament.* Edinburgh: T. & T. Clark, 1965. ______. *Style.* Vol. 4 of *A Grammar of New Testament Greek,* ed. J. H. Moulton. Edinburgh: T. & T. Clark, 1976. ______. *Syntax.* Vol. 3 of *A Grammar of New Testament Greek,* ed. J. H. Moulton. Edinburgh: T. & T. Clark, 1963. **Ulrichsen, J. H.** *Die Grundschrift der Testamente der zwölf Patriarchen: Eine Untersuchung zu Umfang, Inhalt und Eigenart der ursprünglichen Schrift.* Uppsala: Almqvist & Wiksel, 1991. **Urbach, E. E.** *The Sages: Their Concepts and Beliefs.* Cambridge: Harvard UP, 1987. **VanderKam, J. C.** *The Book of Jubilees: A Critical Text.* CSCO 510: Scriptores Aethiopici 87. Louvain: Peeters, 1989. ______. *Enoch and the Growth of an Apocalyptic Tradition.* CBQMS 16. Washington, DC: Catholic Biblical Society of America, 1984. **Vanhoye, A.** "L'utilisation du livre d'Ézéchiel dans l'Apocalypse. *Bib* 43(1962) 436-76. **Vanni, U.** *L'Apocalisse: Ermeneutica, Esegesi, Teologia.* Bologna: Editzioni Dehoniane, 1988. ______. *La struttura letteraria dell'Apocalisse.* 2nd ed. Napoli: Morcelliana, 1980. **Vaux, R. de.** *Ancient Israel: Its Life and Insti-*

tutions. Tr. J. McHugh. New York: McGraw-Hill, 1961. **Vermaseren, M. J.** *Mithraica III: The Mithraeum at Marino.* EPRO 16. Leiden: Brill, 1982. ______. *Mithras the Secret God.* London: Chatto & Windus, 1963. **Vermes, G.** *The Dead Sea Scrolls in English.* 3rd rev. and aug. ed. London: Penguin, 1987. ______. *Jesus the Jew.* New York: Macmillan, 1973. **Vermeule, C. C.** *Roman Imperial Art in Greece and Asia Minor.* Cambridge: Harvard UP, 1968. **Vermeule, E.** *Aspects of Death in Early Greek Art and Poetry.* Berkeley: University of California, 1979. **Versnel, H. S.** "Religious Mentality in Ancient Prayer." In *Faith, Hope and Worship: Aspects of Religious Mentality in the Ancient World.* Leiden: Brill, 1981. 1-64. ______. *Triumphus: An Inquiry into the Origin, Development and Meaning of the Roman Triumph.* Leiden: Brill, 1970. **Vielhauer, P.** *Geschichte der urchristlichen Literatur.* Berlin; New York: de Gruyter, 1975. **Vischer, E.** *Die Offenbarung Johannis: eine jüdische Apokalypse in christlicher Bearbeitung.* TU 2/3. Leipzig: Hinrichs, 1886. **Vlastos, G.** *Socrates: Ironist and Moral Reformer.* Cambridge: Cambridge UP, 1991. **Vogels, H. J.** *Untersuchungen zur Geschichte der lateinischen Apokalypse-Übersetzung.* Düsseldorf: Schwann, 1920. **Vögtle, A.** *Das Neue Testament und die Zukunft des Kosmos.* Düsseldorf: Patmos, 1970. ______. *Die Tugend- und Lasterkataloge im Neuen Testament.* NTAbh 16. Münster: Aschendorff, 1936. **Völter, D.** *Die Entstehung der Apokalypse.* 2nd ed. Freiburg: Mohr-Siebeck, 1882. **Volz, P.** *Die Eschatologie der jüdischen Gemeinde.* Tübingen: Mohr-Siebeck, 1934. **Vos, L. A.** *The Synoptic Traditions in the Apocalypse.* Kampen: Kok, 1965. **Votaw, C. W.** *The Use of the Infinitive in Biblical Greek.* Chicago: Votaw, 1896. **Vuyst, J. de.** *De structuur van de apokalyps.* Kampen: Kok, 1968. **Walbank, F. W.** *A Historical Commentary on Polybius.* 3 vols. Oxford: Clarendon, 1957-79. **Watson, A.**, ed. *The Digest of Justinian.* Philadelphia: University of Pennsylvania, 1985. **Weber, R.** ed., *Biblia sacra iuxta Vulgatam versionem.* 2 vols. Stuttgart: Deutsche Bibelgesellschaft, 1969. **Wehr, L.** *Arznei der Unsterblichkeit: Die Eucharistie bei Ignatius von Antiochien und im Johannesevangelium.* NTAbh 18. Münster: Aschendorff, 1987. **Weiser, A.** *The Psalms: A Commentary.* Philadelphia: Westminster, 1962. **Weiss, B.** *Die Johannes-Apokalypse: Textkritische Untersuchungen und Textherstellung.* TU 7.1. Leipzig: Hinrichs, 1892. **Weiss, H.-F.** *Untersuchungen zur Kosmologie des hellenistischen und palästinischen Judentums.* TU 97. Berlin: Akademie, 1966. **Weiss, J.** *Der erste Korintherbrief.* 8th ed. Göttingen: Vandenhoeck & Ruprecht, 1910. ______. *Die Offenbarung des Johannes: Ein Beitrag zur Literatur- und Religionsgeschichte.* Göttingen: Vandenhoeck & Ruprecht,

1904. **Wellhausen, J.** *Analyse der Offenbarung Johannis.* Berlin: Weidmann, 1907. ______. *Skizzen und Vorarbeiten.* 6 vols. 1884-99. Repr. Berlin: New York: de Gruyter, 1985. **Wellmann, M.**, ed. *Pedanii Dioscurides Anazarbei. De material medica libri quinque.* 3 vols. Berlin: Weidmann, 1958. **Wengst, K.** *Schriften des Urchristentums: Didache (Apostellehre), Barnabasbrief, Zweiter Klemensbrief, Schrift an Diognet.* Munich: Kösel, 1984. **Werner, E.** *The Sacred Bridge: Liturgical Parallels in Synagogue and Early Church.* New York: Columbia UP, 1959. **West, M. L.** *Hesiod, Theogony: Edited with Prolegomena and Commentary.* Oxford: Clarendon, 1966. **Westcott, B. F.** *A General Survey of the History of the Canon of the New Testament.* 6th ed. Grand Rapids, MI: Baker, 1980. ______ and **Hort, F. J. A.** *Introduction to the New Testament in the Original Greek.* New York: Harper, 1882(*indicates pages in the Appendix). **Westermann, C.** *Genesis: A Commentary.* Tr. J. J. Scullion. 3 vols. Minneapolis: Augsburg, 1984-86. ______. *The Praise of God in the Psalms.* Tr. K. R. Crim. Richmond: John Knox, 1965. **Wettstein, J. J.** *Novum Testamentum Graecum.* 2 vols. 1752. Repr. Graz: Akademische Druck- und Verlaganstalt, 1962. **Weyland, W. G. J.** Omwerkings en Compilatie-Hypothesen toegepast op de Apokalypse van Johannes. Groningen: Wolters, 1888. **White, R. J.** *The Interpretation of Dreams: Oneirocritica by Artemidorus.* Park Ridge, NJ: Noyes, 1975. **Wilken, R. L.** *The Christians as the Romans Saw Them.* New Haven: London: Yale UP, 1984. **Williams, F.** *Callimachus, Hymn to Apollo: A Commentary.* Oxford: Clarendon, 1978. **Wilson, W. T.** *The Mysteries of Righteousness: The Literary Composition and Genre of the Sentences of Pseudo-Phocylides.* Tübingen: Mohr-Siebeck, 1994. **Winer, G. B.** *A Treatise on the Grammar of New Testament Greek.* Tr. W. F. Moulton. 3rd ed. rev. Edinburgh: T. & T. Clark, 1882. **Winston, D.** *The Wisdom of Solomon.* Garden City, NY: Doubleday, 1979. **Wissowa, G.** *Religion und Kultus der Römer.* 2nd ed. Munich: Beck, 1912. **Witt, R. E.** *Isis in the Graeco-Roman World.* Ithaca, NY: Cornell UP, 1971. **Wolff, C.** *Jeremia im frühjudentum und Urchristentum.* TU 118. Berlin: Akademie, 1976. **Wolff, H. W.** *Joel and Amos.* Hermeneia. Philadelphia: Fortress, 1977. **Wülker, L.** *Die geschichtliche Entwicklung des Prodigienswesens bei den Römern: Studien zur Geschichte und Überlieferung der Staatsprodigien.* Leipzig: Glausch, 1903. **Yarbro Collins, A.** *The Combat Myth in the Book of Revelation.* Missoula, MT: Scholars, 1975. ______. *Crisis and Catharsis: The Power of the Apocalypse.* Philadelphia: Westminster, 1984. ______. "The Political Perspective of the Revelation to John." *JBL* 96(1977) 241-56. ______. "The 'Son of Man' Tradition and the Book of Revelation." In *The Messiah: Developments in Earliest Judaism and Christianity*. ed. J. H. Charlesworth. Minneapolis: Fortress, 1992. 536-68. **Ysebaert, J.** *Die Amtsterminologie im Neuen Testament und in der Alten Kirche: Eine lexicographische Untersuchung*. Breda: Eureia, 1994. **Zahn, T.** *Ignatii et Polycarpi Epistolae Marytia Fragmenta*. Vol. 2 of *Patrum Apostolicorum Opera*. Leipzig: Hinrichs, 1876. ______. *Introduction to the New Testament*. 3 vols. Grand Rapids, MI: Kregel, 1953. ______, ed. *Forschungen zur Geschichte des neutestamentlichen Kanons und der altkirchlichen Literatur*. Erlangen: Deichert, 1891. **Zazoff, P.** *Die antike Gemmen*. Munich: Beck, 1983. **Zerwick, M.** *Biblical Greek*. Tr. J. Smith, S.J. Rome: Pontifical Biblical Institute, 1963. ______ and **Grosvenor, M.** *A Grammatical Analysis of the Greek New Testament*. 2 vols. Rome: Biblical Institute, 1974. **Ziegler, J.**, ed. *Duodecim prophetae*. VTG 13. Göttingen: Vandenhoeck & Ruprecht, 1943. ______, ed. *Ezechiel*. Septuaginta: VTG 16/1. Göttingen: Vandenhoeck & Ruprecht, 1952. ______, ed. *Susanna, Daniel, Bel et Draco*. VTG 16/2. Göttingen: Vandenhoeck & Ruprecht, 1954. **Ziegler, K.-H.** *Die Beziehungen zwischen Rom und dem Partherreich*. Wiesbaden: Steiner, 1964. **Zimmerli, W.** *Ezekiel*. Tr. R. E. Clements. 2 vols. Philadelphia: Fortress, 1979-83.

요한계시록 6:1 – 16:21

2. 어린양이 첫 번째 인을 떼다(6:1-17)

참고문헌

Bachmann, M. "Der erste apokalyptische Reiter und die Anlage des letzten Buches der Bible." *Bib* 67(1986) 240-75. **Baldensperger, W.** "Les cavaliers de l'Apocalypse." *RHPR* 4(1924) 1-31. **Bauckham, R.** "The Eschatological Earthquake." In R. Bauckham, *Climax*. 199-209. ______. "The Use of Apocalyptic Traditions." In R. Bauckham, *Climax*. 38-91. **Björck, B.** *Der Fluch des Christen Sabinus*. Uppsala: Almqvist & Wiksell, 1938. **Black, M.** "Some Greek Words with Hebrew Meanings in the Epistles and Apocalypse." In *Biblical Studies in Honour of William Barclay*, ed. J. R. McKay and J. F. Miller. London: Collins, 1976. 135-46. **Cerny, L.** *The Day of Yahweh and Some Relevant Problems*. Prague: University of Karlovy, 1948. **Considine, J. S.** "The Rider on the White Horse: Apocalypse 6:1-8." *CBQ* 6(1944) 406-22. **Dornseiff, F.** "Die apokalyptischen Reiter." *ZNW* 38(1939) 196-97. **Everson, A. J.** "The Days of Yahweh." *JBL* 93(1974) 329-37. **Eynde, P. van den.** "Le Dieu du désordre: Commentaire synthétique d'Apocalypse 6,9- 11." *BVC* 74(1967) 39-51. **Feuillet, A.** "Les martyrs de l'humanité et l'agneau égorgé: Une interprêtation nouvelle de la prière des égorgés en Ap 6,9-11." *NRT* 99(1977) 189-207. ______. "Le premier cavalier de l'Apocalypse." *ZNW* 57(1966) 229-59. **Gsell, S.** *Essai sur le regne de l'empereur Domitien*. Paris: Thorin & Fils, 1894. **Haapa, E.** "Farben und Funktionen bei den apokalyptischen Reitern(Apoc 6,1-8; Zach 1,7-17)." *Teologinen Aikakauskirja* 73(1968) 216-25. **Heil, J. P.** "The Fifth Seal(Rev 6,9-11) as a Key to the Book of Revelation." *Bib* 74(1993) 220-43. **Hillers, D.** *Treaty-Curses and the Old Testament Prophets*. Rome: Pontifical Biblical Institute, 1964. **Hodges, Z. C.** "The First Horseman of the Apocalypse." *BSac* 119(1962) 324-34. **Johnston, S. I.** "Riders in the Sky: Cavalier Gods and Theurgic Salvation in the Second Century A.D." *CP* 87 (1992) 303-21. **Kerkeslager, A.** "Apollo, Greco-Roman Prophecy, and the Rider on the White Horse in Rev 6:2." *JBL* 112(1993) 116-21. **Klasse, W.** "Vengeance in the Apocalypse." *CBQ* 28(1966) 300-311. **Klauck, H.-J.** "*θυσιαστήριον*: Eine Berichtigung." *ZNW* 71 (1980) 274-77. **Krause, M. S.** "The Finite Verb with Cognate Participle in the New Testament." In *Biblical Greek Language and Linguistics: Open Questions in Current Research*. ed. S. E. Porter and D. A. Carson. *JSNTSup* 80. Sheffield: Sheffield Academic, 1993. 187-206. **Krauss, S.** "Die Schonung von Öl und Wein in der Apokalypse." *ZNW* 10(1909) 81-89. **Levick, B.** "Domitian and the Provinces." *Latomus* 41(1982) 50-73. **Licht, J.** "Taxo, or the Apocalyptic Doctrine of Vengeance." *JJS* 12(1961) 95-103. **Maiberger, P.** "Zur Problem und Herkunft der sogennanten Fluchpsalmen." *TTZ* 97(1988) 183-216. **Mendenhall, G. E.** "The Vengeance of Yahweh." In *The Tenth Generation*. Baltimore: Johns Hopkins UP, 1973. 69-104. **Merz, E.** *Die Blutrache bei den Israeliten*. BWANT 20. Leipzig: Heinrichs, 1916. **Michael, J. H.** "The Position of the Wild Beasts in Revelation 6:8b." *ExpTim* 58(1946-47) 166. **Moffatt, J.** "'Hurt Not the Oil and the Wine.'" *The Expositor* 6(1908) 359-69. **Moule, C. F. D.** "Fulfilment Words in the New Testament." *NTS* 14(1968) 293-320. **Mowinckel, S.** "Jahves Dag." *NorTT* 59(1958) 1-56, 209-29. **Muscovi, J. N.** *Vengeance in the Apocalypse*. AUSDDS 17.Berrien Springs: Andrews UP, 1993. **Peels, H. G. L.** *The Vengeance of God: The Meaning of the Root NQM and the Function of the NQM-Texts in the Context of Divine Revelation in the Old Testament*. OTS 31. Leiden: Brill, 1995. **Rad, G. von.** "The Origin of the Concept of the Day of Yahweh." *JSS* 4(1959) 97-108. **Räisänen, H.** *The Idea of Divine Hardening*. Helsinki: The Finnish Exegetical Society, 1976. **Reinach, S.** "La mévente des vins sous le Haut-Empire romain." *RArch* 39(1901) 350-74(="La date de l'Apocalypse et la mévente des vins sous l'Empire." In *Cultes, Mythes et Religions*. Paris: Leroux, 1906. 2:356-80). **Rissi, M.** "The Rider on the White Horse: A Study of Revelation 6:1-8." *Int* 18(1964) 407-18. **Robinson, D. M.** "A New Latin Economic Edict from Pisidian Antioch." *TAPA* 55(1924) 5-20. **Rowley, H. H.** *The Faith of Ancient Israel*. London: SCM, 1956. **Scholem, G.** "Über eine Formel in den koptisch-gnostischen Schriften und ihren jüdischen Ursprung." *ZNW* 30(1931) 170-76. **Smith, M. S.** *The Early History of God*. San Francisco: Harper & Row, 1990. **Stolle, F.** *Der römische Legionar und sein Gepäck*. Strassburg: Trübner, 1914. **Stuhlmann, R.** *Das eschatologische Maß Neuen Testament*. Göttingen: Vandenhoeck & Ruprecht, 1983. **Taylor, F. W.** "The Seven Seals in the Revelation of John." *JTS* 31(1929-30) 266-71. **Thomas, R. L.** "Imprecatory Prayers in the Apocalypse." *BSac* 126(1969) 123-31. **Tromp, N. J.** *Primitive Conceptions of Death and the Nether World in the Old*

Testament. Rome: Pontifical Biblical Institute, 1969. **Unnik, W. C. van.** "Die 'Zahl der vollkommenen Seelen' in der 'Pistis Sophia.'" In *Abraham unser Vater.* FS O. Michel, ed. O. Betz, M. Hengel, and P. Schmidt. Leiden: Brill, 1963. 467-77. ______. "Le nombre des élus dans le première épître de Clément." *RHPR* 42(1962) 237-46. **Ulfgard, H.** *Feast and Future: Revelation 7:9-17 and the Feast of Tabernacles. ConNT* 22. Stockholm: Almqvist & Wiksell, 1989. **Vanni, U.** "Il terzo 'sigillo' dell'Apocalisse(Ap 6,5-6): simbols dell'ingiustizia sociale?" *Gregorianum Roma* 59(1978) 691-719(=*L'Apocalisse,* 193-213). **Watson, L.** *Arae: The Curse Poetry of Antiquity.* Leeds: Cairns, 1991. **Weiss, M.** "The Origin of the 'Day of the Lord' - Reconsidered." *HUCA* 37(1966) 29-60. **Westermann, C.** "Struktur und Geschichte der Klage im Alten Testament." *ZAW* 66(1954) 44-80. **Yarbro Collins, A.** "Persecution and Vengeance in the Book of Revelation." In *Apocalypticism,* ed. D. Hellholm. 729-49.

본 문

1 내가 보매 어린양이 일곱 인 중에 하나를 떼시는 그 때에 내가 들으니 네 생물 중에 하나가 우뢰 소리같이 말하되 오라 하기로

2 내가 이에 보니 흰 말이 있는데 그 탄 자가 활을 가졌고 면류관을 받고 나가서 이기고 또 이기려고 하더라

3 둘째 인을 떼실 때에 내가 들으니 둘째 생물이 말하되 오라 하더니

4 이에 붉은 다른 말이 나오더라 그 탄 자가 허락을 받아 땅에서 화평을 제하여 버리며 서로 죽이게 하고 또 큰 칼을 받았더라

5 셋째 인을 떼실 때에 내가 들으니 셋째 생물이 말하되 오라 하기로 내가 보니 검은 말이 나오는데 그 탄 자가 손에 저울을 가졌더라

6 내가 네 생물 사이로서 나는 듯하는 음성을 들으니 가로되 한 데나리온에 밀 한 되요 한 데나리온에 보리 석 되로다 또 감람유와 포도주는 해치 말라 하더라

1 Then [a]I saw[a] when[b] the Lamb broke the [c]first[d] of the seven seals, and I heard[e] one of the four cherubim[f] saying,[g] as though with a voice[h] of thunder,[i] "Come!"[j]

2 [a]Then I looked,[a] and behold, there was a white horse, and the cavalier[b] had a bow. A[c] crown was given to him, and[d] the conqueror went out[e] in order to conquer even more.

3 When[a] he broke [b]the second seal,[b] I heard the second cherub saying, "Come!"[c]

4 Then [a]another horse, a fiery red one,[b] rode out, and the cavalier[c] was given[d] the power to remove peace from[e] the earth so that[f] people[g] might slaughter[h] each other. He was given a large sword.

5 When he broke the third seal, I heard the third cherub saying, "Come!"[a] [b]Then I looked,[b] and behold, there was a black horse, and the cavalier held a balance scale in his hand.

6 Then I heard, as it were,[a] a voice in the middle of the four cherubim saying, "A liter of wheat [b]for a denarius,[b] and three liters of barley[c] [b]for adenarius,[b] but[d] do not harm[e] the oil and the[f] wine!"

7 넷째 인을 떼실 때에 내가 넷째 생물의 음성을 들으니 가로되 오라 하기로

8 내가 보매 청황색 말이 나오는데 그 탄 자의 이름은 사망이니 음부가 그 뒤를 따르더라 저희가 땅 사분 일의 권세를 얻어 검과 흉년과 사망과 땅의 짐승으로써 죽이더라

9 다섯째 인을 떼실 때에 내가 보니 하나님의 말씀과 저희의 가진 증거를 인하여 죽임을 당한 영혼들이 제단 아래 있어

10 큰 소리로 불러 가로되 거룩하고 참되신 대주재여 땅에 거하는 자들을 심판하여 우리 피를 신원하여 주지 아니하시기를 어느 때까지 하시려나이까 하니

11 각각 저희에게 흰 두루마기를 주시며 가라사대 아직 잠시 동안 쉬되 저희 동무 종들과 형제들도 자기처럼 죽임을 받아 그 수가 차기까지 하라 하시더라

12 내가 보니 여섯째 인을 떼실 때에 큰 지진이 나며 해가 총담같이 검어지고 온 달이 피같이 되며

13 하늘의 별들이 무화과나무가 대풍에 흔들려 선 과실이 떨어지는 것같이 땅에 떨어지며

14 하늘은 종이 축이 말리는 것같이 떠나가고 각 산과 섬이 제 자리에서 옮기우매

15 땅의 임금들과 왕족들과 장군들과 부자들과 강한 자들과 각 종과 자주자가 굴과 산 바위 틈에 숨어

16 산과 바위에게 이르되 우리 위에 떨어져 보좌에 앉으신 이의 낯에서와 어린양의 진노에서 우리를 가리우라

17 그들의 진노의 큰 날이 이르렀으니 누가 능히 서리요 하더라

7 When he broke[a] the fourth seal, I heard the voice[b] of the fourth cherub saying, "Come!"[c]

8 [a]I saw,[a] and behold, there was a pale-colored[b] horse, and [c]as for the[d] cavalier,[ec] [f]his name[f] was[g] Death, and Hades was following after him.[h] [i]They[i] were given authority over a fourth part of the earth to kill with[k] the sword[l] and with [k]famine and with[k] plague[m] and by[n] the wild animals of the earth.

9 When he broke [a]the fifth seal,[a] [b]I saw[c] underneath the altar the souls of[d] [e]those slain[e] because of the word of God and because of the witness[f] which they bore.[g]

10 They[a] [b]cried out[b] loudly saying, "O Master,[c] holy and true, how long will it be until you judge and avenge our deaths[d] [e]caused by[e] [f]those who dwell on the earth?"[f]

11 Then each[a] of them was given a white robe,[b] and [c]they were told[c] that they should rest[d] [e]a while longer[e] until the number of their fellow servants, [f]that is,[f] their brothers who were [g]to be killed[g] as they were, [h]would be complete.[h]

12 Then [a]I saw,[a] when[b] he broke[c] the sixth seal, that[d] [e]a [f]great earthquake occurred,[f] and the sun [g]became dark[g] as haircloth,[h] and [i]the entire moon[i] became red as blood,

13 and the stars of the heaven fell to earth as a fig tree drops[a] its unripe figs[b] when shaken by a strong wind.

14 Heaven disappeared from sight[a] like a scroll rolled up. Every mountain and island was shaken from its place.

15 The kings of the earth and the important people and the generals[a] and the wealthy and the powerful and every slave and free person hid themselves in the caves and in the mountain rocks.

16 They said to the mountains and the cliffs,[a] "Fall on us and hide us from[b] the One who sits on the throne and from the wrath of the Lamb,

17 because the great day of his[a] wrath has come, and who is able to withstand it?"

원문주해

1.a.a. 이문: 에이돈(εἶδον)의 탈락: Andr h Primasius. 6:3, 5, 7, 9와 일치시키기 위한 조화의 탈락이다.

1.b. 이문: (1) 호테(ὅτε) ℵ A C Andreas. (2) 호티(ὅτι) Oecumenius[2053](καὶ ὅτε φησὶν εἶδον ὅτι – 카이 호테 페신 에이돈 호티): 2351 Andr d e f-[2073] i n 1773 Byzantine &vg. 에이돈(εἶδον)에 이어지는 호테(ὅτε) 절이 난해하기 때문에 목적절 역할을 하는 호티(ὅτι) 절로 바뀌었다. 12절에 나오는 카이 에이돈 호테(καὶ εἶδον ὅτε)라는 어구는 저자의 문체를 반영한다는 사실을 나타낸다.

1.c. 이문: (1) 미안(μίαν) Andr a[1 2186] b[2059] l[1678 1778] arab. (2) 엔(ἕν) *TR*: 296 2049. (3) 프로텐(πρώτην) eth. 헬라어 사본들 중에 미안(μίαν) 대신 포로톤(πρώτην)을 사용하는 사본이 없다는 사실은 이 셈어식 표현이 아니라 완벽하게 헬라어식 표현임을 시사한다("원문주해" 1.d를 보라).

1.d. 미안(μίαν)은 여기에서 프로텐(πρώτην)과 동등하다(계 9:12: 헤 우아이 헤 미아[ἡ οὐαὶ ἡ μία, "첫째 화"]를 보라). 많은 학자들은 이 표현을 셈이식이라고 생각한다(BDF § 247: BAGD, 231-32: Mussies, *Morphology*, 216). 그러나 아래에 제시된 증거에 근거할 때 계 6:1과 9:12에서 에이스(εἶς)의 사용은 받아들일 수 있는 용법인 것 같다(Moulton, *Prolegomena*, 95-96: MM, 187를 보라). 이 문제에 대한 가장 명확한 토론은 Maloney, *Marcan Syntax*, 144-52에서 발견된다. 헬라어에서 기수와 우수는 대개 식별할 수 있다. 그러나 예외는 일련의 사물들이 이어서 언급될 때 기수 에이스(εἶς)가 그것들 중에 첫 번째 사물을 열거하는 데 사용되는 경우다(예를 들어, Herodotus 4.161, 미아…알레…트리테[μία…ἄλλη…τρίτη, "첫째…또 다른…세 번째"]; Galen *De comp. med.* 4, 미아스 카이 듀테라스 헤메라스(μιᾶς καὶ δευτέρας ἡμέρας, "첫 번째와 두 번째 날"]; Aelius Aristides *Or.* 36.40, 헨…듀테란…트리톤…트리톤…테타르톤[ἕν…δεύτεραν…τρίτον…τέταρτον, "첫 번째…두 번째…세 번째…네 번째"]; BAGD, 231-32: Maloney, *Marcan Syntax*, 145를 보라). 동일하게 헬라어와 아람어에서도 기수 에하드(אֶחָד, "하나")가 때로 "첫 번째"를 의미하는 우수로 사용되는데(창 1:5; 2:11-14; 4:19; 8:5, 13; 출 1:15; 25:12; 민 11:26; 삼상 1:2; 룻 1:4; 스 10:16; 단 9:1; 참조: KB3 30; *GKC* § 98a; 이상의 모든 구절에서 에하드[אֶחָד]는 헬라어 에이스[εἶς]로 번역된다), 특별히 월(month)이나 년(year)의 날들(days)를 셀 때 그렇게 사용된다(*GKC* § 134p). 창 1:5에서 욤 에하드(יוֹם אֶחָד, 직역하면 "한 날"[칠십인역, 헤메라 미아 – ἡμέρα μία])는 우수처럼 사용되는 기수다(Josephus *Ant.* 1.26는 "그러므로 이 어구는 첫째 날[πρώτη ἡμέρα – 프로테 헤메라]로 번역되어야 하지만 모세는 '한' 날[μίαν – 미안]로 말했다"고 주석하고, Philo도 *Op.* 35에서 모세가 프로테[πρώτη] 대신 미아[μία]를 사용한 이유에

대해 주석한다). 창 1:8에서 창조의 날들에 대해 기술하면서 맛소라 사본은 우수를 사용한다: 욤 쉐니(יוֹם שֵׁנִי, 직역하면 "둘째 날"[칠십인역, 헤메라 듀테라 – ἡμέρα δευτέρα]). 이 기사의 나머지 부분에도 계속하여 히브리어 기수들이 사용된다(창 1:13, 19, 23, 31; 2:2). 따라서 헬라어와 히브리어/아람어 간에 우수로 일련의 계수를 시작하여 기수로 이어 나가는 데는 별로 차이가 없다. 날짜를 계수하는 데 헬라어에서는 주로 기수가 사용되고 히브리어에서는 주로 우수가 사용된다. 많은 학자들이 미아 삽바톤(*μία σαββάτων*; 막 16:2; 마 28:1; 눅 24:1; 요 20:1, 19; 행 20:7) 또는 미아 삽바투(*μία σαββάτου*; 고전 16:2)라는 유사한 표현을 셈어식 표현으로 생각하는데(Black, *Aramaic*, 124; Zerwick, *Greek*, § 154; 말oney, *Marcan Syntax*, 144-50) 이것은 아마 정확할 것이다(프로테 삽바투[*πρώτη σαββάτου*]라는 어구가 막 16:9에 나오는 것을 주목하라). 인들과 화들을 제외하고, 요한계시록에 나오는 다른 수의 열거들은 기수인 프로토스(*πρώτος*)로 시작한다: 네 생물(4:7-8), 일곱 대접(8:7), 일곱 나팔(16:2), 열두 기초석(21:19).

1.e. 레게인(*λέγειν*)에서 나온 아쿠에인(*ἀκούειν*)+속격+속격 분사는 요한계시록에 여덟 번 나온다: 6:1, 3, 5; 8:13; 16:1, 5, 7; 21:3. 동일한 구문이 간혹 칠십인역과(창 27:5, 6; 37:17; 출 19:9; 1 Kgdms 24:10; 사 6:8; 렘 33:7; 겔 2:2; 단 8:13) 신약성경에 나온다(막 12:28; 14:58; 눅 18:36; 행 2:11; 6:11, 14; 8:30; 10:46; 11:7; 14:8; 15:12; 22:7).

1.f. 이 번역에 대해서는 4:6의 "주석"을 보라.

1.g. 남성과 중성 속격 단수 분사 레곤토스(*λέγοντος*, "말하는")는 선행 명사 에노스(*ἑνός*, 하나)와 일치한다. 주격 남성 단수 분사를 파격 구문으로 사용하는 것은 요한의 전형적인 관행이다. 4:1, 8을 보라.

1.h. 이문: (1) 포네(*φωνή*) A C 046 Andr c e^{2026} f-^{2056} g i-^{2042} l-^{1778} Byzantine; Bousset(1906) 264; Charles, 2:272. (2) 포넨(*φωνήν*) ℵ fam 1611^{1854} Oecumenius^{2053} Andr i^{2042} l^{1778} n-^{2429} 2019. (3) 포네(*φωνῆ*) fam 1611^{2329}(*φωνῆ* – 포네): Andr/*Byz* 3^{2196}(*φωνῆ* – 포네); WHort; B. Weiss, *Johannes-Apokalypse*, 172;[Bousset (1906) 264]; von Soden, *Text*; [Charles, 1:36]. (4) 포네스(*φωνῆς*) 025 Andreas. 비교로 사용되는 호스(*ὡς*) 다음의 격은 보통 호스(*ὡς*) 앞의 격과 동일하기 때문에, 이 형태는 포네스(*φωνῆς*)가 되어 에노스(*ἑνός*)를 수식해야 한다. 따라서 독법 (4)는 문법적인 수정이다. 찰스(Charles 1:161)는 저자가 히브리어 케콜(כְּקוֹל)을 의도하고 호스 포네(*ὡς φωνή*)로 번역했다고 말한다. 그러나 케콜(כְּקוֹל)은 호스 포네(*ὡς φωνῆ*)로 번역될 수도 있다.

1.i. 헬라어 용어 에르케스다이(*ἔρχεσθαι*)는 "오라"를 의미할 수도 있고 또한 "가라"를 의미할 수도 있기 때문에(Metzger, *Code*, 57), 두 가지 번역 모두에 대한 주장이 있다. "오라"는 번역은 그룹이 말 탄 자를 호출하는 것을 나타내는 반면에, "가라"는 번역은 그룹이 말 탄 자에게 임무를 주어 파송하는 것을 암시한다. 이 문맥에서는 전자가 더 적절

한 것 같다.

1.j. 구두점에 영향을 끼친 이문들: (1) 에르쿠 카이 에이돈 카이 이두(*ἔρχου. καὶ εἶδον καὶ ἰδού*) A C 025 Oecumenius[2053] fam 1006[1006] fam 1611[1854 2329] Andreas cop; Nestle-Aland[27]; UBSGNT[4]; *TCGNT* 2, 667. (2) 에르쿠 카이 이데 카이 이두(*ἔρχου καὶ ἴδε. καὶ ἰδού*) Byzantine. (3) 에르쿠 카이 이데 카이 에이돈 카이 이두(*ἔρχου καὶ ἴδε. καὶ εἶδον καὶ ἴδου*) ℵ 046 it[gig] syr[h ph] eth. 비잔틴 번역은 에이돈(*εἶδον*, "내가 보았다")을 이데(*ἴδε*, "보라")로 바꾼 것이 분명하다. 왜냐하면 분명히 요한에게 말하는 2인칭 명령법(요 1:46의 유사한 어구를 참조하라) 카이 이데(*καὶ ἴδε*)라는 어구는 요한계시록의 문서적으로 확실한 구절에는 전혀 나오지 않기 때문이다(Charles, 1:clxii). 이 사실은 ℵ 사본이 원문을 독특한 비잔틴 독법과 이문 융합을 했다는 증거를 나타낸다(Bousset[1906] 264 n. 2; Charles, 1:clxii; Schmid, *Studien* 2:129). 유사한 유형의 이문들이 6:3-8에도 나온다.

6:3-4 에르쿠 카이 에이돈 카이 이두
(*ἔρχου. καὶ εἶδον καὶ ἴδου*) A C Andreas
에르쿠 카이 이데 카이 이두
(*ἔρχου καὶ ἴδε. καὶ ἰδού*) Byzantine
에르쿠 카이 이데 카이 에이돈 카이 이두
(*ἔρχου καὶ ἴδε. καὶ εἶδον καὶ ἰδού*) ℵ 106

6:5-6 에르쿠 카이 에이돈 카이 이두
(*ἔρχου. καὶ εἶδον καὶ ἰδού*) A C Andreas
에르쿠 카이 이데 카이 이두
(*ἔρχου καὶ ἴδε. καὶ ἰδού*) Byzantine
에르쿠 카이 이데 카이 에이돈 카이 이두
(*ἔρχου καὶ ἴδε. καὶ εἶδον καὶ ἰδού*) ℵ 046

6:7-8 에르쿠 카이 에이돈 카이 이두
(*ἔρχου. καὶ εἶδον καὶ ἰδού*) A C Andreas
에르쿠 카이 이데 카이 이두
(*ἔρχου καὶ ἴδε. καὶ ἰδού*) Byzantine
에르쿠 카이 이데 카이 에이돈 카이 이두
(*ἔρχου καὶ ἴδε. καὶ εἶδον καὶ ἰδού*) ℵ 046

6:1-2에서와 마찬가지로, 비잔틴 번역은 에이돈(*εἶδον*)을 이데(*ἴδε*)로 바꾸었고, a와 046사본에 의해 대표되는 번역은 이 두 독법을 이문 융합했다(Schmid, *Studien* 2:129).

2.a-a. 이문: (1) 카이 에이돈(*καὶ εἶδον*) ℵ A(*ἴδον* - 이돈); C(*ἴδον* - 이돈); 025 fam 1006[1006 1841] fam 1611[1611 2344] Oecumenius[2053] Andreas it[gig] &vg; syr[h] cop[bo] arm; Nestle-Aland[27]; UBSGNT[4]; *TCGNT*[2], 667-68. (2) 카이 에이돈(*καὶ εἶδον*)의 탈락: 046 fam 1611[1854 2329] 2351 Andr c i[2042] Byzantine Victorinus(Haussleiter, *Victorinus*, 69); Primasius Beatus Tyc[2] it[ar]. "원문주해" 6:1.i을 보라. (3) 카이 에쿠사 카이 에이돈(*καὶ ἤκουσα καὶ εἶδον*) syr[ph].

2.b. 호 카데메노스 에프 아우톤(*ὁ καθήμενος ἐπ' αὐτόν*, 직역하면 "그것[즉 '말']에 앉아 있는 자")을 본서는 "cavalier(기사)"로 번역했다(개역, "그 탄 자").

2.c. 이 문장은 카이(*καί*, "그리고")로 시작하지만, 이 카이(*καί*)는 번역되지 않는다. 왜냐하면 이 단어는 새로운 문장의 시작을 나타내는 표시 역할을 하기 때문이다.

2.d. 니콘(*νικῶν*) 앞에 호(*ὁ*) A Oecumenius[2053comm] 2048 arm[2] arm[4] syr[s]. 실명사적 분사를 구성하는 니콘(*νικῶν*)의 관사는 이어지는 절 히나 니케세(*ἵνα νικήσῃ*)와 일치하지 않는다. Oecumenius에는 두 가지 독법, 즉 관사가 없는 니콘(*νικῶν*)과 관사가 있는 니콘(*νικῶν*)이 보존되어 있다. 그러나 관사를 갖고 있는 독법은 기독론적 이유와 문법적인 이유로 생겨난 것으로 생각된다(2절의 "주석"을 보라). 이 부분에 대한 Oecumenius의 주석은 다음과 같다: 엑셀데 데 페신 히나 호 니콘 니케세 크리스토스 데 엔 호 니콘(*ἐξῆλθε δέ φησιν ἵνα ὁ νικῶν νικήσῃ. Χριστὸς δὲ ἦν ὁ νικῶν*, "그는 승리자가 승리하도록 하기 위하여 나왔다고 말한다. 그리고 그리스도가 그 승리자였다").

2.e. 이문: 카이(*καί*)의 탈락: fam 1006 fam 1611[1611] Oecumenius[2053] latt syr[h] Irenaeus. 이 탈락은 아마 문법적 수정이었을 것이다.

3.a. 이 문장을 시작하는 카이(*καί*)는 번역되지 않는다. 그 이유는 이 카이(*καί*)가 단순히 새로운 절 또는 문장을 나타내는 표시이며 독자적인 의미를 갖고 있지 않기 때문이다.

3.b-b. 이문: (1) 텐 스프라기다 텐 듀테란(*τὴν σφραγῖδα τὴν δευτέραν*) A C 025 Oecumenius[2053] fam 1006[1841] fam 1611[1611 1854 2329] Victorinus Primasius syr cop[bo] arm. (2) 텐 듀테란 스프라기다(*τὴν δευτέραν σφραγῖδα*) fam 1006[1006] Oecumenius[2062] 2351.

3.c. 이문: (1) 에르쿠(*ἔρχου*) A C 025 046 fam 1006[1006] fam 1611[1611 1854] Oecumenius[2053] &vg; syr[ph] Nestle-Aland[27]; UBSGNT[4]; *TCGNT*[2], 668. (2) 에르쿠 카이 이데(*ἔρχου καὶ ἴδε*) ℵ fam 1611[2344] Andr d f[2073] g it &vg; cop[bo] syr[h] Primasius Beatus. (3) 에르쿠 카이 블레페(*ἔρχου καὶ βλέπε*) fam 1611[2050] Oecumenius[2062]. 이문 (2)와 (3)은 원문의 에르쿠(*ἔρχου*, "오라")를 요한에게 말하는 것으로 해석한다. 즉 에르쿠 카이 블레페(*ἔρχου καὶ βλέπε*)와 에르쿠 카이 이데(*ἔρχου καὶ ἴδε*)는 "와서 보라"를 의미한다는 것이다("원문주해" 6:1.i를 보라).

4.a. 이문: 카이 에이돈 카이 이두(*καὶ εἶδον, καὶ ἰδού*)를 삽입: ℵ Andr d. 2a절, 5b

절, 8a절에 이 어구가 나온다는 사실에 근거한 삽입이다.

4.b. Louw-Nida, § 79.31. 말들은 보통 붉은 색이기 때문에, 문제는 퓌르로스(*πυρρός*)라는 용어가 "밤색"(chestnut) 또는 "적갈색"(bay) 또는 "밤색"(sorrel)과 같이 말의 고유한 색으로 번역될 수 있는가 하는 것이다. 그러나 "묵시의" 말들은 아마 번쩍이는 색일 것이다. 잎포스 퓌르로스(*ἵππος πυρρός*)라는 어구는 슥 1:8에 나오는 것으로, 그 곳에서 스가랴 선지자는 잎포스 퓌르로스(*ἵππος πυρρός*, "홍마")를 탄 사람을 본다. 맛소라 사본은 그의 뒤를 따르는 세 마리의 말, 즉 "홍마와 자마와 백마"를 열거하는 반면에, 칠십인역은 네 마리의 말을 열거한다: 잎포이 퓌르로이 카이 프사로이 카이 포이킬로이 카이 류코이(*ἵπποι πυρροὶ καὶ ψαροὶ καὶ ποικίλοι καὶ λευκοί*, "홍마와 얼룩 회색마와 흰 얼룩마[또는 얼룩마]와 백마"). 슥 6:2에서 선지자는 각각 홍마들과 흑마들과 백마들과 얼룩마들이 끄는 네 병거를 본다. 이문: 퓌로스(*πυρός*) 2351.

4.c. 타 카데메노 에프 이우톤(*τῷ καθημένῳ ἐπ' αὐτόν*, 직역하면 "그 위에 앉은 자")을 본서는 "기사"로 번역한다.

4.d. 이문: (1) 라베인(*λαβεῖν*) 앞에 아우토(*αὐτῷ*) Tischendorf, *NT Graece*: WHort에는 괄호 안에 나온다; Bousset([1906] 266); Charles (2:273); Nestle-Aland[27]; UBSGNT[4]. (2) 아우토(*αὐτῷ*)를 탈락: ℵ[1corr] A fam 1611[2344] Victorinus Primasius Tyc[2] Beatus itgig. (3) 라베인(*λαβεῖν*) 앞에 엑수시아(*ἐξουσία*) Oecumenius[2053comm].

4.e. 이문: (1) 테스(*τῆς*) 앞에 에크(*ἐκ*) ℵ* C 025 fam 1006[1006] fam 1611[1611 1854] Andr d f[2023 2073] i n-[2429] 94 it[gig] Byzantine; Tischendorf, *NT Graece*; WHort에는 괄호 안에 나온다; Bousset([1906] 266); Charles(2:273)에는 괄호 안에 나온다; Merk, *NT*; Nestle-Aland[27]; UBSGNT[4]; *TCGNT* [1], 738. (2) 테스(*τῆς*) 앞에 에크(*ἐκ*) A Andreas. (3) 테스(*τῆς*) 앞에 아포(*ἀπό*) Oecumenius[2053] Andr a c n[2429] 2019 *TR*. (4) 테스(*τῆς*) 앞에 에피(*ἐπί*) fam 1611[2344]. 이문 (2)에서 에크(*ἐκ*)의 탈락은 수정이거나(Schmid, *Studien* 2:99) 필사 중의 우연한 실수일 것이다(*TCGNT* 1, 738).

4.f. 이 목적절은 카이 히나(*καὶ ἵνα*, 직역하면 "그리고 …한 것[and that]")에 의해 도입되는데, 이는 요한계시록의 다른 곳에서 두 번 발견되는 독특한 결합이다(6:2과 13:17; 참조: 13:15[*ἵνα καί*–히나 카이]; 요 7:3; 11:37, 52; 12:9, 10; 13:34; 17:21; 19:35을 보라). 여기에서 카이(*καί*)는 목적을 나타내기 때문에 의미의 중복이며(Aejmelaeus, *Parataxis*, 18-20), 따라서 번역되지 않는다.

4.g. 동사 스팍수신(*σφάξουσιν*)은 부정사 복수이기 때문에, 필자는 동사의 주어를 "people"(사람들)로 번역했다.

4.h. 이문: (1) 스팍수신(*σφάξουσιν*) A C 792 2019 2329; Tischendorf, *NT Graece*; Bousset([1906] 266); Merk, *NT*; Nestle-Aland27; UBSGNT4. (2) 스팍소신(*σφάξωσιν*) ℵ Oecumenius[2053] Andreas Byzantine 2351. (3) 카타스팍소시(*κατασφάξωσι*) Andr e[2026] i-2042. 독법 (1)에서 스팍수신(σφάξουσιν)은 미래 직설법으로, 문자적인 의미는 "그들이 도살할 것이다"이다("원문주해" 4.g를 보라). 요한계시록에서 히나(ἵνα) + 미래 직설법은 결과나 목적을 나타내어 11회 사용되는데(2:10; 3:9[두 번의 미래 직설법]; 6:4, 11; 8:3; 9:4, 5, 20; 13:12; 14:13; 22:14), 이것은 매우 특이하다. 왜냐하면 신약성경에서 미래 직설법을 사용하는 다른 히나(ἵνα) 절은 단지 일곱 번밖에 발견되지 않기 때문이다(눅 14:10; 20:10; 요 7:3; 행 21:24; 고전 9:18; 갈 2:4; 엡 6:3). 칠십인역에도 약간의 예가 나온다: 창 16:2; 3 Kgdms 2:3; Sus 28; 단 3:96(Conybeare- Stock, *Septuagint*, 93). 요한계시록이 부정사 대신 자주 히나(ἵνα) + 미래 직설법을 사용한다는 사실로 독법 (1)이 원문이라는 견해가 강화된다(3:9; 6:11; 8:3; 9:4, 5, 20; 13:12; 14:13; 22:14; Schmid, *Studien* 2:220를 보라).

5.a. 이문: 에르쿠(ἔρχου). "원문주해" 1.j와 3.c를 보라.

5.b-b. 이문: 카이 에이돈(καὶ εἶδον) "원문주해" 2.a-a를 보라.

6.a. 이문: 호스(ὡς) A C ℵ 025 fam 1611^{2329} it^{gig} &vg:. (2) (ὡς)를 탈락: Oecumenius^{2053} fam 1006$^{1006\ 1841}$ fam 1611^{1611} Byzantine Primasius Beatus syr cop. 비교의 첫 번째 용어가 없기 때문에, 이 곳의 호스(ὡς) 용법은 독특하다(4:6; 8:8; 9:7; 14:3; 19:1, 6[3x]도 보라). 이어지는 포넨(φωνήν)이라는 용어는 대격이다. 왜냐하면 생략된 비교의 용어가 앞에 나오는 에쿠사의 목적어(ἤκουσα)로서 대격일 것이기 때문이다.

6.b-b. 데나리우(δηναρίου, "데나리온")는 가격이나 가치를 나타내는 속격이며(BDR § 179) 6절의 두 명사절에서 술어로 두 번 나온다(19:1에서 투 데우[τοῦ θεοῦ]도 유사하게 명사절의 술어 역할을 한다). 폴레이타이(πωλεῖται, "비용이 들다")와 같은 동사를 보충하여 해석될 수 있다(BDR § 480.8). 한 데나리온은 하루의 임금에 상당하는 가치였다. 이 용어는 문화에 따라 구체적인 통화 용어로 번역될 수 있다.

6.c. 이문: 크리돈(κριθῶν) 원문. (2) 크리데스(κριθῆς) fam 1611^{2344} 2351 Byzantine syr^{ph}.

6.d. 카이(καί)는 두 절을 연결시키고 있는데, 두 번째 절은 첫 번째 절과 대조된다(6:6의 "주석"을 보라). 따라서 이 카이(καί)는 부사적 카이(καί)이며 "그러나"로 번역될 수 있다.

6.e. 부정과거 가정법을 사용하는 금지의 메 아디케세스(μὴ ἀδικήσῃς, "해치 말라")는 기점 또는 출발점에 초점을 맞추어 아직 일어나지 않은 일을 막으려는 시도일 수도 있고(즉 "감람유와 포도주에 해를 입히기 시작하지 말라") 또는 어떤 행동을 종결할 필요성을 다급하게 강조하는 것일 수도 있다(즉 곧 종결점이 이르러야 한다는 것, "감람유와 포도주 해하기를 중지하라"). J. P. Louw, "On Greek Prohibitions," *AcCl* 2(1959) 43-57를 참조하라.

6.f. 이문: 톤(τόν) 대신 토(τό) 𝔓^{24} Andr/*Byz* 4a^{616} *Byz* 2^{2138} *Byz* 11^{368}.

7.a. 이문: 에네옥센(ἤνεωξεν) 𝔓[24], 단일 독법. POxy 1230(= 𝔓[24])의 편집자들은 이 독법을 두 가지 형태(모두 부정과거 직설법 3인칭 단수), 즉 아네옥센(ἀνέῳξεν)과 에노익센(ἤνοιξεν)이 혼동된 결과라고 설명한다. 요 9:14에서 에네옥사(ἤνεωξα)는 아네옥사(ἀνέῳξα)의 이문이다.

7.b. 이문: (1) 포넨(φωνήν) 𝔓[24] ℵ A fam 1006[1006 1841] fam 1611[2344] Andreas lat syr[ph] cop[sa]. (2) 텐 포넨(τὴν φωνήν) Andr g l n. (3) 포네스(φωνῆς) Andr d e[2057] f[2031 2056] h. (4) 포넨(φωνήν)의 탈락 C 025 fam 1611[1611 1854 2329] Oecumenius[2053] 2351 Andr c e[2026] i[2042] 94 Byzantine it[gig] syr[h] cop[bo] Primasius Beatus.

7.c. 에르쿠(ἔρχου) "원문주해" 1.j와 3.c를 보라.

8.a-a. 이문: 카이 에이돈(καὶ εἶδον) "원문주해" 1.a-a를 보라.

8.b. "연한 녹회색"(개역. "청황색")을 의미하는 클로로스(χλωρός)는 시체를 상징하는 색깔이며, 따라서 죽음과 관련이 있다(Louw-Nida, § 79.35).

8.c-c. 호 카데메노스(ὁ καθήμενος)는 "그 기사로 말하자면"(as for the cavalier)이라는 번역에서 의미가 전달되는 현수 주격이다(개역. "그 탄 자의"). 다른 현수 주격 또는 독립 주격은 계 2-3장에 나온다(2:26; 3:12, 21; 참조: Charles, 1:cxlix).

8.d. 이문: 카데메노스(καθήμενος) 앞의 호(ὁ) 탈락: C. 전체 어구 호 카데메노스 에파노 아우투(ὁ καθήμενος ἐπάνω αὐτοῦ)를 필자는 단순하게 "기사"(the cavalier)로 번역했다(개역. "그 탄 자").

8.e. 이문: (1) 에파노 아우투(ἐπάνω αὐτοῦ) ℵ A 046 Victorinus (Haussleiter, *Victorinus*, 73); it[gig] (*in illo*); Tischendorf, *NT Graece*; Nestle-Aland[27]; UBSGNT[4]; *TCGNT*[1], 738-39. (2) 에파노(ἐπάνω) C 025 fam 1611[1611] Oecumenius[2053] Andreas &vg;. (3) 에프 아우톤(ἐπ᾽ αὐτόν) fam 1611[1854] &vg;[ADFIOUW] (*super eum*); Victorinus (Haussleiter, *Victorinus*, 72) (*super illum*). 독법 (3)은 2, 4, 5절에 사용된 표현과 동화된 결과다(*TCGNT* 1, 738). 독법 (2)에서 아우투(αὐτοῦ)의 탈락은 수정이 아니라 우연한 탈락으로 해석되어야 할 것이다(Schmid, *Studien* 2:100).

8.f-f. 오노마 아우토(ὄνομα αὐτῷ)라는 어구에서 오노마(ὄνομα)는 호 카데메노스(ὁ καθήμενος)의 동격으로서 삽입구의 주격으로 생각될 수 있다(BDR § 144). 한편, 아우토(αὐτῷ)는 소유의 속격으로 이 어구는 "그의 이름은 (이다)"를 의미한다. 왜냐하면 동사 에스틴(ἐστίν) 또는 엔(ἦν)은 거의 항상 생략되기 때문이다. 동일한 관용어가 계 9:11에도 나온다. 9:11에 나오는 오노마(ὄνομα)도 역시 삽입구의 주어이지만 구문은 다르다. "원문주해" 9:11.c를 보라. 이 관용어는 요한계시록 외의 신약성경에서 제4복음에만 두 번 나온다(요 1:6; 3:1; Burney, *Aramaic Origin*, 150-52는 이 관용어를 요한복음과 요한계시록의 동일한 저자를 입증하는 몇 가지 셈어식 표현들 중의 하나라고 생각한다). 이 관용어는 칠십인역에도 나오는데, 거기에서 오노마 아우토(ὄνομα αὐτῷ) 또는 오노마 아

우테(*ὄνομα αὐτῇ*)는 항상 쉐모(שמו, "그의 이름") 또는 쉐마(שמה, "그녀의 이름")의 번역으로, 이 헬라어 어구가 히브리 관용어의 독창성 없는 번역이 아니라 헬라어의 특색 있는 관용어임을 나타낸다(출 15:3; 삿 13:2; 16:4; 17:1; 룻 2:1; 1 Kgdms 1:1; 9:1, 2; 2 Kgdms 4:4; 20:1; 사 47:4). 이 관용어는 Eupolemus frag. 30:5에도 나온다: 아우토 오노마(*αὐτῷ ὄνομα*; Denis, *Fragmenta*, 180; Eusebius *Praep. evang.* 9.30.5). 좀더 흔히 나오는 어구는 호 (헤) 오노마(*ᾧ* [*ᾗ*] *ὄνομα*), 즉 삽입구의 주격이 따르는 소유의 속격이며, 여기에서 동사 에스틴(*ἐστίν*) 또는 엔(*ἦν*)은 거의 항상 생략된다. BDF § 128.3을 보라(눅 1:26, 27; 2:25; 8:41; 23:14; 행 13:6; *T. Levi* 11:1; *Mart. 사.* 2:12 [Denis, *Fragmenta*, 110]; Demetrius frag. 21.5[Denis, *Fragmenta*, 176]; Eupolemus frag. 39.2: *ᾧ εἶναι ὄνομα*[Denis, *Fragmenta*, 185]). 칠십인역에는 호 (헤) 오노마(*ᾧ* [*ᾗ*] *ὄνομα*)도 나오는데, 이 어구도 항상 쉐모(שמו)나 쉐모(שמה)의 번역이다(창 16:1; 22:24; 24:29; 25:1; 38:1; Theod Sus 1:2, 45).

8.g. 다나토스(*θάνατος*) 앞에 호(*ὁ*) Andreas Byzantine 2351 *TR*; B. Weiss, *Johannes-Apokalypse*; Merk, *NT*; Bousset (1906) 268; WHort는 가능한 한 일괄한다; Nestle-Aland^{27}; UBSGNT^{4}. (2) 다나토스(*θάνατος*) 앞의 호(*ὁ*)를 탈락시킴: ℵ C fam 1006$^{1006\ 1841}$ fam 1611$^{1611\ 1854}$ Oecumenius^{2053} Andr f n^{2065} *Byz* 1$^{911\ 920\ 1859\ 2256}$ *Byz* 4^{1719} *Byz* 16^{61} Andr/*Byz* 3(이 집단의 36 사본들 중 30개) Andr/*Byz* 4c$^{2070\ 2305}$; Tischendorf, *NT Graece*; Charles, 2:274. (3) 호 아다나토스(*ὁ ἀθάνατος*) A *Byz* 2^{2258}. 부세트(Bousset [1906] 175)는 독법 (1)을 지지하면서, 요한이 술부에서 정관사를 고유명사와 함께 사용하는 경향이 있다고 정확하게 주장한다(6:8; 8:11; 12:9; 19:13; 20:2을 보라). 이와 유사하게 슈미트(Schmid, *Studien* 2:199)도 아마 첫 번째로 고유명사들을 나타내어 사용되는 술부의 관사가 요한계시록의 독특한 문체이며, 이 문체가 고유명사들 앞에 정관사의 통상적인 부재와 모순된다고 말한다. 게다가 독법 (3)의 오류는 독법 (1)의 원형을 확인해 준다.

8.h. 고대 누비아어 역본은 "그들이 왔다"를 삽입한다(G. M. Browne, "An Old Nubian Fragment of Revelation," *SPap* 20[1981] 76).

8.i. 이 문장을 시작하는 카이(*καί*)는 번역되지 않는다. 왜냐하면 이 카이(*καί*)는 의미론적 내용이 없고 단지 새로운 문장의 시작을 나타내는 표시 역할을 하기 때문이다.

8.j. 이문: (1) 아우토이스(*αὐτοῖς*) ℵ A C 025 Oecumenius^{2053} Andreas. (2) 아우토(*αὐτῷ*) fam 1611$^{1611\ 1854\ 2329}$ 2351 Andr c g n-^{2429} 94 2019 Byzantine lat syr cop.

8.k. 엔(*ἐν*) + 도구의 여격은 수단이 사용될 때 무생물 목적어다(Bousset [1906] 268-69를 보라).

8.l. 엔 롬파이아(*ἐν ῥομφαίᾳ*, 직역하면 "검으로")는 전쟁을 나타내는 은유로 해석될 수 있기 때문에 "전쟁에 의해"로 번역될 수도 있다(Louw-Nida, § 55.6).

8.m. 전치사구 엔 다나토(*ἐν θανάτῳ*, 직역하면 "사망으로")에서 다나토스(*θάνατος*)는 "역병" 또는 "흑사병"을 의미한다("원문주해" 2:23.b를 보라). 칠십인역은 히브리어 데베르(דבר, "역병, 흑사병")를 다나토스(*θάνατος*)로 31회 번역한다(예를 들어, 칠십인역 출 5:3; 9:3, 15; 레 26:25; 대상 21:12[롬파이안 퀴리우 카이 다나톤 - *ῥομφαίαν κυρίου καὶ θάνατον*]; 대하 7:13; 암 4:10; 렘 24:10). 구약성경에서 마웨트(מות)는 렘 15:2; 18:21; 43:11에서만 "역병, 흑사병"을 의미한다. 그러나 이 의미는 북서 셈어에 나온다(Holladay, Jeremia *1*, 440). 탈굼에서 데베르(דבר)는 종종 "사망"(מותא - 모타)으로 번역된다. 다나토스(*θάνατος*)는 수많은 초기 유대교 본문들에서도 "악역, 흑사병"을 의미하는데, 이런 본문에서 이 용어는 대개 부정확하게 "사망"으로 번역된다(*Pss. Sol.* 13:2; 15:7; *Sib. Or.* 3.317, 335).

8.n. 휘포(*ὑπό*) + 동인(動因)의 속격은 그 수단이 살아 있는 존재일 때 사용된다. 대조에 대해서는 "원문주해" 8.e를 보라(Bousset[1906] 269를 보라).

9.a-a. 이문: (1) 텐 스프라기다 텐 펨프텐(*τὴν σφραγῖδα τὴν πέμπτην*) ℵ^{1}(텐 스프라기다 텐 에이돈 - *τὴν σφραγίδα τὴν εἶδον*): fam 1611$^{1611\ 1854\ 2344}$ Andr e^{2026} syr$^{h\ ph}$ cop^{bo} arm^{1}. (2) 텐 스프라기다 텐 에이돈(-펨프텐)(*τὴν σφραγίδα τὴν εἶδον[-πέμπτην]*) ℵ*. "원문주해" 9.c에서 설명되는 이문은 이 이문과 밀접한 관계가 있다. 아래를 보라.

9.b. Hippolytus *Comm. in Dan.* 4.22(ed. Bonwetsch-Achelis, GCS 1:240)에서는 9-11절의 독특한 이문이 발견되는데, 비록 다른 표현들을 사용하지만 이 이문은 본문의 기본적인 초점을 나타낸다: 카이 에이돈 타스 프쉬카스 톤 페펠레키스메논 디아 토 오노마 예수 휘포카토 투 뒤시아스테리우 카이 에보에산 카이 에이돈 프로스 톤 데온 헤오스 포테 퀴리에 호 데오스 헤몬 추 크리네이스 카이 에크디케이스 토 하이마 헤몬 아포 톤 카토이쿤톤 에피 테스 게스 카이 에도데산 아우토이스 스톨라이 류카이 카이 에르레데 아우토이스 히나 페리메이노신 크로논 에티 미크론 호포스 (카이) 호이 쉰둘로이 아우톤 플레로소신 텐 마르튀리안 아우톤 호이 멜론테스 아포크테이네스다이 호스 카이 아우토이([1]*καὶ εἶδον*[1] [2]*τὰς ψυχὰς τῶν πεπελεκισμένων*[2]*διὰ* [3]*τὸ ὄνομα Ἰησοῦ*[3] [4]*ὑποκάτω τοῦ θυσιαστηρίου*[4] *καὶ ἐβόησαν*[5] [6]*καὶ εἶδον πρὸς τὸν θεόν·*[6] *ἕως πότε,* [7]*κύριε ὁ θεὸς ἡμῶν,*[7] *οὐ κρίνεις καὶ ἐκδικεῖς τὸ αἷμα ἡμῶν ἀπὸ*[8] *τῶν κατοικούντων ἐπὶ τῆς γῆς. καὶ ἐδόθησαν αὐτοῖς*[9]. [10]*στολαὶ λευκαὶ*[10] *καὶ ἐρρέθη αὐτοῖς, ἵνα περιμείνωσιν*[11] [12]*χρόνον ἔτι* [12]*μικρόν,* [13]*ὅπως [καὶ] οἱ σύνδουλοι αὐτῶν πληρώσωσιν τὴν μαρτυρίαν*[13] *αὐτῶν οἱ μέλλοντες ἀποκτείνεσθαι ὡς καὶ αὐτοί*).

[1-1]아마 계 20:4에서 인용했을 것이다. 그러나 에이돈(*εἶδον*)은 6:9에도 나온다. 그리고 *Comm. in Dan.*의 사본 A는 카이(*καί*)를 뺀다.

[2-2]계 20:4. 계 6:9은 타스 프쉬카스 톤 에스파그메논(*τὰς ψυχὰς τῶν ἐσφαγμένων*)이라고 나타낸다.

[3-3]6:9은 텐 마르튀리안(*τὴν μαρτυρίαν*)으로 나타낸다. 디아 토 오노마 예수(*διὰ τὸ ὄνομα Ἰησοῦ*)라는 어구는 요한계시록의 다른 곳에는 나오지 않고, 2:3에 디아 토 오노마 무(*διὰ τὸ ὄνομά μου*)라는 어구가 나온다.

[4-4] 이 어구는 6:9에서 에이돈(*εἶδον*) 다음에 나온다.

[5]6:10: 에크락산(*ἔκραξαν*). 보안(*βοᾶν*)은 신약성경에서 12회 사용되지만 요한계시록의 다른 곳에는 나오지 않는다.

[6-6]6:10: 포네 메갈레 레곤테스(*φωνῇ μεγάλῃ λέγοντες*).

[7-7]6:10: 호 데스포테스 호 하기오스 카이 알레디노스(*ὁ δεσπότης ὁ ἅγιος καὶ ἀληθινός*). 퀴리에 호 데오스(*κύριε ὁ θεός*)라는 어구는 요한계시록에 세 번 나온다(11:17; 15:3; 16:7).

[8]6:11: 에크(*ἐκ*). 아포(*ἀπό*)는 Andreas에 나온다.

[9]6:11은 에카스토(*ἑκάστῳ*)를 삽입하는데, 046 1854 2351는 이 단어를 뺀다.

[10-10]6:11: 스톨레 류케(*στολὴ λευκή*).

[11]6:11: 아나파우손타이(*ἀναπαύσονται*). 페리메네인(*περιμένειν*)은 신약성경에서 행 1:4에만 나온다.

[12-12]6:11: 에티 크로논(*ἔτι χρόνον*). 크로논 에티(*χρόνον ἔτι*)는 A 1006 1841 2344.에 의해 입증된다.

[13-13]6:11: 헤오스 플레로도신 카이 호이 쉰둘로이 아우톤 카이 호이 아델포이(*ἕως πληρωθῶσιν καὶ οἱ σύνδουλοι αὐτῶν καὶ οἱ ἀδελφοί*).

9.c. 이문: 에이돈(*εἶδον*) 대신 이돈(*ἴδον*) A C 046 fam $1611^{1854\ 2329}$ 2351 Andr $h^{2060\ 2286}$ Andr $Ø^{-598}$ 792 2019 2038 Andr/*Byz* $2a^{104\ 680}$ Andr/*Byz* $2b^{336}$ Andr/*Byz* 3^{757} *Byz* 6^{218} *Byz* 10^{935} *Byz* 16^{61} *Byz* $17^{69\ 2017}$ *Byz* 18^{153}. 엡실론(*ε*)이 종종 펨프토스(*πέμπτος*)를 나타내는 데 사용되었다는 사실이 여기에서 혼동을 일으켰다. 여기에서 ℵ*은 텐 스프라기다 텐 에 (펨프텐) 이돈(*τὴν σφραγῖδα τὴν ε [πέμπτην] ἴδον*) 대신 텐 스프라기다 텐 에이돈(*τὴν σφραγῖδα τὴν εἶδον*)으로 나타낸다.

9.d. 이문: 톤 안드로폰(*τῶν ἀνθρώπων*)을 삽입: ℵ 025 fam 1006^{1841} fam 1611^{2344} Andreas cop.

9.e-e. 이문: (1) 톤 에스파그메논(*τῶν ἐσφαγμένων*) 원문. (2) 톤 에스파기스메논(*τῶν ἐσφραγισμένων*) Andr c $d^{2051\ 2067}$ f^{2031} g^{2045*} n^{2429} 2351.

9.f. 이문: 마르튀리안(*μαρτυρίαν*) 뒤에 투 아르니우(*τοῦ ἀρνίου*)를 추가: fam $1611^{1611corr}$ 2351 Byzantine syr^{h}. 이 추가는 요한계시록에서 몇 번 속격의 "예수"라는 이름

이 따르는 용어 마르튀리아(*μαρτυρία*)에 의해 유발된 것이다(1:2, 9; 12:17; 19:10 [2x]; 20:4).

9.g. 미완료 동사 에이콘(*εἶχον*)은 여기에서 부정과거 동사들이 지배하는 서술에 사용되어 현재의 행동을 위한 배경을 준비하는 과거 진행을 강조한다. 그리고 그 과거의 과정은 10절에 나오는 부정과거 동사 에크락산(*ἔκραξαν*, "그들이 소리쳤다")으로 제시된다(McKay, *Grammar*, 142-43). 미완료 에이콘(*εἶχον*)은 진행하는 행동을 나타내지만 에크락산(*ἔκραξαν*)이 나타내는 완료된 행동보다는 앞선 행동이다.

10.a. 여기에서 접속사 카이(*καί*)는 새로운 문장이 시작되는 것을 나타내는 표시 역할을 하기 때문에 번역되지 않는다.

10.b-b. 이문: 에크라존(*ἔκραζον*) 2351.

10.c. 이 번역은 호 데스포테스(*ὁ δεσπότης*, "주")가 호격 역할을 하는 관사 있는 주격이라는 사실을 반영한다. 그러나 호격 형태 데스포타(*δέσποτα*)도 사용될 수 있다(예를 들어, 데스포타 바실류[*δέσποτα βασιλεῦ*]는 바로를 지칭한다, *Vita Aesopi* 107). 호격 역할을 하는 관사 있는 주격은 이외에 12회 나온다. "원문주해" 4:11.a를 보라. 셈어의 영향을 증명할 수 없지만, 이 구문은 대개(항상은 아니고) 관사를 수반하는 실명사로 이루어지는 히브리어 호격과 유사하다(*GKC* § 126e).

10.d. 하이마(*αἷμα*, "피")는 여기에서 비유적으로 폭력에 의한 죽음을 나타내어 사용된다(*TDOT* 3:241-43). 따라서 토 하이마 헤몬(*τὸ αἷμα ἡμῶν*, "우리의 피")이라는 어구는 여기에서처럼 "우리의 죽음" 또는 "우리를 죽이기 위해"로 해석될 수도 있다(Louw-Nida, §§ 23.107; 56.20을 보라).

10.e-e. 이문: (1) 에크(*ἐκ*) ℵ A C 046 fam 1006 fam 1611$^{-2050\ -2344}$ Oecumenius^{2053} 209 Andr f^{2023} l^{6787} 94 Andr/*Byz* 4a^{424}. (2) 아포(*ἀπό*) Andreas.

10.f-f. 현재 동사 크리네이스(*κρίνεις*, "심판")의 직접 목적어는 통례적으로 대격이다(이 문맥에서 동사는 최후의 종말론적 심판을 언급한다). 그러나 그 경우에 크리네이스(*κρίνεις*)는 현재 시제 에크디케이스(*ἐκδικεῖς*, 에크디케인[*ἐκδικεῖν*, "처벌하다, 복수하다, 신원하다"]에서 나온 형태)와 연결되고, 이 동사의 직접 목적어는 토 하이마 헤몬(*το αἷμα ἡμῶν*, "우리의 피")이다. 토 하이마(*τὸ αἷμα*)는 크리네이스(*κρίνεις*)의 목적어가 될 수 없기 때문에, 이어지는 구문은 에크디케이스(*ἐκδικεῖς*)에 의해 결정된다. 그리고 크리네이스(*κρίνεις*)는 일반적인 반면에, 에크디케이스(*ἐκδικεῖς*)는 종말의 심판, 즉 순교당한 그리스도인들을 위한 하나님의 보복의 특별한 양상을 나타낸다. 따라서 두 개의 동사를 연결하는 카이(*καί*)는 해석 또는 해설 방식의 역할을 한다. 이 부분의 영역은 어색하다: "How long will you delay judging, that is, delay avanging…(심판을 미루기를, 즉 보복을 미루기를 얼마나 오래 하시겠나이까"). 이 구문의 주된 문법적 어려움은 두 가지로 매우 다르게 해석될 수 있는 전치사구 에크 톤 카토이쿤톤 에피 테스 게스(*ἐκ τῶν κατοικούντων ἐπὶ τῆς γῆς*)의 구문론적 역할을 어떻게 이해해야 하는가에 있다. (1) 주석가들과 번역자들은 대개 이 어구를 그리스도인 순교자들이 "땅에 거하는 자들에게" 보복하시라고 하나님께 호소하는 것으로 해석한다(G. Schrenk, *TDNT* 2:443; BAGD, 238). (2) 위의 번역에서 제안된 대안은 땅에 거하는 자들"에 의해 흘려진" 순교자들의 피(또는 땅에 거하는 자들로 "말미암은" 순교자들의 "죽음")를 복수해 달라고 하나님께 호소하는 것으로 이 어구를 해석하는 것이다.

(1) 이 어구의 첫 번째 해석 방법은 많은 주석들에서 발견된다(Charles, 2:405; Caird, 83; Mounce, 157; Roloff, 82; Sweet, 141). 이 해석을 주장하면서, 찰스(Charles, 1:175)는 에크디케이스 토 하이마 헤몬(*ἐκδικεῖς τὸ αἷμα ἡμῶν*)을 히브리어 관용구 틱콤 에트 다메누 민(תקם את דמנו מן, "…로부터 우리 피의 원한을 풀다, 무도한 자들에게 우리 피의 원한을 풀다")의 직역으로 해석한다. 즉 동사 나캄(נקם)에 이어지는 전치사 민(מן)이 한을 풀어야 할 인물을 나타낸다는 것이다(예를 들어, 삼상 24:13, 우네카마니 야웨 밈메카[ונקמני יהוה ממך, "그리고 여호와께서 나를 위하여 당신에게 보복하실지도 모른다"] 참조. 개역의 "여호와께서는 …나를 위하여 왕에게 보복하시려니와"; 칠십인역의 카이 에크디케사이 메 퀴리오스 에크 수[*καὶ ἐκδικήσαι με κύριος ἐκ σοῦ*]를 보라). 아마 이 구절은 이 히브리어식 구문과 가장 유사하게 구성되었을 것이다(Bousset[1906] 270). 또 다른 유사구는 눅 18:3에 나온다: 에크디케손 메 아포 투 안티디쿠 무(*ἐκδίκησόν με ἀπο τοῦ ἀντιδίκου μου).* 이 구절은 "내 원수에 대한 나의 원한을 풀어 주소서", 다시 말해서, 나로 내 원수에 대해 정의를 이루도록 하라는 의미다. 즉 이 여인은 원수의 처벌을 구하는 것이 아니라 정의를 구하는 것이다(Fitzmyer, *Luke* 2:1179). 또 다른 관련된 내용은 *T. Levi* 2:2에서 발견된다: 에크 에포이에사 메타 쉬메온 텐 에크디케신 테스 아델페스 헤몬 디나스 아포 투 헴모르(*ὅτε ἐποίησα μετὰ Συμεὼν τὴν ἐκδίκησιν τῆς ἀδελφῆς ἡμῶν Δίνας ἀπὸ τοῦ Ἑμμώρ*, "내가 시므온과 함께 우리의 여동생 디나를 위해 하몰에게 복수했을 때).

(2) 에크 톤 카토이쿤톤 에피 테스 게스(*ἐκ τῶν κατοικούντων ἐπὶ τῆς γῆς*, "땅에 거하는 자들로 인한" 죽음 또는 "땅에 거하는 자들에 의해 흘려진" 피)의 두 번째 해석은 에크(*ἐκ*) + 속격이 여기에서 사건 또는 행동의 원인을 나타낸다는 견해에 근거한다. 찰스(Charles, 2:119-20)가 위에서 논한 첫 번째 해석과 관련하여 특별한 주목을 요하는 유사구는 4 Kgdms 9:7이다. 그러나 그것은 문제의 관용구를 포함하고 있지 않다: 카이 에크디케세이스 타 하이마타 톤 둘론 무 톤 프로페톤 카이 타 하이마타 판톤 톤 둘론 퀴리우 에크 케이로스 이에자벨(*καὶ ἐκδικήσεις τὰ αἵματα τῶν δούλων μου τῶν προφητῶν καὶ τὰ αἵματα πάντων τῶν δούλων κυρίου ἐκ χειρὸς Ἰεζάβελ*, "그리고 너는 이세벨의 손에 의한 나의 종 곧 선지자들의 피와 주의 종들의 피의 원한을 갚을 것이다"). 칠십인역의 어구 에크 케이로스 이에자벨(*ἐκ χειρὸς Ἰεζάβελ*)이 명확하게 의미하는 바는 이세

벨에게 복수를 한다는 것이 아니라 이세벨(의 손)에 의해 피가 흘려졌다는 것이다. 이 의미는 *Ant.* 9.108에서 발견되는 4 Kgdms 9:7의 의역에 의해 확인된다: 카이 호포스 이크디케세토 하이마 톤 프로페톤 톤 휘포 이에자벨라스 파라노모스 아포다논톤(*καὶ ὅπως ἐκδικήσῃ τὸ αἷμα τῶν προφητῶν τῶν ὑπὸ Ἰεζαβέλας παρανόμως ἀποθανόντων*, "이세벨에게 불법적으로 살해된 선지자들의 피를 그가 보복하기 위하여"). 이 구절의 기초가 되는 왕하 9:7의 히브리어 어구는 웨닉캄티 데메 아바다이 한네비임…미야드 이자벨(ונקמתי דמי עבדי הנביאים··· מיד איזבל)이다. 이 구절을 NIV는 "and I will avenge the blood of my servants the prophets…shed by Jezebel"(그리고 내가 이세벨에 흘려진 나의 종 곧 선지자들의 피를 보복할 것이다)이라고 번역한다. BDB, 668; T. R. Hobbs, *2 Kings*, WBC 13(Waco: Word Books, 1985) 107는 히브리어 본문의 이 해석 방법을 지지한다: "and avenge the blood of my servants the prophets…who suffered at the hand of Jezebel"(그리고 이세벨의 손으로 고통을 받은 나의 종 곧 선지자들의 피를 보복한다). 이 어구들이 중요한 이유는 분명히 왕하 9:7이 계 19:2에서 발견되는 유사구 카이 엑세디케센 토 하이마 톤 둘론 아우투 에크 케이로스 아우테스(*καὶ ἐξεδίκησεν τὸ αἷμα τῶν δούλων αὐτοῦ ἐκ χειρὸς αὐτῆς*, "그리고 그는 그녀의 손으로 살해된 자기 종들의 피를 갚으셨도다"[참조. 개역의 "(그가) 자기 종들의 피를 그(녀)의 손에 갚으셨도다"])에 인유되기 때문이다. 그러나 RSV의 왕하 9:7 번역은 본문의 다른 해석을 나타낸다: "that I may avenge on Jezebel the blood of my servants the prophets"(내가 나의 종들 곧 선지자들의 피를 이세벨에게 갚기 위하여)(REB의 번역을 보라: "And I shall take vengeance on Jezebel for the blood of my servents the prophets[그리고 내가 이세벨에게 나의 종 곧 선지자들의 피의 복수를 할 것이다]"). 이 해석은 M. Cogan and H. Tadmor, *II Kings: A New Translation with Introduction and Commentary*, AB(Garden City, NY: Doubleday, 1988) 100에 반영되는 시각이다: "thus will I avenge on Jezebel the blood of my servants, the prophets, the blood of all the servamts of YHWH(그러므로 내가 나의 종, 곧 선지자들의 피와 여호와의 모든 종들의 피를 이세벨에게 갚을 것이다)."

이 문장을 해석하는 두 가지 해석이 모두 문법적으로 정확하지만, 계 19:2에서 에크 케이로스 아우테스(*ἐκ χειρὸς αὐτῆς*)라는 어구가 "그녀의 손에 의해", 즉 "그녀로 말미암은"을 의미한다는 사실은 여기에서 이런 해석이 더 바람직할 수 있음을 시사한다. 칠십인역은 히브리어 준전치사인 미야드(מיד, "…의 손으로부터")를 몇 번 에크(*ἐκ*) + 속격으로 번역하고 세 번 아포(*ἀπό*) + 속격으로 번역한다. 여기에 대해서는 Sollamo, *Semiprepositions*, 191-204를 보라.

11.a. 이문: (1) 아우토이스 에카스토(*αὐτοῖς ἑκάστῳ*) ℵ A C 025 Oecumenius[2053] fam 1006 fam 1611[1611]Andreas. (2) 아우토이스(*αὐτοῖς*) 046 fam 1611[1854] 2351. (3) 에카스토(*ἑκάστῳ*) Byzantine. (4) 에카스토 아우톤(*ἑκάστῳ αὐτῶν*) Andr i-[2042].

11.b. 스톨레(*στολή*)는 배분의 단수다(영어 단어 "clothing"을 참조하라): BDF § 140. 복수형 스톨라이(*στολαί*)는 *TR*에서 사용되고, 라틴어 복수형 *stolae*는 Primasius Victorinus Beatus Fulgentius &vg에서 사용된다.

11.c-c. 카이 에르레데 아우토이스(*καὶ ἐρρέθη αὐτοῖς*: 에르레데[*ἐρρέθη*]는 레고[*λέγω*]에서 나온 부정과거 수동태다)는 직역하면 "그리고 그것이 그들에게 이야기되었다"를 의미한다. 이 동사의 주어 "그것"은 이어지는 히나(*ἵνα*) 절을 나타내므로 "그리고 그들이 이야기를 들었다"로 번역되었다.

11.d. 이문: (1) 히나 아나파우손타이(*ἵνα ἀναπαύσονται*) A 025 046 fam 1611^{2329} Oecumenius^{2053}. (2) 아나파우사스다이(*ἀναπαύσασθαι*) 2351. (3) 히니 아나파우손타이(*ἵνα ἀναπαύσωνται*) ℵ C Byzantine *TR*. (4) 아나파우사스데(*ἀναπαύσασθε*) Oecumenius^{2053text}.

11.e-e. 이문: (1) 에티 크로논 미크론(*ἔτι χρόνον μικρόν*) C 025 (ℵ: 아래의 [9]를 보라): Andreas &vg$^{:}$: WHort: B. Weiss, *Johannes-Apokalypse*, 174: Nestle-Aland^{27}: UBSGNT^{4}. (2) 크로논 에티 미크론(*χρόνον ἔτι μικρόν*) A fam 1006$^{1006\ 1841}$ fam 1611^{2344} Andr f ^{2073}: *tempus adhuc modicum*] it^{2} &vg:$^{A\ F\ T}$. (3) 미크론 에티 크로논(*μικρὸν ἔτι χρόνον*) Cyprian (*brevi adhuc tempore*). (4) 에티 미크론 크로논(*ἔτι μικρὸν χρόνον*) Oecumenius^{2053} Andr h n^{2429} 2019 cop Beatus (*adhuc brevi tempore*). (5) 에티 크로논(*ἔτι χρόνον*) 046 Andr f ^{2023} 94 Byzantine. (6) 티나 크로논(*τίνα χρόνον*) fam 1611^{2329} Andr l. (7) 에티 미크론(*ἔτι μικρόν*) it^{gig} (*adhuc modicum*). (8) 미크론(*μικρόν*) 2351. (9) 에피 크로논 미크론(*ἐπὶ χρόνον μικρόν*) ℵ. (9)의 에피(*ἐπί*)는 분명히 에티(*ἔτι*)의 오기이기 때문에 ℵ는 사실상 (1)을 뒷받침한다.

11.f-f. 해석 또는 해설의 카이(*καί*)의 한 예로 볼 수 있을 것이다(Bratcher-Hatton, *Revelation*, 5, 117).

11.g-g. 이문: (1) 아포크텐네스다이(*ἀποκτέννεσθαι*) ℵ A C Oecumenius^{2053} Andr g 94: Tischendorf, *NT Graece*: von Soden, *Text*: Nestle-Aland^{27}: UBSGNT^{4}. (2) 아포크테네스다이(*ἀποκτένεσθαι*) fam 1006^{1006} fam 1611^{2329} Andr d e^{2026} f-^{2056} i^{2042} 2019 Byzantine. (3) 아포크테이네스다이(*ἀποκτείνεσθαι*) 025 046 fam 1006^{1841} fam 1611^{1854} ^{2344} 2351 Andreas. (4) 아포크타이네스다이(*ἀποκταίνεσθαι*) Andr b-^{2059} e^{2057} f^{2056} h l^{2080}(+ 메트 아우투스[*μετ' αὐτούς*]).

11.h-h. 이문: (1) 플레로도신(*πληρωθῶσιν*, 부정과거 수동태 가정법) A C fam 1611^{2344} it$^{gig\ 61}$ &vg: syr$^{h\ ph}$: WHort: B. Weiss, *Johannes-Apokalypse*, 106: Merk, *NT*: Nestle-Aland^{27}: UBSGNT^{4}: *TCGNT*^{1}, 739. (2) 플레로소신(*πληρώσωσιν*, 미래 능동태 가정법) ℵ 025 046 fam 1006^{1006} fam 1611^{1854} Oecumenius^{2053text} 2351 Andreas Byzantine: Tischendorf, *NT Graece*: von Soden, *Text*. (3) 플레로수신(*πληρώσουσιν*, 미래 능동태

직설법) fam 1611[1611] 2329 Oecumenius[2053comm]. (4) 플레로손타이(πληρώσονται, 미래 중간태 직설법) *TR*. 플레룬(πληροῦν)의 전형적인 자동사적 용법인 독법 (1)은 플레룬(πληροῦν)을 단축 표현으로 사용하는 경향으로 인해(이에 관한 실례들에 대해서는 Stuhlmann, *Maß*, 9, 14, 21를 보라) 분명히 그릇되게 이해되었고, 모두 자동사인 독법 (2)와 (3)으로 변경되었다(Bauer-Aland, ad. loc.은 이 용법에 대해 거의 증거를 제시하지 못한다). 독법 (2)와 (3)은 발언되지 않은 어떤 목적어를 염두에 두고 있다. 그 발언되지 않은 목적어는 톤 드로몬(τὸν δρόμον, "행로, 길": 참조. 행 13:25, 헤오스 플레로소신 톤 드로몬[ἕως πληρώσωσιν τὸν δρόμον, "그들이 그들의 행로를 완결하기까지"]) 또는 톤 아리드몬(τὸν ἀριθμόν), 즉 헤오스 플레로소신 톤 아리드몬(ἕως πληρώσωσιν τὸν ἀριθμόν, "그들이 정해진 수를 채우기까지")이다(Stuhlmann, *Maß*, 159-60).

12.a-a. 이문: (1) 에이돈(εἶδον) 원문. 이돈(ἴδον)으로 철자: A C 046 fam 1611[1854 2329]. (2) 에이돈(εἶδον)의 탈락: 94 Byzantine[part]; Tyc[2]. "원문주해" 6:1.a에서 유사한 탈락을 보라.

12.b. 이문: (1) 호테(ὅτε) 원문. (2) 카이 호테(καὶ ὅτε) 025 fam 1611[2344] Andreas Primasius; &vg:[mss]. (3) 카이(καί) fam 1611[2329].

12.c. 이문: 에뉙센(ἔνυξεν) ℵ*.

12.d. 카이(καί)는 동사 에이돈(εἶδον)의 목적어 역할을 하는 등위절을 도입하기 때문에 "…하는 것(that)"으로 번역되어야 한다. 이문: 카이(καί) 탈락: Andr d; 2019. 카이(καί)를 탈락시킨 이유는 불필요하다고 생각되었기 때문이다(*TCGNT* 1, 739).

12.e. 이문: 이두(ἰδού)의 삽입: A Byzantine. 이 이문은 다른 곳에서 볼 수 있는 저자의 문체(6:2, 5, 8; 참조. 4:1; 7:9; 14:1, 14)와 이 구절을 일치시키려는 시도다.

12.f-f. 이문: 에게네토 메가스(ἐγένετο μέγας) A Andr i[1685 2042 2074].

12.g-g. 이문: (1) 에게네토 멜라스(ἐγένετο μέλας) 원문. (2) 멜라스 에게네토(μέλας ἐγένετο) ℵ 046 fam 1611[1854] 2351 Byzantine.

12.h. 삭코스(σάκκος, "삼베 옷")는 여기에서 형용사 트리키노스(τρίχινος, "털로 만든")와 함께 사용된다("haircloth"라는 번역은 적절하다; 개역, "총담"). 이 결합은 파피루스들에서(MM, 567) 양털과 다른 가축들을 털로 짜고, 대개 매우 어두운 색깔의 거친 직물을 나타내어 사용된다.

12.i-i. 헤 셀레네 올레(ἡ σελήνη ὅλη)라는 어구는 "달 전체 또는 만월"(개역, "온 달"; NIV; Charles, 2:403; Kraft, 121, "the whole moon"; RSV; NRSV, "the full moon")을 의미하는 것으로 해석되어 왔다. NEB의 번역 "the moon all red as blood"(피처럼 완전히 붉은 달)와 REB의 번역 "the moon turned all red as blood"(달이 피처럼 완전히 붉게 변했다; 참조. Lohse, 49: "und 'der Mond' wurde ganz wie 'Blut'")는 직역이 아니라 위에 언급한 "온 달"(the whole man)이라는 첫 번째 대안의 의역이다. 후치사로 홀레

(ὅλη)의 사용은 종종 실명사를 강조하는 수단(BDR § 275.5, 즉 "[달의 부분만이 아니라] 온 달")이기 때문에, 이 구문은 만월 또는 보름달이 피가 되었다는 사실을 강조하는 것이 아니라 달 전체가 피로 변했다는 사실을 강조한다. 이문: (1) 헤 셀레네 홀레(ἡ σελήνη ὅλη) ℵ A C 046 Oecumenius[2053] &vg; syr cop[bo] Tischendorf, *NT Graece*. (2) 헤 셀레네(ἡ σελήνη; 홀레[ὅλη]의 탈락) fam 1006[1006 1841] fam 1611[1611 2329 2344] Andreas Primasius it[a] cop[sa].

13.a. 이문: 발레이(βάλλει) A C 046 fam 1006 Andreas. (2) 발루사(βάλλουσα) ℵ fam 1611[1611 1854] Oecumenius[2053] 2351. (3) 발루사(βάλουσα) Byzantine.

13.b. 투스 올륀두스(τοὺς ὀλύνθους, 직역하면 "철늦은 무화과들")는 늦은 여름에 열린 무화과를 나타낸다. 이런 무화과들은 종종 익기 전에 나무에서 떨어진다. 따라서 이 용어는 "익지 않은 무화과들"로 번역될 수 있다(Louw-Nida, § 3.37). LSJ, s.v. 올론도스(ὄλονθος)는 이 용어가 "무화과나무의 빈약한 여름 과실"을 나타내는 것으로 이해했다.

14.a. 아포코리제스다이(ἀποχωρίζεσθαι)에서 나온 부정과거 수동태 동사 아페코리스데(ἀπεχωρίσθη)는 "쪼개다"를 의미할 수 있다(BAGD 102; 참조. Louw-Nida, § 63.30). 그러나 이 의미는 둥그렇게 말리는 책의 비유와 맞지 않는다. 이 문맥에서 이 동사는 "사라진다는 암시적인 의미로 정상적인 위치에서 물러나는 것"을 의미한다는 해석이 가장 좋다. 즉 하늘을 더 이상 볼 수 없게 되었다는 의미다(Louw-Nida, § 15.14). 그럴 때에 둘둘 말리는 두루마리의 비유가 의미가 통한다. 즉 두루마리를 읽기 위해 펼쳐 놓았다가 창문 블라인드처럼 빠르게 말아 버리는 모양을 생각할 수 있다.

15.a. 킬리아르코이(χιλίαρχοι, "천부장들")는 1,000명의 병력을 맡은 군대 장교를 나타내는 용어로, "지휘관" 또는 "장군"으로 번역될 수 있다.

16.a. 리도스(λίθος)는 돌이나 바위의 분리된 조각들 또는 실명사로서 돌을 나타내는 반면에, 페트라(πέτρα)는 암석(때로 얇은 지층으로 덮여 있는) 또는 절벽 이나 벼랑과 같이 드러나 있는 큰 바위를 나타낸다(Louw-Nida, § 2.21). 여기에서 복수 명사 페트라이(πέτραι)는 분명히 절벽, 바위로 된 산마루 또는 벼랑을 나타낸다.

16.b. 아포 프로소푸(ἀπὸ προσώπου, 직역하면 "얼굴로부터" 또는 "면전으로부터")는 요한계시록에서 세 번 발견되고(6:16; 12:14; 20:11) 신약성경의 다른 곳에서 네 번 발견되는(행 3:20; 5:31; 7:45; 살후 1:9) 히브리어식 표현이다. 이 어구 전체가 "…로부터(from)"라는 전치사를 구성하기 때문에 속격 명사 프로소푸(προσώπου)의 의의는 종종 쓸데없는 반복이 된다. 이 어구는 교부들에게서도 네 번 발견된다(*Barn.* 6:9; 11:7, 이 두 구절 모두에 나오는 속격 테스 게스[τῆς γῆς]는 "지표로부터"를 의미한다; *1 Clem.* 4:8, 10). 아포 투 프로소푸(ἀπὸ τοῦ προσώπου)에 대해서는 *1 Clem.* 18:11; 28:3(시 138:7[맛소라 사본 139:7]의 인유)을 보라. 칠십인역에서 아포 프로소푸(ἀπο προσώπου)는 몇 개의 "준전치사들"(즉 대부분의 경우 신체의 부분을 나타내는 명사를

수반하는 단순 전치사들인 베[ב], 레[ל], 케[כ], 알[על], 민[מן]의 결합들)을 번역하는 데 사용된다. 즉 아포 프로소푸(*ἀπὸ προσώπου*)는 다음과 같은 용어들을 번역한다. (1) 미프니(מפני) 194회(Sollamo, *Semiprepositions*, 82-83를 보라), (2) 밀리프니(מלפני, "…앞으로부터, …로부터") 34회(Sollamo, *Semiprepositions*, 96), (3) 리프네(לפני) 12회(Sollamo, *Semiprepositions*, 33-34). 솔라모(Sollamo *Semiprepositions*, 329)에 의하면 "아포 프로소푸(*ἀπὸ προσώπου*)라는 어구는 고전 헬라어에 알려져 있지 않고, 코이네 헬라어나 현대 헬라어에서도 입증되지 않는다. 이 어구는 번역 헬라어의 습관이다. 이 때문에 이 어구는 히브리어식 표현으로 간주될 수 있다." 솔라모는 Ctesias *Pers.* 2에 나오는 아포 프로소푸(*ἀπὸ προσώπου*)의 사용을 보지 못했고(BAGD, 721를 보라) 신약성경에 여섯 번, 교부들의 작품에 네 번 아포 프로소푸(*ἀπὸ προσώπου*)가 나오는 것을 고려하지 않았다. 신약성경에 나오는 여섯 번의 출현 모두가 번역 헬라어로 간주되어야 한다는 것은 확신할 수 없다. 헬라어 번역자들이 다른 히브리어 준전치사를 번역했던 것과 마찬가지로(예를 들어, 엠프로스텐[*ἔμπροσθεν*], 아나 메손[*ἀνὰ μέσον*], 엔 메소[*ἐν μέσῳ*]: Sollamo, *Semiprepositions*, 298), 칠십인역에서 아포 프로소푸(*ἀπὸ προσώπου*)에는 항상 속격이 따른다.

17.a 이문: (1) 아우투(*αὐτοῦ*) A P 046 1 fam 1006^{1006} 2351 Andreas Byzantine cop arm eth Primasius (*irae eius*): Arethas: B. Weiss, *Johannes-Apocalypse*, 175: Bousset (1906) 275 n. 5: Charles, 2:278. (2) 아우톤(*αὐτῶν*) ℵ C Oecumenius^{2053} fam 1611$^{1611\ 1854\ 2329\ 2344}$ 1828 2020 Andreas l 94 it$^{ar\ gig}$ (*ipsorum*): Tyc*3* (*irae eorum*): Beatus (*irae eorum*): De promissionibus (*irae illorum*): Fulgentius ($^{irae\ illorum}$): &vg: syr$^{ph\ h}$: Tischendorf, *NT Graece*: WHort: Merk, *NT*: Nestle-Aland^{27} : UBSGNT^{4}: TCGNT ^{1}, 739-40: *TCGNT* ^{2} , 668. 독법 (1)은 주석적인 입장에서 바람직하다. 왜냐하면 16절에서는 어린양의 진노만이 목표이며(*ἀπὸ τῆς ὀργῆς τοῦ ἀρνίου* – 아포 테스 오르게스 투 아르니우) 따라서 17절에 언급되는 바는 바로 "그의 진노"(*τῆς ὀργῆς αὐτοῦ* – 테스 오르게스 아우투)이기 때문이다(Schmid, *Studien* 2:100). 게다가 만일 독법 (2)의 아우톤(*αὐτῶν*)이 원문이라면, 아우투(*αὐτοῦ*)의 출처는 설명하기 어려운 반면에, 만일 독법 (1)의 아우투(*αὐτοῦ*)가 원문이라면, 아우톤(*αὐτῶν*)은 수정으로 해석될 수 있다. TCGNT ^{1}, 739-40과 TCGNT ^{2}, 668은 아우투(*αὐτοῦ*)가 아우톤(*αὐτῶν*)의 모호성을 피하기 위해 도입된 보다 쉬운 독법이라는(왜냐하면 아우투[*αὐτοῦ*]가 16절에 나오는 테스 오르게스 투 아르니우[*τῆς ὀργῆς τοῦ ἀρνίου*]에 대한 언급을 잇고 있기 때문이라는 것이다) 믿기 어려운 주장을 한다. 그러나 아우톤(*αὐτῶν*)은 모호하지 않고, 16절에서 언급된 보좌에 앉으신 분과 어린양을 언급하고자 하는 명백한 의도를 갖고 있다.

양식/구조/배경

I. 개요

3. 어린양이 처음 여섯 개의 인을 떼다(6:1-17)
  a. 처음 네 개의 인의 환상들(1-8절)
    (1) 첫 번째 인(1-2절)
      (a) 환상: 어린양이 첫 번째 인을 뗀다(1a절)
      (b) 소리: 네 생물 중 하나가 첫 번째 기사를 부른다(1b절)
      (c) 첫 번째 기사의 환상(2절)
        [1] 첫 번째 기사에 대한 묘사(2a절)
          [a] 흰 말을 탔다
          [b] 활을 가졌다
        [2] 기사의 행동(2b절)
          [a] 그가 면류관을 받는다
          [b] 그가 이기고 또 이기려고 한다
    (2) 두 번째 인(3-4절)
      (a) 어린양이 두 번째 인을 뗀다(3a절)
      (b) 소리: 두 번째 그룹이 두 번째 기사를 부른다(3b절)
      (c) 두 번째 기사의 환상(4절)
        [1] 묘사: 붉은 말을 탔다(4a절)
        [2] 행동: (4bc절)
          [a] 그 기사가 권능을 받는다
            {1} 목적: 땅에서 화평을 제하기 위해
            {2} 결과: 사람들이 서로 살육하게 하기 위해
          [b] 그 기사가 큰 칼을 받는다(4c절)
    (3) 세 번째 인(5-6절)
      (a) 어린양이 세 번째 인을 뗀다(5a절)
      (b) 소리: 세 번째 그룹이 세 번째 기사를 급파한다(5a절)
      (c) 세 번째 기사의 환상(5b-6절)
        [1] 묘사(5bc절)
          [a] 검을 말을 탔다
          [b] 저울을 들었다
        [2] 기사에게 하나님의 임무가 주어진다(6절)

[a] 임무의 출처: 네 그룹 중에서 나온 음성(6a절)
[b] 임무의 내용(6bc절)
{1} 한 데나리온에 밀 한 되
{2} 한 데나리온에 보리 석 되
{3} 감람유와 포도주는 해치 말라
(4) 네 번째 인(7-8절)
(a) 어린양이 네 번째 인을 뗀다(7a절)
(b) 소리: 네 번째 그룹이 네 번째 기사를 부른다(7b절)
(c) 네 번째 기사와 그의 동료의 환상(8절)
[1] 기사에 대한 묘사(8ab절)
[a] 청황색 말을 탔다
[b] 그의 이름이 사망이다
[c] 음부가 그 뒤를 따른다
[2] 사망과 음부가 땅 사분의 일의 권세를 얻는다(8c절)
[a] 칼로 죽인다
[b] 흉년으로 죽인다
[c] 역병으로 죽인다
[d] 땅의 야수들로 죽인다
b. 다섯 번째 인(9-11절)
(1) 어린양이 다섯 번째 인을 뗀다(9a절)
(2) 순교자들의 영혼의 환상(9b절)
(a) 위치: (하늘의) 제단 아래
(b) 순교의 이유(9c절)
[1] 하나님의 말씀을 인하여
[2] 저희의 가진 증거를 인하여
(3) 순교자들이 신원을 간구한다(10절)
(a) 큰 소리로 외친다(10a절)
(b) 그들의 집단적인 기도(10b절)
[1] 초사: 거룩하고 참되신 대주재여
[2] 청원: 땅에 거하는 자들을 심판하여 우리 피를 신원하여 주지 아니하시기를 어느 때까지 하시려나이까?
(c) 하나님의 응답(11절)
[1] 각 순교자에게 흰 두루마기를 주신다(11a절)
[2] 순교자들에 대한 권고: 쉬라(11bc절)

[a] 잠시 동안(11b절)
[b] 순교자들의 수가 차기까지(11c절)
{1} 저희의 동포 종들
{2} 저희처럼 죽임을 당할 저희의 형제들

c. 여섯 번째 인의 환상(12-17절)
(1) 어린양이 여섯 번째 인을 뗀다(12a절)
(2) 우주적 격변(12-14절)
(a) 큰 지진이 일어난다(12a절)
(b) 태양이 동요한다(v 12b)
[1] 사건: 검어진다
[2] 비유: 총담같이
(c) 달이 동요하다(12c절)
[1] 사건: 붉어진다
[2] 비유: 피같이
(d) 별들이 동요하다(13절)
[1] 사건: 하늘의 별들이 땅으로 떨어진다(13a절)
[2] 비유: 강풍에 흔들려 덜 익은 무화과 과실들이 나무에서 떨어지는 것같이(13b절)
(e) 하늘의 파괴(14a절)
[1] 사건: 하늘이 시야에서 사라진다
[2] 비유: 두루마리가 말리는 것같이
(f) 모든 산과 섬이 그 자리에서 흔들린다
(3) 인간의 반응(15-17절)
(a) 모든 사람이 영향을 받는다(15a절)
[1] 중요한 사람들
[2] 보통 사람들
[3] 부자들
[4] 권세 있는 자들
[5] 모든 종
[6] 모든 자유인
(b) 모두 숨으려고 애쓴다(15b절)
[1] 굴 속에
[2] 산의 바위 틈에
(c) 그들의 집합적인 절망의 부르짖음(16-17절)

[1] 대상(16a절)
[a] 산들에게
[b] 바위에게
[2] 간청(16bc절)
[a] 우리 위에 떨어지라(16b절)
[b] 우리를 가리우라(6bc절)
{1} 보좌에 앉으신 이에게서
{2} 어린양의 진노에서(16c절)
[3] 이유(17절)
[a] 그의 진노의 날이 이르렀다(17a절)
[b] 누가 그의 진노를 감당할 수 있으리요?(17b절)

II. 문학적 분석

요한계시록 6:1-17은 4:2b-11; 5:1-14에 나오는 두 부분의 보좌 장면으로 시작된 보다 큰 외형적 구조의 부분을 이루고 있으며 일곱 인의 개봉(6:1-8:1)을 포함하고 있다. 그러나 일곱 번째 인이 8:1에서 떼어진다는 사실에도 불구하고, 그 결과들은 점강법으로 나타나기 때문에(8:1에 나오는 결과는 하늘이 반 시 동안쯤 고요한 것이다), 일곱 번째 인을 떼는 행동은 일련의 이어지는 일곱 나팔 재앙들(8:2-11:18)을 도입하는 데 주로 기여한다. 여섯 번째 인의 개봉과 일곱 번째 인의 개봉 사이에 위치하며, 분명히 삽입적인 성격으로 인해 종종 "막간", "휴지" 또는 "삽입"으로 칭해지는 요한계시록 7:1-17은 일곱 번째 인을 앞의 인들과 구분하는 역할을 한다.

A. 네 기사(6:1-8)

일곱 인을 떼는 문학적 구성 가운데 처음의 네 인은 통일된 문학적 단위를 구성하고 있다. 이 점은 처음 네 인의 개봉을 묘사하는 간결한 기록의 특징적인 전형적 구조에서 명확하게 나타난다. 8b절에는 네 기사가 땅의 거민들에게 끼친 점증적인 영향들이 묘사된다. 그러나 이 영향들(검과 흉년과 사망과 땅의 짐승들에 의한 죽음)은 네 번째 기사와 그의 동반자(사망과 음부)의 역사로 보인다. 요한계시록 6:1-8에는 저자의 전형적인 청각 단어 에쿠사(*ἤκουσα*, "내가 들었다")가 다섯 번 나오고(1b, 3b, 5a, 6a, 7절) 그의 전형적인 시각 어구 카이 에이돈(καὶ εἶδον, "그리고 내가 보았다")과 세카이 이두(καὶ ἰδου, "그리고 보라")가 세 번 나온다(2a, 5b, 8a.절). 이 두 가지 전형적인 표현은 모두 새로운 소리나 환상을 소개하는 데 기여하는 것이 아니라, 계속되는 환상 가운데 새로운 또는 의미심장한 특징이나 행동에 주의를 돌리게 하는 역할을 한다(5:2, 6, 11; 6:2, 5, 8, 12; 7:2; 9:1; 16:13; 17:3, 6; 참조. 행 11:6; 단 12:5; 겔 37:8; 44:4; 5:1의 "주석"을 보라). 1-8절의 전형적인 구조에도 불구하고 여러 가지 차이가 있다. 첫째로, 카이 에이돈 카이 이두(καὶ εἶδον, καὶ ἰδού, "내가 보았다, 그리고 보라")가 예상 외로 4a절에 보이지 않고, 그 대신 단수 동사 엑셀덴(ἐξῆλθεν, "그가 말을 타고 나갔다")이 나온다. 둘째로, 첫 번째 기사만이 임무를 수행하기 위해 "말을 타고 나갔다"(ἐξῆλθεν –엑셀덴)고 하는 반면에, 다른 세 명의 기사가 실제로 그들의 임무를 수행했는지에 대해 본문은 침묵한다. 셋째로, 신적 활동 또는 권위를 나타내는 완곡한 표현인 부정과거 수동태 동사 에도데(ἐδόθη, "그것이 주어졌다")가 첫 번째, 두 번째 그리고 네 번째 기사에게 사용되지만(2b, 4b, 4c, 8c절) 세 번째 기사에게는 사용되지 않는다. 넷째로, 세 번째 기사를 다루는 부분은 신적인 명령을 삽입함으로써 특별히 구분되는데(6절), 이 신적인 명령은 네 그룹들 사이에서 나온 것이기 때문에 하나님의 명령으로 추정될 수밖에 없다.

요한계시록 6:1-8에 묘사되는 네 기사는 부분적으로 스가랴 1:7-11; 6:1-8의 인유다. 스가랴 6:1-8에 나오는 말들이 끄는 네 병거는 네 바람과 동일시되지만(5절) 네 방향에 대한 언급은 없다. 스가랴 1:8의 네 기사는 홍마, 회색 얼룩마, 밤색마 그리고 백마(그러나 개역에서는 홍마 두 마리, 자마, 백마로 번역된다)를 타고 있는 반면에, 스가랴 6:1-3에서 네 병거를 끄는 말들은 홍마, 흑마, 백마, 얼룩마이다. 그리고 요한계시록 6:1-8에 나오는 네 마리의 말은 백마, 홍마, 흑마, 청황색마이다. 요한계시록 9:7은 메뚜기 재앙을 전장에 타고 나가는 말에 비유한다. 이와 관련된 드라이버(S. R. Driver (*Joel and Amos*[Cambridge: Cambridge UP, 1934] 88 n. 1)의 말에 의하면, 아랍인들은 네 종류의 메뚜기, 즉 노란색, 흰색, 붉은색, 검은색의 메뚜기가 있다고 주장한다고 한다. 휴일레트(Feuillet *ZNW* 57[1966] 229-59)에 의하면 활을 갖고 있는 첫 번째 기사는 하나님의 심판의 대행자이고, 나머지 세 기사는 특별한 전쟁, 기근, 역병의 심판을 가하는 "화살들"이라고 한다. 이 해석은 8절에 나오는 재앙들의 요약이 뒤의 세 기사만 언급하고 첫 번째 기사를 언급하지 않는 이유를 설명해 준다. 말리나(Malina *Revelation*, 121-28)는 네 기사에 대한 점성술적 해석을 제안한다. 즉 말들은 혜성들로 해석하고, 기사들은 해(year)를 관리하며 특별한 속성들을 갖고 있는 별자리들로 해석하는 것이다. 즉 사자 자리(Leo, 레굴루스[Regulus: 사자 자리의 일등별]는 별들의 지배자로 짐승들에 의한 피해와 관계가 있다), 처녀 자리(Virgo, 포도 재배자의 칼), 저울 자리(Libra, 저울), 전갈 자리(Scorpio, 사망과 음부)라는 해석이다. 그리고 말의 색깔들은 행성들과 기본 방향들을 나타낸다는 것이다: 흰색(목성, 동쪽), 적색(화성, 남쪽), 청황색(금성, 서쪽), 흑색(수성, 북쪽).

흥미 있는 비교가 디오 크리소스톰(Dio Chrysostom *Or.* 36.42-53)에게서 발견된다. 디오 크리소스톰은 완벽하게 병거를 모는 제우스에 대해 말하는 옛페르시아의 마기승족(the magi)의 전설과 요한계시록의 내용이 어떻게 조화를 이루는지를 설명함으로써 우주의 대 화재에 대한 스토아 학파의 견해를 정당화하고자 한다. 이 견해에 의하면 제우스의 병거는 네 마리의 천마들이 끈다. (1) 첫 번째 말은 제우스에게 바쳐진 말로 "날개가 달렸고, 가장 밝은 화염같이 빛나는 색"이다. 과거에 이 말은 불의 바람을 일으켜 땅을 초토화시켰다. 또한 이 말은 승리와 면류관(텐 니켄 카이 톤 스테파논[*τὴν νίκην καὶ τὸν στέφανον*]: 첫 번째 기사가 면류관[*στέφανος*-스테파노스]을 받고 나가서 "이기고 또 이기려고 하는"[*νικῶν καὶ ἵνα νικήσῃ*-니콘 카이 히나 니케세] 계 6:2을 보라)을 받았다. (2) 두 번째 말은 약간 느리고 흑색인 헤라의 말이다. 이 말은 과거에 땅에 홍수를 일으켰다. (3) 조금 더 느린 세 번째 말은 포세이돈에게 바쳐지는 것으로 과거에 그 발굽으로 땅을 긁어 샘물이 솟아오르게 했다. (4) 호스티아(Hostia)라는 이름의 네 번째 말은 견고하고 흔들림이 없다. 이 전체 구성은 명백하게 점성술적이다(Boll, *Offenbarung,* 78-97; Betz, *Lukian von Samosata,* 97-98 n. 6).

B. 요한계시록 6:9-11: 신원을 요청하는 순교자들의 외침

처음의 네 인은 다양한 색의 네 명의 기사들로 이루어지는 하나의 단위를 형성한다. 각각의 기사는 네 그룹 중 한 명에 의해 호출되어 각각 땅의 백성에게 다양한 파괴적 심판(검, 흉년, 역병, 야수에 의한 죽음)을 일으키거나 또는 일으키라는 위임을 받는다. 반면에 9-11절의 네 번째 인은 특별한 주제, 즉 하늘 제단 아래 있는 순교한 영혼들의 환상에 의해 구별된다. 2-8절에서 네 명의 기사들에 의해 분명히 보복이 이루어진 것으로 보이는 때에 순교자들이 땅에 거하는 자들에게 보복을 요구하는 것은 약간 부적절한 것 같다.

이 단락은 세 개의 소단락으로 이루어진다. (1) 요한의 주의가 제단 아래 있는 순교자들의 영혼을 향한다(9절). (2) 그 다음에 초점은 자신들을 죽인 자들에 대한 신원을 하나님께 간청하는 순교자들에게로 바뀐다(10절). (3) 하나님의 응답은 두 가지다. (a) 그들은 흰 두루마리를 입게 되고(11a절), (2) 순교자들의 수(*numerus martyum*)가 차기까지 쉬라는 말씀을 듣는다.

9-11절의 장면 전체는 형태와 내용상 *1 Enoch* 47:4과 4 Ezra 4:35-37과 매우 유사하다. *1 Enoch* 47:4(번역: Black, *1 Enoch* 49)에 의하면,

거룩한 자들의 심령은 기쁨으로 가득하였으니,
이는 의인들의 수가 찼고,
의인들의 기도가 용납되었고,
의인들의 피가 영혼들의 주님 앞에서 신원되었음이라.

본문은 약간 난해하지만(Knibb, *Enoch* 2:133, note on 47.4), 이 언급은 아마 택함을 받은 자들의 예정된 수를 나타낼 것이다(Black, *1 Enoch*, 209-10). 여기에서 우리는 의인들의 완전한 수와 의로운 순교자들의 신원의 기도라는 두 가지 주제가 나란히 나오는 것을 본다. 이와 유사하게, 4 Ezra 4:35-37에서도 우리는 의롭게 죽은 사람들에게 제기하는 짧은 질문으로 이루어진 주제들이 동등한 순서로 나오는 것과(계 6:11에서와 마찬가지로 이 질문은 "How long"[어느 때까지]으로 시작된다: Westermann, *ZAW* 66[1954] 53를 보라), *numerus iustorum*, 즉 의인들의 완전한 수(the complete number of the righteous[RSV])를 포함하는 초자연적인 존재에 의한 위로의 답변을 본다.

의인들의 영혼이 그들의 방에서 이 문제에 대해 "어느 때까지 우리가 여기 있어야 하나이까? 그리고 언제 우리가 보상에 이르겠나이까?"라고 물었다. 그러자 천사장 제레미엘은 그들에게 대답하여 말했다. "너희와 같은 자들의 수가 찰 때라. 왜냐하면 그가 저울로 시대의 무게를 달았고, 자로 때를 쟀고, 숫자로 때를 계수하셨으니, 분량이 차기까지 때를 옮기거나 재촉하지 않을 것이기 때문이다."

이 동일한 구절이 요한계시록의 암하라 말(에디오피아의 공용어) 주석에도 인용된다(R. W. Cowley, *Apocalypse*, 238).

C. 요한계시록 6:12-17: 진노의 날

여섯 번째 인의 개봉은 두 가지 소단락으로 이루어지는 짧은 기사를 도입한다. (1) 우주의 격변(12-14절)과 (2) 인간의 반응(15-17절). 12-14절에 나오는 우주의 격변에 대한 묘사는(위에 본서의 번역의 배열이 시사하는 바와 같이) 시와 유사한 방식으로 배열된 전통적인 주제들의 혼합이다. 첫 행과 마지막 행은 비유적인 언어를 사용하지 않고 대지진과 각 산과 섬의 요동을 묘사한다. 반면에 가운데 있는 네 개의 행은 각각 직유를 사용하고 있다. 땅의 모든 거민들은 이 우주적 혼란에 공포의 반응을 보이며 이 사건들로부터 피하고자 헛된 시도를 한다. 6:15-17의 표현은 진노의 큰 날을 두려워할 수밖에 없는 이유가 있는 자들의 반응을 집단적인 절망의 외침으로 표현하는 수사학적 장치다. 이 표현 자체는 호세아 10:8에 근거하고 있는데, 그 곳에서 확인되지 않는 화자들은 산들에게 "우리를 가리우라"고 애원하고, 작은 산들에게 "우리 위에 무너지라"고 간청한다. 이어지는 굴과 산과 바위에 대한 언급은 우주적 멸망을 고려하고 있지 않다. 인상적인 사실은 이 격변이 진노의 큰 날의 서막으로 해석되는 이 단락의 끝(17절)에 이르기까지 이 우주적인 격변의 의미가 명백하게 제시되지 않는다는 것이다.

주석

[1]a "내가 보매 어린양이 일곱 인 중에 하나를 떼시는 그 때에"(*καὶ εἶδον ὅτε ἤνοιξεν τὸ ἀρνίον μίαν ἐκ τῶν ἑπτὰ σφραγίδων* – 카이 에이돈 호테 에노익센 토 아르니온 미안 에크 톤 헾타 스프라기돈). 오직 여기에서만 분명하게 어린양이 동사 에노익센(*ἤνοιξεν*)의 주어로 언급된다. 이 동사는 토 아르니온(*τὸ ἀρνίον*)을 주어로 취하여 여섯 번 더 나온다(6:3, 5, 7, 9, 12; 8:1). 어린양이 봉인된 두루마리를 펼치는 것을 상상하기가 분명히 어렵기 때문에, 뒤에서 어린양의 형상은 원래 의인화된 형상에 겹쳐진 것 같다. 연속적으로 일곱 인을 떼는 행동(6:1, 3, 5, 7, 9, 12; 8:1)은 여기에 동반하는 환상들에 나타나는 두루마리의 내용의 점진적인 전개를 상징한다. 인을 떼어냄으로 시작되는 환상들은 두 개의 소단락, 즉 네 가지 환상(6:1-8)과 두 가지 환상(6:9-17; 8:1)을 형성한다. 6:1-8의 두 가지 환상은 네 그룹(생물)을 사용함으로써 구성되는데, 이들은 각각 네 기사 중 한 명을 호출하고, 각각의 네 기사는 여러 가지 재앙으로 세상에 괴로움을 가져온다. 유사한

4+3 구조는 나팔 환상들에서도 발견된다(8:2-9:21; 11:15-18). 카이 에이돈(*καὶ εἶδον*)에 대해서는 5:1의 "주석"을 보라.

"일곱"은 요한계시록에서 구조적 장치로 자주 사용된다. 일곱 인으로 이루어지는 헵타드(heptad: 일곱 시리즈)는(6:1-8:1) 앞으로 두 번 더 나온다. 즉 일곱 나팔(8:2-9:21; 11:15-18)과 일곱 대접(15:1-16:21)에서도 헵타드로 이루어진다. 일련의 일곱 인을 떼는 은유는 요한계시록에서 독특한 은유이지만, 종말이 시작되기 직전에 나타난 사건들을 이야기하는 데 헵타드가 사용되는 후기의 증거들이 있다. 그 중 첫 번째 본문은 *b. Sanh.* 97a(번역: Epstein, *Babylonian Talmud*)이다.

> 우리 랍비들은 다음과 같이 가르쳤다. 다윗의 자손이 오실 종말의 칠년 주기에서—첫 해에 이 절이 이루어질 것이다. "내가 어떤 성읍에는 비가 내리고 어떤 성읍에는 비가 내리지 않게 할 것이다"(암 4:7). 둘째 해에는 기아의 화살들이 쏘아질 것이고, 셋째 해에는 큰 기근이 들어 남녀와 어린이들, 경건한 사람들과 성도들이 죽을 것이며, 율법을 공부하던 자들이 율법을 망각할 것이고, 넷째 해에는 부분적인 풍년이 있을 것이고, 다섯째 해에는 큰 풍년이 들어 사람들이 먹고 마시며 즐거워할 것이고 율법을 공부하는 자들에게 돌아올 것이고, 여섯째 해에는 (하늘의) 소리가 있을 것이고, 일곱째 해에는 전쟁들이 있고, 일곱째 해의 끝에 다윗의 자손이 오실 것이다.

이 7년 중 마지막 3년은 *b. Meg.* 17b(번역: Epstein, *Babylonian Talmud*)에도 언급된다.

> 그들이 일곱 번째 복으로 구속을 언급하는 이유가 무엇이었는가? 라바(Raba)는 이렇게 대답하였다. 그들(이스라엘)이 일곱 번째 해(메시아가 오시는)에 구속을 받기로 예정되었기 때문에, 구속에 대한 언급이 일곱 번째 복에 두어진 것이다. 그러나 스승께서 "여섯째 해에는 천둥이 칠 것이고, 일곱째 해에는 전쟁들이 있을 것이며, 일곱째 해의 끝에 다윗의 자손이 오실 것이다"라고 말씀하였느냐? 전쟁은 구속의 시작이기도 하다.

1b "내가 들으니 네 생물 중에 하나가 우뢰 소리같이 말하되 오라 하기로"(*καὶ ἤκουσα ἑνὸς ἐκ τῶν τεσσάρων ζῴων λέγοντος ὡς φωνὴ βροντῆς· ἔρχου*—카이 에쿠사 헤노스 에크 톤 테싸론 조온 레곤토스 호스 포네 브론테스 에르쿠). 이 구절은 요한계시록에서 어떤 천사들이 다른 천사들 또는 초자연적 존재들에게 명령을 내리는 첫 번째 예로, 분명하게 제시되지 않는 천사 계급의 구조를 암시해 준다(7:2-3; 14:15, 18을 보라; 참조. 슥 2:3-5). "오라"(에르케스다이[*ἔρχεσθαι*]는 문맥에 따라 "가라"를 의미할 수도 있고, "오라"를 의미할 수도 있다)는 명령의 마

술적 사용은 *T. Sol.* 1:9, 11; 3:1에 나온다. 그 곳에서 이 명령은 귀신들에게 "오라! 솔롬이 너희들을 부른다"라고 사용된다. "우뢰 소리같이"라는 어구는 여기에서만 첫 번째 기사의 호출과 관련되어 나온다. 요한계시록의 다른 곳에서 우뢰는 극히 큰 음성을 묘사하는 은유로 사용된다(14:2; 19:6; 참조. *2 Apoc. Bar.* 11:3; 14:1-2). 하나님의 음성은 자주 우뢰 소리와 비교되는데(삼하 22:14; 욥 37:2-5; 시 18:13; 29:3-9; 사 29:6; 30:30-31; 렘 25:30; 암 1:2), 아마 시내 산 전승에서 신의 현현을 나타내는 비유적 표현에서 유래된 직유일 것이다.

[2]a "내가 이에 보니 흰 말이 있는데 그 탄 자가 활을 가졌고"(*καὶ εἶδον, καὶ ἰδού, ἵππος λευκός, καὶ ὁ καθήμενος ἐπ' αὐτὸν ἔχων τόξον*–카이 에이돈 카이 이두 잎포스 류코스 카이 호 카데메노스 에프 아우톤 에콘 톡손). 카이 에이돈(*καὶ εἶδον*)에 대해서는 5:1의 "주석"을 보라. 네 기사의 주제는 부정확하게 스가랴 1:11-17에 근거하고 있고, 네 색깔(흰색, 붉은색, 검은색, 청황색)의 말 주제도 역시 부정확하게 스가랴 6:1-8의 병거를 끄는 여러 가지 색의 말들에 근거한다. *Metam.* 8.25-36에서 오비드(Ovid)는 전설의 미노스(Minos)가 백마를 타고 창과 활을 갖고 있는 것으로 묘사한다(*Neuer Wettstein*, ad. loc.). 판에 박힌 어구 카이 에이돈 카이 이두(*καὶ εἶδον, καὶ ἰδού*)는 요한계시록에 일곱 번 나온다(6:2, 5, 8; 7:9; 14:1, 14; 19:11; 이 어구는 6:4에서도 이문[א]으로 발견된다; 이 문맥들에서 이두[*ἰδού*]의 역할에 대해서는 4:1의 "주석"을 보라). 이 어구는 요한계시록의 본문 전달에 영향을 끼쳤다. 왜냐하면 필사자들이 간혹 카이 에이돈(*καὶ εἶδον*)에 카이 이두(*καὶ ἰδού*)를 덧붙이거나("원문주해" 5:6a를 보라), 카이 이두(*καὶ ἰδού*)에 카이 에이돈(*καὶ εἶδον*)을 덧붙이거나, 또는 카이 이두(*καὶ ἰδού*)나 카이 에이돈(*καὶ εἶδον*)을 삭제했기 때문이다("원문주해" 6:2.a-a를 보라). (카이) 에이돈 카이 이두([*καὶ*] *εἶδον*[=이돈–*ἴδον*] *καὶ ἰδού*)는 칠십인역에 나오지만(칠십인역에서 이 어구는 히브리 어구 와에레 웨힌네[וארא והנה] 또는 라이티 웨힌네[ראיתי והנה]를 번역한 것이다. 특별히 에스겔서에서[1:4, 15; 2:9; 8:7, 10; 10:1, 9; 37:8; 44:4; 참조. 창 33:1; 렘 4:2; 2 대하 23:13]), 유대-헬라어 문헌에서는 비교적 희귀하다(*Jos. As.* 10:16; 14:9을 보라). 카이 이두 잎포스 류코스 카이 호 카데메노스 에프 아우톤(*καὶ ἰδοὺ ἵππος λευκὸς καὶ ὁ καθήμενος ἐπ' αὐτόν*, 직역하면 "그리고 보라 흰 말과 그 위에 앉은 자")은 19:11에서 축어적으로 반복되는데, 이 사실은 이 두 구절 간의 어떤 문학적 상관 관계, 아마 두 기사의 동일성을 시사한다. 흰 말은 스가랴 6:3의 환상에서 함께 병거를 끄는 흰 말들에 근거한다. 이

기사의 모습은 긍정적으로 해석할 수도 있고 부정적으로 해석할 수도 있다. 그러나 두 번째, 세 번째, 네 번째 인들이 부정적이라는 사실은 첫 번째 인이 긍정적이라고 주장하기 어렵게 만든다.

(1) **긍정적인 해석**들: (a) 그리스도, 메시아 또는 신적 전사. 19:11-16에서 흰 말을 탄 기사가 "하나님의 말씀"으로 칭해지고 메시아를 상징하기 때문에, 이레네우스(Irenaeus, *Adv. Haer.* 4.21.3)를 위시한 해석자들은 6:2의 기사를 그리스도로 해석한다(Methodius *Symp.* 8.7, Andreas가 *Comm. in Apoc.* 6:2에서 인용함; Schmid, *Studien* 1/1:60; Vos, *Synoptic Traditions*, 181-92; Bachmann, Bib. 67 [1986] 240-75; Hodges, *BSac* 119[1962] 324-34; Heil, Bib. 74[1993] 223). 19:11-16에 흰 말의 등장은 거기의 기사와 마찬가지로 이 곳 6:2의 기사도 메시아임을 암시할지 모른다. 그러나 6:2과 19:12의 용어의 유사성에도 불구하고, 두 기사는 사실상 공통점을 거의 갖고 있지 않다. 이 두 기사 모두 흰 말을 타고 있지만, 6:2의 기사는 활을 들고 있고 승리의 면류관(*στέφανος*-스테파노스)을 쓰고 있는 반면에, 19:11-16의 기사는 그의 입에 예리한 양날 검을 갖고 있고 주권의 상징인 (Swete, 86) 많은 왕의 머리띠 또는 왕관(*διαδήματα*-디아데마타)을 쓰고 있다. 6:2의 기사는 19:11-16의 메시아와 동일시될 수 없다. 왜냐하면 인을 떼는 이가 바로 분명히 어린양이기 때문이다. 따라서 첫 번째 인을 떼어냄으로써 호출되는 기사가 동시에 어린양일 것 같지는 않다(Zahn, 2:352-53을 보라). 게다가 메시아는 메시아 재앙들이 끝나기 전에는 등장하지 않게 되어 있다(Charles, 1:164). (b) 복음의 승리적 전진. 그리스도를 첫 번째 기사로 확인하는 데는 극복할 수 없는 장애들이 존재하는 것으로 보이기 때문에, 많은 해석가들이 이 기사의 승리의 활동이 복음의 승리를 상징할 수 있다는 제안을 한다(Zahn, 2:352-53; J. Weiss, *Offenbarung*, 60-62; Allo, 87-88). 기독교가 유대교의 묵시에 적응함에 있어, 복음의 선포는 말세의 사건들에서 상당히 중요한 위치를 차지했다. 마가복음 13:10(마 24:14; 눅 21:12)은 "복음이 먼저 만국에 전파되어야 할 것이니라"고 말씀한다. 오에쿠메니우스(Oecumenius, *Comm. in Apoc.* 6:2; Hoskier, *Oecumenius*, 84)는 흰 말이 복음을 상징하고 그리스도는 기사라고 주장함으로써 앞의 두 견해를 결합시킨다. (c) 네 기사를 긍정적으로 해석하기 위한 일반적인 논증은 하늘 기사의 모습이 그리스-로마 세계에서 사람들을 여러 가지 유형의 고통으로부터 구원하는 구원자로 해석된다는 사실이다. 예를 들어 디오스쿠리(Dioscuri), 말을 탄 트라키아의 신 헤론(Heron), 호루스(Horus) 또는 미드라스(Mithras)가 그런 구원자의 모습이다

(Johnston, *CP* 87[1992] 307-16를 보라).

(2) **부정적인 해석들.** (a) 군사적인 정복(Swete, 86; Mounce, 154; Roloff, 80-81) 또는 더 특별하게 파르티아의 침입(Wettstein, *NT Graecum*; Bousset[1906] 265-66; Ramsay, *Letters*, 58; Swete, 86; Charles, 1:164[저자에 의해 제2의 의미가 덧입혀졌다]; Lohse, 47; Boring, 122; Metzger, *Code*, 58). (b) 적그리스도 또는 거짓 메시아. 대개 이 견해는 요한계시록 6:1-17이 종말론적 강화들(막 13장 및 유사 구절들)에 나오는 종말 사건들의 순서를 모방하고 있다는 가정에 근거한다. 마가복음 13:5-6의 첫 번째 주제가 많은 사람들이 그리스도인들을 미혹케 할 것이라는 경고이기 때문에, 첫 번째 기사는 분명히 그 경고에 비추어 해석되어야 한다는 것이다(R. W. Cowley, *Apocalypse*, 229; Rissi, *Zeit*, 89-94; id., *Int* 18[1964] 407-18; Vos, *Synoptic Traditions*, 191). 그러나 이와 같은 동일시를 확인시킬 설득력 있는 논증들이 없다. (b) 궁켈(Gunkel *Verständnis*, 53-54 n. 6)은 첫 번째 기사가 태양신 미드라스를 나타낸다고 제안한다. 그러나 이 제안은 극히 불확실하다. 왜냐하면 태양신 미드라스는 말을 탄 모습의 몇 가지 신들 중의 하나에 불과하기 때문이다(Johnston, *CP* 87[1992] 307-16를 보라).

첫 번째 기사는 활을 가지고 있다(분명히 화살도 내포하고 있지만, 직접 언급되지는 않는다). 칼, 독사와 함께 죽음을 나타내는 속담의 도구들로서의 활과 화살에 대해서는 *T. Abr.*[Rec. B] 14:4를 보라. 고대의 군대에서 궁사들은 중요한 방어군이었다(사 21:17; 렘 50:29; 51:3). 그러나 활은 로마의 무기가 아니라 그리스, 아나톨리아, 근동, 특별히 파르티아에서 널리 사용된 무기였다(Ramsay, *Letters*, 58). 활(화살과 함께)은 구약성경에서 하나님의 응징으로 사용된다(신 32:42; 사 34:6; 합 3:9; 애 3:12-13; 시 7:13-14). 신명기 32:23-25(아마 겔 5:16-17에서 개정되는)에 의하면, 여호와의 화살들은 기근과 역병과 야수와 칼에 의한 재앙들을 일으킨다. 이 네 가지 재앙들이 특별히 4절에 언급된다는 사실은 첫 번째 기사가 쏘는 "화살들"이 바로 이 재앙들이라고 생각할 수도 있다. 그러나 여기에 활만 언급되고 있기 때문에 이런 비교들을 완전하게 연관시키기가 어렵다. 활과 아폴로의 밀접한 관계로 인해 일부 해석가들은 활을 아폴로의 권위로 생각하고, 여기에서는 그리스도의 권위를 상징하거나(Bachmann, Bib. 67[1986] 263-64), 또는 그의 활이 죽음을 가져올 수 있는 아폴로를 나타내는 상징으로 생각하기도 한다(Kerkeslager, *JBL* 112 [1993] 118-21).

2b "면류관을 받고 나가서 이기고 또 이기려고 하더라"(*καὶ ἐδόθη αὐτῷ στέ-*

φανος καὶ ἐξῆλθεν νικῶν καὶ ἵνα νικήσῃ–카이 에도데 아우토 스테파노스 카이 엑셀덴 니콘 카이 히나 니케세). 이 구절은 신의 활동을 나타내는 수동태(*passivum divinum*)인 부정과거 수동태 에도데(*ἐδόθη*)가 처음 등장하는 구절이다. 신의 활동을 나타내는 수동태는 요한계시록에서 22회 사용된다(3인칭 복수 에도케산[*ἐδό-θησαν*]은 8:2; 12:14에 두 번 나온다; *passivum divinum*에 대해서는 9:3의 "주석"을 보라). 이 *passivum divinum*의 사용이 신의 능력의 긍정적 또는 부정적인 면들을 나타내는 것으로 보이지는 않는다(Bachmann, Bib. 67[1986] 245). 동사 에도데(*ἐδόθη*)는 1-8절에 다섯 번 사용되는데, 세 번째 기사(5-6절)를 제외하고 모든 기사들에게 부여되는 신의 위임 또는 신의 능력과 관련이 있다. 흰 말(Vergil *Aeneid* 3.537-47; 참조. Servius *In Aeneidem* III.538, 여기에서 고전 주석가는 *condore nivali*라는 어구를 승리를 예시하는 전조로서의 "눈같이 흰"으로 해석한다)과 면류관은 모두 승리를 상징하는 것으로 해석될 수 있다(Tertullian *De corona* 15). 기사가 말을 타고 나가기 전에 면류관을 받는다는 것은 승리의 약속으로 해석할 수도 있다. 니콘 카이 히나 니케세(*νικῶν καὶ ἵνα νικήσῃ*, 직역하면 "그가 이기기 위하여 이기는")라는 어구는 매우 모호한 헬라어이며 구문론적으로 문제가 있다. 톰슨(S. Thopson, *Apocalypse*, 80-81)은 이 구문이 히브리어 동사+동족 독립 부정사 용법을 반영한다는 제안을 했다. 그리고 그는 이 구문을 엑셀덴 히나 니콘 카이 니케세(*ἐξῆλθεν ἵνα νικῶν καὶ νικήσῃ*, "그가 완전하게 승리하기 위해 출발했다")로 수정해야 한다고 제안한다. 이 수정은 칠십인역에서 히브리어 동사+동족 독립 부정사가 헬라어 동사+동족 분사로 번역되는 통상적인 방법이다. 크라우스(Krause "Participle," 202-4)는 니콘(*νικῶν*)이 주격이며 동사의 주어로 연결되어야 하고("원문주해" 2.d를 보라), 연결하는 카이(*καί*)는 강조된 삽입을 도입하는 것으로 해석될 수 있으며(BAGD, s.v. *καί*, II.2), "승리자가 훨씬 더 많은 승리를 하기 위해 떠났다"라고 번역된다고 제안한다. 첫 번째 기사는 첫째로 전쟁을 상징한다. 그리고 이어서 나오는 세 기사는 각각 전쟁의 전형적인 재해들, 즉 칼과 기근과 역병을 상징한다.

3-4a "둘째 인을 떼실 때에 내가 들으니 둘째 생물이 말하되 오라 하더니 이에 붉은 다른 말이 나오더라"(*Καὶ ὅτε ἤνοιξεν τὴν σφραγῖδα τὴν δευτέραν, ἤκουσα τοῦ δευτέρου ζῴου λέγοντες· ἔρχου, καὶ ἐξῆλθεν ἄλλος ἵππος πυρρός*–카이 호테 에노익센 텐 스프라기다 텐 듀테란 에쿠사 투 듀테루 조우 레곤테스 에르쿠 카이 엑셀덴 알로스 힙포스 퓌르로스). 첫 번째 어구에 대해서는 6:1b의

"주석"을 보라. 형용사 알로스(*ἄλλος*, "다른")는 첫 번째 기사가 뒤의 세 기사와 구별됨을 나타내는 것으로 해석되어 왔다. 따라서 뒤의 세 기사는 별개의 통합된 집단을 형성한다는 해석이다(Bachmann, Bib. 67[1986] 247-48). 붉은 색은 피를 상징하며, 두 번째 기사로 말미암는 죽음과 파괴를 나타낼 것이다(Lohmeyer, 60). 저자는 다른 세 기사들에게 사용된 특징적인 어구 카이 에이돈, 카이 이두(*καὶ εἶδον, καὶ ἰδού*, "내가 보았다, 그리고 보라")를 빼고, 동사 엑셀덴(*ἐξῆλθεν*, "그가 나왔다")을 대용했다. 그러나 두 번째 기사가 어디에서 나왔는지는 명확하지 않다.

4b "그 탄 자가 허락을 받아 땅에서 화평을 제하여 버리며 서로 죽이게 하고"(*καὶ τῷ καθημένῳ ἐπ' αὐτὸν ἐδόθη αὐτῷ λαβεῖν τὴν εἰρήνην ἐκ τῆς γῆς καὶ ἵνα ἀλλήλους σφάξουσιν*-카이 토 카데메노 에프 아우톤 에도데 아우토 라베인 텐 에이레넨 에크 테스 게스 카이 히나 알렐루스 스팍수신). 동사 스파제인(*σφάζειν*)이 사람과 관련하여 사용될 때는 명백하게 폭력과 흉포성이 함축된다(Louw-Nida, § 20.72). 땅에서 화평을 제하여 버리는 기사의 역할은 전세계적인 현상으로 묘사되는데, 아마 아우구스투스에 의한 팍스 로마나(*pax Romana*, "로마의 평화")의 의도적인 폐기로 묘사될 것이다. 아우구스투스는 야누스 신전의 문들을 세 번 닫았다. 첫 번째로 주전 29년에 야누스 신전의 문들을 닫았고, 주전 25년 내전의 종식으로 팍스 로마나의 새로운 시대를 열면서 다시 야누스 신전의 문들을 닫았고, 그 후 세 번째로 야누스 신전의 문들을 닫았는데, 명확한 시기는 알려져 있지 않다(*Res Gestae Divi Augusti* 13). 로마에서 "야누스 신전"(templum Iani, 사실상 신전이라기보다는 출입구)의 문들은 공식적으로 전쟁을 선언하는 수단으로 열렸다(Vergil *Aeneid* 1.294; Servius on *Aeneid* 1.294; Macrobius *Saturnalia* 1.9.17 -18; Livy 1.19.2-4; Varro *De lingua Latina* 5.165; Horace *Ep.* 2.1.255; Ovid *Fasti* 1.121-24).

4c "또 큰 칼을 받았더라"(*καὶ ἐδόθη αὐτῷ μάχαιρα μεγάλη*-카이 에도데 아우토 마카이라 메칼레). 이 어구에서 칼은 기사에게 주어지는 권위의 상징인데, 4a절에서 이 권위가 다른 식으로 표현된다: 에도데 아우토 라베인 텐 에이레넨 에크 테스 게스(*ἐδόθη αὐτῷ λαβεῖν τὴν εἰρήνην ἐκ τῆς γῆς*, "그 탄 자가 허락을 받아 땅에서 화평을 제하여 버리고"). 즉 해석이 상징보다 먼저 나오는 것이다. 텐 마카이란 포레인(*τὴν μάχαιραν φορεῖν*, "칼을 가지다," 롬 13:4)이라는 어구는 관헌들이 소유한 생사를 좌우하는 권능을 나타내는 은유다(Philostratus *Vitae Soph.* 1.532, 디카스투 가르 데이스다이 아우타스 크시포스 에콘토스[*δικαστοῦ γὰρ δεῖ-*

σθαι αὐτὰς ξίφος ἔχοντος, "그들은 칼을 가진 심판자를 필요로 했다"]를 보라). 로마 황제들은 임무의 표상으로 단검 또는 검을 갖고 있었다(Tacitus *Hist.* 3.68 [*pugio*]; Suetonius *Galba* 11; Dio Cassius 42.27[*ξίφος*-크시포스)]; Ulpian *Digest* 1.18.6.8). 사형의 판결에서 "칼의 권한"(*ius gladii*)은 로마의 황제에 의해서만 행사되지만 지방의 관리들에게 위임된 통치권을 상징했다(A. Berger, *Roman Law*, 529). 로마 공화국 시대에 칼을 차는 것은 군대의 고관들만의 권리였고(Dio Cassius 42.27.2), 제국 시대에 칼은 황제만 찰 수 있었다(Mommsen, *Römisches Saatsrecht* 1:433-35; 2:806). 그러므로 이 기사가 칼을 받았다는 것은 하나님께서 그에게 일시적으로 맡긴 권위와 권능을 나타낸다(에도데[*ἐδόθη*]는 신적 활동을 나타내는 수동태다; 6:2b와 9:3의 "주석"을 보라). 칼은 고대 기병대가 사용한 전형적인 무기였다. 검은 4b절의 살육이 묘사되기 전에 언급되어야 했을 것이라고 생각할 수 있다. 이 도치는 저자가 "마지막-처음"(hysteron-proteron), 즉 논리적 순서 또는 사건의 반전을 사용하는 또 다른 예다. 이 반전은 요한계시록에서 자주 사용되는 문학 장치다(3:3, 17; 5:5; 10:4, 9; 20:4-5, 12-13; 22:14). "말을 타고 나갔다"(*ἐξῆλθεν*-엑셀덴)고 하는 첫 번째 기사에 대한 묘사와 달리 본문에는 두 번째 기사가 그의 임무를 수행했음을 암시하는 말이 전혀 없다.

5a "셋째 인을 떼실 때에 내가 들으니 셋째 생물이 말하되 오라 하기로"(*καὶ ὅτε ἤνοιξεν τὴν σφραγῖδα τὴν τρίτην, ἤκουσα τοῦ τρίτου ζῴου λέγοντος· ἔρχου*-카이 호테 에노익센 텐 스프라기다 텐 트리텐 에쿠사 투 트리투 조우 레곤토스 에르쿠). 이 구절은 저자가 네 생물을 사용하여 앞의 네 인을 떼는 것을 나타내는 문학적 구성이다. 6:1, 3, 5, 7절과 6:1b의 "주석"을 보라.

5b ""내가 보니 검은 말이 나오는데(*καὶ εἶδον, καὶ ἰδοὺ ἵππος μέλας*-카이 에이돈 카이 이두 잎포스 멜라스). 카이 에이돈(*καὶ εἶδον*)에 대해서는 5:1의 "주석"을 보라. 검은 색은 어두움과의 관련성과 그 결과로 죽음, 이승 그리고 (중세 교회에서) 악마의 상징으로 사용되었기 때문에 고대에 강한 부정적 내포들을 갖고 있었다. 검은 말에 대한 언급은 스가랴 6:2, 6의 환상에서 병거를 끄는 네 무리의 말들 중 하나의 인유다. 여기에서 검은 색은 분명히 종종 죽음과 관련된 기근을 상징한다.

5c "그 탄 자가 손에 저울을 가졌더라"(*καὶ ὁ καθήμενος ἐπ' αὐτὸν ἔχων ζυγὸν ἐν τῇ χειρὶ αὐτοῦ*-카이 호 카데메노스 에프 아우톤 에콘 쥐곤 엔 테 케이리 아우투). 저울은 막대 양쪽 끝에 각각 고리 또는 끈으로 접시가 매달려 있는 것

이었다. 한쪽 접시에 놓인 추는 다른 쪽 접시에 놓인 물건의 무게를 측정하는 데 사용되었다. 구약성경에서 저울은 자주 언급되는데, 종종 물건을 사는 사람들을 속이기 위해 부정하게 조작되었다는 주장과 함께 언급된다(잠 11:1; 16:11; 20:23; 사 40:12; 46:6; 호 12:7; 암 8:5; 미 6:11). 저울의 존재는 기근의 상황에서 빵이 엄격하게 배급될 수밖에 없고, 따라서 극히 부족한 물품이 되면 필수 분량만 무게를 달아 판매되어야 한다는 것을 나타낸다(레 26:26; 겔 4:16). 그러나 저울은 무게를 측정하는 데만 유용하고, 6절의 초점은 무게를 단 곡식의 부당한 가격이기 때문에 기본적인 모순이 있는 것으로 보인다. 따라서 부쎄트(Bousset[1906] 267)의 견해와 달리, 이어지는 내용이 저울의 존재를 설명하지는 않는다.

6a "내가 네 생물 사이로서 나는 듯하는 음성을 들으니 가로되"(*καὶ ἤκουσα ὡς φωνὴν ἐν μέσῳ τῶν τεσσάρων ζῴων λέγουσαν*–카이 에쿠사 호스 포넨 엔 메소 톤 테싸론 조온 레구산). 베반(E. Bevan, *Sibyls and Seers*[London, 1928] 99-100)에 의하면, 확인되지 않는 하늘 음성은 그리스 전설에서는 비교적 드물었지만 요한계시록에서는 흔하다(9:13; 10:4, 8; 11:12, 15; 12:10; 16:1, 17; 18:4; 19:5; 21:3). *Mart. Pol.* 9:1에는 폴리캅에게 강하라고 격려하는 하늘의 음성이 들리는 것으로 나온다. Josephus *J. W.* 6.300에 의하면, 성전에 있던 사람들이 "우리는 여기에서 떠나고 있다"고 다수가 말하는 음성을 들었다고 한다(Tacitus *Hist.* 5.13을 보라). 초기 유대교에 나오는 하늘의 음성들에 대해서는 Kuhn, *Offenbarungsstimmen*을 보라. 요한계시록의 저자와 독자들은 모두 말을 하고 있는 이가 하나님이라고 추정했을 것 같다.

6b "한 데나리온에 밀 한 되요 한 데나리온에 보리 석 되로다"(*χοῖνιξ σίτου δηναρίου καὶ τρεῖς χοίνικες κριθῶν δηναρίου*–코이닉스 시투 데나리우 카이 크레이스 코이니케스 크리돈 데나리우). 이 진술은 가뭄이나 전쟁으로 말미암은 기근의 기간 동안 기본 물품들의 터무니없는 가격을 암시하며(정상적인 밀 가격의 약 여덟 배이며 정상적인 보리 가격의 5와 3분의 1배 가격), 밀과 보리의 비교적인 가치를 나타낸다. *b. Soṭa* 49b에 의하면, 메시아의 강림으로 농산물의 가격이 급등할 것이다. 밀 한 되와 보리 석 되가 여기에서 함께 언급되는 이유는 기병과 그의 말을 위한, 또는 한 사람의 평민과 그의 가축들을 위한 정량이기 때문이다. 이 곳의 "되"라는 용어는 코닉스(*χοῖνιξ*, *choinix*, 복수로는 *choinikes*)라고 칭하는 그리스의 곡물 계량에 상당하는 것으로 사용된다. 이 양은 한 사람을 위한 곡식의 하루 식량과 대충 동등하다(Herodotus 7.187; Xenophon *Anabasis* 7.3.23; Athenaeus *Deipn.*

3.98e; Diogenes Laertius 8.18; Livy 4.15.6). 보리 3*choinikes*는 한 마리의 말을 먹이는 데 필요한 대략적인 하루치 사료량이었다(Polybius 6.39.13; see Stolle, *Der römische Legionar*, 59). 반면에 로마 병사의 식량을 위한 밀은 한 달에 32*choinikes*였다(Polybius 6.39.13 15; 1 *medimnos*의 3분의 1은 48 *choinikes*였다). 8코이니케스(χοίνικες)=1헤크튜스(ἑκτεύς); 6헤크테이스(ἑκτεῖς)=1메딤노스(μέδιμνος), 즉 1코이닉스(χοῖνιξ)는 1메딤노스(μέδιμνος)의 48분의 1이다. 하루에 보리 1 *choinix* 또는 2분의 1 *choinix*는 노예의 하루치 식량으로 간주되었다(Thucydides 4.16.1; Athenaeus *Deipn.* 6.272c). 밀(*Triticum durum*; 히브리어 힛타[חִטָּה])은 빵을 만드는 데 가장 선호되는 곡식이었다(신 32:14; 왕상 5:21; 사 28:28; 시s 81:16; 141:14; 겔 27:17; Sir 39:26; 마 13:33; 눅 13:21; 고대 지중해 세계에서 발견된 여러 가지 밀에 대해서는 Pliny *Hist. nat.* 18.63-70를 보라). 보리(*Hordeum vulgare*; 히브리어 세오라[שְׂעֹרָה])는 다른 곡식들보다 열과 한발에 더 잘 견기고 밀보다 짧은 기간에 성장한다. 보리는 라틴어로 *tisana* 또는 "보리차"라고 칭해지는 음료, 맥주(이집트), 보리죽(porridge)을 만드는 데 사용되었고, 줄기는 사료로 사용되었다(왕상 4:28; Pliny *Hist. nat.* 18.74). 그러나 보리는 대체로 빵을 만드는 데는 사용되지 않았는데(Pliny *Hist. nat.* 18.71-75), 예외로 매우 가난한 사람들과 노예들 중에 보리로 빵을 만들기도 했다(삿 7:13[참조. 6:15-16]; 왕하 4:42; *Ant.* 5.220-21; 요 6:9, 13). 로마인들에 따르면, 곡식 공급량의 부족은 *prodigium*(큰 불행들이 있을 것을 예시하기 위해 신이 보낸 표적)으로 생각할 수 있었다(Tacitus *Annals* 12.43; 참조. **부록 6A: 고대의 불가사의한 전조들과 요한계시록의 재앙들**).

밀 한 되와 보리 석 되의 가격으로 한 데나리온에 대한 저자의 강조는 이 분량이 평균 노동자의 하루 임금이라는 의미를 내포한다(마 20:1-16; Tob 5:14). 밀 1 *choinix*의 평균 가격은 그리스 데나리온의 16분의 1이었고 로마에서는 당나귀 한 마리의 가치가 있었다(왕하 7:1, 16; Polybius 2.15.1; Cicero *Verrine Orations* 3.81.188). 기근 기간 동안 곡식 가격은 가파르게 상승했을 것이다. 예를 들어, Xenophon *Anabasis* 1.5.5-6에 언급된 가격들은 평균 시세의 15배이다.

6c "또 감람유와 포도주는 해치 말라 하더라"(καὶ τὸ ἔλαιον καὶ τὸν οἶνον μὴ ἀδικήσῃς – 카이 토 엘라이온 카이 톤 오이논 메 아디케세스). 2인칭 단수 가정법 동사 아디케세스(ἀδικήσῃς)가 나타내는 바와 같이, 이 명령은 세 번째 기사에게 하는 것이다. 게다가 메 아디케세스(μὴ ἀδικήσῃς, "해치 말라")는 아직 아무런 해

도 없었음을 암시하는 부정과거 금지다. 매우 유사한 어구가 7:3에 나오는데, 그곳에서 네 천사는 땅이나 바다나 나무를 해하지 말라(메 아디케세테 - *μὴ ἀδικήσητε*)는 명령을 받는다. 여기에서 토 엘라이온(*τὸ ἔλαιον*, "감람유")과 호 오이노스(*ὁ οἶνος*, "포도주")는 아마 감람나무와 포도나무를 환유(metonymy, 원인을 나타내는 결과; 참조. 칠십인역 욜 1:10)로 언급한 것일 것이다(REB의 번역, "But do not damage the olive and the vine"[그러나 감람나무와 포도나무를 해하지 말라]을 참조하라). 왜냐하면 감람나무와 포도나무가 황폐화되면 몇 년 동안 감람유와 포도주가 생산되지 못할 것이기 때문이다(Swete, 88; Bratcher-Hatton, *Revelation*, 113; BAGD, 248). 이 어구는 기근의 완화를 언급하는 것으로 해석될 수도 있고 또는 악화를 언급하는 것으로 해석될 수도 있다. 대부분의 주석가들은 이 금지의 내용이 기근의 가혹성을 감하는 것이라고 주장한다(감람나무는 5년 동안 열매를 맺고, 15년 내지 20년이 지나야 다 자란다; 그리고 포도원도 여러 해가 걸려야 안정된다). 즉 밀과 보리의 기근은 부분적인 심판이라는 것이다(Schlier, *TDNT* 2:471; Kraft, 117; I. Broer, *EDNT* 1:426). 그러나 만일 감람유와 포도주를 사치품으로 생각한다면(Lohse, 47), 기근이 경감되어도 삶의 필수품들은 부족한 반면에 사치품들은 영향을 받지 않는다고 말할 수 있다(Moffatt, *The Expositor* 6[1908] 362-64). 이 해석을 따르면, "감람유와 포도주는 해치 말라"는 어구는 빈정되는 말로 해석될 수 있다(Moffatt, *The Expositor* 6[1908] 368-69). 그러나 분명히 감람유와 포도주를 밀과 보리보다 덜 중요한 것으로 생각해야 하지만, 사치품으로 생각할 수는 없다. 포도원을 관대하게 다루라는 명령은 도미티안의 포도 칙령(아래를 보라)과 관련되어 왔다(그러나 이 결부는 매우 불확실하다). 유대인의 1차 폭동 시기에(주후 66-70년) 티투스는 파괴된 예루살렘 변두리에 몇 개의 과수원(아마 감람나무와 포도나무들로 이루어진)을 갖고 있었다고 한다(Jos. *J. W.* 6.7; Timocrates도 이 과수원을 언급했고, 그의 언급은 Eusebius *Praep.* 9.35[452b-c]에서 인용된다). 보통 정복군은 감람나무를 베고 포도원을 불태우는 행동을 피했다(Pausanias 4.7.1; Ramsay, *Cities*, 431-32). 일반적으로 포도나무와 감람나무는 단기간의 한발에는 크게 영향을 받지 않는다. 그리고 실제로 비가 적은 해에 좋은 포도주가 생산될 수 있다. *b. Sota* 49b에 나오는 후기 랍비 전승에 의하면, 메시아가 임할 때 포도나무에 열매는 열리지만 포도주는 비싸질 것이라고 한다. 그리고 *Jub.* 23:18에 의하면, 마지막 악한 세대에는 포도 열매나 감람 열매가 사라질 것이라고 한다. 동사 아디케인(*ἀδικεῖν*)의 의미는 여기에서 특별히 문제가 있다. 찰스(Charles, 1:59; 2:

222)는 요한계시록에 나오는 11개의 아디케인(ἀδικεῖν) 중 9개가 "해하다"는 의미인 반면에(2:11; 6:6; 7:2, 3; 9:4, 10, 19; 11:5[2x]), 나머지 2개는 "불공정하게 행하다, 죄를 범하다"라는 의미라고 제안한다. 블랙(Black, "Some Greek Words," 144)은 칠십인역에서 아디케인(ἀδικεῖν)이 종종 아솨크(עשק, "압제하다, 그릇된, 강탈하다, 사취하다")를 번역하는 데 사용된다고 말하고(예를 들어, 호 12:8), 요한계시록 6:6에서 이 용어의 의미는 "(부정하게) 감람유와 포도주를 (과다한 대가를 얻으려는 의도로) 사취하지 말라"고 제안한다.

많은 다른 해석가들(Gsell, *Essai*, 152; Robinson, *TAPA* 55[1924] 18; Rostovtzeff, *History* 1:201; 2:599-600; Magie, *Roman Rule* 1:581; Levick, *Latomus* 41[1982] 68)이 따르는, 라이나흐(Reinach "l Apocalypse," 356-80)의 카이 톤 오이논…메 아디케세스(*καὶ τὸν οἶνον…μὴ ἀδικήσῃς*, "포도주를 해치 말라")라는 어구의 해석은 도미티안이 주후 90-93년 사이에 발한 칙령(Eusebius-Jerome *Chron.* 3.160은 이 칙령의 연대를 주후 91-92년으로 추정하고, Byzantine *Chronicon Paschale* 1.466은 주후 90년으로 추정하는데, 이 칙령은 문서 자료들에만 언급되는 것이다)이 이 어구의 배경이라는 주장에 반대한다. 이 칙령은 식민지들에서 기존의 포도원 절반을 베어 버리고 새로운 포도나무를 심는 것을 금지함으로써 포도 재배를 제한하는 것이다(이 칙령은 몇몇 저자들에 의해 언급된다: Suetonius *Dom.* 7.2; 14.2; Philostratus *Vita Apoll.* 6.42; *Vit. Soph.* 1.21; Statius *Silvae* 4.3.11-12). 라이나흐는 이 칙령의 동기가 포도주의 과잉 생산을 막아 이탈리아의 포도주 상인들을 경제적으로 보호하려는 것이라고 주장하는 반면에(Reinach "l Apocalypse," 367-77), 마기(Magie *Roman Rule* 1:580)는 이 칙령의 의도가 이탈리아가 수입 곡물에 의존하는 현상을 수정하려는 것이라고 제안한다. 그러나 쉐르윈 화이트(Sherwin-White *Letters*, 258)는 이 칙령의 동기가 기근에 대한 우려였고 곡물 생산을 장려하고자 의도된 것이라고 설득력 있게 주장한다. 왜냐하면 수에토니우스(Suetonius, *Dom.* 7.2; 참조. P. Garnsey, *Famine and Food Supply in the Graeco-Roman World: Responses to Risk and Crisis*[Cambridge: Cambridge UP, 1988] 225)에 의하면, 이 칙령은 포도가 풍부하게 수확되고 동시에 곡물의 수확이 부족할 때 나왔기 때문이라는 것이다. 밀라(Millar *Emperor*, 391-92)는 "너무나 많은 포도주와 너무나 적은 옥수수가 생산되고 있었다"고 말했다. 현재 이 견해는 널리 수용되고 있다(Levick, *Latomus* 41[1982] 67; Hemer, *Letters*, 158; Mitchell, *Anatolia* 1:146). 도미티안의 이 칙령은 소아시아에서 극히 평판이 나빴다. 필로스트라투스(Philostratus *Vita Apoll.* 6.42)에 의하면, 이오니아인들은 도미티안을 설득하여 그의 생각을 바꾸기 위해 사절단을 로마에 파송했다고 한다. *Vita. Soph.* 1.21에서 필로스트라투스는 더 구체적으로 클라조메나이의 스코펠리안(Scopelian of Clazomenae)이 도미티안에게 보낸 아시아 사절단의 일원이었고, 그가 어떻게 황제를 성공적으로 설득하여 칙령을 취소하게 했는지를 설명한다(Reinach, "Apocalypse," 361-63를 보라). 그러나 이 점에 대해 현대 학자들 중에 회의론이 있다. 왜냐하면 소아시아 외에서 이 칙령이 여러 시기와 장소에서 실제로 실시되었다는 지적들이 있기 때문이다(Levick, *Latomus* 41[1982] 69-71).

고대에 아나톨리아의 기근은 비교적 자주 있었다(Magie, *Roman Rule* 1:481; Garnsey, *Famine*, 218-27는 로마 제국이 겪었던 23회의 식량 위기들을 강조하는데, 특별히 로마 시를 강조한다; Mitchell, *Anatolia*, 145-46는 주후 1세기에 소아시아의 기근들은 논한다). 이 기근들의 부분적인 원인은 이 지역이 도시화되었고, 이상 기후를 갖고 있었고, 주로 흑해로부터 수입된 곡물에 의존하고 있었기 때문이다. 로스토브제프(Rostovtzeff, *History* 1:201)에 의하면, "기근의 망령은 그리스의 도시들 앞에 계속적으로 붙어다녔다." 사도행전 11:28은 주전 44년 클라우디우스의 통치 시대에 있었던 세계적인 기근을 기록한다. 그의 통치 기간 동안 몇 차례의 기근이 있었다(Suetonius *Claud.* 19; Tacitus *Annals* 12.43). 그러나 이 기근은 거의 확실히 팔레스타인에 국한된 것이었다. 요세푸스(*Ant.* 20.101)에 의하면, 티베리우스 알렉산더(Tiberius Alexander)의 통치 기간 동안(주후 46-48년) 또 다른 기근이 팔레스타인에 있었는데, 이 기근은 사도행전 11:28에 기록된 기근과 동일한 것 같다. 티베리우스의 통치 기간 동안에(주전 14-37년) 팜필리아(Pamphylia)의 아스펜디우스(Aspendius)에 사재기를 한 곡식 상인들에 의해 더욱 악화된 기근이 있었다(Philostratus *Vita Apoll.* 1.15). 베스파시안의 통치 말경에는 프루사(Prusa)에 기근이 있었고 곡식을 사재기했다고 생각되는 부자들을 대상으로 계속적인 폭동이 일어났다(Dio Chrysostom *Orat.* 46). 그러나 만일 위에서 논한 도미티안의 포도 칙령의 연대 추정(주후 91-92년)이 정확하다면, 이 칙령을 주전 91-94년에 갈라디아-갑바도기아 지방 총독 안티티우스 루스티쿠스(L. Antitius Rusticus)가 제출하여 피시디안 안디옥(Pisidian Antioch)에서 공표된 칙령과 관련시킬 수 있을 것이다(Rostovtzeff, *History* 1:201; 2:599 600; Magie, *Roman Rule* 1:581). 엄동이 지난 후에 소아시아에 곡물의 가격을 치솟게 한 심한 기근이 있었고, 피시디안 안디옥의 주민들은 사재기를 함으로써 이 위기에 대처했다. 지방 총독은 안디옥의 모든 이주민들

(*coloni*)과 정주민들(*incolae*)에게 30일 내에 그들이 갖고 있는 모든 곡식의 양과 그 해와 다음해 농사까지 각 가족을 부양하는 데 필요한 양을 제출하라는 명령을 내렸다. 여분의 곡식은 곡물 상인들에게 팔아야 하는데, 그 가격은 한 데나리온 즉 기근 전 가격의 두 배를 넘지 말아야 했다.

도미티안의 칙령을 안티티우스 루스티쿠스의 비상 칙령과 동일시하면 요한계시록이 도미티안 통치 말기에 기록되었음을 시사하는가? 몇몇 학자들은 이 견해에 찬성론을 주장하는 반면에(Bousset[1906] 135; Robinson, *TAPA* 55[1924] 18; Hemer, *Letters*, 158; Roloff[*ET*] 87), 이 견해를 거부하는 학자들도 있다(Wellhausen, *Analyse*, 10 n. 1; Beckwith, 522; S. Krauss, *ZNW* 10[1909] 81-89; Charles, 1:168; H. Schlier, "*ἔλαιον*," *TDNT* 2:471). 몇 가지 요점이 주장될 수 있다. (1) 요한계시록 6:6에 나오는 감람유와 포도주를 해하는 것의 금지는 적어도 소아시아에서 도미티안의 포도 칙령이 분명히 취소되었다는 사실과 관련될 수 있고, 아마 이 사실은 하나님의 간섭을 시사할 것이다(감람나무와 포도나무를 해하는 것을 금하는 음성은 네 생물 사이에서 들렸고 분명히 하나님의 음성이다). (2) 도미티안의 포도 칙령이 기근 때문에 공포되었다는 증거는 거의 없다(Beckwith, 522). 실제로 이런 법령은 장기적인 효과를 고려한 것으로, 즉 포도보다 곡식 재배를 장려하기 위한 것으로 해석될 수 있다. 하지만 이 포도 칙령은 아시아의 기근에 의해 유발되었을 수도 있다(Mitchell, *Anatolia* 1:146). (3) 로마 제국 여러 부분에 빈번히 기근이 있었다는 사실은 요한계시록 6:6에 예상된 기근을 어떤 특별한 역사적 사건과 관련시키기 어렵게 한다(Torrey, *Apocalypse*, 79; J. A. T. Robinson, *Redating*, 238를 보라). (4) 기근의 주제는 유대의 묵시적 예상에 자주 나온다(사 14:30; 겔 6:11-12; 막 13:8=마 24:7=눅 21:11; 4 Ezra 15:5, 49; 16:18-22, 34, 46). (5) 도미티안의 포도 칙령에는 분명히 포도원이 언급되지만, 감람유나 감람나무는 언급되지 않는다. 이 탈락은 설명을 필요로 한다(Beckwith, 522; J. A. T. Robinson, *Redating*, 238 n. 94; Prigent, 111). (6) 고대 세계에 기근은 상당히 자주 있었고 종종 신의 진노를 경고하는 표적으로 해석되었다(Dionysius Hal. *Ant. Rom.* 6.17.3; Wülker, *Prodigienwesens*, 21-22; **부록 6A: 고대의 불가사의한 전조들과 요한계시록의 재앙**들을 보라). 따라서 감람유와 포도주를 해하는 것의 금지를 도미티안의 포도 칙령과 분명하게 관련시킬 수 없다는 결론을 내릴 수도 있다.

7 "넷째 인을 떼실 때에 내가 넷째 생물의 음성을 들으니 가로되 오라 하기로" (*καὶ ὅτε ἤνοιξεν τὴν σφραγῖδα τὴν τετάρτην ἤκουσα φωνὴν τοῦ τετάρτου*

ζῴου λέγοντος· ἔρχου – 카이 호테 에노익센 텐 스프라기다 텐 테타르텐 에쿠사 포넨 투 테타르투 조우 레곤토스 에르쿠). 도입의 관용어구의 네 번째 반복에 대해서는 1b절의 "주석"을 보라.

8a "내가 보매 청황색 말이 나오는데"(καὶ εἶδον, καὶ ἰδοὺ ἵππος χλωρός – 카이 에이돈 카이 이두 잎포스 클로로스). 카이 에이돈(καὶ εἶδον)에 대해서는 6:1을 보라. 형용사 클로로스(χλωρός)는 "녹색, 연녹색"을 의미하며, 종종 잔디나 다른 초목의 색깔을 묘사하는 데 사용된다(창 1:30; 4 Kgdms 19:26; 겔 17:24; 막 6:39; MM, 639). 창세기 2:5과 요한계시록 9:4에서 판 클로론(πᾶν χλωρόν, 직역하면 "모든 녹색 사물")은 "모든 초목"을 의미한다. 클로로스(χλωρός)는 병자의 얼굴이나 창백한 시체들과 관련된 색깔인(Hippocrates *Progn.* 2) "녹회색"(greenish gray)을 나타내기도 한다(Louw-Nida, § 79.34-35). 또한 클로로스(χλωρός)는 공포를 표현하는 데 사용되기도 한다(*Iliad* 7.479; *Odyssey* 11.43, 633, 에메 데 클로론 데오스 헤레이[ἐμὲ δὲ χλωρὸν δέος ᾕρει, "으스름한 공포가 나를 사로잡았다"]). 사포(Sappho)는 상사병의 예상되는 증상들을 다음과 같이 묘사한다. "나는 초목보다 더 핼쑥하다(χλωροτέρα – 클로로테라). 나는 죽음에 매우 가깝다고 느낀다"(Longinus *De sublimate* 10.2). 저자는 스가랴 6:3, 7에서 병거를 끄는 네 번째 말 무리에 대한 인유를 결합시킨다. 그 곳에서 말들은 아무침(אֲמֻצִּים, KB3 63에는 "fleshcolored, piebald"[살색, 얼룩색]로 번역되고, NRSV에는 "drappled gray"[얼룩회색]로 번역된다)으로 언급되는데, 이 히브리어는 대개 "강한"을 의미하지만 여기에서는 분명히 네 가지 색깔 중 네 번째 색깔, 즉 칠십인역이 포이킬로스 프사로스(ποικίλος ψαρός)로 번역한 색깔로 사용된다. 포이킬로스 프사로스(ποικίλος ψαρός)라는 어구는 특별한 결합이다. 왜냐하면 두 형용사 모두 "얼룩색"을 의미하고 어떤 특별한 색깔과 특별한 관계를 갖고 있지 않기 때문이다. 요한계시록의 저자는 아무침(אֲמֻצִּים)을 클로로스(χλωρός)로 번역함으로써 이 헬라어를 병, 공포, 죽음과 관련시키고자 했다.

8b "그 탄 자의 이름은 사망이니 음부가 그 뒤를 따르더라"(καὶ ὁ καθήμενος ἐπάνω αὐτοῦ ὄνομα αὐτῷ ὁ θάνατος καὶ ὁ ᾅδης ἠκολούθει μετ᾽ αὐτοῦ – 카이 호 카데메노스 에파노 아우투 오노마 아우토 호 다나토스 카이 호 하데스 에콜루데이 메트 아우투). 사망은 요한계시록에서 네 번 의인화되며(1:18; 6:8; 20:13, 14), 항상 의인화된 음부(Hades)와 결부된다(그러나 1:18에서 투 타나투 카이 투 하두[τοῦ θανάτου καὶ τοῦ ᾅδου]는 아마 형용 속격들일 것이다. 따라서 이 어구는

중언법을 사용하여 어떤 장소를 나타낸다: 1:18의 "주석"을 보라). 이 네 번의 언급에서 항상 "음부" 앞에 "사망"이 나오기 때문에, 아마 "음부"가 "사망"의 지배를 받는다고 생각된 것 같다. 즉 "사망"은 인물이고 "음부"는 그의 왕국이라는 것이다. 그리스 문학에서 "하데스의 집으로 가다"는 표현은 "죽다"는 의미로, 이 두 개념이 밀접하게 연관되는 것을 나타낸다. 간혹 사망은 혼자 의인화되는 반면에(사 25:8; 렘 9:21; 욥 18:13; 잠 13:14; *T. Abr.*에서 사망은 천사로 의인화된다: *T. Abr* [Rec. A] 16-20; [Rec. B] 13-14; Kaibel, *Epigrammata Graeca*, 89.4에서 날개 달린 하데스의 개념을 보라), 음부(Sheol 또는 Hades)가 의인화될 때는 사망과 동일시되고, 사망과 음부(마웨트[מוֶת]와 쉬올[שְׁאוֹל]) 또는 모트(Mot)와 음부는 구약성경에서(항상 시적인 문맥에서) 간혹 함께 의인화된다(사 28:15, 18; 호 13:14; 합 2:5; 시 18:5-6; 49:14[맛소라 사본 15]; 116:3). 일부 초기 유대교 본문들(대개 시적인 문맥들)에서 사망과 음부는 짝을 지어 나온다(Sir 14:12; Psalms. *Sol.* 16:2; 4 스 8:53[*mors* and *infernum*]). 모트(Mot)는 가나안의 신이었다(N. J. Tromp, *Death*; M. S. Smith, *God*, 52-53). 헬라어와 라틴어 본문에서 사망 또는 다나토스(Thanatos)도 의인화되지만(Hesiod *Theog.* 211; *Orphic Hymns* 87; Aristophanes *Frogs* 1392; Euripides *Alcestis*, passim; Cicero *De natura deorum* 3.17.44; Vergil *Aeneid* 11.197) 전혀 숭배되지는 않는다(*Kleine Pauly* 5:648-49). 음부도 거의 숭배되지 않았지만, 엘리스(Elis)에는 하데스 신전이 있었다(Strabo 8.3.14; Pausanias 6.25.2). 초기 기독교 문헌에서 하데스는 간혹 사망과 동일시하기 위해 위인화된다(*Acts of Pilate* 20-24; Melito *Pass.* 22, 55, 102; 참조. Lampe, *LPGL* 32). 그리스 전설에서 하데스는 저승의 신이며 또한 저승 자체를 나타내는 명칭이다(1:18의 "주석"을 보라). 초기 유대 문헌에서 간혹 하데스는 의인화된다(*3 Apoc. Bar.* 4:6; *Sib. Or.* 3.393, 480). 찰스(Charles 1:274)는 "음부가 그 뒤를 따르더라"는 구절을 해석이라고 생각하는데, 이는 아마 정확할 것이다. 왜냐하면 두 인물이 세 번째 말에 탄 것으로 해석하는 것이 어색하기 때문이다(이 경우 호 카데메노스[ὁ καθήμενος]는 호이 카데메노이[οἱ καθήμενοι]가 되어야 한다). 또는 하데스가 다른 말을 타고 뒤를 따르는 것은 불가능한 것 같다. 왜냐하면 말은 한 마리만 언급되기 때문이다.

그리스 신화에서 저승은 하데스 신으로 의인화된다(*Iliad* 15.188; Hesiod *Theog.* 455). 하데스는 많은 신화에 두드러지게 나온다. 고전 헬라어에서 하데스는 항상 장소가 아니라 인물로 언급되지만(*Iliad* 23.244), 헬레니즘 헬라어에서 하데스는 인물로 언급될 수도 있고 장소로 언급될 수도 있다(*Ant.* 6.332; *J. W.* 1.596; 2.156; 3.375; *PGM* I.179; IV.2317; XVI.8, 17, 25). 하데스를 인간을 죽게 하는 심술 궂은 존재로 나타낼 수도 있다(Lattimore, *Epitaphs*, 147-48). 사망과 잠(Thanatos and Hypnos)은 유명한 쌍둥이 형제로 의인화된다(Hesiod *Theog.* 211-12, 756-57; *Iliad* 14.231; 16.672, 682). 파우사니아스(Pausanias, 3.18. 1)는 스파르타에 사망과 잠의 조각이 있었다고 기록한다. 사망과 잠은 생명의 정지를 상징하지만 살인자로 묘사되지는 않는다(E. Vermeule, *Death*, 37-41, 145-46; J. Hjertén, *Hypnos och Thanatos i Dict och Konst*[Stockholm: Almqvist & Wiksel, 1951]).

[8]c "저희가 땅 사분 일의 권세를 얻어 검과 흉년과 사망과 땅의 짐승으로써 죽이더라"(*καὶ ἐδόθη αὐτοῖς ἐξουσία ἐπὶ τὸ τέταρτον τῆς γῆς ἀποκτεῖναι ἐν ῥομφαίᾳ καὶ ἐν λιμῷ καὶ ἐν θανάτῳ καὶ ὑπὸ τῶν θηρίων τῆς γῆς* – 카이 에도데 아우토이스 엑수시아 에피 토 테타르톤 테스 게스 아포크테이나이 엔 롬파이아 카이 엔 리모 카이 엔 다나토 카이 휘포 톤 데리온 테스 게스). 복수 대명사 아우토이스(*αὐτοῖς*, "그들에게")가 사망과 음부를 언급하여 이 문장이 네 번째 인을 종결하는 것일 수도 있고, 또는 이 대명사가 모든 네 기사를 언급하여 이 문장은 6:1-8의 단락을 종결할 수도 있다(Lohmeyer, 62; Rissi, *Zeit*, 89). 네 가지 재앙이 이 네 기사의 활동 요약에 포함되지만, 각각의 재앙을 한 특별한 기사와 관련시키는 것은 불가능하다. 3절에서 "칼"을 나타내는 용어(*μάχαιρα* – 마카이라)는 이 곳 8절에서 "검"을 나타내는 용어(*ῥομφαία* – 롬파이아)와 다르다. 그 이유는 단순하다. 즉 이 재앙들의 목록이 신의 심판이나 징계로 일어나는 전통적인 재앙들의 목록이라는 것이다. 몇 개의 초기 유대 본문들이 롬파이아(*ῥομφαία*), 리모스(*λιμός*), 다나토스(*θάνατος*)로 배열하고(여기에서 *θάνατος*는 "역병"을 의미한다) 야수들을 포함하는 언급도 있다는 사실은 이 재난의 유형들의 목록이 전통적이며 관용적인 특성을 갖고 있음을 나타낸다. 세 가지로 이루어지는 고난은 구약성경의 특정 부분, 즉 예레미야, 에스겔 그리고 역대기의 신명기적 부분에 자주 나온다. (1) 헤레브(חרב), "검," (2) 라아브(רעב), "기근," (3) 데베르(דבר), "역병"(렘 14:12; 21:9; 24:10; 27:8, 13; 29:17 -18; 32:24, 36; 38:2; 42:17, 22; 44:13; 겔 6: 11; 12:16; 4QpPsa 1-10 ii 1). O. Kaiser, *TDOT* 5:164-65를 보라. 요한계시록 6:8은 에스겔 14:21을 언급한 것일 것이다(겔 5:16-17; 신 32:23-25을 보라). 에스겔 14: 21에서 세 가지 고난에 "사나운 짐승"(וחיה רעה – 웨하유 라아)이 추가된다: "주 여호와께서 가라사대 내가 나의 네 가지 중한 벌 곧 칼과 기근과 사나운 짐승과 온역을

예루살렘에 함께 내려 사람과 짐승을 그 중에서 끊으리니 그 해가 더욱 심하지 않겠느냐"(렘 15:3에서 "네 가지로 벌하리니"를 참조하라). 그러나 요한계시록 6:8에 나오는 네 가지 재앙을 매우 동일한 순서로 포함하고 있는 가장 밀접한 유사 구절은 *Pss. Sol.* 13:2-3이다: "여호와의 팔이 찌르는 검(*ῥομφαία*–롬파이아)으로부터, 죄인들에게 속한 기근(*λιμός*–리모스)과 역병(*θάνατος*–다나토스)으로부터 우리를 구원하셨다. 사나운 짐승들(*θηρία*–데리아)이 그들에게 달려들어 이빨로 그들의 살을 찢었다." 다른 유사 구절들로는 예레미야 14:12(칼, 기근, 역병), 예레미야 15:3(역병, 칼, 기근, 사로잡힘), 예레미야 43:11(역병, 사로잡힘, 칼), *Pss. Sol.* 15:7(기근, 칼, 역병은 의인들과 멀다), *Sib. Or.* 3.335(칼, 기근, 역병), *Sib. Or.* 3.316-17(칼, 기근, 역병)이 있다. 또한 흥미 있는 것은 Dio Cassius 69.1-2에 보존된 주후 132-35년 제2차 유대인 폭동에서 유대인들이 당한 재앙들의 기록이다.

> 많은 습격과 전투(즉 검)에서 8,500명의 남자들이 살해당했고, 기근, 질병, 화재로 죽은 사람들의 수는 파악할 수 없을 정도였다. 이렇게 거의 온 유대 땅이 황폐화되었으니, 사람들은 그 결과를 이미 전쟁 전에 경고하고 있었다. 유대인들이 존경의 대상으로 삼았던 솔로몬의 무덤이 산산조각이 났고, 많은 늑대와 하이에나들이 울부짖으며 성 안으로 몰려들었다.

여기에서 우리는 멸망의 전형적인 개념을 따르는 묘사로 전쟁, 기근, 화재 그리고 야수를 본다.

Dio Chrysostom, *Or.* 38.20(Mussies, *Dio,* 248를 보라)에 의하면, 역병(*λοιμός*–로이모스) 또는 지진이 신들에게 돌려질 수 있다. 곧 신들이 사람들의 죄를 처벌하기 위해 이런 분명히 자연적인 재앙들을 사용하는 것으로 생각하는 것이다. 그러나 전쟁을 신들에게 돌리지는 않는다. 이와 유사하게, 스토아 철학자 히에로클레스(Hierocles, 주후 2세기)는 때로 신들에 의해 야기된다고 그가 생각하는 자연 재해들의 전형적인 목록을 말한다(*On Duties* 1.3.54; 번역: Malherbe, *Moral Exhortation,* 87).

> 역병과 한발, 또한 홍수와 지진 등과 같은 일들은 대부분 특정한 다른 물리적 원인에 의해 야기되지만, 대중의 죄를 공개적, 총제적으로 처벌할 필요가 있을 때 간혹 신들에 의해 야기되기도 한다.

로마인들은 역병(F. B. Krauss, *Interpretation,* 80-87)과 지진(Krauss, *Interpretation,* 49-53)을 *prodigia*(사람과 신의 관계 불화, 속죄를 필요로 하는 불화에 대한

경고)로 생각했다(**부록 6A: 고대의 불가사의한 전조들과 요한계시록의 재앙들**을 보라). 리모스(*λιμός*, "기근")와 로이모스(*λοιμός*, "역병")-후자는 다나토스(*θάνατος*, "사망", "악역[페스트]")와 밀접한 관계가 있다-는 종종 연결된다(Hesiod *Works and Days* 243; Herodotus 7.171; 8.115; Thucydides 1.23.3[펠로폰네소스 전쟁 동안 아테네인들에게 영향을 끼친 재난들의 목록: 지진, 빛의 상실[일식과 월식], 한발, 기근, 악역]; Eusebius *Praep. evang.* 5.19.1; *Sib. Or.* 2.23; 3.332; 눅 21:11; Eusebius *Hist. eccl.* 9.8.11; Andreas *Comm. in Apoc.* 6:8). 들짐승들에게 죽임을 당한 사람들에 대한 언급은 *T. Abr.*(Rec. A) 10:6-7; (Rec. B) 12:10-11에 독립된 주제로 나온다.

"칼로 죽이다"는 말은 로마의 *ius gladii*("칼의 법", 즉 개인적인 범죄자들을 처벌하는 권력)의 패러디처럼 들린다(*Digest* 2.1.3; A. Berger, Roman *Law*, 529). 악운을 예고하는 몇몇 구약성경의 예언들은 처벌로 들짐승들이 가축과 사람들을 잡아먹을 것이라고 말한다(레 26:22; 신 28:38, 39, 42; 32:24; 렘 5:6; 8:17; 겔 5:17; 호 13:7-8; 에 3:10-11; 참조. Hillers, *Treaty-Curses*, 54-56). 때로 이런 사나운 야수들이 사라진다는 말로 축복이 표현되기도 한다(사 35:9; 호 2:20). 고대 근동의 수많은 계약 문서들은 계약의 조항을 위반하는 것에 대한 처벌로 야수들이 땅에 나타날 것이라는 저주를 진술한다: "벧엘과 아낫 벧엘이 너를 게걸스러운 사자 앞에 둘지어다"(Hillers, *Treaty-Curses*, 54-55).

9 "다섯째 인을 떼실 때에 내가 보니 하나님의 말씀과 저희의 가진 증거를 인하여 죽임을 당한 영혼들이 제단 아래 있어"(*καὶ ὅτε ἤνοιξεν τὴν πέμπτην σφραγῖδα εἶδον ὑποκάτω τοῦ θυσιαστηρίου τὰς ψυχὰς τῶν ἐσφαγμένων διὰ τὸν λόγον τοῦ θεοῦ καὶ διὰ τὴν μαρτυρίαν ἣν εἶχον*-카이 호테 에노익센 텐 펨프텐 스프라기다 에이돈 휘포카토 투 뒤시아스테리우 타스 프쉬카스 톤 에스파그메논 디아 톤 로곤 투 데우 카이 디아 텐 마르튀리안 엔 에이콘). 여기에 죽은 자들이 어떤 방법으로든지 하늘에 존재한다는 것은 신학적으로 의미심장하다. 구약성경의 관점으로 볼 때, 인간들이 죽은 다음 하늘로 가는 것은 불가능하다(Houtman, *Himmel*, 3-5). 그러나 바울 서신에 몇 구절, 그리고 아마 제4복음서에 두 구절은 신자들이 죽은 다음 하늘 하나님의 앞으로 인도된다고 암시한다(고후 5:1, 8; 빌 1:23; 살전 3:13[그러나 여기에서 하기오이[*ἅγιοι*]는 "성도들"=세상을 떠난 그리스도인들을 언급하는 것이 아니라 천사들을 언급할지도 모른다]; 4:14; 5:9; 참조. 요 14:2-3; 17:24). 죽은 자들이 저승(스올 또는 하데스)으로 간다고 하는 고대의 널리 퍼

진 개념(구약성경과 호우머에서 모두 발견된다)은 하늘, 땅, 지하 세계로 이루어지는 삼층의 우주를 전제한다(이것이 정확하게 요한계시록의 우주론이다: **부록 4C: 고대 승천 기사들의 우주론**을 보라). 의인의 사후 행선지가 하늘이라는 견해는 주로 헬레니즘 시대에 유행하게 된 소위 신우주론에 근거하는 것이다. 이 우주론의 헬레니즘식 해석은 땅이 우주의 가장 낮은 부분 또는 가장 내부에 전지하여 있고, 고정된 별들로 이루어지는 제8의 천체가 둘러싸고 있는 일곱 개의 행성 천체들에 의해 둘러싸여 있는 것으로 상상했다. 그리고 신들은 가장 높은 영역에 거하는 것으로 생각했다. 후기 헬레니즘 시대 동안 유대교도 땅이 세 하늘 또는 일곱 하늘 위에 놓여 있고 하나님은 가장 높은 하늘의 보좌에 앉아 있다고 하는 유사한 지구 중심의 우주관을 채택했다(A. Yarbro Collins, "The Seven Heavens in Jewish and Christian Apocalypses," in *Cosmology and Eschatology in Jewish and Christian Apocalypticism*[Leiden: Brill, 1996] 21-54). 바울의 우주론은 비록 일곱이 아니지만, 적어도 세 하늘로 이루어진다(고후 12:2-3). *Asc. Isa.* 9:7에서, 이사야는 일곱 번째 하늘에서 "아담 시대 이후의 모든 의인들을 보았다"고 기록한다. 이 우주론에 의하면 하나님의 보좌는 일곱 번째 하늘에 위치하기 때문에, 이 곳의 개념은 *'Abot R. Nat.* 12와 *b. Šabb.* 152b(위에서 인용됨)에서 표현된 개념과 매우 유사하다. *Sepher ha-Razim* 7.1-3(번역: Morgan, 81)에 나오는 개념도 유사하다.

> 일곱 번째 궁창은 일곱 배의 빛이며, 이 빛으로부터 모든 일곱 하늘이 빛난다. 그 안에 영광스러운 네 하요트(*Hayot*)에 놓인 영광의 보좌가 있다. 그리고 그 안에 생명들의 창고와 영혼들의 창고가 있다.

이 신우주론은 그리스-로마 이교 사상에 유행하여, 죽은 다음에 진정한 자아인 영혼이 하늘 영역, 즉 신들의 영역으로 승천한다는 신앙의 근거를 제공했다. 로마의 스토아 철학자 세네카는 플라톤의 영향을 강력하게 반영하며 이 신앙을 다음과 같이 진술한다(*Ep. Mor.* 102.22; LCL 번역).

> 하늘의 혼합을 땅의 혼합으로부터 분리하는 날이 이를 때, 나는 내가 나를 발견한 이 곳에서 육체를 떠나 신들에게로 갈 것이다. 지금 나는 신들로부터 떨어져 있는 것이 아니라 단지 하늘과 땅의 감옥에 억류된 것이다. 죽을 수밖에 없는 존재로서의 이 긴 기간은 더 크고 더 나은 삶의 서막이다.

이 진술은 바울의 "예수께서 우리를 위하여 죽으사 우리로 하여금 깨든지 자든지 자기와 함께 살게 하려 하셨느니라"(살전 5:10)는 생각과 매우 가깝다.

여기에서(그리고 20:4에서) 프쉬케(*ψυχή*)는 "육체와 다르고 죽음에 의해 분해되지 않는 본질"(Thayer, *Lexicon*, 677) 또는 "땅의 것들을 초월하는 생명의 소재지이자 중심"을 나타낸다(BAGD, 893). Louw-Nida, 2:266이 시사한 프쉬케(*ψυχή*)의 세 가지 의미("내적 자아", "생명", "인격")가 이 개념과 무관함을 주목하라(*Diogn.* 6:1-9; Wis 3:1을 보라). 여기에서 요한이 (아마) 육체에서 이탈된 프쉬케(*ψυχή*)를 어떻게 볼 수 있는가 하는 문제가 등장한다. 그러나 유대교나 헬레니즘의 환상을 보는 자들에게는 이것은 전혀 문제가 아니었을 것이다. 물론 터툴리안(Tertullian, *De anima* 8)에게는 영혼이 형체를 갖고 있다고 하는 스토아 학파의 견해가 그 해답이었다. 그러나 심지어 Plato *Phaedo* 81C-D에 있어서도(터툴리안은 *De anima* 6에서 영혼의 유형성에 대한 플라톤 학파의 견해를 주장한다) 정화를 받지 않은 영혼들은 무형의 물질이 아니라 환영(幻影, phantoms) 또는 실체가 없는 유령으로 표현된다(Gallop, *Plato*, 143-44). 제단 아래의 위치는 이 순교자들이 하나님과 가까운 것을 상징한다. 하나님의 보좌 앞에 있는 영혼들을 표현하는 초기 유대교 전승들에도 분명히 동일한 주제가 나온다(*b. Šabb.* 152b). "제단"을 의미하는 헬라어 보모스(*βωμός*)와 라틴어 *ara*가 고대에 이교도들과 유대인들에 의해 "무덤"을 의미하여 사용되었다는 사실은 흥미롭다(van der Horst, *Epitaphs*, 42-43). Tacitus *Hist.* 5.5(LCL 번역)에 의하면, 유대인들은 "전쟁에서 죽거나 또는 암살자에 의해 살해된 사람들의 영혼(animos)은 죽지 않는다고 믿고 있었고, 그들의 자녀를 얻으려는 열망과 죽음에 대한 멸시가 나온다"고 한다. *ʾAbot R. Nat.* 12(*b. Šabb.* 152b를 보라)에 의하면, "모세의 영혼만 영광의 보좌 아래 보관되어 있는 것이 아니라, 모든 의인들의 영혼이 영광의 보좌 아래 보관되어 있다"(번역: Goldin, *Fathers*, 65). *ʾAbot R. Nat.* 26에는 흥미로운 전설이 나온다. "이스라엘의 땅에 묻힌 사람은 마치 제단 아래 묻힌 것과 같다. 왜냐하면 이스라엘 땅 전체가 제단 부지가 되기에 적합하기 때문이다"(번역: Goldin, *Fathers*, 111). 물론 문제는 제단 아래 묻힌 시체가 제단을 부정하게 한다는 것이다. 그러나 리버만(Lieberman, *Hellenism*, 161-63)은 내부 제단의 기초를 형성한 "이삭의 유골"이 아브라함에 의해 제물로 바쳐진 "양의 유골"과 동일하다는 랍비의 견해를 언급함으로써 이 문제를 설명한다. 포피리(Porphyry *De abst.* 2.56.6)는 아라비아의 두마텐 족은 어린 소년을 제물로 바쳐 제단 아래 묻은 다음, 그 제단을 숭배의 상으로 취급한다고 보고한다(Millar, *Near East*, 12-13).

명사 뒤시아스테리온(*θυσιαστήριον*, "제단")은 요한계시록에서 여덟 번 발견된다(이 곳: 8:3[2x]: 8:5: 9:13: 11:1: 14:8: 16:7). 이 명사는 동사 뒤시아제인(*θυσιάζειν*, "제물로 바치다")에서 파생된 것으로, 동사 어간에 추가되어 시설, 도구, 기구들(행위자를 나타네는 접사 의미의 확대)의 이름을 만드는 복합 접미어 -테리온(-*τηριον*)과 연결되었다(추가된 행위자를 나타내는 접사 -*τηρ*에 지소의 의미를 갖고 있는 형태소[morpheme] -*ιο*-가 추가되었다). 이 경우에 명사 뒤시아스테리온(*θυσιαστήριον*)은 제물이 드려지는 장소, 즉 제단을 나타낸다. 이 용어는 칠십인역에 처음 나오기 시작하여, 무려 400회 이상(주로 히브리어 미즈베아흐[מזבח], "제단"을 번역으로) 번제단에 대해(왕하 16:10-15), 향단에 대해(대상 6:49) 그리고 일반적인 제단들에(창 8:20) 대해 사용된다. 주후 3세기까지 이 용어는 유대와 가나안의 저술가들에 제한되었다(Klauck, *ZNW* 71[1980] 277). 신약성경에서 이 용어는 주로 예루살렘 성전에 있는 제단에 대해 사용되고(마 5:23-24: 23:28-20, 35: 눅 11:51: 고전 9:13: 10:18: 히 7:13: 참조. *1 Clem.* 41:2), 향단에 대해 네 번 사용되며(계 8:3[2x], 5: 9:13), 또는 총괄적으로 제단에 대해 사용된다(롬 11:3: 약 2:21). 요한계시록에서 뒤시아스테리온(*θυσιαστήριον*)은 네 번 향단에 대해(8:3[2x], 5: 9:13), 세 번 번제단에 대해(6:9: 11:1: 16:7) 그리고 두 번 "성소"라는 의미의 비유의 확대로(11:1: 14:18: 참조. 11:1의 "주석") 사용된다. 신약성경에서 오직 요한계시록에서만 뒤시아스테리온(*θυσιαστήριον*)은 하늘의 제단을 나타낸다(가능한 예외는 히 13:10이다: J. W. Thompson, "Outside the Camp: A Study of Heb 13:9-14," *CBQ* 40[1978] 58-59를 보라). *Herm. Man.* 10.3.2-3에서 이 용어는 기도의 목적지인 하늘의 제단을 나타내어 두 번 나온다. 동일한 개념이 Irenaeus *Adv. Haer.* 4.18.6 (Harvey 4.31.5)과 Gregory Nazianzus(*Or.* 42)에서 발견된다. *Herm. Sim.* 8.2.5에서 하늘의 제단은 시험 또는 심판의 장소로 언급된다. 하늘 성전에 제단의 존재가 지상 교회들에 있는 제단을 모델로 삼았다는 견해는 시대 착오다. 마누시우스 펠릭스(Minucius Felix *Octavius* 32.1)는 *aras nom habemus*, "우리는 제단을 갖고 있지 않다"라고 말했다(Origen, *Cont.* 8.17을 보라).

유대인의 생각에 땅의 성전은 하늘의 성전을 모델로 삼은 것이다. 그렇다면 요한계시록에 여덟 번 나오는 "제단"이라는 용어는 무엇을 나타내는지 질문하는 것은 적절하다(Charles, 1:226-230에 상당히 상세히 논의된다). 성막(부분적으로 솔로몬의 성전의 이상화: Haran, *Temples*, 189-204를 보라), 솔로몬의 성전 그리고 헤롯의 성전에는 두 개의 다른 제단이 있었다. 첫 번째가 성소 입구 앞 뜰, 즉 "제사장의 뜰"에 놋 물두멍과 나란히 있는 "바깥 제단" 또는 "번제단"이고(Jos. *J. W.* 5.225), 두 번째는 지성소(דביר – 데비르)와 성소(פרכת – 파로케트)를 구별하는 휘장 정면에 위치한 금향단이다(레 4:18). 성소에는 등대(menorah 또는 menorahs)와 임재의 떡상이 있었다(Jos. *J. W.* 5.216).

보울(Boll *Offenbarung*, 32-35; Sattler, *ZNW* 20[1921] 234와 Malina, *Revelation*, 128-32가 이 견해를 따른다)은 은하수 남쪽에 제단이라는 이름의 별자리가 있었다는 사실을 상기한다(헬라어 보모스[*βωμός*], 뒤테리온[*θυτήριον*] 또는 뒤미아테리온[*θυμιατήριον*]; 라틴어 *ara* 또는 *turibulum*; 참조. Aratus *Phaenomena* 403; Quintus Smyrnaeus 4.554; Ptolemy *Tetrabiblos* 28; Hipparchus 1.8.14-15; Hipparchus 1.11.6에 의하면 Eudoxus; Cicero *De natura deorum* 2.44; 3.40; *Arat.* 428[184]; Ovid *Metamorphoses* 2.139; Manilius *Astron.* 1.421, 431; 5.18; Vitruvius 9.5.1[*turibulum*]). 보울의 생각에 의하면, 제단 아래 흰 옷을 입은 영혼들은 제단 별자리가 위치한 은하수의 별들이다. 그러나 이 해석은 억지 같다. 왜냐하면 이 곳 9절에서 언급되는 제단은 요한계시록의 다른 곳에서도 언급된(8:3[2x], 5; 9:13; 14:18; 16:7; 참조. 11:1) 하늘 성전의 가구 비품들 중의 하나이기 때문이다. 그리고 별의 신성시는 분명히 유대 묵시에 나오지만(예를 들어, 단 12:3), 요한계시록의 다른 부분에는 암시로도 나오지 않는다.

Barberini Mithraeum에서 발견된 프레스코화(*CIMRM*, 390)와 Ottaviano Zeno의 미트라 유적(*CIMRM*, 335; 참고: Beck, *Planetary Gods*, plates III, IV)에 일곱 운성이 일렬의 (일곱) 제단으로 표시되는 것은 주목할 가치가 있을 것이다. 일곱 운성을 나타내는 일곱 제단의 상징은 미트라 도상(iconography)에 자주 나온다(*CIMRM* 1:333; 2:403).

"하나님의 말씀과 저희의 가진 증거를 인하여 죽임을 당한 영혼들"이 순교자들인 것은 분명하지만, 그들이 누구인가는 명백하지 않다. 요한계시록 곳곳에서 발견되는 이 어구는 몇 가지 다양성을 가지고 있다. 초점이 되는 주제들은 "하나님의 말씀"과 "(예수의) 증거"(1:2, 9; 20:4) 또는 "하나님의 말씀"과 "그들의 증거"(12:11, 개역, "자기의 증거")이다. 가장 밀접한 유사구는 20:4이다. 20:4은 "예수의 증거와 하나님의 말씀을 인하여"(*διὰ τὴν μαρτυρίαν Ἰησοῦ καὶ διὰ τὸν λόγον τοῦ θεοῦ* – 디아 텐 마르튀리안 예수 카이 디아 톤 로곤 투 데우) 목베임을 당한 사람들에 대해 말하고 있다. 퓨일레트(Feuillet *NTR* 99[1977] 189-207)는 "예수의 증거"가 아니라 "그들의 증거"라는 주제는 여기에서 그들의 수에 도덕적, 종교적 진리를 위해 생명을 바친 기독교 이전의 모든 순교자들이 포함되는 것을 나타낸다고 주장한다(마 23:31-35; 히 11:4; 12:24을 보라). 그러나 특별히 기독교의 순교자들이 고려되고 있고, 여기에는 주후 64년 네로의 박해 때 죽은 순교자들이 포함된다는 해석이 더 나을 것이다. 헨 에이콘(*ἣν εἶχον*, "저희의 가진")이라는 어구는 그들이 예수 그리스도에게 가져간 증거를 말하는 것이 아니라 그들이 받아 보존한 증거를 말한다(에케인 마르튀리안[*ἔχειν μαρτυρίαν*]에 대해서는 12:17; Beckwith, 526; Charles, 1:174를 보라).

10 "큰 소리로 불러 가로되 거룩하고 참되신 대주재여 땅에 거하는 자들을 심판하여 우리 피를 신원하여 주지 아니하시기를 어느 때까지 하시려나이까 하니"(*καὶ ἔκραξαν φωνῇ μεγάλῃ λέγοντες, ἕως πότε, ὁ δεσπότης ὁ ἅγιος καὶ ἀληθινός, οὐ κρίνεις καὶ ἐκδικεῖς τὸ αἷμα ἡμῶν ἐκ τῶν κατοικούντων ἐπὶ τῆς γῆς* - 카이 에크락산 포네 메갈레 레곤테스 헤오스 포테 호 데스포테스 호 하기오스 카이 알레디노스 우 크리네이스 카이 에크디케이스 토 하이마 헤몬 에크 톤 카토이쿤톤 에피 테스 게스). 여기에서 크라제인(*κράζειν*)은 사법적인 함축 의미들을 갖고 있다. 왜냐하면 순교자들은 하나님께 공의를 호소하고 있기 때문이다(POxy IV.717; PLond I.113,11b; Daniel-Maltomini, *Supplementum Magicum* 2:5-6을 보라).

칼 와호메르(קל וחומר, "보다 작은 것에서 보다 큰 것으로") 논법은 랍비 유대교에서 주장되는 것으로 하나님께서 개인의 호소에 귀를 기울이신다면, 많은 사람들이 호소할 때 훨씬 더 귀를 기울이신다는 것이다(*Mek. de-Rabbi Ishmael, Nezikin* 18; Lauterbach, *Mekilta De-Rabbi Ishmael* 3:143). 여기에서는 많은 순교자들이 복수를 호소하고 있다. 요한계시록에서 이 곳에만 사용되는 데스포테스(*δεσπότης*, "주, 주인")라는 용어는 권력을 갖고 있는 사람들을 나타내는 일반적인 칭호다(종의 주인 - 딤전 6:1; 딛 2:9; 벧전 2:18; *T. Job* 7:9; 가장 - 딤후 2:20; *T. Jos.* 3:2). 이 칭호는 간혹 그리스도에게도 사용되는데(벧후 2:1; 유 4), 칠십인역에서는 하나님에 대해 17회 사용된다(예를 들어, 창 15:2, 8; 수 5:14; 욥 5:8; 잠 6:7; 사 1:24; 렘 1:6; 욘 4:3). 이 용어는 초기 유대교 문헌에 자주 나오며(*Adam and Eve* 8:1; 19:2; *T. Abr.* [Rec. A] 1:4, 7; 4:5; 8:2 3; *T. Job* 38:1), 초기 기독교 문헌에도 나온다(눅 2:29; 행 4:24; *Gk Ap. Ezra* 2:23; 4:5; 5:1, 6, 16).

헤일(Heil, Bib. 74[1993] 227 n. 22)은 데스포테스(*δεσπότης*)가 하나님을 지칭하는 것이 아니라 그리스도를 지칭하는 것이라고 설득력 없는 주장을 한다. 이 용어는 로마 황제를 나타내는 두 개의 라틴어 *dominus*와 *princeps*를 통례적으로 변역하는 헬라어다(Philo *Flacc.* 4.23; 참조. Mason, *Greek Terms,* 34). 디오 크리소스톰(Dio Chrysostom *Or.* 45.1; 참조. Mussies, *Dio,* 248)은 헬라인들과 야만인들이 모두 도미티안을 데스포테스(*δεσπότης*, "주")와 데오스(*θεός*, "신")로 불렀지만 사실상 도미티안은 악신(*δαίμονα πονηρόν*-다이모나 포네론)이었다고 말한다. 로마 황제를 악한 초자연적 존재와 동일시하는 이 주장은 로마 황제와 로마 제국 배후에 역사하는 실제 능력들에 대한 요한의 가르침과 유사하다.

"거룩하고 참되신"이라는 신적 칭호들이 3:14에서는 그리스도에 대해 접속사를 생략한 형태로 사용된다(이 칭호들의 기독론적 용법에 대해서는 3:14의 "주석"을 보라). 이 곳에서 사용되는 형식의 칭호나 3:14에서 사용되는 형식의 칭호가 초기 유대교나 초기 기독교 문헌에서는 하나님이나 그리스도에 대해 전혀 사용되지 않는다. 그러나 "거룩한 자"(*ὁ ἅγιος*-호 하기오스)라는 칭호는 칠십인역에서 하나님에 대해 자주 "이스라엘의 거룩한 자"라는 표현으로 사용된다. "이스라엘의 거룩한 자"라는 표현은 이사야서에만 29회 나온다(왕하 19:22; 시 71:22; 78:41; 89: 18; 사 1:4; 5:19, 24; 10:20; 12:6; 17:7; 29:19; 41:14; 렘 2:3; 3:16; 50:29; 51:5을 보라). "참되신"이라는 칭호는 덜 자주 하나님에게 적용된다. 이 칭호는 종종 다른 신들은 거짓되다는 의미로(출 34:6; 대하 15:3; 느 9:6; 사 65:19; 렘 10:10; 요 7:13; 17:3; 1 요 5:20; *1 Clem.* 43:14; *Diogn.* 8:9; *Ant.* 8.335, 337, 338, 343, 402; 9.256; 10.263), 또는 알레디노스 카이 디카이오스(*ἀληθινὸς καὶ δίκαιος*, "참되고 의로우신," *Ant.* 11.55)라는 칭호에서처럼 하나님은 거짓말을 하지 않는다는 의미로 사용된다(렘 42:5; 롬 3:3).

요한계시록 6:10은 누가복음 18:7에서 예수의 말씀으로 돌려지는 수사의문문을 각색한 것 같다. "하물며 하나님께서 그 밤낮 부르짖는 택하신 자들의 원한을 풀어주지 아니하시겠느냐(*ποιήσῃ τὴν ἐκδίκησιν*-포이에세 텐 에크디케신) 저희에게 오래 참으시겠느냐." 조급한 기도자의 입장(즉 불법 행위와 그 행위에 대한 공정한 응보 사이의 기간이 너무 길었다는 생각)에서 "얼마나 오래"(how long, 개역. "어느 때까지")라는 어구는 구약성경에 몇 번 나온다(시 6:3-4; 13:1-2; 35:17; 74:9-10; 79:5; 80:4; 89:6; 1 Macc 6:22; 4 Ezra 4:35; 참조. 눅 18:7; 참조. Westermann, *ZAW* 66[1954] 53). 본질적으로 요한계시록 6:10은 구약성경에 소위 저주의 시편들이라는 선례들을 갖고 있는(시 7, 35, 55, 58, 59, 69, 79, 83, 109, 137, 139) 복수를 구하는 기도다. 그런데 저주의 시편들이라는 칭호는 부적절하다. 왜냐하면 여러 가지 유형의 시편들에 응보의 요청이나 기도가 발견되지만, 완전한 복수의 특성을 갖고 있는 시편은 하나도 없기 때문이다. 하나님의 응보를 바라는 요청이나 기도는 구약성경의 다른 곳에서도 상당히 자주 나온다(삼하 3:28 -29; 왕하 1:10, 12; 대하 22:22; 느 4:4-5; 렘 11:20; 15:15; 17:18; 18:21 -23; 20:12; 암 7:17). 동사 에크디케인(ἐκδικεῖν, "신원하다")은 이 곳과 19:2에만 나오는데, 19:2에서는 기도로 구하는 신원이 분명히 성취된다. 구약성경에서 사람의 피를 흘리는 것은 배상이 요구되는 범죄이며, 종종 살인자의 죽음이 배상으로 요구된다(창 9:5-6; 민 35:33; 참조. 수 2:19; 삼하 1:16; 왕상 2:33, 37; 겔 33:4; 마 27:25에 나오는 "그의 피가 그의 머리로 돌아가다"라는 관용 어구). 인간의 피가 흘려졌을 때, 그 피가 하나님께 신원을 "호소한다"는 표현이 종종 나온다(창 4:10; 2 Macc 8:3; 2 Esdr 15:8; *Sib. Or.* 3.313; 참조. 겔 3:18, 20; 35:6; 참조. *TDOT* 3:249 -50). 여호와는 "피의 신원자"(דֹּרֵשׁ דָּמִים – 도레쉬 따밈)로 묘사되는데(시 9:13; 72:14), 즉 자기 백성을 살해하는 자들에게 공의가 행해지는 것을 살피시는 분이라는 뜻이다(신 32:43; 왕하 9:7; 시 9:12; 79:10). 요한계시록 6:10의 이 짧은 에피소드는 평민을 보호하는 귀족에게 피보호자들이 공의 또는 보응을 탄원하는 전형적인 장면에 근거를 두고 있다. 이 전형적인 장면의 한 예는 신하들이 왕에게 배상(크리시스[κρίσις, "재판"]와 에크디케인[ἐκδικεῖν, "보복하다"]이 사용되는 것을 주목하라)을 간청하는 Macc 6:22에서 발견된다. "그들은 왕에게 '공의를 행하여 우리 형제들을 신원하여 주지 아니하시기를(οὐ ποιήσῃ κρίσιν καὶ ἐκδικήσεις – 우 포이에세 크리신 카이 에크디케세이스) 어느 때까지(ἕως πότε – 헤오스 포테) 하시려나이까?'라고 말했다." 주전 2세기 내지 1세기의 것으로 추정되는 델로스에서 발견된 두 묘비에 새겨진 신원을 구하는 유대인의 기도를 포함하는 거의 동일한 두 비문에는(Deissmann, *Light*, 413-24) 요한계시록 6:9과 매우 유사한 내용이 나온다.

> 모든 육체의 영들의 대주재이신 지극히 높으신 하나님께 간교하게 불쌍한 자들을 살해하고 더럽혀 결국 헤라크레아를 독살하여 그녀의 무죄한 피를 흘린 자들에 대해 내가 청하여 기도하나이다. 그와 같은 일이 그녀를 독살한 자들과 그들의 자손에게 있게 하소서. 모든 일을 감찰하시는 주여, 그리고 하나님의 천사들이여, 이 날에 주 앞에서 모든 영혼이 고통하며 간구하오니, 주께서 무죄한 피를 신원하시고(ἐγδικήσῃς – 에그디케세스) 속히 보응하소서!

요한계시록 6:10에 나오는 순교자들의 신원을 구하는 기도는 주전 1세기 말에 지어진 *1 Enoch* 47:4과 4 Ezra 4:35-37에도 유사한 내용이 나온다. 부분적으로 유사한 내용은 *1 Enoch* 8:4-11:2에서 발견된다(이 부분은 7:1-6의 계속이다. 왜냐하면 8:1-3은 아마 삽입된 부분이기 때문이다. 참조. Black, *1 Enoch* 128). 거인들에 의해 인간이 멸망함으로써 살아 남은 자들은 하늘의 도움을 호소한다(8:4). 네 명의 대 천사들이 그들의 기도를 하나님에게 전달하며(9:1-11), 특별히 다음과 같이 말한다(9:10).

> 이제 죽은 영혼들의 호소와 불평이 하늘 문까지 이른 것을 보소서. 그들의 비탄이 계속 올라오고 있나이다. 그런데 그들은 땅에서 행해지고 있는 불법을 피할 수 없나이다.

하나님은 악인들이 몇 단계로 처벌을 받고(10:1-15) 궁극적으로 의인들은 땅에서 번창할 것을 계시함으로써 응답하신다(10:16-11:2) 의인들을 괴롭히고 살해한 자들에 대한 응보의 위협은 시편 79:10; 2 Macc 7:36; 8:2-4; *T. Mos.* 9:6-7에서 발견된다(Charles, 1:176을 보라). 매우 유사한 내용이 *Sib. Or.* 3.307-13(Charlesworth, *OTP* 1:369)에 나오는데, 여기에서는 미래에 바벨론의 심판(*lex talionis*=피해와 같은 수단에 의한 복수법에 근거한)이 죽음의 보응을 받지 못한 사람들의 피가 호소한 부분적인 결과로 기술된다.

> 이는 하늘의 영원한 멸망이 어느 날 너 바벨론과
> 진노의 자녀들에게 위로부터 임할 것임이라
> (거룩한 자들에게서 하늘로부터 그 일이 네게 임할 것이라).
> 그 때에 너는 전에 그러했던 것과 같이
> 마치 존재하지 않았던 것 같을 것이다.
> 그 때에 네 자신이 과거에 선한 사람들과 의로운 사람들의
> 피를 쏟았던 것처럼 네 피로 가득할 것이다.
> 왜냐하면 그들의 피가 지금도 높은 하늘을 향해
> 소리치고 있기(*αἷμα βοᾷ*-하이마 보아) 때문이다.

『모세의 유언』(*Testament of Moses*)에서 유대인 순교자 탁소(Taxo)는 그의 일곱 아들에게 "만주의 주, 우리 조상들의 하나님의 계명을 범하기보다는 차라리 죽자. 왜냐하면 이렇게 죽을 때 우리의 피가 주님 앞에서 보응될 것이기 때문이다"라고 말한다(*T. Mos.* 9:6b-7). 탁소는 하나님의 보응을 유발시킴으로써 종말이 시작되게 한 사람으로 해석되었다(Licht, *JJS* 12[1961] 95-103). 그러나 이 견해에 대해 프리스트(J. Priest, Charlesworth, *OTP* 1:923)는 이의를 제기했다. *Mart. Marian*

12.7(번역: Musurillo, Acts, 211)에는 다음과 같은 내용이 나온다.

> (마리안은) 의인들의 피가 곧 보응될 것이라고 예언했다. 그리고 그는 마치 이미 하늘 높은 곳에서 말하는 것처럼 전염병, 종살이, 기근, 지진, 독파리들의 괴롭힘과 같은 여러 가지 천벌이 임박하였다고 위협했다.

여기에서 하나님의 백성을 학살한 것에 대한 하나님의 응보가 세상 백성에게 내리는 재앙들로 해석된다.

원수들에 대한 응보를 구하는 순교자들의 기도는 *defixiones tabellae*, 즉 흑연과 파피루스에 보존된 신들에게 공의를 행할 것을 요청하는 저주들과 많은 유사성을 갖고 있다(Versnel, "Prayer," 33). 실제로 이러한 "응보의 기도들"은 초기 기독교 마술뿐만 아니라, 그리스-로마에서도 특별한 문학 형태의 고대 마술 서원들로 이루어진다. Watson, *Arae*, 6-7와 Björck, *Fluch*.을 보라. 고대 소설에서 이러한 응보의 기도는 죽은 자들의 기도로 돌려진다. 예를 들어 부당하게 살해를 당한 데이포부스(Deiphobus)는 다음과 같은 기도를 한다(Vergil, *Aeneid* 6.529-30). "신들이여, 만일 제가 경건한 입술로 보응의 기도를 드린다면 그리스인들을 천벌로 보복하소서." 한 그리스의 비문에는 다음과 같은 글이 있다: 호이 멘 에메 크테이난테스 호모이오스 안티튀코이산 제우 크세니에(*οἱ μὲν ἐμὲ κτείναντες ὁμοίως ἀντιτύχοισαν, Ζεῦ ξένιε*, "객들의 신 제우스여, 나를 죽인 자들이 같은 운명을 만나게 하소서" (W. Peek, *Griechische Versinschriften*[Berlin: Akademie, 1955] 1362). 이 저주는 그리스의 환대 전통이 위반된 것을 암시한다(아트레우스[Atreus]의 집에 대한 몇 가지 설화들과 테세우스 전설에 나오는 프로크루스테스에 대한 설화를 포함하는 많은 신화들의 주제).

> 구약성경에 나오는 저주의 기도와 응보를 구하는 기도들은 원수를 저주하지 말고 사랑하라는 신약성경의 명령들(마 5:39, 44; 눅 23:34; 롬 12:14; 고전 4:12; 살전 5:15)과 대조되어 종종 논의된다. 신약성경의 저주들(마 21:18-21; 25:41; 행 8:20; 13:10-11; 갈 1:8-9; 고전 16:22; 계 6:10; 22:18-19)과 관련될 때 이 신학적 문제는 특별히 두드러진다. 이 문제에는 숙고할 필요가 있는 몇 가지 국면이 있다(Peels, *Vengeance*, 234-46에 나오는 토론을 보라). (1) 비록 이런 보응의 기도들이 갖고 있는 부정적인 특징들의 기원은 고대의 저주 전통들에서 찾을 수 있지만, 이 기도를 드리는 시편 기자들과 그 밖의 인물들은 저주를 하고 있는 것이 아니라 하나님께 공의로 행하시기를 기도하는 것이다. (2) 고대의 사회 생활에서 저주는 중요한 역할을 담당했고 다양한 정황들에 사용되었다(약속 또는 협정에 대한 순종을 강요는 데, 도적질하는 자들에게 두려움을 주는 데, 상

거래에서 정직성을 보증하는 데). (3) 저주는 부정에 반하는 정의를 가정하는 법적 장치로 널리 사용되었고, 종종 합법적인 저주와 불법적인 저주가 구별되었다(불법적인 저주는 원수들에게 돌려졌다; 참조. 시 10:7; 59:13; 62:5; 109:17, 28). (4) 구약성경에서 저주는 언약 관계의 필수 부분이었고(근동의 조약들에 그 기원을 두고 있는 언약은 보통 저주로 확인되었다) 단순하게 인간의 악함을 나타내는 꾸며낸 예들이 아니라 악에서 돌이키지 않는 자들을 저주하는 거룩하고 공의로운 하나님에 대한 개념에서 비롯된 것이었다(Maiberger, *TTKi* 97[1988] 183 216). 하나님과 이스라엘 간의 언약에 규정된 계명들은 순종을 요구했고, 그 결과의 한편은 구원과 은혜와 축복이며, 다른 한편은 멸망과 심판과 저주였다. "원수는 언약 파기자이고 사실상 이미 하나님의 저주 아래 있다"(Peels, *Vengeance*, 240; 참조. Maiberger, *TTKi* 97[1988] 210). (5) 구약성경에서 저주의 기도들은 전형적으로 악한 자들이 번영하는 것처럼 보이는 반면에, 의인들은 괴로움을 당하는 상황들에 나온다. 부정과 정의 간의 이 명백한 모순에서 하나님의 명예와 위엄과 진리는 문제가 된다. 그러므로 "저주의 기도는 해방과 보응 가운데 하나님의 나라의 약진을 찾는 요구다(Peels, *Vengeance*, 243). (6) 저주의 기도는 신약성경보다 구약성경에 더 자주 나오며, 언약 신학의 축복과 저주 양자택일과 관련된 것이 아니라 복음의 선포와 종말론적 심판과 관련된 것이다.

톤 카토이쿤톤 에피 테스 게스(*τῶν κατοικούντων ἐπὶ τῆς γῆς*, "땅에 거하는 자들")라는 어구는 요한계시록에서 아홉 번 사용되는데(3:10; 6:10; 8:13; 11:10 [2x]; 13:8, 14[2x]; 17:8), 항상 그리스도인의 대적들에 대해 사용된다. 3:10의 "주석"을 보라.

11a "각각 저희에게 흰 두루마기를 주시며"(*καὶ ἐδόθη αὐτοῖς ἑκάστῳ στολὴ λευκή*－카이 에도데 아우토이스 헤카스토 스톨레 류케). 이 서임식의 시기 측정은 어렵다. 왜냐하면 순교자의 영혼들(그들의 지상 육체와 분리된)에게 옷을 주는 시기는 그들이 신원을 받지 못했다고 불평을 하는 때이기 때문이다. 이 말은 죽음과 흰 옷으로 상징되는 하늘의 존재 양식 수임 사이의 불확실한 기간의 "중간 상태"를 전제하는 것 같다(Roloff[*ET*] 89). 종종 고린도후서 5:1-5은 신약성경의 다른 곳에 나오는 중간 상태 개념으로 해석되었다(예를 들어, C. K. Barrett, *The Second Epistle to the Corinthians*, HNTC[New York: Harper & Row, 1973] 154-55; R. P. Martin, *2 Corinthians*, WBC 40[Waco, TX: Word, 1986] 106). 그러나 이 견해는 의문의 여지가 있다. 이런 중간 상태 개념은 의인들의 영혼이 몸으로부터 분리된 다음 7일이 지난 후에 "그들의 거처에 모인다"고 말하는 4 Ezra 7:100-101에 반영되는데, 세상을 떠난 의인들의 영혼이 하늘에 하나님께서 계신 곳 근처인 "영혼의

보고"에 거하면서 보호를 받는다는 유대교의 개념과 매우 유사한 개념이다(*1 Enoch* 39:4-5; 41:2; 61:12; 70:2-4; Urbach, *Sages*, 238-42). 또한 이 개념은 하늘을 아버지의 오이코스(*οἶκος*, *Som.* 1.256)이며 영혼들이 되돌아가는 장소(*Conf.* 78; *Quis Her.* 274; *Mos.* 2.228)라고 생각했던 필로의 견해와 가깝다. 어떤 학자들은 흰 옷을 순교자들만이 소유하는 하늘의 몸을 언급하는 것으로 해석한다(Bousset [1906] 271; Charles, 1:176, 184-88; Lohmeyer, 64; 참조. Caird, 86). 그러나 이 견해는 특별히 20:4에 나오는 순교자들의 부활을 고려할 때 의문의 여지가 있다. 하늘에 거하는 존재들의 특징적인 복장인 흰 옷은(3:5a의 "주석"을 보라) 구원, 불멸, 승리, 순결을 나타내는 많은 가치를 갖는 은유로도 사용된다(계 7:9, 13, 14; 22:14에 나오는 스톨레[*στολή*]; 3:5, 18에 나오는 히마티온[*ἱμάτιον*]을 보라; 3:5a의 "주석"; Roloff[*ET*] 90; Mounce, 160를 보라). 이 절의 수동태 동사들은 신의 행동을 나타내는 수동태로 하나님의 이름의 완곡한 표현으로 사용된다(9:3의 "주석"을 보라). 따라서 이 구절은 "그 때에 하나님께서 그들 각각에게 흰 옷을 주시고 그들에게 잠시 더 쉬라고 말씀하셨다"라고 번역될 수도 있다.

11a "가라사대 아직 잠시 동안 쉬되"(*καὶ ἐρρέθη αὐτοῖς ἵνα ἀναπαύσονται ἔτι χρόνον μικρόν* - 카이 에르레데 아우토이스 히나 아나파우손타이 에티 크로논 미크론). 이 절의 문체는 독특하다. 왜냐하면 순교자들에 대한 하나님의 응답이 요한계시록에서 이 곳에만 나오는 *oratio obliqua*, 즉 간접 화법이기 때문이다. *oratio obliqua*는 *1 Enoch* 47:2의 요한계시록 6:9-11과 매우 유사한 문맥에서도 사용된다. 거기에서 하늘의 거룩한 자들이 하나님께서 의인들의 피나 기도를 잊지 않으셨다고 감사의 기도를 드린다. 요한계시록 6:11b의 화자는 신의 행동을 나타내는 수동태 에르레데(*ἐρρέθη*)에 의해 간접적으로 언급되는 하나님이 분명하다(유사한 수동태들이 2b절과 11a절; 8:3b; 13:5-7, 10b에도 나온다). 수동태의 이 용법에 대해서는 9:3의 "주석"에서 자세한 토론을 보라. 순교자들의 간구에 대한 하나님의 응답에 함축된 의미는 하나님의 계획에 있어 고난의 필요성을 암시한다. 왜냐하면 종말이 시작되기 전에 아직 더 많은 그리스도인들이 죽어야 하기 때문이다. 그리스도인의 고난은 종말의 성취를 막는 것이 아니라 오히려 필연적으로 종말을 시작하는 원인이 되는 것이다. 또 한 가지 분명한 사실은 순교자들의 기도가 하나님의 결정된 계획을 바꿀 수 없다는 것이다(상당히 다른 눅 18:6-8을 보라). 아나파우시스(*ἀνάπαυσις*)와 아나파우에인(*ἀναπαύειν*)이라는 용어들(그리고 동족어들, 특별히 카타파우시스[*κατάπαυσις*]와 카타파우에인[*καταπαύειν*])은 초기 유대교에서 죽

음을 나타내는 은유들로 사용된다(코이메시스[κοίμησις, "잠"]와 코이마스다이[κοιμᾶσθαι, "잠자다"]도 마찬가지다; 참조. Louw-Nida, § 23.104; van der Horst, *Epitaphs*, 115-18). *TDNT* 1:350에도 소수의 언급들이 발견된다. 초기 유대교에서 죽은 사람들의 상황, 특별히 의롭게 죽은 사람들의 상황은 때로 휴식과 수면으로 묘사된다. 요한계시록 14:13의 "주석"을 보라(요 14:13과 형식에 있어 유사한 묘비가 있다). 때로 휴식의 은유는 매장에 대해 사용된다(잠언 21:16, 어리석은 자는 "사망의 회중에서 쉴 것이다"[맛소라 사본: 야나흐(ינוח); 칠십인역: 아나파우세타이(ἀναπαύσεται); Sir 30:17, "영원한 휴식"[ἀνάπαυσις αἰῶνος－아나파우시스 아이오노스]; 38:23, "죽은 자들이 쉴 때"[ἐν ἀναπαύσει νεκροῦ－엔 아나파우세이 네크루]; 47:23, "솔로몬은 그의 조상들과 함께 쉬었다"[ἀνεπαύσατο－아네파우사토]; Wis 4:7도 보라). 때로 하늘에서 영혼들의 휴식 또는 수면이 언급된다(*Jos. As.* 8:11; 15:7, "하늘의 휴식 장소"[τὸν τόπον τῆς καταπαύσεως－톤 토폰 테스 카타파우세오스]; 22:13; *1 Enoch* 39:4-9; *T. Abr.*[Rec. B] 7:9; *T. Isaac* 2:13, 15). 때로 죽음은 낙원으로 언급되기도 하고(4 Ezra 7:36[*locus requietionis*], 38, 75, 91, 95; 8:52; *Gk Ap. Ezra* 1:12), 에덴으로 언급되기도 하며(*T. Dan.* 5:12), 또는 아브라함의 품으로 언급되기도 한다(눅 16:22). 의롭게 죽은 사람들의 휴식 장소는 종종 명기되지 않는다(4 Ezra 2:34; *Par. Jer.* 5:32). 에이레네 카이 아나파우시스(εἰρήνη καὶ ἀνάπαυσις)라는 어구는 유대인의 묘비 비문에 나온다(*CIJ*, 688; 주후 4세기.; 참조. Delling, *Lehre*, 30-31). 의롭게 죽은 사람들의 마노아흐(מנוח, "휴식") 개념은 랍비 문헌에도 나온다(*b. Šabb.* 152b; 참조. Str-B, 3:817). 요한계시록 6:11에서 죽은 순교자들의 휴식은 분명히 일시적이다. 이 개념은 "죽음 후에 우리 모든 사람이 영혼을 포기하지 말자. 우리는 휴식 가운데(A: *in requie*; L: *in requiem*) 보존되는 것인가?"라는 4 Ezra 7:75의 질문에 전제된다(이 질문은 의인들이 향유할 휴식의 일곱 가지 순서들을 설명하는 4 Ezra 7:88-99에서 명확하게 답변된다).

11c "저희 동무 종들과 형제들도 자기처럼 죽임을 받아 그 수가 차기까지 하라 하시더라"(ἕως πληρωθῶσιν καὶ οἱ σύνδουλοι αὐτῶν καὶ οἱ ἀδελφοὶ αὐτῶν οἱ μέλλοντες ἀποκτέννεσθαι ὡς καὶ αὐτοί－헤오스 플레로도신 카이 호이 쉰둘로이 아우톤 카이 호이 아델포이 아우톤 호이 멜론테스 아푸크텐네스다이 호스 카이 아우토이). "저희 동무 종들과 형제들"라는 어구에서 복수 명사들이 모두 관사가 있고 모두 카이(καί, "그리고")가 선행한다는 것은 별개의 두 집단이 고려되고 있음

을 시사한다(Zahn, 2:362; Ulfgard, *Feast*, 56). 그러나 연결을 하는 카이(*καί*)가 "주석"의 카이(*καί*)일 수도 있는데, 그렇다면 이 어구는 "저희 동무 종들, 즉 저희 형제들"이라는 의미로 해석되어야 할 것이다(Beckwith, 527; Charles, 1:177; Mounce, 160). 쉰둘로이(*σύνδουλοι*, "동료 종들")라는 용어는 요한계시록에서 세 번 발견되는 칭호다(6:11; 19:10; 22:9). 그 밖에 이 용어는 신약성경에서 골로새서 1:7; 4:7에, 그리고 속사도들에 나온다(Ign. Eph. 2:1; *Magn.* 2; *Phld.* 4; *Smyrn.* 12:2; *Rom.* 4:3). 이 문맥들에서 이 용어는 항상 명예로운 호칭이다(H. Gülzow, *Christentum und Sklaverei in den ersten drei Jahrhunderten*[Bonn: Habelt, 1969] 32). 소아시아의 종교 제도에 나오는 유사어는 리디아의 한 비문에 나오는 쉬니에로둘로스(*συνιερόδουλος*, "신성한 종", "동료")라는 칭호에서 발견된다(G. Petzl, "Vier Inschriften aus Lydien," in *Studien zur Religion und KulturKleinasiens*, FS F. K. Dörner, ed. S. Sahin, E. Schwertheim, and J. Wagner[Leiden: Brill, 1978] 745.61, 746.50를 보라).

이 절은 하나님께서 그들을 신원하시기에 앞서 순교자들의 "예정된 수"(*numerus praedestinatorum*)가 죽어야 한다는 사실을 암시한다. 플레룬(*πληροῦν*)은 "어떤 것을 완전하게 하다, …의 수를 완성하다"를 의미할 수 있기 때문에(Louw Nida, § 59.33), 이 절 전체는 "저희 동무 종들과 형제들의 수가 완전하기까지"라고 번역될 수 있다(이 절은 극히 불확실하다. 6:11.h-h의 "원문주해"를 보라). *Mart. Pol.* 14 (번역: Musurillo, Acts, 13)에서 폴리캅은 자신이 "순교자들의 수에(*ἐν ἀριθμῷ*-엔 아리드모) 한몫 낄" 수 있음을 감사한다. 폴리캅은 주후 156년(이 연대는 논쟁되고 있다; Musurillo, *Acts*, xiii-xiv을 보라)에 죽었기 때문에, 그의 이 생각은 요한계시록에서 얻은 것일 수도 있지만 그럴 것 같지가 않다. 유사한 진술이 *Ep. Lugd.* 13(Eusebius *Hist. eccl.* 5.1.13; Musurillo, Acts, 64-65)에 나온다. "매일 훌륭한 사람들이 체포되어 순교자들의 수(*τὸν ἐκείνων ἀναπληροῦντες ἀριθμόν*-톤 에케이논 아나플레룬테스 아리드몬)를 채운다." 이 순교는 주후 177년에 일어났고, 위의 작품은 그 직후에 쓰여졌다. 이 작품은 요한계시록을 두 번 인유하기 때문에(10장에 계 14:4, 그리고 57장에 계 22:11), 순교자들의 예정된 수 개념은 분명히 요한계시록에서 얻었을 것이다.

초기 유대교에서, 하나님께서 "의인들의 수"(*numerus iustorum*)를 예정하셨다는 견해는 요한계시록과 거의 동시대의 묵시록들에 최초로 나온다(*1 Enoch* 37-71; 4 Ezra; *2 Apocalypse of Baruch*; 참조. Räisänen, *Divine Hardening*, 67-78). *1 Enoch*

47:4은 거룩한 자들의 심령이 즐거워하는데, 그 이유는 의인들의 수가 도달했고, 그들의 기도가 상달되었고, 영들의 주님이 그들의 피를 필요로 했기 때문이라고 말한다. 4 Ezra 4:36에는 선택을 받은 사람들의 예정된 수가 언급되면서, "너희 자신과 같은 사람들의 수가 완성되었다"라는 어구가 나온다. 그러나 순교는 언급되지 않는다. 유사한 견해가 *2 Apoc. Bar.* 23:5(번역: Klijn in Charlesworth, *OTP* 1:629)에 반영된다. "만일 정해진 수가 완성되지 않으면, 아무 피조물도 다시 살지 못할 것이다"(30:2; 75:6을 보라). 이 개념은 초기 기독교에도 나온다. 바울은 "이방인들의 충만한 수가 들어오기까지" 이스라엘이 복음에 반응하지 않을 것이라고 말한다(롬 11:25). *1 Clement*의 저자는 이미 잘 알려진 개념이라는 사실을 암시하는 식으로 호 아리드모스 톤 에클레크톤(*ὁ ἀριθμὸς τῶν ἐκλεκτῶν*, "선민의 수," 2:4; 59:2)과 호 아리드모스 톤 소조메논(*ὁ ἀριθμὸς τῶν σωζομένων*, "구원받은 사람들의 수," 58:2)이라는 어구를 사용한다(van Unnik, *RHPR* 42[1962] 237-46). 이와 유사하게 저스틴은 그리스도께서 미리 아신 사람들의 수(*συντελεσθῇ ὁ ἀριθμὸς τῶν προεγνωσμένων*-쉰텔레스데 호 아리드모스 톤 프로에그노스메논)를 완성하시기까지 심판 중에 재림하시지 않을 것이라고 말한다(*1 Apol.* 45.1). *Apost. Const.* 15.3(아마 1 *Clement*에 의존하는)은 "구원받은 사람들의 수의 충만"에 대해 말한다.

요한계시록 6:11은 완성되어야 하는 순교자들의 수에 대해 말하는 반면에, Pistis Sophia에는 "완전한 영혼들의 수가 완성된다"(*afjôk ebol n i parithmos nnepsu-chooue nntelios*)는 어구 또는 이에 상당하는 어구들이 자주 나오는데(1.23, 26, 27, 45, 50; 2.86, 96, 98; 3.125[4x]), 이는 분명히 그노시스주의자들을 나타낸다. 이 어구는 저자가 자신의 그노시스식 종말론의 골격 가운데 통합한 전문 용어다(van Unnik, "Pistis Sophia," 473). "완전한 영혼들의 수의 완성"은 "긴 시대(the aeon, Coptic: *tsunteleia mpaion*=쉰텔레이아 투 아이오노스[*συντέλεια τοῦ αἰῶνος*]; 2.86)의 종말", 즉 종말의 극적인 사건에 있어 결정적인 시점에 나타날 것이다(van Unnik, "Pistis Sophia," 473). *Pistis Sophia* 1.50에 의하면(번역: MacDermot, 89-90), "지금 이 때에 진실로 내가 너희에게 말하노니, 완전한 수가 완성되고 모든 자가 일으킴을 받을 때, 나는 빛의 보고에 앉을 것이고 너희는 열두 빛의 권능들에 앉을 것이니, 우리가 모든 열두 구주들 각각의 유업의 자리에 그들의 계급을 다시 설치할 때까지다."

12a "내가 보니 여섯째 인을 떼실 때에 큰 지진이 나며"(*καὶ εἶδον ὅτε ἤνοιξεν τὴν σφραγῖδα τὴν ἕκτην, καὶ σεισμὸς μέγας ἐγένετο*-카이 에이돈 호테 에노

익센 텐 스프라기다 텐 에크텐 카이 세이스모스 메가스 에게네토). 카이 에이돈(καὶ εἶδον)에 대해서는 5:1의 "주석"을 보라. 세이스모스(σεισμός, "요동")는 아마 지진을 언급할 것이다. 그러나 문맥상 이 용어는 "천지"의 "흔들림"을 언급할 수도 있다(학 2:6-7, 21-22). 천지의 흔들림은 천체들의 분열을 일으킨다. 성경 전승에서 종종 지진은 하나님의 임재 또는 강림의 한 가지 결과로서 말세에 일어날 것으로 예상된다(욜 2:10; 3:16[맛소라 사본 4:16]; 사 24:18-23; 29:6; 미 1:4; 나 1:5; 계 20:11에서 하나님의 현현에 대한 "주석"을 보라). Bauckham, "Earthquake," 199-209를 보라. 또한 종종 지진은 불가사의한 조짐으로 생각된다(Plutarch *Cicero* 14; Appian *Bell. civ.* 1.83; Aulus Gelius *Noctes Atticae* 2.28.1-3; Wülker, *Prodigienwesens*, 18).

12bc "해가 총담같이 검어지고 온 달이 피같이 되며"(καὶ ὁ ἥλιος ἐγένετο μέλας ὡς σάκκος τρίχινος, καὶ ἡ σελήνη ὅλη ἐγένετο ὡς αἷμα—카이 호 헬리오스 에게네토 멜라스 호스 삭코스 트리키노스 카이 헤 셀레네 홀레 에게네토 호스 하이마). 이 부분은 요엘 2:31(맛소라 사본 3:4)의 인유다.

> 여호와의 크고 두려운 날이 이르기 전에
> 해가 어두워지고
> 달이 핏빛같이 변하려니와.

이와 같은 불길한 전조들의 목록에서 셀레네(σελήνη)의 수식으로 홀레(ὅλη)의 추가는 *T. Mos.* 10:5에서만 발견된다: *Sol non dabit lumen et in tenebris convertent se cornua lunae et confringentur, et[luna] tota convertit se in sanguine*, "해는 그 빛을 내지 않을 것이며, 달의 광채가 암흑으로 변하고, (달은) 완전히 피로 변할 것이다"(번역: J. Tromp, *Assumption of Moses*, 18-19). 찰스(Charles 1:180)는 *T. Mos.* 10:5에 *tota*와 요한계시록 6:12에 홀레(ὅλη)가 나온다는 사실이 시사하는 바는 요한계시록의 저자가 글을 쓸 때 『모세의 유언』(Testament of Moses)을 앞에 두고 있었다는 것이다. 하지만 이렇게 직접적인 의존만이 유일한 설명이 되는 것은 아니다. 해와 달이 어두워지는 것은 다른 곳에도 나오는 주제이지만(사 13:10), 총담(모직, 베옷)의 주제는 아마 이사야 50:3에서 얻었을 것이다. "내가 흑암으로 하늘을 입히며 굵은 베로 덮느니라"(베옷에 대해서는 11:3의 "주석"을 보라). 로마인의 관점에서 이런 현상은 "원치 않는 조짐들"(*auspicia oblativa*)으로 간주되었을 것이다(Vergil *Georg.* 1.438-65를 보라). 해와 달이 어두워지는 것 또는 일식이나 월식은 종종 불가사의한 조짐들로 언급된다(Apollonius Rhod. 4.1286; Cicero *Rep.* 1.16.25; Vergil *Georg.* 1.463-68; Dionysius Hal. *Ant. Rom.* 1.77.2; Ovid *Metam.* 15.785; Philo *Mos.* 1.123; Plutarch *Pelopidas* 31; Cassius Dio 47.40.2; Aulus Gelius *Noctes Atticae* 2.28.4-7; Diogenes Laertius 4.64; Lactantius *Div. Inst.* 7.169; Luterbacher, *Prodigienglaube*, 11-12; Wülker, *Prodigienwesens*, 7-8; F. B. Krauss, *Interpretation*, 70-71; 또한 F. Boll, "Finsternisse," *RE*[1909] 6:2329ff도 보라). 그리스-로마의 해몽에 의하면, "어슴프레하거나 피로 뒤덮인 해 또는 보기에 끔찍한 해는 모든 사람에게 불길하고 나쁜 징조다"(Artemidorus *Oneirocritica* 2.36; 번역: White, *Interpretation*, 115). 하나님께서 세상을 심판하실 때 해가 어두워지거나 소실되는 주제는 자주 나온다(사 13: 10b; 24:23; 암 8:9; 욜 2:31[맛소라 사본 3: 4]; 습 1:15[여호와의 날은 캄캄하고 어두운 날이다]; *T. Mos.* 10:5; 막 13:24 25=마 24:29; 눅 21:25; 행 2:20; 벧후 3:10[주의 날이 임할 때 하늘과 땅의 파멸이 동반할 것이다]; *Barn.* 15:5). 12b절, 12c절 그리고 13절에 나오는 세 행은 모두 유사한 형식을 갖고 있다. 즉 부정과거로 일어나는 일을 선언적으로 진술하고, 호스(*ὡς*, "…처럼, …같이")로 도입되는 직유가 이어진다. 예언서들에서(암 8:9) 발견되는 여호와의 날에 어두움이 있다는 주제는 심판의 날에 해와 달과 별들이 어두워지고 소실되는 주제로 발전된다(사 13:9-10; 겔 32:7-8; 욜 2:10; 3:15[맛소라 사본 4:15]; *T. Levi* 4:1; *Sib. Or.* 5.477- 82; 7.125; 4 Ezra 7:39; Oracle of Hystaspes frag. 14; Lactantius *Div. Inst.* 7.16.8 [Bidez-Cumont, *Mages* 2:368-69]; *Barn.* 15:5). *Barn.* 15:5가 흥미로운 이유는 이 곳에 나오는 주제들의 순서가 다음과 같기 때문이다. (1) 아들의 강림, (2) 악인 시대의 멸망, (3) 불경한 자들의 심판, (4) 해와 달과 별들의 변화. 이 널리 퍼진 연상을 고려할 때, 분명한 점은 요한계시록의 저자가 독자들로 하여금 여섯 번째 나팔로 주의 날이 도래한다고 생각하게 하고자 의도했다는 것이다. *Sib. Or.* 5.346-51에서 한 예가 발견된다(번역: J. Collins in Charlesworth, *OTP* 1:401).

> 하나님께서 독점적으로 지배하시는
> 말세(*ὑστατίῳ καιρῷ*-휘스타티오 카이로)에
> 태양의 영원한 불길이 더 이상 존재하지 않을 것이고,
> 달의 밝은 빛도 더 이상 존재하지 않을 것이다.
> 모든 것이 어두워지고, 온 땅에 어두움과
> 소경들과 악한 들짐승과 재앙이 있을 것이니,

> 그 날(ἦμαρ ἐκεῖνο–에마르 에케이노)은 오래 지속할 것이다.

Pss.-Philo *Bib. Ant.* 19.13에서 유사한 예언이 발견된다(번역: Harrington in Charlesworth, *OTP* 2:328).

> 그리고 세상을 벌할 때가 가까이 다가올 때, 내가 시대를 명하고 시간에 지시하리니 시대와 시간이 짧아질 것이다. 따라서 별들이 빠르게 움직이고, 햇빛이 급격히 약화되고, 달빛도 사라질 것이니, 이는 내가 잠들어 있는 너희를 되살려 내가 너희에게 보인 만족스러운 곳에 거하게 하려 함이라.

하나님의 강림에 수반되는 결과들은 *T. Mos.* 10:5-6에서 묘사된다(번역: Priest in Charlesworth, *OTP* 2:932).

> 해는 빛을 내지 않을 것이며,
> 달의 광채는 어두움 가운데 사라질 것이다.
> 뿐만 아니라 그들은 산산조각이 날 것이다.
> 해가 완전히 피로 바뀔 것이니,
> 참으로 별 무리까지도 무질서한
> 혼란에 빠질 것이다.

마지막으로, *Oracle of Hystaspes* frag. 14(Lactantius *Div. Inst.* 7.16.8: see Bidez-Cumont, *Mages* 2:368-69)에는 다음과 같은 예언이 나온다.

> 또한 그 때에 하늘의 이상한 조짐들(prodigia), 즉 혜성들의 모양, 일식, 달의 색깔 그리고 별들의 추락이 사람들의 마음을 엄청난 공포로 혼란스럽게 할 것이다.

Lactantius *Epitome* 71에도 유사한 묘사가 나온다(번역: Blakeney, *Epitome*, 121).

> 이 재앙들에 하늘의 불가사의한 전조들이 추가될 것이니, 모든 일이 결합하여 인간의 불안을 증가시킬 것이다. 혜성들이 자주 보일 것이며, 태양은 지속적인 암영으로 어두워지고, 달은 피로 물들 것이니, 잃은 빛을 되찾지 못할 것이다. 그리고 모든 별들이 떨어지고, 계절은 고유의 행로를 지키지 못할 것이니, 곧 겨울과 여름이 혼동될 것이다.

13 "하늘의 별들이 무화과나무가 대풍에 흔들려 선 과실이 떨어지는 것같이 땅에 떨어지며"(καὶ οἱ ἀστέρες τοῦ οὐρανοῦ ἔπεσαν εἰς τὴν γῆν, ὡς συκῆ βάλλει τοὺς ὀλύνθους αὐτῆς ὑπὸ ἀνέμου μεγάλου σειομένη–카이 호이 아스테레스 투

우라누 에페산 에이스 텐 겐 호스 쉬케 발레이 투스 올륀두스 아우테스 휘포 아네무 메갈루 세이오메네). 이 절은 이사야 34:4의 인유다. 그런데 이사야 34:4에는 무화과 열매가 아니라 나뭇잎이 묘사되고 있다. "그 만상의 쇠잔함이 포도나무 잎이 마름 같고 무화과나무 잎이 마름 같으리라"(요한계시록의 저자가 사 34:4b를 먼저 인용하고[계 16:3b에] 그 다음에 4a절을 인용함으로써[계 6:14a에] 사 34:4의 인유를 뒤집은 것을 주의하여 보라). 이사야 34:4은 공관복음의 묵시에도 인유된다(막 13:25=마 24:29=눅 21:26). 그러나 해와 달이 어두워짐과 별들의 추락이라는 두 주제의 결합은 요한계시록 6:12-13과 소수의 다른 곳에도 나온다(막 13:24-25; *T. Mos.* 10:5-6; Lactantius *Epitome* 71). 별들의 추락은 요한계시록에서 몇 번 언급된다(8:10; 9:1; 12:4). 떨어지는 별 또는 유성이 반드시 하늘의 파괴를 수반하는 것은 아니지만, 해석을 필요로 하는 조짐이나 전조로 생각될 수도 있고(4 Ezra 5:5; Jos. *J. W.* 6.289; Manilius *Astron.* 1.814-875), 또는 하나님의 심판을 예고하는 사전의 사건일 수도 있다(겔 32:7; 욜 2:10[맛소라 사본 3:4]; 3:15[맛소라 사본 4:15]; 막 13:25=마 24:29; *Sib. Or.* 8.190, 341). 별의 추락 주제는 종종 사단과 그의 천사들의 타락을 나타내는 은유로 사용된다(*1 Enoch* 86:1; 88:1-3; 90:24; 유 13; *T. Sol.* 20:16; *Apoc. El.* 4:11; 참조. 눅 10:18). 고대의 해몽에서 별이 땅에 떨어지는 것을 보는 것은 많은 사람들이 죽을 것이라는 의미였다(Artemidorus *Oneirocritica* 2.37; 참조. 5.23). Asclepius 3.25에 나오는 묵시 시나리오에서 트리스메기스투스(Trismegistus)는 "하늘이 별들의 궤도를 지원하지 않고, 별들은 자신들의 일정한 하늘 행로를 따르지 않을 것이다"라고 말한다(번역: W. Scott, *Hermetica* 1:345). 이와 같은 우주적 혼란은 묵시 문학에서 상투적인 표현이다. Nock-Festugière, *Corp. Herm.* 2:381 n. 218을 보라. 운석도 불가사의한 전조로 간주된다(Cassius Dio 40.47.2; Wülker, *Prodigienwesens*, 11). 버가모의 제우스 제단과 델피의 아폴로 신전에 묘사된(Euripides *Ion* 206-18) 올림푸스의 신들과 거인들 간의 전투(Gigantomachy)의 변형들에 의하면, 거친 전투로 인해 별들이 본래 장소들에서 흔들렸다(Manilius *Astron.* 1.427).

14a "하늘은 종이 축이 말리는 것같이 떠나가고"(*καὶ ὁ οὐρανὸς ἀπεχωρίσθη ὡς βιβλίον ἑλισσόμενον*–카이 호 우라노스 아페코리스데 호스 비블리온 헬리쏘메논). 이 구절은 이사야 34:4의 인유다. "하늘의 만상이 사라지고 하늘들이 두루마리같이 말리되." 동일한 인유가 *Sibylline Oracles*, 예를 들어 3.82-83에 몇 번 나온다(번역: Collins in Charlesworth, *OTP* 1:364). "하늘에 거하시는 하나님께서 하

늘을 마치 두루마리가 말리듯이 말으실 때"(*οὐρανὸν εἱλίξῃ, καθ' ἅπερ βιβλίον εἱλεῖται* – 우라논 헤일릭세 카드 하페르 비블리온 에일레이타이). 이와 유사하게, *Sib. Or.* 8.233, 413에도 "그가 하늘을 말으실 것이다"(*οὐρανὸν εἱλίξει* – 우라논 헤일릭세)와 "내가 하늘을 말을 것이다"(*οὐρανὸν εἱλίξω* – 우라논 헤일릭세)라는 어구들이 나온다. 이사야 34:4에 나오는 이 은유의 다른 인용들은 히브리서 1:12에서 발견된다. 그 곳에서 하늘과 땅을 마는 것은 *Gos. Thom.* 111(Stroker, *Extracanonical*, 112-13를 보라), Tertullian *Ad Hermog.* 34 그리고 *Apocalypse of Peter*(Macarius Magnes *Apocrit.* 4.7)에서 옷을 마는 것과 비교된다. 유사하게 *Pistis Sophia* 1.10 (ed. Schmidt- Till, p. 4, lines 15-16; ed. Schmidt-MacDermot, p. 6)에서 제자들은 "아마 세상이 말릴 것이다"라고 추측한다.

[14]b "각 산과 섬이 제 자리에서 옮기우매"(*καὶ πᾶν ὄρος καὶ νῆσος ἐκ τῶν τόπων αὐτῶν ἐκινήθησαν* – 카이 판 오로스 카이 네소스 에크 톤 토폰 아우톤 에키네데산). 동사 키네인(*κινεῖν*, "움직이다, 옮기다, 흔들리다")은 지진의 결과들을 언급할 수 있는데(Herodotus 6.98; Thucydides 2.8), 큰 지진은 바로 앞 12a절에서 언급된 바 있다. 산, 섬과 같은 세상에서 가장 안정된 지역들이 "흔들리고" "옮겨지는" 것에 대한 은유는 하나님의 현현이나 심판에 대한 문맥들에 나온다(삿 5:5; 시 18:7[칠십인역 17:7]; 46:2-3; 사 5:25; 54:10; 64:1; 렘 4:24; 겔 26:18; 38:20; 미 1:4; 나 1:5; 합 1:6; 슥 14:4). 지혜를 말하는 문맥들에서 산을 옮기는 것은 종종 불가능한 것으로 간주된다(시 125:1-2; 마 17:20; 고전 13:2; 참조. 침식 작용의 실제를 인정하는 욥 14:18). 이 주제는 하나님의 현현을 묘사하는 문맥인 요한계시록 29:11에도 나온다.

부록 6A: 고대의 불가사의한 전조들과 요한계시록의 재앙들

참고문헌

Berger, K. "Hellenistisch-heidnische Prodigien und die Verzeichen in der jüdisch und christlichen Apokalyptik." *ANRW* II, 23/2:1428-69. **Binder, G.** *Aeneas und Augustus.* Meisenheim, 1971. **Bloch, R.** *Les prodiges dans l'antiquité classique(Grèce, Étrurie et Rome).* Paris: Presses Universitaires de France, 1963. ______. "Portents and Prodigies." *EncRel* 11:454-57. **Brenk, F. E.** *In Mist Apparelled: Religious*

Themes in Plutarch's Moralia and Lives. Leiden: Brill, 1977. **Fowler, W. W.** *The Religious Experience of the Roman People from the Earliest Times to the Age of Augustus.* London: Macmillan, 1911. **Grassmann-Fischer, B.** *Die Prodigien in Vergils Aeneis.* Munich: Fink, 1966. **Günther, R.** "Der politisch-ideologische Kampf in der römischen Religion in den letzten zwei Jahrhunderten v. u. Z." *Klio* 42(1964) 209-97. **Handel, P.** "Prodigia." *RE* 46(Stuttgart, 1959), cols. 2283-96. *Kleine Pauly* 4:1151-53. **Krauss, F. B.** *An Interpretation of Omens, Portents, and Prodigies Recorded by Livy, Tacitus, and Suetonius.* Philadelphia: University of Pennsylvania, 1930. **Liebeschuetz, J. H. W. G.** *Continuity and Change in Roman Religion.* Oxford: Clarendon, 1979. **Luterbacher, F.** *Der Prodigienglaube und Prodigienstil der Römer.* Burgdorf: Langlois, 1880. **McBain, B.** *Prodigy and Expiation: A Study in Religion and Politics in Republican Rome.* Brussels: Latomus, 1982. **Momigliano, A.** "Prodigia." *EncRel* 12:3. **Riess, E.** "Omen." PW 28/1:350-78. **Wülker, L.** *Die geschichtliche Entwicklung des Prodigienwesens bei den Römern: Studien zur Geschichte und Überlieferung der Staatsprodigien.* Leipzig: Glausch, 1903.

종종 *portentum*으로 칭해지기도 하는 *prodigium*, "불가사의한 전조"(prodigy, 복수는 *prodigia*)는 고대 로마 종교에서 신의 진노를 경고하는 표적으로 해석되었던 자연 법칙에 반하는 또는 비범한 사건이나 현상을 나타내는 용어다(Wülker, *Prodigienwesens,* 1). 고대 로마 전설에서 불가사의한 사건은 *ira deum*, "신의 진노"를 계시하고 *pax deorum*, "신들과 평화"가 와해되는 것을 나타내는 것으로 생각되었다. 그러므로 로마 백성과 그들의 신들 간의 불화를 회복하기 위한 보상 의식들이 요구되었다(*Kleine Pauly* 4:1151-53). 그리스인들은 *prodigium* 대신 테라스(*τέρας*), 세메이온(*σημεῖον*), 오이오노스(*οἰωνός*, 이 용어는 어원적으로 새들에게 제한된다) 그리고 파스마(*φάσμα*) 같은 용어들을 사용했다(Appian *Bell. civ.* 4.1.4; Plutarch *Sept. sap.* conv. 149C; Bloch, *Les prodiges,* 15). 키케로는 *De div.* 1.42.93에서 불가사의한 전조들을 나타내는 데 사용되는 용어들 중 상당 부분을 정의한다.

> 이들은 "공시하고"(*ostendunt*), "징조를 주고"(*portendunt*), "암시하고"(*monstrant*), "전조를 주기"(*praedicunt*) 때문에, "공시"(manifestations), "징조"(portents), "암시"(intimations), "전조"(prodigies, *prodigia*)로 칭해진다.

이 용어들은 본질적으로 동의어다(Servius *Comm. in Aen.* 3.366; 참조. F. B. Krauss, *Interpretation*, 31-34). 그러나 조안네스 리두스(Joannes Lydus, *De ostentis* praef.)의 주장에 의하면 세메이아(σημεῖα)는 하늘에 나타나는 반면에, 테라타(τέρατα)는 지상에 나타나는 것이다.

불가사의한 전조들이 나타나면, 로마 원로원은 우선 관찰하고, 다음에 인정하고 수용한다(예를 들어, Livy 43.13.6). 그 다음에 해석을 하고(점술 과학으로) 마지막으로 보상을 했다(대개 에트루리아의 종규[disciplina Etrusca]를 따라). 전조들의 보상 절차는 *procuratio prodigiorum*("전조의 처리")이라고 칭했고, 희생 제사, 신들을 위한 향연(*lectristernia*), 경기 그리고 새로운 의식의 도입과 특별한 기도와 같은 수단을 통한 로마 시의 정화가 포함되었다. 불가사의한 전조라고 생각되는 현상들에는 일식과 월식(Plutarch *Alex.* 31), 피와 돌의 비가 내리는 것, 여느 때와 다른 우박, 맑은 하늘에 번개와 천둥이 치는 것(Cassius Dio 37.25.2), 혜성, 운석, 지진, 새들의 행동, 하늘에 나타나는 군대의 형상과 소리, 무기와 말들이 부딪히는 소리(Appian *Bell. civ.* 4.1.4) 그리고 석상들이 땀을 흘리거나 울거나 움직이는 것(Appian *Bell. civ.* 4.1.4) 등이 포함되었다. 리비(Livy, 주후 12년이나 17년에 사망)는 사람들이 더 이상 미래의 표적들을 믿지 않으므로 더 이상 원로원에 불가사의한 전조들을 보고하지 않았다고 말한다(43.13.1-2). 분명히 불길한 징조들에 대한 점술을 믿었던 플루타크는 Parell Lives를 저술하는 데 전조들의 목록을 사용했다. 그러나 그는 종종 특별한 전조들을 자신의 저술에 포함시키는 데 있어 매우 선택적이었으며 내용을 극적으로 전개하는 데 그 전조들을 이용하는 경향이 있었다(*Sulla* 7; *Marcellus* 28; 참조. Livy 27.11; Brenk, *In Mist Apparelled*, 184-213를 보라). 타키투스(Tacitus)는 *Hist.* 1.3.3에서 주후 69년 이후 시기에 로마 역사에 불가사의한 전조들의 역할에 대해 다음과 같이 간단히 주석했다.

> 인류에게 일어난 여러 가지 재난들 외에 하늘과 땅에 나타나는 불가사의한 전조들, 천둥, 번개로 주어지는 경고들 그리고 미래에 대한 예언들이 있다. 이 전조들이나 경고들이나 미래에 대한 예언들은 즐거운 것도 있고, 암담한 것도 있으며, 불확실한 것도 있고, 명확한 것도 있다. 신들은 우리의 안전에는 관심이 없고 처벌에 관심이 있다고 하지만, 이 사실은 로마 백성의 무서운 재난들이나 의심의 여지가 없는 표적들에 의해 전혀 확실하게 입증된 적이 없다.

로마의 연대기 작가들과 역사가들은 매년 목격된 전조들 또는 로마 역사에서 중

대한 사건들과 관련된 전조들을 종종 목록에 포함시켰다. 리비와 타키투스 같은 사람들은 전조들을 미신적이라고 생각했지만 기록했다(F. B. Krauss, *Interpretation*, 29). 전조들의 목록은 로마 역사와 전기들에 매우 자주 나오기 때문에 그들이 포함된 보다 넓은 문학 장르들 가운데서 특별한 역할을 당담하는 문학 형태로 간주되어야 한다(고전 문학에 나오는 전조 목록에 대한 언급은 K. Berger, *ANRW* II, 23/2: 1443 n. 55에서 발견된다). 사회적으로 그리고 정치적으로 큰 곤경과 불안이 있던 시기에는 이렇게 목격되고 보고되는 전조들의 수가 엄청나게 증가했다(Günther, *Klio* 42[1964] 209-97). 루칸(Lucan, 1.522-83)은 주전 49년에 카이사르가 루비콘 강을 건넜을 때 나타났다고 하는 전조들의 목록을 편집했다. 버질(Vergil, *Georg.* 1.466-97)은 카이사르가 죽은 해인 주전 44년에 목격된 전조들의 목록을 모아 정리했다. 이 목록들은 많은 부분이 요세푸스가 기록한 목록들과 유사하다(*J. W.* 4.289-300). 리비는 자신의 시대에 공적인 기록과 역사에 나오는 전조들이 부족하다고 불평했지만(43.13.1), 줄리어스 오브세퀜스(Julius Obsequens)는 아마 리비의 *Annals* 137에서 구한 것으로 보이는 전조들의 수집(*Prodigiorum liber*)을 편찬했다. 리비는 주전 194년(34.45.6-8), 주전 193년(35.9.2-5), 주전 192년(35.21.2-6), 주년 191년(36.37), 주전 190년(37.3.1-6) 등의 전조들의 목록을 작성했다. 주후 68년 오토(Otho)와 비텔리우스(Vitellius)가 투쟁하는 동안 많은 전조들이 보고되었다. 이에 대해 타키투스는 다음과 같이 말한다(*Hist.* 1.86). "심지어 평안한 때에도 야만 시대에는 흔히 눈에 띄던 많은 다른 일들이 일어났지만, 지금 공포의 시대에는 그런 일들이 단지 소문으로 들릴 뿐이다"(Plutarch *Otho* 4.5; Suetonius *Vesp.* 5.7를 보라; 티베르 강의 범람을 오토의 통치 시대로 추정하는 문제에 대해서는 Chilver, *Tacitus*, 154를 보라). 티베리우스, 클라우디우스, 네로의 통치 시대를 기술한 타키투스는 티베리우스와 클라우디우스의 통치 시대 동안에는 거의 전조들을 기록하지 않는다. 그러나 *Annals* 11-16에서는 네로의 통치 시대 동안 이런 전조들의 수가 두드러지게 증가했다(Liebeschuetz, *Roman Religion*, 155-66). 하지만 그 이유들은 논란이 있다(Syme, *Tacitus* 1:312; R. H. Martin, *Tacitus*, 257 n. 29). 첫 번째 목록은 주후 51년이고(*Annals* 12.43), 두 번째 목록은 주후 54년이고(12.64), 세 번째 목록은 주후 59년이고(*Annals* 14.12), 네 번째 목록은 주후 64년 말이다(15.47). 종종 연대기 기자들은 줄리어스 카이자르(Suetonius *Jul.* 81.1-3), 아우구스투스(탄생: Suetonius *Aug.* 94.1-4; 사망: Cassius Dio 56.29.2-6; 56.45.2), 칼리굴라(Suetonius *Cal.* 57.1-4), 베스파시안(Suetonius *Vesp.* 23.4), 오토(Tacitus *Hist.* 2.50)와 같이 유명한 인물들의 탄생과 사망에 앞섰던 전조들의 목록을 삽입했다. 예를 들어, 베스파시안(Tacitus *Hist.* 2.78; Suetonius *Vesp.* 5; Cassius Dio 66.1; 참조. Chilver, *Tacitus,* 237)과 같은 새로운 통치자에 대한 신의 재가를 알리는 제국의 선전의 일환으로 전조들이 사용되기도 했다.

타키투스에 의하면(Tacitus *Hist.* 5.13) 전조들의 관찰, 해석 그리고 보상이 고대 에투루시아와 로마 지역의 두드러진 특징이었던 반면에, 고대 유대교에는 전조들과 유사한 현상들이 알려지지 않았고, 전조들을 보상하기 위한 형식적인 시도도 없었다. 초기 유대 문학은 로마의 보다 일반적인 전조들 중 일부의 형식적인 각색을 반영한다. 여기에는 하늘에 칼 또는 칼들이 보였던 일(*Sib. Or.* 3.798; Jos. *J. W.* 6.288; Lactantius *Div. Inst.* 7.19[Oracle of Hystaspes])과 공중에서 충돌하는 군대들(*Sib. Or.* 3.805; 2 Macc 5:2; Jos. *J. W.* 6.288; Tacitus *Hist.* 5.13; Pliny *Hist. nat.* 2.58.148)이 포함된다.

따라서 전조들은 진단과 치료를 필요로 하는 기괴한 사건들의 목록으로 제시되는 경향이 있다. 필로는 해와 달은 단지 빛을 내기 위해서만 창조된 것이 아니라 "미래 사건들의 표적들"(*σημεῖα μελλόντων*, 세메이아 멜론톤)로 기여하기 위해서 창조된 것이라고 말한다(*Op.* 58-58; *Spec. Leg.* 1.92). 간혹 묵시 문학은 종말의 심판 날과 관련시켜 이상한 사건들의 발생 목록을 제시한다(*2 Apoc. Bar.* 27:1-13; 4 Ezra 4:52-5:13; 6:20-24; see K. Berger, *ANRW* II, 23/2:1455-59). 그러나 여기에는 획일적인 표적들만 언급된다(*Sib. Or.* 2.35; 3.334, 457; 4.61; 10.55). 예를 들어, 4 Ezra 5:4-13에는 우주적 격변의 특징들을 전조 목록의 특징인 자연 법칙에 반하는 현상들과 결합한 표적들의 목록이 실려 있다. 유대의 역사가 플라비우스 요세푸스(Flavius Josephus)는 그 시대의 로마 역사가들의 방식으로(결국 그의 청중은 주로 로마인들이었다) 예루살렘 성전의 임박한 파괴에 대한 하나님의 경고들로 그가 해석하는 많은 이상한 표적들을 묘사했다. 여기에는 일년 동안 사라지지 않은 혜성, 밤중에 제단 주위를 비춘 빛, 양을 낳은 제사용 소, 저절로 열린 성전 뜰의 매우 육중한 문, 공중에 병거들과 무장한 병사들의 출현 그리고 "우리가 이 곳에서 떠나고 있다"고 말하는 것으로 들린 음성이 포함된다(*J. W.* 6.289-300). 타키투스도 이 사건들 중 많은 일들을 묘사했다. 그는 이 사건들을 "전조들"(*prodigia*)로 생각했다. 그리고 그는 유대인들이 이 경고들을 부정적인 표적들이 아니라 긍정적인 표적들로 해석하고 제사나 사원으로 이 경고를 피하는 데 반대했다고 말한다(*Hist.* 5.13).

락탄티우스(Lactantius)와 같은 기독교 저자들도 전조의 언어를 사용하여 종말의 표적들을 설명했다(*Epitome* 71; 번역: Blakeney, *Epitome*).

> 모든 일이 결합하여 인간의 공포(hominibus ad timorem)를 증대시키기 위해 이 재앙들에 하늘의 놀라운 표적들(prodigia de coelo)이 더해질 것이다. 혜성이 자주 나타날 것이다. 해는 계속적인 암영으로 어두워질 것이다. 달은 피로 물들 것이니, 그 잃어버린 빛을 되찾지 못할 것이다. 모든 별들이 떨어지고, 계절들은 고유의 행로를 지키지 않을 것이니 겨울과 여름이 혼동될 것이다(참조. 1 Enoch 80:2-80). 해(year)와 달(month)은 짧아질 것이다. 이것이 세상이 노년기이고 쇠락기라는 사실은 트리스메기스투스(Trismegistus)에 의해 예언되었다.

출애굽기의 재앙들은 하나님에 의해 모세를 통해 애굽인들에게 가해졌던 반면에, 요한계시록의 재앙들은 전조들과 같이 인간 대행자를 통해 일어나는 것이 아니라 하나님의 진노의 표적으로 나타난다.

요한계시록의 재앙들은 특정한 부류의 현상들로 제한된다. (1) 하늘의 현상들: (a) 뇌성과 번개(8:5; 16:18), (b) 피 섞인 우박과 피(8:7), (c) 땅에 떨어지는 혜성들(6:13; 8:8, 10), (d) 해와 달과 별들이 어두워짐(6:12-13; 8:12), (e) 달이 피로 변함(6:12), (f) 거대한 우박(16:21), (2) 지구의 현상들: (a) 지진(8:5; 16: 18), (b) 바다가 피로 변함(8:9; 16:3), (c) 강과 물 근원이 피로 변함(16:4), (d) 기근(6:6, 8), (e) 들짐승들이 사람들을 공격함(6:8).

그리스-로마의 전조들과 대조적으로, 요한계시록의 재앙들은 절대로 세메이아(*σημεῖα*, "이적")로 칭해지지 않는다. 세메이아(*σημεῖα*)는 바다에서 나온 짐승=거짓 선지자(13:13, 14; 19:20) 또는 거짓말하는 영들(16:14)이 행하는 기적적인 행위들에 대해 사용되는 용어다. 그러나 요한계시록의 재앙들은 그 자체로 목적이 아니라 사람들로 하여금 회개를 하도록 하기 위한 하나님의 준엄한 경고의 메시지가 의도된 것이다(9:20-21; 16:9). 그러나 결과는 전혀 그 의도대로 되지 않는다.

15a "땅의 임금들과 왕족들과 장군들과 부자들과 강한 자들과 각 종과 자주자가"(*καὶ οἱ βασιλεῖς τῆς γῆς καὶ οἱ μεγιστᾶνες καὶ οἱ χιλίαρχοι καὶ οἱ πλούσιοι καὶ οἱ ἰσχυροὶ καὶ πᾶς δοῦλος καὶ ἐλεύθερος* – 카이 호이 바실레이스 테스 게스 카이 호이 메기스타네스 카이 호이 킬리아르코이 카이 호이 플루시오이 카이 호이 이스퀴로이 카이 파스 둘로스 카이 엘류데로스). 매우 유사한 순서의 내용이 19:18에 나온다.

요한계시록 6:15	**요한계시록 19:18**
땅의 임금들과	왕들의 고기와
왕족들과	
장군들과	장군들의 고기와
	장사들의 고기와
	말들과
	그 탄 자들의 고기와
부자들과	
강한 자들과	자유한 자들이나
각 종과	종들이나 무론대소하고
자주자	모든 자의 고기

킬리아르코이(*χιλίαρχοι*)라는 용어에 대해서는 19:15의 "주석"을 보라. 에녹의 비유들(*1 Enoch* 37-71)에도 요한계시록 6:15a과 유사한 "임금들과 강한 자들과 높은 자들과 땅에 거하는 자들"이라는 상투적인 어구가 하나님의 대적들을 집단적으로 특징짓는 방식으로 비교적 자주 나온다(62:1, 9; 67.8). *T. Abr.*[Rec. A] 19:7에서 사망은 자신이 모든 자, "임금들과 관원들, 부자와 가난한 자들, 종들과 자유한 자들"을 음부로 데리고 간다고 주장한다. "땅의 임금들"이라는 어구는 초기 유대교와 초기 기독교의 종말론 어휘에 흡수된 어구다(행 4:25-26에 인용된 시 2:1-2; 사 24:21; *Sib. Or.* 3.663; 4 Ezra 15:20). "강한 임금들", "능한 임금들", 그리고 "임금들과 강한 자들"이라는 어구들은 에녹의 비유들에 자주 나온다(*1 Enoch* 38:5; 55:4; 62:1, 3, 6, 9; 63:1, 2, 12; 67:8, 12). 그리고 이 어구들의 역사적 확인은 논란의 여지가 있는 문제이지만 분명히 하나님과 하나님의 백성들의 대적 역할을 한다. 동일한 어구가 13:16과 19:18에서도 발견된다. 이 부분은 임박한 하나님의 진노의 날에 놀랄 자들을 나타내기 위해 삽입된 일종의 해석같이 보인다.

15b "굴과 산 바위 틈에 숨어"(*ἔκρυψαν ἑαυτοὺς εἰς τὰ σπήλαια καὶ εἰς τὰς πέτρας τῶν ὀρέων*–에크뤼프산 헤아우투스 에이스 타 스펠라이아 카이 에이스 타스 페트라스 톤 오레온). 이 어구는 이사야 2:19-21의 인유다(참조. 사 2:10; 겔 7:16; *Sib. Or.* 3.607). 도시나 촌락들이 침략이나 포위 공격을 받을 때, 그 곳의 주민들은 적을 피하기 위해 종종 산악 지역으로 도망을 쳤다(삿 6:2; 삼상 13:16; 14:11; 욥 30:6; 겔 33:27; 렘 13:14; 16:16; 49:30; *Ant.* 6.99, 116; 12.272-75,

421; 14.429; *J. W.* 1.307; 6.370). 종말의 곤경 시기 동안 예루살렘에 사는 사람들에게 주어진 충고가 정확하게 바로 이것이다(막 13:14; 마 24:16; 눅 21:21). 구약성경에서 하나님 앞에서 달아나는 주된 이유는 심판을 피하려는 것이다(창 19:17; 시 67:1; 호 5:3; 슥 14:5).

16ab "산과 바위에게 이르되 우리 위에 떨어져 보좌에 앉으신 이의 낯에서 우리를 가리우라"(*καὶ λέγουσιν τοῖς ὄρεσιν καὶ ταῖς πέτραις· πέσετε ἐφ' ἡμᾶς καὶ κρύψατε ἡμᾶς ἀπὸ προσώπου τοῦ καθημένου ἐπὶ τοῦ θρόνου*－카이 레구신 토이스 오레신 카이 타이스 페트라이스 페세테 에프 헤마스 카이 크뤼프사테 헤마스 아포 프로소푸 투 카데메누 에피 투 드로누). 이 말은 호세아 10:8b의 인유다. 호세아 10:8b에 나오는 원래의 대구(*καὶ ἐροῦσιν τοῖς ὄρεσιν Καλύψατε ἡμᾶς, καὶ τοῖς βουνοῖς Πέσατε ἐφ' ἡμᾶς*－카이 에루신 토이스 오레신 칼뤼프사테 헤마스 카이 토이스 부노이스 페사테 에프 헤마스. "저희가 산더러 우리를 가리우라 할 것이요 작은 산더러 우리 위에 무너지라 하리라")가 동사의 위치가 반대로 바뀌고 "작은 산"이 "바위"로 바뀐 하나의 행으로 변형되었다. 호세아 10:8은 누가복음 23:30에 보존된 예수의 말씀에도 인유되는데, 거기에서도 동사의 어순이 유사하게 뒤바뀐다. 즉 누가복음 20:30에서 사람들은 산을 향해서는 "무너지라"(*πέσατε*－페사테)고 애원하고 작은 산에게는 "덮으라"(*καλύψατε*－칼뤼프사테)고 애원한다. 호세아는 이방 나라들이 사마리아를 점령할 때 그 곳에 내리는 심판을 언급하는 반면에, 요한계시록 6:16은 하나님의 심판이 임박한 것을 이교도들이 실감할 때 그들이 느낄 공포를 나타낸다(겔 38:20을 참조하라). "보좌에 앉으신 이"라는 어구는 요한계시록에서 하나님을 언급하는 전형적인 완곡 표현이다. 페케스(Fekkes, *Isaiah*, 162-63)는 여기에는 이사야 2:19(살후 1:9에 명백하게 인유되는)의 인유가 있는데, 이 인유는 요한계시록 6:16과 마찬가지로 유사 대구로 이루어진다고 주장한다.

요한계시록 6:16	**칠십인역 이사야 2:19**
아포 프로소푸 (*ἀπὸ προσώπου*) 낯에서	아포 프로소푸 (*ἀπὸ προσώπου*) 낯에서
투 카데메누 에피 투 드로누 (*τοῦ καθημένου ἐπὶ τοῦ θρόνου*) 보좌에 앉으신 이의	투 포부 퀴리우 (*τοῦ φόβου κυρίου*) 여호와의 위엄

카이 아포 테스 오르게스	카이 아포 테스 독세스
(καὶ ἀπὸ τῆς ὀργῆς)	(καὶ ἀπὸ τῆς δόξης)
그리고 그 진노에서	그리고 그 영광으로부터
투 아르니우	테스 이스퀴오스 아우투
(τοῦ ἀρνίου)	(τῆς ἰσχύος αὐτοῦ)
어린양의	그 광대하심의

그러나 이 가정된 대구법은 전혀 눈에 띄지 않는데, 그 이유는 특별히 아포 프로소푸(ἀπὸ προσώπου, "…의 낯에서")라는 어구만이 두 구절을 연결시키기 때문이다.

16c "어린양의 진노에서"(καὶ ἀπὸ τῆς ὀργῆς τοῦ ἀρνίου－카이 아포 테스 오르게스 투 아르니우). 이 어구는 아마 본문을 편집하며 추가된 것 같다. 왜냐하면 심판자로서 어린양의 역할은 요한계시록에서 드물고, 7a절의 대명사 아우투(αὐτοῦ)는 분명히 하나님을 지칭하는 것이며(11:18; 14:10; 16:19; 19:15에서 하나님의 진노에 대한 언급들을 보라), 17a절의 어구 전체는 16c절의 계속으로 해석될 수 있기 때문이다(Müller, *Messias*, 166를 보라). 유대교에서 메시아의 역할은 때로 하나님의 대행자로 종말의 심판을 집행하는 일을 포함하기도 하는데(*Pss. Sol.* 17:21-25, 35[참조. 계 19:15, 21]; 4 Ezra 13:8-11, 37-38; 12:32-33), 특별히 에녹의 비유에서 그렇다. 에녹의 비유에서 메시아는 "택함을 받은 자", "메시아" 그리고 "인자"로 칭해진다(*1 Enoch* 46:4 6; 49:4; 52:9; 55:4). 이 심판자의 역할은 *1 Enoch* 69:27에 명확하게 묘사된다(번역: Knibb, *Enoch* 2:164).

> 그리고 그는 자신의 영광의 자리에 앉으며
> 모든 심판은 인자에게 부여된다.
> 그래서 그는 죄인들을 소멸시켜
> 지면에서 사라지게 할 것이다.

초기 기독교에서는 그리스도에게 자주 종말론적 심판자의 역할이 부여된다(요 5:22, 27; 행 10:42; 17:31; 롬 2:16; 고후 5:10; 살후 2:9; 딤후 4:1; *Barn.* 15:5).

17a "그들의 진노의 큰 날이 이르렀으니"(ὅτι ἦλθεν ἡ ἡμέρα ἡ μεγάλη τῆς ὀργῆς αὐτοῦ－호티 엘덴 헤 헤메라 헤 메갈레 테스 오르게스 아우투). 헤메라(ἡμέρα, "날")와 한정적 속성을 나타내는 형용사 메갈레(μεγάλη, "큰")와 함께 사용되는 관사는 저자가 매우 특별한 날, 독자들에게 잘 알려진 날, 즉 주의 날 곧

하나님께서 세상을 심판하실 불명확한 미래에 정해진 절정의 종말론적 사건을 언급하고 있다. 유사 어구는 요한계시록 16:14에 나온다: 테스 헤메라스 테스 메갈레스 투 데우 투 판토크라토로스(*τῆς ἡμέρας τῆς μεγάλης τοῦ θεοῦ τοῦ παντοκράτορος*, "하나님, 곧 전능하신 이의 큰 날"). 대명사 아우투(*αὐτοῦ*, "그의")는 이 문맥에서 어린양을 언급하며(6:17a의 "원문주해"를 보라), 종말의 개시에서 그리스도를 중심 역할에 위치시키는 기독교의 경향을 나타낸다. *Barn.* 15:5에서 창조의 6일을 6,000년의 기간으로 해석한 다음, 안식의 제7일은 "그의 아들이 강림하실 때 악한 자의 시간을 멸하시고 불경한 자들을 심판하시고, 해와 달과 별들을 변화시키신 다음 정말로 제7일에 안식하실 것"을 의미하는 것으로 해석된다. 요한계시록 6:17에서와 마찬가지로 이 때가 바로 성자가 관할하는 심판의 때다. 또한 *Barn.* 15:5은 요한계시록 6:12-13에 반영된 천체들의 변화도 언급한다. *Barn.* 15:5의 저자와 요한계시록의 저자는 여기에서 모두 초기 기독교 전승을 의존한다. 그러므로 이 어구는 "주(= 예수)의 날"(고전 5:5; 살전 5:2; 살후 2:2; 벧후 3:10), "(우리) 주 예수의 날"(고전 1:8; 고후 1:14; 빌 1:6) 또는 "그리스도의 날"(빌 1:10; 2:16)과 같은 어구들과 일치한다. 요한계시록 16:14에서 이 종말론적 사건은 "하나님의 큰 날"이라는 어구에서 헤 헤메라(*ἡ ἡμέρα*, "그 날")로 언급된다(벧후 3:12을 보라). 최후의 심판에서 하나님 또는 그리스도의 역할에 대한 유사한 두 가지 의미는 바울에게서 발견된다. 그는 로마서 14:10에서는 "하나님의 심판대"에 대해서 말하고, 고린도후서 5:10에서는 "그리스도의 심판대"에 대해서 말한다(Kreitzer, *Eschatology*, 112-28를 보라). "심판의 날"이라는 어구는 신약성경에 간혹 나오는 반면에(벧후 3:7; 요일 4:17), "하나님의 날"이라는 어구는 베드로후서 3:12에만 나온다.

"여호와의 큰 날"(**히.** 욤 야와 학가돌[יוֹם־יְהוָה הַגָּדוֹל]; **헬.** 헤 헤메라 퀴리우 헤 메갈레[*ἡ ἡμέρα κυρίου ἡ μεγάλη*])이라는 어구는 스바냐 1:14에서만 발견된다. 그러나 요엘 2:11, 31; 말라기 4:5에 유사 어구가 나온다. *Apoc. Adam* 13:3; 37:5에서 "그 큰 날"(*ἡ ἡμέρα ἐκείνη ἡ μεγάλη* – 헤 헤메라 에케이네 헤 메갈레)이라는 어구는 부활과 심판의 날을 나타낸다. *1 Enoch* 10:6에는 "심판의 큰 날"이라는 어구가 나온다(104:5, "심판의 큰 날에"를 보라). 마술 사발이라고 하는 그릇에 유사한 아람어 어구 ליומא רבה דדינא("심판의 큰 날을 위하여")를 보라(Naveh-Shaked, *Amulets*, bowl 13, line 14). 이것은 여호와의 날이라는 예언적 개념이 표현되는 방법들 중의 하나다(Cerny, *Day of Yahweh*; Rowley, *Faith*, 177-201; M. Weiss,

HUCA 37[1966] 29-60를 보라). 특별히 중요한 역사적 사건들을 나타내는 "날"이라는 용어에는 히브리어 관용어가 사용된다(사 9:4[맛소라 사본 9:3]; 겔 34:12; 호 1:11[맛소라 사본 2:2]; 옵 12-14; 참조. E. Jenni, *IDB* 4:643-44). 구약성경의 예언자들은 "여호와의 날"이라는 어구(그리고 유사 어구들)를 어의의 가치를 떨어뜨리는 식으로 이스라엘의 임박한 심판에 대해(사 13:6, 9; 겔 13:5; 욜 1:15; 2:1, 11; 3:4; 4:14; 암 5:18-20; 6:3; 9:10; 옵 15; 습 1:14-18; 말 3:23), 그리고 다른 민족들의 심판에 대해(겔 30:1-9; 옵 15) 사용했다. 이 용어는 간혹 과거의 사건들은 언급하기도 하지만(애 1-2; 사 22:1-14; 렘 46:2-12; 겔 13:1-9; Everson, *JBL* 93[1974] 331-37), 미래의 사건을 더 자주 언급한다(사 2:12-17; 34:1-17; 61:1-3; 겔 30:1-9; 암 5:18-20; 옵 15:15-21; 슥 14:1-21; 말 3:13-24; 참조. Everson, *JBL* 93[1974] 331). 이스라엘인들과 초기 유대교 종말론에서 여호와의 날이라는 개념은 하나님의 결정적인 행동이 고려되었지만, 이 어구는 종종 예상되는 역사적 사건들을 언급하며, 과거, 현재 또는 미래의 중대한 사건들에 대한 예언적 해석으로 정의될 수 있다(Everson, *JBL* 93[1974] 93). 예레미야애가 1:21에 의하면, 예루살렘의 멸망이 여호와의 날이었다(*TDNT* 2:944).

요한계시록 6:17에 나오는 "그들의 진노의 큰 날"과 매우 유사한 어구를 사용하여 에스겔 7:19은 "여호와 내가 진노를 베푸는 날"에 대해 말한다(참조. 습 2:2-3; *Jub.* 24:30["심판의 진노의 날"]; 참조. 36:10). 예레미야 46:10은 "그 날은 주 만군의 여호와께서 그 대적(즉 애굽)에게 원수 갚는 보수일이라"고 말한다. 예레미야는 "여호와의 날"이라고 말하는 대신 "그때"라고 말한다(렘 3:16-18; 4:11; 5:18; 8:1; 31:1, 29). 주전 586년 예루살렘의 함락 후에 여호와와 날에 대한 예언들은 회복, 해방 그리고 궁극적인 구원을 강조한다(겔 33:21-22; 슥 12:1-9; 참조. *TDNT* 2:945).

초기 유대 외경과 위경에는 "여호와의 날"이라는 어구가 거의 나오지 않는다. (1) "여호와의 큰 날"(*2 Enoch* 18:6[Rec. J]), (2) "여호와의 심판의 날"(*ἡμέρα κρίσεως κυρίου*—헤메라 크리세오스 퀴리우)(*Pss. Sol.* 15:12), (3) "여호와의 진노의 날"(יום א[פ] יהוה—욤 아프 야웨) 1QpZeph 4; 습 2:2b의 인용), (4) "여호와의 날"(*Apoc. Zeph.* 12:7). 그러나 많은 다른 동의 어구들이 나온다. *2 Apoc. Bar.* 48:47에서 여호와에게 말을 할 때 바룩은 "그들이 범한 당신의 율법이 당신의 날에 그들에게 갚으리이다"라고 말하고, 49:2에서 그는 전능하신 이에게 "당신의 날에 살아 있는 자들이 어떤 모습으로 살겠나이까?"라고 묻는다(번역: Klijn in Charlesworth, *OTP* 1: 637). *2 Apoc. Bar.* 55:6은 "전능하신 이의 날"에 대해 말한다(번역: Klijn in Charlesworth, *OTP* 1:640). 그 밖에도 많은 동의어들이 발견된다. (1) "심판의 날"(*ἡ ἡμέρα τῆς κρίσεως*—헤 헤메라 테스 크리세오스)은 최후의 종말론적 심판을 언급하며 다른 용어들에 비해 더 자주 나온다(사해 사본에는 욤 하미쉬파트[יום המשפט]라는 어구가 간혹 나온다[1QpHab 12:14; 13:2; 1QpMic 10:6-7]; Jdt 16:17; *Frag. Jub.* 3:9; 10:7[Denis, *Fragmenta*, 77, 86]; *Jub.* 24:30; *Apoc. Adam* 12:2; 26:4; *T. Levi* 1:1; *1 Enoch* 10:12; 16:1; 19:1; 22:4, 13; 27:3, 4; 100:4; 104:5; 참조. 97:3; 98:8; 4 Ezra 7:38[*die iudicii*], 102, 104, 113; 12:34; *Gk Ap. Ezra* 2:27, 29; *3 Apoc. Bar.* 1:7; 참조. *1 Enoch* 10:6에 나오는 "큰 심판의 날" 또는 "심판의 그 큰 날"; 19:1; 22:11; 84:4; 94:9; 98:10; 99:15; 마 10:15; 11:22, 24; 12:36; 벧후 2:9; 3:7; 요일 4:17; "그의 심판의 날", *Gk Ap. Ezra* 7:11); (2) "부활의 날"(*ἡ ἡμέρα τῆς ἀναστάσεως*—헤 헤메라 테스 아나스타세오스)(*Apoc. Adam* 10.2; 43.2); (3) "환란의 날들"(*αἱ ἡμέραι τῆς θλίψεως*—하이 헤메라이 테스 들리프세오스)(*1 Enoch* 103:9; 4 Ezra 16:74; *T. Levi* 3:5); (4) "그 날"(*ἡ ἡμέρα ἐκείνη*—헤 헤메라 에케이네)(*1 Enoch* 106:1; *T. Zeb.* 4:7; *Sib. Or.* 3.55[*ἦμαρ ἐκεῖνο*—에마르 에케이노], 206; 5.243, 248, 351); (5) "그 큰 날"(*ἡ ἡμέρα ἐκείνη ἡ μεγάλη*—헤 헤메라 에케이네 헤 메갈레)(*Gk Ap. Ezra* 3:3); (6) "그 날들"(*ἤμασι κείνοις*—헤마시 케이노이스; *Sib. Or.* 3.186, 380, 675, 714, 779). "심판의 날"이 "여호와의 날"과 다른 종말론적 개념을 나타낸다는 견해(G. S. Holland, *The Tradition That You Received from Us: 2 Thessalonians in the Pauline Tradition*, HUT 24[Tübingen: Mohr, 1988] 97)는 초기 유대교에서 이 용어들과 다른 용어들이 극도로 변화가 많은 술어학적 증거로 생각될 수 있는 것보다 더 정확하게 사용되었다고 가정한다(*Pss. Sol.* 15:12에서 두 어구가 결합되는 방식["여호와의 심판의 날"]을 주의하여 보라). "비탄의 날"(*ἡμέρα ἀναγκῆς*—헤메라 아낭케스)이라는 어구는 헬라어 *1 Enoch* 1:1에 나온다. 여호와의 날에 대한 예상은 바울 종말론의 중심을 이루는 특징이다(Kreitzer, *Eschatology*, 112-28). 바울은 "진노의 날"(롬 2:5)과 "하나님이 심판하시는 그 날"(롬 2:16)에 대해 말한다. 저자에게 미래의 종말론은 이차적인 관심에 불과한 요한복음에는 "마지막 날"이라는 어구가 부활과 심판의 날로 몇 번 나온다(6:39-40, 44, 54; 11:24; 12:48). 교부들의 저서에는 마지막 "날"에 대한 언급이 거의 나오지 않지만, "심판의 날"이라는 어구가 *2 Clem.* 16:3; 17:6에 나온다. 헤 헤메라(*ἡ ἡμέρα*)라는

어구는 그리스도께서 나타나실 날에 대해 사용된다(*Barn.* 7:9). "마지막 날들"이라는 어구는 Did. 16:3에서 종말론적 사건들의 시작을 나타내는 용어로 사용되지만(이 표현은 초기 유대교에 널리 퍼졌다: *1 Enoch* 89:55, 66, 67; *Pss. Sol.* 17:44; 18:6; 4 Ezra 10:59; 14:22을 보라), 종말에 가까운 저자가 살고 있는 시대에 대해 포괄적으로 사용되기도 한다(*Barn.* 4:9). *Barn.* 12:9에서 "마지막 날들에"라는 어구는 하나님의 아들이 아말렉을 멸할 때에 대해 사용된다.

이 절은 여섯 인의 개봉으로 유발된 재앙들이 단지 예비적인 것에 불과하며 진노의 큰 날의 무서운 사건들이 바야흐로 시작된다는 사실을 분명하게 나타내 준다.

17b "누가 능히 서리요"(*καὶ τίς δύναται σταθῆναι* – 카이 티스 뒤나타이 스타데나이). 이 절망적인 질문에 대한 함축된 답변은 명백하니, 하나님의 진노의 날을 능히 견디어 설 자가 아무도 없다는 것이다. 구약성경에는 예상되는 심판의 정황에서 발언되는 "여호와 앞에 누가 능히 서리요"라는 수사의문문의 여러 가지 변형들이 나온다(삼상 6:20; 대하 20:6; 욥 41:10; 시 76:7; 잠 27:4; 렘 49:19; 50:44; 나 1:6; 말 3:2). 이 수사의문문은 여섯 인의 개봉과 7:1-17에 나오는 십사만 사천 명을 인치는 다음 단락 간의 주요 연결부인 것 같다. 하나님의 진노 앞에 움츠러드는 사람들의 시나리오는 *Sib. Or.* 3.556-61에도 나온다(번역: J. Collins in Charlesworth, *OTP* 1:374).

> 그러나 크신 하나님의 진노가 너희에게 임할 때,
> 실로 너희가 크신 하나님의 얼굴을 알아보게 될 것이다.
> 인간의 모든 영혼은 큰 번민을 하며
> 넓은 하늘을 향해 손을 뻗고
> 크신 왕께 보호를 청하며
> 큰 진노로부터 구원하실 이를 찾을 것이다.

해설

어린양에 의한 두루마리 책의 일곱 인 개봉은 6:1에서 8:1까지에 나오는 일련의 종말론적 재앙들을 서술하기 위한 기초 구조를 이룬다. 일곱 인의 개봉에 의해 도입되는 환상들은 4+3양식으로 배열된다. 즉 앞의 네 개의 인은 하나의 무리를 구성하는데, 여기에서는 네 생물이 다른 재앙을 도입하는 데 기여한다(1-8절). 그리고 뒤의 세 개의 인도 역시 한 무리를 구성한다(9-17절; 8:1). 유사한 4+3구조는 나팔 환상들도 특징지운다(8:2-9:21; 11:158). 처음 여섯 인 각각을 떼어냄으로써 두루마리 전체가 펼쳐지는 것은 아니지만, 각각의 인의 개봉에 동반하는 사건들(다섯 번째 인은 예외)은 종말을 도입할 환란들에 대한 전통적인 유대교와 초기 기독교의 개념들에 속한다(막 13:3-8, 24-27과 유사 구절들을 보라). 그러나 이 시나리오는 진노의 큰 날 직전에 갑자기 멈춘다(17-18절). 앞의 네 인의 개봉은 네 기사(슥 1:8-11; 6:1-8을 각색한 형상)를 등장시키는데, 각각의 기사는 인류에게 특별한 심판을 가한다: 대적할 수 없는 승리와 전쟁과 학살, 기근, 질병과 죽음. 다섯 번째 인의 개봉과 함께 요한은 제단 아래서(하나님과 가까움을 상징함) 신원을 요구하는 순교자들의 영혼들을 본다. 그리고 그들은 그들의 수가 완성될 때까지 기다리라는 말씀을 듣는다. 또한 그들은 구원과 불멸을 상징하는 흰 옷을 받는다(9-11절). 하나님께서 그들의 죽음을 신원하시기 전에 순교자들의 예정된 수가 죽어야 한다는 생각은 초기 유대교와 초기 기독교 모두에서 발견된다. 순교자들의 영혼의 "어느 때까지 하시려나이까"라는 질문은 폭행의 범죄와 그 범죄에 대한 응보 사이의 기간이 종종 너무 길다는 통상적인 인식을 반영한다. 이들이 모두 기독교 이전의 순교자들이라고 생각하는 사람들이 있지만, 그들을 주후 64년 네로에게 살해당한 기독교 순교자들이라고 생각하는 것이 더 옳을 것이다.

여섯 번째 인의 개봉은 일련의 우주적 혼란으로 이어진다. 첫째로 큰 지진이 있다(아시아 전 지역은 지진이 일어나기가 쉽다; 주후 17년의 대지진에 12개의 도시가 파괴되었다). 이 지진에 이어 일식이 일어나고, 달은 핏빛이 되며, 별들이 땅으로 떨어지고(이 우주적 격변의 양상들은 막 13:24; 마 24:29에도 나온다), 하늘이 사라지고 모든 산과 섬들이 이동한다. 고대에 민간에 전승된 불가사의한 전조들, 즉 신의 불만이나 승인을 알리는 자연 세계에 일어나는 이상한 사건들에서 상당 부분 발견되는 이 무서운 큰 재앙들은 세상의 권력자들에게 하나님과 어린양의 심판을 두려워하게 만든다. 왜냐하면 그들은 "그들의 진노의 날이 이르렀으니 누가 능히 서리요"라고 말하기 때문이다(17절). 이 질문은 요한계시록 7장에서 답변된다.

3. 십사만 사천 명을 보호하는 인침(7:1-17)

참고문헌

Augrain, C. "La vision de la foule innombrable, Ap 7,9.14b-17." *AsSeign* 25(1969) 39-44. **Bauckham, R.** "The Book of Revelation as a Christian War Scroll." *Neot* 22(1988) 17-40 (="The Apocalypse as a Christian War Scroll," in R. Bauckham, *Climax*, 210-37). ______. "The List of the Tribes in Revelation 7 Again." *JSNT* 42(1991) 99-115. **Beagley, A. J.** *The "Sitz im Leben" of the Apocalypse with Particular Reference to the Role of the Church's Enemies.* BZNW 50. Berlin: New York: de Gruyter, 1987. **Bousset, W.** *The Antichrist Legend.* Trans. A. H. Keane. London: Hutchinson, 1896. **Brox, N.** *Der Hirt des Hermas.* KAV 7. Göttingen: Vandenhoeck & Ruprecht, 1991. **Comblin, J.** "La liturgie de la nouvelle Jérusalem." *ETL* 29(1953) 5-40. ______. "Le reasemblement du peuple de Dieu: Ap 7, 2-4. 9-14." *AsSeign* 66(1973) 42-49. **Corsini, E.** *The Apocalypse: The Perennial Revelation of Jesus Christ.* GNS 5. Wilmington, DE: Glazier, 1983. **Dölger, F. J.** *Sphragis: Eine altchristliche Taufbezeichnung in ihrer Beziehungen zur profanen und religiösen Kultur des Altertums.* Paderborn: Schöning, 1911. **Draper, J. A.** "The Heavenly Feast of Tabernacles: Revelation 7:1-17." *JSNT* 19(1985) 133-47. **Feuillet, A.** "Les 144,000 Israélites marqués d'un sceau." *NovT* 9(1967) 191-224. **Finegan, J.** *The Archaeology of the New Testament.* Princeton: Princeton UP, 1969. **Geyser, A.** "The Twelve Tribes in Revelation: Judean and Judeo-Christian Apocalypticism." *NTS* 28(1982) 388-99. **Goranson, S.** "The Exclusion of Ephraim in Rev. 7:4-8 and Essene Polemic against Pharisees." *DSD* 2(1995) 80-85. **Greenup, A. W.** *Sukkah, Mishna and Tosefta.* London: SPCK, 1925. **Heinemann, J.** "The Messiah of Ephraim and the Premature Exodus of the Tribe of Ephraim." *HTR* 68(1975) 1-15. **Heitmüller, W.** "*ΣΦΡΑΓΙΣ*." In *Neutestamentliche Studien.* FS G. Heinrici, ed. A. Deissmann and H. Windisch. Leipzig: Hinrichs, 1914. 40-59. **Hill, C. E.** "Antichrist from the Tribe of Dan." *JTS* 46(1995) 99-117. **Klauser, T.** "Taufet in lebendigem Wasser! Zum religions- und kulturgeschichtlichen Verständnis von Didache 7:1-3." In *Pisciculi: Studien zur Religion und Kultur des Altertums Franz Joseph Dölger dargeboten.*

Münster: Aschendorff, 1939. 157-64. **Koester, C. R.** *The Dwelling of God: The Tabernacle in the Old Testament, Intertestamental Jewish Literature, and the New Testament.* CBQMS 22. Washington, DC: Catholic Biblical Association, 1989. **Lampe G. W. H.** *The Seal of the Spirit: A Study in the Doctrine of Baptism and Confirmation in the New Testament and the Fathers.* 2nd ed. London: SPCK, 1967. **McCarthy, D. J.** "The Symbolism of Blood and Sacrifice." *JBL* 88(1969) 166-76. **McKelvey, R. J.** *The New Temple: The Church in the New Testament.* Oxford: Clarendon, 1969. **MacKenzie, R. K.** *The Author of the Apocalypse: A Review of the Prevailing Hypothesis of Jewish-Christian Authorship.* Lewiston, NY: Mellen Biblical, 1997. **Norelli, E.** "La sabbia e le stelle: Gen 13,16; 15,5; 22,17 nell' esegesi cristiana dei prima tre secoli." *Aug* 22 (1982) 285-312. **O'Hagen, A. P.** "The Great Tribulation to Come in the Pastor of Hermas." *StudPat* 6[=TU 79](1961) 305-11. **Page, D.** *Folktales in Homer's Odyssey.* Cambridge: Harvard UP, 1973. **Pietrantonio, R.** "El Mesías Asesinado: El Mesías ben Efraim en el Evangelio de Juan." *RevistB* 44(1982) 1-64. **Pines, S.** "Notes on the Twelve Tribes in Qumran, Early Christianity and Jewish Tradition." In *Messiah and Christos: Studies in the Jewish Origins of Christianity*, ed. I. Gruenwald, S. Shaked, and G. G. Stroumsa. Tübingen: Mohr-Siebeck, 1992. 151-54. **Sanderson, G. V.** "In Defence of Dan." *Scripture* 3/4(1948) 114-15. **Schwartz, D. R.** "To Join Oneself to the House of Judah(Damascus Document IV, 11)." *RevQ* 10(1981) 435-46. **Smith, C. R.** "The Portrayal of the Church as the New Israel in the Names and Order of the Tribes in Revelation 7.5-8." *JSNT* 39(1990) 111-18. ______. "The Tribes of Revelation 7 and the Literary Competence of John the Seer." *JETS* 38(1995) 213-18. **Taeger, J.-W.** *Johannesapokalypse und johanneischer Kreis: Versuch einer traditionsgeschichtlichen Ortsbestimmung am Paradigma der Lebenswasser-Thematik.* BZNW 51. Berlin; New York: de Gruyter, 1989. **Trudinger, P.** "The Apocalypse and the Palestinian Targum." *BTB* 16(1986) 78-79. **Ulfgard, H.** *Feast and Future: Revelation 7:9-17 and the Feast of Tabernacles.* Lund: Almqvist & Wiksell, 1989. **Vitringa, C.** *Anakrisis Apokalypsios Joannis apostoli.* Amsterdam: Strickii, 1719. **Wallert, I.** *Die Palmen im alten Ägypten: Eine Untersuchung ihrer praktischen, symbolischen und religiösen Bedeutung.* Berlin: Hessling, 1962. **Westermann, C.** *Die Verheißung an die Väter: Studien zur Vätergeschichte.* FRLANT 116. Göttingen: Vandenhoeck & Ruprecht, 1976. **Winkle, R. E.**

"Another Look at the List of Tribes in Revelation 7." *AUSS* 27(1989) 53-67. **Ysebaert, J.** *Greek Baptismal Terminology: Its Origins and Early Development.* Nijmegen: Dekker & Van de Vegt, 1962.

본 문

1 이 일 후에 내가 네 천사가 땅 네 모퉁이에 선
것을 보니 땅의 사방의 바람을 붙잡아 바람으로
하여금 땅에나 바다에나 각종 나무에 불지 못하
게 하더라
2 또 보매 다른 천사가 살아 계신 하나님의 인을
가지고 해 돋는 데로부터 올라와서 땅과 바다를
해롭게 할 권세를 얻은 네 천사를 향하여 큰 소리
로 외쳐
3 가로되 우리가 우리 하나님의 종들의 이마에
인치기까지 땅이나 바다나 나무나 해하지 말라
하더라
4 내가 인 맞은 자의 수를 들으니 이스라엘 자손
의 각 지파 중에서 인 맞은 자들이 십사만 사천이
니
5 유다 지파 중에 인 맞은 자가 일만 이천이요 르
우벤 지파 중에 일만 이천이요 갓 지파 중에 일만
이천이요
6 아셀 지파 중에 일만 이천이요 납달리 지파 중
에 일만 이천이요 므낫세 지파 중에 일만 이천이
요
7 시므온 지파 중에 일만 이천이요 레위 지파 중
에 일만 이천이요 잇사갈 지파 중에 일만 이천이
요
8 스블론 지파 중에 일만 이천이요 요셉 지파 중
에 일만 이천이요 베냐민 지파 중에 인 맞은 자가
일만 이천이라
9 이 일 후에 내가 보니 각 나라와 족속과 백성과
방언에서 아무라도 능히 셀 수 없는 큰 무리가 흰
옷을 입고 손에 종려 가지를 들고 보좌 앞과 어린
양 앞에 서서
10 큰 소리로 외쳐 가로되 구원하심이 보좌에 앉

1 [a]After this I saw [b]four[c] angels standing at the
four[d] quarters of the earth, restraining the four[e]
[f]winds of the earth[f] so that no [g]wind [h]might blow[h]
on[i] the earth, nor on the sea, [j]nor on any tree.[j]
2 Then I saw another angel ascending from the
east[a] with the[b] signet of the living God. [c]He [d]cried
out[d] with a booming voice to [e]the four angels[e] who
were empowered[f] [g]to harm[g] the earth and the sea:
3 [a]"Do [b]not harm the earth or[b] the sea or the trees
[c]until[d] we[e] mark with the signet[c] the servants of our
God on their foreheads."
4 [a]I then heard the number of those who were[b]
marked:[a] 144,000[c] were marked[d] from every tribe
of the sons of Israel.
5 From the tribe of Judah, 12,000 were marked.
From the tribe of Reuben, 12,000. From the tribe of
Gad,[a] 12,000.
6 [a]From the tribe of Asher, 12,000.[a] From the tribe
of Naphtali, 12,000. From the tribe of Manasseh,
12,000.
7 [a]From the tribe of Simeon, 12,000.[a] From the
tribe of Levi, 12,000. From the tribe of Issachar,
12,000.
8 From the tribe of Zebulon, 12,000. From the tribe
of Joseph, 12,000. From the tribe of Benjamin,
12,000 [a]were marked.[a]
9 After this I looked, [a]and behold,[a] a huge[b] crowd[c]
which[d] no one could even begin to number,[e] from
[f]every nation[f] and tribe and people and language
group, standing[g] before the throne and before the
Lamb, dressed[h] in [i]white robes.[i] They had [j]palm
fronds[j] in their hands.
10 They[a] cried[b] with a loud voice, [c]"Victory

으신 우리 하나님과 어린양에게 있도다 하니

11 모든 천사가 보좌와 장로들과 네 생물의 주위에 섰다가 보좌 앞에 엎드려 얼굴을 대고 하나님께 경배하여
12 가로되 아멘 찬송과 영광과 지혜와 감사와 존귀와 능력과 힘이 우리 하나님께 세세토록 있을지로다 아멘 하더라
13 장로 중에 하나가 응답하여 내게 이르되 이 흰 옷 입은 자들이 누구며 또 어디서 왔느뇨

14 내가 가로되 내 주여 당신이 알리이다 하니 그가 나더러 이르되 이는 큰 환난에서 나오는 자들인데 어린양의 피에 그 옷을 씻어 희게 하였느니라
15 그러므로 그들이 하나님의 보좌 앞에 있고 또 그의 성전에서 밤낮 하나님을 섬기매 보좌에 앉으신 이가 그들 위에 장막을 치시리니
16 저희가 다시 주리지도 아니하며 목마르지도 아니하고 해나 아무 뜨거운 기운에 상하지 아니할지니
17 이는 보좌 가운데 계신 어린양이 저희의 목자가 되사 생명수 샘으로 인도하시고 하나님께서 저희 눈에서 모든 눈물을 씻어 주실 것임이러라

belongs to our God[c] who sits upon [d]the throne[d] and to the Lamb."[e]
11 All[a] the angels, who had been standing[b] around the throne, and the elders and the four cherubim fell prostrate before the throne and worshiped[c] God,
12 saying, "Amen, praise[a] and glory and wisdom and thanksgiving and honor and power and might to our God for ever and ever: amen."[b]
13 [a]One[b] of[c] the elders said[d] to me, "Who are these people dressed in white robes and where did they come from?"
14 I[a] replied[b] to him, "Sir,[c] you know." He then responded to me, "These are those [d]who came[d] from the[e] great tribulation. They[f] washed[g] their robes and made them[h] white by the blood of the Lamb.
15 For this reason they are before the throne of God and serve him day and night in his temple. The one who sits on [a]the throne[a] will shelter[b] them.
16 They will neither hunger any longer nor thirst any longer, neither[a] will the sun fall on them nor any[b] scorching heat,
17 because the Lamb [a]in the midst of[a] the throne will shepherd[b] them and guide them to [c]the springs of life.[c] And God will wipe away every tear from[d] their eyes."

원문주해

1.a. 이문: (1) 메타 투토(*μετὰ τοῦτο*) 앞에 카이(*καί*) 탈락: A C fam 1006[1006 1841] fam 1611[1854] Oecumenius[2053] 2351; WHort; B. Weiss (*Johannes-Apokalypse*, 175); Charles (2:278); Merk, *NT*; Nestle-Aland[27]; UBSGNT[4]. (2) 메타 투토(*μετὰ τοῦτο*) 앞에 카이(*καί*) ℵ 025 046 Andr f [2023] i[2042] 1 94 Byzantine syr arm eth. (3) 카이 메타 타우타(*καὶ μετὰ ταῦτα*) Andreas.

1.b. 테싸라스 앙겔루스(*τέσσαρας ἀγγέλους*)는 관사가 없다. 그 이유는 이 특별한 무리의 천사들이 이 곳에서 처음 언급되며 분명히 독자들에게 알려져 있지 않기 때문이다. 2절에서 이 천사들에 대한 두 번째 언급은 예상대로 관사가 있는데, 이 관사는 정관사의 조응적 용법이다.

1.c. 이문: 테싸레스(*τέσσαρες*) A 025 fam 1611[2329] *Byz* 17[93]. (2) 테싸라스(*τέσ-*

σαρας) C Oecumenius[2053] Andreas Byzantine. 테싸레스(τέσσαρες)의 -에스(-ες, 헬라어 도리스 방언의 통상적 어미)로 끝나는 대격은 -아스(-ας)보다 상당히 오래된 것으로 보인다. 테싸레스(τέσσαρες)는 항상 독자적인 대격 형태를 갖고 있는 유일한 초기 기수다(Moulton, *Grammar*, 243-44). 따라서 요한계시록 자필 원고는 테싸레스(τέσσαρες) 형태를 나타냈던 것 같다(Moulton, *Grammar*, 36). 사본들의 문제는 숫자들이 종종 숫자 문자들로 기록되기 때문에 수사들의 원형은 항상 확실하게 결정되는 것이 아니라는 점이다.

1.d. 이문: 테싸라스(τέσσαρας) A C Oecumenius[2053] Andreas Byzantine. 7:1.c과 7:1.e에서는 테싸레스(τέσσαρες)로 해독하는 A는 분명히 모순이다. 이 모순은 숫자 문자가 기수로 일관성 없게 바뀌었음을 나타낸다.

1.e. 이문: 테싸라스(τέσσαρας) C Oecumenius[2053] Andreas Byzantine. (2) 테싸라스(τέσσαρες) A *Byz* 17[93].

1.f-f. 이문: 아네무스 테스 게스(ἀνέμους τῆς γῆς) A; B. Weiss(*Johannes-Apokalypse*, 175; 설명 없이 A를 따른다).

1.g. 이문: 아네모스(ἄνεμος) 앞에 호(ὁ) C fam 1611[1611 2329 1854] Oecumenius[2053] 2351 Andr f [2056 2073] h[2302] l [2019].

1.h-h. 이문: (1) 프네에(πνέῃ) 원문. (2) 프뉴세(πνεύσῃ) ℵ fam 1006[1841] fam 1611[1854 2344] Andr g 1773. (3) 게네타이(γένηται) fam 1611[2329].

1.i. 이문: 에피 테스 게스(ἐπὶ τῆς γῆς)의 탈락: A.

1.j-j. 이문: (1) 메테 에피 판 덴드론(μήτε ἐπὶ πᾶν δένδρον) ℵ fam 1611[1854 2344] Andreas syr[ph]; Tischendorf, *NT Graece*; WHort; Nestle-Aland[27]; UBSGNT[4]. (2) 메네 에피 티 덴드론(μήτε ἐπί τι δένδρον) C 046 fam 1006[1006 1841] Oecumenius[2053] 2351 Byzantine cop[sa] vg Primasius; B. Weiss (*Johannes-Apokalypse*, 125). (3) 메테 에피 덴드루(μήτε ἐπὶ δένδρου) A fam 1611[2329]. 독법 (2)는 옳지 않은 것 같다(그리고 아마 수정일 것이다). 왜냐하면 요한계시록의 저자는 형용사 티스(τις)의 사용을 회피하기 때문이다. 이 용어는 명사적으로만 사용되고 항상 에이(εἰ) 또는 에안(ἐάν)이 선행한다(Mussies, *Morphology*, 183). 메테 에피 판 덴드론(μήτε ἐπὶ πᾶν δένδρον, "또한 어떤 나무에도 아니")은 "아무 나무에도 아니"라는 의미의 부정의 관용어이고(즉 메테 파스[μήτε πᾶς]는 메덴[μηδέν] 대신 사용된다) 히브리 관용어 로…콜(לֹא…כֹּל, "모든/어떤 것도…아니")에서 나온 셈어식 표현으로 간주된다(BDR § 302; Moulton-Howard, *Accidence*, 433-34). 계 7:16; 9:4; 21:27을 보라. 유사한 히브리 관용어 콜…로(כֹּל … לֹא)=파스…우/메(πᾶς…οὐ/μή)는 계 18:22; 22:3에 나온다. 그러나 륭비크(Ljungvik, *Syntax*, 18-23)는 이 관용어가 후기 헬레니즘 시대에 널리 사용된 본토 헬라어였다는 사실을 증명하는 많은 예들을 제시한다.

2.a. 전치사구 아포 아나톨레스 헬리우(*ἀπὸ ἀνατολῆς ἡλίου*, 직역하면 "해 돋는 것으로부터")는 주어 속격 헬리우(*ἡλίου*)와 함께 단순하게 "동쪽"을 의미한다. 이문: 아나톨레스(*ἀνατολῆς*) ℵ C 025 046. (2) 아나톨론(*ἀνατολῶν*) A 1773 Andr l[1778corr] *Byz* 2[18 2039 2076 2258] *Byz* 17[2436] cop[sa bo] syr[ph]; B. Weiss (*Johannes-Apokalypse*, 109); WHortmarg. 토레이(Torrey, *Apocalypse*, 92)는 이 아람어 형식에 분명히 복수가 있었다고 주장하며, Tg. *Ezek.* 1:1과 G. H. Dalman, *Grammatik*(1905) 215-16를 인용한다. 웨이스(Weiss)는 이문 (1)이 이문 (2)의 부족한 점을 고친 것이며, 이문 (2)는 칠십인역에서 유래한 것이라고 주장한다. 분명히 아포 아나톨론 (헬리우)(*ἀπὸ ἀνατολῶν* [*ἡλίου*])와 아포 헬리우 아나톨론(*ἀπὸ ἡλίου ἀνατολῶν*)은 칠십인역에 많이 나오며, 칠십인역에서 이 어구들은 밈미즈라흐 솨메쉬(ממזרח־שמש) 또는 단순하게 밈미즈라흐(ממזרח)나 믹케담(מקדם)과 같은 히브리어 어구들을 번역하는 데 사용된다(창 11:2; 13:11; 신 4:41; 수 1:15; 12:1; 13:5; 19:27, 34; 시 50:1; 사 9:12; 11:11; 43:5; 45:6; 46:11; 59:19; 겔 48:4; 단 11:44; 3 Macc 4:15; Bar 4:37[여기에서 A는 아나톨레스(*ἀνατολῆς*)로 나타낸다]). 실제로 아포(*ἀπὸ*)가 속격 단수 형태 아나톨레스(*ἀνατολῆς*)와 함께 사용되는 예는 단 한 번뿐이다(민 3:38). 그러나 이 구절은 매우 의미심장하다. 왜냐하면 B와 다른 사본들은 아포 아나톨레스(*ἀπὸ ἀνατολῆς*)로 읽는 반면에, A는 아포 아나톨론(*ἀπὸ ἀνατολῶν*)으로 수정했기 때문이다. 웨이스는 A를 지나치게 높이 평가했다. 왜냐하면 이 예에서 A는 아포 아나톨레스(*ἀπὸ ἀνατολῆς*)를 칠십인역의 용법에 맞추어 수정한 것으로 보이기 때문이다.

2.b. 스프라기다 데우 존토스(*σφραγῖδα θεοῦ ζῶντος*, "살아 계신 하나님의 인")는 관사가 없다. 그 이유는 이 말이 여기에 처음 언급되기 때문이다. 이 명사의 두 번째이자 유일하게 한 번 더 언급되는 9:4에는 관사가 있다.

2.c. 이 문장을 시작하는 카이(*καί*)는 새로운 문장 또는 절의 시작을 나타내는 표시 역할을 하고 독자적인 의미론적 가치를 갖고 있지 않기 때문에 번역되지 않았다.

2.d-d. (1) 에크락센(*ἔκραξεν*) 원문. (2) 에크라젠(*ἔκραζεν*) A 025 Oecumenius[2053].

2.e-e. 토이스 테싸르신 앙겔로이스(*τοῖς τέσσαρσιν ἀγγέλοις*, "네 천사를 향하여")는 1절에 이미 언급되었기 때문에 관사가 있다.

2.f. 호이스 에도데 아우토이스(*οἷς ἐδόθη αὐτοῖς*, 직역하면 "그것들을 얻은…에게")에서 대명사 아우토이스(*αὐτοῖς*)는 중복이다. 따라서 많은 학자들은 이 대명사를 히브리식 표현 아쉐르 닛탄 라헴(אשר נתן להם)이라고 생각한다(BDR § 297; Turner, *Syntax*, 325; Mussies, *Morphology*, 177). 그러나 이 대명사는 그리스 본토의 작가들이 때때로 사용한 바 있는 관용어다(칠십인역과 신약성경 외에 적어도 코이네 헬라어에서 26회 사용되었다). 2절에서 이 구문은 종속 관계절로 나오기 때문에 셈어식 표현이다. 과잉 대명사(*pronomen abundans*)라고 칭하는 이 구문은 요한계시록에 아홉 번 나온다(3:8; 7:2, 9:

12:6, 14; 13:8, 12; 17:9; 20:8). 더 자세한 논의에 대해서는 3:8c의 "원문주해"와 서론, 제7부: 구문, III. 대명사를 보라. 일부 필사자들은 "여분의" 아우토이스(αὐτοῖς)를 빼버리는 수정을 했다(fam $1611^{1854\ 2329}$ Andr f i $m^{2037\ 2046}$ n^{2429} *Byz* 1^{2256} *Byz* $8^{177\ 180}$ Andr/*Byz* $2^{336\ 337}$ Andr/*Byz* $3^{35\ 1732}$ Andr/*Byz* 4^{2034} it^{gig} Tyc^{2} Beatus).

2.g-g. 부정과거 부정사 아디케사이(ἀδικῆσαι)는 동사 에도데(ἐδόθη)의 목적어 역할을 한다(Votaw, *Infinitive*, 12).

3.a. 현재 남성 단수 분사 레곤(λέγων, "말하는")은 직접 화법을 도입하는 역할을 하는 여분의 히브리어식 표현이기 때문에 번역되지 않았다.

3.b-b. 이문: 메…메테…메테(μὴ …μήτε …μήτε) Andreas. (2) 메…메데…메데(μὴ …μηδὲ …μηδέ) ℵ fam 1611^{1854} Andr e^{2057} h 94; Andr/*Byz* 2b Andr/*Byz* 3. (3) 메…카이…메테(μὴ …καὶ …μήτε) A Andr l 2351; B. Weiss, *Johannes-Apokalypse*, 175(설명은 없다); $WHort^{mg}$. 5:4; 7:1; 9:21; 21:4에서 우테(οὔτε) 또는 메테(μήτε)는 본문적으로 확실한 반면에, 7:16; 9:14; 12:8; 21:23에서 우데(οὔδε)도 역시 확실하다. 요한계시록의 초기 사본 역사에서 우테(οὐτέ)가 우데(οὐδέ)를 서서히 잠식했기 때문에 원문을 결정하기가 어렵다(Schmid, *Studien* 2:225).

3.c-c. 아크리 스프라기소멘(ἄχρι σφραγίσωμεν, "우리가 인치기까지")을 본서는 "until we mark the signet"(우리가 인을 표시하기까지)로 번역했다.

3.d. 이문: (1) 아크리(ἄχρι) 원문. (2) 아크리스 우(ἄχρις οὗ) fam $1611^{-2050\ -2344}$ 2351 Byzantine. 아크리(ἄχρι)+부정과거 가정법은 "…까지"를 의미하는 부사 시제절을 구성했다(15:8; 17:17[*var. lect.*]; 20:3, 5; BAGD 129를 보라).

3.e. 천사는 주어가 표현되지 않는 동사 스프라기소멘(σφραγίσωμεν)에서 1인칭으로 자신을 언급한다. 간혹 복수 형태의 동사들이 한 사람을 언급하여 사용되는데, 특히 소위 암시의(illusive) 복수에서(Smyth, *Greek Grammar*, § 1007; BDF § 141), 그리고 겸양(modesty)의 복수에서(Smyth, *Greek Grammar*, § 1008) 그렇게 사용된다. 1인칭 단수가 arm^{1}과 arm^{3}에서 증명되는데, 헬라어나 라틴어 사본들에서는 증명되지 않는다.

4.a-a. 이문: 탈락: A.

4.b. 완료 명사적 분사 톤 에스프라기스메논(τῶν ἐσφραγισμένων)은 인치는 행동의 결과적 상태를 강조하고 이전에 인침을 암시한다(Fanning, *Verbal Aspect*, 416-18를 보라).

4.c. 이문:(1) 헤카톤 테쎄라콘타 테싸레스 킬리아데스(ἑκατὸν τεσσεράκοντα τέσσαρες χιλιάδες, 종종 ρμδ χιλιάδες로 기록된다) Andreas; WHort; Nestle-$Aland^{27}$; $UBSGNT^{4}$. (2) 헤카톤 카이 테쎄라콘타 테싸레스 킬리아데스(ἑκατὸν καὶ τεσσεράκοντα τέσσαρες χιλιάδες) C fam $1006^{1006\ 1841}$ Andr f^{2073} h^{2302} l^{-1678} Byzantine. (3) 헤카톤 테싸라콘타 드 킬리아데스(ἑκατὸν τεσσαράκοντα δ´ χιλιάδες) A(δ가 수정으로 추가되었

다. 따라서 A의 필사자가 기록한 원래의 수는 십사만이었다). (4) 헤카톤 테싸라콘테싸라스 킬리아데스(ἑκατὸν τεσσαρακοντέσσαρας χιλιάδες) Oecumenius[2053]. (5) ρκδ χιλιάδες(=124,000) fam 1611[2329]. 이 이문들은 더 중요한 사본들에서 발견되는 수가 변형된 예를 보여 준다. 이문 (4)는 테쎄라콘타(τεσσεράκοντα)의 -타(-τα)가 테싸라스(τέσσαρας)와 결합될 때 생략되는 모순을 나타낸다. 헤카톤 테쎄라콘타 테싸레스 킬리아데스(ἑκατὸν τεσσεράκοντα τέσσαρες χιλιάδες)에서 킬리아데스(χιλιάδες)는 복수 여성 주격 명사인 반면에, 남성, 여성 또는 중성도 될 수 있는 복수형 테싸레스(τέσσαρες)는 분명히 여성이다. 한편, 헤카톤(ἑκατόν)과 테쎄라콘타(τεσσεράκοντα)는 여기에서 여성 복수 형태 킬리아데스(χιλιάδες)를 수식하는 불변의 복수 형태다.

4.d. 이문: (1) 에스프라기스메노이(ἐσφραγισμένοι) 원문. (2) 에스프라기스메논(ἐσφραγισμένων) 2351 Andr i Byzantine. (3) 에스프라기스메노이스(ἐσφραγισμένοις) Andr f [2031 2056]. 원문 에스프라기스메노이(ἐσφραγισμένοι, "인 맞은, 표시된 자들"), 완료 수동태, 분사(그들이 과거에 표시를 받았고, 그 자국을 계속하여 지니고 있음을 나타낸다)는 이 문맥에서 중복이며, 또한 파격 어법이다. 이 용어의 격은 톤 아리드몬(τὸν ἀριθμόν, "수")을 수식하는 대격이어야 하지만, 킬리아데스(χιλιάδες, "천", 여성 명사)의 주격 복수에 견인된 동격의 주격이다. 유사한 파격 어법으로는 여성 주격 복수 관사를 남성 주격 복수 분사와 연결하는 11:4을 보라: 아이…에스토테스(αἱ…ἑστῶτες).

5.a. 이문: 단(Δάν) fam 1611[1854] *Byz* 14[324 456] *Byz* 15[42 367] Andr/*Byz* 2b-[582]. (2) 갓(*gath*) Beatus Primasius.

6.a-a. 이문 에크 퓔레스 아세르 도데카 킬리아데스(ἐκ φυλῆς Ἀσὴρ δώδεκα χιλιάδες)를 탈락시킴: 2351 Andr/*Byz* 3[1957] Andr/*Byz* 4b[172 2018].

7.a-a. 이문: 탈락: א.

8.a-a. (1) 에스프라기스메노이(ἐσφραγισμένοι) 원문. (2) 에스프라기스메논(ἐσφραγισμένων) fam 1611[1854] Andr i[1685 2074]. (3) 에스프라기스메나이(ἐσφραγισμέναι) Andr d i[2042] 94 Byzantine. (4) 탈락: fam 1611[2329] Andr c e[2057] n 2019.

9.a-a. 이문: (1) 카이 이두(καὶ ἰδού) 원문. (2) 카이 이두(καὶ ἰδού)의 탈락: A Methodius syr[ph] cop; B. Weiss, *Johannes-Apokalypse*, 110-11. (3) 이두(ἰδού)의 탈락: C fam 1611[1611]. 웨이스(B. Weiss *Johannes-Apokalypse*, 110-11)는 A가 오클론 폴뤼(ὄχλον πολύν)으로 나타내기 때문에 카이 이두(καὶ ἰδού)를 생략할 수 없다고 주장한다. 슈미트(Schmid, *Studien* 2:89)는 독법 (2)와 (3)이 실수이거나 수정이라고 주장한다.

9.b. 폴뤼스(πολύς)의 탈락: 2351.

9.c. 에이돈 카이 이두 오클로스 폴뤼스(εἶδον, καὶ ἰδοὺ ὄχλος πολύς, 직역하면 "내가 보았다 그리고 보라 큰 무리를")에서 오클로스 폴뤼스(ὄχλος πολύς)는 주격이지만, 요한이 본 광경으로 이 어구는 대격이어야 한다. 그러나 요한은 자주 이두(ἰδού) 직후에

주격을 사용한다(4:1, 2; 6:2, 5; 14:4; 참조. Mussies, *Morphology*, 326).

9.d. 이문: 혼(*ὅν*) 대신 카이(*καί*) A; B. Weiss (*Johannes-Apokalypse*, 176; 설명 없이 A를 따른다.

9.e. 대명사 아우톤(*αὐτόν*)은 중복적으로 관계대명사 혼(*ὅν*)을 수식하는 중복 대명사의 예다. 이 구문은 종종 셈어식 표현, 즉 아쉐르 로 유칼 림노토(אשר לא יוכל למנתו)로 간주된다. 이 과잉 대명사(pronomen abundans)의 특별한 예는 필수적인 것으로(즉 이 대명사는 종속 관계절을 구성한다) 셈어식 표현으로 간주되어야 한다. 즉 이 대명사는 폴뤼스(*πολύς*)를 설명하고 선행사를 한정시킨다(Bakker, *Pronomen Abundans*, 41). 이 구문은 요한계시록에 몇 번 나온다(7:2f의 "원문주해"를 보라). 더 자세한 논의는 3:8c의 "원문주해"와 서론, 제7부: 구문, III. 대명사를 보라.

많은 필사자들이 아우톤(*αὐτόν*)을 중복으로 생각하고 생략했다(046 2020 2058 2329 Andr c d f 2023 i 94 598 Byzantine).

9.f-f. 판토스 에드누스(*παντὸς ἔθνους*, "각 나라")라는 어구에서 에드누스(*ἔθνους*)는 판토스(*παντός*)에 의해 수식을 받는 중성 속격 단수 명사다. 판토스(*παντός*)에는 관사가 없으므로 집합적("모든, 전부"[all])이라기보다는 배분적("각, …마다"[every])이다. 이어지는 세 개의 명사는 속격 복수 퓔론(*φυλῶν*)과 라온(*λαῶν*)과 글로쏜(*γλωσσῶν*)이다. 저자의 의도는 독자로 하여금 판토스(*παντός*)의 배분적 의미를 이 명사들 각각에 확대하는 것이다.

9.g. 이문: (1) 헤스토테스(*ἑστῶτες*) ℵ A fam 16112344 Andreas. (2) 헤스토타스(*ἑστῶτας*, 남성 복수 대격 분사) fam 1006 fam 1611[1611 1854 2329] Oecumenius[2053] 2351 Andr i[-2074] n[2429] Byzantine; B. Weiss (*Johannes-Apokalypse*, 176). (3) 헤스토톤(*ἑστώτων*) C Andr c l. 형용 분사 헤스토테스(*ἑστῶτες*, "서 있는", 남성 주격 복수 분사)는 주격 단수 명사구 오클로스 폴뤼스(*ὄχλος πολύς*, "큰 무리")를 수식하는데, 분명히 저자는 오클로스(*ὄχλος*)를 복수 분사들과 정형 동사들에 의해 수식될 수 있는 집합 명사로 생각했다. 요한계시록에는 집합 명사가 복수 동사형과 함께 사용되는 의미 지향 구문(*constructio ad sensum*)의 몇몇 예가 나온다: 8:9; 9:18; 13:3 4; 18:4; 19:1(여기에서 오클로스 폴루[*ὄχλου πολλοῦ*]는 레곤톤[*λεγόντων*]의 선행사다). 요 12:12의 호 오클로스 폴뤼스…아쿠산테스(*ὁ ὄχλος πολύς …ἀκούσαντες*)를 보라. 헤스토테스(*ἑστῶτες*)가 주격인 이유는 저자가 이 용어를 오클로스 폴뤼스(*ὄχλος πολύς*)와 성과 격에 있어 일치하는 것으로 생각했기 때문이다. 오클로스 폴뤼스(*ὄχλος πολύς*)가 주격인 이유는 에이돈 카이 이두(*εἶδον καὶ ἰδού*)에 이어지기 때문이다. 보통 에이돈(*εἶδον*)은 대격을 취하지만, 대개 주격이 따르는 카이 이두(*καὶ ἰδού*)는 에이돈(*εἶδον*)을 무시한다(이 구문의 다른 예에 대해서는 4:1, 2; 6:2, 5, 8; 12:3; 14:1, 14; 19:11을 보라). 많은 흘림체들은 본문을 독법 (2)로 수정하여 문법적 문제들을 풀고자 하는 필사자의 시

도들을 반영한다. 독법 (3)도 앞의 복수 속격들과의 명백한 동화를 나타내는 수정이다.

9.h. 이문: (1) 페리베블레메누스(περιβεβλημένους) ℵ A C Andr c i[1685 2074] l n[2429] Byzantine. (2) 페리베블레메노이(περιβεβλημένοι) ℵ[1] fam 1611[1854] Oecumenius[2053] fam 1611[2329 2344] 2351 Andreas. 이문 (1), 페리베블레메누스(περιβεβλημένους, "[옷을] 입은")는 완료 수동태 대격 복수 분사다. 독법 (2)의 수정이 증명하는 것처럼 주격 복수를 요구하는 구문 이두 오클로스 폴뤼스(ἰδοὺ ὄχλος πολύς, "보라 큰 무리")가 개입함에도 불구하고, 저자는 페리베블레메누스(περιβεβλημένους)가 에이돈(εἶδον)의 목적어가 되는 구문으로 구성했다(Mussies, *Morphology*, 100; BDF § 136.2; Schmid, *Studien* 2:246을 보라).

9.i-i. 스톨라스 류카스(στολὰς λευκάς, "흰 옷")는 대격이고, 사람을 주격으로 하여 수동태와 함께 사용된다(Robertson, *Grammar*, 485, 816). 7:13의 페리베블레메노이 타스 스톨라스 타스 류카스(περιβεβλημένοι τὰς στολὰς τὰς λευκάς, "흰 옷 입은")를 참조하라(10:1; 11:3; 12:1; 17:4; 18:16; 19:13을 보라). 그러나 4:4의 페리베블레메누스 히마티오이스(περιβεβλημένους ἱματίοις, "옷을 입은")를 참조하라.

9.j-j. 이문: (1) 포이니케스(φοίνικες) A C Andreas. (2) 포이니카스(φοίνικας) ℵ* 2351 Andr f[2023] i[1685 2074] n Byzantine; Tischendorf, *NT Graece*. 앞의 분사구 페리베블레메누스 스톨라스 류카스(περιβεβλημένους στολὰς λευκάς)가 9a절의 에이돈(εἶδον)에 분명히 종속하는 대격이기 때문에, 독법 (2)의 대격 복수는 앞의 분사구의 격과 일치시키고자 의도된 수정이다. 독법 (1)은 주격 복수이기 때문에 카이 이두(καὶ ἰδού)에 종속되거나 새로운 절을 시작한다(Schmid, *Studien* 2:246). 9절에서 논의된 일부 이문들 간의 관계를(간략한 증거와 함께) 살펴보자.

a. 헤스토테스…페리베블레메누스…포이니케스(ἑστῶτες…περιβεβλημένους…φοίνικες) A

b. 헤스토톤…페리베블레메누스…포이니케스(ἑστώτων…περιβεβλημένους…φοίνικες) C

c. 헤스토타스…페리베블레메누스…포이니카스(ἑστῶτας…περιβεβλημένους…φοίνικας) Byzantine

d. 헤스토테스…페리베블레메노이…포이니케스(ἑστῶτες…περιβεβλημένοι…φοίνικες) Andreas

e. 헤스토테스…페리베블레메누스…포이니카스(ἑστῶτες…περιβεβλημένους…φοίνικας) ℵ*

10.a. "원문주해" 2.c를 보라.

10.b. 크라주시(κράζουσι) A 025 046 Oecumenius[2053] Andreas Byzantine; WHort. (2) 크리주신(κράζουσιν) ℵ C fam 1611[1611]; Tischendorf, *NT Graece*; B. Weiss, *Johan-*

nes-Apokalypse, 176; Charles, 2:281; von Soden, *Text*; Nestle-Aland[27]; UBSGNT[4]. (3) 크라존테스(*κράζοντες*) 1 cop[samss] bo Andr a-[2186] d Byzantine TR. (4) 크라존(*ἔκραζον*) it[gig] vg cop[sa] Cyprian Primasius. (5) 에크락산(*ἔκραξαν*) fam 1611[2329] cop[samss]. 독법 (4)와 (5)의 미완료와 부정과거는 문제가 있는 현재 시제를 제거하려는 시도들을 나타낸다. 독법 (3)은 구문을 개선하려는 시도다. 독법 (1)은 우세한 증거를 갖고 있지만, 독법 (2)는 현대의 본문같이 보인다. 왜냐하면 어미에 매우 이례적으로 사용되는 뉘(*ν*) 때문이다(참조. Gignac, *Grammar* 1:114 16; BDF § 20). A사본에 이 뉘(*ν*)가 있을 만한 일곱 곳이 보이지 않는다(7:10; 9:4; 10:5; 17:16; 19:17; 21:8[2x]; 참조. Mussies, *Morphology*, 28-29). 크라주시(*κράζουσι*)의 현재 시제는 아마 이 장면을 독자에게 더 생생하게 할 것이다. 그러나 영역에서는 통상적인 영어 용법에 맞추어 과거 시제 "cried"(외쳤다)로 번역된다. 크라주시(*κράζουσι*)의 주어는 이 구문을 의미 지향 구문(*constructio ad sensum*)으로 만드는 단수 명사들 오클로스 폴뤼스(*ὄχλος πολύς*)다. 문법적으로 정확하게 유사한 단어로는 19:3의 에이레칸(*εἴρηκαν*)을 보라. 그리고 유사어들로는 마 20:29; 막 5:21, 24; 9:14; 눅 8:4; 요 6:2을 보라.

10.c-c. 부세트(Bousset[1906] 285)는 헤 소테리아 토 데오(*ἡ σωτηρία τῷ θεῷ*)라는 어구가 시 3:9에 유사구(랴웨 하이슈아[ליהוה הישועה]; 참조. 칠십인역 시 3:9, 투 퀴리우 헤 소테리아[*τοῦ κυρίου ἡ σωτηρία*])를 갖고 있는 히브리어식 표현이라고 주장한다. 부세트는 계 12:10; 19:1에서도 동일한 히브리어식 표현을 발견한다(그러나 위의 두 구절에는 모두 토 데오 헤몬[*τῷ θεῷ ἡμῶν*]이 아니라 투 데우 헤몬[*τοῦ θεοῦ ἡμῶν*]이 나온다). BAGD, 801도 이 세 구절을 히브리어식 표현으로 분류한다. 그리고 바우어-앨런드(Bauer-Aland, 1598)도 동일한 주장을 하며, *Pss. Sol.* 10:8, 투 퀴리우 헤 소테리아(*τοῦ κυρίου ἡ σωτηρία*, "여호와의 구원")를 추가로 인용한다. 이 인용문과 동일한 어구가 *Pss. Sol.* 12:6에도 나온다. 그러나 이 구문을 히브리어식 표현으로 생각할 필요는 없다. 왜냐하면 이 구문은 단순하게 소유의 여격으로 해석될 수 있고, 따라서 "구원은 하나님의 것이다"라고 번역될 수 있기 때문이다(12:10; 19:1에서 소유의 속격이 동일하게 사용된다). 여격의 하나님에게 또는 그리스도에게 여러 가지 속성이 돌려지는 송영에서 동일한 구문이 나온다(예를 들어, 계 1:5b-6; 4:9; 5:13; 7:12; 참조. 19:1). 대개 "구원"으로 번역되는 소테리아(*σωτηρία*)라는 용어는 여기에서 오로지 종교적인 의미로가 아니라 박해로부터의 "구출", "해방" 또는 "승리"라는 의미로서의 구원을 언급한다(Caird, 100-101; Turner, *Style*, 153).

10.d-d. 투 드로누(*τοῦ θρόνου*) 2351.

10.e. 이문: 종결의 송영은 7:12b에 근거한 필사자의 해석이며 א에서만 발견된다: 에이스 투스 아이오나스 톤 아이오논 아멘(*εἰς τοὺς αἰῶνας τῶν αἰώνων· ἀμήν*, "세세무궁토록 아멘").

11.a. "원문주해" 2.c를 보라.

11.b. 요한계시록에 유일하게 나오는 과거완료 에이스테케이산(*εἱστήκεισαν*, 직역하면 "그들이 섰었다")은 완료로 기능하지 않으며(Mussies, *Morphology*, 347의 견해와 달리), 또한 히스테미(*ἵστημι*)의 완료형과 과거 완료형이 히브리서의 영향을 받았다고 가정할 아무런 이유도 없다(S. Thompson, *Apocalypse*, 73의 견해와 달리). 오히려 헤이스테케이산(*εἱστήκεισαν*)은 천사들이 엎드려 하나님을 경배하기 전에 있던 위치를 언급한다. 즉 과거완료는 과거에 존재했던 행동의 완료된 결과적 상태를 나타내는 데 사용된다(Rijksbaron, *Syntax*, 36-37). 포터(Porter, *Verbal Aspect*, 221-22)는 오로지 양상적(aspectual) 입장에서 과거완료를 관찰하고, 완료와 마찬가지로 상태를 나타내지만 멀리 떨어진 양상적 특징을 포함하고 있다고 정의한다. 맥케이(K. L. McKay, *NovT* 23[1981] 322)에 의하면, 과거완료는 "항상 과거 또는 어떤 다른 방식으로 멀리 떨어진(예를 들어, 비현실적인) 시간과 관계 없는 상태(대개 이전의 행동에 근거한)를 나타낸다. 설화에서 과거완료의 용법은 사건들과 비교하여 설명적인 배경을 차지하고 있다는 점에서 미완료의 용법과 유사하다. 그리고 물론 설화에서 대부분의 완료 분사들은 과거완료 동사 절들을 대신한다. 에이스테케이산(*εἱστήκεισαν*)을 "서 있었던"(who had been standing, 영어의 명사적 완료 분사)으로 번역할 때 문장이 관계절로 바뀌었지만, 영어에는 적합한 동사의 양상이 전달된다.

11.c. 동사 프로스퀴네인(*προσκυνεῖν*, "엎뜨리다, 경배하다")은 영예와 위엄의 태도를 언급할 뿐 아니라 육체의 물리적 위치도 언급한다. 이 두 가지 양상 모두가 존재하지만 문맥에 따라 한 가지 양상이 강조될 수 있다(Louw-Nida, §§ 17.21; 53.56). 프로스퀴네인(*προσκυνεῖν*)의 용법에 대해서는 "원문주해" 4:10b를 보라.

12.a. "원문주해" 5:12.c를 보라.

12.b. 이문: (1) 아멘(*ἀμήν*) ℵ A 025-046 fam 1006^{1006} fam 1611$^{1611\ 1854\ 2344}$ Oecumenius^{2053} 2351; Andreas it$^{ar\ c\ dem\ div\ gig\ haf\ z}$ vg syr$^{h\ ph}$ cop$^{sa\ bo}$ arm eth; Nestle-Aland^{27}; UBSGNT^{4}; *TCGNT* ^{1}, 740 (variant omitted in *TCGNT* ^{2}). (2) 아멘(*ἀμήν*)의 탈락: C Andr d 2019 it^{t} Primasius.

13.a. "원문주해" 2.c를 보라.

13.b. 여기에서 헤이스(*εἷς*, "하나의, 어떤")는 하나의 불명확한 사람 또는 사물을 언급하는 부정대명사로, 부정대명사 티스(*τίς*)와 유사한 의미를 갖고 있고, 티스(*τίς*)가 종종 적절한 곳에 사용된다(Zerwick, *Greek*, § 155; BDR § 247.2; MM, 187). 내가 정확하다고 생각하는 무씨즈(Mussies, *Morphology*, 183)의 주장에 의하면, 여기에서 이 용어는 하나 이상과 대조되는 "하나"를 의미하는 서수 헤이스(*εἷς*; 예를 들어, 계 17:12, 13, 17; 6 18:8, 10, 17, 19; 21:21)와 다른 단어다. 헤이스(*εἷς*)는 이 곳과 요한계시록의 다른 곳에서 분리의 속격이 이어지는 부정대명사로 사용된다(5:5; 8:13; 9:13; 17:1;

21:9; 참조. 마 18:6; 눅 5:12, 17; 17:2; *1 Clem* 46:8). 이 구문은 히브리어식 표현으로 해석될 수 없다. 왜냐하면 이교 헬라어에(MM, 187) 또는 대명사적 형용사, 즉 부정 관사로 많은 유사형들이 있기 때문이다(8:13; 18:21; 19:17; 참조. 막 11:29). Bauer-Aland, 466, 3b; BAGD, 231, 3b를 보라. 이 단어가 히브리어식 표현이라는 주장(Black, *Aramaic*, 104ff.; BDR § 247; Turner, *Syntax*, 195-96)에도 불구하고, 분리의 속격이 따를 때는 히브리어식 표현이 아니다.

13.c. 이문: 에크(*ἐκ*)의 탈락: ℵ fam 1611[1611 1854] Andr f [2254] Andr/*Byz* 3[1957] *Byz* 17[2078 2436].

13.d. 아페크리데(*ἀπεκρίθη*, "이르되")는 이태(異態, deponent) 부정과거 수동태 동사로 칠십인역의 설화 부분에 나오는 대화와 신약성경 복음서들과 사도행전의 대화에 나온다. 그러나 이 곳에만 나오는 이 용어는 분명하지 않다. 왜냐하면 이 환상들에는 대화가 없기 때문이다. 아페크리데…레곤(*ἀπεκρίθη …λέγων*)이라는 어구는 히브리어 관용구 아나 레모르(ענה לאמר)를 반영한다. 13절의 "주석"을 보라.

14.a. "원문주해" 2.c를 보라.

14.b. 이문: (1) 에이레카(*εἴρηκα*) 원문. (2) 에이폰(*εἶπον*) fam 1611[1854 2329] Andr f [2023] i[2042] 1 94 Byzantine. 분명히 원형인 독법 (1)의 동사는 1인칭 단수 완료 에이레카(*εἴρηκα*)로 부정과거 기능을 하는 것 같다(5:7; 8:5; 19:3; Zerwick, *Greek*, § 289; Turner, *Syntax*, 69-70; Mussies, *Morphology*, 264-65를 보라).

14.c. 이문: 무(*μου*)의 탈락: A fam 1611[1611] Andr a c g it[a gig] vg cop[bo samss] Cyprian Primatius Beatus.

14.d-d. 현재 분사 호이 에르코메노이(*οἱ ἐρχόμενοι*)를 현대의 번역자들은 대개 그리고 정확하게 과거를 언급하는 것으로 해석한다(RSV, NRSV, "who have done"; NIV, "who have come"; NEB, "wno have passed through"). 분사들의 시제는 대체적으로 기간보다는 상(相, aspect)을 나타내는데(현재 분사의 경우는 계속되는, 반복되는, 습관적인 또는 특징적인 행동을 나타낸다), 이 상은 문맥에서 암시된다. 매우 종종 현재 분사는 주동사 또는 동사들의 행동과 동시적인 행동을 나타내는데(Burton, *Syntax*, 53-59; Turner, *Syntax*, 79-81; Dougherty, *Syntax*, 395-97), 이 경우의 주 동사는 에플뤼난(*ἔπλυναν*)과 엘류카난(*ἐλεύκαναν*)이다. 따라서 여기에서는 호이 에르코메노이(*οἱ ἐρχόμενοι*)를 과거 시제로 번역하는 것이 정확하다.

14.e. 들리프시스(*θλῖψις*)와 함께 사용된 정관사는 이 단어가 종말에 예상되는 대환난을 가리킨다는 사실을 나타낸다.

14.f. "원문주해" 2.c를 보라.

14.g. 이문: 에플뤼난(*ἔπλυναν*) 원문. Oecumenius[2053comm]. (2) 에플라튀난(*ἐπλάτυναν*) fam 1611[1854 2329] Oecumenius[2053txt] Byzantine.

14.h. 이문: 엘류카난(*ἐλεύκαναν*) 다음에 아우타스(*αὐτάς*)의 탈락: 2351 Andr i^{2042} 94 Byzantine.

15.a-a. 이문: (1) 투 드로누(*τοῦ θρόνου*) ℵ A (lacuna in C) Andreas. (2) 토 드로노(*τῷ θρόνῳ*) 025 fam 1611^{1854} Oecumenius^{2053} 2351 Andr e^{2026} f h i^{2042} n-^{2429} Byzantine. 독법 (1)은 호 카데메노스(*ὁ καθήμενος*)가 주격이나 대격일 때 에피(*ἐπί*) 다음의 호 드로노스(*ὁ θρόνος*)의 격이 대격이라는 문체론의 법칙을 위반한다. 그러나 속격 투 드로누(*τοῦ θρόνου*)는 호 카데메노스(*ὁ καθήμενος*)가 속격이어야 하며, 만일 호 카데메노스(*ὁ καθήμενος*)가 대격일 경우에는 여격이어야 한다. 4:2c의 "주석"을 보라.

15.b. 기초가 되는 헬라어 어구 스케노세이 에프 아우투스(*σκηνώσει ἐπ᾿ αὐτούς*, 직역하면 "그가 그들 위에 거할 것이다")는 "그가 그들을 가릴 것이다, 보호할 것이다"라는 의미를 나타낸다(BAGD, 755).

16.a. 이문: (1) 우데 메(*οὐδὲ μή*) 원문. Andreas. (2) 우드 우 메(*οὐδ᾿ οὐ μή*) 2351. (3) 우드 우(*οὐδ᾿ οὐ*) 052 fam 1611^{2329} 2351 Andr c d e f ^{2023} g-^{2045} i$^{1685\ 2042}$ l 598 Byzantine.

16.b. 우데 판 카우마(*οὐδὲ πᾶν καῦμα*, "모든 태우는 열")는 후기 대중 헬라어와 히브리어를 번역한 헬라어에서 발견되는 더 적절한 어구 우덴 카우마(*οὐδὲν καῦμα*) 대신 사용된 관용구다.

17.a-a. 어린양의 위치를 묘사하는 합성 전치사 아나 메손(*ἀνὰ μέσον*)은 문제가 있다. 왜냐하면 이 어구는 "…가운데, …중간에"(among, on the midst of) 또는 "…사이에"(between)라는 의미를 나타내기 때문이다(BAGD 49; Dougherty, *Syntax*, 270).

17.b. 이문: (1) 포이마네이(*ποιμανεῖ*) 원문. (2) 포이마이네이(*ποιμαίνει*) 2351 Byzantine.

17.c-c. 조에스 페가스 휘다톤(*ζωῆς πηγὰς ὑδάτων*, 직역하면 "생명의 물들의 샘들")은 독특한 어순을 보여 준다(Winer, *Grammar*, 689). 왜냐하면 두 개의 속격이 동일한 명사에 의존하고 있기 때문이다(신약성경에 나오는 이 형상의 예들에 대해서는 행 5:32; 고후 5:1; 빌 2:30; 벧후 3:2을 보라; 참조. Turner, *Syntax*, 218; BDR § 168.1). 필사자들은 페가스(*πηγάς*)를 수식하는 조에스(*ζωῆς*)를 조사스(*ζώσας*, 여성 복수 대격 분사)로 바꿈으로써 이 어색함을 해결하려고 했다(052 fam 1611$^{2329\ 2344}$ Andr a b c d l 598 Byzantine). 이 어구는 요한계시록에서 이 곳에만 나온다. 그러나 페가스 휘다톤(*πηγὰς ὑδάτων*)은 복수로 세 번(8:10; 14:7; 16:4), 그리고 단수로 한 번(21:6), 두 번은 모두 관사가 있는 명사들로(7:17; 14:7), 두 번은 관사가 없는 명사들로(8:10; 16:4) 네 번 나온다. 휘가톤(*ὑδάτων*)은 동격 관계의 속격이므로 "springs, that is, waters"(샘들, 즉 물들)로 번역될 수 있다. 칠십인역에서 이 어구의 두 가지 형태(무관사 형태와 관사가 있는 형태) 모두 히브리어 어구 에노트 마임(עינת מים) 또는 엔 마임(עין מים)의 번역으

로 나온다(창 16:7; 24:13; 출 15:27; 레 11:36; 민 33:9; 수 15:9; 사 35:7; 49:10). 마임(מים)은 다량을 나타내는 복수(*plurale tantum*, *GKC* § 124f)이고, 아인(עין)은 속격의 마임(מים)이 따르는 연계형(즉 "물의 샘")일 수도 있으며, 또는 마임(מים)이 아인(עין)과 동격(즉 "샘, 즉 물")일 수도 있다(Mussies, *Morphology*, 82 n. 1). 이 명사들이 모두 복수이며 관사를 갖고 있는 16:4(*τὰς πηγὰς τῶν ὑδάτων*-타스 페가스 톤 휘다톤)과 이 명사들이 모두 복수이며 관사가 없는 14:7(*πηγὰς ὑδάτων*-페가스 휘다톤)을 참조하라. 몇몇 현대 역본들은 이 어구를 직역하여 번역한다(REB, "springs of the water of life"; RSV, NIV, "springs of living water").

17.d. 아포(*ἀπό*) ℵ fam 1611[1854] Oecumenius[2053] 2351 Andr e i-[2042] l[1678 2080] 2019. 역시 사 25:8이 인용되지만 약간 다른 형태로 인용되는 21:4을 보라. 에크(*ἐκ*) 대신 아포(*ἀπό*)의 대치는 사실상 사 25:8과의 동화일지도 모른다(Ps.-Epiphanius *Testimonia* 34를 보라).

양식/구조/배경

I. 개요

3. 십사만 사천 명을 보호하는 인침(7:1-17)
 a. 십사만 사천 명을 인침(1-8절)
  (1) 네 천사의 환상(1절)
   (a) 위치: 땅의 네 모퉁이에 서 있다(1a절)
   (b) 임무: 땅의 사방의 바람을 막는 것(1b절)
   (c) 목적: 바람이 불지 못하게 하기 위해(1c절)
    [1] 땅에
    [2] 바다에
    [3] 나무에
  (2) 천사의 말(2-3절)
   (a) 다른 천사의 환상(2절)
    [1] 묘사(2절)
     [a] 동쪽에서 올라옴(2a절)
     [b] 살아 계신 하나님의 인을 가지고(2a절)
     [c] 큰 소리로 말함(2b절)
    [2] 의도된 청중: 해롭게 하는 권세를 갖고 있는 네 천사(2b절)
     [a] 땅을

[b] 바다를
(b) 발언(3절)
[1] 명령: 자연의 요소들을 해하지 말라(3a절)
[a] 땅
[b] 바다
[c] 나무
[2] 시간 제한: 하나님의 종들이 이마에 인을 받을 때까지(3b절)
(3) 십사만 사천 명의 이스라엘 백성을 인침(4-8절)
(a) 서론적 요약: 인을 받는 수: 이스라엘 자손 각 지파 중에서 십사만 사천 명(4절)
(b) 인을 받는 자들의 목록(5-8절)
[1] 유다 지파 중에 일만 이천(5a절)
[2] 르우벤 지파 중에 일만 이천(5b절)
[3] 갓 지파 중에 일만 이천(5c절)
[4] 아셀 지파 중에 일만 이천(6a절)
[5] 납달리 지파 중에 일만 이천(6b절)
[6] 므낫세 지파 중에 일만 이천(6c절)
[7] 시므온 지파 중에 일만 이천(7a절)
[8] 레위 지파 중에 일만 이천(7b절)
[9] 잇사갈 지파 중에 일만 이천(7c절)
[10] 스블론 지파 중에 일만 이천(8a절)
[11] 요셉 지파 중에 일만 이천(8b절)
[12] 베냐민 지파 중에 일만 이천(8c절)
b. 하늘 보좌실에 있는 승리한 무리의 환상(9-17절)
(1) 서론의 환상 문구(9a절)
(a) 이 일 후에
(b) 내가 보니, 보라
(2) 셀 수 없이 많은 하늘의 군중(9a-12절)
(a) 아무도 그들을 셀 수 없다(9a절)
(b) 그들의 세계적 혈통(9b절)
[1] 모든 나라
[2] 모든 족속
[3] 모든 백성
[4] 모든 방언

(c) 그들의 모습(9c절)
  [1] 서 있다
    [a] 보좌 앞에
    [b] 어린양 앞에
  [2] 흰 옷을 입고 있다(9d절)
  [3] 종려 가지를 들고 있다(9d절)
(d) 그들의 승리의 함성(10절)
  [1] 서론의 문구: 큰 소리로 외쳐 가로되(10a절)
  [2] 승리의 공표(10b절)
  [3] 대상(10c절)
    [a] 보좌에 앉으신 우리 하나님에게
    [b] 어린양에게
(e) 하늘 궁정의 응답(11-12절)
  [1] 보좌 주위에 둘러선 자들(11a절)
    [a] 천사들
    [b] 장로들
    [c] 네 그룹들
  [2] 그들의 경배(11b절)
    [a] 엎드림
      {1} 보좌 앞에
      {2} 얼굴을 대고
    [b] 하나님께 경배함
  [3] 그들의 교창
    [a] 서론의 답창: 아멘(12a절)
    [b] 일곱 가지 하나님의 속성들(12b절)
      {1} 찬송
      {2} 영광
      {3} 지혜
      {4} 감사
      {5} 존귀
      {6} 능력
      {7} 힘
    [c] 대상: 우리 하나님에게(12c절)
    [d] 영원의 문구: 세세토록(12d절)

[e] 종결의 아멘(12e절)

(3) 장면에 대한 설명(13-17절)

(a) 한 장로가 요한에게 도입의 질문을 한다(13절)

[1] 이 흰 옷 입은 자들이 누구이뇨?(13b절)

[2] 그들은 어디에서 왔느뇨?(13b절)

(b) 요한의 응답: 내 주여 당신이 알리이다(14a절)

(c) 장로의 설명(14b-17절)

[1] 그들이 나온 곳: 큰 환난(14b절)

[2] 그들이 입은 옷(14c절)

[a] 그들은 옷을 씻었다

[b] 그들은 어린양의 피로 그 옷을 희게 했다

[3] 그들의 위치(15a절)

[a] 하나님의 보좌 앞

[b] 그들은 성전에서 밤낮으로 하나님을 섬긴다

[4] 보좌에 앉으신 분이 그들을 보호하실 것이다(15b-16절)

[a] 그들은 주리지 아니할 것이다(16a절)

[b] 그들은 목마르지 아니할 것이다(16b절)

[c] 해가 그들을 해하지 못할 것이다(16c절)

[d] 뜨거운 열이 그들에게 영향을 끼치지 못할 것이다(16d절)

[5] 이유(17절)

[a] 보좌 가운데 계신 어린양이 그들의 목자가 되실 것이다(17a절)

[b] 어린양이 그들을 생명 샘으로 인도하실 것이다(17b절)

[c] 하나님이 그들의 눈에서 모든 눈물을 씻어 주실 것이다(v 17c)

II. 문학적 분석

요한계시록 7:1-17은 "전"과 "후"로 구성되는 두 가지 주요 장면으로 이루어진다. (1) 7:1-8은 "이 일 후에 내가 보니"(1절)라는 판에 박은 어구로 도입되며, 분명히 땅에서 이루어지는 장면이다. (2) 7:9-17은 "이 일 후에 내가 보니 보라"(9절)는 유사한 어구로 도입되지만, 그 시점(視點)은 분명히 하늘(하나님의 보좌

[9-12절]와 하늘의 성전[15절]이 위치한 곳)이다.

(1) 7:1-8에 나오는 첫 번째 장면의 세 단락은 다음과 같다. (a) 바람들을 붙잡고 있는 네 천사의 환상(7:1), (b) 처음의 네 천사에게 하나님의 종들에게 인을 칠 때까지 땅과 바다와 나무를 해하지 말라고 말하는 하나님의 인을 가진 다른 천사의 환상(7:2-3), (c) 요한이 들은(보지는 못하고) 인 맞은 사람들의 지파 관계와 수의 통계 목록(4-8절). 실제 인을 치는 장면이 없다는 것이 특이하다. 7:3과 7:4 사이에는 적어도 서술 논리상 공백이 있는 것으로 보인다. 그러나 아마 이 구절이 언급하고 모범으로 따르고 있는 에스겔 9:4-8에도 대학살에서 보호를 받을 유대인들이 실제적으로 표를 받는 내용이 서술되지 않고 언급되기만 한다.

(2) 7:9-17의 두 번째 장면은 두 개의 단락으로 이루어진다. (a) 요한은 큰 무리의 환상을 보고 그들이 하나님께 부르는 찬송과 보좌 주위의 천사들, 장로들 그리고 네 생물이 예배드리는 것을 본다(7:9-12). (b) 한 장로가 자발적으로 요한에게 이 장면을 해석한다(7:13-17). 3절과 4절 사이가 연결이 안 되는 것과 똑같이 7:1-8과 7:9-17 사이도 연결이 되지 않는다. 즉 7:1-8에서 그리스도인들이 인을 받고 보호 받는, 그리고 7:9-17에서 그리스도인들이 구원을 받는 대환난과 불경한 자들에 대한 진노에 대한 설명이 없다는 것이다.

전체로서 7:1-17에 대해 관찰에 의거한 두 가지 견해가 진술될 수 있다. 첫째로, 7:1-8이 여기에 나오는 이유는 요한계시록 5:1-8:1에 12회 발견되는 표제어 스프라기스(*σφραγίς*, "인")의 의례적인 출현 때문인 것 같다. 둘째로, 저자는 7:9-17와 병렬시킴으로써 7:1-8(특별하게 기독교적인 특징들을 보이지 않는)을 해석하고 있다는 것이다.

III. 문학 형식

A. 요한계시록 7:13에 나오는 천사의 출현들

이 짧은 단락은 요한계시록 외에 유대교나 기독교 묵시 문학에 거의 유사 내용을 찾아볼 수 없는 두 가지 문학 형식으로 이루어진다. 이러한 이유로 인해 이 두 가지 문학 형식은 저자가 창작한 것으로 생각될 수 있으며, 또한 이 두 가지 문학 형식은 저자에 의한 전통적인 자료들의 편집과 본문의 구성에 끼친 저자 자신의 기여를 구별하는 중요한 지표를 제공한다.

첫 번째 형식. **천사의 행동**은 네 번 나오며 다음과 같은 구조적 특징들을 보인다(7:1; 8:2; 15:1; 20:1-3). (1) 도입의 어구: 카이 에이돈(*καὶ εἶδον*) 또는 메타 투토 에이돈(*μετὰ τοῦτο εἶδον*; 7:1; 8:2; 15:1), (2) 환상의 대상: 앙겔론(*ἄγγελον*) 또는 앙겔루스(*ἀγγέλους*; 7:1; 8:2; 15:1; 20:1), (3) 천사나 천사들에 의해 또는 천사나 천사들에게 행해지는 행동에 대한 간단한 설명(7:1; 8:2; 15:1; 20:1-3) 그리고 (4) 돌연한 주제의 변화(7:2; 8:3; 15:2; 20:4). 게다가 저자는 엄격한 관찰자로서 이 천사의 현현을 짧게 진술한다. 그러니까 저자가 보고 묘사하는 천사나 천사들의 행동은 저자에게 영향을 끼치지 않고, 저자도 천사들에게 영향을 끼치지 않는다.

두 번째 형식. **천사의 발언**은 요한계시록에 아홉 번 나오고(7:2-3; 10:1-7; 14:6-7, 8, 9-11, 14-16, 18-20; 18:1-3; 19:17-18), 한 번 천사의 행동 바로 다음에 삽입된다(7:2-3). 요한계시록에서 천사의 발언은 다음과 같은 구조적 특징을 나타낸다. (1) 도입의 어구: 카이 에이돈(*καὶ εἶδον*; 7:2; 10:1; 14:6; 18:1; 19:17), (2) 환상의 대상: 알론 앙겔론(*ἄλλον ἄγγελον*; 7:2; 10:1; 14:6, 8, 9; 18:1; 19:17), (3) 행동의 중심을 향한 천사의 이동(올라오다, 내려오다, 날다, 나오다, 따르다; 7:2; 10:1; 14:6, 8, 9, 15, 18; 18:1; 19:17), (4) 천사가 "큰 소리로 외치다"라는 진술(7:2; 10:3; 14:7, 9, 15, 18; 18:2a; 19:17) 그리고 (5) 천사에 의해 발언되는 짧은 진술(7:3; 10:3[천사가 말하는 내용은 언급되지 않고, 단지 그가 "사자의 부르짖는 것같이 큰 소리로 외쳤다"는 것만이 언급된다]; 14:7, 8, 9b-11, 15b, 18b; 18:2b-3; 19:17b-18). 이 짧은 진술이 이 문학 형식의 초점이다.

혼합 형식. **천사의 발언과 행동**은 두 번 나오는데(14:14-16, 17-20), 두 번 모두 더 넓은 문학 형식(14:14-20) 안에서 두 가지 삽화적인 사건을 이루고 있다. 이 문학 형식은 몇 가지 요소로 이루어진다. (1) 도입의 어구: 카이 에이돈(*καὶ εἶδον*; 14:14), (2) 환상의 대상: 천사와 같은 인물(14:14["사람의 아들 같은 이"], 17), (4) 그 인물에 대한 묘사(14:14, 17), (4) 두 번째 천사의 소개(14:15a, 18a), (5) 두 번째 천사가 첫 번째 천사에게 내리는 명령(14:15b, 18b) 그리고 (6) 첫 번째 천사에 의한 그 명령의 성취(14:16, 19-20).

이 형식은 *2 Apoc. Bar.* 6:4-6(번역: A. F. J. Klijn in Charlesworth, *OTP* 1:622-23)에서 뚜렷한 유사성이 발견된다.

(1) 도입의 어구: 그리고 내가 보았으니 보라

(2) 환상의 대상:	네 천사가 그 성의 네 모퉁이에 서 있었다.
(3) 묘사:	그들은 각각 손에 불타는 횃불을 들고 있었다.
(4) 두 번째 천사의 소개:	그리고 다른 천사가 하늘로부터 내려와 그들에게 말했다.
(5) 두 번째 천사의 명령:	"너희 횃불을 잡으라. 그리고 내가 너희에게 말하기 전에 밝히지 말라. 왜냐하면 내가 먼저 땅에 말하고, 그 다음에 지극히 높으신 주님께서 나에게 명하신 것을 땅에 두기 위해 보내심을 받았기 때문이다."
(6) 명령의 성취:	(없음)

B. 7:4-8의 통계 목록

이 통계는 구약성경에 자주 나오는 특별한 형식의 목록인데, 구약성경에서 이런 인구 조사는 과세를 위해(출 30:11-16; 왕하 15:19-20), 노력 동원을 위해(대하 2:17-18; 참조. 왕상 5:13-18), 레위 지파의 예배 의무와 사회 구조를 판단하기 위해(민 3:14-4:49), 이스라엘 자손을 결정하기 위해(스 2장 및 느 7장과 1 Esdr 5장) 사용된다. 그러나 가장 통례적으로 인구 조사는 병력을 측정하기 위한 수단으로 사용된다(민 1:2-46, 특별히 2-3절; 26:1-56, 특별히 1-2절; 삼하 24:1-9[그리고 동등 구절 대하 21:1-6]; 대하 27:1-24). 이와 같은 사실은 요한계시록 7:4-8의 통계가 군사적인 목적을 위한 것임을 암시한다. 이 가능성은 이 단락의 문학적 문맥에 의해 부분적으로 확인된다. 왜냐하면 요한계시록 14:3-4에 의하면, 십사만 사천 명의 무리는 고대 이스라엘에서 성전(聖戰)의 요구 조건이었던 성적 절제를 실행하는 성인 남성들로만 이루어지기 때문이다(Bauckham, *JSNT* 42[1991] 104; id., *Neot* 22[1988] 217). 그러나 요한계시록 7:4-8에는 군대와 성전에 대한 비유적 표현이 없다는 사실은 이런 제안을 미심쩍게 만든다. 열두 지파 각각의 동일한 수(일만 이천)에 대한 저자의 집착은 열두 지파로 이루어진 이스라엘 민족의 종말론적 회복에 대한 저자의 관심을 나타낸다(눅 22:30; 24:21; 행 1:6; 참조. Geyser,

NTS 28[1982] 389). 후기 구약성경 시대와 초기 유대교 시대의 종말론은 이스라엘의 회복에 대한 희망을 강조한다(신 30:3-5; 사 11:11-16; 27:12-13; 49:5 -6; 54:7-10; 렘 31:7-14; 겔 37:15-23; 호 11:10-11; 시 106:47; 147:2; Bar 5:5-9; 2 Macc 2:7; Sir 36:11; Tob 13:13; *1 Enoch* 57; 90:33; 4 Ezra 13:12 -13, 39-47; *2 Apoc. Bar.* 78:5-7; *T. Jos.* 19:4; *Pss. Sol.* 11:2-7; 17:26; *Shemoneh Esreh* 10; *m.* Sanh. 10:3; 마 19:28). *m.* Sanh. 10:3에는 열 지파가 돌아오지 않을 것이라는 견해와 돌아올 것이라는 견해가 나란히 나온다. 초기 기독교에서 이 이스라엘의 회복이라는 주제는 재림 때 사방으로부터 모이는 선민에 대한 주제로 변질되었다(막 13:27=마 24:31; 살전 4:16-17; 살후 2:1).

C. 7:9-17에 나오는 묵시적 유형의 장면으로서의 종말론적 하늘 예배

유대의 묵시 문학에 상당히 자주 나오는 문학 형식인 보좌 환상(예를 들어, *1 Enoch* 14:8-25; 4 Ezra 2:42-48; Ezekiel Trag. *Exagoge* 68-82)은 종말론적 하늘 예배, 종말론적 보상 장면 그리고 종말론적 심판 장면을 포함하는 몇 가지 아류 형식들로 이루어진다. 요한계시록 7:9-17(특별히 9-12절)과 초기 유대교와 기독교 문헌에 나오는 다른 구절들 간에는 하나의 "전형적 장면"(type scene), 즉 주제들이 제한된 배열로 구성되는 짧고 반복적인 삽화적 사건(주로 묵시적 상황들로 제한되는 삽화적 사건)의 존재를 암시하기에 충분한 구조와 주제의 유사성이 존재한다(R. Alter, *The Art of Biblical Narrative*[New York: Basic Books, 1981] 47-62를 보라). 이 전형적 장면의 가장 근사하고 완벽한 예는 히브리서 12:22-24에서 발견된다. 또한 요한계시록 14:1-5; 5 Esra 2:42-45; 4 Ezra 13:5-50, *Odes Sol.* 36에도 이런 예들이 나온다.

이 장면의 주제들은 히브리서 12:22-24에서 분명하게 볼 수 있다.

> 22그러나 너희가 이른 곳은 시온 산과
> 살아 계신 하나님의 도성인 하늘의 예루살렘과
> 천만 천사와
> 23하늘에 기록한 장자들의 총회와 교회와
> 만민의 심판자이신 하나님과 및 온전케 된 의인의 영들과
> 24새 언약의 중보이신 예수와
> 및 아벨의 피보다 더 낫게 말하는 뿌린 피니라.

서두의 동사 프로셀렐뤼다테(*προσεληλύθατε*, "너희가 이르렀다")는 이 전형적 장면이 은유적 의미로 사용되고 있음을 시사하며(18절, "너희가 이른 곳은 만질 만한"을 보라), 이 특별한 장면이 그 구성 요소들과 함께 널리 알려져 있다는 사실을 나타낸다. 이 전형적 장면의 주요 주제들에는 배경으로 시작한 다음에 외부에서 내부로 진행하는 중앙 집중적 배치가 포함된다. (1) 시온 산과 하늘의 예루살렘(배경), (2) 축제의 모임에 무수한 천군, (3) 장자들의 총회, (4) 만민의 심판자 하나님, (5) 의인들의 영들, (6) 예수 그리고 (7) 뿌린 피(법궤의 비유적 존재를 암시한다).

이 전형적인 장면의 또 다른 이문은 4 Ezra 2:42-45(후기 기독교에 의해 4 Ezra에 추가된 것으로 종종 5 Ezra로 칭해진다)에서 발견된다.

> [42]나 에스라는 시온 산에서 셀 수 없는
> 　큰 무리를 보았다
> 그리고 그들은 모두 노래로 여호와를 찬양하고 있었다.
> [43]그들 가운데는 키가 큰 젊은이가 있었는데,
> 　그는 다른 누구보다 키가 컸고,
> 각 사람의 머리에 면류관을 씌어 주었다.
> 　그러나 그는 그들보다 더 높임을 받았다.
> 그리고 나는 넋을 잃었다.
> [44]그때 나는 한 천사에게 "내 주여, 이들은 누구이니까?"라고 물었다.
> [45]그가 대답하여 나에게 이르기를,
> "이들은 죽음의 옷을 벗고
> 　불사의 옷을 입었고,
> 하나님의 이름을 고백한 자들이니라.
> 이제 그들은 면류관을 받고 종려 가지를 받느니라"고 했다.

이 전형적 장면의 주요 주제는 다음과 같다. (1) 시온 산(배경), (2) 하나님을 찬송하는 셀 수 없는 큰 무리(2:42), (3) 큰 키의 젊은이, 즉 그리스도(2:43), (4) 셀 수 없는 무리 각자의 대관식(2:45), (5) 셀 수 없는 무리 각자에게 종려 가지 수여(2:45), 그리고 (6) 관찰자가 이 장면의 의미에 대해 천사에게 질문하는 내용에 (7) 설명이 이어진다. 이 구절(그리고 이 구절의 앞과 뒤의 구절들)의 알려지지 않은 저자는 요한계시록 7:4-17에 많이 의존을 하는데, 여기에는 (1) 목자로서의 하나님에 대한 언급(34절), (2) 인침을 받은 사람들의 수에 대한 언급(38절), (3)

흰 옷을 입은 큰 무리(40절), (4) 그들의 하나님에 대한 찬송(42절) 그리고 (5) 그들이 갖고 있는 종려 가지(45-46절)가 포함된다.

7:9-17-21:1-22:5 간에는 수많은 주제의 유사성들도 두드러진다. 여기에는 다음과 같은 내용들이 포함된다. (1) 이마의 인, (2) 열두 지파에 대한 언급, (3) 세계의 민족들, (4) 하나님의 보좌, (5) 예배, (6) 성전(7:15에 나오는데, 21:22에는 분명히 없다), (7) 하나님께서 충성된 자들과 거하심(7:15; 21:3), (8) 목마름이 없어짐(7:16; 21:6), (9) 해가 없음(7:16; 21:23), (10) 생명수의 샘(7:17; 21:6), 그리고 눈물을 씻기심(7:17; 21:4). Comblin, *ETL* 29[1953] 38 n. 87을 보라. 요한계시록 21:1-22:5이 성막절 의식을 반영한다고 주장하는 콤블린(J. Comblin)은 요한계시록 7:9-17의 큰 무리가 성막절 의식을 거행하는 것 같다는 제안을 한다. 그는 이 결론이 종려 가지(9절)와 큰 무리가 외치는 소테리아(*σωτηρία*)에 의해 시사된다고 주장한다(*ETL* 29[1953] 38-39).

IV. 시제 일치

요한계시록 7:1-17의 시제 일치는 분명히 이 기사에서 중요한 역할을 한다. 7:1-8에서는 아홉 개의 부정과거 동사들이 일치되는 가운데 1절의 히나(*ἵνα*) 절에서 현재 가정법 프네에(*πνέῃ*, [바람이] "불다")만이 이 일치를 중단시킨다. 7:9-17에는 더 많은 불규칙들이 나온다. 즉 이 부분의 전체적인 양식은 과거 시제 동사들의 일치, 그 다음에 현재 시제 동사들의 일치 그리고 미래 동사들의 일치다. 이 환상은 부정과거 동사 에이돈(*εἶδον*, "내가 보았다")으로 시작되지만, 저자는 곧바로 9절의 삽입구적 관계절에서 미완료(*ἐδύνατο*-에뒤나토, "시작할 수도 있다")로 전환한다. 그 다음에 7:10에서 현재 시제가 따른다. 7:10의 크라주신(*κράζουσιν*, "그들이 외친다")은 셀 수 없는 큰 무리가 부르는 찬송을 도입한다. 그 다음에 7:11-13에 이어지는 일련의 네 개의 부정과거 동사들은 요한계시록에 나오는 소수의 과거완료 동사들 중의 하나인 에이테케이산(*εἱστήκεισαν*, "그들이 서 있었다")에 의해 중단된다(11절). 장로의 설명(7:13-17)은 부정과거 동사(*ἀπεκρίθη*-아페크리데, "이르되")로 도입되고, 요한에게 물어 보는 장로의 질문에는 현재와 부정과거 동사가 포함된다. "이 흰 옷 입은 자들이 누구며(*εἰσίν*-에이신) 또 어디서 왔느뇨(*ἦλθον*-엘돈)?"(13절) 14b-17절에 나오는 장로의 설명은 13개의 동사를 포함하는데, 현재 시제(*εἰσίν*-에이신, "이다")로 시작되며, 그들이 옷을 씻어(*ἔπλυναν*

-에플뤼난) 희게 되었다(ἐλεύκαναν-엘류카난)고 설명하는 두 개의 부정과거 동사가 이어진다. 15절에는 두 개의 현재 시제 에이신(εἰσίν, "그들이…이다")과 라트류우신(λατρεύουσιν, "그들이 섬긴다")이 이어지고, 의외로 16절에 하나의 부정과거 가정법 페세(πέσῃ)만 제외하고 모두 미래 시제인 여덟 개의 동사가 뒤를 잇는다. (1) 스케노세이(σκηνώσει, "그가 거할 것이다"), (2) 페이나수신(πεινάσουσιν, "그들이 주리지 [않을] 것이다"), (3) 디프세수신(διψήσουσιν, "그들이 목마르지 [않을] 것이다"), (4) 페세(πέσῃ, "그것이 내리지 [않도록]": 부정과거 가정법-미래와 가정법이 밀접하게 연결되는 것을 주의해 보라), (5) 포이마네이(ποιμανεῖ, "그가 목자가 되실 것이다"), (6) 호데게세이(ὁδηγήσει, "그가 인도하실 것이다"), (7) 엑살레이프세이(ἐξαλείψει, "그가 씻어 주실 것이다"). 부정과거 가정법(예를 들어, 페세[πέσῃ])은 성취가 기대되지 않는 계획의 의미론적 특징을 갖고 있는 반면에, 미래는 의미론적으로 어떤 사건이 일어날 것이라는 화자의 기대를 나타낸다(Porter, *Verbal Aspect*, 129, 134). 따라서 7:13-17을 해석함에 있어서 문제는 14b-15a절이 이미 일어나고 있는(즉 현재) 일을 설명하는 반면에, 15b-17절은 일어나기를 기대하는(즉 미래) 일을 설명한다는 것이다. 이것이 요한계시록의 환상들에 종종 나오는 시제 양식, 즉 과거 시제에서 현재 시제로, 그리고 미래 시제로 옮겨가는 양식이다(Mussies, *Morphology*, 334-36; 4:8-10; 9:4-6; 18:4-15; 19:14-16; 20:4-7; 21:22-26을 보라). 저자는 이 시제의 일치를 사용하여 과거에 보았던 환상들을 현재에 생생한 설명으로 전달하는 동시에 미래의 사건들을 예언한다. 미래 시제들은 셀 수 없는 큰 무리의 궁극적인 상태를 묘사하지만, 요한은 그들이 실제로 그 상태를 향유하고 있는 것을 본다고 주장하지 않는다. 게다가 구원의 궁극적 상태는 이 셀 수 없는 큰 무리가 하늘 성전에서 하나님 앞에 있는 것이 아니다. 왜냐하면 옛 하늘과 옛 땅이 파기되고 새 하늘과 새 땅이 창조됨으로써 새 예루살렘이 땅에 존재하는 데 필요한 배경이 마련되는 것이기 때문이다.

V. 요한계시록 7:1-17의 자료 비평

일부 학자들은 요한계시록 7:1-17의 이면에 두 개의 다른 자료가 존재한다는 가정으로 요한계시록 7:1-8과 7:9-17이 이상하게 나란히 나오는 문제를 해결하려고 했다(Beckwith, 535; Kraft, 126; Beasley-Murray, 141; 참조. Charles, 1:191-93, 199-203). 그러나 로메이어(Lohmeyer, 70)는 이 가정을 거부한다. 그는 그런 가정을 확인할 만한 언어학적 또는 문체론적 기준이 존재하지 않는다고 주장한다. 벨하우젠(Wellhausen, *Analyse*, 12)과 부쎄트(Bousset[1906] 288-89)는 7:1-8은 선재하는 자료에 근거하는 반면에, 7:9-17은 분명히 저자의 문체를 반영한다고 생각한다. 7:4-8과 14:1-5의 십사만 사천 명에 대한 언급은 그 문맥들을 볼 때 두 구절 모두 말세의 기독교 공동체, 즉 유대인과 이방인으로 이루어지는 기독교 공동체를 나타낸다. 그러나 각각의 이스라엘 열두 지파 중에서 일만 이천이 인침을 받는다는 내용이 시사하는 바는 세 가지로 생각할 수 있다. (1) 이 본문은 유대교 자료에서 유래되었거나(Charles, 1:188-91; Beckwith, 535의 주장), (2) 기독교인 저자가 전체 유대인 중 일부에 불과한 유대인 기독교 신자들을 언급하고 있거나, 또는 (3) 기독교인 저자가 이스라엘과 교회 간의 분리할 수 없는 관계를 확인하고 있다는 것이다(Karrer, *Brief*, 283; Rissi, *Babylon*, 17).

요한계시록의 현재 본문에서 7:9-17의 문제점들 중의 하나는 이 일이 하늘에서 일어나는 것 같다는 것이다. 셀 수 없는 큰 무리는 보좌와 어린양 앞에 모여 하나님과 어린양을 찬양하고 있으며, 여기에 장로들과 네 생물도 동반하고 있다. 이 셀 수 없는 큰 무리는 죽은 사람들(14절)과 현재 하나님 앞에서 제사장 역할을 하며 하나님의 성전에서 하나님을 섬기는 사람들(15절)로 이루어진다. 새 예루살렘에는 성전이 없기 때문에(21:22), 이 배경은 하늘인 것 같다. 그러나 유대의 묵시록에서 최종적인 완성이 땅에서 이루어지게 하는 것이 아니라 하늘에서 이루어지게 하는 것은 매우 생소했을 것이다. 단지 두 개의 유대 묵시록 *2 Apoc. Bar.* 51:7-16과 *2 Enoch*이 땅의 메시아 왕국에 대한 개념을 거부하고 최후 종말 상태의 위치를 천국 낙원으로 정한다(Joachim Jeremias, *TDNT* 5:767 n. 18을 보라). 게다가 현재의 본문 요한계시록 7:9-17은 아마 죽은 그리스도인들만을 언급하는 것이 아니라 더 특별하게 기독교 순교자들도 언급할 것이다. 앞에서 이 본문은 순교자들만을 언급하지 않고 전체 기독교 공동체를 언급했다(J. Weiss, *Offenbarung*, 67-68).

VI. 중요한 해석의 문제들

A. 서론

요한계시록 7장의 문학적 배경은 요한계시록 6:12-17에서 여섯 번째 인을 떼는 구성으로 준비된다. 그리고 그 결과들은 실제적인 심판이 아니라 다가오는 재앙을 알리는 일련의 우주적 조짐들로 모든 사람을 두렵고 놀라게 하는 것이다. 이 모든 일은 "그들(즉 하나님과 어린양)의 진노의 큰 날이 이르렀으니 누가 능히 서리요" 라는 17절의 한 음성(구약성경과 유대 문학에 자주 나오는 문학적 장치: 참조. 룻 1:19; 마 2:3)으로 이야기된다. 그리고 이 수사의문문에 대한 답변은 7:1-8에 함축되어 있으니, "하나님의 보호를 받는 자들 외에는 아무도 설 수 없다"는 것이다.

요한계시록 7:1-17은 두 쪽으로 된 그림과 같다. 그리고 이 두 쪽의 장면은 모두 유사한 문제를 제기한다: 7:4-8에서 인침을 받는 십사만 사천 명은 누구인가? 누가 7:9-17에 묘사된 셀 수 없는 큰 무리를 이루는가? 장막절은 7:9-17을 해석함에 있어 무언의 심상을 제공하는가? 이 구절은 요한계시록의 해석가에게 가장 어려운 구절들 중의 하나로 알려져 왔다. 그리고 위에 제기된 질문들은 각각 다양한 방법들로 답변되어 왔지만, 여러 주장들을 뒤받침하는 답변은 거의 없었다. 나는 각각의 주요 입장들을 개관한 다음에 내가 가장 적당하다고 생각하는 해석을 주장하고자 한다.

B. 십사만 사천 명을 확인하는 문제(계 7:1-8)

1. 십사만 사천 명은 다양한 방식으로 확인되어 왔다. 그러나 수용 가능한 해답의 범위를 제안하는 몇 가지 해석상의 제약들이 있다. (1) 요한계시록 7:4b에 의하면, 이스라엘 자손의 각 지파 중에서(*ἐκ πάσης φυλῆς υἱῶν Ἰσραήλ*—에크 파세스 필레스 휘온 이스라엘) 십사만 사천이 인을 받았다. 그러니까 인을 받은 사람들은 더 큰 집단 중의 일부분이다. 왜냐하면 이 곳의 에크(*ἐκ*)+속격은 부분을 나타내는 속격으로 제한된 수가 큰 집단에서 분리되는 것을 나타내기 때문이다. "이스라엘 자손의 지파들"이 대표하는 바가 무엇이든지 간에, 각 지파의 일만 이천 명은 지파 전체를 이루는 사람들 중의 일부분을 의미할 수밖에 없다(Caird, 96). 이 견해는 요한계시록 7:4-8에 나오는 에스겔 9:4의 인유에 의해 확인된다. 왜냐하면 에스겔의 환상에서 예루살렘의 주민들 중 일부만이 먹으로 표시를 받아 죽음의 천사들로부터 구원을 받기 때문이다(에스겔의 이 부분은 출 12:23에 나오는 유월절의 보호 표시를 인유하는 것이다). (b) 요한계시록 7:4-8과 7:9-17에 묘사된 두 집단 간에는 명심할 필요가 있는 두드러진 차이들이 있다. (i) 십사만 사천 명이라는 특별한 계산(7:4-8)과 "아무라도 능히 셀 수 없는" 큰 무리(7:9)의 광대한 규모 간에는 명백한 대조가 존재한다. 즉 후자는 분명히 전자보다 훨씬 더 큰 집단이며, 따라서

다른 집단일 개연성이 매우 높다(Allo, 92). (ii) 십사만 사천 명은 이스라엘 자손의 각 열두 지파 중에서 뽑은 일만 이천 명으로 구성되는 반면에, 분명히 대조되는 큰 무리는 7:9에 의하면 "각 나라와 족속과 백성과 방언에서" 뽑힌 사람들이다(Zahn, 368). (iii) 십사만 사천 명은 땅에 있는 반면에, 셀 수 없는 큰 무리는 하늘 하나님 보좌 앞에 있다(7:11). (iv) 7:4-8에서 십사만 사천 명은 보호의 인을 필요로 하는 절박한 위험 상황에 처해 있는 반면에(계 9:4을 보라), 7:9-17에서 셀 수 없는 큰 무리는 대환난을 승리로 통과하여 하늘의 상을 받는다. (c) 십사만 사천 명은 14:1-5에 다시 나온다. 그런데 적어도 요한계시록의 최종판과 관련되는 한, 이들의 동일성 확인은 이 구절에 근거하지 않을 수 없다(J. Weiss, *Offenbarung*, 65). 그러나 일부 학자들은 이 두 집단의 동일성을 부정한다(Allo, 92). (d) 7:4-8이 유대교 자료에 근거하고 있든지 그렇지 않든지 간에, 이 구절은 현재의 문맥에서 어떤 역할을 하는가에 따라 해석되어야 한다(Taeger, *Johannesapokalypse*, 30). (e) 분명히 하나님의 인은 세상에 임할 하나님의 진노에 대한 특별한 보호를 제공한다(9:4). 그러나(많은 주석가들의 주장에도 불구하고) 인침을 받은 사람들이 불경한 자들의 진노로부터 보호를 받는다는 명확한 지적은 없다. 많은 초기 기독교 본문들은 종말의 환난을 세상에서 그리스도인이 경험하는 특징으로 생각했고, 하나님께서 인류에게 보내는 처벌의 재앙과 그리스도인들을 향한 유대인과 이교도들의 적의의 박해를 구별하지 않았다(막 13:9-20=마 24:9-22=눅 21:12-24; Did 16:5).

2. **유대인들 또는 유대인 그리스도인들, 즉 이스라엘의 신실한 남은 자들로서의 십사만 사천 명**(Eichhorn, 1:228; Bousset[1906] 287; Zahn, 368; Allo, 93; Comblin, *AsSeign* 66[1973] 42-49; Corsini, *Apocalypse*, 158-60; Draper, *JSNT* 19 [1985] 136; Glasson, 52; W. J. Harrington, *Apocalypse*, 129; Kraft, 126; Rowland, 91). 요한계시록 7:4-8이 유대교 자료에 근거한다고 생각하는 많은 사람들의 주장에 의하면, 십사만 사천 명은 유대인들 또는 참 이스라엘을 언급했을지 모르지만, 저자가 다른 집단 즉 기독교회 또는 그리스도인 순교자들을 언급하는 것으로 재해석했다는 것이다(J. Weiss, *Offenbarung*, 67; Beckwith, 535; Beasley-Murray, 141). 그러나 7:4-8이 유대교 자료에 근거했든지 그렇지 않든지 간에, 이 본문은 그 문맥상 유대인들을 언급한다고 생각하는 사람들도 있다(Draper, *JSNT* 19[1985] 133-47; Comblin, *AsSeign* 66[1973] 42-49; Buchanan, 189-91).

이 견해의 지지자들이 제창하는 몇 가지 주장은 다음과 같다. (a) 이스라엘의 각 열두 지파에서 인을 받은 일만 이천 명에 대한 이 상세한 계수는 유대인들 또는 유대인 그리스도인들을 고려하고 있다. 왜냐하면 "흩어져 있는 열두 지파"(약 1:1; 참조. Herm. *Sim.* 9.17.1)라는 말이 기독교 문맥에서는 기독교회를 나타내는 데 사용될 수 있는 반면에, 이스라엘의 열두 지파 각각에서 뽑힌 일만 이천 명에 대한 상세한 계수는 풍유화하기가 쉽지 않기 때문이다(Bousset[1906] 283, 287). (b) 의심할 바 없이 저자는 유대인 그리스도인이다(MacKenzie, *Author of the Apocalypse* 의 견해와 다름). 그렇기 때문에 그가 종말에 유대인 태생 그리스도인들의 특별한 역할을 마음속에 그렸을 것이라는 사실은 놀라운 일이 아니다(Bousset[1906] 288-89; Allo, 93). 바울은 로마서 9-11장에서 대부분의 유대인들이 복음을 거부하는 문제를 놓고 고민했다. 그리고 그는 이스라엘 자손이 모두 진정한 이스라엘이 아니라는 사실을 인정한다(롬 9:6). 그럼에도 불구하고 그는 이스라엘이 결국 개종할 것이라는 종말론적 소망을 주장한다(롬 11:25-27). 그리스도의 재림 때에 새 예루살렘에 이스라엘과 이방인들이 함께 모인다는 종말론적 전승은 다른 초기 기독교 문헌에서도 발견된다(예를 들어, *T. Benj.* 9:2, "그리고 그 곳[하나님의 성전]에 열두 지파와 이방인들이 함께 모일 것이다"; Justin *Dial.* 24.3; 80.1도 보라). (c) 십사만 사천 명이 유대인 그리스도인들이라고 주장하는 사람들은 종종 로마서 11:7을 인용한다. 로마서 11:7에서 바울은 이스라엘의 다른 자들이 예수의 메시아 신분을 거부했지만 이스라엘의 "택하심을 입은 자들"(*ἐκλογή*-에클로게)과 "남은 자들"(*λεῖμμα*-레임마)은 예수께서 이스라엘의 메시아라고 믿었다고 말한다. 분명히 바울은 구약성경에서 발견되는(*TDNT* 4:196-209; NIDNTT 3:247-51) 언약을 충실하게 지키는 이스라엘의 남은 자 사상의 영향을 받았고(*TDNT* 4:209-14; NIDNTT 3:251-53), 그 사상이 요한계시록 7:4-8의 해석 배경을 제공할 수 있을 것이다. (d) 유대인 그리스도인들로서의 십사만 사천 명은 복음을 받아들이도록 선택된 "첫 열매들"이다(Allo, 93). (e) 잔(Zahn, 371-72)에 의하면, 십사만 사천 명이라는 수는 요한계시록이 기록될 때 유대인 출신 그리스도인의 실제 숫자에 가까운 수였다. 사도행전 21:20은 복음을 믿은 수만 명의 유대인들에 대해 말한다. (f) "인침"이 세례 또는 구원을 상징한다고 추정하는 사람들에게 "인 맞지 아니한" 사람들은 그리스도인들이 아니라 유대인들 같았을 것이다. 왜냐하면 "인 맞지 아니한" 그리스도인들보다는 "인 맞지 아니한" 유대인들을 상상하기가 더 쉽기 때문이다. (g) 유대인 그리스도인들과 이방인 그리스도인들(때로는 "할례 받은 자들"과 "할례 받지 아니한 자들" 또는 "유대인들"과 "이방인들"로 칭하기도 한다)이 모두 하나님의 새로운 백성의 주요 부분이라는 상호보족적인 인식이 있음에도 불구하고, 초기 기독교 문학에는 유대인 그리스도인들과 이방인 그리스도인들 간의 구분이 팽배했다(행 10:45; 11:1, 19-20; 13:16-17, 26; 19:10; 롬 1:16; 3:29-30; 9:6-8; 10:12-13; 고전 1:24; 12:13; 갈 2:7-8; 3:28; 엡 2:11-19). 그러므로 유대인들을 이방인 태생의 그리스도인들과 구별하는 것은 놀라운 일이 아닐 것이다. (h) 스프라기스(σφραγίς, "인")라는 용어는 때로 할례 의식에 대해 사용된다(롬 4:11; *Barn.* 9:6-8).

이 견해의 반대자들은 십사만 사천 명을 유대인이나 유대인 그리스도인들로 해석하는 것에 반대하는 많은 주장들을 제안했다. (a) 주전 1세기에 열두 지파는 사실상 존재하지 않았고, 따라서 열두 지파가 결국 회복될 것이라는 소망은 현실 세계에 속한 것이 아니라 이상 세계에 속한 것이었다(Behm, 45; Caird, 95; Mounce, 168; Boring, 129; E. Schüssler Fiorenza, *Revelation: Vision of a Just World*[Minneapolis: Fortress, 1991] 67). 이 반론에 대해 요세푸스는 주전 1세기 말에 저술을 하면서 자신의 시대에 열두 지파의 존재를 믿고 있었고(*Ant.* 11.133), 이스라엘의 열두 지파가 다시 모일 것이라는 유대인의 널리 보급된 종말론적 소망은 분명히 세계에 열두 지파가 실제로 존재한다는 가정에 근거하고 있었다는 재반론을 펼 수 있다(계 7:4b의 "주석"을 보라). (b) 사도 시대의 초기 몇십 년 동안 흔히 볼 수 있었던 유대인 기독교와 이방인 기독교 간의 구별이 1세기 말에는 더 이상 행해지지 않았다(Behm, 45). 이 주장에 반하여, *Barnabas*와 저스틴의 『대화』(*Dialogue*)에서 명백하게 입증되는 바와 같이 기독교와 유대교 간의 논쟁은 2세기까지 계속되었다는 사실이 주장될 수도 있다(Hvalvik, *Struggle*, 213-321). (c) 요한계시록에서 여러 가지로 참 이스라엘을 묘사하는 방법들이 교회에 적용되었기 때문에, 요한계시록 7:4-8을 원칙에 대한 예외로 취급하는 것은 부당할 것이다(Caird, 95). 이 주장에 대해 다음과 같은 답변이 가능할 수 있을 것이다. 즉 이스라엘에 사용된 특정한 구약성경의 구절들은 그리스도인에게 적용되는 반면에(예를 들어, 그리스도인들이 "나라"와 "제사장들"이라는 적용: 계 1:6; 5:10; 20:6에서 발견되는 출 19:6의 인유는 아마 전통적인 인유일 것이다. 왜냐하면 벧전 2:9에서도 이 인유가 발견되기 때문이다), 요한계시록에서 발견되는 다른 전통적인 용어의 사용은 교회가 유대인들과 이방인들로 이루어진다는 사실을 암시한다(예를 들어, 새 예루살렘의 열두 문은 이스라엘 자손 열두 지파의 이름들이라는 것, 20:12-13; 겔 48:30-35; 1QTemple 39:13-13; 40:11-14에서 발견되는 종말론적 전통; 새 예루살렘에 대한 묘사: 4Q*554* 2:12-3:9, 반면에 예루살렘의 열두 기초는 열두 사도의 이름들이다). (d)

저자는 요한계시록 7:4-8의 십사만 사천 명을 14:1-5의 십사만 사천 명과 동일시하는데, 후자는 유대인 또는 유대인 그리스도인들로 생각할 수 없다(Boring, 129). 이 주장에 대해 저자가 두 무리를 대조시키는 것이기 때문에, 정밀한 논증 없이 그들을 동일하다고 추정할 수 없다는 반론을 할 수 있을 것이다.

3. **유대인 그리스도인과 이방인 그리스도인을 모두 포함하는 기독교회로서의 십사만 사천 명**(Wellhausen, *Analyse*, 12; Charles, 1:200; Ladd, 114-17; Beasley-Murray, 140; Beagley, *Apocalypse*, 47; Boring, 129-32; W. J. Harrington, 98, 101; Giblin, 91-92; Rissi, *Babylon*, 17-19; Giesen, 193; Taeger, *Johannesapokalypse*, 30-31). 20세기 초부터 대다수의 학자들이 수용하게 된 이 견해에 의하면, 이스라엘 자손 각 열두 지파 중에 인을 받은 일만 이천 명에 대한 언급은 은유적으로 모든 그리스도인을 나타내는 것으로 해석되어야 한다. 이 입장을 지지하는 논증들은 다음과 같은 주장들을 포함한다. (a) 초기 기독교에서 교회는 참 이스라엘로 해석되었다. "유대인"이라는 용어는 영적인 의미로 해석될 수 있었고(롬 2:28-29), "하나님의 이스라엘"이라는 용어는 기독교회를 나타내는 은유로 사용될 수 있었다(갈 6:16; 참조. 롬 9:6). 이와 유사하게, "흩어져 있는 열두 지파"는 그리스도인들로 해석될 수 있었다(약 1:1; Herm. *Sim.* 9.17.1[Brox, *Der Hirt des Hermas*, 441-41를 보라]; 열두 지파를 그리스도인들을 나타내는 은유로 추론하는 사람들에게 계 7:4-8과 가까운 유사어구). 마찬가지로 유대 전통에서 나온 용어로 베드로전서 1:1은 소아시아의 그리스도인들을 "흩어진 나그네 곧 택하심을 입은 자들"(*ἐκλεκτοῖς παρεπιδήμοις διασπορᾶς*-에클레크토이스 파레피데모이스 디아스포라스)이라는 은유로 언급한다(P. J. Achtemeier, 1 Peter, Hermeneia[Minneapolis: Fortress, 1996] 81-82를 보라). 한편, 서신 전체에서 베드로는 주로 이스라엘에 대해 사용되는 용어를 교회에 적용하고 이스라엘을 더 이상 독립적인 존재로 간주하지 않는다(Achtemeier, 1 Peter 69-72). 바울은 믿음의 사람들이 아브라함의 자손이라고 주장했다(갈 3:7; 롬 4:11-17). (b) 요한계시록 9:4에서 마귀의 권세를 지닌 전갈들은 이마에 하나님의 인을 받지 않은 자들만 해하라는 명령을 받는데, 이 말은 모든 그리스도인들이 이러한 인을 받았다는 것을 암시한다(Beasley-Murray, 140). (c) 요한계시록 7:5-8에 나오는 열두 지파에 대한 이례적인 명단은 저자가 독창적으로 내용을 풀어 가는 실마리로 경험적인 이스라엘이 고려되고 있지 않음을 나타낸다(Ladd, 114-15).

4. **종말 전에 완전한 수가 달성되어야 하는 기독교 순교자들로서의 십사만 사**

천 명. 요한계시록 6:9-11을 보라(Kiddle-Ross, 133-37; Lohmeyer, 70; Caird, 94-98, 178-81). 이 견해의 변형으로, 십사만 사천이 거룩한 군대(Caird, 178) 또는 "전투적인 다윗 메시아의 이스라엘 군대"(Bauckham, "War Scroll," 216)를 나타낸다는 견해가 있다. 보크햄(Bauckham, "War Scroll," 210-37)에 의하면, 저자는 유대의 전투 전설들과 용어를 손질하여 악에 대항하는 결정적인 전투가 예수님의 충성스러운 증거와 죽음에 의한 비전투적인 방법을 통해 이미 승리를 얻었음을 나타낸다.

이 견해를 지지하는 수많은 논증들이 있다(Bauckham, "War Scroll," 217-20). (a) 요한계시록 7:4-8에는 이스라엘 지파 인구 통계의 문어적 형태가 나오는데, 구약성경의 모든 인구 통계는 전투를 위한 인구 통계다. (b) 열두 지파 각각이 동등하게 분담하여 구성되는 이스라엘 군대는 구약성경의 관행을 따른 것이다(예를 들어 민수기 31:4-6에 의하면, 열두 지파 각각에서 뽑은 천 명의 병력이 미디안에 대항하기 위해 파견되었다. 1QM 6:11에서는 각 지파에서 5백명 씩 선발된 6천 명의 마병의 분담이 설명된다). (c) 열두 지파 전체로 구성된 메시아 군대에 대한 사상은 종말 전쟁에서 싸우기 위해 열두 지파가 다시 모인다는 종말론적 예상과 일치한다. 예를 들어, 전쟁 두루마리(War Scroll, 1QM)에서 종말론적 군대는 열두 지파의 대표들로 구성된다. (d) 그러나 요한계시록에서 이 종말 전쟁 전설은 은유적으로 사용되기도 하고 비은유적으로 사용되기도 한다. 요한계시록 5:5-6에서 한 장로는 유다 지파의 사자 다윗의 뿌리가 이겼다고 선언한다. 그러나 요한이 보기 위해 돌이켰을 때, 그는 마치 도살된 것처럼 보이는 어린양이 서 있는 것을 본다. 요한은 요한계시록 5:5-6에서와 마찬가지로 7장에서도 민족주의적 군국주의를 거부한다. 14:4에 의하면, 십사만 사천 명은 모두 성인 남자 이스라엘인들이다. 그러나 7:4-8과 14:1-5에서 그들이 상징하는 순교자들은 분명히 여성과 어린이들을 포함한다(Bauckham, "War Scroll," 230-31). (e) 십사만 사천 명은 기독교 순교자들을 대표하지만, 그들은 이스라엘 자손 열두 지파에 의해 대표되는 전체 교회의 일부분일 뿐이다(Kiddle-Ross, 136).

5. **이 장면은 언제 일어나는 것인가?** 이 장면의 시기는 대환난이 시작되기 직전을 상상하는 미래(Sweet, 150) 또는 현재다(Giesen, 196).

6. **문제의 해결.** 궁극적으로, 위에서 개관한 십사만 사천 명을 해석하는 세 가지 방법(즉 유대인의 남은 자 또는 유대인 그리스도인들로서의 십사만 사천 명, 모든 그리스도인들로서의 십사만 사천 명 또는 기독교 순교자들로서의 십사만 사천 명) 중 어떤 것도 완전하게 수긍될 수 있음을 입증하지 못한다. 학자들은 종종 이 논의

를 시작할 때 언급한 바 있는(B.1. *Interpretive Constraints*) 해석상의 제약들을 인식하지 못하거나 진지하게 고려하지 못했다. 게다가 어떤 유대의 종말론적 전승들이 요한계시록 7:4-8과 14:1-5을 위한 모형을 제공했는가를 고려하여 적절한 결론을 내린 학자들이 거의 없었다. **나의 생각으로는, 요한계시록 7:4-8의 십사만 사천 명은 특별한 무리의 그리스도인들(모든 시대의 남성과 여성 모두를 포함하는)을 대표한다. 즉 이들은 최후의 환난이 시작되기 직전에 있을 신적 재앙들과 인간들에 의한 박해로부터 하나님에 의해 특별하게 보호를 받음으로 결과적으로 그 환난에서, 그리고 그 환난의 절정을 이루는 종말의 대전투에서 살아남은 사람들이라는 것이다.** 이 생존자 집단의 보존은 택함을 받은 사람들의 수가 끊어지지 않는다는 것을 보장하고(막 13:20; *Barn.* 4:3) 여러 가지 말세의 사건들이 전개되는 중에도 예수에 대한 증거가 계속될 것을 보증한다. 요한계시록 최종판과 동시대에 나온 4 Ezra와 2*Apocalypse of Baruch*에서 발견되는 유대의 종말론적 전승에 의하면, 이스라엘 땅에 있는 사람들(즉 유대인 마지막 세대)은 하나님의 임재에 의해 메시아의 재앙들과 종말의 대전투로부터 보호를 받는다고 한다. 그러므로 그들은 특별한 복을 받은 사람들이라는 것이다(단 12:12; 4 스 5:41; 6:25; 7:27; 9:7-8; 12:34; 13:48; *2 Apoc. Bar.* 29:1-2; 32:1; 40:2; 71:1; 막 13:13; 살전 4:15-17[재림 때에 남아 있는 사람들의 구원을 강조한다]; 참조. Stone, *4 Ezra*, 148-49, 296-97, 369-70). 이런 유형의 종말론적 시나리오는 4 Ezra에 다양하게, 그리고 매우 빈번하게 거듭 등장한다. 이 짧은 시나리오들 중 상당수는 생존자들이 이스라엘 땅에 있었기 때문이라는 사실을 강조하고 이스라엘 열두 지파가 다시 모이는 것을 전제한다(W. D. Davies, *The Gospel and the Land*[Berkeley; Los Angeles: University of California, 1974] 49-52). 이런 본문들 중의 하나가 4 Ezra 9:7-8이다.

> 그의 행위로 인해 또는 그의 믿음으로 인해 구원을 받고 위험을 피할 수 있는 모든 사람은 오랫동안 예언되어 온 위험들로부터 헤어날 것이며, 나의 땅에서, 나의 경계 안에서 나의 구원을 볼 것이니, 나의 땅, 나의 경계는 내가 태초부터 나를 위해 거룩하게 한 것이다.

또 하나의 유사한 본문이 4 Ezra 12:34에서 발견된다.

> 그러나 그가 내 백성 중 남은 자, 곧 나의 경계 모든 곳에 남겨진 자들을 긍휼로 구출할 것이다. 그리고 그는 종말, 곧 심판의 날이 이를 때까지 그들을 기쁘게 할 것이다.

4 Ezra 13:48-49에서도 역시 땅에 대한 강조가 명백하다(이 장의 보다 앞부분인 13:15에서는 메시아가 나타나 시온 산에 설 것이라고 말한다).

> 그러나 너희 백성 중 남은 자들, 나의 거룩한 경계 안에서 발견되는 자들은 구원을 받을 것이다. 그러므로 그가 군집한 열방의 큰 무리를 멸할 때 남은 백성을 지키실 것이다.

이 남은 자들을 인도하는 메시아의 역할은 4 Ezra 13:26에 언급된다.

> 이분이 그(바다에서 나온 자 = 인자)이시니, 곧 지극히 높으신 분이 여러 시대 동안 감추어 오셨던 분이며, 직접 자신의 피조물을 구출하고 남은 자들을 인도하실 분이다.

밀접한 유사문이 2백 년 전의 CD 1:4에서 발견된다. "그러나 그는 첫 사람들과 맺으신 언약을 기억하시고 이스라엘의 남은 자들을 남기셨고 그들을 멸망에 넘기시지 않으셨다"(여기에서 남은 자들은 분명히 쿰란 종파 신도들이다).

십사만 사천 명이라는 수(12[지파]x12[사도]x1000)는 유대인들과 이방인들로 이루어진 하나님의 새로운 백성의 충만함을 나타내는 기독교의 상징이다. 이들은 종말의 재앙들을 면하고 남은 그리스도인들이다. 그리고 이들이 하나님의 계명들을 지키고 어린양을 따르는 종말의 군대를 형성한다. 이들은 순교자들이 아니다. 왜냐하면 이들은 모든 형태의 고난과 죽음을 면하는 하나님의 특권을 받았기 때문이다. 요한계시록 7:4-8에는 순교에 대한 언급이 없는데, 단지 14:3의 한 어구("땅에서 구속함을 얻은")가 14:1-5에서 순교를 의미하는 것으로 그릇되게 해석되어 왔다(14:3의 "주석"을 보라). 게다가 십사만 사천 명은 7:9-17의 큰 무리와 동일하지 않다. 7:9-19의 큰 무리는 십사만 사천 명이 그들 중의 일부인 더 큰 수의 그리스도인들로 확인되어야 하며, 믿음의 증거를 지녔고, 예수께서 하신 것과 똑같이 자신들의 목숨을 버림으로 죽음을 통해 승리를 이룬 그리스도인들이다(아래를 보라).

십사만 사천 명은 요한계시록 14:1-5에 언급되며, 아마 17:14에도 언급되는 것 같다. 첫 번째 구절 요한계시록 14:1-5은 시온 산의 어린양과 십사만 사천 명에 대한 간결한 묘사를 담고 있다(계 14장의 "양식/구조/배경"을 보라). 시온 산은 십사만 사천 명이 알려진 지리적 용어로 언급되는 유일한 곳이다. 그리고 이 장소는(저자에 의해 상징적으로 사용되지만) 앞에서 언급한 이스라엘 땅에 이스라엘의 남은 자들의 보존과 관련된 본문들과 조화를 이룬다. 십사만 사천 명의 순결, 즉 성전에 참여하는 자들에게 요구되는 금욕에 대한 암시는 하나님의 명령과 예수의 증거에 대한 복종을 상징하는 것으로 해석되어야 한다.

두 번째 구절인 요한계시록 17:14은 종말론 시나리오의 짧은 일부분(16:12-16과 19:11-21에 다르게 묘사되는)으로 보인다. 여기에서 어린양은 짐승에게 자신들의 권능과 권세를 넘겨 준 열 왕을 이겼고 **어린양과 함께 있는 자들은 부르심을 입고 빼내심을 얻고 진실한 자들**이라고 한다. 17:14에서 어린양과 어린양을 따르는 사람들의 승리는 죽음의 은유로 해석될 수 없다. 이 승리는 이스라엘 군대의 지휘자로서 메시아가 그의 통치에 대항하기 위해 집결한 적대적인 열방을 정복하는 종말 전쟁에 대한 유대 종말론 전통에 나오는 것이다.

C. 셀 수 없는 큰 무리의 정체(계 7:9-17)

1. **해석상의 제약들.** 이 셀 수 없는 큰 무리를 확인할 때 이 구절의 해석 가능성들을 제약하는 이 단락의 몇 가지 특징이 있다. (a) 14절에 의하면 이들은 "어린양의 피에 그 옷을 씻어 희게 하였다"고 하므로, 이 무리는 그리스도인들로 확인되어야 한다. (b) "아무라도 능히 셀 수 없는 큰 무리"라는 어구는(초기 그리스도인들의 수에 대해서는 7:9a의 "주석"을 보라) 많은 수의 사람들을 나타내는 고대의 과장법으로 이해해야 한다. 아이스킬루스(Aeschylus, *Persians* 40)는 고대 페르시아 군대의 리디아인 분견대를 플레도스 아나리드모이(*πλῆθος ἀνάριθμοι*, "셀 수 없는 큰 무리")로 묘사하고, 저스틴은 그의 시대의 그리스도인에 대해 토 아니리드메톤 플레도스(*τὸ ἀναρίθμητον πλῆθος*, "그 셀 수 없는 큰 무리")라고 말하고(*Apol.* 15.7), 3세기에 오리겐은 "셀 수 없는 영혼들"이 기독교로 개종했다고 말하면서(*Contra Celsum* 1.27) 아브라함에게 그의 자손이 하늘의 별과 같고 바다의 모래 같을 것이라고 말씀하신 약속의 성취로 해석한다.

2. **기독교 순교자로서의 셀 수 없는 큰 무리**(J. Weiss, *Offenbarung*, 66-67; Bousset[1906] 288; Behm, 46; Kiddle-Ross, 138-43; Caird, 95; W. J. Harrington, *Apocalpyse*, 131; Bauckham, "War Scroll," 210-37). 이 무리를 순교자들로 확인할 수 있는 몇 가지 이유가 있다. (a) 기독교 순교자들의 수가 극히 많았다는 증거가 이교도와 기독교 작가들 모두에게서 발견된다. 네로의 박해에 대한 기술에서 타키투스는 네로하에서 "막대한 무리"(*multitudo ingens*)가 유죄 선고를 받고 처형되었다고 주장한다(Tacitus, *Annals* 15.44; Livy, 2.39.9; 4.33.2; 5.7.2; 9.23.16; 34.29.5에서 *ingens multitudo* 또는 *multitudo ingens*, "막대한 무리"라는 어구가 나오는 것을 보라). *1 Clem.* 6:1은 폴뤼 플레도스 에클레크톤(*πολὺ πλῆθος ἐκλεκτῶν*, "큰

무리의 택함을 받은 사람들")이라는 말로 무명의 순교자들을 나타낸다. (b) 요한계시록 7:14에서 이들은 "큰 환난에서 나오는 자들"로 묘사되는데, 이 말은 그들의 죽음을 암시한다(Boring, 131). (c) 만일 십사만 사천 명과 셀 수 없는 큰 무리가 동일하다고 가정한다면, 그리고 7:4-8의 십사만 사천 명을 순교자들로 간주한다면, 7:9-17의 셀 수 없는 큰 무리도 순교자들이 되어야 한다. (d) 만일 7:14c이 다니엘 11:35의 인유라면(7:14c의 "주석"을 보라), 요한이 다니엘 12:1을 하나님의 백성이 전쟁을 통해서가 아니라 순교를 통해 승리를 거두는 때로 이해했을 가능성이 있다(Bauckham, "War Scroll," 227-28). (e) 이 셀 수 없는 큰 무리가 하나님의 보좌 앞에 있는 것은 그들이 아마 순교자로 죽었다는 것을 암시한다.

3. **그리스도를 믿는 이방인들로서의 셀 수 없는 큰 무리**(Bousset[1906] 287; Kraft, 126; Allo, 93). 이 견해를 지지하는 주요 논증들은 다음과 같은 주장들을 포함한다. (a) 이 견해의 지지자들은 주로 십사만 사천 명을 유대인 또는 유대인 그리스도인들의 남은 자들로 생각하는 사람들이다. 그렇다면 이 셀 수 없는 큰 무리는 나머지 인간, 즉 이방인들로 생각된다. (b) 또 이 이 입장을 지지하는 진술은 이 셀 수 없는 큰 무리가 "각 나라와 족속과 백성과 방언"의 사람들로 이루어진다는 것이다(9b절). 그러나 이 본문은 유대인들을 배제하는 것으로 해석될 수 없다. 이 해석의 중요한 약점은 7:14이 이 셀 수 없는 큰 무리가 분명히 그리스도인들로 이루어진다는 사실을 분명히 나타내는 반면에(E. Schüssler Fiorenza, *Revelation: Vision of a Just World* [Edinburgh: T. & T. Clark, 1993] 68과 반대되는 견해), 본문 자체에 이 무리가 이방인들로 제한된다는 명백한 지적이 없다는 것이다. 이 입장에 반대하여 이방인 그리스도인들이 9:4에 언급된 하나님의 진노로부터 보호하는 인을 받지 않았다고 생각하는 것은 이치에 맞지 않는다는 주장도 있다(Giesen, 194).

4. 유대인들과 이방인들, 순교자들과 비순교자들을 포함하는 **모든 그리스도인들로서의 셀 수 없는 큰 무리**(Beckwith, 535-39; Lohse, 53; Lohmeyer, 70-71; Ulfgard, *Feast*, 70-79; Taeger, *Johannesapokalypse*, 30-31; Beagley, *Apocalypse*, 47; Boring, 129-32; Prigent, 121-23; W. J. Harrington, 98, 101; Giblin, 91-92; Rissi, *Babylon*, 17-19; Giesen, 193). 대다수의 학자들이 주장하는 이 견해를 위한 논증들은 다음과 같은 내용들을 포함한다. (a) 셀 수 없는 큰 무리는 분명히 "어린 양의 피에 그 옷을 씻어 희게 한" 사람들로 해석된다(14c절). 이 말은 그리스도의 속죄의 죽음을 믿는 믿음을 나타내는 생생한 은유로서 이 큰 무리가 그리스도인들

로 이루어졌음을 지적한다. (b) 이 셀 수 없는 큰 무리는 "큰 환난에서 나온"(14b절) 사람들, 즉 죽어서 이제 하나님의 하늘 보좌 앞에 서 있는 사람들이지만, 그들이 모두 순교를 당했다는 명확한 지적은 없다. (c) 그들은 "각 나라와 족속과 백성과 방언"에서 온 사람들이기 때문에(9c절), 이 포괄적인 목록에서 유대인을 배제할 이유가 없다.

5. **흩어져 있는 유대인들로서의 셀 수 없는 큰 무리**(Buchanan, 189-92). 이 소수파의 견해를 지지하는 적어도 두 가지 논증이 있다. (a) 만일 요한계시록 7장이 약간 기독교 식으로 개정된(10, 14절) 유대교 자료에 근거한다면, "각 나라(*ἐκ παντὸς ἔθνους*—에크 판토스 에드누스)와 족속과 백성과 방언"(9절)에서 온 이 셀 수 없는 큰 무리를 세계 곳곳 그들의 이산지들로부터 모인 흩어진 유대인들(diaspora Jews)로 생각할 수 있다. (b) 요세푸스는 유프라데스 동쪽의 열 지파 유대인을 "그 수를 확인할 수 없는 무수한 사람들"(*μυριάδες ἄπειροι καὶ ἀριθμῳ γνωσθῆναι μὴ δυνάμεναι*—뮈리아데스 아페이로이 카이 아리드모 그노스데나이 메 뒤나메나이)로 말하는데(*Ant.* 11.133), 이는 요한계시록의 저자가 받아들일 수 있는 과장된 개념이다.

이 견해에 대해 두드러진 두 가지 반론이 있다. (a) 요한계시록 7:9-17은 최초의 요한계시록 저자가 작성한 것을 나타내는 분명한 표적들을 보인다(Wellhausen, *Analyse*, 12; Bousset[1906] 288-89; Lohmeyer, 70). (b) 비록 7:9-17이 이전의 유대교 자료에 근거했을지라도, 현재의 본문 형태(10, 14절에 분명히 기독교의 언급들을 갖고 있는)는 적어도 저자가 그 "자료"의 기독교식 해석을 마련했음을 나타낸다.

6. **이 장면은 언제 일어난 것인가?** 학자들은 이 장면의 시기에 대한 몇 가지 견해들을 제안했다. 대부분의 해석가들은 이 장면을 미래 종말의 완성에 대한 예기적(proleptic) 환상으로 판단한다(Beckwith, 530, 539; Zahn, 377; Mounce, 171; Prigent, 123; Giesen, 196). 두 번째 견해는 이 환상이 그리스도의 재림 전 하늘과 땅이 아직 갈라져 있는 시기 동안 죽은 그리스도인들의 보상에 초점을 맞추고 있다는 것이다(Rissi, *Babylon*, 18). 세 번째 견해이며 미묘한 차이를 덧붙인 견해는 이 환상이 9-15b절의 현재적인 시각과 15c-17절의 종말의 완성에 대한 시각을 연결한다고 생각한다(Taeger, *Johannesapokalypse*, 31-33). 네 번째 견해는 스웨테(Swete, 100)가 논리 정연하게 표현한 것이다. 그는 이 장면을 하나님의 임재와 영광의 기쁨에 넘치는 의식에 의해 지배되는 그리스도인의 삶을 나타내는 풍유로 생각한다.

7. 문제의 해결. 이 셀 수 없는 큰 무리는 어린양과 어린양을 충성스럽게 따르는 사람들의 승리(계 17:14)로 종결되는 종말론적 사건들의 완결 전에 죽은(자연적으로 죽든지 또는 순교로 죽든지) 모든 그리스도인들을 대표한다는 것이 나의 견해다. 그러나 이 무리가 모든 그리스도인들을 대표할 수 없는 이유는 십사만 사천 명이 하나님의 보호 아래 아직 땅에서 생활하고 있기 때문이다. 이 환상의 시간적 배경은 미래로서, 죽기까지 충성한 사람들이 받는 하늘의 상을 강조하고 있다.

D. 요한계시록 7:1에는 두 무리가 나오는가? 한 무리가 나오는가?

요한계시록 7:4-8의 십사만 사천 명을 확인하는 문제와 요한계시록 7:9-17의 셀 수 없는 큰 무리를 확인하는 문제를 각각 논의했지만, 7장의 두 부분이 밀접한 관련이 있다는 사실을 명심할 필요가 있다. 어떤 학자들은 두 개의 다른 무리가 의도되고 있다고 주장하는데, 비로 부쎄트(Bousset, 287)가 주석 제2판을 저술한 1906년에 유력했던 견해였다. (1) 순교자들과 순교자들까지 포함하는 모든 그리스도인들(Lohmeyer, 70-71), (2) 믿음이 있는 유대인들의 남은 자들과 이방인 그리스도인들(Kraft, 126-28), (3) 유대인들 또는 유대인 그리스도인들과 순교자들(Bousset, [1906] 283-84, 287; Comblin, *AsSeign* 66[1973] 42-49), (4) 이스라엘의 충만을 대표하는 유대인들 또는 유대인 그리스도인들과 이방인들 중 "생존자들"(Draper, *JSNT* 19[1985] 136-37), 또는 이스라엘과 이방인 남은 자들(Bousset[1906] 287; Corsini, *Apocalypse*, 158-60; Rowland, 91). 이상의 견해들은 모두 위에서 개관했다. (5) 한 학자는 두 무리가 팔레스타인의 유대인들과 흩어진 유대인들이라는 제안을 한다(Buchanan, 189-92).

그러나 현재 대부분의 학자들은 한 무리를 두 가지 다른 시각으로 묘사하는 것으로 생각한다. (1) 상징적으로 *ecclesia militans*("싸우는 교회")와 *ecclesia triumphans*("승리의 교회")로 표현되는(Swete, 99; Hadorn, 92-94; Schrenk, *Weissagung*, 199-202; Roloff[ET] 97-98; Ulfgard, *Feast*, 72-73; Metzger, *Code*, 61), 유대인들과 이방인들로 이루어지는 기독교회(Beckwith, 535-39; Lohse, 53; Ladd, 114-17; Ulfgard, *Feast*, 70-79; Taeger, *Johannesapokalypse*, 30-31; Beagley, *Apocalypse*, 47; Boring, 129-32; Prigent, 121-23; W. J. Harrington, 98, 101; Giblin, 91-92; Rissi, *Babylon*, 17-19; Giesen, 193), 또는 (2) 기독교 순교자들(Kiddle-Ross, 133, 138-40; Caird, 94-98).

E. 요한계시록 7:1-8과 요한계시록 14:1-5 간의 관계

십사만 사천 명은 요한계시록에서 7:4과 14:1, 3에서 단지 세 번 언급되기 때문에, 7:4-8과 14:1-5이 동일한 무리를 말하는지(Schrenk, *Weissagung*, 73-74 n. 91) 또는 두 개의 다른 무리를 말하는지(Bousset[1906] 122-23, 380, 383; Sickenberger, *Erklärung*, 137)를 확정하는 것이 중요하다. 두 구절 간의 비교와 대조는 다음과 같다. (1) 두 구절 모두 십사만 사천 명을 언급한다(7:4; 14:1, 3). (2) 두 구절 모두에서 십사만 사천 명의 구성원들은 이마에 표적이 있다. 7:3에서는 스프라기제인(*σφραγίζειν*, "인치다")이라는 용어가 사용되지만, 이 인이 어떤 모양인지는 언급되지 않는다. 14:1에서는 "인"이라는 용어가 사용되지 않지만, 십사만 사천 명이 이마에 어린양의 이름과 그 아버지의 이름을 쓴 것이 있다고 한다. (3) 7:1-8에서 인침을 받은 십사만 사천 명은 더 큰 집단, 즉 이스라엘 지파(*ἐκ φυλῆς*–에크 퓔레스)에서 뽑힌 사람들이고, 14:1-4의 십사만 사천 명은 인류 중에서 처음 익은 열매로 구속을 받은 사람들이다. (4) 7:1-4의 장면은 십사만 사천 명이 어떤 반대의 대상이 되기 전인 반면에, 14:1-5의 장면은 십사만 사천 명이 7:1-8에 언급된 종말 전쟁에서 이미 승리를 했거나 또는 최후의 전쟁 전에 열방들의 모임을 예비하는 것으로 묘사되는 예기적 종말 장면이다. (5) 7:1-8에서는 특별히 기독교적인 내용이 아무것도 언급되지 않는 반면에, 14:1-5에서 십사만 사천 명은 어린양과 그 아버지의 이름을 쓴 것이 이마에 있고(14:1) 어린양을 따르는 자들로 묘사되기 때문에(14:1), 분명히 이들은 그리스도인들이다. (6) 7:1-8과 대조적으로 14:1-5에는 이스라엘 지파들에 대한 언급이 없다. (7) 14:1-5에서 십사만 사천 명은 7:1-8에 언급되지 않은 몇 가지 특징을 가지고 있다. (a) 그들은 동정남(즉 독신)이다. (b) 그들은 어린양이 어디로 가든지 따른다(*ἀκολουθοῦντες*–아콜루둔테스, 제자 교육의 용어). (c) 그들은 하나님과 어린양을 위해 처음 익은 열매로 사람 가운데서(*ἀπὸ τῶν ἀνθρώπων*–아포 톤 안드로폰) 구속을 받은 자들이라고 하는데, 이 말은 나중에 다른 사람들도 구속을 받을 것임을 암시한다(즉 14:1-5은 예기적 장면이지만, 종말을 완전히 현재로 표현하지 않는다), 그리고 (d) 십사만 사천 명의 도덕적 성격이 강조된다. 즉 그들은 거짓말을 하지 않고 흠이 없는 자들이다.

두 구절 간의 차이들에도 불구하고, 그리고 십사만 사천 명에 대한 언급이 7:4을 언급하는 조응적(anaphoric) 정관사를 갖고 있지 않음에도 불구하고, 저자는 7:4-8의 십사만 사천 명과 14:1-5의 십사만 사천 명을 동일시하려고 하는 것으로 보인다.

F. 요한계시록 7:9-17과 초막절

요한계시록 7:9-17의 해석에 있어 특별히 논란이 되는 한 가지 문제는 저자가 유대의 절기들 중에 가장 중요한 절기인 초막절 또는 장막절(Succoth)에서 나온 심상을 혼합시켰는지를 다루는 문제다. 18세기 초에 비트링가(C. Vitringa, *Anakrisis*, 295-319)는 아이크혼(Eichho, 217-33)이 따르는 견해, 즉 요한계시록 7:9-17에 나오는 하늘의 예배에 대한 진술이 부분적으로 유대의 초막절에서 끌어낸 심상에 근거했다고 주장했다(이 절기에 대한 유대의 문학 자료들은 Greenup, *Sukkah*, 5-26를 보라). 보다 최근에 콤블린(J. Comblin, *AsSeign* 66[1973] 42-49), 크라프트(H. Kraft, 129), 스위트(J. Sweet, 151-52), 드래퍼(J. Draper, *JSNT* 19[1985] 133-47)와 같은 학자들도 이 제안을 되풀이했고, 때로는 이 제안을 더 발전시키기도 했다. 요한계시록 21:1-22:5이 초막절에 근거한다는 콤블린의 주장("La liturgie de la nouvelle Jérusalem[Apoc. xxi. 1-xxii. 5]," *ETL* 29[1953] 5-40)에 감명을 받은 멕켈비(McKelvey, *Temple*, 161-66)는 요한계시록 7:9-17을 포함하여 요한계시록에 나오는 하늘 성전의 모든 예배 장면들이 초막절에서 끌어낸 심상에 근거한다고 제안한다. 더 최근에, 이 입장을 지지하는 가장 정밀한 주석적 주장은 울프가드(H. Ulfgard, *Feast*, 108-58)의 것이다. 드래퍼는 유대교의 스가랴 14장 해석에 의해 요한계시록 7:1-17이 어떻게 영향을 받았는지를 특별히 16-19절에 나오는 말세의 초막절 의식에 초점을 맞추어 밝히고자 한다. 그는 거기에 나오는 말세의 초막절 의식이 요한계시록 7장에 묘사되는 초막절의 세계적인 의식에서 성취된다고 생각한다.

스가랴 14장의 간략한 개요가 여기에서 도움이 될 수 있을 것이다. 스가랴 14장은 새 예루살렘에 대한 묵시록적 환상에 중심을 두고 있으며 다음과 같은 몇 가지 주제로 이루어진다. (1) 여호와와 열방 간에 예루살렘에서 벌어질 미래의 전투에 대한 선언(슥 14:1-5), (2) 그 땅과 새 예루살렘의 이상향적 상태(슥 14:6-11), (3) 예루살렘과 싸우는 모든 자들을 괴롭힐 재앙에 대한 묘사(슥 14:12-15), (4) 말세에 초막절과 만물의 성화를 위해 예루살렘으로 오는 열방의 순례(슥 14:16-21).

요한계시록 7장이 구조적으로 스가랴 14장의 함축적 인유들을 담고 있다는 자신의 견해에 근거하여, 드래퍼는 비록 본문에 이스라엘 지파들이 다시 모이는 언급이 없지만, 요한계시록 7:1-8이 이스라엘의 남은 자들을 언급하는 것으로 이해한다

(Draper, *JSNT* 19[1985] 136). 드래퍼의 해석에 의하면, 요한계시록 7:9-17은 매해 스가랴 14:16-19에 따라 초막절을 지키기 위해 예루살렘으로 오는 이방인들을 언급하는 것이다(*JSNT* 19[1985] 137). 드래퍼의 논제에서 어려운 점은 스가랴 14장의 두 가지 국면을 반영하는 요한계시록 7:1-17의 통일성이다. 그러나 요한계시록 7:9-17의 초막절 심상에 대한 그의 논증은 매우 설득력이 있다. 왜냐하면 요한계시록 7:9-17에서 발견되는 몇 가지 특징이 초막절에서 유사점을 찾을 수 있기 때문이다. (1) 절기의 모임(9절), (2) 성전에 집중되는 초점(9b, 15절), (3) 참가자들이 들고 있는 종려 가지(9c절), (4) 구원의 외침(10절) 그리고 (5) (생명)수에 대한 언급(17절). 그러나 종말에 신자들이 하나님의 보좌 앞에 모이는 것을 묘사하기 위해 초막절과 관련된 전통적인 특징들에서 나온 심상을 사용하는 것이 저자의 의식적인 의도였다고 증명하기에는 이 유사점들이 충분하지 못하다(Charles, 1:211; Greenup, *Sukkah*, 19).

요한계시록 7:9-17을 초막절과 연결시키려는 가장 정밀한 시도는 울프가드(Ulfgard)에 의해 이루어졌다. 그러나 이 연구의 방법론적 접근에 결함이 있어 설득력이 없고 실망스러운 결과를 낳았다. 그는 다양한 성경과 초기 유대교 문헌 및 고대 화폐 자료를 사용하여 통상적인 초막절의 특징들과 주전 1세기의 그 특징들의 해석을 공시적으로(synchronically) 재구성하였다(*Feast*, 108-47). 울프가드에게 "출애굽 양식"(Exodus pattern)은 요한계시록 7:9-17에서만이 아니라 요한계시록 전체에서 가장 중요하다. 왜냐하면 출애굽 양식은 성경 형식의 이스라엘에 따라 "애굽"에서 해방되어 "약속의 땅"을 향해 가는 하나님의 구속된 백성으로서의 실존을 묘사하기 때문이다(*Feast*, 150-51). 그러나 요한계시록 7:9-17에 제한할 때 출애굽 사건과 울프가드가 제안하는 식의 구약성경과 후기 유대교 문헌에 나오는 그 사건의 해석은 너무 일반적이고 애매하기 때문에, 요한계시록 7:9-17과 같이 매우 추상적이고 난해한 구절에 접근하는 것은 불명료를 해석하려고 하는 것과 같다. 울프가드에 의하면, 초막절은 요한계시록 7:9-17을 이해하는 데 별로 중요하지 않다. 더 중요한 것은 초막절의 의미다. 즉 초막절의 의미는 출애굽 사건에 나타난 하나님의 구원 행동을 다시 강조함으로써 과거에 하나님의 구원을 기쁘게 경축하는 것이다. 다른 몇몇 학자들을 따라 울프가드는 하나님의 보좌 앞의 예배 활동, 즉 종려 가지를 흔들고 하나님을 찬송하는 활동이 일종의 초막절 의식으로 해석될 수 있다고 말하는 반면에, 그의 주된 관심은 초막절 자체의 예배 표현에 있는 것이 아니라 그 표현의 신학적 의미에 있다. 그러므로 그는 아마 초막절 의식에 대한 인유들일 수 있는 요한계시록 7:9-17을 탐구하는 데 특별히 흥미가 없으며, 또한 상징들의 배열이 초막절 의식과 관련된 특징들을 반영한다고 주장하는 데도 관심이 없다. 울프가드는 드래퍼가 요한계시록 7장의 분석을 스가랴 14장에 국한하는 것이 잘못되었다고 주장한다. 왜냐하면 드래퍼는 7장에서 훨씬 더 근본적인 출애굽 주제를 빠뜨렸기 때문이다. 구원을 과거의 사건으로 강조하면서, 울프가드는 초막절의 종말론적 성격을 강조한 다니엘(Daniélou, "Le symbolisme eschatologique de la Fête des Tabernacles," *Irénikon* 31[1958] 19-40)과 콤블린(*AsSeign* 66 [1973] 42-49)에 대해 반론을 편다. 본질적으로 울프가드는 스가랴 14장(울프가드가 거의 논하지 않는 구절)에서 초막절에 부여된 명확한 종말론적 성격을 무시한다. 울프가드의 작업은 "출애굽 주제"에 기초한 요한계시록 신학을 해석하는 것이다(*Feast*, 20-68). 그는 요한계시록 다른 곳의 주제들을 함께 연결함으로써 이 주제를 요한계시록 7:9-17의 의미로 해석한다(*Feast*, 69-107). 울프가드의 명제는 문제가 있지만, 그 명제는 훌륭한 주석적 통찰력을 갖고 있다. 따라서 본서의 요한계시록 7장 주석에 일부 언급될 것이다.

주석

1a "이 일 후에 내가 네 천사가 땅 네 모퉁이에 선 것을 보니"(*Μετὰ τοῦτο εἶδον τέσσαρας ἀγγέλους ἑστῶτας ἐπὶ τὰς τέσσαρας γωνίας τῆς γῆς* – 메타 투토 에이돈 테싸라스 앙겔루스 헤스토타스 에피 타스 테싸라스 고니아스 테스 게스). 관용적 어구 메타 투토 에이돈(*μετὰ τοῦτο εἶδον*, "이 일 후에 내가 보았다")은 여기에서 주제의 변화를 알리고 새로운 단락을 도입하기 위해 사용된다(동일한 관용적 표현이 4:1; 7:9; 15:5에서도 사용된다). 저자는 보통 타우타(*ταῦτα*, "이 일들")를 사용하기 때문에, 이 문제의 작은 변화는 이 문서의 본질적인 요소를 나타낼 것이다. "네 방위" 즉 "사방"(四方)(*αἱ τέσσαρες γωνίαι* – 하이 테싸레스 고니아이)은 고대 세계에 널리 알려진 우주론적 개념으로 요한계시록 20:8에서도 발견된다(욥 37:3; 사 11:12[직역하면 "땅의 네 날개", 맛소라 사본: כְּנָפוֹת – 카나포트; 칠십인역: *πτερύγων* – 프테뤼곤]; 렘 49:36은 직역하면 "땅의 네 끝[맛소라 사본: קְצוֹת – 케초트; 칠십인역, 렘 25:16, *ἄκρων* – 아크론]으로부터"라는 어구를 사용한다; Ptolemy *Tetrabiblos* 29; *T. Asher* 7:2; Pliny *Hist. nat.* 2.46.119). *PGM* VIII.8은 하이 드 고니아이 우라누(*αἱ δ' γωνίαι οὐρανοῦ*, "하늘의 사방")에 대해

말하고 *PGM* 15a.8-11은 "우주의(*κόσμου*-코스무) 네 모퉁이에서 오는 빛"에 대해 말한다(Kropp, *Koptische Zaubertexte* 2:103을 보라). 저자의 시각은 4:1부터 6:17까지 그의 하늘 궁전에서의 예언 환상 상태에 의해 결정된다. 땅(평평한 사각 형태로 생각되는 땅)의 네 모퉁이에 서 있는 네 천사를 본다고 저자가 말하기 때문에, 이 하늘의 시각은 계속하여 전제된다.

1b "땅의 사방의 바람을 붙잡아"(*κρατοῦντας τοὺς τέσσαρας ἀνέμους τῆς γῆς*, 크라툰타스 투스 테싸라스 아네무스 테스 게스). 고대 세계의 다른 곳에서와 마찬가지로 고대 이스라엘에서도 사방 바람은 기본적인 네 방위(四方)를 대표했고 모든 바람을 포함했다(겔 37:9; 렘 49:36; 단 7:2; 8:8; 11:4; 슥 2:6; 6:5; 4 Ezra 13:5; *1 Enoch* 18:2; 막 13:27=마 24:31; Jos. *J. W.* 6.300; *Adam and Eve* 38.3[Denis, *Concordance*, 817]; *PGM* IV.3066; Kropp, *Koptische Zaubertexte* 2:103을 보라). 그리스-로마의 본문들도 사방 바람을 언급한다(Pliny *Hist. nat.* 2.46.119 [그는 실제로 각 방향에서 부는 네 개의 바람이 있다고 주장한다]; Vettius Valens 140.6; *P. Flor.* 20.19; 50.104; *PGM* III.273, 496; IV.1606). *1 Enoch* 18:1; *2 Enoch* 40:10에서는 바람의 창고들이 언급된다. 바람을 지배하시는 하나님은 창고에서 바람들을 꺼내어 불게 하신다(시 135:7; 렘 10:13; 51:16). 이 견해는 "피베치스의 비법"(Recipe of Pibeches)이라는 제목의 유대 마술 파피루스에도 표현되는데(*PGM* IV.3007 86; 참조. J. van Haelst, *Catalogue*, no. 1074), 여기에서 하나님은 "사방의 바람을 일으키는 자"로 언급된다(3066행). *1 Enoch* 76:1-14은 사방의 바람들이 통과하여 나가는 12개의 문을 묘사하는데, 이 문들 중 네 개의 문으로는 유익한 바람들이 나가고, 여덟 개의 문으로는 처벌의 바람들이 나간다고 한다. 4 Ezra 8:22은 하나님의 명령에 따라 천사들이 바람과 불로 변한다고 하고(아마 히 1:7에 인용된 시 104:4에 근거할 것이다), 1QH 1:10-11은 바람들을 "거룩한 천사들"로 말한다. *Jub.* 2:2에는 "바람들의 영의 천사들"이 언급되고, 3 Enoch 14:4에는 천사 루히엘(Ruhiel)이 바람을 맡고 있다고 한다. 사방 바람은 땅과 궁창을 위한 지지물로 묘사되기도 한다(*1 Enoch* 18:2). 또한 사방 바람은 사람들을 흩는 하나님의 심판 대행자가 될 수도 있다(렘 49:36). 3세기에 창작된 *Gos. Bartholomew* 31-36에는(Hennecke-Schneemelcher, NTA 1:498) 바람들을 맡은 네 천사들의 이름과 설명이 나온다. (1) 카이룸(Chairum)은 보레아스(Boreas)를 다스리며 땅이 말라붙는 것을 막는다. (2) 오에르다(Oertha)는 아파르크티아스(Aparktias)를 다스리며 땅이 얼어붙는 것을 막는다. (3) 케르쿠다(Kerkutha)는 남풍을 다스리며

땅이 흔들리는 것을 막는다. (4) 네우다(Naoutha)는 남서풍을 다스리며 땅이 불타는 것을 막는다. 제롬(Jerome, *Comm. in Dan.* 7:2-3)은 다니엘서에 언급된 네 바람은 천사의 능력이라는 제안을 한다. 이 생각과 일치하는 제안으로 초기 유대교에는 천사들을 바람과 동일시한 전통이 있는데, 이는 시편 104:4에 근거한 생각이다(1QH 1:10-11; *Jub.* 2:2; 4 Ezra 8:22; *Pirqe R. El.* 4; Str-B, 3:678-79). Ptolemy *Tetrabiblos* 29는 바람들이 지평의 네 방향에서 발생한다는 생각을 반영한다. 그리스와 로마 세계에서 사방 바람은 종종 의인화되었다. 몇몇 미트라 유적에는 두 개의 또는 네 개의 바람(Favonius, Auster, Eurus, Aquilo)이 머리에 날개가 있고, 땅의 네 지점에서 불어오는 것으로 묘사된다(Vermaseren, *CIMRM*, 1083, 1283, 1292, 1300, 1331, 1388, 1685). 미트라 유적들에 대한 설명은 L. A. Campbell, *Mithraic Iconography and Ideology*(Leiden: Brill, 1968) 162-80를 보라. 콥트 그노시스교의 논문 *Paraph. Shem* 27.26-27(tr. J. M. Robinson, *Nag Hammadi*, 353)에 의하면, "바람과 별이 없다면, 땅에 아무 일도 일어나지 않는다."

많은 민간 설화들이 바람을 제어하는 문제를 다룬다(S. Thompson, *Motif-Index*, D2142를 보라). 프레이저(J. G. Frazer, *The Golden Bough*, 2nd ed.(New York: Macmillan, 1911) 1:319-20에 이런 민화들이 많이 수집되어 있다. Page, *Folktales*, 74-78도 보라. 바람(그러니까 날씨까지도)을 제어하려는 시도에 대한 가장 오래된 그리스의 설화는 *Odyssey* 10.1-76에서 발견된다. 여기에서 오디세우스는 제우스가 바람을 맡는 청지기가 되게 한 아이올루스(Aeolus)에 대해 이야기한다. 오디세우스와 그의 선원들이 고향 이타카로 가는 뱃길의 안전을 제공하기 위해 아이올루스는 그에게 폭풍을 가두고 은줄로 맨 쇠가죽 부대를 주었고, 그 덕분에 오디세우스는 역풍을 만나지 않고 고향에 도달할 수 있었다. 그런데 이타카가 보이는 곳까지 왔을 때, 오디세우스가 잠이 든 동안 한 선원이 그 부대에 보물이 들어 있다고 생각하고 그것을 열었다. 그러자 풀려난 폭풍이 그들을 다시 아이올루스의 섬까지 되돌려 몰아갔고, 거기에서 그들은 냉담한 대우를 받았다.

1c "바람으로 하여금 땅에나 바다에나 각종 나무에 불지 못하게 하더라"(*ἵνα μὴ πνέῃ ἄνεμος ἐπὶ τῆς γῆς μήτε ἐπὶ τῆς θαλάσσης μήτε ἐπὶ πᾶν δένδρον* - 히나 메 프네에 아네모스 에피 테스 게스 메테 에피 테스 달라쎄스 메테 에피 판 덴드론). 아마 네 천사가 각각 사방 바람 하나씩을 억제하고 있는 것 같다. 그러나 바람이 불지 못하게 억제되어야 하는 이유는 분명하지 않지만, 아마 그 바람들이 어떤 무서운 해를 입히기 때문일 것이다. 엠페도클레스(Empedocles)의 조각으로 남

은 작품에서(Diels-Kranz, *FVS* 1:353, frag. B111), 그는 신인(神人)의 능력들을 말하는 것으로 보인다. "그대는 지침이 없이 땅에 부는 바람들을 멈추게 하기도 하고, 바람들을 불게 함으로 농지를 못 쓰게 만들기도 한다. 그리고 만일 하고자 하면, 바람들을 돌아오라고 불러모을 수도 있다." 2절에서 이 천사들은 땅과 바다를 해롭게 할 권세를 가지고 있는 것으로 묘사되는데, 아마 그 해는 그들이 억제하고 있는 바람들에서 나올 것이다. 1절에서와 달리 2절에서는 나무가 언급되지 않는다. 그러나 이 잠재적인 위험을 갖고 있는 바람들은 요한계시록의 다른 곳에서 다시 언급되지 않는다. 어떤 사람들은 이 장면을 세상에 각각 다른 재앙을 풀어 놓는 처음 네 인을 떼는 것과 짝을 이룬다고 생각한다. 매우 유사한 내용이 *2 Apoc. Bar.* 6:4-5(tr. A. F. J. Klijn in Charlesworth, *OTP* 1:622-23)에 나온다. "그리고 내가 보았으니, 보라, 네 천사가 그 성(즉 예루살렘) 네 모퉁이 서 있었으니, 그들은 각각 손에 불붙은 횃불을 들고 있었다. 그리고 다른 천사가 하늘로부터 내려와 그들에게 '너희 횃불을 들고 내가 너희에게 말하기 전에 불을 붙이지 말라'고 말했다." 웨이스(J. Weiss, *Offenbarung*, 72)는 재앙을 가져오는 네 바람을 억제하는 것을 앞의 여섯 인을 떼기에 앞서 십사만 사천 명을 인침으로 보호하는 것을 소개하는 과거 장면으로의 전환으로 해석한다. 그러나 본문에는 저자나 마지막 편집자가 요한계시록 7장을 그런 식으로 이해했음을 나타내는 지적이나 암시가 없다.

2a "또 보매 다른 천사가 살아 계신 하나님의 인을 가지고 해 돋는 데로부터 올라와서"(*καὶ εἶδον ἄλλον ἄγγελον ἀναβαίνοντα ἀπὸ ἀνατολῆς ἡλίου ἔχοντα σφραγῖδα θεοῦ ζῶντος* – 카이 에이돈 알론 앙겔론 아나바이논타 아포 아나톨레스 헬리우 에콘타 스프라기다 데우 존토스). 카이 에이돈(*καὶ εἶδον*)에 대해서는 5:1의 "주석"을 보라. 이 인은 더 자세히 설명되지 않으며(그러나 이 인은 무엇인가에 자국을 내는 반지 인장이나 원기둥 모양의 도장과 같은 물체로 추정된다), 또한 이 인은 3절에 설명되는 하나님의 종들의 이마에 치는 것도 아니다. 14:1에서 비로소 충성된 사람들의 이마에 어린양의 이름과 어린양의 아버지의 이름이 쓰여진다(스프라기제인[*σφραγίζειν*, "인치다"]이라는 용어는 사용되지 않는다)는 사실이 명백해진다. 적어도 요한계시록의 마지막 편집본에서 이 인은 14:1에 분명하게 언급되는 어린양과 그 아버지의 이름으로 이해되었다(3:12; 22:4을 보라; Dölger, *Sphragis*, 57를 보라). 이 장에서 스프라기스(*σφραγίς*, "인, 도장, 반지 인장", 7:2; 9:4)와 스프라기제인(*σφραγίζειν*, "인치다", 7:3, 4[2x], 5, 8)은 에스겔 9:4-6(CD 19:12에 인용된다); *Pss. Sol.* 15:6(세메이온 투 데우[*σημεῖον τοῦ θεοῦ*, "하나님

의 표"]); 9(세메이온 테스 아폴레이아스[σημεῖον τῆς ἀπωλείας, "멸망의 표"]); 4 Ezra 6:5; 8:53에서와 마찬가지로 종말론적 의미로 사용된다. 또한 요한계시록 9:4이 명확하게 나타내는 바와 같이, 이 곳에서 인은 하나님의 보호의 상징으로 사용된다. 요한계시록 9:4에서 황충들은 "오직 하나님의 인 맞지(이것이 요한계시록에서 스프라그-[σφραγ-] 용어들이 사용되는 유일한 다른 곳이다) 아니한 사람들만 해하라"는 지시를 받는다. 에스겔 9:4-6과 *Pss. Sol.* 15:6은 인침의 은유를 남은 자 개념의 맥락으로 사용한다. 묵시에서 인침 개념이 유행했다는 사실은 종말의 인침을 마치 잘 알려진 개념처럼 언급하는 4 Ezra 6:5에 의해 뒷받침된다. "죄인들의 음모는 아직 무효화되지 않았고, 충성이라는 보물을 축적한 사람들도 아직 하나님의 인을 맞지 않았다." 5 Ezra 2:38, 40에서는 인침의 개념이 충만한 수라는 주제와 결합된다.

> 깨어나라, 일어서라. 그리고 하나님의 표적을 몸에 지니고 하나님의 식탁에 앉은 사람들을 보라…시온이여, 너의 충만한 수를 받으라. 그리고 여호와의 율법을 신실하게 지킴으로 흰 옷을 입은 사람들의 명단을 마감하라.

창세기 4:15에는 저주의 상황에서 보호의 표(그 표의 본질은 알 수 없지만)를 나타내는 더 유사한 내용이 나온다. "여호와께서 그에게 이르시되 그렇지 않다 가인을 죽이는 자는 벌을 칠 배나 받으리라 하시고 가인에게 표를 주사 만나는 누구에게든지 죽임을 면케 하시니라"(Westermann, "Excursus: The Mark of Cain," in *Genesis* 1:312-14를 보라). 인의 보호 기능은 콥트 그노시스교의 논문 *Ap. John* 31.22-25(tr. J. M. Robinson, *Nag Hammadi*, 122)에 분명하게 제시된다. "그래서 나는 이 시간 이후로 사망이 그에게 권세를 갖지 못하게 하기 위해 그를 일으켜 물빛으로 그에게 다섯 개의 인을 찍었다." 마술적인 인침의 보호 또는 마귀를 쫓는 기능은 고대의 문서들, 그리고 부적과 다른 마술 용구들에 새겨진 명각에서 흔히 볼 수 있는 주제다. 아람의 마술 단지에 새겨진 명각에는 다음과 같이 쓰여져 있다. "첫째 아담이 아들 셋을 귀신들로부터 보호하기 위해 그에게 찍은 인"(Isbell, *Incantation*, text 16.3, p. 54). 이와 유사하게, *Acts Andrew* 27(편집: MacDonald, Acts)에서는 일곱 귀신이 안드레의 이마에 찍힌 인 때문에 그를 공격하지 않는다. 기독교의 주제들이 약간 첨가된 유대교의 주제들과 마술적인 표현들을 담고 있는 서머나에서 발견된 한 부적 앞면에는 "살아 계신 하나님의 인이여, 이것을 지닌 사람을 지키라"고 새겨져 있고, 뒷면에는 "재수 없는 자여, 떠나라. 천사 아라압과 솔로몬이 이것을 지닌 자에게서 너를 몰아낸다"라고 새겨져 있다(Goodenough, *Jewish Symbols* 2:231; vol. 3, fig. 1054). 솔로몬의 그림들과 스프라기스 데우(*σφραγὶς θεοῦ*, "하나님의 인")라는 명각을 담고 있는 다른 부적들에 대해서는 G. Schlumberger, "Amulettes Byzantines anciens destinés à combattre les maléfices & maladies," *REG* 5(1892) 84; P. Perdrizet, Sfragi:" *Σολομῶντο*", *REG* 16(1903) 42-61를 보라.

구약성경과 초기 유대교에는 여호와가 다른 왕들과 마찬가지로 인장을 갖고 있다는 의인화 개념이 존재했다(욥 9:7; Sir 17:22; *T. Mos.* 12:9; *Apoc. Moses* 42:1; see Ysebaert, *Greek Baptismal Terminology*, 246). 하나님의 인장(חותם – 호탐, 줄에 매어 목에 거는 원통형의 도장이나 반지에 박은 인장일 것이다)은 이스라엘의 왕을 나타내는 은유가 될 수 있다(렘 22:24; 학 2:23). *Pr. Man.* 3에 의하면, 하나님은 "무저갱(*τὴν ἄβυσσον* – 텐 아뷔쏜)을 막고 자신의 무섭고 영광스러운 이름으로 인치셨다(*σφραγισάμενος* – 스프라기싸메노스)." 아래에서 설명될 증거에 근거할 때, 사람들을 하나님의 인장 또는 반지 인장으로 인을 친다는 개념은 인이 인침을 받은 사람을 보호하거나 인침을 받은 악령을 제어하는 역할을 하는 고대 마술에서 나온 은유다.

인침과 반지 인장이라는 말은 고대의 마술에 자주 나온다. 고대의 마술에서 유대의 마술과 그리스-로마의 마술을 구분하기가 종종 어려운 이유는 유대의 마술이 그리스-로마의 마술에 엄청난 영향을 끼쳤기 때문이다. *PGM* VII.583은 "위대한 신의 능한 이름과 인장"(*ὄνομα τοῦ μεγάλου θεοῦ καὶ σφραγίς* – 오노마 투 메갈루 데우 카이 스프라기스)인 부적에 대해 말한다. 여기에서 카이(*καί*)는 아마 설명적 보족어로 "위대한 신의 능한 이름이나 인장"으로 번역될 수 있을 것이다. 이와 유사하게 *PGM* I.306과 III.226에서 호르키조 (세) 스프라기다 데우(*ὁρκίζω* [*σε*] *σφραγῖδα θεοῦ*, "내가 [너에게] 신의 인에 의거하여 엄명한다")는 아마 분명히 신의 이름(아마 마술 용구, 예를 들어 부적, 파피루스 등에 새겨졌거나 쓰여진)을 가리킬 것이다. 이 해석은 I.306과 I.309의 III.226의 "내가 만물의 영원한 신 아이온에 의거하여 너에게 엄명한다"와 III.229의 "내가 위대한 신 아폴로에 의거하여 너에게 엄명한다"에 나란히 나오는 육보격의(hexameter) 행들에 의해 시사된다. 따라서 스프라기스(*σφραγίς*)=오노마(*ὄνομα*)=데오스(*θεός*)라는 등식이 성립된다. 크라아벨(T. Kraabel)은 신의 이름들인 이아오 자오 아도니(*IAΩ ΣAΩ AΔΩNI*, 야오, 사바오트, 아도나이)가 삼행으로 거꾸로(*ΩAI ΩAΣ INΩΔA*) 쓰여진 월석 벽옥 반지석

(the Wilshere jasper ringstone, 약 주후 3년경)을 발표했다("Jews in Imperial Rome: More Archaeological Evidence from an Oxford Collection," *JJS* 30[1979] 50-55). 마술 표현들은 종종 마술 효과를 위해 거꾸로 쓰여진다(see J. Naveh, Lamp Inscriptions and Inverted Writing, *IEJ* 38 [1988] 36-43를 보라). 이 특별한 반지석은 아마 도장으로 사용될 때 신의 이름을 정확하게 날인하기 위해 거꾸로 새겨졌을 것이다. 이 신의 이름들은 마술 파피루스들에 종종 함께 나오지만(*PGM* III.266-67; IV.1485-86, 1534-35, 1561, 1621, 2315, 2326, 3053; VII.220, 311, 595-96), 궁극적으로 하나님의 히브리 이름들에서 유래한 것이다. 그런데 마술을 행하는 자들은 하나님의 이름들을 세 명의 신들로 생각했다. "야오"라는 이름은 특별히 중요하다. 왜냐하면 이 이름은 하나님의 언약의 이름으로 대개 "야웨"(여호와)로 발음되는 יהוה를 단축한 형태의 헬라어 음역이기 때문이다(Aune, "Iao," *RAC* 17:1-12를 보라).

『솔로몬의 유언』(*Testament of Solomon*), 유대교의 강한 영향을 나타내는 마술 보석들 그리고 유대 아람의 마술 단지들에서 유대의 마술에 나오는 인장들과 인침이 매우 두드러지게 사용된다. *T. Sol.* 1:6-7에 의하면, 솔로몬은 천사 미가엘을 통해 하나님께로부터 마술 반지를 받아 악령들을 지배하는 데 사용했다(유대 아람의 마술 단지에 기록된 글은 "솔로몬 왕의 인침"[ובחותמא דישלומו מלכא, Isbell, *Incantation*, 31-33]과 "솔로몬 왕의 인장 반지"[עיזקתא, Isbell, *Incantation*, 108]를 언급한다). 이 반지는 "하나님의 인"(*σφραγὶς τοῦ θεοῦ*-스프라기스 투 데우, 1:7; 10:6; 15:7)과 "하나님의 반지"(*ὁ δακτύλιος τοῦ θεοῦ*-호 다크튈리오스 투 데우, 7:3; 8:12; 10:7)로 언급된다. Josephus *Ant.* 8.47에 나오는 솔로몬의 반지는 *b. Giṭ* 68a에는 "그 이름(the Name)이 새겨진 반지"로 언급된다. 말을 타고 있는 솔로몬이 누워 있는 여자같이 보이는 인물을 창으로 찌르려고 하는 모습이 그려진 형태의 마술 보석 또는 부적이 있다. 이 기사는 종종 "솔로몬"으로 칭해지는데, 종종 그 뒷면에는 스프라기스 데우(*Σφραγὶς Θεοῦ*, "하나님의 인")라는 글자가 새겨져 있다(Bonner, *Magical Amulets*, 208-11; Delatte-Derchain, *Les intailles magiques*, nos. 369-73, 376-77[pp. 261-64]). 유대 아람의 마술 단지들은 이와 관련된 수많은 유사구를 갖고 있다. 텍스트 3.4(Isbell, *Incantation*, 21-22)에서는 "크신 하나님의 이름으로 그리고 샤다 엘의 위대한 인으로"(בשמיה דאלהא רבא ובחתמא רבא דשדא אל)라는 관용적인 문구가 발견된다. 여기에서 "인"이라는 용어는 "이름"이라는 용어와 비교되며, 이 두 용어가 동일함을 나타낸다(한 유사한 텍스트가 Isbell, *Incantation*,

4.1-2[p. 24]에 나온다). 유사하게 텍스트 48.4는 "엘 샤다이의 인장 반지로 인침을 받는"(חתיהין בעיזקתא דאל שׁדי)에 대해 말한다(12.11; Isbell, *Incantation*, 48-49를 보라). 이 말의 변형은 "거룩하신 이의 위대한 인으로 인침을 받는" 것이다(19.9; Isbell, *Incantation*, 62). 따라서 "인"(חתמא – 하트마)과 "인장 반지"(עזקא – 이즈카)는 동등하게 사용된다. 또 다른 명각에는 "말로 할 수 없는 이름(שׁם מפורשׁ – 쉠 메포라쉬)이 조각되고 새겨진 인으로"라는 말이 쓰여져 있다(Isbell, *Incantation*, 17.9[pp. 56-57]). 이런 인의 효과는 "그의 매듭은 풀 수 없고 그의 봉인은 뗄 수 없는 우주의 주님의 위대한 인"에 대해 말하는 텍스트 51:6-7에서 강조된다(Isbell, *Incantation*, 116). 초자연적 기원을 가지고 재앙들(פגעין – 페가인)을 막아 주는 인의 보호 기능은 텍스트 31:2-4에 다음과 같이 표현된다(Isbell, *Incantation*, 83).

> 모든 악한 재앙들(פגעין בישין – 페가인 비쉰), 모든 악령들, 괴물들, 모든 요괴들 그리고 모든 더러운 귀신과 해악자들을 막아 주는 세 개의 인장 반지로 인침을 받고 일곱 인으로 이중의 인침을 받은 마흘랖타(Mahlapta)의 아들 아다크(Adaq)의 집과 문지방에 너희가 가까이 하지 못하도록….

유대교와 초기 기독교 전통에서 하나님은 종종 "살아 계신 하나님"(**히**. 엘로힘 하임[אלהים חיים]; **헬**. 데오스 존[*θεός ζῶν*])으로 칭해지지만(퀴리오스[*κύριος*, "주"]라는 용어는 전혀 이런 식으로 사용되지 않는다), 요한계시록에서 이 어구는 이 곳 7:2에만 나온다(신 5:26; 수 3:10; 삼상 7:26; 왕하 19:4; 시 42:2[LXX 41:2]; 84:2[LXX 83:2]; 사 37:4, 17; 렘 10:10; 23:36; 단 6:20, 26; 호 1:10; LXX 신 4:33; LXX 에 6:13; 8:13; *Gk. 1 Enoch* 5:1; *T. Abra.* [Rec. A] 17:11; *Jos. As.* 8:5, 6; 11:10; *T. Job* 37.2; 마 16:16; 26:63; 요 6:69 [*var. lect.*]; 행 14:15; 롬 9:26; 고후 3:3; 6:16; 살전 1:9; 딤전 3:15; 4:10; 히 3:12; 9:14; 10:31; 12:22; *2 Clem.* 20:2; Hermas *Vis.* 2.3.2; 3.7.2; *Sim.* 6.2.2).

[2]b "땅과 바다를 해롭게 할 권세를 얻은 네 천사를 향하여 큰 소리로 외쳐" (*καὶ ἔκραξεν φωνῇ μεγάλῃ τοῖς τέσσαρσιν ἀγγέλοις οἷς ἐδόθη αὐτοῖς ἀδικῆσαι τὴν γῆν καὶ τὴν θάλασσαν* – 카이 에크라크센 포네 메갈레 토이스 테싸르신 앙겔로이스 호이스 에도데 아우토이스 아디케사이 텐 겐 카이 텐 달라싼). 요한계시록에는 특별한 천사들이 다른 천사들에게 명령을 발하는 두 개의 확실한 예가 나오는데(7:2; 14:18; 참조. 16:1), 아마 천사 계급의 가정을 반영한 것일 것이다. 부정과거 수동태 동사 에도데(*ἐδόθη*)는 신성한 수동태의 또 다른 예로서 하나

님께서 문제의 임무를 세 천사에게 부여하셨음을 나타낸다.

[3] "가로되 우리가 우리 하나님의 종들의 이마에 인치기까지 땅이나 바다나 나무나 해하지 말라 하더라"(*λέγων· μὴ ἀδικήσητε τὴν γῆν μήτε τὴν θάλασσαν μήτε τὰ δένδρα ἄχρι σφραγίσωμεν τοὺς δούλους τοῦ θεοῦ ἡμῶν ἐπὶ τῶν μετώπων αὐτῶν*-레곤 메 아디케세테 텐 겐 메테 텐 달라싼 메테 타 덴드라 아크리 스프라기소멘 투스 둘루스 투 데우 헤몬 에피 톤 메토폰 아우톤). 1인칭 복수 형태의 동사 스프라기소멘(*σφραγίσωμεν*, "우리가 인치다")은 수수께끼 같다. 왜냐하면 하나님의 인을 가지고 있는 천사 외에 또 누가 이 동사의 주어가 될 수 있는지 명확하지 않기 때문이다. 이 인은 9:4에서 네 번째 나팔 재앙으로부터 인 맞은 사람들을 보호하라고 분명하게 말한 하나님의 보호의 표적이다. "저희에게 이르시되 땅의 풀이나 푸른 것이나 각종 수목은 해하지 말고 오직 이마에 하나님의 인 맞지 아니한 사람들만 해하라 하시더라." 욥에게 죽지 않을 것이라고 약속한 다음에 사단이 그에게 고통을 주기 전에 천사가 욥에게 인을 치는 *T. Job* 5.1을 보라(B. Schaller, *Das Testament Hiobs*, JSHRZ 3.3[Gütersloh: Mohn, 1979] 330에 유사구들이 나온다). 인을 치는 또는 문신을 새기는 개념과 둘로이(*δοῦλοι*, "노예, 종들")라는 개념의 결합은 이 은유가 세상의 종들과 종교적 종들에게 문신을 새기는 동양의 관습에서 유래한 것임을 나타낸다(Dölger, *Sphragis*, 58). 이 절의 한 가지 중요한 문제는 동사 스프라기제인(*σφραγίζειν*, "인치다")이 기독교의 세례 또는 세례와 관련된 의식들의 복합체와 어떤 관계가 있는지를 결정하는 것이다(**부록 7A: 고대 세계에 표시와 낙인과 문신**을 보라). 7: 2-8의 "인침" 개념은 분명히 소유권을 나타내는 은유이지만, 기독교의 세례나 성령 받음을 나타내는 은유인 것 같지는 않다(Prigent, 120; Roloff [ET] 97; Giesen, 194의 견해와 반대). 프리겐트(Prigent), 롤로프(Roloff), 기센(Giesen)은 "인침"을 세례로, 십사만 사천 명을 그리스도인들로 해석하지만, "이스라엘 자손 열두 지파" 전체가 아니라 일부만이 인침을 받았다는 사실은 선택된 사람들만 인침을 받은 그 집단이 분명히 인침을 받지 못했으며, 따라서 그리스도인들일 수 없음을 의미한다. "인침"을 세례로 해석하기 위해, 이 학자들은 더 많은 "인침 받지 못한" 집단 중에서 십사만 사천 명을 인침 받은 것으로 제시하는 이 은유의 기본 성격을 무시해야 한다.

이 절은 성전이 더럽혀짐을 탄식하며 우는 사람들이 예루살렘을 멸망시키려고 하는 천사들에게서 해를 받지 않기 위해 이마에 표를 받는 칠십인역 에스겔 9:4의 인유다: 도스 토 세메이온 에피 타 메토파 톤 안드론(*δὸς τὸ σημεῖον ἐπὶ τὰ μέτωπα τῶν ἀνδρῶν*, "그 사람들의 이마에 표를 하라"). 이 표시가 중요한 이유는 하나님의 보호와 하나님의 소유권을 모두 나타내기 때문이다(Lampe, *Seal*, 16). CD(MS B) 19:10-12에는, 에스겔 9:4이 "작은 자들"과 "무리 중에 가난한 자들"로 칭하는 언약 공동체의 신실한 구성원들의 보호와 관련하여 언급된다(번역: P. R. Davies, *Covenant*, 257).

> 이들은 징벌의 때를 면하게 될 것이며, 남은 자들은 이스라엘의 메시아와 아론이 임할 때 칼에 던져질 것이다. 그가 에스겔의 손을 통해 "탄식하며 우는 자의 이마에 표하라"고 말씀하셨던, 첫 번째 징벌의 때에 그러했던 것처럼 (이 때도 그러할 것이다).

이사야 44:5은 적절한 유사 구절이다. "혹은 이르기를 나는 여호와께 속하였다 할 것이며 혹은 야곱의 이름으로 자칭할 것이며 혹은 자기가 여호와께 속하였음(칠십인역: 카이 헤테로스 에피그랖세이 투 데우 에이미[*καὶ ἕτερος ἐπιγράψει Τοῦ θεοῦ εἰμι*])을 손으로 기록하고 이스라엘의 이름으로 칭호하리라." 파인갠(J. Finegan, *Archaeology*, 224-25)은 타우(תו)와 함께 정관사의 사용이(위에서 인용한 CD [MS B] 19:12의 핫타이우[התיו]나 또는 투 데우[*τοῦ Θαῦ*]가 아킬라와 데오도션[Aquila and Theodotion]의 헬라어본에 나오는 것으로 말하는 Origen *Selecta in Ezech.* 9에서와 같이) 히브리어에서 X에 상당하는 문자 타우(ת)의 알파벳적 특징을 나타낸다고 주장한다(Gibson, *Inscriptions* 1:117-18에서 "Table of Scripts"를 보라). 브라운리(Brownlee, *Ezekiel*, 140)는 에스겔 9:4의 관련 어구를 "mark with an X the foreheads of people"(사람들의 이마에 X를 표시하라)이라고 번역한다. 에스겔 9:4은 *Pss. Sol.* 15:8, 10에도 영향을 끼쳤다. "의인들이 구원을 받도록 하나님의 표가 그들에게 있는 반면에, 죄인들에 대해서는 '멸망의 표가 그들의 이마에 있다'고 말씀한다." *b. Šabb.* 55a(번역: Epstein, *Talmud*)에서는 "의인들의 이마에 먹물 타우 표시"와 "악인들의 이마에 피의 타우 표시"가 언급된다. *b. Šabb.* 120b에서는 피부에 하나님의 이름이 쓰여진(כתב – 케타브) 사람들에게 목욕이 금지된다(*b. Yoma* 8a를 보라). Ysebaert, *Greek Baptismal Terminology*, 244를 보라. *T. Sol.* 17:4 (번역: Charlesworth, *OTP* 1:977)에 나오는 기독교의 가필 같아 보이는 다음과 같은 내용은 요한계시록 22:4의 인유가 반영된 것일지도 모른다.

> 그러므로 내가 그에게 "하늘과 땅의 하나님을 두려워하라. 그리고 어떤 천사에 의해 네가 좌절되는지 나에게 말하라"고 말했다. 그는 "구세주(처럼) 다시 오실 분이 나를 방해한다. 만일 그의 표시(*στοιχεῖον* – 스토이케이온)가 (사람의) 이마에 쓰여지면, 그것

이 나를 좌절시킨다. 그리고 그것을 무서워하기 때문에, 나는 재빨리 돌이켜 그로부터 도망친다. 그것은 십자가의 표적이다"라고 대답했다.

문지방에 희생양의 피로 표시한 이스라엘 백성에게 하나님의 보호가 주어졌다(출 12:7). 그래서 많은 사람들이 이 장에서 출애굽기의 심상을 발견했다. 이 인침이 십사만 사천 명을 보호하기 위함이라는 사실은 9:4을 볼 때 명백하다. 왜냐하면 9:4은 하나님의 인이 이마에 없는 자들만 다섯 번째 나팔에 의해 풀려나는 재앙들에 해를 받을 것이라고 분명하게 말하기 때문이다.

부록 7A: 고대 세계에서 표시와 낙인과 문신

참고문헌

Beskow, P. "Branding in the Mysteries of Mithras?" In *Mysteria Mithrae*, ed. U. Bianchi. Leiden: Brill, 1979. 487-501. **Dinkler, E.** *Signum Crucis*. Tübingen: Mohr-Siebeck, 1967. **Dix, G.** "'The Seal' in the Second Century." *Theology* 51(1948) 7-12. **Dölger, F. J.** "Profane und religiöse Brandmark und der Tiere in der heidnischen und christlichen Antike." *AC* 3(1932) 25-61. ______. "Die Sphragis der Mithrasmysterien." *AC* 1(1929) 88-91. ______. *Sphragis: Eine altchristliche Taufbezeichnung in ihrer Beziehungen zur profanen und religiösen Kultur des Altertums*. Paderborn: Schöning, 1911. ______. "Die religiöse Brandmarkung in den Kybele-Attis-Mysterien nach einem Texte des christlichen Dichters Prudentius." *AC* 1(1929) 88-91. ______. "Zum zweiten salomonischen Psalm." *AC* 1 (1929) 291ff. **Donfried, K.** *The Setting of Second Clement in Early Christianity*. NovTSup 38. Leiden: Brill, 1974. **Gustafson, W. M.** "*Inscripta in fronte*: Penal Tattooing in Late Antiquity." *CA* 16(1997) 79-105. **Heintze, H. von.** "Studien zu den Porträts des 3. Jahrhunderts nach 2 Chr." *MDAIRA* 64(1957) 69-91. **Heitmüller, W.** "*Σφραγίς*." In *Neutestamentliche Studien*. FS G. Heinrici. Leipzig: Hinrichs, 1914. 40-59. **Jones, C. P.** "*Stigma*: Tattooing and Branding in Graeco-Roman Antiquity." *JRS* 77(1987) 139-55. **Lampe, G. W. H.** *The Seal of the Spirit: A Study in the Doctrine of Baptism and Confirmation in the New Testament and the Fathers*. 2nd ed. London: SPCK, 1967. **Lilliebjörn, H.** *Über religiöse Signierung in der Antike, mit besonderer Berüchsichtigung der Kreuzsignierung, nebst einem Exkurs über die Apokalypse und die Mithras-Monumente*. Uppsala: Almquist & Wiksell, 1933. **Michaelis, W.** "Zeichen, Siegel, Kreuz: Ein Ausschnitt aus der Bedeutungsgeschichte biblischer Begriffe." *TZ* 12(1956) 505-25. **Ysebaert, J.** *Greek Baptismal Terminology: Its Origins and Early Development.* Nijmegen: Dekker & Van de Vegt, 1962.

스프라기스(*σφραγίς*)와 스프라기제인(*σφραγίζειν*)은 점토 또는 밀랍에 인장을 찍는 것을 나타내는 용어들이다. 인장은 사람에게도 찍을 수 있기 때문에 문신이나 낙인과 혼동될 수 있다. 스프라기스(*σφραγίς*)라는 용어는 인장과 인장에 의한 자국을 모두 나타낼 수 있다. 이 용어는 인장 소유자의 권세과 권위도 나타낸다. 종종 보석으로 만드는 인침에 사용되는 도구들(즉 원통형 도장이나 반지)은 권세의 상징으로 중요했다. 개인들, 신전들 그리고 도시들도 인장을 갖고 있었고, 심지어 신들도 인장들을 갖고 있었다. Orphica *Hymni* 34.26은 아폴로에 대해 "당신은 우주의 주인의 인(*σφραγῖδα*-스프라기다)을 갖고 있나이다"라고 말한다. 밀랍이나 점토에 찍은 인은 여러 가지 대상들에 붙여 그 대상들의 신빙성을 보증했다(예를 들어, 무게나 분량). 인침의 방식은 사람들과 관련되어 사용될 때 특별히 흥미롭다. 인장은 사슬이나 줄에 달아 목에 걸어 간직할 수 있었다(Xenophon *Vect.* 4.21). *signacuhum*이라는 단어의 언어유희는 *Acts of Maximilian* 2(번역: Musurillo, Acts)에서 발견된다.

> 디온(Dion)은 막시밀리안(Maximilian)에게 말했다. "군복무에 동의하고 군대의 인을 받으라." "나는 그 인을 받지 않겠다." 그가 대답했다. "나는 이미 나의 하나님이신 그리스도의 인을 갖고 있다."

여기에서 병사의 *signaculum*(=*σφραγίς*)은 납으로 된 정육면체(*tessera*) 또는 호부(*bulla*)에 압인된 군표다. 그러나 이것이 손, 이마 또는 목의 문신이나 낙인으로 군무의 표적, 서약의 표시 그리고 탈영 방지 기능을 갖고 있었다고 주장하는 학자들도 있다(Lampe, *Seal of the Spirit,* 11).

낙인이나 문신은 고대 세계에서 몇 가지 방식으로 사용되었다. (1) 야만인(그리스-로마인의 관점에서)의 관습으로, (2) 그리스인들과 후에 로마인들 중에 처벌이나 불명예의 표시로, (3) 로마 제국에서 소유의 표시로, (4) 일부 종교에서 제례의식으로, (5) 기독교 세례 또는 세례에 이어 성령의 은사를 전달하는 의식을 나타내는 용어로. 구약성경에서 문신(문신을 나타내는 전문 용어는 카아카[קַעֲקַע]였다)은 레위기 19:28에서 금지된다. 칠십인역에서 이 용어는 그람마타 스티크타(*γράμ-*

ματα στικτά, "문신된 글씨": 개역. "무늬")로 번역된다. 그러나 *b. Git.* 20b에 의하면, 해방된 종은 문신을(כתובת קעקע – 케토베트 카아카) 받을 수 있었다. 피부에 허용되는 표시와 허용되지 않는 표시는 *m. Mak.* 3:6(번역: Danby, *Mishnah*)에 나온다.

> 만일 어떤 사람이 (그의 피부에) 바늘로 찔러 글씨를 썼다면 (그는 죄가 있다). 만일 그가 피부에 글씨를 쓰되 바늘로 찌르지 않았다면, 또는 바늘로 찌르되 글씨를 쓰지 않았다면 그는 죄가 없다. 그러나 잉크나 눈을 화장하는 물감, 또는 영구히 표적을 남기는 무엇인가로 피부에 글을 쓰거나 찌르면 그는 죄가 있다. R. Simeon b. Judah는 R. Simeon의 이름으로 다음과 같이 말한다. (성경에) "몸에 무늬를 놓지 말라 나는 여호와니라"고 말씀하시기 때문에, (신의) 이름을 피부에 쓰지 않았다면 죄가 없다.

(1) 고대에 야만인들은 부족의 동일성을 위해 또는 종교적인 의미를 가진 소유권의 표시로 종종 문신을 했다(Strabo 7.5.4; Xenophon *Anab.* 5.4.32; Sextus Empiricus *Pyrhh.* 1.148; 3.202). 이런 관습을 경멸했던 그리스인들은 특별히 이런 행위를 트라키아인들과 관련시켰다(Herodotus 5.6; Cicero *De offic.* 2.7.25).

(2) 그리스인들은 문신을 주로 노예나 범죄자들의 처벌로 사용했는데, 이는 분명히 페르시아인들에게 배운 관습이었다. 따라서 문신은 불명예의 표적이었다(Ysebaert, *Greek Baptismal Terminology*, 190-91). 불순종하거나 도망친 노예들은 아마에 때로 낙인을 찍거나 문신을 했다(Gustafson, *CA* 16[1977] 81-85). Petronius *Satyricon* 103에서 유몰푸스(Eumolpus)는 엔콜피우스(Encolpius)의 두발과 눈썹을 밀어 버려야 한다고 생각한다. "그 다음에 나는 적절한 각인을 네 이마(*frontes*)에 찍어 네가 낙인 처형을 받은 노예들같이 보이게 할 것이다"(번역: LCL). 그 다음에 *Satyricon* 105에는 "트리파에나(Tryphaena)는 우리 이마의 표시가 정말로 죄수들의 낙인(*vera enim stigmata credebat captivorum frontibus*[*frons*가 얼굴이나 이마를 의미할 수 있음을 주의해 보라] *impressa*)이라고 생각하고 우리의 처벌에 대해 매우 슬프게 울었다"라는 구절이 나온다. Herodas 5.65-67, 77-79도 노예에게 이마에 문신을 새기는 것에 대해 말한다. "그가 이 각인을 그의 이마에 가질 때"(*ἐν τῷ μετώπῳ τὸ ἐπίγραμμ᾽ ἔχων τοῦτο* – 엔 토 메토포 토 에피그람 에콘 투토). 존스(C. P. Jones, *JRS* 77[1987] 140)에 의하면, stigma는 거의 항상 낙인이 아니라 문신을 나타낸다. 루시칸(Lucian, *Nigrinus* 27)은 그의 풍자에서 "제자들의 몸에 자비로운 쇠 자국을 남기면서" 그들에게 냉수 목욕과 채찍을 견디는 훈련을 시키는 철

학자들에 대해 말한다(번역: Jones, *JRS* 77[1987] 142). 고대인들에게 문신은 거의 언제나 형벌과 격하(문신은 대개 노예들에게 하는 것이었기 때문에 신분의 저하를 의미했다)의 표적이었고, 따라서 고대의 의술 문헌은 종종 문신을 지우는 문제를 다룬다(Jones, *JRS* 77[1987] 143). 의무를 태만히 하는 노예들에게는 종종 문신을 새겼다(Aristophanes *Birds* 760-61; *Frogs* 1508-14; Menander *Samia* 321-24; Petronius *Sat.* 103.2; Suetonius *Caligula* 27.3; Diogenes Laertius 4.46). 노예들은 이마, 얼굴 전체, 때로는 팔, 손 또는 발과 같은 신체 부분에 문신을 새겼다. 문신은 글씨로 이루어지는데, 아마 저지른 범죄를 기록했을 것이다. 플라톤(*Leges* 9.854D; 번역: LCL)을 보라: "신전을 도둑질하는 자가 만일 외국인이나 노예이면, 그에 대한 벌로 이마와 양 손에 낙인이 찍힐 것이다."

(3) 낙인은 소유권의 표시가 될 수도 있었다(Ysebaert, *Greek Baptismal Terminology*, 191-94). 소나 양에 소유자의 이름을 낙인 찍는 관습은 현대와 마찬가지로 고대에서도 흔한 일이었다. 이집트 엘레판틴의 유대인 거주지에서 발견된 서류의 증거에 의하면, 노예들의 팔에 아람 문자로 표시를 했다고 한다(A. Cowley, *Aramaic Papyri*, 28,2). *Pas. Sol.* 2:6은 포수 동안 유대인의 경험에 대해 다음과 같이 말한다. "자녀들은 가혹하게 사로잡혀 갔다. 그들의 목에 찍힌 인은 이방인들에게 구경거리였다."

(4) 레반트의(Levantine) 많은 종교들에서 문신은 신에 대한 헌신을 포함하는 종교적 의의를 갖고 있었다. 또한 문신은 소유권을 함축한 관습이었다(Ysebaert, *Greek Baptismal Terminology*, 194-96). 이사야 44:5은 말세에 일부 유대인들이 손에(개역. "손으로") 랴웨 아니(אני ליהוה – "나는 여호와께 속하였다"; 칠십인역: 투 데우 에이미[*Toû θεοû εἰμί*])라고 기록할 것이라고 예언한다. 헤로도투스(Herodotus 2.113.1)는 노예가 도망쳐 특별한 신전으로 피하여 스티그마타(*στίγματα*, "낙인"), 즉 헤오우톤 디두스 토 데우(*ἑωυτὸν διδοὺς τῷ θεῷ* – "신에게 바쳤다")라는 낙인을 받을 수 있다고 말한다. Lucian *De dea Syria* 59(번역: Attridge-Oden, *Goddess*)에서 저자는 히에라폴리스의 아타르가티스(Atargatis) 종교와 관련하여 "모든 백성이 표를 받는데, 어떤 사람들은 손목에, 어떤 사람들은 목에 표시한다. 이런 이유로 모든 앗시리아인들이 몸에 표를 지녔다"고 말한다. 기독교 시인 프루덴티우스(Prudentius)는 주후 4세기에 퀴벨레-아티스(Cybele-Attis) 신의 신비 의식들로 낙인이 실행되었다는 증거를 제시한다(Dölger, *AC* 1[1929] 88-91). 터툴리안(Tertullian, *De praescr. haer.* 40)은 미트라 신이 "자신의 군사들의 이마에 표시

를 한다"(*signat illic in frontibus milites suos*)고 주장하고, 쿠몬트(Cumont, *Mithra*, 157)는 미트라교의 입문자들이 이마에 낙인을 받는다고 추단한다. 미트라교에서 *miles*("군사")는 입문의 일곱 등급 중 하나다. 그러나 터툴리안의 주장을 확증하는 고고학적 증거는 없다(Vermaseren, *Mithras*, 145를 보라). 릴리에브죈(Lilliebjörn, *Signierung*, 62-78)은 모두 이마에 십자 또는 X표시가 있는 26개의 조각 작품들을 열거하고, 이들이 요한계시록 13:16-18의 해석과 직접적으로 관련된 이시스 또는 미트라 종교의 낙인들이라고 결론내린다. 그러나 베스코우(Beskow, "Branding," 487-501)는 이 대리석 흉상들의 이마에 있는 십자 또는 X표시가 만족하게 설명되지 않았지만, 릴리에브죈의 견해는 부정확하다고 주장한다.

(5) 최초의 기독교에서 세례와 성령을 받는 의식은 반드시 동일하지 않았다. 세례를 받은 사람들에게 행하는 세례 후의 성령 수여 의식은 몇 가지 방식으로 지칭된다. (a) "안수"(행 8:17 이하; 19:6; 히 6:2을 보라), (b) "기름부음"(고후 1:21-22; 요일 2:20, 27), (c) "인침"(고후 1:21-22; 엡 1:13; 4:30; *Testim. Truth* 69.10-11). Ysebaert, *Greek Baptismal Terminology*, 259-65를 보라. 고린도후서 1:21-22에 나오는 인침의 은유적 용법에서, 인을 치는 분은 바로 하나님이시다(*θεός, ὁ καὶ σφραγισάμενος ἡμᾶς*-데오스 호 카이 스프라기사메노스 헤마스, "저가 또한 우리에게 인치시고"). 이 구절에 나오는 인침의 은유를 해석하는 방법에는 적어도 두 가지가 있다. (a) 소유권의 표시, (b) 무엇인가를 승인 또는 확인하는 것(Ysebaert, *Greek Baptismal Terminology*, 265-66). 바울은 할례를 인침으로 언급하는데(롬 4:11), 이는 아마 유대교에서 이미 사용되고 있던 은유일 것이다(*Aramaic Levi* 2; J. C. Greenfield and M. E. Stone, "Remarks on the Aramaic Testament of Levi," *RB* 86[1979] 218를 보라). 둔(Dunn, *Romans* 1:209)은 이 은유가 유대교에서 널리 알려졌을 것이라고 생각하지만 바울 이전의 본문을 제시하지 못한다. 신자들은 하나님의 인침을 받고 하나님의 소유물이 된다(Ysebaert, *Greek Baptismal Terminology*, 265). 2세기 초에 그리스도인이 세례 때 받는 "인"(스프라기스[*σφραγίς*]와 스프라기제인[*σφραγίζειν*])은 세례를 나타내는 용어가 되었다. 하이트뮐러(Heitmüller, "*Σφραγίς*," 40)에 의하면, 세례를 스프라기스(*σφραγίς*)로 나타내는 가장 초기의 본문은 Hermas *Sim.* 8.6.3; 9.16.2ff.; 9.17.4; *2 Clem.* 7:6; 8:6이다. 그러나 이 본문들은 아마 더 애매한 듯하다. 왜냐하면 *2 Clem.* 7:6; 8:6에 나오는 스프라기스(*σφραγίς*)는 세례의 인을 언급하는 것으로 해석될 수 있지만(Dinkler, *Signum Crucis*, 109; Donfried, *Clement*, 125), 본래 인을 받게 되는 수단

으로서의 세례와 밀접하게 관련된 소유권의 표시(계 7:2-8에서와 마찬가지로)를 언급하는 데 사용되었을 수도 있다(Ysebaert, *Greek Baptismal Terminology*, 390). 인을 떼고 새롭게 인을 받을 가능성은 Hermas *Sim.* 8.6.3에 제시된다. Hermas *Sim.* 9.16.4에서는 분명히 인이 세례와 동일시된다: "그 인은 물이다"(*ἡ σφραγὶς τὸ ὕδωρ ἐστίν*—헤 스프라기스 토 휘도르 에스틴). 인침은 "하나님의 아들의 이름을 간직하는 것"으로 설명되기도 한다(Hermas *Sim.* 9.16.3). 헤마스의 족장들은 분명히 "물"을 "세례"로 이해했던 반면에, 그가 "그 인은 물이다"라고 설명해야 했다는 사실은 "인"이라는 용어의 이 사용이 새로웠음을 나타낸다(Ysebaert, *Greek Baptismal Terminology*, 391). 그는 소유권이라는 의미의 "인침"(계 7:2-8에 나오는 의미)과 성령으로 인침이라는 바울의 의미에서의 "인침"을 결합하여 세례의 "인침"이 되었다고 제안한다. 하이트뮐러는 분명히 요한계시록 7장에서 스프라기스(*σφραγίς*)가 세례에 대해 사용되었다고 확신하고, 이 견해에 대한 확증을 특별히 요한계시록 14:1에서 언급되는 십사만 사천 명이 이마에 어린양과 아버지의 이름을 지녔다는 사실에서 찾는다("*Σφραγίς*," 59). 여하튼 인의 이 새로운 의미=세례는 소아시아와 시리아에서 최초로 나타난다(*Acts Thom.* 26-27, 49-50, 87, 120, 131; Clement of Alexandria *Exc. ex Theod.* 80.3, 83; *Odes Sol.* 39.6 7; *Acts Pet.* 5; *Acts Paul* 25[*Pap. Heid.*, p. 28]; *Mart. Paul* 5; Irenaeus *Dem.* 3; 참조. Ysebaert, *Greek Baptismal Terminology*, 391-95). 세례는 그리스도의 이름에 호소하는 것을 수반하기 때문에 "인침"으로 해석될 수 있다(고후 1:22; 엡 1:13; 4:30; Hermas *Sim.* 8.6; *2 Clem.* 7:6; 8:6). 말시온(Marcion)에게 세례 의식은 목욕과 기름부음과 인침을 포함했다. (Tertullian *Adv. Marc.* 1.14.3; 1.28.3).

세례 상황에서의 스프라기스(*σφραγίς*)의 사용과는 별도로, 이 용어는 하나님의 아들의 이름을 나타내는 은유로도 사용되었다(Hermas *Sim.* 9.16.3-5; *Odes Sol.* 8:16ff.; 39.6-7; 참조. Ysebaert, *Greek Baptismal Terminology*, 408-9). 2세기 동안 세례 후에 십자가 표시를 사용하여 기름을 바르는 의식이 행해졌을 가능성이 있고(Ysebaert, *Greek Baptismal Terminology*, 412), 이렇게 하여 스프라기스(*σφραγίς*)라는 용어는 십자가 표시 대신 사용되었을 것이다.

4a "내가 인 맞은 자의 수를 들으니"(*καὶ ἤκουσα τὸν ἀριθμὸν τῶν ἐσφραγισμένων*—카이 에쿠사 톤 아리드몬 톤 에스프라기스메논). 이 말은 요한이 이 소리, 즉 인 맞은 사람들의 실제 숫자를 알게 된 방법을 설명하는 데 사용되는 문학적 장치다(참조. 9:16). 요한은 14:1-5까지 십사만 사천 명을 보지 못한다. 또한 분명

히 4-8절은 환상이 아니라 청각에 의해 이루어지는 내용이다. 이 단락은 십사만 사천 명의 인침을 이야기하는 것이 아니라 요한이 들었다고 주장하는 목록으로 이루어진다.

[4]b "이스라엘 자손의 각 지파 중에서 인 맞은 자들이 십사만 사천이니"(*ἑκατὸν τεσσεράκοντα τέσσαρες χιλιάδες ἐσφραγισμένοι ἐκ πάσης φυλῆς υἱῶν Ἰσραήλ* – 헤카톤 테쎄라콘타 테싸레스 킬리아데스 에스프라기스메노이 에크 파세스 필레스 휘온 이스라엘). 요한계시록에서 "이스라엘"이라는 용어는 이 곳과 21:12에만 퓔레/퓔라이 휘온 이스라엘(*φυλή/φυλαὶ υἱῶν Ἰσραήλ*)이라는 어구로 나온다. 이렇게 이 용어가 희귀하게 나온다는 사실은 진기하다. 왜냐하면 성경 이후의 유대 문헌에서 "이스라엘"은 주로 유대인들이 자신들을 말하는 칭호였기 때문이다(*Barnabas*에는 "이스라엘"이라는 용어가 14회 나오는 반면에, "유대인들"이라는 용어는 전혀 나오지 않는다; Hvalvik, *Struggle*, 140를 보라). 주로 비유대인들 중에서 사용된 유다이오이(*Ἰουδαῖοι*, "유대인들")라는 용어는 논쟁적인 문맥인 2:9; 3:9에만 나온다. 중복적인 어구 "…의 자손의 지파"는 탈굼에서 발견되는(*Targum Neofiti* (Tg. *Neof.* Num 1:5-15, 21, 29, 31, 35 등; 참조. McNamara, Tg. *Neof. Num.*, 7) 특징적인 부연이며, 칠십인역에서도 맛테 빼네(מַטֵּה בְנֵי, "…의 자손의 지파")의 번역으로 나온다(예를 들어, 창 10:32; 민 10:15, 16, 19, 20, 23, 24, 26, 27; 34:23, 24, 26, 27; 36:3; 수 19:8, 9, 16, 23). 인 맞은 사람들이 더 큰 무리의 부분이라는 사실을 중요하게 주목할 필요가 있다. 왜냐하면 십사만 사천 명의 확인에서 중요한 관계를 갖고 있는 요소가 되기 때문이다. 만일 이스라엘의 열두 지파를 문자적으로 해석한다면, 일부 유대인들을 다른 사람들과 구별하여 인침으로 특별하게 표시하는 것이다. 반면에 만일 이스라엘 열두 지파를 비유적으로 해석한다면, 일부 그리스도인들을 다른 사람들과 구별하여 인침으로 특별하게 표시하는 것이다. 문자적 해석은 남은 자 개념을 반영한다. 그리고 이 남은 자는 유대인의 남은 자들로 해석될 수도 있고 그리스도임이 됨으로 다른 유대인들과 갈라진 유대인들로 해석될 수도 있다(롬 11:7).

십사만 사천 명은 14:1-5에서도 언급된다. 그런데 이 숫자가 초기 유대교 문헌이나 초기 기독교 문헌의 다른 곳에 나오지 않기 때문에, 두 구절에서 이 숫자가 동일한 무리를 나타낸다는 것이 대체적인 추정이다. 그렇지만 십사만 사천 명이 누구를 나타내는가에 대해서는 크게 엇갈린다. (1) 이스라엘의 신실한 남은 자들, (2) 유대인 출신의 그리스도인들, (3) 기독교 순교자들, (4) 유대인들과 이방인들로 이루어지는 전체 그리스도인들, 즉 하나님의 이스라엘(엡 2:11-19), 또는 (5) 유대인들이 그들의 위치를 거부했기 때문에, 주로 이방인들로 이루어지는 그리스도인들. 신약성경의 몇몇 본문들이 그리스도인들을 "참 이스라엘"로 언급하고(갈 6:16; 벧전 2:9; Justin *Dial.* 11.5; 82.1), 야고보서 1:1은 그리스도인들을 "흩어져 있는 열두 지파"로 언급한다. 이그나티우스는 훨씬 더 나아가 유대의 족장들이 사실상 그리스도인들이었다고 말한다(Ignatius, *Phil.* 9:1). 십사만 사천 명은 분명히(5-8절에 열거되는) 12 x 12,000에 근거한 수이고, 아마 12 x 12 x 1,000을 계산함으로 도달한 수일 것이다. 이 수는 하나님의 백성이 이스라엘의 열두 지파와 십이 사도에 기초한다고 해석하는 기독교 종말론에 근거한 것으로 해석되어야 할 것이다(21:12-14을 참조하라). 이 목록의 몇 가지 특색에도 불구하고(부록 7B를 보라), 열두 지파의 열거는 구약성경과 초기 유대교에서 발견되는 이스라엘의 회복에 두어지는 큰 중요성을 반영한다(사 49:6; 63:17[모든 지파는 하나님의 소유다]; 겔 47:13, 21-23[새로운 토지 분배]; 48:30-35[열두 지파의 이름을 따라 명명되는 새 예루살렘의 문들]; 슥 9:1[모든 지파가 여호와를 우러러본다]; 4 Ezra 13:12-13, 39-49[열 지파]; Sir 36:10[시락은 그들의 회복을 위해 기도한다]; *Pss. Sol.* 17:26-28, 43-44; 1QM 2:2-3; 3:12-13[종말 전쟁에 태어난 열두 지파를 위한 군기들]; 3.14-15; 1QSa 1:15, 29; 이스라엘이 다시 모이는 것을 위한 기도는 *Shemoneh Esreh*[18기도]의 열 번째 기도에서 발견된다; *Ant.* 11.133은 메소포타미아의 열 지파 중 많은 생존자들에 대해 알고 있다). Maurer, "*φυλή*," *TDNT* 9:248-50; Rengstorf, "*δώδεκα*," *TDNT* 2:321-28; Volz, *Eschatologie*, 344-48, 398; Russell, *Apocalyptic*, 297-98도 보라. 열두 지파 각각에서 특별한 수의 사람들이 선택되는 것은 열두 지파로 계속되는 이스라엘 백성의 종말론적 회복이 이미 시작되었다는 사실을 전제한다. 따라서 문자적으로 해석할 때 7:4-8은 미래의 종말론적 사건에 대한 예기적 청취(a proleptic audition)다.

여기에 "이스라엘 자손의 각 지파"로 언급되고 이어 5-8절에 매우 이례적인 목록이 열거되는(부록 7B를 보라) 열두 지파는 종종 참 이스라엘로서의 기독교회에 대한 은유로 해석된다. 주후 1세기에 열두 이스라엘 지파가 존재하지 않았다고 주장하며 이 견해를 지지하는 일부 주석가들이 있다(Caird, 95; Boring, 129). 그러나 문제는 주전 1세기에 열두 지파가 실제로 존재했느냐는 것이 아니라, 사람들이 열두 지파가 존재한다고 생각했느냐는 것이다. 수많은 초기의 저자들이 명백히 열두 지파의 존재를 가정한다. 북왕국 열 지파의 포수로부터 150년 후에 기록된 에스겔

48:1-29은 열두 지파 각각의 분깃을 기술하고, 에스겔 48:30-35은 종말론적 예루살렘의 열두 문이 각각 열두 지파의 이름을 따라 명명된다고 기술한다. 열두 지파의 이름을 따라 종말론적 예루살렘의 열두 문을 명명하는 에스겔의 선례는 요한계시록 21:12-13에서, 또한 11QTemple 39:12-13; 40:11-14과 4Q*554* 2:12-3: 9 ("Description of the New Jerusalem" 본문들 중 하나)에서 다시 발견된다. 그리고 이 사실은 다시 모여 재통일되는 이스라엘의 이념이 종말론에서 갖고 있는 중심적 성격을 시사한다. *Letter of Aristeas*에 나오는 칠십인역의 기원에 대한 전설은 열두 지파 각각에서 6명씩을 뽑아 72명의 번역자들을 구성했다고 주장한다(*Ep. Arist.* 32, 39, 46; 참조. *Ant.* 12.39, 49, 56; Augustine, *City of God* 18.42). 부분적으로 열왕기하 17:23과 역대상 5:26에 근거하는, 유프라데스 동쪽에 열 지파 또는 아홉 지파와 반 지파(종종 므낫세는 반 지파로 간주된다)가 계속 존재한다는 전통은 초기 유대교 문헌의 여러 가지 문맥에 보존되어 있다. 요세푸스는 아시아에 두 지파가 존재한다고 언급하며 "유프라데스 강 건너에 그 수를 확인할 수 없이 많은 (*μυριάδες ἄπειροι καὶ ἀριθμῷ γνωσθῆναι μὴ δυνάμεναι* – 뮈리아데스 아페이로이 카이 아리드모 그노스데나이 메 뒤나메나이) 열 지파가 지금까지 존재한다"고 주장한다(*Ant.* 11.133). 동쪽으로부터 열 지파의 귀환이라는 종말론적 기대는 여러 유대교 본문들에 보존되어 있다(*Sib. Or.* 2.171; 4 Ezra 13:39 50; *T. Mos.* 4:9[이 오전(誤傳)된 라틴어 본문을 해석하는 방법들에 대해서는 Tromp, *Assumption*, 183-84를 보라]; *2 Apoc. Bar.* 77:17-26).

널리 퍼진 유대교 전승에 의하면, 종말에 이방인들은 이스라엘의 열두 지파에 의해 심판을 받는다고 한다(*T. Abr.* 13.6; 단 7:12; *Jub.* 32:19; Wis 3:8; 1QpHab 5:4). 마태복음 19:28(= 눅 22:30)의 Q진술에서 발견되는 열두 제자가 열두 지파를 심판할 것이라는 공관복음 전승은 이 전승과 관계가 있다. "내가 진실로 너희에게 이르노니 세상이 새롭게 되어 인자가 자기 영광의 보좌에 앉을 때에 나를 좇는 너희도 열두 보좌에 앉아 이스라엘 열두 지파를 심판하리라." 이스라엘 열두 지파의 존재는 다른 기독교 본문들에서도 언급된다. 사도행전 26:6-7에서 바울은 "하나님이 우리 조상에게 약속하신 것을 바라는 까닭이니 이 약속은 우리 열두 지파(*τὸ δωδεκάφυλον ἡμῶν* – 토 도데카퓔론 헤몬)가 밤낮으로 간절히 하나님을 받들어 섬김으로 얻기를 바라는 바"에 대해 말한다. 저스틴은 스가랴 12:10-12의 예언적 증거 구절을 언급하면서 그리스도의 재림 때 이스라엘 열두 지파가 통곡할 것이라고 단언한다(Justin, *Dial.* 126.2). 이레네우스는 예수께서 제자들을 열두 지파에게 보내셨다고 주장하고(Irenaeus, *Adv. Haer.* 1.20.2), 히폴리투스는 예수께서 열두 지파에서 제자들을 택하셨다고 생각했다(Hippolytus, *Ref.* 5.3). 이레네우스와 히폴리투스에서 발견되는 초기 형태의 한 전승이 *Barn.* 8:3에 나온다. "이스라엘 열두 지파가 있기 때문에, 그 지파들에 대한 증거로 열두 명이 있다." 주후 150년에 기록된 *Protevangelium Jacobi*에도 열두 지파에 대한 언급이 몇 번 나온다(1.1, 3; 6.2).

5 "유다 지파 중에 인 맞은 자가 일만 이천이요"(*ἐκ φυλῆς Ἰούδα δώδεκα χιλιάδες ἐσφραγισμένοι* – 에크 퓔레스 유다 도데카 킬리아데스 에스프라기스메노이). 이 관용 어구는 민수기 1장의 이스라엘 지파의 인구 조사에 대한 문맥에 열두 번 반복되는(21, 23, 25절 등) 에크 테스 퓔레스(*ἐκ τῆς φυλῆς*, "지파의")라는 어구(에크[*ἐκ*] + 속격은 분리의 속격이다)에 근거한 것으로 보인다(참조. 민 26:1-56의 두 번째 인구 조사). 그 차이는 이 곳의 일만 이천 명이 각 지파의 더 많은 수의 구성원들 중에서 표를 받는 반면에, 민수기 1장의 다양한 통계 숫자는 군복무에 적절한 나이인 20살 이상의 남성들의 실제 숫자를 나타낸다는 것이다. 비록 이어지는 목록이 구약성경이나 초기 유대교 문헌에서 발견되는 지파들의 목록을 따르지 않지만(이 사실에 근거하여 Ladd, 114-15는 이 지파들이 사실상 이스라엘을 나타내지 않는다는 엉뚱한 주장을 한다), 서쪽에서 시작하여 동쪽으로 이동하게 지리적으로 배치된 지파들의 목록에는 유다 지파가 최초로 언급된다(민 34:19-28; 수 21:4-7; 대하 12:23-37). 여기에 유다가 먼저 배열된 이유는 메시아가 유다 지파에서 나왔기 때문이라는 데 대체적으로 동의한다(Swete, 98; Charles, 1:194, 208; Mounce, 169; Beasley-Murray, 43). 그러나 이 사실이 이 목록의 기독교적 성격을 확실히 하는 것은 아니다. 왜냐하면 유다 지파는 군대의 진영 순서에서도 맨 먼저 나오기 때문이다(민 2:3; 7:12; 10:14). 아마 이는 다윗 왕조의 지파로서 유다 지파의 중요성 때문인 것 같다. 유다는 초기 유대교의 지파 목록에도 맨 먼저 나오는데, 아마 유다가 다윗 계보의 메시아 지파이기 때문일 것이다(Ps.-Philo *Bib. Ant.* 25:4, 9-13). 쿰란 공동체는 "유다"라는 지칭을 자신들을 나타내는 실제적인 방법으로 사용했다(Schwartz, *RevQ* 10[1981] 435-46를 보라). 스미스(C. R. Smith, *JSNT* 39 [1990] 115-16; id., *JETS* 38[1995] 215-16)는 이 지파 목록이 기독교화된 것으로, 아마 목록 맨 앞에 나온 레위 지파를 저자가 유다 지파로 바꿨을 것이라고 주장하며, 그 이유로 저자가 아마 어린양을 유다 지파의 사자 메시아로 언급했기 때문이라고 한다. 그러나 전통적인 목록에 레위 지파가 맨 먼저 나오는 것을 요한이 수정했다는 스미스의 주장은 거의 고려할 만한 가치가 없다.

6 단 지파가 이 목록에 나오지 않고 분명히 므낫세와 대치되는 것은 이채롭다(구약성경의 지파 목록에 종종 나오지 않는 레위 지파가 7b절의 명단에 포함되는 것을 주목하라). Ps.-Philo *Bib. Ant.* 25:4의 지파 목록에는 단과 므낫세가 나오지 않지만(분명히 원문의 훼손 때문이다), 25:9에는 나온다. 이 단과 므낫세의 대체에 대해 가능한 이유들이 제안되었다. (1) 단 지파는 구약성경(창 49:17; 삿 18:30; 렘 8:16)과 초기 유대교에서 부정적인 평판을 얻었다(*Vitae Proph.* 3.17-20에서 에스겔 선지자는 율법을 지키는 사람들을 박해한 이유로 단과 갓 지파에 대한 심판을 선언한다). 그러나 초기 유대교의 블랙리스트에는 오르지 않았다. 즉 초기 유대교 문헌에 나오는 많은 열두 지파 목록 중 어디에도 단 지파는 빠지지 않는다(예외는 우연한 탈락인 Ps.-Philo *Bib. Ant.* 25:4이다). 뿐만 아니라 메시아의 어머니가 단 지파일 것이라는 전승도 있다(*Gen. Rab.* 97.9; ed. Theodor-Albeck). "이분은 두 개의 지파에서 나올 다윗의 자손 메시아이시니, 곧 그의 아버지는 유다 지파 출신이고 그의 어머니는 단 지파 출신이다." (2) 단 지파는 배교 지파로 생각되었다(Str-B, 3:804-5). 이것은 (1)에 나오는 성경 구절에서 언급된 내용이 성경 이후 시대에 발전된 전설이다. *T. Dan* 5:4-8은 단 지파의 배교를 예언한다. 그러나 5:9-13에서는 그들의 회복도 예언된다. (3) 적그리스도는 단 지파에서 나올 것으로 예상되었다(Bousset, *Antichrist*, 26, 171-74; K. Berger, *Daniel-Diegese*, 101[기독교 묵시록들에 나오는 단과 적그리스도의 관계에 대한 추가적인 언급들과 함께]; C. R. Smith, *JETS* 38[1995] 217). 그러나 이 전설의 가장 오래된 언급들은 이레네우스 5.30.2에서 발견된다. 그는 예레미야 8:16을 주석하면서 동쪽의 단 지파에서 적그리스도의 출현에 대한 예언으로 해석했다("이것도 묵시록[즉 요한계시록]에서 이 지파가 구원받은 사람들과 함께 계수되지 않는 이유다"). 그리고 힙폴리투스(Hippolytus *de Ant.* 14.5-6)는 "그리스도께서 유다 지파에서 나신 것처럼 적그리스도는 단 지파에서 태어날 것이다"라고 말한다. 힐(Hill, *JTS* 46[1995] 99-117)은 이 전설이 이레네우스에 처음 나오지만 상당히 오래되었을 것이라고 말한다. 이 전설은 유대교 자료에서는 발견되지 않는다. 따라서 부쎄트(Bousset, *Antichrist*, 171-74)의 주장에도 불구하고, 이 전설은 기독교 이전의 것이라고 생각할 수 없다. 이레네우스와 힙폴리투스의 견해는 요한계시록 7:8의 해석에 영향을 끼쳤다. Andreas *Comm. in Apoc. ad* 7:8과 16:12을 참조하라. "적그리스도는 히브리 혈통의 단 지파가 있는 페르시아 동쪽 지역에서 나올 것 같다." (4) 이 열두 지파의 명단은 열두 사도의 명단과 부분적으로 동화되었다. 열두 사도의 명단에서 맛디아가

유다를 대신한 것처럼, 므낫세가 단을 대신했다(C. R. Smith, *JSNT* 39[1990] 115-16). (5) 샌더슨(Sanderson, *Scripture* 3/4[1948] 114-15)은 "단"(*Δάν*)이 필사자의 실수로 탈락되어, 생략형 만(*Μαν*[아쎄 -*ασσῆ*])이 "단"(*Δάν*)을 대신했다고 추측한다. (6) 그러나 가장 단순하고 있음직한 해명은 지파의 수를 12에 맞추기 위해 단을 뺐다는 것이다(Bauckham, *JSNT* 42[1991] 113).

8절에서 요셉 지파와 나란히 므낫세 지파를 언급한 것은(아래를 보라) 독특하며 설명을 요구한다. 구약성경의 지파 명단에서 므낫세는 항상 에브라임과 짝을 이룬다. 왜냐하면 둘 다 요셉의 아들이기 때문이다(그리고 레위가 빠지는 이유는 의미심장한 수 12를 보존하려면 조정이 필요했기 때문이다). *Barn.* 13:4-6에서는 기묘한 해석이 발견되는데, 여기에서 에브라임과 므낫세, 노인과 청년은 각각 기독교와 유대교를 대표하며, 이와 관련하여 므낫세를 명시적으로 해석한다. 보크햄(Bauckham, *Neot* 11[1988] 221-22)은 "요셉"의 이름이 "에브라임"과 연관되는 에스겔 37:16, 19(15-28절에 북왕국과 남왕국의 재결합에 대한 예언에 나오는 구절)을 지적하며, 종말론적 이스라엘의 재결합된 지파들의 명단에서 "요셉"이 "에브라임"을 대신하는 적합한 지칭임을 시사할 것이라고 말한다. 4QpMNah 3-4 ii 2, 8에는 에브라임이라는 이름이 부정적이며 상징적으로 사용되는 예가 나온다. 즉 에브라임은 "아첨을 구하는 자들", 바리새인들과 동일시된다(Horgan, *Pesharim*, 181). 이 단 한 구절의 빈약한 근거로, 고랜슨(Goranson, *DSD* 2[1995] 80-85)은 에브라임의 이름이 빠진 것은 저자가 인침을 받은 예정된 선민들 중에서 바리새인들을 제외시키는 것을 의미한다는 납득할 수 없는 주장을 한다. 반면에 일부 랍비 전승들(아마 하드리안 왕조 이전의)에 에브라임에 대한 매우 긍정적인 평가가 있다. 이 평가는 에브라임(또는 요셉)의 메시아가 유다의 메시아에 우선할 것으로 기대한다. 그 때문에 바르 코크바(Bar Kokhba)를 에브라임의 메시아로 여기는 사람들이 있었다(Heinemann, *HTR* 68[1975] 1-15; Pietrantonio, *RevistB* 44[1982] 1-64를 보라).

[7] 레위는 인습적인 토지 할당을 소유하지 않았다는 단순한 이유로 구약성경의 이스라엘 지파 명단에서 종종 빠진다. 열두 지파에서 레위의 자리는 요셉이 빠진 자리와 함께 요셉의 두 아들 에브라엠과 므낫세가 차지했다. 군대 등록부(구약성경에서는 군대를 위한 인구 조사에 레위가 분명히 빠진다; 민 1:49; 2:33; 26:1-51; 참조. 대상 21:6) 같은 이 문맥에 "레위"의 이름이 나오는 것은 독특해 보인다. 그러나 일반 인구 조사에는 레위도 포함된다(민 3:14-39; 26:57-62). Bauckham, *Neot* 22[1988] 222를 보라. 1QM 1:2; 2:2에 묘사되는 종말 전쟁에는 레위 지파도

다른 지파들과 마찬가지로 참가한다.

[8] 요셉 지파는 8절에 언급되는 반면에, 므낫세 지파는 6절에 미리 언급되었다. 대개 요셉 지파는 빠지고, 지파의 총수를 항상 열둘로 지키기 위한 다른 수정들과 병행하여 요셉의 자리에 에브라임과 므낫세가 들어간다. 이 구절은 민수기 13:4-16과 유사한 것 같다. 그 곳에서 에브라임 지파는 8절에 나오고, 11절은 해설 식으로 "요셉 지파 **곧 므낫세 지파에서는**"이라고 말한다. 요한계시록 7:8에서 저자는 사실상 요셉 지파로 에브라임 지파를 의미했을 수도 있다.

부록 7B: 요한계시록 7:4-8에 나오는 지파들의 순서

참고문헌

Bauckham, R. "The List of the Tribes in Revelation 7 Again." *JSNT* 42(1991) 99-115. **Geyser, A.** "The Twelve Tribes in Revelation: Judean and Judeo-Christian Apocalypticism." *NTS* 28(1982) 388-99. Gray, **G. B.** "The Lists of the Twelve Tribes." *Expositor* ser. 6, 5(1902) 225-40. **Smith, C. R.** "The Portrayal of the Church as the New Israel in the Names and Order of the Tribes in Revelation 7.5-8." *JSNT* 39(1990) 111-18. **Winkle, R. E.** "Another Look at the List of Tribes in Revelation 7." *AUSS* 27(1989) 53-67.

7:4-8에 나오는 이스라엘 지파들의 순서는 무엇으로 결정되는가? 구약성경에는 순서나 전후 관계에서 요한계시록 7:4-8의 목록과 정확하게 일치하는 이스라엘 자손들이나 이스라엘 지파들의 명단이 없다. 그러나 또한 주목해야 할 사실은 구약성경에 정확하게 순서나 수에서 일치하는 이스라엘 지파들의 목록이 거의 없다는 것이다. 이 사실이 나타내는 의미는 비록 목록의 순서나 내용에서는 일치를 기대할 수 없지만, 요한계시록에 나오는 목록의 특별한 순서를 설명하는 것이 가능할 수도 있다는 것이다. 구약성경에는 이스라엘 아들들이나 지파들의 명단이 몇 가지 나온다(창 35:22b-26; 46:8-27; 출 1:2-4[요셉은 내용 전개를 위해 빠진다]; 민 1:4-15; 13:4-16). 최초의 명단은 창세기 35:22b-26에서 발견된다(*Jub.* 33:22와 Ps.-Philo *Bib. Ant.* 8:6에서 재구성된다).

A. 레아의 아들들

1. 르우벤
2. 시므온
3. 레위
4. 유다
5. 잇사갈
6. 스불론

B. 라헬의 아들들
7. 요셉
8. 베냐민

C. 빌하(라헬의 여종)의 아들들
9. 단
10. 납달리

D. 실바(레아의 여종)의 아들들
11. 갓
12. 아셀

이런 명단들에서 레아의 여섯 지파는 비교적 변하지 않는데, 예외는 민수기 1:5-15과 13:2-14에서와 같이 레위의 탈락과 요셉 대신 에브라임과 므낫세의 포함이다.

민수기 1:5-15	**민수기 13:4-14**
1. 르우벤	1. 르우벤
2. 시므온	2. 시므온
3. 유다	3. 유다
4. 잇사갈	4. 잇사갈
5. 스불론	5. 에브라임
6. 에브라임	6. 베냐민
7. 므낫세	7. 스불론
8. 베냐민	8. 요셉(즉 므낫세)
9. 단	9. 단
10. 아셀	10. 아셀

11. 갓	11. 납달리
12. 납달리	12. 갓

이 순서는 창세기 29-30장(*Jub* 28:17-24; 32:3에서 재구성되는)에 나오는 전통적인 출생 순서에 의해 결정되지 않는다.

A. 레아의 아들들
  1. 르우벤
  2. 시므온
  3. 레위
  4. 유다

B. 빌하(라헬의 여종)의 아들들
  5. 단
  6. 납달리

C. 실바(레아의 여종)의 아들들
  7. 갓
  8. 아셀

D. 레아의 아들들
  9. 잇사갈
  10. 스불론

E. 라헬의 아들들
  11. 요셉
  12. 베냐민

야곱의 축복에는 다른 순서가 나온다(창 49장). (1) 르우벤, (2) 시므온, (3) 레위, (4) 유다, (5) 스불론, (6) 잇사갈, (7) 단, (8) 갓, (9) 아셀, (10) 납달리, (11) 요셉, (12) 베냐민. 그러나 모세의 축복에는 또 다른 명단이 나온다(신 33장). (1) 르우벤, (2) 유다, (3) 레위, (4) 베냐민, (5) 요셉, (6) 스불론, (7) 잇사갈, (8) 갓, (9) 단, (10) 납달리, (11) 아셀(시므온은 생략되는데, 아마 유다 지파에 흡수되어 독자적으로 존재하지 않게 되었기 때문일 것이다; 창 49:5-7; Ps.-Philo

Bib. Ant. 25:9-13을 보라). 두 개의 다른 열두 지파 목록은 에스겔 48장의 열세 지파의 토지 분배를 이야기하는 문맥에서(48:1-29), 그리고 열두 지파의 이름을 따라 명명되는 열두 문의 목록에서 발견된다(48:30-35). 여기에는 에브라임과 므낫세 대신 요셉이 언급된다.

초기 유대교 문헌들인 Jublees, 11QTemple(24: 39-41, 44-45), Ps.-Philo *Biblical Antiquities*(여섯 개의 목록: 8:6; 8:11-14; 10:3; 25:4; 25:9-13; 26:10-11), 그리고 역대기 기자, 데메트리우스(두 개의 동일한 목록, frag. 2; Eusebius *Praep. evang.* 9.21.3-10, 17)에서 열두 지파의 이름과 순서 목록들이 발견된다.

그레이(Gray)에 의하면, 요한계시록 7:5c-6은 자리가 바뀌었기 때문에 8절 후로 복원하면 전체 목록의 의미가 통한다고 한다. (1) 유다, (2) 르우벤, (3) 시므온, (4) 레위, (5) 잇사갈, (6) 스불론, (7) 요셉, (8) 베냐민, (9) 갓, (10) 아셀, (11) 납달리, (12) 므낫세.

9a "이 일 후에 내가 보니 보라 아무라도 능히 셀 수 없는 큰 무리가"(*Μετὰ ταῦτα εἶδον, καὶ ἰδοὺ ὄχλος πολὺς ὃν ἀριθμῆσαι αὐτὸν οὐδεὶς ἐδύνατο* – 메타 타우타 에이돈 카이 이두 오클로스 폴뤼스 혼 아리드메사이 아우톤 우데이스 에뒤나토). 이 말은 7:4과 의도적인 대조를 나타낸다. 왜냐하면 7:4에서 저자는 이스라엘 자손의 지파 중에 인 맞은 사람들의 수가 십사만 사천 명이라는 소리를 들었기 때문이다. 7:4-8의 십사만 사천 명을 7:9-17의 셀 수 없는 큰 무리와 동일시하면서 일부 학자들은 저자가 십사만 사천 명의 숫자를 듣지 못했다면 그들이 셀 수 없을 것같이 보였을 것이라는 설득력 없는 주장을 했다(Giesen, 193). 그러나 7:4-8은 환상이 아니라 귀로 들은 말이다. 즉 저자는 인 맞은 사람들을 보았다고 주장하는 것이 아니라 단지 그들의 수를 들었다고 말하는 것이다. 이 무리는 7:14에서 큰 환난을 겪은 사람들로 확인된다. 그들이 어린양의 피로 옷을 씻었다는 말은 그들이 분명히 그리스도인들이고 순교자들일 가능성을 시사한다(Bousset[1906] 280; Lohmeyer, 70-72). 그러나 순교자의 가능성을 부정하는 주석가들도 있다(Wellhausen, *Analyse*, 12; Holtz, *Christologie*, 73-74). 콤블린(Comblin, *AsSeign* 66[1973] 42-49)과 뷰캐넌(Buchanan, 193-95)은 이 무리를 흩어진 유대인들로 생각하는 매우 소수의 주석가들 중에 속한다. 네로의 박해에 대한 기술에서 타키투스(Tacitus, *Annals* 15.44)는 네로하에서 "막대한 수"(*multitudo ingens*)가 유죄 선고를 받고 처형되었다고 주장한다. 타키투스의 이 어구는 분명히 막연한 의미를 갖고 있다. 리비(Livy)에 나오는 "매우 큰 군중"(*ingens multitude*)에 대해서는 4.33.2; 5.7.2;

9.23.16; 34.29.5를 보라. 그리고 *multitude ingens*에 대해서는 2.39.9를 보라. *1 Clem.* 6:1은 무명의 순교자들을 "큰 무리의 선택 받은 사람들"(*πολὺ πλῆθος ἐκλεκτῶν*–폴뤼 플레도스 에클렉톤)로 나타내는 반면에, 저스틴(Justin, *1 Apol.* 15.7)은 그리스도인들을 총체적으로 "셀 수 없는 군중"(*τὸ ἀναρίθμητον πλῆθος*–토 아나리드메톤 플레도스)이라고 말한다. 셀 수 없는 큰 무리에 대한 강조는 의도적으로 앞의 4절에 나오는 십사만 사천 명이라는 특별한 수와 대조를 이룬다. 또한 이 강조는 비록 10절의 더 큰 무리가 아마 4-8절에 열거되는 보다 작은 무리를 포함하지만, 두 무리가 동일하지 않음을 시사한다.

이 셀 수 없이 큰 무리는 아브라함에 대한 약속의 성취를 나타낸다. 그런데 아브라함에 대한 약속은 다음과 같은 두 개의 다른 양상을 갖고 있다. (1) **셀 수 없이 많은 자손**, "땅의 티끌같이", "하늘의 뭇별같이", "바닷가의 모래같이"(창 13:16; 15:5; 16:10["내가 네 자손으로 크게 번성하여 그 수가 많아 셀 수 없게 하리라"]; 22:17-18). 이 약속은 이삭에게(창 26:4), 그리고 야곱에게(창 28:14; 32: 12) 되풀이된다. 이 약속 또는 이 약속의 성취는 후에도 자주 되풀이된다(출 32: 13; 신 1:10; 10:22; 28:62; 삼하 17:11; 왕상 3:8; 4:20; 느 9:23; 사 10:22; 48:19; 51:2; 호 1:10[MT 2:1]; Sir 44:21; *Jub.* 13:20; 18:15; 25:16; 27:23; *Ladder of Jacob* 1:10; Pr Azar 1:13; *T. Abr.*[Rec. A] 1:5; *Gk Ap. Ezra* 3:10; 1Q*20*=1QGenesis Apocryphon 21:13; 롬 9:27[사 10:22의 인용]; 히 11:12). (2) **아브라함이 열국의 아비가 될 것이라는 약속**(창 17:4-6, 16). 이 약속도 이삭과 야곱에게 되풀이되고(창 28:14; 32:12; 35:11; 48:19), 후의 문맥들에서 간혹 발견되며(Sir 44:19), 이 약속은 특별히 기독교 저자들에 의해서 강조된다(롬 4:16-18; Justin *Dial.* 11.5; 119.4; Tertullian *De monogamia* 6; *Adv. Marcionem* 4.34; 5.3 [2x]). Norelli, *Aug* 22(1982) 285 312; Westermann, *Verheißung*, 138-43를 보라. 간혹 인구 조사는 하나님께서 아브라함에게 하신 셀 수 없이 많은 자손의 약속과 모순되는 것으로 생각되었다(대상 27:23; Ps.-Philo *Bib. Ant.* 14:2; 참조. 대상 21:1-6). 이 구절은 아브라함에 대한 약속이 성취되었음을 암시한다. 그러나 아브라함의 육체적 자손을 통해 성취된 것은 아니다. 아브라함에 대한 약속의 영적 해석은 로마서 9:6-13에서 발견된다. 갈라디아서 3:16에서 바울은 아브라함의 "자손"이 그리스도를 의미한다고 해석한다.

분명히 수백만에 이르는 이 무리의 거대한 규모가 눈길을 끄는 이유는 주후 1세기 말경에 유대인과 이방인들로 이루어진 그리스도인들이 그렇게 많을 수 없었기 때문이다. 주후 1세기에서 3세기 동안 로마 제국의 그리스도인의 수를 견적하려는 시도들은 증거 불충분으로 인해 큰 차이를 보인다. 잔(Zahn, 372)은 (부분적으로 행 21:20에 근거하여) 주후 58년경에 팔레스타인에 70,000명에서 75,000명 사이의 유대인 그리스도인들이 있었다고 견적했다. 라이크(B. Reicke, *New Testament Era*, 302-4; 참조. Elliott, *I Peter*, 63-64)는 주후 67년에 약 40,000명의 그리스도인들이 있었고, 세기의 변환기에는 총 320,000명 정도의 그리스도인들이 있었는데, 그 중에 80,000명은 소아시아에 살았다고 견적했다. 이 부풀려진 숫자들과 대조적으로, 윌큰(R. L. Wilken)은 1세기 말경에 로마 제국의 40 내지 50개의 도시들에 50,000명 이하의 그리스도인들이 살고 있었다고 계산한다(*The Christians as the Romans Saw Them*[New Haven: Yale UP, 1984] 31; W. H. C. Frend, *The Rise of Christianity*[Philadelphia: Westminster, 1984] 968도 이런 견해를 갖고 있다). 하틀링(L. von Hartling)은 3세기 말경에 로마 제국에 약 2백만 명의 그리스도인들이 있었다고 견적하고("Die Zahl der Christen zu Beginn des 4. Jahrhunderts," *ZKT* 68[1934] 34-52), 폭스(R. L. Fox)는 주후 250년경에 로마 제국의 기독교 인구는 로마 제국 인구의 약 2퍼센트였다고 계산한다(*Pagans and Christians*[New York: Knopf, 1989] 317). 반면에 맥멀렌(R. MacMullen)은 주후 300년경에 기독교 인구가 대략 5백만 명이었다고 계산한다(*Christianizing the Roman Empire*[New Haven: Yale UP, 1984] 32-33, 135-36 n. 26). 하르낙(A. von Harnack)은 기독교 시대의 처음 몇 세기 동안 기독교 인구의 규모에 대한 고대 증거를 모아서 어떤 특별한 수적 판단 없이 검토했고(*Die Mission und Ausbreitung des Christentums in den ersten drei Jahrhunderten*, 4th ed.[Leipzig: Hinrichs, 1924] 2:529-52, 948), 보다 최근에는 그랜트(R. M. Grant, *Early Christianity and Society*[New York: Harper and Row, 1977] 1-12, with bibliography on 193-94)가 같은 연구를 했다.

9b "각 나라와 족속과 백성과 방언에서"(*ἐκ παντὸς ἔθνους καὶ φυλῶν καὶ λαῶν καὶ γλωσσῶν*－에크 판토스 에드누스 카이 필론 카이 라온 카이 글로쏜). 이 말은 4-8절에 언급된 단일 민족 이스라엘을 구성하는 부족들에서 선택된 십사만 사천 명과 의도적으로 대조된다. 아브라함에 대한 약속은 두 가지 형태를 취한다. 즉 셀 수 없이 많은 자손들의 약속과 아브라함이 열국의 아비가 될 것이라는 약속이다(7:7a의 "주석"을 보라). 9a절은 전자를 암시하는 반면에, 9b절은 후자를 언급한다(창 17:4-6; 35:11; 48:19; 롬 4:16-18; Justin *Dial.* 119-20; 참조. *Ant.* 4.115-16). 기독교회의 국제적인 성격을 강조하여 유사하게 사회적, 민족적 집단들의 포

괄적인 열거는 요한계시록에 몇 번 더 나오는데, 그 순서에는 차이가 있다(5:9; 10:11; 11:9; 13:7; 14:6; 17:15; 5:9의 "주석"을 보라). 이 강조는 대개 의인들을 이스라엘 내에 국한된 집단으로 정의하는 유대 묵시 문학의 격식을 벗어난 것이다. 이 표현의 기원이라고 할 수 있는 다니엘서에서 유사한 내용이 몇 곳 발견된다(3:4, 7, 29[칠십인역 96]; 5:19; 6:25[칠십인역 26]; 7:14). 스토아 철학의 창시자인 제노(Zeno, Plutarch *De fort. Alex.* 6)는 사람들이 다른 도시들에서 다른 집단으로 생활하지 않고 공동 생활을 해야 한다고 주장했다고 한다.

9c "보좌 앞과 어린양 앞에 서서"(*ἑστῶτες ἐνώπιον τοῦ θρόνου καὶ ἐνώπιον τοῦ ἀρνίου*－헤스토테스 에노피온 투 드로누 카이 에노피온 투 아르니우). 여기에서 호 드로노스(*ὁ θρόνος*, "보좌")는 하나님의 이름의 완곡 표현 역할을 한다(4:10; 8:3도 보라). "그리고 보좌 앞에"라는 어구는 요한계시록의 마지막 단계에 저자에 의해 추가된 것 같다(하나님을 언급한 다음에 "그리고 어린양"을 추가하는 다른 부언들에 대해서는 7:10; 22:1, 3을 보라).

9d "흰 옷을 입고 손에 종려 가지를 들고"(*περιβεβλημένους στολὰς λευκὰς καὶ φοίνικες ἐν ταῖς χερσὶν αὐτῶν*－페리베블레메누스 스톨라스 류카스 카이 포이니케스 엔 타이스 케르신 아우톤). 흰 옷은 6:11; 7:13에서도 언급된다. 3:4에서 엔 류코이스(*ἐν λευκοῖς*, "흰 [옷]")는 사데에 옷을 더럽히지 않은 사람들에 대한 상이며 3:5에 다시 반복되는 상이다. 요한계시록에서 흰 옷은 하늘의 존재 또는 하늘에 어울림을 상징하는 것 같다(Ulfgard, *Feast*, 85). 흰 옷은 절기 행사 동안 입었고(전 9:8), 하나님을 포함하는 초자연적 계시자 또는 하늘의 존재들이 입는 것으로 생각되는 옷의 전형적인 색깔이었다(단 7:9; 2 Macc 11:8; *1 Enoch* 14:20; *T. Levi* 8:2; 마 17:2=막 9:3=눅 9:29; 마 28:3; 막 16:5; 요 20:12; 행 1:10). 종려 가지는 고대 메소포타미아 세계 전체에서 승리의 상징이었던 반면에, 이집트에서는 생명의 기간과 사후의 생명을 상징했고, 유대교에서는 초막절을 암시하기도 했다(Meshorer, *Jewish Coins*, no. 161). 또한 종려 가지는 축복을 상징하기도 했던 것 같다(Zazoff, *Gemmen*, 301를 보라). 종려 가지는 "승리"를 의미하는 환유(metonymy)로 사용되었다. 수쎄(Sousse, 튜니지아) 박물관에 소장된 한 모자이크 그림은 네 마리의 호랑이가 끄는 병거에 탄 디오니수스/박카스가 옆에 날개가 달린 승리의 여신을 거느리고, 손에 박카스의 지팡이(thyrsus)가 아니라 종려 가지를 들고 있는 모습을 묘사하고 있다(M. Simon, *La Civilisation de l'Antiquité et le Christianisme*[Paris: Arthaud, 1972] plate 33). 승리와 종려의 관계는 매우 가까워서 승

리의 여신 니케(Nike)의 조각상들은 "종려의 여신 모습"(*palmaris deae facies*)의 환유로 묘사될 수 있다. Apuleius *Metamorphoses* 9.4에서 이시스 여신은 "승리의 종려 잎들"(*palmae victricis*)로 짠 샌들을 신은 것으로 묘사된다. "승리의 비너스"(*Venus Victrix*)는 종려 가지를 들고 있는 것으로 묘사된다(Zazoff, *Gemmen*, 334; plate 104, 5). 올림픽의 승리자들은 승리를 상징하는 종려 가지를 받았다(Pausanias 8.48.1-2). Hermas *Sim.* 8.2.1에서 의인들은 면류관과 종려 가지로 상을 받는다. 참종려 나무(*phoenix dactylifera*)는 지중해 북부 연안 토산이 아니었기 때문에, 그 곳에서 자라면 열매를 맺지 못했다. 주전 1세기의 의사이며 약리학자였던 디오스코리데스(Dioscorides)는 이집트에서 자란 대추야자(*phoenix dactylifera*)의 약효에 대해 논하고(*Materia medica* 1.109.1-2; ed. Wellmann, *Pedanii* 1:102), 또한 그리스와 터키에서 발견되는 둠 종려(doum palm, 포이닉스 데바이카이[*φοῖνιξ θηβαικαί*, *hyphaene coriacea*])에 대해서도 논한다(1.109.2-3; ed. Wellmann, *Pedanii* 1:102). *Quaest.* conv. 8.4(723A-724F)에서 플루타크와 그의 친구들은 종려 가지(*ὁ φοῖνιξ* -호 포이닉스)가 모든 체육 행사의 승리자에게 수여되는 이유를 풀기 위해 부심한다. 로마인들은 주전 약 292년에 이 관습을 차용하여 로마에서 열리는 경기들의 승리자에게 상으로 수여했다(Livy 10.47.3). 버질(Vergil, *Aeneid* 6.111)은 *palmae, pretium victoribus*("승리자의 상, 종려 잎")를 언급한다. 주전 293년 후에 승리한 로마 장군들은 개선식을 할 때 종려 무늬의 겉옷(*toga palmata*)을 입었다(Livy 10.7.9). 터툴리안(Tertullian, *Scorpiace* 20)은 종려를 승리의 표로 확인한다. 1 Macc 13:51에 의하면, 시몬 하스모니안(Simon Hasmonean)이 예루살렘으로 승리의 입성을 할 때 종려 가지들이 사용되었다.

> 찬미하며 종려나무 가지(*βαΐων*-바이온)를 가지고 하프와 심벌즈와 현악기들을 들고 찬송을 부르며 예루살렘 성으로 들어갔다. 왜냐하면 큰 적이 격파되어 이스라엘에서 제거되었기 때문이다.

2 Macc 14:4를 보면 알키무스(Alcimus)라는 이름의 전에 제사장을 하던 자가 시리아 왕 데메트리우스 1세 소테르(Demetrius I Soter, 주전 187-150년)에게 아마 승리한 왕의 상징으로 금관과 종려 가지를 바치고, 시몬 하스모니안은 데메트리우스 2세 니카토르(Demetrius II Nicator, 주전 161-125년)에게 유사한 예물을 바쳤다(1 Macc 13:36-37). 유대의 동전에 당시의 통치자의 이름과 함께 종려 가지가 나오는 빈도는 이것들이 면류관과 마찬가지로 즉위하는 왕을 상징했다는 사실을 시사

한다(Meshorer, *Jewish Coins*, nos. 6, 21, 24, 40, 46, 48, 49, 66-74, 160). 요한복음 12:13에서 군중은 종려 가지를 흔들고(막 11:8=마 21:8에서처럼 나뭇가지를 베어 길에 펴는 것이 아니라) "호산나 찬송하리로다 주의 이름으로 오시는 이 곧 이스라엘의 왕이시여"라고 외치면서 예수의 예루살렘 입성을 환영했다. 여기에서도 종려 가지는 분명히 승리를 상징한다(Schnackenburg, John 2:374-75를 보라). *Lev. Rab.* 30(Str-B, 2:789)에 의하면, "우리는 누가 승리자인지 모르지만, 누군가가 그 손에 종려 가지를 들고 있으면 우리는 이것으로 그가 승리자라는 것을 안다." 이상의 인용문들은 종려 가지가 초기 유대교의 승리의 상황에 승리를 상징하는 데 사용될 수 있었다는 사실을 입증하며, 요한계시록 7:9에서 종려 가지를 승리의 상징으로 해석하는 사람들이 정확하다는 사실을 시사한다(Charles, 1:211; Prigent, 124). 데이스만(Deissmann, *Bible Studies*, 370; 참조. K. Berger et al., *Hellenistic Commentary*, no. 942)은 요한계시록 7:0-10에 도움이 되는 유사 구절로 카리아의 스트라토니케아(Stratonicea in Caria)의 한 비문을 인용하는데(*CIG* 2:2715, lines 8-10), 그 비문은 "흰 옷을 입고 감람나무 가지 관을 쓰고 감람나무 가지를 손에 들고" 불류테리온(*bouleuterion*)에서 찬송을 부르는 책임을 맡은 30명의 귀족 소년들을 언급하고 있다. "지더(zither, 현이 30-40개 있는 기타 비슷한 현악기) 연주자들과 한 명의 의전관이 동반하는 이 소년들은 디오메데스의 아들 서기관 소산드로스가 작곡한 찬송가를 부를 것이다." 축제에 흰 옷과 종려 가지를 사용하는 것은 그리스, 로마 세계에서뿐만 아니라 근동에서도 승리를 의미한다. 부쎄트는 데이스만이 그리스의 종교적 관습들에서 발견한 유사점들을 강조하는 것이 불필요한 일이라고 말한다([1906] 284-85). 종려 가지를 승리의 상징으로 해석하는 것에 대한 중요한 반박은 이 의미가 주로 이교적인 의미라는 것이다(Kraft, 128; Ulfgard, *Feast*, 90). 그러나 위에서 검토된 본문들에 의하면, 종려 가지가 그리스, 로마 세계에서만 승리의 상징이라는 생각은 문제가 있다.

이집트에서 종려 가지는 생명의 길이를 상징했고, 장례의 상황에서는 사후 생명의 상징이었다(Wallert, *Die Palmen*). "시간의 지배자"인 토트(Thoth)는 생명의 길이를 상징하는 종려 가지를 들고 있는 것으로 묘사된다(Wallert, *Die Palmen*, 101ff.). 또한 장례 행렬로 미라를 운반할 때 미라의 가슴에 종려 가지를 올려 놓기도 했다. 고린도 근처 켄크레아이(Cenchreae)에 설치된 Apuleius *Metamorphoses* 11.9에 그려진 이시스 여신을 공경하는 행진에는 다섯 명의 제사장이 흰 세마포 옷을 입고 그 중의 한 명이 황금 잎이 달린 종려 가지와 헤르메스의 지팡이(caduceus)를 들고 있다. 아누비스(Anubis, 이집트의 죽음의 신이며, 미라 제작과 묘지의 신)도 종종 이 두 가지 물건을 들고 있는 것으로 묘사된다(Griffiths, *Isis -Book,* 198 -200; Witt, *Isis,* 199를 보라). 승리의 상징으로 종려 가지는 그리스 세계, 아마 주전 7세기의 델로스(Delos)에서 비롯된 것 같다. 그리고 로마 시대에만 종려 가지는 이 의미를 가지고 이집트에서 발견된다(Wallert, *Die Palmen,* 103-4).

유대인들은 초막절 의식들과 관련하여 종려 가지를 들고 예루살렘 성전 주위를 돌다가 성전 안으로 들어갔다. 그러므로 요한계시록 7:9의 종려 가지를 그 의식과 관련해서 해석할 수 있다(Ulfgard, *Feast,* 89-92). 초막절 동안 의식으로 갖고 간 나뭇가지 다발(sheaf)은 룰라브(לולב, 문자적인 의미는 "종려 가지"이지만, 실제로 레 23:40에 따라 한 다발로 묶은 종려, 도금양, 버드나무 가지들로 이루어졌다; *m. Sukk.* 3:1-8; Draper, *JSNT* 19[1985]137를 보라)라고 칭했다. 느헤미야 8:15에 의하면, 감람나무, 야생 감람나무, 도금양, 종려 가지들이 초막절을 지키는 오두막을 짓는 데 사용되었다. 요세푸스(*Ant.* 3.245; LCL tr.)는 초막절을 지키는 사람들이 "페르세아(persea) 열매와 종려 가지(*κράδη φοίνικος*-크라데 포이니코스)와 함께 도금양과 버드나무를 손에 들고 온다"고 말한다(13.372를 보라). 플루타크는 초막절을 논하면서(*Quaest.* conv. 4.6.2, 671E) 이 절기를 "가지들의 행렬"(*κραδη-φορία*-크라데포리아)로 묘사한다. 이 행렬에서 유대인들은 각각 뒤르소스(*θύρ-σος*는 유대인들이 축제 기간 동안 가져오는 종려, 도금양, 버드나무 가지들의 묶음을 나타내는 헬라어다)를 가지고 성전으로 들어왔다. *Jub.* 16:31는 후기의 초막절 의식을 아브라함의 관례로 회고한다(Charlesworth, *OTP* 2:89).

> 그리고 아브라함은 종려나무 가지와 식용 나무 과일들을 취하여 매일 가지들을 들고 제단 주위를 돌곤 했다. 하루에 일곱 번씩, 아침에 그는 모든 일에 대해 하나님을 찬양하며 감사를 드렸다.

10 "큰 소리로 외쳐 가로되 구원하심이 보좌에 앉으신 우리 하나님과 어린양에게 있도다 하니"(*καὶ κράζουσιν φωνῇ μεγάλῃ λέγοντες ἡ σωτηρία τῷ θεῷ ἡμῶν τῷ καθημένῳ ἐπὶ τῷ θρόνῳ καὶ τῷ ἀρνίῳ*-카이 크라주신 포네 메갈레 레곤테스 헤 소테리아 토 데오 헤몬 토 카데메노 에피 토 드로노 카이 토 아르니오). "그/그녀 문체"(*er-Stil*)의 이 짧은 승리의 외침(*Siegesruf,* Deichgräber, *Gotteshymnus,* 53-54; 참조: Westermann, *Praise,* 90-93)은 하나님의 종말론적 승리에 대한 예시적 축하다. 헤 소테리아 토 데오(*ἡ σωτηρία τῷ θεῷ*)와 가까운 유사구는 랴웨 하예

슈아(ליהוה הישועה, "승리는 여호와께 속한다", 시 3:9; 욘 2:9; 참조. *TDOT* 6:458)에 나온다. 대개 "구원"으로 번역되는 소테리아(*σωτηρία*)는 반드시 종교적인 용어가 아니지만 요한계시록에서는 종말론적 승리와 밀접하게 관련되며, 여기에서는 박해로부터의 "구원" 또는 박해를 극복하는 "승리"를 나타낸다. 부쎄트는 헤 소테리아 토 데오(*ἡ σωτηρία τῷ θεῷ*)가 시편 3:9과 요나 2:9과 유사한 히브리어식 표현이라고 주장하지만(랴웨 하예슈아[ליהוה הישועה]; 참조. 칠십인역 시 3:9, 투 퀴리우 헤 소테리아[*τοῦ κυρίου ἡ σωτηρία*]; 참조. 계 12:10과 19:1), 위의 두 구절에는 모두 토 데오 헤몬(*τῷ θεῷ ἡμῶν*)이 아니라 투 데우 헤몬(*τοῦ θεοῦ ἡμῶν*)이 나온다(Bousset [1906] 285). 약간 먼 유사구는 *Pss. Sol.* 10:8; 12:6에서 발견되는 투 퀴리우 헤 소테리아(*τοῦ κυρίου ἡ σωτηρία*, "주님의 구원")이다. 그러나 이 구문을 히브리어식 표현으로 생각할 필요는 없다. 왜냐하면 이 구문은 단순하게 소유의 여격으로 해석될 수 있기 때문이다. 따라서 이 소유의 여격 구문은 "구원이 하나님께 속한다" 또는 "승리는 하나님께 속한다"로 가장 잘 번역될 수 있다(소유의 속격이 12:10; 19:1에서 같은 식으로 사용된다). 여러 가지 속성들이 여격으로 하나님 또는 그리스도에게 돌려지는 송영들에 동일한 구문이 나온다(예를 들어, 계 1:5b-6; 4:9; 5:13; 7:12; 참조. 19:1). 반면에 소테리아(*σωτηρία*)는 야슈아(יְשׁוּעָה)의 자주 나오는 의미 "승리"(출 14:13, 30; 15:2; BDB, 447; *TDNT* 7:976; *TDOT* 6:450-51)에 근거한 의미론적 히브리어식 표현으로 해석될 수도 있다. 많은 주석가들이 이 견해를 주장한다(Eichhorn 2:96; Bousset[1906] 342; Charles, 1:326; Beasley-Murray, 202; *TDNT* 7:998; BAGD, 801; Bauer-Aland, 1598; Caird, 100-101; Turner, *Style*, 153). 이 어구는 *m. Sukk.* 4:5(McKelvey, *New Temple*, 163)에 의하면 초막절에 사용된 시편 118:25의 인유일 것이다. 여기에서 "구원"은 환난으로부터의 구원을 말하는 것이다. 그리고 이 구원은 자기 종들의 이마에 인을 치심으로 그들을 보호하신 하나님께 속하는 것이다.

11a "모든 천사가 보좌와 장로들과 네 생물의 주위에 섰다가"(*καὶ πάντες οἱ ἄγγελοι εἱστήκεισαν κύκλῳ τοῦ θρόνου καὶ τῶν πρεσβυτέρων καὶ τῶν τεσσάρων ζῴων*—카이 판테스 호이 앙겔로이 헤이스테케이산 퀴클로 투 드로누 카이 톤 프레스뷔테론 카이 톤 테싸론 조온). 세 종류의 하늘 존재들, 즉 가장 떨어져서 보좌를 에워싸고 있는 천사들로 시작하여 그 다음에 장로들, 그리고 마지막으로 네 생물이 열거된다. 동사 헤이스테케이산(*εἱστήκεισαν*, "그들이 섰다")은 하나님의 보좌를 에워싸고 있는 천사들에게만 적용되고(요한계시록에서 천사는 절대로 앉아

있는 것으로 묘사되지 않는다), 다른 곳에서는 앉아 있는 것으로 묘사되는(4:4) 장로들이나 자세가 전혀 묘사되지 않는 네 생물들에게는 적용되지 않는다. 천사들이 하나님 앞에서 서 있다는 묘사는 천사들에게는 무릎이 없어서 앉을 수 없다는 유대의 전설에 대한 의식을 암시한다(*y. Ber.* 2c; *Gen. Rab.* 65.21[ed. Theodor-Albeck, *Midrash*, 738]; 참조. Gruenwald, *Apocalyptic*, 66-67). 이 전설은 분명히 에스겔 1:7에 나오는 "그 다리는 곧고"(ורגליהם רגל ישרה-웨라글레헴 레겔 예솨라)에 근거한 것이다. 유대의 전통에는 하나님 앞에서 아무도 앉는 것이 허용되지 않는다는 견해가 있었다(4Q*405* 20 ii 2[Newsom, *Songs*, 303-9를 보라]; *b. H*|*ag.* 15a; *3 Enoch* 16). 그러나 요한계시록의 이십사 장로들은 예외다(4:4의 "주석"을 보라). 셀 수 없는 큰 무리는 보좌 앞에 서 있는 것으로 묘사된다(9절). 또한 그들은 천사들을 둘러싸고 있다고 전제되는 것으로 보인다. 가장 가까운 유사구는 수많은 천사들이 네 생물 및 장로들과 함께 하나님의 보좌 주위에 둘러선 것으로 묘사하는 요한계시록 5:11에서 발견된다.

11b "보좌 앞에 엎드려 얼굴을 대고 하나님께 경배하여"(*καὶ ἔπεσαν ἐνώπιον τοῦ θρόνου ἐπὶ τὰ πρόσωπα αὐτῶν καὶ προσεκύνησαν τῷ θεῷ*-카이 에페산 에노피온 투 드로누 에피 타 프로소파 아우톤 카이 프로쎄퀴네산 토 데오). 하나님의 보좌 앞에 부복하는 하늘 존재들의 경배에 대한 이 주제는 주로 이십사 장로들에게 국한된다(4:10; 5:14; 11:16; 19:4). 여기에서는 보좌를 에워싸고 있는 천사들과 네 생물이 장로들에게 동참하는 반면에, 5:8에서는 네 생물이 이십사 장로들과 함께 경배한다(그러나 5:8에서 경배의 대상은 하나님이라기보다는 어린양이다).

12 "가로되 아멘 찬송과 영광과 지혜와 감사와 존귀와 능력과 힘이 우리 하나님께 세세토록 있을지로다 아멘 하더라"(*λέγοντες· ἀμήν, ἡ εὐλογία καὶ ἡ δόξα καὶ ἡ σοφία καὶ ἡ εὐχαριστία καὶ ἡ τιμὴ καὶ ἡ δύναμις καὶ ἡ ἰσχὺς τῷ θεῷ ἡμῶν εἰς τοὺς αἰῶνας τῶν αἰώνων· ἀμήν*-레곤테스 아멘 헤 율로기아 카이 헤 독사 카이 헤 소피아 카이 헤 유카리스티아 카이 헤 티메 카이 헤 뒤나미스 카이 헤 이스퀴스 토 데오 헤몬 에이스 투스 아이오나스 톤 아이오논 아멘). 이 절은 일곱 개의 찬양의 술어를 갖고 있는 송영을 구성한다. 도입의 "아멘"은 10절에 나오는 승리의 노래에 대한 응답 역할을 한다(Bousset[1906] 285; Lohmeyer, 71; Deichgräber, *Gotteshymnus*, 45; Boring, *Sayings*, 132-33). 여기에서 일곱 가지 속성은 하나님께 돌려지는 반면에, 5:12에서는 어린양에게 돌려지는 유사한 일곱가지 속성이 나온다(그 곳의 "주석"을 보라). 이 송영에 사용되는 속성들 중 네 가지(율로기아[*εὐλο-*

γία], 소피아[σοφία], 유카리스티아[εὐχαριστία], 이스퀴스[ἰσχύς])는 요한계시록 4: 9; 5:12의 송영에만 나온다(Deichgräber, *Gotteshymnus*, 59). 요한계시록에서 이 곳에서만 발견되는 하나님께 돌려지는 지혜는 신약성경의 다른 곳에서도 나오지만(눅 11:49; 고전 1:24; 2:7), 요한계시록 5:12에서는 어린양에게 돌려진다. 호 데오스 헤몬(ὁ θεὸς ἡμῶν, "우리의 하나님")이라는 어구는 요한계시록에 아홉 번 나온다(4:11; 5:10; 7:10, 12; 12:10[2x]; 19:1, 5, 6).

13a "장로 중에 하나가 응답하여 내게 이르되"(καὶ ἀπεκρίθη εἷς ἐκ τῶν πρεσβυτέρων λέγων μοι – 카이 아페크리데 헤이스 에크 톤 프레스뷔테론 레곤 모이). 카이 아페크리데(καὶ ἀπεκρίθη)는 말하지 않는 질문에 대한 응답이 아니라(Bousset[1906] 285; Beckwith, 544; Charles, 1:212) "말하기 시작하다"라는 의미의 히브리어 동사 아나(ענה)의 용법을 반영하는 것으로, 이미 일어난 어떤 일을 언급한다(칠십인역 사 14:10; 칠십인역 슥 1:10; 3:4; 마 11:25; 12:38; 15:15; 17 :4; 22:1; 28:5; 막 9:5; 10:24; 11:14; 12:35; 15:12; 눅 14:3; 요 2:18; 5:7; 행 3:12; BDB, 773; Thayer, *Lexicon*, 63; BAGD 93를 보라). 여기에서 카이 아페크리데…레곤(καὶ ἀπεκρίθη…λέγων, "그리고 그가 응답하여…이르되"; 요한계시록에서는 이 곳에서만 발견되는 관용구이지만 복음서들과 사도행전에는 다양한 형태로 흔히 나온다)이라는 어구는 히브리어 어구 와야안 레모르(וַיַּעַן לֵאמֹר, "그리고 그가 대답하여 가로되")에 속하는 히브리식 표현이다. 이 히브리식 표현은 헬라어에서 정형 동사가 따르는 분사 카이 아포크리데이스 에이펜(καὶ ἀποκριθεὶς εἶπεν, 예를 들어, 눅 1:19, 35; 4:12; 5:5) 또는 아페크리데 레곤(ἀπεκρίθη λέγων, 칠십인역 겔 9:11; Theod Dan 3:16; *Gk. 1 Enoch* 22:7, 9; 25:3; 106:9, 13; *T. Job* 23:5; 요 1:26) 또는 아페크리나토 레곤(ἀπεκρίνατο λέγων, 눅 3:16)에서처럼 중복 분사가 따르는 정형 동사로 번역된다. 연사 생략(asyndeton)은 성경 아람어의 도입 어구 아네 와아마르(עָנֵה וְאָמַר, "그가 대답했고 말했다")의 특징이다(Turner, *Style*, 150; Black, *Aramaic*, 56-57). 이 어구는 칠십인역에서 아포크리데이스 에이펜(ἀποκριθεὶς εἶπεν, "그가 말하여 대답하기를")으로 번역되는데, 복음서에서 자주 발견되는 관용어법이다. 요한계시록의 특징들 중 하나는 저자가 환상으로 보는 어떤 상징들의 의미도 전혀 질문하지 않는다는 것이다. 그럼에도 불구하고 장로는 스스로 저자에게 이 장면을 해석해 준다. 이 부분은 많은 유대교 묵시들의 전형인 "해석의 천사"(*angelus interpres*) 주제에 변형을 이룬다(1:1의 "주석"을 보라; H. Reichelt, *Angelus*, 175-76를 보라). 라이켈트(H. Reichelt)는 막대한 수의 천사들이

하나님을 수종하고 인자 같은 이가 옛적부터 항상 계신 이에게 나아가 통치권을 받는 다니엘 7:9-18의 유사한 배경을 주목한다. 장로들 중의 하나가 다가가는 요한계시록 7:13의 저자와 달리, 다니엘 7:16의 기술자는 환상의 의미를 묻기 위해 "그 곁에 모신 자 중 하나"에게 나아간다.

13b "이 흰 옷 입은 자들이 누구며 또 어디서 왔느냐"(*οὗτοι οἱ περιβεβλημένοι τὰς στολὰς τὰς λευκὰς τίνες εἰσὶν καὶ πόθεν ἦλθον*-후토이 호이 페리베블레메노이 타스 스톨라스 타스 류카스 티네스 에이신 카이 포텐 엘돈). 의문대명사와 의문부사 티스(*τίς*, "누구")와 포텐(*πόθεν*, "어디서")을 함께 사용하는 것은 서사시의 대화에서 방문자의 질문에 사용되는 표준 공식이며(*Odyssey* 1.170; 14.188; 16.57-58), 장례식의 경구에서 고인의 신원을 밝히는 데 사용되는 문학적 장치다(L. Robert, *Hellenica* 4:47ff., 그리고 Roueché, *Aphrodisias*, 63-64를 보라). 아이네아스(Aeneas)는 지하 세계를 여행할 때 그의 세상을 떠난 아버지 안키세스(Anchses)에게 자신이 보는 광경들 중 몇 가지에 대해 질문한다(Vergil *Aeneid* 6.711-12; tr. LCL). "저쪽의 저 강은 무엇이고(*quae sint*) 저렇게 떼를 지어 강둑으로 몰려 가고 있는 사람들은 누구입니까(*quive viri*)?" 이 질문들은 앞 장면의 셀 수 없이 많은 사람들의 정체와 의복과 근원에 관심을 집중시킨다. 그리고 장로는 14절에서 역순으로 이 질문들에 답하는 한편, 15-17절에서는 이 군중의 현재와 미래를 다룬다.

14a "내가 가로되 내 주여 당신이 알리이다 하니"(*καὶ εἴρηκα αὐτῷ· κύριέ μου, σὺ οἶδας*-카이 에이레카 아우토 퀴리에 무 쉬 오이다스). 완료 에이레카(*εἴρηκα*, "답했다")와 부정과거 에이펜(*εἶπεν*, "말했다," 14b절)의 병렬은 완료가 부정과거 역할을 하는 것을 나타낸다. 5:7의 "주석"을 보라(Fanning, *Verbal Aspect*, 302-3). 하나님께서 에스겔에게 "인자야 이 뼈들이 능히 살겠느냐"라고 질문하실 때 에스겔도 유사한 대답을 한다(겔 37:3). "주 여호와여 주께서 아시나이다." 절대로 천사들은 전능한 것으로 간주되지 않지만, 4QShirShabb(Newsom, *Songs*, 30)에서 지식은 그들과 관련되는 가장 뛰어난 자질들 중의 하나로, 그들은 엘레 다아트(אלי דעת, "지식의 천사들", 4Q*400* 2:1; 4Q*403* 1 i 31; 4Q*405* 23 i 8) 또는 요딤(ידעים, "알고 있는 자들", 4Q*400* 3 ii 5; 4Q*401* 35:1)으로 칭해진다.

14b "그가 나더러 이르되 이는 큰 환난에서 나오는 자들인데"(*καὶ εἶπέν μοι· οὗτοί εἰσιν οἱ ἐρχόμενοι ἐκ τῆς θλίψεως τῆς μεγάλης*-카이 에이펜 모이 후토이 에이신 호이 에르코메노이 에크 테스 들륍세오스 테스 메갈레스). 후토이 에이

신(οὗτοί εἰσιν, "이들은…이다")이라는 어구는 "지시적 설명"을 도입하는 것으로(즉 표현되거나 또는 생략되는 동사 "…이다"를 수반하는 지시대명사) 힘멜파르브(Himmelfarb, *Tours*, 41-67)에 의해 상당히 자세하게 연구된 유대 묵시의 전형적인 특징이다. 지시적 설명(종종 지시적 질문, 예를 들어 "이 사람[또는 이것]은 누구[또는 무엇]인가?"와 같은 질문에 대한 응답으로)은 대개 지시대명사 또는 지시형용사, 주로 헬라어 지시대명사 후토스(οὗτος, "이것"), 라틴어 대명사 *hic*나 *iste*, 또는 히브리어 엘레(אלה)나 제(זה)에 의해 도입된다. 힘멜파르브(Himmelfarb, *Tours*, 48-50)는 유대교와 기독교의 묵시적 지옥 여행의 그리스-로마의 원조들에는 이런 지시적 질문이나 설명이 없으므로, "이 사람(이것)"과 "이 사람들(이것들)"과 같은 지시대명사는 유대교와 기독교 묵시들의 특징이라고 주장한다. 힘멜파르브가 인용하는 유일한 예외는 버질의 『아이네이드』(Vergil, *Aeneid*, 6.621, 623; Himmelfarb, *Tours*, 49-50)에 나오는 아이네아스의 하데스 여행에서 발견되는 것들이다. 그러나 힘멜파르브는 루시안(Lucian, Dial. mort. 6[20])의 풍자적인 작품을 간과했다. 그 곳에서 하데스 문지기 아이아쿠스(Aeacus)는 메니푸스(Menippus)의 지하세계 여행을 인도한다. 그는 "이 자는 케르베루스(Cerberus)다"(οὗτος μὲν ὅτι Κέρβερός ἐστιν-후토스 멘 호티 케르베로스 에스틴)라고 말한다. 그러나 메니푸스는 정말로 유명한 고대인들을 보여 주기를 바란다. 그러자 아이아쿠스는 계속하여 말한다. "이 자는 아가멤논(Agamemnon)이고, 이 자는 아킬레스(Acgilles)이고, 이 자는 이도메네우스(Idomeneus)이고, 이 자는 오디세우스(Odysseus)다." 그러자 메니푸스는 "아이아쿠스여, 그러면 이 자는 누구인가?"(οὗτος δέ, ὦ Αἰακέ, τίς ἐστιν-후토스 데 오 아이아케 티스 에스틴)라고 물었고, 이 질문에 대해 아이아쿠스는 "키루스(Cyrus)다. 그리고 이 자는 크로에수스(Croesus)다"(Κῦρός ἐστιν· οὗτος δὲ Κροῖσος-퀴로스 에스틴 후토스 데 크로이소스)라고 답변한다. 주후 2세기 풍자 작가에게 이 대화 형태가 존재한다는 것은(이 어조 자체가 고대의 여행 안내자가 사용하던 형태일 것이다) 힘멜파르브가 이 지시적 질문과 답변이 유대교만의 특성이라고 과장했음을 암시한다.

지시적 질문과 답변들은 다른 문학 장르들에서도 발견된다. 예를 들어, 케베스(Cebes *Tabula*, 4.3; 5.3; 6.2; 7.2; 8.2-3; 12.3; 15.3)에 나오는 긴 에크프라시스(*ekphrasis*, 예술 작품에 대한 자세한 묘사)다. 최초의 계시적 여행은 에스겔 40-48장에 나오는 에스겔의 종말론적 성전 여행인 반면에(Himmelfarb, *Tours*, 56-60), 스가랴 1-8장은 *1 Enoch* 1-36에 나오는 "파수꾼의 책"(Himmelfarb, *Tours*, 50-56),

지시적 질문과 답변을 정교하게 사용하는 가장 초기의 비성경 여행 묵시록을 위한 가장 가까운 모형을 제공했다(Himmelfarb, *Tours*, 58). 지시적 설명의 예들은 *1 Enoch* 18:14, 15; 21:6, 10; 22:3, 7, 9; 23:4; 25:3, 4; 32:6과 4 Ezra 10:44-48에서 발견된다. 요한계시록의 두드러진 특징들 중의 하나는 많은 유대교와 기독교 묵시록의 전형적인 문답 형식이 거의 완전히 보이지 않는다는 것이다. 그러나 지시대명사로 도입되는 지시적 설명들은 다섯 번 나온다(7:14; 11:4; 14:4; 20:5, 14). 이 곳 7:14에서만은 설명이 질문에 대한 응답이지만, 그 질문은 요한이 한 것이 아니라 하늘의 장로들 중의 한 명이 한 것이다.

호이 에르코메노이 에크 테스 들립세오스 테스 메갈레스(*οἱ ἐρχόμενοι ἐκ τῆς θλίψεως τῆς μεγάλης*, "큰 환난에서 나오는 자들")라는 어구에서 호이 에르코메노이(*οἱ ἐρχόμενοι*)가 과거 시제로 번역되는 이유는 이 어구가 모두 부정과거인 두 개의 주 동사 에플뤼난(*ἔπλυναν*, "씻었다")과 엘류카난(*ἐλεύκαναν*, "희게 했다")과 동시에 일어나는 행동이기 때문이다("원문주해" 7:14.d-d; Beckwith, 545를 보라). 그러므로 현재 명사적 분사 호이 에르코메노이(*οἱ ἐρχόμενοι*)를 마치 7:9-17의 장면이 저자가 말할 때 정확하게 일어나고 있었던 일처럼 번역하고, 종말의 완성이 미래로 남아 있는 한 기독교인들의 순교는 완료되지 않은 과정으로 간주하는 것은 문법적으로 맞지 않는다(Charles, 1:212-13; Rissi, *Babylon*, 18의 견해와는 반대; 참조. Ulfgard, *Feast*, 100-104). 관사가 있는 어구 테스 들립세오스 테스 메갈레스(*τῆς θλίψεως τῆς μεγάλης*, "그 큰 환난")는 앞에 나온 어구를 나타내는 것으로 독자들이 마지막 환난, 즉 종말을 시작하는 재앙들의 시기를 나타낸다. 이 마지막 환난은 다니엘 12:1에 최초로 언급되었고(עת צרה – 에트 차라, "고난의 때", 개역. "환난"; 렘 30:7을 보라), 초기 유대교와 초기 기독교에서 종말의 도래와 관련된 일련의 사건들을 나타내는 어구다(*T. Mos.* 8:1; *Jub.* 23:11-21; 4 스 13:16 19; *2 Apoc. Bar.* 27.1-15; 막 13:7-19; 마 24:6-28[특별히 21절]; 고전 7:26; 계 3:21; *Did.* 16:4-5; Hermas *Vis.* 2.2.7; see Volz, *Eschatologie*, 147-63; Str-B, 4: 977-86). 들립시스 메갈레(*θλῖψις μεγάλη*)라는 어구는 마태복음 24:21에도 나온다. 한편, Hermas *Vis.* 2.2.7에서 이 개념은 텐 들립신 텐 에르코메넨 텐 메갈렌(*τὴν θλῖψιν τὴν ἐρχομένην τὴν μεγάλην*, "임박한 대환난")이라는 표현과 함께 아마도 전통적인 종말론적 표현의 공식적인 부분이 되었다(4.1.1; 4.2.4; 4.2.5; 4.3.6; O Hagen, *StudPat* 6[1961]305-11를 보라). 1QM 1:11-12; 15:1에서 다니엘의 어구 "고난의 때"(time of distress, 개역. "환난")는 깃딤과 싸우는 전투의 때로 해석되었기 때문에, 보크햄(Bauckham, "War Scroll," 226)은 이 곳의 "큰 환난에서 나오는 자들"이라는 어구가 "종말의 전쟁에서 승리하고 나오는 자들"을 의미한다는 제안을 한다. 울프가드(Ulfgard, *Feast*, 101-2)는 이 제안을 거부하고 정확하게 언급되지 않지만 셀 수 없는 큰 무리를 구성하는 사람들의 죽음이 여기에 함축되어 있지 않다고 주장한다. 셀 수 없는 큰 무리는 큰 환난에서 나온 사람들이기 때문에, 그들이 또는 그들 중의 일부가 순교자들이라고 추론하는 것은 타당하다. 유대의 종말론적 예상에서 "큰 환난"은 일련의 분리된 사건들에 속했던 반면에, 초기 그리스도인들은 자신들이 자주 경험하는 박해와 반대를(계 1:9; 2:9-10; 마 10; 16-23; 행 8:1을 보라) 종말의 전조가 되는 종말론적 환난 시기의 일부분으로 여겼다(막 13:9-20=마 24:9-22=눅 21:12-24; *Did.* 16:5). 만일 7:4-8의 십사만 사천 명이 이 환난으로부터 보호를 받는다면, 그들은 7:9-17의 셀 수 없는 큰 무리와 동일할 수 없다. 왜냐하면 셀 수 없는 큰 무리는 큰 환난을 겪고 나오는 사람들이기 때문이다.

14c "어린양의 피에 그 옷을 씻어 희게 하였느니라"(*καὶ ἔπλυναν τὰς στολὰς αὐτῶν καὶ ἐλεύκαναν αὐτὰς* [즉 *στολάς*] *ἐν τῷ αἵματι τοῦ ἀρνίου*-카이 에플뤼난 타스 스톨라스 아우톤 카이 엘류카난 아우타스[즉 스톨라스] 엔 토 하이마티 투 아르니우). 첫 번째 어구는 22:14과 매우 유사하다. 22:14의 팔복의 문맥에서 "그 두루마기를 빠는 자들"에게 축복이 선언된다(Fekkes, *Isaiah*, 167에 의하면, 출 19:10, 14의 인유다). 그러나 22:14에는 정확하게 속죄에 대한 언급이 나오지 않는다. 이 어구는 저자가 시험과 정련의 과정으로 해석하는 다니엘 11:35의 인유로 보는 것이 더 가능하다(Bauckham, "War Scroll," 227; J. J. Collins, *Comm. Daniel*, 386). "무리로 연단되며 정결케 되며 희게 되어 마지막 때까지 이르게 하리니 이는 작정된 기한이 있음이니라." 여기에서 언급되는 옷을 씻는 것은 피 흘림이 있은 다음에 요구되는 결례 의식의 일부분(민 31:19-20, 24; 참조. 19:19)일 가능성이 있다. 1QM 14:2-3은 이 의식을 종말 전쟁 직후 시기에 적용한다(참조. Bauckham, "War Scroll," 226). "아침에 그들은 겉옷을 빨고, 악한 시체들의 피를 몸에서 씻을 것이라"(tr. J. Duhaime, in J. H. Charlesworth, ed., *Damascus Document, War Scroll, and Related Documents*, vol. 2 of *The Dead Sea Scrolls: Hebrew, Aramaic, and Greek Texts with English Translation*[Tübingen: Mohr-Siebeck; Louisville: Westminster John Knox, 1995] 125). 그리스의 종교 관습에는 더럽힘을 당한 자가 다른 사람을 죽이는 모순적인 피에 의한 결례 의식이 있었다(Burkert, *Greek Religion*, 80-82). 다니엘 12:1에 언급되는 "환난"의 상황에서, 칼과 불과 사로잡힘

과 약탈을 당하여 쇠패하는 지혜로운 자들이(단 11:33) "연단되며 정결케 되며 희게" 된다고 한다(단 11:35; 참조. 12:10). 요한은 다니엘 11:35; 12:10에 언급된 정화를 순교를 통해 정화되는 순교자들의 정화로 해석한다(Bauckham, "War Scroll," 228). "어린양의 피로 희게 된다"는 어구는 모순적인 은유다(5:5-6; 7:17에서 이와 같은 모순적인 은유들을 보라; 그리고 5:5-6; 7:17의 "주석"을 보라). "어린양의 피"라는 어구는 12:11에만 다시 나오는데, 그 곳에도 이 곳과 같이 순교 개념이 분명히 나오지만 속죄의 개념은 없다. "어린양의 피"나 "그리스도의 피"(고전 10:16; 엡 1:7; 2:13; 벧전 1:19; 히 9:14), 또는 "예수의 피"(벧전 1:2; 히 10:19; 요일 1:7)라는 어구는 그리스도의 죽음 또는 더 특별하게 그리스도의 속죄의 죽음을 나타내는 환유(metonymy)다. 이 용어는 이스라엘-유대의 제사 전통 중 속죄 제사 관습에서 나왔다. 그리스, 로마 그리고 근동의 일반적인 제사 의례와 달리, 이스라엘의 제사 의식은 피의 의의, 그리고 다양한 정화와 속죄 의식들에서 피의 사용에 큰 강조를 두었다(McCarthy, *JBL* 88[1969] 166-76). 피의 의식의 의미에 대한 이스라엘의 한 가지 이론은 레위기 17:11에 표현된다. "육체의 생명은 피에 있음이라 내가 이 피를 너희에게 주어 단에 뿌려 너희의 생명을 위하여 속하게 하였나니 생명이 피에 있으므로 피가 죄를 속하느니라"(히 9:22도 보라). 레위기 14:52은 피로 집을 "정결케 하는 것"(칠십인역: *ἀφαγνιεῖ* – 아파그니에이)에 대해 말한다. 구약성경에서 희생제를 드리는 짐승들의 피는 죄를 제거할 뿐만 아니라 정화를 위해 물리적으로 적용되는 사람이나 사물만을 정화한다(출 29:12, 16, 20-21). 이것은 속죄를 나타내는 인상적인 은유다. 히브리서 9:14에서 그리스도의 피는 "양심"을 "깨끗하게 한다"(*καθαριεῖ* – 카다리에이)고 한다. 그리고 9:22은 "율법을 좇아 거의 모든 물건이 피로써 정결케 되나니(*καθαρίζεται* – 카다리제타이) 피 흘림이 없은즉 사함이 없느니라"고 말한다. 요한일서 1:7에서 예수의 피는 모든 죄에서 우리는 깨끗하게 한다(*καθαρίζει* – 카다리제이)고 한다(진흙, 오물과 유사한 죄로부터의 정결에 대한 은유는 상당히 자주 나온다: Sir 23:13; 38:10; 행 15:9; 고후 7:1; 히 9:13; 벧후 1:9; 요일 1:9). 이상의 사실은 이 곳에 나오는 셀 수 없는 큰 무리가 주로 하늘에 있는 순교자들로 이루어진다는 사실을 시사한다(12:11; 15:2을 보라).

창세기 49:11에는 옷을 포도주에 빨고 복장을 포도의 피(즉 붉은 포도주, 개역. "포도즙")에 빤다는 말이 나온다. 그러나 창세기 49:11에 대한 예루살렘 탈굼은 "그의 옷이 피에 잠길 것이다"라고 해독한다(Trudinger, *BTB* 16[1986] 79). 이 어구는 (1) 순교, (2) 세례를 언급하는 것으로(Prigent, 123, 126), 또는 보다 일반적으로 승리, 정결, 거룩 또는 절기에 참여함을 언급하는 것으로 해석되어 왔다. 이 구절에 나오는 흰옷의 은유적 성격은 명백하다. 즉 그들의 옷은 어린양의 피로 희게 씻김을 받는데, 이 말은 그 옷을 입고 있는 사람들의 죄가 그리스도의 희생의 죽음에 의해 속죄를 받는 것을 나타내는 은유다. 엘류카난(*ἐλεύκαναν*, "희게 하였다")이라는 용어는 주홍 같은 죄가 "눈과 같이 희어진다"(*ὡς χιόνα λευκανῶ* – 호스 키오나 류카노)고 하는 이사야 1:18(*1 Clem.* 8:4에 인용됨)의 인유를 시사한다.

15a "그러므로 그들이 하나님의 보좌 앞에 있고 또 그의 성전에서 밤낮 하나님을 섬기매"(*διὰ τοῦτό εἰσιν ἐνώπιον τοῦ θρόνου τοῦ θεοῦ καὶ λατρεύουσιν αὐτῷ ἡμέρας καὶ νυκτὸς ἐν τῷ ναῷ αὐτοῦ* – 디아 투토 에이신 에노피온 투 드리누 투 데우 카이 라트류우신 아우토 헤메라스 카이 뉙토스 엔 토 나오 아우투). 순교자들은 정결함으로만 하나님 앞에 설 수 있는데, 이 정결함은 그리스도의 속죄의 죽음으로 말미암는 것이다. 하늘 성전에서 하늘의 존재들에 의해 하나님께 드려지는 예배는 끝없이 이어지며(4:8), 결국 의인들은 이 끝 없는 예배에 완전한 참여자가 될 것이다(3:12). 예루살렘 성전에서 드려졌던 통상적인 예배에는 저녁 제사 다음에 문들을 닫고 아침 제사에 문들을 여는 의례가 포함되었다(겔 46:1-3; *m.* Tamid; Schürer, *History* 2:286-87). 계속적인 예배의 은유를 사용하여 사도행전 26 :7은 "우리 열두 지파가 밤낮으로 간절히 하나님을 받들어 섬기는 것"을 말한다. "끊임없이"를 의미하는 중언법(hendiadys) "밤낮"(또는 "낮밤")에 대해서는 4:8의 "주석"을 보라. 간혹 이 은유는 기도 및 다른 형태의 종교적 관례들과 관련하여 대개 과장되게 사용된다(렘 16:13[부정적인 용법]; 시 1:2; 88:1; 느 1:6; Jdt 11: 17; 눅 18:7; 살전 3:10; 딤전 5:5; 딤후 1:3). 하늘에 있는 성전은 요한계시록에서 자주 언급된다(11:19; 14:15, 17; 15:5, 6, 8; 16:1, 17; 참조. 22:3, "그의 종들이 그를 섬기며"[*λατρεύσουσιν* – 라트류수신]). 하늘의 성전은 초기 유대교 문헌에서 하나님의 보좌가 있는 곳으로 언급된다(*T. Levi* 5:1; 18:6). 하나님께서는 하늘의 지성소에 거하시며(*T. Levi* 3:4), 그 곳에서는 피흘림이 없는 제사가 드려진다(*T. Levi* 3:5-6). *b. Pesah.* 54a에 의하면 성전은 세상이 창조되기 전에 창조된 일곱 가지 중의 하나였으며, *2 Apoc. Bar.* 4:3에 의하면 하나님께서 낙원을 창조하실 때 만들어졌다고 한다. 지상 성막의 원형인 하늘의 성막은(출 25:9, 40; 26:30; 27:8; *2 Apoc. Bar.* 4:5) Wis 9:8; 히브리서 8:2; 9:11-12에서 언급된다.

15b "보좌에 앉으신 이가 그들 위에 장막을 치시리니"(*καὶ ὁ καθήμενος ἐπὶ*

τοῦ θρόνου σκηνώσει ἐπ᾽ αὐτούς—카이 호 카데메노스 에피 투 드로누 스케노세이 에프 아우투스). 이 구절은 에스겔 37:27의 인유다. "내 처소(맛소라 사본: 미쉬카니[מִשְׁכָּנִי]; 칠십인역: 카타스케노시스 무[*κατασκήνωσίς μου*])가 그들의 가운데 있을 것이며 나는 그들의 하나님이 되고 그들은 내 백성이 되리라." 레위기 26:11도 보라. "내가 내 장막(맛소라 사본: 미쉬카니[מִשְׁכָּנִי])을 너희 중에 세우리니." 동사 스케눈(*σκηνοῦν*)은 "살다, 거하다"를 의미하고 거주의 방식에 대해서는 아무것도 시사하지 않는다(즉 장막에 거하는지 또는 주택에 거하는지 시사하지 않는다. 그러나 토 스케노스[*τὸ σκῆνος*, "장막"]는 이러한 거주에 관련된 시간의 범위가 일시적임을 암시한다). 로메이어(Lohmeyer)는 스케노세이 에프 아우투스(*σκηνώσει ἐπ᾽ αὐτούς*, "그가 그들과 함께 거할 것이다")라는 어구를 21:3에 나오는 유사한 어구 스케노세이 메트 아우톤(*σκηνώσει μετ᾽ αὐτῶν*, "그들을 막아 줄 것이다"; 개역, "저희와 함께 거하시리니")과 대조하는데, 리씨(Rissi, *Babylon*, 18)에 의하면 전자는 종말의 성취 때까지 하늘에 죽은 성도들이 거하는 것을 언급한다고 주장한다. 그러나 스케눈(*σκηνοῦν*)이 하나님의 "성막에 임재"를 나타낸다는 견해(Koester, *Dwelling*, 118)는 언어학적으로 지지할 수 없다. 만일 출애굽기의 비유적 표현이 이 절에 포함된다면, 낮의 구름 기둥과 밤의 불 기둥으로 대표되는 이스라엘과 함께 하신 하나님의 임재와 이 곳에서 자기 백성과 함께 하시는 직접적인 하나님의 임재 간의 대조를 발견할 수 있다. "쉐키나"(Shekinah)라는 용어는 불과 구름 가운데 하나님의 임재를 의미한다. 초막절(חַג הַסֻּכּוֹת—하그 하수코트)에 대한 성경의 지시들은 이스라엘 백성들에게 칠 일의 절기 동안 초막에 거하라고 명하는데, 그 이유는 "내(여호와)가 이스라엘 자손을 애굽 땅에서 인도하여 내던 때에 초막(סֻכּוֹת—쑤코트)에 거하게 한 줄을 너희 대대로 알게 함이니라"고 설명한다(레 23:42-43). 초막(장막 즉 천막이 아니라)의 이런 사용은 아마 가나안의 종교 관습에서 모방되어 이스라엘의 광야 경험에 투사되었을 것이다. 후에 랍비의 해석은 쑤코트(סֻכּוֹת)를 하나님께서 자기 백성이 광야에서 방황하는 동안 그들을 덮으시고 보호하셨던 "영광의 구름"(여기에서 "영광"은 "하나님"을 나타내는 완곡 표현이다)을 의미하는 것으로 해석했다(참고문헌들에 대해서는 Ulfgard, *Feast*, 121-27를 보라). Tg. *Onq.* Lev 23:42-43(tr. Grossfeld)에 의하면 다음과 같다.

> 너희는 칠 일 동안 초막("덮다"를 의미하는 사카크[סכך]에서 나온 히브리어, 수코트[סכות]가 여기에서는 "덮다"와 "보호하다"를 모두 의미하는 텔랄[טלל]에서 나온 아람어 מיטללין로 번역된다)에 거해야 한다. 이스라엘에서 난 자는 다 초막에서 거할지니 이는

내가 이스라엘 자손을 애굽 땅에서 인도하여 내던 때에 **나의 구름의**(히. "초막에") **보호 아래** 초막에 거하게 한 줄을 너희 대대로 알게 함이니라 나는 너희 하나님 여호와니라.

"초막에"라는 어구를 "나의 구름의 보호 아래"를 의미한다고 하는 해석은 R. Akiba in Sipra *Lev.* 103a와 *Mek. de-Rabbi Ishmael* 35.10에서 기인한 것으로 돌려진다(Grossfeld, *Targum Onqelos*, 53 55 n. 12; Ulfgard, *Feast*, 124 n. 522). 울프가드(Ulfgard, *Feast*, 125-26)는 레위기 23:43의 여러 가지 탈굼 역본들이 R. Akiba and R. Eliezer에게 돌려지는 해석과 일치하기 때문에, 이 전승이 신약성경 시기 말로 돌아간다고 생각한다. 이 전승에 따르면, "광야 여행 동안 하나님의 보호의 임재는 광야 세대가 거했다고 하는 '영광의 구름(들)'이라는 신학적 용어에 개념화된다"(Ulfgard, *Feast*, 126). 그러나 울프가드는 레위기 23:43에 나오는 초막에 대한 언급을 광야의 하나님의 임재와 관련된 절기가 초기에 신학화되는 예로 본다(*Feast*, 146). 이 해석을 뒷받침하는 증거는 전혀 없다. 따라서 명백하게 이 해석은 주후 2세기 말 이전의 것이 아니다.

16 "저희가 다시 주리지도 아니하며 목마르지도 아니하고 해나 아무 뜨거운 기운에 상하지 아니할지니"(*οὐ πεινάσουσιν ἔτι οὐδὲ διψήσουσιν ἔτι, οὐδὲ μὴ πέσῃ ἐπ᾽ αὐτοὺς ὁ ἥλιος οὐδὲ πᾶν καῦμα* – 우 페이나수신 에티 우데 디프세스신 에티 우데 메 페세 에프 아우투스 호 헬리오스 우데 판 카우마). 이 구절은 요한계시록에서 발견되는 가장 긴 구약성경 구절의 인유이며, 분명히 이사야 9:10에서 인유된 것이다. "그들이 주리거나(*οὐ πεινάσουσιν* – 우 페이나수신) 목마르지 아니할 것이며(*οὐδὲ διψήσουσιν* – 우데 디프세수신) 더위와 볕이 그들을 상하지 아니하리니 이는 그들을 긍휼히 여기는 자가 그들을 이끌되 샘물 근원(*πηγῶν ὑδάτων* – 페곤 휘다톤)으로 인도할 것임이니라"(*ἄξει* – 악세이)(참조. 계 7:17b). 16:7에서는 네 번째 대접으로 정반대의 일이 그들에게 일어나니, 해가 불로 사람들을 태울 권세를 받기 때문이다.

17a "이는 보좌 가운데 계신 어린양이 저희의 목자가 되사"(*ὅτι τὸ ἀρνίον τὸ ἀνὰ μέσον τοῦ θρόνου ποιμανεῖ αὐτούς* – 호티 토 아르니온 토 아나 메손 투 드로누 포이마네이 아우투스). 저자는 이사야 49:10의 인유를 중단하고 에스겔 34:23의 인유로 보이는 어린양의 역할에 대한 이 진술를 삽입한다. 이 구절과 요한계시록 14:1-5 간에는 밀접한 연관이 있다. 요한계시록 14:1-5에는 어린양이 시온 산에 선 것으로 묘사되고(1절), 보좌도 언급되고(3절), 십사만 사천 명은 "어린양이 어디로

인도하든지 따라간다"고 한다(4절). 이 말은 제자와 목자/양 심상을 혼합한 것으로 보인다(요 10:4을 보라). 요한계시록 7:17은 고대에 흔히 볼 수 있는 목자 은유를 반영한다. 이 은유에서는 지도자와 그의 인도를 받는 사람들(대개 왕과 그의 백성) 간의 관계가 목자와 그의 양떼로 비교된다. 그리고 "목자"라는 용어는 왕을 나타내어 흔히 사용되었다(Zimmerli, *Ezekiel* 2:213-14). 이 심상은 구약성경에 자주 나오고(삼하 7:7; 사 44:28; 렘 3:15; 10:21; 25:34-36; 나 3:18) 그리스 문학에서도 매우 흔하다(*Iliad* 2.243과 유사 구절들[여기에서 아가멤논은 백성의 목자로 칭해진다]; Plato *Republic* 4.440d; *Politicus* 271e; Xenophon *Cyropaedia* 1.1.2; Dio Chrysostom *Or.* 1.13; 4.41; 4.44-45; Plutarch *De Alex. virt.* 329A-B; in pseudo-Pythagorean literature[Stobaeus 4.5.61=36.4-5; 7.64=82.5-6]; 참조. J. B. Skemp, *Plato's Statesman*[London: Routledge & Kegan Paul, 1952] 52-66]). 동사 포이마이네인(*ποιμαίνειν*)은 요한계시록에서 네 번 사용되는데(2:27; 7:17; 12:5; 19:15), 7:17에서는 "양을 인도하다"("shepherd", Louw-Nida, § 44.3) 또는 "인도하거나 돕다"를 의미하는(Louw-Nida, § 36.2) 반면에, 2:27; 12:5; 19:15에서 이 동사는 "다스리다"라는 의미를 나타낸다(Louw-Nida, § 37.57). 목자의 은유는 *Acts of Paul* 21에서 바울에게 적용된다. "그러나 데클라(Thecla)는 마치 광야에서 어린 양(*ὡς ἀμνός*-호스 암노스)이 목자를 찾는 것처럼 바울을 찾았다." 언뜻 볼 때 어린양이 목자의 역할을 하는 것은 기묘한 것 같지만, 요한계시록의 어린양은 다윗가의 메시아(목자로 묘사되는 인물)라는 사실을 주지할 필요가 있다. 마찬가지로 예수께서도 신약성경과 초기 기독교 문헌에서 여러 번 목자로 칭함을 받으신다(마 15:24; 25:32; 막 14:27-28=마 26:31-32[*Barn.* 5:12에서도 발견되는 슥 13:7의 인유]; 눅 19:10; 요 10:2, 11, 12, 14; 히 13:20; 벧전 2:25; 5:4; *1 Clem.* 16:1; Clement *Paed.* 3.101.3).

초기 기독교 미술에서 예수는 자주 전형적으로 어깨에 양을 메고 가는 선한 목자로 묘사되었다. Tertullian *On Modesty* 7.1-4; J. Quasten, "Der gute Hirte in hellenistische und frühchristliche Theologie," *Heilige Überlieferung*(Münster: Aschendorff, 1938) 51-58; W. Schumacher, *Hirt und Guter Hirt*, RQSup 34(Freiburg: Herder, 1977); B. Ramsay, "A Note on the Disappearance of the Good Shepherd from Early Christian Art," *HTR* 76(1983) 375-78; A. Pollastri and A. M. Giuntella, "Shepherd, the Good," and "Iconography," *Encyclopedia of the Early Church*, ed. A. Di Berardino(New York: Oxford UP, 1992) 2:776-78를 보라.

아베르키우스(the Abercius) 비문(약 주후 200년경), 3-6행은 예수를 "산과 평야에서 자기 양떼를 먹이시는 순결한 목자"로 칭한다(text in J. B. Lightfoot, *Apostolic Fathers*, 2/1:496; 참조: W. M. Calder, "The Epitaph of Avircius Marcellus," *JRS* 29[1939] 1-4). 이 은유는 요한복음 10:1-16(특별히 2, 11, 12, 14, 16절)에서 중요한 위치를 차지하며, 이 사실은 요한복음과 요한계시록 간의 밀접한 관계를 주장하는 데 사용되어 왔다(Böcher, *NTS* 27[1981] 312). 그러나 제4복음은 예수의 포이멘(*ποιμήν*)이라는 명사만 사용하고, 요한계시록은 동사 포이마이네인(*ποιμαίνειν*)만을 사용하기 때문에, 사실상 이 요한의 은유는 높임을 받은 예수가 "양의 큰 목자"로 칭해지는 히브리서 13:20과 "영혼의 목자와 감독"으로 칭해지는 베드로전서 2:25과 같은 다른 신약성경 구절들에 나오는 이 은유의 사용과 더 가깝다. 구약성경에서 이스라엘의 목자로서 하나님은 고대의 은유이며(창 49:24[여호와 기자]; 48:15[엘로힘 기자]), 이 은유는 계속하여 상당히 자주 사용되었다(시 23:1, 3; 68:7-10; 80:1; 사 40:11; 49:10; 렘 50:19). 신약성경에서 하나님은 Q문서에서 발견되는 예수의 비유에서만(눅 15:4-7=마 18:12-14) 목자로 언급된다. 그리고 속사도들 중에서는 이그나티우스의 로마서 9:1에서만 하나님이 목자로 언급된다(그러나 이 은유는 이그나티우스가 감독을 지역의 기독교 신자들의 목자로 간주한다는 사실에 근거한다; *Phld.* 2:1; Ps.-Clement *Hom.* 3.72.1을 보라). 그리스도인들을 교회 지도자들의 인도를 받는 하나님의 양떼로 생각하는 개념은 초기 기독교 문헌에 상당히 자주 나온다(막 14:27=마 26:31; 행 20:28; 벧전 5:2; *1 Clem.* 16:1; 44:3; 54:2; 57:2; 참조. Joachim Jeremias, *TDNT* 6:500- 502). 이 은유는 왕과 왕의 백성에게 적용된 목자/양떼의 비유적 표현에 근거한 것이다. 미가 5:4(마 2:6에서 해석되는)은 이스라엘 백성을 인도할 통치자의 도래를 예언한다(미 5:4을 보라). 다시 태어나는 다윗의 역할은 에스겔 34:23(37:24을 보라)에 묘사된다. "내가 한 목자를 그들의 위에 세워 먹이게 하리니 그는 내 종 다윗이라 그가 그들을 먹이고 그들의 목자가 될지라." 이 동일한 은유는 양떼가 여호와의 것으로 묘사되는 *Pss. Sol.* 17:40에 나오는 다윗가의 메시아에 대해 사용된다(tr. Charlesworth, *OTP* 2:668). "여호와의 양떼(*ποιμαίνων τὸ ποίμνιον κυρίου*－포이마이논 토 포임니온 퀴리우)를 충성스럽고 의롭게 돌보시며…그는 그들을 모든 거룩함으로 인도할 것이다(*ἄξει*－아크세이). 따라서 요한계시록 7:17의 심상은 다윗가의 메시아와 관련된 전통적인 개념들에 근거하는 것이 명백해 보인다.

17b "생명수 샘으로 인도하시고"(*καὶ ὁδηγήσει αὐτοὺς ἐπὶ ζωῆς πηγὰς ὑδά-*

των – 카이 호데게세이 아우투스 에피 조에스 페가스 휘다톤). 16절에서 이사야 49:10을 인유하기 시작한 저자는 이제 그 인유를 이어 나간다(참조. LXX 사 49:10d, "그가 그들을 샘물 근원으로 인도할 것이다"[*καὶ διὰ πηγῶν ὑδάτων ἄξει αὐτούς* – 카이 디아 페곤 휘다톤 악세이 아우투스]). 조에스 페가스 휘다톤(*ζωῆς πηγὰς ὑδάτων*, 직역하면 "생명수들의 샘들")이라는 어구는 1QH 8:16에서 발견되는 히브리어 어구 맙부아 마임 하임(מבוע מים חיים, "생수의 근원")과 매우 가깝다(1QH 8:16에서 이 어구는 의의 스승과 같이 "생수의 근원"이 될 택함을 받은 자들을 나타내는 은유다). 마코르 마임 하임(מקור מים חיים, "생수의 근원")이라는 어구는 4Q*416, 418*, frag. 2, line 5에도 나오는데(Eisenman-Wise, *Scrolls*, 245, 250), 이 어구가 나오는 정황은 불분명하다. "생수"라는 표현은 요한계시록 21:6; 22:1, 17에도 나온다. 이 표현은 아마 요한계시록이 요한복음(4:14; 6:35; 7:17-18; 참조. Taeger, *Johannesapokalypse*, 29-66)과 함께 사용하는 가장 두드러진 은유일 것이다. 휘도르 존(*ὕδωρ ζῶν*, 직역하면 "생수")이라는 어구는 "흐르는 물", 즉 저수지에 정체하여 있는 물이 아니라 샘물이나 강과 같은 물을 의미한다(칠십인역 창 26:19; 레 14:5; 렘 2:13; 슥 14:8; *Did.* 7:1-2; Klauser, "Taufet," 157-64, 특별히 157-59; 참조. Ps.-Clement *Diamart.* 1, cited in Rordorf-Tulier, *Doctrine*, 170-71 n. 5). 히브리어 어구 마임 하임(מים חיים, "생명의 물들")은 1QH 8:7에 나온다. 그리고 1QH 8:16에서 저자는 "나의 하나님, 당신은 나의 입에 생수의 샘(מים חיים מבוע – 맙부아 마임 하임)을 두셨나이다"라고 말한다. 요한계시록 21:6에는 도소 에크 테스 페게스 투 휘다토스 테스 조에스 도레안(*δώσω ἐκ τῆς πηγῆς τοῦ ὕδατος τῆς ζωῆς δωρεάν*, "내가 생명수 샘물로 목마른 자에게 값없이 주리니")이라는 어구가 나오고, 22:1에는 포타몬 휘다토스 조에스(*ποταμὸν ὕδατος ζωῆς*, "생명수의 강")라는 어구가 나오며, 22:17에는 라베토 휘도르 조에스 도레안(*λαβέτω ὕδωρ ζωῆς δωρεάν*, "값없이 생명수를 받으라")이라는 어구가 나온다. 비교적 가까운 유사구는 칠십인역 예레미야 2:13의 페게 휘다토스 조에스(*πηγὴ ὕδατος ζωῆς*, "생수의 샘"; 개역. "생수의 근원")에서 발견되는데, 이는 하나님을 나타내는 은유다(Tg. *Neb.* Jer 2:13에서 이 어구는 경건을 나타내는 은유로 바뀐다). 초대 교회에서 휘도르 존(*ὕδωρ ζῶν*, "생수") 또는 휘도르 테 조에스(*ὕδωρ τῇ ζωῆς*, "생명수")는 예언의 영감(Ignatius Rom. 7:2), 세례(Justin *Dial.* 14.1), 그리스도(Justin *Dial.* 69.6), 그리스도의 가르침(Clement of Alex. *Strom.* 7.16) 그리고 성령(Didymus *Trin.* 2.22; *PGL*, 1425)을 나타내는 은유로 사용된다. "(그) 생

명수의 샘"이라는 어구는 콥트 그노시스파 논문 *Ap. John* 4.21-24에 나온다.

17c 카이 엑살레이프세이 호 데오스 판 다크뤼온 에크 톤 오프달몬 아우톤(*καὶ ἐξαλείψει ὁ θεὸς πᾶν δάκρυον ἐκ τῶν ὀφθαλμῶν αὐτῶν*, "하나님께서 저희 눈에서 모든 눈물을 씻어 주실 것임이러라"). 이 구절은 분명히 이사야 25:8의 "그 때에 주 여호와께서 모든 얼굴에서 눈물을 씻기실 것이다"의 인유이며, 아마 히브리어 본문에 근거할 것이다(참조. 렘 31:16[칠십인역 38:16]). 동일한 인유가 요한계시록 21:4, 카이 엑살레이프세이 판 다크뤼온 에크 톤 오프달몬 아우톤(*καὶ ἐξαλείψει πᾶν δάκρυον ἐκ τῶν ὀφθαλμῶν αὐτῶν*, "그가 모든 눈물을 그들의 눈에서 씻기실 것이다")에 나오는데, 호 데오스(*ὁ θεός*, "하나님")의 생략만이 다르다. 종말에 슬픔과 고통의 제거에 대해서는 21:4의 "주석"을 보라.

해설

요한계시록 6장을 종결짓는 질문은 7:1-17의 서론을 예비한다. 7:1-17은 여섯 번째 인에 의해 풀려나는 재앙들 동안 "하나님의 종들"은 어떻게 되는가 하는 문제를 다룬다. 요한은 두 가지 사항을 설명하는 7:1-17을 삽입한다. 첫째로, 1-8절에서 그리스도인들에 대한 재앙들의 효과가 일시적으로 정지되는 반면에, 이스라엘의 열두 지파 각각에서 일만 이천 명씩 뽑히는 십사만 사천 명의 "하나님의 종들"은 살아 계신 하나님의 인장 반지로 이마에 인을 받는다(이것은 소유와 보호를 상징하는 행동이다). 이 인을 받은 사람들의 수는 언급되는 반면에, 인침 자체는 설명되지 않는다. 이스라엘 열두 지파에 대한 언급이 이 본문의 기초가 되는 자료 또는 전통에서는 문자적으로 이해되었을지 모르지만, 이제 이 언급은 종말론적 환난의 시작 직전의 하나님에 의한 재앙들과 인간의 박해로부터 하나님에 의해 특별하게 보호를 받음으로, 그 결과 그 환난과 그 환난의 절정을 이루는 종말의 대투쟁에서 살아 남을 특별한 그리스도인들의 집단을 나타낸다. 4-8절에서 사용되는 지파들의 특별한 명단은 다른 초기 유대교나 초기 기독교 자료에서 정확한 유사물을 발견할 수 없는데(부록 7B: 요한계시록 7:4-8에 나오는 지파들의 순서를 보라) 아마 이 형식은 저자의 경향을 반영할 것이다. 단의 탈락은 특별한 신학적 의미를 갖고 있지 않다. 그리고 요셉과 므낫세는 아마 실수로 포함되었을 것이다(요셉은 간혹 "에브라임"을 대신했을 것이다). 기독교 세례에 적용될 수 없는 인침은 그들을 죽이려고 하는 로마인들과 아나톨리아인들로부터, 그리고 불신 세계에 펼쳐지는 재앙들로부터 그들을 보호한다. 재앙들로부터의 면제에 대한 이 개념은 재앙들이 이스라엘 백성은 해치지 않고 애굽인들만 해쳤다는 전승에서 나온 것이다(출 8:22; 9:4-7, 26; 10:23; Philo *Mos.* 1.143-46). 최후의 심판은 여섯 번째 인을 뗌으로 시작되는 것 같지만, 요한계시록의 종말론 시나리오는 일곱 나팔과 일곱 대접에 의해 풀려나는 재앙들을 요구한다. 이 사실이 시사하는 바는 요한이 일곱 나팔과 일곱 대접 기사들의 앞에 위치시킨 자료에서 일곱 인이 나왔거나 또는 (더 가능하다고 생각되는) 일곱 나팔과 일곱 대접이 두 개의 유대교 자료, 즉 출애굽기 7-12장의 열 재앙을 일곱 종말론적 재앙들과 결합한 자료들에서 나왔다는 것이다.

9-17절은 두 개의 관련된 본문 단락으로 이루어지는데, 이 두 본문 단락은 모두 종말론적 하늘의 하나님 예배에 초점을 맞춘다. 첫 번째 단락(9-12절)은 셀 수 없는 큰 무리가 하나님을 향해 부르는 구원의 대찬송으로 이루어지고(9-10절) 보좌를 에워싸고 있는 천사들, 열두 장로 그리고 네 생물이 부르는 교창의 응답과 조화를 이룬다(11-12절). 두 번째 단락(13-17절)은 장로들 중의 한 명에 의한 자발적인 설명으로 이루어지는데, 이 설명에서 그는 앞의 장면들을 해석한다. 아브라함에 대한 약속의 성취를 암시하는 "셀 수 없는 큰 무리"(9절)가 종말의 환난 시기 동안, 즉 십사만 사천 명이 하나님에 의해 패배와 사망으로부터 보호를 받는 동일한 시기 동안 죽거나 순교를 당한 많은 수의 그리스도인들로 이루어진다는 것은 명백하다. 셀 수 없는 큰 무리와 십사만 사천 명의 의도적인 대조(전자는 모든 민족에서 나온 사람들이다)는 이 집단들이 동일하지 않음을 나타낸다.

C. 일곱 번째 인과 처음의 여섯 나팔(8:1-11:14)

1. 일곱 번째 인(8:1)

2. 처음 여섯 나팔의 환상(8:2-9:21)

참고문헌

Allison, D. C. "The Silence of the Angels: Reflections on the Songs of the Sabbath Sacrifice." *RevQ* 13(1988) 189-97. **Andiñach, P. R.** "The Locusts in the Message of Joel." *VT* 42(1992) 433-41. **Arnold, W. N.** "Absinthe." *Scientific American* 260(1989) 112-17. **Barton, B. H.** *The British Flora Medica: A History of the Medical Plants of Great Britain.* London: Chatto & Windis, 1877. **Bauckham, R.** "The Eschatological Earthquake." In Bauckham, *Climax.* 199-209. **Böcher, O.** "Lasterkataloge in der Apokalypse des Johannes." In *Leben lernen im Horizont des Glaubens.* FS S. Wibbing, ed. B. Buschbeck and F. Lemke. Landau: Pfalz, 1986. 75-84. **Delling, G.** "Josephus und die heidnischen Religionen." *Klio* 43-45(1965) 263-69. **DeVries, L. F.** "Cult Stands: A Bewildering Variety of Shapes and Sizes." *BARev* 13(1987) 27-37. **Eitrem, S.** "Der Skorpion in Mythologie und Religionsgeschichte." *SO* 7(1928) 53-82. **Goodman, M.** *Mission and Conversion: Proselytizing in the Religious History of the Roman Empire.* Oxford: Clarendon, 1994. **Gordon, R. P.** "Loricate Locusts in the Targum to Nahum 3:17 and Revelation 9:9." *VT* 33(1983) 338-39. **Haran, M.** "The Use of Incense in the Ancient Israelite Ritual." *VT* 10(1960) 113ff. **Holm-Nielsen, S.** "The Exodus Traditions in Psalm 105." *ASTI* 11(1978) 22-30. **Keel, O.** *Vögel als Boten.* OBO 14. Freiburg: Universitätsverlag; Göttingen: Vandenhoeck & Ruprecht, 1977. **Kehnscherper, G.** *"… und die Sonne verfinsterte sich": Die Santorinkatastrophe und die archäologischen Forschungen um das letzte Buch der Bibel.* Aalen: Scientia, 1980. **Kittel, G.** "Die Fünfzahl als geläufige Zahl und als stilistisches Motiv." In *Arbeiten zur Religionsgeschichte des Urchristentums,* ed. J. Leipoldt. Vol. 1/3. Leipzig: Hinrichs, 1920. 39ff. **Knohl, I.** "Between Voice and Silence: The Relationship between Prayer and the Temple Cult." *JBL* 115(1991)

17-30. ______. *The Sanctuary of Silence.* Minneapolis: Fortress, 1995. **Kobelski, P. J.** *Melchizedek and Melchiresa.* Washington, DC: Catholic Biblical Association of America, 1991. **Loehr, M.** *Das Räucheropfer im Alten Testament.* Halle: Niemeyer, 1927. **Loewenstamm, S. E.** "The Number of Plagues in Psalm 105." *Bib* 52(1971) 34-38. ______. *The Tradition of the Exodus in its Development.* Jerusalem: Magnes, 1965. **Macholz, C.** "Das 'Passivum divinum,' seine Anfänge im Alten Testament under der 'Hofstil.'" *ZNW* 81(1990) 247-53. **Margulis, B.** "The Plagues Tradition in Psalm 105." *Bib* 50(1969) 491-96. **McCarter, K.** "Exodus." In *Harper's Bible Commentary,* ed. J. L. Mays. San Francisco: Harper & Row, 1988. 129-56. **Mensching, G.** *Das heilige Schweigen: Eine religionsgeschichtliche Untersuchung.* RVV 20.2. Giessen: Töpelmann, 1926. **Morton, J. F.** *Atlas of Medicinal Plants of Middle America.* Springfield, IL: Thomas, 1981. **Müller, H.-P.** "Die Plagen der Apokalypse." *ZNW* 51(1960) 268-78. **Mussies, G.** "*DYO* in Apocalypse ix 12 and 16." *NovT* 9(1967) 151-54. **Nielsen, K.** *Incense in Ancient Israel.* Leiden: Brill, 1986. **Oppenheim, A. L.** *The Interpretation of Dreams in the Ancient Near East.* Transactions of the American Philosophical Society n.s. 46/3. Philadelphia: American Philosophical Association, 1956. **Paulien, J.** *Decoding Revelation's Trumpets: Literary Allusions and the Interpretation of Revelation 8:7-12.* Berrien Springs, MI: Andrews UP, 1987. **Petuchowsky, J. J.** "Jewish Prayer Texts of the Rabbinic Period." In *The Lord's Prayer and Jewish Liturgy,* ed. J. J. Petuchowsky and M. Brocke. New York: Seabury, 1978. 29. **Reeves, J. C.** "An Enochic Citation in *Barnabas* 4.3 and the *Oracles of Hystaspes.*" In *Pursuing the Text.* FS B. Z. Wacholder, ed. J. C. Reeves and J. Kampen. Sheffield: Sheffield Academic, 1994. 260-77. **Schäfer, P.** *Rivalität zwischen Engeln und Menschen: Untersuchungen zur rabbinischen Engelvorstellung.* SJ 8. Berlin; New York: de Gruyter, 1975. **Taylor, N.** *Plant Drugs That Changed the World.* New York: Dodd, Mead, 1965. **Thompson, J. A.** "Joel's Locusts in the Light of Near Eastern Parallels." *JNES* 14(1955) 52-55. **Whiting, J.** "Jerusalem's Locust Plague." *NGM* 38(1915) 511-50. **Wolff, H. W.** *Joel and Amos.* Tr. W. Janzen, S. D. McBride, Jr., and C. A. Muenchow. Philadelphia: Fortress, 1979. **Zahn, T.** "Der Ausbruch des Vesuvs vom J. 79 n. 2 Chr. nach seinem Eindruck auf Heiden, Juden und Christen." In *Festschrift zu A. Schlatters 70. Geburtstag.* Stuttgart: Calwer, 1922. 151-69. **Zwickel, W.** *Räucherkult und Räuchergeräte: Exegetische und archäologische Studien zum Räuchopfer im Alten Testament.* OBO 97. Freiburg: Universitätsverlag; Göttingen: Vandenhoeck & Ruprecht, 1990.

본 문

1 일곱째 인을 떼실 때에 하늘이 반 시 동안쯤 고요하더니

1 When[ab] he opened the seventh seal, there was silence in heaven for a half hour.

2 내가 보매 하나님 앞에 시위한 일곱 천사가 있어 일곱 나팔을 받았더라

2 Then I saw the[a] seven angels (the ones who stand[b] before God), and seven trumpets [c]were given[c] to them.

3 또 다른 천사가 와서 제단 곁에 서서 금 향로를 가지고 많은 향을 받았으니 이는 모든 성도의 기도들과 합하여 보좌 앞 금단에 드리고자 함이라

3 Another angel came and stood [a]before the altar[a] of incense with a golden censer. A large quantity of incense was given to him [b]to offer[b] as a complement to the prayers of all [c]God's people[c] upon the golden altar before[d] the throne.

4 향연이 성도의 기도와 함께 천사의 손으로부터 하나님 앞으로 올라가는지라

4 The smoke of the incense [a]with the prayers[a] of [b]God's people[b] went up from the hand of the angel before God.

5 천사가 향로를 가지고 단 위의 불을 담아다가 땅에 쏟으매 뇌성과 음성과 번개와 지진이 나더라

5 The[a] angel received the censer and filled it with some glowing embers from the altar of incense and threw them upon the earth, and there were [b]thunder and rumbling and lightning[b] and an earthquake.[c]

6 일곱 나팔 가진 일곱 천사가 나팔 불기를 예비하더라

6 The[a] seven angels[b] with the seven trumpets got ready [c]to sound[c] [d]them.

7 첫째 천사가 나팔을 부니 피 섞인 우박과 불이 나서 땅에 쏟아지매 땅의 삼분의 일이 타서 사위고 수목의 삼분의 일도 타서 사위고 각종 푸른 풀도 타서 사위더라

7 The[a] first angel[b] sounded his trumpet, and there was hail and fire mixed with blood, and it was thrown down to the earth [c]with the result that[c] a third part of the earth was burned up, and a third part of the trees were burned up, and all the green grass was burned up.

8 둘째 천사가 나팔을 부니 불붙는 큰 산과 같은 것이 바다에 던지우매 바다의 삼분의 일이 피가 되고

8 The second angel sounded his trumpet, and something like a great[a] mountain burning [b]with fire[b] was cast into the sea [c]with the result that[c] a third part of the sea became blood,

9 바다 가운데 생명 가진 피조물들의 삼분의 일이 죽고 배들의 삼분의 일이 깨어지더라

9 and a third part of the living[a] creatures in the sea died, and a third part of the boats were destroyed.[b]

10 셋째 천사가 나팔을 부니 횃불같이 타는 큰 별이 하늘에서 떨어져 강들의 삼분의 일과 여러 물샘에 떨어지니

10 The[a] third angel sounded his trumpet, and a huge star fell from heaven burning like[b] a torch and fell on a third part of the rivers and on the springs of water.

11 이 별 이름은 쑥이라 물들의 삼분의 일이 쑥이 되매 그 물들이 쓰게 됨을 인하여 많은 사람이

11 Now the name of the star is [a]Apsinth,[b] and a third part[c] of the water became bitter like[d]

죽더라

wormwood[e] so that[f] many people died as a result of[g] the water because [h]it had turned bitter.[h]

12 넷째 천사가 나팔을 부니 해 삼분의 일과 달 삼분의 일과 별들의 삼분의 일이 침을 받아 그 삼분의 일이 어두워지니 낮 삼분의 일은 비췸이 없고 밤도 그러하더라

12 Then[a] the fourth angel sounded his trumpet, and a third of the sun was struck and a third of the moon and a third of the stars with the result that a third part of them was darkened and [b]a third[c] part of the day did not [d]appear[b] and the night similarly.

13 내가 또 보고 들으니 공중에 날아가는 독수리가 큰 소리로 이르되 땅에 거하는 자들에게 화, 화, 화가 있으리로다 이외에도 세 천사의 불 나팔 소리를 인함이로다 하더라

13 I looked and heard an[a] eagle[b] flying in[c] mid-heaven crying with a loud voice: "Woe, woe, [d]woe [e]to the inhabitants[e] of the earth [f]because of[f] the remaining blasts of the trumpet which the three angels are about to sound!"

9:1 다섯째 천사가 나팔을 불매 내가 보니 하늘에서 땅에 떨어진 별 하나가 있는데 저가 무저갱의 열쇠를 받았더라

9:1 Then the fifth angel sounded his trumpet, and then I saw a star which had fallen from heaven to earth. He was given the key to the shaft of the abyss.

2 저가 무저갱을 여니 그 구멍에서 큰 풀무의 연기 같은 연기가 올라오매 해와 공기가 그 구멍의 연기로 인하여 어두워지며

2 [a]He opened the shaft of the abyss,[a] and smoke arose from the shaft as smoke from a great[b] furnace, [c]so that[c] the sun and the air [d]were darkened[d] by[e] the smoke[f] from the shaft.

3 또 황충이 연기 가운데로부터 땅 위에 나오매 저희가 땅에 있는 전갈의 권세와 같은 권세를 받았더라

3 Out of the smoke[a] emerged locusts upon the earth, and they[b] were given authority as scorpions have authority over the earth.

4 저희에게 이르시되 땅의 풀이나 푸른 것이나 각종 수목은 해하지 말고 오직 이마에 하나님의 인 맞지 아니한 사람들만 해하라 하시더라

4 But[a] [b]they were instructed[b] not to harm[c] the grass of the earth [d]nor any plant nor any tree,[d] with the exception of people[e] who do not have[f] the[g] seal of God upon [h]their foreheads.[h]

5 그러나 그들을 죽이지는 못하게 하시고 다섯 달 동안 괴롭게만 하게 하시는데 그 괴롭게 함은 전갈이 사람을 쏠 때에 괴롭게 함과 같더라

5 But[a] they were ordered[b] not to kill them but to torment[c] them for five months (their torment was like the torment of a scorpion when it stings a person).

6 그 날에는 사람들이 죽기를 구하여도 얻지 못하고 죽고 싶으나 죽음이 저희를 피하리로다

6 In[a] those[b] days people will seek death but[c] [d]not[e] be able to find[d] it: they will desire to die, but[f] death [g]will elude[g] them.[h]

7 황충들의 모양은 전쟁을 위하여 예비한 말들 같고 그 머리에 금 같은 면류관 비슷한 것을 썼으며 그 얼굴은 사람의 얼굴 같고

7 The[a] appearance of the locusts was like[b] horses prepared for battle. On their heads were [c]something [d]like gold[d] crowns, and their faces were like human faces

8 또 여자의 머리털 같은 머리털이 있고 그 이는

8 with hair like that[a] of women, and their teeth

사자의 이 같으며
9 또 철흉갑 같은 흉갑이 있고 그 날개들의 소리
는 병거와 많은 말들이 전장으로 달려 들어가는
소리 같으며

10 또 전갈과 같은 꼬리와 쏘는 살이 있어 그 꼬
리에는 다섯 달 동안 사람들을 해하는 권세가 있
더라
11 저희에게 임금이 있으니 무저갱의 사자라 히
브리 음으로 이름은 아바돈이요 헬라 음으로 이
름은 아볼루온이더라
12 첫째 화는 지나갔으나 보라 아직도 이후에 화
둘이 이르리로다
13 여섯째 천사가 나팔을 불매 내가 들으니 하나
님 앞 금단 네 뿔에서 한 음성이 나서

14 나팔 가진 여섯째 천사에게 말하기를 큰 강
유브라데에 결박한 네 천사를 놓아 주라 하매

15 네 천사가 놓였으니 그들은 그 년 월 일 시에
이르러 사람 삼분의 일을 죽이기로 예비한 자들
이더라
16 마병대의 수는 이만만이니 내가 그들의 수를
들었노라

17 이같이 이상한 가운데 그 말들과 그 탄 자들
을 보니 불빛과 자주빛과 유황빛 흉갑이 있고 또
말들의 머리는 사자 머리 같고 그 입에서는 불과
연기와 유황이 나오더라

18 이 세 재앙 곧 저희 입에서 나오는 불과 연기
와 유황을 인하여 사람 삼분의 일이 죽임을 당하
니라
19 이 말들의 힘은 그 입과 그 꼬리에 있으니 그
꼬리는 뱀 같고 또 꼬리에 머리가 있어 이것으로
해하더라

20 이 재앙에 죽지 않고 남은 사람들은 그 손으
로 행하는 일을 회개치 아니하고 오히려 여러 귀

were like those of lions.
9 They had thoraxes like iron breastplates, and the
sound of their wings was like the sound of many
chariots with teams of warhorses[a] rushing into
battle.
10 They have[a] tails[b] with stingers like[c] scorpions,
[d]so that[d] with their tails they have power to harm[b]
people for five months.
11 [a]As [b]king they have over them[b] the angel of the
abyss, whose name[c] in Hebrew[d] is[e] Abaddon,[f] and
in Greek[g] [h]he has the name[h] Apollyon.
12 The first[a] disaster[b] has occurred: behold twice[c]
more a disaster[b] [d]will come[d] [e]after these things.
13 [a]Then[b] the sixth angel sounded his trumpet, and
I heard a[c] voice [d]from thee corners[df] of the golden
altar of incense before God,
14 announcing[a] to the sixth angel with the
trumpet,[b] "Release the four[c] angels bound [d]at the
great river Euphrates."[d]
15 Then the four angels [a]who were prepared[a] for
the hour [b]and the day[b] and the month and the year
were released to[c] kill a third of humanity.
16 The number of soldiers, or cavalry,[a] was twice
ten thousand times ten thousand[b] (I heard their
number).
17 The horses[a] and their riders[b] I saw in my vision
looked like this: they had breastplates which were
fiery red and blue like hyacinth[c] and yellow like
sulfur. The heads of the horses were like the heads
of lions, and from their mouths proceeded fire and
smoke and sulfur.
18 A third of humanity was killed[a] by[b] these[c]
three[d] plagues, [e]by the fire [f]and the smoke and [g]the
sulfur which proceeded from their[h] mouths.
19 For[a] the power of the horses is in their mouths
and in their tails, for their tails, which resemble
snakes, have[b] heads, and they inflict injury with
them.
20 The rest of humanity, those not killed by these
plagues,[a] did not[b] [c]repent of[c] the products of their

신과 또는 보거나 듣거나 다니거나 하지 못하는 금, 은, 동과 목석의 우상에게 절하고

own manufacture: that is, they did not cease to worship[d] [e]the demons,[e] [f]or idols,[f] made of gold[g] and silver[h] [i]and bronze[i] and stone and [j]wood, which can[k] neither see nor hear nor walk.

21 또 그 살인과 복술과 음행과 도적질을 회개치 아니하더라

21 and they did not [a]repent of[a] their murders, nor of their sorcery,[b] [c]nor of their immorality,[d] [e]nor of their thefts.[ce]

원문주해

1.a. 접속사 카이(*καί*, "그리고")가 번역되지 않은 이유는 여기에서 의미론적 가치가 없고 새로운 문장 또는 절을 나타내는 화법 표시 역할을 하기 때문이다(Louw-Nida, 1:vi).

1.b. 이문: 호탄(*ὅταν*) A C fam 1006[1006 1841] fam 1611[1611]; Tischendorf, *NT Graece*; WHort; von Soden, *Text*; UBSGNT[4]; Nestle-Aland[27]; *TCGNT* [1]; *TCGNT* [2]. (2) 호테(*ὅτε*) ℵ 025 052 Andreas Byzantine. *TCGNT* [1], 740과 *TCGNT* [2]의 그럴듯한 주장에 의하면, 호테(*ὅτε*)는 계 6장에 자주 출현하는 호테 에노익센(*ὅτε ἤνοιξεν*)에 동화된 결과라고 한다. 대개 "…할 때마다"(whenever)를 의미하는(그리고 반복을 암시하는) 호탄(*ὅταν*)이 여기에서는 분명히 "…할 때"(독특한 사건을 언급하는)를 의미하는 데 사용되며, 어린양이 인을 떼는 것을 기술하는 앞의 여섯 번의 예에도 유사한 위치를 차지하고 있는 호테(*ὅτε*, "…할 때")와 동의어로 사용되고 있다(6:1, 3, 5, 7, 9, 12; 참조. Mussies, *Morphology*, 345; Lohmeyer, 49). 4:9; 11:7; 12:4을 보라.

2.a. 이문: 앙겔루스(*ἀγγέλους*) 앞에 투스(*τούς*) fam 1611[2329].

2.b. 완료 동사 에스테카신(*ἑστήκασιν*, 직역하면 "그들이 섰다")은 여기에서 앞의 행동에 대한 언급 없이 정지적으로 사용된다(정지 동사 또는 계속 동사에 적절한 용법, McKay, *Grammar*, 139). 게다가 에스테카신(*ἑστήκασιν*)은 요한계시록에서 구식의 완료 어미 -아신(*-ασιν*)을 사용하는 유일한 3인칭 복수 완료다. 페포칸(*πέπωκαν*, 18:3); 에이레칸(*εἴρηκαν*, 19:3); 게고난(*γέγοναν*, 21:6)을 보라. Mussies, *Morphology*, 265를 보라.

2.c-c. 이문: (1) 에도데산(*ἐδώθησαν*) fam 1611[2329]. (2) 에도데(*ἐδόθη*) A Andr h [1052 2080]. 이문 (1)은 오(*ο*)=오(*ω*) 상호 교환을 반영하는 필사자의 실수다(Gignac, *Grammar* 1:275-77를 보라). 이문 (2)는 단순히 실수일 뿐이다(Mussies, *Morphology*, 231 n. 1). 이 등위절의 시작에 정형 동사 카이 에도데산(*καὶ ἐδόθησαν*)이 사용된 것은 저자가 병렬을 선호하고 종속 구문을 회피하는 것을 나타내는 예이다. 그 이유는 일상 헬라어에 있어 이 곳에 분사가 예상되기 때문이다(Ljungvik, *Syntax*, 80; BDR § 471을

보라).

3.a-a. 이문: (1) 에피 투 뒤시아스테리우(*ἐπὶ τοῦ θυσιαστηρίου*) ℵ Byzantine; Tischendorf, *NT Graece*; WHort; Bousset (1906) 292; von Soden, *Text*; Merk, *NT*; Nestle-Aland^{27}; UBSGNT^{4}. (2) 에피 토 뒤시아스테리온(*ἐπὶ τὸ θυσιαστήριον*) A fam 1006 fam 1611$^{1611\ 1854\ 2329}$ Oecumenius^{2053} Andreas; Charles, 2:284.

3.b-b. 이문: (1) 도세이(*δώσει*, 미래 직설법) ℵ A C Andr a f$^{2031\ 2056}$ g^{2045} h i^{-2074} l$^{1778\ 2080}$ 598 1773. (2) 도세(*δώσῃ*, 부정과거 가정법) 052 2351 Andreas Byzantine; Bousset (1906) 293; von Soden, *Text*; (3) 도(*δῷ*, 부정과거 가정법) fam 1006 Oecumenius^{2053}. 계 3:9을 보라.

3.c-c. 복수 명사 상당 어구 호이 하기오이(*οἱ ἅγιοι*, 직역하면 "거룩한 자들")는 초기 기독교 문헌의 다른 곳에서 종종 "하나님의 백성"이라는 의미로 사용된 것처럼, 여기에서도 그들의 거룩함을 강조하는 것이 아니고 하나님과 그들의 관계를 강조하여 사용된다(Louw-Nida, § 11.27); 5:8의 "주석"을 보라.

3.d. 이문: 에노피온(*ἐνώπιον*) 앞에서 토(*τό*)의 탈락: ℵ fam 1611^{2329} Andr/*Byz* 4c-^{2022} TR eth arm.

4.a-a. 8:3c을 보라. 8:3c에는 타이스 프로슈카이스(*ταῖς προσευχαῖς*)라는 어구도 나온다. 모울튼(Moulton, *Prolegomena*, 75; Robertson, *Grammar*, 529이 이 견해를 따른다)은 이 어구를 "기도들과 함께"를 의미하는 사회적 조격(sociative instrumental, 즉 연합의 대격)으로 이해하는 반면에, 스웨테(Swete, 109), 부쎄트(Bousset[1906] 294), 베크위드(Beckwith, 553), 찰스(Charles, 1:231), 터너(Turner, *Syntax*, 238)는 이 어구를 편리의 대격(*dativus commodi*)으로 그들의 기도를 "편 들어", "위해", "돕는"을 의미하는 것으로 해석한다. 모울(Moule, *Idiom-Book* 43)은 이 어구가 "기도들과 동시에"로 번역되어야 하는 시간을 나타내는 여격이라고 제안한다.

4.b-b. 8:3.c-c의 "원문주해"를 보라.

5.a. 1.a의 "원문주해"를 보라.

5.b-b. 이문: (1) 브론타이 카이 포나이 카이 아스트라파이(*βρονταὶ καὶ φωναὶ καὶ ἀστραπαί*) ℵ 025 046 fam 1006^{-1006} fam 1611^{1611} 2351 Andr g-^{2045} Byzantine latt syr^{ph} cop; Tischendorf, *NT Graece*; WHort; Bousset (1906) 295; von Soden, *Text*; Merk, *NT*; Nestle-Aland^{27}; UBSGNT^{4}. (2) 브론타이 카이 아스트라파이(*βρονταὶ καὶ ἀστραπαί*) fam 1006^{1006}. (3) 브론타이 카이 아스트라파이 카이 포나이(*βρονταὶ καὶ ἀστραπαὶ καὶ φωναί*) A (lacuna in C) 052 fam 1611$^{2329\ 2344}$ Andr i^{2042} l syr^{h}; WHort^{mg}; B. Weiss, *Johannes-Apokalypse*, 108; Charles, 2:285. (4) 포나이 카이 브론타이 카이 아스트라파이(*φωναὶ καὶ βρονταὶ καὶ ἀστραπαί*) fam 1611^{1854} Oecumenius^{2053} Andreas Tyc^{1} Beatus TR. 요한계시록에는 세 개의 가까운 유사구가 나온다: 4:5; 11:19; 16:18.

이것들은 모두 아스트라파이 카이 포나이 카이 브론타이(ἀστραπαὶ καὶ φωναὶ καὶ βρονταί)로 나타내고 있다. 계 4:5과 11:19은 A와 Andrmsss에 의해 뒷받침되는 확실한 본문으로, 16:18에도 동일한 어순이 사용되었음을 시사한다. 이에 대한 부분적인 이론적 설명은 논리적으로 뇌성 전에 번개가 예상되기 때문이다(그러나 칠십인역 출 19:16을 참조하라: 에기논토 포나이 카이 아스트라파이[ἐγίνοντο φωναὶ καὶ ἀστραπαί]; Oecumenius [Hoskier, *Oecumenius*, 105]는 이 어구를 카이 에네논토 브론타이 카이 포나이 카이 살핑게스 카이 아스트라파이[καὶ ἐγένοντο βρονταὶ καὶ φωναὶ καὶ σάλπιγγες καὶ ἀστραπαί]로 인용한다). 4:5, 11:19, 16:18에서 발견되는 어순이 8:5의 다른 원문 증거에서 발견되지 않기 때문에, 거의 확실히 이 어구는 원문이 될 수 없다(Schmid, *Studien* 2:228). 찰스(Charles 2:285)는 이 곳에서 이 어구가 원문이지만 가필자가 원래의 어순을 실수로 망치고 독법 (3)에서 발견되는 어순으로 바꾸었다고 생각한다. 따라서 독법 (1)은 수정의 시도라는 것이다. 독법 (1)과 (4)는 3인칭으로 아스트라파이(ἀστραπαί)를 배치하는데, 원문 증거의 영향력을 고려할 때 아마 원문일 것이다(Schmid, *Studien* 2:228).

5.c. 이문: 세이스모이(σεισμοί) 2351 Andr c g h 1773.

6.a. "원문주해" 1.a.를 보라.

6.b. 이문: 에콘테스(ἔχοντες) 앞의 호이(οἱ) 탈락 ℵ 052 Oecumenius[2053] 2351.

6.c-c. 이문: (1) 살피소신(σαλπίσωσιν) ℵ A (lacuna in C) 025 046 fam 1006[1006] fam 1611[1854]. (2) 살피수신(σαλπίσουσιν) fam 1611[2329] Andr/*Byz* 4a[2084]. 독법 (2)는 히나(ἵνα) 절의 미래 직설법 사용의 증가와 결부시켜 생각하고, 오(ω)와 우(ου)의 음성상의 유사성에 근거한 수정이다.

6.d. 이문: (1) 아우투스(αὐτούς) 원문. *TCGNT*[1], 740. (2) 헤아우투스(ἑαυτούς) ℵ[1] 052 2351 Andreas Byzantine.

7.a. "원문주해" 1.a를 보라.

7.b. 이문: 프로토스(πρῶτος) 다음에 앙겔로스(ἄγγελος) 탈락: fam 1611[2329] TR.

7.c-c. 여기에서 카이(καί)는 앞 절에서 묘사된 행동의 결과들을 묘사하는 절을 도입한다. 따라서 이 카이(καί)는 결과의 카이(καί)의 예다.

8.a. 이문: 메가(μέγα)의 탈락. Andr l-[052].

8.b-b. 이문: (1) 퓌리(πυρί) ℵ A 025 052 fam 1006[1006] fam 1611[1611 1854 2344] Oecumenius[2053] Andreas it[ar.c.dem.div.gig.haf.z] vg syr[h] cop[sa bo] arm Primasius (*ignis*) Tyc[3] Beatus; Nestle-Aland[27]; UBSGNT[4]. (2) 퓌리(πυρί)의 탈락: 046 Andr c f[2023] i[2042] Byzantine syr[h] Tyc[1] Cassiodorus. 이문 (1)은 중요한 증거들에 의해 널리 지지를 받는데, 아마 다음에 나오는 카이오메논(καιόμενον)의 중복처럼 보이기 때문에 생략되었을 것이다(*TCGNT*[1], 740; *TCGNT*[2], 669). 8:10에서 퓌르(πύρ)는 카이오메노스(καιόμενος)와 함께 보이지 않는다. 그러나 21:8과 헬라-유대 문헌의 다른 곳에는 카이오메노스 (엔) 퓌리(καιόμενος [ἐν] πυρί)가 나온다(Gk. *1 Enoch* 14:12; 21:3; *Vit. Proph.* 4.21B).

8.c-c. 여기에서 카이(καί)는 앞 절에서 묘사된 행동의 결과들을 묘사하는 절을 도입한다. 따라서 이 카이(καί)는 결과의 카이(καί)의 예다.

9.a. 명사적 분사 토 에콘타(τὰ ἔχοντα, "…를 갖고 있는 것들")는 파격 어법이다. 왜냐하면 이 분사는 톤 크티스카톤(τῶν κτισμάτων, "피조물들")을 수식해야 하는데, 톤 크티스마톤(τῶν κτισμάτων)과 동격인 주격이기 때문이다(BDR § 136.1)

9.b. 이문: (1) 디에프다레산(διεφθάρησαν) A (lacuna in C) ℵ 046 Oecumenius[2053] fam 1611[1611 1854 2329] Andreas. (2) 디에프다레(διεφθάρη) Andr c d e[2057] i[2042] l n 94 598 1773 2019 2351 Byzantine TR. 이문 (1)은 가장 유력한 외부 지지를 갖고 있으며, 의미 지향 구문(*construction ad sensum*)이기 때문에 난문이고, 내부적인 근거에 있어서도 원문이다. 이문 (2)는 분명히 수정이다. 3인칭 복수 부정과거 수동태 동사 디에프다레산(διεφθάρησαν)의 주어는 단수 실명사 토 트리톤(τὸ τρίτον)이다. 저자는 이 실명사를 복수 동사와 일치하는 집합명사로 이해했다. 따라서 이 구문은 요한계시록에서 몇 번 발견되는 의미 지향 구문이다(7:9; 9:18; 13:3-4; 18:4; 19:1, 6); 서론, 제7부: 구문, XI, 일치를 보라.

10.a. "원문주해" 1.a를 보라.

10.b. 호페르(ὥσπερ) fam 1611[2329] Andr l; (it[gig] vg; *tanquam*); Tyc[2] (*velut*).

11.a 이문: (1) 아프신도스(Ἄψινθος) 앞에 호(ὁ) A 025 Andr e[2026] f[2031 2073] g i n-[2429] 94 1773 Byzantine. (2) 아프신도스(Ἄψινθος) 앞에 호(ὁ) 탈락: ℵ 052 Oecumenius[2053] fam 1611[2329 2344] Andreas TR. 독법 (2)는 수정이다. 사본 전통에 나오는 유사한 수정들, 즉 요한계시록에서 고유명사들의 관사를 생략하는 전통에 대해서는 6:8; 9:11; 12:9; 19:13, 16을 보라. 이들은 모두 고유명사들의 부류로 치환이 불완전한 명사들이다(Mussies, *Morphology*, 142). 그러나 이들은 독자들에게 생소하기 때문에 관사가 없다.

11.b. 이문: 아프신디온(Ἀψίνθιον) ℵ* fam 1611[2344] Andr h i-[2042] it[h] vg[cl] Tyconius Beatus.

11.c. 이문: 톤 휘다톤(τῶν ὑδάτων) 다음에 메로스(μέρος) 삽입: 2351. 부분을 나타내는 이 속격의 의미는 이 필사자의 추가에 의해 명확해진다.

11.d. 이문 에이스(εἰς) 대신 호스(ὡς) fam 1611[2329] 2322 2351 Andr l[052 1678 1778 2080] *Byz* l[2256] it[h] syr[ph] Primasius. 이 두 단어는 유사한 형태를 갖고 있고, 모두 의미가 잘 통한다. 그러나 에이스(εἰς)가 분명히 원문이다. 저자는 물이 쑥같이 되었다고 말하는 것이 아니라 물이 쑥이 되었다고 말하는 것이다.

11.e. 헬라어 본문은 카이 에게네토 토 트리톤 톤 휘다톤 에이스 아프신돈(καὶ ἐγένετο τὸ τρίτον τῶν ὑδάτων εἰς ἄψινθον, "그리고 물의 삼분의 일이 쑥이 되었다")이라고 한다. 그러나 요점은 물이 약초가 되었다는 것이 아니라 약초처럼 쓰게 되었다는

것이다. Charles,1:235-36를 보라. 다른 철자: 아프신돈(ἀψίνθιον) ℵ* 052 fam 1611[1611 2329].

11.f. "원문주해" 7.c-c를 보라.

11.g. 여기에서 에크(ἐκ)+속격은 결과를 암시하는 도구 표시 역할을 한다(Louw-Nida, § 90.12).

11.h-h. 부정과거 수동태 3인칭 복수 동사 에피크란데산(ἐπικράνθησαν)의 주어는 이 동사가 나오는 종속절에 표현되지 않는다. 이 동사의 주어는 앞 절의 전치사구 안에 사격으로 나오는 복수 명사 에크 톤 휘다톤(ἐκ τῶν ὑδάτων, "물")이다. 표현되지 않은 주어를 갖고 있는 3인칭 복수 동사는 요한계시록에 108회 나온다. E. C. A. Dougherty, "The Syntax of the Apocalypse," Diss., The Catholic University of America, 1990, 39-47를 보라.

12.a. "원문주해" 5:1.a를 보라.

12.b-b. 이문: (1) 헤 헤메라 메 파네 토 트리톤 아우테스(ἡ ἡμέρα μὴ φάνῃ τὸ τρίτον αὐτῆς) ℵ A fam 1006[1006 1841] fam 1611[1611 1854 2329] Oecumenius[2053] it[gig] (*et dies non luceat terciam partem*); syr[ph h]. (2) 헤 헤메라 메 파이네 토 트리톤 아우테스(ἡ ἡμέρα μὴ φαίνῃ τὸ τρίτον αὐτῆς) Andreas. (3) 토 트리톤 아우테스 메 아프네 헤 헤메라(τὸ τρίτον αὐτῆς μὴ φάνῃ ἡ ἡμέρα) 046 2351 Byzantine. (4) 마이 토 트리톤 아우톤 메 아프네 헤메라스 카이 호모이오스 뉘크토스(καὶ τὸ τρίτον αὐτῶν μὴ φάνῃ ἡμέρας και ὁμοίως νύκτος) cop[bo]; Charles, 1:237.

12.c. 테타르톤(τέταρτον) A.

12.d. 이문: (1) 파네(φάνῃ) ℵ A 052 fam 10061006 1841 fam 16111611 (favnhi) 1854; Oecumenius2053. (2) 파네이(φανεῖ) fam 1611[2329]. (3) 파이네타이(φαίνηται) Andr e[2057].

13.a. 이문: 에노스(ἑνός) 생략: ℵ. 에노스 아에투(ἑνὸς ἀετοῦ, "독수리")라는 어구에서 에노스(ἑνός, 에이스[εἷς, "하나"]의 남성 단수)는 부정관사 역할을 한다. 이 용법은 요한계시록의 다른 곳에 세 번 나오고(9:13; 18:21; 19:17), 복음서에 몇 번 나오고(마 8:19; 26:69; 막 11:29), 초기 유대교 문헌에도 몇 번 나온다(*T. Abr.*[Rec. A] 4:9; 9:15; 참조. Bauer-Aland, 466, 3b; BAGD, 231, 3b; Moulton, *Prolegomena*, 96-97). 히브리어에서는 에하드(אחד)가 때로 부정관사 역할을 한다(단 8:3을 보라). 이 표현이 히브리식이라는 주장(Conybeare-Stock, *Septuagint*, 25-26; Black, *Aramaic*, 104ff.; BDR § 247; Turner, *Syntax*, 195-96)에도 불구하고, 세속 헬라어 파피루스들에 나오는 유사어들은 그렇지 않음을 나타낸다(MM, 187; Horsley, *New Docs* 4:252는 PKöln 2.109, 13, 18 행에 대해 주석한다).

13.b. 이문: (1) 아에투(ἀετοῦ) ℵ A 046 fam 1006 fam 1611 Oecumenius[2053 2062] Andr f[2073] i[2042] l n 94 it[gig h] vg syr[h] ph cop[sa bo] eth Cassiodorus Beatus Tyc[1 2]. (2) 앙겔루

(ἀγγέλου) 025 Andreas arm. (3) 에노스 앙겔루 호스 아에투(ἑνὸς ἀγγέλου ὡς ἀετοῦ) *Byz* 15[42]; Primasius. 독법 (2)는 14:6(*TCGNT* 1, 741; *TCGNT* 2, 669)에 근거한 대체인 반면에, 희귀한 독법 (3)은 독법 (1)과 (2)의 결합이다.

13.c. 이문 엔(ἐν)의 탈락: Oecumenius[2053txt].

13.d. 이문: 우아이(οὐαί)의 탈락: fam 1611[2329] Tyc[1].

13.e-e. 이문: 투스 카토이쿤타스(τοὺς κατοικοῦντας) ℵ fam 1611[1611 1854] Oecumenius[2053] 2351 Andr i[2042] Byzantine. (2) 토이스 카토이쿠신(τοῖς κατοικοῦσιν) A (lacuna in C) fam 1006[1006 1841] fam 1611[2329] Andreas; WHort[mg]; Charles, 1:237; 2:286. 우아이(οὐαί)+속격의 희귀성으로 인해(다른 곳에는 계 12:12; *Gk Ap. Ezra* 1:9, 24; 4:12에서만 발견된다) 독법 (2)가 수정으로 생겨났다. 왜냐하면 우아이(οὐαί)는 종종 관련된 사람 또는 사물의 대격이 따르기 때문이다(Schmid, *Studien* 2:132, 204).

13.f-f. 여기에서 에크(ἐκ)+속격은 원인 또는 이유를 나타내는 표시다(Louw-Nida, § 89.25).

9:2.a-a. 이문: (1) 카이 에노익센 토 프레아르 테스 아뷔쑤(καὶ ἤνοιξεν τὸ φρέαρ τῆς ἀβύσσου)을 포함: A 025 fam 1006 fam 1611[2329] syr[h]. (2) 카이 에노익센 토 프레아르 테스 아뷔쏜(καὶ ἤνοιξεν τὸ φρέαρ τῆς ἀβύσσου)의 탈락: ℵ 046 fam 1611[1611 1854] Oecumenius[2053] Byzantine it[a] vg[mss] syr[ph] cop[bo samss] arm[1].

2.b. 이문: 메갈레스(μεγάλης) 대신 카이오메네스(καιομένης) 2351 Andr f[2023] i[2042] n 94 Byzantine syr[h]. 이문들을 정리한 독법 메갈레스 카이오메네스(μεγάλης καιομένης)는 Andr f[2073marg] 2019에서 발견된다.

2.c-c. 여기에서 카이(καί)는 앞 절의 결과를 소개하기 위해 사용된다.

2.d-d. 이문: (1) 에스코토데(ἐσκοτώθη) A 0207 fam 1006 Andreas Byzantine. (2) 에스코티스데(ἐσκοτίσθη) ℵ 2351 Andreas Byzantine; Bousset (1906) 298. 에스코툰(σκοτοῦν)과 스코티제인(σκοτίζειν)의 부정과거 수동태 형식 간의 동일한 선택이 19:10에도 나오는데, 19:10에서는 아티카 형식이 분명히 원문이다. 이 곳의 선택은 더 어렵지만(8:12에서 스코티스데[σκοτισθῇ]가 발견되는 것을 주목하라), 독법 (1)의 아티카 형식이 독법 (2)의 더 널리 사용되는 헬레니즘 형식으로 수정된 것으로 보인다. Schmid, *Studien* 2:179-80를 보라. 이 동사가 단수인 이유는 복합 주어가 동사 뒤에 나올 때 보통 동사는 앞의 주어와 수에서 일치하기 때문이다(Smyth, *Greek Grammar*, § 966; BDF § 135; BDR § 135).

2.e. 이문: 에크(ἐκ)의 탈락: 0207.

2.f-3.a. 이문: 투 프레아토스 카이 에크 투 카프누(τοῦ φρέατος καὶ ἐκ τοῦ καπνοῦ) ℵ* Oecumenius[2053text] *Byz* 16[69].

3.a. "원문주해" 9:2.f-3.a를 보라.

3.b. 이문: (1) 아우타이스(αὐταῖς) 원문. (2) 아우토이스(αὐτοῖς) ℵ 046 fam 1611[2329]. 아우토이스(αὐτοῖς, 여격 남성 복수)가 수식하는 아크리데스(ἀκρίδες)와 성에서 일치하지 않기 때문에 만일 널리 유력하게 입증되지 않았다면 아우타이스(αὐταῖς)는 수정으로 해석되었을 것이다. 아우토이스(αὐτοῖς)는 아마 황충을 남성 전사들처럼 해석하려는 시도에서 비롯되었을 것이다.

4.a. 이 문장을 도입하는 카이(καί)는 부사 카이(καί) 역할을 하기 때문에 "그러나"로 번역되어야 한다.

4.b-b. 이문: (1) 에르레데(ἐρρέθη) 원문. (2) 에르레데(ἐρρήθη) 046 fam 1611[1854] 1862 Andr c[2028 2029 2044 2054 2083] *Byz* 4[141] *Byz* 7[2024] *Byz* 17[93] Andr/*Byz* 3[1746] Andr/*Byz* 4a Andr/*Byz* 4b. 아티카 형식인 독법 (2)와 대조적으로, 분명히 원문인 독법 (1)의 단음 에(ϵ)는 헬레니즘 형식(그리고 칠십인역에서 정기적으로 발견되는 형식: Thackeray, *Grammar*, 219를 보라)이다. 여기에서 필사자들은 헬레니즘 형식을 아티카 형식으로 대체했다. *Comm. in Apoc.*에 나오는 22:18에 대한 Andreas의 주석이 아티카 형식에 대한 필사자의 선호를 암시하는 것을 주목하라(Schmid, *Studien* 1/1:262).

4.c. 이문: (1) 아디케수신(ἀδικήσουσιν, 미래 직설법) A 025 fam 1611[2329] 2351. (2) 아디케소신(ἀδικήσωσιν, 부정과거 가정법) ℵ 0207 Andreas Byzantine. 아디케수신(ἀδικήσουσιν)은 히나(ἵνα) 절에 사용되는 미래 직설법이다. 히나(ἵνα)+미래 직설법은 요한계시록에서 열두 번 사용된다(그러나 종종 이문들이 있다): 2:10; 3:9(2x); 6:4, 11; 8:3; 9:4, 5, 20; 13:12; 14:13; 22:14("원문주해" 2:10.f를 보라). 이 독법은 A fam 1611[2329] 2351에 의해 지지된다. 그러나 ω=ου=ο 간의 혼동(Gignac, *Grammar* 1:275-77, 211-14)은 아디케소신(ἀδικήσοσιν, 2256), 아디케소시(ἀδικήσωυσι, 1828), 아데케소소이(ἀδικήσωσοι, 680 2258)를 포함하는 다양한 이문들을 만들어 냈다. 사본 전승에 존재하는 한 가지 경향은 현재 직설법(신약성경 다른 곳의 히나[ἵνα] 절에 조금밖에 나오지 않기 때문에 더 어려운 독법으로 간주된다)과 부정과거 가정법 사이에서 망설이는 경향이다. 부정과거 가정법은 요한계시록에 더 자주 나온다(Nestle-Aland[27]에 40회). 요한계시록 본문에서 현존하는 최고 증거인 A사본이 히나(ἵνα) 절에서 미래 직설법을 16회 사용하고(2:22, 25; 3:9[2x]; 6:4, 11; 8:3; 9:4, 5, 20; 13:12; 14:13; 15:4; 17:17; 18:14; 22:14) 호탄(ὅταν) 절에서 두 번 사용한다(4:9, 10)는 사실은 특기할 만하다. Mussies, *Morphology*, 322를 보라.

4.d-d. 두 개의 명사구 우데 판 클로론(οὐδὲ πᾶν χλωρόν, "어떤 식물도 말고")과 우데 판 덴드론(οὐδὲ πᾶν δένδρον, "어떤 나무도 말고")은 모두 더 적절한 우덴(οὐδέν) 대신 우데 판(οὐδὲ πᾶν)을 사용한다. 히브리어를 번역한 헬라어뿐만 아니라 대중적인 헬레니즘 헬라어에도 유사구들이 있는 이 관용어구에 대해서는 Mussies, *Morphology*, 183과 "원문주해" 7:1.j-j를 보라.

4.e. TR (Andr/*Byz* 3[1957 2023])에서 모누스(*μόνους*)는 에이 메 투스 안드로푸스(*εἰ μὴ τοὺς ἀνθρώπους*)를 따른다. 그러나 ℵ A 025 046는 생략한다.

4.f. 이문: (1) 에쿠시(*ἔχουσι*) A Andreas Byzantine. (2) 에쿠신(*ἔχουσιν*) ℵ 025. 가동성의 *ν*는 불규칙적으로 사용되지만, 자음이 따를 때는 생략하는 경향이 있다. 이 경향은 Andreas와 Byzantine 사본 전승에서 일반적으로 따르는 관례다. A사본에는 이 가동성의 *ν*가 포함될 수도 있는 일곱 곳에서 보이지 않는다("원문주해" 7:10.b를 보라).

4.g. 텐 스프라기다 투 데우(*τὴν σφραγῖδα τοῦ θεοῦ*)는 7:2에서 첫 번째의 무관사로 언급된 스프라기스(*σφραγίς*)가 여기에서 정관사의 조응적 용법으로 언급되기 때문에 관사를 갖고 있다.

4.h-h. (1) 이문: 톤 메토폰(*τῶν μετώπων*) A ℵ 025 fam 1611[1854 2050] Oecumenius[2053comm 2062] it[a gig]; von Soden, *Text*; Nestle-Aland[27]; UBSGNT[4]. (2) 톤 메토폰 아우톤(*τῶν μετώπων αὐτῶν*) fam 1006 fam 1611[1611 2329] Oecumenius[2053txt] Tyc[1] Primasius Beatus. (3) 톤 메토폰 아우투(*τῶν μετώπων αὐτοῦ*) 2351. (4) 투 메토푸 아우투(*τοῦ μετώπου αὐτοῦ*) 0207.

5.a. "원문주해" 9:4.a를 보라.

5.b. 이 에도데(*ἐδόθη*, 3인칭 단수 부정과거 수동태)에 대해서는 LSJ, 422-23, II.5를 보라. 칠십인역 미 3:5을 참조하라.

5.c. (1) 이문: 바사니스데손타이(*βασανισθήσονται*) A ℵ 025 fam 1611 Oecumenius[2053txt] Andreas. (2) 바사니스도시(*βασανισθῶσι*) fam 1006 fam 1611[1611] 2351 Andr d f[2023] g i-[2074] 94 Byzantine. (3) 바사니스데손타이(*βασανισθήσωνται*) Andr a[2186] b[2081] e[2057] f[2056] h[2302] l-[2080] n[2429].

6.a. 8:1.a를 보라.

6.b. 에케이노스(*ἐκεῖνος*)가 후토스(*οὗτος*)와 다른 점은 후자가 의사 전달 상황에 존재하는 또는 의사 전달 상황과 동시성의 사람이나 사물을 지적하는 반면에(저자와 수신자 간의 구별과 관계 없이), 에케이노스(*ἐκεῖνος*)는 의사 전달 상황과 어느 정도 시간이나 거리가 떨어진 사물들을 나타낸다는 것이다. 여기에서 엔 타이스 헤메라이스 에케이나이스(*ἐν ταῖς ἡμέραις ἐκείναις*, "그 날들에")는 미래를 언급하는 것으로 해석되어야 한다(Mussies, *Morphology*, 179-80). 요한계시록에서 에케이노스(*ἐκεῖνος*)는 단 두 번(이곳과 11:31) 또는 10,000단어당 2회 나오는 반면에, 요한복음에서는 70회 또는 10,000단어당 44회 나오고, 후토스(*οὗτος*)는 51회(Nestle-Aland[27]에) 나온다.

6.c. 9:4.a를 보라.

6.d-d. 이문: (1) 휴로신(*εὕρωσιν*) A C 025 fam 1006[1006 1841] fam 1611[1854 2344] Oecumenius[2053] Andreas; B. Weiss, *Johannes-Apokalypse*, 116; Bousset (1906) 299; Charles, 2:290. (2) 휴레소신(*εὑρήσωσιν*) Andr a. (3) 휴레수신(*εὑρήσουσιν*) ℵ 046(휴레수신

-εὑρίσουσιν) 0207 94 fam 1611[1611 2329](εὑρίσουσιν) 2019; Andr c d Byzantine; Tischendorf, *NT Graece*; WHort; von Soden, *Text*; Merk, *NT*. (4) 휴루신(εὑροῦσιν) 598. 우 메(οὐ μή)+미래 직설법이 난문인 이유는 신약성경에 희귀하기 때문이다(이 어구는 요한계시록에서 3:5과 18:14에만 나온다; "원문주해" 3:5.b-b를 보라). 반면에 외부 증거는 독법 (1)을 지지한다. 요한계시록의 특징적인 용법은 독법 (2)가 원문인데(Schmid, *Studien* 2:133), 아마 이 동사 전후의 두 미래 동사(제테수신[ζητήσουσιν]과 에피뒤메수신[ἐπιθυμήσουσιν]; B. Weiss, *Johannes-Apokalypse*, 116)의 영향으로 변경되었을 가능성을 시사한다. 3:3의 유사한 변경을 참조하라(Schmid, *Studien* 2:223). 그러나 사본 전통에는 독법 (2)를 지지하여 미래 직설법을 부정과거 가정법으로 변경하는 경향이 있다(Mussies, *Morphology*, 322).

6.e. 이문: 우 메(οὐ μή) 원문. (2) 우크(οὐχ) 2351.

6.f. "원문주해" 9.4.a를 보라.

6.g-g. 이문: 퓩세타이(φεύξεται) fam 1611[1854 2329] 2351 Byzantine lat cop[bo]. 앞의 세 미래 동사들처럼 원문 퓨세이(φεύγει)는 미래 식의 현재인데(Fanning, *Verbal Aspect*, 225), 그 때문에 미래 퓩세타이(φεύξεται)로 수정되었다.

6.h. 이문: 아프 아우톤 호 다나토스(ἀπ᾽ αὐτῶν ὁ θάνατος) 2351.

7.a. 이 단락을 시작하는 카이(καί)가 번역되지 않은 이유는 여기에서 이 카이(καί)가 새 문장이나 단락의 시작을 나타내는 표시 역할을 하고 의미론적 내용은 없기 때문이다.

7.b. 호모이아(ὅμοια) 0207 Oecumenius[2053] Andreas Byzantine lat; WHort; Bousset (1906) 299; Merk, *NT*; Charles, 1:244; 2:290; von Soden, *Text*; Nestle-Aland[27]; UBSGNT[4]. (2) 호모이오이(ὅμοιοι) ℵ 792 fam 1611[2344] Andr e[2026 2057]; Primasius (*similes*); it[gig] (*similis*); Tyc[3] (*similes*); Beatus (*similes*); it[h]; Tischendorf, *NT Graece*; WHortmg; B. Weiss, *Johannes-Apocalypse*, 181 (Weiss는 suggests unconvincingly that o{moioi matches the masc. gender of the pl. dat. pronoun aujtoi'" in vv 3, 4, 5); Charles, 2:290[margin]. (3) 호모이오마(ὁμοίωμα) Andr i[2047] 2351 Tyc[1] (*similitudo*). (4) 호모이오마타(ὁμοιώματα) A (lacuna in C). 독법 (1)은 문법적으로 정확하며(중성 주격 복수) 앞의 타 호모이오마타(τὰ ὁμοιώματα)를 수식한다. 분명히 난문인 남성 주격 복수인 독법 (2)가 독법 (1)이 나타내는 사본 전통에 의해 수정된 원문을 나타낸다고 보는 것도 불가능하지는 않지만, ℵ의 필사자에 의한 실수로 보다 쉽게 설명된다(Schmid, *Studien* 2:75-76, 245-46). 독법 (3)은 호모이오이(ὅμοιοι)라기보다는 호모이아(ὅμοια)를 전제하는 것으로 설명될 수 있다.

7.c. 이문: 호스(ὡς) 앞에 호모이오마(ὁμοίωμα) 2351.

7.d-d. 이문: (1) 호모이오이 크뤼소(ὅμοιοι χρυσῷ) ℵ A 025 fam 1006[1006] fam 1611[1611 2344] Oecumenius[2053]. (2) 크뤼소이(χρυσοί) 0207 cop[sa] Byzantine. (3) 크뤼소이

호모이오이 크뤼소(χρυσοί ὅμοιοι χρυσῷ) 2351. 이 이문이 부분을 이루고 있는 어구 호스 스테파노이 호모이오이 크뤼소(ὡς στέφανοι ὅμοιοι χρυσῷ, "금 같은 면류관 비슷한")는 어색하다. 왜냐하면 황충의 머리 모양을 나타내는 직유들을 나타내는 데 비교 불변사 호스(ὡς)와 비교 형용사 호모이오스(ὅμοιος)가 나란히 나오기 때문이다.

8.a. 이문: 호스 트리카스(ὡς τρίχας) 2351.

9.a. 아르마톤 잎폰 폴론(ἁρμάτων ἵππων πολλῶν)이라는 어구는 두 개의 나란히 배열된 속격 복수 명사들로 이루어지는 어려운 표현이다. 잎폰(ἵππων)은 아마 연합의 속격(대개 메타[μετά]를 수반하는)으로 해석될 수 있을지도 모른다. 그렇다면 이 표현은 "말들을 거느린 많은 병거들"을 의미한다. 또 한 가지 가능성은 복수 속격들이 모두 앞의 명사 포네(φωνή)에 예속되어 "병거들의, 많은 전마들의 소리"로 해석되어야 하는 것이다. 이 표현은 어색함에도 불구하고 압도적인 사본의 지지를 받는다. 일부 필사자들은 하르마톤(ἁρμάτων)을 삭제함으로써 이 문제를 처리했고(1 82 arm arab), 또 어떤 필사자들은 잎폰(ἵππων)을 삭제했다(Andr f[2023 2056] 94). 부쎄트는 잎폰(ἵππων)을 서투른 주석으로 생각했는데(Bousset[1906] 300), 그 생각에 함께 한 필사자들은 거의 없다.

10.a. 이문: (1) 에쿠신(ἔχουσιν) 원문. (2) 에이콘(εἶχον) fam 1611[2329](ἦχαν–에칸) Andr d l; *habebant*] vg it[gig] Tyc[1 2 3] Primasius Beatus eth arm. (3) 에콘테스(ἔχοντες) cop.

10.b-b. 이문: (1) 카이 켄트라 카이 엔 타이스 우라이스 아우톤 헤 엑수시아 아우톤 아디케사이(καὶ κέντρα, καὶ ἐν ταῖς οὐραῖς αὐτῶν ἡ ἐξουσία αὐτῶν ἀδικῆσαι) 𝔓[47] ℵ A 025 fam 1006[1006 1841] fam 1611[1611] Oecumenius[2053]; WHort; von Soden, *Text*; Nestle-Aland[27]; UBSGNT[4]. (2) 카이 켄트라 엔 타이스 우라이스 아우톤 카이 헤 엑수시아 아우톤 아디케사이(καὶ κέντρα ἐν ταῖς οὐραῖς αὐτῶν, καὶ ἡ ἐξουσία αὐτῶν ἀδικῆσαι) fam 1611[1854](καὶ αἱ ἐξουσίαι αὐτῶν ἀδικῆσαι–카이 하이 엑수시아이 아우톤 아디케사이) Andreas it[a] vg[cl] syr[ph](καὶ κέντρα †δὲ ἐν–카이 켄트라 데 엔, 단검표가 붙은 δε에 상당하는 시리아어와 함께; Gwynn, *Apocalypse*, 18). (3) 카이 켄트라 카이 엔 타이스 우라이스 아우톤 엑수시안 에쿠신 투 아디케사이(καὶ κέντρα, καὶ ἐν ταῖς οὐραῖς αὐτῶν ἐξουσίαν ἔχουσιν τοῦ ἀδικῆσαι) fam 1611[2329](ἔχουσαι–에쿠사이) Byzantine syr[h](-τοῦ). (4) 카이 켄트라 엔 엔 타이스 우라이스 이우톤 헤 엑수시아 아우톤 아디케사이(καὶ κέντρα ἦν ἐν ταῖς οὐραῖς αὐτῶν ἡ ἐξουσία αὐτῶν ἀδικῆσαι) TR.

10.c. 이문: (1) 호모이아스(ὁμοίας) 025 046 Oecumenius[2053 2062] fam 1006[1841] fam 1611 Andreas Byzantine Compl. (2) 호모이오이스(ὁμοίοις) ℵ A (lacuna in C) 94 792 fam 1006[1006] Andr f[2031] Andr h[2302] Andr/*Byz* 3[35] Andr/*Byz* 4b[1828] *Byz* 5[808] *Byz* 15[367] *Byz* 16[69] Byz19[2075 2077] WHort[marg]. (3) 호모이오스(ὁμοίως) Andr e f[2073 2254] *Byz* 2[2200] *Byz* 8[180]. (4) 호모이아(ὅμοια) 판독: WHort, 588는 호모이아스(ὁμοίας)가 아마 호모이아

(ὅμοια)의 근원적인 실수일 것이라는 제안을 한다. 독법 (2)는 난문이지만 아마 열등한 독법일 것이다. 슈미트는 이 독법이 원문의 호모이아스(ὁμοίας)가 여격 스코르피오이스(σκορπίοις)를 향한 무의식적인 동화로 말미암은 파격 어법이라는 제안을 했다(Schmid, *Studien* 2:75-76; 참조. B. Weiss, *Johannes-Apokalypse*, 101). 여격을 수반하는 호모이오스(ὅμοιος)의 그 시대 예문들에 대해서는 계 13:11과 Rydbeck, *Fachprosa*, 78-79, 180(BDF § 194.1 gives only *Iliad* 17.51)를 보라. 관련된 문제는 1:13; 14:14에 나오는 호모이온 휘온 안드로푸(ὅμοιον υἱὸν ἀνθρώπου, "인자 같은")라는 어구다(두 구절의 "원문주해"와 "주석"들을 보라). 그러나 이 경우에 휘온(υἱόν, 여격이 되어야 하는 대격)은 부정확하게 호모이온(ὅμοιον)의 격에 견인되었다. 머씨즈(Mussies, *Morphology*, 139)의 추측에 의하면, 히브리어와 아람어의 접두어 케(כְּ, "…같이")가 이어지는 단어의 부분이기 때문에 저자는 호모이오스(ὅμοιος)와 그 보어를 문접적으로 일치시켜야 한다고 생각했을 것이다. 계 13:11: 호모이오 아르니오(ὁμοίῳ ἀρνίῳ)에 대해서는 𝔓[47]을 보라.

10.d-d. 여기에서 카이(καί)는 주절에서 묘사된 상황의 결과를 말하는 종속절을 도입한다.

11.a. 이문: 카이 에쿠신(καὶ ἔχουσιν) 025 fam 1611[1854] 2351. (2) 에쿠시 데(ἔχουσι δέ) fam 1611[1611 2329].

11.b-b. 어순의 이문: 바실레아 에프 아우톤(βασιλέα ἐπ' αὐτῶν) 2351.

11.c. 오노마 아우토(ὄνομα αὐτῷ)라는 어구에서 오노마(ὄνομα)는 삽입구적 주격인 반면에(BDR § 144), 아우토(αὐτῷ)는 소유를 나타내는 여격이다. 이 구문은 6:8에서도 발견된다. "원문주해" 6:8.f-f를 보라. 여기에서 𝔓[47]은 호 오노마(ᾧ ὄνομα)로 나타낸다(94와 fam 1611[2344]도). 반면에 ℵ*는 중복 요약 대명사를 사용하여 호 오노마 아우토(ᾧ ὄνομα αὐτῷ)로 나타낸다. 이 독법은 원래의 오노마 아우토(ὄνομα αὐτῷ)와 변형 호 오노마(ᾧ ὄνομα)의 이문 융합이다. 오노마 아우토(ὄνομα αὐτῷ)는 TR과 거의 모든 대소사본들의 지지를 받는다.

11.d. 명사 디알레크토(διαλέκτῳ)를 보충하여 해석한다.

11.e. 이문: 아밧돈(Ἀβαδδών) 앞에 톤(τόν) ℵ 0207.

11.f. 이문: 밧톤(βάττων) 𝔓[47], 단일 독법이지만, Oecumenius[2053]의 밧돈(βάδδον)과 유사하다.

11.g. 명사 디알레크토(διαλέκτῳ)를 보충하여 해석한다.

11.h-h. 이문: (1) 에케이 오노마(ἔχει ὄνομα) 47 fam 1611[2344] 2019 Andr/*Byz* 2b[582]. (2) 아우토 오노마(αὐτῷ ὄνομα) Andr e[2026]. (3) 에콘 오노마(ἔχων ὄνομα) 1773. 독법 (2)는 11절의 앞에 나오는 동일한 어구에 근거한다. 관용 표현 오노마 아우투(ὄνομα αὐτῷ)에 대해서는 "원문주해" 6:8.f-f를 보라.

12.a. 헤 우아이 헤 미아(ἡ οὐαὶ ἡ μία, 직역하면 "그 화, 그 하나" 즉 "그 첫째 화")는

종종 히브리어식 표현으로 간주되었다. 왜냐하면 히브리어의 기수 에하드(אחד, "하나")는 서수 "첫째"로 사용될 수도 있기 때문이다(BDF § 247; Mussies, *Morphology*, 216). 그러나 일상 헬라어 용법에 나오는 많은 유사한 표현들을 고려할 때, 이 표현에 셈어의 영향은 확실하지 않다("원문주해" 6:1.d를 보라). 이문: (1) 헤 우아이 헤 미아(*ἡ οὐαι ἡ μία*) Andreas Byzantine과 다른 중요한 사본들. (2) 우아이 헤 미아(*οὐαὶ ἡ μία*) 𝔓[47] ℵ[1] Oecumenius[2053text] Andr l Andr/*Byz* 4a-[2022] *Byz* 1[2256]. (3) 우아이 미아(*οὐαὶ μία*) ℵ* cop[sa]. 이문 (2)에서 관사의 탈락은 아마 신약성경의 다른 곳과 칠십인역에서 우아이(*οὐαί*)가 전혀 관사를 취하지 않기 때문일 것이다. 그러나 요한계시록에서 우아이(*οὐαί*)는 이 곳과 9:12에서 여성 관사를 취하고 11:14에서는 두 번이나 관사를 취한다(ℵ과 수많은 소사본들은 11:14에서 첫 번째 우아이[*οὐαί*]의 관사를 뺀다; "원문주해" 11:14.b-b를 보라). 저자가 헬라어 서수 헤 우아이 헤 듀테라(*ἡ οὐαὶ ἡ δευτέρα*, "둘째 화")와 헤 우아이 헤 트리테(*ἡ οὐαὶ ἡ τρίτη*, "셋째 화")를 사용하는 계 11:14을 보라.

12.b. 우아이(*οὐαί*)는 큰 고난 또는 고통의 상태를 나타내며, 여기에서는 "화"(disaster) 또는 "공포"(horror)로 번역될 수 있다(Louw-Nida, § 22.9).

12.c. 뒤오(*δύο*)는 여기에서 "두 번"이라는 배수사(multiplicative)의 의미로 사용된다(Mussies, *Morphology*, 216-17, 그는 예문으로 칠십인역 시 61:12(맛소라 사본 62:12)을 인용한다: 아팍시(*ἅπαξ*, 맛소라 사본 아하트[אחת]) 엘랄레센 호 데오스 뒤오(*ἐλάλησεν ὁ θεός, δύο*, 쉐타임[שתים]) 타우타 에쿠사(*ταῦτα ἤκουσα*), "한 번 하나님이 말씀하셨고, 두 번 내가 이 일들을 들었다"(개역. "하나님이 한두 번 하신 말씀을 내가 들었나니"). 이 단어는 히브리어의 영향을 반영하지만(Mussies, *Morphology*, 217), 세속 헬라어의 예문들도 있다: PRoss III.4, 9.

12.d-d. 동사 에르케타이(*ἔρχεται*, "오다")는 단수로서 주어 뒤오 우아이(*δύο οὐαί*, "두 가지 화들")와 일치하지 않는 것처럼 보인다(Schmid, *Studien* 2:246). 에르케타이(*ἔρχεται*)는 A (lacuna in C) 𝔓[47] ℵ Andreas Byzantine의 지지를 받는다. 웨이스(B. Weiss, *Johannes-Apocalypse*, 181)는 저자가 아마 우아이(*οὐαί*)를 3인칭 복수 동사를 취할 수 있는 중성 복수 명사로 생각했을 것이라고 제안했다. 그러나 이 동일한 절에서 저자가 여성 헤 우아이 헤 미아(*ἡ οὐαὶ ἡ μία*)를 사용한다는 사실은 그의 제안을 무효화시킨다. 필사자들은 3인칭 복수형 에르콘타이(*ἔρχονται*)를 사용하여 이 난문제를 수정했다(ℵ[1] 046[cor] 0207 Oecumenius[2053] fam 1611[2329 2344] lat cop[sa]). 여기에서 뒤오(*δύο*)는 배수사 의미로 사용되기 때문에("원문주해" 9:12.c를 보라), 우아이(*οὐαί*)는 3인칭 단수 동사를 요구하는 단수로 간주되어야 한다.

12.e. 이문: (1) 메타 타우타. 카이(*μετὰ ταῦτα. Καί*) A 025 fam 1006[1841] fam 1611[1611] Oecumenius[2053com] lat vg syr[h] Cyprian Tyc[1 3] Beatus Andreas. (2) 메타 데 타우타(*Μετὰ δὲ ταῦτα*) 0207. (3) 메타 타우타 카이(*Μετὰ ταῦτα καί*) fam 1006[1006] fam 1611[1854 2329]

2351 Byzantine. (4) 카이 메타 타우타(καὶ μετὰ ταῦτα) 046 Tyc[2] (*et post haec*). (5) 카이(Καί, 메타 타우타[μετὰ ταῦτα] 생략) Oecumenius[2053txt] Primasius. 메타 타우타(μετὰ ταῦτα)라는 어구는 요한계시록에서 보통 문장들을 시작하기 때문에(9:12 외에 두 가지 예외는 1:19과 4:1이다), 메타 타우타(μετὰ ταῦτα)를 13절과 연결시키기 위한 필사자들의 다양한 시도들이 있었다. 여기에는 13절 초에 나오는 카이(καί)를 빼버리는 시도도 포함된다("원문주해" 9:13a를 보라). *TCGNT* 1, 741을 보라.

13.a. 이문: (1) (καί) A 025 Andreas it vg syr[h]. (2) 카이(καί)의 탈락 𝔓[47] ℵ* fam 1611[2344] *Byz* 13[2058] *Byz* 14[456] *Byz* 16[61 69] *Byz* 17[469] *Byz* 19[664] arab cop[sa] bo syr[ph]. 만일 카이(καί)의 탈락이 원문이라면(의심스럽지만), 메타 타우타(μετὰ ταῦτα)는 12절의 문장을 종결한다기보다는 13절의 문장을 시작할 것이다. 9:12을 제외하고 요한계시록에서 메타 타우타(μετὰ ταῦτα)는 1:19과 4:1에서만 문장을 종결한다. 이문 (1)은 8:1, 8, 10, 12; 9:1에서 천사들이 소개되는 방식을 따른다(*TCGNT* [1]; 741, *TCGNT* [2], 669-70).

13.b. "원문주해" 9:12.e-13.b를 보라.

13.c. 기수 헤이스(εἷς)는 요한계시록에서 간혹 형용사 티스(τις)의 대용어로 사용되고, 영어의 부정관사 "a, an" 같은 기능을 한다. 따라서 여기에서 포넨 미안(φωνὴν μίαν)은 "어떤 음성"(a[certain] voice)을 의미한다. 계 8:13; 18:21; 19:17(Mussies, *Morphology*, 183)을 보라. "원문주해" 8:13.a를 보라.

13.d-d. ℵ*은 미안 에크 톤 테싸론 케라톤(μίαν ἐκ τῶν τεσσάρων κεράτων, "네 뿔 중의 하나")을 뺀다. 그러나 이 어구는 교정자 ℵ[1]에 의해 삽입되었다. a는 열두 문자를 선을 따라 분배하기 때문에 두 개의 선이 빠진 것 같다. 왜냐하면 빠진 문자는 총 24개이고, 포넨(ΦΩΝΗΝ)이 한 선을 종결하고 투뒤에이아에드피우(ΤΟΥΘΥΣΙΑΣΤΗΡΙΟΥ)가 다음 선을 구성하기 때문이다. 그러나 ℵ의 표본에 나오는 선들의 길이를 알 수 없다는 사실은 인정하지 않을 수 없다. 그럼에도 불구하고 ℵ의 표본에 테싸론(τεσσάρων)은 존재했던 것 같다. 𝔓[47]과 같은 요한계시록 사본에는 매 선마다 24 내지 30개의 문자가 있기 때문에 빠진 부분이 한 개의 선을 구성했을 수 있다.

13.e. 이문: (1) 테싸론(τεσσάρων)의 탈락: 𝔓[47] ℵ[1] A (lacuna in C) 0207 fam 1611[1611 2344] Oecumenius[2053] it[ar,c,div,gig,haf,z] syr[h] cop[sa bo] Andr i-[2042] Andr l 94; WHort; Charles (2:293); Merk, *NT*; [Nestle-Aland[27]]; [UBSGNT[4]]. (2) 테싸론(τεσσάρων) 025 046 fam 1006[1006] fam 1611[1854] it[dem] vg syr[ph] Cyprian Primasius Andreas Arethas Byzantine; Tischendorf, *NT Graece*; von Soden, *Text*; NRSV. 테싸론(τεσσάρων)을 추가한 분명한 동기는 판단할 수 없지만, 테싸론(τεσσάρων)이 본문에 삽입된 증거는 유력하다(Schmid, *Studien* 2:76). *TCGNT* [1], 742; *TCGNT* [2], 670은 테싸론(τεσσάρων)이 우연히 빠졌다는 제안을 한다.

13.f. 케라톤(κεράτων, "뿔들")은 고대 제단들의 모퉁이에서 발견되는 위를 향한 돌출

부들을 말하는 것이다(출 27:2; 29:12; 레 4:7, 18, 25, 30, 34; 렘 17:1; 겔 43:15, 20; 시 118:27).

14.a. 이문: (1) 레곤타(λέγοντα) ℵ* A 149 fam 1611[2344] it[gig] Cyprian Tyconius Primasius Beatus. (2) 레곤토스(λέγοντος) 046 fam 1006[1006 1841] fam 1611[1854 2329] 2351 Byzantine. (3) 레구산(λέγουσαν) 𝔓[47] 0207 fam 1611[1611] Oecumenius[2053] Andreas. (4) 레구사(λέγουσα) Andr e f[2031] 1773. 레곤타(λέγοντα, "말하기를")는 포넨 미안(φωνὴν μίαν, "한 음성", 여성 단수 대격)을 수식하는 남성 단수 대격 분사이므로, 독법 (3)에서 발견되는 수정인 레구산(λέγουσαν) 형태여야 한다. 여성 명사가 남성 형용사나 분사에 의해 수식되는 경우는 요한계시록에서 이 곳뿐만이 아니다(4:1; 11:4, 15; 17:3을 보라). 간혹 히브리어에서 남성은 여성들 또는 여성 명사들(성이 강조되지 않은 경우에)을 다시 언급하는 데 사용된다(Laughlin, *Solecisms*, 13 14; *GKC* § 144*a*; cf. 110*k*). 맛소라 사본에서 남성 대명사들이 여성들을 언급하는 예에 대해서는 출 1:21; 2:17; 민 36:6; 삿 11:34; 21:12; 19:24; 삼상 6:7; 삼하 6:22; 겔 23:49; 룻 1:8을 보라. 남성 대명사들이 여성 명사들을 언급하는 예에 대해서는 출 11:6; 22:25; 레 6:8; 27:9; 민 3:27, 33; 신 27:5; 삼상 10:18; 사 34:17을 보라.

14.b. 이문: 살핑간(σάλπιγγαν) 𝔓[47]. 철자에 있어 약간 다르지만 모두 -안(-αν)으로 끝나는 이문들에 대해서는 42 792 2061을 보라.

14.c. 이문: 테싸라스(τέσσαρας)의 탈락: 𝔓[47] 2029(투스[τούς]와 데데메누스[δεδεμένους]의 탈락) 𝔓[47]이 13절에서 테싸론(τεσσάρων)을 생략한다는 사실은 흥미롭다.

14.d-d. 이문: 에피 투 포타무 투 메갈루 유프라투(ἐπὶ τοῦ ποταμοῦ τοῦ μεγάλου Εὐφράτου) 𝔓[47] Andr l(이 무리에 속하는 세 개의 소문자 서체 사본들은 에피[ἐπί] 다음에 테 프삼모[τῇ ψάμμῳ]를 삽입한다).

15.a-a. 완료 명사적 분사 호이 헤토이마스메노이(οἱ ἡτοιμασμένοι)는 동사의 행동의 결과 상태를 강조한다(Fanning, *Verbal Aspect*, 416 18).

15.b-b. 이문: (1) 헤메란(ἡμέραν) 앞에 에이스 텐(εἰς τήν) 2351 Andr i[2042] Byzantine. (2) 헤메란(ἡμέραν) 앞에 텐(τήν) Andr f[2023] i 1 Compl. (3) 카이 헤메란(καὶ ἡμέραν)의 탈락: ℵ Andr a-[2428].

15.c. 이문: ℵ는 히나(ἵνα)와 아포크테이노신(ἀποκτείνωσιν) 사이에 (μή)를 삽입한다. 이 독법은 단수로서 분명히 필사자가 실수를 한 결과다.

16.a 톤 스트라튜마톤 투 힙피쿠(τῶν στρατευμάτων τοῦ ἱππικοῦ)라는 어구에서 앞의 관사가 있는 속격은 분량 또는 수량을 나타내는 속격인 반면에, 투 잎피쿠(τοῦ ἱππικοῦ)는 톤 스트라튜마톤(τῶν στρατευμάτων)으로 수식되지만 더 구체적이기 때문에 동격의 속격이다.

16.b. 이문: (1) 디스뮈리아데스 뮈리아돈(δισμυριάδες μυριάδων) A 025(데이스 뮈

라아데스 뮈라아돈(δεὶς μυριάδες μυριάδων): fam 1611[2344] 2351 Andreas Origen it[gig] (*milies dena milia*); vg Cyprian (*dismyriades myriadon*: Vogels, *Untersuchungen*, 226). (2) 뒤오 뮈리아돈 뮈리아다스(δύο μυριάδων μυριάδας) ℵ. (3) 뒤오 뮈라아데스 뮈리아돈(δύο μυριάδες μυριάδων) 𝔓[47] Andr i-2042 cop[bo]. (4) 뮈리아데스 뮈라아돈(μυριάδες μυριάδων) 046 Oecumenius[2053txt] fam 1006[1006 1841] fam 1611[1611 2329] Andr a1 c d f[2023] i[2042 1773] Byzantine cop[samss]; Tyc[1] Tyc[2] Beatus (all *myriades miriadum*). (5) 디아뮈리아다스 마리아돈(δισμυριάδας μυριάδων) Andr l n-[2432]. (6) *octoginta milia*] Primasius. 독법 (1)은 유별난 난문이다. 따라서 아마 원문일 것이다. 독법 (2)에서 대격은 아마 16b절의 에쿠사(ἤκουσα)에 의존할 것이다.

17.a. 이문: 힙피쿠스(ἱππικούς) 2351.

17.b. 투스 카데메누스 에프 아우톤(τοὺς καθημένους ἐπ' αὐτῶν)은 "그것들 위에 앉아 있는 자들", 즉 "그것들을 탄 자들"을 의미한다. 저자는 카데메노스(καθήμενος, 주격) 또는 카데메논(καθήμενον, 대격) 단수와 복수 다음에 대격을 사용하는 경향이 있지만, 여기에서는 속격을 사용한다. Mussies, *Morphology*, 101를 보라. 이문: 에파노(ἐπάνω) 𝔓[47] ℵ.

17.c. 휘아킨디누스(ὑακινθίνους)는 히아신스의 색깔을 의미하는데, 아마도 청색일 것이다. Louw-Nida, § 79.37을 보라.

18.a. 이문: 아페크탄데산(ἀπεκτάνθησαν) A C ℵ Andreas Byzantine. (2) 아페크탄데(ἀπεκτάνθη) 𝔓[47](그러나 15절에서 3인칭 복수 동사 아포크테이노신[ἀποκτείνωσιν]을 사용하는 것을 주의해 보라); 2019 2078 2436 Andr l 94 254 2019 *Byz* 13 *Byz* 15-[42] Andr m[2037 2046]. 이문 (1)은 압도적으로 우세한 지지를 받고 있고 이문(2)에서 수정된 의미 지향 구문이다. 3인칭 복수 부정과거 수동태 동사 아페크탄데산(ἀπεκτάνθησαν)의 주어는 토 트리톤 톤 안드로폰(τὸ τρίτον τῶν ἀνθρώπων)이다. 토 트리톤(τὸ τρίτον)은 저자에 의해 복수 동사 형태를 요구하는 집합명사로 해석된다("원문주해" 8:9.b를 보라). 이 어구는 요한계시록에서 몇 번 사용되는 의미 지향 구문의 예다(7:9; 8:9; 13:3-4; 18:4; 19:1, 6).

18:b. 아포(ἀπό)는 ℵ A C P 046 Andreas cop[sa bo] arm eth arab lat syrd의 지지를 받고, 휘포(ὑπό)는 Andr a; Byzantine의 지지를 받는다.

18.c. 이문: 투톤(τούτων)의 탈락: 𝔓[47].

18.d. 이문: 플레곤(πληγῶν) 앞에서 트리톤(τριῶν)의 탈락: 2351.

18.e. 이문: 에크(ἐκ) 앞에 카이(καί) 추가: 2351.

18.f. 이문: 투 카프누(τοῦ καπνοῦ) 앞에 에크(ἐκ): 𝔓[47].

18.g. 이문: 투 데이우(τοῦ θείου) 앞에 에크(ἐκ): 𝔓[47].

18.h. 이문: 아우톤(αὐτῶν)의 탈락: 𝔓[47].

19.a. 이문: 엔 가르 헤(ἦν γὰρ ἡ) 𝔓47.

19.b. 주격 복수 여성 분사 에쿠신(ἔχουσαι)은 이 절에서 정형 동사 기능을 한다(Mussies, *Morphology*, 325). 요한계시록에서 정형 동사로 사용되는 분사들의 다른 예에 대해서는 1:16; 4:2, 4; 10:8; 14:1, 4; 21:14을 보라. 에코(ἔχω)에서 나온 분사들은 종종 이런 식으로 사용된다(1:16; 4:7, 8; 6:2, 5; 9:17, 19; 10:2; 12:2; 19:12; 21:12). 몇몇 Andreas 사본들은 필사자들이 에쿠사이(ἔχουσαι)를 정형 동사 에쿠시(ἔχουσι)로 수정한 것을 보여 준다(Andr a2428 d i2074 l1778). 독법 에쿠사이스(ἐχούσαις, 즉 타이스 우라이스[ταῖς οὐραῖς]를 수식하여 하이 가르…오페신[αἱ γὰρ …ὄφεσιν]의 삽입구를 만든다)는 다음과 같은 사본들에 나온다: ℵ(최초의 필사자가 에쿠사스[ΕΧΟΥΣΑΣ]라고 쓴 다음에 알파와 시그마 사이에 작은 직선의 이오타를 삽입하여 수정한 것 같다) 025 Oecumenius2053 181 598 2019(A & C와 동등); 2059 2060 2065 2081 2286 2302 Andr a-2428 c e f2023 2073 g i-2074 l-1778 94 1773(Schmid, *Studien* 1/1:103는 그의 Andreas 본문에서 마지막 시그마[ς]를 괄호 안에 넣는다[ἐχούσαι(ς)]).

20.a. 이문: (1) 플레가이스(πληγαῖς) 앞에서 아우톤(αὐτῶν) 탈락: 𝔓85. 이 사본에는 많은 탈락들이 있지만, 아우톤(αὐτῶν)이 들어갈 여지는 없다; Andr a b c f2031-2056 h 598 1773(Schmid의 Andreas 판에는 플레가이스[πληγαῖς]가 괄호 안에 들어간다) Byzantine. (2) 플레가이스(πληγαῖς) 다음에 아우톤(αὐτῶν) 𝔓47(πληγὲς αὐτῶν-플레게스 아우톤) ℵ.

20.b. 이문: (1) 우데(οὐδέ) 𝔓47 046 Oecumenius2053txt fam 16112344 Andr l; Bousset (1906) 306; Tischendorf, *NT Graece*; Nestle-Aland27; UBSGNT. (2) 후테(οὔτε) A fam 16111611 Oecumenius2053com Andreas; B. Weiss, *Johannes-Apokalypse*, 134; (Bousset [1906] 306); von Soden, *Text*. (3) 우테(οὔτε) 대신 우(οὐ) C fam 1006 fam 16111854 2351 Andr d e f2023 2073 i 94 2019 Byzantine; WHort; Merk, *NT*. (4) 카이 우(καὶ οὐ) fam 16112329. 독법 (1)이 아마 원문을 보존할 것이다(Schmid, *Studien* 2:225). 필사자들이 뒤에 나오는 20절의 우테…우테(οὔτε …οὔτε)에 맞추기 위해 우데(οὐδέ)를 우테(οὔτε)로 바꾸었을 것이다(*TCGNT* 1, 742).

20.c-c. 메타노에인 에크(μετανοεῖν ἐκ)에 대해서는 2:21.c-c를 보라.

20.d. 이문: (1) 프로스퀴네수신(προσκυνήσουσιν) 𝔓47 A C Andr i2082 Andr/*Byz* 2a104 459 922 Andr/*Byz* 4b1828 *Byz* 9452 467 2021 2019. (2) 프로스퀴네소시(προσκυνήσωσι) 025 Oecumenius2053 2351 Andreas Byzantine TR. 요한계시록에 나오는 히나(ἵνα) + 미래 직설법에 대한 논의는 2:10.f를 보라.

20.e-e. 프로스퀴네인(προσκυνεῖν)의 용법에 대해서는 4:10.b를 보라.

20.f-f. 이문: 카이 타 에이돌라(καὶ τὰ εἴδωλα)의 탈락: 𝔓47 copsa eth.

20.g. 이문: (1) 크뤼세아(χρύσεα) 2351. (2) 크뤼사이아(χρυσαῖα) ℵ 2351txt.

20.h. 이문: 아르귀레아(*ἀργύρεα*) 2351.

20.i-i. 이문: 카이 타 칼카(*καὶ τὰ χαλκᾶ*) Byzantine vg^{mss} Tyconius.

20.j. 이문: 크쉴리나(*ξύλινα*) 앞의 타(*τά*) 탈락: 𝔓^{47} 𝔓^{85}(카이 크쉴리나[*κ*]*αι ξ*[*υλινα*]는 J. Schwartz, "Papyrus et tradition manuscrite," *ZPE* 4[1969] 181에 의해 복원된다): 2019 fam 1611$^{1854\ 2329}$ *Byz* 2^{2200}.

20.k. 이문: 뒤난타이(*δύνανται*) A C 025 Oecumenius^{2053} fam 1006 fam 1611$^{1854\ 2050\ 2329}$ 2351 Andreas. (2) 뒤나타이(*δύναται*) 598 fam 1611^{1611} Andr a Byzantine TR.

21.a-a. 메타노에인 에크(*μετανοεῖν ἐκ*)에 대해서는 2:21.c-c를 보라.

21.b. 이문: (1) 파르마콘(*φαρμάκων*) 𝔓^{47} ℵ C fam 1006 fam 1611$^{1611\ 1854}$ Andr i^{2042} Byzantine; WHort; von Soden, *Text*; Nestle-Aland^{27}; UBSGNT^{4}. (2) 파르마케이온(*φαρμακειῶν*) A 046 Oecumenius^{2053} fam 1611$^{2329\ 2344}$ 2351(*φαρμακιῶν* – 파르마키온); Andreas. 독법 (2)는 외적 지지가 강력하다. 그리고 필사자들은 파르마케이온(*φαρμακ*[*ε*]*ιῶν*)을 파르마콘(*φαρμάκων*)으로 바꾸기보다는 파르마콘(*φαρμάκων*)을 더 명확한 파르마케이온(*φαρμακ*[*ε*]*ιῶν*)으로 바꾸고 싶어했을 것이다(*TCGNT* 1, 742; *TCGNT* 2, 670).

21.c-c. 𝔓^{85}(이 부분이 많이 손상되었다)에는 우테 에크 테스 포르네이아스 아우톤 우테 에크 톤 클렘마톤 아우톤(*οὔτε ἐκ τῆς πορνείας αὐτῶν οὔτε ἐκ τῶν κλεμμάτων αὐτῶν*)을 포함하는 21절의 끝부분이 빠져 있는데, 아마 중자 탈락(haplography)으로 인한 실수일 것이다.

21.d. 이문: (1) 포르네이아스(*πορνείας*) 𝔓^{47} C Andreas Byzantine. (2) 포네리아스(*πονηρίας*) ℵ* A Andr l. 독법 (2)는 필사자가 실수한 결과이지만, ℵ*와 A의 일치는 유력하다(Schmid, *Studien* 2:101).

21.e-e. 이문: (1) 우테 에크 톤 클렘마톤 아우톤(*οὔτε ἐκ τῶν κλεμμάτων αὐτῶν*)의 탈락: 𝔓^{47} syr^{s} cop^{sa} Primasius. 21절의 마지막 세 절(*οὔτε ἐκ …αὐτῶν* – 우테…에크 아우톤)의 유사한 문체는 아마 우연한 탈락의 결과일 것이다. 이 절의 비고의적인 탈락들에는 (2) 우테 에크 톤 파르마콘 아우톤(*οὔτε ἐκ τῶν φαρμάκων αὐτῶν*) Andr c^{2033} Andr/*Byz* 4b22^{1828} *Byz* 3^{522} *Byz* 9$^{203\ 506}$ *Byz* 12$^{110\ 627\ 2048}$이 포함된다. (2) 우테 에크 테스 포르네이아스 아우톤(*οὔτε ἐκ τῆς πορνείας αὐτῶν*) Oecumenius^{2053} Andr g^{2071} *Byz* 18^{256}.

양식/구조/배경

I. 개요.

C. 일곱 번째 인과 앞의 여섯 나팔(8:1-11:14)7

1. 일곱 번째 인(8:1)
    a. 어린양이 일곱 번째 인을 뗀다(1a절)
    b. 결과: 반 시간 동안 하늘의 침묵(1b절)
2. 앞의 여섯 나팔의 환상(8:2-9:21)
    a. 서막: 세 번째의 보좌실 장면(8:2-6)
        (1) 일곱 천사의 위임(2절)
            (a) 묘사: 그들이 하나님 앞에 선다(2a절)
            (b) 서임: 그들이 일곱 나팔을 받는다(2b절)
        (2) 향제의 은유: 응보를 구하는 성도들의 기도를 하나님이 들으신다 (3-5절)
            (a) 천사가 제사장 역할을 한다(3절)
                [1] 제단 곁에 선다(3ab절)
                    [a] 금 향로를 가진다(3a절)
                    [b] 많은 향을 받는다(3b절)
                [2] 성도들의 기도와 합하여 향을 드린다(3c절)
                    [a] 보좌 앞
                    [b] 금단에
            (b) 제물이 하나님께 올라간다(4절)
                [1] 향의 연기
                [2] 성도의 기도
            (c) 기도가 응답된다: 나팔의 재앙들을 상징하는 단 위의 타다 남은 불이 땅에 쏟아진다(5절)
                [1] 천사가 단 위의 불로 향로를 채운다(5a절)
                [2] 천사가 그 불을 땅에 쏟는다(5a절)
                [3] 하나님의 현현의 표시들(5b절)
                    [a] 뇌성
                    [b] 음성(굉음)
                    [c] 번개
                    [d] 지진
        (3) 일곱 명의 나팔 천사들이 나팔을 불 준비를 한다(6절)
    b. 처음의 네 나팔(8:7-12)
        (1) 첫 번째 나팔 재앙(7절)
            (a) 첫 번째 천사가 나팔을 분다(7a절)

(b) 재앙: 피가 섞인 우박과 불이 땅에 쏟아진다(7b절)
(c) 파괴적인 결과(7c절)
[1] 땅의 삼분의 일이 타서 사위고
[2] 수목의 삼분의 일이 타서 사위고
[3] 각종 푸른 풀도 타서 사윈다
(2) 두 번째 나팔 재앙(8-9절)
(a) 두 번째 천사가 나팔을 분다(8a절)
(b) 재앙: 불붙는 큰 산 같은 것이 바다로 던져진다(8a절)
(c) 파괴적인 결과(8b-9절)
[1] 바다의 삼분의 일이 피가 된다(8b절)
[2] 바다 생물 삼분의 일이 죽는다(9절)
[3] 삼분의 일의 배가 깨어진다(9절)
(3) 세 번째 나팔 재앙(10-11절)
(a) 세 번째 천사가 나팔을 분다(19a절)
(b) 재앙: 횃불같이 타는 큰 별이 하늘에서 떨어진다(10a-11a절)
[1] 강들의 삼분의 일에 떨어진다(10b절)
[2] 샘들의 삼분의 일에 떨어진다(10b절)
[3] 별의 이름: 쑥(11a절)
(c) 파괴적인 결과(11bc절)
[1] 물들의 삼분의 일이 쑥이 된다(11b절)
[2] 쓴 물로 인해 많은 사람들이 죽는다(11c절)
(4) 네 번째 나팔 재앙(12절)
(a) 네 번째 천사가 나팔을 분다(12a절)
(b) 재앙: 천체들이 타격을 받는다(12b절)
[1] 해의 삼분의 일
[2] 달의 삼분의 일
[3] 별의 삼분의 일
(c) 파괴적인 결과(12c절)
[1] 천체들의 삼분의 일이 어두워진다
[2] 천체들이 낮의 삼분의 일 동안 나타나지 않는다
[3] 천체들이 밤의 삼분의 일 동안 나타나지 않는다

c. 나중의 세 나팔 또는 세 가지 화(8:13-9:21: 일곱 번째 나팔에 대해서는 11:15-18을 보라)

(1) 세 가지 화를 가져오는 나중의 세 나팔의 서론(8:13)
  (a) 환상: 공중을 날아가는 독수리(13a절)
  (b) 소리: 독수리의 알림(13b절)
    [1] 땅의 백성들에게 내리는 삼중의 화를 알림
    [2] 화의 원인: 뒤의 세 나팔
(2) 다섯 번째 나팔 또는 첫 번째 화: 악마 황충떼(9:1-12)
  (a) 도입: 다섯 번째 천사가 나팔을 분다(1a절)
  (b) 악마 황충 군대의 환상(1a-11절)
    [1] 무저갱으로부터 황충의 출현(1a-2절)
      [a] 별 하나가 하늘에서 떨어진다(1a절)
      [b] 별이 무저갱의 열쇠를 받는다(1b절)
      [c] 별이 무저갱을 연다(2a절)
      [d] 무저갱에서 연기가 올라온다(2b절)
        {1} 큰 풀무에서 나오는 연기와 같다
        {2} 해와 공기가 어두워진다
    [2] 악마 황충떼가 무저갱에서 솟아나온다(3-11절)
      [a] 땅에서 전갈과 같은 권세를 받는다(3b절)
      [b] 그들에 대한 지시(4절)
        {1} 식물을 해하지 말라(4a절)
        {2} 하나님의 인이 없는 자들을 해하라(4b절)
        {3} 그들을 죽이지 말고 다섯 달을 괴롭히라(5ab절)
        {4} 삽입 설명: 그들의 괴롭힘은 전갈의 괴롭힘과 같다(5절)
      [c] 그들의 괴롭힘의 결과(6절)
        {1} 사람들이 죽음을 구하지만 죽지 못할 것이다(6a절)
        {2} 죽기를 바라지만 죽음이 그들을 피한다(6b절)
      [d] 악마 황충의 묘사(7-10a절)
        {1} 전체적인 모양: 전쟁을 준비하는 말과 같다(7a절)
        {2} 자세한 묘사(7a-10절)
          {a} 금 면류관을 썼다(7b절)
          {b} 사람의 얼굴(7b절)
          {c} 긴 머리털(8a절)
          {d} 사자 같은 이(8b절)
          {e} 철흉갑 같은 흉부(9a절)
          {f} 전쟁터의 전차 같은 날개 소리(9b절)

{g} 전갈같이 침이 달린 꼬리(10a절)
[e] 그들은 다섯 달 동안 꼬리로 사람들을 해할 권세를 갖고 있다(10b절)
[f] 그들의 왕의 정체(11절)
{1} 무저갱의 천사(11a절)
{2} 히브리어 이름: 아바돈(11a절)
{3} 헬라오 이름: 아볼루온(11b절)
(c) 화들에 대한 결론적인 계수(12절)
[1] 첫째 화는 지나갔다
[2] 아직 두 개의 화가 남아 있다
(3) 여섯 번째 나팔 또는 두 번째 화: 악마 마병대(9:13-21)
(a) 도입: 여섯 번째 천사가 나팔을 분다(13a절)
(b) 묶였던 네 천사의 석방(13a-15절)
[1] 네 천사를 풀어 주라는 하늘의 명령(13b-15절)
[a] 명령의 출처: 제단에서 나온 음성
[b] 수령자: 나팔을 든 여섯 번째 천사
[c] 명령: 유프라데스 강에 결박한 네 천사를 놓아 주라
[2] 실행된 명령(15절)
[a] 풀려난 네 천사(15a절)
[b] 특별한 때를 위해 예비됨(15b절)
[c] 특별한 일을 위해 예비됨: 사람 삼분의 일을 살해(15b절)
(c) 악마 마병대의 살육(16-21절)
[1] 마병의 수: 이만만(16절)
[2] 말과 승마자의 묘사(17절)
[a] 승마자의 흉배의 색깔(17a절)
{1} 불같이 붉은 색
{2} 히아신스 같은 청색
{3} 유황 같은 황색
[b] 말의 머리(17bc절]
{1} 사자의 머리 갈고(17b절)
{2} 입에서 나오는 재앙들(17c절)
{a} 불
{b} 연기

{c} 유황
[3] 결과: 사람들 삼분의 일이 죽임을 당한다(18-19절)
[a] 원인: 말들의 입에서 나오는 세 가지 재앙(18절)
{1} 불
{2} 연기
{3} 유황
[b] 원인: 말들의 입뿐만이 아니라 꼬리에도 있는 권세 (19절)
{1} 뱀과 같은 머리가 있는 꼬리(19a절)
{2} 해를 끼치는 꼬리(19b절)
[4] 이 세 가지 재앙에서 생존한 자들의 반응(20-21절)
[a] 귀신과 우상들에 경배한 것을 회개하지 않는다(20절)
{1} 우상들은 자연의 물질들로 인간이 만든 것이다 (20b절)
{a} 금
{b} 은
{c} 동
{d} 돌
{e} 나무
{2} 우상들은 무능하다(20c절)
{a} 볼 수 없다
{b} 들을 수 없다
{c} 걸을 수 없다
[b] 그들은 자신들의 악행을 회개하지 않는다(21절)
{1} 살인
{2} 복술
{3} 음행
{4} 도적질

II. 문학 비평

A. 8:2-9:21과 11:15-18의 구조

8:7-9:21과 11:15-18에 서술되는 일련의 일곱 나팔은 8:2-6에 나오는 하늘 성

전 장면으로 시작된다. 이 서막(이 적절한 용어 *Vorspiel*은 Rissi, *Babylon*, 15에서 사용된다)은 4:1-5:14의 일곱 인의 서막, 그리고 15:1-8의 일곱 대접의 서막과 마찬가지로 하늘의 성전으로 시작된다. 이 장면은 2절과 6절에서 나팔을 든 일곱 천사에 대한 언급으로 뼈대가 구성되며 두 가지 중요한 행동을 중심으로 한다. 그 두 가지 활동은 성도들의 기도와 함께 하나님께 향을 드리는 행동과 단 위의 불을 땅에 쏟는 행동이다. 만일 하늘 제단에서 거둔 불이 이제 바야흐로 땅의 백성들에게 가해질 일련의 심판을 상징한다면, 성도들의 기도는 자신들을 박해한 자들에 대한 하나님의 신원을 구하는 기도(6:9-10에서 하늘의 제단 아래서 순교자들의 영혼이 외친 신원의 기도와 마찬가지로)로 해석되어야 한다.

요한계시록 8:7-9:21과 11:15-19에서 일곱 나팔에 의해 도입되는 일련의 재앙들은 매우 짧게(6:1-8에 처음 네 인을 떼어낸 결과들에 대한 빠른 서술과 유사하게) 서술되는 네 재앙들로 시작된다. (1) 땅의 삼분의 일을 태우는 피 섞인 우박과 불(7절; 출 9:22-26의 일곱 번째 재앙과 유사하며, 또한 계 16:8-9, 19-21의 네 번째와 일곱 번째 대접의 재앙과 유사하다). (2) 불붙는 큰 산 같은 것이 바다에 던져짐으로 바다가 피가 되고 바다의 생물 삼분의 일이 죽고 선박들 삼분의 일이 파괴된다(8-9절; 출 7:20-21의 첫 번째 재앙과 유사하며, 또한 계 16:3의 두 번째 대접의 재앙과 유사하다). (3) 쑥이라는 이름의(헬라어 아프신도스[*"Αψινθος*]: 이 이름은 그 결과를 나타내는 것이다. 왜냐하면 실제로 이 이름을 가진 별이 없기 때문이다) 별이 강들의 삼분의 일과 여러 물샘들에 떨어져 그 물들을 독이 되게 한다(10-11절; 출 7-12장이나 계 15-16장에 유사한 내용이 없다). (4) 해와 달과 별들의 삼분의 일이 어두워진다(12절; 출 10:21의 아홉 번째 재앙과 유사하며, 또한 계 16:10의 다섯 번째 나팔의 재앙과 유사하다).

뒤의 세 나팔은 8:13에서 "땅에 거하는 자들에게 화, 화, 화가 있으리로다"라고 외치는 천사가 예고한 일련의 세 가지 재앙을 구성한다. 그 다음에 저자는 첫 번째와 두 번째 화가 일어났다는 고지들을 삽입한다(9:12; 11:14). 그러나 그는 세 번째 화가 일어나는 때를 정확하게 언급하지 않는다(하지만 이 세 번째 화는 분명히 12:12의 화와 동일시될 수 있다; 참조. Vanni, *La struttura letteraria*, 131-32). 이 세 번째 화는 사단의 화일 것이다(11:14b-13:18; 참조. Charles, 1:xxvii). 세 번째 화는 일곱 번째 나팔(11:15-18)과 일치할 수도 있지만, 일곱 대접에 의해 펼쳐지는 모든 재앙들(15:1-16:21)을 망라하는 것으로 보는 것이 더 옳을 것 같다. (5) 다섯 번째 나팔은 한 별이 하늘에서 땅으로 떨어지게 한다(사단이거나, 참조. 12:9; 또는 천사일 것이다. 참조. 9:1a의 "주석"). 이 별은 무저갱(바닥이 없는 구덩이)에서 하나님의 인이 없는 자들만 해하는 황충(메뚜기)을 풀어 놓는다(9:1-12; 참조. 출 10:4-20의 여덟 번째 재앙; 계 15-16장에는 유사한 재앙이 없다). 동부 메소포타미아인들이 경험할 수 있었던 몇 가지 무서운 시련들 중의 하나인 이 메뚜기 재앙은 분명히 요엘 2:1-14을 모범으로 하고 있다(나팔 신호, 큰 군대의 비유, 이들이 가는 길에 존재하는 모든 것의 파멸이라는 공통 주제들을 주의해 보라). 무저갱의 천사가 그들의 임금이기 때문에(9:11), 이 군대는 분명히 마귀들의 군대다. (6) 여섯 번째 나팔은 유브라데스 강에 결박된 네 천사(아마 네 국가를 상징할 것이다)를 풀어 놓는다. 그리고 이들은 인류의 삼분의 일을 죽인다(13-19절). 이 재앙은 출애굽기에 대응되는 재앙이 없다. 이 재앙의 결과들은 요한계시록 16:12에 묘사된 여섯 번째 대접 재앙의 결과, 즉 유프라데스 강의 마름과 유사하다. (7) 일곱 번째 나팔은 11:15-18까지 서술되지 않는다.

저자는 마귀의 군대에 의해 죽임을 당하지 않는 자들의 반응을 묘사함으로써 9:13-19에서 여섯 번째 나팔의 재앙을 말하는 긴 단락을 마친다. 즉 그들은 자신들이 행하는 우상 숭배와 패덕을 회개하지 않는다(9:20-21). 이 말은 이 처벌들의 의도가 순종과 회개를 일으키기 위한 것이라는 의미일까? 나팔들 및 대접들과 관련된 재앙들에 대한 요한의 서술은 회개가 목적이 아니기 때문에, 사람들이 회개하지 않았다는 사실에 대한 언급들(9:20-21; 16:9, 11)은 이 두 가지 일곱 재앙들이 다른 목적으로 요한이 사용한 유대교 자료들이라는 사실을 나타내는 것으로 간주되어 왔다. 그러나 이것은 무익한 제안이다. 왜냐하면 출애굽기에 의하면, 하나님께서는 바로의 마음을 강퍅하게 하심으로 회개를 불가능하게 하셨기 때문이다(출 7:3-4a; 10:1). 출애굽기의 재앙 기사를 보면, 각각 열 재앙의 결론에서 바로는 부정적으로 반응을 하는 것으로, 즉 마음을 완고하게 하는 것으로 묘사된다(출 7:22-23; 8:15, 19, 32; 9:7, 12, 34-35; 10:20, 27; 14:6). 유대 묵시록들에 나오는 종말의 환난과 재앙들은 절대로 이교도의 회개를 이끌어 내고자 하는 의도를 갖고 있지 않다. 그러므로 요한의 가정적인 자료에서도 유대교의 묵시록들은 그런 역할을 했을 것 같지 않다. 이 곳에 나오는 사람들이 회개를 하지 않았다는 언급은 출애굽기 7-14장에 되풀이하여 나오는 주제를 요한이 사용한 것일 뿐이다(*Ant.* 2.295, 299, 304, 305, 309[*οὐ μετανόει* - 우 메타노에이], 320). 그러나 이 주제가 출애굽기 7-14장에서처럼 주기적으로 사용되지는 않는다.

일곱 나팔들에 의해 전개되는 재앙들은 균일한 성격을 갖고 있고 매우 간결하게 묘사되는 네 무리로 이루어진다(8:7-12). 뒤의 세 나팔도 균일한 구조를 가지고 있다. 왜냐하면 이들은 일련의 세 재앙으로 이루어지기 때문이다(8:13-9:21; 11:14-18). 처음의 네 개의 인도 현저하게 균일한 조직과 구조를 가지고 있고, 또한 (처음의 네 나팔과 마찬가지로) 간결하게 묘사된다(6:1-8). 일곱 대접도 균일한 성격을 갖고 있지만 4+3이라는 분할을 나타내지는 않는다.

일곱 나팔 재앙은 처음의 네 나팔을 앞에 놓음으로 이루어진(8:7-12; 참조. J. Weiss, *Offenbarung*, 75-76) 세 가지 재앙의 확대였던 것 같다(8:13-21; 11:14-18). 이 확대의 이유는 단순하게 일곱 나팔 재앙이 일곱 대접 재앙과 일곱 인을 보완하게 하려는 것이었다. 원래의 세 가지 재앙이 일곱 나팔 재앙으로 확대된 몇 가지 표시가 있다. (1) 여섯 번째 나팔을 불자 인류의 삼분의 일이 죽임을 당하기 때문에(9:15, 18), 저자는 8:11에서 삼분의 일 양식을 사용하지 않고 단지 "많은 사람이 죽더라"고만 말한다. (2) 처음의 네 나팔 재앙은 객관적인 사건들로 소개되는 반면에, 뒤의 세 재앙은 "내가 보니"(9:1)와 "내가 들으니"(9:13)와 같은 환상의 관용 표현으로 소개된다. 그러나 마지막 나팔(11:15)은 그런 식으로 소개되지 않는다.

다섯 번째 나팔과 그 결과들을 서술하는 부분(9:1-11)에 추가된 요한계시록 9:7-11은 저자가 비교 불변사 호스(ὡς, …처럼)와 비교 형용사 호모이오스(ὅμοιος, "같은, 유사한")를 자주 사용하는 색다른 묘사 구절을 구성한다. 이 구절은 본질적으로 미술 작품의 묘사(*ekphrasis*)다. 이 구절은 9:6에서 9:12로의 이동을 중단시키지 않고 생략될 수 있다. 따라서 이 묘사 구절은 저자가 요한계시록 전체를 재검사할 때 추가되었을 가능성이 있다. 메뚜기 형태의 마귀들을 자세하게 묘사하는 이유는 그들의 악한 근원을 강조하기 위함이다. 저자는 이 묘사에서 특별한 양식을 따른다. (1) 전체적인 외관(군마), (2) 머리(면류관을 썼다), (3) 얼굴(사람), (4) 머리털(여자의 머리털 같다), (5) 이(사자의 이 같다), (6) 비늘 또는 흉갑(철흉갑 같다), (7) 날개 소리(전쟁터로 달려가는 말과 병거 소리 같다), (8) 꼬리(전갈의 꼬리 같다). 불의한 자들의 영혼을 빼앗아 영원한 형벌 속으로 내어던지는 임무를 띤 흉칙한 천사들에 대한 유사한 묘사가 *Apoc. Zeph.* 4:1-4에서 발견된다(tr. Wintermute in Charlesworth, *OTP* 1:511).

> 그때 나는 주의 천사와 동행했다. 나는 내 앞에서 한 장소를 보았다. 천천의, 만만의 천사들이 그 곳으로 들어왔다. 그들의 얼굴은 표범의 얼굴 같았고, 그들의 입 밖으로 솟아난 뻐드렁니는 야수의 이빨 같았다. 그들의 눈은 피와 혼합되었다. 그들의 머리털은 여자

의 머리털과 같이 풀려 있었고, 손에는 불채찍이 있었다.

이 묘사는 덜 자세하고 (1) 얼굴(표범과 같은 얼굴), (2) 입(돌출된 이), (3) 눈(피와 혼합되었다), (4) 머리털(여자의 머리털), (5) 손(채찍을 들고 있다)에 집중되어 있다.

B. 구성적 장치로서의 나팔

요한계시록 8:1-9:21(11:14-18과 함께)은 일곱 나팔 소리에 따라 펼쳐지는 일련의 일곱 환난에 초점을 맞춘 명확하게 정의된 본문 단락을 구성한다. 이 단락의 구조와 내용은 일곱 천사가 차례로 부는 일곱 나팔에 의해 마련되는 하부 구조와 일곱 재앙의 배열에 의존한다. 그리고 이 일곱 재앙은 구약성경과 초기 유대교에 나오는 애굽 재앙 전승에 어느 정도 의존하고 있다. 고대의 전투에서 다양한 시점에 적군을 공격할 때 지상군과 기병대를 연속적으로 출정시키는 데 나팔을 사용했기 때문이기도 하지만, 종말에 있을 신의 처벌들을 소개하면서 나팔 소리의 은유를 사용하는 데는 나름대로의 논리가 있다. 나팔을 부는 것을 구조적 장치로 사용하는 유일한 묵시록의 본문은 *Apoc. Zeph.* 9-12(주전 1세기에서 주후 1세기)이다. 세 가지의 다른 장면들을 시작하는 데 동일한 "대천사"가 금나팔을 분다. 사본에 종결의 네 페이지가 없기 때문에 검토될 수 없지만, 다음 장면들을 도입하는 데 동일한 형식의 장치가 사용되었다는 것은 불가능한 일이 아니다. 첫 장면은 고소자에 대한 스바냐의 승리와 유명하고 의로운 이스라엘 백성들이 거하는 장소에 스바냐의 출입을 선언하며 대천사가 금나팔을 세 번 붊으로써 시작된다(*Apoc. Zeph.* 9:1-5). 두 번째 장면은 하늘을 향해 금나팔을 붊으로써 시작되고, 그 결과 하늘이 열리고 영혼들이 처벌을 받고 있는 곳에 대한 스바냐의 환상이 시작된다. 그리고 매일 부는 나팔은 의인들에게 고통 받는 사람들을 위해 중보하라고 명하는 것이다(10:1-11:6). 대천사가 부는 세 번째 금나팔은 하늘과 땅의 멸망과 하나님 앞에서 모든 사람들이 받는 심판을 알리는 전주곡으로서, 땅을 향한 다음에 다시 하늘을 향하여 분다(12:1-8). 이 본문과 요한계시록 8:1-11:19에 나오는 일곱 나팔의 본문 간에는 많은 차이가 있음에도 불구하고, 형식 구조의 장치로서 나팔을 부는 천사의 사용은 의미심장하다.

C. 다섯 번째 재앙과 여섯 번째 재앙 간의 유사성

다섯 번째 나팔과 여섯 번째 나팔에 대한 기사들은 많은 유사점들을 갖고 있는데, 이 사실은 이 두 구절이 쌍을 이루고 있음을 시사한다.

요한계시록 9:1-11(다섯 번째 나팔)	**요한계시록 9:13-19(여섯 번째 나팔)**
1. 재앙의 본질(1-6절)	1. 재앙의 본질(13-16절)
a. 무저갱이 열림(2절)	a. 네 천사가 풀려남(14-15a절)
b. 재앙의 목적(4-5절)	b. 재앙의 목적(15b-16절)
2. 메뚜기 군대에 대한 묘사(7-10절)	2. 2억 기병대에 대한 묘사(17절)
a. 그 꼬리의 치명적인 성질(10절)	a. 말들의 입과 꼬리의 치명적인 성질(19절)

D. 일곱 나팔과 일곱 대접 간의 유사성

요한계시록 8:1-11:19의 일곱 나팔	**요한계시록 15:1-16:21의 일곱 대접**
1. 피 섞인 우박과 불 땅과 수목과 각종 풀의 삼분의 일이 탄다(8:7).	1. 악하고 독한 헌데(16:2)
2. 불붙는 산이 바다에 던지운다(8:8). 바다 삼분의 일이 피가 된다. 바다 생물의 삼분의 일이 죽는다. 배들의 삼분의 일이 파괴된다(8:9).	2. 바다가 피가 된다(16:3). 바다의 모든 생물이 죽는다.
3. 불타는 별이 강들의 삼분의 일과 여러 물샘에 떨어진다(8:10). 물의 삼분의 일이 독이 되어 많은 사람이 죽는다(8:11).	3. 강과 물 근원이 피가 된다(16:4).
4. 해와 달과 별들의 삼분의 일이 어두워진다. 낮과 밤의 삼분의 일이 비췸이 없어진다(8:12).	4. 해가 사람들을 태우도록 허용된다. 사람들이 하나님을 훼방하고 회개하지 않는다(16:8).
5. 별이 하늘로부터 땅에 떨어져 무저갱을 열고 황충들이 나온다(9:1-11).	5. 짐승의 어두움의 나라. 사람들이 하나님을 훼방하고 회개하지 않는다(16:10-11).

6. 유브라데 강에 결박된 네 천사가 놓인다. 큰 마병대가 사람들의 삼분의 일을 죽인다(9:13-19). 남은 사람들이 회개하지 않는다 (9:20-21).	6. 유브라데 강이 마르고 동방의 왕들의 길이 예비되며, 온 천하 임금이 아마겟돈에 모인다(16:12-16).
7. 이 세상 나라가 그리스도의 나라가 된다(11:15-18).	7. 지진이 바벨론을 세 갈래로 가르고 만국의 성들이 무너진다(16:17-21).

III. 전승 비평

A. 출애굽기 재앙 전승

하나님의 진노의 대접을 붊으로 인한 재앙의 기사(15:1-16:21)와 유사한, 연속적인 나팔을 붊으로써 펼쳐지는 재앙들에 대한 기사(8:1-9:21과 11:15-18)는 하나님에 의해 애굽에 가해진 열 재앙(출 7-12장)의 종말론적 적용이다. 요한계시록의 중요한 해석상의 문제들 중의 하나는 일곱 대접으로 펼쳐지는 재앙들이 일곱 나팔에 의해 펼쳐지는 재앙들의 요점 반복인가 아닌가를 결정하는 문제였다. 또 한 가지 문제는 일곱 나팔과 일곱 대접과 출애굽기 7:8-12:36의 열 재앙 간의 관계였는데, 이 문제는 시편 78:43-51과 105:27-36에 애굽의 재앙에 대한 두 개의 다른 설명이 보존되어 있다는 사실에 의해 더욱 복잡해진다. 왜냐하면 시편들에는 열 재앙이 아니라 일곱 재앙이 열거되기 때문이다(출애굽기의 애굽 재앙 전승과 분명하게 직접적으로 관련되지는 않지만 일곱 재앙이 언급되는 암 4:6-11을 보라; 아모스서의 구절은 아래에서 상고될 것이다). 또한 요한계시록 10:1-11:13이 여섯 번째 나팔과 일곱 번째 나팔 간에 삽입된 것에 대한 구성상의 문제가 있는데, 이 문제는 출애굽기에서 아홉 번째 재앙과 열 번째 재앙 사이에 삽입된 출애굽기 12:1-28의 유월절에 대한 삽입구적 토론과 구조적으로 관련이 있을 수 있다. 애굽의 재앙들은 초기 유대교 문헌에서 되풀이되는 주제였지만, 종말론적으로는 거의 해석되지 않는다. 중요한 한 가지 예외는 *Apoc. Abr.* 30.14-16(Charlesworth, *OTP* 1:704)에서 발견된다.

> 공의의 시대가 무르익기 시작하기 전에, 나의 심판이 나를 위해 구별된 너희 자손을 통해 악하게 행동한 이교도들에게 임할 것이다. 그때 내가 모든 피조물에게 재해와 질병, 그리고 영혼의 고통스러운 신음으로 열 재앙을 내릴 것이다. 나는 그들이 만들어 나를 격

노케 하는 바로 그것의 화와 오염으로 땅에 거하는 자들의 세대들 위에 내릴 것이다.

약간의 토론을 요하는 이 짧은 기사에는 몇 가지 특징이 있다. (1) 여기에는 출애굽기의 재앙 기사에 대한 명백한 언급이 없지만, 열 재앙이 언급된다는 사실은 출애굽기 7:8-12:36의 열 가지 성경적 재앙들에 대한 인유를 강력하게 시사한다. (2) 성경 전승의 열 재앙은 하나님께서 세상에 펼치실, 그리고 하나님의 종말의 심판을 구성하는 종말의 재앙들에 대한 예표론적 예상으로 간주된다. (3) 종말의 열 재앙은 주로 징벌이다. 즉 종말의 열 재앙은 치유의 기능을 갖고 있지 않고 회개의 가능성이 언급되지 않는다. (4) 이 종말의 열 재앙은 "땅의 모든 피조물"에게 가해질 것이다. 즉 그 재앙들은 우주 전체와 거주자들에게 영향을 끼칠 것이다. (5) 이 본문은 요한계시록에 통합된 인 재앙들, 나팔 재앙들, 대접 대앙들의 모든 필수적인 특징들을 포함한다.

또 다른 유대교의 본문 『단의 유언』(*Testament of Dan*, 5:8)에는 단의 자손들이 레위와 유다 자손들과 함께 그들의 배교로 인해 포로로 끌려가 그 곳에서 "애굽의 모든 재앙들"(*πάσας τὰς πληγὰς Αἰγύπτου* – 파사스 타스 플레가스 아이귚투)을 경험할 것이라는 예언이 나온다. 그러나 이 재앙들의 목적은 치유다. 즉 이 재앙들은 그 지파들의 회복을 보증하는 역할을 한다(*T. Dan* 5:9). 더욱이 일곱이라는 수는 역사를 구성하는 방식으로 사용될 수 있다(*1 Enoch* 93:3-10, the Apocalyse of Weeks의 부분).

그러나 보통 세상의 종말에 앞서는 대환난 시기의 부분으로 생각되는 종말론적 재앙들에 대한 개념은 유대의 종말론적 예상에 널리 퍼진 개념이었다. *1 Enoch* 91:7-9(tr. Knibb, *Enoch*)에서 우리는 다음과 같은 내용을 본다.

> 그리고 불법과 죄와 훼방과 모든 종류의 악한 행위들이 증가할 때, 배교와 사악과 부정이 증가할 때, 큰 벌이 하늘로부터 이 모든 것들에 임할 것이며 거룩하신 주님께서 분노와 진노로 임하여 땅을 심판하실 것이다. 그때 악행이 근절되고 불법의 뿌리가 거짓과 함께 하늘 아래서 소멸될 것이다. 그리고 열방의 모든 우상들이 끊어질 것이고, 그 우상들의 망대들이 불살라질 것이며, 열방이 우상들을 온 땅에서 제할 것이며, 그 우상들은 불심판 가운데 던져질 것이고, 영원한 분노와 용서 없는 심판 가운데 소멸될 것이다.

수많은 공동 주제들을 갖고 있지만, 출애굽 재앙 전승과 명백한 관련을 갖고 있지 않은 또 다른 종말론적 재앙들의 목록은 *3 Apoc. Bar.* 16:3(tr. Charlesworth, *OTP* 1:677: 천사장 미가엘이 말하고 있다)에서 발견된다. "그 위에 모충과 메뚜기,

녹병과 황충, 격렬한 우박과 번개를 보내라. 칼과 죽음으로 그들을 벌하고, 귀신들로 그들의 자녀를 벌하라."

일곱 나팔을 울림으로 펼쳐지는 하나님의 처벌이 예비 단계라는 것은 세상의 특정 부분의 삼분의 일만 영향을 받는다는 사실로 알 수 있다(8:7-12). 우주와 그 가운데 거하는 것들의 삼분의 이는 일곱 대접에 의해 실행되는 환난들의 마지막 라운드를 위해 살아 남는다. 이런 패턴은 다른 유대교 묵시에 발견되지 않는 것으로 배가된 최후의 처벌들을 적응시키는 저자의 독자적인 방식이다. 일곱 대접의 재앙들(계 15-16장)과 출애굽기의 열 재앙(출 7-13장)을 일곱 나팔에 의한 환난들과 함께 개관해 보면 다음과 같다.

요한계시록 8:1-11:19의 일곱 나팔	**요한계시록 15:1-16:21의 일곱 대접**	**출애굽기 7:8-13:16의 열 재앙**
1. 피 섞인 우박과 불	1. 악하고 독한 헌데(16:2)	1. 나일 강이 피(דם – 담)로 변한다(7:17-21).
땅과 수목과 풀의 삼분의 일이 불탄다(8:7).		
2. 불붙는 산이 바다로 떨어진다(8:8).	2. 바다가 피가 된다(16:3).	2. 개구리 (צפרדע – 체파르데아)
바다의 삼분의 일이 피가 된다	모든 바다의 동물들이 죽는다.	
바다 생물과 배 삼분의 일이 죽고 깨어진다(8:9).		
3. 불타는 별이 강과 물샘 삼분의 일에 떨어진다(8:10).	3. 강과 물 근원이 피가 된다 (16:4).	3. 이(כנים – 킨님) (8:16-19)
물 삼분의 일이 쑥이 되고 많은 사람이 죽는다(8:11).		
4. 해와 달과 별 삼분의 일이 어두워진다.	4. 해가 사람들을 태우는 권세를 받는다.	4. 파리(ערב – 아로브) (8:20-24)

낮과 밤의 삼분의 일이 비췸이 없다(8:11).	사람들이 하나님을 저주하고 회개하지 않는다.	
5. 별이 하늘에서 땅으로 떨어져서, 무저갱을 열고 황충들이 나온다(9:1-11)	5. 짐승의 어두운 왕국 사람들이 하나님을 저주하고 회개하지 않는다(16:10-11)	5. 악질(가축 병:דבר－데베르)
6. 유브라데 강에 결박된 네 천사가 풀리고, 마병대가 사람 삼분의 일을 죽인다(9:13-19).	6. 유브라데 강이 마르고, 동방의 왕들을 위한 길이 열리며, 온 세상의 왕이 아마겟돈에 모인다(16:12-16).	6. 사람과 짐승의 독종(שחין－쉐힌)(9:8-12)
인류의 나머지가 악을 회개하지 않는다(9:20-21).		
7. 이 세상 나라가 그리스도의 나라가 된다(11:15-18).	7. 지진이 바벨론을 세 갈래로 가르고, 성들이 무너진다(9:22-26).	7. 우박과 뇌성(ברד－바라드)(16:17-21)
		8. 메뚜기(ארבה－아르베)(10:12-20)
		9. 흑암(חשך－호쉐크)(10:21-29)
		10. 사람과 짐승의 장자가 죽음(מכת כל־בכור－막케 콜 베코르)(12:29-32)

그러나 이 비교가 불완전한 이유는 출애굽기 7-13장에 따르는 애굽의 열 재앙 기사 외에 구약성경에는 일곱 재앙에 대한 널리 퍼진 고대 전승의 증거가 존재하기 때문이다. 뢰벤스탐(S. Loewenstamm, *Exodus*, 32-34; 참조. McCarter, "Exodus," 139)은 일곱 재앙 전승이 시편 78:43-52과 시편 105:27-36에 반영되었다고 설득력 있게 주장했다. 출애굽기의 열 재앙 기사는 야웨 기자(J)의 일곱 재앙 기사와 제사

장 기자(P)의 열 재앙 기사의 결합이다(Mihelic and Wright, *IDB* 3:822-24; McCarter, "Exodus," 139). 뢰벤스탐에 의하면, 일곱이란 수가 중요한 이유는 일곱이 점층법의 수이기 때문이라고 한다. 일반적으로 학자들은 시편 78:43-52을 제사장 기사(P)보다 이전이고 독립적이지만, 야웨 기사(엘로힘 기사)와 거의 동일한 전승의 표준으로 생각한다(참조. C. A. Briggs, *A Critical and Exegetical Commentary on the Book of Exodus*[Edinburgh: T. & T. Clark, 1906] 2:181). 반면에 마르굴리스(B. Margulis)는 출애굽기 7-13장의 기사가 시편 105편의 자료라고 주장한다(S. Holm-Nielsen, *ASTI* 11[1978] 22-30에 의하면, 시 105편은 오경 전승에 가정된 의존에 근거한다). 그는 시편 105편의 일곱 재앙 전승에 맞추기 위해 뢰벤스탐은 세 번째와 네 번째 재앙, 즉 아로브(ערב, "이")와 킨님(כנים, "파리") 재앙을 결합시켜야 한다고 주장한다. 그러나 뢰벤스탐(Bib. 52[1971] 34-38)은 시편 기자가 아로브(ערב)와 킨님(כנים)을 두 재앙으로 보았는지 아니면 하나의 재앙으로 보았는지가 중대한 문제라고 응수한다. 시편 105편의 모든 재앙은 두 행 이상으로 다루어지기 때문에, 31절의 구조 분석은 시편 기자가 아로브(ערב)와 킨님(כנים)을 하나의 재앙으로 생각했음을 증명한다(Loewenstamm, *Bib.* 52[1971] 35).

뢰벤스탐이 언급하지 않은 또 하나의 재앙 전승은 아모스 4:6-11에서 발견되는 것이다. 아모스 4:6-11은 Ezekiel *Exagoge* 132-51과 마찬가지로 하나님의 1인칭 화법으로 진술된다. 이 말은 하나님께서 이스라엘에게 내리신 이전의 심판들과 그 심판들이 사람들을 회개시키지 못했음에 초점을 맞춘다. 각 재앙들에서 하나님은 이스라엘이 회개하기를 기대하셨다. 울프(H. W. Wolff, Joel *and Amos*, 213; 참조. Andersen-Freedman, Amos, 440)는 아모스 4:6-11의 재앙들을 열거하거나 시편 78편 및 105편과의 어떤 관계를 시사하지 않는다. 그렇지만 그는 다음과 같은 일곱 가지 항목을 제시한다. (1) 기아(6절), (2) 가뭄(7-8절), (3) 수확의 실패(9절), (4) 팟종이(메뚜기, 9절), (5) 염병(10절), (6) 칼(10절), (7) 멸망(11절). 여기에서 이 일곱 재앙들이 멸망을 가장 심한 형태의 처벌로 하는 점층법 순서로 배열된다는 사실은 비교적 명백하다. 그러나 앤더슨과 프리드맨(Andersen and Freedman, Amos, 440)이 주장하는 바와 같이, 여기에는 "성경적인 재앙과 저주와 멸망의 예정표"가 없다. 울프는 아모스 4:6-11과 출애굽기 7-12장 간의 유사점들을 언급하는 한편, 신성 법전(레 26장)의 끝에 나오는 상벌에 대한 선언들, 신명기 28장의 저주들 그리고 열왕기상 8:33-37에 나오는 솔로몬의 중보 기도와의 용어상의 유사점들을 발견한다. 아모스 4:6-11에는 재앙, 기아, 칼, 역병의 고전적인 삼자 관계가 포함되어 있다(렘 14:12; 21:7, 9; 겔 6:11-12; 12:6).

시편 78:43-52의 일곱 재앙	**시편 105:27-36의 일곱 재앙**	**아모스 4:6-13의 일곱 재앙**
1. 강이 피가 된다(44절). 그래도 사람들은 하나님께 돌아오지 않는다(6절).	1. 흑암(28절)	1. 기근
2. 파리(45a절)	2. 물이 피가 되고 물고기이 죽는다(29절).	2. 가뭄 그래도 사람들은 하나님께 돌아오지 않는다(7-8절).
3. 개구리(45b절)	3. 개구리(30절)	3. 풍재와 깜부기가 작물을 망친다(9a절).
4. 황충과 메뚜기(46절)	4. 파리와 이(31절)	4. 팟종이가 나무들을 다 먹어치운다. 그래도 사람들은 하나님께 돌아오지 않는다(9b절).
5. 우박과 서리가 채소를 망친다(47절).	5. 우박과 화염이 포도나무와 여러 나무들을 망친다(32-33절).	5. 염병(10a절)
6. 우박과 번개가 가축을 죽인다(48절).	6. 황충과 메뚜기가 작물을 망친다(34-35절)	6. 전쟁에서의 패배 그래도 사람들은 하나님께 돌아오지 않는다(10bc절).
7. 장자의 죽음(49-51절)	7. 장자의 죽음(36절)	7. 소돔과 고모라같이 멸망(11절) 그래도 사람들은 하나님께 돌아오지 않는다(11절).

초기 유대교 문헌에서 애굽 재앙 전승도 수와 순서와 특성상 일치하지 않는다. 물론 출애굽기에서 재앙들은 계수되지 않고 어느 정도 불명확하고 애매한 가능성을 열어 두고 있다. 출애굽기 7-13장의 이 뒷부분의 기술에서 오경 전승의 영향은 어느 정도 추적 가능하다. 그러나 다양한 기원을 갖고 있는 다른 전승들도 여기에 혼합되었다. 요세푸스(*Ant.* 2.293-314)는 분명히 오경 기사에 의존하여 다섯 번째 재앙, 즉 가축의 질병을 빠뜨렸다.

(1) 비극 작가 이지키얼(Ezekiel)의 *Exagoge*에서 출애굽기의 열 재앙은 설화 식으로 소개되지 않고 하나님에게 돌려지는 예언으로 소개된다(132-51; 이 본문에 대한 해박한 토론은 Jacobson, *Exagoge*, 112-21를 참조하라). 그러나 오경의 기술과 모순된 몇 가지 특징이 있다. (a) 이지키얼에서 악한 종기의 재앙은 사람들에게만 타격을 주는 반면에, 출애굽기에서는 사람과 짐승이 모두 영향을 받는다. (b) 이지키얼에서 독종의 재앙은 출애굽기에서와 같이 여섯 번째(악질 즉 가축의 질환 다음)가 아니라 네 번째(이 재앙과 파리 재앙 사이)다. (c) 이지키얼에서 흑암 재앙은 메뚜기 재앙 전인 반면에, 출애굽기에서는 흑암 재앙 전에 메뚜기 재앙이 나온다. (d) 이지키얼에서는 악질이 사람들을 죽이는 반면에, 출애굽기에서는 짐승들만 죽는다(시 78:50을 참조하라). 제이콥슨(Jacobson)은 일부 랍비 기록들이 악질이 사람들에게 간접적으로 영향을 끼치게 함으로써 이 두 전승을 조화시킨다고 지적한다(*Exagoge*, 117; 참조. *Midr. Exod.* 9:1-3; *Pesiq. R.* 197a).

(2) 아르타파누스(Artapanus)의 저술의 한 조각의 넓은 파편에서는 재앙들이 다른 형식으로 이야기되는데(Eusebius *Praep. evang.* 9.27.1-37; 참조. Holladay, *FHJA* 1:209-25), 그 곳에서 재앙들은 다음과 같은 순서로 나온다. (a) 나일 강이 범람하여 그 결과로 물이 정체되어 사람과 짐승들이 목말라 죽는다(28-29). (b) 날개 달린 생물들이 애굽인들을 괴롭히고 사람들의 몸에 불치의 고통을 주는데(31), 아마 이 생물들은 성경의 네 번째 재앙인 파리를 말하는 것 같고, 몸의 고통은 성경의 여섯 번째 재앙을 나타내는 것 같다. (c) 그 다음에 아르타파누스는 출애굽기의 두 번째, 여덟 번째, 세 번째 재앙, 즉 개구리, 메뚜기 그리고 파리 재앙을 하나로 결합한다(32). (d) 그리고 그는 사람들을 죽이는 우박과 지진 재앙을 하나로 결합하는데(33), 우박은 출애굽기의 일곱 번째 재앙이고, 지진은 출애굽기에 언급되지 않은 것이다. 애굽 왕은 그 다음에 유대인들을 해방한다(34). 따라서 아르타파누스는 다음과 같은 일곱 가지 재앙을 열거하는 것으로 보인다. (a) 홍수, (b) 고통을 가하는 날개 달린 생물들, (c) 개구리, (d) 메뚜기, (e) 벼룩 또는 이, (f)

우박, (g) 지진. 출애굽기의 아홉 번째 재앙이 나오지 않는 것이 이채롭다.

(3) *Jub.* 48:5-8에서 애굽인들에게 가해지는 재앙들은 다음과 같이 열거된다. (a) 피, (b) 개구리, (c) 이, (d) 개파리, (e) 독종(출애굽기의 여섯 번째 재앙), (f) 가축의 죽음(출애굽기의 다섯 번째 재앙), (g) 농작물을 망치는 우박, (h) 나머지 모든 것을 먹어 버리는 메뚜기, (i) 흑암, (j) 사람과 가축의 장자들의 죽음. 이 목록은 다섯 번째와 여섯 번째 재앙이 서로 바뀐 것 외에는 출애굽기 7-13장의 기술에 충실하다.

(4) *Bib. Ant.* 10:1 of Ps.-Philo에는 열 개의 재앙이라는 성경의 수가 언급된다(또한 필로는 *Congr.* 118에서 열 재앙을 상술한다). 그러나 다음과 같은 순서의 목록은 아홉 재앙만 열거하는데, 아마 무심결에 빠뜨린 것 같다. (a) 피, (b) 개구리, (c) 모든 종류의 짐승들, (d) 우박, (e) 가축의 죽음, (f) 메뚜기, (g) 이, (h) 흑암, (i) 장자의 죽음. "모든 종류의 짐승들"이라는 말은 출애굽기의 세 번째와 네 번째 재앙인 이와 파리를 나타낼 수 있다. 출애굽기에서 우박은 가축의 악질(다섯 번째)과 악종(여섯 번째)에 이어지는 일곱 번째 재앙인데, 여기에서 악종은 나오지 않는다. Ps.-Philo에서 이의 재앙은 메뚜기와 흑암 재앙 다음에 나오는 반면에, 출애굽기에서 이의 재앙은 세 번째로 나온다. *Bib. Ant.* 10:1도 역시 독특하다. 왜냐하면 이 기록은 이야기 형식이 아니라 목록 형식이기 때문이다.

(5) 『솔로몬의 지혜』(*Wisdom of Solomon*)에는 애굽의 재앙 전설이 애굽인들에게 가해지는 형벌들을 이스라엘이 경험하는 축복들과 대조되는 일곱 개의 대조법 구성으로 기술된다(D. Winston, *The Wisdom of Solomon*[Garden City: Doubleday, 1979] 224-325). (a) 피(11:1-14), (b) "이성 없는 생물들의 큰 무리"(11:15) 또는 "짐승들의 큰 무리"(16:1-4), 아마 출애굽기의 개구리와/또는 파리와/또는 메뚜기 (c) 메뚜기와 파리에게 물려 죽는 사람들(16:9), (d) 폭풍우와 불(16:15-19), (e) 흑암(17:1-20), (f) 장자의 죽음(18:5-25), (g) 애굽인들이 바다에 빠져 죽음(19:1-9). 저자는 출애굽기 7-13장의 열 재앙을 따르지 않고 일곱 재앙 도식을 사용하지만, 그가 시편 78:43-52; 시편 105:27-36; 아모스 4:6-13; 그리고 아르타파누에서 발견되는 일곱 재앙 도식의 어느 것에도 직접적으로 의존하지 않는 것은 주목할 만하다. 그리고 저자는 그의 일곱 재앙 도식에 애굽 군대의 익사를 포함하고 가축의 질병(다섯 번째 재앙)과 악종(여섯 번째 재앙)은 뺀다.

(6) 필로의 애굽 재앙들의 개작은 *Mos.* 1.90-146에서 발견된다. 그는 열 재앙을 특별하게 언급하면서(*Congr.* 118; *Mos.* 1.96), 열이라는 숫자가 완전수라고 주장한

다. 즉 죄가 "완전"을 초래했다는 것이다(*Mos.* 1.96). 필로는 이 재앙들을 우주의 기본 요소들–흙, 물, 공기, 물–에 할당한다. 그러나 개작된 기술에서 이 도식은 매우 불완전하게 첨가된다. 이 도식으로 인해 필로는 성경의 순서를 벗어나 네 번째 재앙으로 시작한다. 필로가 제시하는 재앙들(진한 글씨체로 표기한 우주의 특별한 요소와 함께)의 순서는 다음과 같다. (a) **물**의 재앙들에서, 나일 강과 모든 호수, 샘물, 수로, 우물, 수원들이 피로 변했고, 물고기와 사람들이 죽었다(98-101). (b) 개구리들이 **물**을 떠나 뭍으로 올라온다(103-5). (c) 이들이 **흙**에서 올라온다(107-12). (처음의 세 재앙은 모두 성경의 순서를 따른다.) (d) **공기**가 우박과 번개를 일으키고, 우박과 번개는 나무와 열매들을 망치며, 어떤 짐승들은 우박으로 죽고, 어떤 짐승들은 번개로 죽는다(118-19). (성경의 순서에서 이 재앙은 일곱 번째다[출 9:13-35].) (e) **공기**는 뜨거운 남풍을 (격렬한 태양열이 모든 것을 태우는 지역으로부터) 발생시킨다. 그리고 이 남풍은 메뚜기를 초래하고, 메뚜기들은 앞의 재앙들로 해함을 받지 않은 것들을 망쳐 버린다(120-22). (메뚜기는 출 10:3-20에 나오는 여덟 번째 재앙이다.) (f) 그 다음에 **공기**는 흑암을 발생시킨다(123-25). (흑암은 출 10:21-29에 나오는 여덟 번째 재앙이다.) (g) 모세가 **공기**에 재를 흩었고, 재가 **흙**에 떨어질 때 **공기**는 짐승과 사람들에게 악종을 일으켰다(126-29). (이 재앙은 출 9:8-12에 나오는 여섯 번째 재앙이다.) (h) 개파리들이 나타난다(130-32). (이 재앙은 출 8:20-32에 나오는 네 번째 재앙이다.) (i) 질병이 양과 염소와 소들을 죽인다(133). (이 재앙은 출 9:1-7에 나오는 다섯 번째 재앙이다.) (j) 죽음이 장자들에게 임한다(134-39). 필로에 의하면, 모세가 바로에게 이적을 행한 주된 이유는 그가 자신의 말을 믿고 개종하게 하려는 것이었다(*Mos.* 1.90). 필로는 바로와 그의 신하들의 부정적인 반응들을 자주 언급한다.

(7) *T. Benj.* 7:1-4에서 가인은 하나님에게 일곱 가지 처벌을 받는다. 그의 생애 백 년마다 한 가지씩 내려진 재앙(*πληγή*–플레게)은 다음과 같이 열거된다. (a) 시기(*φθόνος*–프도노스), (b) 파괴(*ἀπώλεια*–아폴레이아), (c) 압제(*θλῖψις*–들립시스), (d) 사로잡힘(*αἰχμαλωσία*–아이크말로시아), (e) 궁핍(*ἔνδεια*–엔데이아), (f) 고생(*ταραχή*–타라케), (g) 황폐(*ἐρήμωσις*–에레모시스). 가인의 고통은 그가 200살일 때 시작되었고, 900살에 그는 홍수로 죽임을 당한다(*ἐρημοῦται ἐπὶ τοῦ κατακλυσμοῦ*–에레무타이 에피 투 카타클뤼스무). 이 동사는 가인에게 내린 일곱 번째 재앙과 일치하기 때문에, 그의 죽음은 이 일련의 일곱 재앙의 절정으로 보아야 한다. 이는 구약성경의 여러 가지 재앙 전승들 중에 장자들의 죽음이

열 번째 또는 일곱 번째로 절정을 이루는 것과 같다. 출애굽기 7-12장의 재앙들과 명확한 연관은 없지만, 죽음으로 절정에 이르는 일곱 재앙의 나열은 이 관계를 매우 가능성 있게 나타낸다. 일곱 처벌의 도식은 레위기 26:14-33; Sir 40:8-11; *m. Abot* 5:8(Hollander-de Jonge, *Testaments*, 433)에 분명하게 언급된다.

(8) *M. Abot* 5:8은 일곱 종류의 범죄로 인해 세상에 임하는 일곱 종류의 환난을 다음과 같이 특별하게 언급한다. (a) 가뭄으로 인한 기근, (b) 폭동과 가뭄으로 인한 기근, (c) 모든 것을 없애 버리는 완전한 기근, (d) 유행병, (e) 칼, (f) 더러운 짐승들, (g) 외국으로 사로잡혀 감. 이 목록도 격렬함과 가혹함이 증가되는 순서로 배열되지만, 죽음이 아니라 외국에 사로잡혀 가는 것으로 절정을 이룬다. 그 이유는 아마 외국에 사로잡혀 가는 것이 백성 전체에게 영향을 끼치는 형벌이기 때문일 것이다.

(9) 일련의 종말론적 재앙들을 열거하는 소수의 초기 유대교 저술들 중의 하나는 *Apoc. Abr.* 30:3-8(tr. Rubinkiewicz in Charlesworth, *OTP* 1:704)이다.

> 그리고 그가 나에게 말했다. "네가 마음속으로 바라는 일들을 내가 너에게 설명할 것이다. 이는 내가 이교도들에게 예비한 열 재앙을 알려고 애를 썼기 때문이다. 나는 그 재앙들을 땅의 24시간이 경과하기 전에 예비하였느니라. 내가 너에게 이르는 바를 들으라. 그 일은 다음과 같으리라. 첫째는 큰 빈곤으로 인한 비탄이요, 둘째는 도시들의 큰 화재이며, 셋째는 유행병으로 인한 가축들의 죽음이요, 넷째는 그들 세대에 세상의 기근이며, 다섯째는 지진과 칼에 의한 통치자들의 죽음이다. 여섯째는 우박과 눈의 증가요, 일곱째는 야수들로 인해 그들이 종말을 맞는 것이며, 여덟째는 유행병과 기아로 그들이 멸망하는 것이요, 아홉째는 칼에 의한 처형과 패주의 비탄이며, 열째는 천둥과 소리와 멸망의 지진이다.

이 재앙들은 전체 수(열)에 있어, 그리고 셋째 재앙(가축의 질병)과 출애굽기 9:1-7의 다섯째 재앙(가축의 질병) 간의 주제 연결, 일곱째 재앙(우박과 눈)과 출애굽기 9:22-26의 일곱째 재앙(우박과 뇌성) 간의 주제 연결에 있어서만 출애굽기의 재앙들과 연결된다. *Apocalypse of Abraham*의 종말론에서 이 재앙들은 하나님의 백성을 불러모으고 악한 자의 심판을 시작하는 나팔 소리에 이어진다. 열 개의 시대로 역사를 구분하는 것은 *Sib. Or.* 4.47과 *1 Enoch* 91:1-19(특별히 91: 15)에도 반영된다.

구약성경과 초기 유대교에 나타나는 애굽 재앙 전승에 대한 이 광범위한 토론의 결과는 출애굽기의 열 재앙 전승(이 열 재앙 자체가 그 이전의 일곱 재앙 전승이 확대된 결과다)을 일곱 재앙 도식으로 축소시키는 강력한 경향이 있었음을 시사한다. 위에서 검토된 다음의 본문들은 일곱 재앙 도식을 뒷받침하는 것으로 보인다. (1) 시편 78:43-51, (2) 시편 105:27-36, (3) 아모스 4:6-11, (4) Artapanus, (5) Wis 11:1-19:9, (6) *T. Benj.* 7:1-4 그리고 (7) *m. Abot* 5:8. 뒤의 두 도식은 출애굽기의 재앙 전승과 직접적인 관련이 없는 반면에, 분명히 일곱이라는 수를 점층적인 처벌이 적절한 수로 채택하는 경향을 나타낸다. 이와 같이 신적 응징의 일곱 재앙 전승은 초기 유대교에서 잘 알려졌던 것 같다.

B. 우주적 격변의 묵시적 목록들

심판의 날에 동반될 우주적 격변의 목록은 이처럼 유대교와 초기 유대교의 묵시에서 매우 일반적인 현상이기 때문에, 이 목록은 더 넓고 포괄적인 문학 유형들 중의 한 가지로 간주되어야 할 것이다. 유대교에서 이런 목록들은 아마 신적 현현의 심상과 함께 생겨났을 것이다. 즉 시내 산에서 하나님의 계시와 관련된 대기의 현상들과 진동 현상들(즉 지진, 번개, 연기, 암흑)에 대한 심상이다. 예를 들어, 암흑 현상(암 8:9)은 해와 달과 별들의 어두워짐 또는 파멸로 설명되었을 수 있다(욜 2:30-31; 사 13:9-10; 34:4; 겔 32:7-8). 우주적 격변들에 대한 매우 막연한 목록들도 흔히 볼 수 있다(*Sib. Or.* 2.196-213; 3.81-92, 669-701; 4.171-78; 7.118-29; 8.225-43, 336-58). 이 목록들 중 일부는 로마의 비극의 목록들과 매우 유사하다(*Sib. Or.* 3.796-808; 참조. Jos. *J. W.* 6.289-300).

일련의 종말론적 재앙들을 열거하는 두 번째의 초기 유대교 묵시록은 *2 Apocalypse Baruch*이다. *2 Apoc. Bar.* 27:1-15에 의하면 역사는 열두 시기로 구분되며(참조. 4 Ezra 14:11-12; *Apoc. Abr.* 29.2), 각 시기 동안 특별한 유형의 환난이 메시아의 출현 전에 인류를 괴롭힐 것이다(*2 Apoc. Bar.* 30:1). (1) 여러 가지 소요의 시작, (2) 위인들의 학살, (3) 많은 사람들이 죽게 됨, (4) 칼을 뺌, (5) 기근과 가뭄, (6) 지진과 테러, [(7) 탈락], (8) 유령과 귀신들의 출현, (9) 불이 떨어짐, (10) 약탈과 폭행, (11) 불법과 음란, (12) 무질서와 앞의 모든 재앙들의 혼합.

묵시 문학은 우주의 파멸을 상술하는 목록들을 전달할 뿐만 아니라 우주의 파멸에 초점을 맞추는 것이 아니라 우주의 혼돈에 초점을 맞추는 상당히 다른 성격의 목록들도 전달한다(*1 Enoch* 80:2-8; *Sib. Or.* 2.6-26; 2.154-64; 5.447-83; 8.178-93; 4 Ezra 5:4-13). 종말론적 심판의 날의 도래와 관련된 개인적인 파멸도 요한계시록의 저자가 한 것과 마찬가지로 애굽 재앙의 전승과 쉽게 관련될 수 있었을 것이다.

주석

[1]a "일곱째 인을 떼실 때에"(*καὶ ὅταν ἤνοιξεν τὴν σφραγῖδα τὴν ἑβδόμην*-카이 호탄 에노익센 텐 스프라기다 텐 헤브도멘). 본캄(Bornkamm, *ZNW* 36[1937] 133, 146)에 의하면 두루마리는 일곱 인을 모두 뗄 때까지 펼칠 수 없기 때문에, 6:1-7:17은 두루마리 내용의 부분일 수 없고, 오히려 두루마리 내용의 짧고 수수께끼 같은 개요로 간주되어야 한다. 이 두루마리의 내용은 요한계시록의 나머지 부분, 즉 8:2-22:5일 수밖에 없다.

[1]b "하늘이 반 시 동안쯤 고요하더니"(*ἐγένετο σιγὴ ἐν τῷ οὐρανῷ ὡς ἡμιώριον*-에게네토 시게 엔 토 우라노 호스 헤미오리온). 앞의 여섯 개의 인을 각각 떼어냄으로써 시작되는 종말론적 사건들과 현저히 다르게, 일곱 번째 인을 떼어냄에 이어지는 침묵은 점강적(漸降的)이며 서술의 진행을 지연시키는 역할을 한다. 이 짧은 침묵 기간의 의미는 불확실하다. 따라서 몇 가지 설명들이 제안되었다. (1) 이 침묵은 성도의 기도가 보좌 앞에서 들리는 것을 가능하게 한다(8:3-5; Charles, 1:223-24). 찰스는 *b. Ḥag.* 12b를 인용함으로써 이 견해를 보강한다. *b. Ḥag.* 12b에 의하면 다섯 번째 하늘의 천사들은 낮 동안 찬송을 부르다가 밤에는 "이스라엘의 영광 때문에", 즉 이스라엘의 찬송이 하늘에 들리게 하기 위해 침묵한다고 한다. 그러나 이 견해는 문제가 있다. 왜냐하면 요한계시록 8:1에 하나님께서 어떤 소리 때문에 듣는 데 방해를 받았다고 시사하는 내용이 전혀 없기 때문이다. (2) 이 침묵은 태고의 침묵으로의 종말론적 복귀를 나타내는 신호다(4 Ezra 6:39; 7:30["태초에 그러했던 것처럼 세상이 존재하기 전의 암흑과 침묵으로 칠 일 동안 돌아갈 것이라", 즉 창조 이전의 혼돈으로의 복귀를 말하는 것이다]; *2 Apoc. Bar.* 3:7; Ps.-Philo *Bib. Ant.* 60:2["세상이 있기 전에 흑암과 침묵이 있었다"]; 참조. Rissi, *Time*, 10-11). 이 견해의 약점은 본문이 창조 이전의 침묵으로의 복귀에 대해 아무것도 말하지 않는다는 사실에 있다. (3) 침묵은 때로 신적 현현의 전조다(욥 4:16; 습 1:7["주 여호와 앞에서 잠잠할지어다 이는 여호와의 날이 가까웠으므로 여호와가 희생을 준비하고 그 청할 자를 구별하였음이니라"]; 슥 2:13; 참조. Prigent, 130). (4) 하나님 앞에서, 특별히 기도문의 특정 어구들을 낭송하는 동안 침묵해야 한다(시 62:1; 합 2:20; *Ep. Arist.* 95에 의하면, 칠백 명의 제사장들이 완전한 침

묵[*πᾶσα σιγή* – 파사 시게] 가운데 예루살렘 성전에서 사역했다; *T. Adam* 1.12 [주후 6-7세기]; 참조. Mensching, *Das heilige Schweigen*, 80-89; Malina, *Revelation*, 136). 그리스의 전통에서 침묵은 때로 기도의 준비 의식이었다(*Iliad* 9.171; Aristophanes *Thesmophoriazusai* 295-97; Thucydides 6.32.1; 참조. Mensching, *Das heilige Schweigen*, 13-21). 이 견해는 가장 설득력이 있다. 왜냐하면 이 곳 3-5절에 기술된 하늘의 향제(incense offering) 동안 침묵이 유지되는 것처럼, 예루살렘 성전의 예배에서도 향을 드리는 동안 침묵이 유지되었을 개연성이 높기 때문이다(*m.* Tamid 5:1-6; *T. Adam* 1.12를 보라). (5) 하나님의 장엄성은 말로만 선포될 수 있는 것이 아니라 침묵을 통해 아마 훨씬 더 심오하게 선포될 수 있을 것이다(*Corpus Herm.* 1.31). 이그나티우스에게 침묵은 중요한 주제였다. 왜냐하면 그는 침묵이 감독의 성격을 규정지으며(*Eph.* 6:1; 15:1-2; *Phld.* 1:1), 침묵이 하나님의 대표자로서 감독의 역할을 나타내는 은유 기증을 한다고 말하기 때문이다. 즉 하나님께서 침묵하시고 감독은 하나님을 대표하기 때문에, 감독의 침묵은 하나님의 침묵을 반영한다는 것이다(H. Chadwick, "The Silence of the Bishops in Ignatius," *HTR* 43[1950] 169-72; 그러나 이 견해에 동의하지 않는 Schoedel, *Ignatius*, 56-57를 보라). 고대의 한 견해에 의하면(*Corp. Herm.* 1.30; 10.5), 하나님의 본질은 시게(*σιγή*) 또는 헤쉬키아(*ἡσυχία*, "침묵" 또는 "정적")이며, 오직 침묵으로만 하나님께 나아갈 수 있다(Kroll, *Hermes*, 335-38). 그리스도를 "침묵으로부터 나오신 말씀"으로 언급하는 이그나티우스의 *Magn.* 8:2에 대해서는 쇼에드(Schoede, *Ignatius* 120-22)를 보라. 쇼에드는 이 언급을 성경을 이해하지 못하는 유대인들과 유대교인들의 무능을 설명하려고 하는 이그나티우스의 전략으로 해석한다. 즉 그리스도가 침묵으로부터 나온다는 말은 전에 감추어졌던 하나님의 목적이 계시되었다는 의미다. 플루타크는 침묵을 심오하고, 신비스럽고(*μυστηριώδης* – 뮈스테리오데스), 두려운 무엇인가로 언급한다(*De garrul.* 504a). 여기에서 플루타크는 아마 신비 의식의 전수를 암시하고 있을 것이다. 왜냐하면 그는 이어서 "우리는 말을 하는 가운데 사람들을 스승으로 삼지만, 침묵하는 가운데 신들을 우리 안에 모신다. 그리고 신비 의식을 전수하면서 우리는 신들에게서 이 침묵의 교훈을 받는다"고 말하기 때문이다(*De garrul.* 505-6; LCL tr.). 신비 종파들의 침묵에 대해서는 Hippolytus *Ref.* 5.8.39와 Grese, *Corp. Herm.*, 116-17를 보라.

의식에 있어 침묵의 역할과 기능에 대한 전문적인 연구는 거의 없다. G. Mensching,

Das heilige Schweigen(Giessen: Töpelmann, 1926); M. Picard, *The World of Silence* (Chicago: University of Chicago, 1952); E. McCumsey, "Silence," *EncRel* 13:321-24를 보라. 고대 세계의 침묵 현상에 대한 토론들은 R. Mortley, "The Theme of Silence in Clement of Alexandria," *JTS* 24(1973) 197-202; O. Casel, *De philosophorum Graecorum silentio mystico*(Giessen: Töpelmann, 1919); L.-M. Dewailly, "Mystère et silence dans Rom. xvi.25," *NTS* 14 (1967) 111-18; id., "Den 'förtegade' hemligheten: Rom. 16.25," *SEÅ* 31(1966) 114-21를 보라.

2a "내가 보매 하나님 앞에 시위한 일곱 천사가 있어"(*καὶ εἶδον τοὺς ἑπτα ἀγγέλους οἳ ἐνώπιον τοῦ θεοῦ ἑστήκασιν* – 카이 에이돈 투스 헾타 앙겔루스 호이 에노피온 투 데우 헤스테카신). 카이 에이돈(*καὶ εἶδον*)에 대해서는 5:1의 "주석"을 보라. 히스타나이 에노피온(*ἱστάναι ἐνώπιον*, 직역하면 "…앞에 서다")은 "시중들다", "…의 종이 되다"를 의미할 수 있다. 따라서 2절의 번역은 "나는 하나님을 섬기는 일곱 천사들을 보았다"가 될 수도 있다(Charles, 1:225; R. Sollamo, "Some 'Improper Prepositions' such as *ἐνώπιον*, *ἐνάντιον*, *ἐνάντι*, etc. in the Septuagint and Early Koine Greek," *VT* 25[1975] 778; K. G. C. Newport, "Semitic Influence on Revelation," *BT* 37[1986] 332-33). 칠십인역의 예문들에는 사사기 20:28; 1 Kgdms 16:22; 3 Kgdms 17:1; 18:18; 4 Kgdms 5:16; 예레미야 15:16(참조. 눅 1:19)이 포함된다. 그러나 이 절을 "하나님을 섬기는 일곱 천사들"로 번역하면 이 천사들에 대해 더 많은 것을 말하지 못하게 된다. 이 일곱 천사들은 아마 천사 계급에서 매우 특별한 역할을 맡고 있는 일곱 천사장들로 이해해야 할 것이다. 히스타나이 에노피온(*ἱστάναι ἐνώπιον*)이라는 어구는 11:4(그 곳의 "주석"을 보라)에도 나오는데, 그 곳에서는 "…의 종이다"라는 번역이 적절하다(참조. 개역. "[주] 앞에 섰는"). "하나님 앞에 섰는"이라는 어구는 가브리엘을 언급하는 누가복음 1:19에 밀접한 유사구가 나온다: 호 파레스테코스 에노피온 투 데우(*ὁ παρεστηκὼς ἐνώπιον τοῦ θεοῦ*, "하나님 앞에 섰는").

투스 헾타 앙겔루스 호이 에노피온 투 데우 헤스테카신(*τοὺς ἑπτὰ ἀγγέλους οἳ ἐνώπιον τοῦ θεοῦ ἑστήκασιν*, "하나님 앞에 시위한 일곱 천사")이라는 어구는 관사가 있다. 이것은 이 천사들이 이 곳에서 처음 소개되지만 독자들에게 잘 알려졌다는 의미를 나타내거나 또는 이 조응적 관사는 1:20에서 관사 없이 개별적으로 언급되고 그 다음에 정관사와 함께 언급된(2:1, 8, 12, 18; 3:1, 5, 7, 14) 천사들을 나타낼 것이다. 하늘 궁정에서 그들의 정례적인 역할을 규정하는 관계절 때문에 첫 번째 가능성이 더 바람직하다. Tob 12:15(א)의 일곱 천사장 또는 일곱 임재의 천사들을 언급하는 헤이스 톤 헵타 앙겔론 호이 파레스테카신 카이 에이스포류온타이 에노피온 테스 독세스 퀴리우(*εἷς τῶν ἑπτὰ ἀγγέλων, οἳ παρεστήκασιν καὶ εἰσπορεύονται ἐνώπιον τῆς δόξης κυρίου*, "주의 영광 앞에서 거하고 행하는 일곱 천사들 중의 하나")라는 어구에도 정관사가 나오는 것을 주목하라(Michl, *Engelvorstellung*, 184; Michel, "Engel II," *RAC* 5:77-78). 이 천사들이 요한계시록의 다른 곳(1:4; 4:5)에 언급되는 하나님의 일곱 영과 동일하다는 주장은 가능하고(그러나 Michl, *Engelvorstellung*, 147-48는 이들이 동일하지 않다고 주장한다) "일곱 교회의 천사들"과 동일할 수도 있다(1:20). 1:4d의 "주석"을 보라.

일곱 천사장에 대한 전승은 아마 Tob 12:15에 최초로 나올 것이다. Tob 12:15에서 라파엘은 자신을 "주의 영광 앞에서 거하고 행하는 일곱 천사들 중의 하나"로 확인한다. 한 무리를 이루는 네 천사장도 간혹 언급된다(9:14의 "주석"; O. Böcher, "Engel IV," *TRE* 9:597; *EncJud* 2:958-59; Mach, *Engelglaubens*, 263-64 n. 425를 보라). *Enoch* 20:1의 헬라어 사본 전승 중 일부(G2 = Codex Panopolitanus)는 다음과 같은 일곱 천사들을 열거한다: 우리엘, 라파엘, 라구엘, 미가엘, 사리엘, 가브리엘, 레메이엘. 그러나 에티오피아어 사본 전승은 여섯 천사만을 열거한다(Black, *Apocalypsis*, 32). 쿰란 문서, 4Q *Songs of the Sabbath Sacrifice*에 반복하여 언급되는 "일곱 대방백"(네시에 로쉬[נשׂאי רוש] 또는 라쉐 네시임[ראשׁי נשׂיאים])은 이름은 전혀 불려지지 않지만 일곱 천사장과 동일시되어야 할 것이다(4Q*403* = 4QShirShabbd 1:23; 2:10-27; 4Q*404*=4QShirShabbe frag. 1:1; frag. 2:4-5; 4Q*405*=4QShirShabbf 3 ii 15; Newsom, *Songs*, 34). 일곱 천사장의 전설은 후기 유대교 문헌에 자주 나온다: *T. Levi* 8:2; *1 Enoch* 90:21; *3 Enoch* 17:1(Pétrement, *Separate God*, 64-72). 특별한 수를 언급하지 않는 "임재의 천사들"이라는 어구는 몇 번 사용된다(*Jub.* 2:2, 18; 15:27; 1QSb 4:26; 1QH 6:13[= 14:13]).

하나님 앞에 **서 있는 것**에 대한 강조는 천사들이 무릎이 없고 따라서 앉을 수가 없다는 유대의 전설과 관련이 있을지 모른다(*y. Ber.* 2c; Gen. *Rab.* 65.21[ed. Theodor-Albeck, 738]; 참조. Gruenwald, *Apocalyptic*, 66-67). 이 전설은 분명히 에스겔 1:7의 "그 다리는 곧고"(ורגליהם רגל ישרה – 웨라글레헴 레겔 예솨라)라는 어구에 근거한다. 유대의 전설에는 하나님 앞에서 아무도 앉는 것이 허용되지 않는다는 견해가 널리 퍼져 있었다(4Q*405* 20 ii 2[Newsom, *Songs*, 303-9를 보라]; *b. Hag.* 15a; *3 Enoch* 16).

"하나님 앞에"(*ἐνώπιον τοῦ θεοῦ*—에노피온 투 데우, 3:2; 8:2, 4; 9:13; 11:16; 12:10; 15:4; 16:19)와 "보좌 앞에"(*ἐνώπιον τοῦ θρόνου*—에노피온 투 드로누, 1:4; 4:5, 6, 10; 7:11; 8:3; 14:3; 20:10)라는 두 어구는 두 개의 합성 어구 "하나님의 보좌 앞에"(*ἐνώπιον τοῦ θρόνου τοῦ θεοῦ*—에노피온 투 드로누 투 데우, 7:11)와 "보좌에 앉으신 이 앞에"(*ἐνώπιον τοῦ καθημένου ἐπὶ τοῦ θρόνου*—에노피온 투 카데메누 에피 투 드로누, 4:10)와 함께 하나님의 임재를 개념화하는 중요한 방식을 구성한다. 구약성경에서 "하나님 앞에"라는 어구는 종종 "법궤 앞에"에 상당하는 어구로 사용된다(레 16:1-2; 삼상 10:25; 삼하 6:4-5, 14, 16, 17, 21; 왕상 8:59; 왕하 16:14).

2b "일곱 나팔을 받았더라"(*καὶ ἐδόθησαν αὐτοῖς ἑπτὰ σάλπιγγες*—카이 에도데산 아우토이스 헾타 살핑게스). 나팔 소리는 초기 기독교 묵시에서 마지막 사건들이 펼쳐지기 시작하는 시점, 특별히 재림을 나타내는 비유적 표현이었다(마 24:31; 살전 4:16; 고전 15:52; Did 16:6; *Quaest. Esdr.*[Rec. B] 11, "가브리엘의 나팔 소리가 울리는 그리스도의 강림까지"; *Tri. Trac.* 138.8-12에서 이 은유를 그노시스 교파가 전용하는 것을 보라). *Ap. Jas.* 15.11-13에 의하면, 그리스도의 승천에 전쟁의 시끄러운 소리, 나팔 소리 그리고 큰 소음이 수반되었다고 한다. 종말론의 시나리오에 이와 같은 나팔의 사용은 유대교에서 유래된 것으로 추정된다. 요한계시록에서 나팔은 큰 소리를 나타내는 은유로 사용되며(1:10; 4:1), 8:2-9:21과 11:15-18에서는 일곱 나팔 소리에 따라 펼쳐지는 재앙들을 나타내는 구조적 장치로도 사용된다. 요한계시록에서 나팔은 다른 기독교 문헌들에서처럼 그리스도의 재림을 알리는 전조로 사용되는 경우가 전혀 없다.

그러나 구약성경과 초기 유대교 문헌에서 연속적인 나팔 소리는 여러 가지로 사용되었다. 일곱 나팔은 여리고의 멸망이라는 결과를 낳은 의식에 사용되었고(수 6장), Oumaran War Scroll에는 일곱 명의 레위인이 종말의 전투에 일곱 숫양 뿔나팔을 가지고 나간다(1QM 7:14). 고대 이스라엘과 초기 유대교에서 나팔(쇼파르[שׁופר, "숫양의 뿔"], 요벨[יובל] 또는 하초츠라[חצצרה]는 모두 "나팔"을 의미한다)은 여러 가지 목적으로 사용되었다(Str-B, 1:959-60; G. Friedrich, *TDNT* 7:71 -88을 보라). (1) 경고의 수단으로(민 10:1-8; 겔 33:3-6; 호 8:1; 욜 2:1[여호와의 날을 알리는 경고]), (2) 군대의 공격 신호로(민 31:6; 삿 7:8-22; 대하 13:12; 습 1:16; 2 Macc 13:25; Ps. *Sol.* 8:1; *Sib. Or.* 8.253), (3) 성 안에서 급박한 공격을 알리는 비상 신호로(렘 20:16; 호 5:8; 암 3:6; 습 1:16), (4) 퇴각 신호로(삼하 2:28; 18:16; 20:22; 왕하 9:13), (5) 하나님께 도움을 구하는 외침으로(민 10:9; 1 Macc 4:40), (6) 승리를 거두었음을 나타내기 위해(시 47:5), (7) 기쁜 소식을 선포하는 신호로(Ps. *Sol.* 11:1), (8) 종교 의식의 반주로(레 25:9; 욜 2:15; 1 Macc 3:54; *m. Sukk.* 5:4; *m. Ros. Hos.* 3:3-4; *m.* Tamid 7:3), (9) 하나님의 현현의 부분으로(출 19:13, 16, 19; 20:18; Aristobulus frag. 3[10.13, 16-17; Denis, *Fragmenta*, 220]; 히 12:19; 계 1:10), (10) 여러 가지 종말론 문맥들에서. War Scroll은 최후의 종말 전투에 여러 가지로 특별하게 사용되는 다양한 나팔들을 묘사하는 데 세심한 관심을 나타낸다(1QM 2:16-3:11; 7:12-9:3; 참조. P.R. Davies, 1QM, 29-32, 63). 그러므로 나팔 소리는 상황과 기대에 따라 듣는 사람들의 마음에 공포를 줄 수도 있고 기쁨이나 기대를 줄 수도 있다.

나팔은 유대교의 종말론적 심상에 합병되어 간혹 종말의 구원을 나타내기도 한다(사 27:13; 슥 9:14-15). 그러나 더 흔히 볼 수 있는 암시는 종말의 심판이다. (사 58:1; 욜 2:2 3; 습 1:14-16; 4 Ezra 6:23; *Sib. Or.* 4.174-75; *Apoc. Mos.* 22:3; *Paral. Jer.* 3:2; 4:1; *Apoc. Zeph.* 12:1; *Gk Ap. Ezra* 4:36). 매우 드물게 미가엘은 나팔과 연관된다(*Apoc. Mos.* 22:1-3). 이사야 27:3을 인유하는 것으로 보이는 18강복(the Eighteen Benedictions)의 고대 팔레스타인 판에서 나팔은 종말론적 의의를 갖고 있다(tr. Petuchowsky, "Jewish Prayer Texts," 29).

> 우리의 자유를 위해 큰 숫양의 뿔나팔을 울리고,
> 우리의 유배자들을 불러들이기 위해 깃발을 들어올려라.
> 자기 백성 이스라엘의 추방자들을 불러모으시는 여호와여, 찬양 받으소서.

마지막으로 혜성들이 나팔 모양을 가진 것으로 묘사되기도 했다는 사실도 언급되어야 할 것이다(Ptolemy *Tetrabiblos* 2.90-91; 참조. Malina, *Revelation*, 113).

[3]-[5] 이 단락은 2절과 6절 사이에 삽입된 것으로 보인다(6절이 2절의 되풀이보다 약간 더 긴 것을 주목하라). 왜냐하면 이 단락은 현재의 문맥과 명백한 관련성이 없기 때문이다. 그러나 이 짧은 에피소드는 일종의 보좌실 장면(더 정확하게는 하늘의 성전 장면) 역할을 한다. 일곱 대접의 재앙들을 도입하는 15:2-4의 장면에서처럼 이 보좌실의 장면은 이 무대에 인위적으로 삽입된다. 천사가 타다 남은 불을 땅에 쏟자 뇌성과 음성과 번개와 지진이 이어진 것으로 묘사하면서(5절), 저자는 8:7-9:21과 11:15-18에서 땅에 펼쳐지는 하나님의 심판을 매우 일반적인 방식으로 예기하고 있는 것이다.

3a "또 다른 천사가 와서 제단 곁에 서서 금 향로를 가지고"(*καὶ ἄλλος ἄγγελος ἦλθεν καὶ ἐστάθη ἐπὶ τοῦ θυσιαστηρίου ἔχων λιβανωτὸν χρυσοῦν* – 카이 알로스 엘덴 카이 에스타데 에피 투 뒤시아스테리우 에콘 리바노톤 크뤼순). 이스라엘의 "향단"에 해당하는 하늘의 상대물인 토 뒤시아스테리온(*τὸ θυσιαστήριον*)은 요한계시록에서 네 번 언급된다(8:3[2x], 5; 9:13). 뒤시아스테리온(*θυσιαστήριον*)의 다른 다섯 번의 출현은 분명히 번제단을 언급하는 것이다(6:9; 9:13; 11:1; 14:18; 16:7). 6:9의 "주석"을 보라. 이 하늘 성전의 개념은 고대 유대교의 개념이지만, 구약성경이나 초기 유대교 문헌에는 인습적인 제사 의식의 상대물이 하늘 세계에서 실행되었다는 암시가 전혀 없다. 내가 알기로 요한계시록 8:3-5과 9:13은 유대의 묵시 문학에서 향단 또는 금향단이 언급되는 유일한 구절들이다. 그러나 분명히 요한계시록에 의존한 *Apoc. Paul* 44의 보좌 환상에는 이십사 장로, 네 생물, 제단, 휘장, 보좌 그리고 향의 연기가 언급된다. *T. Levi* 3:5-6(일곱 하늘의 우주론을 반영한다)은 여섯 번째 하늘을 묘사하는데, 그 곳에서 "여호와를 섬기며 의인들의 무지한 모든 죄를 위해 주님께 속죄를 드리는 여호와의 임재의 천사들이 여호와께 기분 좋은 향기(*ὀσμὴ εὐωδίας* – 오스메 유오디아스), 타당한 피흘림이 없는 제물(*λογικὴν καὶ ἀναίμακτον προσφοράν* – 로기켄 카이 아나이마크톤 프로스포란)을 바친다"고 한다(tr. Hollander-de Jonge, *Testaments*, 136). 이 구절은 향제가 속죄의 기능을 갖고 있다고 하는 소수의 구절들 중의 하나다(향제의 속죄 기능은 구약성경에서 민 16:46-47에만 나온다; Sir 45:16; Wis 18:21; Zwickel, *Räucherkult*, 298도 보라). (찬송을 나타내는 명칭으로 로기케 뒤시아[*λογικὴ θυσία*, "합당한 제사"]에 대해서는 *Corp. Herm.* 1.31; 13.18-19을 보라.) 그러나 요한계시록 8:3-5에 반영된 하늘 신화에서 임재의 일곱 천사들은(*T. Levi* 3:5-6에서처럼) 하늘의 향제를 집전하는 것이 아니다. 왜냐하면 이 임무는 다른 천사에게 맡겨진 것이기 때문이다. 초기 유대교 우주론에 의하면, 하나님은 일곱 번째 하늘(데비르[דביר] 또는 지성소로 상징되는)의 보좌에 앉아 계시기 때문에, 여섯 번째 하늘(성소로 상징되는)은 언급되지 않은 "내부 제단", 즉 금향단에서 피흘림이 없는 제사가 드려지는 곳이다.

여기에서 "향로"로 번역된 리바노토스(*λιβανωτός*)는 대개 "향"을 의미한다. 이 단어는 칠십인역에서 역대상 9:29(히브리어 레보나[לבונה]의 번역)과 Macc 5:3에만 나오는데, 두 곳 모두에서 "향"을 의미한다. 때로 그리스인들은 리바노스(*λίβανος*, 유향 **나무**)와 리바노토스(*λιβανωτός*, 나무의 **진**)를 구별했다. 그러나 후기 헬라어에서 이 단어들은 호환적으로 사용되었다.

"보좌 앞에"라는 어구는 4절의 "하나님 앞으로"라는 어구와 유사하다("여호와 앞에" 분향을 하는 것을 언급하는 민 16:40을 보라). 그리고 "보좌"는 하나님에 대한 직접적인 언급에 대신하는 완곡 어법이다(4:10의 "주석"을 보라). 언약궤는 휘장으로 향단과 분리된 지성소에 설치되었기 때문에, "보좌"라는 용어도 언약궤를 언급하는 방식일 수도 있다. 왜냐하면 원래 언약궤는 여호와의 보좌 기능을 했던 것으로 보이기 때문이다. 바빌로니아 탈무드의 세 구절에 미가엘이 하늘 제단 앞에서 섬긴다는 주장이 나온다(*b. Menaḥ.* 110a; *b. Zebaḥ.* 62a; *b. Ḥag.* 12b; 참조. Gruenwald, *Apocalyptic*, 65).

3b "많은 향을 받았으니"(*καὶ ἐδόθη αὐτῷ θυμιάματα πολλά* – 카이 에도데 아우토 뒤미아마타 폴라). 이 곳에서 수동태(이 수동태는 신의 행동을 나타내는 수동태, 즉 하나님의 이름에 대신하는 완곡 어법일 것이다)의 사용은 천사에게 향을 주는 인물의 확인을 모호하게 한다. 그러나 향이 리바노토스 크뤼수스(*λιβανωτὸς χρυσοῦς* – "금 향로")에 놓이는 것은 명확하다. *T. Levi* 8:10에서 일곱 천사에 의한 레위의 제사장 서임식의 부분으로 일곱 번째 천사가 "나의(즉 레위의) 손에 향을 채움으로(*ἐπλήρωσεν τὰς χεῖράς μου θυμιάματος* – 에플레로센 타스 케이라스 무 뒤미아마토스), 내가 여호와를 위해 제사장으로 섬길 수 있게 한다." 고대의 많은 향로들이 얕은 대접을 들고 있는 손 같은 모양의 국자였다는 사실은 흥미롭다(Nielsen, *Incense*, 5[nos. 24-26], 38-40).

3c "이는 모든 성도의 기도들과 합하여 보좌 앞 금단에 드리고자 함이라"(*ἵνα δώσει ταῖς προσευχαῖς τῶν ἁγίων πάντων ἐπὶ τὸ θυσιαστήριον τὸ χρυσοῦν τὸ ἐνώπιον τοῦ θρόνου* – 히나 도세이 타이스 프로슈카이스 톤 하기온 판톤 에피 토 뒤시아스테리온 토 크뤼순 토 에노피온 투 드로누). 이 곳과 4절에 모두 나오는 여격 어구 타이스 프로슈카이스(*ταῖς προσευχαῖς*)는 불확실하다. 아주 동일한 어구가 8:4에 나오는데, 이 두 어구가 항상 유사하게 해석되지는 않는다("원문주해" 8:4.a-a를 보라). 부쎄트(Bousset, [1906] 293)와 케어드(Caird, 107)는 이 어구를 존경 또는 관계의 여격으로 생각하는 반면에, 모울(Moule, *Idiom-Book*, 43-44)은 두 어구 모두를 시간을 나타내는 여격의 예로 이해하고, "기도와 동시에"(simultaneous with the prayers)라고 번역한다. 3절과 4절 모두에서 타이스 프로슈카이스(*ταῖς προσευχαῖς*)는 때로 편리의 여격(*dativus commodi*)으로 간주된다. 따라서 3절에서 히나 도세이 타이스 프로슈카이스(*ἵνα δώσει ταῖς προσευχαῖς*)라는 어구는

"기도를 위해 (향)을 드림"(Mussies, *Morphology*, 99), 또는 "기도의 보완으로 (향)을 드림"(본서의 번역과 같이)으로 번역될 수 있을 것이다. 그럴 때에 향은 기도를 하나님께서 더 기뻐하시게 보완하는 역할을 한다(Beckwith, 553; Charles, 1:230; Loisy, 172; Zahn, 2:383 n. 84; BDR § 188.1). 만일 이 어구를 관계의 여격으로 해석한다면(NRSV와 REB에서처럼) "기도와 함께"로 번역될 수 있고, 향을 태우는 연기와 모든 하나님의 백성의 기도가 보좌로 함께 올라가지만 본질적인 관련성을 갖고 있지 않다는 의미가 된다.

성도들의 기도는 분명히 땅에 살고 있는 그리스도인들의 기도다("성도"=하나님의 백성 또는 그리스도인에 대해서는 5:8의 "주석"을 보라). 이 기도는 대적들에 대한 하나님의 복수를 구하는 기도로 추정된다. 왜냐하면 집전을 하는 천사가 그 기도들을 하늘 제단의 향과 혼합하여 땅에 쏟아 대격변을 일으키기 때문이다(5절). 6:10에 언급된 순교자들의 복수(신원)를 구하는 기도와 유사하게, 복수를 구하는 이 기도는 살아 있는 사람들의 하나님을 향한 호소다(Sattler, *ZNW* 20[1921] 235).

4절에서와 마찬가지로 이 향은 은유적으로 그리스도인들의 기도로 해석되는 것이 아니라, 향과 향을 태움으로써 생기는 연기가 기도와 밀접하게 연합되는 것으로 해석된다(향이 기도와 동일시되는 5:8의 "주석"을 보라). 향과 기도의 밀접한 관련성은 시편 141:2에 반영된다.

> 나의 기도가 주의 앞에 분향함과 같이 되며
> 나의 손 드는 것이 저녁 제사같이 되게 하소서

기도와 향의 관련성은 *Paral. Jer.* 9:1-4에서도 발견된다(tr. R. A. Kraft and A.-E.Purintun, *Paraleipomena Jeremiou*, SBLTT 1[Missoula, MT: SBL, 1972]).

> 이제 예레미야와 함께 한 자들은 즐거워하며 9일 동안 백성들을 위하여 제사를 드리고 있었다. 그러나 10일에는 예레미야 혼자 제사를 드렸다. 그리고 그는 이렇게 기도를 드렸다. "거룩하시고, 거룩하시고, 거룩하시며, 살아 있는 나무의 아름다운 향(*τὸ θυμίαμα*-토 뒤미아마)이시며, 제가 주께 올라갈 때까지 저를 비취시는 참 빛이시여, 주의 긍휼을 구하나이다. 두 스랍의 감미로운 음성을 주님께 구하나이다. 또 다른 아름다운 향(*εὐωδίας θυμιάματος*-유오디아스 뒤마아마토스)을 구하나이다."

정례적으로 향제를 드리는(출 30:8) 매일 저녁 제사 동안 기도를 드리는 것이 합당하고 통례적이었다는 사실을 시사하는 증거가 있다(스 9:5-15; 단 9:21). 유대식 아람어로 쓰여진 팔레스타인의 마술 부적에서 우리는 다음과 같은 기도를 본다. "이스라엘의 하나님이시여, 당신의 이름으로 이 말이 위대하시고, 강하시고, 두려우시고, 거룩하시고, 광대하시고, 찬양을 받으시며, 고귀하신 하나님의 보좌 옆 하늘로 올라가게 하소서"(Naveh-Shaked, *Amulets*, amulet 7, lines 13-16). 하나님의 일곱 가지 이상의 속성들이 나오는 것을 주목하라. 플루타크가 따르는(*De Iside* 361c) 플라톤의 주장에 의하면(*Symp.* 202e), 사람들의 기도와 간구를 신들에게 전달하는 존재는 신과 사람 중간에 속하는 존재들인 다이몬들(*daimones*)이라고 한다.

고대 이스라엘에는 향제를 드리는 세 가지 방법이 있었다(Haran, *Temples*, 230-45). (1) 향 또는 향신료를 곡식 제물, 즉 소제와 함께 불사를 수 있었다(레 2:1, 15; 6:8, 14-15). 향을 짐승 제물에 뿌렸다는(그리스 희생제 관습의 특징) 명확한 증거는 없지만, 레아 니호아(ריח־ניחח, "향기로운 냄새")라는 어구는 불타는 제물에 향을 추가하는 것을 나타낼 것이다. 왜냐하면 불타는 고기와 기름은 불쾌한 냄새를 발산하므로 향을 추가하여 그런 결과를 피할 수 있었을지 모른다. (2) "외부의" 향(단순하게 케토레트[קטרת]로 지칭된다)은 긴 손잡이가 달린 향로인 마흐타(מחתה, 레 10:1; 민 16:6) 또는 미크테레트(מקטרת, "[수직] 향로")에 담아 드렸고 제단에 올리지 않았다. 이것이 독립된 향제였다는 증거는 제사장 기록과 에스겔서에서 발견된다(레 10:1-3; 겔 8:10-11; 16:18; 23:41). "하나님 앞에 분향"이라는 표현(민 16:40)이 시사하는 바와 같이, 이 향은 대개 성전 경내에서 태웠다(레 10:1-2; 민 16:6-7). 그러나 가끔 드물게 외부에서도 향을 태웠을 것이다(민 17:11-12). 이 향제를 위한 불은 놋제단에서 불타는 숯 형태로 취하여(민 17:11; 레 16:12) 그 위에 향을 부었다. (3) "내부의" 향(특별한 처방에 따라 준비되는 향, 출 30:34-38)은 타미드 제(the Tamid offering), 즉 매일 오전과 오후에 어린양으로 드리는 제사에 따라 매일 아침과 저녁에 두 번 금향단 위에 드렸고(출 30:7-9; 참조. 출 29:38-42; 민 28:2-8), 케토레트 타미드(קטרת תמיד, "일상 향제")라고 불렀다. *m.* Tamid 5:1-6:3에 의하면 대제단에서 취한 숯을 내부 제단, 즉 금향단 위에 펼쳐 놓고 그 위에 향을 뿌렸다. 누가복음 1:8-10에서 사가랴가 천사의 계시를 받을 때, 그는 하루에 열두 번 드리는 향제 중 한 번을 드리려 하고 있었다. 이 향제는 "여호와 앞에서" 이루어졌다. 왜냐하면 금향단이 지성소를 성소와 구분하는 휘장 바로 앞에 있었기 때문이다. 현존하는 아람어 편지들에서 이집트 엘레판틴의 유대인들은 소제와 향제와 희생제를 몇 번 언급하는데(Cowley, *Aramaic Papyri*, no. 27, lines 14-15; no. 30, lines 21, 25; no. 33, line 11), 이 향제의 목적은 명기하지 않는다. 요한계시록 9:13-14에서 요한이 "하나님 앞 금단 네 뿔에서" 나는 한 음성을 들었을 때, 하나님의 보좌는 하늘 성전의 금향단 바로 뒤에 위치한다고 설명될 수 있다. 제단의 "불"에 대한 언급은 제사장 기록, 출애굽기 30:1-8에 나오는 규정과 일치한다. 그리고 이 뿔은 므깃도에서 발견된 유명한 뿔이 달린 제단과 같았을 것이다(Haran, *Temples*, 236의 그림과 DeVries, *BARev* 13[1987] 31의 사진). 그러나 이런 제단들은 사실상 향단이 아니었다. (4) 속죄일에는 지성소에 특별한 향단이 설치되었다(레 16:11-14). 이 향단은 *m. Yoma* 5:1에서 묘사된다: 속죄일에 대제사장은 두 줌의 향이 담긴 국자와 화로(제단에서 취한 숯불이 담긴)를 들고 휘장을 통해 지성소로 들어간다. 법궤에 이르면, 그는 화로를 두 가로장 사이에 놓고 숯불 위에 향을 쌓아올린다. 그러면 지성소 전체에 연기가 가득하게 된다'(tr. Danby, *Mishnah*).

그리스의 종교에서 향은 특별히 중요한 역할을 담당했다(Burkert, *Greek Religion*, 62; M. Detienne, *The Gardens of Adonis: Spices in Greek Mythology* [Atlantic Highlands, NJ: Humanities, 1977] 37-58). 그리스의 마술 파피루스들에서 향은 종종 마술 절차의 한 부분으로 묘사된다(*PGM* III.665; IV.210, 1310, 1830, 2640, 2870, 2891; V.220, 395; VII.535, 925; VIII.55; XIII.1, 15, 25, 225; XIV.415). 유대의 마술 안내서 *Sepher ha-Razim*에 의하면, 몰약과 유향으로 만든 향을 불타는 숯 위에 놓았다(tr. M. Morgan, *Sepher ha-Razim*, 24, 41, 51).

뒤미아마타(*θυμιάματα*, "향")는 칠십인역에서 케토레트(קטרת)를 번역하여 40회 사용된다. 케토레트(קטרת)는 (1) 향의 재료, (2) 향제, (3) 모든 제사의 연기나 냄새 또는 (4) 전반적인 제사를 의미할 수 있다(Nielsen, *Incense*, 54).

[4]a "향연이 성도의 기도와 함께"(*καὶ ἀνέβη ὁ καπνὸς τῶν θυμιαμάτων ταῖς προσευχαῖς τῶν ἁγίων*—카이 아네베 호 카프노스 톤 뒤미아마톤 타이스 프로슈카이스 톤 하기온). 향제를 드리는 동안 제단에서 가져온 숯불을 화로에 쌓고 향을 숯불 위에 뿌렸다(*m. Yoma* 5). 여기에서도(참조. 3절) 불타는 향의 연기가 비유적으로 그리스도인들의 기도로 영적으로 해석되는 것이 아니라("성도"=하나님의 백성 또는 그리스도인들에 대해서는 5:8의 "주석"을 보라), 연기와 기도 간의 유비가 강조된다. 이 점은 요한계시록 5:8과 다르다(5:8의 "주석"을 보라). 왜냐하면 5:8에서 향은 명확하게 성도의 기도와 동일시되기 때문이다. *3 Apoc. Bar.* 11:3은 사람들의 기도를 받기 위해 내려오는 미가엘을 언급하는데, 그가 기도를 가지고 어떻게 하는지는 언급되지 않는다. 필로(*Quis Her.* 205)는 분명히 미가엘에 대한 전설들을 모델로 사용하여 성부의 대천사 로고스가 "고통받는 인유를 위한 보완으로 불사의

존재들과 함께 간구한다"고 말한다. 요한계시록 8:3-4의 장면은 *Apoc. Adam* 33:4 (Charlesworth, *OTP* 2:289)의 장면과 몇 가지 점에서 유사하다: "나 스스로 금향로들(*θυμιατήρια χρυσα*–뒤미아테리아 크뤼사)과 이 대접들(*τρεῖς φιάλας*–트레이스 피알라스)을 보았으니, 보라, 유향과 향로와 대접을 든 모든 천사들이 제단(*θυσιαστήριον*–뒤시아스테리온: 계 8:3의 용어와 동일한 용어)으로 나아와서 향 위에 입김을 내불자 향의 연무가 하늘을 가리웠다." 이 장면의 위치는 땅이지만 사용되는 특별한 제단은 명기되지 않는다.

4b "천사의 손으로부터 하나님 앞으로 올라가는지라"(*ἐκ χειρὸς τοῦ ἀγγέλου ἐνώπιον τοῦ θεοῦ*–에크 케이로스 투 앙겔루 에노피온 투 데우). 이 곳의 앙겔루(*ἀγγέλου*, "천사") 앞의 정관사는 3a절에서 방금 언급된 알로스 앙겔로스(*ἄλλος ἄγγελος*, "또 다른 천사")를 언급하는 조응적 관사다. 초기 유대교의 천사론을 알고 있는 독자들은 이 천사를 미가엘로 확인했을 가능성이 있다. *Apoc. Paul* 43를 보라(tr. Hennecke-Schneemelcher, NTA 2:787).

> 그리고 미가엘이 대답하여 말했다. 미가엘의 말을 들으라. 항상 하나님 앞에 선 자가 바로 나다. 그분 앞에 서 있는 나의 주님께서 살아 계신 분이시므로, 나는 인류를 위해 계속하여 기도하기를 끊이지 않고 (아직) 땅에 있는 사람들을 위해 기도한다.

이 출처가 의심스러운 묵시록은 상당히 후기의 것이며, 요한계시록의 영향을 크게 받았지만, 그럼에도 불구하고 임재의 천사들 중의 하나이며 중보자로서의 미가엘에 대한 전통적인 개념을 갖고 있다. 이 두 가지 특징은 모두 3-4절에 나온다.

5a "천사가 향로를 가지고 단 위의 불을 담아다가 땅에 쏟으매"(*καὶ εἴληφεν ὁ ἄγγελος τὸν λιβανωτὸν καὶ ἐγέμισεν αὐτὸν ἐκ τοῦ πυρὸς τοῦ θυσιαστηρίου καὶ ἔβαλεν εἰς τὴν γῆν*–카이 에일레펜 호 앙겔로스 톤 리바노톤 카이 에게미센 아우톤 에크 투 퓌로스 투 뒤시아스테리우 카이 에발렌 에이스 텐 겐). 요한계시록 8:5은 에스겔 10:2의 인유다(참조. 사 6:6). 에스겔 10:2에서는 한 음성이 베옷 입은 사람에게 "너는 그룹 밑바퀴 사이로 들어가서 그 속에서 숯불을 두 손에 가득히 움켜 가지고(*πλῆσον τὰς δράκας σου ἀνθράκων πυρός*–플레손 타스 드라카스 수 안드라콘 퓌로스) 성읍 위에 흩으라"고 명령한다(Zimmerli, *Ezekiel* 1:250-51을 보라). *b. Yoma* 77a(tr. I. Epstein)은 이 구절을 다음과 같이 논한다.

> 만일 그룹의 손에 있는 숯불이 가브리엘의 손에서 (옮겨지는 과정에서) 식지 않았다면, 이스라엘의 남아 있는 자나 도망치는 자나 "이스라엘의 원수들"에게서 살아 남지 못했을

것이다.

그러나 요한은 이 심상을 불순종하는 하나님의 백성에 대한 처벌에 적용하는 것이 아니라 이교도들에 대한 처벌에 적용한다. 향제는 하나님을 향하는 반면에, 뜨거운 숯불은 땅을 향한다. 땅에 불을 던지는 것을 포함한 이 짧은 장면은 분명히 일곱 나팔에 동반하는 심판들을 예기하는 은유다. 이 하나님의 심판은 분명히 4절에서 하나님께 향과 함께 드려지는 성도의 기도와 연결되는 반면에, 기도 자체는 6:9-10에서 제단 아래 있는 영혼들이 말하는 신원을 구하는 기도에 비추어 해석되어야 할 것이다. Tg. *Ezek.* 1:8(Levey, Tg. *Ezekiel,* 20)을 보라.

> 그들(네 생물)의 사면에 달린 날개 밑에서 사람의 손과 같은 손들이 만들어져서, 그 손으로 그들의 머리 위 창공 아래 있는 그룹들 중에서 불타는 숯을 취해 스랍들의 손 안에 놓아 악한 자들이 있는 곳에 뿌려 하나님의 말씀을 어기는 죄인들을 멸망시켰다.

하늘에서 땅으로 떨어지는 불은 종종 심판의 상징이다(창 19:24; 왕하 1:10, 12, 14; 욥 1:6; 시 11:6; 살후 1:8). 이사야 6:6에도 제단에서 불을 취하는 언급이 나온다. 뒤시아스테리온(*θυσιαστήριον*)이라는 용어에 대해서는 6:9의 "주석"을 보라.

에게미센 아우톤 에크 투 퓌로스 투 뒤시아스테리우(*ἐγέμισεν αὐτὸν ἐκ τοῦ πυρὸς τοῦ θυσιαστηρίου*, 직역하면 "그가 그것을 제단의 불에서 채웠다")라는 어구는 상당히 난해하다. 이 전치사구는 두 가지로 해석될 수 있다. (1) 전치사가 중복되는 만족의 속격으로, 또는 (2) 여격 역할을 하는 분리의 속격으로. 나는 두 번째 해석을 선호하지만, 각각의 가능성을 따로 고찰해 볼 필요가 있다.

(1) **만족의 속격으로** 에크 투 퓌로스(*ἐκ τοῦ πυρός*). 만일 에크(*ἐκ*)를 뺀다면, 이 속격의 명사구는 자료 또는 만족의 속격으로 해석될 수 있다. 즉 무엇인가를(티[*τί*], 대격) 무엇인가로(티노스[*τινός*], 여격) 채우는 것이다. 마가복음 15:36; 요한복음 2:7; *Paral. Jer.* 2:5, 게미소멘 아우타스 (타스 포티사트라스) 다크뤼온(*γεμίσωμεν αὐτὰς* [*τὰς ποτίσατρας*] *δακρύων*, "눈물로 그것들[즉 긴 물통들]을 채우자")을 보라. 게미제인 티 에크/아포 티노스(*γεμίζειν τί ἐκ/ἀπὸ τινός*)라는 표현의 소수의 예문들이 있다. (a) 누가복음 15:16(TR)에는 카이 에페뒤메이 게미사이 텐 코일리안 아우투 아포 톤 케라티온(*καὶ ἐπεθύμει γεμίσαι τὴν κοιλίαν αὐτοῦ ἀπὸ τῶν κερατίων*, "그리고 그가 쥐엄 열매로 자신의 배를 채우고자 했다")이라는 표현이 나온다(전체 본문의 구조에 대해서는 *The Gospel according to*

St. Luke[Oxford: Clarendon, 1984-87] 2:43을 보라). (b) Bauer-Aland, 307; BAGD 153에 인용된 PEnteux 24, 14, 게미사이 토 플로이온 에크 톤 토폰(*γεμίσαι τὸ πλοῖον ἐκ τῶν τόπων*, "그 지역의 [물건들로] 배를 채우기 위해")은 적합한 유사구가 아니다. 왜냐하면 톤 토폰(*τῶν τόπων*)이 배를 채우는 것을 나타내지 않기 때문이다. (c) Bauer-Aland, 307; BAGD 153에 인용된 4 Macc 3:14, 카이 아뉴라메노이 텐 페겐 다랄레오스 엑스 아우테스 에게미산 토 바실레이 토 포톤(*και ἀνευράμενοι τὴν πηγὴν θαρραλέως ἐξ αὐτῆς ἐγέμισαν τῷ βασιλεῖ τὸ ποτόν*, "그리고 샘물을 발견했을 때 그들은 왕을 위해 담대하게 그것으로 음료를 채웠다")에서 에게미산(*ἐγέμισαν*)은 거의 확실하게 부정확하다(이 단어는 에코미산[*ἐκόμισαν*, "그들이 가져왔다"]이어야 한다). 왜냐하면 절대로 용기가 아니라 항상 음료를 나타내는 포토스(*ποτός*)는 채워질 수 없기 때문이다.

(2) **여격 역할을 하는 분리의 속격으로** 에크 투 퓌로스(*ἐκ τοῦ πυρός*). 게미제인(*γεμίζειν*)은 간혹 대격(채워지는 것에 대해) 또는 여격(채우는 데 사용되는 것에 대해, 예를 들어, *PGM* IV.3191, 게미손 뤼크논 엘라이오[*γέμισον λύχνον ἐλαίῳ*, "등잔을 기름으로 채우라"])와 함께 사용된다. 요한계시록에서 동사의 주어나 목적어로 사용되는 다른 분리의 속격들에 대해서는 요한계시록 2:7, 10, 17; 5:7, 9; 11:9; 21:6; 22:19을 보라. 내가 생각할 때 티니(*τινί*, "어떤", "약간")와 같은 부정 관계대명사를 여격에서 전치사구 에크 투 퓌로스(*ἐκ τοῦ πυρός*) 바로 앞에 보충하여 다음과 같은 번역이 되게 해야 할 것이다. "그 천사가 향로를 취하여 향단에서 약간의 빨갛게 단 깜부기 불로 그것(향로)을 채웠다." 희귀하지만, 이 분리의 속격 용법의 유사구는 없지 않다. 명확한 한 가지 예가 요한복음 3:25에서 발견된다: 에게네토 운 제테시스 (티니) 에크 톤 마데톤 요한누 메타 유다이우 페리 카다리스무(*ἐγένετο οὖν ζήτησίς* [*τινι*] *ἐκ τῶν μαθητῶν Ἰωάννου μετὰ Ἰουδαίου περὶ καθαρισμοῦ*, "이에 요한의 제자들 중 [일부]와 유대인들 간에 결례에 대하여 논쟁이 일어났다"). BDR § 164.2는 반대하지만, 여기에서 에크 톤 마데톤(*ἐκ τῶν μαθητῶν*)은 여격 역할을 한다(Nachmanson, *Partitives*, 27-28). 누가복음 15:16(TR)도 여격 역할을 하는 분리의 속격으로 해석될 수 있다: 카이 에페뒤메이 게미사이 텐 코일리안 아우투 (티니) 아포 톤 케라티온 혼 에스디온 호이 코이로이(*καὶ ἐπεθύμει γεμίσαι τὴν κοιλίαν αὐτοῦ* [*τινι*] *ἀπὸ τῶν κερατίων ὧν ἤσθιον οἱ χοῖροι*, "그리고 저가 돼지가 먹는 쥐엄 열매 [약간]으로 자신의 배를 채우고자 했다").

게다가 퓌르(*πῦρ*)는 단순하게 "불"로 해석될 수 없다. 왜냐하면 불이 탈 수 있는 무엇인가를 향로에 추가해야 하기 때문이다. 그러므로 퓌르(*πῦρ*)는 "뜨거운 숯" 또는 "빨갛게 단 깜부기 불"로 번역되어야 한다. 이 의미는 나답과 아비후가 "불(즉 '숯불')을 그것(즉 '그들의 향로')에 담는"(*ἐπέθηκαν ἐπ᾽ αὐτὸ* [*τὸ πυρεῖον*] *πῦρ*-에페데칸 에프 아우토 [토 퓌레이] 퓌르) 칠십인역 레위기 10:1에서 발견된다.

5b "뇌성과 음성과 번개와 지진이 나더라"(*καὶ ἐγένοντο βρονταὶ καὶ φωναὶ καὶ ἀστραπαὶ καὶ σεισμός*-카이 에게논토 브론타이 카이 포나이 카이 아스트라파이 카이 세이스모스). 이 일련의 공기의 현상들에서(4:5; 11:19; 16:18에서 유사한 현상들을 참조하라; 4:5의 "주석"을 보라) 브론타이(*βρονταί*, "뇌성")는 아스트라파이(*ἀστραπαί*, "번개") 앞에 나온다. 그러나 요한계시록의 다른 유사 구절들에는 이런 순서가 전혀 나오지 않는다. 비블로스의 필로(Philo of Byblos, Eusebius *Praep. evang.* 1.10.4)의 페니키아 우주론에는 브론타이 테 아페텔레스데산 카이 아스트라파이(*βρονταί τε ἀπετελέσθησαν καὶ ἀστραπαί*, "뇌성과 번개가 일어났다")라는 진술이 나온다. 종종 번개의 빛이 뇌성보다 앞서지만, 미국 영어에서는 "번개와 뇌성"보다 "뇌성과 번개"라고 말하는 것이 더 자연스럽다. 로마 종교에서는 분명한 출처가 없는 음성(*φωναί*-포나이)이 들리는 것을 불가사의한 조짐으로 간주한다(Dionysius Halicarnassus *Ant. Rom.* 10.2.3; Krauss, *Interpretation*, 161-64).

공기의 동요에 대한 네 번의 언급들 중 세 번의 언급에 지진이 언급된다. 다음은 그 구절들의 대조다.

> 요한계시록 8:5b: "뇌성과 음성과 번개와 지진이 나더라"(*καὶ ἐγένοντο βρονταὶ καὶ φωναὶ καὶ ἀστραπαὶ καὶ σεισμός*-카이 에게논토 브론타이 카이 포나이 카이 아스트라파이 카이 세이스모스).
>
> 요한계시록 11:19c: "번개와 음성들과 뇌성과 지진과 큰 우박이 있더라"(*καὶ ἐγένοντο ἀστραπαὶ καὶ φωναὶ καὶ βρονταὶ καὶ σεισμὸς καὶ χάλαξα μεγάλη*-카이 에게논토 아스트라파이 카이 포나이 카이 브론타이 카이 세이스모스 카이 칼락사 메갈레).
>
> 요한계시록 16:18-21: "번개와 음성들과 뇌성이 있고 또 지진이 있어…큰 우박이 내리매"(*καὶ ἐγένοντο ἀστραπαὶ καὶ φωναὶ καὶ βρονταὶ καὶ σεισμὸς ἐγένετο μέγας… καὶ χάλαζα μεγάλη*-카이 에게논토 아스트라파이 카이 포나이 카이 브론타이 카이 세이스모스 에게네토 메가스…카이 칼락사 메갈레).

이 구절들의 비교는 약간의 설명을 요한다. (1) 각 구절은 다른 구절과 다른 기술적 기능을 갖고 있다. (a) 8:5c은 일곱 나팔의 울림에 이어지는 하나님의 심판을 예기한다(Bauckham, "Earthquake," 203). (b) 11:19c은 번개와 음성과 뇌성이 하나님의 보좌로부터 나오는 4:5과 유사하다. 왜냐하면 대기의 소요와 지진은 하나님의 능력의 현현으로 하늘의 법궤로부터 발원하기 때문이다. 이 신적 현현의 발현들은 11:15-18을 종결하는 역할과 12:1-17을 도입하는 역할을 한다. (c) 16:18-21에서 폭풍의 현상들, 그리고 특별히 지진과 우박이 일곱 번째 대접의 파괴적인 처벌을 구성한다.

(2) 시내 산의 신적 현현(출 19:18)과 연관된 지진은 종종 시내 산 전승의 인유로 언급되기도 하고(시 68:8; 사 64:3), 이후 전승에서 신적 현현들을 동반하는 물리적 현상들의 부분을 이루기도 한다. 출애굽기 19:16-18은 신적 현현과 관련된 다섯 가지 자연 현상(우뢰, 번개, 빽빽한 구름, 큰 나팔 소리, 지진)을 말한다. 이 다섯 가지 현상은 초기 유대교에서 출애굽기의 개정과 확대에 필수적으로 되풀이된다. 여기에는 Tg. *Onq.* Exod 19:16, Tg. *Ps.-Jon.* 출 19:16, Ps.-Philo *Bib. Ant.* 11:4이 포함된다. 이 목록은 *Bib. Ant.* 11:5(tr. Charlesworth, *OTP* 2:318)에서 주로 지진의 소요들를 사용하여 터무니없이 확대된다.

> 그리고 보라. 산들이 불타고, 땅이 진동하였고, 작은 잔들이 동요하였고, 산들은 이리저리 굴렀고, 심연이 끓어올랐고, 모든 거처가 뒤흔들렸으며, 하늘이 접혔고, 구름들은 물을 끌어올렸고, 불꽃들이 타올랐고, 많은 뇌성과 번개가 있었고, 바람과 폭풍이 으르렁거렸고, 별들이 함께 모였고….

(3) 지진에는 몇 가지 다른 종류의 종교적 의미가 부여될 수 있다(*TDNT* 7:196-200; *EDNT* 3:236-37을 보라). (a) 지진은 하나님의 심판을 예기하거나(8:5) 하나님의 심판의 도구가 될 수 있다(계 16:18-21; 삼하 22:8; 사 24:18-20; 학 2:6-7, 21; 히 12:26). *Exod. Rab.* 29.9에서 현자들은 하나님께서 악한 자들을 심판하실 때 시내 산의 지진의 역할과 같은 지진이 일어난다고 말한다. (b) 다른 대기 현상들과 관련하여 지진은 하나님 또는 하나님의 대행자의 임재 또는 임박한 도래를 상징할 수 있다(삿 5:4; 시 68:8; 114:6-7; 왕상 19:11; 마 28:2). (c) 지진은 어떤 조짐의 역할을 하여 특별한 의미가 있는 사건을 동반할 수도 있고(마 27:51; Vergil *Georgics* 1.475) 또는 임박한 사건들의 표적이 될 수도 있다(막 13:8 = 마 24:7=눅 21:11).

(4) 보크햄(Bauckham)은 특별한 지진 언어가 시내 산의 신적 현현에 대한 의식

적인 인유라는 제안을 하지만, 이런 언어는 너무 상투적이기 때문에 자동적으로 시내 산 전승에 대한 직접적인 인유가 추정될 것 같지 않다. 지진은 출애굽기 전승과도 연결된다(시 77:18; 114:4-7). 예를 들어, 지진을 포함하는 네 가지 대기의 소요들의 유사한 목록이 칠십인역 에스드라서 1:1de에서 발견되는데, 여기에서 이들은 유대인들에 대한 폭력이 예기되는 꿈의 일부를 이룬다.

> 그리고 이것이 그의 꿈이었다. 보라, 땅에 큰 소리와 소동들, 뇌성과 지진(*φωναὶ καὶ θόρυβος, βρονταὶ καὶ σεισμός*－포나이 카이 도뤼보스 브론타이 카이 세이스모스), 혼란이 있었다. 그리고 보라, 두 마리의 큰 용(*δράκοντες*－드라콘테스)이 나왔으니, 모두 전쟁 전투의 준비를 갖추었고 크게 울부짖었다.

또한 신적 현현의 현상으로서의 지진은 그리스 전설에도 부분을 이룬다. 칼리마쿠스(Callimachus)의 *Hymn to Apollo* 1-8(약 주전 305-204년)에서 아폴로의 신전 밖에 나타난 몇 가지 표적들은 임박한 신의 출현을 알리는데, 그 표적들은 월계수의 떨림, 신전의 흔들림, 야자나무의 끄덕거림, 노래하는 백조 그리고 신전의 문들이 저절로 열리는 것이었다(신적 현현과 관련된 지진의 다른 예들에 대해서는 *Homeric Hymn* 3.403; Apollonius Rhodius *Argonautica* 2.679-80; *PGM* I.305; III.255를 보라).

6 "일곱 나팔 가진 일곱 천사가 나팔 불기를 예비하더라"(*καὶ οἱ ἑπτὰ ἄγγελοι οἱ ἔχοντες τὰς ἑπτὰ σάλπιγγας ἡτοίμασαν αὐτοὺς ἵνα σαλπίσωσιν*－카이 호이 헾타 앙겔로이 호이 에콘테스 타스 헾타 살핑가스 헤토이마싼 아우투스 히나 살피소신). 이 절은 반복적인 속행 역할을 하는 편집적 추가로서(이 구절은 2절을 되풀이한다), 3-5절이 삽입된 다음에 추가된 것으로 보인다.

7a "첫째 천사가 나팔을 부니"(*καὶ ὁ πρῶτος ἐσάλπισεν*－카이 호 프로토스 에살피센) 신비한 나팔 신호는 때로 어떤 조짐, 즉 사람들에게 신의 진노를 경고하는 표시로 생각되었다(Caesar *Civ.* 3.105; Lucan 1.578; Cassius Dio 47.40.2; Plutarch *Sulla* 7.3; *Sib. Or.* 8.239; Lactantius *Div. Inst.* 7.16; see *Excursus 6A: Ancient Prodigies and the Plagues of Revelation*). 플루타크는 에스투리아의 점쟁이들이 나팔 소리의 조짐을 모두 여덟 시대 중의 하나인 새 시대를 알리는 전조로 생각했다고 말한다(*Sulla* 7.3-4). *Did.* 16:6과 *Sib. Or.* 4.124에서 나팔 소리는 세메이온(*σημεῖον*)으로 칭해지고, Commodian *Instr.* 43.1에서는 *signum*으로 칭해진다. 후기 구약성경의 예언자들 중 일부와 초기 유대교에서 나팔 소리는 여호와의 날의

도래를 알리는 전조로 해석된다(슥 9:14; 습 1:14-16; *Apoc. Abr.* 31:1; 4 Ezra 6:23; *Sib. Or.* 4.124; *Gk Ap. Ezra* 4:36). 초기 기독교 종말론에서 나팔 소리는 그리스도의 재림을 발표하는 방법으로 받아들여졌다(살전 4:16; 마 24:31; 고전 15:52; *Did.* 16:6; Clement of Alex. *Quis dives salv.* 3; *Questions of Ezra*[Rec. B] 11; Commodian *Instr.* 43.1; *Apost. Const.* 7.32.3).

7b "피 섞인 우박과 불이 나서 땅에 쏟아지매"(*καὶ ἐγένετο χάλαζα καὶ πῦρ μιμιγμένα ἐν αἵματι καὶ ἐβλήθη εἰς τὴν γῆν* – 카이 에게네토 칼라자 카이 퓌르 미미그메나 엔 하이마티 카이 에블레데 에이스 텐 겐). 하늘에서 피의 비가 내리는 현상(자주 나오는 전문 어구는 *sanguinem phiit*이다)은 로마의 불가사의한 조짐들의 목록에 자주 나온다(Cicero *De div.* 1.43.98; 2.27.58; Pliny *Hist. nat.* 2.57.147; Luterbacher, *Prodigienglaube*, 14; Wülker, *Prodigienswesens*, 11; see *Excursus 6A*). 유사 어구가 *Sib. Or.* 5.377-80에도 나온다(tr. Collins in Charlesworth, *OTP* 1:402): "이는 하늘의 여러 층들로부터 불이 사람들에게 비오듯 내릴 것이니, 곧 불과 피와 물과 번개와 흑암과 하늘의 밤이니라." *Mek. de-Rabbi Ishmael, Beshallah* 7(Lauterbach, *Ishmael* 1:245)에 의하면, 이스라엘 백성이 바다를 마른 땅으로 건넌 다음에 돕는 천사들이 뒤쫓는 애굽인들에게 화살과 큰 우박과 불과 유황을 퍼부었다."

7c "땅의 삼분의 일이 타서 사위고 수목의 삼분의 일도 타서 사위고 각종 푸른 풀도 타서 사위더라"(*καὶ τὸ τρίτον τῆς γῆς κατεκάη καὶ τὸ τρίτον τῶν δένδρων κατεκάη καὶ πᾶς χόρτος χλωρὸς κατεκάη* – 카이 토 트리톤 테스 게스 카테카에 카이 토 트리톤 톤 덴드론 카테카에 카이 파스 코르토스 클로로스 카테카에). 종말에 우주 여러 부분들의 삼분의 일의 멸망(8:2 9:21; 8:7[2x], 9[3x], 10, 11, 12[5x]; 9:15, 18에 계속 나오는 주제)은 에스겔 5:2(3x), 12(3x)에 허술하게 기초하고 있다. 에스겔서에서는 예루살렘 주민의 삼분의 일마다 각각 세 가지 다른 운명, 즉 에스겔이 자신의 머리털과 수염의 삼분의 일에 행한 일에 해당하는 운명이 일어난다. 삼분의 일의 멸망이라는 주제는 후에 *b. B. Meṣ.* 59b에도 나온다. 이곳의 내용은 엘리에젤(R. Eliezer)에 대한 일화다. 엘리에젤의 친구들은 그의 공표를 거부하고 욕설을 퍼부었다. 아키바(R. Akiba)는 엘리에젤에게 세상이 저주로 멸망할 것을 막으려고 그 사실을 알려 주었다. 엘리에젤은 자신의 겉옷을 찢고, 신발을 벗고, 땅바닥에 주저앉았다. 그러자 세상의 감람 열매와 밀과 보리의 삼분의 일만이 황폐화되었다.

8a "둘째 천사가 나팔을 부니 불붙는 큰 산과 같은 것이 바다에 던지우매"(*καὶ ὁ δεύτερος ἄγγελος ἐσάλπισεν καὶ ὡς ὄρος μέγα πυρὶ καιόμενον ἐβλήθη εἰς τὴν θάλασσαν* - 카이 호 앙겔로스 에살피센 카이 호스 오로스 메가 퓌리 카이오메논 에블레데 에이스 텐 달라싼). 8:10에는 횃불같이 타는 별이 강들의 삼분의 일과 여러 물샘에 떨어졌다는 내용이 나오는데, 그 내용은 사실상 8:8b의 반복이다. 이 구절은 주후 8월 24일에 있었던 비극적인 베수비우스 화산과 같은 엄청난 화산 폭발 작용같이 들린다. 베수비우스 화산 폭발은 카프리(Capri)에서 쿠마이(Cumae)에 이르는 나폴리 만 지역을 완전히 초토화시켰다. 베수비우스 화산의 파편들이 나폴리 만으로 떨어져 배들이 상륙할 수 없었다(Pliny *Ep.* 6.16.11). 그러나 분화구에서 용암이 방출되지는 않았다. 잔(Zahn)은 8:7-12에 나오는 환상의 세부 묘사가 베수비우스 화산 폭발의 양상들을 반영한다고 주장했다(2:390-94; id., "Der Ausbruch des Vesuvs," 151-69; 참조. Kehnscherper, *Sonne*, 26-29; Metzger, *Code*, 64). 이 화산 폭발에 대한 몇 가지 간단한 언급들이 있지만(Tacitus *Annals* 4.67; *Ant.* 20.144; Suetonius Titus 8.3-4), 소(小) 플리니(Pliny the Younger)가 실제 목격자로 증언하며(*Ep.* 6.16, 20), 디오(Dio 66.21-23)에 요약 설명이 보존되어 있다. 디오는 로마의 상투적인 불가사의한 조짐들의 민간 전승에서 나온 주제를 포함시켜서 이 재앙 전에 나팔들의 소리가 들렸다고 주장한다(66.23.1). *Sib. Or.* 4.130-34(주후 약 80년에 기록)는 신의 심판과 관련하여 베수비우스 화산 폭발을 다음과 같이 묘사한다(tr. J. J. Collins in Charlesworth, *OTP* 1:387).

> 그러나 불이 이탈리아 내륙 땅의 갈라진 틈에서
> 터져나와 넓은 하늘까지 이르를 때에
> 많은 도시들을 불태우고 사람들의 목숨을 빼앗을 것이다.
> 많은 연무가 하늘을 가득 채울 것이고,
> 붉은 흙 같은 소나기가 하늘로부터 쏟아질 것이다.

불타는 큰 산과 같은 일곱 별은 *1 Enoch* 18:13; 21:3에 언급된다. 불타는 *1 Enoch*에 바다에 던지는 내용은 나오지 않지만, 불타는 산 같은 별들이 바다로 떨어지는 것을 말한다고 보는 것이 의미가 통한다. *Sib. Or.* 5.158-59는 하늘에서 내려온 별 하나가 바다와 바빌로니아를 불사르는 것에 대해 말한다.

8b "바다의 삼분의 일이 피가 되고"(*καὶ ἐγένετο τὸ τρίτον τῆς θαλάσσης αἷμα* - 카이 에게네토 토 트리톤 테스 달라쎄스 하이마). 루칸(Lucan)은 카이사르

가 루비콘 강을 건넌 일과 관련된 다양한 불가사의한 조짐 목록의 부분으로, "바다를 소용돌이키게 하는 검은 요괴 카리브디스(Charybdis)가 바다 밑바닥에서 피의 파도를 일으켰다"고 기술한다(1.547-48). *Sib. Or.* 5.201에 나오는 갈리아인들에게 불리한 신탁에서, "많은 피로 가득한(*πληρούμενος αἵματι πολλῷ*—플레루메노스 하이마티 폴로) 대양이 널리 알려질 것이라"고 예언된다. 그러나 아마 이 말은 피가 살육당한 갈리안들인에게서 흐른다는 언급일 것이다.

[9] "바다 가운데 생명 가진 피조물들의 삼분의 일이 죽고 배들의 삼분의 일이 깨어지더라"(*καὶ ἀπέθανεν τὸ τρίτον τῶν κτισμάτων τῶν ἐν τῇ θαλάσσῃ τὰ ἔχοντα ψυχὰς καὶ τὸ τρίτον τῶν πλοίων διεφθάρησαν*—카이 아페다넨 토 트리톤 톤 크티스마톤 톤 엔 테 달라쎄 타 에콘타 프쉬카스 카이 토 트리톤 톤 플로이온 디에프다레산). 베수비우스 화산 폭발에 대해 말하면서(8:8a의 "주석"을 보라), 디오(Dio, 66.23.2; LCL tr.)는 "닥치는 대로 사람들과 농지와 가축에 여러 가지 해를 끼쳤으며, 특별히 모든 물고기와 새를 멸망시켰다"고 주장한다. 베수비우스 화산 폭발의 목격자인 소 플리니는 바다의 수면이 낮아져서 많은 바다 생물들이 마른 땅에 드러났다"고 말한다(*Ep.* 6.20.9).

[10]a "셋째 천사가 나팔을 부니 횃불같이 타는 큰 별이 하늘에서 떨어져"(*καὶ ὁ τρίτος ἄγγελος ἐσάλπισεν· καὶ ἔπεσεν ἐκ τοῦ οὐρανοῦ ἀστὴρ μέγας καιόμενος ὡς λαμπάς*—카이 호 트리토스 앙겔로스 에살피센 카이 에페센 에크 투 우라누 아스테르 메가스 카이오메노스 호스 람파스). 이 구절은 8:8의 반복으로 보인다. 별이 떨어지는 것에 대해서는 6:13의 "주석"을 보라. 고대 세계에서 혜성은 죽음과 재난이 임박함을 알리는 전조로 생각되었다(Manilius *Astron.* 1.892-926). 플리니가 "횃불"로 묘사하는 유형의 혜성이 있다(*Hist. nat.* 2.22.90; 2.25.96). 하늘에서 땅으로 떨어지는 별, 즉 운석 또는 혜성의 주제에 대해서는 9:1의 "주석"을 보라. 아르테미도루스(Artemidorus, *Oneirocritica* 2.36; 5.23)에 의하면, 유성은 사람의 죽음을 의미한다고 하는데, 그것이 분명히 요한계시록 8:10-11에서 일어난 일이다. 볼(Boll, *Offenbarung*, 41-42)에 의하면, 쑥(Apsinth 또는 Wormwood)이라는 별이 땅의 강들과 샘들에 끼친 유독한 영향은 별들에서 나오는 아포로이아(*ἀπόρροια*, "에마나치온", 가스 모양의 방사성 물질)에 대한 그리스 문화 개념에서 나온 것이라고 제안한다. 즉 별들의 아포로이아(*ἀπόρροια*)가 방출(*πνεύματα*—프뉴마타)되어 땅에 이른다는 생각이다. 더 유사한 구절은 별이 온 땅을 멸망시킬 빛을 발할 것이라고 예언하는 *Sib. Or.* 5.155-61(Collins, *Sibylline Oracles*, 89-92를 보라)에서

발견된다. 분명히 동일한 "큰 별이 하늘에서 불가사의 한 바다로 내려와(ἥξει δ' οὐρανόθεν ἀστὴρ μέγας - 엑세이 드 우라노덴 아스테르 메가스) 깊은 바다와 바벨론과 이탈리아 땅을 불사를 것이다"(*Sib. Or.* 5.158 59; tr. Charlesworth, *OTP* 1:397). 여기에서 바다와 바벨론(= 로마)은 부정적인 상징들이며, 그들의 멸망은 의로운 자들의 구원을 암시한다. 이 구절들 간에 두 가지 큰 차이가 있다(Collins, *Sibylline Oracles*, 90). (1) 요한계시록 8:10-11에서 별은 물로 독이 되게 하는 반면에, *Sib. Or.* 5.158-59의 별은 물을 소실시킨다. (2) 요한계시록 8:10-11에서 별은 땅에 재앙을 일으키는 수단이 되는 물리적 요소인 반면에, *Sib. Or.* 5.158-59의 별은 구원의 상징이다.

10b "강들의 삼분의 일과 여러 물샘에 떨어지니"(*καὶ ἔπεσεν ἐπὶ τὸ τρίτον τῶν ποταμῶν καὶ ἐπὶ τὰς πηγὰς τῶν ὑδάτων* - 카이 에페센 에피 토 트리톤 톤 포타몬 카이 에피 타스 페가스 톤 휘다톤). 한 개의 별이 강들의 삼분의 일과 여러 물샘에 떨어질 수 있기 때문에, 이 묘사는 문자적으로 해석될 수 없고, 불타는 별이 강들의 삼분의 일과 여러 물샘에 영향을 끼쳤다는 의미를 나타낸다.

11a "이 별 이름은 쑥이라"(*καὶ τὸ ὄνομα τοῦ ἀστέρος λέγεται ὁ Ἄψινθος* - 카이 토 오노마 투 아스테로스 레게타이 호 아프신도스). 고대에 어떤 별이 이 이름으로 칭해졌다는 증거는 없다. 이 별은 세상에 끼친 영향에 따라 특별한 이름을 부여받은 것이다. 이 어구는 아마 저자에 의해 추가된 설명적인 주석일 가능성이 높다. 왜냐하면 이 어구에 의해 사고가 중단되기 때문이다(Charles, 1:235). 어간 아프신드(*Ἄψινθ-*)를 구성하는 몇 가지 형태의 명사들은 다음과 같다. (1) 중성 토 아프신디온(*τὸ ἀψίνθιον*), (2) 여성 헤 아프신도스(*ἡ ἄψινθος*), (3) 여성 헤 아프신디아(*ἡ ἀψινθία*), (4) 남성 호 아프신도스(*ὁ ἄψινθος*)(LSJ, 299; Bauer-Aland, 260; BAGD 129를 보라). 아프신도스(*ἄψινθος*)는 아프신디온(*ἀψίνθιον*)에서 나온 역성어(a back formation)이거나 또는 이전의 문헌에서 우연히 발견한 입증되지 않은 그리스 이전 단어의(*-νθ-*) 잔존이다(Mussies, *Morphology*, 113-14). 아프신도스(*Ἄψινθος*)는 성에 있어 남성인 별(*ὁ ἀστήρ* - 호 아스테르)의 이름이기 때문에 아마 남성일 것이다. 보통 고유명사들은 관사가 없는데, 이 곳의 호 아프신도스(*ὁ Ἄψινθος*)는 관사가 있다. 이에 대해 저자가 고유명사로 처음 사용되는 단어들에 관사를 사용한다고 설명할 수 있을 것이다(Schmid, *Studien* 2:199). 아프신도스(*Ἄψινθος*)에 관사가 있는 이유는 우리에게는 알려지지 않았지만 고대 묵시 전통에서는 알려진 관념이기 때문일 수도 있다(Mussies, *Morphology*, 199).

11b "물들의 삼분의 일이 쑥이 되매"(*καὶ ἐγένετο τὸ τρίτον τῶν ὑδάτων εἰς ἄψινθον* – 카이 에게네토 토 트리톤 톤 휘다톤 헤이스 아프신돈). 종말에 민물이 짠 물로 변화되는 것은 4 Ezra 5:9에서 발견되고, *Paral. Jer.* 9:18에서도 축어적인 공식으로 발견된다. 분류상 쑥(absinthe 또는 wormwood)이 속하는 식물의 속(屬, *Artemisia absinthium l.*)은 찌르는 독이 있는 꼬리를 가진 전갈 별자리(전갈 목에 속한 거미류의 절지 동물, an arachnid of the order Scorpionida)와 관련된 유형이다(Boll, *Offenbarung*, 42). 쑥은 데이지과(Compositea)에 속하며 유럽 중앙과 남부, 북아프리카, 시베리아, 인도 북서부 원산 식물이다(Morton, *Atlas*, 908). 이 식물은 북아메리카, 중앙 아메리카, 남아메리카에서도 발견된다. 주후 1세기에 클라우디우스와 네로 통치 시대에 살았던(주후 41-68년) 군의관이자 약리학자인 디오스코리데스 페다니우스(Dioscorides Pedanius)는 세 가지 유형의 쑥과 식물들(*absinthium*)의 약효를 상당히 자세히 논한다. 첫 번째 유형의 쑥은 "극히 쓴 쑥"(*ἀψίνθιον βαθύπρικον* – 아프신디온 바뒤프리콘)이라고 칭한다(*Materia medica* 3.23.1-4; ed. Wellmann, 2:30-33). 이 유형에 속하는 최선의 종은 폰투스(Pontus)와 캅파토키아(Cappatocia)에서 자라는데, 위에 좋지 않고 두통을 일으키기 때문에 주로 외용으로 사용된다. 그러나 이 쑥은 포도주에 풍미를 곁들이는 데 사용되기도 한다. 캅파토키아와 이집트에서 발견되는 두 번째 유형 아프신디온 달라씨온(*ἀψίνθιον θαλάσσιον*, *absinthium marinum*, 3.23.5-6)은 효과적인 구충제다. 세 번째의 변종 아프신디온 산토니콘(*ἀψίνθιον σαντονικόν*, 3.23.6)은 갈라디아 고원에서 자라는데, 이 식물이 발견되는 지역인 산토니키움(Santonicium)에서 그 이름을 얻었다. 쑥의 쓴 맛은 고대 세계 전체에서 유명했다(잠 5:4; Theophrastus *Hist. plant.* 1.12.1). 1온스의 쑥을 물 524갤런에 희석해도 여전히 쓴 맛을 느낄 수 있다. 분명히 "wormwort"의 변경인 "wormword"(쑥)라는 용어는 약초의 구충제로서의 약리적 용법에 근거한 것이다. 즉 내장에서 벌레들을 축출하는 "내장 살충제"(intestinal insecticide)로서의 특별한 약리적 사용에 근거한 것이다(N. Taylor, *Plant Drugs*, 44-45). 중앙 아메리카와 남아메리카에서는 아직도 이 목적으로 이 약초를 사용하고 있다(Morton, *Atlas*, 908). 쑥을 나타내는 독일어 *Wermut*는 쓴 쑥의 추출물을 포함한 포도주 "베르무트"(vermouth)와 관계가 있다. 쑥의 성분으로 중독, 환각, 경련 그리고 신경계에 영구적인 손상을 야기할 수 있는 화학 약품인 toxic agent thujone이 있다. 쑥의 기름은 풀의 줄기와 꽃과 잎으로부터 축출했다. 히브리어 라아나(לַעֲנָה, "쑥")는 구약성경에 몇 번 나온다(예를 들어, 잠 5:4; 애 3:15, 19; 암 5:7; 6:

12). 그러나 아마 이 예들에서는 다른 종인 *Atremisa judaica*가 고려되고 있을 것이다.

11c "그 물들이 쓰게 됨을 인하여 많은 사람이 죽더라"(*καὶ πολλοὶ τῶν ἀνθρώπων ἀπέθανον ἐκ τῶν ὑδάτων ὅτι ἐπικράνθησαν*—카이 폴로이 톤 안드로폰 아페다논 에크 톤 휘다톤 호티 이피크란데산). 쑥의 독성 효과는 불확실하다. 왜냐하면 이 식물은 쓰지만 치명적은 아니기 때문이다. 쑥과 독의 관계는 아마 예레미야 9:15, "보라 내가 그들 곧 이 백성에게 쑥을 먹이며 독한 물을 마시우리니"(렘 23:15에 축어적으로 되풀이된다)에 근거했을 것이다. "우리에게 독한 물을 마시우심이니라"는 어구는 예레미야 8:14에도 나온다. 그러나 유사어구 "내가 그들에게 쑥을 먹이며 독한 물을 마시우리니"라는 어구는 예레미야 9:15; 23:15에만 나온다. 여기에서 삼분의 일 패턴이 계속되어 물의 삼분의 일이 쓰게 됨으로 삼분의 일의 사람들이 죽게 될 것으로 예상하게 된다. 여기에서 여섯 번째 나팔에 의한 재앙에서 사람 삼분의 일이 죽기 때문에(9:15) 삼분의 일이라는 수가 생략되었다고 생각할 수 있다. 또는 이 사실이 시사하는 바는 연속된 일곱이라는 수를 구성하기 위해 처음 네 나팔 재앙을 앞에 둠으로써(8:7-12) 일단의 세 가지 재앙(9:12; 11:14)이 일곱 나팔의 무리로 변형되었다는 것이다(J. Weiss, *Offenbarung*, 75).

12 "넷째 천사가 나팔을 부니 해 삼분의 일과 달 삼분의 일과 별들의 삼분의 일이 침을 받아 그 삼분의 일이 어두워지니 낮 삼분의 일은 비췸이 없고 밤도 그러하더라"(*καὶ ὁ τέταρτος ἄγγελος ἐσάλπισεν· καὶ ἐπλήγη τὸ τρίτον τοῦ ἡλίου καὶ τὸ τρίτον τῆς σελήνης καὶ τὸ τρίτον τῶν ἀστέρων, ἵνα σκοτισθῇ τὸ τρίτον αὐτῶν καὶ ἡ ἡμέρα μὴ φάνῃ τὸ τρίτον αὐτῆς καὶ ἡ νὺξ ὁμοίως*—카이 호 테타르토스 앙겔로스 에살피센 카이 에플레게 토 트리톤 투 헬리우 카이 토 트리톤 테스 셀레네스 카이 토 트리톤 톤 아스테론 히나 스코티스데 토 트리톤 아우톤 카이 헤 헤메라 메 파네 토 트리톤 아우테스 카이 헤 뉙스 호모이오스). 만일 빛을 내는 천제들 중 삼분의 일이 어두워진다면, 그 결과는 낮 삼분의 일과 밤 삼분의 일 동안 그들이 나타나지 않는 것이 아니라, 그들의 빛의 삼분의 일이 감소되는 것이다. 분명히 저자는 천체들을 일정 시간이 지나면 다 타버리는 횃불로 생각했거나, 또는 해나 달의 빛이 일시적이지만 갑자기 어두워지는 일식 또는 월식을 생각했다. 아모스 8:9, "주 여호와께서 가라사대 그 날에 내가 해로 대낮에 지게 하여 백주에 땅을 캄캄케 하며"와 헤로도투스 7.37.2, "구름도 없고 하늘이 청명했음에도 불구하고 해가 하늘의 자기 자리를 떠나 사라졌고, 낮 대신에 밤이 있었다"를 참조하라(Bousset

[1906] 296; Charles, 1:236-37을 보라). 루칸도 유사한 불가사의를 보고한다(Lucan. 1.536-43; LCL tr.).

> 지구의 그림자가 갑자기 (달을) 덮쳐 달이 흐릿하게 되었다. 해는 하늘 꼭대기에 솟아올랐지만, 흑암에 불타는 전차를 감추었고, 그 둥근 모습이 어두움에 싸임으로 인류는 태양 빛을 받을 수 없게 되었다.

네 번째 나팔의 영향과 여섯 번째 인을 떼었을 때(6:12-14)의 결과 간에는 긴장 관계가 존재한다. 왜냐하면 그 곳에서 해가 검어졌고, 달은 피같이 되었고, 별들이 땅에 떨어졌기 때문이다. 즉 사실상 완전한 우주를 멸망에 몰아넣는 시나리오였기 때문이다. 넷째 날에 하나님께서 해와 달과 별을 창조하셨기 때문에(창 1:14-19), 여기에 나타나는 우주 멸망이 창조 기사와 대조적으로 해석될 수 있는 것은 단순한 우연의 일치가 아닐 것이다. 디오(Dio)의 베수비우스 화산 폭발에 대한 기술을 요약하면서(8:8a의 "주석"을 보라), 조나라(Zonara)는 공중에 떠 있는 화산 재가 몇 일 동안 해를 어둡게 했다고 기록한다(66.22.4; 66.23.4-5). 낮 동안의 이 암흑은 소(小) 플리니의 목격 증언과 일치한다(Pliny the Younger, *Ep.* 6.16.17; 6.20.15).

13a "내가 또 보고 들으니 공중에 날아가는 독수리가"(*καὶ εἶδον, καὶ ἤκουσα ἑνὸς ἀετοῦ πετομένου ἐν μεσουρανήματι* – 카이 에이돈 카이 에쿠사 헤노스 아에투 페토메누 엔 에수라네마티). 카이 에이돈(*καὶ εἶδον*)에 대해서는 5:1a의 "주석"을 보라. 이 곳의 동사들은 문제가 있는 것 같다. 왜냐하면 요한이 공중에 날아가는 독수리를 보았을지 모르지만, 분명히 독수리가 날아가는 것을 들을 수는 없었기 때문이다. 물론 그가 들었다고 한 것은 독수리의 사람 말이다. 독수리는 제우스의 사자(디아크토르[*διάκτωρ*] 또는 앙겔로스[*ἄγγελος*])로 생각되었다. 시돈의 안티파테르(Antipater of Sidon, *Anth. Pal.* 7.161)의 짧은 풍자 시에서 제우스의 독수리는 "내가 알린다"(*ἀγγέλλω* – 앙겔로)라는 말로 선언문을 시작하며, 앞에서 이미 "크로노스의 아들 제우스의 사자, 독수리"(*ὄρνι, Διὸς Κρονίδαο διάκτορε* – 오르니 디오스 크로니다오 디아크토레)로 확인되었다. 독수리를 특별히 디오스 앙겔로스(*Διὸς ἄγγελος*) 또는 앙겔리엔 파르 제노스(*ἀγγελίην πὰρ Ζηνός*, "제우스의 사자")로 칭하는 Sophocles *Elec.* 149와 *Anth. Graec.* 9.223.1-2를 참조하라. 고대 근동에서 사자로 나오는 새에 대해서는 Keel, *Vögel als Boten*을 보라.

명사 토 메수라네마(*τὸ μεσουράνημα*, "공중")는 요한계시록에 세 번 나온다(8:13; 14:6; 19:17). 이 용어는 유대교에서 유래한 것으로 보이는 마술 부적에도 나오는데, 앞면에는 해와 달과 두 개의 별이 새겨져 있고, 뒷면에는 "존재하시고 선재하시며(*ὁ ὢν καὶ προών*–호 온 카이 프로온), 만물보다 크시고, 공중(*μεσουρανῶν*–메수라논)의 모든 것을 지배하시는 한 하나님"이라는 글이 새겨져 있다(Delatte-Derchain, *Les intailles magiques,* 266, no. 381; Peterson, *Εἷς Θεός*, 260-64). 공중은 해와 달과 별과 행성들이 있는 곳이다. 아퀼라(Aquila), 즉 제우스/주피터의 새인 "독수리"로 명명된 별자리가 있다(Varro *Res rusticae* 2.2.13; Cicero *Arat.* 328; Manilius *Astron.* 1.343-45; Vitruvius 9.4.3; Pliny *Hist. nat.* 8.187). 독수리는 태양의 심상들을 많이 갖고 있는 새다(Boll, *Offenbarung,* 38-39). 요한계시록 19:17에서 "해에 서 있는" 독수리가 공중에 나는 모든 새를 부른다는 사실은 이 심상을 시사한다(Peterson, *Εἷς Θεός*, 263). "공중(*μεσουρανῶν*–메수라논)의 날개 달린 통치자 왕소똥구리(Bettle, Scarabaeus)에 대한 주문이 나오는 *PGM* XII.45를 참조하라.

13b "큰 소리로 이르되 땅에 거하는 자들에게 화, 화, 화가 있으리로다 이 외에도 세 천사의 불 나팔 소리를 인함이로다 하더라"(*λέγοντος φωνῇ μεγάλῃ· οὐαὶ οὐαὶ οὐαὶ τοὺς κατοικοῦντας ἐπὶ τῆς γῆς ἐκ τῶν λοιπῶν φωνῶν τῆς σάλπιγγος τῶν τριῶν ἀγγέλων τῶν μελλόντων σαλπίζειν*–레곤토스 포네 메갈레 우아이 우아이 우아이 투스 카토이쿤타스 에피 테스 게스 에크 톤 로이폰 포논 테스 살핑고스 톤 트리온 앙겔론 톤 멜론톤 살피제인). 여기에서 독수리는 하나님을 대신하여 말한다(계 4:7의 "주석"을 보라). 말하는 독수리는 4 Ezra 11:7-8에 나오는 다섯 번째 환상의 일부분이다. 바룩은 포로 생활을 하는 이스라엘 백성에게 예언의 편지를 전달하는 사자로 독수리를 사용했다고 한다(*2 Apoc. Bar.* 77:19-26). 그리고 독수리에게 임무를 맡기면서 바룩은 성경에서 이전에 하나님의 사자 역할을 했던 새들을 독수리에게 일러 주었다(A. P. Wikgren가 "Aspects of Kerygmatic History," *MQ* 20[1967] 292-300에서 "kerygmatic ornithology"[전도 조류학]라는 명칭을 붙인 인용에서). 바룩이 예레미야에게 보낸 독수리에 대한 유사한 에피소드를 상술하는 *Paral. Jer.* 7:15-16에는 바룩이 자신의 전갈문을 전하는 "큰 소리로 외치는 독수리"가 나온다. *Paral. Jer.* 6:15-7:36에는 유배 생활을 하는 예레미야에게 바룩이 편지를 전달하기 위해 말하는 능력을 갖고 있는 독수리가 기적적으로 예비된다. 독수리가 죽은 사람을 소생시킬 때, 사람들은 하나님께서 독수리 모습으로 자신들에게 나타나신다고 생각한다(*Paral. Jer.* 7:20). 독수리 모습의 천사들에 대해서는 *3 Enoch* 2:1; 24:11; 26:3; 44:5을 보라. *PGM* XIII.146-47에 나오는 재미있는

유사구(454-55에 반복됨)에서 "첫 번째 천사는 새 그림 문자(*ὀρνεογλυφιστί* – 오르네오글뤼피스티)의 말로 아라이(*Ἀραί*)라고 외치는데, 이 말은 '내 대적에게 화로다'(*οὐαί* – 우아이)라는 의미다"(아라이[*ἀραί*]는 "저주"를 의미하는 아라[*ἀρά*]의 주격 복수 형태다).

"화"라는 용어를 세 번 반복한 것은 이어지는 세 번의 나팔 소리와 관련이 있다. 첫 번째 화는 다섯 번째 나팔의 결말에 특별하게 언급된다(9:12). 그리고 두 번째 화도 여섯 번째 나팔의 결말에 유사하게 언급된다(11:14). 그러나 세 번째 화는 일곱 번째 화의 결말에 특별히 언급되지 않는다. 이 생략에 대해서는 몇 가지 이유가 있을 수 있다. 아마 저자는 일곱 번째 나팔 소리의 결과들을 다루는 본문 단락을 재설계했을지도 모른다. 그리고 일곱 번째 나팔에는 처벌의 요소들이 포함되어 있지 않기 때문에 이 어구를 부적절하게 여기고 뺐을 것이다. 또한 일곱 번째 나팔은 재앙을 펼치지 않기(오히려 하늘 궁정의 승리감이 표현되기) 때문에, 저자는 세 번째 "화"가 17:1-19:8에 나오는 바벨론의 심판으로 이루어진다고 해석한다고 주장하는 것도 가능하다. 왜냐하면 17:1-19:8에서 "화 있도다 화 있도다 큰 성이여"라는 어구가 세 번 반복되기 때문이다(18:10, 16, 19).

이 곳에서 우아이(*οὐαί*)를 세 번 반복한 것에는 대격 투스 카토이쿤타스(*τοὺς κατοικοῦντας*, "땅에 거하는 자들")가 이어진다. 요한계시록에 아홉 번 나오는 브정적인 지칭 투스 카토이쿤타스 에피 테스 게스(*τοὺς κατοικοῦντας ἐπὶ τῆς γῆς*, "땅에 거하는 자")에 대해서는 3:10c의 "주석"을 보라. 대격을 수반하는 우아이(*οὐαί*)는 12:12에도 나오지만 헬라어 문헌 다른 곳에는 거의 나오지 않는다(BAGD, 561, 또는 BDR § 190.2에서는 다른 예문들이 인용되지 않는다). 우아이 투스 하마르톨루스(*οὐαὶ τοὺς ἁμαρτωλούς*, "죄인들에게 화 있도다")라는 어구는 *Gk Ap. Ezra* 1:9, 24에 나오고, 우아이 텐 프쉬켄 아우투(*οὐαὶ τὴν ψυχὴν αὐτοῦ*, "그의 영혼에 화 있도다")라는 어구는 *Gk Ap. Ezra* 4:12에 나온다. 그러나 헬라어 감탄사 오이(*οἴ*)는 간혹 대격으로 사용된다(*Anth. Pal.* 9.408, 오이 에메 데일렌[*οἴ ἐμὲ δειλήν*, "불쌍한 나에게 화 있도다"]을 보라). 라틴어(OLD, 2003)에서 *uae*가 여격(*uae mihi*)과 대격(*uae me*)으로 모두 사용되기 때문에, 우아이(*οὐαί*) + 대격이 라틴어식 표현일 가능성도 있다. 12:12e의 "주석"을 보라. 우아이(*οὐαί*) + 주격(호격 역할을 하는)은 요한계시록 18:10, 16, 19에 나온다(*Note* 18:10.a-a를 보라). 칠십인역에서 우아이(*οὐαί*)는 종종 화가 지향하는 사람이나 사물의 여격과 함께(민 21:29; 삼상 4:8; Jdt 16:17; 잠 23:29; 사 3:9, 11; 10:1, 5; 33:1; 렘

4:3; 호 7:13; 9:12; MM, 464를 보라) 그리고 호격으로 사용되는 관사 있는 주격과 함께(슥 2:5; 사 1:24; 5:8, 11, 18, 20, 21, 22; 31:1; *1 Enoch* 99:13, 14) 사용된다. 간혹 칠십인역에서 우아이(*οὐαί*)는 에피(*ἐπί*)+대격과 함께 사용된다(렘 10:19; 28:2[맛소라 사본 51:2]; 31:1[맛소라 사본 48:1]; 겔 7:26). 우아이(*οὐαί*)는 칠십인역에 최초로 나오며 73회 언급되는데, 특별히 이사야서와 예레미야서에 자주 나온다. 두 가지 히브리어 감탄사 오이(אוֹי)와 호이(הוֹי, 랍비 문헌에서 발견되는 유사한 아람어 와이[וי]를 참조하라)가 대부분의 이 출현들 이면에 존재한다. 호이(הוֹי)는 예언서들에 주로 나온다(오이[אוֹי]는 그렇지 않다). 구약성경에서 호이(הוֹי)는 예언서 외에 열왕기상 13:30에 단 한 번 나오는데, 이 곳에서도 선지자의 말로 나온다(Berlin, *Zephaniah*, 104). 그러나 예언에서 호이(הוֹי)는 영어의 "hey"(이봐, 어이)와 같이 듣는 사람의 주목을 구하는 역할을 하고, 대개 직접적인 칭호가 따른다(J. J. M. Roberts, *Nahum, Habakkuk, and Zephaniah: A Commentary*, OTL [Louisville: Westminster/John Knox, 1991] 114, 118). 일단 이 단어들에서 파생되었다고 추정되지만, 우아이(*οὐαί*)는 주전 4세기에 헬라어에 나오는 것 같고, 대등한 히브리 용어들과 음성의 유사성 때문에 칠십인역 번역자들에 의해 선택된 것 같다(A. D. Lowe, "The Origin of *οὐαί*," *Hermathena* 105[1967] 34-39를 보라).

9 1 a "다섯째 천사가 나팔을 불매 내가 보니 하늘에서 땅에 떨어진 별 하나가 있는데"(*καὶ ὁ πέμπτος ἄγγελος ἐσάλπισεν καὶ εἶδον ἀστέρα ἐκ τοῦ οὐρανοῦ πεπτωκότα εἰς τὴν γῆν*-카이 호 펨프토스 앙겔로스 에살피센 카이 에이돈 아스테라 에크 투 우라누 페프토코타 에이스 텐 게스). 카이 에이돈(*καὶ εἶδον*)에 대해서는 5:1a의 "주석"을 보라. 페프토코타(*πεπτωκότα*, "떨어졌다")는 아스테라(*ἀστέρα*, "별")를 수식하는 완료 능동태 분사다. 요한은 그가 실제로 별이 떨어지는 것을 **보았다**고 말하는 것이 아니라, 이미 떨어진 별을 보았을 뿐이라고 말하는 것이다. 9:1b-2a에서 그 "별"이 초자연적 존재, 즉 천사라는 사실이 분명해진다. 초기 유대교 문헌에서 별들은 천사들을 나타낼 수 있었다(삿 5:20; 욥 38:7; 단 8:10). *PGM* I.74-75에서 별은 천사로 칭해지고, 특별히 플라톤 철학자들은 별들을 신적 존재로 간주한다(Plato *Leges* 898D-899D; *Timaeus* 37B; 40A-B; Philo *Plant.* 12). A. Scott, *Origen and the Life of the Stars*(Oxford: Clarendon, 1991)를 보라. 떨어지는 별은 종종 악한 천사들, 또는 귀신들(*1 Enoch* 86:3; 88:1; 90:24; *T. Sol.* 20.14-17; 유 13), 또는 심지어 사단을 나타내기도 한다(*1 Enoch* 86:1; *Apoc. El.*

4:11; 눅 10:18; 계 12:9; 6:13의 "주석"을 보라). 여기에서 떨어진 별은 전령 천사로 해석되어야 하고(20:1을 보라), 9:11에 나오는 아바돈 또는 아볼루온이라는 이름의 무저갱의 천사나 12:9에 나오는 사단과 동일시하면 안 된다. *1 Enoch* 86:1에서 에녹은 하늘에서 떨어지는 별 하나와 이어 떨어지는 많은 별들을 보는데, 이것들은 분명히 모두 타락한 천사들이다. 고대 근동에서 꿈에 나오는 떨어지는 별들의 의미(고대 근동에서 별이 "떨어지는 것"은 대개 나쁜 조짐으로 생각되었다)에 대한 토론은 Oppenheim, *Interpretation*, 283-84; Artemidorus *Oneirocritica* 2.36; 5.23을 보라. Ezekiel *Exagoge* 85에서 별들은 천사들의 군대를 나타낸다. "다수의 별들이 내 무릎 앞에 떨어져 내가 그들을 계수했다. 그리고 그들은 큰 군대와 같이 내 뒤에 열병했다"(Jacobson, *Exagoge*, 55). *Sib. Or.* 5.155-61에 나오는 떨어지는 별들은 요한계시록 9:1-2과 상당히 유사하다(tr. Charlesworth, *OTP* 2:397).

> 큰 별이 하늘에서 이상한 바다로 내려와
> 깊은 바다와 바벨론과 이탈리아 땅을
> 불태울 것이니, 이는 많은 거룩하고 충성된
> 히브리인들과 참된 사람들이 죽었기 때문이다.

요한계시록 9:1-2과 *Sib. Or.* 5.158-61에서 별은 땅에 보내진 하나님의 전령이다. 그러나 3-11절에서 황충을 풀어 놓음으로 인한 멸망에 대해 하나님은 간접적인 책임만 있다. 헬레니즘 세계에는 "하늘의 신들 중 아무도 하늘을 떠나 그 경계를 넘어 땅으로 내려오지 않을 것이다"라는 견해가 있었다(*Corp. Herm.* 10.25). 마닐리우스(Manilius, *Astron.* 1.384-86; 참조. 1.799)는 아우구스투스를 세상으로 떨어진 별에 비유한다.

1b "저가 무저갱의 열쇠를 받았더라"(*καὶ ἐδόθη αὐτῷ ἡ κλεὶς τοῦ φρέατος τῆς ἀβύσσου* - 카이 에도데 아우토 헤 클레이스 투 프레아토스 테스 아뷔쑤). 이 절과 다음 절에 명확하게 나타나는 바와 같이, 분명히 "별"은 초자연적 존재다. "(그) 무저갱의 (그) 열쇠"라는 어구의 두 정관사는 무저갱 자체의 개념뿐만 아니라 무저갱의 열쇠에 대한 개념도 독자들에게 잘 알려졌음을 나타낸다(Mussies, *Morphology*, 188). 접두의 알파 부정사(否定辭)를 수반하는 아-뷔쏘스(*ἀ-βύσσος*=뷔도스[*βυθός*])는 "깊이가 없는", 즉 "바닥이 없는, 무한한"을 의미하며, 무한한 공허 또는 (삼층 우주관에 따라) 지하의 숨겨진 영역을 말하는 데 사용되었다. 아뷔쏘스(*ἄβυσσος*)라는 용어는 요한계시록에 일곱 번 나오는데(9:1, 2, 11; 11:7;

17:8; 20:1, 3). 이중 다섯 번이 요한계시록의 삼층 우주론이 암시되어 있는 두 구절에 나온다(9:1-11; 20:1-3). 이 곳 9장에서는 별(=천사적 존재)이 하늘에서 땅으로 내려와 무저갱의 열쇠를 받는다. 한편 29L1에서는 천사가 무저갱의 열쇠를 가지고 **하늘로부터**(**땅으로**라는 의미가 함축된다) 내려온다. 이 두 구절은 모두 삼층 우주를 암시한다. 그리고 이 표현은 요한계시록의 다른 곳에서도 발견되는(10:6; 12:12; 14:7; 21:1; 참조. 10:6의 "주석") 하늘과 땅과 바다로 이루어지는 우주론과 일치한다. 하늘과 땅과 땅 밑의 세 영역은 15:3("주석"을 보라)에 언급되고, 하늘과 땅과 땅 밑과 바다의 네 영역은 15:13("주석"을 보라)에 언급된다. 9:1-11에서 무저갱은 황충들의 거처다. 이 황충들은 무저갱의 통로(*φρέαρ*-프레아르)가 열쇠(무저갱의 "열쇠"[*φρέαρ*-프레아르]는 요한계시록에 네 번, 모두 9:1-2에 나온다)를 맡은 자에 의해 열릴 때 풀려난다. 무저갱의 열쇠는 20:1에서 다시 언급되는데, 자물쇠가 잠기고 열릴 수 있는 통로의 개념은 분명하게 진술되지 않고 암시된다. 다른 두 번의 언급이 나오는 요한계시록 11:7과 17:8에서 무저갱은 짐승이 올라오는 장소다. *PGM* XIII.169-70, 481-83은 무저갱을 지배하는 초자연적 존재 "무저갱이 맡겨진 신과 같은 자"에 대한 신앙을 나타낸다(그러나 여기에서 "무저갱"은 아마 우주를 위한 수분의 원천으로서 태고의 또는 하늘의 바다를 언급할 것이다). 칠십인역에서 아뷔쏘스(*ἄβυσσος*)는 히브리어 테홈(תְּהוֹם, "깊은, 태고의 대양, 바다," KB, 1557-59)의 통상적인 번역으로 사용되고, 그리스-유대 문헌에서는 바다(창 1:2; 7:11; 욥 28:14; 36:16; 41:22, 23; 전 1:3; 16:18)와 "땅의 깊은 곳"(시 71:20; 신 8:7; *1 Enoch* 17:7, 8; *T. Levi* 3:9; *Jos. As.* 12:2; Ps. *Sol.* 17:19; *Jub.* 2:2, 16)을 나타내는 데 사용된다. 이 용어는 때로 지하 세계와 동의어다. 지하 세계는 죽은 자들의 거처이며(*Jos. As.* 15:12; 시 71:20; 롬 10:7; Diogenes Laertes 4.27는 플루토 = 하데스의 무저갱을 언급한다) 귀신들이 갇혀 있는 장소다(눅 8:31; *1 Enoch* 18-21[아뷔쏘스(*ἄβυσσος*)는 21:7의 헬라어 역본에 사용된다]; *Jub.* 10:7[이 문서의 헬라어 파편은 "그들을 심판 날까지 무저갱에 던지다"라고 나타낸다; Denis, *Fragmenta*, 86를 보라], 9[헬라어 파편은 "남아 있는 아홉 부분이 무저갱에 던져졌다"고 나타낸다; Denis, *Fragmenta*, 87를 보라]). 요한계시록에서는 짐승이 무저갱에서 올라오고(11:7; 17:8), 무저갱은 사단의 거처이며(20:1-3), 아바돈 또는 아볼루온이라는 이름의 무저갱의 천사의 거처이고(9:11), 귀신들의 거처다(9:1-10). *Tri. Trac.* 89.25-28에서 "무지의 구덩이"는 "외부의 흑암", "혼돈", "하데스 또는 황천" 그리고 "무저갱"의 은유적 해석으로, 이 네 가지

지칭이 동의어로 간주되는 것을 보여 준다. 요한계시록을 점성술로 해석하며, 말리나(Malina, *Revelation*, 142-43)는 여기에 언급된 무저갱이 "지구의 무저갱"의 짝이라고 생각되었던 "하늘의 무저갱"이라고 주장한다. 그러나 이 개념은 고대 문헌 어디에서도 발견되지 않는다. 그가 요한계시록의 삼층 우주론(계 2-5장에서 입증되는)을 무시한다는 사실은 별 문제로 하고, 말리나는 서로 모순되는 몇 가지 고대의 견해들을 결합한다. 그는 황천(Hades, 말리나는 황천을 무저갱과 동일시한다)의 입구가 전갈 자리(Scorpio)와 화살 자리(Sagitarius) 사이에 위치한다는 증거로 플루타크(*De genio Socr.* 590B-592E)를 인용한다. 그러나 플루타크는 지구와 달 중간 지역이 "황천"이라고 주장한 것 같다(*De genio Socr.* 591A-C; *De facie* 942F).

2a "저가 무저갱을 여니"(*καὶ ἤνοιξεν τὸ φρέαρ τῆς ἀβύσσου* - 카이 에노익센 토 프레아르 테스 아뷔쑤). 무저갱의 통로에 대해서는 9:1b의 "주석"을 보라. 귀신들이 거하는 영역이고 짐승이 올라오는 곳인(11:7; 17:8) 지하 세계의 통로가 여기에서는 특별히 마치 하나님께서 열쇠를 갖고 계신 문에 의해 차단된 것으로 제시된다. 이 문은 열쇠(신적 권위를 상징한다)에 의해 잠길 수도 있고(9:2a) 열릴 수도 있지만(20:3), 그 문이 땅 밑 무저갱으로부터 땅의 영역을 막고 있는 한 세상 사람들은 보호를 받는다.

2b "그 구멍에서 큰 풀무의 연기 같은 연기가 올라오매 해와 공기가 그 구멍의 연기로 인하여 어두워지며"(*καὶ ἀνέβη καπνὸς ἐκ τοῦ φρέατος ὡς καπνὸς καμίνου μεγάλης, καὶ ἐσκοτώθη ὁ ἥλιος καὶ ὁ ἀὴρ ἐκ τοῦ καπνοῦ τοῦ φρέατος* - 카이 아네베 카프노스 에크 투 프레아토스 호스 카프노스 카미누 메갈레스 카이 에스코토데 호 헬리오스 카이 호 아에르 에크 투 카프누 투 프레아토스). 황충(메뚜기) 재앙은 하늘을 어둡게 하고 해를 가릴 수 있었다(Philo *Mos.* 1.123). 주후 79년의 베수비우스 화산 폭발(8:8a의 "주석"을 보라)은 며칠 동안 해를 덮었다(8:12의 "주석"을 보라; Pliny *Ep.* 6.16.17; 6.20.15; Cassius Dio 66.22.4; 66.23.4-5를 보라).

3a "또 황충이 연기 가운데로부터 땅 위에 나오매"(*καὶ ἐκ τοῦ καπνοῦ ἐξῆλθον ἀκρίδες εἰς τὴν γῆν* - 카이 에크 투 카프누 엑셀돈 아크리데스 에이스 텐 겐). 이 구절은 용(마귀와 사단의 별명)과 그의 사자들이 땅으로 내어쫓긴 것을 이야기하는 12:7-12과 긴장 관계에 있으며, 또한 사단을 일시적으로 무저갱에 가두는 것을 이야기하는 20:1-3과도 긴장 관계에 있다. 그러나 이 구절은 짐승이 무저갱으로부터 올라오는 11:7과 17:8의 기록과 일치한다. 메뚜기 떼의 엄습은 출애굽기

10:12-20의 여덟 번째 재앙이다(시 78:46; 105:34-35; 암 4:9b; Ezekiel *Exogoge* 132-51; Artapanus[Eusebius *Praep. evang.* 9.27.32]; *Jub.* 48:5; *Bib. Ant.* 10:1; Wis 16:9[여기에서는 파리와 메뚜기가 사람들을 물어 죽인다]; *Ant.* 2.306; Philo *Mos.* 1.120-22에서 다른 재앙 전승을 참조하라). 메뚜기는 출애굽기의 재앙과 직접적인 관련이 없는 종말 재앙들의 목록에도 언급된다(*3 Apoc. Bar.* 16:3; *Sib. Or.* 5.454). 헤마스는 자신이 환상으로 본 큰 짐승의 입에서 나온 부메뚜기 떼에 대해 말한다(Hermas, *Vis.* 4.1.6).

8:1-9:21을 주후 79년의 베수비우스 화산 폭발과 연결시키는 주제들과 관련하여(8:8-12; 9:2의 "주석"을 보라), 조나단이 카시우스 디오(Cassius Dio)의 기록 요약에서 발견되는 공상적인 내용에서 거인들이 그 지역에 나타났는데, 그들 중 일부는 공중을 날아다녔다는 이야기는 주목할 만한 가치가 있을 것이다(66.22.2). 이 거인들은 제우스와 올림피아의 신들에게 패한 다음 제우스에 의해 이탈리아와 그리스의 화산들 아래에 있는 무저갱(Tartarus)에 감금되었다가(Apollodorus 1.6.1) 다시 반란을 일으켰는데, "그때 그들의 형태는 연기가 있어야 알아볼 수 있었다"(*πολλὰ γὰρ καὶ τότε εἴδωλα αὐτῶν ἐν τῷ καπνῷ διεφαίνετο*-폴라 가르 카이 토테 에이돌라 아우톤 엔 토 카프노 디에파이네토)(66.23.1).

3b "저희가 땅에 있는 전갈의 권세와 같은 권세를 받았더라"(*καὶ ἐδόθη αὐταῖς ἐξουσία ὡς ἔχουσιν ἐξουσίαν οἱ σκορπίοι τῆς γῆς*-카이 에도데 아우타이스 엑수시아 호스 에쿠신 엑수시안 호이 스코르피오이 테스 게스). 이 황충들을 메뚜기와 비교하려는 노력이 반복된다(9:5, 10을 보라). "전갈과 같은 권세"(*ἔχουσιν ἐξουσίαν οἱ σκορπίοι*-에쿠신 엑수시안 호이 스코프피오이)라는 어구는 불확실하다. 왜냐하면 이 어구는 분명하게 의미하는 바를 거의 전달하지 못하기 때문이다. 이 어구는 사람들과 동물들이 매우 고통스럽고 때로 치명적이기도 한 전갈들의 독침을 두려워하여 전갈들을 대하는 "경외감"을 말하고 있다. 그렇다면 전갈의 권세는 타고난 위협적이고 포악한 능력이며, 마귀 메뚜기의 경우에는 공포를 주는 능력이다. 역대하 7:13에 의하면, 메뚜기들에게 땅을 삼키라고 명령하는 권세를 갖고 있는 이는 바로 하나님이시다.

3-5절에 나오는 일련의 진술들은 수동태 동사들을 사용하고 있다(3절, 에도데[*ἐδόθη*, "받았다"]; 에르레데[*ἐρρέθη*, "지시 받았다"]; 에도데[*ἐδόθη*, "받았다"]). 이 동사들은 신성 행동의 수동태로서, 하나님의 행동을 직접 언급하는 것을 피하기 위해 사용되는 완곡 어법이다(Dalman, *Die Worte Jesu*, 183; BDR § 130; Joachim

Jeremias, *Theology*, 9-14; N. Perrin, *Jesus*, 189). 수동태 동사들의 행위자는 종종 에크(*ἐκ*)나 아포(*ἀπό*)로 도입되는 명사절로 기술되는데, 심지어 신적 행위자가 고려될 때도 그러하다(예를 들어, 요 3:27의 에 데도메논 아우토 에크 투 우라누[*ᾖ δεδομένον αὐτῷ ἐκ τοῦ οὐρανοῦ*, "그것이 하늘[즉 하나님]에 의해 그에게 주어졌다"]; 요 6:65; *T. Levi* 2:2를 보라). 때로 디도나이(*διδόναι*)는 수동태에서 신의 행동을 나타내는 대안으로 부사 아노덴(*ἄνωθεν*, "위로부터")을 수반한다(요 19:11; Gk. *1 Enoch* 98:5[2x]). 디도나이(*διδόναι*)가 신의 행동을 나타내는 수동태인 경우의 다른 예들로는 *1 Enoch* 25:4; 98:5(에티오피아어 본문보다 긴 헬라어 본문에는 에도데[*ἐδόθη*]기 세 번 나온다); *T. Levi* 4:4; *T. Sim.* 6:6; *T. Iss.* 5:5, 8; *Vit. Proph.* 1:5(8)를 보라. 보통 히브리어와 아람어는 수동태를 자주 사용하지 않고 비인칭 복수를 종종 선호한다. 신의 행동을 나타내는 수동태(*passivum divinum*, Joachim Jeremias가 만들어 낸 용어)는 정경 복음서들에 자주 나오는 반면에(마 5:4, 파라클레데손타이[*παρακληθήσονται*, "저희가 위로를 받을 것이요"], "즉 하나님께서 저희를 위로하실 것이요"; 참조. 마 5:6, 7, 9; 막 2:5; 눅 22:16), 제레미아스(Joachim Jeremias, *Eucharistic Words*, 202)에 의하면 랍비 문헌에는 희귀하게 나온다. 제레미아스는 신의 행동을 나타내는 수동태의 주요 배경은 묵시라고 생각하는데(Joachim Jeremias, *Theology*, 9-14), 요한계시록에 신의 행동을 나타내는 수동태가 자주 나오는 이유의 설명이 될 수 있을지 모른다. 그러나 마콜즈(Macholz, *ZNW* 81[1990] 247-53)는 여러 가지 행동의 주어로 하나님을 언급하기를 피하는 방법으로 수동태의 사용은 후기의 구약성경에서(창 42:22, 28; 민 4:20, 26, 31, 35; 5:6, 10, 13, 16, 18, 26; 왕하 18:30=사 36:15; 시 18:4=삼하 22:4; 시 130:4; 단 9:9; 느 9:17), 그리고 초기 유대교 문헌에서도(Sir 44:16, 18; 45:24; 46:8; 49:7) 폭넓게 발견된다고 증명한다. 소위 신성 수동태는 비종교적 문맥들에서도 통치자들을 언급할 때 사용된다. 따라서 그 기원이 왕의 수동태(*passivum regium*)일 수도 있다.

4a "저희에게 이르시되 땅의 풀이나 푸른 것이나 각종 수목은 해하지 말고" (*καὶ ἐρρέθη αὐταῖς ἵνα μὴ ἀδικήσουσιν τὸν χόρτον τῆς γῆς οὐδὲ πᾶν χλωρὸν οὐδὲ πᾶν δένδρον* – 카이 에르레데 아우타이스 히나 메 아디케수신 톤 코르톤 테스 게스 우데 판 클로론 우데 판 덴드론). 화자가 확인되지 않지만, 고대의 독자는 화자가 신성 수동태를 사용하는 하나님(또는 하나님의 천사 대행자)이라고 추측했을 것이다. 이 곳의 의미는 하나님의 처벌의 범위가 제한되는 것을 나타낸다. 그러나

땅의 초목에 대한 보호는 각종 풀이 불탔다고 말하는 8:7과 모순된다(Charles, 1:220). 이 구절(9:4b과 함께)은 7:3과 매우 유사하다. 여기에서 사방의 바람을 붙잡고 있는 천사들은(7:1) 땅과 바다를 해할 권세를 부여받았는데(7:3), 땅이나 바다나 나무를 해하지 말라는 지시를 받는다. 이 어구상의 유사점들은 다음의 비교(동의어구는 진하게 표시함)를 볼 때 명백하다.

요한계시록 7:2b	**요한계시록 7:3b**	**요한계시록 9:4a**
에도데 아우토이스 (ἐδόθη αὐτοῖς) 그들이 권세를 얻었다	메 아디케세테 (μὴ ἀδικήσητε) **해하지** 말라	메 아디케수신 (μὴ ἀδικήσουσιν) **해하지** 말라
아디케사이 (ἀδικῆσαι) **해하는**		
텐 겐 (τὴν γῆν) **땅**	텐 겐 (τὴν γῆν) **땅**	톤 코르톤 테스 게스 (τὸν χόρτον τῆς γῆς) **땅**의 풀
카이 텐 달라싼 (καὶ τὴν θάλασσαν) 그리고 **바다**	메테 텐 달라싼 (μήτε τὴν θάλασσαν) 또는 **바다**	우데 판 클로론 (οὐδὲ πᾶν χλωρὸν) 또는 푸른 것
	메테 타 덴드라 (μήτε τὰ δένδρα) 또는 나무	우데 판 덴드론 (οὐδὲ πᾶν δένδρον) 또는 각종 수목
	아크리 스프라기소멘 (ἄχρι σφραγίσωμεν) 우리가 **인치기**까지	
	투스 둘루스 투 (τοὺς δούλους τοῦ) 종들의	에이 메 투스 안드로푸스 (εἰ μὴ τοὺς ἀνθρώπους) 그 사람들을 제외하고
	데우 헤몬 (θεοῦ ἡμῶν)	호이티네스 우크 에쿠시 (οἵτινες οὐκ ἔχουσι)

우리 하나님	갖지 아니한
텐 스프라기다 (τὴν σφραγῖδα) 인	
투 데우 (τοῦ θεοῦ) 하나님의	
에피 톤 메토폰 아우톤 (ἐπὶ τῶν μετώπων αὐτῶν) 그들의 **이마**에	에피 톤 메토폰 (ἐπὶ τῶν μετώπων) 그들의 **이마**에

본질적으로 쌍둥이인 이 구절 간의 유사점은 두드러진다. (1) 첫 부분에서 초자연적 존재들(천사들 또는 황충 마귀들)은 나무들(7:3, 그리고 땅과 바다; 9:4, 땅의 푸른 것이나 각종 수목)은 해치지 말라는 명령을 받는다. (2) 두 번째 부분은 인 맞은 사람들의 면제에 초점을 맞춘다. 요한계시록 7:3은 긍정적인 형식을 갖고 있다: 땅과 바다와 나무들의 해는 하나님의 종들의 인침이 완료되기까지 지연된다. 요한계시록 9:4은 부정적인 형식을 갖고 있다: 이마에 하나님의 인을 갖고 있는 자들만 해를 받지 않을 수 있다. 9:4은 이 단락을 요한계시록 7:1-8과 연결시키는 보완적 언급이다(서론, 제5부, 자료비평을 보라). 만일 이 문학 전승이 저자가 이용할 수 있었던 자료에 원문이 있었다면, 9:4은 분명한 선택이다. 왜냐하면 이 문학 전승은 이 의미가 잘 통하는 문맥인 9:1-6의 완전한 기사 중 일부분이기 때문이다. 역설적으로 황충 마귀들은 채소는 해하지 않고 사람들, 즉 하나님의 인이 없는 사람들만 해한다. 반면에, 요한계시록 7:1-3은 일부가 잘려 줄어들었다. 왜냐하면 네 천사는 사람들을 해하기 위해 바람들을 풀어 놓지 않았기 때문이다.

이 금령은 메뚜기 재앙들이 악명을 떨쳤던(신 28:38, 42; 왕상 8:37; 대하 6:28; 7:13; 시 78:46; 105:34-35; 욜 1:4; 2:25; 암 4:9; 7:2; 나 3:15; Philo *Mos.* 1.123; *Praem.* 128) 활동을 막는다. 주후 499-500년에 있었던 흉작을 목격한 기록은 W. Wright, *The Chronicle of Ps.-Joshua the Stylite*(Cambridge: Cambridge UP, 1882) chap. 38에서 다음과 같이 발견된다.

> 금년 아달(Adar) 월에 메뚜기들이 땅 속으로부터 우리에게 닥쳤다. 그런데 우리는 그들의 수 때문에 땅 속에 있던 알들이 우리를 해치려고 부화되었다고 상상했을 뿐만 아니

라 공기도 우리에게 반하여 메뚜기를 토해내고 있고, 메뚜기들이 하늘로부터 우리에게 내려오고 있다고 생각했다. 메뚜기들은 네 발로 길 수 있게만 되면, 아라비아 지역 전체와 랏사인(Rassain)과 텔라(Tella)와 에뎃사(Edessa) 지역 전체를 몽땅 먹어 삼켜 버렸다. 그러나 날 수 있게 된 다음에 그들의 행동 반경은 앗시리아 국경에서 서해(지중해)까지 확장되었고, 북쪽으로는 오타예(Ortaye) 경계까지 날아갔다. 그들은 이 지역을 먹어치워 황폐화시켰고, 그 지역 안에 있는 모든 것을 완전히 사라지게 했다.

예루살렘의 가장 최근의 메뚜기 재앙은 1915년 6월에 일어났는데, 그때 수백만 마리의 메뚜기들이 해를 가리웠고 그 부근의 푸른 것은 모두 먹어치웠다(Whiting, *NGM* 38[1915] 511-50).

4b "오직 이마에 하나님의 인 맞지 아니한 사람들만 해하라 하시더라"(*εἰ μὴ τοὺς ἀνθρώπους οἵτινες οὐκ ἔχουσι τὴν σφραγῖδα τοῦ θεοῦ ἐπὶ τῶν μετώπων* –에이 메 투스 안드로푸스 호이티네스 우크 에쿠시 스프라기다 투 데우 에피 톤 메토폰). 이 구절은 독자로 하여금 7:2-8을 돌아보게 하고 인침의 목적이 보호라는 사실을 분명히 한다. *Ps. Sol.* 15:4-9(tr. Sparks, *AOT*)에서와 마찬가지로, 에스겔 9:3-8의 인침 에피소드에서도 중심 주제는 보호다. *Ps. Sol.* 15:4-9은 다음과 같이 에스겔 9장을 부연하고 하나님의 표적과 멸망의 표적을 대조한다.

이 일들을 행하는 자는 절대로 악에 의해 흔들리지 않을 것이다:
불의한 자들에 대한 화염과 진노가 죄인들의 모든 재산을 멸하기 위해 여호와 앞에서 죄인들을 향하여 발할 때
그를 건드리지 않을 것이니,
이는 **하나님의 표적**(*τὸ σημεῖον τοῦ θεοῦ* –포 세메이온 투 데우)이 구원을 위해 의인 위에 있기 때문이다.
기근과 칼과 죽음(*λιμὸς καὶ ῥομφαία καὶ θάνατος* –리모스 카이 롬파이아 카이 다나토스: 참조. 계 6:8)이 의인에게는 멀 것이니,
이는 전쟁에서 쫓기는 자들과 같이 그것들이 거룩한 자들을 피할 것이기 때문이다.
그러나 그것들은 죄인들을 추격하여 따라잡을 것이다.
그리고 무법하게 행하는 자들은 여호와의 심판을 피하지 못할 것이다.
그들은 전쟁에 능한 대적들에 의해 압도당할 것이니,
이는 **멸망의 표적**(*τὸ γὰρ σημεῖον τῆς ἀπωλείας* –토 가르 세메이온 테스 아

폴레이아스)이 **그들의 이마에**(ἐπὶ τοῦ μετώπου αὐτῶν–에피 투 메토푸 아우톤) 있기 때문이다.

"하나님의 인"(τὴν σφραγῖδα τοῦ θεοῦ–텐 스프라기다 투 데우)에 대해서는 7:2의 "주석"을 보라.

5a "그러나 그들을 죽이지는 못하게 하시고"(*καὶ ἐδόθη αὐτοῖς ἵνα μὴ ἀποκτείνωσιν αὐτούς*–카이 에도데 아우토이스 히나 메 아포크테이노신 아우투스). 욥기 2:6에서 하나님은 사단이 욥을 괴롭히는 것을 허락하시지만 실제로 그를 죽이는 것까지는 허락하지 않으신다(*T. Job* 4.4; 20.3에도 동일한 주제가 나온다). 이 제한은 여섯 번째 나팔과 관련된 강화된 처벌, 즉 땅의 사람 중 삼분의 일의 살육으로 이어진다(9:15, 18).

5b "다섯 달 동안 괴롭게만 하게 하시는데"(*ἀλλ' ἵνα βασανισθήσονται μῆνας πέντε*–알라 히나 바사니스데손타이 메나스 펜테). 이 수는 "약간, 다소"를 의미하는 대략적인 수 역할을 한다(고전 14:19, "다섯 마디 말"; 마 14:17-19=막 6:38-41=눅 9:13-16, "떡 다섯 개"; 눅 12:6, "참새 다섯"; 눅 12:52, "한 집에 다섯 사람"; Jdt 7:30; 8:9, 15; 행 20:6; 24:1, "닷새 후에"; 레 26:8[참조. 사 30:17], "너희 다섯이 백을 쫓고"; 삿 18:2, 7, 14, 17; 삼상 17:40; 참조. Kittel, "Fünfzahl," 39ff.; Str-B, 3:461-62; Hemer, NIDNTT 2:689-90). 이 다섯 달의 시기는 메뚜기의 생존 주기를 반영할지도 모른다. 즉 메뚜기는 몸이 부화하여 늦여름에 죽는다(Charles, 1:243). 그러나 다섯 달이라는 재앙의 특별한 제한은 이 수의 상징적인 의미를 암시하는 것이다. 즉 이 수는 "약간, 다소"라는 의미의 대략적인 수로 환란의 제한된 기간을 나타낸다.

5c "그 괴롭게 함은 전갈이 사람을 쏠 때에 괴롭게 함과 같더라"(*καὶ ὁ βασανισμὸς αὐτῶν ὡς βασανισμὸς σκορπίου ὅταν παίσῃ ἄνθρωπον*–카이 호 바사니스모스 아우톤 호스 바사니스모스 스코리우 호탄 파이세 안드로폰). 전갈은 거미, 진드기가 속한 아라키니다(Arachnida) 강(綱 class=phylum과 order의 중간)에 속하며, 이들이 먹는 벌레들을 죽이는 데 사용하는 침은 치명적이지는 않지만 사람들에게 심한 고통을 준다. 전갈은 지중해 세계의 남부와 동부 전역(특히 나일강과 메소포타미아 지역)에서 흔했지만, 그리스 지역(특별히 크레테)에서도 발견되었다. 이 지역들에서 전갈 부적은 전갈과 다른 고통을 주는 곤충들, 즉 거미, 뱀을 피하기 위해 유행했다(Eitrem, *SO* 7[1928] 70-73). Sir 39:30에 의하면, 전갈은 하나님께서 악한 자들을 벌하기 위해 창조하신 아홉 가지 멸망의 도구들 중의 하나다. 열왕기

상 12:11, 14(참조. 대하 10:11, 14)에서 전갈은 처벌을 나타내는 은유다. 느부갓네살의 경계석(주전 12세기)은 활과 화살을 들고 있는 전갈 인간을 묘사하고 있다(*ISBE*, rev. ed., 4:358).

6a "그 날에는 사람들이 죽기를 구하여도 얻지 못하고"(*καὶ ἐν ταῖς ἡμέραις ἐκείναις ζητήσουσιν οἱ ἄνθρωποι τὸν θάνατον καὶ οὐ μὴ εὑρήσουσιν αὐτόν* – 카이 엔 타이스 헤메라이스 에케이나이스 제테수신 호이 안드로포이 톤 다나톤 카이 우 메 휴레수신 아우톤). 황충 마귀들이 인간들을 두렵게 한 결과는 시적 형태로 제시된다. 6절(이 곳에 6a절과 6b절로 구분되는)은 두 개의 대구로 이루어진다. 그리고 각각의 대구는 정반대의 대구법의 예다. 6절 전체는 짧은 탈선, 또는 요한계시록 제2판을 위한 저자의 보간이다. 또한 6절은 미래 시제의 세 동사(8:1-9:2에 나오는 미래 시제 중 특이하게 다른 동사들)에 의해 문맥으로부터 구별된다. *Apoc. El.*[P. Chester Beatty 2018] 9.1-7(tr. Pietersma)에 절망에 대한 유사한 묘사가 나온다. "그들은 죽음을 바랄 것이나 죽음이 그들을 피할 것이다. 그들은 바위를 기어올라 뛰어 내리며 '우리 위에 떨어지라'고 말할 것이다. 그러나 그들은 죽지 않을 것이니 죽음이 그들에게서 달아나기 때문이다"(이 문장은 계 6:16과 매우 유사하다). 소(小) 플리니(Pliny the Younger, *Ep.* 6.20.14; LCL tr.; 8:8-12의 "주석"을 보라)는 주후 79년에 있었던 베수비우스 화산 폭발의 목격 증언에 계속적인 공포와 당황을 다음과 같이 보고한다. "사람들은 자신의 운명이나 친지들의 운명을 슬퍼하여 통곡했다. 그리고 죽음의 공포로 죽음을 구하는 기도를 드리는 사람들도 있었다."

6b "죽고 싶으나 죽음이 저희를 피하리로다"(*καὶ ἐπιθυμήσουσιν ἀποθανεῖν καὶ φεύγει ὁ θάνατος ἀπ᾿ αὐτῶν* – 카이 에피뒤메수신 아포다네인 카이 퓨게이 호 다나토스 아프 아우톤). 이 말은 유대교에 나오는 상투적인 문구다(욥 3:21; *Sib. Or.* 2.307-8; 8.353; 13.118; *Apoc. El.* 2:5, 32). 또한 이 말은 그리스-로마의 문학에도 나온다(예를 들어, Ovid *Ibis* 123-24, "너에게 죽기를 구하기에 충분한 이유가 있으나 죽을 방법이 없을지어다. 간절히 바라는 죽음을 네 생명이 피할 수밖에 없게 될지어다"(참조. Seneca *Troad.* 954; Cornelius Gallus *Eleg.* 1; Sophocles *Electra* 1007-8). 종말을 특징짓는 여러 가지 거꾸로 된 현상들에 대한 묵시록의 문맥으로, 사는 것보다 죽음에 대한 선호가 the *Corpus Hermeticum*의 Asclepius 25(Nock-Festugière, *Herm.ès Trismégiste*, 329)에 나온다. "빛보다 어두움을 좋아할 것이고 삶보다 죽음을 좋아할 것이다(*et mors vita utilior iudicabitur*)" (Asclepius

72.18 in J. M. Robinson, *Nag Hammadi*, 304의 콥트어 역본을 참조하라). 죽음의 욕구는 Plato *Apol.* 40c에서 논의되며, 몇몇 그리스 작가들은 (위로의 문헌에 나오는 주제를 사용하여) 삶의 고생과 고통보다는 죽음이 차라리 나은 것으로 말한다 (Aeschylus *Prom.* 747-51; Sophocles *Antig.* 463-64; see Moran, *Consolations*, 31-39).

7a "황충들의 모양은 전쟁을 위하여 예비한 말들 같고"(*καὶ τὰ ὁμοιώματα τῶν ἀκρίδων ὅμοια ἵπποις ἡτοιμασμένοις εἰς πόλεμον*—카이 타 호모이오마타 톤 아크리돈 호모이아 힢포이스 헤토이마스메노이스 에이스 폴레몬). 전쟁을 위해 정렬한 말들의 심상에 대해서는 9a절을 보라. 예레미야 51:27에서는 말이 특별히 "사나운 황충(메뚜기)"과 비교되는데, 여기에는 대 기병대와 메뚜기 재앙의 비교가 함축되어 있다. 침략군은 농작물과 가축을 유린할 수 있기 때문에 메뚜기 재앙과 비교될 수 있다(삿 6:5; 7:12; 렘 15:27). 어떤 저자는 메뚜기 심상을 사용하여 적군의 기병대가 "땅을 덮고"(*T. Mos.* 3:1), "땅과 땅에 가득한 모든 것을 삼키는" 것으로 묘사한다(렘 8:16). 또한 적의 대군이 메뚜기의 수로 비교되기도 한다(삿 6:5; 7:12; 렘 46:23; 51:14; 욜 1-2; 암 4:9; 나 3:15-17; Jdt 2:20; Jos. *J. W.* 4.536; J. A. Thompson, *JNES* 14[1955] 52-55; Andiñach, *VT* 42[1992] 438-39).

7b "그 머리에 금 같은 면류관 비슷한 것을 썼으며 그 얼굴은 사람의 얼굴 같고"(*καὶ ἐπὶ τὰς κεφαλὰς αὐτῶν ὡς στέφανοι ὅμοιοι χρυσῷ, καὶ τὰ πρόσωπα αὐτῶν ὡς πρόσωπα ἀνθρώπων*—카이 에피 타스 케팔라스 아우톤 호스 스테파노이 호모이오이 크뤼소 카이 타 프로소파 아우톤 호스 프로소파 안드로폰). 저자는 무저갱의 구멍에서 솟아나온 귀신 같은 존재들을 황충으로 묘사하면서 시작했다(9:3a). 그러나 7-9절에서 이 존재들은 먼저 짐승의 모습으로 묘사되고(즉 이들은 전마들같이 보인다, 7a절), 그 다음에는 사람의 모습으로 묘사된다(즉 이들은 머리에 금 면류관 같은 것을 썼고, 7b절; 그들의 얼굴은 사람 같고, 7b절; 흐트러진 머리털을 갖고 있다, 8a절). 그 다음에 저자는 다시 짐승의 모습을 나타내는 심상에 의지하여 그들이 사자 같은 이를 갖고 있다고 묘사한다(8b절). 금 면류관에 대한 언급은 마귀 황충 떼가 무적이라는 의미를 암시하는 직유일 것이다.

8a "또 여자의 머리털 같은 머리털이 있고"(*καὶ εἶχον τρίχας ὡς τρίχας γυναικῶν*—카이 에이콘 트리카스 호스 트리카스 귀나이콘). 이 말은 아마 그들의 머리털이 길고 흐트러졌다는 의미일 것이다. 구약성경에서 흐트러진 머리털은 몇

가지 의미를 갖고 있다. (1) 문둥병 걸린 사람들의 부정하다는 표적(레 13:45), (2) 통곡의 표적(레 10:6; 21:10) 그리고 (3) 간음으로 고소된 여인을 위한 제사 의례의 일부분(민 5:18). 솔로몬 앞에 나타났다고 하는 귀신들 중의 하나는 흐트러진 머리털을 가지고 있었다(*T. Sol.* 13:1). 간혹 유대의 귀신 릴리트(lilith)는 아람의 마술 사발에 그려진 조잡한 그림들에 풀어 흐트러진 머리털을 갖고 있는 것으로 묘사된다(Montgomery, *Aramaic*, 190를 보라). *Apoc. Zeph.* 4:4은 악한 자들의 영혼을 가져다가 영원한 형벌 속에 던져 넣은 못생긴 천사들의 흐트러진 머리털을 여인들의 머리털과 닮은 것으로 묘사한다. 이와 유사하게, *Apoc. Zeph.* 6:8에서 고소하는 자(즉 사단)의 머리털은 다음과 같이 묘사된다. "그의 머리털은 여인들의 머리털처럼 흐트러졌다." 고대 세계에서는 남녀가 모두 머리털을 길게 기를 수 있었지만, 그리스 세계의 남녀는 모두 머리를 매력적으로 따거나 동여맬 수도 있었다(Blümner, *Greeks*, 64-77). 바울은 여인들이 보통 긴 머리를 갖고 있다고 말하는데(고전 11:15; 참조. Plutarch *Quaest. Rom.* 267B), 이 말은 매우 적절하다. 왜냐하면 주후 1세기에 여자들은 머리를 길게 길렀고 남자들은 머리를 깎았기 때문이다(Plutarch *Quaest. Rom.* 267B). 또한 바울은 남자들이 긴 머리를 갖고 있으면 자기를 욕되게 하는 것이라고 주장한다(고전 11:14; Ps.-Phocylides 212). 유대인 남자들은 나실인 서원의 이행으로 머리털을 길게 기를 수 있었다(민 6:1-12; 삿 13:5; 16:17; 삼상 1:11; 행 18:18). 그리스인들은 종종 남성의 경우에는 긴 머리를 여성스러움이나 나약함의 표시로 여겼고(H. Herter, "Effeminatus," *RAC* 4:629), 여성의 경우에는 도덕적 방종의 표시로 생각했다(Ps.-Phocylides 212). 그러나 유행이 변하여 그리스 남자들이 한때 긴 머리를 좋아하기도 했지만(Herodotus 1.82; Plutarch *Lysander* 1; 참조. Plato *Phaedo* 89B-C), 주전 5세기경에는 스파르타의 남자들만이 머리를 길게 길렀다(Aristophanes *Aves* 1281-82; Philostratus *Vita Apoll.* 8.7). 로마인들은 주전 3세기까지 머리를 길게 길렀다. 그 후 그들은 긴 머리를 야만인의 습관이나 구식으로 생각했다(Juvenal 5.30). 갈리아인들은 머리를 길게 길렀다. 그리고 그 결과 북쪽의 갈리아인들은 *Gallia Comata*(긴 머리의 갈리아인)로 칭해졌다. 타이아나의 아폴로니우스(Apollonius of Tyana)는 철학자들의 관행을 따라 머리를 풀어 흐트러뜨렸다(Philostratus *Vita Apoll.* 8.7). 파르티아의 전사들은 머리를 길게 길렀다(Plutarch *Crassus* 24.2). 그래서 많은 해석가들은 이 마귀 황충의 군대를 파르티아의 위협을 나타내는 신화적-시적 표현으로 해석했다(**부록 16A: 로마와 파르티아**를 보라).

[8]b "그 이는 사자의 이 같으며"(*καὶ οἱ ὀδόντες αὐτῶν ὡς λεόντων ἦσαν*–카이 호이 오돈테스 아우톤 호스 레온톤 에산). "사자의 이 같은"이라는 어구는 무엇인가 저항할 수 없고 치명적으로 파괴적인 것을 나타내는 잠언식 표현이다(Sir 21:2-3; 참조. 욥 4:10). 이 말은 요엘 1:6의 인유다. 요엘 1:6은 이스라엘을 침략하는 민족의 "이가 사자의 이 같다"고 말한다. 시편 57:4에서 시편 기자는 자신의 대적들을 창과 화살 같은 이를 갖고 있는 인간과 비교한다(시 58:6을 보라). 사자와 같은 이에 대한 언급은 분명히 마귀 황충들이 사람들을 해치는 방법과 무관하다. 왜냐하면 분명히 그들이 전갈 같은 꼬리를 가지고 사람을 해한다고 하기 때문이다(10절).

[9]a "또 철흉갑 같은 흉갑이 있고"(*καὶ εἶχον θώρακας ὡς θώρακας σιδηροῦς*–카이 에이콘 도라카스 호스 도라카스 시데루스). Tg. *Nah.* 3:17은 나훔 3:17에 나오는 히브리어 어구 민네자라이크 카아르베(מִנְּזָרַיִךְ כָּאַרְבֶּה, "너의 방백[?]은 메뚜기 같다")를 아람어 어구 하 타싸크 메찰헤빈 케고바(הא טסך מצלהבין כגובא, "보라, 메뚜기 같은 너희의 갑옷[?]의 번득임을")로 확대하여 "앗시리아 전사들의 비늘 모양의 갑주를 메뚜기의 비늘 모양의 흉부"와 비교한다(Gordon, *VT* 33[1983] 338-39). 요한계시록 9:7은 메뚜기를 말과 비교하기 때문에, 9:9에 나오는 "철흉갑 같은 흉갑"의 의미는 "전마의 보호 갑주(*προστερνίδιον*–프로스테르니디온)일 것이다. 고대의 전쟁에서 카타프락츠(*kataphracts*, 헤 카타프락토스 잎포스 잎포이 카타프락노이[*ἡ κατάφρακτος ἵππος, ἵπποι κατάφρακτοι*] 또는 단순하게 호이 카타프락토이[*οἱ κατάφρακτοι*], Plutarch *Crassus* 21.6; 24.1-2; 25.4; Polybius 30.25.9; Athenaeus *Deipn.* 5.194-95)는 특별히 파르티아인들이 중요하게 여겼던 중무장 기갑병대였다. 파르티아의 궁병들과 기갑병들은 주전 54년에 메소포타미아의 카르 해(Carrhae)에서 크라쑤스(Crassus)가 지휘하는 로마군을 참패시켰다(Ziegler, *Parth.*, 32-34). 요한계시록에 나오는 파르티아인들에 대한 있을 법한 인유들에 대해서는 **부록 16A: 로마와 파르티아**를 보라.

[9]b "그 날개들의 소리는 병거와 많은 말들이 전장으로 달려 들어가는 소리 같으며"(*καὶ ἡ φωνὴ τῶν πτερύγων αὐτῶν ὡς φωνὴ ἁρμάτων ἵππων πολλῶν τρεχόντων εἰς πόλεμον*–카이 헤 포네 프테뤼곤 아우톤 호스 포네 하르마톤 잎폰 폴론 트레콘톤 에이스 폴레몬). 요엘 2:4-9은 메뚜기 떼를 습격하는 군대와 비교하는데, 요한은 분명히 요엘서의 그 구절을 9:7-10의 모델로 삼고 있다. 요엘 2:4-5a에 의하면, "그 모양은 말 같고 그 달리는 것은 기병 같으며 그들의 산 꼭대기에서

뛰는 소리가 병거 소리(칠십인역: *φωνὴ ἁρμάτων*–포네 하르마톤)와도 같다." 4 Kgdms 7:6은 시리아(아람) 왕 벤하닷의 사마리아 포위 공격을 좌절시킨 하나님의 개입을 이야기하면서, 포넨 하르마토스 카이 포넨 잎푸 카이 포넨 뒤나메오스 메갈레스(*φωνὴν ἅρματος καὶ φωνὴν ἵππου καὶ φωνὴν δυνάμεως μεγάλης*, "병거 소리와 마병대 소리와 대 군대의 소리")를 언급한다. 스웨테(Swete, 119)는 3 Kgdms 12:24b(광대한 헬라어 개찬 부분)에 나오는 하르마톤 잎폰(*ἁρμάτων ἵππων*)의 유사구로, 에산 아우토 하르마타 트리아코시아 잎폰(*ἦσαν αὐτῷ ἅρματα τριακόσια ἵππων*, "그가 삼백 병거대를 갖고 있었다")을 인용한다.

10a "또 전갈과 같은 꼬리와 쏘는 살이 있어"(*καὶ ἔχουσιν οὐρὰς ὁμοίας σκορπίοις καὶ κέντρα*–카이 에쿠신 우라스 호모이아스 스코르피오이스 카이 켄트라). 저자가 "전갈(의 꼬리) 같은 꼬리"를 의미하는지(13:11, "새끼 양(의 뿔) 같이 두 뿔"을 보라) 또는 황충-말들의 꼬리가 전갈과 비교되고 있는지(Charles, 1:245를 보라) 불명확한데, 전자가 더 그럴듯하다.

10b "그 꼬리에는 다섯 달 동안 사람들을 해하는 권세가 있더라"(*καὶ ἐν ταῖς οὐραῖς αὐτῶν ἡ ἐξουσία αὐτῶν ἀδικῆσαι τοὺς ἀνθρώπους μῆνας πέντε*–카이 엔 타이스 우라이스 아우톤 헤 엑수시아 아우톤 아디케사이 투스 안드로푸스 메나스 펜테). 출애굽기 10:12-20의 메뚜기 재앙에 대한 대부분의 역본들은 메뚜기가 식물을 다 먹어치운 것만 언급한다(9:3의 "주석"을 보라). 그러나 Wis 16:9에 의하면, 메뚜기와 파리가 사람들을 물어 죽였다고 한다. 제한적인 시기를 나타내는 대략적인 수로서의 "다섯"에 대해서는 9:5b의 "주석"을 보라.

11a "저희에게 임금이 있으니 무저갱의 사자라 히브리 음으로 이름은 아바돈이요"(*ἔχουσιν ἐπ᾽ αὐτῶν βασιλέα τὸν ἄγγελον τῆς ἀβύσσου, ὄνομα αὐτῷ Ἑβραι-στὶ Ἀβαδδών*–에쿠신 에프 아우톤 바실레아 톤 앙겔론 테스 아뷔쑤 오노마 아우토 헤브라이-스티 아밧돈). 부사 헤브라이-스티(*Ἑβραι-στί*, "히브리어로"[개역. "히브리 음으로"])는 Sirach(praef.)의 헬라어 번역에 최초로 나온다. 요한계시록에서 이 용어는 이 곳과 16:16에만 나오고, 신약성경의 다른 곳에서는 제4복음에만 나온다(요 5:2; 19:13, 17, 20; 20:6). 이 용어는 주후 1세기의 다른 문헌의 문맥에 네 번 나오고(*Ant.* 10.8[2x]; 11.159; Heron Mech. *De mens.* 60.4; 61.4), 그 후에 빈도가 증가한다(Herodian *Partitiones* 7.3; 31.5; *Acts of Paul* 5.13; Theophilus *Ad Autolycum* 2.24; 3.19; Origen *Contra Celsum* 6.32; *Comm. in Joan.* 13.26.161; *Ep. ad Afric.* 11.61, 80). 나할 헤버(Naḥal Ḥever)의 "편지 동굴"(Cave of Letters)에서 발견된 바르 코시바(the Bar Kosiba) 시대의 한 헬라어 편지에서, 저자는 본문의 간격으로 인해 여전히 불명확한 이유 때문에 자신이 히브리어로(*Ἑβραι-στί* – 헤브라이-스티) 쓰지 않고 헬라어로(*Ἑλληνεστί* – 헬레네스티) 썼다고 말한다(B. Lifshitz, "Papyrus grecs du désert de Juda," *Aegyptus* 42[1962] 240, no. 1; *SB* 8[1967] no. 9843; G. Howard and J. C. Shelton, "The Bar-Kochba Letters and Palestinian Greek," *IEJ* 23[1973] 101를 보라). 이 어구는 "아람어로"라는 의미로도 사용되지만(*Ant.* 10.8), 여기에서는 "히브리어로"라는 의미를 나타낸다. 헬라어 문서들에서 아이귚티오스티, 헬레니스티, 하브라이-스티, 헤브라이-스티(*Αἰγυπτιστί*, *Ἑλληνιστί*, *Ἁβραι-στί*, *Ἑβραι-στί*)와 같은 용어들은 특별히 신들의 이집트어, 헬라어, 히브리어 이름들을 구별하는 데 사용되며(Herodotus 2.46, 79, 156; Plato *Tim.* 21E; Plutarch *De Iside* 375F), 마술 문서들에서는 주문이나 신의 이름을 고유 언어로 쓰거나 외우는 경향이 있다(*PGM* V.475; XIII.82, 84, 594, 596, 975- 96; Daniel-Maltomini, *Supplementum Magicum* II.70, 1-2[comments]).

1절에 언급된 하늘에서 떨어진 별은 천사로 해석되어야 하지만(20:1을 참조하라), 이 특별한 천사와 동일시하면 안 될 것이다. 이 천사는 요한계시록에서 이 곳에만 이름이 나오고, 구약성경과 초기 유대교 문헌의 다른 곳에서는 4Q*280* 10 ii 7에만 언급된다: ורו [ח האב] דון [ארור אתה מלא] ך השחה, "너 구덩이의 전사이며 아바돈의 영이여, 저주 받을지어다"(Kobelski, *Melchizedek*, 43-44). 4Q*280*과 관련된 본문들에서 이 두 칭호는 벨리알을 다른 식으로 나타내는 방법이지만, 요한계시록에서 무저갱의 천사가 사단의 칭호인지는 명확하지 않다. 왜냐하면 다른 곳에서 사단은 두 개의 다른 문맥에서 신중하게 별명을 택하여 언급되며(12:9; 20:2), 아바돈이나 무저갱의 사자라는 말이 다시 언급되지 않기 때문이다. 그러나 이 곳의 앙겔론(*ἄγγελον*)에 관사가 있다는 사실은 독자들이 이 천사를 잘 알고 있을 것이라는 저자의 기대를 시사한다. 즉 이 무저갱의 천사는 다름 아닌 사단-벨리알이라는 것이다. *Mart. Isa.* 10:9(tr. Charlesworth, *OTP* 2:173)은 그리스도가 음부의 "사자에게까지 내려갔다. 그러나 너희는 지옥까지 가지 않을 것이다"라고 말한다. 아바돈(אֲבַדּוֹן – 아밧돈)은 죽은 자들의 나라를 나타내는 히브리어로서(잠 15:11; 욥 26:6; 28:22; 31:12; 시 88:12), 시에서 음부의 유사어로(욥 26:6; 잠 15:11; 27:20; 1QH 3:16-19), 죽음의 유사어로(욥 28:22), 무덤의 유사어로(시 88:11[맛소라 사본 88:12]) 그리고 무저갱의 유사어로 사용된다(4Q*504* = 4QDibHama 7:8). 아바돈은 욥기 26:6; 28:22에서 의인화되고, 천사로서의 아바돈의 개념은 이와 같은 죽음의 장소의 의인화에서 기원한 것 같다(Olyan, *Thousands*, 74-75). 지금까지 아바돈은 단 하나의 아람어 본문 Tg. *Job*(4Q*157* or 11QtgJob) 31:12(van der Ploeg and van der Woude, *Le Targum de Job*, 46-47; Beyer, *Texte*, 290, 504)에 나오는 것으로 알려져 있다. 칠십인역에서 히브리어 아밧돈(אֲבַדּוֹן)은 종종 아폴레이아(*ἀπώλεια*, "멸망")로 번역된다(잠 15:11; 시 87:12; Theod Job 26:6; 28:22). 이와 유사하게 종말의 대적자는 "멸망의 아들"(*ὁ υἱὸς τῆς ἀπωλείας*-호 휘오스 테스 아폴레이아스)로 칭해진다(살후 2:3). 이 "멸망의 아들" 또는 "멸망의 자식"이라는 용어는 멸망의 운명이 정해진 자들에 대해서도 사용된다(요 17:12; *Acts of Paul* 1:1).

바실류스(*βασιλεύς*, "임금")라는 칭호는 약간 의외다(잠 30:27에서 "임군이 없으되 다 떼를 지어 나아가는 메뚜기"라고 말하는 것을 주목하라). 그러나 칠십인역 아모스 7:1에 반영된(맛소라 사본과 상당히 다른) 독특한 전승은 분명히 메뚜기 떼의 임금 개념을 반영하며, 그 후 이 개념은 땅 끝에서 오는 곡과 마곡의 은유가 되었다: "주께서 이렇게 나에게 보이셨으니, 보라 메뚜기 새끼들이 아침에 몰려오고 있었으니, 보라, 한 메뚜기가 곡의 왕이었다"(*οὕτως ἔδειξέν μοι κύριος καὶ ἰδοὺ ἐπιγονὴ ἀκρίδων ἐρχομένη ἑωθινή, καὶ ἰδοὺ βροῦχος εἷς Γωγ ὁ βασιλεύς*-후토스 에데익센 모이 퀴리오스 카이 이두 에피고네 아크리돈 에르코메네 헤오디네 카이 이두 브루코스 헤이스 고그 호 바실류스). 스트라테고스(*στρατηγός*, "지휘자"), 헤게몬(*ἡγεμών*, "지도자") 또는 아르콘(*ἄρχων*, "통치자, 방백")과 같은 용어들이 마귀의 지도자에게 더 적절한 칭호일 것 같다. 사단은 종종 귀신의 "군주" 또는 "통치자"(*ἄρχων*-아르콘)로 칭해진다(마 9:34; 12:24; 막 3:22; 눅 11:15 [개역, "왕"]; *Asc. Isa.* 2:4; *T. Sol.* 2:9; 3:5-6; 6:1). 그러나 아르콘(*ἄρχων*)은 때로 "임금"을 의미하기도 한다(계 1:5). *Ma'aseh Merkavah* § 587에서 사르 게힌남(שר גיהנם, "지옥의 군주") 제후피엘(Ze'ufiel)이라는 인물이 언급된다. 동일한 인물(제우피엘이라는 이름의)이 *3 Enoch* 44:3에서는 하나님 앞에서 지옥까지 악한 자들의 영혼을 호송하는 임무를 맡은 자로 언급된다. *Asc. Isa.* 4:2에서 벨리알은 분명히 "이 세상의 왕"(라틴어 사본들: *rex huius mundi*; 헬라어로는 호 코스모크라토르 투 아이오노스 투투[*ὁ κοσμοκράτωρ τοῦ αἰῶνος τούτου*]). 몇몇 쿰란 문서들은 "나의 왕은 악하다"라는 의미의 멜키 레솨(מלכי רשע-말키 레솨)라는 이름의 마귀에 대해 말하는데, 이는 분명히 멜기세덱이 적대한 벨리알을 나타내는 다른 칭호다(11QMelch; 4Q 'Amram frag. 2, line 3[= 4Q*543*, *545-48*; Eisenman-Wise,

Scrolls, 151-56]; 4Q*280*; 4Q*286*; 참조. Kobelski, *Melchizedek* 75-83). 관련된 호칭들로 『이사야의 승천』(*Ascension of Isaiah*) 1:8에 나오는 삼마엘 말키라(Sammael Malkira, 말키라는 "나의 왕은 악하다"는 의미의 말키 라[מלכי רע]에서 유래한 것이다; 삼마엘은 다른 곳에서 죽음의 천사로 확인된다; Tg. Yer. I Gen 3:6을 보라)와 악한 선지자들의 지도자로 이사야를 비난하는 자들의 두목(5:2-15) 벨키라(Belchira) 또는 멜키라(Melchira, 사본 전승에 몇 가지 다른 철자들이 있다)를 보라. 중세 유대 문서들에는 말렉 핫쉐딤(מלך השדים, "귀신들의 왕")이라는 인물이 나온다. "암흑의 왕자"(שר החשך – 사르 하호쉐크)는 *Pesiq. R.*(95, 203)에 두 번 언급되는데, 뒷 구절에서는 사단 즉 하나님께 거역한 천사들의 수령으로 확인된다(Schäfer, *Rivalität*, 56를 보라). 유대교 문헌에서 널리 언급되는 아쉬메다이(Ashmedai, (Tob 3:8[아람어 문서 파편들에는 분명히 빠뜨린 이름]; 참조. Beyer, *Ergänzungsband* 137]; 8:3; *T. Sol.* 5:1-13; *JE* 2:217-20; Ginzberg, *Legends* 4:165-69)라는 이름의 마귀는 *b. Pesaḥ.* 110a에서 "귀신들의 왕"으로 지칭된다. 이 칭호는 the Cairo Genizah text TS K1.30, line 17에도 나오는데, 그 곳에서 귀신들이 "너희의 왕 아쉬메다이의 이름으로"(בשם אשמדי מלככון) 축귀된다. 이전에 이미 이 귀신은 "귀신들의 왕 아쉬메다이"(אשמדי מלכא דשידין)라는 특별한 칭호를 부여받았다(Schiffman-Swartz, *Incantation*, 34, 71, 74-75).

11b "헬라 음으로 이름은 아볼루온이더라"(*καὶ ἐν τῇ Ἑλληνικῇ ὄνομα ἔχει Ἀπολλύων* – 카이 엔 테 헬레니케 호노마 에케이 하폴뤼온). "아볼루온"이라는 이름은 헬라어 동사 아폴뤼나이(*ἀπολλύναι*, "파괴하다")에서 나온 것으로 "파괴자"를 의미한다. Aeschylus *Agamemnon* 1080-82에서 아폴로(Apollo)라는 신의 이름은 어원학적으로 동사 아폴뤼나이(*ἀπολλύναι*)와 연결되는데, 이는 고대에 널리 퍼진 견해를 반영하는 것 같다(Euripides *Phaethon*[frag. 781, lines 11-12]; Archilochus frag. 30D; Plato *Cratylus* 404D-E, 405E; Menander *Peric.* 440; Macrobius 1.17.9을 보라; 참조. Fraenkel, *Aeschylus* 3:492). 네로에 대한 암시가 의도되었을 수도 있다. 왜냐하면 초기 유대교 문헌에서 벨리알과 동일시되는 네로는 아폴로와의 특별한 관계를 주장했기 때문이다(Bell, *NTS* 25[1978] 98-99를 보라). 3세기 말의 기독교 시인 코모디안(Commodian)은 다뉴브 강을 건너 로마로 침입하여 데키우스(Decius) 황제의 기독교 박해를 중단시켰던 고트 족의 왕에 대해 아폴루온이라는 이름을 사용했다(*Carmen apologeticum* 810-11; Martin, *Commodiani Carmina*, 102-3).

12 "첫째 화는 지나갔으나 보라 아직도 이 후에 화 둘이 이르리로다"(*ἡ οὐαὶ ἡ μία ἀπῆλθεν· ἰδοὺ ἔρχεται ἔτι δύο οὐαὶ μετὰ ταῦτα*—헤 우아이 헤 미아 아펠덴 이두 에르케타이 에티 뒤오 우아이 메타 타우타). 이 구절은 독자에게 8:13에서 독수리가 발표한 세 가지 "화"를 상기시키고 11:14에서 두 번째 화의 완성과 세 번째 화의 임박함에 대한 유사한 발표를 예기한다(요한계시록에서 세 번째 화의 완성에 대한 발표는 전혀 언급되지 않는다). 그러나 이 구절(그리고 11:14)과 8:13 간에는 두드러진 차이가 있다. 8:13에는 한탄의 감탄사 우아이(*οὐαί*)가 플레게(*πληγή*, "재앙")와 같은 명사와 동일한 의미라는 지적이 없다. 두 번째로 저자는 우아이(*οὐαί*, "화")를 세 번 반복한 것을 다섯 번째 나팔(9:12)과 여섯 번째 나팔(11:14) 소리에 수반하는 재앙들을 묘사하는 구조적 장치로 사용했다. 9:1에서 시작된 환상을 다섯 번째 나팔로 종결시키는 역할에 있어서 이 진술은 너무 갑작스럽다. 그러나 저자가 1-11절에서 묘사된 환상의 다른 국면에 대한 묘사를 17절에서 다시 시작한다는 사실은 편집자의 간섭이 있었음을 시사한다. 우아이(*οὐαί*)는 대개 감탄사 역할을 한다. 요한계시록 외에 우아이(*οὐαί*)가 실명사로 사용된 예는 내가 알기로 단 두 번뿐이다: 칠십인역 에스겔 2:10, 카이 에게그랖토 에이스 아우텐 드레노스 카이 멜로스 카이 우아이(*καὶ ἐγέγραπτο εἰς αὐτὴν θρῆνος καὶ μέλος καὶ οὐαί*, "그 안에 애곡과 애가와 재앙이 기록되었다", 여기에서 우아이[*οὐαί*]는 히브리어 남성 실명사이며 구약성경에 단 한 번 나오는 단어 히[הִי]를 번역한다; BDB, 222를 보라)와 칠십인역 에스겔 7:26의 우아이 에피 우아이 에스타이(*οὐαὶ ἐπὶ οὐαὶ ἔσται*, "환난에 환난이 더할 것이다", 여기에서 우아이[*οὐαί*]는 성[gender]이 없는 히브리어 감탄사 호와[הוה]를 번역한다, BDB, 217). 저자가 우아이(*οὐαί*)를 여성 명사화할 확실한 이유가 없다. 그는 3인칭 단수 동사 에르케타이(*ἔρχεται*)의 사용을 고려하여 이 용어를 중성으로 취급한다(복수 중성 명사들은 항상 3인칭 단수 동사의 주어로 사용된다).

13 "여섯째 천사가 나팔을 불매 내가 들으니 하나님 앞 금단 네 뿔에서 한 음성이 나서"(*καὶ ὁ ἕκτος ἄγγελος ἐσάλπισεν, καὶ ἤκουσα φωνὴν μίαν ἐκ τῶν κεράτων τοῦ θυσιαστηρίου τοῦ χρυσοῦ τοῦ ἐνώπιον τοῦ θεοῦ*—카이 호 헤크토스 앙겔로스 에살피센 카이 에쿠사 포넨 미안 에크 톤 케라톤 투 뒤시아스테리우 토 쿠뤼수 투 에노피온 투 데우). 뒤시아스테리온(*θυσιαστήριον*)은 요한계시록에 여덟 번 나오는데, 그 중 네 번은 이스라엘의 향단의 하늘 상대물을 언급하고(8:3[2x], 5; 9:13), 네 번은 번제단의 하늘 상대물을 언급한다(6:9; 11:1;

14:18; 16:7). 분명히 금단이 "하나님 앞"에 있다고 말하기 때문에, 단의 네 뿔에서 나는 음성은 하나님의 음성일 수 없다. 8:3-5에서 하늘의 제사장 역할을 하는 천사는 금단 옆에 서 있는 것으로 묘사되었다. 따라서 확인되지 않은 음성이 그 천사의 음성일 수도 있다. 그러나 본문을 "글자 그대로" 해석하여 제단의 "뿔"에 하나님의 뜻을 전하는 말을 하는 능력을 부여받았다고 추정하는 것이 아마 가장 좋을 것이다.

14 "나팔 가진 여섯째 천사에게 말하기를 큰 강 유브라데에 결박한 네 천사를 놓아 주라 하매"(*λέγοντα τῷ ἕκτῳ ἀγγέλῳ, ὁ ἔχων τὴν σάλπιγγα, λῦσον τοὺς τέσσαρας ἀγγέλους τοὺς δεδεμένους ἐπὶ τῷ ποταμῷ τῷ μεγάλῳ Εὐφράτῃ* – 레곤타 토 헥토 앙겔로 호 에콘 텐 살핑가 뤼손 투스 테싸라스 앙겔루스 투스 데데메누스 에피 토 포타모 토 메갈로 유프라테). 이 구절은 나팔 천사들 중 하나가 실제로 나팔 소리에 이어지는 사건들에 참여하는 유일한 예다. 여기에 대조적인 동사 뤼에인(*λύειν*, "놓아 주다")과 데인(*δεῖν*, "결박하다")이 나오는 것은 이 천사들이 정해진 날까지 감금된 천사들이라는 것을 나타낸다(계 20:2; Tob 3:17; 8:3). 그러나 그들이 어떻게 결박되었는지는 상술되지 않는다. "네 천사"라는 어구에 관사가 있다는 사실은 이 어구가 7:1에 나오는 땅 네 모퉁이에 섰는 네 천사를 언급하거나(7:1에서도 이 어구는 관사가 있다) 또는 저자가 자신의 독자들이 잘 알고 있다고 추정하는 네 천사의 무리를 언급한다는 것을 나타낸다. 찰스(Charles, 1:223, 250)는 그들이 7:1의 네 천사와 동일시될 수 없는데, 그 이유는 그들의 유일한 공동 요소는 그들의 수뿐이기 때문이라고 주장한다. 이 네 천사를 7:1에 언급된 천사들과 연결시키는 두 가지 논증이 있다. (1) 14b절의 관사가 있는 어구 투스 테싸라스 앙겔루스(*τοὺς τέσσαρας ἀγγέλους*)는 7:1에 처음으로 소개된 네 천사를 다시 언급하는 조응적 관사로 해석될 수 있다. (2) 7:1의 네 천사는 사방의 바람을 붙잡고 있는 것으로 묘사된다. 그런데 만일 그들이 파괴적인 임무를 수행할 것으로 추측되는 9:14-15이 그들을 언급하는 것이 아니라면, 이 천사들이 바람을 풀어 놓았다는 말은 전혀 나오지 않게 된다. (3) 7:1-3과 9:14-15, 두 구절은 기능적으로 유사하다. 왜냐하면 각각의 네 천사의 잠재적인 활동이 묘사되지만 전혀 성취되지는 않기 때문이다. 그러나 "땅 네 모퉁이에 섰는" 그들의 위치(7:1)은 유브라데에 결박된 네 천사와 분명한 관계를 갖고 있지 않고, 또한 이 곳의 천사들은 결박되어 있는 반면에, 7:1-3의 네 천사는 결박되어 있지 않다.

요한계시록 7:1-3 및 9:14-15 외에 처벌과 관련된 네 천사는 유대 묵시 문헌에서 알려진 바가 없다(9:15b의 "주석"을 보라). 그러나 상당히 다른 역할을 하는 네 명의 무리를 이루는 다른 천사들은 이따금씩 언급된다: *1 Enoch* 9:1(Syncellus)은 이 테싸레스 메갈로이 아르캉겔로이(*οἱ τέσσαρες μεγάλοι ἀρχάγγελλοι*, "네 대천사장들"), 미가엘, 우라엘, 라파엘, 가브리엘은 언급하는 반면에, *1 Enoch* 20:1의 에티오피아 사본은 이들의 이름만 언급한다: 미가엘, 가브리엘, 수리엘, 우리엘. *1 Enoch* 40:1-10과 71:9-13에서는 네 명의 천사(내용과 순서에 있어 20:1과 약간 다른)가 언급된다: 미가엘, 라파엘, 가브리엘, 파누엘. 1QM 9:15-16에서도 유사한 네 명의 무리가 언급되고 – 미가엘, 가브리엘, 사리엘, 라파엘 – *Apoc. Moses* 40:4에서도 언급된다 – 미가엘, 가브리엘, 라파엘(이 순서의 동일한 목록이 유대의 부적에 나온다: Goodenough, *Jewish Symbols* 2:229; vol. 3, plate 1052를 보라). 관련되지 않은 한 전승에서, *3 Apoc. Bar.* 8:4는 매일 갱신을 위해 태양의 면류관을 하늘에 가지고 가는 네 천사를 언급한다. 에스겔은 이마에 먹으로 표시되지 않은 자를 모두 죽이는 여섯 "사람"(아마 천사들; *b. Šabb.* 55a는 먹으로 사람들에게 표하는 "사람"을 가브리엘로 해석하고 여섯 "사람들"은 "멸망시키는 천사들"로 칭한다)의 환상을 기록한다(겔 9:1-7). 이 구절이 요한계시록 7:3과 9:4에 인유된다.

15a "네 천사가 놓였으니 그들은 그 년 월 일 시에 이르러 예비한 자들이더라" (*καὶ ἐλύθησαν οἱ τέσσαρες ἄγγελοι οἱ ἡτοιμασμένοι εἰς τὴν ὥραν καὶ ἡμέραν καὶ μῆνα καὶ ἐνιαυτόν* – 카이 엘뤼데산 호이 테싸레스 앙겔로이 호이 헤토이마스메노이 에이스 텐 호란 카이 헤메란 카이 메나 카이 에니아우톤). "그 년 월 일 시"라는 어구는 종말론의 각본에서 하나님께서 이 천사들에게 예정하신 역할을 강조한다. 여섯 번째 나팔 천사는 결박된 네 천사를 풀어 주라는 명령을 직접적으로 받는 반면에, 실제적인 석방은 여섯 번째 천사를 주어로 한 뤼에인(*λύειν*)의 능동형 형태가 아니라 수동태 동사 엘뤼데산(*ἐλύθησαν*)으로 표현되는데, 아마 하나님의 뜻의 대행자로서 그들의 역할을 강조하기 위함일 것이다.

15b "사람 삼분의 일을 죽이기로"(*ἵνα ἀποκτείνωσιν τὸ τρίτον τῶν ἀνθρώπων* – 히나 아포크테이노신 토 트리톤 톤 안드로폰). 이 천사들의 역할은 히나(*ἵνα*, "…를 위해")로 도입되는 목적절을 통해 사람 삼분을 일을 죽이는 것으로 묘사된다. 저자가 여기에서 사람 삼분의 일의 죽음을 말하기 때문에, 물의 삼분의 일이 쑥이 되어 "많은 사람"이 죽었다고 말하는 8:11b의 삼분의 일 방식을 벗어난 것처럼 보인다. 이들이 바로 마귀 군대를 지휘하여 세상 사람들을 처벌하는 임무를 맡은 처벌의 천사들이다. *1 Enoch* 66:1은 홍수로 인류를 멸하도록 "예비된 처벌의 천사들"을 언급한다. 땅에서 하나님의 심판의 대행자로 행동하는 처벌의 천사들은 유

대 묵시록과 랍비 문헌에서 상당히 자주 언급된다(*1 Enoch* 53:3; 56:1; 62:11; 63:1; 66:1; *3 Enoch* 31:2; 32:1; 33:1; *b. Šabb.* 55a; 88a; 참조. P. S. Alexander in Charlesworth, *OTP* 1:285 n. 31f; K. E. Grözinger, "Engel III," *TRE* 9:591; Michl, "Engel II," *RAC* 5:75-76). 독자는 천사들이 직접 멸망의 임무를 수행할 것으로 예상하게 되지만, 갑자기 16절로 바뀌고 네 천사는 다시 언급되지 않는다. 그러나 네 천사는 네 국가를 대표할지도 모른다. 왜냐하면 다니엘 10:13, 20-21은 이스라엘의 군장 미가엘 혼자 대적하는 "페르시아 군장"과 "그리스 군장"(개역. 바사 군, 헬라 군으로 지칭되는 천사적 존재들)을 언급하기 때문이다.

16a "마병대의 수는 이만 만이니"(*καὶ ὁ ἀριθμὸς τῶν στρατευμάτων τοῦ ἱππικοῦ δισμυριάδες μυριάδων*—카이 호 아리드모스 톤 스트라튜마톤 투 잎피쿠 디스뮈리아데스 미뤼아돈). 15절과 16절 사이에는 서술에 있어(또는 서술적 논리에 있어) 간격이 있다. 왜냐하면 사람 삼분의 일을 죽이는 임무를 맡은 네 천사와 16-19절에 묘사되는 막대한 마귀 기병대의 파괴 행위 간에(15절과 18절의 아포크테이네인 토 트리톤 톤 안드로폰[*ἀποκτείνειν τὸ τρίτον τῶν ἀνθρώπων*, "사람 삼분의 일이 죽는다"]이라는 어구의 반복 외에) 아무런 연관이 없기 때문이다(Wellhausen, *Analyse*, 13). 만일 네 천사가 아니라 마귀의 군대가 "유브라데에 결박되어" 있었다면 더 훌륭하게 의미가 통했을 것이다(16:12-14을 참조하라). 왜냐하면 유브라데(유브라테스) 강은 로마 제국과 파르티아 제국 사이에 엄중하게 경계되는 국경이었기 때문이다. 종종 주석가들은 네 천사가 마귀 기병대의 선동자와 지휘자들로 행동한다고 가정하지만, 현재 형태의 본문에서 이 가정은 전혀 명확하지 않다. 이전에 이 곳의 내용은 천사들이 동방의 왕들을 부추겨 그들의 군대를 모아 이스라엘을 공격하는 역할을 하는 것이었는데, 편집으로 그 도식이 수정되었을 가능성이 있다. 왜냐하면 이런 도식이 *1 Enoch* 56:5-6(Bousset[1906] 304; tr. Knibb, *Enoch*)에 다음과 같이 반영되기 때문이다.

> 그리고 그때 천사들이 함께 모여 동방, 곧 파르티아안들과 메데인들을 공략할 것이다. 그들은 왕들을 선동할 것이니, 혼란시키는 영이 그들에게 역사할 것이다. 그들은 왕들을 왕좌에서 내어몰 것이니, 그 왕들은 잠자리에서 나오는 사자들과 같이, 그리고 양 무리 가운데 있는 굶주린 늑대들과 같이 나의 택한 자들의 땅에 나타나 그 땅을 유린할 것이니, 나의 택한 자들은 그들 앞에서 짓밟히는 땅과 밟아 다진 길같이 될 것이다.

15a절의 "네 천사"라는 관사가 있는 어구가 이 천사들이 독자들에게 이미 알려져

있다는 사실을 추정하는 것과 똑같이(위에 인용된 *1 Enoch* 56:5에 나오는 "천사들"에 정관사가 있다는 것을 주목하라), 톤 스트라튜마톤(*τῶν στρατευμάτων*, "마병대")에도 관사가 있으며, 따라서 이 "마병대"는 독자들이 알고 있는 것으로 저자가 추정하는 존재다. 분명히 저자의 의도는 이 천사들이 여러 민족의 군대가 세계를 유린하는 것을 억제하고 있었다고 독자들이 해석하도록 하는 것이다. 5:11에서 저자는 분명히 다니엘 7:10("그 앞에 시위한 자는 만만이라"[*μύριαι μυριάδες παρειστήκεισαν αὐτῷ*–뮈리아이 뮈리아데스 파레이스테케이산 아우토])에 의존한다. 그러나 그는 킬리아이(*χίλιαι*)와 뮈리아이(*μύριαι*)라는 수를 피한다: 뮈리아데스 뮈리아돈 카이 킬리아데스 킬리아돈(*μυριάδες μυριάδων καὶ χιλιάδες χιλιάδων*, "만만이요 천천이라"). 칼리아데스(*χιλιάδες*)나 뮈리아데스(*μυριάδες*)와 복합된 수들은 (1) "…천"(*x* thousand) 또는 "…만"(*x*-ty thousand)을 의미할 수도 있고, 또는 (2) "수천의"(thousands of) 또는 "수만의"(of then thousands of)를 의미할 수도 있는 반면에, 킬리오이(*χίλιοι*)와 뮈리오이(*μύριοι*)는 각각 "일천" 또는 "일만"이라는 의미를 나타낸다(Mussies, *Morphology*, 223). 디스킬리아스(*δισχίλιας*, "이천")라는 수는 칠십인역에서 1 Macc 9:4에만 나온다(이문: MS A). 무씨즈(Mussies, *Morphology*, 224-25)는 요한계시록 9:16이 시편 68:17(맛소라 사본 18절)을 인유한다고 제안한다: "하나님의 병거가 천천(רבתים–립보타임, 쌍수: 영역, "twice ten thousand")이요 만만(אלפי שנאן–알페 쉬난)이라 주께서 그 중에 계심이 시내 산 성소에 계심 같도다." 그리고 디스뮈리아데스(*δισμυριάδες*)는 히브리어 쌍수 형태(רבותים–립보타임)의 직역이라고 제안한다. 만일 이 제안이 정확하다면, 디스뮈리아데스 뮈리아돈(*δισμυριάδες μυριάδων*)의 번역은 "twice ten tousand of ten thousands"(수만의 이만)가 아니라 "ten thoudand times tens of thousands"(수만의 수만 배)가 되어야 한다. 더욱이 이 어구는 "two hundred million"(이억) 또는 "one hundred million"(일억)으로 번역되면 안 된다(만일 디스[*δίς*]가 히브리 쌍수의 오역으로 간주된다면). 왜냐하면 만이라는 큰 수는 완전한 군대를 의미하기 때문이다.

이 이억의 마병대는 인간의 군대라기보다는 마귀의 군대 같다. 멸망시키는 천사들의 대군은(비록 이렇게 많지는 않지만) 바빌로니아어 탈무드에 두 번 언급된다. *b. Šabb.* 88a에는 멸망의 천사들 이백만 명이 금송아지 사건에서 범죄한 이스라엘 백성들을 처벌했다고 말한다. 그리고 *b. Pesaḥ.* 112bd에 의하면, 마할라트(Mahalath)의 딸 이그라트(Igrath)와 멸망의 천사들 18만 명이 매일 밤 나타났다(전에 그들은 밤낮으로 나타났다).

16b "내가 그들의 수를 들었노라"(*ἤκουσα τὸν ἀριθμὸν αὐτῶν* – 에쿠사 톤 아리드몬 아우톤). 이 말은 회고로 해석되며, 따라서 괄호 안에 놓인다. 7:4에서도 유사한 어구가 발견되는데, 그 곳에서 저자는 "인 맞은 자(즉 십사만 사천 명)의 수를 들었다"고 주장한다. 저자는 이 거대한 군대의 크기를 알고 있다. 그러므로 그는 이 수가 자신에게 계시되었다는 사실을 주장함으로써 이 지식의 이유를 설명하고 있다.

17a "이같이 이상한 가운데 그 말들과 그 탄 자들을 보니 불빛과 자주빛과 유황빛 흉갑이 있고"(*καὶ οὕτως εἶδον τοὺς ἵππους ἐν τῇ ὁράσει καὶ τοὺς καθημένους ἐπ᾽ αὐτῶν, ἔχοντας θώρακας πυρίνους καὶ ὑακινθίνους καὶ θειώδεις* – 카이 후토스 에이돈 투스 잎푸스 엔 테 오라세이 카이 투스 카데메누스 에프 아우톤 에콘타스 도라카스 퓌리누스 카이 휘아킨디누스 카이 데이오데이스). 저자가 환상으로 본 것에 대한 이 언급은 요한계시록에서는 독특하지만 다니엘서에는 비교적 자주 나온다(7:1, 7, 13; 8:2, 15; 9:21). 7-11절에서 묘사되는 환상의 맥락을 다시 찾기 위해 의도된 편집적 해설이다. 그런데 이 환상의 묘사는 12절과 13-16절의 삽입으로 중단되었었다. 그는 다른 곳에서 오라시스(*ὅρασις*)라는 용어를 "모습"이라는 의미로 두 번(두 번 모두 4:3에서) 사용된다. 마병대의 흉배 색깔(불빛, 자주빛, 유황빛)은 그들의 입에서 나오는 불, 연기 그리고 유황과 관련이 있다.

17b "또 말들의 머리는 사자 머리 같고"(*καὶ αἱ κεφαλαὶ τῶν ἵππων ὡς κεφαλαὶ λεόντων* – 카이 하이 케팔라이 톤 잎폰 호스 케팔라이 레온톤). 이 괴물들에 대한 묘사는 17-19b절에 나오는데, 이들은 세 가지 짐승, 말의 몸과 사자의 머리와 뱀 머리의 꼬리의 결합이다. 고대에 이 짐승과 가장 가까운 괴물은 그리스와 로마 신화에 묘사된, 용사 벨레로폰(Bellerophon)이 페가수스(Pegasus)의 도움을 받아 물리친 괴물 키메라(Chimera)다. 키메라는 사자의 머리와 용 또는 뱀의 꼬리와 염소의 몸을 갖고 있고 불을 뿜어내는 것으로 일관되게 묘사된다(*Iliad* 6.181-82; Hesiod *Theog.* 319-24; Euripides *Ion* 203-4; *Electra* 474-75; Apollodorus 2.3.1; Lucretius *De rerum natura* 2.705; 5.905-7; Hyginus *Fabulae* 57.2). 광범위한 도상(圖像, iconography) 전통도 극히 일관되게 키메라가 몸의 상부 중간에 염소의 머리를 갖고 있는 사자이며, 긴 뱀 꼬리와 꼬리에 머리가 있는 것으로 묘사한다(*LIMC* 3/1:249-69; 3/2:197-217). 9:17-19에 나오는 괴물 말들과의 유사성은 널리 분포된 키메라의 묘사가 이 세 가지 형태의 괴물들의 모델이었을지 모른다고 상상하기

에 충분하다.

17c "그 입에서는 불과 연기와 유황이 나오더라"(*καὶ ἐκ τῶν στομάτων αὐτῶν ἐκπορεύεται πῦρ καὶ καπνὸς καὶ θεῖον* – 카이 에크 톤 스토마톤 아우톤 에크포류에타이 퓌르 카이 카프노스 카이 데이온). 애굽의 재앙들에 대한 해석을 다루는 문맥에서, Wis 11:18은 하나님께서 "화염의 숨을 내쉬거나, 짙은 연기의 장막을 뿜어내거나, 눈에서 무서운 섬광을 발하는" 곰이나 사자나 알 수 없는 괴물들을 보내야 애굽인들에게 재앙을 내리시지 않았다고 말한다. 이 구절은 욥기 41:19-21(칠십인역 41:11-13)에서 발견되는 입에서 불이 나오는 레비아단(Leviathan, 개역, "악어")에 대한 다른 전설과 연결될지 모른다.

> 그 입에서는 횃불이 나오고 불똥이 뛰어나며 그 콧구멍에서는 연기가 나오니 마치 솥이 끓는 것과 갈대의 타는 것 같구나. 그 숨이 능히 숯불을 피우니 불꽃이 그 입에서 나오며.

그리스-로마 신화에서 불을 토해내는 괴물들은 비교적 희귀하지만, 이스라엘-유대 전설에서보다는 훨씬 흔히 볼 수 있다. 그리스-로마 신화에는 이 특징을 갖고 있는 세 가지 신화적 괴물이 나온다. (1) 콜키스(Colcjis)에서 이아손(Jason)이 물리친 콧구멍에서 불을 토해낸다고 하는 놋쇠 발굽을 갖고 있는 황소(Pindar *Pyth.* 4.225; Apollodorus 1.9.23; Apollonius Rhodius 3.1302-5; Ovid *Metam.* 7.104-5; Vergil *Georgics* 2.140; 그러나 도상 전통에 불을 토해내는 황소는 전혀 보이지 않는다; 참조. *LIMC* 5/1:631-32; 5/2:427, plates 17-30). (2) 간혹 불을 토해내는 것으로 묘사되는 신화의 다른 짐승들로 헤라클레스에게 죽임을 당한 디오메데스(Diomedes)의 식인 말들이 있다(Euripides *Alcestis* 493; Lucretius *De rerum natura* 5.29). 그러나 도상 전통에 나오는 바와 같이(*LIMC* 5/1:67-71; 5/2:81-82, plates 2414-54), 이들이 불을 토하는 세부 묘사는 매우 자주 생략된다(Apollodorus 2.5.8; Diodorus Siculus 4.15.3). (3) 키메라는 불을 뿜어내는 것으로 묘사된다(위에서 17b절의 "주석"을 보라). 그 밖에 입에서 섬광이 번쩍이고 초목을 태울 정도로 뜨거운 숨을 토하는 것으로 묘사되는 거대한 멧돼지가 있고(Ovid *Metam.* 8.289), 간혹 코로 불을 내뿜는 말에 대한 묘사가 나온다(Vergil *Georgics* 3.85; Silius italicus 6.228; Nonnus *Dion.* 29.19).

17b-18b절을 특징짓고 이 구절에 시적 정취를 부여하는 포괄(inclusio)의 용법을 주목하라: 17b절, "그 입에서는 불과 연기와 유황이 나오더라"; 18b절, "저희 입에

서 나오는 불과 연기와 유황." 이 포괄은 이 구절을 교차법적(chiastic)으로 배열한다.

A [17b]그 입에서는
B 나오더라
C 불과 연기와 유황
D [18a]이 세 재앙을 인하여 사람 삼분이 일이 죽임을 당하니라
C' [18b]불과 연기와 유황
B' 나오는
A' 저희 입에서

18 "이 세 재앙 곧 저희 입에서 나오는 불과 연기와 유황을 인하여 사람 삼분의 일이 죽임을 당하니라"(*ἀπὸ τῶν τριῶν πληγῶν τούτων ἀπεκτάνθησαν τὸ τρίτον τῶν ἀνθρώπων ἐκ τοῦ πυρὸς καὶ τοῦ καπνοῦ καὶ τοῦ θείου τοῦ ἐκπορευομένου ἐκ τῶν στομάτων αὐτῶν*–아포 톤 트리온 플레온 투톤 아페크탄데산 토 트리톤 톤 안드로폰 에크 투 퓌로스 카이 투 카프누 카이 투 에이우 투 에크포류메누 에크 톤 스토마톤 아우톤). 하나님에 의한 소돔과 고모라의 멸망에 대한 필로의 고도로 양식화된 기술에 불과 연기와 유황이 모두 언급된다(Philo, *Mos.* 2.55-58). "삼분의 일"이라는 수는 *Sib. Or.* 3.544에서 희생자가 아니라 생존자들에 대해 사용된다: "인류 전체의 삼분의 일이 불의 재앙을 면할 것이다"(15절을 보라). 불과 유황에 의한 도시나 국가의 심판 주제는 구약성경과 초기 유대교에서 고정적인 개념인데, 이 개념의 원형은 창세기 19:24에 기술된 불과 유황에 의한 소돔과 고모라의 멸망이다(신 29:23; 시 11:6; 겔 38:22; 사 30:33; 34:9; *Sib. Or.* 3.53-61, 689-92; 눅 17:29; *1 Clem* 11:1). 요한계시록에서 불과 유황은 하나님의 심판의 매체로 자주 언급된다(9:17-18; 14:10; 19:20; 20:10; 21:8).

19a "이 말들의 힘은 그 입과 그 꼬리에 있으니"(*ἡ γὰρ ἐξουσία τῶν ἵππων ἐν τῷ στόματι αὐτῶν ἐστιν καὶ ἐν ταῖς οὐραῖς αὐτῶν*–헤 가르 엑수시아 톤 잎폰 엔 토 스토마티 아우톤 에스틴 카이 엔 타이스 우라이스 아우톤). 사자 머리를 갖고 있는 말들의 입의 치명적인 특징은 이미 17b-18절에 묘사되었기 때문에, 이 어구는 그들의 꼬리의 치명적인 특징을 강조하며, 또한 아마 "이 말들의 힘은 그들의 입뿐만 아니라 그 꼬리에도 있다"고 해석되어야 할 것이다.

19b "그 꼬리는 뱀 같고 또 꼬리에 머리가 있어 이것으로 해하더라"(*αἱ γὰρ*

οὐραὶ αὐτῶν ὅμοιαι ὄφεσιν, ἔχουσαι κεφαλὰς καὶ ἐν αὐταῖς ἀδικοῦσιν – 하이 가르 우라이 아우톤 호모이아이 오페신 에쿠사이 케팔라스 카이 엔 아우타이스 아디쿠신). 꼬리에 뱀의 몸과 머리를 갖고 있는 것으로 생각된 그리스 신화의 괴물 키메라에 대해서는 17b절의 "주석"을 보라.

20a "이 재앙에 죽지 않고 남은 사람들은 그 손으로 행하는 일을 회개치 아니하고"(*καὶ οἱ λοιποὶ τῶν ἀνθρώπων, οἳ οὐκ ἀπεκτάνθησαν ἐν ταῖς πληγαῖς ταύταις, οὐδὲ μετενόησαν ἐκ τῶν ἔργων τῶν χειρῶν αὐτῶν* – 카이 호이 로이포이 톤 안드로폰 호이 우크 아페크탄데산 엔 타이스 플레가이스 타우타이스 우데 메테노에산 에크 톤 에르곤 톤 케이론 아우톤). 20-21절이 8:7-9:19에 나오는 여섯 나팔 재앙들 전체를 종결지으려는 의도를 갖고 있을지 모르지만, "죽다"는 어구가 여기에 사용된다는 사실은 이 부분이 주로 여섯 번째 나팔 재앙을 구성하는 마귀 군대에 의한 살육에 대한 종결임을 시사한다. 회개라는 주제는 이 곳에서 상당히 의외로 보인다. 일곱 나팔의 기사(8:2-9:20; 15:15-18) 어디에도 나팔 재앙들의 목적에 대한 언급이 나오지 않는다. 즉 나팔 재앙의 목적이 이전의 범죄에 대한 하나님의 처벌인지 또는 세계 백성들로 하여금 총체적인 회개를 하게 하려고 하는 것인지 전혀 언급되지 않는다. 실제로, 요한계시록 4:1-22:5에 회개의 주제는 매우 희귀하게 나오며, 하나님께서 보내시는 종말의 처벌에 대한 부정적인 반응을 기술하는 문맥들에만 나온다(9:20, 21; 16:9, 11). 이 회개의 주제는 저자가 출애굽기 재앙 기사에서 인유한 격식적인 주제다(출 7:13, 22; 8:15, 19, 32; 9:7, 12, 34-35; 10:1, 20; 11:9-10; 14:4). 그런데 출애굽기에서 애굽의 바로가 생각을 바꾸어 회개한다는 것은 전혀 실재적인 가능성으로 고려되지 않는다. 그러나 요한계시록 2-3장의 내용에서 메타노에인(*μετανοεῖν*, "회개")은 기독교 공동체가 회개하라는 촉구를 받는 문맥에 여덟 번 나온다(2:5[2x], 16, 21[2x], 22; 3:3, 19; 참조. 2:5의 "주석").

타 에르가 톤 케이론 아우톤(*τὰ ἔργα τῶν χειρῶν αὐτῶν*, "그 손으로 행하는 일")이라는 어구는 생명이 없고, 무능하고, 손으로 만들어진 물건으로 우상들을 종종 언급하는 상투적인 셈어식 어구다(신 31:29; 왕상 16:7; 왕하 22:17; 대하 34:25; 사 2:8; 17:8; 렘 1:16; 25:6-7; 32:30; 미 5:13; 행 7:41; Justin *1 Apol.* 20.5; *Dial.* 35.6). 이 의미는 시편 115:4(칠십인역 113:2; 시편 135:15[칠십인역 134:15]에는 거의 같은 어구로 나온다)에서 뚜렷하다: "저희 우상은 은과 금이요 사람의 수공물이라." 동등한 헬라어 케이로포이에토스(*χειροποίητος*, "손으로 만든, 인위적")도 간혹 우상들에 대해 사용된다(*Sib. Or.* 3.606, 722; 4.28a; Justin *1 Apol.* 58.3; *Dial.* 35.6; Athenagoras *Leg.* 17.3). "그 손으로 행하는 일"은 사람들의 행동에 대해서(시 28:4; 90:17; 사 65:22; *1 Enoch* 100:9; Ps. *Sol.* 4:16; 6:2; 9:4; 16:9) 또는 하나님의 창조에 대해서도 사용될 수 있다(시 8:6; 19:1; 138:8; 142:5; 사 45:11; 60:21; *Adam and Eve* 33:5; Ps. *Sol.* 18:1; *Gk Ap. Ezra* 1:10).

20b "오히려 여러 귀신과 또는 금, 은, 동과 목석의 우상에게 절하고"(*ἵνα μὴ προσκυνήσουσιν τὰ δαιμόνια καὶ τὰ εἴδωλα τὰ χρυσᾶ καὶ τὰ ἀργυρᾶ καὶ τὰ χαλκᾶ καὶ τὰ λίθινα καὶ τὰ ξύλινα* – 히나 메 프로스퀴네수신 타 다이모니아 카이 타 에이돌라 타 크뤼사 카이 타 아르귀라 카이 타 칼카 카이 타 리디나 카이 타 크쉴리나). 20-21절은 일종의 악덕 목록을 구성한다(21:8, 27; 22:15에 이와 같은 목록 세 가지가 나온다). 여기에서 히나(*ἵνα*) 절은 결과절 기능을 한다. 즉 그들은 결과적으로 더 이상 우상 숭배를 하지 않을 수 있는 회개를 하지 않았다.

다이몬(*δαίμων*)의 사라진 지소(diminutive) 형태 다이모니온(*δαιμόνιον*)(전자는 신약성경에서 마 8:31에만 나온다)은 요한계시록에 세 번 나온다(9:20; 16:14; 18:2). 찰스(Charles, 1:254)의 견해에 의하면, 이 본문은 "신중하게 귀신과 우상을 구분한다." 그러나 과연 그럴까? 이 곳의 카이(*καί*)는 설명적 보족어로서 이 어구는 "그들이 귀신들, 즉 우상들이다"라고 번역되어야 할 것이다(Theophilus *Ad Autolycum* 1.10을 보라. 여기에서 그는 올림푸스의 신들에 대해 "왜냐하면 그들은 신이 아니라 우상들[*εἴδωλα* – 에이돌라]…즉 부정한 귀신들[*καὶ δαιμόνια ἀκάθαρτα* – 카이 다이모니아 아카다르타]이기 때문이다"라고 말한다). 어떻게 귀신들이 절을 받는가? 고린도전서 10:19-20에서 바울은 귀신들이 아무것도 아닌데도 불구하고(참조. 고전 8:4, 11), 이교도들이 실제로 제사를 드리는 대상은 신이 아니라 귀신들이라고 말한다(아마 신 32:17에서 비롯된 견해일 것이다). 구약성경의 여러 곳에 이교의 신들이 사실상 귀신들이라고 표현하는 신념이 나온다(신 32:17, "그들은 하나님께 제사하지 아니하고 마귀에게 하였으니"[*ἔθυσαν δαιμονίοις καὶ οὐ θεῷ* – 에뒤산 다이모니오이스 카이 우 데우]; 참조. 시 96:5[칠십인역 95:5], "만방의 모든 신은 헛것이라"[*πάντες οἱ θεοὶ τῶν ἐθνῶν δαιμόνια* – 판테스 호이 데오이 톤 에드논 다이모니아][Trypho, Justin *Dial.* 55.2에 인용된 어구]; 시 105:37 [칠십인역 106:37]). 이 신념은 초기 유대교에서도 지속되었다(*Jub.* 1:11; 11:4-6; 22:17; *1 Enoch* 19:1; 99:7; *T. Judah* 23:1). 초기 기독교 변증론자들도 유사하게 "신들"이 사실상 악한 마귀들이라고 확신했다(Justin *1 Apol.* 5.2; 9.1; Tatian

Oratio 8.1-4; 12.4; Tertullian *De spect.* 9; *Apol.* 23.4; *De idol.* 4; 15.5; *De test. an.* 2; *Ad Scap.* 2; Clement of Alex. *Protrepticus* 2; *Strom.* 6.3). 켈수스(Celsus)는 우상들이 다이몬일지라도 사람들이 기도하고 제사를 드려야 한다고 생각했다(Origen *Contra Celsum* 8.24). 물론 켈수스뿐만 아니라 대부분의 그리스인들은 "귀신" 또는 "다이몬"이라는 용어가 덜 중요한 신들을 나타내는 용어라고 생각했다. 그리스 신화의 일부 신들을 다이몬과 동일시하는 그리스인들도 있었는데, 이 경우 다이몬이라는 용어는 경멸적으로 사용되는 것이 아니었다(Plutarch *De def. orac.* 421C E; see Brenk, *In Mist Apparelled*, 85-112). 오리겐은 일부 이교 석상들에는 다이몬들이 살고 있다고 생각했다(Origen, *Contra Celsum* 8.41). 귀신에게 숭배한다는, 또는 절을 한다는 생각은 Tatian *Oratio* 16.2에서도 언급된다. 『바돌로매 행전』 6장(*Acts of Bartholomew* 6, Lipsius-Bonnet, *AAA* 2/1:142)에는 귀신이 "우리는 그들(즉 '이교도들')에 의해 신으로 숭배를 받는데[*προσκυνούμεθα* – 프로스퀴누메다] 사실상 우리는 귀신들이다"라고 고백한다(이 주제에 대해서는 Pohlenz, *Zorne*, 140ff.를 보라). 후기 그리스-로마 시대에는 귀신들이 제물을 먹는다는 믿음이 널리 퍼졌는데(고전 10:20; Philo *Decal.* 74; Porphyry *De abst.* 11, 42; Oenomaus in Eusebius *Praep. evang.* 5.21.5[213b]; Origen *Contra Celsum* 3.28; 7.6; 참조. *Iliad* 4.49; 9.500; 24.70), 이 믿음은 신들이 제물을 먹는다는 고대의 믿음의 연속이었다.

유대교와 기독교의 우상 숭배에 대한 비난은 종종 이교의 신들을 제작하는 물질들의 목록을 포함하는데(예를 들어, 금, 은, 동, 철, 나무, 돌, 진흙), 여기에는 그들이 살아 있는 존재라는 믿음과 이런 물질이 모순된다는 암시가 함축되어 있다(합 2:18-19; 단 5:23; 시 115:4-6; 3 Macc 4:16; 2 Macc 2:3; Wis 15:8-9; Ep Jer 8-9, 30, 50, 57, 70; 행 17:29; 4QPrNab; 4Q*267*=4QDb 17 ii 8-9; 4Q*268*=4QDc 1 ii 8-9; 4Q*270*=4QDe frag. 7, lines 20-21).

놀랍게도 요한계시록에는 우상 숭배에 대한 비난이 이 곳과 22:15의 악덕 목록에만 나온다. 그러나 우상에게 바쳤던 고기를 먹는 것, 기독교 공동체 내의 문제점(2:14, 20) 그리고 전반적으로 사람들을 연루시키는 문제인 용, 짐승 또는 짐승의 우상에게 경배하는 것과 같은 특별한 형태의 우상 숭배가 종종 언급된다(13:4, 14-15; 14:9, 11; 16:2; 19:20; 20:4). 구약성경에는 우상 숭배에 대한 비난이 자주 나온다. 구약성경에서 이교 예배가 이스라엘 땅 또는 이스라엘 백성에게 끼치는 영향은 여호와 예배에 대한 위협으로 간주된다. 헬라 문화 시대의 유대 문헌, 특별히 유대교의 일신론을 방어하는 변증론적 문맥들에서 종종 우상 숭배는 어리석은 짓으로 조소된다(Philo *Spec. Leg.* 1.28; *Leg.* 139, 290; *Decal.* 72-79; Ps.-Aristeas *Ep.* 134-39; *Ant.* 19.290). 칠십인역의 출애굽기 22:28 번역은 일부 헬라 문화화된 유대인들이 옹호하는 이교 예배에 대한 관용에 큰 영향을 끼쳤다. 출애굽기 22:28 [맛소라 사본과 칠십인역 27절]의 번역은 "너희는 하나님을 욕하지 말라"(You shall not revile God[אלהים -엘로힘]; 개역. "너희는 재판장을 욕하지 말며")로 나타내는 반면에, 칠십인역은 "너희는 신들(gods)을 욕하지 말라"(*θεοὺς οὐ κακολογήσεις* - 데우스 우 카콜로게세이스)로 나타낸다. 이 독법은 필로와 요세푸스에 여러번 인용되어 이방인들이 이교의 신들을 경배하는 것은 상관 없는 것으로 해석되었다(Philo *Spec. Leg.* 1.53; *Mos.* 2.203-5; *Quaest. in Exod.* 2.5; *Ant.* 4.207; *Ag. Ap.* 2.236-37; 참조. Le Boulluec-Sandevoir, *L'Exode*, 230-31; Delling, *Klio* 43-45 [1965] 263-69). 그러나 유대인들이 영향을 받지 않는 상황에서 이방인들이 자신들의 예배 형태를 포기하는 것에 대해 유대인 저자들은 가끔 관심을 가졌을 뿐이었다(M. Goodman, *Proselytizing*, 40-59). 이교의 예배 형태를 전반적으로 강력하게 비난하는 이 소수의 자료들(Wis 13-15; *Sib. Or.* 3.545-72, 601-7; 롬 1:18-23)은 종종 이런 예배를 하나님의 처벌과 연결시키면서 모든 사람이 자신들의 전통적인 예배 형태를 버리고 참되신 하나님 예배로 돌아오는 보편적 종말론을 전제한다(Tob 4:6; Philo *Mos.* 2.44; 21:24-26의 "주석"을 보라). 따라서 요한계시록 9:20과 22:15에 나오는 우상 숭배에 대한 총괄적인 비난은 저자가 갖고 있는 기독교 보편주의의 한 국면이다(다른 국면들에 대해서는 14:6-7의 "주석"을 보라).

유대교는 팔레스타인의 우상 숭배에 대해 명확하게 반대했다(1 Macc 2:23-28; *Ant.* 12.344; *Ag. Ap.* 1.193). 그리고 유대인 공동체가 비교적 유력할 때 그들이 이교의 신당들을 공격했던 것으로 보이는 증거가 있다(1 Macc 5:68; 10:84; Jos. *Ag. Ap.* 1.248-50; 참조. Bel 1:1-22). 이교의 우상 숭배에 대한 유대교의 비난의 한 가지 근거는 아마 "노아 율법"일 것이다. 유대인들은 자신들과 마찬가지로 모든 이방인들도 노아의 자손이기 때문에 노아 율법은 모든 이방인들에게도 의무적이라고 믿었다(행 15:19-21, 28-29은 이 믿음을 반영할 것이다). 노아 율법의 가장 초기 형태는 아보다 자라(*'Aboda Zara*, "이방 예배")라고 칭하는 토셒타(the Tosepta)의 한 단락에서 노아 율법의 일곱 가지 요구가 논의된다. (1) 재판정의 설치, (2) 우상 숭배, (3) 신에 대한 불경, (4) 간음, (5) 살인, (6) 도둑질, (7) 살아 있는 짐승의 사지를 자르는 문제(*t. 'Abod. Zar.* 8.4-6). 그러나 이방인의 동성애를 비난하지만 우상 숭배에 대해서는 유연한 헬라화된 유대교의 다른 기준들도 있다(*Tes-*

tament of Abraham; Ps.-Phocylides *Sententiae*; 참고: Goodman, *Proselytizing*, 54). 우상 숭배에 대한 예언자의 비판들은 특별히 신명기-이사야에 자주 나오며, 포수 후 유대 공동체의 내부 갈등을 반영한다(사 40:18-20; 42:17; 44:9-20; 45:16, 20; 참조. 렘 10:1-16; 시 115:3-8).

우상 숭배에 대한 반감은 신약성경에서도 표현되며(고전 14:15), 우상 숭배에 대한 비판들(종종 헬라 문화 시기의 유대교 변증론에서 차용한)도 초기 기독교 변증론자들 중에서 발견된다(Tatian *Oratio* 4.2; Theophilus *Ad Autolycum* 1.9-10; 2.2). 켈수스는 그리스도인들이 신전과 제단과 조상(彫像)들이 눈에 띄는 것을 참지 못한다고 비난했다(Origen *Contra Cels.* 7.62). 헬라 문화 시대의 지식인들에 의한 우상 숭배에 대한 비판도 있었다는 사실을 인식할 필요가 있다(Ps.-Heraclitus *Ep.* 4.; 참조. H. W. Attridge, *First-Century Cynicism in the Epistles of Heraclitus*, HTS 29[Missoula, MT: Scholars, 1976] 13-23, 여기에는 많은 고대 자료들에 대한 언급이 나온다). 플루타크(Plutarch, *De Iside* 379C-D)는 일부 그리스인들이 신들의 형상들(*ἀγάλματα* – 아갈마타)이라기보다는 신들 자체로서의 동상들, 그림들 그리고 석상들에 대해 말하는 것을 소개한다(행 19:26을 보라; 참조. v 23). 스토아 철학의 창시자인 제노(Zeno)는 신전과 형상들과 같은 인간의 제작물들은 신들에게 어울리지 않기 때문에 불필요한 일이라고 생각했다고 한다(von Arnim, *SVF* vol. 1, frag. 264[Clement Alex. *Strom.* 5.12.76에 인용됨]).

20c "보거나 듣거나 다니거나 하지 못하는"(*ἃ οὔτε βλέπειν δύνανται οὔτε ἀκούειν οὔτε περιπατεῖν* – 하 우테 블레페인 뒤난타이 우테 아쿠에인 우테 페리파테인). 이 어구는 아마 시편 115:4-7의 인유일 것이다.

> 저희 우상은 은과 금이요
> 　　사람의 수공물이라.
> 입이 있어도 말하지 못하며
> 　　눈이 있어도 보지 못하며
> 귀가 있어도 듣지 못하며
> 　　코가 있어도 맡지 못하며
> 손이 있어도 만지지 못하며
> 　　발이 있어도 걷지 못하며
> 목구멍으로 소리도 못하느니라.

시편 115:4-6은 한 아람어 마술 대접에도 인유되는 것 같다(Naveh-Shaked,

Amulet, bowl 6, line 4). "너희가 눈이 있어도 보지 못하며, 귀가 있어도 듣지 못하는 것과 마찬가지로 너희는 나에게 침묵하는 돌맹이에 불과할 뿐이다"(단 5:23; 3 Macc 4:16; Wis 15:15; Ep Jer 8-9; Sir 30:19; 고전 12:1).

21 "또 그 살인과 복술과 음행과 도적질을 회개치 아니하더라"(*καὶ οὐ μετενόησαν ἐκ τῶν φόνων αὐτῶν οὔτε ἐκ τῶν φαρμάκων αὐτῶν οὔτε ἐκ τῆς πορνείας αὐτῶν οὔτε ἐκ τῶν κλεμμάτων αὐτῶν*-카이 우 메테노에산 에크 톤 포논 아우톤 우테 에크 톤 파르마콘 아우톤 우테 에크 테스 포르네이아스 아우톤 우테 에크 톤 클렘마톤 아우톤). 회개의 주제에 대해서는 20절의 "주석"을 보라. 살인과 음행과 도적질에 대한 언급은 십계명 중 5, 6, 7계명에 대한 관심을 반영한다(출 20:13-15; 신 5:17-19). 로마서 13:9에서도 (탐욕과 함께) 동일한 세 가지 악덕이 언급되고, 이 동일한 세 가지 악덕은 마가복음 7:21-22의 더 긴 악덕 목록에도 나온다. 파르마콘(*φάρμακον*)이라는 용어는 9:21의 이 곳에만 나오는 반면에, 파르마케이아(*φαρμακεία*, "복술")는 18:23에도 나오고, 동족 명사 파르마코스(*φάρμακος*, "술객")는 요한계시록의 다른 두 악덕 목록에 복수로 나온다(21:8; 22:15). 이 파르마크-(*φαρμακ*) 동족어들은 18:23을 제외한 모든 목록에 나온다. 파르마콘(*φάρμακον*)은 "독"을 의미하거나(*Ant.* 15.89; *J. W.* 1.581-83; 참조. *PGM* VIII.33; 이 곳 9:21에서 포노스[*φόνος*, "살인"] 그리고 21:8; 22:15에서 포뉴스[*φονεύς*, "살인자들"]와 가깝게 나오는 것을 주목하라) 또는 "마술적 주문"을 의미하는(Jos. *J. W.* 1.571; POxy III.472; *PGM* IV.2176; VIII.33; XIII.253) 경멸적인 문맥에서 약물을 의미할 수도 있다. 고대 세계에 마술은 널리 퍼져 있었고 특별히 소아시아와 이집트에서 우세했다. 현대의 인류학자들은 에반스 프리차드(E. E. Evans-Prirchard)를 따라서 마법(sorcery)과 마력(witchcraft)를 구분해 왔다. 마법이란 마술 기법들과 물질들을 교묘하게 다루는 것인 반면에, 마력은 선천적인 자질에 숙련자들이 목적을 이루기 위해 세습적인 정신·물리적 기술들을 추가하여 사용하는 것이다(*Witchcraft, Oracles and Magic among the Azande*[Oxford: Clarendon, 1976] 63-64, 176; 참조. L. Mair, *Witchcraft*[New York; Toronto: McGraw-Hill, 1969] 7-32). 칠십인역과 그리스 문헌에 나오는 흉안(凶眼, evil eye)과 관계가 있고 갈라디아서 3:1에서 바울이 사용하는 용어 바스카이네인(*βασκαίνειν*, "꼬이다, 호리다")은 이 마력의 정의에 적합하다(J. Neyrey, "Bewitched in Galatia: Paul and Cultural Anthropology," *CBQ* 50[1988] 72-75를 보라).

포르네이아(*πορνεία*)는 동성애를 포함한 다양한 형태의 "성적 부도덕"을 나타내는 포괄적인 용어다(Balsdon, *Romans,* 225-27).

요한계시록에 나오는 세 가지 악덕의 개관적 비교는 도움이 된다.

요한계시록 9:20-21	**요한계시록 21:8**	**요한계시록 22:15**
에이돌롤라트리아 (εἰδωλολατρία) 우상 숭배	데일로이 (δειλοί) 두려워하는 자들	
	아피스토이 (ἄπιστοι) 믿지 아니하는 자들	
	에브델뤼그메노이 (ἐβδελυγμένοι) 흉악한 자들	퀴네스 (κύνες) 개들
포노이 (φόνοι) 살인	포네이스 (φονεῖς) 살인자들	파르마코이 (φάρμακοι) 행음자들
파르마카 (φάρμακα) 복술	포르노이 (πόρνοι) 행음자들	포르노이 (πόρνοι) 행음자들
포르네이아 (πορνεία) 음행	파르마코이 (φάρμακοι) 술객들	포네이스 (φονεῖς) 살인자들
클렘마타 (κλέμματα) 도적질	에이돌롤라트라이 (εἰδωλολάτραι) 우상 숭배자들	에이돌롤라트라이 (εἰδωλολάτραι) 우상 숭배자들
	판테스 호이 프슈데이스 (πάντες οἱ ψευδεῖς) 모든 거짓말하는 자들	파스 필론 카이 포이온 프슈도스 (πᾶς φιλῶν καὶ ποιῶν ψεῦδος) 거짓말을 좋아하며 지어내는 모든 자들

해설

4:1-5:14의 일곱 인의 서막, 그리고 15:1-8의 일곱 대접의 서막과 마찬가지로 8:7-9:21과 11:15-18에 기술된 일련의 일곱 나팔 재앙은 8:2-5의 하늘 성전 장면으로 시작된다. 일곱 인과 마찬가지로 일곱 나팔 재앙은 4+3 구조를 나타낸다. 즉 간결하고 엄밀한 구조가 특징인 앞의 네 재앙(8:7-12)과 8:13에서 독수리가 선언하는 세 가지 화의 구조와의 일치를 통해 연결되는 뒤의 세 가지 재앙이다(참조. 9:14; 11:12). 일곱 나팔 재앙에 의해 고통을 당하는 땅의 백성들은 회개하지 않는다(9:20-21). 그러나 이 재앙들의 목적은 회개를 이끌어 내는 것이 아니라 처벌을 내리는 것이다. 회개하지 않는다는 기록은 출애굽기 7-14장에서 되풀이하여 발견되는 주제에서 유래한 것이다.

시작 장면인 하늘 성전에서(8:2-5) 하나님의 보좌 앞 하늘 제단 옆에 한 천사가 서 있다. 이 제단으로부터 그리스도인들의 기도(아마 구원과 공의를 구하여 드리는 기도)가 향과 섞이어 연기처럼 하나님 앞으로 올라간다. 제물과 기도의 대체 또는 동일시는 매우 오래된 주제로 유대교의 마지막 두 성전의 파괴(주후 70년 예루살렘 성전의 파괴와 주후 73년 이집트 레오니토폴리스[Leonitopolis]의 오니아스[Onias] 분리 종파 성전의 파괴)에 수반된 짐승 제사의 중시 이후 강조되었다. 천사가 땅에 쏟은 제단의 불을 담은 향로는 각각의 나팔 소리에 이어질 인류에 대한 처벌을 강조한다.

인의 재앙들과 마찬가지로 나팔 재앙들은 서술되는 하나님의 처벌이 세상의 특정된 부분의 삼분의 일에만 영향을 끼치는 예비적인 성격을 보이는(8:7-12) 반면에, 나머지 삼분의 이는 일곱 대접으로 실행되는 환난의 마지막 단계까지 잔존한다. 출애굽기 7:8-13:16과 요한계시록 8:1-11:19 및 15:1-16:21 간의 유사성은 세상의 믿음 없는 거민들에게 하나님께서 가하시는 종말론적 처벌에 대해 저자가 보는 환상의 모델이 출애굽기임을 나타낸다. 시편 78:43-52, 시편 105:27-36 그리고 아모스 4:6-13에는 일곱 재앙 전승에 대한 구약성경의 증거가 나온다. 그리고 출애굽기의 열 재앙 기사는 야웨(J) 기사의 일곱 재앙을 제사장(P) 기사의 열 재앙과 결합하여 일곱 재앙의 상징성을 선호하는 요한에게 선례를 제공한 것으로 보인다. 일곱 나팔의 사용은 이스라엘-유대의 전통에서뿐만 아니라 그리스-로마의 전통에서도 의의를 갖고 있었다. 왜냐하면 그리스-로마 세계에서 나팔의 신비한 소리는 신과 인간의 관계에 분열을 알리는 조짐이 될 수 있었던 반면에, 유대교에서 나팔은 전쟁의 시작을 신호하는 데 사용되었기 때문이다.

첫 번째 나팔 재앙에는 우박과 불과 피가 쏟아져 땅의 삼분의 일이 불탄다(8:7, 출 9:22-26의 일곱 번째 재앙 및 요한계시록 16:8-9, 19-21의 네 번째와 일곱 번째 대접 재앙과 유사하다). 그리스-로마 세계에서 피의 비는 신들의 진노를 암시하는 조짐으로 간주되었을 것이다. 두 번째 나팔 재앙에는 큰 산이 바다에 던져지고, 바다는 피가 되며, 그 결과 바다 생물이 죽고 선박의 삼분의 일이 파괴된다(8:8-9, 출 7:20-21의 첫 번째 재앙 및 계 16:3의 두 번째 대접 재앙과 유사하다). 세 번째 나팔 재앙에는 쑥이라는 이름의 별(실제로 그 이름을 가진 별이 없기 때문에 치명적인 결과에 따른 이름일 것이다)이 강과 물샘의 삼분의 일에 떨어져 강과 물샘 삼분의 일에 해독을 끼친다(8:10-11, 출 7-12장과 계 15-16장에 원형이나 유사한 내용이 없는 재앙이다). 네 번째 나팔 재앙에는 해와 달과 별의 삼분의 일이 어두워진다(8:12, 출 10:21의 아홉 번째 재앙 및 계 16:10의 다섯 번째 대접 재앙과 유사하다).

나중의 세 가지 나팔 재앙은 8:13에서 독수리에 의해 선언된 세 가지 "화"를 한 무리로 형성한다. 저자는 세 가지 화에 대한 묵시 전승으로 시작하여 그 전승을 일곱 나팔로 확대한 것 같다. 다섯 번째 나팔 재앙은 땅으로 떨어지는 별의 환상을 연출한다(이 별은 분명히 천사인데, 아마 사단일지도 모른다; 참조. 12:9). 그리고 이 별은 무저갱으로부터 하나님의 인이 없는 자들만 해치는 황충 재앙을 방출한다(9:1-12, 출 10:4-20의 여덟 번째 메뚜기 재앙, 그리고 욜 2:1-14의 메뚜기 은유를 원형으로 한다). 이들은 아바돈 또는 아볼루온이라는 이름의 무저갱의 천사를 그들의 왕으로 삼고 있는(9:11) 마귀 군대다. 하나님께서는 마귀 황충들이 사람들을 죽이는 것을 허용하지 않으시는 반면에, 이들은 다섯 달이라는 제한된 기간 동안 고통을 주는 침으로 사람들을 괴롭힌다. 여섯 번째 나팔 재앙은 유브라데 강에 결박된 네 천사(아마 네 국가를 상징하는)를 석방한다. 그리고 이들은 이억의 마귀 마병대를 지휘하여 사람 삼분의 일을 죽인다(9:13-19, 출애굽기 전승에 유사한 내용이 없는 재앙). 일곱 번째 나팔은 11:15-18까지 연기된다.

3. 천사와 작은 책(10:1-11)

참고문헌

Barr, J. *Biblical Words for Time.* London: SCM, 1962. **Bauckham, R.** "The Conversion of the Nations." In Bauckham, *Climax.* 238-337. **Bergmeier, R.** "Die Buchrolle und das Lamm(Apk 5 und 10)." *ZNW* 76(1985) 225-42. **Birt, T.** *Die Buchrolle in der Kunst: Archäologisch-antiquarische Untersuchungen zum antiken Buchwesen.* Leipzig: Teubner, 1907. **Cullmann, O.** *Christ and Time.* Tr. F. V. Filson. Philadelphia: Westminster, 1950. **Day, J.** "Echoes of Baal's Seven Thunders and Lightnings in Psalm XXIX and Habakkuk III 9 and the Identity of the Seraphim in Isaiah VI." *VT* 29(1979) 143-51. **Delcor, M.** "Les attaches littéraires, l'origine et la signification de l'expression biblique 'Prendre à témoin le ciel et la terre.'" *VT* 16(1966) 8-25. **Elliott, K.** "Nouns with Diminutive Endings in the New Testament." *NovT* 12(1970) 391-98. **Feuillet, A.** "Le chapitre X de l'Apocalypse, son apport dans la solution du probleme eschatologique." In *Sacra Pagina,* ed. J. Coppens, A. Descamps, and E. Massaux. BETL 12-13. Gembloux: Duculot, 1959. 414-29. **Fontenrose, J.** *Didyma: Apollo's Oracle, Cult, and Companions.* Berkeley: University of California, 1988. **Giblin, C. H.** "Revelation 11.1-13: Its Form, Function and Contextual Integration." *NTS* 30(1984) 433-59. **Hirzel, R.** *Der Eid.* Leipzig: Hirzel, 1902. **Horn, F. W.** "Die sieben Donner: Erwägungen zu Offb 10." *SNTU* 17(1992) 215-29. **Jeremias, Joachim.** *Jesu Verheissung für die Völker.* 2nd ed. Stuttgart, 1956(ET: *Jesus Promise to the Nations. SBT* 24. Rev. ed. London: SCM, 1967). **Koep, L.** *Das himmlische Buch in Antike und Christentum: Eine religionsgeschichtliche Untersuchung zur altchristlichen Bildersprache.* Bonn: Hanstein, 1952. **Koester, H.** *Ancient Christian Gospels: Their History and Development.* Philadelphia: Trinity, 1990. **Kreuzer, S.** *Der lebendige Gott: Bedeutung, Herkunft und Entwicklung einer alttestamentlichen Gottesbezeichnung.* Stuttgart: Kohlhammer, 1983. **Lührmann, D.** *Die Offenbarungsverständnis des Paulus und in paulinischen Gemeinden.* Neukirchen: Neukirchener, 1965. **Lust, J.** "For I lift up my hand to heaven and swear: Deut 32:40." In *Studies in Deuteronomy.* FS C. J. Labuschagne, ed. F. García Martínez, A. Hilhorst, J. T. A. G. M. van Reuiten, and A. S. van der Woude. *VTSup* 53. Leiden: Brill, 1994. 155-64. **Michael, J. H.** "The Unrecorded Thunder

-Voices(Apoc 10:3)." *ExpTim* 36(1924-25) 424-27. **Mussies, G.** "Identification and Self-Identification of the Gods." In *Knowledge of God in the Graeco-Roman World*. ed. R. van den Broek, T. Baara, and J. Mansfeld. EPRO 112. Leiden: Brill, 1988. 1-18. **Newport, K. G. C.** "Semitic Influence on Revelation." *BT* 37(1986) 328-34. **Rowland, C.** "A Man Clothed in Linen: Daniel 10.6ff. and Jewish Angelology." *JSNT* 24(1985) 99-110. **Schaik, A. P. Van.** "*Ἄλλος ἄγγελος* in Apk 14." In *L'Apocalypse*. ed. J. Lambrecht. 217-28. **Stadelmann, L. I.** *The Hebrew Conception of the World*. AnBib 39. Rome: Biblical Institute, 1970. **Stuhlmacher, P.** *Das paulinische Evangelium*. Vol. 1: *Vorgeschichte*. FRLANT 95. Göttingen: Vandenhoeck & Ruprecht, 1968. **Swanson, D. C.** "Diminutives in the Greek New Testament." *JBL* 77(1958) 134-51. **Wilcox, M. F.** *The Semitisms of Acts*. Oxford: Clarendon, 1965.

본 문

1 내가 또 보니 힘센 다른 천사가 구름을 입고 하늘에서 내려오는데 그 머리 위에 무지개가 있고 그 얼굴은 해 같고 그 발은 불기둥 같으며

1 Then I saw another[a] mighty angel descending from heaven, wrapped in a cloud with a[b] halo[c] on his head,[d] and his face was like the sun and his legs[e] like fiery columns.

2 그 손에 펴 놓인 작은 책을 들고 그 오른발은 바다를 밟고 왼발은 땅을 밟고

2 He[a] held[b] a small open[c] scroll[d] in his hand. He placed his right[e] foot on the sea but his left on the land.

3 사자의 부르짖는 것같이 큰 소리로 외치니 외칠 때에 일곱 우뢰가 그 소리를 발하더라

3 Then he cried with a loud voice like a roaring[a] lion. And when he cried out, the[b] seven[c] thunders[d] uttered [e]their own sounds.[e]

4 일곱 우뢰가 발할 때에 내가 기록하려고 하다가 곧 들으니 하늘에서 소리 나서 말하기를 일곱 우뢰가 발한 것을 인봉하고 기록하지 말라 하더라

4 [a]When[b] the seven[c] thunders[d] spoke, [e]I was about to[e] write it down when I heard a voice [f]from heaven saying:[g] "Conceal[h] the message[i] of the seven[j] thunders;[k] don't even think about writing[l] it[m] down!"[k]

5 내가 본 바 바다와 땅을 밟고 섰는 천사가 하늘을 향하여 오른손을 들고

5 Then the angel, whom I saw standing on the sea and on the land, raised[a] his [b]right[c] hand[b] to heaven

6 세세토록 살아 계신 자 곧 하늘과 그 가운데 있는 물건이며 땅과 그 가운데 있는 물건이며 바다와 그 가운데 있는 물건을 창조하신 이를 가리켜 맹세하여 가로되 지체하지 아니하리니

6 and swore[a] an oath by[b] the One who lives for ever, who created heaven[c] and what is in it,[c] [d]the earth and what is in it,[d] [e]and the sea and what is in it:[e] [f]"There will be no more interval of time,

7 일곱째 천사가 소리 내는 날 그 나팔을 불게 될 때에 하나님의 비밀이 그 종 선지자들에게 전하

7 but in the days of the sound of [a]the seventh angel,[a] when he will sound the trumpet, then[b] the

신 복음과 같이 이루리라

8 하늘에서 나서 내게 들리던 음성이 또 내게 말하여 가로되 네가 가서 바다와 땅을 밟고 섰는 천사의 손에 펴 놓인 책을 가지라 하기로

9 내가 천사에게 나아가 작은 책을 달라 한즉 천사가 가로되 갖다 먹어 버리라 네 배에는 쓰나 네 입에는 꿀같이 달리라 하거늘

10 내가 천사의 손에서 작은 책을 갖다 먹어 버리니 내 입에는 꿀같이 다나 먹은 후에 내 배에서는 쓰게 되더라

11 저가 내게 말하기를 네가 많은 백성과 나라와 방언과 임금에게 다시 예언하여야 하리라 하더라

[c]secret plan[c] of God will have been fulfilled,[d] as he announced[e] [f]to his servants,[g] the prophets."[f]

8 [ab]The[c] voice,[d] which I heard from heaven, again spoke[e] to me[f] and said,[ga] "Go, take the little scroll[h] [i]which lies open[i] in the hand of the angel standing on the sea and on the land."

9 I then went[a] to the angel and asked him [b]to give[b] me the scroll.[c] He said to me, "Take it [d]and eat it,[d] and though it will irritate[e] your[f] stomach,[g] it will be sweet as honey in your mouth."

10 Then I took the scroll[a] from the hand[b] of the angel and tasted[c] it, and it was sweet as honey in my mouth, and when [d]I swallowed it, my stomach[e] became irritated.[d]

11 Then [a]I was told,[a] "You[b] must again prophesy against[c] peoples and[d] nations and languages and many kings."[e]

원문주해

1.a. 이문: (1) 알론(ἄλλον) A C Andreas Tyc[1] [2][*alium angelum*]; Tyc[3][*alterum angelum*]; Primasius[*alterum angelum; var. lect.: alium angelum*]; Beatus[*alium angelum*]; Cassiodorus[*alium angelum*]; itgig[*alium angelum*]. (2) 알론(ἄλλον)의 탈락: 025 046 Oecumenius[2053] fam 1006[911] Andr a c f i 94; Byzantine Victorinus. 독법 (2)는 본문 수정이다. 왜냐하면 형용사 알로스(ἄλλος)가 언급할 수 있는 명백한 이전의 천사가 없기 때문이다(유사한 본문의 문제가 14:6에도 나온다).

1.b. 번역되지 않지만, 헤 이리스(ἡ ἶρις, "무지개")는 관사가 있다. 그 이유는 아마 이리스(ἶρις)가 4:3에 언급되었기 때문일 것이다. 그러나 두 무지개가 동일한 것이 아니기 때문에, 이 관사의 존재는 난문이며 우선시되는 독법이다(Schmid, *Studien* 2:194-95). 이문: (1) 이리스(ἶρις) 앞에 헤(ἡ) A C fam 1006 fam 1611[1611 1854 2329]. (2) 헤(ἡ)의 탈락: ℵ[1] Oecumenius[2053] Andreas. 헤 이리스(ἡ ἶρις) 대신 헤 드리크스(ἡ θρίξ) ℵ*.

1.c. 헤 이리스(ἡ ἶρις)는 에이돈(εἶδον)이 지배하는 일련의 대격들 다음에 갑자기 도입되는 주격 단수다. 헤 이리스(ἡ ἶρις, "무지개")라는 용어는 신약성경에서 이 곳과 계 4:3에서만 발견된다. 헤 이리스(ἡ ἶρις)는 색깔이 있든지 없든지 관계 없이 "빛의 원형"을 의미할 수 있고, 따라서 "무지개"(4:3에서와 같이) 또는 "후광"(halo)으로 번역될 수 있다(Louw-Nida, § 1.38).

1.d. 이문: (1) 에피 텐 케팔렌(ἐπὶ τὴν κεφαλήν) A C *Byz* 19[2075] WHort; B. Weiss,

Johannes-Apokalypse, 183. (2) 에피 테스 케팔레스(ἐπὶ τῆς κεφαλῆς) Andreas Byzantine; von Soden, *Text*; Merk, *NT*; Nestle-Aland[27]; UBSGNT[4]. 웨이스(B. Weiss, *Johannes-Apokalypse*, 106)에 의하면 독법 (1)은 요한계시록의 문체에 적합하지만, 본문으로 확실한 구절에 나오는 에피 테스 케팔레스(ἐπὶ τῆς κεφαλῆς)라는 어구는 12:1; 14:14에서만 발견되는 반면에, 에피 타스 케팔라스(ἐπὶ τὰς κεφαλάς)는 4:4; 9:7; 13:1; 18:19에 나오고, 에피 텐 케팔렌(ἐπὶ τὴν κεφαλήν)은 19:12에 나온다. 이렇게 증거는 혼합되어 있고, 따라서 저자는 속격과 대격을 가리지 않고 에피(ἐπί)와 함께 사용하는 것 같다.

1.e. 이 곳의 "legs"(다리)라는 용어는 호이 포데스(οἱ πόδες, 직역하면 "the feet[발]", 개역, "발")를 번역하는 데 사용된다(RSV, NRSV, REB, NIVl 참조. Bratcher-Hatton, *Revelation*, 156; Kraft, 147). 왜냐하면 "다리"보다 "발"을 불기둥으로 묘사한다는 것은 거의 의미가 통하지 않기 때문이다. 찰스(Charles)는 포데스(πόδες)가 히브리어식 표현이라는 흥미 있는 제안을 하는데, 그 이유는 히브리어 레겔(רֶגֶל)이 "발"을 의미할 수 있을 뿐만 아니라(참조. 겔 16:25), "다리"를 의미할 수 있기 때문이라고 한다(참조. 삼상 17:6의 라갈라이우[רַגְלָיו, "그의 다리"]가 톤 스켈론 아우투[τῶν σκελῶν αὐτοῦ, "그의 다리"]로 번역된다; 겔 1:7의 와라 갈레헴[וְרַגְלֵיהֶם, "그리고 그의 다리"]은 카이 타 스켈레 아우톤[καὶ τὰ σκέλη αὐτῶν, "그리고 그의 다리"]으로 번역된다). Charles, 1:cxlvii, 259-60; Lohmeyer, 84; Turner, *Syntax*, 154; KB3, 1105-7를 보라. 발에서 발하는 불길이 위로 솟아 올라가기 때문에 다리를 기둥 모양으로 보이게 했을 것이라고 주장함으로써 찰스의 제안을 논박하려고 하는 맥켄지(R. K. MacKenzie, *The Author of the Apocalypse*[Lewiston: Mellen Biblical Press, 1997] 144-45)의 시도는 웃음을 자아낸다. 헬라어를 모국어로 말하는 사람들이 기록한 헬라어 본문들에 나오는 푸스(πούς, "발")가 "다리"를 의미하는 경우가 있다(Lucian *Zeuxis* 4; Achilles Tatius 1.1.10; 참조. BAGD, 696; MM, 531-32).

2.a. 이 문장을 시작하는 카이(καί)가 번역되지 않은 이유는 의미론적 가치가 없고 새로운 절이나 문장의 시작을 나타내는 표시 역할을 하기 때문이다(Louw-Nida, 1:vi).

2.b. 현재 남성 주격 분사 에콘(ἔχων, "들었다": 여기에서 이 분사는 정형 동사 기능을 하기 때문에 영어 용법과 일치하는 과거 시제로 번역해야 한다)은 명사구 알론 앙겔론 이스퀴론(ἄλλον ἄγγελον ἰσχυρόν, "힘센 다른 천사")를 수식하기 때문에(남성 단수 대격 분사 에콘타[ἔχοντα]가 되어야 하는) 파격 어법이다. 여기에서 에콘(ἔχων)은 동격의 주격이다. 이문: (1) 에이켄(εἶχεν) Andreas latt Victorinus Tyc[1] Tyc[3] Beatus it[gig] (*habebat*). (2) 카이 에콘…에네오그메논(καὶ ἔχων …ἠνεῳγμένον)의 탈락: Tyc[2].

2.c. 이문: 에네오그메논(ἠνεῳγμένον) 원문. (2) 아네오그메논(ἀνεῳγμένον) 2351 Andr e f[2023] h-[2060] i [1] 94 1773 2019 Byzantine. (3) 탈락: A cop[bo].

2.d. (1) 이문: 비블라리디온(βιβλαρίδιον) ℵ* A C[2] 025 1 2351 Andr a b c d e f -[2023] 94 2351. (2) 비블리온(βίβλιον) 𝔓[47] Byzantine it[gig] vg[mss] Victorinus Tyconius Primasius. (3) 비블리다리온(βιβλιδάριον) C* fam 1006 fam 1611[1611 2344] Oecumenius[2053] Andreas. (4) 비블라리온(βιβλάριον) fam 1611[2329]. 아마 원문인 독법 비블라디디온(βιβλαρίδιον, "작은 책")은 정확한 지소사(요한계시록에 세 번, 이 곳과 9, 10절에 나온다)인데, 이 단어가 나올 때마다 이문 비블리다리온(βιβλιδάριον)이 나온다. 지소 접미어에 대한 형태학적 연구는 -이온(-ιον)=-이디온(-ίδιον)=-아리온(-άριον)=-이스코스(-ίσκος), 즉 이 접미어들이 의미론적으로 동일하다는 것을 증명한다. 따라서 비블라리디온(βιβλαρίδιον)이 비블라리온(βιβλάριον)의 지소형이라고 제안한 스웨테(Swete, 127)와 찰스(Charles, 1:260)는 부정확하다. 이 두 이문은 일련의 세 가지 형태 요소(morphemes)가 관련된 것을 보여 준다(-아르-이드-이온[-αρ-ιδ-ιον]과 -이드-아르-이온[-ιδ-αρ-ιον]). 스완슨(Swanson)의 증명에 의하면 접미사 -이다리온(-ιδαριον)은 증거에 있어 거의 전부 고전 헬라어인 반면에, -아리디온(-αριδιον)은 거의 전부 고전 헬라어 이후의 것이다. 비블라리디온(βιβλαρίδιον)은 주후 2세기의 저자들에 의해서 입증된다. Hermas *Vis.* 2.1.3에서 MS A는 비블리다리온(βιβλιδάριον)으로 나타내고, 2.4.3에서 MS A는 비블라리디아(βιβλαρίδια) 대신 비블리다리아(βιβλιδάρια)로 나타낸다(본문 증거에 대해서는 M. Whittaker, ed., *Der Hirt des Hermas*[Berlin: Akademie, 1967]과 Galen 16.5의 비평 본을 보라). 그러므로 이 언어학 기준을 사용한다면 비블라리디온(βιβλαρίδιον)은 분명히 원문이고, 비블리다리온(βιβλιδάριον)은 기독교 시대에 고어가 된 학자의 대안이다(Swanson, *JBL* 77[1958] 144-45).

2.e. 이문: 톤 덱시온(τὸν δεξιόν)의 탈락: C.

3.a. 이문: (1) 모이카타이(μοίκαται) C. (2) 모이코메노스(μοικώμενος) fam 1611[2329] Primasius (*rugiens*): eth. (3) 뮈코메노스(μυκόμενος) *Byz* 17[93]; Beatus[mss] (*fremens*: Lo Bue, *Tyconius*, 129n.). (4) 뮈카테(μύκατε) ℵ*.

3.b. 이문: 하이 헾타(αἱ ἑπτά) ℵ[1] Andreas. (2) 하이(αἱ)의 탈락: ℵ* Andr a b d 94. (3) 하이 헾타(αἱ ἑπτά)의 탈락: Andr i[1876 2043 2082].

3.c. 이문: 헾타(ἑπτά) 𝔓[47].

3.d. 이문: 브론타이(βρονταί) 대신 포나이(φωναί) ℵ*.

3.e-e. 이문: (1) 타이스 헤아우톤 포나이스(ταῖς ἑαυτῶν φωναῖς) ℵ fam 1611[2329] Andr/*Byz* 2a[104 459 922] Andr/*Byz* 3[2196] it[gig] arm. (2) 타이스 헤아우톤 포나이스(ταῖς ἑαυτῶν φωναῖς)의 탈락: Primasius.

4.a. "원문주해" 2.a를 보라.

4.b. 이문: (1) 호테(ὅτε) A C 025 046 fam 1006[1006] fam 1611[1611 1854 2344] Oecumenius[2053]. (2) 호사(ὅσα) 𝔓[47] ℵ it[gig] cop[sa bo] Andr i-[2042] Tyc[1] Primasius Beatus. 아마 "주석

적인 수정"일 것이다(*TCGNT* 1, 742-43; *TCGNT* 2, 670).

4.c. 이문: 헾타(ἑπτά) 탈락: 𝔓47. 단일 독법: "원문주해" 4.j를 보라.

4.d. 이문: 브론타이(βρονταί) 다음에 𝔓47은 타스 헤아우톤 포나스 카이 에쿠사 호사 엘랄레산 하이 브론타이 카이(τὰς ἑαυτῶν φωνὰς καὶ ἤκουσα ὅσα ἐλάλησαν αἱ βρονταὶ καί, "그들의 음성 그리고 나는 천둥들이 말하는 것을 들었고")를 추가한다. 단일 독법이다.

4.e-e. 이문: 헤멜론(ἤμελλον) 다음에 아우타(αὐτά) 추가: 𝔓47 fam 1611[1854] cop.

4.f. 이문: 포네스(φωνῆς) 𝔓47 Andr d.

4.g. 이문: 레구세스(λεγούσης) 𝔓47 469 Andr d.

4.h. 부정과거 미완료 동사 스프라기손(σφράγισον, "인봉")은 부분적으로 기록된 메시지를 말아서 인봉하는 행동을 말하는 것이 아니라 "비밀로 하다, 숨기다"를 의미하는 이 단어의 비유적 확대다(Bauer-Aland, 1587; BAGD, 796). 그러나 22:10에 나오는 금지 메 스프라기세스(μὴ σφραγίσῃς, "인봉하지 말라")는 비유적인 의미가 아니라 문자적인 의미다(Bauer-Aland, 1587; BAGD, 796의 견해와 반대).

4.i. 이문: 호사(ὅσα) 𝔓47 ℵ fam 1611[2344] 94.

4.j. 이문: 헾타(ἑπτά)의 탈락: 𝔓47. 나중에 어떤 다른 사람이 위에 제타(ζ=7)를 삽입하여 수정했다. 단일 독법이다.

4.k-k. 이문: 메타 아우타 그라프세스(μὴ αὐτὰ γράψῃς) 대신 메타 타우타 그라프세이스(μετὰ ταῦτα γράφεις) Andreas. 기록하지 말라는 명령 전에 봉인이 언급되는 문제를 해결하기 위한 필사자의 수정이다. 인봉하라는 명령은 무엇인가가 기록되었음을 전제하는 것으로 보인다(10:4의 "주석"을 보라).

4.l. 금지의 메 그라프세스(μὴ γράψῃς, "쓰기 시작하지 말라")는 부정과거 가정법을 고무하는 투로 사용된다. 이 어구는 금지된 행동을 시작하지 말아야 할 필요성을 강조하며, 어떤 일이 일어나야 한다는 강한 바람을 표현한다(J. P. Louw, "On Greek Prohibitions," *AcCl* 2[1959] 52). 특수한 명령(일반적인 명령과는 반대되는)으로 이 명령은 현재 시제의 금지는 진행하는 행동을 금지하는(즉 "…하는 것을 멈추라") 반면에, 부정과거 시제의 금지는 아직 시작하지 않은 행동을 금지한다(즉 "…하는 것을 시작하지 말라")는 규칙에 맞는다. Moulton, *Prolegomena*, 122-26.

4.m. 이문: 아우타스(αὐτάς, 여성 대격 복수) 𝔓47.

5.a. 이문: (1) 에렌(ἦρεν) ℵ C 025 046 fam 1006[1841] fam 1611[2329] Andreas Byzantine. (2) 에레(ἦρε) A fam 1006[1006] fam 1611[1611 1854 2050] Oecumenius[2053 2062]. 요한계시록의 문서 비평에서 이동 가능한 ν의 문제에 대해서는 "원문주해" 7:10.b를 보라.

5.b-b. 이문: (1) 텐 덱시안(τὴν δεξιάν) ℵ C 025 Andr c d f[2023 2073] g i l 94 Byzantine it[gig] Tyc[1] Primasius Beatus. (2) 텐 덱시안(τὴν δεξιάν)의 탈락: A Andreas Tyc[3] vg syr[ph] cop^{bo}. 텐 덱시안(τὴν δεξιάν)이 탈락되어야 하는 분명한 역학적 이유가 없지만, 한 가지 유형적인 이유는 오른손을 드는 것이 칠십인역 신 32:40에서만 맹세와 관련이 있다는 것이다(10:5의 "주석"을 보라).

5.c. 이문: 케이라스(χεῖρας, 대격 복수) 𝔓^{47}: 단일 독법.

6.a. 이문: 오모센(ὤμωσεν) 𝔓^{47} Andr b$^{2059\ 2081}$ Andr i$^{2015\ 2074}$; *Byz* 7^{2024} *Byz* 12^{2048} Andr/*Byz* 2b^{628} Andr/*Byz* 4a^{616} Andr/*Byz* 4b$^{172\ 1828}$.

6.b. 이문: 엔(ἐν)의 탈락: 𝔓^{47} ℵ* ℵ^{1}(ℵ^{3}은 추가) 046 fam 1611$^{2329\ 2344}$ 2351 Andr i^{2042} l 94 Byzantine. 엔(ἐν)의 탈락은 난문이며, 이에 대한 사본의 강력한 지지는 엔(ἐν)이 일찍이 계 10:6에 삽입된 것을 시사한다. 옴뉘오(ὀμνύω) 또는 옴뉘미(ὄμνυμι)는 몇 가지 다른 구문들과 함께 "…에 의해 맹세하다"라는 의미로 사용될 수 있다. 여기에는 다음과 같은 구분들이 포함된다. (1) 대격(칠십인역 사 65:16; 호 4:15; 칠십인역 단 12:7), (2) 카타(κατά)+속격(칠십인역 창 31:53; 출 32:13; 신 9:27; 1 Kgdms 30:5), (3) 카타(κατά)+대격(칠십인역 수 9:18, 19), (4) 여격(칠십인역 사 19:18; 48:1; 슥 5:4; 말 3:5; 렘 12:16; 51:26[맛소라 사본 44:26]), (5) 엔(ἐν)+여격(삿 21:7, 18; 1 Kgdms 24:22; 2 Kgdms 19:8[맛소라 사본 7]). 그러나 단순한 대격은 오해 받기가 쉽다. 왜냐하면 이 구문은 맹세의 대상에 대해 사용되기 때문이다(2 Kgdms 19:24, 카이 오모센 아우토 호 바실류스[καὶ ὤμοσεν αὐτῷ ὁ βασιλεύς, "그리고 왕은 그에게 맹세했다"]; 3 Kgdms 1:17; 2:8; 사 54:9). 계 10:6은 분명히 Theod Dan 12:7, 카이 휘프소센 텐 덱시안 아우투 카이…호모센 엔 토 존티 톤 아이오나(καὶ ὕψωσεν τὴν δεξιὰν αὐτοῦ και …ὤμοσεν ἐν τῷ ζῶντι τὸν αἰῶνα, "그리고 그는 오른손을 들고…영생하시는 자를 가리켜 맹세했다"). 그러나 계 10:6의 주요한 문제는 토 존티(τῷ ζῶντι) 앞에 엔(ἐν)의 존재 또는 부재를 설명하는 것이다. 만일 엔(ἐν)이 원래 없었다면 그 삽입을 설명하기가 쉽지만(ἐν이 없었다면 "그가 …사는 자에게 맹세했다"라는 애매한 표현이 될 수 있었을 것이다), 엔(ἐν)의 탈락은 실수라는 설명 외에는 설명하기가 어렵다. 현대의 헬라어 성경들은 엔(ἐν)의 삽입을 수용하지만, 나는 이 독법이 난문이라는 사실과 함께 엔(ἐν)의 탈락에 대한 사본들의 강력한 증거가 계 10:6의 원문에 엔이 없었음을 시사한다고 추정한다(Tischendorf, *NT Graece*; WHort; von Soden, *Text*; Merk, *NT*; Nestle-Aland27; UBSGNT4). Theod Dan 12:7과 더 일치시키기 위해 엔(ἐν)을 삽입했을 가능성도 있다.

6.c-c. 이문: 카이 타 엔 아우토(καὶ τὰ ἐν αὐτῷ)의 탈락 fam 1611^{1611}과 몇몇 소문자 사본.

6.d-d. 이문: 카이 텐 겐 카이 타 엔 아우테(καὶ τὴν γῆν καὶ τὰ ἐν αὐτῇ)의 탈락: A Andr a b e^{2057} f$^{2031\ 2056}$ h-^{2302} 598. 비고의적인 탈락이다.

6.e-e. 이문: (1) 카이 텐 달라싼 카이 타 엔 아우테(καὶ τὴν θάλασσαν καὶ τὰ ἐν αὐτῇ) 𝔓^{47} C 025 fam 1006^{1006} fam 1611^{1854} Oecumenius^{2053} vg cop^{bo}. (2) 카이 텐 달라싼

카이 타 엔 아우테(καὶ τὴν θάλασσαν καὶ τὰ ἐν αὐτῇ)의 탈락: ℵ* A fam 1611[1611 2344] Andr f[2023] g i[2042] l-[2080] it[gig] syr[ph] cop[sa][WHort]. 이것은 비고의적인 탈락일 것이다(*TCGNT* [1], 743; *TCGNT* [2], 671).

6.f. 카이 오모센…호티(καὶ ὤμοσεν …ὅτι, "그가…라고 맹세했다"). 호모센(ὤμοσεν)의 목적어는 호티(ὅτι)로 도입된다. 호티(ὅτι)는 직접 목적어를 도입하기 때문에 번역될 수 없다.

7.a-a. 이문: (1) 투 에브도무 앙겔루(τοῦ ἑβδόμου ἀγγέλου) 원문. (2) 투 앙겔루 투 즈(τοῦ ἀγγέλου τοῦ ζ) 𝔓[47] ℵ(투 앙겔루 투 에브도무 – τοῦ ἀγγέλου τοῦ ἑβδόμου); syr.

7.b. 카이(καί)가 영역에서 "then"(그 때에)으로 번역되는 이유는 종속절(조건절)이 따라오고 독립절(귀결절)을 도입하기 때문이다. 동일한 현상이 계 3:3에 나온다(에이셀류소마이[εἰσελεύσομαι] 앞에 카이[καί]는 아마 원문일 것이다): 6:12; 14:9 10; 참조. 눅 1:59; 2:21; 행 13:19; 빌 1:22; 고후 2:2; 약 4:15. 헬라어에는 이 구문의 많은 예가 있다(*Iliad* 1.494; 5.897; 8.69; *Odyssey* 14.112; Thucydides 2.93.4; Hermetica 13.1[Nock-Festugière, *Herm.ès Trismégiste* 2:219]; LSJ, 857, s.v. "καί," B.3). 이 구문은 셈어의 영향을 받은 결과일 수도 있다(칠십인역 창 24:30; BDR § 442.5; Beyer, *Semitische Syntax*, 66-72, esp. 69).

7.c-c. 여기에서 뮈스테리온(μυστήριον, 직역하면 "신비")은 하나님의 "은밀한 계획"을 나타낸다(Hatch, *Essays*, 59). 10:7의 "주석"을 보라.

7.d. 이문: (1) 에텔레스데(ἐτελέσθη, 부정과거 직설법) ℵ A C 025 fam 1006[1006] (lacuna in Oecumenius[2053]) fam 1611[2329] Andr f[2073cor] i[2042] l 94 598 2019. (2) 텔레스데(τελεσθῇ, 부정과거 가정법) fam 1611[1854] 2351 Andreas syr[h]. 독법 (1)이 원문이다. 그 이유는 이 단어가 문장에서 주절이며 많은 필사자들이 분명히 추정했던 바와 같이 이 단어는 호탄(ὅταν)의 지배를 받지 않기 때문이다. 이 곳의 문맥은 부정과거 수동태 에텔레스데(ἐτελέσθη)를 미래 시제로 해석할 것을 요구하는 것으로 보인다. 왜냐하면 완곡 어법의 미래 가정법 멜레 살피제인(μέλλῃ σαλπίζειν, "그가 그 나팔을 불 것이다")을 수반하는 호탄(ὅταν, "…할 때, …할 때는 언제나")으로 이루어지는 시제절이 에텔레스데(ἐτελέσθη)에 이어지기 때문이다. 요한계시록에는 부정과거 직설법이 미래의 의미를 갖고 있는 다른 예가 몇 개 있다(11:10; 15:1; 21:4; 11:2을 보라). 이에 대해 세 가지 설명이 가능하다. (1) 부정과거는 미래 의미로 사용될 수 있다(Radermacher, *Grammatik*, 152; Robertson, *Grammar*, 847; Burton, *Syntax*, § 50은 부정과거의 "예기적"[proleptic] 용법에 대해 말한다). (2) 부정과거는 미래의 사건들을 마치 이미 일어난 것처럼 말하는 히브리어의 예언적 완료와 같이 사용될 수 있다(Fanning, *Verbal Aspect*, 274). (3) 카이 에텔레스데(καὶ ἐτελέσθη, "그리고 그것이 완결되었다")라는 어구는 히브리어 와우 연계

형을 반영할 수 있다. 히브리어 미래 연계형은 완료 시제와 함께 사용될 때 미래의 의미를 나타내며, 따라서 텔레스데세타이(*τελεσθήσεται*)로 나타내는 것처럼 번역되어야 한다(Allo, 141; Bousset[1906] 310; Beyer, *Semitische Syntax*, 69; S. Thompson, *Apocalypse*, 56; Lohmeyer, 86). (4) 또한 에텔레스데(*ἐτελέσθη*)는 히브리어 완료 또는 아람어 완료의 의미를 반영하는 것처럼 해석될 수도 있다(S. Thompson, *Apocalypse*, 40; Mussies, *Morphology*, 337; Lancellotti, *Sintassi Ebraica*, 56). 동사 에텔레스데(*ἐτελέσθη*)는 15:1에서도 미래의 의미로 사용된다(Lancellotti, *Sintassi Ebraica*, 56).

7.e. 유앙겔리제인(*εὐαγγελίζειν*)은 신약성경에서 이 곳과 계 14:6에서만 능동태로 발견된다. 비기독교 자료들에 나오는 유일한 유앙겔리제인(*εὐαγγελίζειν*)의 증거는 PGiss 27=*CPJ* 2:439, line 6(see *New Docs*, 3:12)이다.

7.f-f. 이문: (1) 투스 헤아우투 둘루스 투스 프로페타스(*τοὺς ἑαυτοῦ δούλους τοὺς προφήτας*) A C fam 1611[1611 1854 2329] Oecumenius[2053] 2351 Andreas. (2) 투스 둘루스 아우투 투스 프로페타스(*τοὺς δούλους αὐτοῦ τοὺς προφήτας*) 046 fam 1006 Byzantine. (3) 토이스 헤아우투스 둘로이스 토이스 프로페타이스(*τοῖς ἑαυτους δούλοις τοῖς προφήταις*) Andr a d. (4) 토이스 아우투 둘로이스 토이스 프로페타이스(*τοῖς αὐτοῦ δούλοις τοῖς προφήταις*) Andr i[2036]. (5) 토이스 둘로이스 아우투스 토이스 프로페타이스(*τοῖς δούλοις αὐτους τοῖς προφήταις*) 94 792 *Byz* 13[498 1704] Andr/*Byz* 2a[680 922] it[gig] (*servis suis prophetis*). 유엥겔리센(*εὐηγγέλισεν*)이 이어지는 대격은 문제가 있다. 왜냐하면 보통 어떤 공포나 선언을 받는 대상이 여격이고 선언되는 바는 대격이기 때문이다(예를 들어, 눅 1:19; 8:35). 독법 (3), (4), (5)에서 유엥겔리센(*εὐηγγέλισεν*)의 목적어가 여격으로 수정된다. *TCGNT* [1], 743를 보라. 그러므로 크라프트(Kraft, 149)는 대격 어구 투스 헤아우투 둘루스 투스 프로페타스(*τους ἑαυτοῦ δούλους τοὺς προφήτας*)를 관계의 대격으로 해석하고 예언자들은 계시의 수령자들이 아니라 내용이라고 주장한다. 그러나 누가복음-사도행전에는 선언을 받는 사람이 대격인 예가 많이 있다(눅 3:18, 유엥겔리제토 톤 라온[*εὐηγγελίζετο τὸν λαόν*, "그가 백성에게 좋은 소식을 선언했다"]; 참조. 행 8:25, 40; 13:32; 14:21; 16:10).

7.g. 이문: 둘루스(*δούλους*) 다음에 카이(*καί*) 삽입: 𝔓[47] 𝔓[85] ℵ fam 1611[2329 2344] Byzantine cop[sa] eth. 비교적 약한 증거에도 불구하고, 이 독법은 요한계시록의 무대와 어울린다. 카이(*καί*)는 아마 해설을 나타낼 것이며, 따라서 이 어구 전체는 "그의 종들, 즉 선지자들"로 번역되어야 할 것이다. 그러나 카이(*καί*)의 삽입은 "그의 종 그의 선지자들"이라는 전형적인 어구를 훼손한다(*TCGNT* [1], 743).

8.a-a. 이문: 카이 포넨 에쿠사 팔린 에크 투 우라누 랄루산(*καὶ φωνὴν ἤκουσα πάλιν ἐκ τοῦ οὐρανοῦ λαλοῦσαν*) fam 1611[2329].

8.b. "원문주해" 2.a를 보라.

8.c. 이문: 헤(η) $\mathfrak{P}^{47}$: 유일한 독법.

8.d. 이 문장의 구문론은 극히 어색하다. 헤 포네(ἡ φωνή, "음성")는 주격이지만 미정의 주격 또는 독립 주격 기능을 한다. 왜냐하면 이 어구는 이어지는 절들과 구문론적 관계가 없이 붙어 있기 때문이다. 그 다음에 저자는 관계절 헨 에쿠사 에크 투 우라누 알린 랄루산 메트 에무 카이 레구산(*ἣν ἤκουσα ἐκ τοῦ οὐρανοῦ πάλιν λαλοῦσαν μετ᾽ ἐμοῦ καὶ λέγουσαν*, "하늘에서 나서 내게 들리던 [음성이] 내게 말하여 가로되")을 소개한다. 비잔틴 전승은 두 분사를 랄루사(*λαλοῦσα*)와 레구사(*λέγουσα*)로 수정하여, 헤 포네(*η φωνή*)를 수식하고 관계절을 헨 에쿠사 에크 투 우라누(*ἣν ἤκουσα ἐκ τοῦ οὐρανοῦ*)로 축소한다. 필사자들은 명사 포네(*φωνή*, 분명히 난문이고 $\mathfrak{P}^{47}$ [-헤(-ή)]: ℵ A C Andreas Byzantine에 의해 지지를 받는 원문이다)를 대격 포넨(*φωνήν*)으로 대체하는 데 초점을 맞추는 여러 가지 전략들로 헤 포네 헨(*ἡ φωνὴ ἣν*)에 의해 야기되는 구문론적 문제를 풀었다. (1) 카이 에쿠사 포넨(*καὶ ἤκουσα φωνήν*)은 104 459 680 922(네 사본은 모두 공통적인 원형을 갖고 있다) 2091 Primasius Vulgate에 의해 지지를 받는다. (2) 카이 포넨 에쿠사(*καὶ φωνὴν ἤκουσα*)는 더 강력한 지지를 받는다: fam 1006[1006 1841] fam 1611[2329] Oecumenius[2053] 2057 Tyconius Beatus. (3) 카이 텐 포넨 에쿠사(*καὶ τὴν φωνὴν ἤκουσα*) 1854.

8.e. 이문: (1) 랄루산(*λαλοῦσαν*) 원문. (2) 랄루사(*λαλοῦσα*) 2351 Byzantine. (*λαλοῦσαν*)은 현재 여성 대격 분사(선행 명사 헤 포네[ἡ φωνή, "그 음성"]를 언급하는 관계대명사 헨(*ἥν*)을 수식하는)이고, 정형 동사에 이어지며 그 자체가 정형 동사 기능을 하는 아람어 또는 미쉬나 히브리어의 분사 용법의 예다(Torrey, *Apocalypse*, 119-20; Mussies, *Morphology*, 324-26). 아람어에서 분사는 주 동사와 동시적인 행동을 나타내어 널리 사용되는데, 결과적으로 그와 같은 현대 분사들은 과거 시제로 번역되어야 한다(Rosenthal, *Aramaic*, 55). 그리고 랄루산(*λαλοῦσαν*)은 부정과거 동사 에쿠사(*ἤκουσα*, "내가 들었다")와 시간에 있어 동시적으로 해석되어야 하기 때문에 과거로 번역된다. 정형 동사로 사용되는 분사들은 1:16; 4:2, 4, 5, 7, 8; 5:6; 6:2, 5; 9:17, 19; 10:2, 8; 12:2; 14:1, 14; 19:11, 12, 13; 21:12(2x), 14, 19에도 나온다. 이 분사들은 어떤 가정적인 자료 문서에 제한되는 것이 아니라 요한계시록 전체에 분포되어 있다(Mussies, *Morphology*, 350).

8.f. 랄레인 메트 에무(*λαλεῖν μετ᾽ἐμοῦ*)에 대해서는 "원문주해" 1:12.b-b를 보라.

8.g. 이문: 레구산(*λέγουσαν*) 원문. (2) 레구사(*λέγουσα*) 2351 Byzantine. 레구산(*λέγουσαν*)은 랄루산(*λαλοῦσαν*; 헤 포네[ἡ φωνή]를 수식하고 현재 여성 주격 분사 레구사[*λέγουσα*]의 형태를 취해야 함에도 불구하고)의 여성과 대격에 견인된 여성 대격 분사다. 그리고 그 결과는 파격 어법이다(Mussies, *Morphology*, 100). 게다가 랄루산(*λαλοῦσαν*)과 마찬가지로(위의 참고문헌 목록과 함께 8e절의 "주석"을 보라), 랄루산

(λαλοῦσαν)도 정형 동사 역할을 하는 아람어 또는 미쉬나 히브리어의 분사를 반영하는 셈어식 표현이다. 위의 번역의 과거 시제 용법에 대해서는 8e절을 보라.

8.h. 이문: (1) 비블리온(βιβλίον) A C fam 1006 fam 1611[1611 1854] Oecumenius[2053] latt. (2) 비블라리디온(βιβλαρίδιον) ℵ 025 1 fam 1611[2344] 2351 Andr a b c d e f-[2023] 94 598. (3) 비블리다리온(βιβλιδάριον) Andreas Byzantine. 아마 여기에서 원문인 것 같은 독법 비블리온(βιβλίον)은 헬레니즘 시대에 대개 비블로스(βίβλος)의 쇠퇴한 지소사로 여겼던 단어다. 그러나 만일 비블리온(βιβλίον)이 이 곳의 원문이라면, 인접한 문맥에 세 번 사용되는(10:2, 9, 10) 정확한 지소사 비블라리디온(βιβλαρίδιον, "짧은 두루마리")의 동의어가 분명하다. 비블리온(βιβλίον)은 요한계시록에서 항상(10:8은 제외하고) 쇠퇴한 지소사로 23회 사용된다. 그러나 비블리온(βιβλίον)은 A C, 그리고 fam 1006 fam 1611[1611 1854] Oecumenius[2053]을 포함하는 수많은 중요한 사본들에서 발견되기 때문에 가장 강력한 증거를 갖고 있다(본문 증거에 대한 토론은 Schmid, *Studien* 2:228-30을 보라). 반면에 비블라리디온(βιβλαρίδιον)은 ℵ와 비잔틴(Vizantine) 그룹에서 입증된다. 그리고 비블라리디온(βιβλιδάριον)은 안드레아스(Andreas)와 소수의 다른 증거들에 나온다. A와 C가 일치하기 때문에 비블리온(βιβλίον)은 가장 유력한 독법이다. 그러니 많은 학사들은 비블라리디온(βιβλαρίδιον)을 선호했다((예를 들어, Bousset[1906] 312). 엘리오트(Elliott, *NovT* 12[1970] 396)는 비블라리디온(βιβλαρίδιον)이, 이 장에서 이 용어가 이문으로 나오는 네 구절(10:2, 8, 9, 10) 모두에서 원문이라고 제안한다. 그의 주장에 의하면 헬레니즘 시대에 지소 형태들이 점점 일반적이 되었던 반면에, 일부 고전주의자들(예를 들어 주후 2세기의 Phrynicus)은 이런 형태를 배제하려고 애썼다고 한다. 신약성경에 나오는 이문들은 지소사 형태를 고전적인 형태로 대체하려는 동일한 경향을 보인다. 비블리온(βιβλίον)은 아마 원문이고, 만일 그렇다면 (형태론적으로 뿐만 아니라 의미론적으로도) 정확한 지소사로 해석되어야 할 것이다. 쇠퇴한 지소사 역할을 하는 지소 접미사들을 갖고 있는 단어들은(대개 일반적인 용법에서 쇠퇴한 지소사 기능을 하지만) 언제나 정확한 지소사로 사용할 수 있었다. 비블리온(βιβλίον)은 Hermas *Vis.* 2.4.2에서 비블라리디온(βιβλαρίδιον)의 동의어로(2.1.3; 2.4.3) 그리고 비블리온(βιβλίδιον)의 동의어로(2.1.3, 4[*bis*]; 2.4.1) 사용된다. 이것은 10:8에서 비블리온(βιβλίον)이 원형임을 나타내는 확증이다.

8.i. 이문: (1) 에네오그메논(ἠνεῳγμένον) Andreas. (2) 아네오그메논 𝔓[47](ἀνεῳγμένον) 𝔓[47](ἀνεω[γμ]ένον – 아네오그메논) 046 fam 1006[1841] Andr c e[2026] f [2023] i l 94 2351. 이 독법들은 단순하게 완료 수동태 분사의 교체 형태다.

9.a. 이문: (1) 아펠다(ἀπῆλθα) A 𝔓[47] fam 1611[2329] 2351 *Byz* 6 *Byz* 7 *Byz* 9[452 467 2021] *Byz* 10[935 1728] *Byz* 12[-110] *Byz* 13 *Byz* 14[325 517] *Byz* 17[1852] Andr/*Byz* 2b[336 620 628 1918]. (2) 아펠돈(ἀπῆλθον) ℵ C Andreas.

9.b-b. 이문: (1) 두나이(*δοῦναι*) 𝔓^{47} ℵ A C 046 fam 1006 fam 1611$^{1611\ 1854}$ Andr i^{2042} n-^{2429} 94. (2) 도스(*δός*) Oecumenius^{2053} fam 1611^{2329}(*δώς*－도스): Andreas. (3) 토 두나이(*τὸ δοῦναι*) *Byz* 17^{2017} (latt: *ut daret*). 이 절에서 현재 분사 레곤(*λέγων*)은 질문의 동사다(여기에서 레게인[*λέγειν*]은 보족적 분사, 즉 간접 화법을 도입하는 분사로서의 두나이[*δοῦναι*]와 함께 명령의 동사로 해석되면 안 된다[BDR § 392.5b]).

9.c. 이문: (1) 비블라리디온(*βιβλαρίδιον*) (𝔓^{85}: […] 비블라르－*βιβλαρ* […]가 명백하다): A^{c} C P 1 2351 Andr a b c d e^{2026} f-^{2023}. (2) 비블리온(*βιβλίον*) 𝔓^{47} ℵ fam 1006 fam 1611^{1854} Oecumenius^{2053} Andr l$^{1678\ 1778\ 2080}$ latt. (3) 비블라리디온(*βιβλιδάριον*) 046 fam 1611^{1611} Andreas Byzantine. (4) 비블라리디온(*βιβλάριον*) (𝔓^{85}: […] 비블라르 *βιβλαρ*[…]가 명백하다) ℵ* fam 1611^{2329}(*βυβλάριον*－뷔블라리온).

9.d-d. 카이 카타파게 아우토(*καὶ κατάφαγε αὐτό*) 아우토 카이 카타파게(*αὐτὸ καὶ κατάφαγε*) 𝔓^{47} 𝔓^{85}(*λα*[*β*]*ε αυτο κα*[*ι*]－라베 아우토 카이가 명백하다: J. Schwartz, "Papyrus et tradition manuscrite," *ZPE* 4[1969] 181를 보라): ℵ*(ℵ^{1}: *αὐτὸ καὶ κατάφαγε αὐτό*－아우토 카이 카파파게 아우토).

9.e. 이 곳과 10절의 동사 피크라이네인(*πικραίνειν*)은 대개 영역에서 "to make bitter"(쓰게 되다)로 번역된다. 그러나 보통 쓴 맛은 미각을 통해 감지된다. 여기에서 실제로 의미하는 바는 두루마리가 저자의 위를 탈나게 하거나 염증을 일으켰다는 것이다.

9.f. 인칭대명사 수(*σου*)가 수식하는 관사 있는 명사 텐 코일리안(*τὴν κοιλίαν*)보다 앞서는데, 대개 인칭대명사는 실명사 뒤에 온다. 요한계시록에는 속격의 소유대명사가 관사 있는 명사 뒤에 오는 경우가 302회 나오고, 명사보다 앞서는 경우는 11회에 불과하다. 이 11회의 예 중 7회는 2-3절에 몰려 있고(2:9a의 "주석"을 보라), 네 번만이 계 4-22장에서 발견된다(10:9; 14:18; 18:5, 14).

9.g. 이문: 카르디안(*καρδίαν*) A 2351 Andr l.

10.a. 이문: (1) 비블라리디온(*βιβλαρίδιον*) A C 025 fam 1611^{2344} 2351 Andr a b c d e f-^{2023} 94 598 TR; Tischendorf, *NT Graece*; von Soden, *Text*; Nestle-Aland^{27}; UBSGNT^{4}; 참조. *TCGNT* ^{1}, 743-44; *TCGNT* ^{2}, 671. (2) 비블리디온(*βιβλίδιον*) 𝔓^{47} Andreas n-^{2429}. (3) 비블리다리온(*βιβλιδάριον*) fam 1006 fam 1611^{1611} Oecumenius^{2053} Andreas. (4) 비블리온(*βιβλίον*) ℵ fam 1611^{1854} Andr i^{2042} l Byzantine lat. (5) 뷔블라리온(*βυβλάριον*) fam 1611^{2329}.

10.b. 이문: 케이로스(*χειρός*) 다음에 아우투(*αὐτοῦ*) fam 1611^{2329}.

10.c. 이문: 카테파가(*κατέφαγα*) fam 1611^{2329} 2351.

10.d-d. 이문: 에파가 아우토 에게미스데 헤 코일리아 무 피크리아스(*ἔφαγα αὐτὸ ἐγεμίσθη ἡ κοιλία μου πικρίας*) fam 1611^{2329}.

10.e. 이문: 카르디아(*καρδία*) 2351(카르디아[*καρδία*] 위에 코일리아[*κοιλία*]가 기

록됨): cop[sa].

11.a-a. 이문: (1) 레구신(λέγουσιν) ℵ A (lacuna in C) fam 1006 fam 1611[2329] Andr f[2073corr] i[2042]; B. Weiss, *Johannes-Apokalypse*, 184. (2) 레게이(λέγει) fam 1611[1611 1854] Oecumenius[2053] Andreas it syr cop[sa bo] Tyconius Primasius. 이문 (1)의 복수 동사는 난문이고 분명히 수정이 필요했다. 히브리어와 아람어 모두에서 비인칭 복수는 수동태 대용으로 사용되었기 때문에(*GKC* § 144g; Rosenthal, *Aramaic*, § 181), 유대교나 기독교 기원의 헬라어 본문들이 나올 때 이 비인칭(3인칭) 복수는 종종 그러나 부정확하게 셈어식 표현으로 간주되어 왔다(Moulton-Howard, *Accidence*, 447-48; Doudna, *Greek*, 66-70; Black, *Aramaic*, 126-28; Wilcox, *Semitisms*, 127-28). 리드벡(Rydbeck, *Fachprosa*, 27-45)은 고전 헬라어와 헬레니즘 시대의 헬라어 작가들에 의해서 사용되는 비인칭 복수의 풍성한 예를 제시하여 이 관용 표현이 고전 헬라어를 모국어로 사용하는 사람들의 저술에 실제로 얼마나 일반적이었는지를 증명한다. 요한계시록에는 비인칭(3인칭) 복수가 나오는 곳이 몇 곳 더 있다(2:24; 12:6; 16:15; 18:14; 20:4). 행 2:3; 19:19에 나오는 유사한 비인칭 복수들에 대해서는 Wilcox, *Semitisms*, 127를 보라. 따라서 이 곳 10:11에 나오는 카이 레구신 모이(καὶ λέγουσίν μοι, 직역하면 "그리고 그들이 나에게 말한다")는 영역에서 수동태 구문 "Then I was told"(그 때에 내가 들었다)로 번역되어 왔다. 톰슨(S. Thompson, *Apocalypse*, 22)은 이 비인칭 복수를 하나님의 진술을 나타내는 완곡 표현으로 간주하여 "and God said to me"(그리고 하나님께서 나에게 말씀하셨다)라고 번역한다.

11.b. 이문: 세(σε) 대신 사이(σαι) 𝔓[47]; 단일 독법(색다른 철자의 이문)이다.

11.c. 이 문맥에서 에피(ἐπί)+대격의 두 가지 가능한 의미 "반대하여"(against)와 "대하여"(about)에 대해서는 10:11의 "주석"을 보라.

11.d. 이문: 에드네신(ἔθνεσιν) 앞에 에피(ἐπί) 046 2351(Hoskier에 의하면 *Text* 1:280; 2:658, 2351이 이 독법을 지지하는 반면에, Diobouniotis-Harnack, *Apokalypse-Johannis*, 17에는 2351의 *editio princepts*가 발견되지 않는다); Byzantine.

11.e. 이문: 바실류신(βασιλεῦσιν) ℵ A 025 Andr i[2082] *Byz* 7[2024] *Byz* 16[61] Andr/*Byz* 2a[104 459]. (2) 바실류시스(βασιλεῦσις) 𝔓[47]; 단일 독법.

양식/구조/배경

I. 개요

3. 힘센 천사와 작은 책의 환상(10:1-11)

a. "힘센 다른 천사"의 소개(1-3a절)
  (1) 힘센 천사에 대한 묘사(1-2절)
    (a) 하늘에서 하강(1a절)
    (b) 구름을 입음(1b절)
    (c) 머리 위의 무지개(1b절)
    (d) 해 같은 얼굴(1c절)
    (e) 불기둥 같은 다리(1c절)
    (f) 손에 펴 놓인 작은 책(2a절)
  (2) 힘센 천사의 행동(2b-3a절)
    (a) 오른발은 바다를 밟고 있다(2b절)
    (b) 왼발은 땅을 밟고 있다(2b절)
    (c) 외쳤다(3a절)
      [1] 큰 소리로
      [2] 사자가 부르짖는 것같이
b. 일곱 우뢰의 삽입(3b-4절)
  (1) 힘센 천사가 외칠 때 일곱 우뢰가 발했다(3b절)
  (2) 일곱 우뢰가 발할 때 요한은 기록하기 시작했다(4a절)
  (3) 하늘에서 들린 금지의 음성(4b절)
    (a) 일곱 우뢰가 말한 것을 인봉하고
    (b) 기록하지 말라
c. 힘센 천사의 자세와 맹세(5-7절)
  (1) 힘센 천사의 자세에 대한 되풀이(5a절)
    (a) 바다를 밟고 섰다
    (b) 땅을 밟고 섰다
  (2) 맹세의 설명(5b-7절)
    (a) 하늘을 향하여 오른손을 들다(5b절)
    (b) 증거자로 하나님께 호소한다(6a절)
      [1] 세세토록 살아 계신 자
      [2] 하늘과 그 가운데 있는 것을 창조하신 이
      [3] 땅과 그 가운데 있는 것을 창조하신 이
      [4] 바다와 그 가운데 있는 것을 창조하신 이
    (c) 천사의 맹세(6b절)
      [1] 지체하지 아니한다(6b절)
      [2] 하나님의 비밀 계획이 곧 이루어질 것이다(7절)

[a] 일곱째 천사가 나팔을 불게 될 때
[b] 하나님이 전에 그의 종 선지자들에게 발표하신 대로

d. 두루마리를 먹음: 예언 위임의 상징(8-11절)
(1) 하늘의 음성이 요한에게 명령한다(8절)
(a) 음성의 확인(8a절)
[1] 내가 하늘로부터 들었던 음성
[2] 다시 나에게 말했던 음성
(b) 요한에 대한 명령(8b절)
[1] 가라(천사에게)
[2] 펴 놓인 두루마리를 가지라
[a] 두루마리의 위치: 천사의 손
[b] 천사의 확인: 서 있는 천사
{1} 바다를 밟고
{2} 땅을 밟고
(2) 요한이 하늘의 음성에 순종한다(9a절)
[1] 요한이 천사에게 간다
[2] 요한이 천사에게 작은 두루마리를 달라고 말한다
(3) 천사의 말(9b절)
(a) 천사의 명령
[1] 가지라(작은 두루마리를)
[2] 먹으라(작은 두루마리를)
(b) 천사의 예언
[1] (작은 두루마리가) 네 배에는 쓸 것이다
[2] 네 입에는 꿀같이 달 것이다
(4) 요한이 천사에게 순종한다(10절)
(a) 작은 두루마리를 갖다 먹는다(10ab절)
[1] 그가 작은 두루마리를 천사의 손에서 받는다(10a절)
[2] 먹는다(작은 두루마리를)(10b절)
(b) 결과(10bc절)
[1] (작은 두루마리가) 입에서는 꿀같이 달았다
[2] 먹은 다음에 배에서는 쓰게 되었다
(5) 먹은 두루마리의 의미: 예언의 위임(11절)
(a) 위임: "저가 내게 말했다"(11a절)
(b) 너는 많은 것들에 반하여 예언해야 한다

[1] 백성
[2] 나라
[3] 방언
[4] 임금

II. 문학 비평

여섯 번째 천사가 나팔을 분 다음에(9:13-21), 저자는 갑자기 두 개의 에피소드를 삽입한다(10:1-11; 11:1-13). 그리고 이 두 에피소드로 말미암아 11:15-18에 나오는 일곱 번째 나팔을 부는 작업이 지연된다(이는 저자가 7:1-17을 삽입함으로써 일곱 번째 인을 떼는 작업이 지연된 것과 똑같다). 보다 큰 문학적 배경 안에서 이 두 에피소드의 기능은 주석가들 사이에 논쟁의 대상이 되어 왔다(Bousset[1906] 313-15). 게다가 요한계시록 10:1-11과 11:1-13은 이어지고 있지만 외면적으로만 연결될 뿐이다. 또한 저자-편집자는 11:1에서 새로운 단락의 시작을 표시하지 않고, "또 내게 지팡이 같은 갈대를 주며 말하기를…"이라고 말한다. 10:11에서 요한이 예언해야 하는 대상들(많은 백성과 나라와 방언과 임금)은 11:9에서 두 증인의 시체를 목도하는 자들(백성과 족속과 방언과 나라, 임금은 언급되지 않는다)과 연결된다. 기블린(Giblin, *NTS* 30[1984] 435-36)은 10:1-11과 11:1-13을 연결시키려는 시도를 하지만 완전히 성공하지는 못했다. 그가 제안하는 한 가지 연결점은 10:8-10과 11:1-2에서 모두 환상을 보는 사람이 예언의 행동을 한다는 것이다. 이 연결은 두 단락 모두에 나오는 예언 주제의 부분을 이룬다. 즉 10:11; 11:3에는 동사 프로페튜에인(*προφητεύειν*)이 나오고, 10:7; 11:10에는 명사 프로페테스(*προφήτης*)가 나오며, 11:6에는 명사 프로페테이아(*προφητεία*)가 나온다. 이 단락들에서 발견되는 프로페트-(*προφητ*) 동족어들이 요한계시록의 다른 곳에서는 산발적으로(1:3; 11:18; 16:6; 18:20, 24; 19:10; 22:6, 9) 나온다는 사실을 고려할 때, 여기에 이 단어들이 무리를 지어 나온다는 것은 의미심장하다고 할 수 있다. 요한계시록 10:7은 특별히 일곱 번째 나팔을 불 것을 언급함으로써 일곱 번째 나팔이 울리는 11:15-18과 이 단락을 연결하는 데 기여한다. 그리고 10:7; 11:18에는 "종 선지자"라는 특별한 어구가 나온다.

요한계시록 8:1-9:21; 11:15-18의 일곱 나팔 재앙의 기사에 분명히 부가적 삽입 부분인 요한계시록 10:1-11은 "그 때에 내가 힘센 다른 천사를 보았다"는 어구에 의해 분리적인 방식으로 시작된다. 문자 그대로 볼 때 형용사 알론(ἄλλον, "다른")은 5:2에 언급된 앙겔로스 이스퀴로스(ἄγγελος ἰσχυρός, "힘있는 천사")를 나타낼 수밖에 없다(18:21의 천사도 앙겔로스 이스퀴로스[ἄγγελος ἰσχυρός]로 언급된다). 5:2과 10:1-10의 두 기사가 모두 신비한 책(두루마리)을 다루기 때문에, 분명히 독자로 하여금 전의 기사를 생각나게 하려는 것이 저자-편집자의 의도다. 10장의 기사는 네 개의 소단락으로 이루어진다. (1) 힘센 천사에 대한 소개(1-3a절), (2) 일곱 우뢰에 대한 에피소드(3b-4절), (3) 힘센 천사의 맹세(5-7절) 그리고 상징적인 예언의 위임으로 작은 책(두루마리)을 먹는 것(8-11절).

그러나 이 기사가 초점을 맞추고 있는 부분은 일곱 나팔의 울림과 일치할 종말의 임박함이 예언되는 힘센 천사의 맹세와 상징적인 예언의 위임이다. 이 두 가지 초점은 모두 2절에 암시된다. 2절에서 이 두 본문이 각각 갖고 있는 두 가지 중심적인 특징이 역순으로 언급된다. (1) 천사는 펼쳐진 작은 책(두루마리)을 손에 들고 있고(상징적인 예언의 예기), (2) 오른 발은 바다를 밟고 왼 발은 땅을 밟고 서 있다(맹세의 예기). 이 두 초점은 밀접하게 관련된다. 왜냐하면 종말의 임박함이 예언의 과업을 더욱 절박하게 하기 때문이다.

III. 요한계시록 10장과 로데스 섬의 거상

천사에 대한 요한의 개념은 부분적으로 다니엘 12:5-7의 인유에 기초한다. 다니엘 12:5-7에서는 세마포를 입은 사람(제사장 복장의 천사)이 양 손을 들어 하늘을 향하여 영생하시는 자를 가리켜 맹세하며 "반드시 한 때 두 때 반 때를 지나서 성도의 권세가 다 깨어지기까지니 그렇게 되면 이 모든 일이 다 끝나리라"고 말한다. 또한 이 천사에 대한 요한의 개념은 유명한 로데스 섬의 거상(巨像, Colossos of Rhodes)에 대한 고대의 개념을 따른 것 같다. 로데스 섬의 거상(Pausanias 1.18.6에 세계에서 가장 큰 두 가지로 로마의 거상과 함께 언급된다)은 주전 약 280년에 린도스의 차레스(Chares of Lindos)가 만든 유명한 청동상이었다. 차레스는 타렌툼(Tarentum)의 거상들을 만든 리시포스(Lysippos)의 제자였다. 로데스 섬의 거상은 그리스의 태양신 헬리오스(Helios)의 청동상이었다(계 10:1, "그 머리 위에 무지개가 있고 그 얼굴은 해 같고"를 보라). 이 거상은 주전 224년에 지진으로 무너졌는데, 그 후 수백 년 동안 폐허에 넘어져 있었다. 존 말랄라스(John Malalas, *Chron.* 11.18)에 의하면, 지진이 있은 지 312년 후까지 땅바닥에 뒹굴던 그 거상을 하드리안(Hadrian)이 복원했다. 그 청동상은 무릎에서부터 깨어졌기 때문에 아래 쪽의 두 다리는 깨뜨려서 청동을 이용할 때까지 서 있었다. 이 거상은 높이가 약 70규빗(약 105피트, 계 10:5의 "천사가 하늘을 향하여 오른손을 들고"를 보라)이었다. 널리 퍼졌지만 그릇된 한 견해에 의하면, 로데스 섬의 거상은 로데스 항구에 양 다리를 벌리고 서서 배들이 다리 사이를 통과했다고 한다. 그러나 실제로 이 거상은 항구를 내려다 보는 곳에 서 있었다(10:5, "내가 본 바 바다와 땅을 밟고 섰는 천사"를 보라). 로데스(약 420평방 마일의 섬)의 가장 두드러진 종교 의식은 헬리오스 제사였다. 헬리오스의 세 자녀 린도스 이알리시소스, 카미로스(Lindos, Ialysos, Camiros)는 로데스의 세 도시 국가의 시조였다. 로데스 섬의 거상에 대한 정보에서 중요한 고대 자료에는 Pliny *Hist. nat.* 34.18.41; Strabo 14.2.5; Sextus Empiricus *Adv. math.* 7.107; 그리고 Philo of Byzantium *De septem orbis spec.* 4.1-6(이 거상을 고대 세계의 일곱 가지 불가사의 중 하나로 언급한 최초의 고대 저자; 증거들의 수집에 대해서는 J. Overbeck, *Die antiken Schriftquellen zur Geschichte der bildenen Künste bei den Griechen*[Leipzig: Teubner, 1868] 1539-54를 보라). 플리니(Pliny, 그리고 그 이전의 스트라보[Strabo])에 나오는 정보에 의하면, 주전 1세기에 여전히 이 거상의 깨어진 조각들을 보고 감탄할 수 있었다고 한다. H. Maryon, "The Colossus of Rhodes," *JHS* 76(1956) 68-86; A. Gabriel, "La construction, l'attitude et l emplacement du colosse de Rhodes," *BCH* 56(1932) 331-59를 보라. 가브리엘(Gabriel, *BCH* 56[1932] 345-46; p. 337에는 그림이 나온다)은 거상의 오른손이 횃불을 쳐들고 있었음을 시사한다고 주장한다(자유의 여신상도 같은 관례를 따른다). 역시 "올림푸스"에 세워진 상을 언급하는 *Pal. Anth.* 6.171에 나오는 어구 펭고스 엘류데리아스(*φέγγος ἐλευθερίας*, "자유의 횃불")는 이 주장의 가능성을 시사한다("하늘을 향하여 오른손을 들고"라고 말하는 계 10:5을 보라). 그러나 거상을 묘사하는 양각으로 보이는 것에서 그의 오른손은 이마까지 올라가는데, 분명히 태양 빛으로부터 눈을 가리기 위한 것이다. G. Jacopi, *Monumenti de scultura del Museo Archeologico di Rodi*, II, Vol. 5 of *Clara Rhodos*(Bergamo: Istituto Storico-Archeologico-Rodi, 1932-40) fig. 15, pp. 24-26을 보라. 10:1-6에 나오는 천사에 대한 묘사와 로데스의 거상으로 알려지 것 간의 유사점은 관련된 심상이 널리 알려졌고 일반적으로 거상과 관련되었음을 시사한다.

주석

1a "내가 또 보니 힘센 다른 천사가 구름을 입고 하늘에서 내려오는데"(*καὶ εἶδον ἄλλον ἄγγελον ἰσχυρὸν καταβαίνοντα ἐκ τοῦ οὐρανοῦ*－카이 에이돈 알론 앙겔론 이스퀴론 카타바이논타 에크 투 우라누). 카이 에이돈(*καὶ εἶδον*)에 대해서는 5:1의 "주석"을 보라. 알로(*ἄλλô*, "다른")는 분명히 전에 5:2에서 언급된 앙겔로 이스퀴로스(*ἄγγελô ἰσχυρός*, "힘센 천사")를 언급한다("힘센 천사"라는 어구에 대해서는 5:2의 "주석"을 보라). 반 샤이크(Van Schaik)는 이 천사의 모델이 다니엘 12:5-7에 나오는 천사이지만, 저자가 그를 알로스 앙겔로스(*ἄλλος ἄγγελος*)로 언급할 정도로 천사의 말과 메시지는 상당히 변했다고 주장한다("*Ἄλλος ἄγγελος*," 221). 찰스(Charles, 1:258-59)는 이 힘센 천사가 가브리엘로 확인될 수 있다고 추측한다. 그 이유는 히브리어 낍보르(גִּבּוֹר, "강한 자")가 "가브리엘"을 나타낼 수 있기 때문이라는 것이다(가브리엘은 "하나님의 강한 자"를 의미한다). 그러나 저자가 어떤 특정한 천사를 생각했다고 상상할 수 있는 이유가 없다. 이것은 책(두루마리)을 다루는 두 본문 간의 외견상의 연결이다. 보크햄(Bauckham, "Conversion," 254-55)의 주장에 의하면, 이 천사의 독특한 역할과 그에 대한 장엄한 묘사는 요한계시록 1:1; 22:16의 중심적인 역할을 하는 계시의 천사와 동일시될 수 있음을 시사한다. 왜냐하면 요한의 예언적 계시의 주요 내용을 담고 있는 것이 바로 요한계시록 10장의 책(두루마리)이기 때문이라는 것이다. (1) 하나님께서는 예수 그리스도에게 이 계시를 주셨다(계 1:1)=어린양은 보좌에 앉으신 분의 손에서 그 책을 받았다(계 5:7). (2) 예수 그리스도의 계시(계 1:1)=어린양이 책을 펴고 그 내용을 계시하셨다(계 6:1-8:1). (3) 예수 그리스도는 자신의 천사를 자신의 종 요한에게 보내어 그 계시를 알려 주셨다(계 1:1)=천사는 펼쳐진 책을 하늘에서 가져와 요한에게 준다(10:2, 8).

1b "그 머리 위에 무지개가 있고"(*περιβεβλημένον νεφέλην, καὶ ἡ ἶρις ἐπὶ τῆς κεφαλῆς αὐτοῦ*－페리베블레메논 네펠렌 카이 헤 이리스 에피 테스 케팔레스 아우투). 구름, 무지개 또는 후광, 해, 그리고 불(1c절)은 모두 신적 현현에 취사선택적 특징들이다. 이리스(*ἶρις*)가 무지개를 나타낼 수 있을 뿐만 아니라, 올림푸스의 신들의 전령(앙겔로스[*ἄγγελος*] *Iliad* 3.121; 18.182; 메탕겔로스[*μετάγγελος*], *Iliad* 15.144)인 무지개(제우스는 무지개를 구름 위에 두었다, *Iliad* 11.27-28)의 의인화인 이리스(Iris, 무지개의 여신)를 나타낼 수도 있다는 것은 어울리는

사실일 것이다(*Iliad* 2.786-87; 8.398, 409; 11.185; 15.158-59; *Hymni Hom.* 2.314 -15). 초자연적인 존재들의 운송 수단으로서 구름에 대해서는 14:14의 "주석"을 보라. Dionysius Hal. *Ant. Rom.* 1.77.2의 본문은 인간의 여인과 결혼한 다음 "구름에 싸여"(*νέφει περικαλυφθῆναι*–네페이 페리칼뤼프데나이) 하늘로 올라간 한 신의 이야기를 말한다. 무지개를 나타내는 데 칠십인역의 용어 톡손(*τόξον*) 대신 이리스(*ἶρις*)가 사용된 것에 대해서는 4:3의 "주석"을 보라.

[1]c "그 얼굴은 해 같고 그 발은 불기둥 같으며"(*καὶ τὸ πρόσωπον αὐτοῦ ὡς ὁ ἥλιος καὶ οἱ πόδες αὐτοῦ ὡς στῦλοι πυρός*–카이 토 프로소폰 아우투 호스 호 헬리오스 타이 호이 포데스 아우투 호스 스튈로이 퓌로스). 얼굴을 해에 비교하는 것은 신의 현현에 대해(계 1:16; 마 17:2; *Apoc. Zeph.* 6:11; *Apoc. Peter* 1), 또는 천사에 대해(*2 Enoch*[Rec. A] 1:5; *2 Enoch*[Rec. J] 19:1; *T. Abr.* [Rec. A] 7:3-4; 12:5; 16:6; *Apoc. Paul* 12; 단 10:6을 보라), 종말에 의인들의 변화된 모습에 대해(4 Ezra 7:97; 마 13:43; *b. Ber.* 17a; see 단 12:3; 4 Ezra 7:125) 또는 의인들이 하나님의 임재를 경험한 결과에 대해 사용되는 은유다. 시내 산에서 내려올 때 얼굴이 빛났던 모세는 이 심상에 있어 모범이 되는 인물이다(Philo *Mos.* 2.70; 참조. 출 34:30; Tg. *Onq. Exod* 34:30; *Ant.* 3.83; 고후 3:7). "불기둥" 같다는 힘센 천사의 다리(직역하면, "발"; "원문주해", 1.e를 보라)에 대한 언급은 종종 출애굽기 13:21의 인유로 간주된다(Wis 18:3; *Sib. Or.* 3.250; Ezekiel Trag. *Exagoge* 247[후자에 나오는 스튈로스 퓌로스(*στῦλος πυρός*)는 세메이온(*σημεῖον*, "표적")으로 해석된다]). 출애굽기 13:21에서 하나님의 인도하심의 임재는 암무드 에쉬(עַמּוּד אֵשׁ, "불기둥"; 칠십인역, 스튈로스 퓌로스[*στῦλος πυρός*])로 묘사된다. 그러나 이 묘사가 구체적인 의미가 없는 외형적인 인유에 불과한 것인지 명확하지 않다. 하나님의 처벌을 나타내는 문맥들인 *1 Enoch* 18:11과 21:7에서 에녹은 하늘에서 떨어지는 "불기둥"(*στύλοι* [*τοῦ*] *πυρός*–스튈로이 (투) 퓌로스)을 본다.

[2]a "그 손에 펴 놓인 작은 책을 들고"(*καὶ ἔχων ἐν τῇ χειρὶ αὐτοῦ βιβλαρίδιον ἠνεῳγμένον*–카이 에콘 엔 테 케이리 아우투 비블라리디온 에네오그메논). 명백하게 이 구절은 펼쳐진 책(두루마리)을 들고 있는 "손"이 선지자에게 내밀어지는 에스겔 2:9-10의 인유다(동일한 구약성경의 구절이 현저하게 다른 방식으로 사용되는 5:1의 "주석"을 보라). 이 절은 10:2b-11의 요약 서론의 부분이거나 또는 개찬으로 보인다. 왜냐하면 작은 책(두루마리)은 이어지는 1-7절의 장면에서 중요한 역할을 하고 8절까지 다시 언급되지 않기 때문이다. 8절에서 작은 책은 8-11절

의 내용을 지배한다. "펴 놓인", 즉 펼쳐진 책은 그리스-로마의 미술에서 흔히 볼 수 있는 주제다(Birt, *Buchrolle*, 124-96를 보라). 부분적으로 펼쳐진 책은 보통 양손으로 잡는데, 이것이 정상적인 책을 읽은 읽는 방법이다(Birt, *Buchrolle*, 130-71). 그러나 많은 회화나 조각에 오른손이나 왼손으로 펼쳐진 책을 잡고 있는 인물들이 있는데, 이 모양은 대개 읽다가 중단된 것을 나타낸다(Birt, *Buchrolle*, 181-96). 여기에서 펼쳐진 책(두루마리)은 힘센 천사의 왼손에 있는 것으로 추측된다. 왜냐하면 5절에서 천사는 하늘을 향하여 오른손을 들었다고 하기 때문이다. 8-10절에 되풀이하여 언급되는 이 책은 Hermas *Vis.* 2.1.3; 2.4.1-3에 나오는 책과 같이 하늘에서 작성되었으나 땅의 사람들에 의해 사용되도록 의도된 책이다(Koep, *Buch*, 1-2를 보라). 형용 분사 에네오그메논(*ἠνεῳγμένον*, "펼쳐진")은 "풀린"(즉 힘센 천사의 손 위에 드리워진) 의미로 해석되면 안 된다. 오히려 이 말은 5:1에서 최초로 언급된 인봉된 두루마리와 대조적으로 "봉인을 뗀"이라는 의미를 나타낸다.

비블라리디온(*βιβλαρίδιον*, "작은 [파피루스] 두루마리")은 비블로스(*βίβλος*, "책, 두루마리")의 지소사다. Hermas *Vis.* 2.1.3; 2.4.1-3에서 비블라리디온(*βιβλαρίδιον*)과 비블리디온(*βιβλίδιον*)은 동의어로 사용된다(비블라리온[*βιβλάριον*]은 초기 기독교 문헌에서 소문자 사본 2329의 계 10:8에 나오는 비블리온[*βιβλίον*]의 이문으로 유일하게 입증된다). 이 곳과 9, 10절에서 사용되는 비블라리디온(*βιβλαρίδιον*)과 8절에서 사용되는 비블리온(*βιβλίον*)은 요한계시록에서 발견되는 유일하게 정확한 지소사다. 지소 형태들의 형태론적, 의미론적 분석에 대해서는 Moulton-Howard, *Accidence*, 344-46, 375, 380; D. C. Swanson, "Diminutives in the Greek New Testament," *JBL* 77(1958) 134-51; Elliott, "Nouns," 391-98; Mussies, *Morphology* 108-11(여기에서 형태론의 토론은 요한계시록의 지소사를 다루지 않는다)을 보라. 원래 아렌(*ἀρήν*, "등불")의 지소사인 아르니온(*ἀρνίον*)은(눅 10:3을 보라) 요한계시록에 24회 나오는 쇠퇴 지소사다. 이 용어는 일반적인 용법에서 아렌(*ἀρήν*) 또는 아르노스(*ἀρνός*)로 대치되었다(Mussies, *Morphology*, 108; Swanson, *JBL* 77[1958] 137는 이 용어를 부정확하게 정확한 지소사로 분류한다). 반면에 -이온(*-ιον*)의 교착어(coglutinative, -아리온[*-άριον*], -이디온[*-ίδιον*] 등)인 비블라리디온(*βιβλαρίδιον*)이 정확한 지소사다. 비블로스(*βίβλος*)라는 형태의 단어는 요한계시록에 두 번 나오는 반면에(3:5; 20:15, 그러나 두 번 모두 전통적 형식화로 나온다), 쇠퇴 지소사 비블리온(*βιβλίον*)은 요한계시록에 22회 나온다. 여기에는 10:8에 출현한 것은 포함되지 않는다. 왜냐하면 10:8에서(만일 정확한 독법이라면; 8절h를 보라) 비블라리디온(*βιβλαρίδιον*)의 동의어이기 때문이다(vv 2, 9, 10). 그러면 비블리온(*βιβλί-ον*)은 항상 쇠퇴 지소사로 간주되어야 할까? 10:2, 8, 9, 10의 이문들은 비블리온(*βιβλί-*

ον)이 때에 따라 정확한 지소사로 간주될 수 있음을 암시한다(Schmid, *Studien* 2:228-30에서 본문의 증거와 간략한 토론을 보라). 이 사실의 인식은 10:8의 본문 증거를 평가함에 있어 중요하다.

2b "그 오른발은 바다를 밟고 왼발은 땅을 밟고"(*καὶ ἔθηκεν τὸν πόδα αὐτοῦ τὸν δεξιὸν ἐπὶ τῆς θαλάσσης, τὸν δὲ εὐώνυμον ἐπὶ τῆς γῆς* – 카이 에데켄 톤 포다 아우투 톤 덱시온 에피 달라쎄스 톤 데 유오뉘몬 에피 테스 게스). 천사의 발 자세는 6절에서 그가 하는 맹세와 상징적으로 일치한다. 왜냐하면 6절에서 그는 하늘(5절에서 그는 오른손을 하늘을 향해 뻗는다), 땅, 바다에 호소하기 때문이다. 땅과 바다를 밟고 있는 천사의 발 자세는 5절과 6a절에서 힘센 천사를 확인하는 데 두 번 사용되는 설명적 분사구가 된다. 팔레스타인에서 발견된 마술 부적에는 바다 가운데 서 있는, 분명히 바다와 세상을 지배하는 권세를 갖고 있는 세 명의 신적 존재, 아마 천사들의 예가 나온다(Naveh-Shaked, *Amulets*, no. 6, lines 3-7). "이 세 명은 바다의 큰 여울에 서 있고, 세상의 여울에서 물과 세상을 가리키고 있다."

3a "사자의 부르짖는 것같이 큰 소리로 외치니"(*καὶ ἔκραξεν φωνῇ μεγάλῃ ὥσπερ λέων μυκᾶται* – 카이 에크락센 포네 메갈레 호스페르 레온 뮈카타이). 큰 소리로 외치는 천사에 대한 이 묘사(요한계시록에 나오는 초자연적 존재들은 항상 큰 소리로 말하는 것으로 묘사된다: 계 1:10; 6:1; 7:10; 11:15; 12:10; 14:2, 7, 9, 15, 18; 16:1; 18:2; 19:1, 6, 17; 21:3)는 화자의 말의 중요성과 그의 초자연적 근원을 강조하는 문학적 기법이다(Mussies, "Gods," 7; 참조. *Iliad* 20.375-80; *Odyssey* 24.529-53; Apollonius Rhodius 4.640-42; Sophocles *Aias* 14-18). 동사 뮈카타이(*μυκᾶται*, "부르짖다")는 관습적인 행동과 일반적인 진리를 표현하는 데 사용되는 격언의 현재(gnomic present)다(Burton, *Syntax*, 8-9). 구약성경에서 하나님의 음성은 부르짖음, 때로는 사자의 부르짖음과 비교된다(호 11:10; 욜 3:16; 암 1:2; 3:8; 렘 25:30).

3b "외칠 때에 일곱 우레가 그 소리를 발하더라"(*καὶ ὅτε ἔκραξεν, ἐλάλησαν αἱ ἑπτὰ βρονταὶ τὰς ἑαυτῶν φωνάς* – 카이 호테 에크락센 엘랄레산 하이 헵타 브론타이 타스 헤아우톤 포나스). 이 구절은 요한계시록에서 천사의 말이 소개만 되고 기록되지 않는 유일한 곳이다. 그러나 천사의 말이 이해할 수 없었고(그러므로 기록될 수 없었고) 일곱 우레에 의해 해석되었다고 생각하는 사람들도 있다. 3-5절의 장면들은 매우 극적이다. 왜냐하면 일곱 우레가 힘센 천사에게 응답을 하고 있

는 것처럼 보이기도 하고, 또는 그의 말을 가로막는 것처럼 보이기도 하기 때문이다. 또한 물론 일곱 우레가 힘센 천사의 이해할 수 없는 소리를 해석하고 있다고 볼 수도 있다.

3-4절은 후에 이 기사를 해석한 부연이라고 생각하고 싶어지는데, 그 이유는 이 구절이 2b절에서 바다와 땅을 밟고 서 있는 천사에 대한 언급, 즉 5a절에서 되풀이되는 언급으로 적절한 구조(종종 출처나 여담을 삽입하는 데 사용되는 소위 구조적 반복)를 이루고 있기 때문이다. "일곱 우레"의 정관사는 독자들에게 낯익은 무엇인가를 "다시 언급하는" 조응적 양식으로 기능하는 것으로 보인다. 즉 이 정관사는 "일곱 우레"가 독자들에게 이미 완전하게 알려진 것임을 암시한다(Swete, 127; Zahn, 414-15; Bousset[1906] 308; Hadorn, 114-15; Mussies, *Morphology*, 188).

혼(Horn, *SNTU* 17[1992] 215-29)은 잘 알려진 묵시적 개념이 언급된다는 주장을 논박하려고 했지만, 그의 시도는 실패로 끝났다. 왜냐하면 문서 형태로 남아 있는 것보다 훨씬 많은 묵시적 주제들이 분명히 고대 세계에서 사용되었기 때문이다. 요한계시록에 최초로 나오는 명사 또는 명사구의 유사한 조응적 관사 용법들에 대해서는 6:4; 9:1; 11:3, 19; 16:14을 보라. 시편 29편은 뇌성 가운데 하나님의 나타나심을 일곱 번 언급한다(3a, 4a, 4b, 5, 7, 8, 9절). 하나님의 음성은 자주 뇌성과 비교되지만(삼하 22:14; 욥 37:2-5; 시 18:13; 사 29:6; 30:30-31; 렘 25:30; 암 1:2), 시편 29:3-9에서만은 일곱 우레와 비교된다. 지글러(J. Ziegler, *Duodecim prophetae*, 270)는 맛소라 사본이 훼손되었을 가능성이 있는 칠십인역 하박국 3:11을 헵타 스케프트라(*ἑπτὰ σκῆπτρα*, "일곱 홀" 즉 "일곱 우레")로 재구성했다(Day, *VT* 29[1979] 146-47). 이 시편은 가나안의 기원을 갖고 있거나 또는 가나안 신화에 의해 크게 영향을 받은 것으로 간주되기 때문에(Day, *Conflict*, 57-61), 바알이 일곱 우레와 관련되는 것은 흥미롭다. 왜냐하면 이 사실은 하이 헵타 브론타이(*αἱ ἑπτὰ βρονταί*)라는 어구 이면에 존재하는 고대의 신화 전승을 시사하기 때문이다(Day, *Conflict*, 59; id., *VT* 29[1979] 143-51). 시내 산에서 여호와의 음성이 일곱 우레처럼 들렸다는 비교적 후기의 랍비 전승이 있다. *Exod. Rab.* 28:6은 출애굽기 20:18(이 곳의 본문에는 케콜로트[כְהקוֹלֹת, "음성, 소리, 우레"]가 나온다)에 비추어 욥기 37:5("하나님이 기이하게 음성을 울리시며")을 "그 한 음성은 음성 자체를 일곱 음성으로 나누었고 그 일곱 음성을 칠십 개의 언어로 나누었다"고 해석한다(*Exod. Rab.* 5:9도 보라). 더 많은 참고문헌들에 대해서는 Ginzberg, *Legends* 6:39를 보라. 베츠(O. Betz, *TDNT* 9:296)는 이 구절이 시편 29:3-9의 랍비 주석을 반영한다고 추측하지만, 뒷받침하는 증거를 제시하지 못한다.

상당히 가까운 유사성이 그리스-로마의 일곱 신에 대한 마술적 전설에서 발견된다. 이들은 하늘의 기둥 역할을 하는 지배자들(*πολοκράτορες τοῦ οὐρανοῦ*–폴로크라토레스 투 우라누[*PGM* IV.676-77])로서 불경한 자들을 처벌하는 데 번개와 우뢰와 지진을 사용한다(*PGM* IV.679-84; 소위 미트라 전례의 부분). 이 전설은 일곱 우뢰가 일곱 하늘, 즉 일곱 행성의 창공에서 발해진 소리를 나타낸다는 볼(Boll, *Offenbarung*, 22)의 견해와 관련된다. 하이 헾타 브론타이(*αἱ ἑπτὰ βρονταί*, "일곱 우뢰")라는 어구는 하이 헾타 포나이(*αἱ ἑπτὰ φωναί*, "일곱 음성[소리 또는 우뢰]")를 표현하는 보다 특별한 방법이다. 마술 문서들과 그노시스교의 문서들에는 비교적 오래된 전설, 아마 원래 시편 29편의 주석에 근거한 전설인 것 같은 "일곱 음성"의 전설이 나온다. "일곱 음성"이라는 어구는 콥트어 그노시스교 논문들에 헬라 외래어 포나이(*φωναί*) 또는 포네(*φωνή*)가 보존된 *ntz mphônai* 또는 *ntz mphônê*라는 어구로 나온다(*Pistis Sophia*[ed. Schmidt-Till] 1.1[p. 2, line 21]; 1.10[p. 11, lines 26 27]; 2.86[3x: p. 123, lines 19, 25; pp. 123, line 25 to p. 124, line 16; p. 127, lines 2-3, 24]; 4.143[p. 245, line 37]; *The Books of Jeu*[ed. Schmidt-MacDermot] 2.42[p. 303, lines 27-28]; 2.44[p. 306, lines 18-19, 25-26; p. 307, lines 17-18]; 2.45[p. 308, lines 21-22]; 2.47[p. 312, lines 3-4]; *Gos. Eg.* III, 42; IV, 52[Böhlig-Wisse-Labib, *Gos. Eg.*, 62-63]). 대개 "일곱 음성"이라는 어구는 헬라어의 일곱 모음 *αεηουω*을 나타내는데, 이 일곱 모음은 종종 신비한 신의 이름 역할을 하기도 하고(Dieterich, *Abraxas*, 22-24), 때로는 알파와 오메가(*ΑΩ*) 형태로 일곱 모음 전체를 단축하여 나타내기도 한다(Aune, *NTS* 33[1987] 489-91). *PGM* XIII.39에는 "일곱 모음(*ταῖς ἑπτὰ φωναῖς*–타이스 헾타 포나이스)으로 그 위대한 이름을 기록하라"는 명령이 나오고, *PGM* XXI.11-14은 "일곱 소리(*φωνάς*–포나스)와 조화되는 일곱 문자로 이루어진 당신의 이름"을 언급한다. 간혹 일곱 모음의 신의 이름은 *PGM* III.661의 "나는 아에에이우(오 아에에이우오)(*AEHIOY*[*Ω AEHIOYΩ*])이다"에서와 같이 자기 예언으로 사용되기도 하고, 때로 입에 올릴 수 없는 하나님의 네 문자의 이름(the Testagrammaton)이 헬라어의 일곱 모음을 다 사용하여 음역되기도 한다(Aune, *NTS* 33[1987] 491). 일곱 우뢰가 말한 것을 기록하지 말라는 명령(4b절)은 입에 올릴 수 없는 하나님의 이름을 기록하면 안 된다는 생각을 반영할지 모른다.

[4]a "일곱 우뢰가 발할 때에 내가 기록하려고 하다가 곧 들으니 하늘에서 소

리 나서 말하기를"(*καὶ ὅτε ἐλάλησαν αἱ ἑπτὰ βρονταί, ἤμελλον γράφειν, καὶ ἤκουσα φωνὴν ἐκ τοῦ οὐρανοῦ λέγουσαν*—카이 호테 엘랄레산 하이 헾타 브론타이 에멜론 그라페인 카이 에쿠사 포넨 에크 투 우라누 레구산). 포네 브론테스(*φωνὴ βροντῆς*, "우뢰")라는 어구는 요한계시록 6:1; 14:2; 19:6에 나오는데, 항상 초자연적 존재들의 말을 나타내는 은어로 사용된다. 일부 유대교 전승은 우뢰의 천사를 말한다(*3 Enoch* 14:4; *Jub.* 2:2; *T. Adam* 4.3). 고대 세계에는 우뢰를 신의 세계에서 인간의 세계로 보내지는 의사 전달로 해석하는 여러 가지 방법이 있었다. (1) 구약성경과 초기 유대교(빈도가 적지만)에서 하나님의 음성은 종종 우뢰와 동일시된다(출 19:19; 삼상 7:10; 욥 37:2, 4, 5; 40:9; 시 18:13; 29:3; 68:33; 103:7; 사 30:30; 렘 10:13; 암 1:2; Sir 43:17; *Sib. Or.* 5.344-45[tr. Charlesworth, *OTP* 1:401], "하늘의 요란한 우뢰 소리, 하나님의 음성"; 참조. *TDNT* 9:282-83). 프리지아의 비문에 나오는 브론톤 데오스(*βροντῶν θεός*, "우뢰의 신")는 하늘의 신을 나타내는 통상적인 칭호로서 로마의 *Iuppiter Tonans*(MM, 118)와 유사하다. (2) 빈도는 적지만 천사의 음성이 우뢰 소리와 관련된다(*3 Apoc. Bar.* 11:3; 14:1; *Sepher ha-Razim* 2.43-44, "그들의 음성은 우뢰 소리와 같다"[tr. Morgan, 47]). (3) 바트 콜(*bat col*, 직역하면 "음성의 딸")은 하늘의 음성 또는 하늘의 소리인데, 때때로 우뢰와 비교되거나(*Apoc. Abr.* 8.2, 6) 우뢰에 동반되는 음성과 비교되기도 한다(*y. Pe'a* 1.1). 요한복음 12:28-29에서는 하늘의 음성을 옆에 서 있던 사람들이 우뢰로 해석하기도 하고 천사의 계시로 해석하기도 한다(Lindblom, *Gesichte*, 17). (4) 그리스의 전설에서 제우스는 때로 우뢰로 기도에 응답한다고 생각한다. 따라서 우뢰는 기도의 수용을 나타내는 좋은 징조로 해석된다(*Iliad* 2.353; 9.236; *Odyssey* 20.101-4; Pindar *Pyth.* 4.23). (5) 헬레니즘 시대의 점술에는 그리스의 우뢰론(*brontologia* 또는 *brontiscopia*)과 로마의 에스투리아 학문(*Disciplina Etrusca*)에 기초한 우뢰학(*brontomanteia*)이 포함된다. 이런 형태의 점술은 유대인들뿐만 아니라(*Sepher ha-Razim* praef. 15-16; ed. M. Morgan을 보라) 그리스인들과 로마인들에 의해서도 실행되었다(Bouché-Leclercq, *Histoire* 1:198-204). 조각으로 남은 쿰란 문서 4Q*318*은 부분적으로 우레론이다(Eisenman-Wise, *Scrolls*, 258-63; M. Wise, "Thunder in Gemini: An Aramaic Brontologion [4Q*318*]," in *Thunder in Gemini and Other Essays in the History, Language and Literature of Second Temple Judaism*, JSPSup 15[Sheffield: Sheffield Academic Press, 1994] 13-50를 보라).

이 하늘의 음성의 정체는 구체적으로 상술되지 않는데, 이것은 요한계시록에서 청중의 말을 기록하는 데 자주 나오는 현상이다(10:4, 8; 11:12; 12:10-12; 14:2, 13; 16:1, 7[*var. lect.*], 17; 18:4-8; 19:5; 21:3). 확인되지 않는 계시의 음성은 구약성경에 간혹 나오는 주제다. 이 주제가 나올 때 화자는 대개 하나님으로 추측된다(민 7:89; 겔 1:28; 단 4:31-32; 8:16). 초기 유대교에서 "음성"이라는 용어는 종종 하나님의 이름을 나타내는 완곡 표현으로 사용된다. 확인되지 않는 계시의 음성은 초기 유대교 문헌에서 상당히 자주 언급된다(헬라어 *1 Enoch* 13:8; *Apoc. Ezra* 6:3; 7:13; *Apoc. Abr.* 9.1; 10.1, 3; 19.1[불 가운데에서 들린 음성]; *T. Job* 3.1; *Apoc. Sedr.* 2:1-4; *3 Apoc. Bar.*[헬라어] 8:14;[시리아어] 8:14; *Bib. Ant.* 28:8[Kenaz의 꿈 속에서 들린 음성]; Philo *Decal.* 46-49[하늘에서 들린 음성이 분명한 말이 되었다]; *Ant.* 1.185). 이 확인되지 않는 음성들은 하늘의 성전에서 나오기도 하고(16:1; *2 Apoc. Bar.* 8:1-2; *T. Levi* 18:6[아마 기독교의 가필; Ulrichsen, *Grundschrift*, 204-5; Kuhn, *Offenbarungsstimmen*, 21-22를 보라]; 참조. Jos. *J. W.* 6.300와 Tacitus *Hist.* 5.13), 성전과 보좌에서 나오기도 하며(16:17), 보좌에서만 나오기도 하고(19:5; 21:3), 아마 제단에서 나오기도 하는 것 같다(16:7 [*var. lect.*]). 가장 흔하게, 보는 사람의 시점(視點)이 땅일 때 확인되지 않는 음성은 "하늘로부터"(from heaven) 들려온다(10:4, 8; 11:12; 14:2, 13; 18:4-8; 21:3 [*var. lect.*]; 참조. 겔 1:28; 단 4:31-32; *T. Abr.*[Rec. A] 10:12; 14:13-15; *2 Apoc. Bar.* 13:1-2; 22:1; *Apoc. Abr.* 8.1[강한 이의 음성으로 확인된다]; *Bib. Ant.* 53:3-5). 그리고 시점이 하늘 자체일 때 음성은 "하늘에서"(in heaven) 들린다(12:10-12). Kuhn, *Offenbarungsstimmen*; id., *Bat Qol: Die Offenbarungsstimme in der rabbinischen Literature*(Regensburg: Pustet, 1990)를 보라. 확인되지 않는 음성은 그노시스교 문헌에 나오는 주제다(*Tri. Trac.* 119.3; *Ap. John* II/1 14.13; *Hyp. Arch.* 88.17 18; *Apoc. Adam* 84.4-24; *Paraph. Shem* 1.16-17; 40.6; *Ep. Pet. Phil.* 134.13[134.17에서 예수 그리스도의 음성으로 확인된다]; 135.3; 137.19; 138.21). 확인되지 않는 계시의 음성은 그리스-로마 세계의 현상이기도 하다(Plutarch *De* def. *orac.* 419b c; Vergil *Aeneid* 3.93[그러나 이 문맥은 그 음성이 아폴로의 음성임을 나타낸다; Servius *In Aeneidem Commentarii* 3.92-93을 보라]; 9.112). 헤로도투스(Herodotus), 1.159.3(LCL tr.), "그러나 그가 그렇게 하는 동안 한 음성(*φωνήν*－포넨)이 신당 안에서(*ἐκ τοῦ ἀδύτου*－에크 투 아뒤투) 나와 아리스토이쿠스를 불러 가라사대…(신탁이 이어진다)"를 보라. 이 구절의 암시는 명

확하다. 즉 이 허구적인 사건의 배경은 신탁으로 유명한 신당인 디디마(Didyma)의 아폴로 신전이기 때문에, 그 음성은 분명히 아폴로의 음성이다(Fontenrose, *Didyma*, 212-14를 보라). 그리스-로마 세계에서 이상한 음성은 종종 불가사의한 조짐으로 간주되었다(Tacitus *Hist.* 5.13[Jos. *J. W.* 6.300을 보라]: Cassius Dio 62.1.1-2).

[4]b "일곱 우레가 발한 것을 인봉하고 기록하지 말라 하더라"(*σφράγισον ἃ ἐλάλησαν αἱ ἑπτὰ βρονταί, καὶ μὴ αὐτὰ γράψῃς* – 스프라기손 하 엘랄레산 하이 헾타 브론타이 카이 메 아우타 그라프세스). 이 본문은 일곱 우레에 의해 계시된 무엇인가를 요한이 기록했다고 시사하지 않는다. 따라서 일곱 우레에 의해 말해진 내용이 후에 계시되도록 의도되었다는 제안은(Horn, *SNTU* 17[1992] 226) 완전히 그릇된 제안이다. 동사 스프라기제인(*σφραγίζειν*, "봉인하다")은 여기서 부적절해 보인다. 왜냐하면 무엇인가가 기록되지 말고 감추어져야 한다는 의미가 아니라면, 아직 봉인될 수 있는 것이 아무것도 기록되지 않았기 때문이다. 이 구절은 hysteron-proteron("마지막-처음", 즉 두 사건을 역순으로 배열하는 것으로 요한계시록에 자주 나오는 현상이다: 3:3, 17: 5:5: 6:4: 10:9: 20:4-5, 12-13: 22:14)의 예다. 왜냐하면 "쓰는 것"에 대한 언급이 "봉인"에 대한 언급보다 앞설 것으로 예상하는 것이 정상이기 때문이다(10:3의 안드레아스 사본들에 나타나는 필사자의 수정: "원문주해"를 보라). 베츠(O. Betz, *TDNT* 9:296)는 이 말이 이해될 수 없기 때문에 기록될 수도 없다는 제안을 하지만, 본문은 이 제안을 불가능하게 하는 것으로 보인다. 그 이유는 요한이 지금 자신이 들은 바를 막 기록하려고 하는 순간이었기 때문이다. 부쎄트(Bousset,[1906] 309)의 제안에 의하면, 요한은 의도적으로 "일곱 우레"의 내용(일곱 나팔과 일곱 대접과 유사한 내용으로, 일곱 우레에 의해 도입되는 일련의 일곱 재앙들)을 빼고, 그 대신 여기에 일곱 우레를 언급함으로써 자신이 하나님의 권위에 따라 그 내용을 뺐다는 사실을 독자들로 하여금 알게 했다는 것이다(Müller, 201와 Metzger, *Code*, 67는 이 제안을 따른다). 후기 랍비 전승에서는 욥기 26:14("그 큰 능력의 우레야 누가 능히 측량하랴")의 의미를 *Gen. Rab.* 12:1(tr. Epstein, *Babylonian Talmud*)에서 다음과 같이 토론한다.

> 우레가 그 온전한 세력으로 발할 때, 아무 피조물도 그것을 깨달을 수 없다. 기록될 수도 없고 아무도 깨달을 수 없으니, "누가 능히 측량하랴?"(מי יתבונן – 미 이트뽀나). 그의 암시와 그의 생각들을 지혜로운 자들은 안다(הפקחים יודעים – 하피크힘 요다임).

여기에서 우리는 지혜로운 자들만이 깨달을 수 있는 하나님의 의사 전달 수단으로 간주된다.

이 기록하지 말라는 금지는 **한 가지를 제외하고 모든 것이 계시되는** 고대 계시 문헌의 기묘한 관습을 반영한다. 다음은 계시의 비밀성이라는 주제를 말하는 구절들의 예다. (1) *T. Sol.* 6:6에는 "나(솔로몬)는 '왜 그가 홍해의 심연에 있는지, 그리고 그의 이름이 무엇인지 나에게 말씀하소서'라고 대답했다. 그러나 그는 '나에게 묻지 말라. 너는 나에게서 그것을 들을 수 없다'고 말씀하셨다"라는 구절이 나온다. (2) *Apoc. Zeph.* 5:6에 나오는 스바냐의 천성 환상에서 우리는 "이제 나의 입은 거기에서 닫혔다"라는 구절을 본다. 이 번역은 스바냐가 밝힐 수 없고 밝히고 싶지 않은 환상을 보고 있는 것으로 나타내고 있다. (3) 가장 유명한 예는 고린도후서 12:4이다. "그가 낙원으로 이끌려 가서 말할 수 없는 말(*ἄρρητα ῥήματα*—아르레타 레마타)을 들었으니 사람이 가히 이르지 못할 말이로다." 일부 학자들은 이 헬라어 어구 아르레타 레마타(*ἄρρητα ῥήματα*)가 원래 신비 종교에서 유래된 것이라고 제안한다(Lührmann, *Offenbarungsverständnis*, 57-58; Bietenhard, *Die himmlische Welt*, 166-67). 그러나 실제로 이 어구의 용법은 그보다 훨씬 더 널리 퍼져 있다. (4) *Acts of Paul* 21은 다음과 같이 말한다. "그리고 그 천사가 나에게 대답하여 말했다. 이제 여기에서 내가 너에게 무엇을 보여 주든지, 내가 무엇을 듣든지 땅에 거하는 아무에게도 그것을 알리지 말라." 이 구절은 분명히 고린도후서 12:4에 근거하고 있지만, 무엇인가를 말하기 위해 저자는 이어서 천사로 하여금 "나를 더 따라오라. 그러면 내가 숨김 없이 말하고 공포해야 할 바를 네게 보여 줄 것이다"라고 말하게 한다. (5) 동일한 계시/비밀 양식이 4 Ezra 14:5b-6에 다음과 같이 반영된다(하나님께서 자신이 모세에게 말씀하셨던 것을 에스라에게 말씀하신다). "그 때에 내가 그에게 명령하여 '이 말들은 네가 숨김 없이 공표하고, 이 말들은 비밀로 하라'고 말했다." 그 다음에 유사하게 에스라는 파기된 율법을 복원하라는 위임을 받는다(14:26). "그리고 네가 (쓰기를) 마쳤을 때, 어떤 것들은 공개하고, 어떤 것들은 은밀하게 지혜로운 자들에게 전하라." 그 다음에 이 과정이 기술되는데(14:37-48), 결과적으로 24권의 책이 공개되고 70권은 지혜로운 자들을 위해 비축된다. (6) Josephus *Ant.* 10.210에서 우리는 다음과 같은 구절을 본다. "그리고 다니엘도 왕에게 돌의 의미를 밝혔지만, 나는 이것을 말하는 것이 적절하다고 생각하지 않았다. 왜냐하는 나는 과거에 이루어진 일들은 기록하고 앞으로 있을 일은 기록하지 않기로 되어 있기 때문이다." (7) 다니엘 12:4에는 다음과 같은 지시가 나온다. "다니엘아 마지막 때까지 이 말을 간수하고 이 글을 봉함하라." 다니엘

8:26의 "이미 말한 바 주야에 대한 이상이 확실하니 너는 그 이상을 간수하라 이는 여러 날 후의 일임이니라"를 참조하라. (8) *3 Apoc. Bar.* 1:7(슬라브어)은 다음과 같이 말한다. "그리고 나 바룩은 거짓 저자다. 그 이름을 붙이지 말라! 나 바룩은 거짓 저자다. 그 이름을 붙이지 말라! 나 바룩은 이렇게 말했다. '여호와께서 살아 계시므로, 만일 당신이 나에게 어떤 말씀을 밝히시고 내가 당신에게서 그 말씀을 듣는다면, 나는 더 이상 말하지 않겠나이다. 만일 내가 앞으로 말을 한다면, 하나님이시여, 심판의 날에 나에게 벌을 더하소서.'"(Charlesworth, *OTP* 1:663; 아마 원문에 더 가까울 헬라어본에는 계시의 비밀 주제가 없고 보전 방식이 나온다; 헬라어본을 보라). (9) Virgil *Aeneid* 3.377-80에서 예언자 헬레누스(Helenus)는 다음과 같이 말한다. "네가 아우소니아까지 이상한 바다를 안전하게 건너 그 곳에서 항구까지 가도록, 내가 너에게 조금 이야기해 줄 것이다. 나머지 모든 일은 운명의 세 여신이 내가 아는 것을 금하거나, 주노가 나에게 말하지 말라고 말씀하신다"(tr. Copely, *Vergil,* 59). (10) Josephus *Ant.* 3.90은 시내 산의 율법 수여를 설명하면서 다음과 같이 말한다. "높은 곳에서 모든 사람들의 귀에 임한, 곧 모세가 두 돌판에 새겨진 그대로 남긴 열 개의 말씀 중 한 말씀도 그들의 귀를 벗어나지 않는 방법으로 임한 음성을 모든 사람이 들었다. 이 말씀들을 글자 그대로 명백하게 말하는 것이 우리에게 허용되지 않지만, 우리는 그 말씀들의 취지를 진술할 것이다." 이 구절은 십계명의 정확한 용어가 의례적 비밀이었음을 나타내는 초기 유대교의 유일한 증거다.

이 금지의 문맥들은 다양하지만, 두 가지 총체적인 개설을 말할 수 있다. 첫째로, 계시들이 가득한 기록에서 어떤 중요한 세부 사항을 밝히기를 거부하는 것은 전체 작품에 신뢰성을 더한다. 둘째로, 표면상의 저자는 초자연적인 개입에 의해 그의 청중에게 어떤 사항을 밝히는 것이 금지되기 때문에 초자연적 사실들에 대해 그의 청중보다 더 많은 지식을 가지고 있다. 즉 그는 보다 높은 위치에 있는 것이다. 여러 저자들이 자신들이 밝히지 않겠다고 맹세한 정보를 공표하기를 거부하는 다른 예들이 있는데, 여기에는 파우사니아스(Pausanias)에 나오는 다음과 같은 두 가지 예가 포함된다. (1) Pausanias 1.14.3, "이 기사 속으로 더 깊이 들어가기로 작정한 후에…나는 꿈의 환상 가운데 머물렀다." (2) Pausanias 1.38, "나의 꿈은 성소의 벽 안에 있었던 일들에 대한 묘사를 금했다."

5 "내가 본 바 바다와 땅을 밟고 섰는 천사가 하늘을 향하여 오른손을 들고" (*καὶ ὁ ἄγγελος, ὃν εἶδον ἑστῶτα ἐπὶ τῆς θαλάσσης καὶ ἐπὶ τῆς γῆς, ἦρεν τὴν*

χεῖρα αὐτοῦ τὴν δεξιὰν εἰς τὸν οὐρανόν – 카이 호 앙겔로스 혼 에이돈 에스토타 에피 테스 달라쎄스 카이 에피 테스 게스 에렌 텐 케이라 아우투 텐 덱시안 에이스 톤 우라논). "바다와 땅을 밟고 섰는"이라는 어구는 2b절에 나오는 천사에 대한 말을 되풀이하여 말하기 때문에, 3-4절이 편집에 의한 삽입일 가능성이 있다. 이 곳에서 맹세를 할 때 하늘을 향하여 오른손을 드는 것은 하늘에 거하시기 때문에 맹세의 증인으로 모든 일을 보고 계시며 알고 계시는 하나님에게 상징적으로 호소하는 몸짓으로 보인다(신 32:40; 시 106:26; Houtman, *Himmel*, 352-53). 이 구절이 인유하는 다니엘 12:7에서 맹세를 하는 천사는 오른손과 왼손을 모두 하늘로 든다. "손을 들다"라는 의미의 히브리어 어구 나솨 야드(נשׂא יד)는 "맹세하다"라는 의미의 숙어라는 것(동사 솨바[שׁבע, "맹세하다"]의 단순형 중간태와 마찬가지로)이 통례적인 추정이다. 이 추정은 신명기 32:40의 NRSV 번역, "For I lift up my hand to heaven,/ and swear: As I live forever…"(참조. 개역, "내가 하늘을 향하여 내 손을 들고 말하노라 나의 영원히 삶을 두고 맹세하노니")에 반영된다(참조. 창 14:22; 겔 20:5-6, 15, 23, 28, 42; *TDOT* 5:411을 보라). 그러나 현대에 맹세를 할 때 오른손을 드는 관행이 신명기 32:30과 유사한 구절들의 주석에 부적절하게 영향을 끼치는 위험이 있다. 나솨 야드(נשׂא יד)라는 어구의 문자적인 의미는 "여호와께서 (그의) 손을 들다"이다(Lust, "Deut 32:40," 155). 구약성경에서 한 손 또는 양손을 드는 것은 다양한 내포들을 가질 수 있다. 이 행동은 기도에 동반하는 몸짓일 수도 있고(시 28:2; 63:5; 134:2), 축복에 동반하는 몸짓일 수도 있고(레 9:22), 또는 어떤 사람을 지지하거나 반대하는 몸짓일 수도 있다(겔 20:6, "그 날에 내가 그들에게 맹세하기를[그들에게 나의 손을 들기를] 애굽 땅에서 인도하여 내어서…"; 참조. 겔 36:7; 44:12; 1QM 15:13; 18:1, 3). 그러나 구약성경 어느 곳에서도 사람들이 맹세를 하기 위해 손을 들었다고 말하지 않는다(Lust, "Deut 32:40," 161). 칠십인역 신명기 32:40에서 오른손을 들고 맹세하는 것이 발견되지만, 맛소라 사본에는 이에 해당하는 유사구가 없다(Dogniez-Harl, *Le Deutéronome*, 339에 의하면, 이 행은 대구법을 만들기 위해 추가된 것이다). 칠십인역 신명기 32:40은 다음과 같다(J. W. Wevers, *Deuteronomium*, Septuaginta: VTG 3.2[Göttingen: Vandenhoeck & Ruprecht, 1977]의 본문).

> 호티 아로 에이스 톤 우라논 텐 케이라 무
> (ὅτι ἀρῶ εἰς τὸν οὐρανὸν τὴν χεῖρά μου)
> 내가 하늘을 향해 내 손을 들고

카이 오무마이 테 덱시아 무
(*καὶ ὀμοῦμαι τῇ δεξιᾷ μου*)
나의 오른손으로 맹세를 하기 때문에

러스트(Lust)는 하나님을 주어로 하는 나솨 야드(יד נשׂא)가 하나님의 적극적인 개입을 나타낸다고 설득력 있게 주장한다(시 10:12; 사 49:22). 즉 하나님께서 처벌을 하기 위해 자신의 손을 드실 수 있다는 것이다(겔 36:7; 44:12). 손을 드는 것은 분명히 맹세에 동반하는 전형적인 몸짓이 아니다(예를 들어, 창 24:9에서 아브라함의 종은 아브라함의 환도뼈 아래 손을 넣고 맹세를 한다). 이 몸짓은 다니엘 12:7에서 사용되는데(그러나 여기에는 나솨 야드[יד נשׂא]가 사용되지 않고, 하나님께서는 맹세의 주어가 아니라 증인이시다; 참조. Lust, "Deut 32:40," 163), 이 구절이 분명히 요한계시록 10:5-6의 주어다(그러나 단 12:7에서 천사는 양손을 든다). 그러나 칠십인역 신명기 32:40과 요한계시록 10:5에서만 맹세에 동반하는 몸짓으로 오른손을 든다. 중요한 구절인 신명기 32:40에서 첫 번째 행은 39절의 마지막 행의 두 번째 부분으로 해석될 수 있다. "내 손에서 건질 자 없도다. 왜냐하면 내가 하늘을 향하여 내 손을 들기 때문이라. 나의 영원한 삶을 두고 맹세하노니…."

힘센 천사의 발 자세는 역대상 21:16에 유사한 내용이 나온다(삼하 24:17을 보라). 역대상 21:16에서 다윗은 천지(하늘과 땅) 사이에 서서 이스라엘에 재앙을 내리는 여호와의 사자의 거대한 모습을 본다.

5-6절에서 천사는 하늘과 땅을 밟고 서서 하늘을 향하여 손을 들고 하늘과 땅과 바다를 창조하신 이를 가리켜 맹세한다. 이스라엘과 유대 문헌에는 하늘과 땅을 증인으로 부르는 몇 개의 예가 있다(신 4:26; 30:19; 31:28; 칠십인역 신 8:19; *2 Apoc. Bar.* 19:1; *T. Mos.* 3:12; Tg. *Ps.-J.* Deut 32:1; *Sipre Deut.* 32:1[S. Horowitz and L. Finkelstein, eds., *Sifre on Deuteronomy*, Corpus Tannaiticum 3.3.2[New York: Jewish Theological Seminary of America, 1969] 334]; 참조. Delcor, *VT* 16 [1966] 8-25는 하늘과 땅으로 맹세하는 것을 하늘과 땅의 신들로 맹세하는 관습의 비신화화로 간주한다). 그러나 이 곳에서처럼 바다가 포함되는 예는 없다. *m. Šeb.* 4.13(*b. Šeb.* 35a를 보라)에 의하면, "하늘과 땅으로" 하는 맹세는 효력이 없고 완곡하게 표현되는 하나님의 이름으로 하는 맹세가 효력이 있다. 보통 하늘과 땅은 증인으로 일컫는데, 그 이유는 하늘과 땅이 언약의 보호자로 기여하기 때문이 아니라 견실하고 불변적인 실재의 모습들을 나타내기 때문이다(Delcor, *VT* 16[1966]

11ff.). 그러나 이 사실은 여기에 해당되지 않는다. 왜냐하면 하늘과 땅과 바다가 사라질 것이기 때문이다(계 21:1). 진실로 영속적인 실재는 오직 하나님 자신뿐이다.

[6]a "세세토록 살아 계신 자 곧 하늘과 그 가운데 있는 물건이며 땅과 그 가운데 있는 물건이며 바다와 그 가운데 있는 물건을 창조하신 이를 가리켜 맹세하여 가로되"(*καὶ ὤμοσεν [ἐν] τῶ ζῶντι εἰς τοὺς αἰῶνας τῶν αἰώνων, ὅς ἔκτισεν τὸν οὐρανὸν καὶ τὰ ἐν εὐτῶ καὶ τοὴν γῆν καὶ τὰ ἐν αὐτῆ καὶ τὴν ωάλασσαν καὶ τὰ ἐν αὐτῆ* – 카이 오모센 [엔] 토 존티 에이스 투스 아이오나스 톤 아이오논 오스 엑티센 톤 우라논 카이 타 엔 유토 카이 토엔 겐 카이 타 엔 아우테 카이 텐 오알라싼 카이 타 엔 아우테). 두 가지 정교한 하나님의 별명은 이어지는 맹세를 위한 재가를 이룬다. 첫 번째 별명은 하나님을 "세세토록 살아 계신 자"로 나타낸다. 이 표현은 요한계시록 4:9-10; 5:14[*var. lect.*]; 7:2; 10:6; 15:7에서도 발견된다("원문주해" 4:9을 보라). 명사 분사 토 존티(*τῶ ζῶντι*, "살아 계신 자")는 여기에서 하나님의 이름의 직접적인 언급을 피하기 위해 사용된 완곡 표현이다. 그러나 물론 하나님의 신원은 의혹으로 남지 않고 두 번째 별명에서 하늘과 땅과 바다의 창조주로 정의된다. 하나님의 두 번째 별명은 고대 이스라엘과 근동의 이층의 우주 개념, 즉 (1) 하늘과 (2) 땅과 바다로 이루어지는 우주 개념을 반영한다. 요한계시록 다른 곳에서 언급되는 세 번째 층 지하 세계는 빠진다(5:3과 5:13의 "주석"을 보라).

이 절은 고대 이스라엘 종교의 신앙 표현의 변형을 재현한다. 이 신앙 표현은 몇몇 전례적 문맥들에 나오며 우주의 각 영역에 거하는 존재들을 강조한다(예를 들어 출 20:11, "여호와가 하늘과 땅과 바다와 그 가운데 모든 것을 만들고"; 또한 느 9:6[칠십인역 2 Esdr 19:6]; 시 146:6[맛소라 사본 145:6]; Jdt 9:12; *T. Job* 2.4; *Sib. Or.* 3.20-23, 35; 행 4:24; 14:15도 보라). 이 신앙 표현의 보다 단순한 변형들은 후에 니케아 신조에 수용된 "하늘과 땅을 창조하신 이"(the one who created heaven and earth)(창 14:19, 22; Jdt 13:18[창 14:19, 22의 인유]; Bel 1:5; 1 Esdr 6:13) 또는 "하늘과 땅과 바다를 창조하신 이"(the one who created heaven and earth and sea, Jdt 9:13; *Jub.* 2:2); Houtman, *Himmel*, 96-97를 보라. 전자는 원래 가나안 종교의 관용 표현으로 서부 셈 지역과 메소포타미아 지역에 필적하는 표현들을 갖고 있다(C. H. Gordon, *Ugaritic Textbook*[Rome: Pontifical Biblical Institute, 1965] no. 2427; Cross, *Canaanite Myth*, 15-16 n. 20, 50-51 n. 25; Westermann, *Genesis* 2:205-6를 보라).

이 절에 언급되는 우주론은 세계를 한편은 하늘로, 다른 한 편은 땅과 바다로 이루어지는 이층의 우주로 이해한다. 그러나 일부 본문에서 바다는 땅 밑의 혼돈된 물로 해석될 수 있다(창 1:1의 테홈[תְּהוֹם, "깊은"]). 따라서 하늘과 땅과 바다가 실제로 삼층 우주를 구성한다(신 5:8[위로 하늘, 아래로 땅 그리고 땅 밑 물을 언급한다]; Jdt 9:12; *Jub.* 2:16; T. Abr.[Rec. B] 15:12; *Gk Ap. Ezra* 4:38; 계 5:13[여기에는 네 번째 지대 "땅 아래"가 추가된다]; 12:12; 14:7; 21:1; *PGM* V.459 63; VII.261; 참조. Bietenhard, *Die himmlische Welt,* 14-17). 요한계시록 10:6의 하나님의 호칭과 매우 밀접한 유사구는 사도행전 14:15(맹세의 문맥에 나오는 것은 아니지만)에서 발견된다. "천지와 바다와 그 가운데 만유를 지으시고 살아 계신 하나님." 이 어구는 다신교적 환경에서 하나님을 묘사하는 것으로, 아마 헬레니즘 시대의 유대교에서 발전된 변증 신학에서 비롯되었을 것이다. 유대교의 영향을 받은 마술 파피루스 *PGM* VII.270-71에는 "천지와 그 가운데 모든 것을 창조하신 분"이라는 하나님의 별명이 나온다. "천지의 주재"(maker of heaven and earth)라는 하나님의 별명은 창세기 14:19, 22에 나온다. "천지의 창조자"라는 별명도 유대교의 영향을 반영하는 마술 문서들에 잔존한다(*PGM* V.99; XXXV.37-41; 참조. V.459-63, "땅과 뼈를 지으시고…바다를 설치하시고 하늘을 펴신 당신"). 그리스-로마의 문헌도 창공, 육지 그리고 바다로 우주의 세 구분을 언급한다(Manilius *Astron.* 2.61).

6a절은 맹세하는 것을 언급하는 요한계시록의 유일한 예다. 이 구절에는 다니엘 12:7에 대한 명확한 인유가 있다. 다니엘 12:7을 칠십인역은 카이 오모세 톤 존타 에이스 톤 아이오나 데온(*καὶ ὤμοσε τὸν ζῶντα εἰς τὸν αἰῶνα θεόν*, "그리고 그가 영생하시는 하나님을 가리켜 맹세했다")으로 나타낸다. 반면에 데오도션(Theodotion)은 요한계시록에서 발견되는 어구 카이 오모센 엔 토 존티 톤 아이오나(*καὶ ὤμοσεν ἐν τῷ ζῶντι τὸν αἰῶνα*, "그리고 그가 세세토록 살아 계신 자를 가리켜 맹세했다")와 훨씬 더 가깝다. 호스(*ὅς*, 영어의 관계대명사 "who")로 도입되는 관계절은 다니엘 12:7의 인유를 저자가 발전시키는 것이다.

신명기 6:13과 10:20은 하나님의 이름으로 맹세할 것을 요구한다(참조. 1Q*20* = 1QapGen 2 iv 6-7). 마태복음 26:63에서 대제사장은 "살아 계신 하나님으로"(*κατὰ τοῦ θεοῦ τοῦ ζῶντος*-카타 투 데우 투 존토스) 맹세할 것을 요구하는데, 구약성경에 41회, 그리고 신명기 기자에게서 30회 발견되는(예를 들어, 삿 8:19; 룻 3:13; 삼상 14:39; 20:3; 삼하 4:9; 왕상 1:29; 렘 4:2; 5:2; 16:14-15; 23:7-8;

38:16; 44:26; 호 4:15; 암 8:14; *3 Apoc. Bar.* 1:7을 보라; 참조. Kreuzer, *Der lebendige Gott*, 37-145, esp. 23) 히브리어 맹세 관용 표현 하이 야웨(חַי־יְהוָה, "여호와의 살아 계심으로")를 반영한다. 기독교가 이 관용 표현을 삼위일체론적으로 발전시킨 형태는 *1 Clem.* 58:2에서 발견된다. "하나님의 살아 계심으로, 주 예수 그리스도의 살아 계심으로 그리고 성령의…." *m. Səeb.* 4:13에 의하면, 하나님의 이름 또는 심지어 하나님의 이름의 생략형으로 하는 맹세는 구속력이 있으며, 또한 "긍휼하시고 은혜로우신 분으로" 또는 "오래 참고 크게 자비하신 분으로"와 같은 완곡 표현으로 하는 맹세도 역시 구속력이 있다.

맹세에 대해 초기 유대교와 기독교의 논쟁이 반영되는 본문들에 "하늘로"와 "땅으로" 하는 맹세가 종종 언급되는 것은 전혀 우연이 아닐 것이다. 마태복음 5:34-35(여기에서 "하늘"/"보좌"와 "땅"/"발등상"의 배합은 사 66:1의 인유다; 참조. 행 7:49); 야고보서 5:12; Epiphanius *Pan.* 19.6.2; *2 Enoch*(Rec. J) 49:1(아마 기독교의 가필일 것이다; 이 구절에 대해서는 D. Duling, "'[Do not swear…] by Jerusalem because it is the city of the Great King'[Matthew 5:35]," *JBL* 110[1991] 291-309); 신명기 4:26; *T. Mos.* 3:12을 보라. 하늘과 땅으로 하는 맹세는 필로(Philo, *Spec. Leg.* 2.5)에 의해서 언급되는데, 이 곳에서는 해, 별 그리고 우주 전체로 하는 맹세도 언급된다. 랍비 문헌(*m. Šeb.* 4:14; *b. Šeb.* 34a; 참조. Str-B, 1:332-33)과 그노시스교의 논문 *Disc. 8-9* 63.15-23에서는 하늘과 땅으로 하는 맹세가 언급된다(tr. J. M. Robinson, *Nag Hammadi*). "나는 이 거룩한 책을 읽는 자에게 하늘과 땅(공기와 흙의 기본 원소들과 동등한)과 불과 물과 물질의 일곱 지배자들과 그들 안의 창조의 영과 태어나지 않은 하나님과 스스로 태어난 자와 태어난 자…로 맹세하게 한다." 아가멤논은 제우스, 해, 강, 땅, 지하 세계의 복수자들로 맹세한다(*Iliad* 3.276-80). 버케트(Burkert, *Greek Religion*, 251)는 해/하늘, 땅/강, 지하 세계(즉 우주 전체)로 이루어지는 세 부분의 맹세 형식이 근동 전통에서 유래했음을 증명하는 증거를 제시한다. *Iliad* 15.36-40에서 헤라는 땅, 하늘, 지옥의 강(Styx), 제우스의 머리 그리고 자신들의 혼인 침상으로 맹세한다. 아킬레스 타티우스(Achilles Tatius, *Leucippe and Clitophon*)에는 에로스의 그림을 보며 "어린이가 하늘과 땅과 바다를 지배하는 권세를 소유할 수 있다니"라고 외치는 내용이 나온다(1.2.1; tr. B. P. Reardon, *Collected Ancient Greek Novels*[Berkeley: University of California, 1989]). 이 내용은 맹세와는 관계가 없지만, 우주의 세 가지 주요 영역을 말하며 우주의 주권을 다루고 있다.

구약성경에서 하나님께서 맹세를 하는 것으로 말할 때, 그 맹세는 때로 "나의 사는 것으로"(ζῶ ἐγώ-조 에고)라고 표현된다(칠십인역 민 14:21, 28; 신 32:40; 렘 26:18; 참조. 히 6:13). "…로 맹세하다"(ὀμνύειν κατά-옴뉘에인 카타)라는 어구는 Hermas, *Vis.* 2.2.5, 8에 나온다(두 곳 모두에서 하나님께서 맹세를 하시는데, 첫 번째는 "그의 영광으로" 맹세하고, 두 번째는 "그의 아들"로 맹세한다). 고대 그리스인들은 맹세를 할 때 일반적으로 신들에게 호소했을 뿐만 아니라(LSJ, 1223; *TDNT* 5:177) 특정한 신들의 이름에 호소하기도 했다(Burkert, *Greek Religion*, 253). 전형적인 예는 크세노폰(Xenophon *Anab.* 6.6.17)에서 발견된다. "신사인 나는 신들과 여신들로 맹세한다"(참조. 6.1.31). 하나님의 이름이 맹세에 사용되지 않아야 한다는 것을 강력하게 시사하는 유대교의 본문들이 있다(CDa 15:1). 초대 유대교에서 출애굽기 20:7에 나오는 제3계명("너는 너의 하나님 여호와의 이름을 망령되이 일컫지 말라")은 하나님의 이름을 맹세에 사용한 것을 언급하는 것으로 널리 해석되었다(*Ant.* 3.91; Philo *Spec. Leg.* 2.2; 4.40; Str-B, 1:326-27). "…로 맹세하다"(ὀμνύειν ἐν-옴뉘에인 엔)라는 어구는 마태복음 5:34-36에 세 번 나온다. 그리고 칠십인역 사사기 21:7에는 하나님이 직접 언급된다. "우리가 여호와로 맹세했다"(ὠμόσαμεν ἐν κυρίῳ-오모사멘 엔 퀴리오). 초기 유대교 본문들과 헬레니즘 시대의 본문들 중에 맹세는 드물게 해야 한다거나(Sir 23:9-11; Epictetus *Ench.* 33) 또는 완전히 피해야 한다고(마 5:33-37; 약 5:12; Justin *1 Apol.* 16.5; Irenaeus *Adv. Haer.* 2.32.1; Epiphanius *Pan.* 19.6.2; Philo *Decal.* 82-95) 시사하는 본문들이 있다.

6b "지체하지 아니하리니"(ὅτι χρόνος οὐκέτι ἔσται-호티 크로노스 우케티 에스타이). 동사 오모센(ὤμοσεν, "그가 맹세했다")의 목적어인 도입의 호티(ὅτι)는 직접 화법을 도입하는 재인용의 호티(hoti recitativum)인데, 따옴표 같은 역할을 하기 때문에 번역되지 않는다(BDR §§ 397.3; 470.1; Burton, *Syntax*, § 345). 직접 화법을 도입하는 호티(ὅτι)를 수반하는 동사 옴뉘에인(ὀμνύειν)을 포함하는 유사한 구문들에 대해서는 마태복음 26:74=마가복음 14:71; 마가복음 6:23; 칠십인역 2 Kgdms 3:9-10; 19:8(맛소라 사본 19:7); 3 Kgdms 1:13, 17, 30(세 절 모두에 레곤 호티[λέγων ὅτι]가 나온다); 아모스 4:2(διότι-디오티); 6:8(διότι-디오티); 예레미야 28:14(맛소라 사본 51:14)(διότι-디오티); 30:7(맛소라 사본 49:13)을 보라. 옴뉘에인(ὀμνύειν)이 따르는 직접 화법은 맹세를 도입하는 데 사용되는 조건사 에이(εἰ, "만일")에 의해 도입될 수도 있다(이 조건사는 사실처럼

가정되는 조건을 도입하기 때문에 역시 번역되지 않는다). 그러나 이 구문도 마찬가지로 단순하게 맹세의 동사 다음에 직접 화법을 시작하며(히 3:11; 4:3[시 95:11(칠십인역 94:11)의 인용]; 삿 8:19; 1 Kgdms 3:14; 3 Kgdms 1:51; 시 131:2-5[맛소라 사본 132:2-5]; 암 8:7; 사 62:8), 칠십인역에서 항상 레곤(*λέγων*)으로 나오는 "말하다"라는 분사가 나온다(칠십인역 민 32:10-12; 신 1:34-36; 삿 15:13; 21:1, 18; 1 Kgdms 19:6; 20:42; 28:10; 2 Kgdms 3:35; 21:17; 3 Kgdms 2:8[*λέγων εἰ* - 레곤 에이], 23; 렘 22:5; 45:16[맛소라 사본 38:16]; 47:9[맛소라 사본 40:9]; 1 Macc 7:15, 35). 호티(*ὅτι*)가 따르는 옴뉘에인(*ὀμνύειν*)은 간접화법을 도입할 수도 있지만(칠십인역 1 Kgdms 24:22), 보통 부정사가 이 역할을 한다. 인용문은 7절 전체를 포함한다. 이 천사의 발언은 천사가 맹세를 하는 다니엘 12:7을 모델로 하고 있다(동사 오모센[*ὤμοσε(ν)*]은 직접 화법을 이끄는 호티[*ὅτι*] 절이 따른다). "한 때 두 때 반 때를 지나서 성도의 권세가 다 깨어지기까지니 그렇게 되면 이 모든 일이 다 끝나리라."

여기에서 크로노스(*χρόνος*)라는 용어는 크로노스(*χρόνος*)가 끝날 때 시작되는 시간을 초월하는 영원과 대조되어 사용되는 것이 아니다(Cullmann, *Christ and Time*, 49는 이 점에 있어서만 옳다). 이것이 가이사랴의 안드레아스(Andreas of Caesarea, *Apoc.* 10.6(Schmid, *Studien* 1/1:108)와 3세기 이후의 다른 교부들의 견해였다. 그러나 이 견해는 7절의 의미와 모순된다. 왜냐하면 전치사구 엔 타이스 헤메라이스(*ἐν ταῖς ἡμεραῖς*, "그 날들에")는 일곱 번째 나팔에 의해 시작되는 기간을 언급하기 때문이다. 종말 자체가 어느 정도의 날들로 이루어지는 기간으로 묘사되는데, 시간이 종말에 이른다고 말할 수는 없을 것이다. 실질적인 문제는 크로노스 우케티 에스타이(*χρόνος οὐκέτι ἔσται*)가 "더 이상 지체가 없을 것이다"라는 의미를 나타내는가, 아니면 "때가 이를 것이고" 종말의 사건들이 벌어지기 시작할 것이라는 의미를 나타내는가 하는 것이다. 대부분의 주석가들은 크로노스(*χρόνος*, "시간")를 "지체"를 의미하며, 따라서 "더 이상 지체가 없을 것이다"라는 의미를 나타내는 것으로 해석한다(Swete, 129는 이 어구를 "시간의 간격" 또는 "그 이상의 지체"로 번역한다; Charles, 1:263; Allo, 140-41; Cullmann, *Christ and Time*, 49-50; Caird, 128; BAGD, 888; Goodspeed, *Problems*, 200-201). 주로 이 주장은 확실히 "지체하다, 오래 끌다"를 의미하는 동사 크로니제인(*χρονίζειν*)에 근거한다. BAGD, 887은 유사한 용법 호 에르코메노스 헥세이 카이 우 크로니세이(*ὁ ἐρχόμενος ἥξει καὶ οὐ χρονίσει*, "오실 이가 오시리니 지체하지 아니하시리라")(합 2:3,

히 10:37에 인용됨: 참조. Delling *TDNT* 9:592)를 제시한다. 그러나 크로니제인(*χρονίζειν*)은 크로노스(*χρόνος*)가 아니며, 크로노스(*χρόνος*)는 거의 "지체"를 의미하지 않고, 포이에인(*ποιεῖν*, Demosthenes *De fals. leg.* 163), 엠포이에인(*ἐμποιεῖν*, Demosthenes *Or.* 23.93: 참조. Thucydides 3.38.1) 또는 에케인(*ἔχειν*, (Theocritus 21.25)과 같은 특정한 동사들의 목적어로만 사용된다(Barr, *Time*, 76 n. 2). 6절에서 "지체"는 크로노스(*χρόνος*)의 부적절한 번역이다. 왜냐하면 이 번역은 종말의 사건들이 연기되었다고 가정하기 때문이다. 그러나 요한계시록에는 종말의 사건들이 연기되었다는 암시가 전혀 없다. 요한계시록 20:3에서 미크론 크로논(*μικρὸν χρόνον*)이 "잠시 동안" 또는 "잠깐"을 의미하는 것과 똑같이, 요한계시록 6:11에서도 에티 크로논 미크론(*ἔτι χρόνον μικρόν*)은 "잠시 동안"을 의미한다.

7a "일곱째 천사가 소리내는 날 그 나팔을 불게 될 때에"(*ἀλλ' ἐν ταῖς ἡμέραις τῆς φωνῆς τοῦ ἑβδόμου ἀγγέλου, ὅταν μέλλῃ σαλπίζειν* – 알 엔 타이스 헤메라이스 테스 포네스 투 헤브도무 앙겔루 호탄 멜레 살피제인). 웨이스(J. Weiss, *Offenbarung*, 41: Spitta, 110와 일치)에 의하면, 이 문장은 기존의 자료(10:1-11:13의 기초가 되는 자료)를 이 요한계시록의 본문과 연결하는 편집의 경계다. 7절이 개찬이라는 웨이스의 주장은 정확하지만, 10:1-11:13이 기존의 자료에 기초한다는 그의 생각은 아마 틀릴 것이다. 웨이스는 이 구절이 6-7절의 비교를 방해한다고 주장하지만, 부쎄트(Bousset[1906] 310 n. 3)는 요한계시록 10장이 거의 비교를 보이지 않는다고 반대한다. 찰스(Charles, 1:264-65)도 이 어구를 가필로 보지만, 이 어구를 삽입한 사람이 11:1-13의 예기적(proleptic) 성격을 잘못 이해했다고 주장한다. 아마 저자는 10:1-11을 8:2-9:21과 11:15-18의 일곱 나팔 도식 가운데 삽입할 때 이 부연을 추가했을 것이다.

7b "하나님의 비밀이 그 종 선지자들에게 전하신 복음과 같이 이루리라"(*καὶ ἐτελέσθη τὸ μυστήριον τοῦ θεοῦ, ὡς εὐηγγέλισεν τοὺς ἑαυτοῦ δούλους τοὺς προφήτας* – 카이 에텔레스데 토 뮈스테리온 투 데우 호스 유엥겔리센 투스 헤아우투 둘루스 투스 프로페타스). 이 어구는 아모스 3:7, "만일 그(주 여호와)가 자신의 종 선지자들에게 자기의 계획을 계시하지 않으면"(כי אם־גלה סודו אל־עבדיו הנביאים –키 임 갈라 쏘도 엘 아다다이우 한네비움)의 인유일 것이다. 칠십인역은 "만일 그가 자신의 **교훈**을 자신의 종 선지자들에게 계시하지 않는다면"(*ἐὰν μὴ ἀποκαλύψῃ παιδείαν αὐτοῦ πρὸς τοὺς δούλους αὐτοῦ τοὺς προφήτας* – 에안 메 아포칼뤼프세 파이데이안 아우투 프로스 투스 둘루스 아우투 투스 프로페타스)으로 나

타낸다(참조. 개역의 "주 여호와께서는 자기의 비밀을 그 종 선지자들에게 보이지 아니하시고는"). 찰스(Charles, 1:266)는 칠십인역이 파이데이안(*παιδείαν*)으로 번역하기 때문에, 저자가 여기에서 칠십인역에 의지했을 가능성이 없다고 주장한다. 칠십인역의 파이데이안(*παιδείαν*)은 아마 히브리어 어간 야사르(יסר)의 한 형태(예를 들어, 무싸르[מוסר, "경고, 훈계"])를 틀리게 반영했을 것이다(Andersen-Freedman, Amos, 399). 이 어구는 저자가 칠십인역보다 맛소라 사본을 따르는 많은 예들 중의 하나다. 뮈스테리온(*μυστήριον*, "신비, 비밀")은 요한계시록에 네 번 나오는데(1:20; 10:7; 17:5, 7) 유교대의 묵시적 본문들에서 중요한 용어다. 그러나 뮈스테리온(*μυστήριον*)은 요한계시록에서 이 곳에서만 구약성경의 예언서들에 숨겨진 하나님의 종말 계획을 나타낸다. *3 Apoc. Bar.* 1:6, 8; 2:6에서 천사 인도자는 "내가 너에게 (하나님의 더 큰) 비밀들을 보여 줄 것이다"라는 말로 선지자에게 비밀들(복수)을 계시해 준다는 약속을 한다. 아람어 라즈(רז, "비밀")는 페르시아 외래어로 다니엘서의 아람어 부분에 일곱 번 나오는데(2:17, 19, 27, 28, 29, 30, 47), 각각의 예에서 여러 헬라어 역본들(칠십인역, Aquila, Theodotion, Symmachus)은 이 용어를 헬라어 뮈스테리온(*μυστήριον*)으로 번역한다. 초기 유대교 문헌의 다음과 같은 본문들에서 뮈스테리온(*μυστήριον*)은 때로 "국가의 비밀" 또는 "왕의 계획(왕이 간직한 계획)"을 나타낸다(Hatch, *Essays*, 57-58). (1) Tob 12:7, 11은 "왕의 비밀(*μυστήριον βασιλέως*-뮈스테리온 바실레오스)을 지키는 것이 좋으나, 하나님의 역사를 계시하는 것은 영광스러운 일이다"라고 말한다. (2) Jdt 2:2에서 느부갓네살은 자신의 비밀 계획(*τὸ μυστήριον τῆς βουλῆς*-토 뮈스테리온 테스 불레스)을 신하들과 귀족들에게 발표한다. (3) 2 Macc 13:21은 유대인 로도쿠스(Rhodocus)가 "비밀 정보들"(*τὰ μυστήρια*-타 뮈스테리아)을 유대의 대적들에게 제공했다고 기록한다. 왕의 계획이 오직 자신만 알고 있는 비밀이었던 것과 똑같이 하나님의 계획도 당연히 비밀이다. 그러므로 Wis 2:22은 악한 자들은 "하나님의 비밀(*μυστήρια θεοῦ*-뮈스테리아 데우)을 알지 못한다"고 주장한다. 라즈(רז, "비밀")라는 용어는 사해 사본에 자주 나온다(1QH 1:21; 2:13; 4:27-29). 쿰란에서 발견된 하박국 주석(1QpHab 7:5)에서 라즈(רז)는 모호하고 해석을 필요로 하는 일을 나타낸다. 그 해석이란 구약성경의 선지자들이 말세에 대해 말한 것과 관련된 해석이다. 예언서들, 특별히 다니엘서와 에스겔서의 인유들을 요한이 정교하게 사용하는 것은 그가 이 예언들이 궁극적으로 자신의 시대에 이루어진다고 생각했다는 사실을 나타낸다.

성취될 때까지 완전히 이해되지 않는 비밀들을 하나님께서 예언자들에게 전달하셨다는 견해는 초기 유대교와 초기 기독교의 상당히 일치하는 견해다. 이 견해는 저자가 다음과 같이 말하는 1QpHab 2:8-10에 반영된다(tr. Vermes, *Dead Sea Scrolls*).

> 하나님께서는 자신의 백성과 자신의 땅에 일어날 모든 일을 자신의 종들, 즉 예언자들을 통해 예언하셨다. 그리고 하나님께서는 예언자들의 모든 말을 제사장들이 해석할(לפשור – 립쇼르) 수 있도록 그에게(그의 온전한 마음에) 명철을 두셨다.

이와 유사한 진술이 1QpHab 7:1-5에도 나온다(tr. Vermes, *Dead Sea Scrolls*).

> 그리고 하나님께서는 하박국에게 마지막 세대에 일어날 일을 기록하라고 명령하셨지만, 말세의 때가 언제 이를지 알려 주지 않으셨다. 그리고 "읽는 자는 빠르게 읽을지니"라고 하나님께서 하신 말씀은 하나님의 종, 선지자들의 모든 비밀(רזי – 라제)을 알게 하신(הודיעו – 호디오) 의의 선생(the Teacher of Righteousness)에 대한 것으로 해석된다(פשרו – 피쉬로).

이 두 본문은 세 가지 전제를 반영한다. (1) 하나님께서는 예언자들을 통해 말세의 사건들은 미리 예언하셨다. (2) 성경 본문의 진의는 말세에 일어날 역사적 사건들을 나타낸다. (3) 예언자들의 말은 비밀들(רזים – 라짐)로서 하나님께서는 그 의미를 의의 선생(아마 1QpHab 2:8의 제사장과 일치할 것이다; 참조. 4QpPs[a] 3:15)에게 밝히셨다. 구약성경에 대한 유사한 이해는 초기 기독교의 일부 단계에서 발견된다. 고린도전서 2:6-16에서 바울은 하나님의 영이 하나님의 비밀한 가운데 숨겨진 하나님의 지혜, 곧 오랫동안 감취었던 것이지만 이제 성령을 받은 사람들에게 계시된 하나님의 지혜를 깨달을 수 있게 한다고 주장한다. 오랫동안 감춰져 있었지만 이제 계시된 하나님의 비밀의 개념에 어떤 학자들은 "계시의 도식"(revelation schema)이라는 명칭을 붙인다(Lührmann, *Offenbarungsverständnis*, 113- 17). 이 개념은 바울 서신, 특별히 제2바울 서신에 자주 나온다(롬 16:26-26; 골 1:26-27; 엡 3:5, 9-10; 참조. 딤후 1:9-10; 딛 1:2-3; 벧전 1:20).

초기 기독교 문헌에는 이 곳과 요한계시록 14:6에서만 동사 유앙겔리제인(*εὐαγγελίζειν*, "선포하다")이 능동태로 발견된다. 이것은 비교적 희귀한 현상으로(MM, 259), 칠십인역에 단 두 번 나오고(1 Kgdms 13:9; 2 Kgdms 18:19), 그 후에는 주후 2세기까지 비유대교와 비기독교 헬라어에 나오지 않는다. 더욱이 명사 유앙겔리온(*εὐαγγέλιον*)은 단 한 번 나오는데(14:6; 그 복잡한 구절의 "주석"을 보라), 이상이 요한 문서에 나오는 유앙겔(εὐαγγελ-) 단어들의 전부다. 10:7에 나오는 동사 유앙겔리제인(εὐαγγελίζειν)은 14:6에서의 용법과 완전히 다르고, 이 두 용법은 흔히 볼 수 있는 전통적 용법을 전혀 반영하지 않는다. 10:7에서 유앙겔리제인(εὐαγγελίζειν)은 의미론적으로 뚜렷하지 않은 의미로 사용되는 의사 전달의 동사다. 전달되는 메시지가 긍정적인가 부정적인가는 문맥에 의해서만 알 수 있다. 만일 이 동사가 아모스 3:7을 인유한다면(가능성이 있다), 유앙겔리제인(εὐαγγελίζειν)은 히브리어 동사 갈라(גלה)나 헬라어 동사 아포칼륍프테인(ἀποκαλύπτειν, "밝히다, 알게 하다")과 같은 역할을 한다. 게다가 위의 두 구절 아무 곳에서도 유앙겔리제인(εὐαγγελίζειν)은 "복음을 선포하다"라는 전문적인 의미로 사용되지 않고, 하나님에게서 비롯된 메시지라는 보다 일반적인 의미로 사용된다(Lohmeyer, 123-24). 여기에서 하나님은 유앙겔리센(εὐηγγέλισεν)의 주어이고 동사의 목적어는 토 뮈스테리온(τὸ μυστήριον), 즉 하나님께서 선지자들에게 전달하셨고 이제 성취되는 것이다. 어떤 학자들에 의하면, 요한계시록 10:7; 14:6에서 유앙겔리제인(εὐαγγελίζειν)의 사용은 바울 이전의 용법을 반영한다고 한다(Jeremias, *Jesu Verheissung*, 19-20, 59; Stuhlmacher, *Evangelium*, 210-18). 스툴마허(Stuhlmacher)의 견해에 의하면, 요한계시록 10:7; 14:6에서(또한 마 11:2-6; 눅 7:18-23에서도) 유앙겔리제인(εὐαγγελίζειν)의 사용은 하나님께서 심판과 구원을 위해 오신다는 메시지가 전파되던 초기 팔레스타인의 유대인 기독교의 용법을 반영한다. 이 용법은 누가복음 4:16-30; 마가복음 1:14-15에 나오는 유앙겔리제스다이 텐 바실레이안 투 데우(εὐαγγελίζεσθαι τὴν βασιλείαν τοῦ θεοῦ, "하나님의 나라를 선포하다")라는 어구에 반영된다. 이 용법과 바울에게서 발견되는 용법(즉 그리스도의 죽으심과 부활의 메시지를 선포하다는 용법) 간에는 관계가 없다(Koester, *Gospels*, 9 n. 2). 그러나 요한계시록 10:7과 14:6이 유대교의 용법과 다른 무엇인가, 즉 저자에 의해 채택된 무엇인가를 반영한다고 납득할 만한 증명은 사실상 없다.

"그의 종 선지자들"이라는 어구는 구약성경의 예언자들을 나타내는 칭호로 11:18에도 나온다. 여호와의 종으로 예언자들(עבדיו הנבאים - 아바디이우 한네비임, "그의 종 선지자들")은 원래 신명기 기록자의 개념으로(왕하 9:7; 17:13, 23; 21:10; 24:2; 렘 7:25; 25:4; 26:5; 29:19; 35:15) 후에 관용어가 되었다(암 3:7[아마 나중의 해석이었을 것이다; Andersen-Freedman, *Amos*, 391-92에서 찬반의 논증을 보라]; 스 9:11; 단 9:6, 10; 슥 1:6; 1QS 1:3; 1QpHab 2:9; 7:5; 1QpHosa 2:5; 4Q*390*=4QPseudo-Moses Apocalypse 2 i 5).

8a "하늘에서 나서 내게 들리던 음성이 또 내게 말하여 가로되"(καὶ ἡ φωνὴ ἣν ἤκουσα ἐκ τοῦ οὐρανοῦ πάλιν λαλοῦσαν μετ᾽ ἐμοῦ καὶ λέγουσαν – 카이 헤 포네 헨 에쿠사 에크 투 우라누 팔린 랄루산 메트 에무 카이 레구산). 관사 있는 명사 헤 포네(ἡ φωνή, "그 음성")는 4절의 관사 없는 명사 포네(φωνή)를 언급하며 저자가 1-7절을 8-11절과 연결하는 데 사용하는 몇 가지 장치들 중 하나다. 요한계시록에 나오는 확인되지 않은 하늘의 음성이라는 주제에 대해서는 10:4의 "주석"을 보라.

8b "네가 가서 바다와 땅을 밟고 섰는 천사의 손에 펴 놓인 책을 가지라 하기로"(ὕπαγε λάβε τὸ βιβλίον τὸ ἠνεῳγμένον ἐν τῇ χειρὶ τοῦ ἀγγέλου τοῦ ἑστῶτος ἐπὶ τῆς θαλάσσης καὶ ἐπὶ τῆς γῆς – 휘파게 라베 토 비블리온 토 에네오그메논 엔 태 케이리 투 앙겔루 투 헤스토토스 에피 테스 달라쎄스 카이 에피 테스 게스). 8-10절은 하나님께서 맛없는 두루마리를 먹으라고 주시고, 에스겔은 순종하는 어린이와 같이 지시를 받은 대로 행하는 에스겔 2:8-3:3을 모범으로 하고 있다. 요한계시록의 이 곳에서 저자는 다른 대화 부분을 도입함으로써 에스겔서의 기사를 확장한다. 에스겔 2:8-3:3에서 에스겔에게 말을 걸어 그에게 "네 입을 벌리고 내가 네게 주는 것을 먹으라"(2:8)고 말하는 분은 바로 하나님이시다. 따라서 에스겔 앞에 펴진 손은 다름아닌 하나님의 손이라고 추정할 수 있다. 그러나 요한계시록에서 요한에게 힘센 천사에게 나아가서 그의 손에 펴 놓인 책(두루마리)을 가지라고 명령하는 음성은 확인되지 않는 하늘의 음성(하나님의 음성?)이다. 그러나 그 음성은 요한이 그 책(두루마리)으로 무엇을 해야 하는지를 지시하지 않는다. 그리고 대화의 역할이 힘센 천사에게 부여된다. 즉 요한에게 책(두루마리)을 먹으라고 지시하고 그 책이 그의 입과 그의 배에 어떠할지를 예언하는 역할이 천사에게 맡겨진다.

일곱 인으로 인봉된 책(두루마리)이 요한계시록 5장의 보좌 장면의 중심 초점이었고 각각의 인을 떼는 것이 6:1-8:1에 나오는 첫 번째 일곱 재앙 시리즈를 위한 구조적 장치였기 때문에, 독자가 두 책(두루마리)을 동일시하는 것이 저자의 의도인지 아닌지 의문을 가질 필요가 있다. 최근에 일부 학자들은 다음과 같이 이 동일성을 지지하는 찬성론을 펼친다(Mazzaferri, *Genre*, 265-79; Bauckham, "Conversion," 243-57). (1) 요한계시록 5:1-9; 10:8에서 사용되는 비블리온(βιβλίον)과 요한계시록 10:2, 9-10에서 사용되는 비블라리디온(βιβλαρίδιον)과 비블리다리온(βιβλιδάριον)은 동의어다. (2) "내가 또 보니 힘센 다른 천사가"라는 어구(10:1)

는 요한계시록 5:2의 "또 보매 힘있는 천사가"라는 어구를 언급하여 두 구절을 연결시킨다. (3) 요한계시록 5:1에서 하나님의 손에 있는 책(두루마리)은 에스겔 2:9-10을 모범으로 하고 있고, 요한계시록 10:8-10의 모범도 역시 에스겔 2:9-10이다. 그리고 에스겔 2:8-3:3의 인유는 요한이 요한계시록 5장과 10장에서 책(두루마리)으로 상징되는 예언을 받았다는 하나의 이야기를 하고 있음을 나타낸다. (4) 요한계시록 5장과 10장의 책(두루마리)을 동일시함으로써 요한계시록 5장에 나오는 책(두루마리)의 본질과 내용에 대한 문제가 풀린다. 그 내용은 6:1-8:1의 기사와 동일시될 수 없다. 그 이유는 그 책(두루마리)은 일곱 개의 봉인을 모두 떼어낼 때까지 펼쳐질 수 없기 때문이다. 요한계시록 5장에 소개된 책(두루마리)의 마지막 봉인은 8:1에서 떼어내고, 10:2에서 펼쳐지는 것 같다. (5) 요한계시록 10장과 다니엘 12:6-9 간의 관계는 요한이 요한계시록 10장의 책(두루마리)을 봉인되었다가 이제 펼쳐진 것으로 생각했음을 나타낸다. (6) 요한의 예언이 전달하려고 하는 계시는 그가 요한계시록 10장에서 받은 책(두루마리)에 있기 때문에, 그 책(두루마리)의 실제 내용은 요한계시록 10장 이후에만 계시된다.

그러나 요한계시록 5장과 10장의 책(두루마리)을 동일시하는 것에 반대하는 설득력 있는 주장들이 있다. (1) 이들의 동일시에 반대하는 강력한 문법적인 주장은 토 비블리온(*τὸ βιβλίον*)이 10:8에서는 조응적 관사(10:2의 동의어 비블라리디온[*βιβλαρίδιον*]를 나타내는)를 갖고 있는 반면에, 10:2에 나오는 용어 비블라리디온(*βιβλαρίδιον*)은 관사가 없기 때문에 요한계시록 5장의 비블리온(*βιβλίον*)을 나타낼 수 없다는 것이다. (2) 에스겔서의 책(두루마리)은 펼쳐져 있는 반면에, 요한계시록 5장의 책(두루마리)은 일곱 인으로 봉인되었다가 점차적으로 펼쳐지고, 요한계시록 10장의 책은 하늘에서 요한에게 펼쳐져 전달된다(10:2a). (3) 10:11에 묘사되는 바와 같이, 요한의 임무는 "다시 많은 백성과 나라와 방언과 임금"을 위한 예언을 하는 것이 아니라 그들에게 거스리는 예언을 하는 것이다.

요한계시록 5장과 10장의 책(두루마리)이 동일한가 동일하지 않은가 하는 의문은 여전히 남아 있다. 요한계시록 10장의 책(두루마리)은 요한계시록 11장으로 시작되는 환상의 기사 일부 또는 전부를 담고 있는가? 일곱 인으로 인봉된 책(두루마리)은 요한계시록 6:1-8:1의 구조(내용은 아니라도)를 규정하기 때문에, 요한계시록 10장의 작은 펼쳐진 책(두루마리)도 이 법칙이 동일한가를 고찰해 볼 가치가 있다. 저자가 이 문제의 해결에 도움이 될 수도 있는 명확한 문학적 표시들을 제공하지 않기 때문에, 이 의문의 해답은 부득이 순이론적이 될 수밖에 없다. 요한계시록 10장의 책(두루마리)의 내용은 요한계시록의 다음과 같은 부분들과 동일시되어 왔다. (1) 요한계시록 10-11장(G. Bornkamm, "Komposition der apokalyptischen Visionen in der Offenbarung Johannis," in *Studien zu Antike und Urchristentum: Gesammelte Aufsätze*[Munich: Kaiser, 1959] 217), (2) 요한계시록 11:1-13(Charles, 1:260, 269; Schrenk, *TDNT* 1:618; Lohmeyer, 87, 89; Lohse, 60-61), (3) 요한계시록 11:1-15:4(Schüssler Fiorenza, *CBQ* 30[1968] 565-66; id., *CBQ* 39[1977] 363), (4) 요한계시록 12:1-22:5(Bousset[1906] 312), (5) 요한계시록 12장 또는 17장(Yarbro Collins, *Combat Myth*, 26), (6) 요한계시록 15:1-22:9(Giblin, *NTS* 30[1984] 455 n. 10), (7) 요한계시록 20-22장(Beasley-Murray, 82).

9a "내가 천사에게 나아가 작은 책을 달라 한즉"(*καὶ ἀπῆλθα πρὸς τὸν ἄγγελον λέγων αὐτῷ δοῦναί μοι τὸ βιβλαρίδιον* – 카이 아펠다 프로스 톤 앙겔론 레곤 아우토 두나이 모이 토 비블라리디온). 이 지점의 기사는 성경의(그리고 고대 근동의) 문학 전통을 따라 극히 반복적이다. 이 기사에 나오는 각각의 행동은 먼저 말로 언급된 다음 설명적으로 기술되는 경향이 있다.

9b "천사가 가로되 갖다 먹어 버리라 네 배에는 쓰나 네 입에는 꿀같이 달리라 하거늘"(*καὶ λέγει μοι· λάβε καὶ κατάφαγε αὐτό, καὶ πικρανεῖ σου τὴν κοιλίαν, ἀλλ᾽ ἐν τῷ στόματί σου ἔσται γλυκὺ ὡς μέλι* – 카이 레게이 모이 라베 카이 카타파게 아우토 카이 피크라네이 수 텐 코일리안 알 엔 토 스토마티 수 에스타이 글뤼퀴 호스 멜리). 이 구절은 전후도치(前後倒置, *hysteron-proteron*), 즉 역순으로 배열되는 두 가지 사건의 예다. 왜냐하면 먼저 먹는 것을 언급한 다음에 배의 반응을 언급할 것으로 예상되기 때문이다(3:3, 17; 5:5; 6:4; 10:4; 20:4-5, 12-13; 22:14[Bratcher-Hatton, *Revelation*, 6]를 보라).

"갖다 먹어 버리라"(take and eat)는 어구는 예수님의 성찬식의 말씀과 유사하다(마 26:26; 막 14:22[*var. lect.*], 라베테 파게테[*λάβετε φάγετε*, "받아 먹으라"]). 또한 이 어구는 천사에게서 아세넷(Aseneth)이 하늘의 꿀벌집을 받고 "먹으라"는 말을 들고 먹는(*καὶ εἶπεν αὐτῇ φάγε. καὶ ἔφαγεν* – 카이 에이펜 아우테 파게 카이 에파겐) 기사(*Jos. As.* 16:15; 이 기사가 실제로 성찬식의 내포를 갖고 있는 이유는 이 꿀벌집을 먹음으로 영생을 얻기 때문이다)와도 유사하다. 여기에서 아세넷의 배에 단 맛은 분명히 꿀벌집의 초자연적인 기원과 축복을 상징한다. "꿀같이 달다"는 은유는 구약성경에 나오는 하나님의 명령에 대해 간혹 사용되고(시 19:10; 119:100-103), 선한 말에 대해 사용되기도 한다(잠 16:24). "단 말, 달콤한 말"은 고대에 듣기 좋은 말, 유쾌한 말에 대해 널리 사용되었고 특별히 핀달(Pindar)이 좋아한 은유다(*Iliad* 1.247-49; Pindar *Nemean Odes* 3.78; *Olympian Odes* 1.19; Sir 12:16; 27:23).

책(두루마리)을 먹은 다음에 쓴 맛은 에스겔 2:8-3:3에 근거하지 않는 자세한 묘사이지만, 아마 "애가와 애곡과 재앙의 말"로 가득 찬 책(두루마리)의 묘사에 대한 저자의 해석일지 모른다(겔 2:10). 글뤼퀴스(*γλυκύς*, "달콤한")와 피크로스(*πικρός*, "쓴")라는 용어는 종종 반의어로 사용된다(Herodotus 4.52).

10a "내가 천사의 손에서 작은 책을 갖다"(*καὶ ἔλαβον τὸ βιβλαρίδιον ἐκ τῆς χειρὸς τοῦ ἀγγέλου*－카이 엘라본 토 비블라리디온 에크 테스 케이로스 투 앙겔루). 에스겔에게 책(두루마리)을 건넨 인물은 에스겔 2:9에 언급되지 않는다("내가 보니 한 손이 나를 향하여 펴지고 그 손에 두루마리 책이 있더라"). 그러나 에스겔 2:8에서 "네 입을 벌리고 내가 네게 주는 것을 먹으라"는 명령이 예언자에게 주어지기 때문에 이 손은 하나님의 손이라고 추론할 수 있다.

10b "먹어 버리니 내 입에는 꿀같이 다나"(*καὶ κατέφαγον αὐτό, καὶ ἦν ἐν τω στόματί μου ὡς μέλι γλυκύ*－카이 카테파곤 아우토 카이 엔 엔 토 스코마티 무 호스 멜리 글뤼퀴). 이 어구는 칠십인역과 매우 유사한 히브리어 에스겔 3:3의 본문과 비교적 밀접한 번역이다(Vanhoye, Bib. 43[1962] 437). 다른 두 개의 에스겔서 인용에 대해서는 요한계시록 1:15(겔 43:2)과 요한계시록 18:1(겔 43:2)을 보라. 에스겔은 이 구절을 예레미야 15:16, "내가 주의 말씀을 얻어 먹었사오니 주의 말씀은 내게 기쁨과 내 마음의 즐거움이오나"에서 발견되는 은유를 근거로 했을 것이다. 시편 119:103, "주의 말씀의 맛이 내게 어찌 그리 단지요 내 입에 꿀보다 더 하니이다"에 이 은유가 나오는 것은 이 은유의 넓은 사용을 시사한다(참조. 시 19:10). 꿀의 단 맛에 대한 이 은유가 기쁨과 환희의 감정을 나타낸다는 것은 명백하다(Sir 49:1을 보라). 4Q*418*=4QSapiential Work A[a] frag. 9, line 17에는 진리의 방향과 악의 뿌리를 연구한 다음에 "너는 (사람에게 무엇이 쓰고) 무엇이 달콤한지 알게 될 것이다"라는 말이 나온다(tr. García Martínez, *Dead Sea Scrolls*, 389).

Oneirocritica 2.45에서 아르테미도루스(Artemidorus)는 꿈에 나타나는 책의 상징을 다음과 같이 논한다. 책은 과거의 기억(책에 기록된)뿐만 아니라 꿈을 꾸는 사람의 삶도 나타낼 수 있는 한편, "책(*βιβλία*－비블리아)을 먹는 것은 가르치는 사람들, 학자들 그리고 말과 책을 얻기 위해 생활비를 버는 사람들에게 축복을 의미한다. 그러나 다른 자들에게 책은 급작스러운 죽음의 전조가 되기도 한다"(tr. R.

J. White, *Interpretation*). 그러므로 바우어(Bauer)는 소아시아의 그리스도인들에게 에스디에인 비블리아(*ἐσθίειν βιβλία*)라는 어구가 꿈의 책을 암시했을 것이라고 말한다. 왜냐하면 꿈의 책에서 이 어구는 어릴 때의 죽음으로 해석되기 때문이다(BAGD, xxv). 빅토리투스(Victorinus, *Comm. in Apoc.* X.3; ed. Haussleiter, *Victorinus*, 92)에게 책을 "먹는 것"은 암기하는 것을 의미했다.

10c "먹은 후에 내 배에서는 쓰게 되더라"(*καὶ ὅτε ἔφαγον αὐτό, ἐπικράνθη ἡ κοιλία μου*－카이 호테 에파곤 아우토 에피크란데 헤 코일리아 무). 책(두루마리)을 먹은 다음에 그 효과에 대해서는 10:9b의 "원문주해"를 보라.

11a "저가 내게 말하기를"(*καὶ λέγουσίν μοι*－카이 레구신 모이). 이 동사의 복수 형태는 문제가 있는데 몇 가지 해명이 가능하다. (1) 힘센 천사(1, 9절)와 하늘의 음성(4, 8절)이 협력하여 요한에게 말하고 있다(B. Weiss, *Johannes-Apokalypse*, 184). (2) 1절의 천사와 요한에게 환상 전체를 전달하고 1:1에서 편집자에 의해 소개되는 가공의 해석하는 천사(*angelus interpres*)가 함께 요한에게 말을 하고 있다(J. Weiss, *Offenbarung*, 42는 이 절의 출처를 10:8-11과 함께 편집자의 작품으로 추정한다). (3) 부정의 복수는 수동태의 대용으로서 히브리어와 아람어에 나오는 관용 표현이다*GKC* § 144g; Rosenthal, *Aramaic*, § 181; Moulton-Howard, *Accidence*, 447-48; Doudna, *Greek*, 66-70; Black, *Aramaic*, 126-28; Wilcox, *Semitisms*, 127-28). 13:16; 16:15을 보라(두 구절의 "원문주해"를 보라). Charles, 1:269를 보라. 세 번째 가능성이 아마 정확할 것이다.

11b "네가 많은 백성과 나라와 방언과 임금에게 다시 예언하여야 하리라 하더라"(*δεῖ σε πάλιν προφητεῦσαι ἐπὶ λαοῖς καὶ ἔθνεσιν καὶ γλώσσαις καὶ βασιλεῦσιν πολλοῖς*－데이 세 팔린 프로페튜사이 에피 라오이스 카이 에드네신 카이 글로싸이스 카이 바실류신 폴로이스). 방금 요한이 먹은 책(두루마리)은 명백하게 은유로서 그의 갱신된 예언 사명의 근거를 제공하는 것이다. 동사 데이(*δεῖ*, "…해야 한다")는 피할 수 없는 예언의 당위성을 암시하는 반면에(*TDNT* 2:21-25에 나오는 Grundmann의 데이[*δεῖ*]에 대한 토론에는 고려되지 않음), 부사 팔린(*πάλιν*, "다시")은 이미 시작된 사명의 갱신을 암시한다. 데이(*δεῖ*, "…해야 한다, …가 불가피하다")는 때로 하나님의 위임에 대한 문학적 기술에 사용되며(행 9:6; 27:24), 아마 때로 선지자들에 의해 표현되거나 그들에게 돌려지는 하나님의 메시지를 선포하라는 신적 강요와 관련이 있을 것이다(암 3:7-8; 렘 4:19; 6:11; 20:7-9; *Sib. Or.* 3.162-64; *Eccl. Rab.* 8:1; 고전 9:16-17; Sandnes, *Paul*, 122-29를

보라).

이 절에서 에피(ἐπί)라는 전치사가 어떻게 사용되는지 결정하는 것은 극히 중요하다. 이 문맥에서 에피(ἐπί)+여격은 적어도 두 가지 가능한 의미를 갖고 있다. 첫째는 "…에 반하여"(against: 믿음이 없는 세상 나라들을 향한 부정적이며 묵시적인 태도를 보다 전형적으로 반영하는 의미)이고, 둘째는 "…에 대한"(about, concerning: 세상 나라들을 향한 비교적 공평하고, 아마 예언적인 태도를 반영한다)이다. 에피(ἐπί)를 해석하는 부정적인 방법은 이 구절이 인유하는 에스겔 2:9-10에 언급된 책(두루마리)의 전적으로 부정적인 내용("애가와 애곡과 재앙의 말"로 묘사된다, 겔 2:10)에 의해 부분적으로 뒷받침된다.

(1) 본 주석에 채택된 "…에 반하는"(against)이라는 번역은 에피(ἐπί)+여격(또는 대격)이 "재판의 정황 또는 준재판적인 정황에서 반대 표시" 역할을 하는 관례를 반영하며 불편을 나타내는 여격과 함께 "…에 반하는"이라는 의미를 나타낸다(Louw-Nida, § 90.34). 열방이 보기에 요한의 메시지는 주로 심판의 메시지이기 때문에, 10:11에서 여격을 수반하는 에피(ἐπί)의 "사람들에 반하여 예언을 하다"는 의미로 가장 잘 이해된다. 칠십인역 예레미야 32:30[맛소라 사본 25:30]에서 우리는 카이 쉬 프로페튜세이스 에프 아우투스 투스 로구스 투투스(*καὶ σὺ προφητεύσεις ἐπ᾽ αὐτοὺς τοὺς λόγους τούτους*, "그리고 너는 그들에게 반하여 이 말로 예언할지니라")라는 구절을 발견한다. 이 어구는 히브리어 관용 표현 닛다 알(נִבָּא עַל)을 반영한다(렘 25:13, 14; 겔 4:7; 11:4; 13:16; 25:2).

칠십인역 에스겔 25:2에서 예언자는 "그들을 쳐서 예언하라"(*προφήτευσον ἐπ᾽ αὐτούς*-프로페튜손 에프 아우투스)(프로페튜에인 에피[*προφητεύειν ἐπί*]의 동일한 의미가 겔 4:7; 6:2; 11:4; 13:2, 17; 21:2; 25:2; 28:21; 29:2; 34:2; 35:2; 38:2; 39:1에서 발견된다)는 지시를 받는다. Newport, *BT* 37[1986] 330-31를 보라. *Sib. Or.* 3.162-64(tr. Charlesworth, *OTP* 1:365-66)에는 "그때 크신 하나님의 발언이 내 가슴에서 솟아 나에게 모든 땅에 대해(즉 '반하여'; 프로페튜사이 카타[*προφητεῦσαι κατά*]) 예언하여 왕들에게 앞으로 있을 일들에 대해 깨닫게 하라"는 말이 나온다(3.298에 똑같은 말이 나온다; 3.491에는 부분적으로 같은 말이 나온다).

(2) 에피(ἐπί)+속격은 "…에 대하여"(about, concerning)를 의미할 수 있다(Louw-Nida, § 90.23). 종종 요한계시록 10:11은 22:16의 에피(ἐπί)+여격으로 간주되는데(Bousset[1906] 166; Charles, 1:cxxxiii; Allo, 360; Prigent, 357 n. 19; Kraft, 281; Bauer-Aland, col. 582[II.1.b.d]), 이 경우에 이 어구는 "사람들에 반하여 예언하다"를 의미하는 것으로 해석된다.

에피(ἐπί)를 "…에 반하여"로 보는 해석은 마태복음 10:18에 묘사된 기독교 증거자의 부정적인 특성에 의해 확인된다. "또 너희가 나를 인하여 총독들과 임금들 앞에 끌려 가리니 이는 저희와 이방인들에게 증거(*εἰς μαρτύριον αὐτοῖς καὶ τοῖς ἔθνεσιν*－에이스 마르튀리온 아우토이스 카이 토이스 에드네신)가 되게 하려 하심이라"(=눅 12:11). 여기에서 아우토이스(*αὐτοῖς*)와 토이스 에드네신(*τοῖς ἔθνεσιν*)은 아마 불편의 여격(dativus incommodi)일 것이다. 가까운 유사구는 마가복음 13:9의 감람원 강화에서 발견된다. "나를 인하여 너희가 관장들과 임금들 앞에 서리니 이는 저희에게(*αὐτοῖς*－아우토이스) 증거되려 함이라"(=눅 21:12). 이 두 말씀은 시편 119:46(칠십인역 118:46), "열왕 앞에 주의 증거를 말할 때에"의 인유일지 모른다. 바울이 통치자들 앞에서 자신의 믿음을 증거할 것이라는 예언은 사도행전 9:15에서 발견되고(바울은 이방인들과 왕들과 유대인들 앞에서 예수의 이름을 전할 것이다: 참조. *1 Clem.* 5:7), 사도행전 25:13-26:32과 사도행전 27:24에서 성취된다(바울은 가이사 앞에 서야 한다는 지시를 받는다). 요한계시록 10:11에서 언급되는 "임금"은 아마 6:15; 16:12, 14; 17:2, 9, 12, 14; 18:3, 9에 언급되는 자들일 것이다.

요한계시록에서 일곱 번 나오는 네 가지 민족 단위 목록들에 대해서는 5:9의 "주석"을 보라. 여기에서 앞의 세 명사 "백성과 나라와 방언"은 다니엘서에서 정례적으로 발견되는(3:4, 7, 29[칠십인역 96]; 5:19; 6:25[칠십인역 26]; 7:14) 형태다. 이 목록은 요한의 예언적 증거의 세계적 성격을 강조한다. 어떤 의미에서 이 증거는 요한계시록 11:13에서 두 증인이 죽임을 당하는 성에 거하는 사람들의 회심으로 성취된다. 이보다 앞에서(11:9) 성에 거하는 사람들은 백성들과 족속과 방언과 나라들의 대표자들로 확인된다(11:9).

해설

일곱 번째 나팔이 울린 다음에(9:13-21) 저자는 갑자기 두 개의 에피소드(10:1-11과 11:1-14)를 삽입하는데, 7:1-17의 삽입에 의해 일곱 번째 인을 떼는 것이 지연되었던 것과 똑같이 이 두 에피소드는 11:15-18에 나오는 일곱 번째 나팔의 울림을 지연시키는 역할을 한다. 요한계시록 10장의 환상은 다음과 같은 네 개의 소단락으로 이루어진다. (1) 힘센 천사의 소개(1-3a절), (2) 일곱 우뢰의 에피소드(3b-4절), (3) 힘센 천사의 맹세(5-7절) 그리고 (4) 예언 사명의 상징으로서 작은 책(두루마리)을 먹는 것(8-11절). 그러나 이 단락에서 초점은 힘센 천사의 맹세(종말의 임박이 일곱 번째 나팔의 울림과 일치할 것으로 예언된다)와 예언의 상징적 위임에 맞추어진다.

1절에 환상의 기사가 시작되면서 소개되는 천사는 아마 로도스 섬의 거상과 관련된 심상을 사용하여 "구름을 입고 하늘에서 내려오는데 그 머리 위에 무지개가 있고 그 얼굴은 해 같고 그 발은 불기둥 같다"고 장엄하게 묘사된다. 이 천사의 신분과 중요성이 명확하게 강조되고 있다. 왜냐하면 오직 1:13-16에 나오는 인자 같은 분만 더 인상적인 비유적 표현으로 묘사되기 때문이다. 그 천사가 분명히 그의 왼손에 들고 있는 펼쳐진 책(두루마리)은 요한계시록 5장의 봉인된 책(두루마리)와 동일시될 수 없다. 그렇지만 두 구절은 모두 에스겔 2-3장을 인유하는 것이 사실이다. 일곱 번째 그리고 마지막 나팔의 울림이 종말론적으로 중요함을 언급하는 천사의 맹세(단 12:7의 인유)는 일곱 우레의 신비한 응답을 받는다. 그러나 요한은 그 일곱 우레의 메시지를 드러내지 말라는 금지를 받는다. 맹세의 내용은 구약성경의 예언자들에게 선포된(감춰진 형태로) 하나님의 비밀 또는 은밀한 계획이 성취된다는 것이다. 이 맹세의 내용은 인간들에게 모든 것이 밝혀질 수 없다는 계시 문학의 관례를 반영한다.

요한은 천사에게서 책(두루마리)을 취하라는 명령을 받고(8절), 천사에게 책(두루마리)을 달라고 청할 때 천사는 요한에게 그 책(두루마리)을 먹으라고 한다(9절). 이 기묘한 예언적이며 상징적인 행동은 에스겔의 예언 소명의 기사(겔 1:1-3:27)에 필수불가결한 부분인 에스겔 2:8-3:3에 근거한 것이다. 에스겔서에서 책(두루마리)을 먹는 행동은 에스겔 속으로 들어가는 예언의 말씀을 상징하는 은유다(겔 3:1을 보라). 요한계시록 10:10-11에서도 그 의미는 비슷하다. 왜냐하면 책(두루마리)을 먹자마자 요한은 많은 나라와 왕들에 반하는 예언을 하라는 위임을 받기 때문이다. 즉 요한은 기독교의 복음에 응답하지 않은 자들의 사악함을 탄핵하라는 명령을 받는다.

4. 성전과 두 증인(11:1-14)

참고문헌

Allison, D. C., Jr. *The New Moses: A Matthean Typology.* Minneapolis: Fortress, 1993. **Andrews, D. K.** "Yahweh the God of the Heavens." In *The Seed of Wisdom.* Toronto: University of Toronto, 1964. 45-57. **Avigad, N.** *Discovering Jerusalem.* Nashville: Abingdon, 1983. ______. "Excavations in the Jewish Quarter of the Old City of Jerusalem(Third Preliminary Report)." *IEJ* 22(1972) 198-99. **Bachmann, M.** "Himmlisch: Der 'Tempel Gottes' von Apk. 11.1." *NTS* 40(1994) 474-80. **Bacon, B. W.** "The Elder John in Jerusalem." *ZNW* 26(1927) 187-202. ______. *The Gospel of the Hellenists.* New York: Holt, 1932. **Bauckham, R.** "The Conversion of the Nations." In *The Climax of Prophecy: Studies in the Book of Revelation.* Edinburgh: T. & T. Clark, 1993. 238-337. ______. "Enoch and Elijah in the Coptic Apocalypse of Elijah." *StudP* 16(1985) 69-76. ______. "The Martyrdom of Enoch and Elijah: Jewish or Christian?" *JBL* 95(1976) 447-58. **Beagley, A. J.** *The 'Sitz im Leben' of the Apocalypse with Particular Reference to the Role of the Church's Enemies.* BZNW 50. Berlin; New York: de Gruyter, 1987. **Ben-Dov, M.** *In the Shadow of the Temple: The Discovery of Ancient Jerusalem.* New York: Harper & Row, 1982. **Berger, K.** *Die Auferstehung des Propheten und die Erhöhung des Menschensohnes: Traditionsgeschichtliche Untersuchungen zur Deutung des Geschicks Jesu in frühchristlichen Texten.* SUNT 13. Göttingen: Vandenhoeck & Ruprecht, 1976. **Black, M.** "The 'Two Witnesses' of Rev. 11:3f. in Jewish and Christian Apocalyptic Tradition." In *Donum Gentilicum.* FS D. Daube, ed. E. Bammel, C. K. Barrett, and W. D. Davies. Oxford: Clarendon, 1978. 227-37. **Böcher, O.** "Johannes der Täufer in der neutestamentlichen Überlieferung." In O. Böcher, *Kirche.* 70-89. **Boismard, M. E.** "'L'Apocalypse' ou 'les Apocalypses' de s. Jean." *RB* 56(1949) 507-27. **Bornkamm, G.** "Die Komposition der apocalyptischen Visionen in der Offenbarung Johannis." In *Studien zu Antike und Urchristentum.* BEvT 28. Munich: Kaiser, 1959. 2:. **Bousset, W.** *The Antichrist Legend: A Chapter in Christian and Jewish Folklore.* London: Hutchinson, 1896. **Broshi, M.** "Estimating the Population of Ancient Jerusalem." *BAR* 4(1978) 10-15. ______. "La population de l'ancienne Jérusalem." *RB* 82(1975) 5-14. ______. "Standards of Street Widths in the Roman-Byzantine

Period." *IEJ* 24(1977) 232-35. **Byatt, A.** "Josephus and Population Numbers in First Century Palestine." *PEQ* 105(1973) 51-60. **Chaplin, T.** "Note on the Population of Jerusalem during the Siege of Titus." *Athenaeum* 23(1878) 255-56. **Chyutin, M.** *The New Jerusalem Scroll from Qumran: A Comprehensive Reconstruction.* JSPSup 25. Sheffield: Sheffield Academic, 1997. **Collins, J. J.** *Apocalypticism in the Dead Sea Scrolls.* London: New York: Routledge, 1997. ______. *The Scepter and the Star: The Messiahs of the Dead Sea Scrolls and Other Ancient Literature.* New York: Doubleday, 1997. **Considine, J. S.** "The Two Witnesses: Apoc 11:3-13." *CBQ* 8(1946) 377-92. **Cothenet, E.** "Le symbolisme du culte dans l'Apocalypse." In *Le symbolisme dans le culte des grandes religions*, ed. J. Ries. Louvain-la-Neuve: Centre d'Histoire des Religions, 1985. 223-38. **Derenbourg, J.** *Essai sur l'histoire et la geographie de la Palestine d'après les Thalmuds et les autres sources rabbiniques.* 1867. Repr. Hildesheim: Gerstenberg, 1975. **Ernst, J.** *Die eschatologischen Gegenspieler in den Schriften des Neuen Testaments.* Regensburg: Pustet, 1967. **Feuillet, A.** "Essai d'interpretation du chapitre XI del'Apocalypse." *NTS* 4(1957-58) 183-200. **Flusser, D.** "Hystaspes and John of Patmos." In *Irano-Judaica: Studies Relating to Jewish Contacts with Persian Culture throughout the Ages*, ed. S. Shaked. Jerusalem: Makhon Ben-Tsevi, 1982. 12-75(=*Judaism and the Origins of Christianity.* Jerusalem: Magnes, 1988. 390-453). **García Martínez, F.** "The 'New Jerusalem' and the Future Temple of the Manuscripts from Qumran." In *Qumran and Apocalyptic: Studies on the Aramaic Texts from Qumran.* Leiden: Brill, 1994. 180-213. **Giblin, C. H.** "Revelation 11:1-13: Its Form, Function and Contextual Integration." *NTS* 30(1984) 433-59. **Greve, A.** "'Mine to vidner': Et forsøg på at identificere de to jerusalemitiske vidner(Apok. 11:3-13)." *DTT* 40(1977) 128-38. **Gry, L.** "Les chapitres xi et xii de l'Apocalypse." *RB* 31(1922) 203-14. **Gutman, J.** *The Jewish Sanctuary.* Iconography of Religions 23/1. Leiden: Brill, 1983. **Hahn, F.** "Zum Aufbau der Johannesoffenbarung." In *Kirche und Bibel.* FS B. E. Schick, ed. A. Winter et al. Paderborn: Schönigh, 1979. 145-54. **Haugg, D.** *Die Zwei Zeugen: Eine exegetische Studie über Apok 11:1-13.* NTAbh 17/1. Münster: Aschendorff, 1936. **Heitmüller, W.** "Zur Johannes-Tradition." *ZNW* 15(1914) 189-209. **Hill, D. E.** "The Two Witnesses(Ap 11,3)." *Expositor* 22(1921) 311-18. **Kellermann, U.** *Auferstanden in den Himmel: 2 Maccabäer 7 und die Auferstehung der Märtyrer.* SBS 95. Stuttgart: Katholisches Bibelwerk, 1979. **Ketter, P.** "Die apocalyptische Tempelmessung." *TTZ* 52 (1941) 93-99. **Kittel, G.** "Rundezahlen." In *Rabbinic.* Leipzig: Hinrichs, 1920. 31-47.

Lacy, T. A. "The Two Witnesses." *JTS* 11(1910) 55-60. **Levine, L. I.** "Josephus' Description of the Jerusalem Temple." In *Josephus and the History of the Greco-Roman Period.* FS M. Smith, ed. F. Parente and J. Sievers. Leiden: Brill, 1994. 233-46. **Lohfink, G.** *Die Himmelfahrt Jesu: Untersuchungen zu den Himmelfahrts- und Erhöhungstexten bei Lukas.* Munich: Kösel, 1971. **Luzarraga, J.** *Las tradiciones de la nube en la Biblia y en el Judaismo primitivo.* Rome: Biblical Institute, 1973. **Mazar, B.** "The Archaeological Excavations near the Temple Mount." In *Jerusalem Revealed: Archaeology in the Holy City 1968-1974*, ed. Y. Yadin. New Haven: Yale UP; London: The Israel Exploration Society, 1976. 25-40. **McNicol, A.** "Revelation 11:1-14 and the Structure of the Apocalypse." *ResQ* 22(1979) 193-202. **Meeks, W. A.** *The Prophet-King: Moses Traditions and the Johannine Christology.* NovTSup 14. Leiden: Brill, 1967. **Milik, J. T.** *The Books of Enoch: Aramaic Fragments of Qumran Cave 4.* Oxford: Clarendon, 1976. **Min, P. B.-S.** *I Due Testimoni di Apocalisse 11,1-13: Storia - Interpretazione - Teologia.* Rome: Pontificia Universitate Gregoriana, 1991. **Minear, P. S.** "Ontology and Ecclesiology in the Apocalypse." *NTS* 12(1965-66) 89-105. **Munck, J.** *Petrus und Paulus in der Offenbarung Johannes.* Copenhagen: Rosenskilde og Bagger, 1950. **Nützel, J. M.** "Zum Schicksal des eschatologischen Propheten." *BZ* 20(1976) 59-94. **O'Brien, P. T.** *Introductory Thanksgivings in the Letters of Paul.* NovTSup 49. Leiden: Brill, 1977. **O'Connor, D. W.** *Peter in Rome: The Literary, Liturgical, and Archaeological Evidence.* New York; London: Columbia UP, 1969. **Ogilvie, R. M.** *The Library of Lactantius.* Oxford: Clarendon, 1978. **Patai, R.** "The 'Control of Rain' in Ancient Palestine." *HUCA* 14(1939) 251-86. **Pfleiderer, O.** *Das Urchristentum: Seine Schriften und Lehren in geschichtlichen Zusammengang.* 2nd ed. 2 vols. Berlin: Reimer, 1902. **Reader, W.** "The Riddle of the Identification of the Polis in Rev. 11:1-13." *SE* 7[=TU 126](1982) 407-14. **Reymond, P.** *L'eau, sa vie et sa signification dans l'Ancient Testament.* Leiden: Brill, 1958. **Richardson, L.** *A New Topographical Dictionary of Ancient Rome.* Baltimore: Johns Hopkins UP, 1992. **Royse, J. R.** "'Their Fifteen Enemies': The Text of Rev. xi 12 in $\mathfrak{P}^{47}$ and 1611." *JTS* 31(1980) 78-80. **Sabourin, L.** "The Biblical Cloud: Terminology and Traditions." *BTB* 4(1974) 290-311. **Safrai, Z.** *The Economy of Roman Palestine.* London; New York: Routledge, 1994. **Schubert, P.** *Form and Function of the Pauline Thanksgivings.* BZNW 20. Berlin: Töpelmann, 1939. **Schwier, H.** *Tempel und Tempelzerstörung: Untersuchungen zu den theologischen und ideologischen Faktoren im ersten jüdisch- römischen Krieg(66-74n. Chr.).* NTOA 11.

Freiburg: Universitätsverlag; Göttingen: Vandenhoeck & Ruprecht, 1989. **Segal, A. F.** "Heavenly Ascent in Hellenistic Judaism, Early Christianity, and Their Environment." *ANRW* II, 23/2:1333-94. **Spiro, A.** "The Ascension of Phinehas." *PAAJR* 22(1953) 91-114. **Stahl, R.** "'Eine Zeit, Zeiten und die Hälfte einer Zeit': Die Versuche der Eingrenzung der bösen Macht im Danielbuch." In *The Book of Daniel in the Light of New Findings*, ed. A. S. van der Woude. BETL 106. Leuven: Peeters, 1993. 480-93. **Stambaugh, J. E.** *The Ancient Roman City*. Baltimore; London: Johns Hopkins UP, 1988. **Strand, K. A.** "An Overlooked Old Testament Background to Revelation 11:1." *AUSS* 22(1984) 317-25. ______. "The Two Olive Trees of Zechariah 4 and Revelation 11." *AUSS* 20(1982) 257-61. ______. "The Two Witnesses of Rev. 11:3-12." *AUSS* 19(1981) 127-35. **Tabor, J. D.** "'Returning to the Divinity': Josephus's Portrayal of the Disappearances of Enoch, Elijah, and Moses." *JBL* 108(1989) 225-38. **Talmon, S.** "The Concept of *Mashiach* and Messianism in Early Judaism." In *The Messiah: Developments in Earliest Judaism and Christianity*, ed. J. H. Charlesworth. Minneapolis: Fortress, 1992. 75-115. **Tilly, M.** *Johannes der Täufer und die Biographie der Propheten*. BWANT 17. Stuttgart: Kohlhammer, 1994. **Villiers, P. G. R. de.** "The Lord was Crucified in Sodom and Egypt: Symbols in the Apocalypse of John." *Neot* 22(1988) 125-38. **Wilkinson, J.** *Jerusalem as Jesus Knew it*. London: Thames & Hudson, 1978. ______. "The Streets of Jerusalem." *Levant* 7(1975) 118-36. **Yarden, L.** *Tree of Light: A Study of the Menorah, the Seven-Branched Lampstand*. Ithaca, NY: Cornell UP, 1971. **Zanker, P.** *Forum Romanum: Die Neugestaltung durch Augustus*. Tübingen: Mohr-Siebeck, 1972. **Zeron, A.** "The Martyrdom of Phineas-Elijah." *JBL* 98(1979) 99-100. **Zwiep, A. W.** *The Ascension of the Messiah in Lukan Christology*. NovTSup 87. Leiden: Brill, 1997.

본 문

1 또 내게 지팡이 같은 갈대를 주며 말하기를 일어나서 하나님의 성전과 제단과 그 안에서 경배하는 자들을 척량하되	**1** I was given a reed,[a] like a staff,[b] with these instructions:[c] "Go[d] and measure the temple of God, including the altar area, and count[e] those who worship within it.
2 성전 밖 마당은 척량하지 말고 그냥 두라 이것을 이방인에게 주었은즉 저희가 거룩한 성을 마흔두 달 동안 짓밟으리라	**2** But[a] exclude[b] [c]the courtyard[c] outside[d] the temple and do not measure it, for the Gentiles [e]will be permitted[e] [fg]to keep[gh] the holy city under subjection for forty-two months.[i]

3 내가 나의 두 증인에게 권세를 주리니 저희가 굵은 베옷을 입고 일천이백육십 일을 예언하리라

3 "I[a] will permit[b] my [c]two witnesses[c] [d]to prophesy[d] 1,260 days clothed[e] in sackcloth."

4 이는 이 땅의 주 앞에 섰는 두 감람나무와 두 촛대니

4 These[a] are the[b] two olive trees and the[c] two menorahs which[d] stand[e] [f]before the Lord of the earth.

5 만일 누구든지 저희를 해하고자 한즉 저희 입에서 불이 나서 그 원수를 소멸할지니 누구든지 해하려 하면 반드시 이와 같이 죽임을 당하리라

5 [a]If[b] anyone wants[c] to harm them, fire proceeds[d] from their mouths and utterly destroys their enemies, since[e] if anyone should wish[f] to harm[g] them, it is necessary that they should die [h]in such a way.[h]

6 저희가 권세를 가지고 하늘을 닫아 그 예언을 하는 날 동안 비 오지 못하게 하고 또 권세를 가지고 물을 변하여 피 되게 하고 아무 때든지 원하는 대로 여러 가지 재앙으로 땅을 치리로다

6 They have [a]power[b] [c]to shut up[c] heaven that rain might not fall [d]during the period[d] when they prophesy. They also have power over the waters, [e]that is, to turn them to blood,[e] and to strike the earth with every type of plague[f] whenever[g] [h]they might wish.[h]

7 저희가 그 증거를 마칠 때에 무저갱으로부터 올라오는 짐승이 저희로 더불어 전쟁을 일으켜 저희를 이기고 저희를 죽일 터인즉

7 When[a] they finish[b] their [c]witness, the beast [d]who ascends[d] from the abyss will wage war on them, that[e] he might conquer them and kill them.

8 저희 시체가 큰 성 길에 있으리니 그 성은 영적으로 하면 소돔이라고도 하고 애굽이라고도 하니 곧 저희 주께서 십자가에 못 박히신 곳이니라

8 Their bodies[a] [b]will lie[b] in the[c] [d]public square[d] of the great city, which is called, prophetically,[e] "Sodom" and "Egypt," where their[f] Lord was also[g] crucified.

9 백성들과 족속과 방언과 나라 중에서 사람들이 그 시체를 사흘 반 동안을 목도하며 무덤에 장사하지 못하게 하리로다

9 And some[a] of the peoples and tribes and tongues and nations will see[b] their bodies[c] for three and one-half days, but[d] people[e] will not permit[f] their bodies[g] to be buried.

10 이 두 선지자가 땅에 거하는 자들을 괴롭게 한 고로 땅에 거하는 자들이 저희의 죽음을 즐거워하고 기뻐하여 서로 예물을 보내리라 하더라

10 The inhabitants of the earth will rejoice[a] over them, and they will be joyful[b] and will exchange[c] gifts with one another, for [d]these [e]two prophets[e] tormented the inhabitants of the earth.

11 삼 일 반 후에 하나님께로부터 생기가 저희 속에 들어가매 저희 발로 일어서니 구경하는 자들이 크게 두려워하더라

11 Now after [a]the three and one-half days the breath of life from God entered [b]into them[b] so that[c] they stood on their feet, [d]with the result that[d] great fear fell on those who saw them.

12 하늘로부터 큰 음성이 있어 이리로 올라오라 함을 저희가 듣고 구름을 타고 하늘로 올라가니 저희 원수들도 구경하더라

12 [a]They heard[a] [b]a loud voice from heaven, saying[b] to them, [c]"Come up[c] here." They ascended to heaven on a [d]cloud while[e] their [f]enemies [g]looked on.[g]

13 그 시에 큰 지진이 나서 성 십분의 일이 무너지고 지진에 죽은 사람이 칠천이라 그 남은 자들

13 And in that hour there was a great earthquake, so that[a] a tenth of the city was destroyed and[b]

이 두려워하여 영광을 하늘의 하나님께 돌리더라	seven thousand people[c] were killed in the earthquake, with the result that[d] the survivors were terrified[e] and gave glory to the God of heaven.
14 둘째 화는 지나갔으나 보라 셋째 화가 속히 이르는도다	**14** The second disaster has occurred:[a] [b]behold, the third disaster will come[b] shortly!

원문주해

1.a. 이문: 칼라모스 호모이오스(*κάλαμος ὅμοιος*) 대신 칼라모노스(*καλάμονος*) 𝔓[47]: 기묘한 오류.

1.b. 이문: (1) 레곤(*λέγων*) 앞에 카이 에이스테케이 호 앙겔로스(*καὶ εἱστήκει ὁ ἄγγελος*, "그리고 그 천사가 섰다")를 삽입: ℵ[2] 046 fam 1611[1854 2329] 2351 Andr f[2023] Andr/*Byz* 3 Andr/*Byz* 4ab arm syr Tyc[1] Beatus(*et stabat angelus*); Victorinus. 참조. Tyc[3](*et dixit mihi angelus*). (2) 레곤(*λέγων*) 앞에 카이 엘레크데 모이(*καὶ ἐλέχθη μοι*, "그것이 나에게 말해졌다")를 삽입: Andr d[743 2051 2055 2064 2067]. 이 가필은 틀린 문장의 의미를 통하기 위해 필사자들이 한 것이다(레곤[*λέγων*]은 문법적 선행사를 갖고 있지 않다: 칼라모스[*κάλαμος*]는 정확한 성과 수이지만, 분명히 레곤[*λέγων*]의 선행사가 될 수 없다). *TCGNT* [2], 671를 보라.

1.c. 현재 단수 남성 분사 레곤(*λέγων*, "말하고 있는")은 여기에서 선행사 없이 나온다(왜냐하면 부정과거 수동태 에도데[*ἐδόθη*]의 행위자가 언급되지 않기 때문에). 그러므로 나는 이 용어를 두 가지 뜻으로 해석되는 어구 "with these instructions"[이 지시들과 함께]로 번역했다; 참조. 개역의 "말하기를"). 저자는 이 확인되지 않는 화자를 자신에게 갈대를 준 이로 이해한 것 같다. 아마 저자는 카이 에도켄 모이 칼라몬 호모이온 라브도 레곤(*Καὶ ἔδωκεν μοι κάλαμον ὅμοιον ῥάβδῳ λέγων*, "그가 나에게 지팡이 같은 갈대를 주며 말하기를")이라고 말하려고 했을 것이다. 그러나 수동태 에도데(*ἐδόθη*)에 대한 그의 선호는 심하게 조잡한 구문이라는 결과를 낳았다. 이 절의 구문론적 문제들은 레곤(*λέγων*) 앞에 카이 에이스테케이 호 앙겔로스(*καὶ εἱστήκει ὁ ἄγγελος*, "그리고 그 천사가 섰다")라는 어구를 삽입함으로써 해결되었다(1b절의 "원문주해"를 보라).

1.d. 여기에서 현재 명령법 에게이레(*ἔγειρε*, 직역하면 "일어나라")는 현재 무위의 상태와 대조되는 행동을 취한다는 의미를 나타내는 관용 표현으로 이 말을 받는 사람이 앉아 있거나 누워 있다고 가정하는 것이 아니다.

1.e. 본서의 번역에 "count"(세다)가 사용된 이유는 메트레인(*μετρεῖν*)이 "재다"와 "세다"를 모두 의미할 수 있기 때문이다.

2.a. 카이(*καί*)는 여기에서 반의적으로 사용되기 때문에 적절한 번역은 "yet, but"(그러나)이다.

2.d. 이문: (1) 엑소덴(ἔξωθεν) ℵ[1] A fam 1006[1006 1841] fam 1611[1611 1854] Oecumenius[2053] Andreas. (2) 엑소(ἔξω) 𝔓[47] Andr c d e[2026] f[2023 2073mg] g i[2042] n Byzantine. (3) 에소(ἔσω) ℵ*. (4) 에소덴(ἔσωθεν) 025 ℵ fam 1611[2329] Victorinus; von Soden, *Text*.

2.c-c. 이문: 텐 아울렌(τὴν αὐλήν)의 탈락: 𝔓[47].

2.d. 이문: (1) 엑소덴(ἔξωθεν) 𝔓[47] ℵ[1] A 025 046 fam 1006[1006] fam 1611[1611 1854] Oecumenius[2053] Andreas vg syr[h] cop[sa bo]. (2) 에소덴(ἔσωθεν) ℵ* fam 1611[2329] Andr a b[2059] c syr[ph] Victorinus Byzantine. 독법 (2)는 의아한 표현 "바깥 뜰"에 대한 수정으로 생겼을 수 있다(*TCGNT* [1], 744; *TCGNT* [2], 671).

2.e-e. 에도데(ἐδόθη)는 소위 신의 명령을 나타내는 부정과거의 예일지 모른다. 즉 하나님에 의해 미리 결정되었기 때문에 확실한 미래의 사건이 과거 시제로 발언되는 것이다(Fanning, *Verbal Aspect*, 274).

2.f. 이문: 카이(καί) 삽입. 𝔓[47] ℵ*.

2.g-g. 이문: 메트레수신(μετρήσουσιν) A.

2. 동사 파테인(πατεῖν)은 문자적 의미인 "…위를 걷다"의 비유적 확장으로 (1) "강제로 복종시키다", "짓밟다"(Louw-Nida, § 20.22) 또는 (2) "정복하여 종속시키다"(Louw-Nida, § 39.54)를 의미할 수 있다.

2.h. 이문: (1) 카이 뒤오(καὶ δύο) A 046 fam 1611[1611] Andr d l[1678 2080] 2351. (2) 뒤오(δύο[καί]의 탈락) ℵ Andreas Byzantine.

3.a. 이 문장을 시작하는 카이(καί)는 번역되지 않는다. 왜냐하면 여기에서 카이(καί)가 독자적인 의미 가치 없이 새로운 절이나 문장의 시작을 나타내는 화법 표시 역할을 하기 때문이다.

3.b. 여기에서 미래 직설법 동사 도소(δώσω, 직역하면 "내가 줄 것이다")는 "허락하다"를 의미할 수 있는 히브리 표현 나탄 레(נתן ל)를 반영한다. Charles, 1:280; Allo, 149; Lancellotti, *Sintassi Ebraica*, 108를 보라.

3.c-c. 토이스 뒤신 마르튀신(τοῖς δυσὶν μάρτυσιν)에 관사가 있다는 것은 이 어구가 독자들에게 잘 알려진 인물을 언급한다는 사실을 나타낸다. 이 경우에 저자는 독자들이 슥 4:2-14을 잘 알고 있다고 가정하는 것 같다.

3.d-d. 카이 프로페튜수신(καὶ προφητεύσουσιν, "그리고 그들이 예언할 것이다")이라는 어구에서 카이(καί)는 "그러므로"(so that)라는 의미로 결과를 나타내는 불변사로 사용된다(Zerwick, *Greek*, § 455; Aejmelaeus, *Parataxis*, 15-18; Ljungvik, *Syntax*, 82-83는 히나[ἵνα] 절이나 부정사의 대용어로서의 이런 병렬의[paratactic] 카이[καί] 용법의 예들을 제시한다). 무씨즈(Mussies, *Morphology*, 342)는 최후의 결과를 나타내는 상(相)이 미래 직설법에 의해 이루어졌다고 생각하는데, 카이(καί)+미래 직설법이 최후의 결과를 의미할 수 있다고 말하는 것이 더 정확할 것이다. 2:23; 3:10; 14:10; 20:10을

보라.

3.e. 이문: (1) 페리베블레메노이(*περιβεβλημένοι*) C Oecumenius[2053] Andreas Byzantine Hippolytus; Tischendorf, *NT Graece*; von Soden, *Text*; Merk, *NT*; UBSGNT[4]; Nestle-Aland[27]. (2) 페리베블레메누스(*περιβεβλημένους*) ℵ* A (lacuna in 𝔓[47]) 025 046 fam 1611[2329] Andr d f-[2023] h i-[2042]; WHort; Charles (2:300). (3) 페리베블레메노이스(*περιβεβλημένοις*) Andr f[2076] g[2071] *Byz* 2[2039] *Byz* 5[808] *Byz* 19[2075 2077]. 독법 (1)의 분사 페리베블레메노이(*περιβεβλημένοι*, "옷을 입은")는 토이스 뒤신 마르튀신 무(*τοῖς δυσὶν μάρτυσίν μου*, "나의 두 증인")를 수식해야 하는데, 이 명사군은 여격이다. 그러므로 이 분사는 프로페튜수신(*προφητεύσουσιν*)의 논리적 주어(남성 복수 주격)와 일치하는 의미 지향(*ad sensum*)으로 해석되어야 한다. 필사자들은 이 파격 어법을 수정하려는 시도로 이 분사를 (2) 페리베블레메누스(*περιβεβλημένους*, 남성 복수 대격)로 변경하거나(그러나 이 문맥에서 이 독법은 더 나은 의미를 나타내지 않고 단지 삭쿠스[*σάκκους*]의 기계적인 동화로 보인다; Schmid, *Studien* 2:101; *TCGNT* 1, 744), 또는 페리베블레메노이스(*περιβεβλημένοις*, 남성 복수 여격)로 변경한다. 독법 (1)이 확실히 난문이고(Min, *Apocalisse*, 227) 아마 원문일 것이다. 슈미트(Schmid, *Studien* 2:246)는 A와 ℵ가 예를 들어 9:10의 호모이오스 스코르피오이스(*ὁμοίοις σκορπίοις*)와 같은 다른 곳에서 공통적인 오류를 보인다고 지적한다.

4.a. 지시대명사 후토이(*οὗτοι*, 남성 주격 복수)는 관사가 있는 술어 하이 뒤오(*αἱ δύο ἐλαῖαι*, 여성 주격 복수, "두 감람나무")와 일치하지 않는데, 그 이유는 묵시에서 여성과 중성의 용어들은 종종 남성을 나타내는 은유로 사용되기 때문이다(Mussies, *Morphology*, 138).

4.b. 이문: (1) 뒤오 엘라이아이(*δύο ἐλαῖαι*) 앞에 하이(*αἱ*) Oecumenius[2053comm] Andreas. (2) 뒤오 엘라이아이(*δύο ἐλαῖαι*) 앞에 호이(*οἱ*) ℵ. (3) 하이 뒤오 엘라이아이(*αἱ δύο ἐλαῖαι*) 탈락: Oecumenius[2053text].

4.c. 이문: (1) 뒤오 뤼크니아이(*δύο λυχνίαι*) 앞에 하이(*αἱ*) Andreas. (2) 뒤오 뤼크니아이(*δύο λυχνίαι*) 앞에 하이(*αἱ*) 탈락: ℵ Andr g.

4.d. 이문: (1) 에노피온(*ἐνώπιον*) 앞에 하이(*αἱ*) 원문[WHort]. (2) 에노피온(*ἐνώπιον*) 앞에 하이(*αἱ*) 탈락: ℵ fam 1611[1611 2329] 2351 Andr g[209 2045] h l[1778] n-[2429]. 여기에서 ℵ의 특별한 본문을 인용할 필요가 있다. 왜냐하면 "원문주해" 4.b., 4.c., 4.d.가 여기에 포함되기 때문이다: 호이 뒤오 엘라이아이 카이 뒤오 뤼크니아이 에노피온(*οἱ δύο ἐλαῖαι καὶ δύο λυχνίαι ἐνώπιον*, "앞의 두 감람나무와 두 촛대"). 독법 (2)에서 하이(*αἱ*)의 탈락은 이어지는 분사 에스토테스(*ἑστῶτες*)와의 불일치를 고려하면 이해할 수 있다("원문주해" 4.e를 보라). 이 탈락에도 불구하고 앞의 관사 있는 명사들 하이 엘라이아이(*αἱ ἐλαῖαι*)와 하이 뤼크니아이(*αἱ λυχνίαι*)로 인해 여전히 불일치는 남아 있지만

보다 유연해진다(Schmid, *Studien* 2:238).

4.e. 헤스토사이(*ἑστῶσαι*) ℵ[2] fam 1006 fam 1611[1854] Oecumenius[2053] Andreas Hippolytus (*de Ant.* 47). 저자는 남성 주격 복수 완료 분사 헤스토테스(*ἑστῶτες*, "서 있는")를 여성 주격 복수 정관사 하이(*αἱ*)와 사용하는데, 이는 명백한 문법적 실수다. 그는 "두 감람나무"(하이 뒤오 엘라이아이[*αἱ δύο ἐλαῖαι*], 여성 주격 복수)를 사용하기 때문에, 헤스토테스(*ἑστῶτες*)를 사용할 것이다. 왜냐하면 감람나무가 상징하는 두 남자(*οὗτοι εἰσιν*－후토이 에스틴)를 생각하고 있기 때문이다. 즉 이 어구는 의미 지향 구문이다. 하이(*αἱ*)를 헤스토테스(*ἑστῶτες*)로부터 떼어놓고 있는 분사구로 인해 이 실수는 약간 약화된다.

4.f. 이문: (1) 에노피온(*ἐνώπιον*) 앞에 하이(*αἱ*) 원문. (2) 하이(*αἱ*) 탈락: ℵ fam 1611[1611 2329] 2351 lat.

5.a. "원문주해" 11:3.a를 보라.

5.b. 이문: 에이 티스(*εἴ τις*) 대신 호스티스(*ὅστις*) Andr l.

5.c. 이문: (1) 아우투스 델레이(*αὐτοὺς θέλει*) A Andreas. (2) 델레이 아우투스(*θέλει αὐτούς*) C Oecumenius[2053] Byzantine. (3) 델레세이 아우투스(*θελήσει αὐτούς*) 𝔓[47] fam 1006[1841] Andr l-[1678]. (4) 아우투스 델레세이(*αὐτοὺς θελήσει*) Hippolytus (*de Ant.* 47). 3인칭 단수 미래 직설법인 독법 (3)은 원문 델레이(*θέλει*)를 다음 절에 이어지는 델레세이(*θελήσει*)에 적합시키는 수정으로 생겨난 것이다. 독법 (2)는 5b절의 유사절에 나오는 것과 동일한 어순을 5a절에서 억지로 만들기 위한 시도다. 그러므로 많은 사본들이 다음과 같이 나타낸다.

11:5a: 카이 에이 티스 델레이 아우투스 아디케사이…
(*καὶ εἴ τις θέλει αὐτοὺς ἀδικῆσαι*…)

11:5b: 카이 에이 티스 델레이 아우투스 아디케사이….
(*καὶ εἴ τις θέλει αὐτοὺς ἀδικῆσαι*….)

5.d. 이문: (1) 에크포류에타이(*ἐκπορεύεται*, 현재 직설법) 원문. (2) 에크포류세타이(*ἐκπορεύσεται*) 2351 *Byz* 16[61 69] Andr/*Byz* 4c-[2022] latt arm arab eth syr[ph].

5.e. 카이(*καί*)가 "…이기 때문에"(since)로 번역되는 이유는 이 용어가 도입하는 절이 앞 절의 진술에 대한 이유를 제시하기 때문이다(칠십인역에 나오는 카이[*καί*]의 유사한 사용에 대해서는 Aejmelaeus, *Parataxis*, 23-24를 보라).

5.f. 이문: (1) 델레세(*θελήσῃ*) ℵ A; WHort. (2) 델레이(*θέλει*) C Oecumenius[2053] Andreas Byzantine Hippolytus (*de Ant.* 47); Primasius; WHort[marg]; von Soden, *Text*. (3) 델레세이(*θελήσει*) 𝔓[47] fam 1006 fam 1611[1611 2329] 2351; WHort[marg]; BDF § 372 (3). 독법 (1)은 3인칭 단수 부정과거 가정법이다. 3인칭 단수 현재 직설법인 독법 (2)는 앞의 델레이(*θέλει*)의 형식에 맞추기 위해 수정되었다. 3인칭 단수 미래 직설법인 독법 (3)은

에(η)=에이($\epsilon\iota$) 간의 혼동 때문에 생겨난 것이다(예를 들어, C has 11:5에서 두 번 에이티스[*EITIΣ*] 대신 에티스[*HTIΣ*]으로 나타낸다; Gignac, *Grammar* 1:239-40를 보라). 가끔 사용되는 에이(εἰ)+가정법의 증거에 대해서는 BDR § 372.4(또한 Ign. *Magn.* 8:1)를 보라.

5.g. 이문: (1) 아디케사이(ἀδικῆσαι) 원문. (2) 아포크테이나이(ἀποκτεῖναι) Andr i[2015].

5.h-g. 이문: (1) 후토스(οὕτως) C ℵ 025 046 Oecumenius[2053] Andreas. (2) 후토(οὕτω) fam 1006 fam 1611 2351 Byzantine. (3) 후토스(οὕτως) 탈락: A. 보통 후토스(οὕτως)는 요한계시록에서 첫 문자가 모음인 단어들 앞에 사용되고(2:15; 3:16; 9:17; 18:21) 후토(οὕτω)는 첫 문자가 자음인 단어들 앞에 사용되기 때문에(16:18) 독법 (1)은 난문이다.

6.a. 엑수시안(ἐξουσίαν) 앞에 텐(τήν) 𝔓[47] A C P fam 1611 Oecumenius[2053] 2351 Andr l. (2) 엑수시안(ἐξουσίαν) 앞에 텐(τήν) 탈락: ℵ Andreas Byzantine Hippolytus (*de Ant.* 47); Tischendorf, *NT Graece;* Bousset([1906] 320). 부쎄트(Bousset)의 주장에 의하면, 엑수시아(ἐξουσία)는 저자의 문체와 맞지 않는다. 왜냐하면 부정사가 따를 때 요한계시록의 저자는 항상 에쿠시안 에케인(ἐχουσίαν ἔχειν)이나 에쿠시안 도데나이(ἐχουσίαν δοθῆναι)를 사용하기 때문이다. 그러나 엑수시아 에도데(ἐξουσία ἐδόθη) + 부정사는 단 두 번(6:8; 13:5) 나오고 엑수시안 에쿠신(ἐξουσίαν ἔχουσιν) + 부정사는 단 한 번밖에 나오지 않는다(11:6) - 거의 어떤 법칙을 확증할 수 없는 불충분한 회수다. 이 예에서는 정관사의 삽입을 정당화하기보다는 탈락을 설명하기가 더 쉽다(Schmid, *Studien* 2:118-19). 이 독법은 𝔓[47]과 ℵ과 일치하지 않고 𝔓[47]이 원문을 보존하고 있는 많은 독법들 중의 하나다(Schmid, *Studien* 2:118-19).

6.b. 이문: 클레이사이(κλεῖσαι) 앞에 카이(καί) 2351.

6.c-c. 텐 엑수시안 클레이사이(τὴν ἐξουσίαν κλεῖσαι)에서 무관사의 클레이사이(κλεῖσαι)는 명사의 의미를 보충하거나 완성하는 기능을 한다. 요한계시록에 나오는 이 기능을 하는 부정사의 다른 예는 11:18에서 발견된다("원문주해" 11:18.d를 보라); Votaw, *Infinitive*, 15-16.

6.d-d. 타스 헤메라스(τὰς ἡμέρας, "그 날들")는 시간의 범위를 나타내는 대격으로(BDR § 161.4를 보라), "그 시기 동안"(during the period)으로 번역될 수 있다.

6.e-e. 스트레페인(στρέφειν)은 해석 또는 설명의 부정사로서 선행절 카이 엑수시안 에쿠신 에피 톤 휘다톤(καὶ ἐξουσίαν ἔχουσιν ἐπὶ τῶν ὑδάτων)의 의미를 더 엄밀하게 정의하는 절을 도입한다. 그러므로 이 용어는 "즉"(that is)으로 번역된다. 이 용어는 명사를 보충하는 부정사로 설명될 수도 있다(Votaw, *Infinitive*, 15-16).

5.f. 여기에서 플레게(πληγή)는 전염병을 의미할 수도 있고(Louw-Nida, § 23.158), 또는 더 포괄적으로 "고통, 큰 고생"이라는 의미로 사용될 수도 있다(Louw-Nida, §

22.13).

6.g. 이문: (1) 호사키스 에안(ὁσάκις ἐάν) $\mathfrak{P}^{47}$ ℵ A Andreas Byzantine. (2) 호사키스 안(ὁσάκις ἄν) C fam $1611^{1611\ 1854\ 2329}$ Oecumenius^{2053} 2351 Andr l; Hippolytus (*de Ant.* 47). 여기에 반영된 문제는 신약성경과 칠십인역의 사본 전승 도처에서 발견되며 (Conybeare-Stock, *Septuagint*, § 105) 안/에안(ἄν/ἐάν)의 상호 교환을 포함한다(BDF § 107; BDR § 107). 중요한 사본들이 나뉘어지는 안(ἄν)과 에안(ἐάν) 간의 이문은 계 2:25; 3:19; 11:6; 13:15; 14:4에 나온다. 헬라어 신약성경의 현대본들은 외적인 증거에만 근거하여 2:25; 14:4에서는 안(ἄν)으로 나타내고, 3:19; 11:6; 13:15에서는 에안(ἐάν)으로 나타낸다.

6.h-h. 델레소신(θελήσωσιν) ℵ A Andreas Byzantine Hippolytus (*de Ant.* 47); 모든 현대본들. (2) 델레수신(θελήσουσιν) C. (3) 델로신(θέλωσιν) $\mathfrak{P}^{47}$ fam 1611^{2329} *Byz* 16 2351. 독법 (2)의 미래 직설법은 외적 근거에서뿐만 아니라 내적 근거로 볼 때도 옳지 않은 것 같다. 왜냐하면 요한계시록에서 에안(ἐάν)은 절대로 미래 직설법과 함께 나오지 않고 항상 현재 또는 미래 가정법과 함께 나오기 때문이다.

7.a. 여기에서 호탄(ὅταν)은 독특한 사건을 묘사하며, 따라서 "…할 때는 언제든지"(whenever)보다는 "…할 때"(when)로 번역되어야 한다(4:9; 8:1; 11:7; 12:4; Mussies, *Morphology*, 345를 보라). 카이(καί)에 대해서는 "원문주해" 11:3.a을 보라.

7.b. 텔레소신(τελέσωσιν) 원문. (2) 텔로시(τελῶσι) Hippolytus (*de Ant.* 47).

7.c. 이문: 텐 마르튀리안(τὴν μαρτυρίαν) 앞에 톤 드로몬 아우톤(τὸν δρόμον αὐτῶν) Hippolytus (*de Ant.* 47).

7.d-d. 이문: 토 아나바이논(τὸ ἀναβαῖνον) C Andreas Byzantine 2351. (2) 토 아나바이논(τὸ ἀναβαίνων) A 2060 2286 Andr h-^{2301} Andr/*Byz* 2a. 요한계시록에서는 토 데리온(τὸ θηρίον)을 남성 분사와 대명사로 수식하는 경향이 있지만(13:11, 14; 17:11을 보라), 여기에서 단모음 오(ο)와 장모음 오(ω) 간의 혼동은 아마 이 이문 때문일 것이다 (Schmid, *Studien* 2:234-35).

7.e. "원문주해" 11:3.d-d를 보라.

8.a. 이문: (1) 토 프토마(τὸ πτῶμα) A C fam 1006 Oecumenius^{2053} 2351 Byzantine Tyconius. (2) 타 프토마타(τὰ πτώματα) $\mathfrak{P}^{47}$ ℵ fam $1611^{1611\ 1854\ 2329}$ Andreas lat syr. 토 프토마(τὸ πτῶμα)는 단수이지만 특별한 집단의 각 구성원이 소유하는 무엇인가를 언급하는 분배의 대명사이며, 따라서 영어에서는 복수로 번역되어야 한다. Mussies, *Morphology*, 84를 보라. 카이(καί)에 대해서는 "원문주해" 11:3.a를 보라.

8.b-b. 이 문장은 동사가 없기 때문에 "있을 것이다"(will be)가 보충된다. 소수의 사본들은 사라진 동사를 보충한다. 예를 들어, $ℵ^{2}$에서는 에스타이(ἔσται, "있을 것이다")가

토 프토마 아우톤(τὸ πτῶμα αὐτῶν) 다음에 삽입되고, Andr i[2036]는 에아세이 아타파(ἐάσει⋯ἀταφά, "장사되지 않은 채로 방치할 것이다")를 삽입하고, 에아세이(ἐάσει)를 토 프토마 아우톤(τὸ πτῶμα αὐτῶν)에 이어 삽입하고, 아타파(ἀταφά)를 메갈레스(μεγάλης) 다음에 삽입한다.

8.c. 테스 플라테이아스(τῆς πλατείας, "그 길")는 관사가 있고 이 명사는 요한계시록에서 이 곳에 처음 나오기 때문에, 독자들에게 잘 알려진(또는 적어도 저자가 잘 알려진 것으로 간주하는) 길을 언급해야 한다는 의미에서 조응적인 관사다. 11:8의 "주석"을 보라.

8.d-d. 여성 명사 헤 플라테이아(ἡ πλατεῖα)는 "길" 또는 "공공 광장" 또는 "광장"을 의미할 수 있는데(MM, 517), 여기에서는 "공공 광장"을 의미하는 것 같다. *Apoc. Elijah*에서 발견되는 유사한 기사에는 엘리야와 에녹이 살해되어 "큰 성의 시장"(콥트어, *tagora ntn mpolis*)에 사흘 반 동안 죽은 채 누워 있다.

8.e. 프뉴마티코스(πνευματικῶς, "예언으로")는 여러 역본에 다양하게 번역된다: "allegorically"(풍유로)(RSV), "prophetically"(예언으로)(NRSV), "figuratively"(비유로)(NIV), "풍유로"(in allegory)(NEB), "예언의 말로"(in prophetic language)(참조. 개역. "영적으로"). 직역인 "영적으로"(spiritually)는 영어에서 너무 애매하다. 슈바이처(E. Schweizer, *TDNT* 6:449)는 이 용어가 "평범한 말보다는 예언으로"라는 의미를 내포한 것으로 이해되어야 하며, 따라서 "풍유적으로", "비유적으로" 또는 "은유적으로"라는 번역들은 완전하게 어울리지 않는다고 정확한 주장을 한다. BAGD, 679는 "만일 성경의 영적 해석을 따른다면"이라는 의역을 제안한다.

8.f. 이문: (1) 아우톤(αὐτῶν) 원문. (2) 아우톤(αὐτῶν) 탈락: 𝔓[47] ℵ*.

8.g. 이문: 카이(καί) 탈락: 𝔓[47] ℵ[1] fam 1611[1611] Andreas.

9.a. 여기에서 분리의 속격 어구 에크 톤 라온(ἐκ τῶν λαῶν⋯, "백성 중에서")은 동사 블레푸신(βλέπουσιν, "보다")의 주어 역할을 한다(BDR § 164를 보라). 서론, 제7부, 구문, "분리의 속격"을 보라.

9.b. 블레푸신(βλέπουσιν)은 현재 직설법이지만 미래처럼 번역된다.

9.c. "원문주해" 8.a를 보라.

9.d. 여기에서 카이(καί)는 부사적 의미 역할을 하며, 따라서 "그러나"로 번역된다.

9.e. 우크 아피우신(οὐκ ἀφίουσιν, "그들이 허락하지 않는다")은 부정(不定)의 복수로서 "사람들이 허락하지 않는다"로 번역될 수 있다(동사의 주어 역할을 하는 분리의 속격 에크 톤 라온[ἐκ τῶν λαῶν]이 블레푸신[βλέπουσιν]의 주어인 것과 같다). 찰스(Charles, 1:288)는 아피우신(ἀφίουσιν)이 아람어식 표현이거나 부정의 복수라고 제안한다.

9.f. 이문: (1) 아피우신(ἀφίουσιν, 현재 직설법) 원문. 여기에서는 미래로 번역된다

("원문주해" 9.b를 보라). (2) 아페수시(ἀφήσουσι, 미래 직설법) Oecumenius[2053] Andr d f[2023 2073] h i[2042] 94 Byzantine it[gig] vg[cl] cop[bo]. (3) 아피에신(ἀφίησιν, 현재 직설법) 2351.

9.g. 타 프토마타(τὰ πτώματα, "시체")는 복수로는 이 곳에만 나온다. 이 어구는 특별한 집단의 각 구성원이 소유하는 것의 전체를 나타낸다(Mussies, *Morphology*, 84). 11:8, 9에서 분배의 단수 토 프토마(τὸ πτῶμα)의 사용을 참조하라.

10.a. 이문: 카레손타이(χαρήσονται) Andr d l latt cop. 미래로의 번역에 대해서는 "원문주해" 11:9.b를 보라.

10.b. 이문: 유프란데손타이(εὐφρανθήσονται) fam 1611[2329] Andr d f[2023] l-94 Byzantine latt.

10.c. 이문: (1) 펨푸신(πέμπουσιν) ℵ* 𝔓[47] 025 Andr i n[2429] 598 2019. (2) 펨프소신(πέμψωσιν) Andr b. (3) 도수신(δώσουσιν) Andr d 94 Byzantine.

10.d. 이문: 후토이(οὗτοι)의 탈락: 𝔓[47] Andr g[2045*] n-[2429].

10.e-e. 이문: (1) 호이 프로페타이 호이 뒤오(οἱ προφῆται οἱ δύο) 𝔓[47] ℵ 2344. (2) 호이 프로페타이(οἱ προφῆται)의 탈락: Primasius (*hi duo*).

11.a. 이문: (1) 트레이스(τρεῖς) 앞에 타스(τάς) A C Oecumenius[2053] Andr a-[1] b-[2059*] d[2051] g i-[1685] n-[2429] Andr Ø[94 1773] 2019 Byzantine Andr/*Byz* 3 lat cop eth. (2) 트레이스(τρεῖς) 앞에 타스(τάς) 탈락: ℵ P fam 1611[1854 2344] Andreas; Tischendorf, *NT Graece*;[WHort]. 독법 (1)이 원문인 이유는 관사의 조응적 용법(11:9의 무관사 어구 헤메라스 트레이스 카이 헤미쉬[ἡμέρας τρεῖς καὶ ἥμισυ]를 언급한다)은 요한계시록의 문체를 따르기 때문이다(B. Weiss, *Johannes-Apokalypse*, 125; Bousset[1906] 323; Schmid, *Studien* 2:195).

11.b-b. 이문: (1) 엔 아우토이스(ἐν αὐτοῖς) A fam 1006 fam 1611[1854 2329] 2351 Tyconius; Andreas(ἐν–엔) (Andr e f[2073] h i n 94 1773 2019); Tischendorf, *NT Graece*; WHort(ἐν–엔); B. Weiss, *Johannes-Apokalypse*; Bousset (1906); Charles; Merk, *NT*; Nestle-Aland[27]; UBSGNT[4]. (2) 아우토이스(αὐτοῖς) C 025 fam 1611[1611] Oecumenius[2053] Andr a b-[2059corr] c f[2031 2056] l 508. (3) 에이스 아우투스(εἰς αὐτούς) 𝔓[47] ℵ Andr b[2059corr] d g Byzantine. (4) 에프 아우투스(ἐπ' αὐτούς) Andr f[2023] Andr/*Byz* 3. 독법 (2)는 아마 중자 탈락(haplography)의 오류일 것이다. 왜냐하면 바로 앞의 단어가 에이셀덴(εἰσῆλθεν)이기 때문이다(Schmid, *Studien* 2:106). 틀림없이 독법 (3)은 난문인 독법 (1)의 수정이다. 왜냐하면 칠십인역과 신약성경의 대다수의 예에서 에이세르케스다이(εἰσέρχεσθαι)와 함께 사용되는 전치사가 에이스(εἰς)이기 때문이다. 문체에 있어 엔(ἐν)은 요한계시록에서 11:11에서만 에이스(εἰς)의 동등어로 사용된다(Schmid, *Studien* 2:217). 코이네 헬라어에서 종종 엔(ἐν)은 에이스(εἰς)가 예상되는 동작 동사들과 함께 사용된다(BAGD, 260[I.6]; BDF § 218; BDR § 218.3). 계 11:11에 나오는 에이세르케스

다이 에이스(εἰσέρχεσθαι εἰς)+여격의 유사구들은 흔하지 않게 나온다. 에이세르케스다이 엔(εἰσέρχεσθαι ἐν)+여격의 유사구들에 대해서는 눅 9:15, 에이셀덴 데 디알로기스모스 엔 아우토이스(εἰσῆλθεν δὲ διαλογισμὸς ἐν αὐτοῖς, "그들 안으로 변론이 들어갔다"; 개역, "그들 중에 변론이 일어났다"); *1 Clem.* 48:2, 에이셀돈 엔 아우타이스(εἰσελθὼν ἐν αὐταῖς, "그것들[즉 문들] 안으로 들어 간 다음"; 시 118:19[칠십인역 117:19]의 인유); 48:3; *Apoc. Mos.* 5:3, 엔 호 에스세르케토(ἐν ᾧ εἰσήρχετο, "그가 늘 들어가던"); *T. Abr.*[Rec. A] 7:1; *T. Abr.*[Rec. B] 9:3, 4; *T. Jude* 9:4; *3 Apoc. Bar.* 13:4; *Gk Ap. Ezra* 1:6을 보라. 다른 곳에서(15:8; 21:27; 22:14) 저자는 에이세르케스다이 에이스(εἰσέρχεσθαι εἰς)+대격을 사용한다. 에이세르케스다이 프로스(εἰσέρχεσθαι πρός)+대격은 3:20에만 나온다(막 15:43; 눅 1:28을 보라). 칠십인역에서 에이세르케스다이(εἰσέρχεσθαι)는 에이스(εἰς)+대격이 따르기도 하고(때로 에이스[εἰς]는 베 -בְּ]에 상당한다, 예를 들어, 사 26:20) 간혹 대격만이 따르기도 한다(Helbing, *Kasussyntax*, 83; 그는 시 117:19을 간과했다). 위너(Winer)에 의하면, 에이스(εἰς)가 예상되는 동작 동사들과 함께 사용되는 엔(ἐν)은 그 동작의 결과를 강조한다(*Grammar*, 514-15).

11.c. 여기에서 카이(καί)는 결과절 또는 목적절을 도입하는 역할을 한다. "원문주해" 11:3.d-d를 보라.

11.d-d. "원문주해" 11:3.d-d를 보라.

12.a-a. 이문: (1) 에쿠산(ἤκουσαν) ℵ* A C 025 Oecumenius[2053] Tyc[3] vg syr[ph] TR Nestle-Aland[27]; KJV; ASV; RSV; NRSV; NEB; REB ("a loud voice from heaven was heard"[하늘에서 큰 음성이 들렸다]); Tischendorf, *NT Graece*; WHort; B. Weiss, *Johannes-Apokalypse*, 187; von Soden, *Text*, 에쿠산(ἤκουσα[ν]); Charles, 2:304; UBSGNT[4]. (2) 에쿠사(ἤκουσα) 𝔓[47] ℵ[3] Andreas Byzantine it[a gig] syr[h] cop 2351 Tyc[1] Tyc[2] Beatus; Bousset (1906) 323; NJB. (3) 아쿠손타이(ἀκούσονται) 2329 Andr l. 독법 (1)이 분명히 원문이지만, 에쿠산(ἤκουσαν)의 주어가 두 증인인지 또는 적의를 가진 구경꾼들인지는 명확하지 않다. 분명히 독법 (2)는 전형적인 에이돈(εἶδον) 또는 에쿠사(ἤκουσα)를 포함시키기 위한 수정이다. 그런데 이 전형적인 에이돈(εἶδον) 또는 에쿠사(ἤκουσα)는 11:1-13부터 나오지 않는다(*TCGNT* [1], 744; *TCGNT* [2], 672). 카이(καί)에 대해서는 "원문주해" 11:3.a를 보라.

12.b-b. 이문: (1) 포넨 메갈렌…게구산(φωνὴν μεγάλην…λέγουσαν) A fam 1611[1611] [2329] Oecumenius[2053] 2351 Byzantine; Charles (1:290; 2:304). (2) 포네스 메갈레스…게구세스(φωνῆς μεγάλης …λεγούσης) 𝔓[47] C ℵ Andreas; Tischendorf, *NT Graece*; WHort[marg]; B. Weiss, *Johannes-Apokalypse*, 187; Merk, *NT*; Nestle-Aland[27]; UBSGNT[4]. 슈미트(Schmid, *Studien* 2:102)에 의하면, "여기에는 확실한 결정이 불가능하다." 보통

아쿠에인(ἀκούειν)은 사람의 속격(6:1, 3, 5; 8:13; 16:5, 7) 또는 사물의 대격(1:3; 7:4; 9:16; 22:8, 18)과 함께 사용된다. 그러나 포네(φωνή)가 아쿠에인(ἀκούειν)의 목적어일 때 때로 속격인 경우도 있지만(3:20; 14:13; 16:1; 21:3) 대격인 경우가 더 많다(1:10; 4:1; 5:11; 6:6, 7; 9:13; 10:4, 8; 12:10; 14:2; 18:4; 19:1, 6).

12.c-c. 이문: (1) 아나바테(ἀνάβατε, 2인칭 복수 부정과거 명령법) 𝔓[47] A C ℵ 025 1773 2019; von Soden, *Text*. (2) 아나베테(ἀνάβητε) Andreas Byzantine. 독법 (1)은 분명히 Andreas Byzantine이 회피하는 색다른 형식이다(Schmid, *Studien* 2:76; Gignac, *Grammar* 2:391; BDR § 95.7). 모울튼-하워드(Moulton-Howard, *Accidence*, 209-10)는 티마(τίμα), 티마테(τιμᾶτε)와 유사해짐으로 인해 아나바테(ἀναβατε)의 악센트가 아나바테(ἀναβᾶτε)로 되어야 한다고 제안한다.

12.d. 네펠레(νεφέλῃ) 앞의 정관사는 이 전승이 독자에게 알려졌다고 저자가 추정하고 있음을 시사한다(Charles, 1:291).

12.e. 여기에서 카이(καί)는 시간을 나타내는 절을 도입하므로 "…하는 동안"(while)으로 번역될 수 있다.

12.f. 이문: 에크드로이(ἐχθροί) 앞에 이에(ιε = 데카펜테[δεκαπέντε]) fam 1611[1611] 𝔓[47]. "열다섯 명의 원수들"을 구체적으로 말하는 이 이문은 오이에크드로이(οιεχθροι, "원수들")라는 표현에서 이에(ιε, 열 다섯의 생략형)가 구별된다고 가정한 해석에서 나오는 착오의 결과다(Royse, *JTS* 31[1980] 78-80).

12.g-g. 이문: 에메트레산(ἐμέτρησαν) 𝔓[47]. 무의미한 이문 "그들이 측량했다"(메트레인[μετρεῖν]에서 나온 형식)는 에데오레산(ἐθεώρησαν)을 에메트레산(ἐμέτρησαν)으로 혼동한 결과다. 이 혼동은 이 두 용어가 모두 동일한 어두 에(ε)와 어미 -레산(-ρησαν)을 갖고 있기 때문에 생겨난 것이다.

13.a. 여기에서 카이(καί)는 앞 절에 나오는 동사의 행동의 결과를 나타내는 결과적 의미로 사용된다.

13.b. "원문주해" 11:13.a을 보라.

13.c. 중복 어구 오노마타 안드로폰(ὀνόματα ἀνθρώπων, 직역하면 "사람들의 이름들")에서 오노마(ὄνομα)와 안드로포스(ἄνθρωπος)는 모두 "사람들"이라는 의미론적 영역에 속하는데(Louw-Nida, § 9.2, 19), 이 곳에서 의미의 구별 없이 함께 나온다. 만일 안드로폰(ἀνθρώπων)이 동격을 나타내는 속격이라면, 이 어구는 직역하면 "이름들, 즉 사람들"을 의미한다. 오노마타(ὀνόματα)에 대해서는 "원문주해" 3:4.a를 보라. 이문: 안드론(ἀνδρῶν) fam 1611[1854 2329] Tyconius.

13.d. "원문주해" 11:13.a를 보라.

13.e. 이문: 엔 포보(ἐν φόβῳ) ℵ 2351 lat syr[ph].

14.a. 이문: 아펠덴(ἀπῆλθεν) 대다수. (2) 파렐덴(παρῆλθεν) ℵ Andr i[2042]. 파레르케

스다이(*παρέρχεσθαι*)는 요한계시록의 다른 곳에는 나오지 않는다. 반면에 아프케스다이(*ἀπχεσθαι*)는 11:14 외에 일곱 번 나오며 9:12에는 유사한 표현으로 나온다.

14.b-b. 이문: (1) 이두 헤 우아이 헤 트리테 에르케타이(*ἰδοὺ ἡ οὐαὶ ἡ τρίτη ἔρχεται*) A C fam 1006[1006 1841] fam 1611[1611 2329] Oecumenius[2053] 2351 Andreas. (2) 이두 에르케타이 헤 우아이 헤 트리테(*ἰδοὺ ἔρχεται ἡ οὐαὶ ἡ τρίτη*) 𝔓[47] ℵ[2] fam 1611[2344] 2019 it[gig]. (3) 헤 우아이 헤 트리테 이두 에르케타이(*ἡ οὐαὶ ἡ τρίτη ἰδοὺ ἔρχεται*) Byzantine.

양식/구조/배경

I. 개요

4. 성전과 두 증인(11: 1-14)
  a. 성전을 척량하라는 명령(1-2절)
    (1) 자를 받는 요한(1a절)
    (2) 이중 명령(1b절-2절)
      (a) 척량해야 할 것(1b절)
        [1] 하나님의 성전
        [2] 제단
        [3] 거기에서 경배하는 자들
      (b) 척량하지 말아야 할 것(2절)
        [1] 지역: 바깥 뜰(2a절)
        [2] 위치: 성전 밖(2a절)
        [3] 이유(2a절)
          [a] 이방인에게 주었은즉
          [b] 저희가 거룩한 성을 마흔두 달 동안 짓밟으리라
  b. 두 증인의 생애(3-13절)
    (1) 그들의 임무와 권세(3-6절)
      (a) 그들의 임무와 신분(3-4절)
        [1] 하나님께서 자신의 두 증인에게 예언의 권세를 주신다(3절)
          [a] 굵은 베옷을 입고(3a절)
          [b] 일천이백육십 일 동안(3b절)
        [2] 그들의 상징적인 신분(4절)
          [a] 그들은 이 땅의 주 앞에 섰는 두 감람나무다(4a절)

[2] 그들은 이 땅의 주 앞에 섰는 두 촛대다(4ab절)

(b) 그들의 불가침(5절)

[1] 만일 누구든지 저희를 해하고자 한즉 저희 입에서 불이 나서 그 원수를 소멸할지니(5a절)

[2] 만일 누구든지 저희를 해하려 하면 반드시 이와 같이 죽임을 당하리라(5b절)

(c) 그들의 권세(6절)

[1] 그들은 하늘을 닫는 권세를 가지고 있다(6a절)

[a] 목적: 비가 오지 않게 하기 위해

[b] 기간: 그들이 예언을 하는 날 동안

[2] 물을 다스려 피로 변하게 하는 권세를 가지고 있다(6b절)

[3] 그들은 땅을 치는 권세를 가지고 있다(6c절)

[a] 여러 가지 재앙으로

[b] 아무 때나 그들이 원하는 대로

(2) 두 증인의 운명(7-10절)

(a) 두 증인의 죽음(7절)

[1] 그들의 불가침당하는 시기: "저희가 그 증거를 마칠 때" (7a절)

[2] 짐승의 역할(7ab절)

[a] 그의 태생: 그는 무저갱에서 올라온다(7a절)

[b] 그의 적대 행위(7ab절)

{1} 그는 두 증인과 전쟁을 할 것이다

{2} 그는 두 증인을 이길 것이다

{3} 그는 두 증인을 죽일 것이다

(b) 두 증인의 시체에 대한 모독(8-10절)

[1] 모독 방법: 그들의 시체 공개(8a절)

[2] 모독의 장소: 큰 성 길(8ab절)

[a] 첫 번째 상징적인 이름: 소돔(8b절)

[b] 두 번째 상징적인 이름: 애굽(8b절)

[c] 묘사: 주께서 십자가에 못 박히신 곳

[3] 그들의 시체는 구경거리가 된다(9-10절)

[a] 기간: 사흘 반(9a절)

[b] 구경꾼들의 정체(9a절)

{1} 일부는 여러 백성들에서 온 자들

{2} 일부는 여러 족속들에서 온 자들
{3} 일부는 여러 방언들에서 온 자들
{4} 일부는 여러 나라들에서 온 자들
[c] 구경꾼들을 행동(9ab절)
{1} 그들은 시체를 본다(9a절)
{2} 그들은 시체를 무덤에 장사하지 못하게 할 것이다(9b절)
[d] 구경꾼들의 반응(10ab절)
{1} 시체를 보고 즐거워한다(10a절)
{2} 기뻐한다(10b절)
{3} 선물을 주고 받는다(10b절)
[e] 그 행동의 이유: 두 선지자가 땅의 백성들을 괴롭혔기 때문에 (10c절)
(3) 두 증인의 궁극적인 승리(11-12절)
(a) 그들의 부활(11절)
[1] 사건의 진상(11절)
[a] 선행 기간: 삼 일 반
[b] 방법: 하나님으로부터 나오는 생기가 그들에게 들어감
[2] 반응: 두 선지자를 보는 자들에게 큰 공포가 임한다
(b) 두 증인의 승천(12절)
[1] 하늘로 호출(12a절)
[a] 그들이 하늘에서 오는 음성을 듣는다
[b] 음성의 내용: "이리로 올라오라"
[2] 두 증인의 승천(12bc절)
[a] 방법: 구름을 타고(12b절)
[b] 정황: 그들의 원수들의 눈앞에서(12c절)
(4) 심판과 회개의 종결 장면(13절)
(a) 심판(13a절)
[1] 때에 대한 언급: 그 시에
[2] 큰 지진이 있다
(b) 심판의 부정적인 결과들(13bc절)
[1] 성 십분의 일이 무너진다
[2] 칠천 명이 죽임을 당한다
(c) 심판의 긍정적인 결과들(13d절)
[1] 남은 자들이 두려워한다

[2] 남은 자들이 하나님께 영광을 돌린다

c. 둘째 화와 셋째 화(14절)

(1) 둘째 화가 지나갔다는 선언(14a절)

(2) 셋째 화가 임박함(14b절)

II. 문학적 분석

요한계시록 11:1-13은 두 개의 소단위 1-2절과 3-13절로 이루어지는 일관성 있는 문학 단위다. 요한계시록 11:14은 11:1-13의 결론과 11:15-18의 도입이라는 두 가지 역할을 한다. 11:1-19이 땅의 성전에 초점을 맞추어 시작되어 하늘 성전을 강조하며 종결되는 하나의 환상으로 이루어진다는 견해(Boismard, *RB* 56[1949] 311)는 다른 형태 구조적 특징들을 무시한다. 많은 해석가들이 11:1-13을 10:8-11에 언급된 작은 책의 내용이 시작되는 것으로 생각한다(Lohmeyer, 89; Bornkamm, "Komposition," 2:216-18; Court, *Myth and History*, 84; Bauckham, "Conversion," 266[Bauckham은 10:8-11의 작은 책이 5:1에 나오는 일곱 인으로 봉인된 책에 해당한다고 생각한다). 그러나 그렇지 않다고 설득력 있게 주장하는 해석가들도 있다(Yarbro Collins, *Combat Myth*, 27; A. J. P. Garrow, *Revelation*[London; New York: Routledge, 1997] 32).

1:1-13의 구성에 대한 분석은 몇 가지 구성적, 해석적 문제들을 제시한다. 확인되지 않는 인물의 말을 듣는 저자는(1b절의 "주석"을 보라) 현재 분사 레곤(*λέγων*, "말하기를," 1절)에 의해 도입되는 직접 화법으로 일련의 지시를 받는다. 이 말이 어디에서 끝나는지는 명백하지 않다. 많은 해석가들과 번역자들은(인용 부호나 단락을 나눔에 의해 표시되는 바와 같이) 이 말이 3절로 종결된다고 단순하게 추정한다(RSV; NRSV; NIV; REV; Allo, 149; Lohse, 63; Sweet, 180). 8절에 나오는 성에 대한 언급 "저희 주께서 십자가에 못박히신 곳이니라"는 이 말이 이미 끝났음을 시사한다. 4-13절에 나오는 두 증인에 대한 기사가 환상 기록의 형식이 아니라는 사실은 주목할 필요가 있다. 1-3절에서 발견되는 미확인 화자의 말은 13절까지 이어지거나(가능성이 없지만), 스가랴 4:1-14의 짧은 인유를 포함하고 있는 4절에서 끝이 난다. 11:1-13의 비환상적인 특징에도 불구하고, 요한은 요한계시록의 나머지 부분에서 발견되는 환상과 유사한 문체로 이 기사를 표현한다. 1-2절은 과거 시제의 다섯 가지 주 동사를 포함하고 있다. 3절에서 시작되는 기사는 13절까지 이어진다(계 11장의 시제에 대해서는 Min, *Apocalisse*, 71-76를 보라). 이

전체 단락은 요한이 본 환상으로 진술되지 않고 두 증인에 초점을 맞춘 설화식 예언으로 기록된다.

A. 요한계시록 11:1-2

요한계시록 11:1-2에서 저자는 성전과 제단(즉 성전의 내부 부분)을 척량하라는 지시를 받는다. 그러나 분명히 성전 바깥뜰은 척량하지 말라고 한다. "성전 밖 마당은 척량하지 말고 그냥 두라 이것을 이방인에게 주었은즉 저희가 거룩한 성을 마흔두 달 동안 짓밟으리라." 이 짧은 본문은 분명히 미완성이다. (1) 이 본문은 마지막 화자들(레구신[λέγουσιν, "그들이 말하다"], 11절)이 확인되지 않은 앞 단락 10:10-11의 본문과 일치하지 않는다. 그리고 11:1의 화자는 분명한 선행사를 갖고 있지 않은 분사 레곤(λέγων, "말하기를")으로 확인될 뿐이다. (2) 11:1-2은 확인되지 않는 인물이 저자에게 내리는 명령으로 이루어진다. 그러나 이 명령을 저자는 이행하지 않는다. 즉 그는 성전을 척량하라는 명령을 받지만 그가 실제로 성전을 척량했음을 시사하는 내용이 없다. 이 사실이 의외다. 왜냐하면 지금까지 독자는 저자에게 내려진 천사 또는 하나님의 명령이 즉각 복종될 것으로 예상하게끔 되어 있었기 때문이다(예를 들어 10:8에서 저자는 천사에게 작은 책을 받으라는 명을 받아 9절에서 그대로 행했고, 10:9에서는 그 책을 먹으라는 명을 받고 10절에서 그대로 행했다). (3) 저자의 위치 또는 관점에 문제가 있다. 10:1-2, 4, 5, 8에서는 저자가 땅에 있는 것으로 전제되는 반면에, 11:1-2에서는 그가 성전이 있었던 예루살렘 부근에 있거나 또는 만일 그가 척량해야 하는 성전이 하늘의 성전이라면 그는 하늘에 있다. 그러나 그가 어떻게 성전에 들어갔는지, 환상으로 성전에 들어갔는지 또는 육체적 이동을 통해 성전에 들어갔는지(또는 둘 다인지)에 대한 지적이 없다. (4) 요한계시록은 주후 70년에 있었던 예루살렘의 멸망 이후 시대인 주후 1세기 말경에 최종적으로 편집되었지만, 이 짧은 기사에는 성전이 실제로 묘사되었음을 나타내는 지적이 없다. 이 기사의 암시적인 관심은 주후 70년 이전이다.

많은 주석가들은 1-2절과 3-13절 이면에서 처음부터 분리된 두 가지 자료를 본다(Yarbro Collins, *Combat Myth*, 195 n. 60). 그들은 종종 이 두 가지 자료가 아마 8절에 나오는 단 하나의 기독교의 가필로 결합된 두 개의 유대교 신탁으로 생각한다(Wellhausen, *Analyse*, 15; Pfleiderer, *Urchristentum* 2:283; Bousset[1906] 326-27; Charles, 1:270, 273; Loisy, 204; Beasley-Murray, 37-38; Giblin, *NTS* 30

[1984] 454 n. 4). 반면에 11:1-13을 하나의 신탁으로 생각하는 주석가들도 있다(Beckwith, 584-85; Min, *Apocalisse*, 84-90). 어휘에 관해서 요한계시록에 단 한 번 나오는 용어들(신약성경에서 요한계시록에만 나오는 용어들) 107개 중에서 1:1-13에 나오는 것은 하나도 없다.

B. 요한계시록 11:3-13

요한계시록 11:3-13은 먼저 미래 시제의 동사들(3-6절)에 의해 지배되고, 그 다음에는 과거 시제의 동사들(7-10절)에 의해 지배되는 예언 기사다. 이 기사는 본질적으로 비유 같은 또는 우화 같은 성격을 갖고 있다(Bauckham, "Conversion," 373-74). 왜냐하면 두 선지자는 세상에 있어서의 기독교 증거자를 상징하는 것으로 보이는 반면에, 이 기사가 배경으로 하고 있는 "큰 성"은 예루살렘을 상징하지만, 좀더 넓은 의미로 인간 세상을 상징하기 때문이다. 이 단락은 세 개의 주제로 나뉘어질 수 있나. (1) 누 증인의 임무와 권위(3-6절), (2) 두 증인에게 가해지는 폭력(7-10절), (3) 두 증인의 승리, 그리고 이어지는 그들의 원수들의 처벌(11-13a절)과 구경꾼들의 회심(13b절).

(1) 첫 번째 단락 3-6절은 1인칭의 사용("내가 나의 두 증인에게 권세를 주리니," 3a절)으로 인해 하나님이나 그리스도의 것으로 추정될 수 있는 말로 시작된다. 8절에서 화자-서술자가 바뀌는 것은 명백하다. 왜냐하면 8절에서 "**저희** 주께서 십자가에 못 박히신 곳"을 말하기 때문이다. 그리고 하나님의 말씀은 3절로 끝나고, 4-6절은 두 증인의 직무를 설명하기 시작하는 것 같다. 이것은 1-2절을 3-13절과 연결시키는 몇 가지 형식들 중 하나다. 두 증인의 직무 시기는 1,260일로 제한된다(3절). 1,260일은 제한된 종말론적 시기를 나타내는 상징적인 수로 2절의 마흔 두 달에 상당한다(1-2절과 3-13절 간의 또 다른 형식적 연결). 두 증인의 역할과 신원은 스가랴 4:3, 14의 두 감람나무와 두 촛대와 동일한 것으로 이해된다. 그러나 요한계시록 11:4 이후 스가랴 4장은 더 인유되지 않는다.

두 증인의 직무는 5-6절에서 두 가지 동의의 대구 가운데 부정적인 어구로 간결하게 묘사된다. 그들이 자신들을 해하려고 하는 자들에게 먼저 타격을 가하는 능력이 강조된다. 그러나 그들이 굵은 베옷을 입었다는 언급(3절)으로 짧게 암시되는 회개를 전도하는 그들의 예언의 역할은 전혀 언급되지 않는다. 그들의 예언 직무의 본질에 대해 긍정적인 강조가 없는 것은 어떤 이유인지, 저자가 사용한 자료가 끊겨 줄어졌음을 암시한다.

두 증인에 대한 폭력은 7-10절에서 묘사된다. 두 증인의 예언 직무가 종결되었을 때(아마 3절에 언급된 마흔두 달이 지난 다음에) 새롭고 예상치 못한 출연자가 등장한다. 분사구 "무저갱으로부터 올라오는" 것으로 확인되는 짐승은 두 증인과 더불어 전쟁을 일으키는 것으로 묘사된다. 그리고 그 전쟁은 짐승의 승리와 두 증인의 죽음으로 끝난다(7절). 토 데리온(*τὸ θηρίον*, "그 짐승")이라는 용어는 정관사를 갖고 있는데, 이 정관사는 저자가 이 괴물이 독자에게 알려진 것으로 추정했음을 시사한다(이 짐승은 13:1에 다시 나타나는데, 이번에는 전에 언급되지 않은 것처럼 정관사가 없다). 짐승이 두 증인을 공격하여 죽이는 동기에 대해서는 말이 없고, 그 짐승은 자신의 끔찍한 임무를 마친 다음 등장할 때와 마찬가지로 갑자기 기사에서 사라진다. 이 기사에 대한 독자의 대답되지 않은 많은 질문들은 저자가 자신의 자료에서 많은 특징 있는 내용들을 생략했다는 사실을 시사한다. 아마 그 생략된 내용들은 매우 명확한 형태로 존재했을 것이다.

두 증인의 장사되지 못한 시체는 큰 성의 광장에 방치되어 있다. 우리가 알기로 이 큰 성은 예루살렘이다. 왜냐하면 거기가 "저희 주께서 십자가에 못 박히신 곳"이기 때문이다(8절). 따라서 그리스도의 죽음과 두 증인의 죽음 사이에 암시적인 평행선이 그려지고 있다. 그러나 독자가 처음에 예루살렘과 동일시한 "큰 성"은 예언적으로 또는 영적으로 "소돔" 및 "애굽", 즉 부패와 속박을 상징하는 고대 도시들과 동일시된다. "백성들과 족속과 방언과 나라"의 대표들이 등장하여 두 증인의 죽음을 바라보며 즐거워하기 때문에(9-10절), 이 "큰 성"은 갑자기 세상을 상징하는 것으로 보인다.

(3) 기사의 다음 부분(11-13절)은 두 증인의 부활과 승천, 그리고 그들의 원수들의 처벌이라는 예상치 못한 사건에 집중한다. 약간 놀랍게도, 이 단락은 마치 과거의 사건들에 대한 기사인 것처럼 과거 시제의 동사들에 의해 지배된다. 두 예언자가 사흘 반 동안 광장에 죽은 채로 방치되고 있다는 말은 예수님의 복음과 부활 간의 사흘이라는 시기와 부분적인 유사성을 시사한다. 그러나 사흘 반이라는 시기는 다니엘서의 어구 "한 때와 두 때와 반 때"도 생각나게 한다(단 7:25; 12:7; 참조. 계 12:14). 다니엘서의 이 기간은 요한계시록 11:2(그리고 계 13:5)의 마흔두 달과 요한계시록 11:3(그리고 계 12:6)의 일천이백육십 일의 변형이다. 인상적인 세 가지 사건이 빠른 순서로 이어진다. 첫째로, 두 예언자의 부활은 그들의 죽음을 즐거워하던 자들에게 큰 두려움을 일으킨다(판에 박은 반응). 둘째로, 하늘의 음성

은 두 예언자의 승천으로 이어지고 그들의 원수에게 놀라움을 야기시킨다(또 하나의 판에 박은 반응). 셋째로, 즉각 큰 지진이 일어나 성 십분의 일이 무너지고 칠천 명의 사람들을 죽인다. 남은 사람들은 "영광을 하나님께 돌린다(13절). 이 결과는 인상적이다. 왜냐하면 응보의 심판은 요한계시록에서 이 심판을 겪는 사람들에게 회개를 일으키는 유일한 예이기 때문이다.

C. 요한계시록 11:14

"둘째 화"의 완결을 언급하는 이 구절은 10:1부터 11:13까지 일곱 나팔의 기사에 끼어들었던 긴 중단도 함께 종결하고 뒤의 기사에 전혀 일어난 것으로 언급되지 않는 "셋째 화"를 소개한다. 매우 특별하게 저자는 이 구조적 장치를 사용하여 10:1-11:13을 9:12-21과 연결시킨다. 그러나 이 연결은 완전히 형식적인 것으로 전혀 다른 내용을 통합하는 데 거의 기여하지 못한다.

III. 요한계시록 11:1-13의 자료 비평

요한계시록 11:1-13의 지리적 관심의 중심은 팔레스타인이다. 이 사실은 다음과 같은 내용들에 의해 지적된다. (1) 예루살렘 성전의 상징적 의의(1-2절), (2) 성전이 위치한 "거룩한 성"에 대한 언급(2절), (3) 두 증인이 살해당한 성이 예수님께서 십자가에 못 박히신 곳, 즉 예루살렘이라고 하는 확인(8절) 그리고 (4) 팔레스타인 대부분에서 가장 큰 관심이었던 가뭄(6절; Reymond, *L'eau*, 1ff., 31ff.; 가뭄의 위협이 요한계시록 다른 곳에서 인의 재앙, 사발 재앙 또는 나팔 재앙의 한 부분이 아니라는 사실을 주목하라). 이 부분의 본문은 주후 70년 예루살렘 멸망 이전으로 거슬러 올라가는 팔레스타인의 구전을 분명히 반영하고 있다. 저자에 의해 재가공되는 이 구전은 요한계시록을 형성하는 가장 오래된 본문들 중 하나일지 모른다. 요한계시록 11:3-13이 유대의 반 그리스도 신화가 기독교식 각색이라고 주장하는 사람들이 있지만, 11:7의 무저갱에서 올라오는 짐승에 대한 독자적이며 의외의 언급을 고려할 때 그런 주장은 불확실하다. 이 구전이 재가공되는 배경은 아마 박해 상황이었을 것이다. 11:8의 분명한 가필 외에, 11:1-13에 기독교로부터의 유래를 시사하는 내용은 전혀 없다(Bousset[1906] 326).

A. 엘리야 묵시록 4:7-19과의 유사점들

콥트어 엘리야 묵시록(*Apocalypse of Elijah*)은 그 연대가 불확실하지만(주후 150년에서 275년까지: 참조. Wintermute in Charlesworth, *OTP* 1:729-30), 현재 형태에서 이 문서는 아마 주전 1세기에 창작된 초기 유대교의 작품을 개정한 기독교 문서다(Rosenstiehl, *L'Apocalypse d'Elie*, 75-76). 이 헬라어 문서는 한 개의 조각난 본문과 두 개의 인용으로 존재한다(Denis, *Fragmenta*, 103-4). 명백한 사실은 엘리야 묵시록 4:7-19은 요한계시록 11:3-13에 의존하거나, 두 구절이 모두 이전의 어떤 자료에 의존한다는 것이다. 아래서 논의되겠지만, 후자의 가정이 더 가능성이 높은 것 같다(Joachim Jeremias, *TDNT* 2:939-41을 보라). 다음의 개관적 요약은 유사점과 차이점들을 제시한다.

요한계시록 11:3-13	**엘리야 묵시록 4:7-19**
	엘리야와 에녹은 하늘로부터 가증한 자가 거룩한 곳에 자신을 드러내었다는 사실을 듣고 내려온다.
하나님께서 자신의 두 증인에게 일천이백육십 일(삼 년 반) 동안 예언할 권세를 주신다.	
	그들은 가증한 자를 비난하는 연설을 한다.
무저갱에서 올라온 짐승이 그들과 싸워 그들을 이기고 죽일 것이다.	가증한 자가 노하여 큰 성의 장터에서 칠 일 동안 저희와 싸운다.
그들의 시체가 큰 성 길에 있을 것이다.	그들은 살해당하여 장터에 사흘 반 동안 방치된다.
삼 일 반 후에 그들이 살아나고 그들을 보는 자들에게 공포가 임할 것이다.	넷째 날에 그들은 살아나서 다시 가증한 자를 비난한다.
	다시 성이 난 가증한 자가 그들과 싸우고 온

	성이 그들을 포위할 것이다.
그들에게 올라오라는 하늘의 음성이 들리고 그들은 승천한다.	그날 그들은 빛난 모습으로 하늘을 향하여 외칠 것이고 세상의 모든 사람들이 그들을 볼 것이다.
그 시에 큰 지진이 성 십분의 일을 파괴하고 칠천 명을 죽일 것이다. 그리고 남은 자들은 하나님께 영광을 돌릴 것이다.	

이 기사는 하늘에 있는 두 명의 훌륭한 이스라엘인으로 시작된다. 구약성경과 유대 전승에 의하면 그들은 하늘로 들려올림을 받았다. 그들은 종말론적 대적이 예루살렘(아마 성전)에 모습을 드러냈다는 사실을 알고 하늘로부터 내려온다. 이렇게 엘리야 묵시록의 본문은 두 증인이 어떤 인물인지를 설명하는 반면에, 요한계시록 11:3-13에서는 이상하게 이에 대해 설명되지 않는다. 요한계시록 11:3-13과 달리, 엘리야 묵시록에서 두 증인은 대적에게 연설을 한다(아래에서 타비다 기사를 보라). 에녹과 엘리야와 대적 간의 싸움은 칠 일 동안 지속되었고, 죽임을 당한 다음 그들의 시체는 장터에 사흘 반 동안 놓여 있었다. 요한계시록 11:11에서와 마찬가지로 그들은 부활한다(그러나 **넷째** 날에 대한 언급은 초본에 그들이 사흘 동안 죽었던 것을 전제하는 것으로 보인다). 그들은 다시 연설로 대적을 비난하고(아래에서 타비다 기사를 보라), 이번에는 대적과 성의 주민들이 그들을 포위하는데, 이는 분명히 그들을 죽이기 위함이다. 하나님의 도우심을 요청하기 위해 그들은 하늘을 향해 외친다(계 11:12과 달리). 그리고 분명히 하나님의 도우심이 제공되어 그들은 영광스럽게 빛나는 모습이 된다. 그리고 세상의 모든 사람들이 보는 앞에서 그들은 승천한다(참조. 계 1:7, "각인의 눈이 그를 보겠고"). 이 두 본문 간에는 기본적인 유사성이 있지만, 엘리야 묵시록 4:7-19이 요한계시록 11:3-13에 의존한 유일하게 명백한 예는 엘리야 묵시록 4:13-14(가증한 자가 엘리야, 에녹과 싸워 큰 성 장터에서 그들을 죽이고, 그 곳에서 그들이 사흘 반 동안 죽은 채 방치된다)이 요한계시록 11:7-9(짐승이 두 증인과 싸워 그들을 죽이고 그들의 시체가 사흘 반 동안 큰 성 길에 방치된다)에 의존하는 것이다.

그러나 엘리야 묵시록 14:9-15:7에서 타비다(Tabitha)라는 이름의 여인이 관련된 또 하나의 동일한 내용으로 인해 두 본문 간의 관계는 더 복잡해진다. 아래의 본문 중 진하게 표시한 부분은 주목할 만한 유사점이 있는 곳들이다(P. Chester

Beatty 2018; tr. Pietersma, *Apoc. Elijah*).

> 타비다라는 이름의 젊은 여자가
> 가증한 자가 거룩한 곳에 모습을 드러냈다는
> 소식을 들을 것이다. 그녀는
> 베옷을 입고 급히
> 유대로 가서 예루살렘에 이르러 그를 책망하여
> 이르기를, "너 가증한 자여, 너 무법한 자여,
> 너 모든 성도의 적이여"라고 말할 것이다.
> **그러자 가증한 자가 여자에게**
> **분노할 것이다**[계 12:17a].
> **그는 해가 뜨는 곳으로 여자를 쫓을 것이다**[계 12:6, 13-14].
> 그는 저녁에 여자의 피를 빨아먹고
> 여자를 성전에 던질 것이니,
> 그 여자는 백성의 구원이 될 것이다.
> 새벽에 여자가 살아나서
> 그를 꾸짖어 이르기를, "너 가증한 자여,
> 너는 나의 영혼이나 나의 육체를 지배할 권능을 갖고 있지 않다.
> 왜냐하면 항상 주님 안에서 살고,
> 심지어 네가 성전에 흘리게 한 나의 피도
> 백성의 구원이 될 것이기 때문이다"라고 한다.

다음의 락탄티우스(Lactantius)의 본문에서와 마찬가지로 이 본문에서도 하나님의 사자는 두 명이 아니라 한 명이다. 이 본문의 경우에는 타비다라는 이름의 여자다. 이 시나리오는 요한계시록 11:3-13과 현저하게 유사한 반면에, 차이는 두 본문 간에 문학적 관계가 전혀 없는 것같이 보인다는 것이다. 요한계시록 11:7에서와 마찬가지로, 원수는 한 명으로 종말의 대적이다. 이 대적은 "거룩한 곳" 즉 "예루살렘"에 나타나고, 타비다는 특별한 베옷(순결과 제사장직을 암시하는)을 입고 대적과 맞선다. 요한계시록 11:3-13과 다르지만 엘리야 묵시록 4:8-12과 유사하게 타비다는 짧은 연설로 대적을 꾸짖는데, 이 연설은 대적을 노하게 한다(계 12:17과의 유사성을 주목하라). 대적은 그녀를 동쪽으로 추적하여(다시 계 12:6, 13-14을 참조하라) 그녀를 죽이고 그녀의 피를 빤다(흡혈귀 주제를 사용한다). 대적이 그녀의 시체를 가지고 갑자기 예루살렘으로 되돌아오는 것은 위의 번역에서 진하게 표시된 부분이 이전 본문에 가필되었다는 사실을 시사한다. 성전에 던져진 다음, 그녀는 이

튿날 아침에(사흘이나 사흘 반이 아니라 하루 만에) 다시 살아나 자신을 성전에 던진 것이 사람들의 구원이 되었다는 요지의 짧은 연설로 다시 대적을 꾸짖는데, 이는 유대교의 순교 문학에 나오는 주제다. 그러나 승천에 대한 내용은 없다.

B. 요한계시록 11:1-13의 기초가 되는 전거: 락탄티우스, 신학 원리 7.17.1-3과의 유사성

락탄티우스(Lactantius) 신학 원리(*Divine Institutes* 7.17은 계 11:3-13과 매우 유사한 특성들을 나타낸다(K. Berger, *Auferstehung*, 66-74의 토론; Flusser, "Hystaspes," 12-75를 보라). 관련된 본문을 인용한 다음에 요한계시록 11:3-13과의 개관적 대조를 쉽게 하기 위해 두 본문을 배열하고자 한다(tr. M. F. McDonald, *Lactantius*, 517-18; 진하게 표시된 부분은 계 11:3-13과 유사하지 않은 곳이다).

> 이 시대의 종말이 임박할 때, 큰 선지자(magnus propheta)가 사람들을 개심시켜 하나님을 인정하게 하기 위해 하나님께로부터 보내심을 받을 것이니, 그에게는 기적을 행하는 능력이 있을 것이다. 사람들이 그의 말을 듣지 않을 때마다 그는 하늘을 닫고 비가 오지 않게 할 것이고, 물을 피로 변화시키고, 사람들을 갈증과 기아로 괴롭게 할 것이다. 그리고 그의 입에서 불이 나와 그를 해하려고 하는 자들을 모두 태워 버릴 것이다. **이 기사와 능력으로 그는 많은 사람들을 개심시켜 하나님께 경배하도록 할 것이다. 그의 이 역사들이 실행될 때, 다른 인류를 파괴하고 멸망시키는 악령에게서 태어난 왕, 이전의 악한 자와 함께 남은 자들을 멸망시킬 자가 시리아에서 일어날 것이다.** 이 자가 하나님의 선지자와 싸워 선지자를 이기고 그를 죽여 매장하지 않은 채 내버려 둘 것이다. 그러나 사흘 후에 선지자는 살아나 하늘로 들려올림을 받을 것이고, 모든 사람들이 쳐다보며 놀랄 것이다.

이 유사성은 다음의 대조표에서 더 명백하게 볼 수 있을 것이다. 이 대조표의 유일한 순서 변경은 요한계시록 11:6을 11:5의 앞에 둔 것이다(Flusser, "Hystaspes," 68-69에서 번안함).

요한계시록 11:3-12	**락탄티우스 신학 원리 7.17.1-8**
[3]내가 나의 두 증인에게 권세를 주리니	[1]이 시대의 종말이 임박할 때 큰 선지자가 사람들을 개심시켜 하나님을 인정하게 하기 위해 하나님께로부터 보내심을 받을 것이니,

<table>
<tr><td></td><td>그에게는 기적을 행하는 능력이 있을 것이다.</td></tr>
<tr><td>6a 저희가 권세를 가지고 하늘을 닫아 그 예언을 하는 날 동안 비 오지 못하게 하고 고,</td><td>2 사람들이 그의 말을 듣지 않을 때마다 그는 하늘을 닫고 비가 오지 않게 할 것이고</td></tr>
<tr><td>6b 또 권세를 가지고 물을 변하여 피 되게 하고</td><td>물을 피로 변화시키고, 사람들을 갈증과 기아로 괴롭게 할 것이다.</td></tr>
<tr><td>5 만일 누구든지 저희를 해하고자 한즉 저희 입에서 불이 나서 그 원수를 소멸할지니</td><td>그리고 그의 입에서 불이 나와 그를 해하려고 하는 자들을 모두 태워 버릴 것이다</td></tr>
<tr><td>7 저희가 그 증거를 마칠 때에 무저갱으로부터 올라오는 짐승이 저희로 더불어 전쟁을 일으켜 저희를 이기고 저희를 죽일 터인즉</td><td>3 이 자가 하나님의 선지자와 싸워 그를 이기고 그를 죽여</td></tr>
<tr><td>9 백성들과 족속과 방언과 나라 중에서 사람들이 그 시체를 사흘 반 동안을 목도하며 무덤에 장사하지 못하게 하리로다</td><td>매장하지 않은 채 내버려 둘 것이다.</td></tr>
<tr><td>11 삼 일 반 후에 하나님께로부터 생기가 저희 속에 들어가매 저희 발로 일어서니 구경하는 자들이 크게 두려워하더라</td><td>그러나 사흘 후에 선지자는 살아나</td></tr>
<tr><td>12 하늘로부터 큰 음성이 있어 이리로 올라오라 함을 저희가 듣고 구름을 타고 하늘로 올라가니 저희 원수들도 구경하더라</td><td>하늘로 들려올림을 받을 것이고, 모든 사람이 쳐다보며 놀랄 것이다</td></tr>
</table>

락탄티우스는 약 주후 250년에서 325년까지 살았기 때문에, 그가 요한계시록의 본문에 의해 영향을 받았을지 모른다는 생각은 확실히 가능하다. 락탄티우스의 신학 원리가 단축 형태로 제시되는 나중 작품인 *Epitome* 66.9에서 그는 다음과 같이 기술한다. "이 기적들로 그(대적)는 많은 사람들을 미혹하여, 그들은 그를 경배하고 손과 이마에 그의 표적을 받을 것이다"(*Quibus prodigiis inliciet multos ut adorent eum signumque eius in manu aut fronte suscipiant*: text in Perrin, *Épitomé*, 264). 이 본문은 락탄티우스가 원래 신학 원리 7.17.7, "그를 믿고 그에게 오는 자들은 마치 가축처럼 그에 의해 낙인이 찍힐 것이다"를 분명히 요한계시록 13:16을 따

라 나중에 교체한 것을 나타낸다. 신학 원리 7.17를 제외하고, 락탄티우스는 천년 후의 두 번째 부활에 대해 말할 때 요한계시록의 사상을 반영하는 것으로 보인다(신학 원리 7.26.5-7; 참조. 계 20:11-13, 그러나 "두 번째 부활"이라는 용어는 요한계시록에 나오지 않는다). 락탄티우스는 고전 자료들, 즉 로마의 운명에 대한 예언인 시빌의 신탁(the Sibylline Oracles)과 연금술 기록들(Ogilvie, *Lactantius*, 28-36) 그리고 심지어 초기 기독교의 외경서들(Ogilvie, *Lactantius*, 105-8)에 매우 정통했으나 성경에는 덜 정통했다(Oglivie, *Lactantius*, 96-110를 보라; 그의 결론에 의하면 신학 원리 4에 나오는 73개의 성경 인용들이 Cyprian의 *Ad Quirinum*과 밀접하게 관련되어 있지만, 락탄티우스는 현재 상태의 *Ad Quirinum*에서 그 인용들을 끌어낼 수 없었다고 한다). 신학 원리 7(73개의 성경 인용문들을 갖고 있는) 외에 신학 원리의 나머지 부분에는 단지 7개의 인용문만이 나오며(Ogilvie, *Lactantius*, 107-8), 락탄티우스의 다른 작품들(Epitome를 제외하고)에는 성경 인용이 전혀 없다.

그러나 락탄티우스가 여기에서 요한계시록 11:3-13에 의존하는 것이 아니라, 히스타스페스의 신탁(*Oracle of Hystaspes*) 또는 어떤 유대교 자료에 의존하고 있다는 사실을 시사하는 몇 가지 이유들은 요한계시록 11:3-13과 락탄티우스의 본문 간의 유사점과 차이점에 근거하여 설명할 수 있다. (1) 락탄티우스의 작품에는 한 명의 선지자가 나오는(락탄티우스는 아마 엘리야 전설에 의존할 것이다) 반면에, 요한계시록에는 두 명의 선지자가 나온다. (2) 락탄티우스의 작품에서 하늘을 닫고 물을 피로 변하게 한 결과는 굶주림과 갈증으로 사람들을 괴롭히기 위함인 반면에, 요한계시록에는 그 결과가 나오지 않는다. (3) 요한계시록의 기사는 일관되게 과거 시제의 동사들로 이야기되는 반면에, 락탄티우스의 기사는 미래 시제의 동사들을 사용한다. (4) 요한계시록의 본문은 수많은 설명적 주석들을 포함하고 있는 반면에("주석"을 보라), 락탄티우스의 기술에는 설명적 주석들이 전혀 나오지 않는다. (5) 락탄티우스의 기사는 계속하여 요한계시록 13:1-10의 기사들과 유사한 사건들을 기술하지만(계 13:1-18의 "양식/구조/배경"을 보라), 요한계시록 11:14-12:17을 분명하게 언급하지는 않는다. (6) 요한계시록 11:13에 나오는 성의 십분의 일을 파괴하고 칠 천 명을 죽이고 그 결과 생존자들 다수가 회심하는 마지막의 지진이 락탄티우스의 저서에는 언급되지 않는데, 따라서 요한이 이 요소를 추가했음을 시사한다. (7) 요한계시록 11:3, 9, 11에서 발견되는 사흘 반의 변형들, 즉 일천이백 육십 일(3절)과 삼 일 반(9, 11절)이 락탄티우스의 저서에는 언급되지 않는다. 이 사실도 역시 이 요소들이 요한에 의해 추가되었음을 시사한다. (8) 락탄티우스의 저서에는 성이나 성의 주민들에 대한 언급이 없다. 그러나 요한계시록 11:3-13에서 이 요소들은 중심을 이룬다(K. Berger, *Auferstehung*, 71). (9) 요한계시록 11:3-13에서 발견되는 두 증인의 원수들의 신원 확인(두 독립된 존재, 즉 짐승과 모든 민족의 대표들)이 락탄티우스의 저서에는 보이지 않는다. (10) 처음에 청중들을 개심시키는 증인의 성공과 유사한 내용이 요한계시록 11:3-13에는 없다. (11) 락탄티우스는 이 사건을 "이 시대의 종말이 임박할 때"로 배열하는 반면에, 요한계시록 11:3-13에는 종말과 분명한 연결이 없다.

락탄티우스의 자료 또는 자료들에 대한 해답은 불확실하다. 헬라어로 기록을 하고 아마 어느 정도 포르피리(Porphyry)에 의존한 어떤 기독교 편찬자가 히스타페스의 신탁(the Oracles of Hystapes)을 시빌의 신탁(Sibylline Oracles), 클라리안 아폴로의 신탁(the Oracles of Clarian Apollo) 그리고 바로(Varro)로 시작되는 무녀들의 목록과 함께 배열했다는 생각(Ogilvie, *Lactantius*, 54-55)은 그럴듯한 억측일 것이다.

C. 요한계시록 11:1-13의 편집적 부연들

아래에 제시되는 요한계시록 11:1-13의 본문에서 진하게 표시된 부분은 요한이 이전의 본문에 가필, 개정 또는 대체한 부분이다. 그는 자신의 작품 중 묵시 기사에 이 내용들을 적용했다(각 어구에 대한 "주석"을 보라). 1-2절과 3-4절 간의 간격은 아마 이 절들이 요한에 의해 연결된, 독립된 전승이었음을 시사한다.

> [1]또 내게 지팡이 같은 갈대를 주며 말하기를 일어나서 하나님의 성전과 제단과 그 안
> 에서 경배하는 자들을 척량하되 [2]성전 밖 마당은 척량하지 말고 그냥 두라 이것을 이방인
> 에게 주었은즉 저희가 거룩한 성을 마흔두 달 동안 짓밟으리라
>
> [3]내가 나의 두 증인에게 권세를 주리니 저희가 굵은 베옷을 입고 일천이백육십 일을
> 예언하리라 [4]**이는 이 땅의 주 앞에 섰는 두 감람나무와 두 촛대니** [5]만일 누구든지 저희
> 를 해하고자 한즉 저희 입에서 불이 나서 그 원수를 소멸할지니 누구든지 해하려 하면
> 반드시 이와 같이 죽임을 당하리라 [6]저희가 권세를 가지고 하늘을 닫아 그 예언을 하는
> 날 동안 비 오지 못하게 하고 또 권세를 가지고 물을 변하여 피 되게 하고 아무 때든지
> 원하는 대로 여러 가지 재앙으로 땅을 치리로다 [7]저희가 그 증거를 마칠 때에 **무저갱으
> 로부터 올라오는 짐승이 저희로 더불어 전쟁을 일으켜 저희를 이기고 저희를 죽일 터
> 인즉** [8]**저희 시체가 큰 성 길에 있으리니 그 성은 영적으로 하면 소돔이라고도 하고**

애굽이라고도 하니 곧 저희 주께서 십자가에 못 박히신 곳이니라 9백성들과 족속과 방
언과 나라 중에서 사람들이 그 시체를 사흘 반 동안을 목도하며 무덤에 장사하지 못하게
하리로다 10이 두 선지자가 땅에 거하는 자들을 괴롭게 한 고로 땅에 거하는 자들이 저희
의 죽음을 즐거워하고 기뻐하여 서로 예물을 보내리라 하더라 11삼 일 반 후에 하나님께로
부터 생기가 저희 속에 들어가매 저희 발로 일어서니 구경하는 자들이 크게 두려워하더라
12하늘로부터 큰 음성이 있어 이리로 올라오라 함을 저희가 듣고 구름을 타고 하늘로 올라
가니 저희 원수들도 구경하더라 13그 시에 큰 지진이 나서 성 십분의 일이 무너지고 지진에
죽은 사람이 칠천이라 그 남은 자들이 두려워하여 영광을 하늘의 하나님께 돌리더라

IV. 중요한 해석상의 문제들

A. 성전을 척량하는 상징적인 행위

1. 주요 문제들. 1-2절에 의해 제기되는 몇 개의 집단을 이루는 해석상의 문제들이 있다. (1) 요한계시록 11:1-2은 주후 70년 성전 파괴 전에 아마 열심당에 의한 공식화된 이전의 예언적 신탁에 근거하는가? 또는 성전이 파괴된 지 수십 년 후에 저자에 의해 공식화된 상징적인 성전 척량에 대한 짧은 기사인가? (b) 1-2절에 언급된 성전은 예루살렘의 실제 성전인가? 또는 하늘의 성전인가? (c) "성전", "제단", "경배하는 자들", "성전 밖 마당", "거룩한 성"에 대한 분명히 상징적인 언급들은 어떻게 해석되어야 하는가? 다음의 이어지는 토론은 이 문제들 각각에 대한 가능한 답변의 범위를 제시하고자 할 것이다.

2. 요한계시록 11:1-2의 기원. 요한계시록 11:1-2은 현재 문맥에 약간 거북하게 위치한다. 이 단락은 바로 앞 단락, 10:8-11의 본문(예언의 위임)과 미약하게 연결된다. 왜냐하면 이 단락은 구원과 심판을 규정하는 상징적인 예언 활동이기 때문이며, 따라서 10:11의 예언 위임을 행하는 첫 단계로 간주될 수 있기 때문이다. 이방인들에게 성전 밖 마당과 거룩한 성의 예속을 한정하는 마흔두 달이라는 시간을 나타내는 언급(2절, 이 기간은 두 증인이 사역하는 일천이백육십 일에 상당한다[3절])에 의해, 그리고 8절의 "큰 성"에 대한 언급과 짝을 이루는 2절의 "거룩한 성"에 대한 언급(아마 두 곳 모두 예루살렘을 언급할 것이다)에 의해 11:1-2은 이어지는 11:3-13과 더 명백하게 연결된다. 10:8-11은 10:11과 11:3의 동사 프로페튜에인(*προφητεύειν*, "예언하다")에 의해(그리고 11:10의 명사 프로페테스[*προφήτης*]에 의해) 11:3-13과 연결된다.

11:1-2에는 일련의 난해한 점들도 나온다. (a) 이 구절의 갑작스러운 도입(분사 레곤[λέγων, "말하는"]의 주어는 명기되지 않으며, "내가 보았다" 또는 "내가 들었다"와 같은 통상적인 환상의 관용 표현이 없다). (b) 성전을 척량하라는 명령은 실제로 실행되지 않는다. (c) 척량의 임무를 실행하기 위해 요한이 언제 또는 어떻게 성전에 들어갈 수 있는지에 대해 아무런 말이 없다. (d) 예루살렘 성전은 요한계시록에서 이 곳에만 언급되고, 다른 곳에서 저자에게 예루살렘 성전은 거의 또는 전혀 관심사가 아니다. (e) 성전은 요한계시록의 마지막 작성 수십 년 전인 주후 70년에 파괴되었지만, 성전 밖 마당과 성이 이방인들에게 침략당할 것이라는 사실 외에 그 파괴에 대해서는 아무런 말이 없다. (f) 성전 전체 중에서 성소는 이방인들에게 모독을 당하지 않을 것이라는 약속은 전체(제2의) 성전이 신성모독을 당하지만 완전히 파괴되지는 않을 것이라고 예언하는 다니엘서의 예상과 모순되고(단 8:11-14; 9:26-27[Collins, *Daniel*, 357을 보라]; 이 예언은 주전 167년에 안티오케스 에피파네스[Antioches Epiphanes]에 의한 예루살렘과 성전 언덕 정복을 반영한다), 예수님의 종말론적 강화에서 발견되고(막 13:2=마 24:2=눅 21:6) 예수님의 다른 말씀들에도 암시되는(막 14:58=마 26:61; 막 15:29=마 27:40; 행 6:14; 참조. 요 2:19) 성전이 완전히 파괴될 것이라는 예상과도 모순된다.

벨하우젠의 제안에 의하면 11:1-2은 주후 70년 예루살렘이 함락되기 몇 주 전에 한 열심당이 한 예언(로마인들이 성과 성전 뜰을 차지하지만 성전의 내부에는 침입할 수 없을 것이라는 믿음을 표현한 예언으로 열심당들이 주장한 사상)의 한 부분이라고 하는데(Wellhausen, *Skizzen* 6:221-23; id., *Analyse*, 15), 벨하우젠의 그 제안의 동기가 되는 몇 가지 요인들이 있다. 부세트(Bousset[1906] 324-30), 웨이스(J. Weiss, *Offenbarung*, 128-29; 웨이스는 이 예언의 시기를 주후 70년 5월과 8월 간의 몇 달로 추정한다), 베크위드(Beckwith, 586-87), 찰스(Charles, 1:270-74), 벰(Behm, 58), 크라프트(Kraft, 152-54), 로제(Lohse, 64), 비슬리 머레이(Beasley-Murray, 176-77), 헹겔(Hengel, *Zealots*, 243), 뮐러(Müller, 206-7), 보링(Boring, 143)을 포함하는 많은 학자들이 이 제안을 수용했다. 전쟁이 끝날 때쯤 열심당들은 성소와 지성소를 최후의 수단의 장소로 택하고 그 곳으로 퇴각했다(Jos. *J. W.* 6.122 [tr. LCL]).

> 그들은 무장을 한 채로 신성불가침한 성소로 달려 들어갔다. 그들의 손은 이미 그들의 동포의 피로 뜨거웠다. 그들은 이 엄청난 범죄를 저질렀다. 그러므로 만일 로마인들이 유대인들에게 잔인한 폭행을 가했다면 유대인들이 당연히 나타냈을 분노가 이제 로마인들

에 의해 유대인들에게 나타나게 되었으니, 유대인들이 스스로 자신들의 성소를 모독했기 때문이다.

부분적으로 벨하우젠의 제안은 전쟁의 마지막 몇 주와 몇 달 동안 있었던 격앙된 예언 활동에 대한 요세푸스의 증언에 의존한다(*J. W.* 6.285 87: tr. LCL).

> 그들의 멸망은 한 거짓 예언자의 탓이었다. 그날 그 거짓 예언자는 하나님께서 그들에게 명하시기를 성전 뜰(*τὸ ἱερόν*－토 히에론)로 올라가서 거기에서 그들의 구원의 징조를 받으라고 했다고 성 안 사람들에게 선언했다. 사실상 이 시기의 많은 예언자들이 압제자들에게 매수당하여 사람들에게 하나님의 도우심을 기다리라고 명함으로 사람들을 미혹했다. 이는 탈주를 막고 심하게 두려워하며 몸을 사리는 사람들에게 희망을 주어 용기를 북돋아 주기 위함이었다.

이 예언과 아마 이와 유사한 다른 예언들의 결과로, 약 6천 명의 유대인들이 성전 안 뜰에서 하나님의 개입을 기대하며 기다리고 있었다. 그러나 이들은 모두 로마인들에게 살해당하기나 불에 타 죽고 말았다(Jos. *J. W.* 6.283-84). 케어드(Caird, 131)는 벨하우젠의 제안을 "있을 법하지 않고, 무익하고, 터무니없다"고 간단히 처리하는 반면에, 플러써(Flusser, "Hystaspes," 13-14)는 이런 기록된 예언이 성전의 파괴에 잔존했다는 생각에 의문을 제기하고 비록 잔존했다고 하더라도 이 예언은 성전의 운명에 의해 곧 틀렸다고 입증되었을 것이라고 주장한다. 마찬가지로 다른 학자들도 틀린 것이 입증된 한 열심당의 예언이 그리스도인들에게 받아졌을 리가 거의 없다고 주장한다(Roloff[ET] 129; Giesen[1997] 240). 이 주장에 대해 예언은 좀처럼 "틀린 것이 입증되지" 않으며 항상 조작과 재해석이 가능하기 때문에 이 반대는 큰 비중을 가지고 있지 않다는 사실을 주목할 필요가 있다. 오히려 플러써는 11:1-2이 제2성전 시기부터 널리 퍼진 묵시적 신념, 즉 예루살렘과 성전은 본질적으로 신성불가침이라는 신념을 반영한다는 제안을 한다(슥 12:2-6; *1 Enoch* 56:5-8; *Sib. Or.* 5.101-10; Jos. *J. W.* 6.98). 예를 들어, 디오 가씨우스(Dio Cassius, 65.5.4; 참조. Jos. *J. W.* 5.458-59)는 예루살렘이 난공불락이라는 유대인의 소문이 존재했다는 보고를 한다. 이 견해는 퓨일레트(Feuillet *NTS* 4[1957-58] 188)에 의해서도 주장되는데, 그는 이 견해의 흔적이 *2 Apoc. Bar.* 6:3-9에 나온다고 제안한다. *2 Apoc. Bar.* 6:3-9에 의하면, 예루살렘의 멸망 직전에 천사가 지성소에 내려와서 휘장, 거룩한 에봇, 속죄소, 두 개의 상, 제사장의 옷, 향단, 제사장의 옷에 달린 48개의 보석 그리고 모든 거룩한 기명들을 옮겨 종말까지 신성한 장소에 묻어 놓았다고 한다(참조. *2 Apoc. Bar.* 80:2-3; *Paral. Jer.* 3:10-11, 18-19; 다른 묵시 전승들은 성전의 기구와 기명들이 파괴되었거나 전리품으로 빼앗겼다고 인정한다: *Apoc. Abr.* 27; 4 Ezra 10:21-23). 유대인들에게 성전은 티투스의 포위 공격에 대항하는 중심지였을 뿐만 아니라 요새이기도 했다(Hengel, *Zealots*, 221-24; 참조. Dio Cassius 65.6.1-3). 그러나 요한계시록 11:1-2에 의하면, 보존되는 것은 성전(*ναός*–나오스), 제단 그리고 거기에서 예배드리는 사람들의 신성불가침뿐이다. 왜냐하면 성전 밖 마당과 거룩한 성은 제한된 기간 동안 열방에 의해 지배를 받을 운명이 정해졌기 때문이다(예루살렘과 성전의 파괴는 연상조차 되지 않는 것을 주목하라).

로메이어(Lohmeyer, 88-89)는 1-2절을 주후 70년 이전의 한 열심당원의 예언으로 간주하지 말고 초기의 기독교 예언으로 이해해야 한다고 제안했다. 즉 "성전"과 "그 안에서 경배하는 자들"은 그리스도인들을 대표하고 척량하는 행동은 7:3-8에서 인을 치는 것과 동등하다는 것이다. 이와 유사하게, 롤로프(Roloff[ET] 129)에 의하면 1-2절은 주후 70년의 사건들을 기독교의 관점에서 해석하는 초기 기독교 예언에 기초한다고 한다.

3. 땅의 성전인가? 하늘의 성전인가? 또 한 가지 문제는 11:1-2에 언급되는 성전이 실제 예루살렘의 성전인가(아마 주전 70년 이전 시기를 반영하는), 또는 이 본문이 초월적인 하늘의 성전을 목표로 구성되었는가 하는 것이다. 많은 해석가들이 제안하는 바와 같이 만일 저자가 주후 70년 이전의 한 예언을 주후 70년의 예루살렘과 성전의 파괴로부터 20년 이상 이후의 자신의 저술에 통합시켰다면, 그는 분명히 그 예언을 상징적으로 해석한 것이다.

(a) 대부분의 해석가들은 1-2절에 나오는 첫 번째 언급을 예루살렘의 실제 성전으로 이해한다(Zahn, 421-22; Allo, 129; Lohmeyer, 87; Lohse, 64; Giesen[1997] 241). 그리고 일부 해석가들은 이 견해의 근거를 벨하우젠의 제안에 둔다. 즉 예루살렘 성의 점령에도 불구하고 성전의 신성이 더럽혀지지 않을 것이라는, 아마 열심당에서 나왔을 한 예언이 주후 67-70년의 짧은 기간 동안 퍼졌다는 제안이다(Wellhausen, *Analyse*, 15; Bousset[1906] 324-30; Beckwith, 586-87; harles, 1:270-73). 물론 요한계시록이 주후 70년 이전에 기록되었다고 생각하는 사람들은 11:1-2을 저자의 성취되지 않은 예언으로 단순하게 받아들일 수 있다. 성전과 제단과 그곳에서 예배드리는 사람들을 **역사적 성전**에 대한 언급으로 보는 이 해석을 지지하는 논증들은 다음과 같다. (i) 하늘에서 하나님을 예배하는 사람들이 보호를 필요

로 한다는 생각은 불필요해 보인다. (ii) 10:1에 의하면, 요한은 힘센 천사가 하강하는 것을 목격할 때 땅에 있었다. 11:1에서 그가 하나님의 성전을 척량하라는 명령을 받을 때 그의 땅의 위치가 바뀌었음을 시사하는 내용은 아무것도 없다. (iii) 최초의 언급을 예루살렘의 성전으로 간주하는 많은 해석가들(Roloff[ET] 128-29; Beasley-Murray, 176-77; Mounce, 219-20)이 주장하는 1-2절의 상징적 해석은 하늘의 성전이 고려된다고 제안하는 것을 불필요하게 한다. (iv) 1-2절의 지역적 언급들(7-9절의 지역적 언급들뿐만 아니라)은 저자가 적어도 팔레스타인 기독교에서 비롯된 자료를 사용하고 있고, 아마 주후 70년의 상처 깊은 사건들을 해석하고 있음을 암시한다(Roloff[ET] 129). (v) 1-2절의 성전은 하늘의 성전일 수 없다. 왜냐하면 일부 영역이 마흔두 달 동안 이방인에게 점령될 것이므로 그 곳은 척량될 수 없기 때문이다(Kraft, 152). (vi) 초기 기독교 문헌의 다른 곳에서 예루살렘 성전은 그리스도인들이나 교회를 상징하여 사용되지 않는다.

(b) 1-2절을 주후 70년에 로마인들에 의해 파괴된 예루살렘에 대한 언급으로 해석하기 어려움을 인식한 많은 학자들은 여기에 하늘의 성전이 고려되고 있다고 주장했다(Feuillet, *NTS* 4[1957-58] 183-200). 최근에 기블린(Giblin, 112; id., *NTS* 30[1984] 438-40)은 성전과 제단(즉 요한계시록에서 "제단"은 절대로 짐승의 제사와 연결되지 않는다)과 그 곳(하늘의 뜰)에서 예배하는 사람들이 어떤 공격으로부터도 보호받는 곳은 하늘의 영역뿐이라고 주장했다. 그리고 배제되는 밖 마당은 하늘의 "밖 마당"인 더럽혀진 땅을 대표한다는 것이다. 다음은 성전과 제단의 영적 또는 풍유적 해석을 지지하는 논증들이다. (i) 요한계시록 11:1-2의 모델은 에스겔 40:1-42:20이다. 그리고 에스겔 40:1-42:20에서 에스겔은 이스라엘 땅의 "높은 산"으로 옮겨져 그 곳에서 앞으로 재건될 것이지만, 아직 실제로 존재하지 않는 환상의 성전을 신중하게 척량하는 사람을 바라보았다. (ii) 대부분의 학자들이 일치하는 바와 같이, 만일 요한계시록이 주후 70년 이후에 기록되었다면 성전은 더 이상 존재하지 않았을 것이다. (iii) 모세에게 계시된 성막 모델(출 25:9, 40; 26:30; 대상 28:11-19)에 근거하는 하늘 성전에 대한 개념은 제2성전 시기 후기에 널리 퍼졌다. 공동체로 확인되는 하나님께서 지으실 종말론적 성전의 신성불가침은 4QFlor 1:2-6에서 강조된다(Bachmann, *NTS* 40[1994] 476-77). (iv) 요한계시록 11:1-2이 성전과 제단을 밖 마당과 구분하는 방식은 하늘과 마찬가지로 오직 하나님만 들어갈 수 있는 성소, 그리고 땅과 바다와 같이 인간들이 들어갈 수 있는 성소의 우주적 의미와 유사하다(*Ant.* 3.123, 181). (v) 호이 프로스퀴눈토이(*οἱ προσκυνοῦν-*

τοι, "경배하는 자들")라는 어구는 하늘에서 하나님께 드리는 경배에 대해(예를 들어, 계 4:10; 5:14; 7:11; 14:7; 19:14) 또는 땅의 용과 짐승에게 하는 정반대의 경배에 대해 특징적으로 사용되는 동사로 형성된 것이다. (vi) 요한계시록에서 하늘의 실체들은 주로 나오스(*ναός*, "성전": 3:12; 7:15; 11:19; 14:15, 17; 15:5, 6, 8; 16:1, 17), 뒤시아스테리온(*θυσιαστήριον*, "제단": 6:9; 8:3[2x], 5; 9:13; 14:18; 16:7)으로 지칭된다. 특별한 어구 호 나오스 투 데우(*ὁ ναὸς τοῦ θεοῦ*, "하나님의 성전")는 요한계시록의 다른 곳에서는 11:19에서만 사용되는데, 그 곳에서 이 어구는 분명히 하늘의 성전이다.

4. 요한계시록 11:1-2의 상징적 의미. (a) 현대의 해석가들 중에서 가장 넓게 주장되고 있는 1-2절의 상징적 해석은 하나님의 성전이 실제 건물이 아니라 제단 및 예배자들과 함께 하나님을 예배하는 기독교 공동체를 대표하는 반면에, 성전 밖 마당과 거룩한 성은 교회의 외부 생활, 하나님의 백성의 고통과 죽음에 대한 취약성을 나타낸다는 것이다(Behm, 58; Allo, 130; Lohse, 64; Sweet, 182; Mounce, 220; Beagley, *Apocalypse*, 61; Boring, 143; Bauckham, "Conversion," 272; id., *Theology*, 127). 이 해석은 부분적으로 초기 기독교 문헌에서 성전이 교회의 상징으로 자주 사용되는 데 근거한다(고전 3:16-17; 고후 6:16; 엡 2:19-22; 벧전 2:5; Ign. 엡. 9:1; 15:3[여기에서는 개인적인 그리스도인이 하나님의 성전이다]; *Magn.* 7:2; *Barn.* 4:11; 6:15; 16:10; 참조. Ign. *Phld.* 7:2 and *2 Clem.* 9:3, 여기에서 그리스도인들은 그들의 몸을 하나님의 성전으로 지켜야 한다는 권유를 받는다). 이 견해를 지지하는 사람들이 자주 표현하는 추론은 척량으로 상징되는 보호가 육체적 고통과 죽음으로부터의 안전을 의미하는 것이 아니라 고통과 사망 가운데, 그리고 고통과 사망을 통한 지원을 보장하고 영적 위험으로부터의 보호를 보장한다는 것이다(Loisy, 205; Caird, 132; Mounce, 219; Sweet, 182; Harrington, 119; Boring, 143-44).

(b) 두 번째의 상징적 해석은 성전과 제단과 예배자들을 보호하는 척량이 그리스도인들, 즉 하나님의 참된 예배자들의 보존을 상징하는 반면에, 밖 마당과 거룩한 성의 정복은 불신하는 유대교에 대한 거부와 처벌을 나타낸다는 것이다(Swete, 132-33; Feuillet, *NTS* 4[1957-58] 187-88; McNicol, *ResQ* 22[1979] 193-202; Beagley, *Apocalypse*, 62-63; 가이사랴의 안드레아스[Andreas of Caesarea]의 견해와 가까운 견해다. 가이사랴의 안드레아스는 성전이 하나님에게 참된 제사를 드리는 그리스도인들을 대표하는 반면에, 밖 마당은 불신하는 이방인들과 유대인들의

회당을 대표한다고 생각했다[*Comm. in Apoc.* ad 11:2-3; J. Schmid, *Studien* 1/1:111-12]). 초기 유대교 자료들은 성전의 파괴를 불순종하는 유대교에 대한 처벌로 해석했다(*Apoc. Abr.* 27.5-7; *2 Apoc. Bar.* 1:3-4; *Paral. Jer.* 1:8; 4:7-8; *Sib. Or.* 3.273-79; *T. Levi* 10:3; *T. Judah* 23:1-3).

(c) 세 번째 견해는 성전과 제단과 예배자들이 유대교의 남은 자들을 나타내는 반면에, 밖 마당과 거룩한 성은 유대인들의 죄악에 대한 처벌로 이방인들에게 주어질 이스라엘을 나타낸다는 것이다(Beckwith, 588-90; M. Rissi, *Future*, 16, 64-65; id., "Das Judenproblem im Lichte der Johannesapokalypse," *TZ* 13[1957] 241-59).

(d) 마지막으로 네 번째 견해는 성전과 제단과 예배자들이 유대교의 근본적이고 본질적인 것을 나타내는 반면에, 밖 마당과 거룩한 성은 유대교의 형식적이며 보존 가치가 없는 모든 것을 나타낸다는 것이다(Eichhorn 2:51-53; Stuart, 2:214).

5. 결론. 11:1-2에 내재한 많은 문제들은 이 구절이 예루살렘 성전 구역 안의 성소의 신성 불가침을 예언하는 신탁으로 이루어진 어떤 자료에 기초하고 있다는 사실을 시사한다. 그러나 이 구절의 현재 문학적 설정에 있어, 명백한 것은 이 본래 유대교적인 예언이 재해석되었고 현재에는 상징적으로 해석되어야 한다는 것이다. 하지만 이 구절의 상징적 또는 풍유적(위의 4에 개관된) 해석은 거의 신중함을 보이지 않는다. 따라서 나는 그와 같은 해석은 전반적으로 불만족스럽다고 생각한다. 무엇보다 강조되어야 할 점은 현재의 문맥에서 11:1-2의 심오한 신학적 구조의 집중점은 중심(하나님의 성전)에 존재하는 구원과 보호인 반면에, 위험과 파괴는 외곽(밖 마당과 거룩한 성)에 존재한다는 사실이다. 그러나 예배자들은 척량을 받고, 따라서 하나님의 보호를 받는 한 성전과 제단 지역에서 구원과 보호를 얻는다. 그러니까 저자는 성전을 구원의 장소로 여기는 것이다. 이것은 요한계시록 12:6, 14에서 광야가 구원의 장소 역할을 하는 것과 같다. 요한계시록 12:6, 14에서 여인은 하나님께서 예비하신 광야의 한 장소에서 용을 피한다. 여기에서 보통 위험과 혼돈의 장소인 광야는 피난과 구원의 장소로 바뀐다. 열심당들이 광야와 성전을 피난과 구원의 장소로 여겼던 것을 기억할 것이다(Hengel, *Zealots*, 249-55). 둘째로 성전과 제단 지역은 일반적으로 구원의 장소를 나타내는 반면에, 그 곳에서 예배하는 사람들은 인류의 악을 처벌하기 위해 보내진 하나님의 재앙들뿐만 아니라 환난과 종말의 전쟁을 면하고 육체적으로 살아 남은 하나님의 백성 중 남은 자들을 나타낸다. 하나님께서 자신의 백성을 위해 예비하시는 보호는 영적인 것(대부분의 해석가들의 견해)만이 아니라 육체적이기도 하다. 왜냐하면 이 하나님의 보호는 말세에

하나님의 택한 백성의 생존을 수반하기 때문이다. 이 구절의 과도한 풍유화는 이 구절이 나타내는 명백한 묵시적 방향을 본질적으로 제거했다. 우리는 다음과 같은 질문을 한다. 어떻게 성전과 제단과 예배자들이 모두 하나님의 백성을 대표할 수 있는가? 척량과 계수로 상징되는 하나님의 보호는 하나님의 백성의 안전과 무관할 때 무엇을 의미하는가? 내 생각에 하나님의 성전의 예배자들은 하나님께서 인치신 십사만 사천 명과 유사하다(7:3-8; 계 7:1-17의 "양식/구조/배경"을 보라). 왜냐하면 그들도 하나님의 대적들의 살인 의도로부터 보호를 받을 뿐만 아니라 하나님의 처벌의 재앙들로부터도 보호를 받기 때문이다.

B. 두 짐승

1. 문제. 두 종말의 증인들 또는 종말의 선지자들 사상의 근원은 불확실하다. 부쎄트는 이 사상이 유대교의 자료에서 비롯될 수 없다고 생각했는데, 그 이유는 유대교에서는 통상적으로 한 명의 종말론적 선지자의 재림을 예상했기 때문이라는 것이다(Busset, *Antichrist*, 210). 그러나 두 명의 종말론적 인물의 출현은 형식상 스가랴 4장, 즉 두 메시아적 인물들에 대한 초기 유대교의 기대와 가능한 관계를 시사하는 구절에 의거했을 수 있다. 두 메시아적인 인물은 아론의 제사장 메시아와 다윗계의 평신도 메시아로서, 스가랴 3-4장; 6:9-14에 나오는 다윗의 후계자 스룹바벨과 대제사장 여호수아에 의거한다(1QS 9:10-11; CD 12:22-23; 13:20-22; 19:34-20:1; 14:18-19; 19:9-11; 4QTestim 1-20; 참조. Talmon, "Messianism," 79-115; J. J. Collins, *The Scepter and the Star*, 74-101; id., *Apocalypticism*, 71-90). 뵈셔(O. Böcher)는 이 두 메시아 기대를 확대하여 두 증인을 세례 요한과 예수로 해석한다(아래를 보라).

두 증인에 대한 여러 가지 신원 확인들이 제안되어 왔다. 그러나 이 신원 확인의 문제는 두 가지의 표준을 갖고 있다. (a) 첫 번째 표준은 유대교 종말론의 어떤 전설적인 인물들(특별히 선지자적 인물들)이 두 증인의 모델로 기여했는가 하는 문제다. (b) 두 번째 표준은 다음과 같은 문제를 수반한다. (i) 두 역사적 인물이 상징적으로 고대의 선지자적 인물들의 성격을 구현하는가(예를 들어 어떤 사람들은 세례 요한을 엘리야로 판단했다; 마 11:11-13; 막 9:11-13 = 마 17:9-13; 눅 1:17을 보라)? 아니면 (ii) 두 증인은 다시 살아난 고대의 선지자들로 간주되어야 하는가? 또는 (iii) 두 증인은 상징들로 사용되는가? 두 증인의 이름은 의도적으로 명확하게 칭해지지 않는다. 그러나 토이스 뒤신 마르튀신 무(*τοῖς δυσὶν μάρτυσίν μου*, "나의 두 증인")라는 어구에 조응적 정관사가 있는 것은 저자의 의도된 독자들에게 이들이 잘 알려졌다는 사실을 시사한다.

2. 이 "두 증인"의 모델로 기여할 수 있는 유대교의 전통적으로 중요한 종말론적 인물들은 다음과 같다.

(a) **에녹과 엘리야**((Min, *Apocalisse*, 113-23를 보라). 안드레아스(Andreas, *Apoc.* 11:3-4)는 대부분의 학자들이 두 증인을 에녹과 엘리야로 판단한다고 주석하는데, 이 견해는 이레네우스와 터툴리안 시대 이후의 교부 주석에서 사실상 만장일치였다(Tertullian *De anima* 50; Hippolytus *de Ant.* 46.3-4; *Comm. in Dan.* 4.35.3; 4.50.1-2; Augustine *Ep.* 193.3, 5; *De gen ad litt.* 9.5; Jerome *Comm. in Evang. Mt.* 3.57; Bousset, *Antichrist*, 27, 203-8; 참조. *History of Joseph the Carpenter* 31). 이 견해는 에녹과 엘리야가 죽지 않고 승천한 유일한 인간들이며 둘 중의 한 명(또는 두 명 모두)이 말세에 재림하여 그들이 세상에서 옮김으로 중단되었던 사명을 완수할 것이라는 널리 퍼진 믿음에 의거한다. 다음은 중요한 본문 증거의 요약이다. (i) 에녹의 승천에 대한 전승들: 창 5:24; *1 Enoch* 70:1-4; 89:52; *2 Enoch* 36:1-2[두 가지 모두 교정본]; *3 Enoch* 6:1; Sir 44:16; 49:14; Wis 4:10-11; *Jub.* 4:23; *Ant.* 1.85; 히 11:5; *1 Clem.* 9:4; *Vit. Proph.* 21.12; Epiphanius *Pan.* 1.5; 26.13.4; *Qoh. Rab.* 7.32; *Lev. Rab.* 32.4(Zwiep, *Ascension*, 41-58를 보라). (ii) 엘리야의 승천에 대한 전승들: 왕하 2:1-11; Sir 48:9, 12; 1 Macc 2:58; *1 Enoch* 93:8; *Vit. Proph.* 21.15; *Ant.* 9.28; *Apoc. Ezra* 7:6; *Kerygmata Petrou*(Clementine Homilies 2.17.1); Acts *Pilate* 15.1(Zwiep, *Ascension*, 58-63를 보라); 엘리야의 신성시에 대한 도상학(iconography)은 *EEC* 1:269를 보라. (iii) 엘리야의 종말론적 재림에 대한 전승들: 말 4:5; Sir 48:10; 마 11:4; 16:4; 17:10-12=막 9:11-13; 눅 1:17; 9:8, 19; *Sib. Or.* 2.187-89; Justin *Dial.* 49.2; Hippolytus *de Ant.* 46; *Quest. Barth.* 1.17(NTA 1:542); 참조. Joachim Jeremias, *TDNT* 2:928-41; Volz, *Eschatologie*, 195-97, 200-201; Str-B, 4/2:764-98. (iv) 에녹과 엘리야 모두의 승천을 언급하는 전승들: *Ant.* 9.28; Philo *Quaest. in Gn.* 1.86 (Meeks, *Prophet-King*, 122-25를 보라); *Mut.* 38; *1 Enoch* 90:31(에녹은 심판 직전에 숫양[= 엘리야]이 자신을 붙잡고 함께 천사들과 칠십 목자들 가운데 내려왔다고 말한다); 4 Ezra 6:26; Irenaeus *Adv. Haer.* 5.5.1; Tertullian *De anima* 50; Ps.-Titus(NTA 2:61); *Apost. Const.* 8.41. (v) 에녹과 엘리야 모두의 재림을 언급

하는 전승들: *Apoc. Elijah* 4:7; *Apoc. Dan.* 14:1-3; *Apoc. Paul* 20; *Apoc. Peter* (Ethiopic) 2; Acts *Pilate* 25; Augustine *Ep.* 193.3, 5; *De gen ad litt.* 9.5.

(b) **모세와 엘리야**(Min, *Apocalisse*, 123-29를 보라). 반면에 대부분의 현대 학자들은 저자가 모세와 엘리야를 선지자의 모델로 사용하려고 했다고 생각한다. 왜냐하면 하늘에서 내려오는 불로 대적들을 소멸하고 하늘을 닫아 가뭄이 일어나게 하는 것(계 11:5-6a)이 성경 전승에서 엘리야와 관련된 징벌의 기적들이며(민 16:23-35에서 하나님이 모세를 통해 제사법을 위반한 자들을 태우는 불의 비를 하늘에서 내리는 것을 보라) 물을 피로 변하게 하고 모든 종류의 재앙들로 땅을 괴롭히는 것은 모세 및 출애굽기 전승과 연관되기 때문이다(Bousset[1906] 318-20; id., *Antichrist*, 208; Charles, 1:281; Zahn, 2:427-31; Ernst, *Gegenspieler*, 129; Joachim Jeremias, *TDNT* 2:939). 유대교의 널리 퍼진 전승에 의하면 엘리야가 종말의 선지자로 재림할 것으로 해석되고 기대되었다는 사실을 시사하는 많은 문헌적 증거거가 있는 반면에, 모세의 승천에 대한 믿음을 나타내는 증거는 단지 가끔 나올 뿐이다(*Ant.* 4.326[여기에서 프로스 토 데이온 아나코레사이(*πρὸς τὸ θεῖον ἀναχωρῆσαι*, "신성으로 돌아가다")라는 어구는 인간의 영역에서 육체적으로 옮긴다는 의미로 사용된다; Tabor, *JBL* 108(1989) 227를 보라]; Philo *Sac.* 8[여기에서 그는 모세가 "승천되었다"(*μετανίσταται* – 메타니스타타이)고 주장한다]; *Mos.* 2.288; Acts *Pilate* 16.7; Ambrose *De Cain et Abel* 1.2.8 [Migne, *PL* 14.337C]; 랍비의 언급들에 대해서는 Joachim Jeremias, *TDNT* 4:855; Meeks, *Prophet-King*, 209-11; Lohfink, *Himmelfahrt*, 68-69; Zwiep, *Ascension*, 64-71를 보라). 신명기 34:5-6은 명백하게 모세의 죽음에 대해 말하고, *T. Mos.* 1:15; 10:14도 역시 그러하다. 모세의 유언(*Testament of Moses*, 또는 모세의 승천[the *Assumptio Mosis*])의 사라진 결말 부분이 모세의 육체적 승천을 기술했다고 간혹 제안된다. 그러나 아날렘프시스(*ἀνάλημψις*)와 *assumptio*("옮겨진")라는 어구는 종종 사람의 영혼이 죽은 다음 하늘로 옮겨지는 것을 나타낸다(Tromp, *Assumption*, 281-85; Lohfink, *Himmelfahrt*, 61-69). 그러나 모세와 같은 선지자 또는 다시 살아난 모세가 말세에 종말론적 인물로 나타날 것이라는 신명기 18:15, 18에 의거한 믿음이 널리 퍼져 있었다(Aune, *Prophecy*, 125-26; Allison, *Moses*, passim을 보라). 신명기 18:15, 18은 4QTestim 1-20에서 종말론적으로 해석되는데, 그 곳에서 세 개의 구약성경 구절들(신 18:18-19; 민 24:15-17; 신 33:8-11)이 종말의 모세와 같은 선지자와 아론과 이스라엘의 메시아를 구분하는 데 사용된다. 기독교 전승에서 모세와 엘리야 간의

중요한 연결은 예수님께서 변모하실 때 그들이 아마 율법과 선지자를 대표하여(눅 16:29) 함께 나타난 것이다(막 9:4-5; 마 17:3-4; 눅 9:30-30-33; *Treat. Res.* 48.6; Tertullian *Adv. Marc.* 4.22.1). 엘리야와 모세의 공동 재림은 *Deut. Rab.* 3.17 (tr. Freedman and Simon, *Midrash Rabbah* 6:88)에 언급된다.

> 그분(하나님)께서 부언하셨다. "모세여, 내가 너에게 맹세하노니 네가 이 세상에서 그들을 섬기는 데 네 생명을 바친 것처럼, 네가 선지자 엘리야를 그들에게로 데려올 시기가 이를 때에도 너희 둘은 함께 올 것이다."

(c) **엘리야와 예레미야**(Min, *Apocalisse*, 129-32를 보라). 빅토리누스(Victorinus)는 엘리사와 모세가 모두 죽었기 때문에 두 증인 중의 하나로 간주될 수 없다고 생각했다(*Comm. in Apoc.* XI.3; ed. Haussleiter, *Victorinus*, 98). 그러나 아마 빅토리누스에게 알려지지 않은 초기 유대교의 전승, 즉 모세가 죽지 않았다는 전승이 있었다(Jos *Ant.* 3.96; 4.326; 위의 토론을 보라). 빅토리누스는 두 증인이 엘리야와 예레미야로 판단되어야 한다고 생각했다. 왜냐하면 그는 예레미야가 (엘리야와 같이) 죽지 않고 승천했다고 주장했기 때문이다(*Comm. in Apoc.* XI.3; ed. Haussleiter, *Victorinus*, 98). 베드로의 고백을 말하는 마태복음에서만 사람들이 예수를 예레미야로 판단한다는 말이 나온다[마 16:14; 참조. 5 Ezra 2:18; 2 Macc 15:12-16(여기에서 예레미야는 오니아스〈Onias〉 3세에게 나타나 그에게 마술의 황금검을 준다)]

(d) 특별히 과거의 이스라엘 선지자들과 동일시되는 종말의 선지자들(Zahn, 424-28; Haugg, *Die zwei Zeugen*, 130-36; Wikenhauser, 126).

3. 학자들이 다양하게 두 증인으로 판단하는 역사적 인물들에는 다음과 같은 이들이 포함된다.

(a) **베드로와 바울**(Min, *Apocalisse*, 133-38를 보라). 위에 언급된 전통적인 해결책들 중 어느 것도 엄격한 의미의 순교자들을 포함하지 않았기 때문에 뭉크(J. Munck)는 두 증인을 베드로와 바울로 판단한다[두 사람 모두 순교자이고 Ign. Rom. 4:3; *1 Clem.* 5:4-7; Dionysius of Corinth(2세기 중엽) in Eusebius *Hist. eccl.* 2.25.8(그는 베드로와 바울이 "같은 때에 순교했다"〈*ἐμαρτύρησαν κατὰ τὸν αὐτὸν καιρόν*—에마르튀레산 카타 톤 아우톤 카이론〉고 주장한다; Tajra, *Martyrdom*, 178-83를 보라); Gaius in Eusebius *Hist. eccl.* 2.25.6-7; Tertullian *Scorp.* 15; *Ad Marc.* 4.5; *De praescr. haer.* 36; 요 21:18-19과 벧후 1:14에는 베드로의 순교

가 암시된다]. 뭉크는 8c절에서 그 성을 예루살렘으로 확인하는 절("곧 저희 주께서 십자가에 못 박히신 곳이니라")을 후기의 가필로 생각한다(*Petrus und Paulus*, 33-34). 그러나 *Acts Pet.* 25에는 쿠오 바디스(Quo vadis?) 전설이 나온다. 여기에서 베드로가 그리스도에게 어디로 가십니까(Quo vadis)?라고 질문할 때 그에 대한 대답은 그리스도께서 다시 십자가에 못 박히려고 가신다는 것이다. 그러나 이때 성은 로마다. 존 말랄라스(John Malalas, *Chron.* 10.37)는 로마에서 베드로와 바울의 죽음을 포함하고 있는 다음과 같은 전설을 보존한다. "네로는 거룩한 사도들의 시체를 장사지내도록 내어주지 말고 매장되지 않은 채 방치하라고 명령했다"(참조. 계 11:9). 제일 먼저 베드로와 바울을 요한계시록 11장의 두 증인으로 판단한 사람은 마리아나스(J. de Marianas, *Scholia in Vetus et Novum Testamentum*[Madrid: Ludovicus Santius, 1619] 1101)였고, 보이스마드(Boismard, *RB* 56[1949] 534, 540)와 기에트(Giet, *L'Apocalypse*, 40)도 이 생각을 주장했다. 뭉크의 제안에 대한 비판적이면서 동정적인 비평은 오코노르(O'Connor, *Peter in Rome*, 65-68)에게서 발견된다. 이 제안에는 두 가지 중요한 장애가 있다. (i) 예루살렘에서 두 증인의 죽음(11:8)과 (ii) 두 증인의 부활과 승천(11:10-11). Greve, *DTT* 40(1977) 128과 P. Benoit, Review of *Petrus und Paulus*, by J. Munck, *RB* 58(1951) 627를 보라.

(b) **스데반과 의인 야고보.** 그러나 스데반(행 7:54-60; 22:20), 야고보(행 12:1-2) 그리고 의인 야고보(Eusebius *Hist. eccl.* 2.23.21-24)와 같은 초기 순교자들은 예루살렘에서 사실상 사적인 폭행을 당했다(Kraft, 156가 열거하는 가능성).

(c) **세베대의 아들들인 야고보와 요한.** 세베대의 아들 야고보는 주후 44년에 헤롯 아그립바 1세(Herod Agrippa I)에 의해 죽임을 당했다(행 12:2). 그래서 몇몇 학자들은 두 증인이 야고보와 요한이라는 역사적 인물들을 모델로 하고 있고, 역으로 야고보와 요한은 종말의 선지자들인 다시 살아난 엘리야와 모세를 모델로 하고 있다고 주장한다(Bacon, *ZNW* 26[1927] 188-89; E. Hirsch, *Studien zum 4. Evangelium*(Tübingen: Mohr-Siebeck, 1936] 142; Kraft, 156에 열거된 가능성). 부분적으로 이 견해는 마가복음 10:35-40과 마태복음 20:20-28이 세베대의 두 아들의 순교를 반영한다는 가정에 의지하여 주장된다. 아마 주후 70년경에는 마가복음이 작성되었을 것이기 때문에, (이 학설에 의하면) 요한은 이 연대 이전의 어떤 시기에 순교를 했어야 한다(Heitmüller, *ZNW* 15[1914] 189-90).

(d) 세례 요한과 예수님은 주로 뵈셔(O. Böcher) 의해 두 증인으로 간주된다("Johannes," 81-86; 세례 요한은 Kraft, 156에 의해 가능성으로 제안된다). 두 메

시아, 즉 아론의 메시아(제사장 메시아)와 이스라엘의 메시아(다윗계의 메시아)에 대한 유대교의 기대와 결합된 초기 기독교의 견해, 즉 세례 요한이 다시 살아난 엘리야이고(마 11:14) 예수님이 다시 살아난 모세로 해석되는 견해에 근거하여, 뵈셔는 세례 요한이 제사장 메시아에 해당하고 예수는 다윗계의 메시아에 해당한다고 주장한다. 누가복음 1-2장에 두 인물이 나란히 위치하는 것을 주목하라. 따라서 뵈셔는 11:8의 진술("곧 저희 주께서 십자가에 못 박히신 곳이라")을 해설로 간주하는 것이다("Johannes," 83).

(e) **의인 야고보와 세베대의 아들 야고보.** 두 증인이 야고보라는 이름의 두 인물, 즉 세베대의 아들 야고보(약 주후 44년경의 그의 순교는 행 12:2에 간단히 언급된다)와 주님의 형제인 야고보(Hegesippus in Eusebius *Hist. eccl.* 2.23.10-18의 기록에 의하면 그는 약 주후 62년경에 순교했다)일지 모른다는 제안이 있어 왔다. 이 두 인물은 모두 사도 세대에 속하며 둘 다 예루살렘에서 죽임을 당했다(Greve, *DTT* 40[1977] 137-38; Bacon, *Gospel*).

(f) **대제사장 아나누스(Ananus)와 여호수아(Joshua).** 이들은 이두메아인들에게 살해당했고 그들의 시체가 장례되지 못한 채 길에 던져졌다(Jos. *J. W.* 4.314-17). 베거(K. Berger, *Auferstehung*, 27)는 두 증인의 역사적 신원 확인이라는 문제에 이 해답이 가장 단순한 해결책이라고 생각한다.

4. 두 증인의 상징적 해석(Min, *Apocalisse*, 143-52를 보라).

(a) 두 증인은 구약성경과 신약성경을 대표하는 것으로 해석되거나(Tyconius, Primasius, Beatus, Bede이 주장한 고대의 견해) 모세와 엘리야에 의해 대표되는 율법과 선지자로 해석될 수 있다(Gry, *RB* 31[1922] 205; Feuillet, *NTS* 4[1957-58] 196).

(b) 보다 최근에 이르러 두 증인이 교회의 예언적 증거를 상징한다는 제안이 있었다(Swete, 134; Allo, 160-61; Brütsch, 2:19-20; Cothenet, "Le symbolisme," 228; Metzger, *Code*, 70-71; Talbert, 45-46). 레이시(Lacy, *JTS* 11[1910] 55)는 두 증인이 사람들의 증거와 성령의 증거를 상징한다는 제안을 하는 반면에, 콘시다인(Considine, *CBQ* 8[1946] 391)은 두 증인이 "기독교 전도자들과 교사들의 보편성"을 상징한다고 생각한다. 유대교 전승에서 두 증인(법률적인 의미로 "증인"이라는 용어를 사용하여)의 기능은 법률적인 경구 *testis unus, testis nullus*, "하나의 증언은 증언이 아니다"를 따라 증언의 진실을 보증한다(민 35:30; 신 17:6; 19:15; 왕상 21:10; *T. Abr.*[Rec. A] 13:8[여기에서는 세 명의 증인의 필요성이 강조된다];

마 18:16; 26:59-60; 요 8:17; 고후 13:1; 딤전 5:19; 히 10:28; 11QTemple 61:6-7; 64:8; *Mek. de-Rabbi Ishmael, Nezekin* 4[Lauterbach, 3:33], *Kaspa* 3[Lauterbach, 3:170-71]; *Pistis Sophia* 1.43[ed. Schmidt-Till, p. 45, lines 17-19 = ed. Schmidt-MacDermot, p. 72]). 그러므로 두 증인은 기독교 간증의 진실을 상징하는 것으로 해석될 수도 있을 것이다.

(c) 두 증인은 기독교에 완전하게 보존된 이스라엘 종교의 진정한 영적 가치를 대표할 수도 있다(Feuillet, *NTS* 4[1957-58] 192, 199).

(d) 스트랜드(Strand, *AUSS* 19[1981] 127-35[quotation from p. 134]; *AUSS* 20[1982] 57-61)는 하나님의 말씀과 예수 그리스도의 증거를 두 증인, 즉 구약성경의 예언적 메시지와 신약성경의 사도적 증거로 생각한다.

3. 결론. 나의 견해는 저자가 취한 11:3-13의 근거가 기존의 자료 또는 전설이라는 것이다. 그 기존의 자료 또는 전설은 악한 폭군에 대항했고, 결국 기적적인 부활로 폭군에 의한 고난과 죽음으로부터 구원을 받는 한 외로운 선지자의 이야기를 기술하는 것이었다. 그러나 승천의 주제는 아마 기독교 이전의 전설들에 없었을 것이다(Nützel, *BZ* 20[1976] 59-94를 보라). 우리의 저자는 (현대의 많은 해석가들이 믿는 바와 같이) 모세와 엘리야라는 전설적인 종말론적 인물들을 모델로 사용하여 자신이 편리하다고 생각하는 방식으로 이야기를 구성하여 앞의 전설에 나오는 선지자와 겹치게 했다. 내가 생각하기에, 요한계시록 11:3-13의 두 증인의 모델로 기여할 수 있는 어떤 특별한 역사적 인물들을 확인하는 것은 불필요한 일이다. 왜냐하면 하나님의 선지자와 불경하고 사악한 폭군의 대결로 상징되는 선과 악의 극적인 투쟁을 이야기하는 감동적인 고대 전설은 수많은 투쟁 상황들에서 쉽게 역사적 사실화될 수 있는 신화 양식이기 때문이다. 이 기사의 현재 형태는 상징적인 성격을 갖고 있으므로 저자가 글자 그대로 일어날 것으로 예상한 사건들의 연속으로 해석하면 안 된다. 두 증인의 상징적인 의미와 관련해서 비교적 명확한 사실은 이들이 악한 세상에서 하나님의 백성의 증거를 대표하며, 또한 자신들의 주님과 마찬가지로 그들도 궁극적으로 고난과 죽음을 극복한다는 것이다.

주석

1a "또 내게 지팡이 같은 갈대를 주며 말하기를"(*καὶ ἐδόθη μοι κάλαμος ὅμοιος ῥάβδῳ λέγων*–카이 에도데 모이 칼라모스 호모이오스 라브도 레곤). 이

본문 단락은 저자가 애호하는 전형적인 환상 도입의 관용 표현이 전혀 없이 갑작스럽게 시작된다. 이 사실은 1-2절이 구조적으로 10:8-11의 계속일 수 있음을 시사한다(Kraft, 150). 척량하는 갈대의 심상은 에스겔 40:3에서 이끌어 낸 것으로, 그 곳에서 에스겔은 "척량의 갈대"(וקנה המדה - 우크네 함밋다, 칠십인역, 칼라모스 메트루[*κάλαμος μέτρου*], 개역. "척량하는 장대")를 갖고 있는 사람을 본다. 이어 그 사람은 종말의 성전을 매우 정밀하게 척량함으로써 에스겔 40:3-42:20에 나오는성전의 작도(作圖)가 본질적으로 어떤 것인지를 규정한다. 칠십인역에서 대개 라브도스(*ῥάβδος*)로 번역되는 용어 쉐베트(שׁבט)도 "장대, 측량 막대"를 의미할 수 있다. 콥트어 "바르토스에서 마리아가 드린 기도"에서 미가엘은 손에 "금 측량 막대"(*ῥάβδος* - 라브도스)를 들고 있는 것으로 묘사된다(Kropp, *Koptische Zaubertexte* 2:131; no. XXXIX.9).

[1]b "일어나서 하나님의 성전과 제단과 그 안에서 경배하는 자들을 척량하되"(*ἔγειρε καὶ μέτρησον τὸ ναὸν τοῦ θεοῦ καὶ τὸ θυσιαστήριον καὶ τοὺς προσκυνοῦντας ἐν αὐτῷ* - 에게이레 카이 메트레손 토 나온 투 데우 카이 토 뒤시아스테리온 카이 투스 프로스퀴눈타스 엔 아우토). 화자는 확인되지 않지만(1a절의 동사 에도데[*ἐδόθη*, "받았다"]는 하나님 또는 그리스도를 나타내는 신의 행동의 수동태로 해석될 수 있다), 해석가들은 다양하게 이 화자가 그리스도와 떨어질 수 없는 하나님(Zahn, 419; Giesen[1997] 241-42), 그리스도(Loisy, 204; Allo, 129; 3절에서 "나의 두 증인"이라는 어구를 보라), 성령(Giblin, 112) 또는 천사(Bousset [1906] 315; Kraft, 152)라고 추측한다. 1절과 관련하여 이미 주목한 바 있는 이 단락의 갑작스러운 시작은 여기에서 더욱 심화된다. 왜냐하면 이 환상의 목격자가 하늘 음성의 명령을 수행하기 위해 언제 또는 어떻게 성전으로 옮겨졌는지 또는 옮겨질지에 대해 아무 말도 없기 때문이다. 이 단락의 모델이 된 구약성경 본문 에스겔 40-48장은 에스겔이 어떻게 이스라엘 땅의 높은 산에 옮겨졌는지에 대한 설명으로 시작된다. 그리고 그 곳에서 그는 그의 맞은편에 성과 같은 건축물을 본다(겔 40:1-4). 이와 유사하게 요한계시록 21:9-10에서 요한은 어떻게 한 천사가 자신을 높은 산으로 옮겼고, 그 곳에서 새 예루살렘을 본 다음에 이어 그 천사가 그 성의 부분을 척량했는지를 묘사한다(21:15-17).

척량 행위(이 행위는 이 기사에서 전혀 실행되지 않았다)는 상징적인 예언의 행위로 생각될 수 있다(구약성경 예언자들의 상징적인 행동들과 유사하게; 왕상 22:11; 사 8:1-4; 20:1-6; 렘 13:3-11; 27:1-28:16; 겔 24:3; 행 21:11; Aune, *Pro-*

phecy, 100-101; G. Fohrer, *Die symbolische Handlungen der Propheten*[Zürich: Zwingli, 1953]을 보라). 따라서 이 구절은 요한계시록 10:11의 예언 위임과 연결시키는 구성 요소가 된다(Behm, 57; Roloff[ET] 128; Kraft, 152; Prigent, 160; Bauckham, "Conversion," 266; Giesen[1997] 240). 이 구절은(계 21:10-27과 함께) 에스겔 40:3-42:20과 스가랴 2:1-5을 인유한다. 그러나 실제 척량 행위가 없고 하나님의 보호라는 주제로 인해 스가랴 2:1-5이 요한계시록 11:1과 훨씬 더 가깝다(문학적 의존의 공통된 전설은 슥 2:5과 겔 40:3, 5을 연결시킨다; 참조. C. Jeremias, *Sacharja*, 164-65). 스트랜드(Strand, *AUSS* 22[1984] 317-25)는 동일한 주제들인 성전, 즉 제단, 예배자들에 대한 언급에 근거하여(레 16:33), 레위기 16장(속죄일의 의식 순서를 묘사하는)이 요한계시록 11:1에 인유되었고, 따라서 물리적인 "척량"이 아니라 영적인 "척량"을 의미한다는 제안을 했다. 그러나 이 인유는 거의 포착되지 않으며 완전히 상응하지도 않는다. 왜냐하면 레위기 16장은 단지 성전과 제단과 예배자만 지명하는 것이 아니라 성소, 회막, 제단, 제사장들 그리고 온 회중을 지명하기 때문이다.

"척량"은 보존의 은유일 뿐만 아니라(삼하 8:2b; 겔 40:1-6; 42:20; 슥 2:5), 파괴의 은유도 될 수 있다(삼하 8:2a; 왕하 21:13; 암 7:7-9; 사 34:11; 애 2:8). 그러나 이 곳에는 분명히 보존이 의도되고 있다. 하나님의 보호라는 주제는 요한계시록 12:6, 14에서 광야의 안전한 장소로 여자가 도피하는 것을 생각나게 할 뿐만 아니라, 십사만 사천 명이 보호받기 위해 인을 받는(9:4) 요한계시록 7:3-8도 생각나게 한다. 요한계시록의 보호가 육체의 고난과 죽음으로부터의 안전을 의미하는 것이 아니라 오히려 고난과 죽음 가운데, 그리고 고난과 죽음을 통한 지지와 영적인 위험으로부터의 보호를 의미한다는 견해(Caird, 132; Mounce, 219; Sweet, 182; Harrington, 119)는 내가 보기에 본문의 의미를 뒤집는 것 같다. 3-13절에서 분명히 두 증인은 그들의 증거가 마칠 때까지, 즉 일천이백육십 일이라는 기간이 끝날 때까지(3, 7절) 하나님께서 물리적 해악으로부터 보호하심을 경험한다. 에스겔 40-42장에서 성전의 척량은 미래의 성전을 자세히 설명하기 위한 장치다. 척량은 이 예언적이며 묵시적인 본문들을 연결시키는 공통 주제다. 그리고 척량은 어떤 것의 본질적인 구조를 지적하는 수단이 될 수 있는데, 여기에서 그 본질적인 구조는 척량되는 것의 거룩함을 포함한다(L. L. Thompson, *Revlation*, 88-89). 또한 척량의 행동은 척량되는 것의 보존 또는 파괴를 지적할 수도 있다(사 34:11; 왕하 21:13; 암 7:7-9). 에스겔 40:3에 나오는 사람(아마 천사)은 (계 21:15에서와 마찬가지로) 척량하는 갈대를 갖고 있다. 그리고 쿰란의 한 묵시록 조각들에서 하늘의 예루살렘에서 척량을 하는 사람도 아마 천사일 것이다. 이 "새 예루살렘을 묘사하는" 본문은 성의 전반적인 구조에서 어느 정도 에스겔서에 의존한다. 그러나 에스겔의 성은 간소한 규모의 정사각형 성인 데 반해, "새 예루살렘" 본문은 거대한 직사각형 성을 그린다(Garc1åa Martínez, *Qumran*, 186). 스가랴 2:1-2에서도 한 남자(아마 천사)가 예루살렘을 척량하려고 한다. 예루살렘 성전의 척량도 11QTemple 3-48와 *m. Middot*에서 발견된다. 이 곳 요한계시록 11:1-2에서 척량을 하라는 명령을 받는 사람은 요한이다. *1 Enoch* 61:1-5의 매우 난해한 한 구절에서 천사들은 의인들을 보존하고자 의인들 자신을 척량하기 위해 또는 지파의 토지 분배(수 13-19장)와 유사하게 의인들의 미래의 유산을 척량하기 위해, 그리고 땅의 깊음의 비밀들을 드러내기 위해 긴 줄을 받는다. 현재 명령법 에게이레(*ἔγειρε*, "오라", "일어나라")는 명령법의 2인칭이 따르면 관용적인 표현으로 그 또는 그녀가 실제로 앉아 있거나 누워 있다고 가정하는 것이 아니라 그 사람에게 행동을 요구하는 것이다(마 9:5; 막 2:9, 11; 3:3; 10:49; 눅 5:23-24; 6:8; 요 5:8; 엡 5:14). 문법적으로 요한은 세 가지, 즉 성전과 성소와 그 근처(*ἐν αὐτῷ*-엔 아우토), 즉 성전 근처나 제단 또는 성소 근처에서 예배하는 사람들을 척량하라는 명령을 받는다. 예배자들을 척량하는 것은 종종 거의 의미가 없는 것으로 생각됨으로 상징적인 해석이 제안된다(Feuillet, *NTS* 4[1957-58] 185; W. J. Harrington, *Apocalypse*, 151). 그러나 동사 메트레인(*μετρεῖν*)은 "척량하다"는 의미뿐만 아니라 "계수하다"라는 의미도 나타낼 수 있기 때문에 실제로 문제가 되지는 않는다. 이것은 아마 즉 한 개의 동사가 두 개의 목적어와 함께 사용되지만 한 개의 목적어에만 어울리는 액어법(軛語法, zeugma)의 예일 수 있다(BDF § 479). 이 문맥은 척량의 임무에 보존이 내포되었음을 암시한다. 왜냐하면 분명히 요한은 이방인에게 줄어질 밖 마당은 척량하지 말라는 명령을 받기 때문이다(2절). 이 여섯 번째 나팔과 일곱 번째 나팔 사이의 탈선은 보존을 강조하며, 따라서 여섯 번째 인의 개봉에 이어지는 탈선과 일치한다. 왜냐하면 그 곳, 즉 7:1-17에서 십사만 사천 명의 인침도 그들의 보존을 강조하기 때문이다. 유대의 다른 묵시 시나리오들에는 예루살렘 성전이 이방인들의 정복으로부터 보호받을 것이라는 언급이 없다.

토 나온 투 데우(*τὸ ναὸν τοῦ θεοῦ*, "하나님의 성전")라는 어구는 요한계시록의 다른 곳에서 11:19에서만 사용되는데, 그 곳에서 이 어구는 호 엔 테 우라네(*ὁ ἐν τῇ οὐρανῇ*, "하늘에 있는")라는 어구로 수식되어 하늘의 성전을 여기에서 언급되는 땅에 있는 하나님의 성전, 즉 예루살렘 성전과 구분한다. 나오스(*ναός*)라는 용어는 많은 의미를 갖고 있지만 성소와 지성소까지 포함하는 성전 건물 자체에 대해 자주 사용된다. 이 곳에서 묘사되는 성전은 확실히 땅의 성전, 즉 예루살렘 성전이다. 왜냐하면 엄격한 의미의 성전(*ναός*–나오스)과 마당 간의 구별은 솔로몬의 성전과 헤롯의 성전 모두에 적용되기 때문이다. 그러나 실제의 건축은 약간 더 복잡하다. 솔로몬의 성전에는 성소와 지성소 외에 두 개의 마당 또는 뜰이 있었으니, 성으로 둘러싸인 안뜰(왕상 6:36; 7:12)과 왕궁과 성전 구내를 둘러싼 바깥뜰이다(왕상 7:9, 12). *TDOT* 5:135을 보라. 에스겔 40-42장에 묘사되는 성전은 솔로몬의 성전을 모델로 삼고 있으며, 역시 두 개의 뜰 즉 직사각형의 바깥뜰(겔 40:23)과 정사각형의 안뜰이다(겔 40:17-20). 반면에 요세푸스와 *m. Middot*에 묘사되는 헤롯의 성전은 네 개의 뜰로 이루어진다(*TDOT* 5:137). 제사장들의 안뜰은 한 규빗 높이의 벽으로 이스라엘 백성의 뜰과 분리된다. 그리고 이스라엘 백성의 뜰은 여인들의 뜰과 인접해 있었다. 이 내부 경내 전체(지성소, 성소 그리고 세 개의 뜰)는 문들이 있는 높은 벽으로 둘러싸여 있었다. 본래 큰 시장이었던 매우 넓은 이방인의 뜰은 개방되어 있었다. 토 히에론(*τὸ ἱερόν*)이라는 용어는 전체 성전 복합체에 대해 사용되는 경향이 있었다. 여기에는 헤롯 성전의 안뜰이 세 개의 뜰, 즉 제사장의 뜰, 이스라엘 백성의 뜰 그리고 여인의 뜰로 나누어지는 지역이 포함되었다(*m.* Kelim 1:8; *m.* Mid. 2:5; Jos. *J. W.* 5.198-99; *Ag. Ap.* 2.103-4; Schürer, *History* 2:296-99를 보라). 이 세 지역이 성전 자체와 함께 히에론(*ἱερόν*)을 구성했다. 성전과 세 개의 뜰을 갖고 있는 나오스(*ναός*)는 누벽(壘壁, rampart)으로 알려진 구역을 둘러싼 낮은 돌벽에 의해 밖 마당 또는 바깥뜰(헤하체르 하히초나[החצר החיצנה], 칠십인역: 헤 아울레 헤 엑소테라[*ἡ αὐλὴ ἡ ἐξωτέρα*]) 또는 호 프로토스 페리볼로스(*ὁ πρῶτος περίβολος*, "첫 번째 뜰")로부터 분리되었다(*Ant.* 15.417). 벽 위에는 이방인들이 통과하는 것은 죽음의 고통으로 금한다는 경고가 붙어 있었다(*Ant.* 15.410-17; *J. W.* 5.193-94; 6.124-26; Philo *Leg.* 212; *m. Mid.* 2:3; 참조. 엡 2:14; 헤롯 성전 설계도에 대해서는 Finegan, *Archaeology*, 117를 보라). 이 비문들 중의 하나는 두 개의 파편과 함께 완전하게 남아 있다(*CIJ* 2:1400; *OGIS*, 598; 참조. Schürer, *History* 2:285-86 n. 57) 완전한 필사는 다음과 같다(Finegan, *Archaeology*, 119-20).

성전 구역 주위의 난간과 울타리 안으로 외국인은 들어가지 말라. 체포되는 자는 누구

듣지 죽음을 면치 못할 것이다.

토 히에론(τὸ ἱερόν)이라는 지칭에 포함될 수 있고 후에 이방인의 뜰로 칭해진 바깥뜰(막 11:15-16; 마 21:12; 눅 19:45, 47; 요 10:23; 참조. Jos. *J. W.* 2.400)은 성전 언덕을 따라 안쪽을 향해서는 열려 있고 바깥쪽을 향해서는 닫힌 지붕이 있는 행각 또는 주랑들(porticoes)과 접하고 있다(동편의 행각은 솔로몬의 행각으로 칭해졌다, 요 10:23). 전체 성전 구내(*temenos* = sacred precincts)는 서쪽 벽을 따라 약 1,455피트(1992년까지 완전 발굴됨), 동쪽 벽을 따라 1,035피트, 북쪽 벽을 따라 1,536피트 그리고 남쪽 벽을 따라 912피트로 척량되었다(*Ant.* 15.396). 세 겹으로 이루어진 왕의 주랑(Royal Stoa)은 성전 언덕의 남쪽 벽을 따라 위치했다(*Ant.* 15.411-416; *J. W.* 5.190-9). 이 바깥뜰 또는 성전 산책로는 결국 이방인의 뜰로 칭해지게 되었고 상업 활동에 사용되었다(막 11:15-17; 마 21:12-13; 눅 19:45-46). 성전 두루마리(11QTemple)는 이 두 번째 뜰을 각 면이 490규빗의 정사가형 지역으로 여성의 출입이 금시되었다(11QTemple 38-39)고 설명한다. 그리고 세 번째 뜰은 각 면이 1,600규빗의 정사각형 지역으로 묘사된다(11QTemple 40).

여기에 나오는 보통 "제단"을 의미하는 토 뒤시아스테리온(τὸ θυσιαστήριον)이라는 용어는 향단을 나타낼 수도 있고(8:3[2x], 5; 9:13) 또는 번제단을 나타낼 수도 있다(6:9; 14:18; 16:7; 6:9의 "주석"을 보라). 그러나 이 용어에 정관사가 있는 것은 여기에서 이 용어가 번제단을 나타내고 있음을 시사한다(Swete, 132; Zahn, 424; Beckwith, 590; Loisy, 205; Allo, 129; *TDNT* 4:887-88). 많은 해석가들이 이 곳에서 향단이 언급되는 것이라고 주장한다(Bauckham, "Conversion," 269; Giesen[1997] 242). 그러나 지성소와 향단이 안치된 성소가 성전 경내의 나오스(ναός)를 구성한다는 사실로 인해, 만일 여기에서 향단을 의미하는 것이라면 토 뒤시아스테리온(τὸ θυσιαστήριον)을 척량하라는 언급은 중복이 된다. 향단은 파로케트(פרכת) 즉 휘장에 의해 지성소와 구별되는 성소에 안치되는데, 이 두 개의 방은 함께 나오스(ναός) 즉 성전을 구성한다. 헤롯의 성전에서 번제단은 제사장의 뜰에 안치되었고, 이 제사장의 뜰은 이스라엘 백성의 뜰과 여인의 뜰과 구별되었다. 그러나 제사 의식은 어느 뜰에서나 거행될 수 있었다. 반면에 네 번째 뜰, 즉 이방인의 뜰은 확실한 담으로 나머지 세 개의 뜰과 구별되었다. 여기에서 토 뒤시아스테리온(τὸ θυσιαστήριον)은 제단이 안치된 장소, 즉 "제단실", "성소" 또는(본서에 번역된 바와 같이) "제단 구역"(alter area)을 언급하는 것 같다. 만일 엔(ἐν)이 "가까이, 부근에"를 의미하는 것으로 해석될 수 없다면(BAGD, 258: I.1.c), 본문의 문맥 "그리고 그 **안에서** 경배하는 자들"(*καὶ τοὺς προσκυνοῦντας ἐν αὐτῷ*–카이 투스 프로스퀴눈타스 엔 아우토)은 이 의미를 요구한다. *Paral. Jer.* 2:10; 9:7에서 문맥은 엔 토 뒤시아스테리오(*ἐν τῷ θυσιαστηρίῳ*)라는 어구가 "성역에" 또는 "제단 구역에"를 의미할 것을 요구한다("제단 구역에"는 R. A. Kraft and A. E. Purintun, *Paraleipomena Jeremiou* [Missoula, MT: Scholars, 1972] 15, 45에 나오는 번역이다). *Apoc. Ezra* 6:14, "그리고 선지자가 '내 발이 성역 안에서(*ἐν τῷ θυσιαστηρίῳ*–엔 토 뒤시아스테리오) 행했다'고 말했다"에서도 동일한 의미가 요구된다. 이와 유사한 용법이 Ignatius Eph. 5:2-3(*Trall.* 7:2를 보라), "만일 어떤 사람이 성역 내에 있지 않다면"(*ἐὰν μή τις ᾖ ἐντὸς τοῦ θυσιαστηρίου*–에안 메 티스 에 엔토스 투 뒤시아스테리우)에 나온다(Bauer-Paulsen, *Ignatius*, 32는 계 11:1과 14:18의 뒤시아스테리온[*θυσιαστήριον*]도 이 의미라고 한다). 쇼에델(Schoedel, *Ignatius*, 55)은 Ignatius Eph. 5:2-3에 나오는 뒤시아스테리온(*θυσιαστήριον*)이 단순하게 비유적 의미로 사용되는 "제단"을 의미하는 것으로 이해한다. Ignatius Eph. 5:2-3과 *Trall.* 7:2에서 모두 뒤시아스테리온(*θυσιαστήριον*)은 감독에게 순복하는 기독교 공동체를 나타내는 은유다(Wehr, *Unsterblichkeit*, 69-70).

2a "성전 밖 마당은 척량하지 말고 그냥 두라"(*καὶ τὴν αὐλὴν τὴν ἔξωθεν τοῦ ναοῦ ἔκβαλε ἔξωθεν καὶ μὴ αὐτὴν μετρήσῃς*–카이 텐 아울렌 텐 엑소덴 투 나우 에크발레 엑소덴 카이 메 아우텐 메트레세스). 벌게이트에 직역하면 *eice foras*로 번역된 에크발레 엑소덴(*ἔκβαλε ἔξωθεν*, 직역하면 "그것을 밖으로 던지라")은 문자 그대로 해석하면 문제가 된다(Feuillet, *NTS* 4[1957-58] 186는 이 문제를 지나치게 과장한다). 따라서 이 어구는 "던지다"라기보다 "제외하다"라는 의미를 나타내는 것으로 비유적으로 해석되어야 한다(에크발레[*ἔκβαλε*]=메 메트레세스[*μὴ μετρήσῃς*]). 그러나 휴일레트(Feuillet)는 정확하게 에크발레인 엑소(*ἐκβάλλειν ἔξω*)라는 어구가 보통 제명되거나 제외되는 사람들에게 적용된다는 제안을 한다(눅 4:29; 행 7:58; 요 9:34-35; 12:31). 이 의미는 이 어구를 제외되는 사람들을 언급하는 의미로 취하는 은유적 해석과 일치한다. 좁은 문 비유의 결론 부분인 누가복음 13:28은 특별히 여기에 적절하다. 왜냐하면 누가복음 13:28은 아브라함과 이삭과 야곱과 모든 선지자는 하나님의 나라에 있고 불신실한 자들은 밖으로 쫓겨난(*ἐκβαλλομένους ἔξω*–에크발로메누스 엑소; Feuillet, *NTS* 4[1957-58] 186-87) 것을 말하고 있기 때문이다. 1-2절이 다니엘 8:11-14에 대한 요한의 해석에 의존한

다고 확신하는 보크햄(Bauckham)은 문제 어구 카이 텐 아울렌 텐 엑소덴 투 나우 에크발레 엑소덴(*καὶ τὴν αὐλὴν τὴν ἔξωθεν τοῦ ναοῦ ἔκβαλε ἔξωθεν*)이 다니엘 8:11에 나오는 마지막 세 단어 웨후쉴라크 메콘 미크다쇼(והשלך מכון מקדשו, "그리고 그의 성소가 헐렸다")를 요한이 번역한 것이라고 주장한다("Conversion," 269-70). 솰라크(שלך)는 만일 성전 자체에 대해 사용된다면 "무너뜨리다, 헐다"를 의미하기 때문에, 요한은 이 어구가 성전 뜰을 언급하는 것으로 이해했다는 것이다. 이런 관점에서 보크햄은 에크발레인(*ἐκβάλλειν*)이 적절한 번역이라고 주장한다. 그 이유는 이방인들에 의해 성전 뜰이 더럽혀졌기 때문에 요한은 성전 뜰이 버림을 받았다고 가정한다는 것이다. 보크햄에게 찬성하면서 말할 수 있는 점은 다니엘 8:11에서 웨후쉴라크 메콘 미크다쇼(והשלך מכון מקדשו)라는 어구가 성전의 파괴를 언급할 수 없다는 것이다. 왜냐하면 성전은 안티오케스 에피파네스(Antioches Ephiphanes)에 의해 헐리지 않았기 때문이다. 아마 이 어구는 번제단의 파괴를 언급할 것이다(Collins, *Comm. Daniel*, 334). 칠십인역과 데오도션은 솰라크(שלך)을 에레문(*ἐρημοῦν*, "황폐하게 하다")으로 번역하는데, 이 사실은 그들이 문맥을 완전하게 이해했음을 나타낸다. 그러나 보크햄의 설명은 몇 가지 약점을 갖고 있다. 첫째로, 히브리어 동사 솰락(שלך)은 구약성경에서 보크햄이 주장하는 의미로 전혀 사용되지 않으며, 그가 언급하는 구절들은 모두 다른 히브리 단어들을 사용한다. 둘째로, 에크발레(*ἔκβαλε*, "제외하라")는 2인칭 단수 부정과거 명령법으로 하늘의 음성이 요한에게 행하라고 명하는 행동을 묘사한다.

2b "이것을 이방인에게 주었은즉 저희가 거룩한 성을 마흔두 달 동안 짓밟으리라"(*ὅτι ἐδόθη τοῖς ἔθνεσιν, καὶ τὴν πόλιν τὴν ἁγίαν πατήσουσιν μῆνας τεσσεράκοντα καὶ δύο* – 호티 에도데 토이스 에드네신 카이 텐 폴린 텐 하기안 파테수신 메나스 테쎄라콘타 카이 뒤오). 호티(*ὅτι*, "왜냐하면") 절과 바로 이어지는 카이(*καί*, "그리고") 절의 관계는 문제가 있다. 한 가지 해법은 에도데(*ἐδόθη*, "허용될 것이다")를 신적 행동의 수동태로 간주하고, 카이(*καί*) 절을 간접 목적어에 상당하는 것으로, 즉 "하나님께서 이방인들이 거룩한 성을 정복하는 것을 허락하셨기 때문에"라는 개념을 표현하는 다른 방식으로 간주하는 것이다. 두 번째(그리고 바람직한) 해법은 카이(*καί*)+미래 직설법을 동사 에도데(*ἐδόθη*)의 주어를 구성하는 등위절로[즉 단순 부정사(예를 들어, *T. Iss.* 5:8, 토 가드 에도데 아폴레사이 〈*τῷ Γὰδ ἐδόθη ἀπολέσαι*, "파괴하는 것이 하나님에게 허용되었다"〉, 또는 호티(*ὅτι*) 절, 또는 히나(*ἵνα*) 절(계 9:5, 카이 에도데 아우토이스 히나 메 아포크테이

노신 아우투스⟨καὶ ἐδόθη αὐτοῖς ἵνα μὴ ἀποκτείνωσιν αὐτούς, "그들을 죽이는 것이 그들에게 허용되지 않았다"⟩)에 상당하는 것으로] 간주하는 것이다. 즉 직역하여 "거룩한 성을 정복하는 것이 이방인에게 허용되었다"라는 의미로 해석하는 것이다(Beckwith, 599는 이 해석을 가능하다고 본다; Bousset[1906] 317). 3절의 구조는 유사하지만 동일하지는 않다: 도소 토이스 뒤신 마르튀신 무 카이 프로페튜수신(δώσω τοῖς δυσὶν μάρτυσίν μου καὶ προφητεύσουσιν, "내가 나의 두 증인에게 예언하는 것을 허락한다"). 세 번째 해법은 에도테(ἐδόθη)의 논리적 주어를 헤 아울레(ἡ αὐλή, "그 성전 뜰")로 보는 것이다(Charles, 1:278), 즉 "바깥뜰은 이방인들에게 넘겨주었기 때문에, 그들이 거룩한 성을 짓밟을 것이다…"라는 의미로 보는 것이다.

밀접한 유사구는 누가복음 21:24의 "그리고 예루살렘은 이방인의 때가 차기까지 이방인들에게 밟힐 것이다"(καὶ Ἰερουσαλὴμ ἔσται πατουμένη ὑπὸ ἐθνῶν, ἄχρι οὗ πληρωθῶσιν καιροὶ ἐθνῶν – 카이 히에루살렘 에스타이 파투메네 휘포 에드논 아크리 후 플레로도신 카이로이 에드논)이다(Vos, *Synoptic Traditions*, 120-25를 보라). 2절과 누가복음 21:24은 모두 칠십인역 스가랴 12:3의 "그리고 그 날에 내가 예루살렘을 모든 이방인들에게 짓밟히는(καταπατούμενον πᾶσιν τοῖς ἔθνεσιν – 카타파투메논 파신 토이스 에드네신) 돌이 되게 하는 일이 일어날 것이다"의 인유다. 스가랴 12:3의 에벤 마아마사(אבן מעמסה, "부담의 돌", 즉 "무거운 돌")가 칠십인역의 어구 리돈 카타파투메논(λίθον καταπατούμενον, "짓밟힌 돌")에서 카타파테이스다이(καταπατεῖσθαι)로 부정확하게 번역되기 때문에, 저자는 맛소라 사본보다 칠십인역에 의존하는 것으로 보인다. 참조. *Pss. Sol.* 8:12, "그들이 주님의 제사[시리아역, "성전"] 장소에서 행했다"(ἐπατοῦσαν τὸ θυσιαστήριον κυρίου – 에파투산 토 뒤시아스테리온 퀴리우). 헬라어 동사 파테인(πατεῖν)과 카타파테인(καταπατεῖν)은 유대교 자료에서 예루살렘 정복과 성전 모독에 대해 자주 사용된다(사 63:18; 단 8:13; *Pss. Sol.* 2:2, 19; 8:12; 17:22; 1 Macc 3:45, 51; 4:60; 3 Macc 2:18[여기에서 밟는 것은 파괴를 의미한다]; *2 Apoc. Bar.* 67:2; Jos. *J. W.* 4.171, 261; 참조. *TDNT* 5:940-45). 동일한 주제가 4QpNah 3-4, 1:3-4(tr. Horgan, *Pesharim*, 163)에도 나온다. "[그러나 하나님께서는 예루살렘을] 안티오쿠스(Antiochus)으로부터 깃딤(the Kittim)의 등장에 이르기까지 그리스의 왕들의 권세에 [내어주지 않으셨지만], 그 후에 [예루살렘은] 짓밟힐 것이고 [깃딤의 통치자들의 손에 넘겨질 것이다]"(Horgan, *Pesharim*, 173-74에서 이 행들에 대한 "주석"을 보라). *Barn.* 16:5은 "그 성과 성전과 이스라엘 백성이 넘겨져야 한다는 사실이 명백해졌다"라고 주장한다(*1 Enoch* 89:56-58의 자유로운 인용 부분).

"거룩한 성"이라는 어구는 분명히 예루살렘에 대한 언급이며, 8절에서도 언급된다(Lohmeyer, 87). 그러나 텐 폴린 텐 하기안 히에루살렘(*τὴν πόλιν τὴν ἁγίαν Ἰερουσαλήμ*)이 요한계시록 21:2, 10에 나오는데, 그 곳에서 이 어구는 분명히 하늘의 예루살렘을 나타낸다. 왜냐하면 두 구절 모두 분사구 카타바이누산 에크 투 우라누 아포 투 데우(*καταβαίνουσαν ἐκ τοῦ οὐρανοῦ ἀπὸ τοῦ θεοῦ*, "하나님께로부터 하늘에게 내려오는")의 수식을 받기 때문이다. 요한계시록 11장의 "거룩한 성"이 여기에서 "예루살렘" 대신 사용되는 이유가 예루살렘이 새로운 하늘의 성에 대해서만 시용되기 때문이라는 견해(Vos, *Synoptic Traditions*, 120-25)는 21:2에 나오는 "거룩한 성 예루살렘"이라는 어구로 인해 무너진다. 초기 유대교 문헌에서 예루살렘은 간혹 "거룩한 성 예루살렘"으로 칭해진다(칠십인역 사 66:20; 칠십인역 욥 4:17; Tob 13:10[mss. A B]; 단 3:28; Pr Azar 5; *Pss. Sol.* 8:4; *b. B. Qam.* 97b; *b. Sanh.* 107b). "거룩한 성 예루살렘"이라는 어구의 최초의 출현은 이사야 52:1에서 발견되고, "거룩한 성"이 제일 먼저 나오는 곳은 이사야 48:2이다. 그 후부터 "거룩한 성"이 "예루살렘"을 의미하여 사용되는 경향이 점점 증가한다. 그러므로 제2성전 시기 초에 예루살렘은 더 많이 "거룩한 성"으로 언급된다(느 11:1, 18=2 Esdr 21:1, 18[*var. lect.*]; Theod Dan 9:24; 1 Macc 2:7; 2 Macc 3:1; 15:14; 3 Macc 6:5; Sir 36:12; 49:6; *Paral. Jer.* 1:6; *b. Sanh.* 107b; 11QTemple 47:13; 마 4:5; 27:53; *Gos. Naz.* frag. 3). 필로는 복합 용어 히에로폴리스(*ἱερό-πολις*)를 좋아하는 반면에(Philo *Som.* 2.246; *Mos.* 2.72; *Leg.* 225, 299; *Flacc.* 46), 요세푸스는 히에라 폴리스(*ἱερὰ πόλις*)라는 어구를 사용하는 경향이 있다(*Ant.* 4.70, 200, 209, 218, 227; 20.118; *J. W.* 2.397; 4.214; *Ag. Ap.* 1.282). "그 거룩한 예루살렘"(고대 히브리 필기체로: 예루솰라임 하가도쉬 –ירושלים הכדושה)이라는 어구는 주후 66-70년의 1차 유대 폭동 동안 주조된 세겔 은화에 나온다. Matthiae and Schönert-Geiss, *Münzen*, 84-85, plate 38을 보라. "거룩한 성"이 역사적 예루살렘(또는 어떤 다른 실제 도시)이 아니라 "세계 도시" 또는 "문명 세계"의 상징이라고 주장하는 학자들이 있는데(Giblin, *NTS* 30[1984] 439; Beasley-Murray, 185-86), 이는 9a절과 10a절에 나오는 만국 백성에 의해 뒷받침되는 견해다.

마흔두 달이라는 기간(계 13:5에도 언급되는데, 그 곳에서 이 수는 짐승이 권세를 행사하는 기간을 나타낸다; 13:5의 "주석"을 보라)은 하나님에 의해 제한된 기간(종종 종말 환난의 한정된 기간)을 나타내는 묵시록의 상징적인 수로, 다니엘 7:25; 12:7에서 유래된 용어다. 마흔두 달은 저자가 다른 곳에서 일천이백육십 일(11:3; 12:6)과 "한 때와 두 때와 반 때"(12:14)로 다르게 표현하는 기간인 삼 년 반과 같다. 저자는 두 증인의 죽음과 부활 사이의 날자 수를 나타내는 데 사흘 반이라는 수를 사용한다(11:9, 11). 요한은 세 가지 다른 명칭들을 사용하여 삼 년 반을 표현하지만, 12:14에 나오는 "한 때와 두 때와 반 때"에 대한 언급은 그가 다니엘을 인유하고 있음을 명백하게 나타낸다(7:25; 12:7). 다니엘 7:25에서 칠십인역과 데오도션은 모두 "한 때와 두 때와 반 때 동안"(*ἕως καιροῦ καὶ καιρῶν καὶ ἕως ἡμίσους καιρου*–헤오스 카이루 카이 카이론 카이 헤오스 헤미수스 카이루)으로 해독하는 반면에, 칠십인역 다니엘 12:7(*εἰς καιρὸν καὶ καιροὺς καὶ ἥμισυ καιροῦ* –에이스 카이론 카이 카이루스 카이 헤미쉬 카이루, "한 때와 몇 때와 반 때 동안")은 데오도션의 Dan 12:7(*εἰς καιρὸν καιρῶν καὶ ἥμισυ καιροῦ*–에이스 카이론 카이론 카이 헤미쉬 카이루, "몇 때들과 반 때의 기간 동안")과 약간 다르다. 다니엘 12:7에 나오는 히브리 어구 레모에드 모아딤 와헤치(למוער מוערים וחצי)가 "정해진 한 때와 두 때와 반 때=3 1/2의 지정된 기간=예언 주간 시대의 반"을 의미하는 것과 똑같이(BDB, 417), 다니엘 7:25에 나오는 대등한 아람어 어구 아드 잇단 웨잇다닌 우플라그 잇단(עד־עדן ועדנין ופלג עדן)은 삼 년 반을 말하는 신비적인 방식이라고 종종 주장되었다(BDB, 1105). 그러나 잇단(עדן, "기간")은 단지 솨나(שנה, "연[年]")의 대용어일 뿐만 아니라, 긴 기간(한 기간, 두 기간, 네 기간=일곱 기간, 즉 영원)을 그리는데, 이 긴 기간이 갑자기 예상치 못하게 반으로 잘린다(한 기간, 두 기간, 반 기간). Goldingay, *Daniel*, 181를 보라. 저스틴에 따르면, 유대의 성경 해석가들은 다니엘 12:7의 카이로스(*καιρός*) 또는 모에드(מועד)가 백 년을 의미한다고 추측했다(*Dial.* 32.3). "한 때와 두 때와 반 때"라는 어구는 고의적으로 애매한 것 같다. 왜냐하면 이 어구는 구체적이기도 하면서 동시에 막연하기 때문이다(Stahl, "Zeit," 480-93). 물론 실제 문제는 이 어구가 요한계시록의 저자에게 무엇을 의미할 수 있었는가 하는 것이다. 데오도션 다니엘 4:32(맛소라 사본 4:22)에서 이 아람어 어구 잇다닌 웨쉬바(עדנין ושבעה)는 직역하면 헾타 카이로이(*ἑπτα καιροί*, "일곱 기간" 또는 "일곱 때")로 번역되는 반면에, 칠십인역 다니엘 4:32(*Ant.* 10.216가 따르는)에서는 에테 헾타(*ἔτη ἑπτά*, "칠 년")로 번역된다. 주후 1세기의 저작인 *Vitae Prophetarum*에서 저자는 "다니엘이 칠 년[그가 일곱 때라고 칭한]을 일곱 달이 되게 했다"(*ὁ Δανιὴλ τὰ ἑπτὰ ἔτη ἃ εἶπεν ἑπτὰ καιρούς* *ἐποίησε γενέσθαι ἑπτὰ μῆνας* – 호 다니엘 타 헾타 에테 하 에이펜 헾타 카이루스 에포이에세 게네스다이 헾타 메나스)고 주장한다. 따라서 다니엘 7:25; 12:7의 이 이상한 표현이 초기 유대교에서 삼 년 반을 의미하는 것으로 해석되었다는 충분한 증거가 있는 것이다. "사흘 반"(삼년 반의 인유)은 요한계시록 11:9, 11에서 두 증인의 죽음과 부활 사이의 기간으로 사용된다. 현재의 문맥과 관련된 사건은 제1차 유대인 반란의 시작(주후 66년 가을)과 예루살렘 포위 공격 중간에 거의 정확하게 삼 년 반이 경과했다는 것이다(Wellhausen, *Skizzen*, 222; Schwier, *Tempel*, 172). 궁켈(Gunkel)은 셋과 반(일곱의 반)이 불길한 수라는 견해를 반박한다(*Schöpfung und Chaos*, 266-68). 그리고 키텔(Kittel, "Rundezahlen," 31-47)은 셋과 반이라는 수가 묵시록의 상징이 아니라 단순히 장기간을 나타내는 대략적인 수로 사용되는 많은 랍비의 구절들을 인용한다(예를 들어, Lev. *Rab.* 19; *y. Sðabb.*. 7.2; *b.* Sanh. 97b). 엘리야의 시대에 있었던 삼 년 반의 기근(눅 4:25과 약 5:17에만 언급되는)이 이 상황에서 설명되어야 할 것이다.

3 "내가 나의 두 증인에게 권세를 주리니 저희가 굵은 베옷을 입고 일천이백육십 일을 예언하리라"(*καὶ δώσω τοῖς δυσὶν μάρτυσίν μου καὶ προφητεύσουσιν ἡμέρας χιλίας διακοσίας ἑξήκοντα περιβεβλημένοι σάκκους* – 카이 도소 토이스 뒤신 마르튀신 무 카이 프로페튜수신 헤메라스 킬리아스 디아코시아스 헥세콘타 페리베블레메노이 삭쿠스). 이 본문 단락이 시작되는 갑작스러운(즉 저자가 즐겨 사용하는 전형적인 도입 장치 없이) 방식은 11:3-13이 10:1-11:2을 잇는(F. Hahn, "Aufbau," 145) 또는 10:8-11:2을 잇는(Kraft, 150-52) 주요 본문이라고 생각하는 것에 대한 반론이다. 동사 도소(*δώσω*, "내가 줄 것이다")와 소유대명사 무(*μου*, "나의")는 11:1b-3의 화자가 하나님이나 그리스도임을 시사한다(Haugg, *Zeugen*, 16). 또한 이 확인되지 않은 화자는 저자에게 척량하는 지팡이를 주고 성전의 몇 부분을 척량하라고 명령한 천사인 것 같기도 하다. 이 화자의 말은 아마 3절까지일 것이다. 요한계시록 11장의 나머지 부분(4절로 시작하는)은 3인칭으로 기술되기 때문에 이 곳에서만 화자의 신원이 드러난다. 그러나 11:8의 짧은 주석("곧 저희 주께서 십자가에 못 박히신 곳이니라")은 기술의 시각에서 전환이 있었음을(적어도 마지막 편집판에 있어서) 나타낸다. 정관사의 존재는 분명히 독자들이 이 두 증인을 이미 익히 알고 있음을 보여 준다(Haugg, *Zeugen*, 13-14). 유사한 본문들이 통례적으로 에녹과 엘리야를 말세에 재림할 종말의 두 선지자로 지명하기 때문에, 아마 저자가 의도적으로 그들의 이름을 뺐다고 추정할 수 있을 것이다. 아마 그는 그

들을 예수의 사역을 이어받을 기독교 선지자로 간주했을 것이다. 왜냐하면 8절에서 예수께서 "저희 주"로 지칭되기 때문이다. 세례 요한이 종말의 엘리야라는 견해는 널리 신봉되고 있었다(막 1:2; 9:11-13=마 17:10-13; 마 11:14; 눅 1:17; Justin *Dial.* 49.3, 5). 그러나 제4복음의 저자는 그 확인을 거부한다(요 1:19-28). 게다가 (아래를 보라) 저자는 에녹과 엘리야의 부활에 대한 기대를 모세와 엘리야의 부활로 수정한다. 이 문맥에서 "증인"이라는 용어는 "선지자, 예언자"라는 언외의 의미를 갖고 있다. 왜냐하면 3절의 호이 뒤오 마르튀레스(*οἱ δύο μάρτυρες*, "나의 두 증인")는 정확하게 10절의 호이 뒤오 프로페타이(*οἱ δύο προφῆται*, "이 두 증인")의 대구이기 때문이다(동사 프로페튜에인[*προφητεύειν*, "예언하다"]과 명사 프로페테이아[*προφητεία*, "예언"]가 3, 6절에서 그들의 사역에 대해 사용되고 7절의 마르튀리아[*μαρτυρία*, "증거"]가 6절의 프로페테이아[*προφητεία*]에 대응하는 것을 주목하라). 요한계시록의 저자에 의해 개정되는 자료는 아마 획일적으로 프로페타이(*προφῆται*)를 사용하는데, 여기에 저자는 요한계시록 전체의 신학에서 중요한 용어인 마르튀레스(*μάρτυρες*)를 추가했을 것이다. 선지자들이 폭력에 의해 죽임을 당한다는 전승은 11:3-13에 개념적 배경을 마련했다(대하 24:19; 36:15-16; 느 9:26; 마 5:11-12=눅 6:22-23; 마 23:34-36=눅 11:49-51; 마 23:37-39=눅 13:34-35; 행 7:52; 살전 2:15; *Barn.* 5:11; *Vit. Proph.* 1.1; 2.1; 3.2; 6.1; 7.1; 21.3; Aune, *Prophecy*, 157-59; Urbach, *Sages*, 558-63). 이 주제는 *Jub.* 1:12에 간결한 형태로 나온다(Charlesworth, *OTP* 2:53). "그리고 나는 그들에게 증거하기 위해 증인들을 보낼 것이다. 그들은 듣지 않을 것이다. 그리고 그들은 심지어 그 증인들을 죽이기까지 할 것이다."

이 두 증인의 사역 기간은 일천이백육십 일로 정해진다. 이 기간은 2절에 열방이 거룩한 성을 짓밟을 기간으로 언급된 마흔두 달을 다른 방식으로 계산한 것이다(11:2의 "주석"을 보라). 11:2의 마흔두 달과 11:3의 일천이백육십 일은 11:1-2과 11:3-13 간의 극히 소수의 형식적 연결들 중의 한 가지다. 삼 년 반이라는 상징적인 기간은 열방이 예루살렘을 지배할 기간이 두 증인이 그들의 사역을 행하는 기간과 정확하게 동일하다는 사실을 시사하며, 또한 저자가 1-2절(원래는 독자적인 전승)을 3-13절(또 하나의 독자적인 전승)과 연결하는 이유를 제시한다. 7-13절에 묘사되는 이 기간의 끝에는 두 증인의 살해와 부활과 승천이 수반되며, 또한 성의 십분의 일을 파괴할 지진과 생존자들의 회심도 수반된다.

종말의 두 증인 또는 두 선지자 사상의 근원은 불확실하다. 부쎄트는 이 사상이 유대 자료에서 비롯될 수 없다고 생각하는데, 그 이유는 예루살렘에서 종말론적 선지자 한 명, 즉 엘리야의 재림을 기대하고 있었기 때문이라는 것이다(Bousset, *Antichrist*, 210). 그러나 두 명의 메시아적 인물, 즉 아론 계통의 제사장 메시아와 다윗 계통의 평신도 메시아에 대한 기대가 초기 유대교에 존재했다. 이 기대는 스가랴 3-4장; 6:9-14에 나오는 두 인물, 즉 다윗의 후계자 스룹바벨과 대제사장 여호수아에 근거한 것이었다(1QS 9:10-11; CD 12:22-23; 13:20-22; 19:34-20:1; 14:18-19; 19:9-11; 4QTestim 1-20; 참조. Talmon, "Messianism," 79-115; Collins, *Scepter*, 74-101; id., *Apocalypticism*, 71-90).

저자는 셋과 반이라는 수를 대단히 좋아하여, 이 수를 다양한 방식으로 표현한다. 일천이백육십 일이라는 기간(계 12:6의 "주석"을 보라)은 마흔두 달(계 11:2[그 곳의 "주석"을 보라]; 13:5) 또는 삼 년 반, 즉 종말의 고통 기간(단 7:25; 12:7)과 동등하다. 이 기간은 저자에 의해 개정된 전승 자료에 추가된 것으로 보인다.

굵은 베옷(sackcloth, 염소 털이나 낙타 털로 만든 어두운 색의 직물로 곡식 자루에 사용되었다)을 입는 이유는 몇 가지가 있었다. (1) 개인적인 슬픔이나 민족적인 비탄의 표시로(창 37:34; 삼하 3:31; 애 2:10; 에 4:1; 시 30:11[맛소라 사본 30:12]; 사 15:3; 22:12; 욜 1:13; 암 8:10; *Barn.* 7:12; *Ant.* 7.40; 10.11; 19.349; Cowley, *Aramaic Papyri*, no. 31, line 19[= Porten-Yardeni, *Textbook* 1:74-75]), (2) 백성에게 애원을 하거나 하나님에게 기도를 드릴 때 복종의 표시로(왕상 20:31 32; 렘 4:8; 6:26; 단 9:3; *Ant.* 7.154; 12.300; 20.123; *J. W.* 2.2367; *Barn.* 7:5), (3) 참회 의식으로(왕상 22:27-29; 왕하 19:1-2; 대상 21:16; 느 9:1; 시 35:13; 욘 3:5-8; 마 11:21=눅 10:13; *Ant.* 8.362; Plutarch *De superst.* 168D), (4) 다가오는 심판의 재앙을 예기하고 슬픔을 나타내기에 적당한 옷을 입는 선지자들의 의복으로. 염소 털로 만들 때, 이 옷은 색깔이 매우 어둡고 심지어 검은 색이 될 수도 있었다(사 50:3; 계 6:12; *1 Clem.* 8:3).

간혹 선지자들은 아마 하나님 앞에서 회개나 겸손을 나타낼 필요성을 예시하기 위해 굵은 베옷이나 그와 유사한 옷을 입는 것으로 묘사된다(사 20:2[여기에서 "베"로 번역된 용어는 남성의 속옷을 나타낼 것이다]; 슥 13:4; *Asc. Isa.* 2:10; 막 1:6; 히 11:37의 가공하지 않은 양과 염소의 가죽은 가공된 베옷과 무관하다). 그러나 절대로 굵은 베옷은 선지자들의 전형적인 제복이 아니었다(K. Berger, *Auferstehung*, 28과 Hengel, *Leader*, 36 n. 71은 굵은 베옷이 선지자들의 제복이라고 주장하지만). Guelich, *Mark 1:1-8:26*, 20-21과 Tilly, *Johannes*, 167-75를 보라. 두 증인의 옷은 그들의 메시지의 본질에 대한 유일한 단서를 제공한다. 그러나 그들의 예언적 증거의 내용에 대해서는 아무런 말이 없다. 종종 그들의 메시지가 회개의 요구라고 주장되지만(Bauckham, "Conversion," 278), 본문은 이상하게 그 점에 대해 침묵한다(Satake, *Gemeindeordnung*, 120-21; Müller, 209). 사타케(Satake)의 주장에 의하면, 두 증인은 세상의 회개를 확보하는 데는 관심이 없고 오히려 세상을 심판함에 있어 하나님의 대리자로 행하는 데 관심이 있다. 왜냐하면 반대자들을 죽이고 괴롭게 하는 것은 정상적인 복음 전도자의 전술이 아니기 때문이라는 것이다(*Gemeindeordnung*, 119-33). 그러나 두 증인의 대체적으로 부정적인 역할에도 불구하고, 두 증인의 부활과 승천 후에 대부분의 성 주민들이 회개했다는 사실을 명심할 필요가 있다(13절). 그러나 이 부분도 역시 전승 자료의 수정에 속할지 모른다. 따라서 이 곳의 초점은 그들의 메시지의 성격이나 내용에 있는 것이 아니라, 두 증인 자신이 거부를 당한 것처럼 그들의 메시지도 확실히 거부를 당한다는 사실에 있는 것이다.

4a "두 감람나무와 두 촛대니"(*οὗτοί εἰσιν αἱ δύο ἐλαῖαι καὶ αἱ δύο λυχνίαι* -후토이 에이신 하이 뒤오 엘라이아이 카이 하이 뒤오 뤼크니아이). 도입 어구 후토이 에이신(*οὗτοί εἰσιν*, "이들은 …이다")에 대해서는 7:14의 "주석"을 보라. 이 지시적 설명은 지시의문문(즉 "이것이 무엇이냐?")에 대한 응답이 아니며, 많은 묵시록의 전형인 초자연적 안내자의 설명도 아니다. 두 증인이 두 감람나무이기도 하고 또한 두 촛대이기도 하다는 사실은 인상적이다. 하이 뒤오 엘라이아이(*αἱ δύο ἐλαῖαι*, "두 감람나무")라는 어구에서 이 명사는 스가랴 4:3에 나오는 잘 알려진 감람나무의 인유이기 때문에 관사가 있다. 그러나 저자는 아마 이 은유를 더 포괄적으로 이해할 것이다. 즉 이 선지자들에게 기름을 붓는 것, 따라서 이들을 공식적으로 임명하는 것에 대한 언급으로 이해한다는 것이다(Kraft, 157). *'Abot R. Nat.* 34(Goldin, *Fathers*, 137-38)에서 온 세상의 주 앞에 모셔 섰는 기름부음을 받은 두 인물(슥 4:14)은 아론과 메시아로 해석된다.

하이 뒤오 뤼크니아이(*αἱ δύο λυχνίαι*, "두 촛대")라는 어구에서도 역시 명사에 관사가 있는데, 아마 이 어구가 잘 알려진 스가랴 4:2-3, 11의 등대이기 때문일 것이다. 그러나 스가랴 4장에는 한 촛대에 대한 언급만 나오는데, 이 곳의 두 촛대에 대한 언급은 아마 요한이 의존하는 주석 전승의 존재를 나타낼지 모른다. 성경의 전승은 광야의 장막에서는 한 개의 촛대(등대)만을 언급하고, 솔로몬의 성전과 관련해서는 열 개의 촛대가 언급된다(1:13의 "주석"을 보라). 그러나 고대의 촛대 그림들은 종종 율법서를 담은 함 옆에 두 개의 촛대를 나타낸다(Yarden, *Tree of Light*, plates 93-95, 101, 109-10, 114, 119, 130, 193-94, 206). 벧 알파(Beth Alpha) 회당 바닥의 모자이크에 묘사된 율법서 함은 일곱 개의 가지가 있는 두 개의 촛대 옆의 휘장(פרכת - 파로케트)을 나타내는데, 각각의 촛대는 양 뿔과 향을 뜨는 부삽과 같은 제사 상징들에 에워싸여 있다(Gutmann, *Jewish Sanctuary*, plate XLVIII; Yahudiyye, in *BAR* 14[1988] 62에서 Yahudiyye의 아치석[arch stone]에 양각으로 새겨진 행을 뜨는 부삽과 양의 뿔의 옆에 아홉 개의 가지가 달린 촛대를 보라). 벧 쉐아림(Beth Shearim)에서 발견된 네 개의 그림, 함마트 티베리아스, 나아란, 벧 쉐안 그리고 수시야(Hammath Tiberias, Naaran, Beth Shean, and Susiya)에서 발견된 모자이크들(Hachlili, *Jewish Art*, 247 48, plates 101-5), 그리고 앗살리에 상인방돌(Assalieh lintel)에는 법궤 옆에 두 촛대가 있다(Hachlili, *Jewish Art*, plate 29a). 뤼크노스(*λύχνος*, "촛대", "빛")라는 용어가 증거를 나타내는 은유로 사용되기도 한다는 사실은 염두에 둘 필요가 있다. 두 증인이 "촛대들", "빛들"(*λυχνίαι* - 뤼크니아이)인 것과 같이 세례 요한도 "켜서 비취는 등불"(*ὁ λύχνος ὁ καιόμενος καὶ φαίνων* - 호 뤼크노스 호 카이오메노스 카이 파이논)로 이야기된다(요 5:35). 이와 유사하게 베드로후서 1:19은 구약성경의 예언의 메시지를 어두운 곳에서 비취는 등불(*λύχνος* - 뤼크노스)에 비교한다.

[4]b "이는 이 땅의 주 앞에 섰는"(*αἱ ἐνώπιον τοῦ κυρίου τῆς γῆς ἑστῶτες* - 하이 에노피온 투 퀴리우 테스 게스 헤스토테스). 이 말은 스가랴 4:14, "이는 기름 발리운 자 둘이니 온 세상의 주 앞에 모셔 섰는 자"(*παρεστήκασιν τῷ κυρίῳ πάσης τῆς γῆς* - 파레스테카신 토 퀴리오 파세스 테스 게스)의 인유다. "땅의 주"라는 칭호는 우가리트의 자료들에서 자주 바알에게 돌려진다)(*Baal* II iv 47; vii 43ff.; III* A.32; III i 1ff.; iii.8-9; iv 5-6; IV iii 2, 9; V i 2-4; v 35). 4Q*171* = 4QPss[a] 3:15-16에서 제사장, 즉 의의 교사는 하나님께서 자기 앞에 서게 하시려고 택한 자로 언급된다. 엘리야와 에녹과 모세(엘리야와 에녹 또는 엘리야와 모세로 짝을 이루어 두 증인과 동일시되어온 고대의 세 인물; 3절의 "주석"을 보라)는 전통적으로 종말의 재림을 가능하게 하기 위해 승천한 것으로 생각되었다. 그러나 두 증인은 갑자기 예기치 않게(구약성경의 선지자들이 종종 그랬던 것처럼) 무대에 등장한다. 이들은 제한된 기간 동안 예언을 하는 능력을 받았다는 말(3절) 외에는 그들의 근원에 대해 아무런 암시도 없다. 그러나 그들이 주 앞에 서 있다고 묘사되는 것은 그들의 근원이 하늘이라는 사실을 암시할 것이다. "하나님 앞에 서 있다"

는 관용구(이 어구가 일곱 대 천사에 대해 사용되는 8:2의 "주석"을 보라)는 그들의 제사장적 또는 레위기적 기능을 시사한다(참조. *Jub.* 30:18[tr. Charlesworth, *OTP* 2:113], "그리고 레위의 자손이 우리[즉 천군 천사들]가 하는 것처럼 항상 주님 앞에서 섬기는 제사장 직과 레위기 규칙들을 위해 선택되었다"; 출 18:19; 신 10:18; 18:7; 왕상 17:1[엘리야는 "그 앞에 내가 선 이스라엘의 하나님 여호와"로 맹세한다]; 18:15; 왕하 3:14; 5:16; 대하 29:11; 겔 44:15; 슥 3:1). 히스타나이 에노피온(*ἱστάναι ἐνώπιον*, 직역하면 "앞에 서다")이라는 어구는 어떤 경우에 "…를 시중들다, …의 종이 되다"는 의미를 나타낼 수 있다("원문주해" 8:2.c-c를 보라). 두 증인은 의심할 바 없이 "하나님의 종들"이지만, 이 구절은 구문론을 복잡하게 하는 이중 의미를 갖고 있다. 왜냐하면 두 증인은 그들이 하나님을 섬긴다는 의미에 있어 하나님 앞에 서 있는 반면에 두 촛대(두 증인을 나타내는 은유)는 실제로 하나님의 하늘 성전에서 "하나님 앞에" 서 있는 것으로 생각되기 때문이다. 때로 천사들도 제사장 역할을 하는 모습으로 "하나님 앞에 서 있는" 것으로 묘사된다(계 8:2; 욥 1: 6; 2:1; 슥 6:5). 여기에서 "땅의 주"는 로마 황제가 아니라((J. Munck, *Petrus und Paulus*의 견해와 반대) 하나님이다. 그러나 빅토리누스(Victorinus)는 "땅의 주"를 적그리스도로 해석하는데(*Comm. in Apoc.* XI.4; ed. Haussleiter, *Victorinus,* 100), 아마 "땅의 주"가 "이 세상 임금"이라는 어구와 유사하기 때문일 것이다(요 12:31; 14:30; 16:11; Ign. Eph. 17:1; 19:1; *Magn.* 1:3; *Trall.* 4:2; 롬. 7:1; *Phld.* 6:2; *Asc. Isa.* 1:3; 10:29).

5a "만일 누구든지 저희를 해하고자 한즉 저희 입에서 불이 나서 그 원수를 소멸할지니"(*καὶ εἴ τις αὐτοὺς θέλει ἀδικῆσαι πῦρ ἐκπορεύεται ἐκ τοῦ στόματος αὐτῶν καὶ κατεσθίει τοὺς ἐχθροὺς αὐτῶν* – 카이 에이 티스 아우투스 델레이 아디케사이 퓌르 엑포류에타이 에크 투 스토마토스 아우톤 카이 카테스디에이 투스 에크드루스 아우톤). 이 구절은 전형적인 1급 조건문이다. 제1종 조건문에서 조건사 에이(*εἰ*)+직설법(여기에서는 현재 직설법)은 모든 시제의 귀결절의 직설법이나 명령법과 함께(BDF §§ 371-72) 조건의 실재를 강조한다. 즉 이 조건문은 실재 경우로 받아들여진다. 입에서 나와 대적들을 죽이는 불과 엘리야나 모세를 관련시키는 전승은 없다(Munck, *Petrus und Paulus,* 21). 가장 가까운 유사절은 *Div. Inst.* 7.17.2(tr. McDonald, *Lactantius,* 518)이다. "그리고 불이 그의 입에서 나와 그를 해하려고 하는 모든 자를 사를 것이다." 사람의 입에서 나오는 불의 주제는 *2 Enoch* (Rec. J and A) 1:5; *3 Enoch* 19:25; 22:4에도 나온다. 초기 유대교와 초기 기독

교에서, 옛 선지자들은 기적을 행할 수 있는 능력의 사람들로 간주되었다(Jos. *J.W.* 2.261-63; *Ant.* 20.97-99, 168-72; Sir 48:1-14; 막 6:15; 눅 7:16; 요 6:14-15; P. W. Barnett, "The Jewish Sign Prophets-a.d. 40-70 -Their Intentions and Origin," *NTS* 27[1981] 679-97; Hengel, *Judaism and Hellenism* 1:136; Aune, *Prophecy*, 82, 126-29; Barton, *Oracles of God*, 99-102). 사람의 입에서 나오는 불의 주제는 대개 책망과 정죄의 상황에서 하나님의 말씀을 말하는 것에 대한 은유로 사용되었다(렘 5:14b, "볼지어다 내가 네 입에 있는 나의 말로 불이 되게 하고 이 백성으로 나무가 되게 하리니 그 불이 그들을 사르리라"; Tg. Jer 5:14[tr. Hayward, *Targum of Jeremiah*, 64]에는 "너의 입에 나의 예언의 말"이라는 어구가 나온다). 빅토리누스는 두 증인의 입에서 나온 불이 "말씀의 능력"을 의미한다고 생각했다(*Comm. in Apoc.* XI.2, *potestatem uerbi dicit*[ed. Haussleiter, *Victorinus*, 98]). 동일한 견해가 필로(Philo *Quaest. in Ex.* 2.47[tr. Marcus, LCL])에게서 발견된다. "화염이 그 길에 나타나는 모든 물질을 태워 버리는 것과 똑같이, 하나님의 사상도 명확하게 영혼에 이를 때 모든 이단적인 사상들을 멸하고 마음 전체를 거룩한 상태에 이르게 한다." *PGM* IV.617에도 말과 불 간의 유사한 등식이 나온다. "이 모든 것을 불과 영으로 말하라"; 참조. *PGM CII*.5(POxy 2753), "번개와 우뢰를 발하고 있는 주여, 주는 그 입에서 끊임없이 불을 퍼붓는 분이십니다"(tr. Betz, *Greek Magical Papyri*, 309). 또한 *PDM* iv.125(tr. Betz, *Greek Magical Papyri*, 202)에서도 "화염의 반려자인 빛을 크게 발하는 자, 크신 신의 첫 번째 종, 그는 절대로 꺼지지 않는 불꽃이다." 4 Ezra 13:10(RSV)에 의하면, 바다에서 나온 사람(후에 하나님의 아들, 메시아로 확인된다)은

> 마치 불의 시내와 같은 것을 그 입에서 발하며,
> 그의 입술에서 뜨거운 숨을 발하며,
> 그의 혀에서 그는 불꽃의 폭풍을 발사했다.

에스라가 본 환상의 이 모습이 37-38절에서 해석될 때, 이 각각의 세 가지 요소는 역순으로 다음과 같이 설명된다.

> 그리고 나의 아들, 그가 결집한 열방의 불신앙을 책망할 것이며(이 책망은 폭풍으로 상징된다), 그들의 악한 생각을 질책하고 고통으로 괴로움을 당하게 할 것이며(이 악한 생각과 고통은 화염으로 상징된다), 간단하게 율법으로 그들을 멸할 것이다(이 율법은 불로 상징된다).

사무엘하 22:9에서 하나님은 불을 호흡하시는 것으로 묘사되는데, 아마 거대한 바다 괴물(Leviathan, 참조. 욥 41:18-21[한글개역, "악어"])의 전설에 나오는 용어일 것이다. 시편 18:13에서 하나님의 음성은 뇌성과 우박과 숯불로 이루어지는 것으로 묘사된다. 요한계시록 9:17-18에서 여섯 번째 나팔 재앙에는 입에서 불과 연기와 유황이 나와 사람 십분의 일을 죽이는 말을 탄 엄청난 수의 기병대가 포함된다. 불과 유황의 주제는 불과 유황에 의한 소돔과 고모라의 멸망으로 시작되는 긴 성경 전통을 갖고 있다. 9:17-18의 "주석"을 보라. 하나님의 말씀의 권능은 씨로 하여금 싹이 나게 하는 비(사 55:11)와 여러 가지 은유들(사 9:8; 11:4)과 같은 다양한 방식으로 표현된다.

5b "누구든지 해하려 하면 반드시 이와 같이 죽임을 당하리라"(*καὶ εἴ τις θελήσῃ αὐτοὺς ἀδικῆσαι, οὕτως δεῖ αὐτὸν ἀποκτανθῆναι* - 카이 에이 티스 델레세 아우투스 아디케사이 후토스 데이 아우톤 아포크탄데나이). 이 절은 분명히 앞의 5a절과 대비된다. 여기에서 후토스(*οὕτως*) 절은 귀결절을 도입하고(살전 4:14에서처럼) 5a절에서 두 증인의 대적들에게 가해진 비상하고 무서운 유형의 죽음, 즉 두 증인의 입에서 나오는 불에 의한 죽음을 되풀이하여 말하여 그 도를 더한다. 그러나 이 조건의 전제절은 에이(*εἰ*) + 가정법으로 이루어진다(11:5f의 "원문주해"를 보라). 이 구문은 색다르지만 불가능한 것은 아니다. 왜냐하면 에안(*ἐάν*)은 주후 2세기부터 파피루스에 증가하여 사용되기 시작했기 때문이다(Turner, *Syntax*, 116; 참조. BDF § 372.3). 여기에서 에이(*εἰ*) + 가정법은 3급 조건문으로 조건이 실현 가능한 것처럼 추정되는 것을 나타낸다. 요한계시록의 다른 곳에 있는 여섯 조건절의 전제절에 에안(*ἐάν*) + 가정법이 나오는 것을 주목하라(모두 제2판에 속하는 부분, 2:5, 22; 3:3, 20; 22:18, 19). 두 증인이 이 응보의 능력을 가지고 있지만, 본문은 그들이 이 능력을 사용했다고 명확하게 말하지 않는다. 그러나 10절은 분명히 그들이 땅에 거하는 자들을 괴롭게 했다고 말한다.

6a "저희가 권세를 가지고 하늘을 닫아 그 예언을 하는 날 동안 비 오지 못하게 하고"(*οὗτοι ἔχουσιν τὴν ἐξουσίαν κλεῖσαι τὸν οὐρανόν, ἵνα μὴ ὑετὸς βρέχῃ τὰς ἡμέρας τῆς προφητείας αὐτῶν* - 후토이 에쿠신 텐 엑수시안 클레이사이 톤 우라논 히나 메 휘에토스 브레케 타스 헤메라스 테스 프로페테이아스 아우톤). 5절과 마찬가지로, 6절은 두 개의 대응절로 이루어지는데, 각각 유사한 어구 후토이 에쿠신 텐 에쿠시안(*οὗτοι ἔχουσιν τὴν ἐχουσίαν*, "저희가 권세를 가지고", 6a절)과 카이 엑수시안 에쿠신(*καὶ ἐξουσίαν ἔχουσιν*, "또 [저희가] 권세를 가지고", 6b

절)으로 도입된다. 두 증인이 사용하는 기적적인 권세는 모두 응보의 권세다. 하늘을 닫아 비가 오지 못하게 하는 것은 삼 년 동안 가뭄이 들게 했던 엘리야가 행한 표적이었다(왕상 17:1; 18:1; Sir 48:2; 참조. *Ant.* 8.319, 328에는 기간에 대한 언급이 생략된다). 열왕기상 17-18장은 엘리야의 기도나 가뭄의 기간을 특별하게 언급하지 않지만 전승은 그의 기도를 강조하며(*Vit. Proph.* 21.4-5; 눅 4:25; 약 5:17), 또한 가뭄이 삼 년 육 개월(눅 4:25; 약 5.17) 또는 삼 년(*Vit. Proph.* 21.4) 동안 지속된 것으로 여긴다. 요한계시록 11:6과 누가복음 4:25은 하늘(비의 창고로 여기는)을 "닫는다"(*κλείειν*-클레이에인)는 개념, 즉 엘리야 전승의 다른 곳에서 입증되지 않는 개념을 공유한다. 그러나 동사 아차르(עצר, "닫다, 억제하다"는 의미로)는 열왕기상 8:35=역대하 6:26(Houtman, *Himmel,* 185를 보라)에서 비가 내리지 않게 하늘을 닫는 것과 관련하여 사용된다. 1Q*22*(모세의 말) 2:10에서 모세는 "너희에게 비를 내리는 높은 하늘을 닫으시는" 하나님의 진노에 대해 이스라엘 백성을 위협한다(García Martínez, *Dead Sea Scrolls,* 277). *Bib. Ant.* 48:1에서 하늘을 닫는 능력은 브니아스(Phnieas는 사실상 엘리야다; Zeron, *JBL* 98[1979] 99-100를 보라)에게도 돌려진다. 유대 전설에서 엘리야는 "비의 열쇠"로 칭해졌고 마술의 강우와 연결되었다(*m.* Taʿan. 2:4; *b.* Sanh. 113a; *y.* Sanh. 10.28b; *y. Ber.* 5.9b; *y.* Taʿan.. 1.63d; Patai, *HUCA* 14[1939] 257). 엘리야의 전설에서 원을 그리는 자 호니(Honi the Circle-Drawer, *m.* Taʿan.. 3.8; J. Derenbourg, *Essai,* 111-13를 보라), 오니아스(Onias, *Ant.* 14.22) 그리고 하니나 벤 도사(Hanina ben Dosa, *b.* Taʿan. 24b; *b. Yoma* 53b)도 기도로 비를 지배하는 능력을 가진 것으로 여겨졌다. 이 엘리야 전설은 아마 요한계시록에 의존한 것으로 보이는 Lactantius *Div. Inst.* 7.17.2에도 반영된다(tr. M. F. McDonald, *Lactantius,* 517). "사람들이 그의 말을 듣지 않는 어느 곳에서나, 그는 하늘을 닫고 비를 유보할 것이다." 팔레스타인에 사는 사람들의 삶에 있어 비의 절대적인 중요성은 비를 유보하는 것이 효과적인 위협이 되었다(Reymond, *L'eau,* 1ff., 31ff.). 이 때문에 강우를 지배하고자 하는 초자연적인 시도들이 흔히 있었다(Patai, *HUCA* 14[1939] 251-86).

6b "또 권세를 가지고 물을 변하여 피 되게 하고"(*καὶ ἐξουσίαν ἔχουσιν ἐπὶ τῶν ὑδάτων στρέφειν αὐτὰ εἰς αἷμα*-카이 엑수시안 에쿠신 에피 톤 휘다톤 스트레페인 아우타 에이스 하이마). 이 구절은 모세가 나일강을 피로 변하게 한 출애굽기의 첫 번째 재앙을 인유한다(출 7:14-19). 피의 재앙은 두 번째 나팔 재앙(8:9)과 세 번째 대접 재앙에서도 인유된다(16:4). 만일 두 증인 중 한 명이 모세

라면 출애굽기 7:14-19의 인유는 특별히 적절하다. 모세의 전설은 Lactantius *Div. Inst.* 7.17.2(tr. McDonald, *Lactantius,* 517-18)에도 반영된다. "그가 불을 피로 변하게 하여 그들을 기아로 괴롭힐 것이다."

6c "아무 때든지 원하는 대로 여러 가지 재앙으로 땅을 치리로다"(*καὶ πατάξαι τὴν γῆν ἐν πάσῃ πληγῇ ὁσάκις ἐὰν θελήσωσιν*–카이 파탁사이 텐 겐 파세 플레게 호사키스 에안 델레소신). 이 구절은 분명히 사무엘상 4:8을 인유한다. 사무엘상 4:8에서 블레셋인들은 법궤가 이스라엘 진영에 도착했다는 소식을 듣고, "그들은 광야에서 여러 가지 재앙으로 애굽인을 친 신들이니라"(칠십인역, 호이 파탁산테스 텐 아이귀프톤 엔 파세 플레게–*οἱ πατάξαντες τὴν Αἴγυπτον ἐν πάσῃ πληγῇ*)고 말했다. 물론 이 말은 사람들을 괴롭힌 모든 재앙, 예를 들어 출애굽기 7:14-11:10에서 모세가 애굽인들에게 가한 재앙들을 나타내며, 애굽의 재앙들이 확실히 두 증인에 의해 가해지는 재앙들의 모델임을 강력하게 시사한다.

7a "그 증거를 마칠 때에 무저갱으로부터 올라오는 짐승이 저희로 더불어 전쟁을 일으켜"(*καὶ ὅταν τελέσωσιν τὴν μαρτυρίαν αὐτῶν τὸ θηρίον τὸ ἀναβαῖνον ἐκ τῆς ἀβύσσου ποιήσει μετ᾽ αὐτῶν πόλεμον*–카이 호탄 텔레소신 텐 마르튀리안 아우톤 토 데리온 토 아나바이논 에크 테스 아뷔쑤 포이에세이 메트 아우톤 폴레몬). "(그들이) 그 증거를 마칠 때에"라는 어구는 3절에 상술된 바 있는 두 증인의 예정된 사역 기간, 즉 저자가 다양한 방식으로 사용하는 상징적인 종말 기간인 일천이백육십 일 또는 3년 반을 언급한다. 힙폴리투스(Hippolytus)에 의하면(힙폴리투스는 요한계시록과 다니엘서에 의존한다), 두 증인의 삼 년 반 사역이 종결될 때, 짐승이 성도들과 싸우며 칠 년의 나머지 3년 반을 보낼 것이라고 한다(*Dan.* 4.50.2). 11:7a과 20:7("천 년이 차매 사단이 그 옥에서 놓여" 전쟁을 하기 위해 곡과 마곡을 모은다–*καὶ ὅταν τελεσθῇ τὰ χίλια ἔτη, λυθήσεται ὁ σατανᾶς ἐκ τῆς φυλακῆς αὐτοῦ,* 카이 호탄 텔레스데 타 킬리아 에테 뤼데세타이 호 사타나스 에크 테스 퓔라케스 아우투) 간에는 용어의 유사성이 존재하는데, 퓨일레트(Feuillet, *NTS* 4[1957-58] 194)에 의하면 이 유사성은 두 증인이 교회를 대표하는 것을 나타낸다고 한다. "증인"이라는 명사는 여기에서 3절의 "예언하다"라는 동사, 그리고 6절의 "예언"에 상당하는 용어로 사용된다.

짐승은 이 곳에 돌연히, 그리고 요한계시록에서 처음으로 등장한다. 의외로 이 단락에서 짐승은 특별한 역할을 하지 않는다. 데리온(*θηρίον*)에 수반되는 정관사는 이 짐승이 이 곳에 처음 등장하지만 독자들에게 익히 알려졌음을 나타낸다(K.

Berger, *Auferstehung*, 23). 이 짐승이 바다에서 나오는 짐승(13:1-10)과 동일하다고 추정하는 사람이 있을지 모르지만, 13:1의 데리온(*θηρίον*)에는 관사가 없다. 이 사실은 요한이 13:1의 짐승은 독자들에게 알려지지 않은 것으로 가정한다는 것을 나타낸다. 17:8에 묘사되는 짐승도 유사한 어구로 무저갱에서 올라왔다고(*καὶ μέλλει ἀναβαίνειν ἐκ τῆς ἀβύσσου*–카이 멜레이 아나바이네인 에크 테스 아뷔쑤) 진술되기 때문에, 저자가 요한계시록 17장의 짐승을 11:7; 13:1-10에 언급되는 짐승과 동일시한다고 추정하는 사람이 있을지 모른다. 그러나 17:3의 데리온(*θηρίον*)에 관사가 없다는 사실은 저자가 다른 짐승을 언급하고 있음을(또는 저자가 앞뒤가 맞지 않게 자료를 편집했음을) 시사한다. 그러나 이 짐승의 출현도 역시 약간 돌연스럽게 소개되고, 그의 행동들의 동기가 분명하지 않기 때문에, "무저갱으로부터 올라오는 짐승"(아마 단 7:3의 바다에서 나온[*ἀνέβαινον ἐκ τῆς θαλάσσης*–아네바이논 에크 테스 달라쎄스] 네 짐승의 인유)이라는 어구는 아마 요한계시록 11:3-13을 요한계시록 13장 및 17장과 밀접하게 결합시키려는 목적으로 후에 편집된 추가일 가능성이 있다(Kraft, 157-58). 그리고 짐승이 올라오는 무저갱은 13:1에서 짐승이 나오는 바다와 동일할 것이다(요한계시록에 나오는 무저갱에 대해서는 9:1b의 "주석"을 보라). 형용사구 토 아나바이논 에크 테스 아뷔쑤(*τὸ ἀναβαῖνον ἐκ τῆς ἀβύσσου*, "무저갱으로부터 올라오는")는 두 증인이 사역을 하는 동안 그들을 대적하기 위해 올라왔음을 나타내는 것이 아니라 짐승의 근원 또는 태생을 설명하는 것이다. 저자는 여러 등장자들의 신원을 밝히는 데 설명적 분사구를 종종 사용한다(12:9, 17; 17:1; 18:9, 15; 19:20; 21:9, 15). 두 증인과 짐승의 전쟁은 이미 일어난 사건으로 기술되는 것이 아니라, 세 개의 미래 직설법(포이에세이 메트 아우톤 폴레몬[*ποιήσει μετ᾽ αὐτῶν πόλεμον*, "그가 그들에게 맞서 전쟁을 할 것이다"], 니케세이 아우투스[*νικήσει αὐτούς*, "그가 그들을 이길 것이다"], 아포크테네이 아우투스[*ἀποκτενεῖ αὐτούς*, "그가 그들을 죽일 것이다"])으로 미래에 일어날 일에 대한 예언처럼 기술된다. 13:7에 밀접한 유사절이 나오는데, 그 곳에서는 바다에서 나온 짐승이 성도들과 싸워 이기는 권세를 허용받는다(에도데 아우토 포이에사이 폴레몬 메타 톤 하기온 카이 니케사이 아우투스–*ἐδόθη αὐτῷ ποιῆσαι πόλεμον μετὰ τῶν ἁγίων καὶ νικῆσαι αὐτοῦς*)고 말한다. 이 짐승의 모델은 아마 다니엘 7:21에 나오는 "성도들과 더불어 싸워 이기는" 네 번째 짐승일 것이다. 초기 기독교 작가들은 다니엘서의 네 번째 짐승을 로마라고 믿었고(Hippolytus *de Ant.* 25.1-3; 28.1), 빅토리누스는 무저갱에서 올라온 짐승이 로마라고 생각했다(Victorinus, *Comm. in Apoc.* 11.4). 두 증인만 짐승의 공격을 받지만, 포이에세이 메트 아우톤 폴레몬(*ποιήσει μετ᾽ αὐτῶν πόλεμον*, "그가 그들과 전쟁을 벌일 것이다")이라는 어구는 단지 두 명을 공격하여 죽이는 것을 나타내기에 거의 적절하지 않은 어법이다. 요한계시록에서 보통 이런 종류의 어법은 사단 또는 사단의 대리자들이 성도들에 대항하여 싸우는 전쟁에 대해 사용된다(계 12:17; 13:7[짐승이 용의 대리자로 성도들과 싸운다]; *T. Job* 4.4; 18.5; 27.2를 보라). 에베소서 6:10-17과 이그나티우스, *Trall.* 4:2)에서 그리스도인의 삶은 전쟁의 비유로 묘사된다. 그러나 초기 유대교와 초기 기독교 자료들에서 사단의 싸움을 통한 대항은 우리가 예상하는 것만큼 자주 발견되지 않는다.

7b "저희를 이기고 저희를 죽일 터인즉"(*καὶ νικήσει αὐτοὺς καὶ ἀποκτενεῖ αὐτούς*—카이 니케세이 아우투스 카이 아포크테네이 아우투스). 직역하면 "그리고 그가 그들을 이기고 죽일 것이다"라는 이 어구에서 카이(*καί*)+미래 직설법은 목적절 역할을 한다(S. Thompson, *Apocalypse*, 99). 카이(*καί*)=미래 직설법으로 이루어지는 다른 목적절과 결과절들의 예는 4:1; 5:10; 9:19; 13:7-8; 15:4; 20:7-8, 10을 보라(Aune, *Revelation*, WBC 52A, cxciii cxciv; Zerwick, *Greek*, § 455g [신약성경의 예들과 함께: 마 5:15; 눅 5:1; 24:26; 막 8:25]를 보라).

이 기술은 극도로 요약적이며 수수께끼 같다(요한계시록의 모든 전쟁 묘사들과 마찬가지로; 참조. 12:7-8; 17:14; 19:19-20; 20:9). 유대교와 초기 기독교 전승에서 예언자들이 종종 돌에 맞아 죽는 운명을 맞이했지만(신 13:10; 대하 24:21; 히 11:37; 마 21:35; 23:37; 눅 13:34; 행 7:58-60; *Paral. Jer.* 9:21; *Vit. Proph.* 2.1), 여기서는 두 증인이 어떻게 죽임을 당했는지에 대해 특별하게 이야기되지 않는다. 어거스틴에 의하면 엘리야와 에녹은 세상의 종말에 적그리스도에 의해 죽임을 당할 것이라고 하는데(*Ep.* 193.3, 5; *De gen ad litt.* 9.5), 이 전승은 분명히 요한계시록 11장의 영향을 받은 *Acts Pil.* 25에도 반영된다(tr. Hennecke-Schneemelcher, NTA 1:525).

> 나는 하나님을 기쁘게 해 드림으로 하나님에 의해 땅에서 옮김을 받은 에녹이다. 그리고 이 사람은 엘리야다. 우리는 세상 종말까지 살 것이다. 그러나 그때 우리는 적그리스도를 대항하기 위해 하나님에 의해 보내심을 받아 적그리스도에 의해 죽임을 당할 것이다. 그리고 사흘 후에 우리는 다시 살아나 구름을 타고 들어올림을 받아 주님을 만날 것이다.

요한계시록에 나오는 "사흘 반"이 아니라 그리스도의 죽음과 부활 사이의 전통적인 시간을 모방한 "사흘 후"라는 어구를 주목하라. 락탄티우스(Lactantius, *Div. Inst.* 7.17.3)는 다음과 같이 진술한다(tr. McDonald, *Lactantius*, 518). "이 자는 하나님이 선지자와 싸워 이기고 죽일 것이고 그를 매장하지 않고 내버려 둘 것이다." 아마 엘리야의 재림과 죽음에 대한 가장 오래된 전승은 *Bib. Ant.* 48:1일 것이다. 그런데 그 곳에는 (엘리야와 같이 재림할) 브니아스가 "죽음이 무엇인지 경험할 것이다"라는 말이 나온다.

8a "저희 시체가 큰 성 길에 있으리니"(*καὶ τὸ πτῶμα αὐτῶν ἐπὶ τῆς πλατείας τῆς πόλεως τῆς μεγάλης*–카이 토 프토마 아우톤 에피 테스 플라테이아스 테스 폴레오스 테스 메갈레스). 두 증인의 시체는 장사되지 않고 길에 방치되는데, 아마 죽음 직후에 있었던 예수의 장례와 의도적인 대조일 것이다(막 15:42-47; 마 27:57-61; 눅 23:50-56; 요 19:38-42). 요한복음 19:31-37에 의하면, 빌라도는 사형을 당하는 자들의 시체를 안식일이 시작되기 전에 장사지내는 것에 대해 특별히 마음을 썼다(참조. Jos. *J. W.* 4.317).

헤 플라테이아(*ἡ πλατεῖα*)에 관사가 있는 것은 아마 이 곳이 잘 알려진 주후 70년의 예루살렘 또는 로마의 길이거나 광장을 언급할 것이다(자료에 나오는 로마에 대한 언급이 예루살렘을 언급하는 것으로 편집되었을 수도 있다; 8b절과 8c절의 "주석"을 보라; 로마의 유명한 광장은 *Forum Romanium*이었다). 그러나 최초의 언급이 예루살렘이었을 가능성이 가장 높다. 만일 그렇다면 이 구절은 저자가 팔레스타인 출신임을 나타내는 몇 개의 암시들 중의 하나다. 유대의 묵시록은 하나님의 종말 계획의 중심을 대체적으로는 팔레스타인이라고 생각했고, 특별하게는 예루살렘이라고 생각했다. 만일 저자가 약 주후 90년에 요한계시록을 썼다면, 한 가지 명백한 문제점은 예루살렘이 주후 70년에 멸망되었다는 것이다(그러나 분명히 요한계시록의 일부분은 주후 70년 이전에 작성되었다). 하드리안의 재건 전 시기의 예루살렘 거리들에 대해서는 거의 알려진 것이 없다(Wilkinson, *Jerusalem*, 54-65; 헤롯 대왕에 의해 완성된 도로망 설계 지도는 p. 62에 나온다; 도로 지도에 대한 더 자세한 토론은 Wilkinson, *Levant* 7[1975] 118-36에서 발견된다). 중요한 고대 도로의 부분들이 예루살렘에서 발굴되었지만, 그 도로는 하드리안 통치 시대에 로마인이 아엘리아 카피톨리나(Aelia Capitolina)로 개명된 예루살렘에 재정주한 시대의 것이다(Avigad, *Discovering Jerusalem*, 213-29; H. Geva, *NEAEHL* 2:762를 보라). 이 길은 전형적인 로마 도시의 주요 남북 축을 나타내는 일반적 명칭인 카르도 막시무스(cardo maximus)로 칭해진다. 로마-비잔틴 예루살렘의 이 주요 간선도로는 폭이 22미터 또는 72피트로 다른 도로들의 네 배였기 때문에 분명히 헤 플라테이아(ἡ πλατεῖα)로 묘사될 수 있었다(Broshi, *IEJ* 24[1977] 232-35). 현재 칸 에즈 제이트 스트리트(Khan ez Zeit Street)라고 불리는 예루살렘의 카르도 막시무스는 주후 600년 비잔틴 시대의 마다바(Madaba) 모자이크 지도에 나온다(Avigad, *Discovering Jerusalem*, 211-12; Finegan, *Archaeology*, 169-70; Wilkinson, *Levant* 7[1975] 118-23; M. Avi-Yonah, "Jerusalem," *NEAEHL* 2:775-76). 그러나 이 도로는 후기에 건설된 것이기 때문에 헤롯 시대에 예루살렘 도로 체계에 대해 거의 알려 주는 바가 없다. 지금까지 발굴된 주후 70년 이전의 예루살렘의 큰 길 또는 광장들은 다음과 같다. (1) "타이로포에온 벨리 스트리트"(Tyropoeon Valley Street)로 칭해지는 10미터 폭의 남북 간선도로는 성전 언덕의 남쪽과 "로빈슨 아치"(Robinson Arch) 각주 밑을 지나는 길로 헤롯 시대에 예루살렘의 중앙 시장 역할을 했다(Mazar, "Temple Mount," 25-26; Ben-Dov, *Temple*, 113-15[photographs]; H. Geva, "Jerusalem," *NEAEHL* 2:741[photographs]). 벤 도브(Ben-Dov)에 의하면, 이 길은 "예루살렘에서 가장 영향력 있는 상업의 중심지"였다(*Temple*, 114). 이 길의 북쪽 부분에 있는 로마-비잔틴 제2(동편) 카르도는 타이로포에온 계곡 길을 따라 이어진다(H. Geva, "Jerusalem," *NEAEHL* 2:763-64; M. Avi-Yonah, "Jerusalem," *NEAEHL* 2:779). (2) 이 길과 교차하여 좁은 동서길(폭이 6.4미터이고 길이가 약 280미터)인 "훌다 게이츠 스트리트"(Hulda Gates Street)는 훌다 문들 정면에 있는 성전 언덕의 남쪽 벽을 따라 이어졌다(Mazar, "Temple Mount," 26-27; Ben-Dov, *Temple*, 108; H. Geva, "Jerusalem," *NEAEHL* 2:742). (3) 성전 언덕 남쪽 벽의 "이중 문"(Double Gate)을 지나는 좁은 길로 이어지는 기념 계단 남쪽에서 광장의 유적이 발견되었다(Mazar, "Temple Mount," 27-30). (4) 유대인 지역에 있는 상부 도시 중앙에서 후기 헤롯 시대의 포장된 동서 도로 50미터가 발굴되었는데, 이 길의 한 지점은 폭이 13미터로 측량되었다(Avigad, *IEJ* 22[1972] 198-99; id., *Discovering Jerusalem*, 88, 94; Ben-Dov, *Temple*, 115). "윗시장"(Upper Market), 헤 아노 아고라(ἡ ἄνω ἀγορά)라고 칭해진(Jos. *J. W.* 2.305, 315, 339; 5.137) 이 길은 타이포에온 벨리 스트리트에서 갈라져 상부 도시의 주거 상업 지역으로 이어졌다. (5) 이외에도 윌킨슨은 하나는 성전 경내를 향하고 또 하나는 헤롯 궁전(주전 23년에 완성된)을 향하는 두 개의 간선도로망을 제안한다. 그리고 그가 "성전 길"이라고 칭하는 주요 도로는 성전 언덕에서 서쪽으로 나아가 두 건물을 연결한다고 한다(Wilkinson, *Jerusalem*, 62; id., *Levant* 7[1975] figs. 6-8). 윌킨슨에 의하면(*Revant* 7[1975] 126), "성전 길은 아마 직선이 아닐 것이다. 그러나 이 길은 헤롯 대왕의 도시 전체에서 가장 중요한 길이었다." 하지만 레바인 교수(Prof. L. Levine)가 나에게 준 정보에 의하면, 윌킨슨의 "성전 길"은 고고학적으로 근거가 없는 것이다. 따라서 타이포에온 밸리 스트리트가 주전 70년 이전 예루살렘의 고고학에 대한 현 단계의 우리 지식에서 헤 플라테이아(ή πλατεîα)의 가장 유망한 후보인 것 같다. 두 증인의 사역에 대한 전승은 주후 70년 이전으로 추정되지만, 이 사실은 저자가 역사적 예루살렘, 즉 하나님의 말씀을 선포하기 위해 보냄을 받은 하나님의 사자들을 폭력적으로 거부한 예루살렘을 불신 세계의 상징으로 변형시켰다는 사실과 모순되지 않는다(Considine, *CBQ* 8[1946] 388).

"큰 성"은 예루살렘이나 로마로 해석되어 왔지만, 이 문맥에서 이 어구는 아마 예루살렘으로 확인되어야 할 것이다(Swete, 137-38; Bousset[1906] 312; Lohmeyer, 93; Kraft, 158; Giesen[1997] 255). 여러 자료들에서 예루살렘은 "큰 성"으로 불린다(계 21:20의 여러 이문들["원문주해"; 렘 22:8; Jos. *Ag. Ap.* 1.197; *Sib. Or.* 5.154, 226, 413; *Apoc. El.* 4:13[3:31; ed. Rosenstiehl]을 보라). 플리니(Pliny, *Hist. nat.* 5.14.70)는 "단연 예루살렘은 유대의 유명한 도시가 아니라 동방의 가장 유명한 도시다"(*Hierosolyma long clarissima urbium orientis, non udaeae modo*)라고 말한다. 전문어로 말할 때, 예루살렘은 폴리스(πόλις)의 공식적인 정의와 맞지 않지만(Byatt, *PEQ* 105[1973] 53; 참조. Safrai, *Economy*, 30), 요세푸스가 인용하는 헤카타에우스(Hecataeus)와 아가달키데스(Agatharchides)는 모두 예루살렘을 폴리스(πόλις)라고 칭한다(*Ag. Ap.* 1.197-98, 209). 폴리스(πόλις)는 헬라어 작가들에 의해 두 가지 의미로 사용되었다. (1) 도시 또는 성, 그리고 (2) 그리스와 같은 도시 국가. 헬라의 작가들은 카르타고, 니느웨, 바벨론, 오피스(Opis), 에크바타나(Ecbatana)가 헬라어 전형의 폴리스(πόλις)에 맞지 않았지만 이들을 폴레이스(πολεîς)라고 칭했다(Herodotus 1.178-89; 2.15; Xenophon *Anab.* 2.4.25). 그러나 아리스토텔레스는 바벨론을 폴리스(πόλις)로 불러야 할지 주저했는데(*Pol.* 1276a), 이것은 다른 사람들이 바벨론을 폴리스(πόλις)로 불렀음을 나타낸다. 요한계시록의 다른 곳에서 "큰 성"이라는 어구는 로마를 언급하면서 암시적으로 또는 분명하게 바벨론을 가리킨다(17:18; 18:10, 16, 18, 19, 21; 참조. 16:19). "큰 성"이라는 어구는 요나가 니느웨를 "큰 성"으로, 즉 증오하는 원수의 도시로 칭한 것에 근거하여(욘 1:2; 3:2, 3; 4:11; Jdt 1:1; 참조. *Vit. Proph.* 10.3[10:6B in Denis, *Concordance*, 869; Rosenstiehl, *L'Apocalypse d Élie*, 43) 경멸적으로 사용될 수도 있다. 또한 이 어구는 하늘(*T. Abr.*[Rec. A] 2:6), 크로톤(*Croton*)의 시칠리아 도시(*Sib. Or.* 4.82), 안디옥(John Malalas *Chron.* 10.18, 23 등) 그리고 알렉산드리아(John Malalas *Chron.* 10.32)에 대해 다양하게 사용된다.

그러나 많은 학자들은 "큰 성"이 로마를 언급하는 것이라고 주장하는데(Munck, *Petrus und Paulus*, 30-35), 이 경우 "저희 주께서 못 박히신 곳"(8c절)이라는 어구는 가필로 간주되어야 한다. 벨하우젠(Wellhausen, *Analyse*, 16)의 주장에 의하면, 메갈레 폴리스(*μεγάλη πόλις*)는 하기아 폴리스(*ἅγια πόλις*)를 의미할 수 없고 바벨론-로마만 의미할 수 있다. 로마는 "도시들 중에 가장 큰 도시"(*princeps urbium*)로 칭해지기도 했다(Horace *Carm.* 4.3.13).

8b "그 성은 영적으로 하면 소돔이라고도 하고 애굽이라고도 하니"(*ἥτις καλεῖται πνευματικῶς Σόδομα καὶ Αἴγυπτος* – 헤티스 칼레이타이 프뉴마티코스 소도마 카이 아이귚토스). 이 어구는 아마 가필이지만(J. Weiss, *Offenbarung*, 42) 저자에 의해 추가되었을 것이다. 프뉴마티코스(*πνευματικῶς*)라는 용어는 여기에서 단지 "풍유적으로" 또는 "은유적으로"라는 의미를 나타낼 뿐만 아니라 "예언적으로"라는 의미도 나타낸다(Schweizer, *TDNT* 6:449). 왜냐하면 이 어구는 하나님의 성령의 인도하심을 받는 구약성경이 영적 주석을 나타내기 때문이다(Aune, "Charismatic Exegesis," 126-50). 이사야 1:9-10에서 선지자는 예루살렘을 "소돔"으로 탄핵한다(렘 23:14; 겔 16:46, 49; *Asc. Isa.* 3:10을 보라; 참조. Fekkes, *Isaiah*, 176). 구약성경에서 소돔은 종종 예증적인 "사악한 성"으로 인용되는데(창 18:16-19:29; 신 29:23; 사 1:9; 렘 49:18; 암 4:11; 습 2:9), 이 악명은 초기 유대교에서(4 Ezra 2:8; 3 Macc 2:5; *T. Levi* 14:6; *T. Naph.* 3:4; 4:1; *T. Asher* 7:1; *Apoc. Ezra* 2:19; 7:12) 그리고 초기 기독교에서도 계속 이어졌다(마 10:15; 11:23, 24; 눅 10:12; 롬 9:29; 벧후 2:6; 유 7). 애굽은 우상 숭배(사 19:1; 겔 20:7)와 예속(출 2:23; 6:6; 신 5:6; 6:12; 수 24:17; 삿 6:8; 느 9:17; 렘 34:13; 미 6:4; 2 Esdr 4:3)의 상징이다. 그러나 애굽을 "성, 도시"로 언급하는 것은 거의 부적절하다. 도마행전(*Acts of Thomas*) 108-13에 나오는 진주(珍珠)의 찬송에서 "애굽"은 물질 세계를 나타내는 상징인데, 이는 그노시스교파에서 널리 사용된 은유다(Hippolytus *Ref.* 5.7.41; 5.16.5; H. Jonas, *The Gnostic Religion*, 2nd ed. [Boston: Beacon Press, 1963] 118). 죽은 자 숭배의 본산지로 애굽은 사망의 왕국으로 알려지게 되었다.

8c "곧 저희 주께서 십자가에 못 박히신 곳이니라"(*ὅπου καὶ ὁ κύριος αὐτῶν*

ἐσταυρώθη – 호푸 카이 호 퀴리오스 아우톤 에스타우로데). 이 어구는 분명하게 "큰 성"을 예루살렘으로 확인한다. 그러나 요한계시록에 나오는 다른 "큰 성"의 언급들은 모두 로마를 의미한다. 벨하우젠(Wellhausen, *Analyse*, ad loc.)은 "큰 성"을 로마로 확인한다. 찰스(Charles)는 예루살렘이 최초의 저자와 우리의 저자가 의미하는 "큰 성"이라고 생각한다(1:288). 만일 로마가 문제의 성이라면, 저자는 어떤 길 또는 광장을 의미할 수 있었을가? 보다 명백한 가능성들로 로마 공화국의 상업 중심지이며 도시의 중심인 *Forum Romanum* 또는 *Magnum*(Richardson, *Rome*, 170-74; Zanker, *Forum Romanum*), 그리고 로마에서 가장 오래되고 가장 유명한 길인 *Sacra Via*가 있다(Richardson, *Rome*, 338-40). 그러나 요한계시록 11:1-2은 이 장면을 예루살렘으로 설정한다. 그리고 11:3-13은 장면의 변화를 전혀 시사하지 않는다. 이 구절은 11:1-13에서 유일하게 분명히 기독교에 대한 언급이다. 따라서 많은 학자들이 이 구절을 요한이 그의 자료에 삽입한 해설이라고 주장한다(J. Weiss, *Offenbarung*, 127; Beckwith, 591; Charles, 1:287; Munck, *Petrus und Paulus*, 33-34; K. Berger, *Auferstehung*, 30는 8-10절을 편집적 추가로 간주한다). 반면에 이 가정에 반론을 펼치는 학자들도 있다(Satake, *Gemeindeordnung*, 120; Giesen[1997] 253-55).

퀴리오스(κύριος, "주")는 요한계시록에서 첫 번째로, 그리고 독특한 방법으로 예수님에 대해 사용된다(퀴리오스[κύριος]는 요한계시록에서 23회 사용되는데, 하나님에 대해 15회, 예수님에 대해 8회 사용된다). 다른 곳에서 예수님은 "만주의 주"(17:14; 19:16, 이 곳에서는 세상의 통치자로서의 예수님의 역할이 강조된다) 그리고 "주 예수"(22:20, 21)로 확인된다. 요한계시록 14:13에서 엔 퀴리오(ἐν κυρίῳ)라는 어구는 확실히 예수님을 나타낸다. 신약성경의 다른 곳들에서 퀴리오스(κύριος)라는 칭호가 예수님에게 적용되는 정도를 고려할 때(*TDNT* 3:1088-94를 보라), 요한계시록에 이 칭호가 상대적으로 희귀하다는 것은 주목할 만한 사실이다. 이 곳에시 예수님을 나타내는 칭호로 퀴리오스(κύριος)의 확실한 사용은 이 절이 삽입임을 나타내는 또 하나의 암시다.

예루살렘에서 두 증인의 죽음은 선지자들이 예루살렘에서 죽어야 한다는 전통적인 견해를 반영한다. 이 전통은 예수님께서 자신의 사명을 예루살렘과 연결시키는 누가복음 13:33에 명백하게 나타난다. "선지자가 예루살렘 밖에서는 죽는 법이 없느니라." 전통적으로 예루살렘에서 살해를 당한 것으로 생각된 선지자들 중에는 이사야(*Asc. Isa.* 51.1-5; 참조. *Vit. Proph.* 1.1; Justin *Dial.* 120.5; *Paral. Jer.* 9:

21-22; 참조. Schwemer, *Vitae Prophetarum*, 91 n. 40), 우리야(렘 26:20-23), 여호야다의 아들 스가랴(대하 24:20-22; 눅 11:50-51=마 23:35; *Vit. Proph.* 23.1), 그리고 몇 사람의 무명의 선지자들(*Ant.* 10.38)이 포함된다. 이외에도 예루살렘에서 예레미야를 살해하려고 했다가 좌절된 시도가 있었다(렘 38:4-6).

9a "백성들과 족속과 방언과 나라 중에서 사람들이 그 시체를 사흘 반 동안을 목도하며"(*καὶ βλέπουσιν ἐκ τῶν λαῶν καὶ φυλῶν καὶ γλωσσῶν καὶ ἐθνῶν τὸ πτῶμα αὐτῶν ἡμέρας τρεῖς καὶ ἥμισυ*－카이 블레푸신 에크 톤 라온 카이 필론 카이 글로쏜 카이 에드논 토 프토마 아우톤 헤메라스 트레이스 카이 헤미쉬). 사실상 두 증인의 시체는 전세계적으로 전시된 것이 아니라(분리의 속격 에크 톤 라온[*ἐκ τῶν λαῶν*, "백성들의"]이 동사 블레푸신[*βλέπουσιν*, "볼 것이다"]의 주어 역할을 하는 것을 주목하라. 이것은 세상 백성들 모두가 아니라 일부가 두 증인의 시체를 본다는 것을 나타낸다), 두 증인이 순교당한 성에 온 세계의 "대표들"이 모였다는 것이다(그들의 회심에 대해서는 13절의 "주석"을 보라). 이 사실은 "큰 성"이 세계를 나타내는 상징임을 시사한다. 경건한 유대인들이 천하 각국으로부터 예루살렘으로 왔다고 과장되게 주장하는 사도행전 2:5에서 유사한 상황이 발견된다. 민족 집단을 나타내는 네 가지 목록에 대해서는 5:9의 "주석"을 보라. *Vit. Proph.* 10.8에서는 요나가 예루살렘의 멸망을 예언한다. 특별히 예루살렘에 모든 나라들이 출현하는 것에 대한 강조가 이 곳의 본문과 관련된다.

> 카이 호테 이도신 엔 히에루살렘 판타 타 에드네
> (*καὶ ὅτε ἴδωσιν ἐν Ἱερουσαλὴμ πάντα τὰ ἔθνη*)
> 호티 헤 폴리스 헤오스 에다푸스 에파니스타이 홀레
> (*ὅτι ἡ πόλις ἕως ἐδάφους ἠφάνισται ὅλη*)
>
> 백성들이 예루살렘에서 모든 나라들을 볼 때
> 그것은 이 성이 완전히 파멸될 것을 의미한다.

"큰 성"(8a절)은 예루살렘으로 확인되지만(8c절), 모인 백성들의 세계적인 출신을 볼 때 이 성은 고대 지중해 세계의 가장 국제적인(그리고 가장 인구 밀도가 높은) 도시들 중의 하나인 로마로 보는 것이 더 적절한 것 같다(Stambaugh, *City*, 89-100). 이 구절은 "천하 각국"의 백성들이 예루살렘에 모여 베드로의 설교를 듣는(행 2:5-11) 오순절 사건의 일종의 풍자적 반전이다.

사흘 반(11절에 반복되는)에 대한 언급은 두 증인이 활동한 일천이백육십 일 또는 삼 년 반과 수적으로 일치한다. 묵시 문헌에 상투적으로 고난의 시기를 나타내어 사용되는 이 수는(단 7:25; 12:7; 참조. 11:2의 주석) 누가복음 4:25, 야고보서 4:17 그리고 소수의 랍비 자료들에서만 발견되는 전승에 의하면 엘리야의 시대의 기근 기간과 일치한다(J. Lightfoot, *Horae Hebraicae* 3:72-75; Str-B, 3:761). 성경 전승은 삼 년을 언급한다(왕상 18:1). 랍비 지료들에 "사흘 반, 삼 년 반"은 자주 나오는데 분명히 "장기적인 기간"을 의미한다.

9b "무덤에 장사하지 못하게 하리로다"(*καὶ τὰ πτώματα αὐτῶν οὐκ ἀφίουσιν τεθῆναι εἰς μνῆμα*-카이 타 프토마타 아우톤 우크 아피우신 테데나이 에이스 므네마). 9a절에 집합 단수(*τὸ πτῶμα*-토 프토마)로 방금 사용되었던 타 프토마타(*τὰ πτώματα*, "시체")의 갑작스러운 출현(개역성경에서는 번역되지 않음)은 설명할 필요가 있다. 스웨테(Swete, 138-39)에 의하면, 장사를 위해 각각의 시체가 개별적으로 처리되어야 하기 때문에 복수형이 적절하다고 한다. 7-10절은 시편 79:1-3의 영향을 받은 것으로 보인다.

> 하나님이여 열방이 주의 기업에 들어와서
> 주의 성전을 더럽히고
> 예루살렘으로 돌 무더기가 되게 하였나이다.
> 2저희가 주의 종들의 시체를
> 공중의 새에게 밥으로 주며
> 주의 성도들의 육체를 땅 짐승에게 주며
> 3그들의 피를 예루살렘 사면에
> 물같이 흘렸으며
> 그들을 매장하는 자가 없었나이다.

다음의 주제들은 두 본문에 공통적으로 나오는 것들이다. (1) 예루살렘에 "열방"의 출현, (2) 하나님의 종들의 살해, (3) 살해된 하나님의 종들이 장사되지 않고 방치됨. 저자가 사용한 두 증인 또는 한 증인 기사의 구성에 실제로 시편 79:1-3이 영향을 끼쳤을지도 모른다. 또 다른 본문, 즉 쿰란에서 발견된 4Q*176* = 4QTanhumin 1-2 i 1-4도 역시 시편 79:1-3을 인유하는 것으로 보이며, 이 기사의 영향을 나타낸다(tr. García Martínez, *Dead Sea Scrolls*, 208).

> 주의 놀라운 일을 베푸시고, 주의 백성에게 공의를 행하시고…그리고 주의 성전 예루살렘에…피에 대해 열방과 논하소서. 주의 제사장들의 시체를 보소서…그들을 장사지내

는 자가 아무도 없나이다.

1 Macc 7:16-18에서는 60명의 하시딤들(Hasideans)의 학살이 분명하게 시편 79:2-3의 성취로 해석된다. 그리고 분명히 이 구절은 이두메아인들(Iumeans)이 대제사장 아나누스(Ananus)와 여호수아를 살해하고 장사지내지 않고 내버려 둔 일에 대한 기사의 구성에 영향을 끼쳤다(Jos. *J. W.* 4.314-17; Schürer, *History* 1:497; 참조. Eckhardt, *Johannes*, 68-70). 의인들이 살해를 당할 마지막 종말의 전투를 예언하는 *Jub.* 23의 한 구절에서는 아무도 그들을 장사지내지 않을 것이라고 명확하게 진술된다(*Jub.* 23:23).

고대 세계에서 시체를 매장하지 않고 내버려 두는 것은 능욕으로 이해되었다. 이런 일은 죽은 자들에 대한 큰 분노를 표현하기 위해 행해졌다(*Iliad* 23.21-23, 183; 24.15-21; *Odyssey* 11.51-78; Sophocles *Antigone*[passim]; 왕상 14:11; 16:4; 21:24; 왕하 9:10, 33-37; 렘 8:1-2; 14:16; Tob 2:3-10; 막 12:8; Philo *Jos.* 25; *Mos.* 1.39; Jos. *J. W.* 3.377; 4.381-84; *Sib. Or.* 3.643; *1 Enoch* 98:13; see K. Berger, *Auferstehung*, 278-79 n. 118). 요세푸스에 의하면(*J. W.* 4.317), 유대인들은 십자가에 달려 죽은 죄인들일지라도 해가 지기 전에 장사지내는 엄중한 장례 관례를 준수했다. 그리스 세계에서 시체를 매장(또는 화장)하지 않는 것은 불명예를 의미할 뿐만 아니라 지하 세계로부터의 축출도 의미했다(*Iliad* 71; N. D. Fustel de Coulanges, *The Ancient City*[Baltimore: Johns Hopkins UP, 1980] 13-17; Parker, *Miasma*, 45-46, 70). *T. Job* 53.5-6에 의하면, 과부들과 고아들이 욥을 무덤에 안치하지 못하게 욥의 가족들을 막았기 때문에(그 동기는 진술되지 않지만 아마 욥을 애도하기 위함이었을 것이다) 사흘 후에 장례를 지냈다고 한다.

10a "땅에 거하는 자들이 저희의 죽음을 즐거워하고"(*καὶ οἱ κατοικοῦντες ἐπι τῆς γῆς χαίρουσιν ἐπ᾽ αὐτοῖς*-카이 호이 카토이쿤테스 에피 테스 게스 카이루신 에프 아우토이스). "땅에 거하는 자들"이라는 어구(이 어구는 요한계시록에 아홉 번 나온다)의 부정적인 의미에 대해서는 3:10의 "주석"을 보라. 저자-편집자가 즐겨 사용하는 이 표현은 여기에서 9a절에 나오는 "백성들과 족속과 방언과 나라 중에서 사람들"의 유사어구로 사용되는데, 9a절의 어구는 분리의 속격으로 "땅에 거하는 자들(의 일부)" 즉 "땅에 거하는 자들(의 대표들)"을 나타낸다. "땅에 거하는 자들"이라는 어구의 무제한적인 용법은 "세상의 모든 사람"이 두 증인의 죽음을 기뻐했다는 것을 암시한다. 따라서 8절의 "큰 성"은 세상이 된다. 일부 주석가들은

이들을 팔레스타인의 거민들로 해석한다(Bousset[1906] 322-23; Charles, 1:289-90). 그러나 여기에서 "큰 성"의 세계적인 의미는 다른 연상을 준다. 악한 자들의 사악한 기쁨에 대해서는 칠십인역 잠언 2:14; *Ant.* 8.197; *Gos. Pet.* 6.23(유대인들이 예수님의 죽음을 기뻐한다); *Asc. Isa.* 5.2(모든 거짓 선지자들이 이사야가 톱으로 두 조각 나는 것을 보며 웃고 기뻐한다).

10b "기뻐하여 서로 예물을 보내리라 하더라"(*καὶ εὐφραίνονται καὶ δῶρα πέμψουσιν ἀλλήλοις* - 카이 유파이논타이 카이 도라 펨프수신 알렐로이스). 기쁨과 선물 교환이라는 두 주제가 밀접하게 관련된다. 그리스-로마 세계에서 선물 교환은 상호 의무의 표현이었고 공적 생활과 사적 생활 모두에서 중요한 역할을 차지했다(*Iliad* 6.119-236). 선물은 농신제(農神祭, Saturnalia)와 같은 종교적 축일에 교환되었다(Burkert, *Greek Religion,* 101; Scullard, *Festivals,* 207; H. S. Versnel, *nconsistencies in Greek and Roman Religion*[Leiden: Brill, 1992] 2:148; 참조. Herodian 1.16.2; Macrobius *Saturnalia* 1.7.18ff.). 고대 그리스에서와 마찬가지로 고대 이스라엘에서도 선물 증정은 탄생(마 2:11), 약혼(*Odyssey* 15.16-18), 결혼(*Odyssey* 20.341-44)과 관련되었고, 다양한 경사 즉 기쁨과 즐거움과 관련된 모든 행사 때 부모가 자녀에게 선물을 주었다(마 7:11=눅 11:13). 그러나 이런 경우 대부분은 사실상 선물 교환이 없었다(농신제와 1월 1일의 신년 축제는 예외였다; M. Meslin, *La fête des kalendes de janvier dans l empire romain*[Brussels: Latomus, 1970] 39를 보라). 농신제는 12월 17일부터 23일까지 칠 일 동안 거행되었는데(Scullard, *Festivals,* 205-7), 선물 교환을 포함하여 농신제와 관련된 전통들 중 일부가 농신제에 바로 이어지는 그리스도의 탄생을 축하하는 12월 25일의(주후 336년에 처음 이날 경축되었다) 기독교 의식에 받아들여졌을지 모른다. 유대인의 부림절은 기쁨과 즐거움의 시기였고, 유대인들이 "서로 예물을 주며 가난한 자를 구제하는" 절기였다(에 9:22). 여기에는 실제로 선물 교환이 포함되었다. 그러나 "예물"(gift)이라는 말은 정의를 요구한다. 왜냐하면 고대 세계에서는 보답을 기대하지 않고 가치 있는 것을 주는 사람이 없었기 때문이다(Finley, *World,* 64-66; Hands, *Charities,* 26-48).

10c "이 두 선지자가 땅에 거하는 자들을 괴롭게 한 고로"(*ὅτι οὗτοι οἱ δύο προφῆται ἐβασάνισαν τοὺς κατοικοῦντας ἐπὶ τῆς γῆς* - 호티 후토이 호이 뒤오 프로페타이 에바사니산 투스 카토이쿤타스 에피 테스 게스). "증인"으로서 이들의 역할이 3절과 6절에 "예언을 하는 것"(prophesying, prophecy)으로 묘사되지만, "선지자"(prophets)라는 말은 여기에 첫 번째로 나온다. 여기에서 에바사니산(*ἐβασά-*

νισαν, "괴롭게 하다")이라는 용어는 두 증인의 예언의 결과를 언급하는 것이 아니라(예언의 내용은 명기되지 않는다) 그들이 야기한 재앙과 처벌들을 언급하는 것이다. 두 증인의 증언이 "견딜 수 없는" 것이었다는 견해, 즉 감정적 고통에 대한 비유적 의미로 바사니제인(*βασανίζειν*)이라는 용어를 사용하는 견해는 기블린(Giblin, *NTS* 30[1984] 444)이 제안한다. "땅에 거하는 자들"이라는 어구(10a절을 참조하라)에 대해서는 3:10의 "주석"을 보라.

11a "삼 일 반 후에 하나님께로부터 생기가 저희 속에 들어가매 저희 발로 일어서니"(*καὶ μετὰ τὰς τρεῖς ἡμέρας καὶ ἥμισυ πνεῦμα ζωῆς ἐκ τοῦ θεοῦ εἰσῆλθεν ἐν αὐτοῖς καὶ ἔστησαν ἐπὶ τοὺς πόδας αὐτῶν*–카이 메타 타스 트레이스 헤메라스 카이 헤미쉬 프뉴마 조에스 에크 투 데우 에이셀덴 엔 아우토이스 카이 에스테산 에피 투스 포다스 아우톤). 이 절의 두 번째 부분은 에스겔 37:10을 인유한다. "이에 내가 그 명대로 대언하였더니 생기(*πνεῦμα*–프뉴마)가 그들에게 들어가매 그들이 곧 살아 일어나서 서는데 극히 큰 군대더라"(칠십인역에서 프뉴마 조에스[*πνεῦμα ζωῆς*]라는 어구가 처음 나오는 5절을 참조하라). 부쎄트(Bousset, *Antichrist*, 210)는 이 두 증인의 사흘 후 부활 사건이 유대교-기독교의 기원을 갖고 있는 것이라고 주장했으나, 나중에 유대교의 시각에서 충분히 설명할 수 있다고 생각하게 되었다([1906] 323-24). 버저(K. Berger)는 11-12절이 기독교의 기원을 갖고 있다고 생각할 만한 확실한 근거가 없다고 주장한다(*Auferstehung*, 39). 그러나 이 판단은 방법론적으로 의심스럽다(그렇다면 바울 서신들도 유사하게 세분화되어 많은 문장들이 "기독교적"이 아니라고 결론내려질 수 있을 것이다). "삼 일 반"이라는 어구는 9a절에서 되풀이된다. 두 증인의 부활은 삼 일 반 후에 일어났기 때문에 예수의 부활과 관련된 삼 일을 생각하게 한다. 이 전승은 두 가지 형태를 갖고 있다. (1) 예수님은 "제삼일에"(on the third day) 살아나셨다(마 16:21=눅 9:22; 마 17:23; 마 20:19=눅 18:34; 눅 24:7, 21, 46; 행 10:43; 고전 15:4). (2) 예수님은 "사흘 후에"(after three days) 살아나셨다(마 27:60; 막 8:31; 9:31; 10:34). "사흘 후에"를 요한계시록 11:11의 "삼 일 반"과 동일시하려는 시도들은 문제가 있다. 왜냐하면 사흘 반은 2절의 마흔두 달(압제의 기간)과 3절의 일천이백육십 일(증거의 기간)(이 기간들은 모두 삼 년 반의 다른 형태다)보다 훨씬 짧은 기간이지만 유사한 기간이기 때문이다.

"생기"라는 어구는 창세기에 몇 번 나온다(창 1:30; 2:7; 6:17; 7:15, 22; 참조. 욥 32:8; 33:4; 4 Ezra 3:5). 하나님께서는 최초의 인간에게 생기를 불어넣으셨다.

락탄티우스(Lactantius *Div. Inst.* 7.17.3)는 "그러나 사흘 후에 그가 다시 살아나 모든 사람이 쳐다보고 놀라는 동안 하늘로 들어올림을 받을 것이다"라고 말한다. *Paral. Jer.* 9:7-14에서 예레미야는 성전의 제단 근처에서 기도를 드린 후에 마치 죽은 것처럼 쓰러진다. 사람들이 슬퍼하며 그를 장사지내려고 할 때 "아직 살아 있은 자를 장사하지 말라. 왜냐하면 그는 다시 자신의 몸으로 돌아올 것이기 때문이다"라는 음성이 들린다. 그리고 삼 일 후에 예레미야는 소생하여 하나님을 찬양하며 영광을 돌린다. *T. Abr.*[Rec. A] 18:11에서, 아브라함이 기도하자 아브라함의 죽은 종들에게 "하나님께서 생기를 보내 주셨고"(*ἀπέστειλεν ὁ θεὸς πνεῦμα ζωῆς* – 아페스테일렌 호 데오스 프뉴마 조에스), 그들은 다시 살아난다. 죽은 자의 혼이 삼 일 동안 시체 주위를 떠돈다는 생각은 고대 근동에 널리 퍼져 있었다(Plutarch *De num. vind.* 22; K. Berger, *Auferstehung*, 370-71). "자기 발로 일어섰다"는 어구는 죽은 사람이 소생했다는 사실을 강조하여 간혹 사용된다(왕하 13:21; 겔 37:10; *Pesiq. Rab Kah.* 23.1 [Neusner, *Pesiqta* 2:83]; 참조. 겔 3:24). 임 야큄 웨히탈레크(אם יקום והתהלך, "만일 그가 일어나 걸으면")라는 어구는(참조. 출 21:19) 심하게 부상을 당한 사람의 소생을 나타낸다(*Mek. de-Rabbi Ishmael, Nezikin* 9[Lauterbach, 3:53]).

11b "구경하는 자들이 크게 두려워하더라"(*καὶ φόβος μέγας ἐπέπεσεν ἐπὶ τοὺς θεωροῦντας αὐτούς* – 카이 포보스 메가스 에페페산 에피 투스 데오룬타스 아우투스). "크게 두려워하다"(직역하면 "큰 두려움이 그들에게 닥쳤다")라는 어구는 집합적인 경외의 반응을 나타내는 셈어식 표현이다. 그 경외의 이유는 이스라엘 백성 또는 유대인들이 무적이기 때문이거나(출 15:16; 신 11:25; 에 8:17; 9:2; 1 Macc 3:25; 7:18; 2 Macc 12:22) 또는 초자연적 능력이 나타남에 대한 반응이다(2 Macc 3:24; 눅 1:12, 65; 행 5:5; 19:17). 동사 데오룬(*θεωροῦν*)은 요한계시록에 두 번 나오는 반면에(11:11, 12), 블레페인(*βλέπειν*)은 19회 나온다(대조적으로 데오룬[*θεωροῦν*]은 제4복음서에서 즐겨 사용되는 단어로 24회 나온다).

12a "하늘로부터 큰 음성이 있어 이리로 올라오라 함을 저희가 듣고"(*καὶ ἤκουσαν φωνῆς μεγάλης ἐκ τοῦ οὐρανοῦ λεγούσης αὐτοῖς, ἀνάβατε ὧδε* – 카이 에쿠산 포네스 메갈레스 에크 투 우라누 레구세스 아우토이스 아나바테 호데). 요한계시록에 나오는 확인되지 않는 음성에 대해서는 10:4의 "주석"을 보라. 여기에서 이 음성은 단순하게 두 증인에게 "이리로 올라오라"고 명령하는데, 이는 4:1에 나오는 것과 동일한 어구다. 하늘로부터 들려오는 음성은 간혹 순교자들에게 힘과 용기를

준다(*Mart. Pol.* 9.1). 타이아나의 아폴로니우스(Apollonius of Tyana)의 신격화에 대한 증언들에 의하면, 그가 사라지고 닫힌 신전 안에서 다음과 같은 합창이 들렸다고 한다. "땅에서 서둘러 가라, 하늘로 서둘러 가라, 서두르라"(Philostratus *Vita Apoll.* 8.30).

12b "구름을 타고 하늘로 올라가니"(*καὶ ἀνέβησαν εἰς τὸν οὐρανὸν ἐν τῇ νεφέλῃ* – 카이 아네베산 에이스 톤 우라논 엔 테 네펠레). 이 사건은 기적적인 신의 구출로 제시되는데, 두 증인의 대적들이 그들의 승천을 주목한다는 사실이 강조된다. 순교자들이 죽은 다음에 하늘로 올라가서 하나님 앞에 선다는 유대교와 기독교의 순교 전설들이 있다. 그러나 한 곳을 제외한(*T. Job* 39.12-13; 40.3) 모든 본문에서 순교자의 영혼이 승천을 하는 것 같다(단 12:2-3; 4 Macc 17:5; Jos. *J. W.* 2.153-55; *Mart. Justin*[Rec. A and B] 5; Acts *Scill.* 15[*Hodie martyrer in caelis sumus*]; *Mart. Perpetua* 11.7-8; *Mart. Fruct.* 5; 7.2; 참조. Kellermann, *Auferstanden in den Himmel*[계 11]). 일부 구절들에서 순교자가 올라가지만 하늘로 올라간다고 언급되지 않는다(2 Macc 7:9, 11, 14, 23, 29; *Jub.* 23:30; see Hengel, *Zealots*, 269-70). 다른 본문들은 순교자들을 기다리는 불멸이 언급되지만 역시 하늘은 언급되지 않는다(Jos. *J. W.* 1.650; 7.344 60; *Ag. Ap.* 2.218-19; 4 Macc 7:19; 9:8; 16:25).

이스라엘과 기독교의 전설에서 여러 가지 방식으로 구름은 운송 수단으로 사용된다(Sabourin, *BTB* 4[1974] 290-311; Lohfink, *Himmelfahrt*, 187-93; Luzarraga, *Nube*, 220-25; Vermes, *Jesus*, 186-88; 부록 I: "하늘의 운송 수단, 구름"을 보라). (1) 여호와를 위한 운송 수단으로(신 33:26; 시 68:34; Houtman, *Himmel*, 324-26를 보라), (2) 땅에서 하늘로 가는 운송 수단으로(행 1:9; 살전 4:17; 계 11:12; 왕하 2:11; *1 Enoch* 14:8; 39:3; 52:1; 70:2; *2 Enoch* 3:1; *T. Abr.*[Rec. A] 10:1;[Rec. B] 8:3; 10:2; *Ant.* 4.326[모세에게 구름이 내려오고, 모세는 산 골짜기 속으로 사라졌다]; *b. Yoma* 4a["모세가 구름을 타고 올라갔다"]; *Pesiq. Rab. Kah.* 20.4 (96b), "구름이 모세를 덮고 그를 위로 데리고 갔다"[A. Jellinek, *Bet Ha-Midrash* 1:59]), (3) 하늘의 한 곳에서 다른 곳으로 가는 운송 수단으로(시 68:4; 104:3; 사 19:1; 단 7:13; *T. Abr.*[Rec. B] 12:1, 9; 4 Ezra 13:3), (4) 종종 초기 기독교 자료들에서 인자의 강림과 연결되어 하늘로부터 땅으로 내려오는 운송 수단으로(계 1:7; 10:1; 막 13:26=마 24:30=눅 21:27; 막 14:62=마 26:64; *Barn.* 16:8; *T. Abr.*[Rec. A] 9:8; 15:2), (5) 즉위의 방법으로(계 14:14-16; Sir 24:4;

Mek. de-Rabbi Ishmael, Shirata 6[Lauterbach, 2:46], "느부갓네살이 '내가 나를 작은 구름으로 만들어 그 안에 거할 것이다'라고 말했다"), 신의 현현 또는 천사의 나타남과 관련된 상징으로(계 10:1; 출 14:24; 16:10; 24:16; 레 16:2; 민 12:5; 신 1:33; 애 3:44; 2 Macc 2:8; 막 9:7=마 17:5=눅 9:34-35).

11-12절에 서술된 두 증인의 승천은 본질적으로 영혼의 하늘 여행 기사들과 구별되는 **휴거(rapture) 기사**다. 즉 두 증인은 살아 있는 채로 지상 생활을 끝내고 하늘로 들려올림을 받는다(Zwiep, *Ascension*, 22, 36 n. 1). 버저(K. Berger)는 누가복음 24장이 요한계시록 11:3-13, *Gos. Pet.* 10, 그리고 *Barn.* 15:9에서도 발견되는 양식인 부활, 현현, 승천이라는 양식을 보인다고 지적했다(*Auferstehung*, 170-74, 471-75). 이 양식은 *Barn.* 15:9에서 가장 간명한 형태로 발견된다. "그러므로 우리는 예수께서 죽음에서 살아나사 나타나신 바 된 후에 하늘로 올라가신 제팔일을 기쁘게 축하한다." 이 절이 사도행전 1:9과 공유하는 중심 주제는 승천하는 사람들을 나르는 운송 수단으로서의 구름이다. 그렇지만 이 휴거 기사는 에녹, 엘리야, 모세, 에스라(4 Ezra 14:7-9, 50), 바룩(*2 Apoc. Bar.* 76:1-5) 그리고 비느하스(*Bib. Ant.* 48:1-2)가 포함되는 초기 유대교의 다른 휴거 기사들과 다르다. 왜냐하면 이 모든 인물들은 그들이 다시 돌아올 종말을 기다리기 위해 살아 있는 채로 하늘로 들어올림을 받았기 때문이다(말 3:23-24; 행 1:11; 3:21; 4 Ezra 14:9; *2 Apoc. Bar.* 76:2; *Bib. Ant.* 48:2; see Zwiep, *Ascension*, 76-79). 반면에 두 증인의 등장은 모세와 엘리야의 재림을 추정하는 종말론적 사건이다. 이들의 육체적 승천은 종말까지 그들을 보존하기 위한 것이 아니라 분명히 그들의 보호를 위해 이루어지는 두 번째의 휴거다.

의인들을 하늘로 영원히(일시적이 아니라) 이동 또는 운송한다는 주제는 약간 문제가 있다. 그 이유는 성경 전승에서 보통 하늘은 살아 있는 또는 죽은 의인들의 거처로 간주되지 않기 때문이다. 그러나 에녹의 이동에 대한 전승(창 5:22, 24; Sir 44:16; *Ant.* 1.85; *1 Enoch* 39:3; 히 11:5; *1 Clem.* 9:3; Ps.-*Titus Epistle*[Hennecke-Schmeemelcher, NTA 2:153])과 엘리야의 이동에 대한 전승(왕하 2:1-12; 말 4:5)은 명백한 선례다. 매우 특별한 그리스의 영웅들만이 축복 받은 자들의 여러 섬들에서 생명의 보상을 받는 것과 마찬가지로, 모세, 에스라, 바룩, 비느하스 등의 승천을 언급하는 이 본문들과 다른 본문들은(Zwiep, *Ascension*, 36-79) 특정한 의인들의 거처로 간주될 수 있음을 시사한다(*Apoc. Paul* 20, 51; *Asc. Isa.* 9:7-9). 이 주제에 대해서는 *T. Job* 39.12(Charlesworth, *OTP* 1:859)를 보라. "너희는 나의 자녀를 찾지 못할 것이라. 왜냐하면 그들은 그들의 왕이신 창조주에 의해 하늘로 들어올림을 받았기(*ἀνελήφθησαν*-아넬레프데산) 때문이다." 이 본문은 집이 무너져서 죽은 욥의 아들들의 영혼과 육체가 하늘로 들려올림을 받았다고 암시하는 것 같다(Spittler in Charlesworth, *OTP* 1:859 n. e에 의한 확대 논의를 보라). 육체와 영혼의 이분법을 가정하는 다른 형태는 *T. Abr*(Rec. B1; F. Schmidt, 62) 7:16-17에서 발견된다. "그리고 그(아브라함)는 하늘로 들려올림을 받을 것이다(*ἀναλαμβάνεται*-아날람바네타이). 그러나 그의 육신은 땅에 남는다." 유사한 본문이 *Testament of Abraham*(Rec. B2; F. Schmidt, 89)에서 발견된다. "너는 하늘로 들려올림을 받을 것이나(*ἀναλαμβάνεσαι*-아날람바네사이) 네 육신은 땅에 남을 것이다." *Asc. Isa.* 9:9에서 이사야는 일곱 번째 하늘에서 의인들이 "육신의 옷을 벗는"(stripped of the garment of the flesh) 것을 보았다고 한다(tr. Hennecke-Schneemelcher, NTA 2:657). 베드로와 바울이 요한계시록 11:3-13의 두 증인이라는 뭉크(Munck)의 주장은 그들이 죽은 다음에 하늘로 들려올림을 받았다는 전설이다(*Petrus und Paulus*, 72ff.). 분명히 그는 이 전설이 널리 퍼진 순교사의 주제라는 사실을 알지 못하고 이 주장을 사용한다. 베드로의 승천은 *1 Clem.* 5:4에서 묘사된다. "이렇게 증거한 다음, 그(베드로)는 매우 당연한 영광의 장소로 갔다"(*οὕτω μαρτυρήσας ἐπορεύθη εἰς τὸν ὀφειλόμενον τόπον τῆς δόξης*-후토 마르튀레사스 에포류데 에이스 톤 오페일로메논 토폰 테스 독세스). *1 Clem.* 5:7는 바울에 대해 "그도 역시 거룩한 곳으로 들려올림을 받았다"(*καὶ εἰς τὸν ἅγιον τόπον ἀνελήμφθη*-카이 에이스 톤 하기온 토폰 아넬렘프데)고 말한다. 이와 유사하게, *Mart. Paul* 4(Lipsius-Bonnet, *AAA* 1:114, line 15 through 1:115, line 1)에서 바울은 마지막 찬송으로 "나는 주님께로 가려고 한다"고 말한다(아마 빌 1:23에 근거한 내용일 것이다). *Acts Thom.* 169-70(Lipsius-Bonnet, *AAA 2/2*:286, lines 10-11)은 사도 도마의 무덤이 유품을 찾는 자에 의해 열렸을 때, 그의 시체가 그 곳에 없었다고 한다(실종=승천 주제에 대해서는 12c절의 주제를 보라).

12c "저희 원수들도 구경하더라"(*καὶ ἐθεώρησαν αὐτοὺς οἱ ἐχθροὶ αὐτῶν*-카이 에데오레산 아우투스 호이 에크드로이 아우톤). 승천을 목격하는 것은 승천 기사들에 간혹 나오는 주제다(삿 13:20; 왕하 2:11-12; 눅 24:51; 행 1:9-10[계 11:12에서와 같이, 예수님은 구름을 타고 승천하신다]; *Jub.* 32:20; *Ant.* 5.284; *2 Enoch*[Rec. J and A] 67; *T. Abr.*[Rec. B] 7:14-16; *T. Job* 52.8-10; John Malalas *Chron.* 10.33, "나[베드로]는 그의[그리스도의] 제자이고, 나의 앞에서 그는

승천하셨다"; 참조. Lohfink, *Himmelfahrt*, 73). 동일한 주제가 승천을 통한 신격화에 대한 그리스-로마 기사들에도 나온다(Dio *Ant. Rom.* 4.3[Versio 1, Cassius Dio Coeceianus, ed. Boissevain], Aeneas; Livy 1.16.1-2[로물루스는 구름에 덮였고 더 이상 땅에서 보이지 않았다]; 참조. Cicero *De repub.* 2.10.17; Dionysius Hal. *Ant. Rom.* 2.56.2; Ovid *Metam.* 14.805-51; *Fasti* 2.481-509; Plutarch Rom. 27.6-8). 저스틴(Justin, *1 Apol.* 21.3)은 죽은 시이저(카이사르)가 승천하는 것을 보았다고 증인에게 맹세를 시킬 필요성에 대해 말한다. 로물루스를 신격화하는 신화에서 목격자의 역할은 법적인 의의를 갖는다고 한다. 줄리우스 프로쿨루스(Julius Proculus)는 "내 자신이 로물루스가 하늘로 올라가는 것을 보았다"고 주장했다고 한다(Dio 1.5.12; Plutarch Rom. 28.1-3; *Numa* 2.3; Aurelius Victor *De viris illustr.* 2.13; Dio 56.46.2). 이와 유사하게 로마 원로원 의원인 누메리우스 앗티쿠스(Numerius Atticus)는 아우구스투스가 승천하는 것을 보았다고 맹세했다(Dio 56.46.2; Suetonius *Aug.* 100.4). 타이아나의 아폴로니우스(Apollonius of Tyana)는 기적적으로 사슬에서 풀린 다음에 수감자들을 불러모아 신전에서 하늘로 올라가는 자신의 모습을 목격하게 했다(Philostratus *Vita Apoll.* 8.30). 사라지는 것이 승천이라는 생각은 John Malalas *Chron.* 10.52에도 나오는데, 이 기록에 의하면 도미티안이 제우스에게 제사를 드리다가 성전에서 사라졌을 때 사람들은 그가 승천했다고 추측했다고 한다. 그러나 사실 그는 암살을 당한 것이었다.

13a "그 시에 큰 지진이 나서"(*Καὶ ἐν ἐκείνῃ τῇ ὥρᾳ ἐγένετο σεισμὸς μέγας* -카이 엔 에케이네 테 호라 에게네토 세이스모스 메가스). "그 시에" 또는 "그 동일한 시간에"라는 어구는 하나님의 응보가 즉각적이었다는 사실(단 3:15) 또는 기적적인 사건들이 즉각 일어났다는 사실(단 5:5; 마 8:13; 10:19=막 3:11=눅 12:12; 눅 7:21; 요 4:53; 행 22:13; 참조. K. Berger, *Auferstehung*, 24는 *mirabilis coincidentia temporis*라는 어구를 사용한다)을 강조하는 데 사용된다. 요한계시록에서 지시대명사 에케이노스(*ἐκεῖνος*, "저것")는 두 번밖에 나오지 않는다(9:6; 11:13). 여기에서 저자는 현재 시제 용법을 과거 시제 동사로 바꾸는데(*ἐγένετο*-에게네토, "있었다"), 과거에 이 환상을 보았기 때문에 과거에 일어난 현상으로 설명하는 것이다(Mussies, *Morphology*, 181).

두 증인의 죽음과 부활이 예수님의 죽음과 부활과 유사하기 때문에, 마태복음 27:51에 언급되는 예수님의 죽음에 동반된 지진은 적절한 대비다. 요한계시록에서 지진(다른 기상 현상들과 함께 하는)은 대개 신적 현현의 역할을 하지만(6:12;

8:5; 11:19). 이 곳과 16:18에서는 하나님의 처벌의 도구다. *PGM* IV.679-84에 의하면, 일곱 명으로 이루어진 한 집단의 신들이 뇌성과 번개와 지진을 보내 불경한 자들을 처벌한다고 한다. 여러 설화들에서 영웅들의 승천에는 종종 기상 현상과 진동 현상이 동반된다. 로물루스의 경우에는 천체의 어두워짐, 뇌성, 번개, 비가 있었다(Dionysius Hal. *Ant. Rom.* 2.56.2; Plutarch Rom. 27.6; Ovid *Metam.* 14.816 17; Dio 1.5.12). 이 현상들은 처벌을 위한 것이 아니라 주로 비범한 사건이 일어나고 있다는 표시 역할을 한다.

13b "성 십분의 일이 무너지고"(*καὶ τὸ δέκατον τῆς πόλεως ἔπεσεν*–카이 토 데카톤 테스 폴레오스 에페센). 8절에 의하면 분명히 예루살렘으로 해석되어야 하는 성이 여기에는 큰 지진 전까지 존재하는 것으로 묘사된다(1-2절에서 성전이 아직 존재하는 것으로 묘사되는 것처럼). 구약성경에는 십분의 일이라는 숫자가 대개 하나님의 심판에서 살아남은 자들을 나타내어 사용된다는 몇 개의 기록이 있다(사 6:13; 암 5:3; *Jub.* 10:9). 그러나 이 경우는 그 개념의 정반대다.

13c "지진에 죽은 사람이 칠천이라"(*καὶ ἀπεκτάνθησαν ἐν τῷ σεισμῷ ὀνόματα ἀνθρώπων χιλιάδες ἑπτά*–카이 아페크탄데산 엔 토 세이스모 오노마타 안드로폰 킬리아데스 헵타). 고대의 전투 기사들에서 발견되는 한 가지 토포스(*topos*=상용되는 주제, 개념, 표현)는 죽은 사람들을 수천으로 계수하는 것이다(삼상 18:7; 21:11; 29:5; *Scrip. Hist. Aug., Div. Aurelianus* 6.5; 7.2). 칠천이라는 숫자는 열왕기상 19:18에서 이스라엘 백성 중 바알에게 예배하지 않은 칠천 명의 남은 자에 대해 사용된다(롬 11:7-8에서 바울은 호이 로이포이[*οἱ λοιποί*, "남은 자들"]라는 용어를 바로 이 칠천 명의 이스라엘 백성에 대해 사용한다). 성경의 "남은 자" 개념은 종종 공동체에서 죽음이나 유형을 피한(또는 피할) 일부분을 나타낸다(렘 24:8; 스 9:13-15; 사 10:20-22; 11:11-16; 17:5-8; 28:5; 37:31-32; 암 7:1-6; CD 1:4-5; 1QH 6:8; 롬 9:24-29; 11:5). 성의 십분의 일이 이 지진으로 파괴되었다고 말하기 때문에 칠천이라는 숫자는 칠만 명의 총 인구 중 십분의 일을 나타낼지 모른다. 요세푸스(*Ag. Ap.* 1.197)는 헤카타에투스(Hecataeus)를 근거로 하여 예루살렘의 주민이 120,000명이라고 주장하는데, 이 숫자는 많은 사람이 주후 1세기로 볼 때는 너무 많다고 생각한다. 그러나 채플린(Chaplin)은 250,000명의 인구를 추산했다. 주후 66년 이전에 예루살렘의 주민은 55,000명에서 95,000명 사이로 추산되어 왔는데(Joachim Jeremias, *Jerusalem,* 83 n. 24), 아마 칠만 명보다 많았을 것이다(Hengel, *Zealots,* 67 n. 38). 브로쉬(Broshi, *RB* 82[1975] 5-14; id., *BAR* 4

[1978] 10-15)는 헤롯의 통치 시기에 1에이커당 160 내지 200명의 인구 밀도로 사천 명의 주민이 예루살렘의 230에이커에 거주했던 반면에, 주후 70년 제2성전의 파괴 직전에 이 수는 약 450에이커에 약 팔만 명의 인구로 두 배가 되었다는 제안을 한다. 8절의 "큰 성"을 로마가 아니라 예루살렘으로 확인하는 또 하나의 논증은 인구의 큰 차이이다. 즉 로마 인구는 주전 1세기 중엽에 약 500,000명이었다(Allo, 155).

13d "그 남은 자들이 두려워하여 영광을 하늘의 하나님께 돌리더라"(*καὶ οἱ λοιποὶ ἔμφοβοι ἐγένοντο καὶ ἔδωκαν δόξαν τῷ θεῷ τοῦ οὐρανοῦ* – 카이 호이 로이포이 엠포보이 에게논토 카이 에도칸 독산 토 데오 투 우라누). 이 구절은 기적 기사의 전형적인 결론으로(K. Berger, *Auferstehung*, 24; 참조. Theissen, *Miracle*, 69-72), 두 개의 평범한 반응 "두려움과 경악"으로 이루어진다(두려움: 마 17:6; 27:54; 막 4:41; 눅 2:9; 7:16; 8:35; 경악: 마 8:27; 막 1:27; 5:42; 6:51; 눅 4:36). 기적의 결론으로 "그들이 영광을 하나님께 돌렸다"는 어구는 "환호, 탄성"이며 누가복음-사도행전에서 종종 발견된다(눅 8:47; 9:43; 13:13, 17; 18:43; 23:47; 행 3:9). 때로 이 곳에서와 같이 두 종류의 반응이 함께 결합되기도 한다(막 2:12; 16:8). 디도나이 독산 토 데오(*διδόναι δόξαν τῷ θεῷ*, "하나님께 영광을 돌리다")라는 어구는 몇 가지 의미를 갖고 있는 숙어다. (1) 이 어구는 "진실을 말하다"는 의미를 나타낼 수 있다(요 9:24; Louw-Nida, § 33.468). (2) 이 어구는 "하나님에게 찬양과 존귀를 드리라"는 의미를 나타낼 수 있다(이 의미는 누가의 관용 표현이다: 눅 8:47; 17:18; 행 3:9; 4:21; 11:18; 12:23; 13:48; 21:20). (3) 이 어구는 회심을 동사로 표시하는 것일 수 있는데, 이것이 아마 이 곳의 의미일 것이다(Trites, *Witness*, 169-70; Sweet, 106-9; Bauckham, "Conversion," 278; disputed by Giesen[1997] 259). 이 의미는 약간 의외다. 왜냐하면 이 곳은 요한계시록에서 처벌의 기적의 결과로 백성들이 참되신 하나님께로 돌아오는 유일한 예이기 때문이다. 그러나 디도나이 독산 토 데오(*διδόναι δόξαν τῷ θεῷ*)가 회심을 나타내는 숙어라는 강력한 증거가 있다(Haas, "Testament of Job," 141). 요한계시록 16:9에서 백성들은 하나님의 이름을 훼방하며 "회개하여 하나님께 영광을 돌리지 않는다." 이 말은 만일 그들이 회개했다면 하나님께 영광을 돌렸을 것이라는 의미를 암시한다. 14:6-7에 나오는 천사가 전하는 "영원한 복음"에서 백성들은 "하나님을 두려워하며 그에게 영광을 돌리라", 즉 회심을 하라는 권고를 받는다. 이 곳 11:13에서 하나님에게 영광을 돌리는 것은 분명히 회개, 즉 회심의 결과다(Loisy, 216). 느부갓네살의 "회심"은 칠십인역 다니엘 4:34의 도스 독산 토 휘프시스토

(δὸς δόξαν τῷ ὑψίστῳ, "지극히 높으신 자에게 영광을 돌리다")라는 어구를 사용하여 묘사된다. 이와 유사하게 디도나이 독산 토 데오(διδόναι δόξαν τῷ θεῷ, "하나님에게 영광을 돌리다")라는 어구는 분명히 회심이 일어난 것을 나타내는 다른 문맥들에 나온다(1 Esdr 9:8; 행 13:48; Hermas *Sim.* 6.3.6; 8.6.3). 디도나이 독산 토 데오(διδόναι δόξαν τῷ θεῷ)라는 어구도 하나님에 대한 신봉의 표시로 그리스도인들에 대해 사용된다(*Mart. Justin* 6.1; *Mart. Agape* 7.2). 바울은 로마서 11:25-26에서 유대교의 남은 자들의 회심을 예언한다.

"하늘의 하나님"이라는 칭호(요한계시록에는 이 곳과 16:11에서만 발견된다)는 페르시아안들과 유대인들 간의 접촉을 반영하는 구약성경의 바벨론 포수 후의 부분에서 상당히 자주 나온다(창 24:7[야웨 문서; 포수 이전의 것일 수 있는 유일한 본문]; 대하 36:23=Ezra 1:2; 5:11, 12; 6:9, 10; 7:12, 21, 23; 느 1:4, 5; 2:4, 20; 시 136:26; 단 2:18, 19, 37, 44; 5:23["하늘의 주재"]; 욘 1:9; 참조. Porten, *Elephantine*, 108). 이 칭호의 기원에 관한 다양한 견해들에 대해서는 Houtman, *Himmel*, 98-107를 보라. "하늘의 하나님"이라는 칭호는 하나님의 우주적 주권을 강조하는데, 유대인들은 이 칭호를 비유대인들과 의견을 교환하는 데 주로 사용했던 것 같다. 이 칭호가 비유대인들에 의해서도 사용되었고 페르시아의 공식 서신에 여호와의 명칭으로 사용되었다는 사실은 놀랍다(Andrews, "Yahweh"). 반면에 유대인들 내에서는 여호와라는 명칭이 사용되었다(Houtman, *Himmel* 104). 이 사실은 요한계시록 11:13에서 회심하는 자들이 유대인들이 아니라 9절이 나타내는 것처럼 세상의 "백성들과 족속과 방언과 나라"를 대표함을 시사한다(계 10:11의 성취). 이 칭호(유대인들과 관련된 페르시아의 서신들과 칙령들에서 종종 사용되는, 예를 들어 대하 36:23=Ezra 1:2; 7:12, 21, 23)는 페르시아의 최고 신 아후라 마즈다(Ahura Mazda)의 별명일지 모른다. 즉 유대인들이 페르시아 신의 별명을 페르시아 왕에 대한 탄원서에 적용했다는 것이다(예를 들어, 스 5:11, 12; Andrew, "Yahweh"). 아람어 어구 엘라 세마(אלה שמיא, "하늘의 하나님")는 유대교의 아람어 파피루스들에 몇 번 나온다(Cowley, *Aramaic Papyri*, no. 27, line 15; no. 30, lines 2, 28[=Porten-Yardeni, *Textbook* 1:71; 여기에서 완전한 칭호는 יהו אלהי השמים, "하늘의 하나님 야후"다]; no. 31, lines 2, 26-27[=Porten-Yardeni, *Textbook* 1:75]; no. 32, lines 3-4[=Porten-Yardeni, *Textbook* 1:76]; no. 38, lines 2, 3, 5[=Porten-Yardeni, *Textbook* 1:58]; no. 40, line 1[=Porten-Yardeni, *Textbook* 1:38]; 참조. Porten, *Elephantine*, 107-9). 또한 "하늘의 하나님"이라는 칭호는 구약의 경외서들에도 나오는데(Tob 10: 11; Jdt 5:8; 6:19; 11:7; 3 Macc 6:28; 7:6), "하늘의 주"(Tob 7:18; 10:12; Jdt 9:12; Cowley, *Aramaic Papyri*, no. 30, line 15, 마레쉐마야[מראשמיא, "하늘의 주"])와 "하늘의 왕"(Tob 13:7, 11; 1 Esdr 4:46, 58; 3 Macc 2:2)과 같은 동의어들과 함께 나온다. 그리고 위경들에도 이 어구의 예들이 약간 있다(*T. Mos.* 2:4; *T. Reub.* 1:6; 6:9; *T. Iss.* 7:7; *T. Ben.* 3:1; 참조. *Jos. As.* 11:9; 18:11; 21:15; *Paral. Jer.* 5:32; *Jub.* 12:4; 20:7). 마술 파피루스들에도 "유일하신 하늘의 신"(*ἐν τῷ οὐρανῷ θεὸς ὁ μονογενής*-엔 토 우라노 데오스 호 모노게네스, *PGM* XV.15)과 같은 유사 어구가 나온다. "하늘의 하나님과 땅의 하나님"([*θεὸν τῶν*] *οὐρανῶν καὶ θεὸν τῆς γῆς*-[데온 톤] 우라논 카이 데온 테스 게스)이라는 어구는 주후 4세기나 5세기의 기독교 마술 파피루스인 *PGM* 16.1에 나오며, 주후 1세기부터 3세기까지 쓰여진 『솔로몬의 유언』(*Testament of Solomon*)에도 자주 나온다(*T. Sol.* 1:8; 2:9; 3:6; 17:4; 18:41; 20:21). "하늘의 하나님의 종"(עבדה דאלה שומיה)이라는 이람이 어구는 랍비 엘레아잘(Rabbi Eleazar)이 여행에 사용하도록 만들어진(주후 5세기나 6세기) 팔레스타인 유대인의 마술 호부에 나온다(Naveh-Shaked, *Amulets*, amulet 3, line 6). 또한 이 칭호는 카이로 게니자(the Cairo Genizah)에서 발견된 마술 처방에도 나온다(Naveh-Shaked, *Amulets*, Geniza 5, p. 1, line 10, "내가 하늘의 하나님 야웨[의 이름으]로 영인 너에게 명하노라"). 신약성경에서 "천지의 주재"라는 칭호는 Q어록에 한 번(마 11:25=눅 10:21), 그리고 사도행전 17:34에 한 번 나온다.

14 "둘째 화는 지나갔으나 보라 셋째 화가 속히 이르는도다"(*ἡ οὐαὶ ἡ δευτέρα ἀπῆλθεν· ἰδοὺ ἡ οὐαὶ ἡ τρίτη ἔρχεται ταχύ*-헤 우아이 헤 듀테라 아펠덴 이두 헤 우아이 헤 트리테 에르케타이 타퀴). 8:13에서는 독수리가 선포하여 독자들이 예상하는 세 가지 화 중에 두 가지 화만 일어난 것으로 언급된다(9:12; 11:14). 이 곳과 9:12의 진술은 저자의 편집적 설명이다. 그는 이 구절들을 하늘의 계시자에 의해 자신에게 전달된 것으로 나타내지 않고 적절하다고 생각되는 곳에 삽입한다. 여기에서 시사되는 바는 8:13에 나오는 독수리의 선언이 요한계시록 저술의 어떤 진전된 단계에 저자에 의해 삽입되었다는 것이다. 만일 이 문장이 9:21 후에 배치되었다면 더 적절했을 것 같다. 그리고 이 문장은 거의 "화"라고 할 수 없는 11:15-18에서 일곱 번째 나팔 소리의 결과와 조화시키기가 어렵다. 이 문장의 이동은 10:1-11:13을 여섯 번째 나팔과 일곱 번째 나팔 사이에 삽입함으로 인한(저자가 7:1-17을 여섯 번째 인과 일곱 번째 인 사이에 삽입하는 것과 유사하게) 그리고

저자가 11:15-18의 기사의 실마리를 찾으려는 시도에 의한 것이다.

해설

요한계시록 11:1-13은 두 개의 소단락 1-2절과 3-13절로 이루어지는 독립적인 단락인 반면에, 14절은 1-13절의 결론과 15-18절의 서론 역할을 한다. 1-13절은 저자의 통상적인 서론의 문구 없이 갑작스럽게 도입되는데, 이것은 앞 단락인 10:1-11의 본문과 밀접한 연결을 나타낸다. 이 단락은 두 명의 신비한 종말론적 증인의 분명히 성공하지 못한 사역에 중심을 두고 있는 기사를 담고 있다. 이 두 증인의 직무는 10:8-11에서 갱신된 요한의 예언 위임이라는 주제를 지속시키고 요한과 그의 선지자 동료들이 하는 증거를 상징한다. 요한은 이전의 두 가지 예언적 신탁(아마 유대교에 기원을 둔), 즉 11:1-2과 11:3-13의 예언적 신탁을 융합시키는 것 같다. 이 두 가지 신탁을 연결시키는 주제는 3절의 일천이백육십 일과 동등한 마흔두 달이라는 주제와 거룩한 성(2, 3절)이라는 주제뿐이다.

1-2절에서 요한은 척량하는 막대기를 받고 하나님의 성전, 제단 또는 성소, 그리고 그 근처에서 예배하는 자들을 척량하라는 지시를 받는다. 그러나 이 작업은 실제로 수행된 것으로 묘사되지 않는다. 요한은 주후 70년에 로마인들에 의해 파괴된 예루살렘의 지상 성전을 언급하고 있는 것일까? 아니면 초자연적인 하늘의 성전을 언급하고 있는 것일까? 또는 그는 지상의 성전을 상징으로 사용하고 있는 것일까? 헤롯의 성전은 주후 70년 예루살렘이 로마인들에게 함락될 때 파괴되었기 때문에, 1-2절은 주후 70년 직전에 포위당한 예루살렘에서 성전이 보존되기를 바라며 한 유대인 예언자가 말한 예언일지 모른다(Jos. *J. W.* 6.286). 요한이 과거의 예언을 재해석했든지 또는 이 구절을 스스로 구성했든지 간에 의미는 동일하다. 척량하는 행동은 보존을 의미한다. 따라서 요한계시록 7:1-17(여섯 번째 인과 일곱 번째 인 사이에 위치하는)이 인침으로 인한 십사만 사천 명의 보존을 강조하는 것과 마찬가지로, 여섯 번째 나팔과 일곱 번째 나팔 사이에 위치하는 대단락 1-13절의 부분인 1-2절도 보존을 강조한다. 이 새로운 배경에서 예배자들은 종말이 도래할 때까지 생존할 그리스도인들의 보호받는 남은 자들을 상징한다. 거룩한 성에 대한 이교도의 지배는 마흔두 달 동안 지속될 것이다(2절). 한편, 예언자적 증인들은 일천이백육십 일 동안 활동할 것이다(3절). 이 숫자들은 모두 다니엘 7:25의 삼 년 반에서 유래한 것으로, 엄격하게 제한된 기간을 상징한다. 마흔두 달이라는 기간은 요한계시록

13:5에서 짐승이 권세를 행사하는 기간으로도 언급된다.

두 번째 신탁(3-13절)은 예언자적 증인들의 사역, 즉 종말의 대적이 나타남으로 갑작스럽게 끝나 버리는 사역에 초점을 맞추고 있다. 이 단락은 스가랴 4:1-14의 두 감람나무와 두(일곱이 아니라) 촛대 또는 등대에 대한 인유로 시작된다. 스가랴서에서 감람나무는 다윗 왕좌의 정당한 상속자인 스룹바벨과 대제사장 여호수아를 상징한다. 이 두 인물에게 선지자 스가랴와 모든 사람들은 유다의 회복에 대한 소망을 두고 있었다. 왕과 제사장의 직분의 중요성을 모두 강조하는 이 스가랴서의 구절은(민 24:17의 "별"[=제사장]과 "홀"[=왕]의 도래에 대한 발람의 메시아 예언과 함께) 두 메시아, 즉 다윗 왕가의 메시아와 아론가의 제사장 메시아의 도래를 강조하는 유대의 종말론적 기대에 영향을 끼쳤다. 또한 두 증인의 묘사는 에녹, 엘리야, 모세에 대한 성경과 전설의 개념들에 의존한다. 유대 전승에 의하면 이들은 모두 12절의 두 증인과 마찬가지로 산 채로 하늘로 들어올림을 받았다. 두 증인은 처벌의 기적들을 행하는 권능을 갖고 있다. 그들은 자신들을 해하려고 하는 자들을 불로 멸할 수 있고(엘리야와 같이, 왕하 1:9-16을 보라), 가뭄을 일으킬 수 있고(역시 엘리야와 같이, 왕상 17:1), 재앙들로 땅을 칠 수 있다(모세와 같이, 출 7-10장을 보라). 이상하게 그들의 메시지의 내용은 언급되지 않지만, 열방의 회개를 요구했다고(헛된 일이지만) 추측해도 좋을 것이다. 이 두 증인은 종종 모세와 엘리야(이들은 협력하여 사역하지는 않을 것이나 말세에 재림할 것으로 기대되었다) 또는 에녹과 엘리야로 해석된다(다른 많은 제안들은 "양식/구조/배경", IV. 중요한 해석상의 문제들에 상술된다). 왕과 제사장들도 모두 하나님의 백성이기 때문에(1:6; 5:10), 이 두 증인은 예언의 증거를 하고 있는 기독교회를 대표할 것이다. 두 증인은 모든 면에서 동일하기 때문에, 두 명이라는 사실은 두 증인의 신뢰성 개념에 근거하는 것이다(민 35:30; 신 19:15; 요 8:13-18). 짧은 권능의 기간이 끝날 때 그들은 무저갱에서 올라온 짐승에 의해 죽임을 당할 것이다(7절, 이 짐승은 아마 계 13장과 17장의 짐승과 동일할 것이다). 무저갱에서 올라오는 짐승은 요한계시록에서 처음으로 이 곳에 소개된다. 그러나 이 짐승은 이 단락에서는 그 이상의 역할을 담당하지 않는다. 예루살렘에 나타나는 종말의 대적과 혼돈의 괴물과의 동일시는 요한에 의한 편집적 추가다. 두 증인의 예언 활동을 하는 무대와 그들의 장사되지 않은 시체가 놓여진 장소는 "큰 성 길"이다. 만일 "소돔"과 "애굽"이라는 이름으로 비난받는 이 성이 예루살렘이라면(8절에 의하면 저희 주께서 십자가에 못 박히신 곳), 고려되는 길은 타이로포에온 벨리 스트리트(Tyropoeon Valley

Street)일지 모른다(11:8의 "주석"을 보라). 그러나 이 성은 복음을 거부하고 복음을 전하는 선지자들을 살해한 세상도 상징한다. 초기 유대교에는 예루살렘에서의 고난과 순교가 진정한 예언자의 피할 수 없는 경험이라는 견해가 널리 퍼져 있었다(눅 13:33). 두 증인이 사흘 반 동안 큰 성 길에 죽은 채 방치된다는 사실은 예수님의 십자가와 부활 사이의 시기를 독자에게 생각나게 하려고 의도된 것이다. 확인되지 않은 하늘의 음성에 의해 죽은 증인들을 하늘로 부르는 것은 4:1에 나오는 요한의 계시적 경험의 되풀이이며, 또한 열왕기하 2:11-12(엘리야)과 누가복음 24장과 사도행전 1장(예수님)의 승천 주제를 생각나게 한다. 사람들이 보는 앞에서 두 증인이 구름을 타고 승천하는 것은 하나님의 기적적인 구원을 나타낸다. 큰 지진으로 인한 성의 십분의 일의 파괴와 칠천 명의 거민의 죽음은 살아남은 자들로 하여금 하늘의 하나님에게 영광을 돌리는(그들의 회심을 암시하는 말) 결과를 낳는다.

D. 일곱 번째 나팔과 일곱 대접(11:15-16:21)

1. 일곱 번째 나팔(11:15-18)

참고문헌

Cassem, N. H. "A Grammatical and Contextual Inventory of the Use of *kosmos* in the Johannine Corpus with Some Implications for a Johannine Cosmology." *NovT* 19 (1972) 81-91. **Feuillet, A.** "Essai d'interpretation du chapitre XI de l'Apocalypse." *NTS* 4(1957- 58) 183-200. **Gelston, A.** "A Note on יהוה מלך." *VT* 16(1966) 507-12. **Gerstenberger, E.** "Psalms." In *Old Testament Form Criticism*. ed. J. H. Hayes. San Antonio: Trinity UP, 1974. 179-223. **Gunkel, H.** *The Psalms: A Form Critical Introduction*. Philadelphia: Fortress, 1967. ______ and **Begrich, J.** *Einleitung in die Psalmen: Die Gattungen der religiösen Lyrik Israels*. Göttingen: Vandenhoeck & Ruprecht, 1933. **Hartman, L.** *Prophecy Interpreted: The Formation of Some Jewish Apocalyptic Texts and of the Eschatological Discourse Mark 13 par.* ConBNT 1. Lund: Gleerup, 1966. **Kittel, B.** *The Hymns of Qumran*. SBLDS 50. Atlanta: Scholars, 1981. **Mowinckel, S.** *Offersang og Sangoffer*. Oslo: Universitetsforlaget, 1951. **O'Rourke, J. J.** "The Hymns of the Apocalypse." *CBQ* 30(1968) 399-409. **Schille, G.** "Das Leiden des Herrn." *ZTK* 52(1955) 161-205. **Ulrichsen, J. H.** "JHWH MALAK: Einige sprachliche Beobachtungen." *VT* 27(1977) 361-74. **Westermann, C.** *The Praise of God in the Psalms*. Tr. K. R. Crim. Richmond: John Knox, 1965.

본 문

15 일곱째 천사가 나팔을 불매 하늘에 큰 음성들 이 나서 가로되 세상 나라가 우리 주와 그 그리스 도의 나라가 되어 그가 세세토록 왕노릇 하시리 로다 하니

15 Then the[a] seventh angel sounded his trumpet, and there were loud voices in heaven, saying:[b] The kingdom of the world [c]has become[c] [d]the kingdom[d] of our Lord and his Messiah, who[e] will reign for ever and ever.[f]

16 하나님 앞에 자기 보좌에 앉은 이십사 장로들

16 The[a] twenty-four elders who[b] were [c]seated[d]

이 엎드려 얼굴을 대고 하나님께 경배하여

17 가로되 감사하옵나니 옛적에도 계셨고 시방도
계신 주 하나님 곧 전능하신 이여 친히 큰 권능을
잡으시고 왕노릇 하시도다
18 이방들이 분노하매 주의 진노가 임하여 죽은
자를 심판하시며 종 선지자들과 성도들과 또 무
론대소하고 주의 이름을 경외하는 자들에게 상
주시며 또 땅을 망하게 하는 자들을 멸망시키실
때로소이다 하더라

before[e] God [f]on their thrones[f] [g]fell on their faces and worshiped[h] God.
17 saying: We thank you, [a]Lord[b] God[c] Almighty,
who was and who is,[ad] [e]because you have received
your great authority and [f]have begun to reign.[f]
18 The nations [a]are enraged,[a] but[b] your wrath came
and the time[c] for the dead to be judged and to
reward[d] your servants, the prophets, and[e] God's
people[f] and those who revere[e] your name, [g]both the
insignificant and the important,[g] and[h] to ruin utterly
[i]those who ruin the earth.[i]

원문주해

15.a. 이문: 에브도모스(ἕβδομος) 앞에 호(ὁ) 탈락. A.

15.b. 이문: (1) 레곤테스(λέγοντες, 현재 복수 주격 남성 분사) A Oecumenius^{2053} 2351 Byzantine. (2) 레구사이(λέγουσαι, 현재 복수 주격 여성 분사) $\mathfrak{P}^{47}$ ℵ C 051 fam 1006$^{1006\ 1841}$ fam 1611$^{1611\ 1854\ 2329\ 2344}$ Andreas; von Soden, *Text*.

강력한 증거가 있지만, 독법 (2)는 분명히 분사를 선행사 포나이 메갈라이(φωναὶ μεγάλαι)와 일치시키기 위한 문법적 수정이다(Schmid, *Studien* 2:102). 유사한 수정들에 대해서는 4:1; 9:13(Schmid, *Studien* 2:236)을 보라.

15.c-c. 이문: (1) 에게네토 헤 바실레이아(ἐγένετο ἡ βασιλεία) Andreas 94 025. (2) 에게논토 하이 바실레이아이(ἐγένοντο αἱ βασιλεῖαι) Andr a b c g h n 598 1773 2019. (3) 에게네토(ἐγένετο)의 생략: Andr e.

15.d-d. 이 문장에서 저자는 투 퀴리우(τοῦ κυρίου, "주")와 투 크리스투 아우투(τοῦ χριστοῦ αὐτοῦ, "그의 그리스도")가 의존하는 서술 명사 헤 바실레이아(ἡ βασιλεία)를 생략한다. 그러나 번역에는 이 명사가 보완되어야 한다.

15.e. 이 등위절을 도입하는 카이(καί)는 관계절과 같은 역할을 하기 때문에 영역에서는 관계대명사 "who"로 번역된다(개역, "그가"). 3인칭 단수 미래 동사 바실류세이(βασιλεύσει)의 주어는 "주"가 될 수도 있고 "그의 그리스도"가 될 수도 있지만 아마 전자일 것이다.

15.f. 이문: (ἀμήν) 삽입: ℵ fam 1612^{344} Andr l 494 vg^{COT} it$^{c\ dem\ diu\ haf\ t}$ cop^{bo}; Beatus.

16.a. 이문: (1) 에이코시(εἴκοσι) 앞에 호이(οἱ) C fam 1006 fam 1611 Oecumenius^{2053comm} 2062 Andreas Byzantine; Tischendorf, *NT Graece*; B. Weiss, *Johannes-Apokalypse*, 101; von Soden, *Text*; Bousset (1906) 331; Charles, 1:295; 2:305. (2) 에이코시(εἴκοσι) 앞에 호이(οἱ) 탈락: ℵ* A Oecumenius^{2053text} Andr c^{2033} n^{2429} 1773. 이문

(2)는 필사자의 실수의 결과가 분명하다(Schmid, *Studien* 2:102, 195). 왜냐하면 4:4에 에이코시 테싸레스 프레스뷔테로이(*εἴκοσι τέσσαρες πρεσβύτεροι*)가 처음 나올 때는 관사가 없었지만, 저자의 문체와 일치하여 그 후에는 관사가 있기 때문이다(4:10; 5:5, 6, 11, 14; 7:11, 13; 14:3; 19:4을 보라).

16.b. 이문: (1) 에노피온(*ἐνώπιον*) 앞에 호이(*οἱ*) 025 2351 Andr d f$^{051\ 2023\ 2073}$ i l 94 2019 Tischendorf, *NT Graece*;[WHort]; von Soden, *Text*; Bousset (1906) 331; Charles, 1:295; 2:305; Nestle-Aland^{27}]; [UBSGNT^{4}]. (2) 호이(*οἱ*) 탈락: 𝔓^{47} A 046 fam 1006 Andreas. 이문 (2)는 필사자의 실수의 결과다(Schmid, *Studien* 2:102). 왜냐하면 정관사는 무관사 명사 다음의 한정사, 즉 형용사, 대명사, 서수 또는 분사이거나 되풀이되기 때문이다(예를 들어, 1:4; 2:24; 5:5; 8:3; 11:19; Schmid, *Studien* 2:196).

16.c. 이문: (1) 카데메노이(*καθήμενοι*) 앞에 호이(*οἱ*) 2351 Andr g. (2) 카덴타이(*κάθηνται*) 앞에 호이(*οἱ*) ℵ* 94 Byzantine; Tischendorf, *NT Graece*; von Soden, *Text*. (3) 호이(*οἱ*) 탈락: WHort; Nestle-Aland^{27}; UBSGNT^{4}.

16.d. 이문: (1) 카데메노이(*καθήμενοι*) A 051 fam 1611$^{1854\ 2329}$ Andreas. (2) 카덴타이(*κάθηνται*) 𝔓^{47} ℵ^{2} C Oecumenius^{2053} fam 1006$^{1006\ 1841}$ fam 1611^{2344} WHort^{mg}.

16.e. 이문: 투 드로누(*τοῦ θρόνου*) 삽입: 94 Byzantine. 필사자에게 영향을 끼친 어구 호 드로노스 투 데우(*ὁ θρόνος τοῦ θεοῦ*, "하나님의 보좌")는 요한계시록에 세 번 나온다(7:15; 22:1, 3).

16.f-f. 이문: 에피 투스 드로누스(*ἐπὶ τούς θρόνους*) 𝔓^{47}.

16.g. 이문: 카이(*καί*) 추가: ℵ 1006.

16.h. 프로스퀴네인(*προσκυνεῖν*)의 사용에 대해서는 "원문주해" 4:10.b를 보라.

17.a-a. 퀴리에 호 데오스 호 판토크라토르 호 온 카이 호 엔(*κύριε ὁ θεὸς ὁ παντοκράτωρ, ὁ ὢν καὶ ὁ ἦν*)이라는 어구는 네 개의 주격이 이어지는 호격(*κύριε*–퀴리에)으로 이루어지는데, 퀴리에(*κύριε*)와 동격으로 각각 호격 역할을 한다.

17.b. 이문: 퀴리오스(*κύριος*) ℵ (케[*κε*] 대신 크스[*κς*]로 단축): 598.

17.c. 이문: (1) 호 데오스(*ὁ θεός*) 삽입: 𝔓^{47}. (2) 판토크라토르(*παντοκράτωρ*) 앞에 호(*ὁ*) ℵ*.

17.d. 이문: 카이 호 에르코메노스(*καὶ ὁ ἐρχόμενος*) 삽입: 051 fam 1006$^{1006\ 1841}$ Tyc^{1} (*qui es et qui venisti et qui venturus es*); Tyc^{3} Beatus(*qui es et qui venisti*). 1:8; 4:8에서, 이 어구에는 혼 온 카이 호 엔(*ὁ ὢν καὶ ὁ ἦν*)이 따른다. 위의 두 구절에서 이 어구의 존재가 틀림없이 이 곳의 이차적인 삽입의 원인이 되었다. Jörns(*Evangelium*, 99-100)는 호 에르코메노스(*ὁ ἐρχόμενος*)가 여기서 빠졌다고 생각한다(1:8; 4:8에는 있다). 그 이유는 하나님의 "강림"이 심판의 시작에 의해 일어났기(또는 일어나고 있기) 때문이라는 것이다.

17.e. 이문: (1) 호티(ὅτι) 앞에 카이(καί) 탈락: ℵ[3] A 025 046 fam 1611[1611 1854] Oecumenius[2053] it[gig] vg syr[h ph] cop[sa]. (2) 호티(ὅτι) 앞에 카이(καί) 𝔓[47] ℵ* C fam 1611[2344] it[a] vg[F] (*et quia*): vg[DQIPUW] (*et qui*). (3) 호티(ὅτι) 앞에 카이 호 에르코메노스(καὶ ὁ ἐρχόμενος) 051 fam 1006[1006 1841] Andr e[2026] f i n 1773 2019 Tyconius. 요한계시록의 다른 곳에서는 2:2에서만 호티(ὅτι) 앞에 카이(καί)가 나온다. 현대의 편집자들 중에 이 독법은 Tischendorf(*NT Graece*)만 수용한다. 이 지점에 카이(καί)의 삽입은 부주의한 실수로서, 아마 이 실수는 요한계시록에서 새 절과 문장을 시작할 때 카이(καί)가 자주 사용되기 때문일 것이다(Schmid, *Studien* 2:102). 독법 (1)의 사본 증명은 상당히 유력하다(*TCGNT*[1], 744 45; *TCGNT*[2], 672). 널리 증명되지 않은 독법 (3)은 계 1:4, 8; 4:8에 나오는 세 가지 표현에 근거한 것이다.

17.f-f. 에바실류사스(ἐβασίλευσας)는 진입의 부정과거로 번역된다. 17절의 "주석"을 보라.

18.a-a. 이문: 오르기스데(ὠργίσθη) 𝔓[47] ℵ*. 3인칭 단수 동사와 중성 복수 명사(τα ἔθνη – 타 에드네)를 맞추기 위한 수정이다.

18.b. 이 절을 도입하는 카이(καί)는 반의적 의미로 사용되므로 "그러나"(but)로 번역된다. 그러나 Jörns, *Evangelium*, 104는 이 견해를 반박한다.

18.c. 이문: 카이로스(καιρός) 대신 클레로스(κλῆρος) C Oecumenius[2053comm] Andr n. 2065는 여기에서 독특한 독법을 갖고 있다: 카이 엘덴 헤 오르게 수 카이 호 클레로스 톤 네크론(καὶ ἦλθεν ἡ ὀργή σου καὶ ὁ κλῆρος τῶν νεκρῶν, "그리고 주의 진노가 임하고 죽은 자의 심판"). 이 이문은 시각적 실수로 생겨난 것이다(Schmid, *Studien* 2:102).

18.d. 크리데나이(κριθῆναι)와 마찬가지로("원문주해" 11:6.c-c을 보라) 부정과거 능동태 부정사 두나이(δοῦναι)는 보완적이며 호 크라이로스(ὁ καιρός)를 충실하게 정의한다.

18.e-e. 이문: (1) 카이 투스 하기우스 카이 투스 포부메누스(καὶ τοὺς ἁγίους καὶ τοὺς φοβουμένους) 𝔓[47] A 2351; Charles, 1:295; Mussies, *Morphology*, 100. (2) 토이스 하기오이스 카이 토이스 포부메노이스(τοῖς ἁγίοις καὶ τοῖς φοβουμένοις) Oecumenius[2053] Andreas Byzantine; WHort; Charles, 2:306; Merk, *NT*; Nestle-Aland[27]; UBSGNT[4]. 이 어구는 토이스 둘로이스 수 토이스 프로페타이스(τοῖς δούλοις σου τοῖς προφήταις)와 문법적으로 유사하기 때문에 대격보다 여격(동사 두나이[δοῦναι]의 간접 목적어로)이 되어야 한다. 따라서 독법 (1)의 여격들은 토이스 둘로이스 수 토이스 프로페타이스(τοῖς δουλοῖς σου τοῖς προφήταις)의 동격으로 이해될 수 있다. Mussies (*Morphology*, 100)는 이 곳의 독법 (1)과 "원문주해" 18.g-g의 독법 (1)에 나오는 A의 불규칙 여격들이 강의적 또는 반의적 의미를 가지고 있을지 모른다고 제안한다. 즉 신약성경의 소수의 예에서 대격의 표시로 사용되는 것이 아니라 일정한 강조를 가지고 있는

히브리어 에트(את)의 지나치게 기계적인 번역을 반영한다는 것이다(*GKC*, § 117m). 이 경우에 Schmid(*Studien* 2:76-77)는 독법 (2)가 이 곳과 "원문주해" 18.g-g 모두에서 원문을 나타내며, 𝔓[47]과 A만이 어떤 독법에서 일치할 때 그 독법은 대개 오류라고 주장한다(*Studien* 2:119-20). 직역하면 "성도들"인 토이스 하기우스(*τοῖς ἁγίους*)를 "하나님의 백성"으로 번역하는 것에 대해서는 5:8의 "주석"을 보라.

18.f. 이문: 카이(*καί*) 051 fam 1611[1854]. 이 탈락의 결과는 토이스 포부메노이스(*τοῖς φοβουμένοις*)가 토이스 하기오이스(*τοῖς ἁγίοις*)를 수식하는 형용 분사, 즉 "경외하는 성도들"로 해독되어야 하는 것이다.

18.g-g. 이문: (1) 투스 미크루스 카이 투스 메갈루스(*τοὺς μικροὺς καὶ τοὺς μεγάλους*) 𝔓[47] ℵ* A("원문주해" 18.e-e를 보라); C fam 1611[2329 2344] 2351; WHort; Charles, 2:306; Nestle-Aland[27]; UBSGNT[4]. (2) 토이스 미크로이스 카이 토이스 메갈로이스(*τοῖς μικροῖς καὶ τοῖς μεγάλοις*) ℵ[2] 025 046 Oecumenius[2053] Andreas Byzantine; B. Weiss, *Johannes-Apokalypse*, 188; Bousset (1906) 332; Merk, *NT*. 독법 (1)은 난문이며, 그 외에 이 독법은 많은 중요한 사본들(*TCGNT*[1], 745; *TCGNT*[2], 672)의 지지를 받고 있다. 독법 (1)의 대격들은 토이스 둘로이스 수 토이스 프로페타이스(*τοῖς δούλοις σου τοῖς προφήταις*)의 동격으로 간주될 수 있다(Robertson, *Grammar*, 414).

18.h. 이문: 카이(*καί*)의 탈락: A Andr i[2014 2034].

18.i-i. 이문: (1) 디아프데이론타스(*διαφθείροντας*) 𝔓[47] ℵ A Byzantine. (2) 디아프데이란타스(*διαφθείραντας*) C fam 1611 Andr f[051 2023 2073] 94 2019 syr. (3) 프데이론타스(*φθείροντας*) Andreas. (4) 프데이란타스(*φθείραντας*) Oecumenius[2053com] Andr n-[2429] 598. 이 이문들은 모두 현재 능동태 대격 남성 복수 분사들이다. 그러나 여기에는 현재 체계에 부정과거 어미들의 영향(Gignac, *Grammar* 2:329) 또는 이집트어의 특징인 오(*ο*) 〉 아(*α*)의 전환(Gignac, *Grammar* 1:287-89)의 결과인 오(*ο*) 〉 아(*α*)의 전환이 존재한다.

양식/구조/배경

I. 개요

1. 일곱 번째 나팔(11:15-18)
   - a. 일곱 번째 천사가 나팔을 분다(15a절)
   - b. 하늘에서 들리는 찬송의 반응(15b-18절)
     - (1) 하늘에서 들리는 승리의 노래(15a-c절)
       - (a) 노래하는 자들: 하늘의 큰 음성들(15a절)

(b) 노래(15bc절)
[1] 세상 나라의 양도(15b절)
[a] 우리 하나님에게
[b] 그의 그리스도에게
[2] 하나님이 세세토록 왕노릇 하시리로다(15c절)
(2) 이십사 장로의 감사의 교창(16-18절)
(a) 이십사 장로의 경배(16절)
[1] 그들의 위치
[a] 하나님 앞에
[b] 보좌에 앉아
[2] 그들의 행동
[a] 엎드려
[b] 하나님께 경배한다
(b) 그들의 감사의 노래(17-18절)
[1] 서론적인 감사의 관용 어구: "감사하옵나니"(17a절)
[2] 대상(17a절)
[a] 당신에게
[b] 옛적에도 계셨고 시방도 계신
[c] 주 하나님 전능하신 이
[3] 감사의 기본적인 이유(17b절)
[a] 친히 큰 권능을 잡으시고
[b] 왕노릇 하시도다
[4] 종말론적 회고(18절)
[a] 이방들이 분노했다(18a절)
[b] 그러나 주의 진노가 임했다(18b절)
[c] 그리고 죽은 자들을 심판하는 때가 임했다(18b절)
[d] 그리고 주의 백성들에게 상 주실 때가 임했다(18c절)
[1] 주의 종 선지자들
[2] 그리고 주의 백성
[3] 그리고 주의 이름을 경외하는 자들
[a] 중요하지 않은 자들
[b] 중요한 자들
[e] 그리고 땅을 망하게 하는 자들을 멸망시키는 때(18d절)

II. 문학적 분석

요한계시록 11:15-18은 짧고 격리된 단락으로 분명히 8:1-9:21의 점강적인 연속(10:1-11:14에 의해 중단되었던)이며 11:19-12:17과 다른 두 단락(12:18-13:18과 14:1-20)이 바로 이어지고 있다. 그런데 이 이어지는 단락들은 중요한 문학적 구성 설계에 매우 신중하게 통합되고 있지 않다. 11:3-14을 11:19-12:17로부터 분리시킴으로써 저자는 이 두 단락 사이에 존재하는 연결성의 결여를 부분적으로 모호하게 만들었다. 일곱 번째 나팔은 예상되는 일곱 번째 재앙들을 도입하는 것이 아니라 짧은 환상(보좌의 환상)을 도입하는 역할을 한다. 요한계시록에서 환상이나 소리를 도입할 때 대체적으로 사용되는 "내가 보매"와 "내가 들으매"라는 특징적인 표현들이 없지만, 저자는 분명히 하늘의 큰 음성을 들었다. 그 하늘의 큰 음성은 승리의 노래를 발하고, 분명히 요한이 보는 보좌의 환상이 이어지며, 그 환상은 이십사 장로들이 부르는 감사의 노래로 완결된다.

요한계시록 11:15-18은 두 부분의 응답 찬송으로 이루어진다. 이 찬송에는 하나님의 통치에 대한 찬양과 모든 죽은 자들이 심판을 받는(의로운 자들은 상을 받고 악한 자들을 벌을 받는) 최후의 심판이 함께 나온다. 첫 부분은 확인되지 않는 "하늘의 큰 음성들"에 의해 발언되고(15a절), 응답자들은 이십사 장로들이다(17-18절). 17-18절의 응답 찬송은 1인칭 복수 동사 유카리스투멘(*εὐχαριστοῦμεν*, "우리가 감사한다": 이 동사는 요한계시록에서 이 곳에만 나오는 반면에, 명사 유카리스티아[*εὐχαριστία*]는 계 4:9: 7:12에 두 번 나온다)으로 시작되기 때문에, 이 찬송이 구약성경과 초기 유대교의 감사 찬송 전승을 따른 것으로 예상하는 것은 당연하다.

구약성경에는 공동체와 개인의 감사 찬송이 모두 나온다(Eissfeldt, *Introduction*, 120-24). 원래 성전에서 개인과 무리가 모두 사용하도록 의도된 구약성경의 감사 찬송들은 세 부분으로 이루어진다(Gunkel, *Psalms*, 17-19). (1) 저자의 고통에 대한 묘사, (2) 도우심을 구하는 탄원 그리고 (3) 구원에 대한 묘사. 개인의 감사 찬송과 감사의 제사가 모두 토다(תּוֹדָה)로 칭해지기 때문에(욘 2:10: 시 50:14, 23: 107:22), 개인의 감사는 아마 감사의 제사에 동반되는 고백에서 시작되었다가, 나중에 특별히 바벨론 포수 이후 시기에 성전 의식이 중지됨으로 독자적인 역할을 갖게 되었을 것이다.

만일 이 찬송을 아래의 *1 Enoch* 27:3(tr. Knibb, *Enoch*)에서 발견되는 것과 같

은 종말 시나리오가 찬송으로 변안된 것으로 생각하면 이 찬송의 형태에 대한 문제들 중 일부가 해결된다.

> 그리고 말세에 세세토록 의로우신 분 앞에서 의인들이 심판을 받는 광경이 있을 것이니, 여기에서 자비로운 자들은 영원한 왕이신 영광의 주를 찬송할 것이다(*εὐλογήσουσιν*-율로게수신). 그리고 심판을 받는 날에 그들은 (그분의) 긍휼하심에 대해, 곧 그분이 자신들에게 주신 운명에 대해 그분을 찬송할 것이다(*εὐλογήσουσιν*-율로게수신).

이 장면은 악한 자들과 의로운 자들이 모두 심판을 받을 최후의 심판 장면이다. 이 심판이 있을 때 의인들은 하나님을 찬송할 것이다. 그러나 본문은 그 찬송이 표현되는 방식에 대해서는 아무런 암시도 하고 있지 않다. 요한계시록 11:15-18에서는 의인들이 아니라 이십사 장로가 하나님께서 완전한 통치를 맡으시고 최후의 심판을 시작하심에 대해 하나님을 찬송한다. 이 종말 시나리오의 주제들은 연대순이 아니다. 왜냐하면 하나님의 통치의 개시는 이 종말론적 드라마에서 마지막 장이 되어야 하기 때문이다. (1) 하나님께서 통치를 시작하셨다(17절). (2) 세상의 반대하는 민족들이 분노한다(18a절). 이 주제는 시편 99:1(칠십인역 98:1)에 짝을 이루어 나오는 주제다. "여호와께서 통치하시니 만민이 분노한다"(*ὁ κύριος ἐβασίλευσεν, ὀργιζέσθωσαν λαοι*-호 퀴리오스 에바실류센 오르기제스도산 라오이: 개역. "여호와께서 통치하시니 만민이 떨 것이요), (3) 심판의 때가 도래했다(18b절). (4) 의인들은 상을 받는다(18c절). (5) 땅을 망하게 하는 자들은 멸망을 당한다(18d절).

감사 찬송의 구조와 배열은 문제가 있는데, 그 주된 이유는 주제들의 순서가 연대순이 아니기 때문이다. 죄른(Jörns, *Evangelium*, 101-2)은 A부분이 찬송이고 B부분은 산문인 다음과 같은 구조를 제안한다.

A	I	a		우리는 전능하신 주 하나님께 감사하오니
		b		그분은 옛적에도 계셨고 계십니다
	II	a		왜냐하면 주께서 친히 큰 권능을 잡으셨고
		b		왕노릇 하시기 때문입니다
B	I			이방들이 분노합니다
	II	a		그러나 주의 진노가 임하여
		b	1	죽은 자들을 심판하시어
		b	2	주의 종 선지자들과
			α	하나님의 백성 성도들과

β 무론대소하고
γ 주의 이름을 경외하는 자들에게 상 주시며
b 3 또 땅을 망하게 하는 자들을 멸망시키실 때로소이다

죄른의 분석에서, A부분의 Ia와 Ib행이 서론적인 감사 표현들과 감사의 대상이신 하나님의 칭호들의 목록을 이루는 하나의 단락을 구성한다는 생각은 적절하다. 또한 A부분에서 IIa행을 감사 찬송 내의 두 번째 소단락을 도입하는 것으로 간주하는 것도 적절하다. 그러나 찬송의 전체적인 도식에서 신약성경에 적용되어 왔던 산문과 시의 필연적으로 허술한 정의들을 예증으로 하여 "찬송" 부분과 "산문" 부분을 구별하는 것은 문제가 있다(후기 헬레니즘 시대와 초기 로마 시대의 그리스 세계에 산문 찬송에 대한 주목할 만한 강조가 있다).

다섯 개의 콜론으로 표시되는 각각의 종말 사건이 연대순이 아니라는 사실을 가정할 때, 실제적인 분석의 문제는 카이(καί)로 도입되는 다섯 행이 전체적인 찬송에서 어떤 역할을 담당하는가 하는 것이다. 첫째로 17b절의 호티(ὅτι) 절이 감사 찬송의 기본적인 이유를 규정하는 반면에, 18절에 나오는 다섯 개의 콜론은 17b절의 기본적 이유가 근거하는 종말론적 회고를 나타낸다는 사실을 인식하는 것이 중요하다. "종말론적 회고"(eschatological retrospective)라는 어구는 약간 독특해 보이지만 적절한 어구다. 왜냐하면 종말의 사건들이 모두 마치 과거의 사건들인 것처럼 부정과거 동사들로 묘사되며, 전체적으로 볼 때 이 모든 사건들은 하나님께서 이미 통치를 시작하셨음을 명백하게 나타내기 때문이다. 두 개의 주요한 동사가 다섯 개의 콜론을 지배하고 있다. 분노한(ὠργίσθησαν – 오르기스데산) 이방들, 즉 하나님에게 반항하는 이방들이 제지된다고 말하는 첫 번째 콜론을 지배하는 동사는 고르기제인(γὀργίζειν)이다. 두 번째 콜론에서는 하나님의 "진노"(ὀργή – 오르게)가 임하였다(ἦλθεν – 엘덴)고 하는데, 이 말은 이교 민족들의 분노에 대한 하나님의 응답을 나타낸다. 세 번째 콜론에서 동사 엘덴(ἦλθεν)은 주어로 호 카이로스(ὁ καιρός, "때")가 보완되어야 한다. 세 번째, 네 번째, 다섯 번째 콜론의 보족 부정사들은 보완된 엘덴(ἦλθεν), 크리데나이(κριθῆναι, **심판하는** 때가 이르렀다), 두나이 톤 미스돈(δοῦναι τὸν μισθόν, **상을 주는** 때가 이르렀다), 디아프데이라이(διαφθεῖραι, **멸망하는** 때가 이르렀다)에 의존한다.

11:15-18의 감사 찬송은 부분적으로는 요한계시록의 다른 곳에서 발견되는 상투적인 표현들이 뒤섞인 것같이 보이며, 또한 부분적으로는 독특한 특징들을 갖고 있는 구성으로 보인다. 이 사실은 이전의 작품이 요한계시록의 마지막 판의 특징적인

강조들과 어법들 중 일부와 결합하여 바뀌어졌음을 시사한다. 17-18절에 이어지는 어구들은 요한계시록의 다른 곳에 유사한 어구들이 나온다. (1) 퀴리에 호 데오스 호 판토크라토르(*κύριε ὁ θεὸς ὁ παντοκράτωρ*, 4:8; 15:3; 16:7; 19:6; 21:22), (2) 호 온 카이 호 엔(*ὁ ὢν καὶ ὁ ἦν*, 1:4, 8; 4:8; 16:5; 앞의 세 언급에는 호 에르코메노스[*ὁ ἐρχόμενος*]가 세 번째 요소로 포함된다), (3) 호티 에일레파스 텐 뒤나민(*ὅτι εἴληφας τὴν δύναμιν*, 4:11, 라베인…텐 뒤나민[*λαβεῖν …τὴν δύναμιν*]), (4) 투스 미크루스 카이 투스 메갈루스(*τοὺς μικροὺς καὶ τοὺς μεγάλους*, (13:16; 19:5, 18; 20:12).

주석

15a "일곱째 천사가 나팔을 불매 하늘에 큰 음성들이 나서 가로되"(*καὶ ὁ ἕβδομος ἄγγελος ἐσάλπισεν· καὶ ἐγένοντο φωναὶ μεγάλαι ἐν τῷ οὐρανῷ λέγοντες* —카이 호 헤브도모스 앙겔로스 에살피센 카이 에게논토 포나이 메갈라이 엔 토 우라노 레곤테스). 15절의 첫 번째 절은 앞의 여섯 가지 나팔 재앙들의 도입과 매우 일치하는 판에 박힌 도입부를 구성한다(8:7, 8, 10, 12; 9:1, 13; 8:7에서만은 앙겔로스[*ἄγγελος*]라는 어구가 없다). 포네 메갈레(*φωνὴ μεγάλη*, "큰 소리, 큰 음성")라는 어구는 요한계시록에 자주 나오지만, 여기에서만 이 어구는 찬송 소리의 복수로 나온다. 그러나 복수가 사용된 이유는 명확하지 않다. 11:15과 가장 유사한 구절은 12:10의 찬송의 도입에 나온다: 카이 에쿠사 포넨 메갈렌 엔 토 우라토 레구산(*καὶ ἤκουσα φωνὴν μεγάλην ἐν τῷ οὐρανῷ λέγουσαν*, "내가 또 들으니 하늘에 큰 음성이 있어 가로되"(19:1을 참조하라). 엔 토 우라노(*ἐν τῷ οὐρανῷ*, "하늘에")라는 어구는 요한이 음성을 들은 장소를 나타낸다. 12:10과 19:1에도 동일한 전치사구가 요한의 하늘에서의 시각을 나타내고, 이 찬송이 하늘 궁정 근처에서만 들릴 수 있음을 암시한다(Jörns, *Evangelium*, 91). 다른 곳에서 요한의 지상 시각은 에크 투 우라누(*ἐκ τοῦ οὐρανοῦ*, "하늘에서, 하늘로부터")라는 어구로 암시된다(10:4, 8; 11:12; 14:2, 13; 18:4). 10:7의 천사의 말에는 일곱 번째 나팔의 점층법적 특성이 예기된다. 10:7에서 천사는 하나님의 종 선지자들에게 전한 하나님의 비밀 계획이 일곱 번째 나팔이 울릴 때 드러날 것이라고 선언한다. 이 곳의 큰 음성들의 정체는 명기되지 않는다. 따라서 스웨테(Swete 141)와 찰스(Charles 1:293-94)와 같이 이 음성이 스랍들의 음성이라고 추측하거나 로메이어(Lohmeyer 95)와

같이 이 음성이 이십사 장로들의 음성이라고 추측할 이유는 없다(Beckwith, 608를 보라). 도입의 레곤테스(λέγοντες, 남성 주격 복수 분사)는 포나이 메갈라이(φωναὶ μεγάλαι)를 수식하기 때문에 파격 어법이며, 따라서 레구사이(λέγουσαι, 여성 주격 복수 분사: "원문주해" 11:15.b를 보라)가 되어야 한다.

15b "세상 나라가 우리 주와 그 그리스도의 나라가 되어"(*ἐγένετο ἡ βασιλεία τοῦ κόσμου τοῦ κυρίου ἡμῶν καὶ τοῦ χριστοῦ αὐτοῦ*—에게네토 헤 바실레이아 투 코스무 투 퀴리우 헤몬 카이 투 크리스투 아우투). 15bc절은 7:10과 12:10-12에서 발견되는 것과 비교되는 승리의 노래(*Siegesruf*)을 구성한다(Deichgräber, *Gotteshymnus*, 54). 이 승리의 노래의 주제는 하나님의 왕권 또는 통치다. 그리고 이 노래는 카이(καί)로 연결되는 두 개의 행으로 이루어진다. 동사 에게네토(ἐγένετο)는 이 곳과 12:10(역시 하나님의 왕권이 강조된다)에서만 찬송을 도입하는 데 사용된다. 에게네토(ἐγένετο)가 부정과거이고 따라서 하나님의 왕권을 취하심을 과거의 사실로 언급하지만, 문맥은 에게네토(ἐγένετο)가 예변법으로 사용되는 것을 명백히 나타낸다. 예변법은 미래의 사건을 과거의 사건으로 말하는 "예언의 완료"(*perfectum propheticum*)와 같은 것이다(*GKC* § 106n; Justin *1 Apol.* 42.1). 문장 초에 위치하는 에게네토(ἐγένετο)는 종말에 하나님의 궁극적이며 완전한 통치의 확실성을 강조한다.

신약성경에 186회 나오는 코스모스(κόσμος, "세상")라는 용어가 요한계시록에는 세 번밖에 나오지 않는다(이 곳과 계 13:8과 17:8에서 발견되는 관용 표현). 코스모스(κόσμος)라는 용어는 요한복음(78회)과 요한 서신(24회)에 대부분 나온다(즉 신약성경에 이 용어가 출현하는 것의 55퍼센트: Cassem, *NovT* 19[1972] 81-91). 이 사실은 요한의 복음서 및 서신들과 요한계시록 간에 세상에 대한 강조의 차이를 나타낸다. 헤 바실레이아 투 코스무(ἡ βασιλεία τοῦ κόσμου, "세상 나라")라는 어구에서 코스모스(κόσμος)는 피조물 전체를 나타낼 수도 있지만, 하나님에게 반항해 왔고 하나님의 목적들과 충돌해 온 인간 세상을 언급할 가능성이 더 높다(*TDNT* 3:889-95). 신약성경의 다른 곳에서 용어적으로 유사한 곳은 마태복음 4:8(예수님이 시험 받는 문맥)뿐이다. 마태복음 4:8에서 하이 바실레이아이 투 코스무(αἱ βασιλεῖαι τοῦ κόσμου, "세상의 나라들"; 개역, "천하 만국")는 각각 나름대로의 통치자를 갖고 세상을 이루는 많은 나라들을 나타낸다. 그러나 여기에 암시되는 의미는 이 나라들이 모두 사단에게 속한다는 것과 하나님께서 기뻐하시는 자는 누구나 구원하실 수 있다는 것이다.

토 에드네 투 코스무(*τὰ ἔθνη τοῦ κόσμου*, "세상 백성": 눅 12:30)라는 어구는 이스라엘 외의 인류를 나타내는 통상적인 랍비식 표현 움모투 하알람(אֻמּוֹת הָעוֹלָם, "세상의 민족들")을 생각나게 한다(Str-B, 2:191; *TDNT* 3:888). 묵시적 시각은 사단이 "이 세상의 신"(고후 4:4), "공중의 권세 잡은 자"(엡 2:2), "세상 주관자"(*κοσμοκράτωρ*-코스모크라토르, 엡 6:12; Irenaeus *Adv. Haer.* 1.5.4), "이 세상의 통치자, 이 세상의 임금"(요 12:31; 14:30; 16:11; *T. Sol.* 2:9; 3:5-6; 6:1; *Asc. Isa.* 1:3; 2:4; 10:29) 그리고 "이 시대의 통치자"(Ignatius *Eph.* 17:1; 19:1; *Magn.* 1:2; *Trall.* 4:2; *Rom.* 7:1; *Phld.* 6:2)라는 사실을 인식한다. H. Kruse, "Das Reich Satans," Bib. 58(1977) 29-61과 D. E. Aune, "Archon," *DDD*, 156-57를 보라. 요한일서 5:19에 의하면, "온 세상은 악한 자 안에 처한" 것이다.

카이 투 크리스투 아우투(*καὶ τοῦ χριστοῦ αὐτοῦ*, "그리고 그의 메시아": 개역. "그 그리스도의 나라")라는 어구는 중요한 것같이 보인다. 왜냐하면 이어지는 동사 바실류세이(*βασιλεύσει*, "그가 왕노릇 할 것이다")는 단수인데 주어는 복수, 즉 "우리 주와 그의 그리스도"가 되어야 하기 때문이다(Vischer, *Offenbarung*, 18-19). "그의 그리스도"(개역. "그 그리스도")는 동사 바실류세이(*βασιλεύσει*) 바로 앞에 나오기 때문에 분명히 하나님께 대한 그리스도의 종속 관계를 강조한다. 이는 구약성경의 유사한 진술들에 이스라엘의 왕들과 하나님 간의 종속 관계가 전제되는 것과 같다(Jörns, *Evangelium*, 94). 하나님과 하나님의 기름부음을 받은 자들(즉 왕이나 메시아)을 이렇게 언급하는 방식은 "여호와 앞과 그 기름부음을 받은 자 앞에서"라는 어구가 나오는 사무엘상 12:3(참조. 5절)과 "여호와와 그 기름부음 받은 자를 대적하며"라는 어구가 발견되는 시편 2:2(행 4:26에 인용된다)이 유사하다. 이스라엘 또는 유다의 왕을 언급하는 "그의 기름부음을 받은 자"라는 어구는 구약성경에 자주 나온다(삼상 2:10; 12:5; 삼하 22:51; 시 18:50[칠십인역 17:50]; 20:6; 28:8[칠십인역 27:8]). 반면에 그리스-유대 문헌에서 호 크리스토스 아우투(*ὁ χριστὸς αὐτοῦ*, "그의 기름부음을 받은 자")라는 어구는 메시아에 대해 사용되며(*Pss. Sol.* 18:5), 기독교 문서들에서는 "그(하나님)의 메시아"로서의 예수님에 대해 사용된다(행 3:18; 4:26[시 2:2을 인용]; *Paral. Jer.* 9:17; *Odes Sol.* 9:3; 41:3[시리아어 *mšyḥh*]). 그러므로 요한계시록 11:15과 12:10에서 "그의 그리스도"는 구약성경과 초기 유대교 문헌에 나오는 것과 동등한 어구의 기독교의 자연스러운 적응이다(O' Rourke, *CBQ* 30[1968] 405; Jörns, *Evangelium*, 95-97). 관련된 어구 "여호와의 기름부음을 받은 자"(삼상 24:6; 26:9, 11, 16, 23; 눅 2:26; 9:20;

Odes Sol. 29:6[시리아어 *bmšyḥh dmry'*]와 "나의(하나님의) 기름부음을 받은 자"(삼상 2:35)도 나온다.

15c "그가 세세토록 왕노릇 하시리로다 하니"(*καὶ βασιλεύσει εἰς τοὺς αἰῶνας τῶν αἰώνων*－카이 바실류세이 에이스 투스 아이오나스 톤 아이오논). 바실류세이(*βασιλεύσει*, "다스릴 것이다, 왕노릇 할 것이다")의 문법적 주어는 헤 바실레이아(*ἡ βασιλεία*, "그 나라")이지만, 이것은 분명히 불가능하다. 왜냐하면 분명히 논리적 주어는 15b절에 나오는 투 퀴리우 헤몬(*τοῦ κυρίου ἡμῶν*, "우리 주")으로 보완되는 하나님이기 때문이다. 칠십인역에 나오는 구약성경의 유사구들이 있는데, 예를 들어 칠십인역 시편 9:37(맛소라 사본: 10:16), 바실류세이 퀴리오스 에이스 톤 아이오나 카이 에이스 톤 아이오나 투 아이오노스(*βασιλεύσει κύριος εἰς τὸν αἰῶνα καὶ εἰς τὸν αἰῶνα τοῦ αἰῶνος*, "여호와께서는 영원무궁토록 왕이시니")다(다른 칠십인역 구절들, 출 15:18; 슥 14:9; 단 2:44; 7:14, 27; 시 145:10; Wis 3:8을 보라). 하나님의 영원한 통치는 *Jos. As.* 19:8의 종말론적 문맥에서도 발견된다: "그리고 여호와께서 그들을(즉 살아 계신 하나님의 아들들을) 영원토록 다스리실 것이다"(*καὶ κύριος ὁ θεὸς βασιλεύσει αὐτῶν*[*τῶν υἱῶν τοῦ ζῶντος θεοῦ*] *εἰς τοὺς αἰῶνας τῶν αἰώνων*－카이 퀴리오스 호 데오스 바실류세이 아우톤[톤 휘온 투 존토스 데우] 에이스 투스 아이오나스 톤 아이오논). 유사한 어구가 요한계시록 22:5에서도 발견되지만("저희가 세세토록 왕노릇 하리로다"[*καὶ βασιλεύσουσιν εἰς τοὺς αἰῶνας τῶν αἰώνων*－카이 바실류수신 에이스 투스 아이오나스 톤 아이오논]), 새 예루살렘에서의 주체는 하나님의 종들이다. 동사 바실류에인(*βασιλευεῖν*, "다스리다, 왕노릇 하다")은 요한계시록에서 모두 하나님을 주어로 하여 세 번 사용되는데, 모두 찬송의 문맥이며(이 곳; 11:17; 19:6), 11:17의 용법과 19:6의 용법은 매우 유사하다(이 구절들의 "주석"을 보라). 이 곳 11:15의 찬송 어구는 하나님의 통치의 영원한 성격을 강조하는데, 구약성경과 초기 유대교 문헌 중에서도 주로 찬송의 문맥들에 유사구들을 갖고 있다. 그 중 가장 오래된 본문은 모세의 찬송 중 결말의 구절인 출애굽기 15:18이다. 이 구절의 연대는 아마 이스라엘 왕조가 시작되기 이전일 것이다(참조. Albright, *Archaeology*, 117, 132; Albright, *Yahweh*, 13; Brettler, King, 14): "여호와의 다스림이 영원무궁하시도다"(칠십인역: 퀴리오스 바실류온 톤 아이오나 카이 에프 아이오나 카이 에티－*κύριος βασιλεύων τὸν αἰῶνα καὶ ἐπ᾽ αἰῶνα καὶ ἔτι*). 이 어구는 시편 10:16(칠십인역 9:37, "여호와께서는 영원무궁토록 왕이시니")을 포함한 수많은 후기의 본문들에 인용된

다(시 145:13[칠십인역 144:13]; 146:10[칠십인역 145:10]; 애 5:19; 겔 43:7; 단 4:3, 34; 6:26; 미 4:7; Wis 3:8; *Jos. As.* 19:5, 8도 보라). "영원무궁"이라는 은유는 다윗 가문의 통치에 대해서도 사용되고(삼하 7:13-16; 22:51; 왕상 2:45; 대상 22:10; 28:4; 대하 6:16; 7:18; 13:5; 시 45:6; 61:7; 89:3-4, 35-37; 사 9:7; 렘 33:17; 겔 37:25; 참조. 삼상 13:13 [사울의 가문에 대해]), 확대하여 메시아를 언급하기도 한다(눅 1:33; 히 1:8).

16 "하나님 앞에 자기 보좌에 앉은 이십사 장로들이 엎드려 얼굴을 대고 하나님께 경배하여"(*καὶ οἱ εἴκοσι τέσσαρες πρεσβύτεροι οἱ ἐνώπιον τοῦ θεοῦ καθήμενοι ἐπὶ τοὺς θρόνους αὐτῶν ἔπεσαν ἐπὶ τὰ πρόσωπα αὐτῶν καὶ προσεκύνησαν τῷ θεῷ* – 카이 호이 에이코시 테싸레스 프레스뷔테로이 호이 에노피온 투 데우 카데메노이 에피 투스 드로누스 아우톤 에페산 에피 타 프로소파 아우톤 카이 프로세퀴네산 토 데오). 4:4과 4:10의 "주석"을 보라(4:10은 특별히 유사하다. 그곳에서는 장로들이 자신들의 보좌에서 내려와 하나님 앞에 엎드린다). 16절의 역할은 15절과 17-18절에 나오는 교창 찬송 구조의 두 부분을 연결시키는 것으로, 4:9을 4:11에 연결시키는 4:10의 역할, 그리고 7:10b을 7:12에 연결시키는 7:11의 역할과 유사하다(Jörns, *Evangelium*, 98). 여기에서는 장로들이 하나님 앞에 앉아 있다는 사실이 강조된다. 성경 전통에서 왕의 신하들은 전형적으로 어전에서 왕 앞에 서 있는 것으로 되어 있다(삼상 16:21-22; 렘 36:21; 단 1:19; 2:2). 그러므로 이런 신하들은 "솔로몬 앞에 섰던 장로들"(왕상 12:6, 개역. "그 앞에 모셨던 노인들") 또는 "당신 앞에 선 이 신하들"(왕상 10:8[개역. "당신의 이 신복들"; 창 41:46["요셉이 바로 앞에 설 때에"]; 참조. Brettler, King, 101)로 칭해진다. 이스라엘 문학에 나오는 하늘 궁정에 대한 묘사에서 하나님은 항상 앉아 계시고(왕상 22:19; 사 6:1; 단 7:9) 하늘 궁정의 구성원들이 항상 주위에 둘러 서 있다(왕상 22:19; 사 6:2; 단 7:10).

17a "가로되 감사하옵나니 옛적에도 계셨고 시방도 계신 주 하나님"(*λέγοντες· εὐχαριστοῦμέν σοι, κύριε ὁ θεὸς ὁ παντοκράτωρ, ὁ ὢν καὶ ὁ ἦν* – 레곤테스 유카리스투멘 소이 퀴리에 호 데오스 호 판토크라토르 호 온 카이 호 엔). 17-18절은 집단의 감사 찬송(*das kollektive Danklied*[K. Berger, *Formgeschichte*, 242]) 또는 감사의 기도(*Dankgebet*[Deichgräber, *Gotteshymnus*, 54])를 구성한다. 감사의 주요 근거는 하나님께서 왕의 통치를 맡으신 것이고(17절), 여기에 하나님께서 왕권을 취하심의 기초가 되는 하나님의 특별한 종말론적 행동들을 규정하는 18절의 "종

말론적 회고"가 이어진다. 이 절은 19:6b "왜냐하면 주 우리 하나님 곧 전능하신 이가 통치하셨기 때문이다"(*ὅτι ἐβασίλευσεν κύριος ὁ θεὸς ἡμῶν ὁ παντοκράτωρ* - 호티 에바실류센 퀴리오스 호 데오스 헤몬 호 판토크라토르)에서 결합되는 몇 가지 특징들을 갖고 있다.

"우리가 당신에게 감사한다"(*εὐχαριστοῦμέν σοι* - 유카리스투멘 소이)는 요한계시록의 찬송에서 발견되는 유일하게 확실한 전례적 관용 표현이다(Deichgräber, *Gotteshymnus*, 54; Jörns, *Evangelium*, 99). 이 용어는 신약성경에서 기도로 하나님께 감사를 드리는 문맥(요 11:41; 행 28:15; 참조. *TDNT* 9:411), 특별히 식사 기도의 문맥에 나온다(막 8:6; 마 15:36; 요 6:11, 23; 행 27:35). 특별한 성찬 기도의 문맥으로, 이 표현은 *Did.* 9:3 "당신께서 주의 종이신 예수님을 통해 우리에게 알려 주신 생명과 지식을 인하여, 우리가 우리 아버지이신 당신에게 감사드리니(*εὐχαριστοῦμέν σοι, πάτερ ἡμῶν* - 유카리스투멘 소이 파테르 헤몬), 영광이 당신에게 영원무궁토록 있기를 원하나이다"에 나온다(유사한 감사의 성찬 기도들이 *Did.* 9:3; 10:2-5에서도 발견된다; Audet, *Didachè*, 377-98; *TDNT* 9:414-15를 보라). 또한 *Apost. Const.* 7.38.4, "우리는 그리스도를 통해 주신 모든 것을 인해 당신에게 감사드리나이다"(*περὶ πάντων σοι διὰ Χριστοῦ εὐχαριστοῦμεν* - 페리 판톤 소이 디아 크리스투 유카리스투멘)도 보라(*Apost. Const.* 7.26.2도 보라). 그러나 위의 구절들은 하나님이 감사를 받으시는 이유, 즉 요한계시록 11:18에서 호티(*ὅτι*) 절로 제시되는 이유를 명백하게 진술하지 않는다. 유카리스투멘 소이(*εὐχαριστοῦμέν σοι*)는 랍비 전거들에서 발견되는 히브리어 관용 표현 모딤 아나흐누 라크(מודים אנחנו לך)에 해당한다(*m. Ber.* 5:3; *b. Ta'an.* 6b; Deichgräber, *Gotteshymnus*, 54). 이 관용 표현의 증거는 저자가 성찬식에서 유래된 전례 전통들을 보존했는가라는 의문을 야기시킨다(Schille, *ZTK* 52[1955] 174의 견해). 이 어구는 헬라어로 기록된 초기 유대교 문서들에 나오는데(동사 율로게인[*εὐλογεῖν*]이 훨씬 더 빈번하게 나오지만), 여기에는 Jdt 8:25의 "이 모든 일들을 인해 주 우리 하나님에게 감사를 드리자"(*παρὰ ταῦτα πάντα εὐχαριστήσωμεν κυρίῳ τῷ θεῷ ἡμῶν* - 파라 타우타 판타 유카리스테소멘 퀴리오 토 데오 헤몬); 2 Macc 1:11, "우리가 그(즉 '하나님')에게 크게 감사한다"(*μεγάλως εὐχαριστοῦμεν αὐτῷ* - 메갈로스 유카리스투멘 아우토); *T. Abr.*(Rec. A) 15:4, "내가 내 주 당신에게 감사드리나이다"(*εὐχαριστῶ σοι κύριέ μου* - 유카리스토 소이 퀴리에 무, 사라가 미가엘에게 하는 말). 3 Macc 7:16을 참조하라.

> 그들은 모든 향기로운 꽃들의 면류관를 쓰고 기쁨으로 그리고 큰 소리로 이스라엘의 영원한 구원자, 그들의 조상의 하나님에게 감사를 드리고(*εὐχαριστοῦντες τῷ θεῷ τῶν πατέρων*–유카리스툰테스 토 데오 톤 파테론), 찬양과 아름다운 찬송을 부르며 그 도시를 떠났다.

"…를 인하여 내가 주님께 감사하나이다"(אודכה אדני כי–오드카 아도나이 키)는 쿰란의 감사 시편들 또는 호다요트(Hodayoth)에 몇 번 나오는 표준적인 도입의 관용 표현이다(1QH 2:20, 31; 3:19, 37; 4:5; 5:5; 7:6, 26, 34; 9:37; 14:8[키(כי)는 사용되지 않는다]; 17:7[키(כי)는 사용되지 않는다]; 참조. 11:3[אודכה אלי כי–오드카 엘리 키, "…를 인하여 내가 나의 하나님 당신에게 감사하나이다"]). 이 찬송들에서 키(כי)에 종종 고통으로부터의 구원에 대한 개략적인 묘사가 따른다(예를 들어, 1QH 2:20-22; 3:19-21; 5:5-6). 이 관용 표현은 헬라어로 번역된 초기 유대교 문헌에서도 발견된다(Jdt 8:25; 2 Macc 1:11; *Ant.* 1.193). 감사의 노래 또는 기도는 서간체의 문맥들에도 적응되었다(2 Macc 1:11). 아마 가장 잘 알려진 적응 형태는 많은 바울 서신들이 시작되는 서론의 감사 기도에서 발견될 것이다. 이 감사의 기도들은 1인칭 단수 형태 유카리스토(*εὐχαριστῶ*, "내가 감사한다"; 롬 1:8-17; 고전 1:4-9; 빌 1:3-11; 몬 4) 또는 데살로니가전서 1:2; 골로새서 1:3- 8에서와 같이 1인칭 복수 형태로 시작된다. 이 기도들에서 하나님은 3인칭("그 문체"[er-Stil])으로 언급된다. 감사 기도를 위한 서신의 문맥 외에 초대 교회는 성찬식과 관련된 전례적인 문맥에서도 동사 유카리스테인(*εὐχαριστεῖν*, "감사를 드린다")을 사용했다. 이 감사 기도 유형의 예들은 형태상 요한계시록 11:17-18의 기도와 매우 가깝다.

감사의 이유들을 소개하는 호티(*ὅτι*) 절을 수반한 유카리스토(*εὐχαριστῶ*) 형태는 슈베르트(P. Schubert, *Form and Function of the Pauline Thanksgivings*, BZNW 20[Berlin: Töpelmann, 1939] 10-39; 참조. P. T. O'Brien, *Introductory Thanksgivings in the Letters of Paul*, NovTSup 49[Leiden: Brill, 1977] 6-15)가 설명하고 분석한 바울 서신 감사 기도의 두 가지 유형 중 하나다. 초기 기독교의 비서신 문맥들에도 이 형태의 몇 가지 예가 나온다(눅 18:11; 요 11:41; 참조. Ignatius *Smyrn.* 10:1). 바울 서신의 감사들과 유사한 감사 기도는 2 Macc 1:11(인용된 서신 부분)에서 발견된다.

헬라 문화의 종교들에서 감사의 기도는 비교적 드물다(이 문제는 Versnel, "Prayer," 42-62에서 논의된다). 유카리스테인(*εὐχαριστεῖν*, "감사하다")은 사람들과 신들 모두에게 감사를 표현하는 데 자주 사용되는 용어다. 그러나 짧은 표현 유카리스토(*εὐχαριστῶ*, "내가 감사한다")는 제국 시대의 비문들에만 나오며, 따라서 주로 소아시아에서 발견된다(Versnel, "Prayer," 45).

퀴리에 호 데오스 호 판토크라토르(*κύριε ὁ θεὸς ὁ παντοκράτωρ*, "전능하신 주 하나님")라는 용어는 요한계시록에서 다섯 번 발견되는데(4:8; 11:17; 15:3; 16:7; 21:22; 이 절들 중 4:8의 "주석"을 보라), 히브리어 어구 야웨 (엘로헤) (하)체바오트(יהוה [אלהי] [ה]צבאות, "만군의 여호와[하나님]")의 직역을 반영한다. 이 히브리어 어구는 아모스서에서 아홉 번 발견되는 반면에(3:13; 4:13; 5:14, 15, 16, 27; 6:8, 14; 9:5) 구약성경의 나머지 부분에서는 단지 열 번 발견된다(삼하 5:10; 왕상 19:10, 14; 호 12:6[5]; 렘 5:14; 15:16; 35:17; 38:17; 44:7; 시 89:9[8]). 단축형 "만군의 여호와"는 구약성경에 267회 나온다. 이 두 가지 칭호는 모두 군사적인 함축을 갖고 있다. 그러나 추상적 복수로 이해되는 체바오트(צבאות)는 "강한 힘"이라는 의미를 내포할 수도 있다(참조. O. Eissfeldt, "Jahweh Zebaoth," in *Kleine Schriften*, ed. R. Sellheim and F. Maass[Tübingen: Mohr-Siebeck, 1962-73] 3: 120). 이 때문에 칠십인역은 종종 체바오트(צבאות)를 판토크라토르(*παντοκράτωρ*)로 번역한다. Wolff, *Joel and Amos*, 287-88에서 부록을 보라. 칠십인역에서 긴 형태인 야웨 (엘로헤) (하)체바오트(יהוה [אלהי] [ה]צבאות, "만군의 여호와[하나님]")는 퀴리에 판토크라토르 데에/데오스(*κύριε παντοκράτωρ θεέ/θεός*)로 번역된다(2 Kgdms 7:25[MS B], 26[MS A], 27; 대상 17:24). 칠십인역 아모스서에서 이 어구는 일관되게 퀴리오스 호 데오스 호 판토크라토르(*κύριος ὁ θεὸς ὁ παντοκράτωρ*)로 번역된다(암 3:13; 4:13; 5:16; 9:5, 15). 동일한 형태가 나훔 3:5; 스가랴 10:3; 말라기 2:16(MS A)에도 나온다. 신약성경에서 고린도전서 6:18에 나오는 칠십인역 사무엘하 7:8의 인용 레게이 퀴리오스 판토크라토르(*λέγει κύριος παντοκράτωρ*, "전능하신 주의 말씀이니라")를 제외하고, 퀴리오스 호 데오스 호 판토크라토르(*κύριος ὁ θεὸς ὁ παντοκράτωρ*)라는 형태는 요한계시록에만 일곱 번 나오고(1:8; 4:8; 11:17; 15:3; 16:7; 19:6; 21:22), 호 데오스 호 판토크라토르(*ὁ θεὸς ὁ παντοκράτωρ*)라는 형태로 두 번 더 나온다(16:14; 19:15). 이 칭호에 대해서는 부쎄트-그레스맨(Bousset-Gressmann, *Religion des Judentums*, 312 n. 2)을 보라. 그러나 부쎄트-그레스맨의 토론은 인용문들을 약간 왜곡시키고 몇 가지 오류가 있다. 퀴리에 판토크라토르(*κύριε παντοκράτωρ*)는 *T. Abr.*(Rec. A) 15:12; *Paral. Jer.* 1:5; 9:6에 나오는 반면에, 호격으로 나오지 않는 완전한 관용 표현은 *3 Apoc. Bar.* 1.3에 나오고, *Prayer of Manassis*(Denis, *Fragmenta*, 115)에는 퀴리에 호 판토크라토르 호 데오스(*κύριε ὁ παντοκράτορ ὁ θεός*)라는 형태로 나온다. 완전한 칭호가 요한계시록에서 호 온 카이 호 엔(카이 호 에르코메노스)(*ὁ ὢν καὶ ὁ ἦν* [*καὶ ὁ ἐρχόμενος*], "이제도 있고 전에도 있었던 [장차 올] 자")라는 칭호와 밀접한 관계로 몇 번 나온다(1:8; 4:8; 11:17). 호 온 카이 호 엔(*ὁ ὢν καὶ ὁ ἦν*)이라는 어구에 대해서는 1:4의 "주석"을 보라.

17b "곧 전능하신 이여 친히 큰 권능을 잡으시고 왕노릇 하시도다"(*ὅτι εἴληφας τὴν δύναμίν σου τὴν μεγάλην καὶ ἐβασίλευσας* - 호티 에일레파스 텐 뒤나민 수 텐 메갈렌 카이 에바실류사스). 16b절과 18a절은 시편 99:1(칠십인역 98:1), 호 퀴리오스 에바실류센 오르기제스도산 라오이(*ὁ κύριος ἐβασίλευσεν, ὀργιζέσθωσαν λαοί*, "여호와께서 통치하시니 만민이 떨 것이요")를 인유한다. 감사의 이유를 소개하는 호티(*ὅτι*) 절은 요한계시록의 다른 곳에서 찬송에서도 사용된다(4:11; 5:9; 12:10).

하나님을 주어로 하여 동사 바실류에인(*βασιλεύειν*)은(이 곳; 11:15; 19:6; 이 구절들의 "주석"을 보라) 요한계시록의 찬송 문맥에 세 번 나온다. 11:17과 19:6은 특별히 유사하다. 그러나 11:17의 에바실류사스(*ἐβασίλευσας*, "당신이 통치하기 시작했다")는 2인칭이지만, 19:6의 에바실류센(*ἐβασίλευσεν*, "그가 통치하기 시작했다")은 3인칭이다. 이 두 구절은 두 문체의 찬송을 반영한다(*du-Stil*, "당신 문체"와 *er-Stil*, "그 문체"; **부록 4B: 요한계시록의 찬송**을 보라). 11:17에서 에바실류사스(*ἐβασίλευσας*)의 주어는 퀴리에 호 데오스 호 판토크라토르(*κύριε ὁ θεὸς ὁ παντοκράτωρ*, "주 하나님 곧 전능하신 이")이고, 19:6에서 에바실류센(*ἐβασίλευσεν*)의 주어는 퀴리오스 호 데오스 헤몬 호 판토크라토르(*κύριος ὁ θεὸς ἡμῶν ὁ παντοκράτωρ*, "주 우리 하나님 곧 전능하신 이")이다. 에바실류사스(*ἐβασίλευσας*[이 곳])와 에바실류센(*ἐβασίλευσεν*[19:6]) 모두 어떤 상태의 시작을 강조하는 진입의 부정과거로 해석될 수 있다(즉 "왕으로 통치하기 시작했다"; Delebecque, 206; Ford, 168; *EDNT* 1:207). 에바실류사스(*ἐβασίλευσας*)는 에일레파스(*εἴληφας*, "당신이 받았다")와 대응하기 때문에 완료의 의미를 갖고 있다(Mussies, *Morphology*, 338; 참조. Porter, *Verbal Aspect*, 251). 물론 대응은 다른 방식으로 나타낼 수도 있다. 따라서 에일레파스(*εἴληφας*)를 부정과거 완료로 생각할 수도 있다(Turner, *Syntax*, 69). 에일레파스(*εἴληφας*)와 에바실류사스(*ἐβασίλευσας*)가 2인칭이라는 사실은 새 왕에게 왕의 권위를 부여하는 서임식의 관용 표현들과의 유사성을 시사한다(참조. 왕하 9:6). 그러나 이와 같은 관용 표현들은 구약성경에서 여호와에 대해서는 전혀 사용되지 않는다. 그 이유는 여호와에게 왕의 권위를 부여할 수 있는 자가 없기 때문이다. 그럼에도 불구하고 에바실류사스(*ἐβασίλευσας*)를 진입의 부정과거로 해석하는 것은 하나님께서 전에 왕으로 통치하시지 않았다는 의미를 나타내는 것이 아니라, 오히려 하나님의 왕권이 이제 세상에 유효하게 되었다는 의미를 나타낼 수 있다. 칠십인역에서 대관식의 찬송들(완료 동사 말라크[מלך]를 수반하여 야웨 말라크[יהוה מלך, "여호와께서 통치하신다"]라는 어구의 히브리어로 표현되는) 몇 개가 바실류에인(*βασιλεύειν*)의 완료를 사용하여 호 퀴리오스 에바실류센(*ὁ κύριος ἐβασίλευσεν*)으로 번역된다(시 92:1[맛소라 사본 93:1]; 95:10[맛소라 사본 96:10]; 96:1[맛소라 사본 97:1]; 98:1[맛소라 사본 99:1]). 대관식의 시편들에서 이 어구와 밀접하게 관련된 어구들이 말라크 엘로힘(מלך אלהים, "하나님께서 통치하신다." 시 47:8[맛소라 사본 47:9]; 칠십인역 시 46:9[맛소라 사본에는 없다], 에바실류센 호 데오스[*ἐβασίλευσεν ὁ θεός*])과 말라크 엘로하이크(מלך אלהיך, "너의 하나님께서 통치하신다", 사 52:7[칠십인역, 바실류세이 수 호 데오스[*βασιλεύσει σου ὁ θεός*])다. 모빙클(Mpwinckel)이 즉위식의 관용 표현으로 칭한 야웨 말라크(יהוה מלך)의 정확한 의미는 구약성경 연구자들 중에 큰 논쟁을 일으켰다. 한편, 호 퀴리오스 에바실류센(*ὁ κύριος ἐβασίλευσεν*)의 의미도 덜 문제가 되는 것이 아니다. 어떤 학자들은 야웨 말라크(יהוה מלך)를 어떤 사건을 묘사하는 문장이 아니라 주어의 특성을 묘사하는 평범한 문장으로 생각한다. 따라서 이 어구는 "여호와께서는 왕권을 행사하시는 분이다"로 번역될 수도 있다는 것이다(Gelston, *VT* 16[1966] 507). 그러나 이스라엘 왕들의 즉위식에서 했다고 하는 유사한 공표들(삼하 5:10의 압살롬과 왕하 9:13의 예후)에 근거하여, 야웨 말라크(יהוה מלך)가 "여호와께서 왕이 되셨도다" 또는 "바로 왕이신 여호와이시다"를 의미할 수도 있다고 주장하는 학자들도 있다. 모빙클은 새해에 거행되는 연례적인 즉위식의 예배 의식에 하나님을 가리켜 이렇게 공표되었으므로 "하나님께서 왕이 되셨다"(God has become king)가 적절하며 하나님께서 항상 왕이셨다는 생각과 모순되지 않는다고 주장한다(*Offersang*, 126-28). 그러나 하나님의 통치의 영원성에 대한 구약성경의 강조(11:5의 "주석"을 보라)는 하나님이 큰 권력을 얻어(누구에게 얻었는가?) 통치를 시작했다는 불확실한 과거의 시기에 대한 이 곳의 강조와 적절하게 일치하는 것 같지 않다. 오히려 이 사건은 5:7, 9, 12에서 어린 양에 대해 기술되는 것과 같은 서임식을 반영하는 것처럼 보인다.

18a "이방들이 분노하매"(*καὶ τὰ ἔθνη ὠργίσθησαν*–카이 타 에드네 오르기스데산). 앞 절인 17c절의 어구 "당신이 왕노릇 하시도다"(*καὶ ἐβασίλευσας*–카이 에바실류사스)와 함께 볼 때, 주님의 통치와 이방들의 분노라는 두 주제의 색다른 결합은 칠십인역 시편 98:1의 인유를 확실하게 나타내 준다. "여호와께서 통치하기 시작하셨으니 사람들이 분노했다"(*ὁ κύριος ἐβασίλευσεν, ὀργιζέσθωσαν λαοί*–호 퀴리오스 에바실류센 오르기제스도산 라오이: 맛소라 사본 99:1, 야와 말라크 이락가주 암밈[יְהוָה מָלָךְ יִרְגְּזוּ עַמִּים]). 이 부분을 맛소라 사본의 인유로 보는 것도 가능하다. 왜냐하면 히브리어 동사 라가즈(רגז, "선동하다, 떨다, 동요하다")는 칠십인역에서 여덟 번 오르기제인(*ὀργίζειν*, "분노하다")으로 번역되기 때문이다(창 45:24; 출 15:14; 4 Kgdms 19:28; 욥 12:6; 시 4:4; 98:1; 잠 28:9; 슥 1:2). 찰스(Charles, 1:296)는 여기에서 칠십인역의 인유를 지지하는데, 그 이유는 이르게주(ירגזו)의 번역으로 오르기제스도산(*ὀργιζέσθωσαν*, "그들이 분노하다")이 정확하지는 않지만 가능하기 때문이다. 이 인유의 또 다른 가능한 출처는 출애굽기 15:14, "열방이 듣고 분노했다"(*ἤκουσαν ἔθνη καὶ ὠργίσθησαν*–에쿠산 에드네 카이 오르기스데산)이다(여기서 이락가준[יִרְגָּזוּן]은 "떨다"로 번역될 수 있다). 하나님의 통치와 이방의 소동이라는 두 주제의 병렬은 유대교의 종말 시나리오에 전통이 되었다. 확실히 하나님의 통치는 최초부터 이스라엘의 왕을 통해 실행되는 것으로 개념화되었다. 그리고 이 개념은 종말론적 기대의 일부 가닥들을 통해 메시아에게로 옮겨졌다. 따라서 요한계시록 11:17-18에서 발견되는 바와 같이 하나님의 통치에 이어지는 열방의 분노는 거의 의미가 없지만, 메시아의 통치와 관련되면 완벽하게 조화를 이룬다. 열방의 소동과 공격이라는 주제는 종말 시나리오에 자주 나오며(시 2:1-2; 46:6; 65:7; *1 Enoch* 55:5-6; 99:4; 4 Ezra 13:30-31; *Jub.* 23:23; *Sib. Or.* 3.660-68; Hartman, *Prophecy Interpreted*, 77-101), 열방의 분노는 요한계시록의 종말 시나리오에서 구체적으로 하나님과 하나님의 백성과 전투를 벌이기 위한 그들의 모임으로 표현된다(16:14; 17:14; 19:19; 20:9).

18b "주의 진노가 임하여 죽은 자를 심판하실 때로소이다"(*καὶ ἦλθεν ἡ ὀργή σου καὶ ὁ καιρὸς τῶν νεκρῶν κριθῆναι*–카이 엘덴 헤 오르게 수 카이 호 카이로스 톤 네크론 크리데나이). 하나님의 진노의 날(욤 에브라크 야웨[יום עברת יהוה] 또는 욤 아프 야웨[יום אף יהוה])은 구약성경에서 유래한 전승이다(겔 7:19; 습 1:18; 2:2-3; 애 2:2). 요한계시록의 구성에서 하나님의 진노는 요한계시록 15:1에서 언급되는 일곱 재앙을 갖고 있는 일곱 천사를 예상할 수 있다. 왜냐하면 이

재앙들로 하나님의 진노가 끝나기 때문이다. 죽은 자의 심판에 대한 이 언급(이 언급의 유사구는 20:11-15에만 나온다)이 이 시점에서 특별한 이유는 여기에 예상될 수 있는 통상적인 시나리오, 즉 열방의 심판에 이어지는 것이 아니기 때문이다. 관사 없는 부정과거 수동태 부정사 크리데나이(κριθῆναι)는 보족적으로 명사 호 카이로스(ὁ καιρός, "때")를 제한하는 또는 더 자세하게 규정하는 역할을 한다(Votaw, *Infinitive*, 15; Robertson, *Grammar*, 1075-76). 이런 유형의 부정사는 능력, 적합성, 권위, 필요 또는 시기를 의미하는 명사(또는 형용사)를 수식하는 데 사용된다. 관사가 있는 부정사와 함께 카이로스(καιρός)를 사용하는 가까운 유사구는 *3 Apoc. Bar.* 8:1, 호탄 엘덴 호 카이로스 투 뒤사이(ὅταν ἦλθεν ὁ καιρὸς τοῦ δῦσαι, "해가 질 때가 되었을 때")에 나온다(보족적 부정사와 함께 카이로스[καιρός]를 사용하는 다른 유사구에 대해서는 *T. Zeb.* 7:3; *Paral. Jer.* 5:24[또는 21]; *Ep. Arist.* 12, 256를 보라). 11:6의 텐 엑수시안 클레이사이(τὴν ἐξουσίαν κλεῖσαι, "닫는 권세")에서도 부정사가 유사한 역할을 한다. 몇몇 사본들은 크리데나이(κριθῆναι) 앞에 투(τοῦ)를 삽입하여 이 보족적 관계를 더 분명하게 나타낸다(*Byz* $12^{110\ 627\ 2048}$). 이 전체 절은 문제가 있는 것으로 인식된다. 그러므로 BDF § 393.3는 엘덴 호 카이로스 톤 네크론 크리데나이(ἦλθεν ὁ καιρὸς τῶν νεκρῶν κριθῆναι)가 히나 크리도신 호이 네크로이(ἵνα κριθῶσιν οἱ νεκροί, "죽은 자들이 심판받는 것")와 동등하다고 한다.

죽은 자들의 심판에 대한 언급은 예수 그리스도를 "산 자와 죽은 자의 심판자"(κριτὴς ζώντων καὶ νεκρῶν-크리테스 존톤 카이 네크론)로 나타내는 자주 볼 수 있는 언급과 유사하다(행 10:42; 딤후 4:1; *Barn.* 7:2; *2 Clem.* 1:1; Polycarp *Phil.* 2:1; 참조. 롬 14:9). 베드로전서 4:5과 *Acts Thom.* 30에서, 산 자와 죽은 자의 심판자는 예수님이 아니라 하나님이시다(Michaels, 1 Peter, 235). 그리고 *2 Clem.* 1:1에서 저자는 "우리가 예수 그리스도를 하나님으로, 즉 '산 자와 죽은 자의 심판자'로 생각해야 한다"고 주장한다. 이 어구는 *Symbolum Romanum*의 부분이 되었다. 히브리서 12:23에서 하나님은 포괄적인 의미로 "만민의 심판자"로 지칭된다. 이 넓게 사용되는 관용 표현은 또 다른 문제에 속하는 것이고, 이 곳에 나오는 "죽은 자를 심판하다"라는 어구는 요한계시록 20:12에 나오는 유사구 외에는 거의 발견되지 않는다. 요한계시록 20:12은 "죽은 자들이 심판을 받았다"(ἐκρίθησαν οἱ νεκροι-에크리데산 호이 네크로이)고 말한다.

18c "종 선지자들과 성도들과 또 무론대소하고 주의 이름을 경외하는 자들에게

상 주시며"(*καὶ δοῦναι τὸν μισθὸν τοῖς δούλοις σου τοῖς προφήταις καὶ τοῖς ἁγίοις καὶ τοῖς φοβουμένοις τὸ ὄνομά σου, τοὺς μικροὺς καὶ τοὺς μεγάλους* – 카이 두나이 톤 미스돈 토이스 둘로이스 수 토이스 프로페타이스 카이 토이스 하기오이스 카이 토이스 포부메노이스 토 오노마 수 토이스 미크루스 카이 투스 메갈루스). 미스도스(*μισθός*)라는 용어는 사람이 당연히 받아야 하는 바에 근거한 보상을 나타낸다(Louw-Nida, § 38.14). 요한계시록의 다른 곳에서 미스도스(*μισθός*)는 높이심을 받은 예수님의 말씀인 22:12에만 나온다. "보라 내가 속히 오리니 내가 줄 상이 내게 있어"(여기에서 미스도스[*μισθός*]는 긍정적으로 해석될 수도 있고 부정적으로 해석될 수도 있다). 요한계시록 11:18에서 미스도스(*μισθός*)는 종말에 하나님께서 충성된 사람들에게 주실 구원의 은혜들을 나타내는 포괄적인 용어다(M. Smith, *Tannaitic Parallels*, 49-70를 보라). 영적 보상을 나타내는 미스도스(*μισθός*)의 은유적 사용은 *Gk Ap. Ezra* 1:14에 나온다. "좋은 보수(*μισθός* – 미스도스)를 받으려고 주인을 섬긴다. 이와 같이 의인들은 하늘에서 보상(*μισθός* – 미스도스)을 받는다." 요한계시록의 다른 곳에서 이 보상은 다양한 은유들을 사용하여 묘사된다. 여기에는 생명나무의 과실을 먹는 것(2:7; 22:14), 둘째 사망의 면제(2:11), 감추었던 만나와 흰 돌(2:17), 만국을 다스리는 권세(2:26-27), 흰 옷(3:5; 7:14), 믿는 자들이 하나님의 성전의 기둥이 되어 그 위에 하나님의 이름과 새 예루살렘의 이름이 기록되는 것(3:12), 그리스도의 하늘 보좌에 함께 앉는 것(3:21), 하나님의 하늘 보좌 앞에 있는 것(7:15-17; 22:3-4) 그리고 새 예루살렘의 문을 통해 들어가는 권세를 얻는 것(22:14)이 포함된다. 이 목록은 하늘의 보상을 거의 총망라하고 있지만, 하나님께서 믿는 자들에게 주시는 종말의 보상의 범위는 분명히 일부밖에 전달하지 못한다.

보상의 개념은 요한계시록 2:23에서 명확하게 표현된다(2:23의 "주석"을 보라). "내가 너희 각 사람의 행위대로 갚아 주리라." 이와 동일한 잠언식 표현의 변형은 22:12("각 사람에게 그의 일한 대로 갚아 주리라[*ἀποδοῦναι* – 아포뒤나이]")과 20:13("각 사람이 자기의 행위대로 심판을 받고")에서 발견된다. 신약성경 학자들 중에 공로에 대한 보상 개념을 훼손시키는 경향은 상과 벌에 대한 신약성경의 견해를 왜곡하는 신학의 오용이다(*TDNT* 4:714-28에서 Preisker의 진술을 보라). 칠십인역에서 미스도스(*μισθός*)는 하나님의 뜻을 행하는 사람들에게 하나님께서 하늘에서 또는 종말에 주시는 것이라고 할 수 있다(마 5:12=눅 6:23; 고전 3:8, 14; 요이 8; *TDNT* 4:699-701).

이 절의 구문론적 문제는 토이스 둘로이스 수(*τοῖς δούλοις σου*)가 토이스 프로페타이스(*τοῖς προφήταις*)와 함께 다루어지는가("당신의 종 선지자들"), 아니면 토이스 프로페타이스 카이 토이스 하기오이스(*τοῖς προφήταις καὶ τοῖς ἁγίοις*)와 함께 다루어지는가("당신의 종, 곧 선지자들과 성도들") 하는 것이다(후자의 견해는 Beckwith, 609-10에 의해 주장된다). 첫 번째 해석은 "당신의 종 선지자들"이라는 어구의 빈번한 사용에 의해 지지를 받는 반면에, 후자의 해석은 요한계시록에서 선지자와 성도들이 두 집단으로 간주된다는 사실에 의해 지지를 받는다(계 16:6; 18:24). 칠십인역 시편 113:21(맛소라 사본 115:13), "대소 무론하고(both small and great) 여호와를 경외하는 자에게 복을 주시리로다"(*εὐλόγησεν τοὺς φοβουμένους τὸν κύριον, τοὺς μικροὺς μετὰ τῶν μεγάλων*－율로게센 투스 포부메누스 톤 퀴리온 투스 미크루스 메타 톤 메갈론)를 보라. 매우 유사한 구절이 요한계시록 19:5에 나온다. "하나님의 종들 곧 그를 경외하는 너희들아 무론대소하고 다 우리 하나님께 찬송하라." "대소"라는 어구에 대해서는 13:16의 "주석"을 보라. "성도들"=그리스도인들에 대해서는 5:8의 "주석"을 보라.

"하나님을 경외하는 자들"(*ὁ φοβούμενος τὸν θεόν*－호 포부메노스 톤 데온)에 대한 언급은 19:5의 유사한 찬송의 문맥에서 발견되고 사도행전에 몇 번 나온다(10:2, 22, 35; 13:16, 26; 참조. Justin *Dial.* 10.4). 동등한 표현 "[하나님을] 공경하는 자" 또는 "경건한 자"(*ὁ σεβόμενος [τὸν θεόν]*－호 세보메노스 [톤 데온])는 사도행전에 여섯 번 나오는데(13:43, 50; 16:14; 17:4, 17; 18:7), 종종 이 표현은 유대교에 관심을 갖고 있지만 실제로 개종자가 되지 않은 이방인들을 나타내는 전문어로 받아들여졌다. 이 곳과 19:5에서 분명한 사실은 이 어구가 하나님을 경외하는 유대인 또는 이방인에 대해 비전문적인 의미로 사용된다는 것이다. 그러므로 "주의 이름을 경외하는 자들"은 이방인 출신의 그리스도인들을 나타내는 것으로 해석되어야 하는 반면에, "하나님의 종"은 유대인 출신의 그리스도인들이다(Feuillet, *NTS* 4[1957-58] 197-98).

18d "또 땅을 망하게 하는 자들을 멸망시키실"(*καὶ διαφθεῖραι τοὺς διαφθείροντας τὴν γῆν*－카이 디아프데이라이 투스 디아프데이론타스 텐 겐). 심판은 "보복의 법"(*lex talionis*)에 기초한 공의다. 이 곳 요한계시록 11:18의 진술은 *Sib. Or.* 3.311-12(위 6a절에 인용됨)의 진술과 마찬가지로 일종의 유한 책임, 즉 범죄자에게 그가 행한 범죄 이상의 처벌을 가할 수 없다는 것을 표현한다(계 18:6-7의 유사한 강조를 참조하라). *lex talionis*에 대해서는 R. Hirzel, *Die Talion*, Philologus

Supplementband 11(Leipzig: Weicher, 1910) 407-82; A. Dihle, *Die goldene Regel* (Göttingen: Vandenhoeck & Ruprecht, 1962)을 보라. 이와 유사한 내용은 *Apoc. Abr.* 29.19에 나온다. 의인들은 "자신들을 해한 자들을 해할 것이고, 조롱으로 자신들을 비난한 자들을 비난할 것이다." 출애굽기 21:24은 잘 알려진 원리로 이 개념을 표현한다. "눈은 눈으로, 이는 이로." 약 주전 450년으로 추정되는 최초의 성문화된 로마법 십이 서판(the Twelve Tablets)도 동일한 원리를 표현한다(8.2). "만일 어떤 사람이 다른 사람의 수족을 불구로 만들었다면 같은 식으로 보복할지어다(*talio esto*)." 이와 유사하게 Ovid *Artis amatoriae* 1.655-56는 다음과 같이 말한다. "이는 죽음의 계략자들이 그들 자신의 계략에 의해 죽는 것보다 더 공정한 법이 없기 때문이다." 법률이 아닌 문맥으로 "시적인 정의" 개념은 "칼로 사는 자는 칼로 죽는다"고 주장한다. 성경의 예로 에스더 7:10에 의하면, 모르드개를 달려고 만든 교수대에 자신이 달려 죽은 하만이 있다. 그리고 칠십 왕들의 엄지 손가락과 발가락을 자른 아도니 베섹은 같은 운명을 당했다(삿 1:7). 사사기 15:11에 나오는 삼손의 말도 이 원리를 반영하고 있다. "그들이 내게 행한 대로 나도 그들에게 행하였노라." 그 밖의 예들로는 사사기 9:56-57; Longus 1.20; Xenophon of Ephesus 4.4; 3 Macc 5:1-5, 21, 38; 6:21이 있다. 요한계시록 3:4; 16:6에서 "그들이 합당하다"는 어구는 반어적으로 사용된다. 왜냐하면 악시오스(*ἄξιος*, "합당한")는 요한계시록에서 대개 하나님 또는 어린양의 속성이기 때문이다. 예언서들에 나오는 lex talionis에 대해서는 18:6의 "주석"을 보라.

"또 망하게 하는 자들을 멸망시키실"(*καὶ διαφθεῖραι τοὺς διαφθείροντες* - 카이 디아프데이라이 투스 디아프데이론테스)이라는 어구는 같은 문맥에 한 단어의 문자적 의미와 비유적 의미가 모두 사용되는 언어 기교의 예이다(요한계시록에 나오는 다른 예들에 대해서는 2:2[2x], 22; 3:10; 14:8; 18:6[3x], 20, 21; 22:18, 19을 보라; 참조. BDF § 488.1; Turner, *Syntax*, 148). 디아프데이레인(*διαφθεί-ρειν*)의 문자적 의미는 "완전히 멸하다"인 반면에(Louw-Nida, § 22.40), 이 단어의 비유적 의미는 "도덕적으로 망하다, 타락하다"이다(Louw-Nida, § 88.266).

해설

요한계시록 11:15-18은 8:1-9:21에서 시작되어 두 개의 단락(10:1-11과 11:1-14)에 의해 갑자기 끊겨지는 나팔 재앙 기사를 완성하는 본문 중 비교적 격리된 단락이다. 10:1-11과 11:1-14은 모두 요한이 맡은 임무의 예언적 성격을 강조할 뿐만 아니라 두 증인의 예언 직무와 순교를 강조한다(11:1-14). 15a절에서 천사에 의한 일곱 번째 나팔 소리에 따라 예상되는 일곱 번째 나팔 재앙은 실현되지 않고(세 번째 화가 11:14에서 방금 선언되었기 때문에 약간 의외다), 그 대신 하늘의 보좌실에 대한 비교적 짧은 환상이 나온다.

이 단락은 하늘로부터 들리는 큰(그러나 확인되지 않는) 음성들에 예기치 않게 초점을 맞추며 시작된다. 그리고 이 음성들은 교창 찬송이 첫 부분을 노래한다. 이 두 부분의 찬송은 하나님의 통치에 대한 찬양을 모든 죽은 자들의 마지막 심판(의인들은 상을 받고 악인들은 벌을 받는다)과 병렬시킨다. 첫 번째 찬송은 승리의 노래이고(13절), 첫 번째 찬송에 대한 응답으로 노래하는 두 번째 찬송은 감사의 기도다(17-18절).

첫 번째 찬송은 세상 나라, 즉 지금까지는 사단의 지배하에 있었던 피조물의 세상이 하나님의 영원한 통치로 바뀌었다는 선언으로 이루어진다. 이 말은 하나님께서 전에는 왕으로 통치하지 않으셨다는 의미가 아니라 하나님의 왕권이 이제 온 세상에 효력을 나타내게 되었다는 의미다. 유대인들과 그리스도인들은 대개 하나님께서 궁극적으로 자신의 피조물의 최고 통치자시라고 여겨 왔지만, 지금까지 하나님의 통치는 보편적으로 인정 또는 수용되지 않고 있었다. 하나님께서 통치를 시작하셨다는 하늘의 선언은 머지않아 종말의 도래와 함께 실현될 상태에 대한 예변적 또는 예기적 선언으로 이해되어야 한다.

왕으로서 하나님의 통치라는 주제는 두 번째 찬송에서도 계속되고 확대되는데, 이 두 번째 찬송은 하나님의 하늘 보좌 앞에 엎드려 경배하는 이십사 장로가 부른다. 감사의 기도로 감사를 드리는 첫 번째 이유는 하나님께서 권능을 잡으시고 왕으로서 통치를 시작하신 것이다(17절). 종종 감사의 기도가 예배자가 감사하는 바를 회고하는 진술로 이루어지는 것과 마찬가지로, 이 찬송의 두 번째 주요 부분에서도(18절) 하나님의 예상되는 종말의 활동을 마치 그 사건들이 이미 일어난 것처럼 과거 시제로 찬양한다. 이 사건들은 심판과 구원으로 이루어진다. 세상 민족들의 격렬한 분노의 반항은 하나님의 진노가 처벌의 형태로 임함으로써 진압된다(15:1-16:21을 보라). 죽은 자들(아마 의인의 죽음과 악인의 죽음이 모두 고려될 것이다)의 심판과 땅을 망하게 한 자들(아마 로마와 로마의 동맹국들)의 멸망은 하나님의 처벌의 가장 부정적인 면들을 이루는 반면에, 종말론적 구원의 보상은 열방의 모든 의로운 자들에게 베풀어진다.

2. 여자와 아이와 용(11:19-12:17)

참고문헌

Aarne, A., and **Thompson, S.** *The Types of the Folktale: A Classification and Biography.* 2nd ed. Helsinki: Suomalainen Tiedeakatemia, 1961. **Anderson, B. H.** *Creation versus Chaos: The Reinterpretation of Mythical Symbolism in the Bible.* New York: Association, 1967. **Anderson, R. T.** "The Role of the Desert in Israelite Thought." *JBR* 27(1959) 41-44. **Aptowitzer, V.** "La chute de Satan et des anges." *REJ* 54(1907) 59-63. **Aulén, G.** *Christus Victor: An Historical Study of the Three Main Types of the Idea of the Atonement.* Tr. A. G. Hebert. New York: Macmillan, 1969. **Aus, R. D.** "The Relevance of Isaiah 66:7 to Revelation 12 and 2 Thessalonians 1." *ZNW* 67(1976) 252-68. **Barton, G. A.** "The Origin of Names of Angels and Demons in the Extra-Canonical Apocalyptic Literature to 100 A.D." *JBL* 31(1912) 156-67. **Benson, I. M.** "Revelation 12 and the Dragon of Antiquity." *RevQ* 29(1987) 97-102. **Bergman, J.** *Ich bin Isis: Studien zum memphitischen Hintergrund der griechischen Isisaretalogien.* Uppsala: Acta Universitatis Upsaliensis, 1968. **Bergmeier, R.** "Altes und Neues zur 'Sonnenfrau am Himmel'(Apk 12): Religionsgeschichtliche und quellenkritische Beobachtungen zu Apk 12:1-17." *ZNW* 73(1982) 97-109. **Betz, O.** "Die Geburt der Gemeinde durch den Lehrer." *NTS* 3(1956-57) 314-26. **Boll, F.** *Aus der Offenbarung Johannis.* Berlin: Teubner, 1914. **Braun, F.-M.** "La Femme et le dragon." *BVC* 7(1954) 63-72. ______. "La Femme vetue de soleil(Apoc. XII): État du probleme." *RevThom* 55(1955) 639-69. **Brommer, F.** *Herakles: The Twelve Labors of the Hero in Ancient Art and Literature.* New Rochelle: Caratzas, 1986. **Brunner, H.** *Die Geburt des Gottkönigs: Studien zur Überlieferung eines altägyptischen Mythos.* Ägyptologische Abhandlungen 10. Wiesbaden: Harrasowitz, 1964. **Bruns, J. E.** "The Contrasted Women of Apocalypse 12 and 17." *CBQ* 26(1964) 459-63. **Brunvand, J. H.** *Folklore: A Study and Research Guide.* New York: St. Martin's, 1976. **Budge, E. A. W.** *The Gods of the Egyptians.* 2 vols. 1904. Repr. New York: Dover, 1969. ______. *Osiris and the Egyptian Resurrection.* 2 vols. 1911. Repr. New York: Dover, 1973. **Caird, G. B.** *Principalities and Powers: A Study in Pauline Theology.* Oxford: Clarendon, 1956. **Carr, W.** *Angels and Principalities.* SNTSMS 42. Cambridge: Cambridge UP, 1981. **Cerfaux, L.** "La vision de la femme et du dragon de l'Apocalypse en relation avec le protevangile." *ETL* 31(1955) 21-33. **Childs, B. S.** "The Enemy from the North and the Chaos Tradition." *JBL* 78(1959) 187-98. **Collins, J. J.** "The Mythology of the Holy War in Daniel and the Qumran War Scroll." *VT* 25(1975) 496-512. **Cothenet, É.** "Le Signe de la Femme(Ap 12)." In *Exégèse et Liturgie.* Paris: Cerf, 1988. 305-23. **Cross, F. M.** *Canaanite Myth and Hebrew Epic.* Cambridge: Harvard UP, 1973. **Darr, K. P.** "Two Unifying Female Images in the Book of Isaiah." In *Uncovering Ancient Stones.* FS H. N. Richardson, ed. L. M. Hopfe. Winona Lake, IN: Eisenbrauns, 1994. 17-30. **Davenport, G. L.** *The Eschatology of the Book of Jubilees.* Leiden: Brill, 1971. **Day, J.** "Dragon and Sea, God's Conflict with." *ABD* 2:228-31. ______. *God's Conflict with the Dragon and the Sea.* Cambridge: Cambridge UP, 1985. **Delahaye, K.** *Ecclesia Mater chez les Pères des trois premiers siècles.* Paris: Cerf, 1964. **Dieterich, A.** *Abraxas: Studien zur Religionsgeschichte des späteren Altertums.* Leipzig: Teubner, 1891. **Dix, G. H.** "The Heavenly Wisdom and the Divine Logos in Jewish Apocalyptic: A Study of the Vision of the Woman and the Man-Child in Revelation 12:1-5, 13-17." *JTS* 26(1924-25) 1-12. **Driver, G. R.** *Canaanite Myths and Legends.* Edinburgh: T. & T. Clark, 1956. ______. "Mythical Monsters in the Old Testament." In *Studi Orientalistici in onore di Giorgio Levi della Vida.* Rome: Instituto per l'Oriente, 1956. 1:234-49. **Emerton, J. A.** "Leviathan and *ltn*: The Vocalization of the Ugaritic Word for the Dragon." *VT* 32(1982) 327-33. **Ernst, J.** "Die 'himmlische' Frau im 12. Kapitel der Apokalypse." *TGl* 58(1968) 39-59. **Feuillet, A.** "Le chapitre XII de l'Apocalypse: Son caractère synthétique et sa richesse doctrinale." *Esprit et Vie* 49(1978) 674-83. ______. "Le Messie et sa Mère d'apres l'chapitre XII de l'Apocalypse." *RB* 66(1959) 55-86. **Foerster, W.** "Die Bilder in Offenbarung 12f. und 17f." *TSK* 104(1932) 279-310. **Fonck, L.** "Das sonnenumglänzte und sternenbekränzte Weib in der Apokalypse." *ZTK* 28(1904) 672-81. **Fontenrose, J.** *Python: A Study in Delphic Myth.* Berkeley: University of California, 1959. **Forbes Irving, P. M. C.** *Metamorphosis in Greek Myths.* Oxford: Clarendon, 1990. **Forsyth, N.** *The Old Enemy: Satan and the Combat Myth.* Princeton: Princeton UP, 1987. **Freundorfer, J.** *Die Apokalypse des Apostels Johannis und die hellenistische Kosmologie und Astrologie.* Freiburg: Herder, 1929. **Gokey, F. X.** *The Terminology for the Devil and Evil Spirits in the Apostolic Fathers.* Washington, DC: The Catholic University of America, 1961. **Gollinger, H.** "Das 'grosse Zeichen' Offb. 12 – das zentrale Kapitel der Offenbarung des Johannes." *BK* 39(1967) 401-16. ______. *Das* *"grosse Zeichen" von Apokalypse 12.* SBM 11. Würzburg: Echter, 1971. **Gollwitzer, H.** "Predigt über Offenbarung Johannes 12:7-12." *Festschrift für Ernst Fuchs*, ed. G. Ebeling et al. Tübingen: Mohr, 1973. **Grant, M.** *The Myths of Hyginus.* Lawrence: University of Kansas, 1960. **Griffiths, J. G.** *The Conflict of Horus and Seth from Egyptian and Classical Sources.* Liverpool: Liverpool UP, 1960. ______. *Plutarch's "De Iside et Osiride."* Cardiff: University of Wales, 1970. **Gunkel, H.** *Schöpfung und Chaos in Urzeit und Endzeit: Eine religionsgeschichtliche Untersuchung über Gen 1 und Ap. Joh. 12.* Göttingen: Vandenhoeck & Ruprecht, 1895. **Hani, J.** *La religion Égyptienne dans la pensée de Plutarque.* Paris: Société d'edition "Les belles lettres," 1976. **Hanson, P. D.** *The Dawn of Apocalyptic.* Philadelphia: Fortress, 1975. ______. "Rebellion in Heaven: Azazel and Euhemeristic Heroes in *1 Enoch* 6-11." *JBL* 96(1977) 195-233. **Hauret, C.** "Eve transfigurée: De la Genèse à l'Apocalypse." *RHPR* 59(1979) 327-39. **Hedrick, W. K.** "The Sources and Use of Imagery in Apocalypse 12." Diss., Graduate Theological Union, Berkeley, 1970. **Henten, J. W. van.** "Egyptische goden in Openbaring 12-13." In *Tussen Nijl en Herengracht.* FS M. S. H. G. Heerma van Voss, ed. M. G. D. Harbers, G. M. Naarden, and J. E. Vermeulen. Amsterdam: University of Amsterdam, Faculty of Theology, 1988. 71-83. ______. "'En de draak werd toornig op de vrouw'(Openb 12:17)." In *Kleine Encyclopedie van de Toorn*, ed. A. and A. de Jong. Den Haag: Koninklijke Bibliotheek, 1993. 57-76. **Hommel, P.** "Giebel und Himmel." *IM* 5(1955) 11-55. **Jonge, M. de,** and **Woude, A. S. van der.** "11Q Melchizedek and the New Testament." *NTS* 12(1966) 301-26. **Jossua, J. P.** "'Die alte Schlange wurde gestürzt'(Offenbarung 12:9)." *Concilium* 11(1975) 207-14. **Joüon, P.** "Le grand dragon et l'ancient serpent(Apoc 12:9 et Gen 3:14)." *RSR* 17(1927) 444-46. **Kalimi, I.,** and **Purvis, J. D.** "The Hiding of the Temple Vessels in Jewish and Samaritan Literature." *CBQ* 56(1994) 679-85. **Kassing, A. T.** *Die Kirche und Maria: Ihr Verhältnis im 12. Kapital der Apocalypse.* Düsseldorf: Patmos, 1958. ______. "Das Weib, das den Mann gebar(Apk 12:13)." *Benediktinische Monatsschrift* 34(1958) 427-33. ______. "Das Weib und der Drache(Apk. 12:1-6, 13-17)." *BK* 15(1960) 114-16. **Kellermann, U.** "Das Danielbuch und die Märtyrertheologie." In *Die Entstehung der jüdischen Martyrologie*, ed. J. W. van Henten. Leiden: Brill, 1989. 51-75. **Kloos, C.** *Yahweh's Combat with the Sea.* Leiden: Brill, 1986. **Kobelski, P. J.** *Melchizedek and Melchiresa.* CBQMS 10. Washington, DC: Catholic Biblical Association, 1991. **Koch, J. E.** "'Das grosse Zeichen' Offb. Joh. 12: Der Versuch einer Israellogie nach dem prophetischen Wort."

Judaica 13(1957) 29-60. **Korpel, M. C. A.** *A Rift in the Clouds: Ugaritic and Hebrew Descriptions of the Divine.* Münster: Ugarit, 1990. **Kosnetter, J.** "Die Sonnenfrau in der neueren Exegese." In *Theologische Fragen der Gegenwart.* FS T. Innitzer. Vienna: Domverlag, 1952. **Le Déaut, R.** *Liturgie juive en Nouveau Testament.* Rome: Biblical Institute, 1965. **LeFrois, B. J.** *The Woman Clothed with the Sun(Ap. 12), Individual or Collective?* Rome: Orbis Catholicus, 1954. **Lehmann-Nitsche, R.** "Der apokalyptische Drache: Eine astralmythologische Untersuchung über Ap Joh 12." *Zeitschrift für Ethnologie* 65(1934) 193-230. ______. "Die magische Verfolgung in der Offenbarung des Johannes." *Zeitschrift für Ethnologie* 67(1935) 75-78. **Leivestad, R.** *Christ the Conqueror: Ideas of Conflict and Victory in the New Testament.* London: SPCK, 1954. **Lods, A.** "La chute des anges, origine et portée de cette speculation." *RHPR* 7(1927) 295-315. **Lohmeyer, E.** "Das zwölfte Kapitel der Offenbarung Johannis." *TBl* 4(1925) 285-91. **Lortzing, J.** "Die inneren Beziehungen zwischen Joh 2:1-11 und Offb 12: Eine Auseinandersetzung mit der religionsgeschichtlichen Schule." *TGl* 29(1937) 498-529. **Lueken, W.** *Michael: Eine Darstellung und Vergleichung der jüdischen und der morgenländisch-christlichen Tradition vom Erzengel Michael.* Göttingen: Vandenhoeck & Ruprecht, 1898. **Marshall, P. K.**, ed. *Hyginus Fabulae.* Stuttgart: Leipzig: Teubner, 1993. **Mauser, U. W.** *Christ in the Wilderness. SBT* 39. Naperville, IL: Allenson, 1963. **Michl, J.** "Die Deutung der apokalyptischen Frau in der Gegenwart." *BZ* n.s. 3(1959) 301-10. ______. "Der Weibessame(Gen 3:15) in spätjüdischer und frühchristlicher Auffassung." *Bib* 33(1952) 396-401. **Miller, P. D.** *The Divine Warrior in Early Israel.* Cambridge: Harvard UP, 1973. **Milne, P. J.** *Vladimir Propp and the Study of Structure in Hebrew Biblical Narrative.* Sheffield: Sheffield Academic, 1988. **Minear, P. S.** "'Far as the Curse is Found': The Point of Revelation 12:15-16." *NovT* 33(1991) 71-77. **Mitropoulou, E.** *Deities and Heroes in the Form of Snakes.* Athens: Pyli, 1977. **Montagnini, F.** "Le 'signe' d'Apocalypse 12 à la lumèrre de la christologie du Nouveau Testament." *NRT* 89(1967) 401-16. **Morgen, M.** "Apocalypse 12, un targum de l'Ancient Testament." *Foi et Vie* 80(1981) 63-74. **Müller, D.** *Ägypten und die Isis-Aretalogien.* Berlin: Akademie, 1961. **Müller, U. B.** "Vision und Botschaft: Erwägungen zur prophetischen Struktur der Verkündigung Jesu." *ZTK* 74(1977) 416-48. **Newsom, C. A.** "The Development of *1 Enoch* 6 19: Cosmology and Judgement." *CBQ* 42(1980) 310-29. **Nickelsburg, G. W. E.** "Apocalyptic and Myth in *1 Enoch* 6-11." *JBL* 96(1977) 383-405. **Noack, B.** *Satanas und Soteria: Untersuchungen zur neutestamentlichen Dämonologie.*

Copenhagen: Munksgaard, 1948. **Norden, E.** *Die Geburt des Kindes: Geschichte einer religiösen Idee.* Leipzig; Berlin: Teubner, 1924. **Osten-Sacken, P. von der.** *Gott und Belial.* Göttingen: Vandenhoeck & Ruprecht, 1969. **Parrott, D. M.** "The 13 Kingdoms of the Apocalypse of Adam: Origin, Meaning and Significance." *NovT* 31(1989) 67-87. **Petrement, S.** "Une suggestion de Simone Weil à propos d'Apocalypse XII." *NTS* 11 (1964-65) 291-96. **Plumpe, J.** *Mater Ecclesia: An Inquiry into the Concept of the Church as Mother in Early Christianity.* Washington, DC: The Catholic University of America, 1943. **Prigent, P.** *Apocalypse 12: Histoire de l'exégèse.* Tübingen: Mohr-Siebeck, 1959. **Propp, V.** *Morphology of the Folktale.* 2nd ed. Austin: University of Texas, 1968. ______. "Structure and History in the Study of the Fairy Tale." *Semeia* 10(1978) 57-83. **Robinson, J. M.** "On the *Gattung* of Mark(and John)." In *Jesus and Man's Hope*, ed. D. G. Buttrick. 2 vols. Pittsburgh: Pittsburgh Theological Seminary, 1970. 99-129. **Roloff, D.** *Gottähnlichkeit, Vergöttlichung und Erhöhung zu seligem Leben: Untersuchungen zur Herkunft der platonischen Angleichung an Gott.* Berlin: de Gruyter, 1970. **Saffrey, H. D.** "Relire l'Apocalypse à Patmos." *RB* 82(1975) 414-32. **Satake, A.** "Sieg Christi - Heil der Christen: Eine Betrachtung von Apc XII." *AJBI* 1(1975) 105-25. **Schmidt, K. L.** "Lucifer als gefallene Engelmacht." *TZ* 7(1951) 161-79. **Schreiber, T.** *Apollon Pythoktonos: Ein Beitrag zur griechischen Religions- und Kunstgeschichte.* Leipzig: Engelmann, 1879. **Shea, W. H.** "The Parallel Literary Structure of Revelation 12 and 20." *AUSS* 223(1985) 37-54. **Sickenberger, J.** "Die Messiasmutter im 12. Kapitel der Apokalypse." *TQ* 126(1946) 357-427. **Staalduine-Sulman, E. van.** "The Aramaic Song of the Lamb." In *Verse in Ancient Near Eastern Prose*, ed. J. C. de Moor and W. G. E. Watson. Neukirchen: Neukirchener, 1993. 265-92. **Talmon, S.** "The 'Desert Motif' in the Bible and in Qumran Literature." In *Biblical Motifs*, ed. A. Altmann. Cambridge: Harvard UP, 1966. 31-63. **Thorley, J.** "When Was Jesus Born?" *GR* 28(1981) 81-89. **Vanni, U.** "Il 'grande segno': Ap 12:1-6." In *L'Apocalisse*, ed. J. Lambrecht. 227-51. **Voegtle, A.** "Mythos und Botschaft in Apokalypse 12." In *Tradition und Glaube.* FS K. G. Kuhn, ed. G. Jeremias, H.-W. Kuhn, and H. Stegemann. Göttingen: Vandenhoeck & Ruprecht, 1971. 395-415. **Vollenweider, S.** "Ich sah den Satan wie einen Blitz vom Himmel fallen(Lk 10,18)." *ZNW* 79(1988) 187-203. **Wakeman, M. K.** *God's Battle with the Monster: A Study in Biblical Imagery.* Leiden: Brill, 1973. **Wallace, H.** "Leviathan and the Beast in Revelation." *BA* 11(1948) 61-68. **Wikenhauser, A.** "*Ποταμοφόρητος* Apk 12,15, u.a." *BZ* 6(1908) 171. **Wilhelmi,**

G. "Der Hirt mit dem eisernen Szepter." *VT* 27(1977) 196-204. **Yarbro Collins, A.** *The Combat Myth in the Book of Revelation.* Missoula, MT: Scholars, 1976. ______. "The Political Perspective of the Revelation to John." *JBL* 96(1977) 241-56. **Zielinski, T.** "Die griechischen Quellen der Apokalypse." *FuF* 7(1931) 155-56.

본 문

19 이에 하늘에 있는 하나님의 성전이 열리니 성전 안에 하나님의 언약궤가 보이며 또 번개와 음성들과 뇌성과 지진과 큰 우박이 있더라	**19** Then the temple of God[a] in heaven[b] opened, and his[c] ark of the covenant appeared[d] in his temple, and there were lightning and rumbling and thunder[e] and an earthquake[e] and great hail.
12:1 하늘에 큰 이적이 보이니 해를 입은 한 여자가 있는데 그 발 아래는 달이 있고 그 머리에는 열두 별의 면류관을 썼더라	**12:1** [a]A great[b] sign then appeared[c] in heaven, a [d]woman[e] [f]clothed[d] with the sun: the[g] moon was beneath her feet, and upon[h] her head was a crown of twelve stars.
2 이 여자가 아이를 배어 해산하게 되매 아파서 애써 부르짖더라	**2** She was pregnant and[a] cried out[b] in labor, in[c] the throes of childbirth.[d]
3 하늘에 또 다른 이적이 보이니 보라 한 큰 붉은 용이 있어 머리가 일곱이요 뿔이 열이라 그 여러 머리에 일곱 면류관이 있는데	**3** [a]Then another sign appeared in heaven.[a] And behold, a [b]great red[b] dragon with seven heads and ten horns and seven diadems upon his heads.
4 그 꼬리가 하늘 별 삼분의 일을 끌어다가 땅에 던지더라 용이 해산하려는 여자 앞에서 그가 해산하면 그 아이를 삼키고자 하더니	**4** His[a] tail swept down[b] a third of the stars[c] of heaven and cast them down to the earth. Now the dragon stood[d] before the woman who was about to give birth, so that when she gave birth he might swallow her child.
5 여자가 아들을 낳으니 이는 장차 철장으로 만국을 다스릴 남자라 그 아이를 하나님 앞과 그 보좌 앞으로 올려가더라	**5** [a]Then she bore a son, a[b] male child, who[a] will drive[c] all the nations [d]with[e] an iron crook.[d] But her child [f]was caught[f] up to God and to[g] his throne.
6 그 여자가 광야로 도망하매 거기서 일천이백육십 일 동안 저를 양육하기 위하여 하나님의 예비하신 곳이 있더라	**6** The woman then fled into the wilderness [a]where[b] she had[c] a place[a] prepared[d] there[e] for her by[f] God, that she[g] [h]might be [i]taken care of[h] there for [j]1,260 days.[jk]
7 하늘에 전쟁이 있으니 미가엘과 그의 사자들이 용으로 더불어 싸울새 용과 그의 사자들도 싸우나	**7** There was a battle in heaven. [a]Michael[b] and his angels [c]had to fight[c] with the dragon. The dragon and his angels fought back
8 이기지 못하여 다시 하늘에서 저희의 있을 곳을 얻지 못한지라	**8** but were unable to [a]prevail, [b]nor[c] was [d]there a place[e] for them[d] any longer in heaven.
9 큰 용이 내어쫓기니 옛 뱀 곧 마귀라고도 하고 사단이라고도 하는 온 천하를 꾀는 자라 땅으로	**9** Then was cast down [a]the great dragon,[a] [b]the ancient[b] serpent, [c]who is called Devil[c] and[d] Satan,

내어쫓기니 그의 사자들도 저와 함께 내어쫓기니라

who leads the whole world astray; he was cast down to the earth, and his[e] angels were cast down along [f]with him.[f]

10 내가 또 들으니 하늘에 큰 음성이 있어 가로되 이제 우리 하나님의 구원과 능력과 나라와 또 그의 그리스도의 권세가 이루었으니 우리 형제들을 참소하던 자 곧 우리 하나님 앞에서 밤낮 참소하던 자가 쫓겨났고

10 Then I heard a loud voice in heaven saying: "The victory[a] and the power and the kingship of our God and the[b] authority[c] of his Messiah have now occurred, [d]because the accuser[e] of our brothers and sisters[f] [g]was cast out[g] who accused[h] them[i] before our God day and night.

11 또 여러 형제가 어린양의 피와 자기의 증거하는 말을 인하여 저를 이기었으니 그들은 죽기까지 자기 생명을 아끼지 아니하였도다

11 And they[a] conquered him through the blood of the Lamb and [b]through the word of their testimony,[b] for[c] they did not love their life to the point of death.

12 그러므로 하늘과 그 가운데 거하는 자들은 즐거워하라 그러나 땅과 바다는 화 있을진저 이는 마귀가 자기의 때가 얼마 못된 줄을 알므로 크게 분내어 너희에게 내려갔음이라 하더라

12 Therefore rejoice,[a] O[b] [c]heaven,[d] and those who dwell therein.[c] Woe[e] to [f]the earth[f] and [g]the sea,[g] because the devil, who is very angry, was cast down to you, because he knows that he has[h] only a short time."

13 용이 자기가 땅으로 내어 쫓긴 것을 보고 남자를 낳은 여자를 핍박하는지라

13 And when the dragon realized [a]that he had been cast down to the earth,[a] he pursued[b] the woman who had delivered [c]the male child.[c]

14 그 여자가 큰 독수리의 두 날개를 받아 광야 자기 곳으로 날아가 거기서 그 뱀의 낯을 피하여 한 때와 두 때와 반 때를 양육 받으매

14 Then the woman [a]was provided[a] with the[b] two wings of a[c] large eagle that [d]she might fly[d] [e]to her place[e] in the wilderness[fg] where she will be taken care of[g] for a time, times, [h]and half a time[h] [i]from the presence[i] of the serpent.

15 여자의 뒤에서 뱀이 그 입으로 물을 강같이 토하여 여자를 물에 떠내려 가게 하려 하되

15 Then the serpent spewed water like a river from[a] his mouth behind[b] the woman that he might wash her[c] away.

16 땅이 여자를 도와 그 입을 벌려 용의 입에서 토한 강물을 삼키니

16 Yet the earth helped the woman, and [a]the earth[a] opened its mouth and swallowed [b]the river which[b] the dragon spewed[c] out[d] of his mouth.

17 용이 여자에게 분노하여 돌아가서 그 여자의 남은 자손 곧 하나님의 계명을 지키며 예수의 증거를 가진 자들로 더불어 싸우려고

17 And the dragon was angry [a]because of[a] the woman and left [b]to wage war[b] with the rest of her children who kept the commandments of God and maintained their witness [c]to Jesus.[c]

원문주해

19.a. 이문: (1) 엔(ἐν) 앞에 호(ὁ) A C fam 1006[1006 1841] fam 1611[2329] 2351 Andr f[2073]

1: Victorinus (*quod est in caelo*): it$^{gig\ h}$ (*quod in caelo est*): eth cop^{bo} arm [von Soden, *Text*]. (2) 호(ὁ) 탈락: 𝔓^{47} ℵ 025 046 051 Andreas Byzantine cop$^{sams\ bomss}$. 이문 (1)이 요한계시록의 문체와 일치하기 때문에 원문이다(Schmid, *Studien* 2:89, 196을 보라). 또한 독법 (1)은 강력한 외적 증거도 갖고 있다. 독법 (1)이 문법 수정일 수도 있지만, 실수로 빠졌을 수도 있다(*TCGNT* 1, 745; *TCGNT* 2, 672).

19.b. 이문: 아노(ἄνω) 추가: ℵ*.

19.c. 이문: (1) 아우투(αὐτοῦ) 원문. (2) 투 퀴리우(τοῦ κυρίου) 𝔓^{47} Andr d-^{2051} f^{2023} Byzantine. (3) 투 데우(τοῦ θεοῦ) ℵ Andr d^{2051} e^{2026} l *Byz* 11$^{149\ 2025}$. 독법 (2)와 (3)은 자주 나오는 구약성경 어구 "하나님/여호와의 언약궤"에 근거한 수정이다. 이 수정은 이문 (3)에 반영되며 이문 (2)에 전제된다. Schmid, *Studien* 2:115을 보라.

19.d. 이문: 에도데(ἐδόθη) C.

19.e-e. 이문: (1) 카이 세이스모스(καὶ σεισμός) ℵ (A C: σισμός – 시스모스) 025 051 Andreas vg (*terraemotus*). (2) 카이 세이스모이(καὶ σεισμοί) Oecumenius^{2053} Andr l^{1778} n^{2429}. (3) 탈락: Andr f^{2023text} 046 Byzantine syr^{ph}.

12:1.a. 이문: 세메이온(σημεῖον) 앞에 에이돈(εἶδον) 삽입: Hippolytus (*de Ant.* 60).

1.b. 이문: 메가(μέγα) 다음에 카이 다우마스톤(καὶ θαυμαστόν) 삽입: Hippolytus (*de Ant.* 60).

1.c. 오프데(ὤφθη) 탈락: Hippolytus(*de Ant.* 60).

1.d-d. 이문: 귀마이카 페리베블레메넨(γυναῖκα περιβεβλημένην) Hippolytus (*de Ant.* 60). 힙폴리투스(Hippolytus)에서 오프데(ὤφθη)의 탈락과 에이돈(εἶδον)의 삽입은 이 명사구에서 부격을 대격으로 변경할 필요가 있었다.

1.e. 여성 주격 귀네(γυνή, "여자")는 세메이온(σημεῖον, "이적")과 동격이다. 왜냐하면 이 단어가 이적이 무엇인지 설명하기 때문이다.

1.f. 이문: 페리블레포메네(περιβλεπομένη) A. 필사자의 부주의한 실수다.

1.g. 이문: (1) 헤(ἡ) 원문. (2) 헤(ἡ)의 탈락: Andr a b d f$^{2031\ 2056}$ l^{1678} n-2429.

1.h. 이 곳의 속격 명사군 테스 케팔레스 아우테스(τῆς κεφαλῆς αὐτῆς, "그녀의 머리")를 수반하는 에피(ἐπί, "…위에")는 대격을 수반하는 에피(ἐπί)와 어의적으로 동일한 의미를 갖고 있다. 3절의 에피 타스 케팔라스 아우투(ἐπὶ τὰς κεφαλὰς αὐτοῦ, "그의 머리 위에")를 참조하라. Mussies, *Morphology*, 100-101는 에피(ἐπί)가 요한계시록에서 어떤 장소 안의 또는 어떤 장소에서 다른 장소로의 이동과 같은 위치의 구분 없이 속격, 여격 또는 대격과 함께 사용된다고 지적한다.

2.a. 이문: (1) 크라제이(κράζει) 앞에 카이(καί) 𝔓^{47} ℵ C fam 1006 Oecumenius^{2053} Andr l$^{1778\ 2020}$ n^{2429}. (2) 크라제이(κράζει) 다음에 카이(καί) A. (3) 크라제이(κράζει)

앞에 카이(καί) 탈락: fam 1611[1611 1854 2329 2344] 2351 Andreas Byzantine Hippolytus (*de Ant.* 60); von Soden, *Text.*

2.b. 이문: (1) 크라제이(κράζει, 현재) A 𝔓[47] ℵ Andreas Hippolytus (*de Ant.* 60). (2) 에크라젠(ἔκραζεν) C Byzantine 2351. (3) 에크락센(ἔκραξεν) 일부 Byzantine 사본들. 크라제이(κράζει, "부르짖다")는 역사적 현재이고 의심할 바 없이 원문이다. 4절의 또 다른 역사적 현재 쉬레이(σύρει)를 참조하라. Schmid(*Studien* 2:208)는 요한계시록의 사본들에서 동사 크라제인(κράζειν)의 시제를 미완료과거에서 부정과거로, 그리고 부정과거에서 미완료과거로 바꾸는 두드러진 경향을 지적한다.

2.c. 카이(καί, "그리고")가 번역되지 않는 이유는 이 접속사가 연결하는 두 개의 절 카이 크라제이 오디누사(καὶ κράζει ὠδίνουσα, "그리고 애써 부르짖었다")와 카이 바사니조메네 테케인(καὶ βασανιζομένη τεκεῖν, "해산하게 되매 아파서")이 같은 뜻이므로 카이(καί)가 설명적 보족어 역할을 하기 때문이다. 즉 두 번째 어구가 첫 번째 어구의 의미를 설명 또는 상술하는 것이다.

2.d. 카이 바사니조메네 테케인(καὶ βασανιζομένη τεκεῖν, "해산하게 되매 아파서")이라는 어구에서 부정과거 부정사 테케인(τεκεῖν)의 역할은 불확실하다. 아마 이 부정사는 현재 수동태 분사 바사니조메네(βασανιζομένη, "아파하는")에 의존하기 때문에 고통의 이유를 설명하는 설명적 보족어로 해석될 수 있을 것이다. 한편, Burton(*Syntax*, § 389)은 테케인(τεκεῖν)을 선행 분사에 표현되지 않지만 함축된 동사 개념 "바라다"(desire)의 목적어로 해석한다. 이 견해는 RSV의 번역 "in anguish for delivery"(해산의 고통)에 반영되었을 것이다. Hippolytus(*de Ant.* 60)에는 테케인(τεκεῖν) 앞에 투(τοῦ)가 삽입되지만, 주석에는 빠진다(*de Ant.* 61).

3.a-a. 여기에서 카이(καί)는 에이타(εἶτα)나 토테(τότε)와 마찬가지로 시간을 나타내는 불변사 역할을 한다.

3.b-b. 이문: 메가스 퓌르(르)오스(μέγας πυρ[ρ]ός]) A 025 051 fam 1006[1841] Andreas lat cop[sa]; WHort; B. Weiss, *Johannes-Apokalypse*, 122; Nestle-Aland[27]; UBSGNT[4]. (2) 퓌르(르)오스 메가스(πυρ[ρ]ὸς μέγας]) 𝔓[47] ℵ C 046 Oecumenius[2053] fam 1611[-2050] 2351 Andr d l Byzantine Methodius Primasius cop syr eth; Tischendorf, *NT Graece;* Bousset (1906) 336(괄호 안에 제2의 선택으로). 계 20:11: 드로논 메간 류콘(θρόνον μέγαν λευκόν)을 보라. -ρρ-에서 -ρ-로의 변경은 비교적 후기에 나온다. 여기 계 12:3에서 C와 046은 퓌로스(πυρός)로 해독한다(이 독법은 퓌르[πῦρ]의 속격과 혼동될 수 있다). "원문주해" 6:4b을 보라. 그리고 Moulton-Howard, *Accidence* 2:101; MM, 560를 참조하라.

4.a. 여기에서 카이(καί)는 새로운 문장의 시작을 나타내는 화법 표시이므로 번역되지 않는다.

4.b. 쉬레이(σύρει, "휩쓸다")는 과거 시제로 번역되는 역사적 현재다.

4.c. 이문: 아스트론(ἀστρῶν) C Oecumenius[2053].

4.d. 에스테켄(εστηκεν)이 동사 스테코(στήκω)의 미완료일 수도 있고(ἔστηκεν-에스테켄) 자동사 히스테미(ἵστημι)의 완료일 수도 있는 것을(ἕστηκεν-에스테켄) 주목하라. 이 용어가 어떤 형식인지 결정할 명확한 방법은 없다(BDF § 73; Mussies, *Morphology*, 265). 그러나 BAGD, 768는 미완료를 택한다.

5.a-a. 카이 에테켄 휘온 아르센 호스(καὶ ἔτεκεν υἱόν, ἄρσεν, ὅς, "그 때에 여자가 아들을 낳으니 이는")라는 어구에서 아르센(ἄρσεν)은 단수 중성 대격 형용사로 단수 남성 대격 명사 휘온(υἱόν)과 정확하게 동격으로 사용되는데, 그 이유는 주격 단수 남성 관계대명사 호스(ὅς)가 휘온(υἱόν)을 수식하기 때문이다(BDR § 136.3; Mussies, *Morphology*, 139-40). 에테켄 휘온(ἔτεκεν υἱόν)이라는 어구는 칠십인역 이사야 66:7, 엑세퓌겐 카이 에테켄 아르센(ἐξέφυγεν καὶ ἔτεκεν ἄρσεν, "그녀가 피하여 남자를 낳았다")의 인유다(참조. 칠십인역 예레미야 20:15, 에테크데 소이 아르센[ἐτέχθη σοὶ ἄρσεν, "남자가 너에게 태어났다"]).

5.b. 이문: (1) 아르센(ἄρσεν, 중성 대격) A C; Charles, 2:308; Tischendorf, *NT Graece*; WHort; Nestle-Aland[27]; UBSGNT[4]. (2) 아르세나(ἄρσενα, 남성 대격) 051 fam 1006 fam 1611 Oecumenius[2053] Andreas (특별히 Andr b e f-[2023] h n 598); Byzantine Hippolytus (*de Ant.* 60); B. Weiss, *Johannes-Apokalypse*, 97 98(아르센[ἄρσεν]을 필사자의 실수로 생각한다) Bousset (1906) 338 n. 1. (2) 아르레나(ἄρρενα) 𝔓[47] ℵ 2351 Andr l[1678] [1778] Byzantine. 독법 (2)와 (3)은 12:13의 영향을 받았을 것이다. 12:13에는 에테켄 톤 아르세나(ἔτεκεν τὸν ἄρσενα)라는 어구가 나오는데, 아르세나(ἄρσενα)는 남성 대격 명사다. 칠십인역의 출애굽기 2:2, 이사야 66:7, 예레미야 37:6(맛소라 사본 30:6)에는 에테켄 아르센(ἔτεκεν ἄρσεν)이라는 어구가 나오고(이 어구는 *T. Jos.* 3:7에도 나온다), 예레미야 20:15에는 구약성경에서 이 곳에서만 발견되는 히브리어 어구 벤 자카르(בֵּן זָכָר, 직역하면 "아들, 남자" 또는 보다 숙어식으로 번역하면 "남자 아이," KB3, 260)의 숙어식 번역으로 사용되는 용어 아르센(ἄρσεν, B) 또는 아르센(ἄρσην, A)이 나온다. 이 구절들은 원문이 A와 C에 의해 입증되는 난문인 아르센(ἄρσεν)이고 독법 (2)와 (3)은 수정일 가능성을 증대시킨다(Schmid, *Studien* 2:90). Schmid에 의하면, 아르센(ἄρσεν)은 휘온(υἱόν)과 동격이 아니라 휘온(υἱόν)의 속성으로 이해되어야 한다. -ρρ-(아티카어 형태)와 -ρς-(이오니아어 형태) 간의 변동이 있었는데, 주후 2세기 이후에는 -ρρ- 철자법이 더 빈번하다(Gignac, *Grammar* 1:143-44).

5.c. 완곡 동사 멜레이 포이마이네인(μέλλει ποιμαίνειν)은 칠십인역 시 2:9에서 발견되는 단순 미래 직설법 포이마네이스(ποιμανεῖς)를 번역하는 저자의 방식이다. 보통 포이마이네인(ποιμαίνειν)은 "방목하다, (가축) 무리를 지키다, 기르다"를 의미하지만, 고

대 문학에서(근동과 그리스-로마) 종종 다스림을 나타내는 은유로 사용된다. 이 어구의 근원인 시 2:9의 칠십인역에서(2:27의 "주석"을 보라) 동사 포이마네이스(*ποιμανεῖς*)는 히브리 본문으로부터의 분명한 이탈을 나타낸다. 히브리 본문에서 상응하는 동사는 라아(רעע, "깨뜨리다")에서 나온 테로엠(תרעם, "네가 그들을 깨뜨릴 것이다")으로서, 전체 행은 "당신이 철장으로 그들을 깨뜨릴 것이다"로 해독된다. 그러나 칠십인역의 번역자들은 분명히 테로엠(תרעם)의 원형 동사를 라아(רעה, "방목하다, 기르다"), 곧 비유적으로 다스림을 나타내어 사용되기도 하는 동사로 이해했다(참조. KB3, 1174-75). 포이마이네인(*ποιμαίνειν*)이 부정적인 문맥에서 은유로 사용될 수 있지만, 이 동사가 "멸망시키다"를 의미할 수 있다는 Lohmeyer의 견해는 그가 인용하는 칠십인역 구절들(미 5:4; 렘 6:3; 22:22; 시 48:14; *Pss. Sol.* 17:23; 참조. Lohmeyer, 29)에 나타나는 포이마이네인(*ποιμαίνειν*)의 사전적인 의미에 의해 증명되지 않는다. 이 견해는 더 이전에 Charles(1:75-76)에 의해 표현되었다. 그는 포이마이네인(*ποιμαίνειν*)이 계 19:15에서 파타쎄인(*πατάσσειν*, "치다, 때리다, 학살하다")과 유사하게 사용되었고, 계 2:27에서는 쉰트리베인(*συντρίβειν*, "섬기다, 치다, 부수다")과 유사하게 사용된 것을 주목했다. 그러나 양떼를 거칠게 다루는 것은 "멸망시키다"(destroy)라는 용어로 번역하기보다는 "몰다"(drive, goad)로 번역하는 것이 더 나을 것이다. 이 용어는 영어에서 이점을 갖고 있다. 왜냐하면 영어에서 이 용어는 원래 갖고 있는 목가적 은유의 운치를 갖고 있기 때문이다.

5.d-d. 이문: 엔 라브도 시데라(*ἐν ῥάβδῳ σιδηρᾷ*)의 탈락: Hippolytus(*de Ant.* 60). 엔 라브도 시데라(*ἐν ῥάβδῳ σιδηρᾷ*, "철장으로")라는 어구는 여전히 시 2:9의 목가적인 심상을 가지고 있다. 그러므로 라브도스(*ῥάβδος*)는 형용사 "철의"와 함께 "(목자의) 지팡이"로 번역하는 것이 적절하다. 2:27의 "주석"을 보라.

5.e. 이문: 라브도(*ῥάβδῳ*) 앞에 엔(*ἐν*) 탈락: C 051 fam $1006^{1006\ 1841}$ Oecumenius^{2053} Andreas.

5.f-f. 이문: (1) 헤르파스데(*ἡρπάσθη*) 원문. (2) 헤르파게(*ἡρπάγη*) ℵ Andr e^{2057} f^{2023} h^{2302} Andr/*Byz* 3. 분명히 원문인 독법 (1)은 부정과거 수동태의 아티카어 형식인 반면에 독법 (2)는 헬라어 형태다.

5.g. 이문: (1) 프로스(*πρός*) Hippolytus (*de Ant.* 60). (2) 프로스(*πρός*) 탈락: Andreas.

6.a-a. 호푸 에케이 에케이 토폰(*ὅπου ἔχει ἐκεῖ τόπον*, 직역하면 "그녀가 거기에 있는 장소")이라는 어구에서 에케이(*ἐκεῖ*)는 점유의 부사다. 이 용어는 헬라어에서 중복되기 때문에 셈어식 표현인 것 같다(Mussies, *Morphology*, 177). 동일한 관용 표현이 14절에도 나온다. 여기에서 이 절은 필수적이다. 즉 이 절은 셈어 요약대명사의 특징인 의존절이다(Bakker, *Pronomen Abundans*, 41-42). 그러나 이 절이 헬라어의 용법을 따르는

12:14을 참조하라. 히브리어의 어미 변화를 하지 않는 인칭대명사 아쉐르(אשר)는 부사 쉠(שם)으로 밝혀지기도 한다. 요한계시록에서 호푸(*ὅπου*)가 요약의 부사 없이 다섯 번 나오고(2:13[2x]; 11:8; 14:4; 20:10) 한 번 요약대명사와 함께 나오지만(17:9), 저자의 문제와 모순되지는 않는다(Charles, 1:clviii n. 1에 의해 주장되는 견해). 그 이유는 동일한 관용 표현이 칠십인역 삿 18:10(B, 호푸 우크 에스틴 에케이[*ὅπου οὐκ ἔστιν ἐκεῖ*])에 나오는 반면에, 삿 20:22에는(B) 호푸(*ὅπου*)가 요약 부사 없이 나오기 때문이다. 요약적으로 사용되는 호푸(*ὅπου*)와 에케이(*ἐκεῖ*)의 다른 두 예에 대해서는 룻 3:4; 전 9:10을 보라. 부사 후(*οὗ*)와 에케이(*ἐκεῖ*)는 창 13:4에서 요약적으로 사용된다: 후 에포이에센 에케이(*οὗ ἐποίησεν ἐκεῖ*=아쉐르 아솨 샴[אשר־עשה שם, "그가 거기에 만든"]; 참조. 창 20:13, 21; 31:13; 40:30; 출 21:13; 24:10; 삿 18:10[A]; 19:26; 룻 1:7; 삼상 9:10; 14:11; 23:22; 26:5; 29:4, 10; 삼하 2:23; 15:32; 왕상 7:7; 8:47; 왕하 19:32; 대하 1:3; 6:37; 8:11; 1 Esdr 6:33; 2 Esdr 1:4; Jdt 5:19; 욥 3:7; 렘 13:7; 23:3, 8; Bar 2:4, 13, 29; 겔 12:16; 28:25; 29:13; 36:20, 21, 22; 37:21, 25; 46:20, 24; Theod Dan 9:7). 요약대명사의 예에 대해서는 "원문주해" 3:8.c; 서론, 제7부: 구문, III. 대명사를 보라.

6.b. 이문: 에케이 에케이(*ἔχει ἐκεῖ*) 원문. (2) 에케이 에케이(*ἐκεῖ ἔχει*) Hippolytus (*de Ant.* 60). (3) 에이케 에케이(*εἶχε ἐκεῖ*) Andr l. (4) (*ἐκεῖ*) 탈락: C 051 fam 1006$^{1006\ 1841}$ 1611^{2329} Oecumenius^{2053} Andr a b h l 598 2019 lat syr^{h} Tyconius Primasius. 이 두 단어의 위치 변화 또는 중복 부사로서 에케이(*ἐκεῖ*)의 생략의 원인은 이 두 단어 간의 시각적인 유사성 때문이었다. "원문주해" 12:6.e를 보라.

6.c. 에케이(*ἐκεῖ*, 직역하면 "갖는다[has]")는 영어에서 적절하게 과거 시제 "had"로 번역된 역사적 현재다.

6.d. 완료 분사 에토이마스메논(*ἡτοιμασμένον*, "예비된")은 에케이(*ἔχει*)의 목적어인 토폰(*τόπον*)과 동격 관계에 있다. 에케인(*ἔχειν*)+목적어+분사(형용사) 양식은 요한계시록에 몇 번 나온다(14:1; 19:12, 16; 21:12). 이 모든 경우들에서 에케인(*ἔχειν*)+분사는 완곡 구문이 아니다(참조. W. J. Aerts, *Periphrastica*[Amsterdam: Hakkert, 1965] 161-62). 유사한 구문들이 막 3:1; 8:17; 눅 13:6; 14:18-19; 19:20; 요 17:13; *Jos. As.* 2:6; 5:5; 27:9; *T. Job* 25.7에도 나온다.

6.e. 이문: (*ἐκεῖ*) 탈락: C fam 1611^{2329} Andr a b h l 598 2019 lat syr^{h} Tyc^{1} Primasius. 중복 부사의 전형적인 탈락.

6.f. 이문: (1) 휘포(*ὑπό*) 046 fam 1611^{1611} 2351 Oecumenius^{2053comm} Andr d e i-^{2042} 2019 Byzantine. (2) 파라(*παρά*) Andr/*Byz* 4c^{2070}. 이 이문들은 수정들이다. 수정의 이유는 아포(*ἀπό*)를 행위자의 표시로 사용하는 경우는 비교적 드물기 때문이다. 9:18도 보라(Louw-Nida, § 90.7). 행위자의 표시로 휘포(*ὑπό*)+속격은 6:8, 13에 나온다.

6.g. 이문: 아우텐(αὐτήν) 대신 아우톤(αὐτόν) ℵ*.

6.h-h. 3인칭 복수 현재 가정법 동사 트레포신(τρέφωσιν, 직역하면 "그들이 양육할지 모른다")은 부정(否定)적인 성격을 갖고 있는 것으로, 반드시 화자, 수신자 또는 알려지지 않은 관계자만을 지칭할 필요가 없이 보다 일반적인 의미를 갖고 있거나(따라서 부정대명사 "[어떤] 사람"으로 번역하는 것이 가장 좋을 것이다. Mussies, *Morphology*, 231), 또는 제3자에 대한 비인칭 용법일 수도 있다.

6.i. 이문: (1) 트레포신(τρέφωσιν) A fam 1006 fam 1611^{-2329} Oecumenius^{2053} Andreas; Charles, 1:321; 2:309^{mg}. (2) 트레푸신(τρέφουσιν) ℵ C fam 1611^{2329} Andr f^{051} h i^{1685} ^{2074} 598 2019; Tischendorf, *NT Graece*; WHortmg; Charles, 2:309. (3) 에크트레포신(ἐκτρέφωσιν) 94 Byzantine Hippolytus (*de Ant.* 60). (4) 에크트레푸신(ἐκτρέφουσιν) *Byz* 3^{429} ^{522} *Byz* 4^{1719} *Byz* 12^{2048} *Byz* 17^{469}. 요한계시록의 문체 때문에 이문 (2)의 현재 직설법은 거부되어야 한다. 만일 원문이라면 단수가 될 것이다(B. Weiss, *Johannes-Apokalypse*, 100; Schmid, *Studien* 2:103, 221). 유사한 이문이 16:15에 히나 블레포시(ἵνα βλέπωσι) 대신 나오는 히나 블레푸시(ἵνα βλέπουσι)에서 발견된다($\mathfrak{P}^{47}$ Andreas).

6.j-j. 일천이백육십이라는 수(분명히 원문)는 본문 전승에서 혼동의 대상(부분적으로 숫자의 문자 생략으로 인해)이었고, 그 결과는 다음과 같은 이문들이다. (1) 삼 년 반(Victorinus: *triennio et mensibus sex*), (2) 일천이백사십 일(it^{gig}: *diebus mille ducentis quadraginta*), (3) 일천이백육십오 일(ℵ^2 arm^{1,2,3,4}), (4) 일천이백칠십칠 일 반 = 분명히 365 x 삼 일 반(*Byz* 172078 2436), (5) 일천이백구십 일(Beatus: *dies mille ducentos nonaginta*; copbo).

6.k. 이문: 펜테(πέντε) 삽입: ℵ^2 arm^{1,2,3,4}.

7.a. 이문 호(ὅ) 다음에 테(τε) 삽입: A (=ὅτε - 호테).

7.b. "미가엘"에는 관사가 있는데, 그 이유는 유대 묵시 문학에서 잘 알려진 인물이기 때문이다(참조. 유 9).

7.c-c. 이문: (1) 투 폴레메사이(τοῦ πολεμῆσαι) A C P fam 1006 1611 Andr b^{2059*} f n ^{2019} Andr/*Byz* 3. (2) 폴레메사이(πολεμῆσαι; 투[τοῦ] 탈락) $\mathfrak{P}^{47}$ ℵ Andreas Byzantine; Tischendorf, *NT Graece*. (3) 투 폴레메사이(τοῦ πολεμῆσαι) 탈락: 2351. A와 C의 일치가 유력한 증거를 구성하고, 투(τοῦ)의 존재가 난문이기 때문에 아마 원문일 것이다(Schmid, *Studien* 2:90). 투(τοῦ πολεμῆσαι, "싸우다")는 요한계시록에서 관사 있는 부정사의 유일하게 확실한 예이며(이문들에 나오는 관사 있는 부정사들에 대해서는 10:9; 14:15의 "원문주해"를 보라) 명사절에서 술부로 사용되어 목적의 부정사 역할을 한다. 이 출현은 관사 있는 부정사가 마태복음에 27회, 마가복음에 16회, 누가복음에 52회, 사도행전에 52회, 바울의 일곱 서신에 111회 출현하는 것과 비교될 수 있다. 이 비교

적 빈번한 출현과 대조적으로, 요한 문서에 관사 있는 부정사가 항상 전치사의 목적어로 네 번밖에 나오지 않는 것은(1:48; 2:24; 13:19; 17:5) 주목할 만하다. 어떤 이들은 투(τοῦ)가 중복 오사(dittography)로 우연히 필사자에 의해 추가되었다는 제안을 한다. 그 이유는 바로 앞의 단어가 아우투(αὐτοῦ)이기 때문이라는 것이다(R. G. V. Tasker, "The Chester Beatty Papyrus of the Apocalypse of John," *JTS* 50[1949] 62-63; Lancelotti, *Sintassi Ebraica*, 112). 찰스(Chalres, 1:321-22)는 계 12:7이 히브리어 관용 표현을 모델로 사용하여 만들어졌다고 설득력 있는 주장을 한다(Howard-Moulton, *Accidence*, 448-49; Schmid, *Studien* 2:243; BDR § 400.7; Mussies, *Morphology*, 96; S. Thompson, *Apocalypse*, 62-63; Turner, *Insights*, 160-61도 보라). 투 폴레메사이(τοῦ πολεμῆσαι)는 레(ל)+부정사의 명령법 의미를 반영하는 히브리어식 표현이다(참조. *GKC* § 114k): "그들은 싸워야 했다." "미가엘과 그의 사자들"은 주격이다. 왜냐하면 히브리어에서 레(ל)+부정사 앞의 주어는 주격이기 때문이다. 칠십인역의 유사한 예들은 호 9:13; 대상 9:25; 시 24:14(맛소라 사본 25:14); 전 3:15이다. Buttmann(*Grammar*, 268)과 Moulton(*Prolegomena*, 218; 참조. Robertson, *Grammar*, 1066; Turner, *Syntax*, 141)은 투 폴레메사이(τοῦ πολεμῆσαι)가 폴레모스(πόλεμος)를 설명하는 것으로 제안했다. 그럴 때에 문제의 문장은 아마 다음과 같이 번역될 수 있을 것이다. "하늘에 미가엘과 그의 천사들이 용과 싸우는 전쟁이 있었다." 어떤 이들은 에게네토(ἐγένετο)와 같은 주동사가 생략되었거나 보충되어야 한다고 제안한다. 그럴 경우 투 폴레메사이(τοῦ πολεμῆσαι)는 목적을 나타내어 "미가엘과 싸우기 위해 (일어났다)"라는 의미가 될 것이다(Beckwith, 625; Turner, *Style*, 152). Lancelotti(*Sintassi Ebraica*, 112)는 분명히 찰스의 설명(레[ל]+부정사가 명령법 의미를 가질 수 있다는)을 무시하고 폴레메사이(πολεμῆσαι; 그는 투[τοῦ]를 필사자의 실수로 부정한다)가 부정 동사 역할을 하는 히브리어 부정사의 예이며(참조. *GKC* § 113y), 7b절에 나오는 유사한 부정과거 동사 에폴레메센(ἐπολέμησεν)에 의해 지적된다는 제안을 한다. 이 다양한 설명들 중에 찰스의 설명이 가장 설득력이 있다.

8. a. 이문: (1) 이스퀴센(ἴσχυσεν) A fam 1611^{1854} cop^{bo} Oecumenius^{2053comm} (이스퀴세(ἴσχυσε): Andr f^{2023} 94 Byzantine; WHort; B. Weiss, *Johannes-Apocalypse*, 109-10, 191; Charles, 2:309; Nestle-Aland^{27}; UBSGNT^{4}. (2) 이스퀴산(ἴσχυσαν) $\mathfrak{P}^{47}$ ℵ C 051 fam 1006$^{1006\ 1841}$ fam 1611$^{1611\ 2329}$ Oecumenius^{2053} 2351 Andreas it vg syr; Tischendorf, *NT Graece*; WHort^{mg}; von Soden, *Text*; [Bousset(1906) 341]; Charles, 2:309^{mg}. (3) 이스퀴온(ἴσχυον) 046 *Byz* 16$^{61\ 69}$.

8.b. 이문: (1) 이스퀴산(ἴσχυσαν) 다음에 프로스 아우톤(πρὸς αὐτόν) 삽입: ℵ. 이스퀴산(ἴσχυσαν) 다음에 프로스 아우투스(πρὸς αὐτούς) cop^{bo}.

8.c. 이문: (1) 우데(οὐδέ) ℵ A C 046 fam 1006 fam 1611$^{1611\ 1854\ 2329}$ Oecumenius^{2053} Andr d e^{2026} f^{2023} i l 94 it$^{gig\ h}$ vg Primasius Tyc^{2} Beatus. (2) 우테(οὔτε) 051 2315

Andreas.

8.d-d. 이문: (1) 토포스 휴레데 아우톤(*τόπος εὑρέθη αὐτῶν*) A Andreas. (2) 토포스 휴레데 아우토이스(*τόπος εὑρέθη αὐτοῖς*) ℵ2 051 Andr f-[2023] 2019 syr[ph] cop[samss]. (3) 토포스 휴레데 아우토(*τόπος εὑρέθη αὐτῷ*) fam 1006[1006] fam 1611[1854] Oecumenius[2053] Andr e f[2023] g n-[2065] Byzantine cop[bo] Victorinus. (4) 토포스 아우톤 휴레데(*τόπος αὐτῶν εὑρέθη*) fam 1006[1841] fam 1611[1611] Andr i-[2042] m[2046] it[h] Beatus Tyc[3]. (5) 토포스 휴레데(*τόπος εὑρέθη*) ℵ* 2042. 독법 (1)이 나오는 구절는 계 20:11의 구절과 매우 유사하다. 이 두 구절은 모두 Theod 단 2:35의 인유다. 아우토이스(*αὐτοῖς*)가 소유의 여격인 독법 (2)가 Theod 단 2:35의 축어적 인유인 20:11을 더 가깝게 따르기 때문에, 독법 (2)와 (3)은 일치한다. 아우톤(*αὐτῶν*)이 소유의 속격이지만 동사에 의해 지배되는 명사로부터 분리되지 않기 때문에, 독법 (1)은 난문이다. 독법 (4)는 그 비정상적인 기능을 소유의 속격으로서 더 명백하게 하려고 의도된 수정이다.

8.e. 이문: 토포스(*τόπος*) 대신 토테(*τότε*) ℵ*.

9.a-a. 이문: (1) 호 메가스 호 오피스(*ὁ μέγας, ὁ ὄφις*) 원문. (2) 호 메가스 오피스(*ὁ μέγας ὄφις*) ℵ. (3) 호 오피스 호 메가스(*ὁ ὄφις ὁ μέγας*) fam 1006[1006 1841] cop[bo].

9.b. 이문: 호 아르카이오스(*ὁ ἀρχαῖος*) 탈락: 𝔓[47].

9.c-c. 디아볼로스(*Διάβολος*, "마귀")라는 용어는 호 칼루메노스 디아볼로스(*ὁ καλούμενος Διάβολος*, "마귀라고 불리는")라는 어구에 나오고, 이 어구의 관사가 분사뿐만 아니라 디아볼로스(*Διάβολος*)와도 연결될 수 있기 때문에 관사가 있을 것으로 생각될 수도 있지만, 이 용어에는 분명히 관사가 없다. 만일 관사를 디아볼로스(*Διάβολος*)와 연결시키면, 이 어구는 "그 소위 마귀"(the so-called devil)로 번역될 수도 있다. 그러나 20:2에서 이 용어가 관사가 없이 사용되는 사실은 이 곳 12:9에서도 역시 관사가 없음을 시사한다(Mussies, *Morphology*, 196-97). 그러나 디아볼로스(*Διάβολος*)가 칭호로 사용되는 2:10에서 이 용어는 관사를 가지고 나온다.

9.d. 이문: (1) 카이 호(*καὶ ὁ*) Andreas. (2) 호(*ὁ*) ℵ fam 1611[1854] cop[bo]. (3) 카이(*καί*) 𝔓[47] fam 1611[2329] Byzantine. 이문 (3)에 관사가 없는 것은 앞에 디아볼로스(*Διάβολος*)가 관사 없이 나오기 때문이다(Schmid, *Studien* 2:199)

9.e. 이문: 아우투(*αὐτοῦ*)의 탈락: 𝔓[47] Oecumenius[2053] cop[bo].

9.f-f. 이문: 메트 아우트(*μετ᾽ αὐτοῦ*)의 탈락: 051 fam 1611[1854] Andreas.

10.a. 이문: (1) 소테리아(*σωτηρία*) fam 1611[1854]. (2) 엑수시아(*ἐξουσία*) 792.

10.b. 이문: 헤(*ἡ*) 탈락: A Andr/*Byz* 2b[628].

10.c. 이문: (1) 소테리아(*σωτηρία*) 𝔓[47]. (2) 엑수시아(*ἐξουσία*) 792.

10.d. 계 12:10의 다소 자유로운 인용은 Hippolytus *Frag. in Gen.* 34(ed. H. Achelis, 64), 에블레데 에이스 텐 겐 호 디아볼로스 호 카테고론 투스 안드로푸스 에노피온 투

데우(ἐβλήθη εἰς τὴν γῆν ὁ διάβολος ὁ κατηγορῶν τοὺς ἀνθρώπους ἐνώπιον τοῦ θεοῦ, "하나님 앞에서 사람들을 참소하던 마귀가 땅으로 내어던져졌다")에서 발견된다.

10.e. 이문: (1) 카테고르(κατήγωρ) A: Tischendorf, *NT Graece*: B. Weiss, *Johannes-Apokalypse*, 109: WHort: Nestle-Aland[27]: UBSGNT[4]. (2) 카테고로스(κατήγορος) 𝔓[47] ℵ C 046 051 fam 1006 fam 1611 2351 Andreas Byzantine: von Soden, *Text*. 카테고르(κατήγωρ)는 A에만 나오지만, 랍비 문헌에 이 용어가 외래어로 나온다는 사실은 요한이 카테고르(κατήγωρ)를 사용한 이유를 이해할 수 있게 하며, 필사자가 카테고로스(κατήγορος)를 카테고르(κατήγωρ)로 변경했을 것 같지 않다. 그리고 카테고르(κατήγωρ)에서 카테고로스(κατήγορος)로의 변경은 상상하기가 어렵다(Schmid, *Studien* 2: 103; *TCGNT* [1], 745-46; *TCGNT* [2], 673를 보라). 반면에, R. V. G. Tasker는 5세기의 A사본 필사자가 자신의 시대의 용법에 근거하여 변경했다고 인정한다("The Chester Beatty Papyrus of the Apocalypse of John," *JTS* 50[1949] 65). 12:10의 "주석"을 보라.

10.f. 영역의 "and sisters"(그리고 자매들)는 톤 아델폰(τῶν ἀδελφῶν)의 포괄적인 의미를 나타내기 위해 추가된 것이다.

10.g-g. 이문: 카테블레데(κατεβλήθη) 051 Andreas.

10.h. 현재 실명사적 분사 호 카테고론(ὁ κατηγορῶν, 직역하면 "참소하는 자")은 문맥을 볼 때 과거 시제로 번역되어야 한다. 왜냐하면 참소자는 이미 하늘에서 쫓겨났으므로 더 이상 하나님 앞에서 그리스도인들을 참소할 수 없기 때문이다. 분사의 시제는 그 자체에 시간적 가치를 갖고 있지 않고(Burton, *Syntax*, § 118) 문맥에서 시간적 가치를 받는다. 호 카테고론(ὁ κατηγορῶν)은 시간과 관계 없이 단순하게 동사가 정의하는 행위를 하는 자를 확인할 것이다.

10.i. 이문: (1) 아우투스(αὐτούς) 𝔓[47] A 051 Andreas. (2) 아우톤(αὐτῶν) ℵ C fam 1006 fam 1611[-2050] Oecumenius[2053] 2351 Andr c f[2023] n 94 2351 Byzantine. 대격의 동사들을 따르는 속격이 신약성경의 전형적인 형식이기 때문에(BDF § 178; BDR § 178) 독법 (1)은 난문이다. 아우투스(αὐτούς)가 아우톤(αὐτῶν)으로 변경될 수 있다고 보는 것이 그 반대로 보는 것보다 용이하다(Schmid, *Studien* 2:103).

11.a. 이문: (1) 아우토이(αὐτοί) 원문. (2) 후토이(οὗτοι) ℵ. (3) 아우투(αὐτοῦ) Andr d[2052 2067].

11.b-b. 이문: (1) 톤 로곤(τὸν λόγον) 탈락: C. (2) 디아(διά) 탈락: Andr f[2031 2056].

11.c. 카이(καί)는 앞 절의 진술에 대한 이유를 제시하는 절을 도입하기 때문에 원인절(예를 들어, "왜냐하면")로 번역되어야 한다. 구약성경에서 간혹 원인절들은 와우(ו)로 도입되는데(*GKC* § 158), 칠십인역에서 카이(καί)도 유사하게 원인 접속사로 사용된다(Aejmelaeus, *Parataxis*, 23-24). 그러나 카이(καί)의 이 용법은 엄밀한 셈어식 표현으로 생각될 수 없다. 왜냐하면 이 용법은 이교 헬라어에서도 발견되기 때문이다(Ljungvik,

Syntax, 57-59). Charles(1:cxlviii)는 카이(*καί* = 웨[ו])가 에니케산(*ἐνίκησαν*)에 의해 표시되는, 일어난 조건에 대한 진술을 도입한다고 말한다. 두 개의 구약성경의 예는 창 8:18; 26:27이다. 동일한 구문 현상에 대해서는 계 18:3; 19:3을 참조하라.

12.a. 이문: 유프라이네스다이(*εὐφραίνεσθαι*) A. 아이(*αι*) 〉 에(*ε*)의 음운론적 상호 교환에 근거한 철자 변환(Gignac, *Grammar* 1:192-93).

12.b. 이문: (1) 우라노이(*οὐρανοί*) 앞에 호이(*οἱ*) A Andreas fam 1006[1006] fam 1611[1611 2344] 2351; Bousset (1906) 343; Charles, 2:311. (2) 호이(*οἱ*) 탈락: C ℵ 025 Byzantine fam 1611[1854 2329] Oecumenius[2053]; Tischendorf, *NT Graece*; B. Weiss, *Johannes-Apokalypse*, 192; WHort. UBSGNT[4]와 Nestle-Aland[27]은 이 본문의 이 부분을 괄호로 묶는다. 아마 이 관사가 원문일 것이다. 그 이유는 요한계시록에서 주격이 거의 완전하게 호격을 대신했고 호격 역할을 하는 관사 있는 주격은 저자의 문체의 특징이기 때문이다 (Bousset[1906] 343 n. 1; Schmid, *Studien* 2:103; 이 용법에 대해서는 Robertson, *Grammar*, 769를 참조하라). 요한계시록에서 이 구문은 12회 더 나온다. "원문주해" 4:11.a를 참조하라.

12.c-c. 호이 우라노이 카이 호이 엔 아우토이스 스케눈테스(*οἱ οὐρανοὶ καὶ οἱ ἐν αὐτοῖς σκηνοῦντες*)라는 어구에서 관사 있는 실명사들은 호격 역할을 하는 주격이다. "원문주해" 12.d를 참조하라.

12.d. 완료형 호이 우라노이(*οἱ οὐρανοί*)는 요한계시록에서 이 곳에만 나오는 반면에, 단수형은 51회 나온다. 신약성경에는 분명히 단수형과 복수형 간의 의미론적 차이가 없다 (Louw-Nida, § 1.11). 히브리어 복수형 솨마임(שמים, 하늘들)과 마찬가지로 이 헬라어 복수형도 단수 "하늘"을 나타내기 때문에, 이 용법은 히브리어식 표현으로 종종 간주되어 왔다(BDF § 141.4; BDR § 141.1; Maloney, *Marcan Syntax*, 190-92). 우라노스(*οὐρανός*)의 복수형은 칠십인역에서 발견되는데, 헬라어 문헌에서는 최초로 나오는 것 같다. 복수형 솨마임(שמים, 직역하면 "하늘들"; "확대의 복수"로 설명하는 사람도 있다; 참조. *GKC* § 124l; *TDNT* 5:502)은 맛소라 사본에 자주 나오지만, 주로 시적인 문맥에서 우라노스(*οὐρανός*)의 복수형으로 번역된다(*TDNT* 5:510). 반면에 단수형은 370회 이상 사용된다(Mussies, *Morphology*, 85). 계 12:12의 복수형은 (다른 초기 유대교 묵시록과 메르카바 문헌들에서처럼, 또한 심지어 신역성경에서도 그런 것처럼; 참조. 고후 12:2) 복수의 하늘을 나타내는 것일 수 없다. 왜냐하면 그런 우주론은 요한계시록의 다른 것에 전혀 반영되지 않기 때문이다. 찰스(Charles, 1:clviii n. 1, 302, 329)는 이 용법이 자료의 존재를 나타내는 것이라는 제안을 한다. 이 복수형은 헬라어 문헌에 몇 번 나올 뿐이다 (참조. *TDNT* 5:498 n. 2). 여기에서 우라노이(*οὐρανοί*)는 아마 칠십인역의 인유일 것이다(사 49:13, 유프라이네스데 우라노이 카이 아갈리아스도 헤 게[*εὐφραίνεσθε, οὐρανοί, καὶ ἀγαλλιάσθω ἡ γῆ*, "하늘들이여 기뻐하라 땅이여 즐거워하라"]; 참조. 시 95:11, 유

프라이네스도산 호이 우라노이 카이 아갈리아스도 헤 게[*εὐφραινέσθωσαν οἱ οὐρανοί, καὶ ἀγαλλιάσθω ἡ γῆ*, "하늘들은 기뻐하고 땅은 즐거워하며"]; 사 44:23, 유프라이데테 우라노이[*εὐφραίθητε, οὐρανοί*, "하늘들아 기뻐할지어다"]; *T. Levi* 18:5, 호이 우라노이 아갈리아손타이[*οἱ οὐρανοὶ ἀγαλλιάσονται*, "하늘들은 기뻐할 것이다"]). 즉 칠십인역의 표현이라는 것이다. 이 용어는 시적인 문맥에서 발견된다. 그리고 고상한 헬라 문화식 문체에 나오는 시적인 복수의 특징이 여기에서 저자에게 영향을 끼쳤을지 모른다(Mussies, *Morphology*, 84-85). 톰(F. Torm, "Der pluralis *οὐρανοί*," *ZNW* 33[1934] 48-50)은 하나의 하늘을 나타내는 우라노이(*οὐρανοί*)가 히브리어식 표현이라는 견해에 이의를 제기했다. 그는 이교 헬라아어에서 우라노스(*οὐρανός*)의 복수형들을 발견했다(그러나 그는 이런 예문들의 대부분이 하늘의 복수성을 나타낸다는 사실을 언급하지 않았다). 또한 톰은 이 복수형이 칠십인역의 시적인 문맥들에서 주로 발견되기 때문에(참조. Doudna, *Greek*, 73-74) "위엄의 복수"[*pluralis poeticus*]의 역할을 한다고 제안했다. 즉 셈어의 영향이라기보다는 수사적 복수라는 제안이다. 캐츠(P. Katz)는 칠십인역에 나오는 우라노스(*οὐρανός*)의 복수형들이 사용되는 문맥이 복수형들(특별히 복수 동사들)이 신행하고 솨마임(שמים)이 이어지는 경향이 있으므로(예를 들어, 창 2:1; 시 32:6; 68:35, 96:6) 문자적인 번역은 히브리어식 표현의 헬라어 복수 우라노이(*οὐρανοί*)를 요구한다고 지적한다(*Philo's Bible*[Cambridge: Cambridge UP, 1950] 141-46). 예외들이 있지만 대체적으로 신약성경과 신약성경 외경들뿐만 아니라 구약성경의 외경과 위경에서도 복수형은 하나님이 거하시는 장소에 대해 사용되는 반면에, 단수형은 땅 위의 영역에 대해 사용된다(Torm, *ZNW* 33[1934] 49-50). 이 두 형태가 동의어라는 예증은 단일 환상의 구조에서 발견되는 어휘다. 즉 Hermas *Vis.* 1.1.4에서 하늘(단수)이 열리고, *Vis.* 1.2.1에서는 하늘들(복수)이 닫힌다(참조. Hilhorst, *Sémitismes*, 126-29). 마가복음에서 우라노스(*οὐρανός*)는 17회 나오는데, 그 중 네 번이 복수로 나온다(1:10, 11; 12:25; 13:25[B사본에서 칠십인역 사 34:4과 유사함; 맛소라 사본에는 없다]). 마가복음에 나오는 우라노스(*οὐρανός*)의 복수형 네 개는 셈어식 연역의 결과이거나 칠십인역식 표현이다(Maloney, *Marcan Syntax*, 191-92). 유대의 헬라어 위경(Denis, *Fragmenta*)에서 우라노스(*οὐρανός*)는 291회 나오는데, 그 중 46회가 복수다. 이 중 일부는 하나 이상의 하늘을 나타낸다(*T. Levi* 2:9; 3:1; 참조. *1 Enoch* 1:4, 호 우라노스 톤 우라논[*ὁ οὐρανὸς τῶν οὐρανῶν*, "하늘들의 하늘", 즉 "가장 높은 하늘"]을 나타낸다).

12.e. 감탄사 우아이(*οὐαί*, "화")는 8:13에서와 마찬가지로 여기에서 전치사 없이 대격과 함께 사용된다. 이 유별난 용법의 다른 예들은 분명히 알려진 바가 없다(참조. BAGD, 561; BDR § 190). 우아이(*οὐαί*) + 주격(호격 역할을 하는)은 계 18:10, 16, 19에 나오지 않는다. 라틴어 감탄사 *uae*는 여격으로 사용될 뿐만 아니라 대격과 함께 사용되기도 한다(*OLD*, 2003). 그러므로 계 8:13; 12:12에서 우아이(*οὐαί*)가 라틴어식 표현

을 가능성이 있다. 칠십인역에서 우아이(*οὐαί*)는 종종 화를 당하는 사람이나 사물의 여격과 함께 사용되고(민 21:29; 삼상 4:8; Jdt 16:17; 잠 23:29; 사 3:9, 11; 10:1, 5; 33:1; 렘 4:3; 호 7:13; 9:12; 참조. MM, 464) 호격으로 사용되는 정관사 있는 주격들과 함께 사용되기도 한다(슥 2:5; 사 1:24; 5:8, 11, 18, 20, 21, 22; 31:1). 간혹 칠십인역에서 우아이(*οὐαί*)는 에피(*ἐπί*) + 대격과 함께 사용된다(렘 10:19; 28:2[맛소라 사본 51:2]; 31:1[맛소라 사본 48:1]; 겔 7:26). 분명히 난문인 우아이(*οὐαί*) + 단순 대격의 색다른 구문은 필사자들로 하여금 수정을 하게 만들었다. ℵ는 문법적으로 맞지 않는 구문을 감추기 위해 전치사를 사용하여 우아이 에이스 텐 겐(*οὐαὶ εἰς τὴν γῆν*)으로 나타낸다. 다른 사본들은 우아이(*οὐαί*)가 지배하는 이 어구를 문법적으로 정확한 여격으로 바꾼다: 우아이 테 게(*οὐαὶ τῇ γῇ*, "땅에 화…")(𝔓^{47} fam 1611$^{1854\ 2329\ 2344}$ 2351 Byzantine). 우아이(*οὐαί*)는 칠십인역에 최초로 나온다. 그리고 칠십인역에 73회 사용되는데, 특별히 예레미야서와 이사야서에 중점적으로 나온다. 두 개의 히브리어 감탄사 오이(אוי)와 호이(הוי; 참조. 랍비 문헌에는 유사한 아람어 와이[וי]가 발견된다)가 칠십인역에 나오는 대부분의 우아이(*οὐαί*)의 배경이다. 한때 우아이(*οὐαί*)가 오이(אוי)와 호이(הוי)에서 나온 것으로 추정되었으나, 이 단어는 주전 4세기에 이미 헬라어에 나온다. 칠십인역 번역자들이 이 단어를 택한 이유는 이에 상당하는 히브리 단어들과 발음이 유사하기 때문이었다(참조. A. D. Lowe, "The Origin of *οὐαί*," *Hermathena* 105[1967] 34-39).

12.f-f. 이문: (1) 테 게(*τῇ γῇ*) 𝔓^{47} fam 1611$^{1854\ 2329\ 2344}$ 2351 Byzantine. (2) 텐 아가펜(*τὴν ἀγάπην*) A. 무의미한 필사자의 실수다.

12.g-g. 이문: (1) 테 달라쎄(*τῇ θαλάσσῃ*) 𝔓^{47} fam 1611$^{1854\ 2329\ 2344}$ 2351 Byzantine. (2) 토이스 카토이쿠신 텐 겐 카이 텐 달라싼(*τοῖς κατοικοῦσιν τὴν γῆν καὶ τὴν θάλασσαν*) l.

12.h. 현재 동사 에케이(*ἔχει*, "가지다")는 생각으로 사용되는 현재 시제로는 유일한 예이다. 그러나 이 용어는 전달되는 말로는 자주 나온다(Mussies, *Morphology*, 333).

13.a-a. 이문: 호티 에블레데 에이스 텐 겐(*ὅτι ἐβλήθη εἰς τὴν γῆν*)의 탈락: Hippolytus (*de Ant.* 60[본문과 주석]).

13.b. 이문: (1) 엑세디옥센(*ἐξεδίωξεν*) ℵ^{2}. (2) 에도켄(*ἔδωκεν*) ℵ*. (3) 아펠덴 에디옥사이(*ἀπῆλθεν ἐκδίωξαι*) 𝔓^{47}. (4) 에디오케(*ἐδίωκε*) Oecumenius^{2053}(본문과 주석) fam 1611^{1854} Andr l$^{1678\ 1778}$. 이문 (2)는 필사자의 실수로, 디도나이(*διδόναι*)의 3인칭 단수 부정과거가 잘못 사용되었다(그 차이는 단순히 이오타가 있느냐 없느냐이다). 한편, 이문 (4)는 디오케인(*διώκειν*)의 3인칭 단수 미완료가 사용된 실수다. (1)과 (3)은 모두 에디옥센(*ἐδίωξεν*)의 3인칭 단수 부정과거에서 나온 것으로 설명될 수 있다.

13.c-c. 이문: (1) 아르세나(*ἄρσενα*) ℵ C 025 051 fam 1006$^{1006\ 1841}$ fam 1611$^{1611\ 1854}$ Oecumenius^{2053} Andr e f n; WHort. (2) 아르세난(*ἄρσεναν*) A. (3) 아르레나(*ἄρρενα*) fam 1611[2329] Andreas Byzantine. 이문 (2)는 이문 (1)을 뒷받침한다. 왜냐하면 A에 나오는 제3어형 변화의 여격 단수 명사에 -*ν*의 추가(예를 들어, 13:14: 에이코나[*εἰκόνα*] 대신 에이코난[*εἰκόναν*]; 22:2: 메나[*μῆνα*] 대신 메난[*μῆναν*])는 모든 제1-제3어형 변화 명사들의 다른 여격 단수의 분석에 기초하는 것이고(예를 들어, 로곤[*λόγον*], 폴린[*πόλιν*]), 제국 시기 동안 점차적으로 나타낸 교체였기 때문이다(Mussies, *Morphology*, 33, 104; Gignac, *Grammar* 1:45-46). 아티카 형태 -*ρρ*-과 이오니아 형태 -*ρς*- 간의 변동에 대해서는 Gignac, *Grammar* 1:143-44를 보라. 톤 아르세나(*τὸν ἄρσενα*)는 4절에 나오는 중성 대격 아르센(*ἄρσεν*)과 대조되는 남성 대격이다.

14.a-a. 이문: 에도테(*ἐδόθη*) 𝔓[47] ℵ[2] 2 Andr g 209.

14.b. 뒤오 프테뤼게스(*δύο πτέρυγες*) 앞의 관사 하이(*αἱ*)가 𝔓[47] ℵ fam 1611[1854 2329 2344] 2351 Byzantine Hippolytus에는 빠져 있다(*de Ant.* 60; 그러나 *de Ant.* 61의 주석에 나온다). 이 관사가 존재하는 이유는 인간 신체의 부분들(2:1을 참조하라)과 날개와 같은 짐승의 신체 부분들이 잘 알려졌기 때문이다.

14.c. 관사 있는 어구 투 아에투 투 메갈루(*τοῦ ἀετοῦ τοῦ μεγάλου*, 직역하면 "그 큰 독수리")는 문제가 있다. 선에 언급되지 않는 실명사는 대개 관사가 없기 때문에, 요한은 아마 그의 독자들에게는 잘 알려졌으나 유감스럽게도 우리에게는 알려지지 않은 어떤 이야기에 나오는 "그 큰 독수리"를 언급하고 있을지 모른다.

14.d-d. 이문: (1) 페테타이(*πέτηται*) 원문. (2) 페테테(*πέτητε*) A. (3) 페테타이(*πέτεται*) 046 051 fam 1611[2329] Oecumenius[2053] Andr f-[2023] g[2045]. (4) 페타타이(*πέταται*) Andreas. (5) 페타세(*πετάσῃ*) Andr Ø[1773]. 독법 (5)를 제외한 모든 이문들은 필사 중에 음운 변화를 나타낸다. 독법 (2)는 음운의 흔히 일어나는 이중 모음 상호 교환 하이(*αι*) 〉 에(*ε*)를 반영하는 반면에(Gignac, *Grammar* 1:192), 독법 (3)은 음운의 모음 변화 에(*η*) 〉 에(*ε*)를 반영한다(Gignac, *Grammar* 1:242-43). (4)의 에아(*ηα*) 변화는 설명하기가 더 어렵다. 페테스다이(*πέτεσθαι*)는 요한계시록에 네 번 나오며(8:13; 12:14; 14:6; 19:17) 철자법 변화의 다양성을 보여 준다(BDF § 101; MM, 511).

14.e-e. 이문: 에이스 톤 토폰 아우테스(*εἰς τὸν τόπον αὐτῆς*) 탈락: Hippolytus(*de Ant.* 60; *de Ant.* 61의 주석에서도 탈락된다).

14.f. 이문: 호푸(*ὅπου*) 앞에 히나(*ἵνα*) 2351.

14.g-g. 대명사절 호푸 드레페타이 에케이(*ὅπου τρέφεται ἐκεῖ*, 직역하면 "그녀가 거기에서 양육받는 [곳]")은 다수대명사(*pronomen abundans*)의 예다. 많은 학자들이 이 구문을 셈어식 표현으로 생각한다. 그러나 이 예에서 호푸(*ὅπου*)는 관계를 나타내는 연결들을 도입한다. 즉 이 용어는 연결의 의미를 갖고 있는 독립절을 도입하기 때문에 헬라어 용법의 요소들 내에서 고려되어야 한다(Bakker, *Pronomen Abundans*, 42). 다수대명사는 요한계시록에 네 번 나온다(3:8; 7:2, 9; 12:6, 14; 13:8, 12; 17:9; 20:8). 이 다

수대명사들은 12:14과 20:8을 제외하고 모두 종속절에 나온다. 더 자세한 논의는 "원문주해" 3:8.c와 서론, 제3부, 구문론, III. 대명사를 보라.

14.h-h. 이문: 카이 헤미쉬 카이루(*καὶ ἥμισυ καιροῦ*) C (Andr i[2074]는 11:11에서 카이 헤미쉬[*καὶ ἥμισυ*]를 뺀다).

14.i-i. 셈어식 표현 아포 프로소푸(*ἀπὸ προσώπου*)에 대해서는 "원문주해" 6:16.b를 보라. 이 곳에서는 "…의 낯으로부터"라는 통상적인 의미가 가능하지만, 아포 프로소푸(*ἀπὸ προσώπου*)는 간혹 "…때문에"라는 의미로도 사용된다(칠십인역 사 19:17; 호 10:15; Charles, 1:128; K. G. Newport, "Semitic Influence on Revelation," *BT* 37[1986] 328-30를 보라).

15.a. 이문: 아포(*ἀπό*) Andr l i[2042].

15.b. 오피소(*ὀπίσω*)+속격: 1:10.c의 "원문주해"를 보라.

15.c. 이문: 타우텐(*ταύτην*) 051 Andreas.

16.a-a. 이문: 헤 게(*ἡ γῆ*) 탈락: *Byz* 4-[1424] 8 [9452 467 2021] Andr/*Byz* 2b[628] 4a-[250] 4b[172 1862 1888 2018 2019] it[gig] arm[1] Primasius Victorinus Tyc[1].

16.b-b. 이문: 토 휘도르 호(*τὸ ὕδωρ ὅ*) A arm[1].

16.c. 이문: 에네발렌(*ἐνέβαλεν*) 046 2351.

16.d. 이문: 아포(*ἀπό*) 𝔓[47].

17.a-a. 이문: (1) 에피(*ἐπί*) 원문. (2) 탈락: 𝔓[47] C. (3) 엔(*ἐν*) 2351. 강한 감정의 동사(여기에는 오르기제스다이[*ὀργίζεσθαι*])에 이어지는 에피(*ἐπί*)+여격은 감정의 원인을 나타낼 수 있다(Helbing, *Kasussyntax*, 211; BDF § 196; BDR § 196.3); 참조. 칠십인역 창 40:2; 민 31:14; 3 Kgdms 11:9; 4 Kgdms 19:28. 이 곳의 에피(*ἐπί*)의 비교적 희귀한 용법으로 인해 독법 (2)와 (3)에서 발견되는 필사자의 수정들이 생겨났다. Schmid, *Studien* 2:104를 보라.

17.b-b. 이문: (1) 포이에사이 폴레몬(*ποιῆσαι πόλεμον*) 원문. (2) 폴레몬 포이에사이(*πόλεμον ποιῆσαι*) ℵ fam 1611[1854]; Tyc[2(MsV)]: *bellum facere.*

17.c-c. "예수에게"(to Jesus)라는 번역은 속격 예수(*Ἰησοῦ*)가 목적의 속격으로 해석되는 것을 나타낸다(1:9의 "주석"을 보라).

양식/구조/배경

I. 개요

2. 여자와 용과 아이(11:19-12:17)

   a. 서론적인 신의 표시들(11:19)

(1) 하늘에 있는 하나님의 성전이 열린다(19a절)
(2) 하나님의 언약궤가 성전에서 보인다(19b절)
(3) 동반하는 대기와 진동의 표시들(19c절)
(a) 번개
(b) 음성
(c) 뇌성
(d) 지진
(e) 큰 우박
b. 극적인 등장 인물들의 소개: 임신한 여인과 용(12:1-4a절)
(1) 하늘의 첫 번째 큰 이적: 여인(12:1-2)
(a) 묘사(1절)
[1] 해를 입고 있다
[2] 발 아래에 달이 있다
[3] 머리에 열두 별의 면류관을 쓰고 있다
(b) 행동(2절)
[1] 그녀는 임신을 하고 있다
[2] 고통으로 부르짖는다
[3] 해산의 고통을 한다
(2) 하늘의 두 번째 큰 이적: 큰 붉은 용(3-4a절)
(a) 묘사(3절)
[1] 일곱 머리
[2] 열 뿔
[3] 그 머리들에 일곱 면류관
(b) 행동(4a절)
[1] 그의 꼬리가 하늘 별 삼분의 일을 휩쓴다
[2] 그 별들을 땅에 던진다
c. 갈등의 첫 번째 단계: 아이의 탄생과 피난, 그리고 여인의 이동(4b-6절)
(1) 용의 공격(4b절)
(a) 용이 여자 앞에 나타난다
(b) 여자는 해산을 하려고 한다
(c) 용은 여자의 아이를 삼키려고 한다
(2) 여자가 아이를 낳는다(5ab절)
(a) 아이에 대한 묘사(5a절)
[1] 아이는 아들이다

[2] 아이는 남자다
(b) 아이의 운명(5d절)
[1] 그는 만국을 다스릴 것이다
[2] 그는 철장을 사용할 것이다
(3) 아이가 용에게서 피한다(5c절)
(a) 하나님 앞으로 들려 올라간다
(b) 보좌 앞으로 들려 올라간다
(4) 여자가 용에게서 도망간다(6절)
(a) 광야로(6a절)
(b) 하나님이 예비하신 곳으로(6b절)
(c) 목적: 거기에서 양육받기 위해(6c절)
(d) 기간: 일천이백육십 일 동안(6d절)
d. 갈등의 두 번째 단계: 용의 패배와 그 긍정적인 결과들과 부정적인 결과들(7-12절)
(1) 하늘의 전쟁(7-9절)
(a) 미가엘과 그의 천사들이 용과 싸운다(7b절)
(b) 용과 그의 천사들도 맞서 싸운다(7b-8절)
[1] 용과 그의 천사들은 이기지 못한다(8절)
[2] 하늘에 그들이 있을 곳이 없다(8절)
(c) 용과 그의 천사들이 땅으로 내어쫓긴다(9절)
[1] 용이 내어쫓긴다(9a절)
[2] 삽입구: 용의 별명들
[a] 큰 용
[b] 옛 뱀
[c] 마귀
[d] 사단
[3] 용의 역할: 그는 온 천하를 타락시킨다(9b절)
[4] 용의 축출(9e절)
[a] 용이 땅으로 내어쫓긴다
[b] 그의 천사들도 그와 함께 내어쫓긴다
(2) 하늘의 해설: 승리의 노래(10-12절)
(a) 서론: 요한이 하늘의 큰 음성을 듣는다(10a절)
(b) 승리의 노래(10a-12절)
[1] 하나님의 승리의 선언(10a절)

[a] 실현된 하나님의 주권의 모습들
{1} 승리
{2} 능력
{3} 왕권
[b] 실현된 하나님의 메시아의 권세
[2] 하나님의 승리의 근거(10bc절)
[a] 참소자가 쫓겨난다
{1} 그는 "우리 형제 자매들"을 참소한다
{2} 그는 그들을 참소한다
{a} 장소: 하나님 앞에서
{b} 때: 밤낮으로
[b] "우리 형제 자매들"이 참소자를 이긴다(11절)
{1} 승리의 수단(11ab절)
{a} 어린양의 피
{b} 그들의 증거하는 말
{2} 이유: 그들은 죽기까지 자기 생명을 아끼지 않았다
[3] 즐거움의 권유(12a절)
[a] 하늘에게
[b] 하늘에 거하는 자들에게
[4] 화의 발표(12b절-d)
[a] 화의 대상(12b절)
{1} 땅
{2} 바다
[b] 화의 이유(12cd절)
{1} 마귀가 크게 분내어 땅과 바다로 쫓겨났기 때문에
{2} 그가 자기의 때가 얼마 못된 줄을 알기 때문에
e. 갈등의 세 번째 단계: 용이 여자와 그녀의 자녀를 핍박한다(12-17절)
(1) 서론(13절)
(a) 용이 자기가 땅으로 쫓겨난 것을 실감한다
(b) 용이 남아를 낳은 여자를 다시 핍박한다
(2) 여자의 두 번째 피난(14절)
(a) 하나님의 공급: 큰 독수리의 두 날개(14a절)
(b) 목적: 광야 자기의 장소로 날아가기 위해(14b절)
(c) 거기에서 그녀는 일시적인 보호를 받는다(14c절)

[1] 기간: 한 때와 두 때와 반 때
[2] 목적: 뱀의 낯을 피하기 위해
(3) 뱀이 여자를 공격한다(15-16절)
(a) 수단: 그는 입으로 물을 강같이 토한다(15a절)
(b) 목적: 여자를 물에 떠내려가게 하기 위해(15b절)
(c) 여자는 땅에 의해 구출된다(15c절)
(4) 그러자 용은 여자의 자손에게 분노를 돌린다(17절)
(a) 하나님의 계명을 지키는 자들
(b) 예수의 증거를 가진 자들

II. 문학 비평

A. 요한계시록 11:19-12:17과 11:19-14:20의 관계

일곱 번째 나팔 소리를 묘사하는 기사(11:15-18)와 일곱 번째 사발 기사(15:1-16:21) 사이에는 세 개의 소단락이 존재한다(11:19-12:17; 12:18-13:18; 14:1-20). 이 부분을 구성하는 환상들은 종말 사건들을 대충 이어가는 기사를 형성한다. 하늘로 "올려간" 아이(= 메시아)의 탄생에 이어, 미가엘에게 용(=사단)이 패배하여 하늘에서 쫓겨나는 내용이 묘사되고 교회에 대한 박해가 이어진다(12장). 바다에서 나온 짐승(=로마)과 땅에서 나온 짐승(제국의 제사장)이 등장하여 용의 권세를 가지고 짐승에게 경배하지 않는 사람들을 죽인다(13장). 그 다음에 요한은 그리스도인 남은 자들 십사만 사천 명이 어린양과 함께 시온 산에 있는 것을 본다(14:1-5). 이어서 천사들이 복음과 회개의 필요성, 바벨론의 멸망 그리고 짐승에게 경배하는 자들을 기다리고 있는 무서운 운명을 선언한다(14:6-12). 그 다음에 택한 사람들을 모으는 그리스도와 처벌을 위해 불신자들을 모으는 천사들의 모습으로 종말의 추수가 묘사된다(14:13-20).

B. 요한계시록 11:19-12:17의 분석

이 전체 단락은 다섯 개의 소단락으로 쪼갤 수 있다(위의 개요를 보라). (1) 서론적인 신의 표시들(11:19), (2) 극적인 등장 인물들의 소개: 임신한 여인과 용(12:1-4a절), (3) 갈등의 첫 번째 단계: 아이의 탄생과 피난, 그리고 여인의 이동

(4b-6절), (4) 갈등의 두 번째 단계: 용의 패배와 그 긍정적인 결과들과 부정적인 결과들(7-12절), (5) 갈등의 세 번째 단계: 용이 여자와 그녀의 자녀를 핍박한다(12-17절). 이 소단락들은 각각 더 자세한 논의를 필요로 한다.

1. 서론적인 신의 표시들(11:19)

대부분의 주석가들은 11:19이 앞 단락(11:15-18)을 결론짓고 12:1-17의 단락이 12:1로 도입된다고 추정해 왔다. 그러나 내부의 구조적인 특징들과 유사한 외부의 문학 형태들에 대한 주의 깊은 분석은 11:19이 12:1-17의 서론 역할을 할 뿐만 아니라 11:15-18의 결론 역할도 한다는 사실을 강력하게 시사한다. 요한계시록 12:1-17은 네 개의 에피소드로 이루어진다. 즉 11:19과 12:18이 뼈대를 이루는 (1) 12:1-4a, (2) 12:4b-6, (3) 12:7-12 그리고 (4) 12:13-17의 에피소드들이다. 12:4b-17의 세 에피소드는 상호 관련되어 13:1에서 계속되는 하나의 단락을 구성한다. 따라서 13:1, 11:19-12:17에 대한 우리의 분석은 이후 과정의 첫 단계가 될 필요가 있다.

11:19의 구조적 의의에 대해서는 세 가지 해석이 가능하다. (a) 11:19은 11:14-18의 결론을 구성한다("응답의 표시들"로 이루어지는 결론: Beckwith, 274, 606, 610). (b) 11:19은 11:14-18과 12:1-17을 "맞물리게 하는" 또는 과도기 역할을 한다. 또는 (c) 11:19은 12:1-17을 도입한다(P. Minear, *New Testament Apocalyptic* [Nashville: Abingdon, 1981] 91-92). 이것이 로마 가톨릭에서 8월 15일, 소위 성 마리아 승천 축일에 낭독하는 요한계시록 11:19; 12:1-6, 10 성구를 해석하는 방식이다. 나의 견해는 11:19가 12:1-17을 도입한다는 것으로, 이어지는 두 행의 논증에 의해 뒷받침되는 입장이다.

(i) 요한계시록에서 뇌성과 지진에 대한 관용적인 언급의 구조적 의의는 몇몇 학자들에 의해 논의되어 왔다(예를 들어, Vanni, *La struttura letteraria*, 141-48; Bauckham, "Eschatological Earthquake," in *Climax*, 199-209; Lambrecht, "Structuration," in *L'Apocalypse*, ed. J. Lambrecht, 93-95). 요한계시록에는 이런 뇌성과 지진 구절이 네 곳 나오는데, 각각의 구절은 하나님의 보좌 또는 하늘의 성전과 연결된다(4:5; 8:5; 11:19; 16:18-21). 렘브레트(Lambrecht, "Structuration," 94-95)는 뒤의 세 언급은 일곱으로 이루어지는 인침(8:5), 나팔(11:19) 그리고 사발(16:18- 21)의 일곱 번째 요소를 잇는 정점이라고 주장한다. 그러나 이 주장은

16:18-21에만 해당된다. 8:5의 뇌성과 지진 형상은 일곱 번째 나팔(8:2-5)을 도입하는 것이고, 11:19의 기후와 지진 현상의 기능은 불명료하다.

11:19에는 세 가지 주제가 발견된다. (1) 하늘 성전의 열림, (2) 성전 안의 법궤의 보임 그리고 (3) 기후와 지진의 현상들(번개, 음성, 뇌성, 지진 그리고 큰 우박)이 나타나는 것이다. 뇌성과 지진 주제는 의미상 명백하게 신적 현현이며 더 나아가 심판의 급박성을 상징한다(4:5의 "주석"을 보라). 11:19에서는 더 진전된 신적 현현의 주제가 사용된다. 그것은 하늘의 성전이 열리는 것이다. 이 주제는 15:5에서 일곱 번째 사발을 도입하는 데 기여하는 하늘 성전의 열림과 비교할 수 있다. 다른 신적 현현들과 함께 성전 문의 열림은 신적 현현의 긴박성을 지적하는 제의적(ritual) 주제를 만들어 낸다. 칼리마쿠스의 아폴로 찬송(*Hymn to Apollo* of Callimachus, 약 주전 305-240년)은 아폴로 신전 밖에서 신의 임박한 현현을 나타내는 표적들로 시작되는데, 이 표적들에는 떨리는 월계수, 성전의 진동, 끄덕거리는 종려나무, 노래하는 백조 그리고 성전의 문들이 저절로 열리는 것이 포함된다(lines 1-8). 아폴로의 출현을 예기하는 이 현현의 표적들과 그 밖의 표적들에 대해서는 *Homeric Hymn* 3.403; Apollonius Rhodius *Argonautica* 2.680; *PGM* I.304; III.252-53을 보라. 이 헬라 문화 시대의 문학적 주제는 F. Williams, *Callimachus, Hymn to Apollo*(Oxford: Clarendon, 1978) 15-23; K. J. McKay, "Door Magic and the Epiphany Hymn," *CQ* 17(1967) 184-94; and O. Weinreich, *Religionsgeschichtliche Studien*(Darmstadt: Wissenschaftliche Buchgesellschaft, 1968) 67-74에 의해 논의된다. 요한계시록에서 하늘 문이 열리는 주제(4:1의 "주석"을 보라)와 하늘이 열리는 주제(19:11의 "주석"을 보라)는 모두 계시의 환상들을 도입하는 데 기여한다. 에스더서의 헬라어 역본은 모르드개의 상징적인 꿈에 대한 기사로 시작된다(칠십인역 에스더 1:1de).

> 그리고 이것이 그의 꿈이었으니 보라, 땅에 소음과 소동, 뇌성과 지진(*φωναὶ καὶ θόρυβος, βρονταὶ καὶ σεισμός*-포나이 카이 도뤼보스 브론타이 카이 세이스모스), 혼동이 있었다. 그리고 보라, 두 큰 용(*δράκοντες*-드라콘테스)이 모두 전쟁을 준비하고 앞으로 나왔으니, 그들의 눈은 거대했다.

이 꿈은 에스더서 끝에서 해석된다(칠십인역 에스더 10:3a-f).

(ii) 11:19을 이 단락의 서론으로 이해하는 주장의 두 번째 노선은 이사야 66:6-7의 축어적 영향과 구조적 영향이다. 이사야 66:6-7은 요한계시록 11:19-12:5a과

유사한 양식을 나타낸다.

> Hark, an uproar from the city!
> A voice from the temple(φωνὴ ἐκ ναοῦ－포네 에크 나우)!
> The voice of the Lord,
> rendering recompense to his enemies!
> Before she was in labor
> she gave birth;
> before her pain came upon her
> she was delivered of a son(ἔτεκεν ἄρσεν－에테켄 아르센). (RSV)
> (개역. "훤화하는 소리가 성읍에서부터 오며 목소리가 성전에서부터 들리니 이는 여호와께서 그 대적에게 보응하시는 목소리로다 시온은 구로하기 전에 생신하며 고통을 당하기 전에 남자를 낳았으니").

만일 이 구절이 요한계시록 11:19-12:5의 구성에 영향을 끼쳤다면(있음 직한 일이다: 에테켄 아르센[ἔτεκεν ἄρσεν]은 아마 틀림없이 12:5의 어법에 영향을 끼쳤을 것이다; Lindars, *Apologetic*, 143를 보라), 성전 주제의 서론적 역할이 확인된다. 이사야 66:6-7은 유대교에서 메시아적으로 해석된 증거가 있다(*Gen.. Rab.* 38:1; *Lev. Rab.* 12:2; Tg. *Isa.* 66:7; 참조. Aus, *ZNW* 67[1976] 256-62). 이사야서의 이 구절은 초기 교회에서도 메시아적으로 해석되었다(Justin *Dial.* 85.8-9; Ps.-Epiphanius *Test.* 11; Methodius Sym. *et Ann.* 3; *Symp.* 7). 이 구절은 분명히 메시아적 성격을 갖고 있는 것으로 보이는 Tg. *Isa.* 66:6-8과 비교될 수 있다(번역: Chilton, *Isaiah Targum*, 127).

> 예루살렘 성에서 소동의 시끄러운 소리가 들려오고,
> 성전에서 음성이 들린다.
> 여호와의 멤라(Memra)의 음성은
> 그의 대적들에게 보응하시는도다.
> 고통이 그녀에게 이르기 전에
> 그녀는 아기를 낳을 것이고,
> 소란이 그녀에게 임하기 전에,
> 고민이 여자에게 임하기 전에
> 그녀의 왕이 계시될 것이다.

첫째로, 신적 현현의 현상들이 언급되고 산고와 출산의 은유가 이어진다. 둘째로,

아이의 탄생은 분명히 메시아의 탄생으로 해석된다.

2. 극적인 등장자들의 소개: 임신한 여인과 용(12:1-4a절)

이 단락에서 저자는 능숙하게 신화론적 기사의 주인공과 적대자를 두 점성술의 표적 또는 별자리로 제시하는 것과 유사한 방식으로 소개한다. 여인과 용은 각각 "하늘에 보이는" 세메이온(σημεῖον, "이적", "별자리")으로 소대된다. 또한 각각 일련의 의미심장하고 난해한 전통적인 상징들을 사용하여 묘사된다. 그 다음에 각각의 등장자의 활동 또는 행동이 묘사된다. 여자는 임신을 하여 아기를 막 낳으려고 하는 것으로 묘사함으로써 취약성이 강조된다. 용은 꼬리로 별들을 쓸어 땅에 내던지는 것으로 묘사함으로써 그의 공격적인 성격이 강조된다. 7-9절에서 미가엘과 그의 군대, 그리고 용과 그의 군대 간에 하늘에서 벌어지는 큰 전쟁, 또 10-12절에서 이 전쟁의 결과에 대한 찬송의 해석으로 전환함으로 이 줄거리의 구성은 방해를 받지만 13-17절에서 다시 이어진다.

3. 갈등의 첫 번째 단계: 아이의 탄생과 피난, 그리고 여인의 이동(4b-6절)

이 단락은 세 가지 변화로 이루어진다. (a) 아기를 낳으려고 하는 여자 앞에서 용은 아기가 탄생하자마자 삼키려는 명백한 동기를 가지고 적대적인 자세를 취한다(4b절). (b) 남자 아이의 탄생(시 2:9의 인유를 통해 명백하게 메시아로 제시된다)과 하늘, 즉 하나님의 보좌로 올려감에 의한 그 아이의 즉각적인 구출(5절). 그리고 (c) 하나님께서 예비하신 곳인 광야로 여자가 일천이백육십 일 동안 도피함(6절).

4. 갈등의 두 번째 단계: 용의 패배와 그 긍정적인 결과들과 부정적인 결과들(7-12절)

이 단락은 두 개의 소단락으로 이루어진다. (a) 미가엘과 그의 천사들, 그리고 용과 그의 천사들 간에 벌어지는 하늘의 전쟁에 대한 기사. 이 전쟁은 용과 그의 군대가 패배하여 하늘에서 땅으로 쫓겨나는 결과로 끝난다(7-9절). (b) 10-12절에서 승리의 찬송은 용이 하늘로부터 쫓겨난 의미를 해석한다.

요한계시록 12:10-12의 찬송 부분은 1-6절과 13-17절 사이에 끼워진 7-9절의 신화적인 찬송을 보완하고 해석하기 위해 저자-편집자에 의해 추가된 것이다

(Wellhausen, *Analyse*, 19; Charles, 1:326). 이 단락의 뼈대는 9절의 사단이 땅으로 내어쫓긴 것에 대한 언급("큰 용이…땅으로 내어쫓기니")이다. 이 언급은 13절에서 다시 되풀이됨으로써("용이 자기가 땅으로 내어쫓긴 것을 보고") 10-12절 삽입의 앞과 뒤 뼈대를 이룬다. 이 단락의 두드러진 특징은 동사 에쿠사(*ἤκουσα*, "내가 들었다")가 갑작스럽게 사용되는 것이다. 이 동사는 다른 1인칭 동사들이 없는 단락에 나온다. 또한 11:19-12:17에는 저자가 통상적으로 환상을 기록하는 문체로 환상을 제시하는 기사도 없다. 게다가 10-12절은 주로 요한계시록의 다른 부분에 상당히 자주 나오는 어구들의 혼합으로 이루어진다.

이 곳의 승리 찬송은 몇 가지 역할을 한다. (i) 이 승리의 찬송은 사단과 그의 사자들이 하늘로부터 쫓겨나는 구원의 역사에 의미를 부여한다. (ii) 이 승리의 찬송은 사단이 하늘에서 첫 번째로 하고 있던 일이 무엇인지를 설명한다(10절). (iii) 이 승리의 찬송은 저자가 마지막으로 편집한 강조점들 중에 가장 좋아하는 주제, 즉 기독교 순교자들의 충성을 언급한다(11절). (iv) 이 찬송은 땅과 바다를 향한 경고를 삽입한다(12절). 상세한 설명은 각 구절들의 "주석"을 보라.

이 찬송은 세 개의 운율절(strophes)로 구성된다. 첫 번째 운율절(10절)은 하나님의 구원과 능력과 왕권이 이제 효력을 발생했다고 공표하는데, 그 이유(호티[*ὅτι*] 절로 제시되는)는 하나님 앞에서 그리스도인들을 참소하던 역할을 담당했던 사단이 하늘로부터 쫓겨났기 때문이다. 두 번째 운율절(11절)은 사단에 의해 참소를 받았던 사람들, 즉 그리스도인들에게로 옮겨간다. 그들은 그들을 앞선 어린양과 마찬가지로 증거를 인하여 죽었다는 의미에서 승리자들이다. 세 번째 운율절은 즐거워하는 하늘을 보여 주는데, 그 즐거움의 이유는 충성된 그리스도인들의 죽음이 아니라 사단이 하늘에서 쫓겨난 것이다. 이 분석은 두 번째 운율절이 충성된 사람들의 박해와 순교에 대한 매우 특별한 관심을 반영하는 이차적인 삽입임을 시사한다(Charles, 1:328).

(5) 갈등의 세 번째 단계: 용이 여자와 그녀의 자녀를 핍박한다(12-17절)

이 단락은 네 개의 소단락으로 이루어진다. (a) 첫째로(13절), 저자-편집자는 7-12절의 삽입으로 중단되었던 기사의 실마리를 되찾는다. 용이 땅으로 쫓겨났다는 사실을 깨닫는 내용과 그가 다시 여자를 뒤쫓는 내용을 인과관계로 연결시킴으로써 기사의 실마리를 되찾는 작업이 이루어진다. (b) 두 번째 소단락에서(14절), 초점은 여자의 기적적인 구출에 맞추어진다. 즉 여자는 하나님에 의해 큰 독수리의 두 날개를 얻어 광야의 특별한 장소로 날아가 그 곳에서 뱀(14절과 15절에서 사용되는 용의 별명)을 피해 보호를 받고 일정한 기간 동안 양육을 받는다. 본질적으로 14절은 6절의 반복이지만, 여기에는 신화적인 내용들이 더 자세하게 들어 있다. 그런데 14절은 적어도 연대적으로 부적절해 보인다. 왜냐하면 세 번째 소단락(c)에서 뱀(= 용)이 여자를 추격하면서 입으로 물을 강같이 토하여 여자를 떠내려가게 하려고 하는데 땅이 그 물을 삼킴으로 겨우 여자가 구출을 받기 때문이다(15-16절). 이 짧은 에피소드는 14절에 언급된 광야의 성소에 여자가 도달하기 전에 이야기되었다면 적절했을 것이다. 그렇지 않으면(연대순을 지키기 위해), 우리는 여자의 보호 기간이 14절에서 끝났고 다시 뱀(= 용)의 새로운 공격을 받는 것이라고 가정하지 않을 수 없다. (d) 그러나 네 번째이자 종결의 소단락(17절)에서 용이 공격을 속행하지 않고 분노를 여자의 자손에게 돌린다는 사실은 여자가 그녀의 성소에 도착했고, 따라서 더 이상의 공격을 받지 않는다는 것을 나타낸다.

III. 자료 비평적 분석

요한계시록 11:19-12:17은 주로 독자적이고 독립적인 기사로 작성되었다가 나중에 더 포괄적인 구성으로 무리하게 각색된 것으로 보이는 단락이다(Bousset [1906] 356). 이 단락이 작성된 역사는 다음과 같은 몇 단계를 가정함으로써 그럴듯하게 재구성될 수 있다. (1) 저자는 7-9절을 이제 1-6, 13-17a절에 나오는 기존의 기사에 삽입함으로써 상호 보완이 된다고 생각하고 두 개의 신화적 기사들을 결합시켰다. (2) 저자는 10절과 12절의 찬송 해석을 9절과 13절 사이에 끼워 넣었다. (3) 그 다음에 저자는 이 부분을 더 큰 기사의 구조와 연결시켰다. 즉 11:19을 끼워 넣음으로 이 부분을 앞의 내용과 이어지게 하고, 또한 12:18을 끼워 넣음으로 이어지는 내용과도 이어지게 하였다. (4) 아마 동시에 저자는 더 나아가 두 가지 가필, 즉 11절과 17b절에서 발견되는 가필을 더했을 것이다. 이 분석의 정당성은 아래의 항들에서 논의되고 또한 주석에서 더 자세하게 논의될 것이다.

요한계시록 11:19-12:17에는 원래 현재의 기사 맥락과 무관했음을 시사하는 많은 두드러진 특징들이 있다. (1) 엄밀하게 이야기해서 이 기사는 환상 기록의 특징들을 보이지 않는다. "그리고 내가 보았다"라는 특징적인 어구는 전혀 나오지 않고, 그 대신 19절에 "내가 들었다"라는 어구가 나오지만 후기의 가필 부분일 개연성이 매우 높다. (2) 1절에 나오는 극적인 출연자 소개는 요한계시록에서 독특하다. 왜냐하면 이어지는 내용의 시각적 특성이 부정과거 수동태 동사 오프데(ὤφθη)로 표현되기 때문이다: "하늘에 큰 이적이 보이니(ὤφθη – 오프데)." 이 어구는 3절에 반복되어 이어지는 기사가 한 개 또는 그 이상의 별자리들에 대한 설화적 해석일 수도 있음을 시사한다(Malina, *Revelation*, 153-62). (3) 이 단락은 기사 맥락의 연대기적 진행을 중단시키고 분명히 과거의 사건들, 즉 뒤에 하늘로 올림을 받은(5절) 메시아의 탄생을 묘사한다. 사실상 이 단락은 고대의 일부 저자들이 여담에 적절하다고 생각했던(Plutarch *De Herodoti malignitate* 855D; Quintilian *Inst.* 4.3.12) 분명히 신화적인 내용을 구성하고 있다. 저자가 이 장을 작성하면서 헬라와 유대의 전설들과 자료들을 사용했다고 하는 설득력 있는 주장들이 있다. 이 단락은 원래 독자적인 수많은 전설들을 절충한다. (4) 12:1-4a에 소개되는 두 극적인 출연자(아이는 조역이다) 중에 용은 요한계시록에서 계속하여 언급된다. 이 사실은 이 기사가 포함된 주된 이유가 용의 걸출성 때문임을 시사한다. (5) 11:19-12:17에 나오는 동사 시제들의 순서는 어떤 특성을 보인다. 이 부분에는 47개의 정형 동사가 나온다(완료 시제 1개, 5개의 현재 직설법을 포함하여 현재 시제 9개 그리고 37개의 부정과거 시제. 대부분의 설화들에서 부정과거는 기본 시제로 사용된다). 그러나 아홉 개의 현재 시제와 하나의 완료 시제 동사들은 독특하게 사용된다. (a) 첫 번째 소단락인 12:1-4a에는 현재 시제의 두 주 동사들이 두 명의 중요한 극적 출연자를 묘사하는 데 사용된다. 크라제이(κράζει, 2절에서 여자의 고통으로 신음하는 것을 묘사함)와 쉬레이(σύρει, 4a절에서 용에 의해 별들이 끌어 던져지는 것을 묘사함)는 모두 이 부분의 내용을 더 생생하게 만들어 강조하는 역할을 하는 역사적 현재다. (b) 다음 단락인 12:4b-6에서는 완료 동사 헤스테켄(ἕστηκεν, "그가 섰다")이 용과 여자 간의 극적인 조우를 잘 드러내기 위해 사용된다. 여기에 이어 세 개의 현재 시제가 나온다. (i) 멜레이 포이마이네인(μέλλει ποιμαίνειν, "다스릴 것이다")은 남자 아이가 얻을 미래의 승리를 설명해 준다. (ii) 에케이(ἔχει, "가지다")은 여자가 얻을 수 있는 도피처를 설명하는 데 사용된다. (iii) 트레포신(τρέφωσιν, "그들이 양육하기 위해")은 도피처에서 여자가 받는 생활을 설명하는 데 사용된다. (c) 세 번째 소단락 12:10-12에서는 두 개의 현재 시제가 사용된다. (i) 유프라이네스데(εὐφραίνεσθε, "즐거워하라")는 하늘과 하늘에 거하는 자들에게 사단이 하늘에서 쫓겨난 것을 즐거워하라고 명하는 현재 명령법이다. (ii) 상응하는 동사 에케이(ἔχει, "가지다")는 마귀가 자신에게 악한 의도를 이룰 수 있는 제한된 시간밖에 없다는 인식에 대해 사용된다. (d) 마지막으로, 네 번째 소단락인 12:13-17에는 6절과 매우 가까운 유사절인 14절에 두 개의 현재 동사가 나온다. (i) 페테타이(*πέτηται*, "날아가다")는 여자가 날아가는 것에 대해 사용된 현재 가정법 동사다. (ii) 트레페타이(*τρέφεται*, "양육 받다")는 여자가 도피처에서 받는 양육에 대해 사용된다.

요한계시록 12장의 문학적 조화는 학자들 간에 상당한 논쟁거리였다. 종종 요한계시록 12장은 몇 개의 편집적 해석들이 추가된 두 가지 또는 그 이상의 자료들의 결합에 기초했다고 생각되어 왔다. 요한계시록 12장(J. Weiss, *Offenbarung*, 87-91; Charles, 1:307): (1) 미가엘과 용 간에 벌어진 하늘의 전쟁(12:7-9)에 대한 유대의 신화가 (2) 아이를 낳고서 크고 붉은 용에게 공격을 당하는 여인(12:1-6, 13-18)에 대한 그리스 신화의 유대식 각색에 삽입된 것 같다. 벨하우젠(Wellhausen, *Analyse*, 18-19)은 1-6절과 7-9, 13-14절을 두 개의 유사한 이문으로 생각한다. 흥미 있는 사실은 힙폴리투스(Hippolytus)가 *de Ant.* 60에서 요한계시록 12장을 인용하면서, 마치 7-12절이 빠져 있는 요한계시록 본문을 갖고 있었던 것처럼 1-6절과 13-17절만을 인용한 것이다(6절과 13절 사이를 끊지 않고). 물론 그가 7-12절의 무관련성을 인식하고 생략했다는 생각은 가능하다.

야브로 콜린스(A. Yarbro Collins)는 14절(여기에서 중단되었던 이야기의 실마리가 다시 이어진다)이 6절과 동사의 유사성들을 많이 갖고 있다고 지적했다(*Combat Myth*, 102). 다음은 명백한 유사성들이다. (1) 날아간 방향: 여자는 "광야로"(*εἰς τὴν ἔρημον*-에이스 텐 에레몬) 도망했다(6절), 여자는 날개를 받아 "광야로"(*εἰς τὴν ἔρημον*-에이스 텐 에레몬) 날아갔다(14절). (2) 날아간 곳의 특별한 칭호: 그녀는 그녀를 위해 하나님께서 예비하신 "곳을 거기에 갖고 있다"(*ὅπου ἔχει ἐκει τόπον*-호푸 에케이 에케이 토폰: 6절), 광야 "자기 곳"(*τόπον*-토폰: 14절). (3) 날아간 목적: "그들이 그녀를 양육할 것이다"(*ἐκεῖ τρέφωσιν αὐτήν*-에케이 트레포신 아우텐: 6절); "그녀가 거기서 양육받을 것이다"(*ὅπου τρέφεται ἐκει*-호푸 트레페타이 에케이: 14절). (4) 기간: 일천이백육십 일, 즉 삼 년 반(6절), 한 때와 두 때와 반 때, 즉 삼 년 반(14절). 야브로 콜린스는 이 되풀이를 주요 자료로 돌아갈 때 흔히 볼 수 있는 편집 방식으로 설명하고(*Combat Myth*, 102) 로빈슨(J. M. Robinson, "The Johannine Trajectory," in *Trajectories through Early Christianity*[Philadelphia: Fortress, 1971] 244)을 인용한다. "내용을 보관하기 위하여 어떤 자료를 분할할 때, 자신이 중단했던 곳에 대해 어떤 언급을 함으로써 그 자료를 다시 시작하는 것처럼 겹치는 또는 반복적인 말을 하는 것은 편집의 방법인 것 같다." 발데(U. C. von Wahlde)는 "틀을 이루는 반복"(framing repetitions)이라는 용어를 사용하여 편집의 삽입을 한 다음에 원문을 다시 이어나가는 데 사용하는 기법을 설명한다("A Redactional Technique in the Fourth Gospel," *CBQ* 38[1976] 520-33). 그러나 이 문학적 현상은 그리스 작가들이 다음과 같은 다양한 방식으로 사용한 재개의 기법으로 생각하는 것이 더 낫다. (1) 개개의 구성 단위들을 병렬 방식으로 연결하기(참조. H. R. Immerwahr, *Form and Thought in Herodotus* [Cleveland: Western Reserve UP, 1966] 46-78; 구두 문학에서 이 기법의 기원은 M. L. Lang, *Herodotean Narrative and Discourse*[Cambridge: Harvard UP, 1984] 1-17에 의해 강조된다; R. E. Longacre는 T. A. Van Dijk, ed., *Discourse and Literature* [Amsterdam; Philadelphia: Benjamins, 1985] 171에서 이 화술 방식을 다소 어색하게 "요점 반복을 통한 꼬리와 머리 결합"[tail-head inkage via recapitulation]으로 언급한다), (2) 대 저술의 개별적인 책들을 연결하기(눅 24:36-54을 행 1:1-5과 비교해 보라; 참조. Aune, *New Testament*, 117), (3) 여담을 삽입한 다음 이야기의 실마리를 다시 시작하기(눅 3:21-22을 4:1과 비교해 보라; 참조. Aune, *New Testament*, 95), (4) 자료들을 개찬하기.

IV. 전투 신화와 요한계시록 12장

A. 전투 신화의 고대 형태들

영웅과 그의 대적 간에 벌어지는 전투의 전설적인 형태, 또는 두 신적 존재와 그들의 동맹자들 간에 주권을 차지하기 위해 벌어진 태초의 우주적인 투쟁의 신화 형태는 고대 세계 곳곳에 널리 퍼져 있었다. 신화의 전투들에서 적수는 종종 괴물, 뱀 또는 용으로 묘사된다. 주인공은 전형적으로 질서와 풍부를 대표하는 반면에 적수는 혼돈과 빈곤을 상징한다. 전투자들의 역할뿐만 아니라 그들의 이름들도 문화에 따라 변하지만, 전투의 신화나 전설을 구성하는 많은 민담의 주제들은 변하지 않거나 변화의 폭이 제한된다(Aarne-Thompson, *Types*, §§ 300-359, "The Ogre [Giant, Dragon, Devil, Cobold, etc.] is Defeated"). 일부 학자들의 가정에 의하면, 많은 전투 신화들이 보이는 공통적인 양식은 단일 기원을 시사한다고 한다(Fontenrose, *Python*, 2-3). 핀란드의 민담 학계에 의해 개발된 이 "역사적-지리적 방법"

은 공통적인 양식이 지리적 분포와 관련될 때 원형에 대한 탐구의 실마리를 제공한다고 주장한다. 보다 최근의 민담 연구에는 공상적인 원형에 대한 탐구를 단념하는 경향이 생겨났다(Brunvand, *Folklore*, 15-16; 참조. 신화는 모든 변형들로 이루어진다는 C. Lévi-Strauss의 견해: "The Structural Study of Myth," in *Myth: A Symposium*, ed. T. A. Sebeok[Bloomington: Indiana UP, 1958] 81-106). 바벨론에서 주인공과 적수는 마르둑(Marduk)과 티아마트(Tiamat) 또는 길가메쉬(Gilgamesh)와 훔바바(Humbaba)였고, 가나안에서는 바알과 얌(Yamm[바다]) 또는 바알과 모트(Mot[죽음])였고, 이집트에서는 오시리스(Osiris)와 세트(Set 또는 타이폰[Typhon]) 또는 파라오(바로)가 동화되는 레(Rê, 태양)와 아포피스(Apophis, 밤을 대표하는 뱀)였다. 그리스 세계는 전투 신화의 많은 변형들을 알고 있었다. 이 많은 변형을 갖고 있는 그리스의 전투 신화는 다음과 같은 연속 신화로 서술되기도 했다: 우라노스(Ouranos)와 크로노스, 제우스와 크로노스, 제우스와 타이탄족(the Titans)(the Titanomachy; Nonnos *Dionysiaca* 12.29-32) 그리고 제우스와 거인족(the Giants)(the Gigantomachy; 이들은 뱀 같은 팔다리를 가지고 있었다고 한다; Apollodorus 1.6.1-2을 보라). 제우스의 거인 아들들인 오투스와 에피알테스(Otus and Ephialtes)는 하늘로 오르려고(*εἰς οὐρανὸν ἀναβήσεται* — 에이스 우라논 아나베세타이) 노력했으나 알테미스에 의해 격퇴된다(Apollodorus 1.7.4). 그 밖의 그리스의 전투 신화 변형들에는 제우스와 타이포에우스(Typhoeus)(Hesiod *Theog.* 820-68), 벨레로폰(Bellerophon)과 키마에라 족(the Chimaera)(Apollodorus 2.3.1-2), 헬리오스(Helios)과 파에돈(Phaethon)(계 12장에서 특별히 중요) 그리고 아폴로와 파이돈(Python) 신화가 포함된다(참조. Fontenrose, *Python*). 사단은 초기 유대교 묵시 문학과 신약성경(벧전 5:8)에서만 주요 대적이 되고, 구약성경에는 전혀 주적으로 나오지 않는다(그러나 대상 21:1-17에서 사단은 여호와에게 종속되지 않고 독자적인 선동자가 된다).

전투 신화의 다양한 변형들은 다른 문화들에 수용되었고 이스라엘 유대 전설들에도 여러 시기와 장소에 걸쳐 적용되었다. 가나안의 바알과 얌 또는 모트 간의 투쟁(*Chaoskampf*, 혼돈과의 투쟁으로 해석되는)은 창조와 연결되었다(시 74:12-17; 89:9-14[맛소라 사본 10-15절]; 욥 26장; 참조. 시 104:6-9; 잠 8:29; 욥 38:8-11; Day, *Conflict*, 1-61). 이스라엘의 시에서 이 전투는 라합과 리워야단(Rahab and Leviatha)을 물리친 여호와의 승리 설화들로 바뀌었다(시 74:13-14; 89:9 10; 욥 7:12). "라합"이라는 이름은 성경 이외의 본문에서 전혀 발견되지 않았지만,

히브리어 리우야탄(לִוְיָתָן, "리워야단")은 용을 나타내는 우가리트의 용어 *ltn*와 관련된다(Emerton, *VT* 32[1982] 327-33를 보라). 이사야서와 에스겔서에서 전투 신화의 우주적인 반란 양상을 나타내는 말은 은유적으로 이스라엘의 역사적 대적들에 대해 사용되었다(사 14:10b-15; 겔 28:1-9; 참조. Day, *Conflict*, 88-140; Eliade, *Sacred*, 47-50). 이집트 또는 이집트의 파라오는 태초의 용 라합으로 지칭되거나(사 30:7; 51:9-10; 시 87:4) 또는 용 탄닌(Tannin, 겔 29:3-5; 32:2-8; 아마 사 27:1도)으로 지칭되었다. 태초의 우주적 반란 신화들에서 나온 말을 이스라엘의 역사적 대적들에게 적용하는 것은 근원적 투쟁의 패러다임적인 성격에 대한 인식에 기초한 것이다. 압제자로서의 이집트에 대한 이스라엘의 기억은 출애굽기를 구성하는 바다를 통과한 신적 구원(참조. 사 51:9-11; 출 15:1-8)과 결부되어, 신화적 용어들로 역사적 투쟁을 묘사하는 것을 가능하게 한 연결점이 되었다. 바다와 강들은 앗수르(사 17:12-14; 8:5-8)와 바벨론(합 3:8-10, 15)을 나타내는 은유로 사용되었다. 바벨론은 탄닌 또는 바다 괴물로도 지칭되었다(렘 51:34). 우주의 물들은 아마 적대적인 민족들의 지칭일 것이다(시 18:5-18; 46:3-4; 144:5-7). 이스라엘 백성들은 하나님께서 먼 과거에 자신의 신화론적 대적들에게 하셨던 일을 이스라엘의 역사적 대적들에게도 하실 것으로 기대했다. 이사야 27:1과 같은 초기의 묵시적 본문들은 하나님께서 과거 태초의 승리를 미래에도 되풀이하실 것으로 기대한다. "그 날에 여호와께서 그 견고하고 크고 강한 칼로 날랜 뱀 리워야단 곧 꼬불꼬불한 뱀 리워야단을 벌하시며 바다에 있는 용을 죽이시리라." 이런 본문들은 종말론적 전투 신화들이 원시의 전투 신화들에서 발전된 방식을 보여 준다. 다니엘 7장에서 바다에서 나온 네 짐승은 바벨론, 메대, 바사(페르시아) 그리고 그리스를 상징한다. 이 짐승들은 하나님의 개입으로 정복된다(12절). 그리고 여기에 인자 같은 이에 의해 상징되는 영원한 왕국이 소개된다(13-14절).

B. 유대식으로 변형된 전투 신화

말세를 주로 투쟁과 심판이라는 말로 묘사하는 유대의 묵시 문학은 전투 신화가 더 중요했던 고대 신화적 설화들의 문예 부흥이다. 유대 전투 신화의 주요 기능들 중의 하나는 세상의 고통과 악의 경험을 독자적이며 우주적인 대적 사단의 독립으로 돌리는 것이었다. 초기 유대교와 초기 기독교에서 사단은 주적(배반자, 유혹자 또는 폭군으로 다양하게 지칭되는)이다. 사단이라는 이름은 그의 주된 역할이 반대임을 시사한다(히브리어 사탄[שָׂטָן]은 "대적"을 의미하고, 헬라어 디아볼로스[*διάβολος*]는 "참소자"를 의미한다). 또한 사단은 벨리알, 바알세불, 아바돈, 아볼리온, 루시퍼, 삼마엘, 세미하제, 아자엘 그리고 마귀를 포함하는 다른 많은 별명들로도 알려졌다. 요한계시록의 저자는 사단의 별명들 중 몇 가지에 특별히 관심이 있었다. 예를 들어, 요한계시록 12:9에는 다섯 개의 별명, 큰 용, 옛 뱀, 마귀, 사단 그리고 온 천하를 꾀는 자가 열거된다.

묵시 문학에서 태초의 전투 설화들에서 나온 심상은 더 이상 시적 은유에 국한되지 않고 과거 또는 미래의 실제 사건들을 묘사하는 수단으로 사용된다. 특별히 창세기 6:1-4은 에녹 문학에서 우주적인 반란의 신화로 재해석되었고, 후에는 초기 유대교 묵시 전승의 가장 중요한 부분이 되었다. *1 Enoch* 6-11(아마 Hesiod's *Eoiae* frag. B.3-34의 유사한 신화에 의존한)에서, 세미하제(Semihazeh)의 지휘를 받는 이백 명의 파수꾼 천사들(천사적 존재들[참조. 단 4:17], 이들은 일종의 우주적 방위군 역할을 한다)이 인간의 여인들을 아내로 삼음으로 하나님에게 반항한다. 그리고 그 여인들은 거인들을 잉태하고 땅에 악을 가져온다. 이 반역한 파수꾼 천사들의 수령이 된 아자젤(Azazel, 최초부터 독립적인 설화에 나오는 타락한 천사장의 이름; 참조. Nickelsburg, *JBL* 96[1977] 384-99)은 손발이 묶여 땅의 갈리진 틈 속에 떨어져, 그 곳에서 심판의 큰 날까지 흑암 속에 갇혀 있다가 불에 던져지게 된다(*1 Enoch* 10:1-6; Hesiod *Theog.* 507-616, *Works and Days* 42-105에 나오는 프로메테우스 신화와 유사성들을 갖고 있기 때문에, Aeschylus *Prometheus Bound*는 그리스 자료들에 대한 의존을 추정한다; 참조. Nickelsburg, *JBL* 96[1977] 399-404). 아자젤의 결박은 홍수의 심판과 동시에 일어난다(*1 Enoch* 10:2). 유사한 설화로, 세미하제와 나머지 파수꾼 천사들도 결박되어 심판의 날까지 산 밑에 갇혔다가 불의 심연 속에 던져질 것이다(*1 Enoch* 10:11-14). 그 다음에 영원한 의와 평화의 시대가 땅에 도래할 것이다(*1 Enoch* 10:16-11:2).

*Jublee*에서는 타락한 천사들의 두목이 마스테마(Mastema, 히브리어 משׂטם["원한"]에서 형성된 단어로, 어원학적으로 사탄[שׂטן, "대적"]과 관계가 있다)라고 칭해진다. 창세기에 의존할 뿐만 아니라 분명히 에녹 문학(*Jub.* 21:10)에도 의지하고 있는 저자는 하나님께서 파수꾼 천사들의 자손들이 서로를 죽이게 하셨고 그 후 반역한 천사들은 결박당하여 "영원히" 즉 심판의 날까지 감금된다고 본다(*Jub.* 5:6-11). 이 파수꾼 천사들의 심판은 분명히 심판의 원형 역할을 한다(Davenport, *Jubilees,* 73). 그러나 "심판의 날까지"라는 어구(*Jub.* 4:19; 10:17, 22)는 종말론적 기

대보다는 시간적 범위를 강조하는 상투적인 표현이다(Davenport, *Jubilees*, 83-87). "불과 검"을 수반할 다가오는 심판에 대한 언급(*Jub.* 9:15)은 종말의 전투를 시사하지만 세부 내용을 말하지는 않는다. 홍수 후에 마귀의 후손인 거인족이 인류를 타락시킨다(*Jub.* 10:1-3). 그리하여 그들 중 십분의 일이 심판의 날까지 결박되지만, 십분의 일은 땅에서 활동하며 사단에게 종속된다. 사단은 벨리알이라고도 불리는("벨리알의 아들들"이라는 어구에서, *Jub.* 1:20; 16:33) 마스테마의 별명이다(*Jub.* 10:11). *1 Enoch* 1-36과 *Jubilees*에서 반역이라는 주제는 전투 신화의 필수 부분이다. 두 문서 모두에서 반역한 천사들은 하나님에 의해 패배를 당하고 최후의 심판까지 감금된다. 이 신화들의 중요한 역할은 세상에 악의 기원을 설명하는 것이다. 그러나 하나님과 반역한 천사들 간에 종말의 전쟁이 벌어질 것이라는 암시는 없다. 사실상 종말론은 *1 Enoch* 1-36에서 거의 아무런 역할도 담당하지 않는다. *1 Enoch* 10:12-11:2; 16:1; 19:1; 25:4을 참조하라(Newsom, *CBQ* 42[1980] 311).

C. 요한계시록 12장의 전투 신화

전투 신화의 특별한 기독교식 변형에서 한 지위가 높은 천사적 존재가 여호와의 권능에 도전하여 땅을 지배하고 있다. 그리스도는 신적 전사 역할을 한다. 사단은 그리스도를 패배시키려 하고(참조. 눅 22:3, "열둘 중에 하나인 가룟인이라 부르는 유다에게 사단이 들어가니"), 비록 사단의 마지막 추방이 아직 일어난 일이 아니지만 그리스도는 인류를 사단의 폭정에서 해방시키셨다. 아울렌(Aulén, *Christus Victor*, 4)에 의하면, 속죄의 고전적인 개념은 신의 투쟁과 승리에 근거한 것이다. 그리스도는 인간을 속박과 고통 아래 두고 있는 세상의 모든 악의 권세와 싸우셨고, 결국 결정적으로 승리를 거두심으로 세상을 그리스도 자신과 화목하게 하셨다.

요한계시록, 특별히 요한계시록 12장에서 전투 신화의 존재는 특별한 고대 문화들에서 나온 다양한 신화들이 어떤 방식으로든지 요한계시록 12장에 삽입되었다는 제안을 하는 수많은 학자들에 의해 논의되어 왔다. 궁켈(H. Gunkel)은 요한계시록 12장이 담키나(Damkina)와 그의 아들 마르둑(Marduk), 티아마트(Tiamat) 간의 투쟁을 중심으로 하는 바벨론의 전투 신화를 반영한다고 생각했다(*Schöpfung und Chaos*, 171-398, 특별히 379-98). 디터리히(A. Dieterich)는 아폴로-레토-파이돈(Apollo-Leto-Python)이 관련된 그리스의 전투 신화가 가장 설득력이 있다고 생각했다(*Abraxas*, 117-22; 참조. Prigent, *Apocalypse 12*, 120-21). 부쎄트(W. Bousset, [1906] 350-56)는 이집트의 이시스-오시리스-호루스-타이폰(Isis-Osiris-Horus-Typhon) 신화의 몇몇 변형들에서 유사점들을 발견하고 감명을 받았다. 요한계시록 12장에 영향을 끼친 구두 전승과 문서 전승들에 대한 이 탐구를 하면서 제기되어야 할 필요가 있는 많은 중요한 문제들이 있다. (1) 저자가 요한계시록 12장을 저술하면서 구약성경과 유대교의 전승들에 더해 직접적으로 또는 헬라 문화화한 유대교를 통해 중개된 이교도의 전승들을 사용했다고 가정하는 것이 정당한가? (2) 요한계시록 12장과 이교 신화들 간의 유사성은 현상학적인가? 또는 이 포괄적, 역사적 연결들은 저자가 실제로 이교의 자료들에서 차용했다는 사실을 지적하고 있는 것일까? (3) 저자는 요한계시록의 기사를 하나의 일치하는 신화에 의존했을까(야브로 콜린스의 견해)? 아니면 그는 여러 가지 고대 신화 전설에 근거하여 혼합-모방 작품을 만들어 낸 것일까?

1. 가능한 그리스의 자료들

최근에 이 논의는 폰텐로우즈(J. Fontenrose), 헤드릭(W. K. Hedrick) 그리고 야브로 콜린스(A. Yarbro Collins)에 의해 중요한 점들에서 크게 진전하였다. 폰텐로우즈(*Python*, 210)는 요한계시록 12장의 전투 신화가 자신의 파이돈 신화 "역본 D"와 밀접하게 닮았다고 말했다. 루칸(Lucan, *Bell.* 5.79-81), 루키안(Lucian, *Dial. mar.* 9; 참조. *Saltatio* 38) 그리고 하이기누스(Hyginus, *Fabulae* 140)에서 발견되는 그 역본에 의하면, 헤라가 파이돈에게 임신한 레토를 뒤쫓아가 그녀의 태어나지 않은 자녀들과 함께 죽이라고 명령했다. 그러나 포세이돈의 도움으로 레토는 델로스에 피난처를 얻어 쌍둥이 아폴로와 알테미스를 낳았고, 그 후 아폴로는 델피에서 파이돈을 죽였다. 이 신화의 가장 완벽한 형태는 히기누스에게서 발견된다. 히기누스는 주후 207년 이전에 이 작품을 저술했고, 그 후 그의 저술은 다음과 같이 요약되었다(Grant, *Hyginus*, 115-16, 동등한 헬라어 이름들이나 라틴어 단어들은 괄호 [ ] 안에 삽입했다).

> 아폴로의 시대 전에는 테라(Terra)의 소생 파이돈은 파르나쑤스(Parnassus) 산에서 신탁에 응답을 하곤 하던 거대한 용(draco)이었다. 그에게 라토나(Latona[Leto])의 소생(아폴로)에 의한 죽음의 운명이 내려졌다. 그때 조브(Jove[Zeus])는 폴루스(Polus[Coeus])의 딸인 라토나와 함께 누워 있었다. 주노(Juno[Hera])는 이것을 보고 라토나가 해가 비취지 않는 장소에서 출산을 하게 될 것이라는 운명을 정했다. 파이돈은 라토나가 조브에 의해

임신했다는 것을 알고 그녀를 죽이기 위해 뒤를 쫓았다. 그러나 조브의 명령에 의해 바람 아퀼로(Aquilo[Boreas])가 그녀를 바람으로 휩쓸어서 넵튠(Neptune[Poseidon])에게 데리고 갔다. 넵튠은 그녀를 보호했지만, 주노의 선고가 무효화되지 않게 하기 위해 라토나를 오르티기아(Ortygia) 섬에 데려다 놓고 그 섬을 파도로 덮었다. 파이돈은 라토나를 찾지 못하고 파르나쑤스로 돌아갔다. 그러나 넵튠은 오르티기아 섬을 더 높은 곳으로 끌어올려 놓았다. 그래서 이 섬은 후에 델로스(Delos) 섬으로 불려지게 되었다. 그 곳에서 라토나는 감람나무를 붙들고 아폴로와 다이아나(Diana[Artemis])를 낳았으며, 그들에게 불칸(Vulcan[Hephaestus])은 선물로 활을 주었다. 그들이 태어난 지 나흘 후에, 아폴로는 자신의 어머니의 복수를 단행했다. 그는 파르나쑤스로 가서 활로 파이돈을 죽였다. (이 행동 때문에 이 섬은 파이디안으로 칭해진다.) 아폴로는 파이돈의 뼈를 큰 솥에 담아 자신의 신전에 보관하고, 파이디안이라는 장례 경기를 파이돈을 위해 제정했다.

야브로 콜린스(Yarbro Collins, *Combat Myth*, 58)는 요한계시록 12장의 전투 신화가 근동의 전투 전설(12:7-9)과 헬라의 전투 전설(12:4b-6, 13-17)을 모두 반영한다고 주장하고 파이돈-레토-아폴로 신화가 주후 1세기 말 이전에 서부 아나톨리아(Anatolia)에서 잘 알려졌다는 사실을 증명한다(*Combat Myth*, 245-61). 새프리(Saffrey, *RB* 82[1975] 410-17)는 심지어 밧모 섬에 아폴로와 알테미스의 탄생 신화의 분명한 형태가 존재했기 때문에 요한이 이 신화에 정통하게 되었을지 모른다는 추측(증거 없이)까지 한다. 야브로 콜린스(*Combat Myth*, 61)는 포텐로우즈(Fontenrose, *Python*, 262-64)가 제안한 그리스 신화 형태를 따라 요한계시록에 나오는 전투 신화를 구성하는 여덟 가지 주제를 열거한다.

A. 용(3절)
B. 혼돈과 무질서(4a절)
C. 공격(4b절)
D. 투사(5a절)
E. 투사의 "죽음"(5b절)
G. 투사의 회복(7a절)
H. 전투 재개와 승리(7b-9절)
I. 질서의 회복과 확인(10-12a절)
F. 용의 통치(12b-17절)

그 다음에 콜린스는 하이기누스(Hyginus *Fabulae* 140)에서 발견되는 레토-아폴로-신화를 다음과 같이 요약한다(*Combat Myth*, 66).

1. 파이돈이 공격한 이유: 신탁을 받음
2. 제우스가 레토를 임신시킨다
3. 파이디온이 레토를 죽이기 위해 추격한다
4.a. 제우스가 북풍에게 레토를 구하라고 명령한다
4.b. 포세이돈이 레토를 돕는다
5. 아폴로와 알테미스의 탄생
6. 아폴로가 파이돈을 타도한다
7. 아폴로가 파이디안 경기를 설립한다

이어 야브로 콜린스는 위의 목록과 수적으로 일치하는 요한계시록 12장의 유사한 목록을 다음과 같이 짧게 분석한다(*Combat Myth*, 66).

2. 출산 시점의 여자(2절)
3. 용이 아이를 삼키려고 한다(4절)
5. 아이의 탄생(5절)
7. 아이의 왕권(5절)
4.a. 여자가 하나님의 도우심을 받는다(6절)
4.b. 여자가 큰 독수리의 도움을 받는다(14절)
4.c. 여자가 땅의 도움을 받는다(16절)
6. 미가엘이 용을 타도한다(7-9절)

그러나 야브로 콜린스의 분석에는 지적할 필요가 있는 몇 가지 결함이 있다. (1) 요한계시록 12장은 용의 패배로 끝나지 않는다(용의 마지막 패배는 계 20:12까지 언급되지 않는다). (2) 여자는 섬으로 도망가는 것이 아니라 광야로 도망간다. (3) 요한계시록 12장에서 여자는 도망간 다음에 아기를 낳은 것이 아니라 도망가기 전에 아이를 낳는다. (4) 아폴로-레토-파이돈 신화에서 파이돈이 레토를 뒤쫓는 동기는 그녀가 쌍둥이를 낳는 것을 막기 위해서다(Gollinger, "*Zeichen*," 130). 반면에 요한계시록 12장에는 여자가 아기를 낳은 다음에, 그리고 그 아기가 하늘로 들려 올림을 받은 다음에 용이 여자를 뒤쫓는 분명한 동기가 없다. 한편, 이시스-타이폰 신화에서 타이폰은 이시스가 아기를 낳은 다음에 이시스와 그녀의 아들 호루스를 뒤쫓는다. (5) 요한계시록 12장의 아이를 투사라고 칭하는 것은 그가 단지 작고 짧은 역할만 담당하는(시 2:9의 인용은 분명히 후기의 기독론적 삽입이다) 기사에서 거의 적절하지 못하다. (5) 마찬가지로, 투사의 죽음에 대해 이야기하는 것도 역시 부적절하다. 왜냐하면 아이는 사실상 하나님에 의해(*passivum divinum*) 하늘로 데려감으로 구출을 받은 것이기 때문이다. 일괄하여 생각컨대, 이 비평들은 저자가 당시의 이교 신화를 사용한 것이 아니라, 오히려 신화론적 주제들의 혼합 작품을 창작했다는 사실을 시사한다.

2. 가능한 이집트의 자료들

그러나 아폴로-레토-파이돈 이야기는 학자들이 요한계시록 12장의 신화 이면에 존재할지 모른다고 생각하는 유일한 신화가 아니다. 부쎄트는 이시스-오시리스-타이폰(Isis-Osiris-Typhon) 신화에 똑같이 감명을 받았다고 한다([1906] 353-55). 이 신화가 특별히 흥미 있는 이유는 다음과 같은 등식을 만든 그리스의 해석(*interpretation Graecae*) 때문이다: 레토=이시스, 또는 레토=우토(Uto)(Herodotus 2.59, 152, 155; A. B. Lloyd, *Herodotus, Book II*[Leiden: Brill, 1994] 270); 디오니수스(Dionysus)=오시리스; 타이폰(발음 또는 글자 자리가 바뀐 형태로 "파이돈") =셋(Seth); 아폴로=호루스(Horus).

이시스-오시리스-호루스-타이폰 신화는 주로 플루타크(Plutarch *De Iside* 355D-358F 등)에 보존되어 있고, 디오도루스(Diodorus 1.21-22; 1.88.4-7)에 소수의 이문들을 포함하는 훨씬 짧은 내용이 보존되어 있다. 이집트의 자료들에는 이 신화와 관련된 내용이 없고, 단지 주전 3천 년의 Pyramid Texts와 the Memphite Theology에 다양한 에피소드들이 나온다(H. Frankfort, *Ancient Egyptian Religion* [New York: Columbia UP, 1948] 126-28). 신화와 전설들이 완전한 형태로 기록되는 일은 거의 없었다. 왜냐하면 이런 내용들은 모든 사람이 알고 있고 여러 가지 상황에 흔히 이야기되었기 때문이다. "이 말은 줄거리가 대개 단축된 형태로만 언급되거나 이야기되었고, 모든 사람이 전체 내용을 알고 있었다는 의미다"(R. Kvideland and H. K. Sehmsdorf, eds., *Scandinavian Folk Belief and Legend*[Minneapolis: University of Minnesota, 1988] 14). 일반적으로 전투 신화들, 그리고 특별히 요한계시록 12장의 신화와 마찬가지로 이 투쟁도 우주적 주권의 문제를 중심으로 벌어진다. 타이폰은 속임수로 이집트와 오시리스를 관 속에 넣어 관에 못을 박고 나일 강에 던져 넣어 오시리스를 죽인다. 이시스는 크게 슬퍼하며 관을 찾아 이곳 저곳을 헤매어 다니다가, 마침내 바이블로스(Byblos)에서 관을 발견하여 부토(Buto, 이 곳에서 체브트[Chebt] 섬이 신전 근처의 호수에서 발견된다)로 수송한다. 이 지점에서 플루타크는 이시스가 죽은 오시리스와 성관계를 가져 호루스/하르포크라테스(Horus/

Harpocrates)를 낳은 일에 대한 언급을 빠뜨린다(358E; 참조. Hani, *La religion Égyptienne*, 80-83). 이시스가 관을 감추었지만, 타이폰은 그 관을 찾아 오시리스의 시체를 열네 조각으로(또는 스물여섯 조각; 참조. Diodorus 1.21.2) 쪼개어 여러 곳에 흩어 버린다(플루타크에 의하면 이 사건이 오시리스의 많은 무덤을 설명하는 것이다). 이시스는 오시리스의 음경을 제외한 모든 신체 부분을 찾아 짜맞추고, 음경은 만들어 대치했다. 부토에서 레토에 의해 양육 받은 이시스의 아들 호루스(358F; 366A)는 타이폰을 패배시키고 그를 사슬에 묶어 이시스에게 보낸다. 그러나 이시스는 타이폰을 처형하는 대신 그를 석방한다(358D). 그 후 타이폰은 이시스에게서 왕권을 탈취하여 왕이 된다. 이 이야기의 많은 주제들은 *Homeric Hymn to Demeter*에 보전된 데메테르와 펠세포네의 신화와 현저하게 유사하다. 그래서 많은 학자들이 그리스 신화에 대한 이집트의 의존성을 추정했으나, 아마 그리스 신화가 이집트 신화에 의존했을 것이다(Burkert, *Ancient Mystery Cults*, 20-21).

플루타크와 디오도루스에서 발견되는 이 신화는 타이폰이 이시스와 그녀의 아들을 뒤쫓은 것에 대해 전혀 이야기하지 않는다. 따라서 이 신화는 기껏해야 요한계시록 12장과 약간의 유사성을 가지고 있는 것으로 보일 뿐이다. 야브로 콜린스는 요한계시록 12장과 가능한 이집트 신화의 유사성들을 간단하게 요약하면서(*Combat Myth*, 62-63) 부쎄트를 감동시킨 이 신화에 대해서는 거의 말하지 않는다. 부쎄트에 의해 요약된 이시스-오시리스-타이폰 신화의 기원이 브루그쉬(H. Brugsch, *Religion und Mythologie der alten Ägypter*, 2nd ed.(Leipzig: Hinrichs, 1891)이지만, 사실상 부쎄트는 그의 정보를 세 가지 자료(헤로도투스, 오시리스 찬송 그리고 메테미쉬 석비[the Mettemish Stele])에서 얻었다. 우리는 먼저 헤로도투스 2.156에 보존된 이 신화의 내용을 살펴보고자 한다.

> 그 섬(Chemmis)이 움직이는 이유를 설명하기 위해 이집트인들이 이야기하는 내용은 이러하다: 타이폰(셋[Seth])이 오시리스의 아들을 찾아 온 세상을 돌아다니다가 왔을 때, 레토(이시스)는 최초의 여덟 신들 중의 하나가 되어 자신의 성소가 있는 부토에 거하다가 이시스의 지시를 받고 아폴로(호루스)를 맞이하여, 전에는 움직이지 않았으나 이제는 떠다닌다고 하는 이 섬에 안전하게 숨겨 주었다. 아폴로와 알테미스는 디오니수스(오시리스)와 이시스의 자녀이고 레토는 그들의 유모와 보호자가 되었다고 한다. 이집트에서 아폴로는 호루스이고, 데메테르는 이시스이고, 알테미스는 부바스티스(Bubastis)다.

그리스의 아폴로-레토-파이돈 신화에서 레토는 델로스 섬으로 피하는데, 사람들은 이 섬이 켐미스(Chemmis) 섬과 마찬가지로 떠다니는 섬이라고 믿었다(Hecataeus *FrGrHist* 1.20, frag. 284는 떠다니는 섬 켐미스를 언급하며, *Χέμβις*[켐비스]로 철자하는데, 이 철자는 헤로도투스의 철자보다 이집트의 "케브트"[Chebt]에 더 가깝다). 그리스 전설의 일부 지류에 의하면 아폴로의 탄생 전에 델로스는 떠다니는 섬이었다가(*Homeric Hymn to Demeter* 73-75; Pindar frag. 87-88[LCL tr., 562]; Callimachus *Hymni* 4.35-38) 그 후에 고정되었다고 하는데, 이 내용은 한때 고정되었다가 나중에 떠다니게 되었다고 헤로도투스가 말하는 켐미스 섬과 반대다. 이 신화 에피소드는 죽은 오시리스에 의한 이시스의 임신이 빠지는 분명한 탈락이 있는 플루타크의 기술과 일치하는 것으로 보인다(Plutarch *De Iside* 357F, 즉 17장과 18장 사이). 또한 부세트는 약 주전 1500년경 18번째 왕조 시대의 오시리스 찬송의 관련된 부분도 인용하는데, 이 부분은 위에 인용한 부분을 논리적으로 이어 이시스의 임신과 호루스의 신비한 탄생을 다루는 또 다른 에피소드를 제공한다(Budge, *Osiris* 1:94).

> 마술사 이시스는 오빠(즉 오시리스)의 복수를 했다. 그녀는 끊임없이 그를 찾아 돌아다녔다. 그녀는 비통한 통곡을 울부짖으면서 온 땅을 두루 날아다녔고, 그를 찾기까지 지상에 내려앉지 않았다. 그녀의 깃털에서는 불꽃이 일어났고, 그녀의 날개에 의해 대기가 생겨나게 되었다. 그녀는 오빠의 죽음을 크게 애곡했다. 그녀는 심장이 멈춘 그의 무력한 신체 부분들을 들어올려 그의 에센스를 끌어내어, 그로부터 후사를 만들었다. 그녀는 홀로 아기를 길렀다. 그 아기가 있는 곳을 아는 사람은 아무도 없었다. 그리하여 그는 강하게 자라났고, 케브의 집(the House of Keb)에서 그의 팔은 힘이 증대했다.

(이 찬송 전체 본문과 번역은 Budge, *Gods* 2:148-52에 나온다.) 이집트의 벽화들에는 이시스가 섬의 파피루스 숲에 숨어서 호루스에게 젖을 먹이는 모습이 종종 그려져 있는데, 이 그림들은 훗날 기독교에서 아기를 안은 마리아의 그림이나 조각들과 유사하다. 메테르니히 석비(the Metternich Stele, 주후 350년경에 새겨짐)에는 셋이 이시스를 한 건물에 가둔 후에 델타의 부토(Pe-Tep) 성으로 어떻게 도망쳤는지가 기술되어 있다.(이 석비에 새겨진 관련 부분의 번역은 Budge, *Gods* 2:205-12에서 발견된다; 직역은 2:222-40에 나온다). 이시스는 그 곳에서 몰래 호루스를 낳아 길렀다. 그러나 어느 날 호루스는 전갈에 물려 죽고 말았다. 이시스가 너무나도 슬피 통곡했기 때문에, 그녀의 자매 네프디스(Nephthys)가 토드(Thoth)에게 간청을 했고, 토드는 이시스에게 호루스를 다시 살리는 마술을 가르쳐 주었다(Budge,

Osiris 95-96).

아마 부세트의 제안이 갖고 있는 가장 큰 어려움은 우리가 알고 있기로 현재 이 신화가 나오는 유일한 문서가 헤로도투스 2.156에서 발견되는 생략된 내용뿐이라는 것이다. 이 신화적 에피소드가 주후 1세기에 유포되고 있었다는 증거는 전혀 없다. 그렇지만 이 이시스-타이폰 신화와 요한계시록 12장 간에는 이시스가 두 날개를 가지고 있는 것으로(계 12:14의 여자와 마찬가지로) 묘사되는 것과 같은 아폴로-레토-파이돈 신화에서는 발견되지 않는 유사점들이 있다.

2. 가능한 그노시스 자료들

로빈슨(J. M. Robinson, "*Gattung*," 119-24)은 콥트어로 작성된 그노시스교의 『아담 묵시록』(*Apocalypse of Adam*)과 요한계시록 12장 간의 유사성에 주의를 기울였다(이에 대해 Hedrick, "Sources," 158-65과 Yarbro Collins, *Combat Myth*, 69-70는 비평을 했다). 관련된 부분은 그노시스교의 구원자에 대한 14개의 문장이다. 앞의 13개의 문장은 13개의 "왕국들"을 묘사하고 나머지 1개의 문장은 왕이 없는 민족을 묘사한다(*Apoc. Adam* 77.26-83.4). 이 "왕국들"은 분명히 연대순으로 배열된다. 그리고 이 왕국들은 각각 다양한 신화의 또는 민간 전승의 전설들로 표현되는 "조명자"(Illuminator, 아마 셋[Seth])의 도래를 포함한다(참조. Rudolf, *Gnosis*, 135-38). 그런데 유일하게 정확한 견해는 왕이 없는 민족에 대한 것이다. *Apoc. Adam* 78.6-26에서 발췌된 인용은 이 도식의 성격을 시사해 줄 것이다(J. M. Robinson, *Nag Hammadi*, 283).

> 그리고 그에 대해 두 번째 왕국은 그가 큰 선지자로부터 왔다고 말한다. 또한 한 새가 와서 태어난 그 아기를 높은 산 위로 데리고 갔다. 그리고 그는 하늘의 새에 의해 양육되었다. 그 곳에 한 천사가 나타났다. 천사는 그에게 "일어나라! 하나님께서 너에게 영광을 주셨다"고 말했다. 그는 영광과 힘을 받았다. 그리고 그는 물로 나아갔다.
>
> 그에 대해 세 번째 왕국은 그가 처녀의 태에서 나왔다고 말한다. 그와 그의 어머니는 그의 도시에서 쫓겨났다. 그는 사람이 살지 않는 곳으로 인도되었다. 그는 그 곳에서 양육되었다. 그는 나아가 영광과 능력을 받았다. 그리고 그는 물로 나아갔다.

이 12개의 신화적 도식들 중 일부는 요한계시록 12장과 약간의 유사점들을 갖고 있지만(예를 들어, 임신, 탄생 고립된 지역으로 이동, 신에 의해 마련된 양육-그러나 이런 유사점들은 아이에 대한 것이고 어머니에 대한 것이 아니다 – Yarbro

Collins, *Combat Myth*, 69를 보라). 전투 신화의 흔적은 어느 곳에서도 찾아볼 수 없다.

V. 요한계시록 11:19-12:17의 형식주의 분석

요한계시록 11:19-12:17의 이면에 존재하는 전거들과 관계 없이, 그리고 본문의 최종적 형태가 갖고 있는 난해한 특징들과 상관 없이 중요한 과제는 이 단락의 구조를 신중하게 분석하는 것이다. 요한계시록 11:19-12:17은 명백하게 신화론적 내용을 보존하고 있는(11:4-13의 두 증인 기사와 비교할 수 있는) 소수의 본문 단락들 중 하나다. 요한계시록 11:19-12:17이 갖고 있는 많은 민간 전승적 특징들을 고려할 때, 이 단락의 구조를 더 자세하게 밝히기 위해 민간 전승 연구의 방법론을 차용하는 것은 타당할 것 같다. 이 단락의 외부 구조에 대한 형식 분석은 러시아의 형식론자 프로프(V. Propp)의 프로그램 작업으로 진행되었다. 프로프는 100개의 러시아 동화(fairy tales, *Märchen*으로 칭해지는 민간 설화의 하위 장르)를 주제나 작의(作意)의 확인에 초점을 맞추는 대신 외부 구조에 나오는 극적인 등장 인물들의 기능 확인에 초점을 맞추어 분석했다. 프로프의 방법은 창세기 32:23-33, 룻기, 토빗서 그리고 다니엘 1-6장의 "궁정 이야기"에 적용되었다(Milne, *Propp*, 125-75, 179-265). 프로프는 항상 동일한 시간 순서로 나오는 31가지의 이와 같은 기능을 열거하였다(Propp, *Semeia* 10[1978] 74). 그러나 이 기능들이 모든 민간 설화에 나오는 경우는 드물다. 그는 이 31가지의 기능들을 대체적인 동화들의 방법론적 기초로 간주했다(Propp, *Morphology*, 25: 이 기초들에 대해서는 Milne, *Propp*, 75-88에서 설명된다). 둔데스(A. Dundes)는 문제가 있는 용어 "기능"(function)을 "주제"(motifeme)로 대체하려고 했다("From Etic to Emic Units in the Structural Study of Folktales," *JAF* 75[1962] 95-105; id., *Morphology of North American Indian Folktales*[Helsinki: Suomalainen Tiedeakatemia Academia Scientiarum Fennica, 1964]). 프로프는 그가 분석한 민간 설화의 전체에 공통적인 기본 구성 도식을 확인했다. 이 도식에 의해 개개의 줄거리가 이루어졌다는 것이다. 그는 일부 기능들이 다른 기능들보다 더 중요하다고 판단했다. 예를 들어, 줄거리를 복잡하게 하기 시작하는 기능 8(A), 악한이나 8a(a), 결핍과 같은 기능들이다(Propp, *Morphology*, 62). 다음의 요한계시록 12장 분석은 각각의 기능의 수와 이름(Propp, *Morphology*, 25-65에 논의됨)을 프로프의 약어들(Propp, *Morphology*, 149-55에 열거되는)로 명기함으로써 내용의 형식적 기능들을 확인하고자 한다.

프로프에 의하면, 요한계시록 12:1-4a은 두 명의 극적인 출연자 여자와 용이 소개되는 시작 상황(= α)을 구성한다. 여자(1-2절)는 세 가지 속성을 가지고 있다(Propp, *Morphology*, 88). (1) 그녀는 하늘에 위치하고, (2) 그녀에 대한 묘사는 그녀가 여성임을 나타내고 그녀가 우주적 주권자임을 암시하며(그녀는 해를 입었고, 발 아래 달을 두고, 열두 별의 면류관을 쓰고 있다), 고통으로 부르짖으며 해산을 할 시점에 있기 때문에 취약한 상황에 있다. 주인공은 분명히 여자다. 왜냐하면 그녀의 아이는 잠깐 등장한 다음 금방 이야기에서 떠나기 때문이다(5절). 그러나 그녀는 승리의 주인공은 아니다(오히려 추구자[seeker]-주인공이다). 왜냐하면 그녀는 완전히 수동적인 인물이기 때문이다. 이야기의 전개는 그녀를 중심으로 이루어지며 그녀에게 일어나는 것이다. 그 다음에 용이 소개되는데(3-4a절), 용도 역시 세 가지 속성을 가지고 있다. (1) 그는 하늘에 있고, (2) 일곱 머리와 열 뿔을 가지고 있으며 각각의 머리에 일곱 면류관을 갖고 있기 때문에 주권자로 묘사되며, (3) 하늘의 별 삼분의 일을 땅에 던지기 때문에 승리의 우주적 전사다. 분명히 용은 민간 설화에서 특징적으로 두 모습을 갖고 있는 악한이다(Propp, *Morphology*, 84). 첫 번째 모습은 갑작스럽고 외면적인데(4a절), 그의 두 번째 모습은 하늘에서 미가엘 및 미가엘의 천사들에 의해 공격을 당할 때 드러난다(7-9절).

용은 여자의 부르짖음에 의해 변한다(2절). 왜냐하면 그녀의 부르짖음이 용에게 그녀의 상태를 알렸기 때문이다(No. 5: 해산 = ζ). 그 다음에 용은 여자와 맞선다(No. 8: 악한 = A). 그들의 충돌은 분명히 태어나려고 하는 아이를 중심으로 한다. 아이는 아직 태어나지 않았기 때문에, 이 점은 No. 8a: 개인의 결핍(= a)에 해당한다. 여자의 부르짖음(No. 9: 중개 = B)은 그 결핍이 알려지는 수단이다. 여자에게 아이는 왕의 후예다. 그리고 그의 정복하는 능력은 미래의 주권에 대한 소망이 존재하는 근거다. 이 사실은 시편 2:9, "네가 철장으로 저희를 깨뜨림이여"의 직접 인유에 의해 명백하게 드러난다. 용은 아이를 삼키고 싶어하는데(No. 8: 악한 = A), 이것은 용이 아이를 자신의 지배에 잠재적인 위협이기 때문에 제거해야 한다고 생각한다는 사실을 시사한다(Propp, *Morphology*, 76). 그러나 아이는 하나님 앞과 하나님의 보좌 앞으로 올려가는데(5절: No, 15: 11: 이탈), 이 사실은 여인이 용과의 대결에서 승리를 거둔 것을 나타낸다. 또한 이 사실은 하나님이 아이의 아버지이심을 암시한다. 그리고 보좌에 대한 언급은 아이의 즉위식을 시사한다(No. 19: 해소된 결핍 = K).

장면은 갑자기 하늘로 바뀐다. 하늘은 아이의 새로운 거처이며, 여기에서 미가엘과 그의 천사들이 지원자들로 소개된다(No. 16: 전투, 그들은 광활한 전투장에서 싸운다=H^1). 이 싸움은 대리 전투로 해석되어야 한다. 용은 패배를 당하고(No. 18: 승리: 공개적인 전투에서 패배를 당하는 악한=I^1) 땅으로 내어쫓긴다. 여기에 동반되는 노래(12:10-12)는 용의 몰락의 의미가 구원과 능력과 왕권이 하나님의 장중에 들어갔고 권세가 그리스도의 장중에 들어간 것이라고 지적한다(No. 19: 해소된 결핍, 추구하던 대상이 앞의 행동의 결과로 획득된다 = K^4). 또한 이 일은 땅에서 믿음을 위해 죽은 그리스도인들과 신비한 관계를 갖는다(11절).

용은 자신이 땅으로 내어쫓긴 것을 깨닫고 다시 여자를 쫓는다(No. 21: 추적, 추격자가 주인공을 죽이려고 한다=Pr^6). 그러나 여자는 신비하게 독수리의 두 날개를 얻는다(No. 22: 구조, 공중으로 옮겨진다=Rs^1). 그녀는 광야의 예비된 장소로 피한다(No. 22: 구조, 도피자가 도망쳐 숨는다=Rs^4). 그러자 용은 입에서 토해낸 홍수로 그녀를 떠내려 가게 하려고 한다(No. 21: 추적, 추적자가 주인공을 죽이려고 한다 = Pr^6). 여기에서 땅이 입을 벌려 물을 삼킨 땅에 의해 구조를 받는다(No. 21: 구조, 죽음으로부터의 구조 또는 구원 = R^8). 분노한 용은 돌이켜 여자의 남은 자손을 추적한다(No. 21: 추적, 추적자는 주인공의 대리자들을 죽이려고 한다 = Pr^6). 요한계시록 12장은 만족할 만한 내용이 되기 전에 끝나기 때문에 첫 번째 "추이"(move)로 간주되어야 한다. 하나의 "추이"를 종결하는 데 몇 가지 기능들이 기여할 수 있다. 예를 들어, 보상(F), 결핍의 해소(K) 또는 탈출(Rs) 등이다(Propp, *Morphology*, 92). 그런 관점에서 볼 때, 첫 번째 추이는 땅이 여자를 구출하는 12:16으로 끝난다. 그리고 요한계시록 13장은 두 짐승, 즉 바다에서 나온 짐승(13:1-10)과 땅에서 올라오는 짐승(13:11-18)에 대해 기술한다(No. 24: 가짜 주인공의 권리 주장 = L).

주석

19a "이에 하늘에 있는 하나님의 성전이 열리니"(*καὶ ἠνοίγη ὁ ναὸς τοῦ θεοῦ ὁ ἐν τῷ οὐρανῷ* – 카이 에노이게 호 나오스 투 데우 호 엔 토 우라노). 고대 세계에서 저절로 열리는 성전 문은 불가사의한 조짐으로 생각되었다(Xenophon *Hellenica* 6.4.7; Tacitus *Hist.* 5.13; Cassius Dio 66[64].8.2; 참조: **부록 6A: 고대의 불가사의한 전조들과 요한계시록의 재앙들**). Vergil *Aeneid* 3.90-96(tr. Copeley, *Vergil*)

에는 요한계시록 11:19과 유사한 내용이 나온다.

> 갑자기 모든 것이 흔들리고 성전과 신성한 월계수도 흔들릴 때, 나는 거의 말을 하지 못했다. 온 산이 우리 주위에서 움직였다. 묘지가 갈라져 열리고, 청동 세발솥이 움직이며 뗑그렁 소리를 냈다. 우리가 엎드려 머리를 조아리자 우리 귀에 음성이 들렸다. "트로이인들이여, 무모한 자들이여! 너희와 너희 조상들에게 부와 기쁨의 원인이 되었던 땅이 너희에게 등을 돌릴 것이다. 너희는 옛 어머니를 찾을지어다."

b. Yoma 39b에 의하면, 성전이 파괴되기 40년 전에 성전(הֵיכָל – 헤이칼) 문들이 수시로 저절로 열렸는데, 요하난 벤 자카이(R. Johanan ben Zakkai)가 문들을 꾸짖자 이 현상이 그쳤다고 한다. 이런 류의 불가사의한 조짐은 그리스-로마 세계의 유사한 현상들에 의해 영향을 받았다.

19b "성전 안에 하나님의 언약궤가 보이며"(*καὶ ὤφθη ἡ κιβωτὸς τῆς διαθήκης αὐτοῦ ἐν τῷ ναῷ αὐτοῦ* – 카이 오프데 헤 키보토스 테스 디아데케스 아우투 엔 토 나오 아우투). 하늘 성전에 언약궤가 있다는 사실은 이 언약궤가 땅의 성막과 성전에 두어졌던 언약궤의 원형인 "참" 언약궤임을 암시한다(참조. 출 25:9, 40; 26:30; 27:8; 대상 28:19; Wis 9:8; 행 7:44; 히 8:1-5; 9:24; *b. Hag.* 12b; *Gen. Rab.* 55.7; *Midr. Cant.* 4:4; Str-B, 3:702-4; Winston, *Wisdom*, 203-5). 이 구절은 초기 유대교와 초기 기독교 문헌에 하늘의 언약궤에 대한 유일하게 명시된 언급이다. 그러나 예레미야 17:12("영화로우신 보좌여 원시부터 높이 계시며 우리의 성소이시며")에서처럼 "보좌"가 땅의 언약궤를 나타내어 사용될 수 있다. 땅의 성전이 하늘의 보좌에 해당된다는 사실은 Tg. *Ps.-J.* Exod 15:17(tr. Maher, in McNamara et al., Tg. *Ps.-J.: Exodus*)에서 명백하게 제시된다. "여호와여, 주께서 주의 거룩한 임재(쉐키나)의 처소에 대해 준비된 주의 영광의 보좌에 해당하는 장소를 세우셨나이다."

이 곳의 구문은 불명확하다. 왜냐하면 소유대명사 아우투(*αὐτοῦ*)가 전체 명사구 헤 키보토스 테스 디아데케스(*ἡ κιβωτὸς τῆς διαθήκης*, "언약궤")를 수식하는지 또는 선행하는 명사 테스 디아데케스(*τῆς διαθήκης*, "언약")만을 수식하는지가 불확실하기 때문이다. 그러므로 헤 키보토스 테스 디아데케스 아우투(*ἡ κιβωτὸς τῆς διαθήκης αὐτοῦ*)라는 어구는 "그 언약의 그의 궤"(his ark of the covenant)로 번역될 수도 있고(Seow, "Ark," *ABD* 1:393을 보라), 또는 "그의 언약의 그 궤"(the ark of his covenabt)(모든 중요한 영역본들: RSV; NRSV; NEB; REB; NIV; KJV, "ark of his testament")로 번역될 수도 있다. 두 번째 번역은 구약성경에 나오는 "그의(즉 '하나님의') 언약"과 "나의(즉 '하나님의') 언약"이라는 어구의 빈도(예를 들어, 출 2:24; 신 4:13; 7:9, 12; 왕하 13:23; 역상 16:15; 시 25:10, 14; 겔 17:14; 단 9:4)로 인해 선호된다. 그러나 초기 기독교 본문에서 이 어구는 거의 나오지 않는다(눅 1:72; *1 Clem.* 15:6; *Barn.* 9:41). 이 번역과 대조할 때 여기에서 디아데케(*διαθήκη*, "언약": 이 곳은 요한계시록에서 이 단어가 나오는 유일한 곳이다)에 대한 강조가 약한데, 이 사실은 "그의"라는 인칭대명사가 "언약궤" 전체를 수식하는 것으로 보는 것이 더 가능할 것 같다. 이 번역은 구약성경에서 신성한 소유권을 나타내는(Seow, *ABD* 1:387) "여호와의 궤" 또는 "하나님의 궤"라는 어구가 82회 정도 나온다는 사실에 의해 지지를 받는다. "여호와의 언약궤" 또는 "하나님의 언약궤"와 같이 더 긴 표현은 구약성경에 30회 나오는데(예를 들어, 민 10:33; 14:44; 신 10:8; 31:9; 수 3:3; 4:7; 6:6; 삼상 4:3; 왕상 3:15; 대상 15:25-26; 대하 5:7), 모든 예에서 "언약"이라는 용어는 "궤"를 정의하는 것으로 보인다. 따라서 "여호와의"와 "하나님의"와 같은 소유를 나타내는 어구는 "언약궤" 전체를 수식한다(Seow, *ABD* 1:387). 신약성경에서 언약궤는 요한계시록 11:19과 히브리서 9:4에서만 언급된다.

그러나 초기 유대교 문헌에서 언약궤는 하늘 성전의 신성한 기구들 중 하나로 전혀 언급되지 않는다(그러나 위에서 말한 바와 같이 보좌가 언약궤의 하늘 대응물 역할을 할 수 있다). 깨어지고 또한 바벨론으로 옮겨간 성전 기구와 기명들의 목록에 언약궤는 분명히 나오지 않는다(왕하 25:13-17; 렘 52:17-23). 그러나 4 Ezra 10:22에서 "에스라"는 언약궤의 약탈을 슬퍼하고, *T. Mos.* 3:2은(왕하 25:13-17과 렘 52:17-23을 인용하면서) 명백하게 거룩한 기명들을 빼앗겼다고 언급한다. 초기 유대교에는 언약궤를 포함한 성전 기구들이 종말에 복원될 것이라는 종말론적 추측들이 있었다. 이 추측들은 대부분 예레미야-바룩 전설의 부분으로(Wolff, *Jeremia*, 16-17, 20-26, 61-71를 보라), 성전의 기구들이 바벨론인들에 의해 옮겨지지 않고 예레미야에 의해(2 Macc 2:4-8; *Paral. Jer.* 3:8-11; *Vit. Proph.* 2.11-19) 또는 천사들에 의해(*2 Apoc. Bar.* 6:5-9) 말세까지 근처에 감추어질 것이라고 주장한다(Kalimi-Purvis, *CBQ* 56[1994] 679-85를 보라). 이 예레미야 전설은 주전 1세기의 역사가였던 알렉산더 폴리히스토르(Alexander Polyhistor)에 의해서도 보존되었다(Eusebius *Praep. evang.* 9.39; *FrGrHist* 723, F 5에 보존됨). 아마 그는 이 내용을 유대 역사가 유폴레무스(Eupolemus, frag. 4)에게서 발췌한 것 같다. 그러나 유폴레무스의 기술에 의하면, 예레미야는 언약궤와 율법판만 간수했다고 한다(Holladay, *FHJA* 1:132-34). 요세푸스(Josephus *Ant.* 18.85-87)에는 모세가 그리심 산에 거룩한 기구들을 감추었다는 사마리아인의 믿음이 보존되어 있다(M. F. Collins, "The Hidden Vessels in Samaritan Traditions," *JSJ* 3[1972] 97-116를 보라). 역대하 35:3에 근거한 랍비 전승에서 언약궤는 여호수아에 의해 감추어졌고 엘리야에 의해 메시아 시대에 복원된다고 한다(*b. Yoma* 52b; *b. Hor.* 12a; *y.* Sǝeqal. 6.1). 성전 기구들의 은폐에 대한 탈무드의 전승들에 대해서는 V. Aptowitzer, *Parteipolitik der Hasmonäerzeit in rabbinischen und pseudoepigraphischen Schriften*(Vienna: Kohut, 1927) 192-93 n. 2를 보라. 사라진 언약궤에 대한 유대의 추측들은 M. Haran, "The Disappearance of the Ark," *IEJ* 13(1963) 46-58를 보라. 하란(M. Haran)의 주장에 의하면, 예레미야 3:16은 언약궤가 더 이상 존재하지 않는다고 암시한다(*IEJ* 13[1963] 51). 그리고 하란은 에스겔 40-48장에 나오는 성전 환상이 석판, 언약궤 또는 스랍에 대해 언급하지 않는 사실을 주목한다. 바르 코시바(Bar Kosiba)의 폭동 때(주후 132-35년)에 주조된 유대의 동전들은 기둥들 사이에 법궤처럼 보이는 물체가 있는 예루살렘 성전(이 때는 이미 폐허가 된)의 외관이 새겨져 있다(Meshorer, *Jewish Coins*, 159[no. 165], 161-62[nos. 178-81], 165[nos. 199-201]).

19c "또 번개와 음성들과 뇌성과 지진과 큰 우박이 있더라"(*καὶ ἐγένοντο ἀστραπαὶ καὶ φωναὶ καὶ βρονταὶ καὶ σεισμὸς καὶ χάλαζα μεγάλη* – 카이 에게논토 아스트라파이 카이 포나이 카이 브론타이 카이 세이스모스 카이 칼라자 메갈레). 요한계시록에는 신적 현현의 의미를 갖고 있는 기상과 지진 현상들의 목록이 몇 번 나온다(4:5; 8:5; 11:19; 16:18; 참조. 4:5의 주석). 칠십인역 에스더 1:1d에는 모르드개의 꿈이 유사한 기상과 지진 현상들로 소개된다: "그리고 보라, 음성과 소음과 뇌성과 지진, 땅의 대변동이 있었다"(*καὶ ἰδοὺ φωναὶ καὶ θόρυβος, βρονται καὶ σεισμός, τάραχος ἐπὶ τῆς γῆς* – 카이 이두 포나이 카이 도뤼보스 브론타이 카이 세이스모스 타라코스 에피 테스 게스). 사무엘상 7:10에 의하면, 여호와께서 "큰 우뢰를 발하심으로" 블레셋인들이 패했다고 한다(거룩한 전쟁에서 무기로서의 우뢰에 대해서는 삼상 2:10; 삼하 22:14; Klein, *1 Samuel*, 68를 보라). 아마 가나안의 찬송 또는 페니키아의 찬송을 약간 수정한 것으로 보이는 시편 29편은 여호와의 음성을 특별히 강조한다(Cross, *Canaanite Myth*, 151-52; 반대 견해에 대해서는 P. C. Craigie, *Psalms 1-50*[Waco, TX: Word, 1983] 241-49를 보라). 시편 29:3-9에서는 뇌우의 여러 가지 양상들이 여호와의 음성을 나타내는 은유로 바뀐다. 그리

스-로마 자료들에도 신의 현현의 묘사로 지진이 자주 언급된다(Callimachus *Ap.* 1-2; Philostratus *Vita Apoll.* 4.16).

12[1]a "하늘에 큰 이적이 보이니"(*Καὶ σημεῖον μέγα ὤφθη ἐν τῷ οὐρανῷ*-카이 세메이온 메가 오프데 엔 토 우라노). 오프데(*ὤφθη*, "나타났다, 보였다")라는 용어는 요한계시록에 이 형태로 단 세 번 나오는 부정과거 수동태 동사다(11:19; 12:1, 3). 오프데(*ὤφθη*)가 이렇게 가깝게 세 번 나온다는 사실은 11:19이 12:1-17을 도입하려고 의도된 형식이라는 또 다른 지적을 나타낸다("양식/구조/배경", II. 문학적 분석을 보라). 초기 유대교와 초기 기독교 문헌에서 오프데(*ὤφθη*)는 자주 신의 현현을 소개하는 데(창 12:7; 26:2; 출 6:3; 16:10; 삿 6:12; 13:3; 렘 38:3), 천사의 출현을 소개하는 데(출 3:2; 삿 13:3; Tob 12:22; 행 7:2) 그리고 예언의 환상들을 소개하는 데 사용되었다(겔 1:4; 2:1; 10:1; 단 8:1). 의미심장한 하늘의 광경을 언급하는 용어 세메이온(*σημεῖον*, "이적, 징조")은 요한계시록에 단수로 세 번 나오는데(12:1, 3; 15:1), 이들은 각각 시로 연결된다. 왜냐하면 12:3과 15: 1은 알로 세메이온(*ἄλλο σημεῖον*, "다른 이적")을 언급하고, 또한 이들은 각각 12: 1과 12:3을 언급하고 있기 때문이다. 칠십인역에서 통상적으로 오트(אוֹת)를 번역하는 세메이온(*σημεῖον*)은 여러 가지 특별한 방식의 "이적"을 나타낸다. (1) **어떤 일이 알려지거나 인식되는 특징적인 표시**(창 1:14; 출 12:13; 수 2:12; 마 16:3; 26:48), (2) **과거의 사건을 생각나게 하는 기념물**(창 9:12, 17; 17:11; 출 13:9; 신 6:8; 11:18), (3) **일어날 어떤 일의 전조나 징조**(왕하 19:29; 사 7:14; 겔 4:3; 마 24:3; 눅 21:11, 25; 행 2:19), (4) **진정한 기적**(출 7:3; 수 24:17; 시 77:43; 막 16:20; 요 2:11; 4:48; 6:30; 고전 14:22) **또는 거짓 기적**(막 13:22=마 24:24; 살후 2:9-10; 계 13:13-14; 16:14), (5) 별자리: 그리스-로마의 점성술에서 헬라어 세메이온(*σημεῖον*)은 "별자리"를 의미할 수 있었다(Euripides *Rhesus* 528-33; *Ion* 1157[in context of 1146-58]; Aratus *Phaen.* 10; LSJ, 1593). 세메이온(*σημεῖον*)에 상응하는 번역인 라틴어 *signum*도 "별자리" 또는 "황도대(zodiac)의 표적"이라는 의미로 사용되었다(Manilius *Astron.* 1.34, 109, 215, 255, 295, 506; Cicero *De nat. deor.* 1.22; see *OLD*, 1760).

Did. 16의 종말론 시나리오에는 세 가지 하늘의 "진리의 이적들"(*τὰ σημεῖα τῆς ἀληθείας*-타 세메이아 테스 알레데이아스)이 언급되는데, 여기에는 (1) "하늘에 펼쳐진 이적", (2) "나팔의 이적" 그리고 (3) "죽은 자들의 부활"이 포함된다. 이와 유사하게 마태복음 24:30은 "인자의 징조(이적)가 하늘에서 보이겠고"라는 불가사

의한 언급을 한다. 복수 용어 세메이아(σημεῖα)는 요한계시록에 네 번 나오는데, 항상 거짓 기적들에 대해 사용된다. 이 거짓 기적들은 땅에서 올라온 짐승에 의해(13:13-14), 세 명의 개구리같이 생긴 귀신의 영들에 의해(16:14) 또는 거짓 선지자에 의해(19:20) 행해지는 것이다. 세메이온(σημεῖον)은 하늘의 현상들을 언급할 수 있다(창 1:14; 19:12-17; 마 16:1; 24:23; 막 8:11). 이 용어는 미래에 일어날 어떤 일에 대한 경고 역할을 하는 이례적인 사건을 언급하여 "전조"(portent)로 번역될 수도 있다(눅 21:11에서 "하늘로서 큰 징조들"[ἀπ᾽ οὐρανοῦ σημεῖα μεγάλα – 아프 우라누 세메이아 메갈라]에 대해 말하는 것을 보라). 또 이 용어는 초자연적 능력을 증명하는 기적을 언급할 수도 있다(요 20:30-31). 세메이온(σημεῖον)이라는 용어는 땅에 임박한 사건들의 전조가 되는 하늘의 현상들에 대해 사용된다(*Sib. Or.* 2.34-38; 3.796-803, 804-8; 눅 21:11; *Did.* 16:6, "하늘에 펼쳐진 표적"; 참조. Josephus *J. W.* 6.289). 또한 세메이온(σημεῖον)은 칠십인역 이사야 7:14(이사야 66:6-7과 연관성을 갖고 있는 구절)에도 나온다. "그러므로 주께서 친히 징조(σημεῖον – 세메이온)로 너희에게 주실 것이라 보라 처녀가 잉태하여 아들을 낳을 것이요 그 이름을 임마누엘이라 하리라." 그러나 요한계시록 12:1, 3에서 세메이온(σημεῖον)은 다른 의미를 갖고 있는 것 같다. 왜냐하면 여기에서 이 용어는 더 깊은 의의를 갖고 있는 상징을 나타내기 때문이다. 요한이 그리스 신화(아마 헬라화한 유대교에 의해 전달된)를 12:4b-6, 13-18에 나오는 자신의 내용에 혼합하는 것은 명백하지만, 그는 더 오래된 자료를 풍유적으로, 아마 유대교의 해석(*interpretatio Iudaica*) 또는 기독교의 해석(*interpretation Christiana*)으로 사용하는 것으로 보인다. 그러나 요한은 이 극적 사건의 인물들이나 행동들을 명백하게 해석하는 데 관심을 두지 않는다(예를 들어, 계 17장에서의 과정과는 다르게). 한 가지 예외는 그가 독자들로 하여금 용이 누구인지를 알도록 하기 위해 사단과 마귀를 포함하는 용의 많은 별명들을 열거하는 것이다(9절; 참조. 12절). 요한계시록 12:1-4a과 밀접하게 유사하지는 않지만, Ignatius *Eph.* 19:1-3이 별을 비유하는 표현과 함께 인용하는 별의 찬송(the Star Hymn)에는 중요한 유사점들이 있다. 즉 비교가 안 될 정도로 빛나는 별(= 그리스도)이 해와 달과 함께 다른 별들을 놀라게 한다는 것이다(창 37:9-11의 요셉 이야기에 나오는 별에 대한 표현을 보라).

[1]b "해를 입은 한 여자가 있는데 그 발 아래는 달이 있고"(γυνὴ περιβεβλημένη τὸν ἥλιον, καὶ ἡ σελήνη ὑποκάτω τῶν ποδῶν αὐτῆς – 귀네 페리베블레메네 톤 헬리온 카이 헤 셀레네 휘포카토 톤 포돈 아우테스). 주격 단수 명사 귀네(γυνή,

"여자")는 1a절의 세메이온($\sigma\eta\mu\epsilon\hat{\iota}o\nu$)과 동격으로 표적 또는 별자리에 대해 더 자세하게 설명한다. 이 여자는 해와 달과 열두 별이라는 강한 상징들을 통해 "우주의 여왕"으로 묘사된다(Boll, *Offenbarung*, 98-124; Yarbro Collins, *Combat Myth*, 71-76). 팔미레네(Palmyrene)에서 발견된 상아 조각은 별 세 개가 머리 위에 있고 두 별이 각각 오른 팔과 왼 팔 옆에 있는 정체 불명의 여신이 초생달에 서 있는 모습을 묘사하고 있다(Cumont, *Recherches*, 209).

저자-편집자가 용의 여러 가지 이름들을 강조하는 데 정성을 들이면서(8절), 여자나 아이(4절)의 이름을 말하지 않는 것은 아마 의미심장할 것이다. 이 하늘의 여자의 정체에 대해서는 몇 가지 견해가 있다. (1) 기독교의 성경 해석 역사 전체에서, 특별히 그 중에 교부 시대와 중세 시대에 요한계시록 12장의 여자는 종종(전부는 아니지만) 예수의 어머니 마리아로 해석되었다(Oecumenius *Comm. in Apoc.* 12.1; LeFrois, *Woman*, 38-58). 현대에도 천주교의 마리아 해석은 여전히 상속되고 있다(LeFrois, *Woman*, 232-35를 보라). (2) 역시 오래된 견해로, 요한계시록 12장의 여자가 교회를 나타낸다는 견해가 있다(LeFrois, *Woman*, 11-38; Hippolytus *de Ant.* 61; Methodius *Symp.* 8.5). (3) 때때로 요한계시록 12장의 여자는 요한계시록 19:7 -8; 21:9-10에 나오는 신부, 즉 하늘의 예루살렘과 동일시된다(Harrington, 128). (4) 유대교의 시각으로 볼 때, 이 여자는 메시아가 그로부터 나오는 하나님의 박해받는 백성을 대표할 수 있다(Yarbro Collins, *Combat Myth*, 107). (5) 때로 이 여자는 점성술의 인물, 아마 특별한 별자리로 간주된다. 볼(Boll)은 요한계시록 12:1에서 처녀 자리(Virgo)에 대해 특별하게 언급을 하는 것으로 이해해야 한다는 제안을 한다(*Offenbarung*, 100-108). 헬라어로 파르데노스($\Pi\alpha\rho\theta\acute{\epsilon}\nu o\varsigma$, "처녀")라고 하는 두 번째로 가장 큰 별자리인 이 별자리는 고대에 잘 알려진 것이었다(Aratus *Phaen.* 96-146; Cicero *De nat. deor.* 2.42; Hyginus *Poetica Astronomica* 2.25; Nonnos *Dionysiaca* 2.655). 처녀 자리는 두 날개를 가진 것으로 생각되었다(계 12:14을 보라). Ps.-Eratosthenes *Catasterismi* 9는 처녀 자리를 아타르가티스(Atargatis), 이시스, 데메테르, 타이케(Tyche)와 같은 여러 여신들과 동일시한다. 에베소의 알테미스, 시리아의 아타르가티스, 이시스 그리고 헤카테(Hekate)와 같은 그리스-로마 세계의 몇몇 여신들도 유사하게 묘사된다. (6) 요한계시록 12장의 여자는 하늘의 여왕 이시스로 생각되어 왔다. 이집트의 자료들은 이시스를 해와 달과 연결되는 우주의 여왕으로 해석한다(Bergman, *Isis*, 162-63). 이시스의 머리 장식은 위를 향한 초생달로 그려지는 두 뿔인데, 그 두 뿔 사이에 해를 나타내는 둥근 판이 있다(Budge, *Gods* 2:202; *LIMC* 5/2:503[plate 34], 508[plate 124], 510[plate 174], 511[plate 195], 513[plate 209]). 루키우스(Lucius)는 달의 여신을 여러 가지 다른 이름을 갖고 있는 하늘의 여왕(*regina caeli*)으로 언급하여, 결국 달의 여신을 (Budge, *Gods* 2:213에서 이시스의 칭호, "하늘의 여주인"을 참조하라) 이시스와 동일시한다(Apuleius *Metamorphoses* 11.2, 4; 참조. Griffiths, *Isis-Book*, 114-15). 멤피스(Memphis)의 이시스 설화(line 13)는 그녀가 창조의 여신임을 시사한다: "내가 별들의 행로를 나타냈다"(*Ἐγὼ ἄστρων ὁδοὺς ἔδειξα* - 에고 아스트론 호두스 에데익사; Müller, *Isis-Aretalogien*, 39). 유사하게 다음 행에서는 이시스의 창조의 권능이 해와 달과 관련된다. 그러나 이집트에는 이 예언과 유사한 구절이 매우 희귀하게 나온다: "내가 해와 달의 길을 명했다"(*Ἐγὼ ἡλίου καὶ σελήνης πορείαν συνεταξάμην* - 에고 헬리우 카이 셀레네스 포레이안 쉬네탁사멘; Müller, *Isis-Aretalogien*, 40). 사라피스(Sarapis)와 이시스는 헬리오스(Helios, 태양)와 셀레네(Selene, 달)로 확인되기도 한다. Maroneia, line 19(Danker, *Benefactor*, 181의 이시스 설화)를 보라. 하도르(Hathor), 사티스(Satis), 소디스(Sothis), 이시스를 포함하는 이집트의 여신들은 "별들의 여주인"으로 칭해졌다(참고문으로는 Müller, *Isis-Aretalogien*, 39를 보라). 여자의 발 아래 있는 달은 *T. Naph.* 5:4b(tr. Hollander-de Jonge, *Testaments*)에 유사구절이 나온다: "그리고 유다는 달처럼 밝았고, 그의 발 아래 열두 광선이 있었다."

고대 도시들과 사람들은 종종 여성으로 의인화되었다. 유대의 전설을 새긴 로마의 주화들에는 전승 기념비 앞에서 통곡하는 의자에 앉은 유대 여인이 묘사되어 있다(B. V. Head, *BMC, Empire* 2:5-6, nos. 31-42). *T. Mos.* 10:9-10(Charlesworth, *OTP* 1:932)는 종말의 이스라엘을 하늘로 올림을 받은 것으로 묘사한다.

> 그리고 하나님께서 너희를 하늘로 올리실 것이다.
> 그뿐 아니라 하나님께서는 너희를 별들의 하늘에,
> 별들이 거하는 장소에 굳게 붙박으실 것이다.
> 그리고 너희는 높은 곳에서 내려다볼 것이다.
> 진실로 너희는 땅의 너희 대적들을 내려다볼 것이다.

후광(後光, nimbus)은 많은 고대의 조각들에 묘사된 아시아의 알테미스를 생각나게 한다. 젬스(Gems)는 별과 반달 사이에 후광에 둘러싸인 알테미스를 묘사한다(Hommel, *IM* 5[1955] 44).

1c "그 머리에는 열두 별의 면류관을 썼더라"(*καὶ ἐπὶ τῆς κεφαλῆς στέφανος ἀστέρων δώδεκα*–카이 에피 테스 케팔레스 스테파노스 아스테론 도데카). 아마 열두 별은 *2 Enoch*[long rec.] 21:6; 30:4-6와 *Sib. Or.* 5.512-31(Boll, *Offenbarung*, 100; Bousset[1906] 336, 355; Charles, 1:316; Hedrick, "Imagery," 44)에 언급된 황도대 또는 십이 궁도를 나타낼 것이다. 황도대는 유대 회당의 많은 모자이크 바닥에 나온다. 중요한 하나의 예는 갈릴리의 벧 알파(Beth Alpha) 회당이다. 그 곳에는 병거를 타고 있는 해의 신 헬리오스가 황도대의 십이 궁도에 둘러싸여 있는데, 각각의 궁도에는 히브리 명칭이 함께 나온다(*NEAEHL* 1:190-92). (1) 탈레(*Taleh*, 양 자리[Aries] 또는 백양 궁), (2) 쇼르(*Shor*, 황소 자리[Taurus] 또는 금우 궁), (3) 테오밈(*Teomim*, 쌍둥이 자리[Gemini] 또는 쌍자 궁), (4) 사르탄(*Sartan*, 게 자리[Cancer]), (5) 아리예(*Aryeh*, 사자 자리[Leo] 또는 사자 궁), (6) 베툴라(*Betulah*, 처녀 자리[Virgo] 또는 처녀 궁), (7) 메오즈나임(*Meoznayim*, 저울 자리[Libra] 또는 천칭 궁), (8) 아크랍(*Aqrab*, 전갈 자리[Scorpio] 또는 천갈 궁), (9) 카샤트(*Kashat*, 궁수 자리[Sagittarius] 또는 인마 궁), (10) 게디(*Gedi*, 염소 자리[Capricorn] 또는 마갈 궁), (11) 델리(*Deli*, 물병 자리[Aquarius] 또는 보병 궁), (12) 도김(*Dagim*, 물고기 자리[Pisces] 또는 쌍어 궁). 열두 별의 면류관이 여자와 그녀의 아이를 보좌하는 천사들의 총수를 나타낸다는 견해(LeFrois, *Woman*, 120)는 증거가 되는 근거를 갖고 있지 않다. 후기의 콥트어 마술 문서는 예수님의 머리에 씌워진 유사한 "별들의 면류관"을 언급한다(Kropp, *Koptische Zaubertexte* 2:22). 기적들을 행하며 자신이 지옥의 사명을 띠고 있다고 주장한 매우 이상한 인물인 견유학파 메네데무스(Menedemus the Cynic)도 유사한 면류관을 썼다. 디오게네스 라에르티우스(Diogenes Laertius(6.102; LCL tr.)에 의하면, 메네데무스는 다음과 같은 복장을 하고 있었다.

> 발까지 이르는 회색 겉옷(*ποδήρης*–포데레스)에 심홍색 허리띠(*ζώνη φοινικῆ*–조네 포이니케)를 두르고, 황도대의 열두 표적(*τὰ δώδεκα στοιχεῖα*–타 도데카 스토이케이아)을 수놓은 아르카디아의(Arcadian) 모자(*πῖλος*–필로스)를 머리에 썼다.

2 "이 여자가 아이를 배어 해산하게 되매 아파서 애써 부르짖더라"(*καὶ ἐν γαστρὶ ἔχουσα, καὶ κράζει ὠδίνουσα καὶ βασανιζομένη τεκεῖν*–카이 엔 가스트리 에쿠사 카이 크라제이 오디누사 카이 바사니조메네 테케인). 엔 가스트리 에쿠사(*ἐν γαστρὶ ἔχουσα*)는 임신한 여인을 나타내는 전문 어구다(마 1:18, 23[사

7:14의 인용]; 막 13:17; 살전 5:3). 현재 능동태 분사 에쿠사(*ἔχουσα*, "가지다")는 정형 동사로 사용된다(Mussies, *Morphology*, 325). 1-2절이 부정과거 수동태 동사 오프데(*ὤφθη*, "나타났다")로 시작했으나 현재 시제 에쿠사(*ἔχουσα*, "가지다")와 크라제이(*κράζει*, "부르짖다")로 바뀌는 것을 주목하라(환상 중에 과거에서 현재 시제로의 동일한 전환이 3-4절에서 발견된다). 고난 중의 이스라엘은 종종 해산의 고통을 당하는 여인과 비교된다(사 21:3; 26:17-18; 37:3; 렘 4:31; 6:24; 13:21; 22:23; 30:6; 미 4:9; *1 Enoch* 62:4; 1QH 3:8-9). 그리고 "진통하는 여인같이"라는 의미의 다양한 히브리어 어구들이 구약성경과 고대의 근동 문헌에 나온다(사 13:8; 21:3; 42:14; 렘 4:31; 6:24; 13:21; 22:23; 30:6; 49:24; 50:43; 미 4:9, 10; 시 48:7; 참조. Darr, "Female Images," 24-27). 이사야 66:7은 이스라엘에 대해 남자 아이를 낳는 은유를 사용하여 구원의 시대가 도래하는 것을 나타낸다. 이사야 26:17도 대적들 앞에서 이스라엘의 무력함을 "잉태한 여인이 산기가 임박하여 부르짖음"에 비교한다(참조. Hedrick, "Imagery," 25-27는 요한이 이 구절을 인유하고 있다는 주장을 미심쩍게 여긴다). 또 하나의 유사한 구절은 1QH 3:7-12에 나온다.

(그리고) 첫아이를 낳는
　　여인의 산고와 같이,
그 배의 갑작스러운 격통과
　　심한 고통이 임하여,
해산의 시편을 고민으로 채웠도다.
아기는 죽음의 진통으로 태어나니
　　여인은 고통으로 수고하는도다
죽음의 진통 중에
　　여인은 사내 아이를 낳는도다
그리고 지옥의 고통 가운데
　　그녀의 해산의 모진 시련으로부터
　　놀랍고 강한 모사가 태어날 것이다.
그리고 단말마의 고통에서 한 남자가 태어날 것이다.
　　그를 잉태할 때 모든 태가 뛰어놀 것이며,
극심한 고통 중에
　　그들의 해산의 때가 이를 것이니,
아기를 가진 여인들은

소스라쳐 놀랄 것이다.
그리고 그가 태어날 때
해산의 격통에 모든 고통이 더할 것이라.

[3]a "하늘에 또 다른 이적이 보이니"(*καὶ ὤφθη ἄλλο σημεῖον ἐν τῷ οὐρανῷ*–카이 오프데 알로 세메이온 엔 토 우라노). 이 어구의 용어는 1절의 어구와 거의 일치하며 여자의 대적을 소개하려고 의도된 것이다. 세메이온(*σημεῖον*)에 대해서는 12:1의 "주석"을 보라. 이 곳과 1절에서 모두 세메이온(*σημεῖον*)은 별자리를 언급하는 것 같다.

[3]b "보라 한 큰 붉은 용이 있어"(*καὶ ἰδοὺ δράκων μέγας πυρρός*–카이 이두 드라콘 메가스 퓌르로스). 저자가 이 곳에 카이 이두(*καὶ ἰδού*, "그리고 보라")를 삽입하기 때문에, 드라콘(*δράκων*, "용")은 주격 단수다. 왜냐하면 (카이) 이두([*καὶ*] *ἰδού*)에는 정규적으로 주격이 따르기 때문이다. 따라서 드라콘(*δράκων*)은 1절에서의 귀네(*γυνή*)처럼 문법적으로 세메이온(*σημεῖον*)과 동격이 아니다. 드라콘(*δράκων*)이라는 용어는 신약성경에서 요한계시록의 하반부에만 13회 나온다(12:3, 4, 7[2x], 9, 13, 16, 17; 13:2, 4, 11; 16:13; 20:2). "용"은 초기 유대교에서 사단의 많은 지칭들 중의 하나다(12:9을 보라). *3 Apoc. Bar.* 4:3-5를 보라. 드라콘(*δράκων*)은 칠십인역에서 히브리어 리우야탄(לִוְיָתָן)을 번역하는 데 네 번 사용되고(욥 40:25; 시 73:14[맛소라 사본 74:14]; 103:26[맛소라 사본 104:26]; 사 27:1), 탄(תַּן) 또는 탄닌(תַּנִּין) 곧 "뱀, 바다 괴물"을 번역하는 데 15회 사용된다(예를 들어, 출 7:9-12; 욥 7:12; 시 73:13[맛소라 사본 74:13]; 사 27:1). 이 곳의 용어를 점성술적인 언급으로 볼 수 있는 이유는 드라콘(*Δράκων*) 또는 Draco(용 자리)가 헬레니즘 시대에 널리 알려진 별자리 이름이기 때문이다. 용 자리는 길게 소용돌이치는 꼬리를 가지고 있다고 생각했고, 용의 머리를 발로 밟고 있는 헤라클레스(또는 테세우스 또는 프로메테우스)를 나타내는 것으로 생각되는 별자리, 무릎 꿇는 자(the Kneeler)와 관련을 갖고 있었다(Aratus *Phaenomena* 45-70; Cicero *De nat. deor.* 2.42; Hyginus *Poetica Astronomica* 2.3; Nonnos *Dionysiaca* 2.672-73). 노모스(Nonnos *Dionysiaca* 154-218)에 나오는 제우스와 타이포에우스(Typhoeus)의 전투에 대한 정교하게 개작된 이야기에서, 타이포에우스의 거친 공격은 용 자리가 관련된 별자리들로 기술된다.

붉은 색은 그리스인들에게 대체적으로 긍정적인 연상을 갖고 있었다. 왜냐하면 그리스인들은 붉은 색이 보호하고 마귀를 쫓는 능력을 갖고 있다고 생각했기 때문이다. 요한계시록의 다른 곳에서 형용사 퓌르로스(*πυρρός*)는 6:4의 붉은 말에 대해서만 사용된다(17:3에 나오는 짐승이 "붉은 빛"[*κόκκινον*-콕키논]으로 묘사되는 것을 주목하라). 이집트인들은 이시스와 오시리스의 대적 타이폰(Typhon, 이집트 신 셋[Seth]의 헬라어 명칭)이 붉은(*πυρρός*-퓌르로스; Plutarch *De Iside* 359E, 363B, 364B; Diodorus 1.88.4) 색이라고 믿었고, 따라서 붉은 색은 긍정적인 연상과 부정적인 연상을 모두 갖고 있었다(Hopfner, *Offenbarungszauber*, vol. 1, § 615; A. Hermann, *RAC* 6:362-71, 405-8[s.v. *Farben*]; J. G. Griffiths, "The Symbolism of red in Egyptian Religion," in *Ex orbe religion: Studia G. Widengren oblata*[Leiden: Brill, 1972] 1:85-87를 보라). 이집트 신화에서 셋-타이폰은 뱀, 용, 악어를 포함하는 많은 형태를 취한다(Apollodorus 1.6.3; 참조. Fontenrose, *Python*, 185-87; Budge, *Gods* 2:245). *T. Abr.* 17:14; 19:6-7에 의하면, 죽음의 신은 때로 세계의 일곱 시대를 상징하는(19:7) 일곱 개의 불타는 머리를 갖고 있는 용들(*κεφαλὰς δρακόντων πυρίνους ἑπτα*-케팔라스 드라콘톤 퓌리누스 헵타)로 나타난다고 한다. 용의 색으로 붉은 색은 Hermas *Vis.* 4.1.10와 부분적으로 유사하다. 그 곳에서 헤마스가 본 데리온(*θηρίον*, "짐승")은 머리에 네 가지 색(검은 색, 불과 피 색[*πυροειδὲς καὶ αἱματῶδες*-퓌로에이데스 카이 하이마토데스, 즉 붉은 색], 금 색, 흰 색)을 가지고 있다. 나중에 불과 피 색은 세상이 피와 불에 의해 멸망당해야 할 것을 의미하는 것으로 해석된다(Hermas *Vis.* 4.3.3).

3c "머리가 일곱이요 뿔이 열이라 그 여러 머리에 일곱 면류관이 있는데"(*ἔχων κεφαλὰς ἑπτὰ καὶ κέρατα δέκα καὶ ἐπὶ τὰς κεφαλὰς αὐτοῦ ἑπτὰ διαδήματα*-에콘 케팔라스 헵타 카이 케라타 데카 카이 에피 타스 케팔라스 아우투 헵타 디아데마타). 용을 묘사하는 데 사용되는 심상은 더 자세히 설명되지도 않고 이 환상의 나머지 부분에서 언급되지도 않는다. 따라서 이 구절은 17:3에서 이끌어 낸 편집적 가필인 것으로 보인다(이 절은 사고의 연속을 중단시킴 없이 생략될 수 있다). 왜냐하면 이 문맥에서만 일곱 머리와 열 뿔이 해석되기 때문이다(17:9-14). 13:1에 나오는 짐승에도 일곱 머리와 열 뿔이 있다(여기의 데리온[*θήριον*]은 이미 11:7에 언급되었음에도 불구하고 관사가 없다). 그러나 13:1의 짐승은 용과 구별된다. 왜냐하면 그는 용에게 굴복하기 때문이다(13:3). 일곱 머리와 열 뿔을 가진 짐승은 17:3에서 다시 언급된다. 그러나 17:3의 데리온(*θηρίον*)은 관사를 가지고 있기 때문에, 저자가 다른 두 짐승을 생각하는 것이거나 또는 저자가 자신이 자료들을 사용한다는 사실을 성공적으로 숨기지 못한 것 같다. 이 곳의 용은 일곱 머리와 열

뿔을 갖고 있고 또한 그 여러 머리에 면류관을 갖고 있는(즉 각각의 면류관을 쓴 머리들이 적어도 원래는 통치자를 상징했다는 결론이 불가피하다) 반면에, 13:1의 짐승은 일곱 머리와 열 뿔이 있고 그 뿔에 열 면류관이 있다. 열 뿔에 대한 언급은 다니엘 7:7, 20, 24의 인유다. 이 다니엘서의 구절들에서 열 뿔은 열 왕, 즉 세계적인 권력을 가진 열 명의 연속적인 통치자들을 의미하는 것으로 해석된다(참조. *Sib. Or.* 3.396-400, 단 7:7, 20에 근거한 유대인의 가필). *Sib. Or.* 3.397에 나오는 열 뿔에 대한 언급은 (옆에서 솟아나온 열한 번째 뿔을 포함하여) 분명히 열 왕들, 그리고 유대인 시빌리스트(Sibyllist)에 의해 예언에 추가된 열한 번째 왕을 나타낸다(J. J. Collins in Charlesworth, *OTP* 1:359). 볼(Boll, *Offenbarung*, 102)은 까마귀 별자리(Corvus)와 술잔 별자리(Crater)가 처녀 별자리 옆에 위치하여 (고대 점성술에 의하면) 각각 일곱 별과 열 별을 이룬다고 말한다(그러나 이들이 어떻게 머리 및 뿔들과 관련되는지는 불확실하다). *T. Abr.* 17:12-19에서 죽음의 신은 아브라함에게 여러 가지 무서운 형상으로 자신을 드러내는데, 그 형상들에는 일곱 개의 불타는 붉은 용의 머리들(*κεφαλὰς δρακόντων πυρίνους ἑπτα*–케팔라스 드라콘톤 퓌리누스 헵타, 17:14; 19:6-7)의 모습과 세 개의 머리를 가진 무서운 용(*δράκοντα τρικέφαλον φοβερόν*–드라콘타 트리케팔론 포베론, 17:16)의 모습도 포함된다.

많은 나라를 다스리는 것을 상징하는 많은 면류관에 대해서는 19:12의 "주석"을 보라. 디오 크리소스톰(Dio Chrysostom *Or.* 1.58-84; Mussies, *Dio*, 250를 보라)에 나오는 왕권에 대한 우화에는 두 명의 우화적인 여자(한 명은 "왕권"을 상징하고 또 한 명은 "폭정"을 상징한다)가 두 산에 있는 왕좌에 앉는다. "폭정 여왕"은 많은 면류관을 가지고 있을 뿐만 아니라 많은 홀(scepters)과 보석을 박은 관을 가지고 있다(1.79, "그녀의 머리에 많은 보석 박은 관과 면류관"–*πολλαὶ δὲ τιᾶραι καὶ διαδήματα ἐπὶ τῆς κεφαλῆς*, 폴라이 데 티아라이 카이 디아데마타 에피 테스 케팔레스). 그리고 그녀가 앉은 산은 타이폰(Typhon)으로 칭해지는데(1.67), 이는 분명히 악한 통치에 알맞는 이름이다. 디오 크리소스톰은 많은 홀과 보석 박은 관과 면류관을 갖고 있을지 모르지만 그것들로 인해 적법한 왕이 되지 못하는 사람들에 대해 몇 번 언급했다(Dio *Or.* 1.79; 3.41; 4.25; 14.22; Mussies, *Dio*, 250). 디오 크리소스톰은 이런 많은 외적인 왕권의 상징들을 소유하고 있는 것을 부정적으로 생각한다.

또한 요한계시록 13:1과 17:3의 짐승들은 일곱 개의 머리를 갖고 있는 것으로 묘사된다. 시편 74:14에서는 "리워야단의 머리들"(ראשׁי לויתן – 라쉐 리우야탄; 개역. "악어의 머리")에 대해 말하는데, 머리의 수는 이 곳에서나 구약성경의 다른 구절들에서 상술되지 않는다(M. S. Smith, *The Early History of God*[San Francisco: Harper & Row, 1990] 53는 시 89:10의 라합을 일곱 머리를 가진 형상으로 잘못되게 말한다). *Odes Sol.* 22:5은 "일곱 머리를 가진 용"(시리아어 *ltnyn dišbʿʾ ryšwhy*)의 멸망에 대해 말한다. 동일한 신화적 심상이 *Pistis Sophia* 2.66(ed. Schmidt-MacDermot, *Pistis Sophia*, 141)에 반영된다. "그들(emanations, 에마나치온들) 중의 하나가 큰 뱀의 형태로 변했고, 다른 하나는 일곱 머리를 가진 바실리스크(basilisk, 한 번 노려보거나 입김을 쐬면 사람이 죽었다고 하는 전설상의 괴물 뱀)로 변했고, 또 다른 하나는 용(콥트어 *drakôn*)의 형태로 변했기 때문이다."

Pistis Sophia에서 일곱 머리를 가진 뱀이나 바실리스크에 대한 또 다른 언급들은 2.66 (3x: ed. Schmidt-Till, p. 88, line 36; p. 91, lines 11, 14=ed. Schmidt-MacDermot, pp. 137, 141, 142); 2.67(ed. Schmidt-Till, p. 95, line 26=ed. Schmidt-MacDermot, p. 149); 2.70(ed. Schmidt-Till, p. 100, lines 5-6=ed. Schmidt-MacDermot, p. 156); 2.71(2x: ed. Schmidt-Till, p. 101, line 13; p. 102, lines 18-19 = Schmidt-MacDermot, pp. 157, 159)에 나온다.

이 세 개의 조를 이루는 파충류가 흥미로운 이유는 이사야 27:1이 유사하게 이 각각의 괴물들을 언급하기 때문이다. 랍비 전승은 *Qidd.* 29b에서 일곱 머리의 용을 언급한다. 일곱 머리의 용은 훨씬 전에 우가리트의 고문에 나온다(*CTA* 5.I.1-3; *ANET*, 138).

만일 당신(바알)이 로탄(Lotan = 리워야단)
그 비뚤어진 뱀을 쳐 죽인다면,
그 꼬불꼬불한 뱀
일곱 머리의 샬야트(Shalyat)를 멸한다면,

바알 서사시에 나오는 또 다른 우가리트어 본문은 리워야단이 일곱 개의 머리를 가지고 있다고 한다(Driver, *Canaanite Myths*, 87; 3.IIID.39). 그리스 신화의 러나에안 히드라(Lernaean Hydra)는 아홉 개의 머리를 갖고 있는 것으로 생각되었고(Apollodorus 2.5.2), 또는 심지어 천 개의 머리를 갖고 있다고 생각되기도 했다(Diodorus Siculus 4.11.5; Ovid *Metamorphoses* 9.69ff.). 그러나 파우사니아스(Pausanias)는 괴물에게 한 개 이상의 머리가 있다는 것을 의심했다(2.37.4). 그리스 신화의 이문들은 세 개, 열다섯 개 또는 "많은" 머리를 말하기도 한다(*RAC* 16:905를 보라). 아홉 개의 뱀의 머리는 메두사에 대한 전통적인 신화의 표준이었지만, 분명히 숫자는 매우 중요한 것이 아니다. 왜냐하면 같은 저자나 미술가의 작품에서도 숫자가 달랐기 때문이다(Brommer, *Herakles*, 13). 일곱 머리의 메두사에 대한 증거는 버커트(Burkert, *Mythology and Ritual*, 80-83)에 의해서도 논의된다. 메소포타미아의 원통형 인장들은 일곱 머리의 뱀과 싸우는 신들을 묘사하고 있다. Pritchard, *ANEP*, 221, no. 691를 보라. 그리고 no. 671을 참조하라. 콥트 그노시스교 *Ap. John* II.11.29-31에 나오는 아홉 명의 악마 통치자 아르콘들(archons) 중의 하나가 이 논의와 관련성이 있다. 왜냐하면 "네번 째 아르콘은 머리가 일곱 개인 용(*drakôn*)의 얼굴을 갖고 있는 라오(laô)이기" 때문이다(M. Krause and Labib, *Apokryphon des Johannes*, 141). 요한 위경은 네 개의 매우 유사한 콥트어 역본들을 보존하고 있는데, 위에 인용한 구절도 III.18.1-2; IV.18.18-20; BG.42.2에 나온다. S. Thompson, *Motif-Index* 1:350; B11.2.3.1을 보라. *T. Abr.*[Rec. A] 17:14; 19:6-7에서 일곱 개의 불타는 머리를 갖고 있는 용은 죽음을 상징하며 또한 동시에 세상의 일곱 시대도 상징하는데(19:7), 이 일곱 시대는 *T. Abr.*[Rec. B] 7:16에서 칠천 년으로 상술된다.

디아데마(*διάδημα*, "다이어뎀[diadem], 왕관에 대신하는 머리띠-왕관")는 요한계시록에 두 번 나온다(13:1; 19:12). 그 특별한 외관과는 관계 없이, 다이어뎀은 왕관 역할을 했다. 다이어뎀으로 둘러싼 수직의 두건(tiaras)을 쓴 페르시아 왕들은 크세노폰(Xenophon, *Cyr.* 8.3.13)의 헬라어 문헌에 최초로 언급된다(Plutarch *De fort. Alex.* 340B; *De frat. amore* 488D; 칠십인역 에 8:15; 1 Macc 13:32; Jos. *J. W.* 1.671도 보라). 이런 왕관은 디아데마 바실레이아스(*διάδημα βασιλείας*)로 칭해졌다(Isa 62:3; *T. Sol.* D 7.4; *Apost. Const.* 20.3; *T. Judah* 12:4). 반면에 스테파노스(*στέφανος*, "화관, 화환")는 실제 나뭇잎 또는 나뭇잎 모양(간혹 꽃과 과일들)으로 만들어 여러 가지 행사에서 상으로 또는 의례적인 모자로 사용되었다(2:10의 주석과 **부록 2C: 고대의 면류관과 왕관 이미지**를 보라). 이 용어는 제사장의 관, 즉 디아데마 히에라테이아스(*διάδημα ἱερατείας*)에 대해서도 사용될 수 있다(Philo *Mos.* 2.116, 131을 보라). 헬레니즘 시대의 다이어뎀은 대개 다양한 도안으로 무늬를 새긴 금줄로 만들었다. 매우 정교하게 다이어뎀을 장식하기 위해 종종 다양하게 늘어뜨린 장식들이 사용되었다. 요세푸스는 아리스토불루스 1세(Aristobulus I)가 다이어뎀을 쓴 최초의 유대 왕이라고 말한다(*Ant.* 20.241). 그러나 알렉산더 얀나이(Alexander Yannai, 주전 103-76년) 시대에 주조된 동전들은 바실레오스 알렉산드루(*ΒΑΣΙΛΕΩΣ ΑΛΕΞΑΝΔΡΟΥ*, "알렉산더 왕의")라는 명각과 함께 다이어뎀에 둘러싸인 닻을 묘사한다(Meshorer, *Jewish Coins*, 118, no. 5A; 120, no. 17). 헤롯 대왕 시대의 동전들도 헤로두 바실레오스(*ΗΡΩΔΟΥ ΒΑΣΙΛΕΩΣ*, "헤롯왕의")라는 명각과 함께 다이어뎀을 묘사한다(Meshorer, *Jewish Coins*, 128, no. 41).

4a "그 꼬리가 하늘 별 삼분의 일을 끌어다가 땅에 던지더라"(*καὶ ἡ οὐρὰ αὐτοῦ σύρει τὸ τρίτον τῶν ἀστέρων τοῦ οὐρανοῦ καὶ ἔβαλεν αὐτοὺς εἰς τὴν γῆν*–카이 헤 우라 아우투 쉬레이 토 트리톤 톤 아스테론 투 우라누 카이 에발렌 아우투스 에이스 텐 겐). 이 구절은 아마 다니엘 8:10의 인유일 것이다. 다니엘 8:10에서는 작은 뿔로 상징되는 왕이 "하늘 군대에 미칠 만큼 커져서 그 군대와 별 중에 몇을 땅에 떨어뜨리고 그것을 짓밟았다"고 말한다(이 통치자의 과도한 교만을 강조하는 은유). 별 삼분의 일의 멸망은 일곱 번째 나팔에 의한 재앙의 결과로 우주의 여러 부분이 파괴되는 것과 일치한다(8:7-9:19). 별의 삼분의 일을 끌어다가 땅에 던지는 용에 대한 묘사는 파수꾼 천사들에 대한 전설에 나오는 사단과 그의 사자들의 하락을 인유한 것이다(*1 Enoch* 6-11). *1 Enoch*에서 별들은 악한 천사들을 나타낸다(18:14; 21:3-6; 86:1-3; 88:3). 별들=천사들의 은유에 대해서는 1:20의 "주석"을 보라. 이사야 24:21-22은 "그 날에 여호와께서 높은 데서 높은 군대를 벌하시며 땅에서 땅 왕들을 벌하시리니 그들이 죄수가 깊은 옥에 모임같이 모음을 입고 옥에 갇혔다가 여러 날 후에 형벌을 받을 것이라"고 말한다. Apollodorus 1.6.3에서 백 개의 머리를 갖고 있는(*ἑκατὸν κεφαλαὶ δρακόντων*–에카톤 케팔라이 드라콘톤) 괴물 타이폰은 너무 거대하여 그 머리들이 별들에 닿았다고 한다(*ἡ δὲ κεφαλὴ πολλάκις καὶ τῶν ἄστρων ἔψαυε*–헤 데 카팔레 폴라키스 카이 톤 아스트론 에프사우에). 논노스(Nonnos)의 후기 신화 미술에서 타이포에우스(Typhoeus)는 하늘에서 여러 별자리들을 공격하여 끌어내리는 것으로 묘사된다(*Dionysiaca* 1.163-205). *Mart. Pionius* 12(tr. Musurillo, *Acts*, 151)에서 피오니우스(Pionius)는 자신을 찾아온 사람들에게 "용의 꼬리에 의해 하늘의 별들이 땅으로 쓸어내려지는 것을 볼 때…나는 또 괴로워진다"고 말한다. 이 말은 분명히 사단이 그리스도인들에게 가하는 육체적 해악으로 요한계시록 12:4을 우화적으로 해석한 인유다. 별들이 떨어지는 것에 대해서는 6:13의 "주석"을 보라.

4b "용이 해산하려는 여자 앞에서 그가 해산하면 그 아이를 삼키고자 하더니" (*Καὶ ὁ δράκων ἕστηκεν ἐνώπιον τῆς γυναικὸς τῆς μελλούσης τεκεῖν, ἵνα ὅταν* τέκῃ τὸ τέκνον αὐτῆς καταφάγῃ – 카이 호 드라콘 헤스테켄 에노피온 테스 귀나이코스 테스 멜루세스 테케인 히나 호탄 테케 토 테크논 아우테스 카타파게). 용과 여자의 조우는 하늘에서 이루어진 것이다. 왜냐하면 두 큰 이적이 나타난 곳이 하늘이기 때문이다(Boll, *Offenbarung*, 101은 에스테켄[ἕστηκεν, "섰다"]이라는 용어가 별자리의 위치를 나타내는 전문 용어라고 주장한다. 그러나 이 용어는 분명히 다른 관계들에서도 사용된다; Freundorfer, *Apokalypse*, 132-34를 보라). 그러나 아이가 하늘로 올려갔다는 말(5절)은 용과 여자 간의 조우가 땅에서 일어난 일임을 나타낸다. 용은 땅으로 내어쫓김을 당하자(13절) 여자를 핍박했다. 따라서 4b절에서 여자의 위치는 땅으로 추정되어야 한다. 카테스디에인(κατεσθίειν, "삼키다")이라는 용어는 12:16에서는 용이 토한 큰 물을 삼키는 땅에 대해 사용된 카타피네인(καταπίνειν, "삼키다")과 동의어다. 이 두 용어는 12:4b에서 아이를 삼키는 것이 용의 주요 공격인 데 반하여, 12:16에서는 여자의 수호자인 땅의 주요 방어다. 칠십인역 예레미야 28:34(맛소라 사본 51:34)에서 바벨론의 왕 느부갓네살이 용에 비교된다. "바벨론 왕 느부갓네살이 나를 먹으며 나를 멸하며 나로 빈 그릇이 되게 하며 용같이 나를 삼키어(κατέπιέν με ὡς δράκων – 카테피엔 메 호스 드라콘)."

Ignatius *Eph.* 19:1에 나오는 신화는 상당히 다르다. 그 곳에서 마리아의 처녀성과 해산이 주님의 죽음과 함께 이 세상의 임금에게 숨겨진다. 이와 유사하게, Hippolytus *Theoph.* 4에서 예수님은 "용의 사악함을 피하기 위해" 세례를 받으실 때 신분을 숨기고 나타나신다. 그러나 아래에 논해질 크로노스와 제우스의 계승 신화에서 은폐라는 주제는 레아(Rhea)의 첫 번째 방어선이다. 용과 여자의 후예 간의 반감은 *Sib. Or.* 3.132-41(Charlesworth, *OTP* 1:365)에 나오는 제우스의 탄생에 대한 설명에서도 볼 수 있다.

> 레아가 해산을 할 때는 언제나 타이탄들이 그녀 옆에 앉아서
> 남자 아이는 모두 찢어 죽였으나,
> 여자 아이는 살려 주고 어머니가 기르도록 허락했다.
> 그러나 레아는 세 번째 해산을 할 때
> 헤라를 먼저 낳았다.
> 야만족 타이탄들은 여아인 것을 보고 집으로 돌아갔다.
> 그때 레아는 남아를 몰래 자라게 하기 위해
> 그레타인들을 택하여 맹세를 하게 하고
> 아이를 멀리 브리기아로 보냈다.

그들이 제우스라는 이름을 지은 이유는 그가 멀리 보내어졌기 때문이다.

마찬가지로 레아는 포세이돈과 블로토의 탄생도 숨겼다. 이 이야기는 147-55행에 계속된다.

타이탄들은 크로노스와 배우자 레아 사이에서 태어난
아이들이 몰래 살고 있다는 사실을 들었을 때
여섯 명의 아들들을 모아서
크로노스와 레아를 족쇄로 채워
땅 속에 감춘 뒤 감금하고 감시했다.
그때 위대한 크로노스의 아들들이 이 사실을 듣고
큰 전투를 일으켜 타이탄과 싸웠으니,
이것이 인간들을 위한 전쟁의 처음 시작이다.

이 크로노스와 제우스 계승 신화의 완곡어법판은 타이탄 족으로 시작하여 로마로 끝나는 왕국들의 목록으로 끝이 나는데(*Sib. Or.* 3.156-61), 이것은 로마를 타이탄 족과 같이 상반되는 역할을 하는 것으로 보는 전통이다. 이 신화는 헤시오드(Hesiod *Theog.* 453-91)로부터 발전된 것인데(Apollodorus 1.1.5-7에 요약된다), 이 곳에서는 자신을 폐위시킬 아들의 탄생을 두려워한 크로노스가 레아가 출산을 하자마자 자신의 자녀들을 모두 삼켜 버린다(*καταπίνειν*–카타피네인). 레아는 땅과 우라노스에게 호소함으로 크레테로 보내졌고, 그 곳에서 제우스가 태어난 다음 굴 속에 숨겨진다. 그리고 레아는 크로노스에게 아기 옷으로 싼 바위를 내어놓았고, 크로노스는 즉시 그 바위를 삼켜 버렸다. 고대의 세계에는 아기를 죽이거나 아기를 훔쳐 가는 수많은 무서운 귀신들(모르모[Mormo], 라미아[Lamia], 겔라[Gella], 엠푸사[Empousa], 릴리드[Lilith], 라마쉬투[Lamashtu])이 알려져 있었는데, 이 귀신들은 모두 전통적으로 여자로 생각되었다.

5a "여자가 아들을 낳으니"(*καὶ ἔτεκεν υἱόν, ἄρσεν*–카이 에테켄 휘온 아르센). 이 구절은 아마 이사야 66:7의 인유인데, 중요한 문법적 부조화가 포함되어 있다. 왜냐하면 중성 대격 아르센(*ἄρσεν*, "남자 아이")은 남성 대격 명사 휘온(*υἱόν*, "아들")과 동격 관계에 있기 때문이다. "아들, 남자"라는 어구는 예레미야 20:15에서 발견되는 "아들, 남자(בֵּן זָכָר–벤 자카르)가 네게 태어났다"(칠십인역은 이 구절을 "네게 남자가 태어났다"[*ἐτέχθη σοι ἄρσεν*–에테크데 소이 아르센]로 번역한다: 참조. 개역. "네가 생남하였다")와 마찬가지로 히브리어식 표현으로

해석될 수 있다. 보다 일반적으로, 파이스 아르렌(*παῖς ἄρρην*, *Ant.* 1.52, 304; 7.146; 20.92), 파이디온 아르렌(*παιδίον ἄρρεν*, *Ant.* 3.271; 7.158; 9.65), 테크논 아르렌(*τέκνον ἄρρεν*, *Ant.* 7.243)과 같은 관용적인 어구들이 "아들"을 의미하여 사용되었다. 일반 대화에서 휘오스(*υἱός*)가 "자식"을 의미할 수 있었다는 것을 시사하는 증거가 있다. B. Olsson, "*υἱὸς ἄρρην*," *Glotta* 23(1935) 112를 보라. Tob 6:12(א 사본) 휘오스 아르센(*υἱὸς ἄρσην*)이 남성 여격 대명사로 이 어구가 단순하게 "남아"를 의미하며, 요한계시록 12:5에 나오는 아르센(*ἄρσην*), 휘온(*υἱόν*)이 요한계시록 12:5에서와 같이 문법적으로 문제는 없지만 중복된다는 사실을 주목하라(사 66:7; 렘 20:15을 보라). 이 이상한 구문이 의도적이며 특정한 신학적 시각을 전달한다고 말하는 반니(Vanni)는 아르센(*ἄρσεν*)이 휘오스(*υἱός*)의 개념을 확대하고, 중성으로 인해 휘오스(*υἱός*)의 관념을 보편화하며, 힘, 지배, 중요성과 같은 관념들을 시사한다는 제안을 한다(Vanni, *L Apocalisse*, 245-47, esp. 245). 유대교에서 이사야 66:7의 메시아적 해석은 *Gen. Rab.* 38:1; *Lev. Rab.* 12:2; Tg. *Isa.* 66:7(Aus, *ZNW* 67[1976] 256-62)에 의해 시사되며, 소수의 초기 기독교 본문에도 반영된다(Justin *Dial.* 85.8-9; Ps.-Epiphanius *Test.* 11; Methodius Sym. *et Ann.* 3; *Symp.* 7). 히브리어 헤벨(חבל, "해산의 고통, 진통")은 말세에 앞서 있을 것으로 예상되는 시련과 환난들을 나타내는 잘 알려진 종말론적 주제 "메시아의 진통"(חבלו של משיח - 헤블로 쉘 마쉬아흐) 개념과 관련이 있다(Aus, *ZNW* 67[1976] 260-62). 칠십인역 이사야 7:14은 태어나는 아이가 메시아라고 말하는 또 다른 구절이다(Swete, 148; Lohmeyer, 99; Hedrick, "Imagery," 31). "그러므로 주께서 친히 징조(*σημεῖον* - 세메이온: 12:1을 보라)로 너희에게 주실 것이라 보라 처녀가 잉태하여 아들을 낳을 것이요(*ἐν γαστρὶ ἕξει καὶ τέξεται υἱόν* - 엔 가스트리 헥세이 카이 텍세타이 휘온) 그 이름을 임마누엘이라 하리라." 만일 12:1의 여자가 이스라엘을 상징한다면, 문제는 이스라엘을 어머니로 의인화하거나 또한 이스라엘이 메시아를 낳는다고 말하는 구약성경 구절이 없다는 것이다. 헤드리크(Hedrick, "Imagery," 31)에 의하면, "메시아를 낳는 것으로 의인화된 이스라엘에 대한 요한의 묘사에는 선례가 없다."

5b "이는 장차 철장으로 만국을 다스릴 남자라"(*ὃς μέλλει ποιμαίνειν πάντα τὰ ἔθνη ἐν ῥάβδῳ σιδηρᾷ* - 호스 멜레이 포이마이네인 판타 타 에드네 엔 라브도 시데라). 이 곳의 남성 관계대명사 호스(*ὅς*)의 선행사는 아르센(*ἄρσεν*, "남아")이 아니라 휘온(*υἱόν*, "아들")이다(5절의 주석과 5a절의 "원문주해"를 보라). 이 구절

은 *Pss. Sol.* 17:23-24에서 메시아를 나타내는 것으로 해석된 시편 2:9의 인유이며, 신약성경에 나오는 세 곳의 시편 2:9 인유 중 하나다. 신약성경의 시편 2:9 인용들은 모두 요한계시록에 나오는데, 2:27과 19:15은 모두 "그가 철장을 가지고 그들을 다스릴 것이다"(*ποιμανεῖ αὐτοὺς ἐν ῥάβδῳ σιδηρᾳ*-포이마네이 아우투스 엔 라브도 시데라)로 나타낸다. 그리고 12:5에만 멜레이(*μέλλει*, "…하려고 한다")와 판타 타 에드네(*πάντα τὰ ἔθνη*, "만국")가 나오는데, 이 사실은 저자가 다른 전승 경로로 이 인유를 얻었다는 것을 암시한다. 칠십인역 시편 2:9에는 "네가 철장으로 그들을 다스릴(또는 '몰아낼') 것이다"(*ποιμανεῖς αὐτοὺς ἐν ῥάβδῳ σιδηρᾳ*-포이마네이스 아우투스 엔 라브도 시데라; 여기에서 아우투스[*αὐτούς*, "그들을"]은 시 2:8의 에드네[*ἔθνη*, "열방"]를 나타낸다)로 나온다. 저자는 대명사 아우투스(*αὐτούς*)를 더 완전한 표현 판타 타 에드네(*πάντα τὰ ἔθνη*)로 대체하고 문체를 2인칭 단수에서 3인칭 단수로 바꾸었다. 이 인유는 아마 요한이 수정하고 있는 그리스 자료에 추가한 설명적 주해일 것이다(Charles, 1:clviii n. 2, 301). 그는 남아를 유대의 종말론에서 기대하는 메시아로 확인하고 그의 통치를 미래로 두었다. 여자와 어린 메시아의 이 묘사에 명확한 기독교적 인물들이 나오지 않기 때문에 비셔(Vischer)를 위시한 학자들은 저자가 유대교의 자료를 자신의 작품에 혼합했으나 기독교적 해석을 부여하지는 않았다는 제안을 하게 되었다(J. Weiss, *Offenbarung*, 82-84). 야브로 콜린스(A. Yarbro Collins, *Combat Myth*, 105)는 메시아와 그의 역할에 대한 이 묘사가 기독교의 묘사일 수 없고 분명히 유대교식 묘사라고 생각한다. 그러나 메시아가 탄생 후에 용에 의해 박해를 받고 그 후에 하나님에 의해 기적적으로 구출된다는 유대교의 전설이 존재하지 않는다는 사실은 인정하지 않을 수 없다(Bousset[1906] 349).

판타 타 에드네(*πάντα τὰ ἔθνη*, "모든 민족, 만국")라는 어구는 요한계시록에 다섯 번 나오고(12:5; 14:8; 15:4; 18:3, 23), 신약성경과 초기 기독교 문헌에 자주 나오는(마 24:9, 14[= 막 13:10]; 25:32; 28:19; 막 11:17[사 56:7]; 눅 21:24; 24:47; 행 14:16; 15:17; 롬 1:5; 15:11[시 117:1]; 갈 3:8; 딤후 4:17; *Barn.* 9:5[렘 9:25-26]; *1 Clem.* 59:4; *2 Clem.* 13:2[사 52:5]; 17:4; Hermas *Sim.* 9.17.4) 고정 어구(a fixed phrase)다. 이 어구는 초기 유대교 문헌에도 자주 나온다(*T. Sim.* 7:2; *T. Levi* 4:4; 8:14; 14:1, 4; 15:1; *T. Jude* 22:2; *T. Zeb.* 9:8; *T. Asher* 7:3; *T. Jos.* 19:6; *T. Benj.* 9:2; *Pss. Sol.* 9:9; 17:34; *Vit. Proph.* 2.10; 4.21B; 10.8; *Ant.* 11.215; *Ag. Ap.* 1.172). 그리고 이 어구는 구약성경에 약

60회 정도 나온다(예를 들어, 창 22:18; 신 17:14; 수 23:3; 삼상 8:5, 20; 대상 14:7; 사 2:2; 렘 25:9; 욜 3:2; 암 9:9).

5c "그 아이를 하나님 앞과 그 보좌 앞으로 올려 가더라"(*καὶ ἡρπάσθη τὸ τέκνον αὐτῆς πρὸς τὸν θεὸν καὶ πρὸς τὸν θρόνον αὐτοῦ*—카이 헤르파스데 토 테크논 아우테스 프로스 톤 데온 카이 프로스 톤 드로논 아우투). 아이는 즉시 어머니와 분리된다. 그 대신 그는 지금까지 보이지 않았던 "아버지" 즉 하나님과 합류한다(보좌의 문맥에서 "아버지"라는 용어가 하나님에게 사용되는 곳은 3:21뿐이다; 요한계시록에 나오는 아버지로서의 하나님에 대해서는 1:6의 "주석"을 보라). 이 문맥은 아마 예수님의 승천을 언급한 것일 것이다. 그리고 분명히 이것이 기독교 해석가들이 전통적으로 이 구절을 이해하는 방법이다(Prigent, *Apocalypse 12*, 8, 136). 그러나 이 해석이 부차적인 적용이라고 설득력 있게 주장할 만한 이유가 있다. (1) 누가복음 24장과 사도행전 1장의 승천 기사와 달리, 여기에서는 탄생 직후에 아이를 올려 간다(Yarbro Collins, *Combat Myth*, 105). (2) 예수님의 승천은 절대로 사단으로부터의 초자연적인 "구출"로 진술되지 않는다(Gollinger, *Apokalypse 12*, 151 -57). (3) 이 기사에는 분명히 십자가와 부활에 대한 언급이 없다(*Parables*, 148). 조아킴 제레미아스(Joachim Jeremias)는 고대 근동에는 이야기의 시작과 끝에 초점을 맞추고 그 사이에 일어난 일은 빼버리는 경향이 있었다고 말한다(*Parables*, 148). 리씨(Rissi, *Zeit*, 44)는 이 경향을 특별히 요한계시록 12:5에 적용한다. 스웨테(Swete, 151)는 하르파제인(*ἁρπάζειν*, "낚아채다")과 아날람바네인(*ἀναλαμβάνειν*, "올려 가다")이 의미상 중복된다는 사실과 아날람바네인(*ἀναλαμβάνειν*)이 예수님의 승천에 대해 사용된다는 사실을 주목한다(행 1:2, 11, 23; 딤전 3:16). 예수님의 승천은 누가복음 24장과 사도행전 1장, 그리고 마가복음의 긴 결말(16: 9-20)에만 기술된다. 그리고 이 기사는 디모데전서 3:16의 신앙고백적인 문맥에 인용된다. 예수님의 승천은 그리스도께서 하나님의 우편에 앉으셨다(*sessio ad dextram dei*)고 단언하기 위해 시편 110:1을 사용하심으로 전제된다(롬 8:34; 고전 15:25; 엡 1:20; 2:6; 골 3:1-3; 히 1:3, 13; 8:1; 10:12; 12:2; 벧전 3:20; *1 Clem.* 36:5; Pol. *Phil.* 2:1; *Barn.* 12:10; *Apoc. Peter* 6; *Sib. Or.* 2.243; *Ap. Jas.* 14.30; see Lindars, *Apologetic*, 45-51; Hay, *Psalm 110*). 아이가 "하나님 앞과 보좌 앞으로" 올려 갔다는 언급이 "하나님의 우편에"(*ad dextram dei*) 계시는 예수님의 메시아 신분을 단언하기 위해 사용된 시편 110:1의 인유일 수 있다(그러나 시 110:1은 아이의 즉위에 대해 말하지 않는다). 요한계시록의 다른 곳에서는 시편

110:1이 인유되지 않는다. 가능한 한 곳의 예외는 부활하신 그리스도께서 "이기는 그에게는 내가 내 보좌에 함께 앉게 하여 주기를 내가 이기고 아버지 보좌에 함께 앉은 것과 같이 하리라"고 말씀하시는 3:21이다. 유대교의 자료를 기독교화하는 데 하나님과 하나님의 보좌에 대한 언급은 적절했을 것이다. 왜냐하면 저자가 사용한 히브리 전승은 단순하게 "그녀의 아이가 하늘로 들어 올림을 받았다"(*ἡρπάσθη τὸ τέκνον αὐτῆς πρὸς τὸν οὐρανόν* – 헤르파스데 토 테크논 아우테스 프로스 톤 우라논)고 했을 것이기 때문이다.

물론 핵심이 되는 문제는 아이의 신원 증명인데, 특별히 시편 2:9의 인유를 후기의 추가라고 생각할 때 그렇다. 이사야 66:6-14(계 12:1-5에 두 번 언급되는)이 새로운 성의 출현을 묘사하면서 시온을 "어머니"로, 예루살렘을 "아이"로 나타내는 데 어머니와 탄생과 아이라는 비유적 표현을 사용하기 때문에, 요한계시록 12:1-6의 여자는 원래 시온을 나타내고 아이는 예루살렘을 나타냈을 가능성이 있다. 그리고 아이는 이차적으로 메시아와 동일시되었을지 모른다.

탈취(낚아챔)라는 의미를 중심으로 하는(하르파제인[*ἁρπάζειν*], 아네레이페스다이[*ἀνερείπεσθαι*]와 같이 "탈취하다, 낚아채다"[seize]라는 의미의 동사들: 자세한 참고문헌에 대해서는 Betz, *Lukian von Samosata*, 169 n. 3을 보라) 인기 있는 주제인 신성시 또는 신격화를 다루는 많은 그리스 신화가 있다. 일리어드(*Illiad*) 20.234에서는 가니메데(Ganymede)에 대해 톤 카이 아네레이프산토 데오 디이 오이노코유에인(*τὸν καὶ ἀνηρείψαντο θεὸ Διὶ οἰνοχοεύειν*, "제우스에게 포도주를 만들어 바치게 하려고 신들이 그를 낚아채었다")이라고 말한다(W. Dindorf, *Scholia Graeca in Homeri Iliadem*[Oxford: Clarendon, 1875] 2:202; Lucian *Dial. deorum* 8.1-2; Pausanias 5.24.5; Achilles Tatius 2.36.4; 2.37.2; Nonnos *Dionysiaca* 10.311을 보라). 핀달(Pindar)은 포세이돈이 펠로프스(Pelops)를 납치하여(*ἁρπάσαι* – 하르파사이) 올림푸스로 데리고 갔다는 내용을 전통적인 살인과 잔인한 행동들에 대한 내용에 대치한다(*Olympian Odes* 1.40). 오딧세이(*Odyssey*) 15.250는 새벽의 여신이 클레이투스(Cleitus)를 이끌어 감(*ἥρπασεν* – 헤르파센)으로 그가 신들과 함께 살게 되었다고 말한다. 하늘로 옮겨 간 아이라는 주제는 Pausanias 73.18.11에서 발견된다. 그 곳에서 아이(*παῖς* – 파이스) 디오니수스(Dionysus)는 헤르메스에 의해 하늘로(*ἐς οὐρανόν* – 에스 우라논) 옮겨졌다고 한다. 에우로파(Europa)에 대한 한 전설은 제우스가 그녀를 이끌어(*ἥρπασεν* – 헤르파센) 크레테로 옮겼고(Lucian *De dea Syr.* 4; see Apollodorus 73.1.1), 새벽의 여신이 오리온(Orion)을 이끌어(ἥρπασε – 헤르파세) 델로스로 데리고 갔다고 한다(Apollodorus 1.4.4). 아르테미스는 이피게네이아(Iphigeneia)를 들어올려 가서 그녀를 죽지 않는 존재로 만들었다고 한다(Apollodorus *Epitome* 3.22). 빌립은 주의 영에 의해 에디오피아 내시 옆에서 이끌림을 받아(ἥρπασεν – 헤르파센) 가이사랴로 옮겨졌다(행 8:39). 그리고 헤르마스는 성령에 의해 이끌림을 받아(여기에서는 하이레이[αἵρει]라는 용어가 사용된다) 계시의 장소로 옮겨졌다(Hermas *Vis.* 2.1.1). 이 심상은 그리스의 유괴 설화들에 근거한 것인데, 그리스의 유괴 설화들은 종종 두 개의 동사 하르파제인(ἁρπάζειν, "유괴하다, 낚아채다")과 코미제인(κομίζειν, "데리고 가버리다")을 짝을 지어 사용한다(예를 들어, Apollodorus 3.10.7에서 테세우스[Theseus]는 헬렌을 유괴하였다; 새벽의 여신은 티도니우스[Tithonius]를 유괴하여 에티오피아로 데리고 갔다[Apollodorus 3.12.4]; 포세이돈은 자신의 아들 유몰푸스[Eumolpus]를 구출하여 에티오피아로 데리고 갔다[Apollodorus 3.15.4]; 디오니수스는 아리아드네[Ariadne]와 사랑에 빠져 그녀를 렘노스[Lemnos]로 데리고 갔다[Apollodorus *Epitome* 1.9]). 다른 설화로, 에녹은 천사들에게 안내를 받아 에덴 동산에서 다시 살게 되었다(*Jub.* 4:23). 그 밖의 그리스-로마의 유괴와 이동 설화들에는 다음과 같은 내용들이 포함된다: 플루토(Pluto)는 페르세포네(Persephone)를 유괴하여 황천으로 데리고 갔다(Apollodorus 1.5.1). 프릭수스(Phrixus)와 헬레(Helle)는 그들의 어머니 네펠레(Nephele, "구름")가 보낸 숫양에게 끌려(ἀνήρπασε – 아네르파세) 에게 해 건너편으로 옮겨졌다(Apollodorus 1.9.1). 구름은 헤라클레스를 하늘로 끌어올려(εἰς οὐρανὸν ἀναπέμψει – 에이스 우라논 아나펨프세이) 불사신이 되게 한 운송 수단이었다(Apollodorus 2.7.7). Apollodorus 1.9.23에 의하면, 아프로디테(Aphrodite)는 부테스(Butes)를 유괴했다(ἁρπάσασα – 하르파사사). 디오니수스는 자신의 어머니 세멜레(Semele)를 황천에서 벗어나게 한 다음 함께 하늘로 올라갔다(Apollodorus 3.5.3). 제우스는 폴룩스(Pollux)를 하늘로 데리고 갔다(εἰς οὐρανὸν ἀνάγει – 에이스 우라논 아나게이)(Apollodorus 3.11.2). 제우스는 가니메데(Ganymede)를 독수리에 태워서 하늘로 끌어올렸다(ἀναρπάσας – 하나르파사스)(Apollodorus 3.12.2; Lucian *Dial. deorum* 10.1). 바울은 셋째 하늘, 낙원으로 갔던(그 자신 또는 다른 어떤 사람) 환상의 승천을 묘사하는 데 부정과거 수동태 동사 헤르파게(ἡρπάγη, "이끌려 갔다")를 사용한다(고전 12:2, 4). 그리고 예수님의 재림 때 그리스도인들의 집단 승천을 말하며 같은 동사의 미래 수동태 하르파게소메다(ἁρπαγησόμεθα)를 사용한다(살전 4:17). *Gk Ap. Ezra* 5:7에서 황천 여행 후에 에스라는 (환상의 경험에 대해) "내가 이 말을 하고 있는 동안 구름이 내려와 나를 낚아채어(*ἥρπασέν με* – 헤르파센 메) 하늘로 나를 올려 갔다(*ἀπήνεγκέν με* – 아페넹켄 메)"고 말한다. 이보다 앞인 1:7에서 저자는 자신의 최초의 승천을 다음과 같이 언급한다. "그러므로 나는 하늘로 들어올림을 받았다(*ἀνελήφθην* – 아넬레프덴)." *T. Job* 39.9-40.5에서 욥은 자신의 자녀들의 시체를 무너진 집에서 찾지 못할 것이라고 주장하는데, 그 이유는 "그들이 창조주에 의해 하늘로 들어올림을 받았다(*ἀνελήφθησαν* – 아넬레프데산)"는 것이다. 그 말을 들은 자들이 의심을 표하자, 그들은 욥의 자녀들이 하늘에 계신 분 옆에서 면류관을 쓰고 있는 것을 보는 것을 허용받았다.

6a "그 여자가 광야로 도망하매"(*καὶ ἡ γυνὴ ἔφυγεν εἰς τὴν ἔρημον* – 카이 헤 귀네 에퓌겐 에이스 텐 에레몬). 1-3절에서 저자가 묘사하는 신화적 기사는 하늘에서 일어나는 일처럼 보이기 때문에, 여자가 광야(아마도 땅의 광야)로 도망하는 것은 문제가 있다. 그러나 만일 하늘의 이적들이 그때 저자가 말하지 않은 전투를 상징하는 별자리들이라면 가정되는 모순은 존재하지 않는다. 이 곳과 14절에서 여자는 메시아의 탄생과 승천에 이어 박해를 경험하기 시작한 기독교 공동체의 의인화로 해석되는 것처럼 보인다. 하나님의 백성이 피난처를 찾아 광야로(막 13:14-20=마 24:15-22=눅 21:20-24) 또는 "사막에서 사막으로"(*Asc. Isa.* 4:13; Hippolytus *de Ant.* 61.9) 도망하는 것은 여러 묵시록의 문맥들에 나온다. 그러나 12:17은 하나님의 백성이 광야나 다른 어떤 곳으로 도망하는 것에 대해 아무 말도 하지 않는다. 광야라는 주제는 이스라엘과 유대 문학에서 극히 중요했다. 쿰란 공동체에서 사막의 은둔은 최후의 종말 전투를 위한 예비 행위였다. 1QM 1:1-3(P. von der Osten-Saken, *Gott und Belial*, 30-41)을 보라. 사막은 전통적으로 환난 때에 피난처로 여겨졌고(왕상 17:2-3; 19:3-4), 초기 유대교에서는 다양한 신학적 연상들을 갖고 있었다(Yarbro Collins, *Combat Myth*, 120-22; Hengel, *Zealots*, 249-53). 맛타디아스(Mattathias)와 그들의 아들들이 사막으로 도망한 것은 이 주제들의 역사적인 적용이다(1 Macc 2:28-29; 2 Macc 5:27; *Pss. Sol.* 17:16-17). 저자는 이 장면이 하늘에서 땅으로 바뀌었다고 말하지 않는다. 그러므로 광야는 지리적 장소가 아니라 상징이다(Gollinger, *Apokalypse 12*, 100-101).

6b "하나님의 예비하신 곳이 있더라"(*ὅπου ἔχει ἐκεῖ τόπον ἡτοιμασμένον ἀπὸ τοῦ θεοῦ* – 호푸 에케이 에케이 토폰 헤토이마스메논 아포 투 데우). 헤토이마제인 토폰(*ἑτοιμάζειν τόπον*, "장소를 예비하다")이라는 어구가 요한복음 14:2-3

에 나오지만, 요한복음과 요한계시록의 공통된 기원(Prigent, 369의 제안)을 나타내기에 충분할 정도로 독특한 것으로는 거의 생각할 수가 없다.

6c "거기서 일천이백육십 일 동안 저를 양육하기 위하여"(*ἵνα ἐκεῖ τρέφωσιν αὐτὴν ἡμέρας χιλίας διακοσίας ἑξήκοντα* – 히나 에케이 트레포신 아우텐 헤메라스 킬리아스 디아코시아스 헥세콘타). 하나님에 의해 제한된 기간을 나타내는 이 상징적인 종말론적 숫자는 "한 때와 두 때와 반 때"(계 12:14), "마흔두 달"(계 11:2; 13:5) 또는 "일천이백육십 일"(계 11:3)로 다양하게 표현되는 삼 년 반으로 이루어진다. 요한계시록 11:2의 "주석"을 보라.

7a "하늘에 전쟁이 있으니"(*καὶ ἐγένετο πόλεμος ἐν τῷ οὐρανῷ* – 카이 에게네토 폴레모스 엔 토 우라노). 이 절은 많은 사람들이 6절과 9절 사이에 삽입된 단편 기사로 생각하는 내용을 시작한다. 1-6절의 중단된 기사, 즉 용이 여자와 그녀의 아이를 쫓는 기사와 10-17절에서 이어지는 기사, 즉 용이 여자와 그녀의 남은 자손을 쫓는 기사 간에는 분명한 연결이 없다. 이 돌연스러운 내용은 아마 최초의 독자들에게 약간 충격을 받을 정도로 의외였을 것이다. 왜냐하면 이스라엘과 초기 유대의 자료들에는 7-9절에 묘사된 것과 같은 하늘의 전쟁 기사가 거의 나오지 않기 때문이다. 이와 유사한 한 기사는 계명성(루시퍼)과 황도대의 열두 별자리를 포함하는 별들 간의 종말론적 전쟁을 기술하는데, 그 결말에서 전투자들은 땅으로 내어 쫓긴다(*Sib. Or.* 5.512-13; 참조. Philo *Som.* 2.114-15). 그러나 5절에 의하면 그 아이가 하나님 앞과 하나님의 보좌 앞으로, 즉 하늘로 올려 갔다고 말하기 때문에 하늘의 전쟁이 아이를 삼키려는 용의 무익한 시도에 의해 일어난 것은 명확하다. 그러나 구약성경과 초기 유대교에는 초기 기독교에서 널리 수용된 개념이 있었으니, 하늘의 천사가 땅의 각 민족을 대표한다는 개념이다. 맛소라 사본의 신명기 32:8은 "지극히 높으신 자가 열국의 기업을 주실 때, 인종을 분정하실 때에 이스라엘 자손(בני ישראל – 베네 이스라엘)의 수효대로 민족들의 경계를 정하셨도다"라고 나타낸다. 그러나 칠십인역(*κατὰ ἀριθμὸν ἀγγέλων θεοῦ* – 카타 아리드몬 앙겔론 데우, "하나님의 천사들의 수에 따라")과 다른 사본들은 원문이 아마 베네 엘(בני אל)이나 베네 엘림(בני אלים, "하나님의 아들들") 즉 천사들이었을 것이라는 사실을 암시한다(*BHS*, 345). 이사야 14:32은 민족들의 천사 대표들을 나타내는 "열방의 사자들"(the messengers of the nations, 개역, "그 나라 사신들")을 언급한다. 다니엘 10:20에서는 이 천사들 중 두 천사가 "페르시아의 군주"와 "그리스의 군주"(개역, "바사 군"과 "헬라 군")로 언급된다. 1QM 17:6에서 "미가엘의 나라"(משרת מיכאל –

미스라트 미카엘)는 이스라엘을 나타낸다. 지상 국가들 간의 전쟁은 각각 천사 군대를 동반하는 그들의 하늘 대표들 간의 전쟁이 짝지워진다(Collins, *Daniel*, 133-38). 그러나 이그나티우스(Ignatius, *Eph.* 13:2)의 흥미 있는 한 구절에 의하면, 믿음의 연합은 "하늘의 존재들과 땅의 존재들(*ἐπουρανίων καὶ ἐπιγείων*－에푸라니온 카이 에피게이온)에 대한 모든 전쟁(*πόλεμος*－폴레모스)이 폐지되는" 수단이라고 한다. 반면에 이그나티우스, *Eph.* 13:1의 문맥은 이 전쟁이 하늘의 존재들과 땅의 존재들 간의 전투가 아니라(그러나 이것이 원래의 의미일지 모른다: Wehr, *Unsterblichkeit* 90를 보라), 오히려 기독교 공동체가 하늘의 존재들(즉 "눈에 보이지 않는" 존재들: *Trall.* 5.2을 보라), 즉 악한 초자연적 존재들과 땅의 존재들(즉 "눈에 보이는" 존재들: *Trall.* 5.2를 보라) 또는 이단자와 같은 인간 반대자들(Wehr, *Unsterblichkeit*, 88-91)에 의해 공격을 받는다고 명확하게 밝힌다. *Pistis Sophia* 1.27(ed. Schmidt-Till, p. 23, lines 5-11; ed. Schmidt-MacDermot, pp. 37-38)은 압제자 아다마스(Adamas)와 열두 시대의 모든 압제자들이 강림하신 예수님의 광휘를 훔쳐 자기들의 것을 만들려고 어떤 식으로 전쟁을 벌이기 시작했는지를 설명한다. 이 전쟁은 하늘의 전쟁이지만 예수님의 은밀한 강림과 관련된 별자리 신화에 속하는 것이다(Ign. *Eph.* 19:1; *Asc. Isa.* 9:14-15; 11:16을 보라). 하늘의 전쟁에 대한 몇 가지 헬라 문화 시대의 신화들이 있다. 일부 해석가들은 아테네와 아틀란티스 간의 신화적 전쟁이 항성들(아테네인들)과 행성들(아틀란티스인들) 간에 공전 주기로 인한 전쟁을 나타내는 것으로 생각했다. 즉 항성들은 동쪽에서 서쪽으로 공전하는 것처럼 보이는 반면에, 행성들은 서쪽에서 동쪽으로 공전하는 것으로 보인다(Proclus *In Timaeus* 1.76.21-30; 참조. Philo *Som.* 2.114-15).

[7]b "미가엘과 그의 사자들이 용으로 더불어 싸울새 용과 그의 사자들도 싸우나"(*ὁ Μιχαὴλ καὶ οἱ ἄγγελοι αὐτοῦ τοῦ πολεμῆσαι μετὰ τοῦ δράκοντος. καὶ ὁ δράκων ἐπολέμησεν καὶ οἱ ἄγγελοι αὐτοῦ*－호 미카엘 카이 호이 앙겔루 아우투 투 폴레메사이 메타 투 드라콘토스 카이 호 드라콘 에폴레메센 카이 호이 앙겔로이 아우투). 아모르고스(Amorgos)에서 발견된 납으로 만든 연대 미상의 한 부적에는 종양을 치유하기 위한 간원이 새겨 있는데, 그 일부분은 다음과 같다. "자신의 천사장들인 미가엘과 가브리엘의 손을 통해 머리가 열두 개 달린 용(*τὰ τὸν δωδεκακέφαλον δράκοντα*－타 톤 도네카 케팔론 드라콘타)을 죽인 분의 이름으로 내가 너 악성 종양에게 간원하노니…"(T. Homolle, "Inscriptions d'Amorgos: Lames de plomb portant des imprécations," *Bulletin de Correspondance Hellénique* 25[1910]

430-56; 이 본문과 번역은 H. Leclercq, "Amulettes," *DACL* 1:1796-99에도 나온다). 물론 요한계시록에서 용은 일곱 개의 머리가 달린 것으로 묘사된다(3절; 참조. 13:1; 17:3). 내가 알고 있기로 미가엘과 가브리엘이 일곱 머리를 가진 용을 죽인 정확하게 유사한 고대 신화는 없다. 그러나 7-9절의 종말론적 신화는 분명히 이 신화의 변형을 개작한 것이다. 탈문으로 수수께기 같은 11QMelch 9-15에 묘사된 종말의 전투에는 멜기세덱(분명히 미가엘과 일치한다; Vermes, *Dead Sea Scrolls*, 300를 보라)이 하나님의 거룩한 자들(וקדושי אל - 웨크디쇼 엘), 즉 천사들과 연합하여 벨리알과 그의 무리(רוחי גורלו - 루헤 고랄로) 악령들을 심판하고 제거한다. 이 본문은 시편 82:1("하나님[엘로힘=멜기세덱/미가엘에 대해 사용된 용어]이 하나님[엘로힘=천사들]의 회 가운데 서시며 재판장들 중에서 판단하시되")과 시편 7:7b-8a("그 위 높은 자리에 돌아오소서 여호와[엘 = 멜기세덱/미가엘]께서 만민에게 심판을 행하시오니")의 해석으로 제시되기 때문에 하늘에서 일어난 일로 보이며, 따라서 요한계시록 12:7-9에 기술된 종말의 사건들과 일치한다. 사단(벨리알과 마스테마[Mastema]라고도 불리는)이 하나님 앞에서, 즉 하늘에서 이스라엘 백성을 송사하는 것으로 생각되는 본문들이 있다(욥 1:6-12; 2:1-6; *Jub.* 1:20; 17:15-16; 48:15-18; *1 Enoch* 40:7[여기에서 송사자들은 "사단들"이다]). 또한 심판 날에 천사 군대가 사단과 그의 영들을 패배시킬 것이라는 전설이 있고(*T. Levi* 3:3; 1QM 15-19, 여기에서 빛의 아들들과 어둠의 아들들 간의 전투에 미가엘[1QM 17:7]과 그의 군대 그리고 벨리알과 그의 군대가 합세한다; 참조. 4Q*491* frag. 11, the "Son of Michael"), 정확하게 어떻게 되는지 상세하게 말하지 않고 단순하게 사단이 패배할 것이라는 막연한 진술들도 있으며(*1 Enoch* 10:6; *T. Jud.*. 25:3; *Apoc. Ezra* 4:43), 또는 그리스도께서 사단을 패배시키실 것이라는 진술도 있다(*T. Levi* 18:12; *T. Sim.* 6:6; *T. Dan* 5:10-11; *T. Zeb.* 9:8에 나오는 기독교적 해석).

하늘의 천사 군대 개념(Mach, *Engelglaubens*, 241-55)은 구약성경과 초기 유대교와 초기 기독교에 자주 나온다. 고대 이스라엘의 개념에 의하면, 이스라엘 군대는 천군의 도움을 받을 수 있었다(수 5:14; 왕하 6:17; 단 10:13, 21; 12:1; 2 Macc 2:21; 3:25-26; 5:2-4; 8:19-20; 11:6; 15:22-23; 3 Macc 6:18-21; 1QM 9:5-6; 11:11-13). 그리스 세계에는 신들이 기적적으로 자신의 신전이나 도시들을 보호하는 설화들이 있다(Herodotus 8.37-39; Diodorus 11:14.3-4; Pausanias 10.23.1-10; Doran, *Temple Propaganda*, 47-52). 천군 개념은 누가복음 2:13에 나오는데(행 7:42을 보라), 이것은 칠십인역의 표현 스트라티아 투 우라누(*στρατιὰ τοῦ οὐρανοῦ*, "하늘의 군대")의 이문이다(3 Kgdms 22:19; 2 Esdr 19:6[맛소라 사본 느 9:6]; 렘 19:13; 호 13:4; 대하 33:3, 5; 느 9:6). 마태복음 26:53에서 예수님께서는 "열두 영의 천사"(twelve legions of angels)에 대해 언급하시는데, 이 말은 라틴어 "legion"(군단)이 나타내는 바와 같이 로마군의 조직에 기초한 개념이다(왕하 6:17을 보라). 이 천사 "군단" 심상은 신약성경에서는 독특하지만 후기 랍비 문헌에는 자주 나온다(Str-B, 1:997). 미가엘과 "그의 천사들"의 개념은 "그의 천사들과 함께" 오시는 성자의 강림과 유사하다(마 16:27; 참조. 24:31; 막 8:38).

부록 12A: 천사장 미가엘

참고문헌

Bauckham, R. J. *Jude, 2 Peter.* WBC 50. Waco, TX: Word, 1983. **Betz, O.** *Der Paraklet: Fürsprecher im häretischen Spätjudentum, im Johannes-Evangelium und in neu gefundenen gnostischen Schriften.* Leiden: Brill, 1963. **Kobelski, P. J.** *Melchizedek and Melchiresa.* CBQMS 10. Washington, DC: Catholic Biblical Association, 1991. **Luecken, W.** *Michael: Eine Darstellung und Vergleichung der jüdischen und der morgenländisch-christlichen Tradition vom Erzengel Michael.* Göttingen: Vandenhoeck & Ruprecht, 1898. **Rohland, J. P.** *Der Erzengel Michael: Artzt und Feldherr: Zwei Aspekte des vor- und frühbyzantinischen Michaelskultes.* Leiden: Brill, 1977.

초기 유대교에 중요한 천사 미가엘은 구약성경에서는 단지 세 번 언급되고(단 10:13, 21; 12:1), 신약성경에서는 두 번(유 9; 계 12:7) 그리고 속사도의 작품에서는 한 번 언급된다(Hermas *Sim.* 8.3.3). 다니엘 10:13-21에서 가브리엘(구약성경에 특별하게 이름이 나오는 유일한 또 한 명의 천사이지만, 여기에서 그가 천사 가브리엘인지는 확실하지 않다)은 미가엘에 의해 교체될 때 자신과 "바사국의 군장"(즉 바사[페르시아]를 대표하는 천사)이 이십일 일 동안 교전을 했다고 주장한다. 다니엘 10:20에서 "바사 군"(prince of Persia)과 "헬라 군"(prince of Greece)이 언급되는데, 이들은 분명히 페르시아와 그리스의 국가 천사들이다. 다니엘에서부터 미가엘은 "네 민족(즉 이스라엘)을 호위하는 대군(Theod *ἄρχων*–아르콘)"(단 12:1; 참조. *1 Enoch* 20:5) 또는 "유대 백성의 통치자(*ἄρχοντα*–아르콘타)"로 간주된다(Ps.- Dionysius Areopagita *De caelesti hierarchia* 9.2). 이 전쟁은 천사들이 싸우는 전투로 보이지만, 그들이 이끄는 천군에 대해서는 전혀 언급되지 않는다. 유다서 9절은 모세의 시체를 놓고 사단과 다투는 천사장 미가엘에 대한 설화를 도마 복음서의 사라진 결말에서 인용한다(Bauckham, *Jude*, 2 Peter, 65-76). 이 내용은 미가엘과 사단이 충돌하는 요한계시록 12:7-9과 관련이 있지만, 그들이 전투를 벌이거나 군대에 의해 지원을 받는 것으로 묘사되고 있지는 않다. 미가엘은 요한계시록에 특별하게 이름이 나오는 유일한 천사이며(이 곳 12:7-9에서만), 이 구절은 미가엘이 천사 계급에서 첫 번째 위치를 차지한다는 생각을 그리스도인들도 갖고 있었음을 보여 주는 최초의 증거다. 요한계시록 12:7-9에서 미가엘은 천군을 인솔하는 것으로 묘사되기 때문에 단지 천사장일 뿐만 아니라, 직명은 나오지 않지만 역할상 "군사령관"(ἀρχιστράτηγος - 아르키스트라테고스)이기도 하다. 아래의 유대 문서에 나오는 이 직명의 증거를 보라. *Apoc. Paul* 14에서 악한 천사들은 무죄한 영혼이 천국에 들어가는 것을 방해하기 위해 선한 천사들과 싸운다. 영혼이 드디어 천국에 들어가자 "미가엘과 그의 천군"(*Michael et omnis exercitus angelorum*)은 하나님께 경배한다. 그러자 하나님께서는 죄를 짓지 않은 영혼을 기쁘게 낙원으로 인도하여 그 곳에서 부활을 기다리게 하라고 미가엘에게 맡기신다. *Apoc. Paul* 43에서 미가엘은 "천군 전체를 인솔하고"[*Michael cumomne exercitu angelorum*] 하늘에서 내려오는 것으로 묘사된다. 4세기의 *Gos. Bartholomew* 4.29(Hennecke-Schneemelcher, NTA 1:497)에서 미가엘은 "위에 있는 군대의 장관"으로 칭해진다.

초기 유대 문헌들에서 미가엘은 아르캉겔로스(ἀρχάγγελος) 또는 "천사장"으로 칭해진다(Sync *1 Enoch* 9:1[Black, *Apocalypsis*, 23]; *T. Abr.*[Rec. A] 1:4, 6; 10:1; 20:10; Rec. B에서 이 칭호는 prescript에서만 미가엘과 연관된다[Denis, *Concordance*, 830]; *Adam and Eve* 22:1; 37:4; 38:1; 40:1; *Paral. Jer.* 9:5; *3 Apoc. Bar.*[Gk.] 11:8; Jude 9; see *4 Bar.* 9:5; *Apoc. Sedr.* 14:1; *T. Mos.* 9:1[Denis, *Fragmenta*, 64, 67; 유다서 9절의 사라진 전거; *Jub.* 10:7 frag.[Denis, *Fragmenta*, 86]). 미가엘은 "총사령관"(ἀρχιστράτηγος - 아르키스트라테고스)으로도 칭해진다(*T. Abr.*[Rec. A] 1:4; 2:2; 3:9; 4:7; 5:1; 7:11; 9:8; 10:12; 14:5, 12; 15:1; 19:4[Rec. B에는 이 칭호가 완전히 나오지 않는다]; *3 Apoc. Bar.*[Gk.] 11:4, 7, 8; *Gk Ap. Ezra* 4:24). 이 칭호는 다니엘 12:1(그리고 랍비 문헌[그러나 미쉬나에서는 미가엘이 언급되지 않는다; *b. Ḥag.* 12b; *b. Menaḥ.* 110a를 보라])에 나오는 "군장"(맛소라 사본의 핫사르 학가돌[הַשַּׂר הגדול]; 칠십인역의 호 아르콘 호 메가스[ὁ ἄρχων ὁ μέγας])에 해당하는 헬라어다. 칠십인역에서 아르키스트라테고스

(ἀρχιστράτηγος)라는 칭호는 하늘의 존재에 대해 두 번 사용된다(수 5:14; 단 8:11). 초기 유대 전승에서 미가엘은 대개 "임재의 천사들"로 칭해지는 한정된 무리와 관련되는데, 이들은 네 천사장의 무리라고 하기도 하고(*1 Enoch* 9:1; 40:9; 54:6; 71:8, 9, 13; *Apoc. Mos.* 40:3; *Sib. Or.* 2.215; *Num. Rab.* 2:10; *Pesiq. R.* 46; *Pirqe R. El.* 4; 참조. Lueken, *Michael*, 34-35; Bousset-Gressmann, *Religion des Judentums*, 326-27; 참조. *Epistula Apostolorum* 13), 일곱 행성과 같은 수인 일곱 천사장으로 확인되기도 한다(Tob 12:15; *1 Enoch* 20:1-7; 참조. Lueken, *Michael*, 36-37; Bousset-Gressmann, *Religion des Judentums*, 325-36). 종종 이 천사들은 특별한 활동을 관리하는 것으로 생각된다. 즉 라파엘은 치유를 관리하고, 가브리엘은 전쟁을 관할하고, 미가엘은 사람들의 기도와 탄원에 관여한다는 것이다(Origen *De principiis* 1.8.1). *T. Abr.*[Rec. B] 4:5(MS B)에서 "바로 그 미가엘은 천사들 중 첫째다"라고 하는 것과 같이, 때로 마가엘은 수위 천사로 등장한다. 그는 어둠의 자손들과 빛의 자손들의 종말 전투에 관여한다. 전쟁 두루마리(War Scroll)에는 미가엘이 세 번밖에 언급되지 않지만(1QM 9:15-16; 17:6-8), 쿰란 공동체의 천사론에서 등장하는 것에 비해 더 중요한 역할을 했던 것 같다. 쿰란의 윤리적 이원론은 사람들을 궁극적으로 상충하는 두 초자연적 존재 "진리의 영"(רוח האמת-루아흐 하에메트)과 "악의 영"(רוח העול-루아흐 하아웰)의 영향을 받는 것으로 보았다(1QS 3:18-19). "어둠의 천사"(מלאך חושך-말라크 호쉐크)라는 칭호는 분명히 벨리알, 즉 사단을 나타내는 반면에(1QS 1:17-18; 3:20-21; CD 5:18-19), "빛들의 군장"(שׂר אורים-사르 오림; 1QS 3:20; CD 5:18), "빛의 군장"(שׂר מאור-사르 마오르; 1QM 13:10) 또는 "빛의 천사"(1QS 3:24)라는 칭호는 미가엘을 나타낸다. 1QS 3:20과 다니엘 12:1에서 이 어구는 모두 동일한 칭호 "군장"(שׂר-사르)을 갖고 있다(Betz, *Paraklet*, 66-69; Leaney, *Rule*, 43-44, 148). 미가엘과 멜기세덱은 4Q〉Amram 3:2에서 확인된다(Kobelski, *Melchizedek*, 71-74). 빛의 천사(미가엘)와 벨리알은 모두 그들을 따르는 천사 군대를 거느린다(1QM 13:10-12). 다니엘 10:21과 유다서 9절에서 미가엘은 악의 세략과 싸우는 자로 제시된다. 그는 "그 나라의 열쇠를 갖고 있는 자"이며(Slavonic *3 Apoc. Bar.* 11:2) 사람들의 기도를 하나님께 호송하는 자로 확인된다(Slavonic *3 Apoc. Bar.* 11:4). 그는 "대군"(great prince)으로 지칭되기도 하고(단 12:1; *b. Ḥag.* 12b; *b. Menaḥ.* 1; *b. Zebaḥ* 62a), 천사 군대의 총사령관으로 지칭되기도 한다(단 10:13, 21; *2 Enoch* 22:6; 33:10[Rec. A]; *T. Abr.*[Rec. A, Rec. B] 14; *3 Apoc. Bar*[Gk.] 11:4, 6).

8 "이기지 못하여 다시 하늘에서 저희의 있을 곳을 얻지 못한지라"(*καὶ οὐκ ἴσχυσεν οὐδὲ τόπος εὑρέθη αὐτῶν ἔτι ἐν τῷ οὐρανῷ*-카이 우크 이스큐센 우데 토포스 휴레데 아우톤 에티 엔 토 우라노). 이와 매우 유사한 어구가 요한계시록 20:11, "간 데 없더라"(*καὶ τόπος οὐχ εὑρέθη αὐτοῖς*-카이 토포스 우크 휴레데 아우토이스)에 나오는데, 이 어구는 Theod Dan 2:35의 축어적 인유다. 이 두 구절에서 모두 대명사는 소유를 나타내는 것 같다. 이 절의 유사구는 에녹에 대해 말하는 *1 Clem.* 9:3에 나온다: 카이 우크 휴레데 아우투 다나토스(*καὶ οὐχ εὑρέθη αὐτοῦ θάνατος*, 직역하면 "그리고 그의 죽음이 찾지 못했다", 즉 "그의 죽음이 일어나지 않았다" 또는 "그가 죽지 않았다). 동사 이스큐에인(*ἰσχύειν*)은 라틴어에서 *imperium habere*("제왕권을 가지다")로 번역될 수 있기 때문에(Mason, *Greek Terms*, 58), 이 구절은 로마 황제에게 일어날 일의 패러디일지 모른다.

9a "큰 용이 내어쫓기니"(*καὶ ἐβλήθη ὁ δράκων ὁ μέγας*-카이 에블레데 호 드라콘 호 메가스). 9절은 용의 동류에 대한 삽입구적 언급과 이어지는 요약에 의한 명백한 교차법 배열을 가지고 있다.

a 큰 용이 내어쫓기니
b 옛 뱀 곧 마귀라고도 하고 사단이라고도 하는
b' 온 천하를 꾀는 자라
a' 땅으로 내어쫓기니
그의 사자들도 저와 함께 내어쫓기니라

영웅이 용과 싸우는 전투 신화는 통례적으로 용의 죽음으로 끝나기 때문에, 이 변형은 사단의 타락에 대한 유대의 원시적 신화로 각색된 것이다. 두 번 나오는 부정과거 동사 에블레데(*ἐβλήθη*, "그가 내어 쫓겼다")의 수동태는 하나님의 행동을 나타내는 수동태 역할을 한다. 즉 동사의 주어로 "하나님"이라는 명칭을 회피하는 완곡 표현이다(9:3의 "주석"을 보라). 따라서 용은 미가엘과 미가엘의 천사들에 의해 내어쫓긴 것이 아니라, 궁극적으로 하나님에 의해 내어쫓긴 것이다. 사단과 사단의 천사들이 패배하고 하늘에서 내어쫓기는 것으로 끝나는 미가엘과 사단의 하늘 전쟁 신화(7-9절)는 이사야 14:12-15에 기초한 주제로서, 12:9에서는 종말의 사건으로 기술되지만(눅 10:18에서도 그러한 것처럼: 요 12:31의 어투를 참조하라), 초기 유대교와 이슬람 문헌에서는 원시적 또는 원초적 사건으로 기술된다. 물론 사단이 하나님의 하늘 보좌 앞에서 땅의 의로운 사람들의 대적 역할을 하고 있다는 전설은(12:10의 "주석"을 보라) 그가 태고에 하늘에서 쫓겨났다는 재해석으로 이어졌고, 종말에 그가 추방되는 설화로 귀착되었다(Bousset[1906] 351). *Adam and Eve* 12-16(특별히 13:1; 16:2)에는 사단과 아담의 대화가 나오는데, 이 대화에서 사단은 자신이 하늘에서 내어쫓긴 책임을 아담에게 뒤집어 씌운다(*Gos. Bartholomew* 52-55도 보라; *Qu'ran* 7.11-17: Iblîs[=사단]는 아담에게 굴복하지 않은 이유로 하늘에서 쫓겨난다). 이 전설은 *Qu'ran*에서 자주 반복된다(2.34; 15.28-39; 17.61-64; 18.50; 20.116-17; 38.71-83을 보라). 사단의 하늘로부터 원초적인 추방에 대한 이 전설들은 *Apoc. Moses* 39에 나오는 아담의 시체에 대한 하나님의 독백이다. 여기에서 하나님께서는 아담이 그를 유혹한 자(=사단)의 지위를 차지할 것이라고 말씀하신다. 즉 사단은 땅으로 내어쫓길 것이므로 아담이 사단의 자리를 얻게 된다는 것이다. *Adam and Eve* 47의 이 헬라어 개정판은 종말에 사단이 하늘에서 내어쫓기는 것을 언급할 것이다. 이사야 14:12-15에서 발견되는 교만과 추방이라는 두 주제는 *Gos. Bartholomew* 52-55(NTA 1:499-500)와 주후 1세기 말경의 유대교 묵시록 *2 Enoch* 29:4-5(Bousset[1906] 350-51)에도 나온다. 땅으로 던짐을 당하는 용의 표현은 공관복음서에 기록된 유일한 예수님의 환상에 밀접한 유사구가 나온다. "예수께서 이르시되 사단이 하늘로서 번개같이 떨어지는 것을 내가 보았노라"(눅 10:18). 이 전승은 요한복음 12:31에 축어적인 유사구를 갖고 있다. "이제 이 세상의 심판이 이르렀으니 이 세상 임금이 쫓겨나리라(*ἐκβληθήσεται ἔξω* – 에크블레데세타이 엑소; 16:11을 보라)." 그러나 여기에서 사단은 하늘에서 쫓겨나는 것이 아니라 땅에서 쫓겨난다. 즉 예수님에게 패배를 당하는 것이다. 이문의 블레데사이 카토(*βληθήσεται κάτω*, "쫓겨났다"; Q사본과 일부 번역본의 증거: it syr^{s} cop^{sa})는 하늘로부터의 추방을 명백하게 나타내지만 원형을 주장하지 못하는데, 아마 요한계시록 12:9-10, 13의 영향을 받았을 것이다(Schnackenburg, *John* 2:392를 보라). 요한복음 12:31의 본문과 같이 이 어구는 지금 사단이 세상에서 쫓겨난다는 의미일 수도 있다. 즉 예수님의 십자가에 의해 사단이 최후의 심판을 받고 패배했다는 것이다(요 12:32; 16:11). 요한계시록 9:1에서 요한은 유사한 환상을 기록한다. "내가 보니 하늘에서 땅에 떨어진 별 하나가 있는데." 그러나 이 곳에서 별은 분명히 땅에 황충 재앙을 풀어 놓는 하나님의 사자 역할을 하기 때문에 사단을 상징할 수 없다(9:1의 "주석"을 보라). 7-9절은 유대교의 특성을 시사한다. 왜냐하면 사단을 패배시키는 인물이 메시아가 아니라 미가엘(이스라엘의 수호 천사; 단 10:13, 21; 12:1; 1QM 17:4ff.; *3 Enoch* 44:10을 보라)이기 때문이다. 분명히 요한은 용을 사단과 동일시하고자 한다. 왜냐하면 요한은 9절에서 용, 옛 뱀, 마귀, 사단을 포함하는 사단의 여러 가지 이름들을 열거했기 때문이다. 사단의 추방은 이레네우스(Irenaeus *Adv. Haer.* 4.40.3)에게서도 언급된다. 아폴로도루스(Apollodorus 1.6.3)는 타이폰이 하늘을 습격하려고 하면서 이집트의 신들을 추종했을 때 제우스의 공격을 받았다는 전설을 보존하고 있다. *Apoc. Abr.* 23에서 용(여섯 쌍의 날개와 인간의 손발을 갖고 있는)은 에덴 동산에서 하와를 유혹할 때 아자젤 또는 사단의 도구다.

[9]b "옛 뱀"(*ὁ ὄφις ὁ ἀρχαῖος* – 호 오피스 아르카이오스). 이 어구는 용의 별명들이 열거되는 짧은 추기(追記)를 시작한다. 여자와 아이의 이름을 말하거나 확인하지 않는 반면에, 저자는 9절에서 용의 전통적인 이름과 칭호들을 열거함으로써 용을 확인하는 데 주의를 기울인다. 사단의 칭호로 "옛 뱀"(נחש הקדמוני – 나하이쉬 학캇데모니)이라는 어구는 랍비 문헌에 자주 나온다(*t.* Sot}3 *4.17[var. lect. in* mss. *W and A: see Der Tosefta-Traktat Soṭa, ed. H. Bietenhard, 289]: Sipre Deut. § 323 on 32:33[S. Horovitz and L. Finkelstein, eds., Sifre on Deuteronomy (New York: Jewish Theological Seminary of America, 1969) p. 374,11]: b. Ber. 9b: Gen. Rab. 22:12 on Gen 4:15: Tanchuma* מצורע *§ 7[S. Buber, ed., Midrash Tanḥuma, 2 vols. (Jerusalem: Eshkol, 1990) p. 24a,3]:* 참조. *Str-B, 3:814: Der Tosefta-Traktat Soṭa, ed. H. Bietenhard, 82 n. 151)*.

요한계시록 12:9은 창세기 3:1-7에서 하와를 유혹한 뱀과 사단의 유일하게 성경적인 동일시를 제공한다. 그러나 이 동일시는 몇몇 다른 신약성경 구절들에 전제될 것이다. 예를 들어 로마서 16:20(만일 "사단을 너희 발 아래서 상하게 하시리라"는 어구가 창 3:15을 인유한다면), 그리고 사단의 추락(눅 10:18에 기록된 예수께서 보신 환상)을 뱀(그리고 전갈)을 밟는 능력과 연결시키는 누가복음 10:19이다. 고린도후서 11:3에서 바울은 뱀이 하와를 미혹케 한 것을 언급하고, 고린도후서 11:14에서는 "사단도 자기를 광명의 천사로 가장하나니"라고 말한다(이 두 진술은 *Apoc. Moses* 17:1과 연결될 것이다. 여기에서 사단은 분명히 뱀을 일종의 복화술사의 인형처럼 사용하여 천사의 모양으로 나타나서 하와를 유혹했다). Wis 2:24은 뱀과 마귀의 관계 또는 뱀과 마귀의 동일시를 전제한다. 그리고 뱀과 사단의 동일시는 *Adam and Eve* 16:3에도 전제된다. *3 Apoc. Bar.* 9:7에서 사무엘(시리아어 *Satanel*)은 뱀을 옷처럼 사용한다. 오리겐(Origen)의 *De principiis* 3.2.1의 라틴어 역본에서 천사장 미가엘은 뱀이 마귀의 영감을 받아 아담과 하와에게 죄를 짓게 했다고 말한다. 요한이 사단의 별명들을 끌어모으는 것은 그가 이 하나님의 적대자가 우주와 인간의 역사 전체를 통해 실제로 행한 역할을 드러내고자 하고 있다는 사실을 시사한다. 이사야 27:1은 원초적인 전투 신화에서 끌어낸 심상이 종말론적으로 적용되는 중요한 구약성경 구절이다(Day, *Conflict*, 142-51). 이 구절에서 세 가지 별개의 지칭을 사용하여 한 괴물이 묘사된다. "날랜 뱀 리워야단 곧 꼬불꼬불한 뱀 리워야단"(우가릿의 본문들에 나오는 유사구들에 의해 증명된 사실; Day, *Conflict*, 142를 보라). 어떤 학자들은 이 세 가지 용어가 세 개의 별자리, 즉 뱀 자리(Serpens), 용 자리(Draco) 그리고 바다뱀 자리(Hydra)를 언급하는 것으로 해석한다 Serpens, Draco, and Hydra(C. F. Burney, "The Three Serpents of Isaiah XXXVII 1," *JTS* 11[1910] 443-47). 요한계시록 12:9 이전에 에덴 동산의 뱀과 사단의 분명한 동일시는 *Apoc. Moses* 16:4-5에 암시되는데(Charlesworth, *OTP* 2:277), 여기에서 뱀은 마귀의 대변자가 된다. *Adam and Eve* 9:1-11:3에서 사단(나중에 마귀로 언급되는)은 빛나는 천사로 변장하여 두 번째로 하와를 미혹한다. 주후 1세기경으로 보이는 이 관련 작품들에서 적어도 명백한 사실은 사단이 하와의 유혹자라는 것이다. Wis 2:24는 "마귀의 질투로 인해 사망이 세상에 들어왔다"고 주장함으로써 이 관계를 암시한다. *1 Enoch* 69:6에는 타락한 천사들 중 낮은 계급에 속하는 가드릴(Gadreel)이 하와를 타락시킨 것으로 기록되어 있고, 뱀의 정체를 타락한 천사로 암시한다. *PGM* IV.1636에서 헬리오스(Helios)는 "모두의 지도자, 큰 뱀"으로 불린다(Betz, *Greek Magical Papyri* 60).

9c "곧 마귀라고도 하고 사단이라고도 하는"(*ὁ καλούμενος Διάβολος καὶ ὁ Σατανᾶς*–호 칼루메노스 디아볼로스 카이 호 사타나스). 호 칼루메노스(*ὁ καλούμενος*)라는 어구는 다른 이름을 제시하는 데 전형적인 관용 표현으로 아마 요한계시록의 청중 또는 독자에게 익숙한 표현이었을 것이다. 주전 1세기 이후에 다른 이름 또는 별명은 호 카이(*ὁ καί*) 또는 *qui et*라는 어구로(행 13:9; *Ant.* 1.240; 12.285; 13.320; *J. W.* 1.99; 2.530; Ign. *Eph. inscr.*; *Magn. inscr.*), 또는 호 (에피)칼루메노스(*ὁ [ἐπι] καλούμενος*)나 호 레고메노스(*ὁ λεγόμενος*)와 같은 표현으로(Jos. *J. W.* 2.167; 행 1:23; 4:36; 10:5, 18, 32; 11:13; 12:12, 25; 13:1; 15:22, 37) 종종 제시되었다. M. Lambertz, "Zur Ausbreitung des Supernomen oder Signum im römischen Reiche," *Glotta* 4(1912) 78-143; 5(1914) 99-170를 보라. 콥트어 그노시스교 서적으로 창세기 3장을 개정한 *Testim. Truth* 47.5-6에는 하나님이 "뱀을 저주하고 사단으로 칭했다"는 말이 나온다. 구약성경에서 사단은 "참소

자", "대적"이라는 의미로 세 번 언급된다(대상 21:1; 욥 1:6, 9, 12; 2:3, 4, 6, 7; 슥 3:1, 2). "사단"이라는 이름은 초기 유대교 문헌에도 나오지만(*T. Gad* 4:7; *T. Ash.* 6:4; *T. Dan* 3:6; 5:5-6; 6:1) 쿰란 문헌에는 전혀 나오지 않고, 그 대신 "벨리알"이라는 이름이 사용된다. 그러나 칠십인역에서 히브리어 사탄(שׂטן)은 역대기상, 욥기, 스가랴서에서 "불화하게 하는 자", "유혹자", "원수"를 의미하는 (호) 디아볼로스([ὁ] διάβολος)로 번역된다. 마귀는 원래 이름이 사타나일(Satanail)이고 에덴 동산에서 하와를 미혹한 자이기 때문에 소토나(Sotona)라고도 불린다(*2 Enoch* [Rec. J] 31:6). 초기 유대교 본문에 "마귀"라는 칭호는 36회 나오며(*T. Naph.* 3: 1; 8:4, 6; *T. Gad* 5:2; *T. Ash.* 1:8-9; 3:2) 교부 문헌에서 사단을 나타내는 표준적인 칭호가 되었다. 교부 문헌에서 "사단"이라는 용어는 세 번밖에 나오지 않는다(*Barn.* 18:1; Ign. *Eph.* 13:1; Pol. *Phil.* 7:1, 항상 관사를 가지고 나온다). 디아볼로스(διάβολος)의 관사 있는 형태는 24회 나온다(Ign. *Eph.* 10:3; *Trall.* 8:1; *Rom.* 5:3; *Smyrn.* 9:1; Pol. *Phil.* 7:1; *2 Clem.* 5:3; *Mart. Pol.* 3:1; Hermas *Mand.* 4.3.4, 6; 5.1.3; 7.2, 3; 9.9, 11; 11.3, 17; 12.2.2; 12.4.6, 7; 12.5.1; 12.6.1, 2, 4; *Sim.* 8.3.6; 참조. G. J. M. Bartelink, *Lexicologisch-semantische Studie over de Taal van de Apostolische Vaders*[Utrecht: Beyers, n.d.] 98-99).

이 절에 나오는 사단의 네 가지 별명은 20:2에서 되풀이되는데, 이사야 27:1에 나오는 파충류의 세 가지 표현과 유사점을 갖고 있다: 그 날에 여호와께서 그 견고하고 크고 강한 칼로 날랜 뱀 리워야단 곧 꼬불꼬불한 뱀 리워야단을 벌하시며 바다에 있는 용을 죽이시리라." 저스틴은 *1 Apol.* 28.1에서 "뱀과 사단과 마귀로 칭해지는 악한 귀신들의 군주"에 대해 말한다. 그리고 이그나티우스의 *Phil.* 11:6-7(주후 4세기)의 교정본에는 매우 긴 별명들의 목록이 나온다: "벨리알, 용, 변절자, 꼬불꼬불한 뱀, 하나님에 대한 반역자, 그리스도로부터 버림받은 자, 성령과 맞지 않는 자, 천사 합창대로부터 추방당한 자, 하나님의 율법을 위반하는 자, 관례의 유해자."

9d "온 천하를 꾀는 자라"(ὁ πλανῶν τὴν οἰκουμένην ὅλην－호 플라논 텐 오이쿠메넨 홀렌). 명사적 분사인 호 플라논(ὁ πλανῶν, "꾀는 자")은 요한계시록의 이 곳과 20:10에서 두 번 사용된다. 두 문맥 모두에서 호 플라논(ὁ πλανῶν)은 엄밀하게 말하면 호칭 역할을 하는 것이 아니지만(다른 목적어를 갖고 있다), *Did.* 16:4에서 이 용어는 호 코스모플라네스(ὁ κοσμοπλανής, "세상의 사기꾼")라는 칭호로 바뀐다. *Did.* 16:4에서 이 칭호는 사단이 아니라 종말의 대적자에 대해 사용된

다. 그러나 일반적으로 종말의 대적은 사단의 도수로 추정된다. "누군가를 꾀다"(타락시키다)라는 주제는 요한계시록에 자주 나오며, 초기 유대교와 초기 기독교 문헌에도 대체적으로 자주 나온다. 요한계시록에서 동사 플라난(*πλανᾶν*)의 주어들로는 "이세벨"(2:20), 마귀(12:9; 20:3, 8, 10), 땅에서 올라온 짐승(13:14), 거짓 선지자(19:20) 그리고 로마(18:23)가 포함된다. *T. Sim.* 3:5; *T. Jud.*. 19:4에서 사단은 "사기의 왕자"로 칭해진다.

9e "땅으로 내어쫓기니 그의 사자들도 저와 함께 내어쫓기니라"(*ἐβλήθη εἰς τὴν γῆν καὶ οἱ ἄγγελοι αὐτοῦ μετ᾽ αὐτοῦ ἐβλήθησαν* – 에블레데 에이스 텐 겐 카이 호이 앙겔로이 아우투 메트 아우투 에블레데산). 고대 신화에서 하늘로부터의 추방은 하늘로 올라가는 것(시도)에 비해 훨씬 희귀하다(5절의 "주석"을 보라). *1 Enoch*에는 파수꾼 천사들이 하늘을 떠났다는 말이 반복하여 나온다(6:6; 12:4; 15:3; 참조. *Jub.* 4:15; *2 Enoch* 18:3-4[짧은 역본]). 이들은 다시 하늘로 올라갈 수 없지만(*1 Enoch* 14:5), 이들이 실제로 하늘에서 내어쫓김을 당했다는 말은 없다. 이 전승은 유다서 6절에서 되풀이된다. 또 자기 지위를 지키지 아니하고 자기 처소를 떠난 천사들을 큰 날의 심판까지 영원한 결박으로 흑암에 가두셨으며"(13b절에서 이 천사들은 "유리하는 별들"로 지칭된다). *2 Enoch* 29:4-5은 천지창조 둘째 날에 이름이 말해지지 않는 천사장의 추방에 대해 다음과 같이 말한다(tr. Andersen, in Charlesworth, *OTP* 1:148).

> 그는 자신이 땅 위에 있는 구름들보다 더 높은 보좌를 차지할 수 있고 나의 능력과 동등하게 될 수 있을지도 모른다는 불가능한 생각을 했다. 그래서 나는 그의 천사들과 함께 그를 하늘에서 추방했다.

그러나 오만으로 말미암은 사단의 타락이라는 주제를 갖고 있는 이 인용문은 장문으로 이루어진 *2 Enoch*(간단하게 요약된 자료가 아니라 단문을 부연하고 상술한 자료)에서 인용한 것이며 비교적 후기의 자료다(Milik, *Enoch*, 107-16; G. G. Scholem, *Major Trends in Jewish Mysticism*[New York: Schocken, 1960] 40-79; Forsyth, *The Old Enemy*, 242-47). 12궁(the zodiac)의 별들 간의 전투를 기술하는 *Sib. Or.* 5.512-31은 다음과 같이 결론을 내린다(lines 528-29; tr. Collins, in Charlesworth, *OTP* 1:405). "하늘 자체가 격노하여 전투자들을 떨어냈다. 하늘은 분노하여 그들을 땅으로 사납게 내어던졌다." 콥트어 그노시스교 논문인 *Orig. World* 121.30-35에서 소피아 조에(Sophia Zoe)는 일곱 명의 "암흑의 주권자들"을 하늘에서 추방하여 세상으로 내어쫓았고, 그들이 세상에서 악령의 형체로 살았다고 말한다. 뒤에서 소피아 조네는 이 일곱 주권자들이 마귀들을 만들어 자신들을 섬기게 하였고, 이들이 인류에게 여러 가지 죄를 들여왔다고 말한다(123.2-15).

헤시오드(Hesiod)의 사라진 저서 메갈레 헤오이아이(*Μεγάλη Ἠοίαι*)의 한 부분을 인용하는 아폴로니우스 로디우스(Apollonius Rhodius, Argonautica 4.57)의 주석에 의하면, 엔디미온(Endymion)은 제우스에 의해 하늘로 들려올림을 받았는데(*ἀνενεχθῆναι* – 아네네크데나이) 헤라에게 구애를 하려고 함으로 "내어던짐을 당하여 하데스로 떨어졌다"(*ἐκβληθέντα κατελθεῖν εἰς Αἴδου* – 에크블레덴타 카텔데인 에이스 하이두)고 한다(C. Wendel, *Scholia in Apollonium Rhodium Vetera* [Berlin: Weidmann, 1935] 264-65). 이와 유사하게 핀달(Pindal)은 납치되었던 펠로프스(Pelops)가 후에 올림푸스에서 놓여나(*προῆκαν* – 프로에칸) 다시 인간 세상에서 살게 되었다고 주장한다(*Olympian Odes* 1.65). *Iliad* 1.586-94에서 헤파이스투스는 어머니 헤라에게 제우스가 자신을 올림푸스에서 렘노스로 내어던짐으로 절름발이가 되었다고 자세하게 이야기한다(Lucian *De sacrifiis* 6를 보라; Milton, *Paradise Lost* 1.740-516에는 헤파이스투스[Mulciber]의 추락에 대한 줄거리가 사단의 추방 전승에 나오는 어투로 바뀌어 이야기된다). 또 다른 이문은 *Iliad* 18.394-99에 나오는데, 여기에서는 헤라가 헤파이스투스를 올림푸스에서 내어던진다(*Homeric Hymn to Apollo* 317-20를 보라). 이 두 이문이 Apollodorus 1.3.5에서 조화된다. 올림푸스에 들어가려고 한 벨레로폰(Bellerophon)은 페가수스(Pegasus)에서 내어던져진다(Pindar *Isthmian Odes* 7.43-47; Nonnos *Dionysiaca* 11.144-46; see P. Diel, *Symbolism in Greek Mythology*[Boulder, CO; London: Shambhala, 1980] 67). "내어던지다"는 주제를 사용하는 다른 설화들에는 헤라가 아름다움을 시기하여 하데스로 던져 넣은(*ἔρριψεν εἰς Αἴδου* – 에르리프센 에이스 하이두) 시데(Side)의 이야기가 있다(Apollodorus 1.4.3). 매우 유사한 내용은 티타노마치(Titanomachy)의 결과를 요약하는 Hesiod *Theog.* 820에서 발견된다: 타이탄 족은 오드루스 산(Mount Othrus)에서 올림피아의 신들과 전투를 벌였는데(Hesiod *Works and Days* 111), 하늘은 크로노스가 다스렸기 때문에(Hesiod *Theog.* 632; 참조. West, *Theogony*, 340-41) "제우스가 타이탄 족을 하늘에서 추방했다(*ἀπ᾽ οὐρανοῦ ἐξέλασεν* – 아프 우라누 엑셀라센)."

[10]a "내가 또 들으니 하늘에 큰 음성이 있어 가로되 이제 우리 하나님의 구원과 능력과 나라와 또 그의 그리스도의 권세가 이루었으니"(*καὶ ἤκουσα φωνὴν*

μεγάλην ἐν τῷ οὐρανῷ λέγουσαν, ἄρτι ἐγένετο ἡ σωτηρία καὶ ἡ δύναμις καὶ ἡ βασιλεία τοῦ θεοῦ ἡμῶν καὶ ἡ ἐξουσία τοῦ χριστοῦ αὐτοῦ–카이 에쿠사 포넨 메갈렌 엔 토 우라노 레구산 아르티 에게네토 헤 소테리아 카이 헤 뒤나미스 카이 헤 바실레이아 투 데우 헤몬 카이 헤 엑수시아 투 크리스투 아우투). 이 확인되지 않는 소리 또는 음성에 대해서는 10:4의 "주석"을 보라. 이 경우에는 개인의 음성보다 큰 집단의 소리 또는 음성이 더 잘 어울리는 것 같다(참조. 11:15; 19:1; Jörns, *Evangelium*, 110). 여기에서 저자는 사단이 하늘로부터 추방당했다는 사실의 의미를 주석하는(10-12절) 찬송 구절을 삽입한다. 사단의 추방이 의미하는 바는 다른 것이 아니라 하나님과 메시아의 승리다. 시간을 나타내는 부사 아르티(*ἄρτι*, 이제)가 동작의 완료를 의미하는 부정과거 동사 에게네토(*ἐγένετο*, "일어났다[has occured, has happened]")와 함께 나타내는 사실이 있다. 하나님께 구원과 나라와 권세를 돌림은 9절에 기술된 사단이 하늘에서 쫓겨나는 특별한 시간적 사건에 기초를 두고 있으며, 10절에 나오는 승리의 노래의 특별한 동기로 인용된다. 이 승리와 능격과 왕권 사건을 십자가와 부활에 의해 그리스도께서 다스리시는 구원사의 시대와 연결시키는 것(Roloff, *Revelation*, 149), 특별히 그리스도의 십자가와 연결시키는 것(Caird, 153-54; Sweet, 201; Beasley-Murray, 203)은 11절에서 발견되는 추가 해석에 근거한다. 그러나 이 장 전체에서 이 해석의 근거는 빈약하다. 12:10(그리고 7:10과 19:1)에 나오는 소테리아(*σωτηρία*)가 "승리"를 의미하는 것으로 해석하는 학자들이 있다(Eichhorn, *Commentarius* 2:96; Bousset[1906] 342; Charles, 1:326; Beasley-Murray, 202; *TDNT* 7:998). 즉 야슈아(יְשׁוּעָה; 출 14:13, 30; 15:2; BDB, 447; *TDNT* 7:976; *TDOT* 6:450-51)의 흔히 사용되는 의미에 근거한 히브리어식 표현이라는 것이다. 그러나 야솨(יֶשַׁע)와 야수아(יְשׁוּעָה)는 환난으로부터의 구조를 의미한다기보다는 "환난 중에 있는 사람들에게 도움을 가져온다"는 의미를 나타낸다(*TDOT* 6:445). 소테리아(*σωτηρία*)는 분명히 하나님의 백성의 "구출, 구조"라는 의미에서 "구원" 개념을 중심으로 하지만(Bratcher-Hatton, *Revelation*, 187), 미가엘과 용 간에 벌어지는 하늘의 전투 상황, 그리고 11절에서 전투적 표현을 사용한 것은 "승리"가 특별히 적합한 번역임을 시사한다. 구원이 나타났다는 선언은 "세상에 대한 주님의 왕권이 나타났다"(*ἐγένετο ἡ βασιλεία τοῦ κόσμου του κυρίου*–에게네토 헤 바실레이아 투 코스무 투 퀴리우)고 말하는 11:15과 상당한 긴장 관계에 있다. 만일 하나님의 왕권이 11:15에서 이미 사실이 되었다면, 12:10의 중복 진술은 무엇을 의미할 수 있는가? 이 질문에 대한 해답은 분명히 이 곳의

본문에서 하나님의 왕권의 도래가 예기적(미래의 일을 현재나 과거의 일로 기술)으로 묘사된다는 것이다.

2:26에서 부활하신 그리스도께서 승리하는 그리스도인에게 만국을 다스리는 "권세"(*ἐξουσία*—엑수시아)를 약속하시지만, 요한계시록에서 메시아 또는 그리스도의 엑수시아(*ἐξουσία*)가 언급되는 곳은 이 곳뿐이다. 신약성경의 다른 곳과 초기 유대교 문헌에서 권세는 하나님께서 예수님에게 또는 유대의 구원자에게 주신다고 말한다(마 28:18; 요 3:35; 5:27; 13:3; 17:2; 단 7:13; *1 Enoch* 69:27; *Corp. Herm.* 1.32를 보라). 바다에서 나온 짐승에게 용(사단)에 의한 권세를 위임하는 것(13:2, 4)은 매우 유사하다. 엑수시아(*ἐξουσία*)라는 용어는 (전쟁에서와 법의 해석에 있어) 최고의 행정권을 나타내는 라틴어 *imperium*으로 자주 번역되어 사용된 헬라어다. 이 최고의 행정권은 처음에는 로마의 왕들이 행사했고, 그 다음에는 행정장관들(magistrates)이 행사했으며, 마지막으로 로마의 황제들이 행사했다(Mason, *Greek Terms*, 132-34). *imperium*에 해당하는 덜 자주 사용된 헬라어로 이스퀴스(*ἰσχύς*, "능력, 힘")가 포함되고, 더 희귀하게 사용된 헬라어로 뒤나미스(*δύναμις*, "능력, 권세")가 있다. 아우구스투스가 발행한 초기 주화에서 황제는 자신의 "군사력"(*imperium*)보다 자신의 "명성, 세력"(*auctoritas*)을 강조하고 싶었다(Hannestad, *Roman Art*, 47).

10b "우리 형제들을 참소하던 자가 쫓겨났고"(*ὅτι ἐβλήθη ὁ κατήγωρ τῶν ἀδελφῶν ἡμῶν*—호티 에블레데 호 카테고르 톤 아델폰 헤몬). 사단이 하늘에서 쫓겨난 이유, 즉 용과 용의 천사들, 그리고 미가엘과 미가엘의 천사들 간에 전투가 벌어진 이유는 특별하게 언급되지 않는다. 카테고르(*κατήγωρ*, "참소하는 자")는 히브리어 사탄(שטן)의 직역이다. 욥기와 스가랴서에서 사탄(שטן)은 하늘의 참소자의 칭호를 나타내는 방식으로 정관사와 함께 핫사탄(השטן)으로 나온다. 호 카테고르(*ὁ κατήγωρ*)에 관사가 있는 이유는 성경과 초기 유대교 전승에서 잘 알려진 대상이기 때문이다. 칠십인역은 사탄(שָׂטָן)을 항상 디아볼로스(*διάβολος*)로 번역하지만(예를 들어, 욥 1:6, 7, 9, 12; 슥 3:1), 카테고르(*κατήγωρ*, "참소자")도 적절하다. 그리고 아마 디아볼로스(*διάβολος*)라는 용어가 12절에 나오기 때문에 카테고르(*κατήγωρ*)가 사용되었을 것이다. 랍비 자료들에서 카테고르(*κατήγωρ*)는 사단의 별명들 중의 하나로서의 카테고르(קטיגור)로 음역된다(*m. 'Abot* 4:11; Tg. *Exod.* 32:19; Str-B, 1:141-42). 그러므로 카테고르(*κατήγωρ*)가 셈어식 표현이라고 부정확하게 주장하는 주석가들도 있다(B. Weiss, *Johannes-Apokalypse*, 109;

Bousset[1906] 342; Charles, 1:327; *TDNT* 3:636). 이 견해의 뒷받침으로 유사한 형태를 갖고 있는 외래 히브리어 세네고르(סְנֵיגוֹר)는 헬라어에서 쉬네고르(*συνήγωρ*)의 형태로는 전혀 나오지 않고 쉬네고로스(*συνήγορος*, "옹호자, 변호자")로만 입증된다(*TDNT* 3:636). 레토르(*ῥήτωρ*=레토론[*ῥητόρων*]의 속격 복수형)와 디아콘(*διάκων*, 디아코논[*διακονῶν*]의 속격 복수형)과 같은 형태를 유추할 때, 오히려 카타고르(*κατήγωρ*)는 속격 복수 카테고론(*κατηγόρων*)에서 나온 구어 형태다(Deissmann, *Light*, 90-91; BDF § 52; Moulton-Howard, *Accidence*, 127-28; *TDNT* 3:636; Mussies, *Morphology*, 114; Bauer-Aland, 861를 보라). 카테고르(*κατήγωρ*)가 구어 헬라어 형태라는 견해는 *PGM* X.25-26에 의해 확인된다. *PGM* X.25-26에서 이 용어는 다목적 주문인 포이에이 가르 프로스 에크드루스 카이 카테고라스(*ποιεῖ γὰρ πρὸς ἐχθροὺς καὶ κατηγόρας*, "이는 그것이 원수들과 참소자들에게 불리하게 작용하기 때문이다")의 한 부분이다.

"우리 형제들"이라는 어구는 문제가 있다. 왜냐하면 10-12절의 찬송 부분이 화자 또는 노래하는 자가 확인되지 않는 인물임을 암시하는 것처럼 보이는 "큰 음성"이 하는 말로 소개되었기 때문이다. 물론 어떤 한 개인이 그가 속한 집단의 흥미와 관심을 말할 수도 있다. 그러나 "우리 형제들"이라는 표현은 화자에 의해 대표되는 하늘의 집단에 속한 사람들이 아직 땅에 있는 사람들의 동료라는 사실을 시사하는 것으로 보인다(즉 이 말에 의해 전제되는 "우리/그들" 이분법은 하나의 단일 집단을 구성한다). 부쎄트는 노래하는 자들이 분명히 인간이 아니라 천사들이라고 말하지만(Bousset[1906] 342), 하늘에 있는 기독교 순교자들이 의도되고 있다고 말하는 찰스가 정확하다(Charles, 1:327). 그러나 이들의 땅의 동료들은 순교를 당한 것으로 보이기 때문에(11절), "우리"와 "그들"의 나뉨은 문제가 있다. 왜냐하면 적어도 땅의 그리스도인들 중의 일부는 하늘에 있는 집단에 속하기 때문이다.

10c "곧 우리 하나님 앞에서 밤낮 참소하던 자"(*ὁ κατηγορῶν αὐτοὺς ἐνώπιον τοῦ θεοῦ ἡμῶν ἡμέρας καὶ νυκτός*—호 카테고론 아우투스 에노피온 투 데우 헤몬 헤메라스 카이 뉙크토스). 10-12절의 찬송 중에 이 부분은 하늘에서 사단의 역할과 그가 쫓겨난 이유에 대한 부분적인 주석 또는 설명 역할을 한다. 하늘 궁정의 한 일원으로서의 사단에 대한 개념(왕상 22:19; 시 82:1; 89:5-7; 렘 23:18, 22을 보라; 랍비들은 하나님 자신께서 관장하시는 하늘 법정이 있다고 생각했다; *b. Sanh.* 38b; *Exod. Rab.* 30:18; *Lev. Rab.* 24:2; P. Alexander in Charlesworth, *OTP* 1:244-45를 보라)은 사단의 역할이 하나님 앞에서 의인들을 참소하는 것임을 지적한

다. 구약성경에서 이 전승은 욥기 1:6-12; 2:1-7(*T. Job* 8:1-3; 16:2-4; 20:1-3을 보라)과 스가랴 3:1(대상 21:1을 보라)에서 발견된다. 스가랴 3:1에서 여호와의 사자(천사)와 사단은 각각 여호와의 변호자와 고발자 역할을 담당한다. 그리고 이 대립하는 인물들은 4Q〉Amramb에서 벨리알(어둠의 왕자와 멜키레사[Melcjresa]로도 불린다)과 미가엘(빛의 왕자와 멜키제덱으로도 불린다)로 다시 등장한다. 이 전승의 또 다른 형태는 *1 Enoch* 40:7(40:1-10 중에 나오는 보좌실 장면 부분)에 반영되는데, 여기에서 세타님(שטנים, 사단들)은 "영들의 여호와 앞에 와서 마른 땅에 거하는 자들을 참소하고" 하늘로부터 쫓겨나는 자들로 언급된다. *Apoc. Zeph.* 3:8-9은 하늘 문에 앉아서 사람들이 저지르는 죄를 기록하여 그 정보를 참소하는 자에게 보내는 "참소자의 사자들"을 묘사한다. 이와 유사하게 *Apoc. Zeph.* 6:17은 스바냐가 6:8에서 본 큰 천사를 "여호와 앞에서 사람들을 참조하는 자"로 설명한다. *3 Enoch* 26:12에 의하면, 사단은 매일 로마의 군장(Samma〈el), 페르시아의 군장(Dubbi〈el)과 협의하며, 이들은 이스라엘의 죄를 기록하여 스랍에게 주어 하나님에세 보낸다고 한다. 요한계시록의 다른 곳에는 사단이 하늘 궁정에서 어떤 역할을 담당한다는 암시가 없기 때문에, 이 전승이 7절의 사단의 등장을 설명하는 방식으로 이 곳에 추가된 것 같다. 헤마스는 그의 연인 로다(Rhoda)의 환상을 보았다고 하는데, 이 환상에서 그녀는 여호와 앞에서 헤마스의 죄를 참소하기 위해(*ἐλέγχειν*-엘렝케인), 즉 참소의 증인으로 하늘로 들려 올림을 받았다고 주장한다(Hermas Vis. 1.1.4). "끊임없이"를 의미하는 "밤낮"에 대해서는 4:8의 "주석"을 보라.

11a "또 여러 형제가 어린양의 피를 인하여 저를 이기었으니"(*καὶ αὐτοὶ ἐνίκησαν αὐτὸν διὰ τὸ αἷμα τοῦ ἀρνίου*-카이 아우토이 에니케산 아우톤 디아 톤 하이마 투 아르니우). 동사 니칸(*νικᾶν*, "이기다, 승리하다")은 요한계시록에 17회 나온다. 그리스도께서 이 동사의 주어일 때(5:5), 그 의미는 죽음을 통해 승리하셨음을 나타낸다. 그리고 그리스도인들에 대해 사용될 때도 정확하게 동일한 의미를 나타내는데, 특별히 12:11에서 그러하고 다른 구절들에서도 동일한 의미가 암시된다(참조. 2:7, 11, 17, 26; 3:5, 12, 21[2x]; 참조. A. T. Hanson, *The Wrath of the Lamb*[London: SPCK, 1957] 165). 고린도전서 15:57은 11a절과 매우 유사하다. "우리 주 예수 그리스도로 말미암아 우리에게 이김(*νῖκος*-니코스)을 주시는 하나님께 감사하노니." 고린도전서 15장 전체 문맥을 볼 때, 여기에서 의미하는 바는 예수님의 부활인 것 같다. 그리스도의 죽음을 강조하는 요한계시록 12:11과 그

리스도의 부활을 강조하는 고린도전서 15:57 모두에서 승리는 그리스도로 인하여(διά – 디아) 이루어진다. *1 Enoch* 50:2은 "의인들은 영들의 주님의 이름으로 승리할 것이다"라고 예언한다. 유대의 순교자들이 고난과 죽음을 당당하게 직면함으로 포위 공격자들과 고문자들을 "이긴다"(νικᾶν – 니칸)는 주제는 4 Macc 6:10에서 강조된다. "노인은 구타를 당하였으나 씩씩한 운동 선수와 같이 그의 고문자들에게 승리했다(ἐνίκα – 에니카)." 4 Macc 7:4b도 보라. "비록 그의 생명은 고문과 고통에 의해 소멸되었으나 그는 그의 경건한 이상의 방패로 포위 공격자들을 이겼다(ἐνίκησεν – 에니케산)"(4 Macc 9:6, 30; 11:20; 16:14; 17:15[θεοσέβεια δὲ ἐνίκα – 데오세베이아 데 에니카]). 동사 니칸(νικᾶν)은 마카비 4서에 15회 나오는데, 고문을 인내함(ὑπομονή – 휘포모네)을 통한 승리에 대하 자주 사용된다(1:11b, "그들의 인내[τῇ ὑπομονῇ – 테 휘포모네]로 인하여 그들은 압제자를 이겼다[νικήσαντες – 니케산테스]"). 그러나 이 인내는 감정을 이길 수 있는(4 Macc 13:7) 순수한 이성에 근거하는 것이기 때문에 스토아 스토아 철학의 미덕이다(4 Macc 3:17-18; 6:33; 8:1). *T. Job* 27.3-9에서 사단은 욥이 인내(καρτερία – 카르테리아)를 통해 자신(사단)을 이겼다(ἐνίκησας – 에니케사스)고 주장한다. 동일한 주제가 기독교 순교 문학에 나온다. *Mart. Perpetua* 10.13-14에서 순교자는 "그때 나는 자각했다. 나는 내가 야수들과 싸우는 것(*pugmaturam*)이 아니라 악마와 싸운다는 것을 깨달았다. 그러나 나는 내가 승리(*uictoriam*)를 얻을 것을 알고 있었다." 물론 여기에서 *uictoria*는 그리스도를 믿는 믿음을 포기하지 않고 죽는 것을 의미한다.

11절 전체뿐만 아니라 10-12절 전체가 아마 요한에 의한 편집적 가필일 것이다(많은 비평자들의 견해: E. Vischer, *Offenbarung*, 28; F. Spitta, 130; J. Weiss, *Offenbarung*, 80; Bousset[1906] 343, 356[Bousset는 10-11절이 추가라고 생각한다]; Charles, 1:328). 10-12절을 나중에 본문에 추가한 것으로 보는 몇 가지 이유가 있다. (1) 이 절들은 오직 12:17에서만 가볍게 언급되는 그리스도인의 순교라는 주제에 초점을 맞추고 있다. (2) 화자 또는 화자들의 정체는 언급되지 않는다. 그러나 이들은 용을 "우리 형제들을 참소하던 자"로 언급하고(10절), 그들이(αὐτοί – 아우토이) 바로 순교로 인해 용을 이긴 자들이라고 형제들을 언급한다(11절). 그러나 하나님 앞에서 끊임없이 그들을 참소하는 자로서 용의 역할이 순교와 어떤 관계가 있을까? *T. Job* 8.1-3; 16.2-4; 20.1-3?에서처럼 그가 그리스도인을 시험하는 일시적인 권세를 받는다는 것인가? (3) 요한계시록 12장의 나머지 부분에 언급되지 않는 어린양이 여기에서만은 언급된다(어린양은 가필된 구절들에 자주 언급된다).

(4) 이 구절은 기독교 순교자들의 예기적 승리를 다룬다(Bousset [1906] 342). 왜냐하면 12:17에서 용이 여자의 자손(즉 그리스도인들)을 괴롭히기 시작하는 것으로 묘사하기 때문이다. 요한계시록 2:10, "네가 죽도록(*ἄχρι θανάτου*-아크리 다나투) 충성하라"를 참조하라. (5) 이 절에 반영된 사단을 이기는 승리는 하늘에서의 승리일 뿐만 아니라 순교를 통해 땅에서 얻는 승리이기도 하다. 이 승리는 미래에 얻어질 승리가 아니라 이미 과거 경험의 일부분인 승리다.

11b "그리고 자기의 증거하는 말을 인하여"(*καὶ διὰ τὸν λόγον τῆς μαρτυρίας αὐτῶν*-카이 디아 톤 로곤 테스 마르튀리아스 아우톤). 속격 테스 마르튀리아스(*τῆς μαρτυρίας*)는 동격의 속격으로, "자기(그들)의 증거"가 "말"의 더 자세한 설명임을 나타낸다. 이 어구는 요한계시록에 몇 개의 유사구를 갖고 있다. (1) 1:9, "하나님의 말씀과 예수의 증거를 인하여", (2) 6:9, "하나님의 말씀과 저희의 가진 증거를 인하여", (3) 12:17, "하나님의 계명을 지키며…자들", (4) 19:10, "예수의 증거를 받은", (5) 20:4, "예수의 증거와 하나님의 말씀을 인하여."

11c "그리고 그들은 죽기까지 자기 생명을 아끼지 아니하였도다"(*καὶ οὐκ ἠγάπησαν τὴν ψυχὴν αὐτῶν ἄχρι θανάτου*-카이 우크 에가페산 텐 프쉬켄 아우톤 아크리 다나투). 중요한 대의를 위해 자발적인 죽음의 길에 서는 "삶에 대한 사랑"의 토포스(topos, 상용되는 주제·개념·표현)는 전형적으로 그리스 문화적이다(Euripides *Hecuba* 348; *Hercules* 518, 531-34; Philo *Leg.* 369; *Ant.* 6.344; 12.301; 13.198). 예를 들어 Demosthenes *Or.* 60.28은 "그들은 생명에 대한 사랑(*φιλοψυχήσαντες*-필로프쉬케산테스)으로 인하여 그리스인들 중에 생존하기보다는 차라리 죽기를 택했다"고 말한다. 모두 "생명에 대한 사랑"을 의미하는 필로조-(*φιλοζω-*)와 필로프쉬크-(*φιλοψυχ-*)의 동족어로 이 본문들에 사용된 용어들은 종종 "소심, 비겁"에 상당하는 말로 간주된다. "자신의 생명을 구한다"는 개념이 역설적인 형식으로 발견되는 예수님의 말씀이 비교적 독립적인 세 개의 해석으로 나오는 구절들이 있다(Crossan, *Fragments*, 89-94). (1) "생명을 사랑함"으로 잃어버리고 "생명을 미워함"으로 얻는다(요 12:25). (2) "목숨을 구원함"으로 잃게 되고 "목숨을 잃어버림"으로 구원하게 된다(막 8:35=마 16:25=눅 9:24). (3) "자기 목숨을 찾는" 또는 얻은 다음에는 잃고, "잃은 다음에는" 얻는다(마 10:39=눅 17:33; Stroker, *Extracanonical*, 131-32를 보라). 구약성경, 초기 유대교, 초기 기독교에는 사람들이 자신의 생명을 사랑한다는 자명한 이치를 사용하여 덕행의 동기를 부여하는 많은 구절들이 나온다(렘 17:21; 잠 22:5; 눅 10:27; 엡 5:28; 벧전 3:10;

Ant. 17.180). 이그나티우스가 임박한 순교를 의식하면서 기술하는 *Eph.* 9:3, "인생에 대한 사랑은 없고 오직 하나님에 대한 사랑만 있다"를 보라.

12a "그러므로 하늘과 그 가운데 거하는 자들은 즐거워하라"(*διὰ τοῦτο εὐφραίνεσθε, οἱ οὐρανοὶ καὶ οἱ ἐν αὐτοῖς σκηνοῦντες* - 디아 투토 유프라이네스데 호이 우라노이 카이 호이 엔 아우토이스 스케눈테스). 하늘에게 즐거워하라는 기쁨의 초청은 구약성경에 몇 번 나오는데, 대개 땅에게도 즐거워하라고 하는 요청과 짝을 이룬다(시 96:11; 사 44:23; 49:13; 4Q*176* = 4QTanhumin 1-2 ii 1-2; 4Q*88* = 4QPsalmsf 10:5). 그러나 이 곳에서는 마귀의 존재로 인해 땅에 대해 화가 선언된다(12b절을 보라). 이 구절은 아마 칠십인역 신명기 32:43을 자유롭게 수정하여 인유하는 것 같다. 왜냐하면 하늘에게 즐거워하라는 최초의 권고가 하늘의 존재들에게 하나님께 경배로 응답하라는 호소와 짝을 이루기 때문이다.

> 유프란데테 우라노이 하마 아우토
> (*εὐφράνθητε, οὐρανοί, ἅμα αὐτῷ*)
> 하늘들이여, 그와 함께 즐거워하라
>
> 카이 프로스퀴네사토산 아우토 판테스 휘오이 데우
> (*καὶ προσκυνησάτωσαν αὐτῷ πάντες υἱοὶ θεοῦ*)
> 그리고 하나님의 모든 자녀들은 그에게 경배할지어다

"하늘"의 복수형에 대해서는 "원문주해" 12:12.d을 보라. 12ab절에 언급되는 우주의 세 구역, 하늘과 땅과 바다에 대해서는 5:3과 10:6의 "주석"을 보라.

12b "그러나 땅과 바다는 화 있을진저"(*οὐαὶ τὴν γῆν καὶ τὴν θάλασσαν* - 우사이 텐 겐 카이 텐 달라싼). 신약성경에서 우아이(*οὐαί*, "화")라는 용어는 주로 공관복음서에(마태복음에 12회; 마가복음에 2회; 누가복음에 15회), 항상 예수님의 말씀에 나온다. 요한계시록에서 이 용어는 14회 나온다. 공관복음서와 요한계시록의 문맥들 모두에서 이 용어는 구약성경, 특별히 이사야서와 예레미야서에 나오는 중대한 탄핵과 경고의 예언들에 유의할 것을 요구하는 예언적 무게를 담고 있다. "땅"이라는 용어는 세상 사람들을 나타내는 비유적 표현이다(참조. 14:16). 그러나 저자가 화의 선언에 "바다"를 포함시키는 이유는 명확하지 않다.

12c "이는 마귀가 크게 분내어 너희에게 내려갔음이라 하더라"(*ὅτι κατέβη ὁ διάβολος πρὸς ὑμᾶς ἔχων θυμὸν μέγαν* - 호티 카테베 호 디아볼로스 프로스 휘마스 에콘 뒤몬 메간). 디아볼로스(*διάβολος*, "마귀")라는 용어는 요한계시록에 다섯

번 나오는데(2:10; 12:9, 12; 20:2, 10), 두 번은 별명들을 열거하는 거의 동일한 목록에 나온다(12:9; 20:2). 마귀의 분노에 대해서는 12:17a의 "주석"을 보라.

12d "자기의 때가 얼마 못된 줄을 알므로"(*εἰδὼς ὅτι ὀλίγον καιρὸν ἔχει* – 에이도스 호티 올리곤 카이론 에케이). 여기에서 하나님의 백성을 향한 사단의 분노와 적의는 하나님께서 그의 활동을 시간적으로 제한하셨기 때문이라고 말한다. 요한계시록 20:3의 종말론 도식에 의하면, 사단은 천 년 동안의 감금 후에 잠깐(*μικρὸς χρόνος* – 미크로스 크로노스) 풀려날 것이다(유대 묵시록들에 나오는 유사구절들에서 악한 천사들은 풀려나지 않고 심판 때까지 구속된다; *1 Enoch* 18:16; 21:6을 보라). 요한계시록 17:10에서 일곱 번째 왕의 활동 기간은 "잠깐 동안"(*ὀλίγον* – 올리곤, 이 단어는 시간을 나타내는 부사로 사용된다)으로 묘사되는데, 이는 역시 하나님의 예정된 종말 계획을 반영한다. 구약성경은 간혹 악한 자들에게 지정된 짧은 기간을 언급하는데(욥 20:5; 잠 10:27), 이 기한은 인간의 비교적 짧은 삶에 근거한다(Wis 2:1; 4 Ezra 8:5).

13 "용이 자기가 땅으로 내어쫓긴 것을 보고 남자를 낳은 여자를 핍박하는지라"(*Καὶ ὅτε εἶδεν ὁ δράκων ὅτι ἐβλήθη εἰς τὴν γῆν ἐδίωξεν τὴν γυναῖκα ἥτις ἔτεκεν τὸν ἄρσενα* – 카이 호테 에이덴 호 드라콘 호티 에블레데 에이스 텐 겐 에디옥센 텐 귀나이카 헤티스 에테켄 톤 아르세나). 명사 톤 아르세나(*τὸν ἄρσενα*, "남아")는 앞의 5절에 나온 관사 없는 명사 아르센(*ἄρσεν*)과 관련된 조응적 관사를 수반한 남성 대격인데, 5절에서 이 명사는 중성 대격이었다. 이 불일치는 아마 저자-편집자의 편집 활동을 반영할 것이다(Yarbro Collins, *Combat*, 147 n. 2). 찰스는 13절의 원형이 카이 호 드라콘 에디옥센 텐 귀나이카(*καὶ ὁ δράκων ἐδίωξεν τὴν γυναῖκα*, "그리고 용이 여자를 핍박했다")라고 추측한다(Charles, 1:329-30). 플루타크는 이시스-오시리스 신화를 형태를 바꾸어 이야기하면서, 많은 사람들이 세/타이폰(Seth /Typhon)에게 충성을 바치다가 호루스/하르포크라테스(Horus/Harpocrates, 오시리스의 아들)에게로 옮겨갔으며, 타이폰의 첩 두에리스(Thueris)가 호루스의 쪽으로 붙을 때 "그녀를 쫓아다니며 괴롭히던(*ἐπιδιώκων* – 에피디오콘) 뱀은 호루스를 따르는 자들에 의해 난도질되었다"고 말한다(*De Iside* 358C-D). *T. Sol.* 14:4에 나오는 유명한 삽화적 사건에서 "솔로몬"은 "날개 달린 용"이라고 불리는 귀신과 회견하는데, 그 귀신은 아름다운 여자들만 쫓아다니며 그 여자들과 항문 성교를 한다고 한다. 그리고 그 귀신은 자신이 폭행을 한 여자들 중 하나가 에로스라는 이름의 아이를 낳았다고 주장한다. 도망치는 여자를 쫓아다니는

용의 주제만이 본문과 연결된다.

14a "그 여자가 큰 독수리의 두 날개를 받아"(*καὶ ἐδόθησαν τῇ γυναικὶ αἱ δύο πτέρυγες τοῦ ἀετοῦ τοῦ μεγάλου*-카이 에도데산 테 귀아이키 하이 뒤오 프테뤼게스 투 아에투 투 메갈루). 이 심상은 여자가 큰 독수리에 의해 구출되어 신속하게 광야로 옮겨지는 것을 나타내는 것이 아니라, 여자가 독수리의 두 날개를 받아 스스로 그 날개로 광야로 날아갈 수 있게 된 것을 나타낸다. 이 내용은 위험에 닥친 사람이 새로 변해 그 위험을 피하는 그리스 신화의 많은 변신 이야기들과 대조된다(Forbes Irving, *Metamorphosis*, 96-127[esp. 106-7], 235-36). 동메소포타미아 세계의 신화들에는 새 형태의 신들이 등장한다. 비블로스의 필로(Philo of Byblos)는 가나안의 신들이 새의 형상을 취했다고 기록했고(Attridge-Oden, *Philo*, 56-59), 우가릿어 신화 구절들은 이 개념의 많은 예들을 제시한다(Korpel, *Clouds*, 544-53). 이집트 18왕조(약 주전 1500년)경의 한 오시리스 찬송에서 이시스는 두 날개를 가지고 그녀의 오빠를 찾아다녔다고 묘사된다(Budge, *Osiris* 1:94). 또 다른 이집트 신화에서 신들은 셉-타이폰을 피해 달아나면서 스스로를 여러 가지 짐승으로 변장한다(Apollodorus 1.6.3; Ovid *Metam*. 5.321-31; J. G. Griffiths, "The Flight of the Gods before Typhon: An Unrecognized Myth?" *Hermes* 88[1960] 374-76). 신들은 변장을 하고 사람들에게 나타났다가 떠날 때 가끔 새의 형상을 취한다(*Odyssey* 1.319-23, 420; 3.371-72). "독수리"라는 말에 정관사가 있기 때문에, 저자는 자신의 독자들이 이 독수리를 잘 알고 있다고 추측하는 것 같다(Charles, 1:330). 이 독수리가 8:13의 관사 없는 아에토스(*ἀετός*)일 수도 있다는 주장은 그럴듯해 보인다(LeFrois, *Woman*, 183-84). 또한 이 정관사가 독수리 별자리를 나타낸다는 제안도 그럴듯해 보인다(Boll, 113). 새처럼 멀리 날아감으로 구출되는 개념은 의인들의 어린 자녀들이 재앙의 때에 독수리같이 높이 올라갈 것이라고 말하는 *1 Enoch* 96:2에 반영된다. 이 개념의 선례는 출애굽기 19:4에 표현된 잘 알려진 출애굽과 독수리 날개 간의 관계다. "나의 애굽 사람에게 어떻게 행하였음과 내가 어떻게 독수리 날개로 너희를 업어 내게로 인도하였음을 너희가 보았느니라"(참조. 4Q*504*=4QDibHama frag. 6, lines 6-7[tr. García Martínez, *Dead Sea Scrolls*, 417], "주께서 우리를 놀랍게 독수리[날개로] 높이셨으며 우리로 당신께 들어가게 하셨나이다"). 모세의 노래의 일부분인 신명기 32:10-14에는 이 곳에 나오는 세 가지 주제-광야, 독수리에 의한 보호 그리고 양육-를 담고 있다. 이 주제들은 Tg. *Onq. Deut* 32:10-14(Grossfeld, *Targum Onqelos*, 91-92)과 신명기 32:10-14의 탈굼 파편

(Klein, *Fragment-Targums* 2:86, 183-84)에서 확대된다. *T. Mos.* 10:8은 이스라엘이 독수리의 목과 날개를 타고 구출될 것이라고 말한다(*1 Enoch* 96:2를 보라). "독수리"를 나타내는 라틴어 *aquila*는 "북풍"을 나타내는 라틴어 *aquilo*와 관련될 수 있다. Hyginus *Fabulae* 140(tr. Grant, *Hyginus*)을 보라: 조브(Jove=주피터)의 명령에 의해 바람 아퀼로(Aquilo, 헬라어로 보레아스[*Βορέας*])는 레토나(Letona=레토)를 멀리 데리고 갔다"(Zielinski, *FuF* 7[1931] 155-56에 의해 지적된다). 히기누스(Hyginus)에 의해 보존된 아폴로-레토-타이폰 신화 해석은 이 주제에 의해 요한계시록 12장에서 요한에 의해 사용된 해석과 더 밀접해졌다.

14b "광야 자기 곳으로 날아가"(*ἵνα πέτηται εἰς τὴν ἔρημον εἰς τὸν τόπον αὐτῆς*-히나 페테타이 에이스 텐 에레몬 에이스 톤 토폰 아우테스). 이 구절(14c절의 "주석"을 보라)은 7-12절의 삽입에 의해 중단되었던 내용을 재개하는 역할을 하는 6ab절("여자가 광야로 도망하매 거기…하나님의 예비하신 곳이 있더라")의 수정이다. 구약성경과 초기 유대교 문헌에서 광야는 부정적인 연상과 긍정적인 연상 모두를 가지고 있다(Talmon, "'Desert Motif,'" 31-63를 보라). 여기에는 피난처를 얻기 위한 광야로의 탈출과 출애굽기 주제의 연관이 분명히 존재한다. 긍정적으로 광야는 피난과 구원의 장소로 묘사된다(사 40:3; 렘 31:2; 48:6; 겔 34:25; 시 55:7-8; 참조. Talmon, "'Desert Motif,'" 42, 45-46). 하갈은 사라의 분노를 피하기 위해 광야로 도망쳤다(창 16:6-14). 이스라엘 백성은 애굽의 종살이를 벗어나기 위해 광야로 탈출했고, 그 곳에서 하나님의 인도를 받았으며(신 1:31; 시 78:52; 렘 2:2, 6; 호 2:16-17; 암 2:10), 하나님에 의해 양식의 공급을 받았다(출 16: 32). 피난처를 얻기 위해 광야로 도망친 사람들이 있다. 예를 들어 모세가 여기에 포함되고(출 2:15), 다윗도 사울을 피하기 위해 광야로 달아났다(삼상 22:1-2). 엘리야는 그릿 시냇가로 도망쳐서 그 곳에서 까마귀에 의해 음식을 공급받았고(왕상 17:1-7), 그 후에는 다시 호렙 산으로 도망쳤으며, 역시 그 곳에서도 기적적으로 양식을 공급받았다(왕상 19:4-8). 사해 북서쪽 유대 광야를 중심지로 삼은 쿰란 공동체는 자신들이 사막에 있는 것을 이사야 40:3의 종말론적 성취로 해석했다(1QS 8:12-14; 9:19-21). 이사야 등의 선지자들은 광야에 숨어 므낫세를 피했다(*Mart. Isa.* 2:7-11; 참조. 히 11:37-38은 아마 *Maartydom of Isaiah*에 보존된 이사야 전설의 인유일 것이다). 역사적으로 의심스러운 전설로 펠라(Pella)로의 탈출이 있다(막 13:14-20과 유사 구절들; Eusebius *Hist. eccl.* 3.5.3; Epiphanius *Pan.* 29.7.7 8; 30.2.7; *De mens et pond.* 15; 참조. C. Koester, "The Origin and Significance of the Flight to Pella Tradition," *CBQ* 51[1989] 90-106). 요한계시록 12:6, 14에서 여자가 광야로 도망치는 것은 피난과 안전의 장소로서 광야의 전통을 고려하여 해석되어야 하며, 또한 메시아가 광야로부터 임할 것이라는 예상과도 연결되어야 할 것이다(마 2:15; 호 11:1).

적에게 쫓기는 여자들이 새가 되어 피하는 그리스 신화들이 있다(Procne, Philomela, and Tereus in Apollodorus 3.14.8; 참조. Ovid *Metam.* 6.667-74). 처녀 별자리는 두 날개가 있는 것으로 묘사되었다(Aratus *Phaen.* 96-146). 타이포에우스(Typhoeus)의 진노로부터 도망을 치고 있던 한 요정은 "나에게 날개가 있어 날 수 있다면"이라고 절망적인 바람을 표현했다(Nonnos *Dionysiaca* 2.126). 펠리아스(Pelias)를 죽인 다음에 메데아(Medea)는 날개 달린 용들에 의해 멀리 옮겨졌다(Ovid *Metam.* 7.350-51). 이 설화에서 오비드(Ovid)는 기적적으로 날개를 얻어 다양한 위험들을 피한 신화와 전설의 인물들에 대한 많은 다른 이야기들을 제안하게 되었다. (1) 카라무스(caramus)는 요정들의 도움을 받아 날개로 날게 됨으로 홍수를 피했다(Ovid, *Metam.* 7.354-56). (2) 시그누스(Cygnus)는 백조로 변했다(Ovid *Metam.* 7.371-72). (3) 콤베(Combe)는 자신을 해치려고 하는 아들들에게서 날개를 달고 피했다고 한다(Ovid *Metam.* 7.382-83). (4) 칼라우레아(Calaurea) 섬의 왕과 왕비는 모두 새로 변했다(Ovid *Metam.* 7.384-85).

14c "거기서 그 뱀의 낯을 피하여 한 때와 두 때와 반 때를 양육 받으매"(*ὅπου τρέφεται ἐκεῖ καιρὸν καὶ καιροὺς καὶ ἥμισυ καιροῦ ἀπὸ προσώπου τοῦ ὄφεως* - 호푸 트레페타이 에케이 카이론 카이 카이루스 카이 헤미쉬 카이루 아포 프로소푸 투 오페오스). 14b절과 마찬가지로 이 절은 6c절의 수정으로 7-12절의 삽입에 의해 중단되었던 내용("거기서 일천이백육십 일 동안 저를 양육하기 위하여 하나님의 예비하신 곳이 있더라")을 재개하는 역할을 한다. "한 때와 두 때와 반 때"라는 어구는 다니엘 7:25; 12:7의 인유다. 이 묵시적 기간을 나타내는 신비한 어구는 두 가지 다른 형태로 사용되기도 한다. 즉 11:3과 12:6에서는 일천이백육십 일이 사용되고 11:2과 13:5에서는 마흔두 달이 사용된다(11:2의 "주석"을 보라).

여기에서 "뱀"(*ὄφις* - 오피스)이라는 용어는 여자의 적을 나타내는 이름으로 사용된다. 저자는 12:9b의 편집적 해설로 미리 이 용어 변경을 준비했다. 히브리어 미프네(מִפְּנֵי)의 직역인 아포 프로소푸(*ἀπὸ προσώπου*)의 문자적 의미는 "…의 앞으로부터"이지만 "…때문에", "…에 대한 두려움으로 인해"를 의미할 수도 있다(계 6:16; 20:11; BDB, 818; KB, 889; Charles, 1:330; Thayer, *Lexicon*, 551).

15 "여자의 뒤에서 뱀이 그 입으로 물을 강같이 토하여 여자를 물에 떠내려 가게 하려 하되"(*καὶ ἔβαλεν ὁ ὄφις ἐκ τοῦ στόματος αὐτοῦ ὀπίσω τῆς γυναικὸς ὕδωρ ὡς ποταμόν ἵνα αὐτὴν ποταμοφόρητον ποιήσῃ* – 카이 에발렌 호 오피스 에크 투 스토마토스 아우투 오피소 테스 귀나이코스 휘도르 호스 포타몬 히나 아우텐 포타모포레톤 포이에세). "뱀"이라는 용어는 이 기사에서 두 번 사용된다(14절을 보라). 구약성경의 전투 문맥들에서 여호와의 적은 바다일 때도 있고, 물일 때도 있고(시 29:3; 66:6; 74:15; 77:16[맛소라 사본 17]; 93:4; 사 50:26; 51:10), 때로 강이나 시내(네하로트[נהרות] 또는 네하림[נהרים])일 때도 있다(시 93:3; 나 1:4; 합 3:8-9). *CTA* 2에 나오는 우가릿어 문맥에서 바알의 적은 얌 왕자(Prince Yam)와 심판자 강(Judge River)이다(Day, *Conflict*, 7). *CTA* 3.IIID.35-36은 "결단코 내가 엘(El)의 사랑하는 자 얌을 쳐부수었고, 확실히 강한 신 강(river, *nhr*)을 끝장냈다"고 기록한다(Day, *Conflict*, 13). 이들은 동일한 혼돈의 괴물을 나타내는 중언법으로 사용되는 동의어다(Wakeman, *God's Battle*, 92-97; 합 3:8; 시 74:15b; 66:6; 사 50:26을 보라). 쿰란 호다요트(Qumran Hodayot)의 저자는 사단의 선동을 받은 하나님의 대적들의 습격에 대해 "벨리알의 급류"(נחלי בליעל – 나할레 벨리야알)라는 은유를 사용한다(1QH 3:29, 32). 구약성경의 일부 구절들에서 혼돈의 물은 이스라엘에 적대하는 민족들을 나타내는 포괄적인 용어로 해석될 수 있다(시 18:5-18; 46:3-4; 144:5-7; 합 3:15[맛소라 사본 13]; 참조. Day, *Conflict*, 120 -38). 아소푸스(Asopus) 강의 딸인 아에기나(Aegina)는 제우스에 의해 끌려간다(*ἥρπασε* – 헤르파세). "아소푸스가 제우스를 쫓아갔지만, 제우스가 그에게 던진 우뢰는 그를 그의 강바닥으로 돌려보내고 말았다"(Apollodorus 3.12.6). 자신의 강물을 오염시키는 트로이인들의 피로 인해 격노한 스카만더(Scamander) 강이 아킬레스를 공격했으나 헤파이스투스의 불로 인해 격퇴되었다(*Iliad* 20-21; Apollodorus *Epitome* 4.7; Lucian *Dial. mar.* 10). 강들을 다 마셔 고갈시켰던 타이포에우스(Typhoeus, Nonnos *Dionysiaca* 2.53-59)는 땅의 물들을 방출하여 대홍수를 일으킴으로써 제우스와 싸웠다고 한다(Nonnos *Dionysiaca* 2.68-76). 카이포에우스는 자신의 형제 오케아노스(Okeanos)가 그의 물을 올림푸스로 가져다가 별들을 잠기게 할 것이라고 주장했다(Nonnos *Dionysiaca* 2.277-80). 아람어 어린양의 노래(15:3의 "주석"을 보라)에서 거인 골리앗(곰의 은유로 표현되는)은 소년 다윗과 맞서 싸우면서 다음과 같이 말한다(Staalduine-Sulman, "Aramaic Song," 270).

저주받을 꼬마야(*tly'* = 어린양),
내가 네게 침을 뱉으면
네가 도망쳐 봐도
내 침에 빠져 익사할 것이다.

물론 용이 여자를 물에 떠내려 가게 한다는 것은 멸망을 나타내는 은유다.

16a "땅이 여자를 도와 그 입을 벌려 강물을 삼키니"(*καὶ ἐβοήθησεν ἡ γῆ τῇ γυναικί καὶ ἤνοιξεν ἡ γῆ τὸ στόμα αὐτῆς καὶ κατέπιεν τὸν ποταμόν* – 카이 에보에데센 헤 게 테 귀나이키 카이 에노익센 헤 게 토 스토마 아우테스 타이 카테피엔 톤 포타몬). 웨이크맨(Wakeman)은 "땅"이 땅의 괴물을 나타내는 다른 이름이고 모트(Mot)의 동의어라는 제안을 하는데, 이는 논증이 빈약하다(*God's Battle*, 108-12). 그러나 구약성경에서 땅은 간혹 "삼키다"라는 의미를 나타내는 동사들과 함께 의인화된다. 출애굽기 15:12은 땅이 바로와 그의 군대를 삼켰다고 하고, 나중에 민수기 16:32-34은 땅이 코라와 다단과 아비람을 삼켰다고 한다. 요한계시록 12:16에서 땅이 여자를 떠내려가게 하려는 뱀의 시도를 좌절시키는 것처럼, 위의 이야기들에서도 땅은 하나님의 적들을 멸하는 역할을 한다. 이와 유사하게 *Acts of Andrew* 31(ed. MacDonald, *Acts of Andrew*, 161)에서도 안드레의 기도에 응답하여 땅이 열려 성의 악한 자들을 잠기게 한 물을 삼킨다(*κατέπιε* – 카테피에). 이 기사의 이 시점에서 "여자"는 지상 교회 전체를 나타내는 집단적 상징이며, 따라서 그녀는 사단의 공격으로부터 보호를 받는다(Gollinger, *Apokalypse 12*, 179).

16b "용의 입에서 토한"(*ὃν ἔβαλεν ὁ δράκων ἐκ τοῦ στόματος αὐτοῦ* – 혼 에발렌 호 드라콘 에크 투 스토마토스 아우투). 이 어구는 15a절의 진술을 반복하는데, 아마 용이 15a절의 뱀과 동일하다는 사실을 명확하게 하기 위해 삽입되었을 것이다.

17a "용이 여자에게 분노하여"(*καὶ ὠργίσθη ὁ δράκων ἐπὶ τῇ γυναικί* – 카이 오르기스데 호 드라콘 에피 테 귀나이키). 박해자의 분노라는 주제는 초기 유대교와 초기 기독교의 순교 기사들에 자주 나오는 토포스다(단 3:13, 19; 11:30; 2 Macc 7:3, 39; 3 Macc 3:1; 5:1; 4:12-13; 4 Macc 8:2; 9:10; 행 5:33; 7:54; *Mart. Pol.* 12:2; *Mart. Carpus*[Gk. rec.] 9; *Ep. Lugd.* 1.17; 참조. *Pistis Sophia* [ed. Schmidt-Till] 1.55[p. 66, lines 30, 36]; 2.80[p. 113, line 30]; Kellermann, "Märtyrertheologie," 74에서 "압제자들의 분노 격발"이라는 순교론의 주제가 열거되는 것을 보라). 이 주제의 출현은 이 부분이 박해와 순교 기사들을 모델로 하고

있음을 시사한다.

17b "돌아가서 그 여자의 남은 자손으로 더불어 싸우려고"(καὶ ἀπῆλθεν ποιῆσαι πόλεμον μετὰ τῶν λοιπῶν τοῦ σπέρματος αὐτῆς – 카이 아펠덴 포이에사이 폴레몬 메타 톤 로이폰 투 스페르마토스 아우테스). 스페르마(σπέρμα, "씨, 자손")라는 용어는 요한계시록에서 이 곳에만 나오는 것으로 의외다. 왜냐하면 앞에서는 남자 아이만 언급되었고(4-5, 13절), 그에게 형제 자매가 있다는 또는 있을 것이라는 암시가 전혀 없었기 때문이다(그리스도의 형제 자매로서의 그리스도인들에 대해서는 히 2:11-13을 보라). 그러므로 "그 여자의 남은 자손"이라는 갑작스러운 언급은 바다에서 나온 짐승이 성도들과 벌이는 전쟁에 대한 언급(13:7-10)을 고려한 삽입, 즉 이 단락에서 요한계시록 13장으로 넘어가는 연결을 대비하는 삽입으로 보인다(Bousset[1906] 356-57). 그러나 12:5에 나오는 "여자가 아들을 낳으니"(ἔτεκεν ἄρσεν – 에테켄 아르센)라는 어구는 이사야 66:7의 인유인 것 같으므로, 이사야 66:8에서 시온이 해산을 했다는 말이 나온다는 사실을 주목할 필요가 있다. "그녀의 씨"(τὸ σπέρμα αὐτῆς – 토 스페르마 아우테스)라는 어구는 매우 유별난 표현이다. 왜냐하면 "씨" 또는 "자손"은 보통 선조(남자)와 관련되기 때문이다. P. W. van der Horst, "Sarah's Seminal Emission: Hebrews 11:11 in the Light of Ancient Embryology," in *Greeks, Romans, and Christians*, FS A. J. Malherbe, ed. D. L. Balch, E. Ferguson, and W. Meeks(Minneapolis: Fortress, 1990) 287-302를 보라. 따라서 이 표현은 아마 창세기 3:15의 인유일 것이다(J. Weiss, *Offenbarung*, 138). 창세기 3:15에서 하나님께서는 뱀에게 "내가 너로 여자와 원수가 되게 하고 너의 후손도 여자의 후손과 원수가 되게 하리니"라고 말씀하신다. 초기 유대교와 초기 기독교의 일부에서 창세기의 이 구절은 메시아의 탄생을 언급하는 것으로 해석되었다(Prigent, *Apocalypse 12*, 143-44). 초기 기독교에서 히브리어 제라(זרע, "씨")는 집단적인 의미라기보다는 단일적인 의미를 갖고 있는 것으로(부정확하게) 해석되었다(Westermann, *Genesis* 1:260-61; 참조. 갈 3:16). "그는 네 머리를 상하게 할 것이요 너는 그의 발꿈치를 상하게 할 것이니라"는 구절에 중성 대명사 아우토(αὐτό, "그것")가 아니라 남성 대명사 아우토스(αὐτός, "그는")가 나온다는 사실은 이 해석을 용이하게 한다. 그러나 칠십인역 번역자들의 의도는 그것이 아니었던 것 같다(Michl, Bib. 33[1952] 398, 401, 501을 보라). Tg. *Ps.-J. Gen* 3:15(Bowker, *Targums*, 122)에서, 그리고 창세기 3:15의 파편 탈굼인 P와 V(Klein, *Fragment-Targums* 2:7, 91)에 보존된 전승에 의하면, 여자의 자손이 토라를 지킬 때 그들은

발꿈치로 뱀의 자손을 쳐부순다. 반면에 요한계시록 12:17에서 여자의 자손은 하나님의 계명을 지키지만 용(여기에서 용은 9, 14, 15절의 뱀으로 확인된다)의 공격을 받지는 않는다. 여자, 여자의 자손, 뱀 그리고 계명 준수의 중요성이라는 공통 주제는 요한계시록 12장의 신화가 창세기 3:15에 나오는 원복음(原福音, *protevangelium*)의 극화라는 사실을 강력하게 시사해 준다. 토 스페르마 아우테스(*τὸ σπέρμα αὐτῆς*)라는 표현은 개개의 그리스도인들, 여자의 영적 자녀(Gollinger, *Apokalypse 12*, 179)를 상징하는데, 아마 특별히 이방인 그리스도인들을 상징할 것이다(Charles, 1:332).

유사한 내용이 헤라클레스의 전설에 나온다. 헤라클레스가 올림푸스로 올라간 다음에 그의 아들들(the Heraklidae)은 헤라클레스의 옛 대적 유리스데우스(Eurystheus)를 피해 도망쳐야 했다(Apollodorus 2.8.1). *Qu'ran* 7.16-17에서 하늘에서 쫓겨났던 이블리스(Iblîs=사단)는 다음과 같이 말한다(M. M. Pickthall, ed., *The Glorious Qur'an: A Bi-Lingual Edition with English Translation, Introduction, and Notes*[Albany, NY: SUNY, 1976]). "이제 당신(하나님)이 나를 억지로 내쫓았기 때문에, 진실로 나는 당신의 바른 길에 숨어 그들을 기다릴 것이다. 그 다음에 나는 그들의 앞과 뒤와 우편과 좌편에서 행할 것이니, 당신은 그들 대부분이 당신에게 복종하는 것을 보지 못할 것이다." *Qu'ran* 17.62에는 요한계시록 12:17과 매우 가까운 감정이 다음과 같이 표현된다(tr. Pickthall, *The Glorious Qur'an*). "그가 말했다. 당신이 나보다 더 존귀하게 한 이 피조물을 보시오. 만일 당신이 부활의 날까지 나에게 은혜를 준다면 진실로 내가 소수를 제외한 그의(즉 아담의) 자손을 탈취할 것이오."

17c "곧 하나님의 계명을 지키며 예수의 증거를 가진 자들"(*τῶν τηρούντων τὰς ἐντολὰς τοῦ θεοῦ καὶ ἐχόντων τὴν μαρτυρίαν Ἰησοῦ*-톤 테룬톤 타스 엔톨라스 투 데우 카이 에콘톤 텐 마르튀리안 예수). 이 구절은 17b절에 언급된 "그 여자의 남은 자손"의 정체를 더 엄밀하게 밝히고 이 묵시 드라마에 출연하는 사람들의 성격을 분사구로 나타내는 저자의 경향에 일치한다(참조. 11:7; 12:9; 17:1; 18:9, 15; 19:20; 21:9, 15). "하나님의 계명을 지키는 자들"(*οἱ τηροῦντες τὰς ἐντολὰς τοῦ θεου*-호이 테룬테스 타스 엔톨라스 투 데우)은 14:12에 축어적으로 다시 나온다(22:14의 이문 호이 포이운테스 타스 엔톨라스 아우투[*οἱ ποιοῦντες τὰς ἐντολὰς αὐτοῦ*]에서 아우투[*αὐτοῦ*]가 분명히 그리스도를 나타내는 것을 참조하라). 12:17에서와 마찬가지로, 14:12에서도 이 어구는 2행 연구이고 그 첫 행은 하

나님을 언급하고 두 번째 행은 예수님을 언급한다.

요한계시록 12:17	**요한계시록 14:12**
톤 테룬톤 타스 엔톨라스 (*τôν τηροὺντον τὰς ἐντολὰς*) 계명을 지키며	호이 테룬테스 타스 엔톨라스 (*οἱ τηροῦντες τὰς ἐντολὰς*) 계명을 지키며
투 데우 (*τοῦ θεοῦ*) 하나님의	투 데우 (*τοῦ θεοῦ*) 하나님의
카이 에콘톤 텐 마르튀리안 (*καὶ ἐχόντον τὴν μαρτυρίαν*) 그리고 증거를 가진 자들	카이 텐 피스틴 (*καὶ τὴν πίστιν*) 그리고 믿음을
예수 (*Ἰησοῦ*) 예수의	예수 (*Ἰησοῦ*) 예수의

두 번째 행은 첫 번째 행보다 다르게 진술되지만, 분명한 사실은 이 말이 하나님에 대한 순종(여기에서 순종은 아마 십계명의 두 번째 판의 계명들과 사랑의 계명을 언급할 것이다[부록 12B: 하나님의 계명과 토라를 보라]; 참조. 롬 2:27-28; 고전 7:19; Sir 32:23)을 예수님에 대한 믿음 또는 충성과 연결시키는 역할을 한다는 것이다. 이것은 본질적으로 하나님의 전통적인 계명들(기독교의 시각에서 이해되는)이 믿음(또는 충성)의 요구들과 대조를 이룬다기보다는 오히려 완성하는 것이라는 기독교 신앙의 정의다. 테레인 타스 엔톨라스(*τηρεῖν τὰς ἐντολάς*, "계명을 지키다")라는 어구는 공관복음에서 십계명이 언급되는 부자 청년 관원에 대한 마태의 해석에도 나오고(마 19:17), 요한복음에는 세 번 나오는데(14:15, 21; 15:10) 항상 예수의 계명(엔톨레[*ἐντολή*], 이 용어는 요한복음에서 단수이거나 복수이거나 절대로 모세의 율법을 나타내는 것이 아니다)을 언급한다. 그리고 적어도 기독교의 토라에 대한 이해를 분명히 포함하고 있는 요한일서에는(이 곳과 마찬가지로) 항상 하나님의 계명을 나타내어 세 번 나온다(요일 2:3, 4; 3:22, 24; 5:3; 포이에인 타스 엔톨라스[*ποιεῖν τὰς ἐντολάς*, "계명을 행하다"]는 요일 5:2에 한 번 나온다[개역성경은 "계명을 지키다"로 번역함; Brown, *Epistles*, 251-52를 보

라). "나의 계명을 행하다"(ποιῆτε τὰς ἐντολάς μου – 포이에테 타스 엔톨라스 무)라는 어구는 외경의 예수님의 말씀에 나온다(*2 Clem.* 4:5; 참조. 마 7:24; Stroker, *Extracanonical*, 71를 보라). 12:17 전체 절도(11절과 마찬가지로) 원래 이 기사를 기독교화하기 위해 유대교 자료에 삽입된 설명적 주석으로 보이며(Wellhausen, *Analyse*, 19; J. Weiss, *Offenbarung*, 136; Charles, 1:331), 요한계시록의 마지막 개성을 반영한다(Bousset[1906] 345). "예수의 증거를 가진"이라는 어구가 추가되었다고 주장하는 일부 학자들이 있다. 그 이유는 "하나님의 계명을 지키는"이 유대교 사상과 완전히 일치하는 설명적인 어구이기 때문이다(Justin *Dial.* 10.3을 보라). 하나님의 계명을 지키는 것은 순교자들이 자신의 믿음을 절충하기보다는 고난을 받고 죽기를 자진하는 중요한 이유들 중 하나다(1 Macc 1:60-63; 2 Macc 7:1-3; 3 Macc 1: 23; 4 Macc 5:16-17, 29; 6:18; 7:8; 9:1-2; *Bib. Ant.* 38:2; 토라에 순종하는 것이 순교 기사들에 자주 나오는 주제로 열거되는 14:12의 주석과 Kellermann, "Märtyrertheologie," 71-72를 보라). 물론 이런 문맥들에서 "하나님의 계명에 순종하는 것"은 주로 할례, 금식 율법, 안식일 준수 그리고 이교의 제사 의식에 참여하지 않는 것을 나타낸다(단 3:3-18; 1 Macc 1:60-63). 초기 기독교에서, 특별히 유대교와의 대화에서 "하나님의 계명을 지키는 것"(예를 들어, *Barn.* 4:11, 퓔라쎄인…타스 엔톨라스 아우투[φυλάσσειν …τὰς ἐντολὰς αὐτοῦ])은 매우 특별한 의미, 즉 의례적인 계명과 대조되는 윤리적인 의미를 갖게 되었다(J. C. Paget, *The Epistle of Barnabas: Outlook and Background*, WUNT 2.64[Tübingen: Mohr, 1994] 64-65를 보라).

부록 12B: 하나님의 계명과 토라

참고문헌

Bourgeault, G. *Décalogue et morale chrétienne: Enquête patristique sur l'utilisation et l'interpretation chrétiennes du décalogue de c. 60 à c. 220.* Paris: Desclée; Montreal: Belarmin, 1971. **Dunn, J. D. G.** "The New Perspective on Paul." *BJRL* 65(1983) 95-122. ______. "Works of the Law and the Curse of the Law[Galatians 3:10-14]." *NTS* 31(1985) 523-42. **Fuller, R. H.** "The Decalogue in the New Testament." *Int* 43(1989) 243-55. **Grant. R. M.** "The Decalogue in Early Christianity." *HTR* 40(1947) 1-17.

Harrelson, W. *The Ten Commandments and Human Rights.* Philadelphia: Westminster, 1980. **Nissen, A.** *Gott und der Nächste im antiken Judentum: Untersuchungen zum Doppelgebot der Liebe.* WUNT 15. Tübingen: Mohr-Siebeck, 1974. **Reicke, B.** *Die zehn Worte in Geschichte und Gegenwart.* Tübingen: Mohr-Siebeck, 1973. **Rordorf, W.** "Beobachtungen zum Gebrauch des Dekalogs in der vorkonstantinischen Kirche." In *The New Testament Age.* FS B. Reicke, ed. W. C. Weinrich. Macon, GA: Mercer UP, 1984. 2:431-42. **Söding, T.** *Das Liebesgebot bei Paulus: Die Mahnung zur Agape im Rahmen der paulinischen Ethik.* NTAbh 26. Münster: Aschendorff, 1995. **Vokes, F. E.** "The Ten Commandments in the New Testament and in First Century Judaism." *TU* 103(1968) 146-54.

초기 유대교에서 율법은 토라 전체를 포함했던 반면에, 초기 기독교 저자들에게 율법의 중심 부분은 십계명의 두 번째 판(즉 윤리적 계명들)과 사랑의 계명이었다. "율법" 또는 "계명"과 같은 용어들이 초기 기독교 문맥에서 사용될 때 종종 그 의미가 무엇인지 정확하게 판단하기는 어렵다. 어떤 때는 십계명의 일부 또는 전체가 고려되기도 하고(특별히 두 번째 판에 기록된 인간 관계에 대한 다섯 계명들), 또 어떤 때는 토라의 의례적인 면들(예를 들어 할례와 음식 율법[카이쉬루트], 분명히 안식일 준수는 중심 문제가 아니었다) 또는 토라의 윤리적인 부분(하나님과 이웃에 대한 사랑)이 주로 고려된다.

십계명은 토라에서 최초로 명령된다(출 20:2-17; 신 5:6-21). 토라에서 십계명은 히브리어와 헬라어 모두에서 "열 말씀"(ten words)으로 칭해지며(출 34:28; 신 4:13; 10:4; 참조. *Ant.* 3.90-92) 나중에 "십계명"(decalogue)으로 칭해지게 된다(Clement Alex. *Paed.* 3.12; Tertullian *De anima* 37.4). 십계명은 구약성경에서 토라 이외에 다른 곳에서는 거의 언급되지 않고(왕상 8:9=대하 5:10; 렘 7:8-9; 호 4:2), 외경과 위경에서는 사실상 전혀 언급되지 않는다. 요세푸스는 두 율법판에 각각 다섯 계명들이 새겨졌다고 언급한 최초의 인물이다(*Ant.* 3.8). 그리고 신약성경에서는 거의 십계명의 두 번째 판에 기록된 율법들만 언급되는 것이 사실이다. 필로는 십계명의 해석에 대한 논문에 전념했고(*De decalogo,* "On the Ten Commandments"), 십계명을 주요 제목으로 사용하는 두 번째 논문(*De specialibus legibus,* "On special laws")을 작성했는데, 아마 이것은 헬라 시대 유대교의 십계명에 대한 관심을 반영할 것이다. 그는 앞의 다섯 계명은 "하나님에 대한 훈령"

(*φιλόθεοι* – 필로데오이)으로, 뒤의 다섯 계명은 "인간에 대한 훈령"(*φιλάνθρωποι* – 필란드로포이)으로 각각 성격을 규정했다(*Decal.* 110).

바울은 "하나님의 계명을 지키는 것"(*τήρησις ἐντολῶν θεοῦ* – 테레시스 엔톨론 데우)의 필요성에 대해 매우 긍정적으로 말하지만(고전 7:19) 할례를 배제한다. 그러나 만일 윤리적인 요소들은 포함시키고 의식적인 요소들은 배제시켜 "계명"을 해석하지 않는다면, 분명히 할례는 토라의 한 부분이다. 신약성경에서 십계명은 다른 특별한 명칭과 함께 언급되지 않고, 단지 고린도후서 3:7과 히브리서 9:4에서 모세가 받은 돌판이 언급되고(참조. 출 34:29; 신 10:5; 왕상 8:9=대하 5:10), 첫 번째와 두 번째 계명이 전체를 암시하여 언급된다(막 12:28-31=마 22:36-40). 이렇게 짧은 계명의 목록들이 몇 번 발견되고(막 10:19=마 19:17-19=눅 18:20; 롬 13:8-9; 딤전 1:8-11; *Did.* 2:1-3; Aristides *Apol.* 15.2-5; Athenagoras *De res.* 23; Tertullian *Adv. Marc.* 4.16-17; 참조. 계 9:20-21), 개별적으로 언급되기도 한다(부모를 공경하라: 막 7:9-10=마 15:3-4; 엡 6:2; 안식일을 지키라: 눅 23:56; 타인의 소유를 탐내지 말라: 롬 7:8; 2 Macc 2:5). 율법 준수의 중요성이 강조되기도 하는 한편(마 19:17; 요일 2:4-5), 율법 전체를 행하는 것의 어려움도 강조된다(요 5:45; 롬 3:19; 갈 5:3; 약 2:10). 어떤 때는 율법의 영구적인 유효성이 강조되는 반면에(마 5:17-20), 또 어떤 때는 율법의 완성 또는 심지어 철폐도 고려된다(롬 10:4; 고후 3:14; 엡 2:15). 또한 율법 전체가 하나님을 사랑하고 이웃을 사랑하라는 두 가지 계명으로 요약되거나(막 12:28-31=마 22:36-40; *Did.* 1:2; Justin *Dial.* 93.2; Theophilus *Ad Autol.* 2.34) 또는 서로 사랑하라는 계명으로 요약되는 것으로 보는 경향도 있다(롬 13:8-10; 갈 5:14; Jas 2:8; 참조. Söding, *Liebesgebot,* 200-203, 250-58).

율법을 단일 항목으로 요약하는 경향은 유대교에서도 발견된다(Vokes, *TU* 103 [1968] 150-51). 물론 이웃을 사랑하라는 명령은 십계명의 부분이 아니라 칠십인역 레위기 19:18의 인용이다(막 12:13; 참조. 19:33-34; 신 10:19). 이 사랑의 명령은 신약성경에서 중요한 신학적 역할을 담당한다(살전 4:9; 롬 13:8-10).

"율법의 행위"에 대한 바울의 부정적인 견해는 때로(전부는 아니지만; 참조. 롬 3:20; 7:7-25) 유대교의 독특한 사회-종교적 표시들(할례; 음식 율법, 안식일 준수)에 한정된다(Dunn, *BJRL* 65[1983] 95-122; id., *NTS* 31[1985] 523-42). 비록 토라의 윤리적 요구들이 신학적으로 부정적인 역할을 담당하는 데 사용되는 경우도 있지만(롬 7:7-11), 초기 기독교에서 전반적으로 이 요구들은 압도적으로 긍정적인 견지에서 하나님의 계시된 뜻을 반영하는 것으로 간주되었다(롬 7:12, "이로 보건대 율법도 거룩하며 계명도 거룩하며 의로우며 선하도다"). 바울이 그리스도의 율법을 언급할 때(고전 9:21; 갈 6:2), 아마 그는 십계명의 두 번째 판에 덧붙여 사랑의 계명을 언급하고 있는 것이다(롬 13:8-9; 참조. Fuller, *Int* 43[1989] 253-54). "하나님의 계명을 지키다"라는 어구는 분명히 하나님의 뜻을 행하는 것을 포함하지만, 하나님의 뜻을 아는 지식은 다양한 초기 기독교의 시각에서 해석되는 토라를 통해 전달되는 것이다. 이런 맥락에서 요한계시록 12:17과 14:12에서 "하나님의 계명을 지키는 것"은 토라의 윤리적 요구들을 언급하는 것으로 해석되어야 한다.

해설

하늘 성전이 열리고, 그 안에 법궤가 보이고, 이어서 번개와 음성들과 뇌성과 지진과 큰 우박으로 이루어지는 신의 현현에 전형적으로 수반되는 현상들로 시작한 다음(11:19), 이어지는 신화의 두 주역과 적수(해산을 하려고 하는 공격을 받기 쉬운 여자와 일곱 머리와 열 뿔을 가진 공격적이고 오만하고 폭력적인 용, 12:1-4)가 소개되는데, 환상의 부분으로가 아니라(전형적인 도입의 어구, "내가 보았다"와 "내가 들었다"가 없다) 마치 이들이 이야기를 하는 별자리들처럼 소개된다. 그 다음 내용은 세 개의 갈등 장면들로 이루어진다. (1) 아이의 탄생과 피난, 그리고 용으로부터 여자의 도피(12:4b-6), (2) 미가엘과 미가엘의 천사 군대에 의한 용과 그의 천사들의 패배와 하늘에서의 추방(12:7-9), (3) 여자와 여자의 자손에 대한 용의 맹렬한 추적(12:13-17). 7-9절과 13-17절 사이에 저자는 승리의 찬송을 삽입한다. 이 승리의 찬송은 사단이 하늘로부터 추방되는 것의 구원사에 있어서의 의의를 설명하고(유대의 전설적 사건이 여기에서 종말론적 사건으로 제시된다), 추방 전에 하늘에서 사단의 역할을 약술하고 기독교 순교자들의 충성을 강조함으로써 7-9절의 신화적 기사를 보완하고 주석한다.

여자와 아이와 용의 기사(4b-6, 13-17절)와 그 가운데 삽입된 미가엘과 용의 하늘 전쟁 기사(7-9절)는 모두 전투 신화(고대 세계 곳곳에서 여러 가지 변형으로 발견되는)이지만, 이 두 기사는 완전히 다른 의의를 갖고 있다. 첫 번째 신화는 분명히 풍유적으로 이해되어야 하지만 몇 가지 방식으로 해석될 수 있다. 기독교 상황에서 1-6절의 여자를 마리아로, 그리고 여자의 아들을 예수님으로 해석하는 것은 자연스럽게 보였다. 그러나 "여자의 남은 자손"이 언급되는(17절) 13-17절에서는 여자를 교회로, 그리고 여자의 박해받는 자손을 그리스도인으로 해석하는 것이 더 적절한 것 같다. 반면에 이 신화의 더 이전 형태에 나타나는 유대교의 시각으로 볼 때 여자는 하나님의 박해받는 백성 이스라엘로 해석될 수도 있다. 현재의 형태에서 아이는 "장차 철장으로 만국을 다스릴 남자"로 묘사되는(5절, 메시아의 시편으로 해석되는 시 2:9의 인유) 명백하게 메시아(=예수님)인 반면에, 이 세부 묘사는 아마 그리스 신화의 유대식 윤색일 것이다. 아이가 하나님 앞과 하나님의 보좌로 "올려간" 것은 아마 부활하신 예수님께서 하나님 우편으로 높이심을 받으신 것을 나타낼 것이다. 그러나 이 내용이 아이의 탄생에 바로 이어 나오고 하나님의 구출로 묘사되는 것은 더 이전, 즉 기독교 이전의 성격을 나타낸다.

이 승천 주제는 이제부터 아이의 메시아 통치가 실현된다는 사실과 함께 이 신화가 아마 유대교에서 굴절되었지만 그 궁극적 근원이 전투 신화의 그리스 형태임을 시사한다. 요한계시록 12장에서 발견되는 전투 신화는 많은 차이가 있긴 하지만 그리스의 레토-아폴로-파이돈 신화와 가장 가깝다. 아폴로를 잉태한 여신 레토는 용 파이돈의 추적을 받았다. 레토는 먼 섬으로 도망쳐서 아폴로를 낳았고, 아폴로는 단 나흘 만에 파이돈을 죽였다.

요한은 레토-아폴로-파이돈 신화를 각색하면서 두 가지 전설을 병렬시키는 데 촉매로 기여하는 두 가지 신화-심상에 대한 묘사를 앞에 덧붙힌다. 우주의 여왕이자 주인공으로 등장하는 여자는 하늘에 등장한다(1절). 그리고 그 뒤를 이어 적수인 큰 붉은 용이 등장하는데(3절), 뒤에서 그는 옛 뱀, 마귀, 사단, 온 천하를 꾀는 자로 별명이 열거됨으로써 초기 유대교와 초기 기독교의 전승으로 끌여들여진다. 여자는 별 나라 형상(해를 입고, 발 아래 달이 있고, 십이 궁도의 면류관을 쓰고 있다)을 가진 우주의 여왕(1절, 아마 종종 유사한 특성들로 묘사되는 알테미스, 헤카테, 이시스에 대한 대중적 개념에 근거할 것이다)으로 소개된다. 하나님의 주적 용(마귀, 옛 뱀, 사단과 동일시되는, 12절)은 요한의 종말론 시나리오의 바로 이 시점에 최초로 등장한다(3절). 5절에 승천을 통해 신이 되는 내용으로 그리스 신화에서 흔히 발견되는 휴거의 주제를 사용하여 아이의 승천이 묘사된다. 이 그리스 신화의 주제들은 그리스의 전설들을 제시함으로써 일종의 사회 변증론을 구성하여 기독교 복음의 중요한 면들을 확인한다.

3. 두 짐승(12:18-13:18)

참고문헌

Aune, D. E. "Oral Tradition and the Aphorisms of Jesus." In *Jesus and the Oral Gospel Tradition*, ed. H. Wansbrough. *JSNTSup* 64. Sheffield: Sheffield Academic, 1991. 211-65. **Baines, W. G.** "The Number of the Beast in Revelation 13:18." *HeyJ* 16(1975) 195-96. **Barclay, W.** "Great Themes of the New Testament: V. Revelation xiii." *ExpTim* 70 (1958-59) 260-64, 292-96. **Barrett, A. A.** *Caligula: The Corruption of Power*. London: Batsford, 1989. **Bauckham, R.** "The Conversion of the Nations." In R. Bauckham, *Climax*. 238-337. ______. "Nero and the Beast." In R. Bauckham, *Climax*. 384-452. **Beale, G. K.** "The Danielic Background for Revelation 13:18 and 17:9." *TynBul* 31(1980) 163-70. **Bergh van Eysinga, G. A. van den.** "Die in der Apokalypse bekämpfte Gnosis." *ZNW* 13(1912) 293-306. **Bergmeier, R.** "Die Erzhure und das Tier: Apk 12.18-13.18 und 17f.: Eine quellen- und redaktionskritische Analyse." *ANRW* II. 25/5:3899-3916. **Bilde, P.** "The Roman Emperor Gaius(Caligula)'s Attempt to Erect His Statue in the Temple of Jerusalem." *ST* 32(1978) 67-93. **Birdsall, J. N.** "Rev XIII.6." *JTS* 14(1963) 399-400. **Blidstein, G.** "Nullification of Idolatry in Rabbinic Law." *PAAJR* 42-43(1973-74) 1-44. **Bousset, W.** *The Antichrist Legend: A Chapter in Christian and Jewish Folklore*. Tr. A. H. Keane. London: Hutchinson, 1896. **Bruins, E. M.** "The Number of the Beast." *NedTTs* 23(1969) 401-7. **Brun, L.** "Die römischen Kaiser in der Apokalypse." *ZNW* 26(1927) 128-51. **Burch, V.** "Reasons Why Nero Should Not Be Found in Revelation 13." *Expositor* 8(1920) 18-28. **Burney, C. F.** "A Hebraic Construction in the Apocalypse." *JTS* 22(1921) 371ff. **Caquot, A.** "Léviathan et Behémoth dans la troisième 'Parabole' d'Hénoch." *Semitica* 25(1975) 111-22. **Clemen, C.** "Nochmals die Zahl des Tieres." *ZNW* 11(1910) 204-23. ______. "Die Zahl des Tieres Apc 13:18." *ZNW* 2(1901) 109-14. ______. "Die Zahl 666, ein Hinweis auf Trajan?" *Protestantische Monatshefte* 25(1921) 144-48. **Corssen, P.** "Nocheinmal die Zahl des Tieres in der Apokalypse." *ZNW* 3(1902) 238-46. ______. "Zur Verständigung über Apok 13:18." *ZNW* 4(1903) 264-67. **Deininger, J.** *Die Provinziallandtage der römischen Kaiserzeit von Augustus bis zum Ende des dritten Jahrhunderts n. 2 Chr.* Munich: Berlin: Beck, 1965. **De Ste. Croix, G. E. M.** "Why Were Early

Christians Persecuted?" In *Studies in Ancient Society*, ed. M. I. Finley. London: Routledge & Kegan Paul, 1974. 210-49. **Dornseiff, F.** "Die Rätsel-Zahl 666 in der Offenbarung des Johannes." *FuF* 12(1936) 369(=*Kleine Schriften*. II. *Sprach und Sprechender*, ed. J. Werner. Leipzig: Koehler & Amelung, 1964. 244-47). **Driver, G. R.** "Mythical Monsters in the Old Testament." In *Studi Orientalistici in onore di Giorgio Levi della Vida*. Rome: Instituto per l'Oriente, 1956. 1:234-49. ______. "The Number of the Beast." In *Bible und Qumran*, ed. S. Wagner. Berlin: Evangelische Haupt-Bibelgesellschaft, 1968. 75-81. **Ernst, J.** *Die eschatologischen Gegenspieler in den Schriften des Neuen Testaments*. Regensburg: Pustet, 1967. **Flusser, D.** "The Apocryphal Book of *Ascensio Isaiae* and the Dead Sea Sect." *IEJ* 3(1953) 30-47. ______. "Hystaspes and John of Patmos." In *Judaism and the Origins of Christianity*. Jerusalem: Magnes, 1988. 390-453. **Gordon, C. H.** "Leviathan: A Symbol of Evil." In *Biblical Motifs*, ed. A. Altmann. Cambridge, MA: Harvard UP, 1966. **Grant, R. M.** "Sacrifices and Oaths as Required of Early Christians." In *KYRIAKON*. FS J. Quasten, ed. P. Granfield and J. A. Jungmann. 1973. Repr. London: Variorum Reprints, 1983. 1:12-17. **Gutman, J.** "Leviathan, Behemoth and Ziz: Jewish Messianic Symbols in Art." *HUCA* 39(1968) 219-30. **Hadorn, W.** "Die Zahl 666, ein Hinweis auf Trajan." *ZNW* 19(1919-20) 11-28. **Hanfmann, G. M. A.** *Letters from Sardis*. Cambridge, MA: Harvard UP, 1972. **Hanhart, K.** "The Four Beasts of Daniel's Vision in the Night in the Light of Rev. 13:2." *NTS* 27(1981) 576-83. **Hartingsveld, L. van.** "Die Zahl des Tieres, die Zahl eines Menschen: Apokalypse XIII. 18." In *Miscellanea Neotestamentica*, ed. T. Baarda, A. F. J. Klijn, and W. C. van Unnik. Leiden: Brill, 1978. 2:191-201. **Hartman, L.** *Prophecy Interpreted: The Formation of Some Jewish Apocalyptic Texts and of the Eschatological Discourse Mark 13 par*. ConBNT 1. Lund: Gleerup, 1966. **Hillers, D. R.** "Revelation 13:18 and a Scroll from Murabbaʿat." *BASOR* 170(1963) 65. **Inan, J.**, and **Alföldi-Rosenbaum, E.** *Römische und frühbyzantinische Porträtplastik aus der Türkei*. Mainz am Rhein: von Zabern, 1979. ______ and **Rosenbaum. E.** *Roman and Early Byzantine Portrait Sculpture in Asia Minor*. London: The British Academy, 1966. **Jacobs, I.** "Elements of Near-Eastern Mythology in Rabbinic Aggadah." *JJS* 28(1977) 1-11. **Judge, E. A.** "The Mark of the Beast, Revelation 13:16." *TynBul* 42(1991) 158-60. **Kautzsch, E.** "Zahlen." *RE* 21:598-607. **Kearsley, R.** "Asiarchs, *Archiereis*, and the *Archiereiai* of Asia." *GRBS* 27(1986) 183-92. **Koonce, K.** "*ΑΓΑΛΜΑ* and *ΕΙΚΩΝ*." *AJP* 109(1988) 108-10. **Kraybill, J. N.** *Imperial Cult and Commerce in John's Apocalypse*.

JSNTSup 132. Sheffield: Sheffield Academic, 1996. **Labuschagne, C. J.** *The Incomparability of Yahweh in the Old Testament.* Leiden: Brill, 1966. **Majercik, R.** *The Chaldean Oracles: Text, Translation, and Commentary.* Leiden: Brill, 1989. **Minear, P. S.** "The Wounded Beast." *JBL* 72(1953) 93-101. **Morgenthaler, R.** "Roma - Sedes Satanae: Röm 13,1ff. im Lichte von Luk 4,5-8." *TZ* 12(1956) 289-304. **Murmellstein, B.** "Das zweite Tier in der Offenbarung Johannis(Kap 13B)." *TSK* 101(1929) 447-57. **Oberweis, M.** "Die Bedeutung der neutestamentlichen 'Raetzelzahlen' 666(Apk 13:18) und 153(Joh 21:11)." *ZNW* 77(1986) 226-41. **Prete, B.** "Il testo di Apocalisse 13,9-10: Una minaccia per i persecutori o un'esortazione al martirio?" *Studii biblici franciscani liber annuus* 27(1977) 102-18. **Price, S. R. F.** "Between Man and God: Sacrifice in the Roman Imperial Cult." *JRS* 70(1980) 28-43. ______. "Gods and Emperors: The Greek Language of the Roman Imperial Cult." *JHS* 104(1984) 79-95. ______. *Rituals and Power: The Roman Imperial Cult in Asia Minor.* Cambridge: Cambridge UP, 1984. **Reicke, B.** "Die jüdische Apokalyptic und die johanneische Tiervision." *RSR* 60(1972) 173-92. **Rigaux, B.** *L'Antéchrist et l'opposition du royaume messianique dans l'Ancien et le Nouveau Testament.* Gembloux: Duculot; Paris: Gabalda, 1932. **Ringgren, H.** *The Faith of Qumran: The Theology of the Dead Sea Scrolls.* Philadelphia: Fortress, 1963. **Robert, L.** "Inscription d'Athènes." *REA* (1964) 316-24(=*Opera Minora Selecta* 2:832-40). **Rowland, C.** *The Open Heaven: A Study of Apocalyptic in Judaism and Early Christianity.* New York: Crossroad, 1982. **Sanders, H. A.** "The Number of the Beast in Revelation 13:18." *JBL* 37(1918) 95-99. **Scherrer, S. J.** "Revelation 13 as an Historical Source for the Imperial Cult under Domitian." Th.D. Diss., Harvard, 1979. ______. "Signs and Wonders in the Imperial Cult: A New Look at a Roman Religious Institution in the Light of Rev 13:13-15." *JBL* 103(1984) 599-610. **Schlier, H.** "Vom Antichrist: Zum 13. Kapitel der Offenbarung Johannis." In *Theologische Aufsätze.* FS K. Barth, ed. E. Wolf. Munich: Kaiser, 1936. **Schowalter, D. N.** *The Emperor and the Gods: Images from the Time of Trajan.* HDR 28. Minneapolis: Augsburg, 1993. **Scott, K.** *The Imperial Cult under the Flavians.* Stuttgart; Berlin: Kohlhammer, 1936. **Stauffer, E.** "666." In *In honorem Antonii Fridrichsen sexagenarii. ConNT* 11. Lund: Gleerup, 1947. 237-41. ______. *Christus und die Caesaren: Historische Skizzen.* 5th ed. Hamburg: Wittig, 1960. **Ulrichsen, J. H.** "Dyret i Åpenbaringen: En skisse til tidshistorisk forståelse av kapitlene 13 og 17." *NTT* 87(1986) 167-77. **Urbach, E. E.** "The Rabbinical Laws of Idolatry in the Second and

Third Centuries in the Light of Archaeological and Historical Facts." *IEJ* 9(1959) 149ff., 229ff. **Venetz, H.-J.** "Zwischen Unterwerfung und Verweigerung: Widersprüchliches im Neuen Testament? Zu Röm 13 und Offb 13." *BK* 43(1988) 153-63. **Vischer, E.** "Die Zahl 666: Apc 13:18." *ZNW* 13(1912) 294-97. **Wallace, H.** "Leviathan and the Beast in Revelation." *BA* 11(1948) 61-68(repr. in *The Biblical Archaeologist Reader, 1,* ed. G. E. Wright and D. N. Freedman. Garden City: Doubleday, 1961. 290-98). **Wikenhauser, A.** "*Ἐνώπιος - ἐνώπιον - κατενώπιον.*" *BZ* 8(1910) 263-70. **Yarbro Collins, A.** "The Political Perspective of the Revelation to John." *JBL* 96(1977) 241-56. **Ysebaert, J.** *Greek Baptismal Terminology: Its Origins and Early Development.* Nijmegen: Dekker and van de Vegt, 1962.

본 문

18 바다 모래 위에 섰더라	**18** He stood[a] on the sand of the sea.
13:1 내가 보니 바다에서 한 짐승이 나오는데 뿔이 열이요 머리가 일곱이라 그 뿔에는 열 면류관이 있고 그 머리들에는 참람한 이름들이 있더라	**13:1** I[a] saw a beast rising up out of the sea, with ten horns and seven heads, and on its horns were ten diadems and on its heads were blasphemous[b] names.[c]
2 내가 본 짐승은 표범과 비슷하고 그 발은 곰의 발 같고 그 입은 사자의 입 같은데 용이 자기의 능력과 보좌와 큰 권세를 그에게 주었더라	**2** The[a] beast which I saw was[b] like a leopard, and its feet were like those of a bear, and its mouth was like that of a lion.[c] The[d] dragon gave him his power and his throne and great authority.
3 그의 머리 하나가 상하여 죽게된 것 같더니 그 죽게 되었던 상처가 나으매 온 땅이 이상히 여겨 짐승을 따르고	**3** One[a] of[b] its heads[c] appeared to be fatally wounded,[c] but[d] [e]its mortal wound[e] was healed. The whole[f] earth was astonished and followed[g] the beast.
4 용이 짐승에게 권세를 주므로 용에게 경배하며 짐승에게 경배하여 가로되 누가 이 짐승과 같으뇨 누가 능히 이로 더불어 싸우리요 하더라	**4** They worshiped[a] [b]the dragon[b] because[c] he gave authority[d] to the beast, [e]and they also worshiped [f]the beast,[f] chanting, "Who is like the beast,[e] and who is able to fight against it?"
5 또 짐승이 큰 말과 참람된 말하는 입을 받고 또 마흔두 달 일할 권세를 받으니라	**5** It[a] [b]was given haughty and blasphemous things to say,[bc] and it was given the authority [d]to be active[d] forty-two months.[e]
6 짐승이 입을 벌려 하나님을 향하여 훼방하되 그의 이름과 그의 장막 곧 하늘에 거하는 자들을 훼방하더라	**6** It[a] began to utter blasphemies[ab] against God, that is, to blaspheme[c] his name [d]and his dwelling,[d] that is, [ef]those who dwell in heaven.[e]
7 또 권세를 받아 성도들과 싸워 이기게 되고 각 족속과 백성과 방언과 나라를 다스리는 권세를	**7** [a]And it was permitted to make war against [b]God's people[b] and conquer them,[a] and it was given

받으니

8 죽임을 당한 어린양의 생명책에 창세 이후로 녹명되지 못하고 이 땅에 사는 자들은 다 짐승에게 경배하리라

9 누구든지 귀가 있거든 들을지어다
10 사로잡는 자는 사로잡힐 것이요 칼에 죽이는 자는 자기도 마땅히 칼에 죽으리니 성도들의 인내와 믿음이 여기 있느니라

11 내가 보매 또 다른 짐승이 땅에서 올라오니 새끼 양 같이 두 뿔이 있고 용처럼 말하더라

12 저가 먼저 나온 짐승의 모든 권세를 그 앞에서 행하고 땅과 땅에 거하는 자들로 처음 짐승에게 경배하게 하니 곧 죽게 되었던 상처가 나은 자니라
13 큰 이적을 행하되 심지어 사람들 앞에서 불이 하늘로부터 땅에 내려오게 하고
14 짐승 앞에서 받은 바 이적을 행함으로 땅에 거하는 자들을 미혹하며 땅에 거하는 자들에게 이르기를 칼에 상하였다가 살아난 짐승을 위하여 우상을 만들라 하더라

15 저가 권세를 받아 그 짐승의 우상에게 생기를 주어 그 짐승의 우상으로 말하게 하고 또 짐승의 우상에게 경배하지 아니하는 자는 몇이든지 다 죽이게 하더라
16 저가 모든 자 곧 작은 자나 큰 자나 부자나 빈궁한 자나 자유한 자나 종들로 그 오른손에나 이마에 표를 받게 하고
17 누구든지 이 표를 가진 자 외에는 매매를 못하게 하니 이 표는 곧 짐승의 이름이나 그 이름의 수라
18 지혜가 여기 있으니 총명 있는 자는 그 짐승의 수를 세어 보라 그 수는 사람의 수니 육백육십육이니라

authority over every tribe [c]and people[c] and language and nation.

8 All the inhabitants of the earth will worship him,[a] everyone [b]whose[c] name was not written[b] since the creation[d] of the world in [e]the book[e] of life of the Lamb [f]who was slaughtered.[f]

9 If anyone has an ear, let him hear:
10 If anyone is [a]for captivity,[a] [b]to captivity[b] he will go:[c] If anyone with the sword [d]is to be slain,[d] he[e] [f]with the sword[f] will be slain. [g]This indicates that[g] the endurance and faith of [h]God's people[h] are involved.

11 Then I saw another beast ascending[a] from the earth, and it had[b] two[c] horns like[d] a ram,[e] but[f] it sounded[g] like a dragon.

12 It[a] exercised[b] the full authority of the first beast, [c]on its behalf,[c] and compelled the earth, [d]that is,[d] those who dwell on it, to worship[e] [f]the first beast,[f] whose[g] mortal wound was healed.
13 It performed[a] impressive miracles, [b]even causing[c] fire [d]to fall from heaven[bd] to[e] earth before people.
14 It deceives those who dwell on the earth through the miracles it was permitted to perform [a]on the authority of[a] the beast. He told[b] those who dwell on the earth [c]to fashion[c] [d]a cult statue[d] in honor of[e] the beast who[f] was wounded [g]with a sword but[h] lived.[ig]

15 It[a] was permitted [b]to give life[b] to the cult statue [c]of the beast that the cult statue of the beast might speak and[c] [d]cause[e] whoever[d] did not worship[f] [g]the cult statue[g] of the beast to be executed.[h]
16 It forced everyone, the unimportant and the important, rich and poor, free and slave, [a]to be given[a] a brand[b] [cd]on their right hand or on their forehead.[c]
17 [a]so that no one can[b] buy or sell unless he has,[c] as a brand,[cd] [e]the name of the beast[e] or the number of its name.
18 Here is wisdom. Let the one with understanding calculate the number of the beast, for it is also [a]a number referring to a person,[a] [b]and the number of that person[b] is six hundred sixty-six.[c]

원문주해

18.a. (개역성경은 이 부분이 12:17에 포함된다) 이문: (1) 스타데(*σταθη*) 𝔓[47] A C ℵ fam 1611[1854 2344] 209 792 2351 Andr g n *Byz* 1[2256] *Byz* 16[61] *Byz* 17[469] Andr/*Byz* 2[582 628] Andr/*Byz* 3[1894] Andr/*Byz* 4[172 1828 1888] it[gig ar] Tyc[2] vg syr[h] eth arm; WHort; Nestle-Aland[27]; UBSGNT[4]. (2) 에스타텐(*ἐστάθην*, "내가 섰다," 1인칭 단수 부정과거 수동태) 025 Oecumenius[2053] Andreas Byzantine; Tischendorf, *NT Graece*; von Soden, *Text*. 많은 학자들(B. Weiss, *Johannes-Apokalypse*, 5; Bousset[1906] 358 n. 1; Schmid, *Studien* 2:77; *TCGNT* [1], 746; *TCGNT* [2], 673)이 독법 (2)가 13:1의 카이 에이돈(*και εἶδον*)과 동화된 결과라고 주장한다. 그러나 Von Soden(*Text* 1:2076)은 에스타데(*ἐστάθη*)가 12:17a에 나오는 오르기스데(*ὠργίσθη*)에 근거한 수정이라고 주장한다. 이 이문은 요한계시록의 구조에서 중요하다. 왜냐하면 독법 (1)은 분명히 용을 언급하며, 따라서 13:1-18로 이동함으로써 11:19-12:17을 종결시키기 때문이다. 반면에 독법 (2)는 분명히 요한을 언급하는 것이며, 또한 12:18-13:18에 새로운 단락을 도입하는 것으로 해석될 수도 있다.

13:1.a. 이 문장을 시작하는 카이(*καί*)는 새로운 문장이나 절의 시작을 표시하는 역할을 하고 독립적인 의미는 갖고 있지 않기 때문에 번역되지 않는다.

1.b. 블라스페미아스(*βλασφημίας*, "참람함")는 오노마타(*ὀνόματα*, "이름들")를 수식하는 형용사 역할을 하는 설명의 속격이다. 17:3을 참조하라(G. Mussies, *Morphology*, 96).

1.c. 이문: (1) 오노마타(*ὀνόματα*) A 046 051 fam 1611[-2329] Oecumenius[2053 2058] Andr a[1] f g l n[2432] 94 1773 2019; Byzantine a it[gig] (*nomina blasphemiae*; erroneously listed by Nestle-Aland27 as evidence for o[noma); vg syr[h] Tyc[3] (*nomina blasphemiae*); WHort; Charles, 2:313; Merk, *NT*. (2) 오노마(*ὄνομα*) 𝔓[47] ℵ C 025 fam 1006 fam 1611[2329] Andreas vg[mss] syr[ph] cop arm Primasius (*nomen scriptum blasphemiae*); Beatus (*nomen blasphemiae*; Vogels, *Untersuchungen*, 201); WHortmarg; von Soden, *Text*. 원형의 오노마(*ὄνομα*)가 선행하는 복수형 케팔라스(*κεφαλάς*)의 영향으로 오노마타(*ὀνόματα*)로 바뀌었거나, 또는 오노마(*ὄνομα*)가 마(*μα*) 다음에 타(*τα*)가 우연히 빠뜨려진 결과일 수도 있다(B. Weiss, *Johannes-Apokalypse*, 129-30; *TCGNT* [1], 746; *TCGNT* [2], 673). Nestle-Aland[27] and UBSGNT[4]는 복수 어미를 괄호로 표시한다. 오노마타(*ὀνόματα*)이 원형이라는 사실은 계 17:3의 유사어에 의해 강력하게 시사된다.

2.a. "원문주해" 1.a를 보라.

2.b. 이문: (1) 엔(*ἦν*) A C (Schmid, *Studien* 1/1:136는 사본 025 Andr b[2081] d f[2023 2073] l n 94 1773의 이문으로 엔[*ἦν*] 대신 헨[*ἥν*]을 기록하는 실수를 범했다); Irenaeus*Lat*: Priscillian (*erat similis*): Tischendorf, *NT Graece*: B. Weiss, *Johannes-Apokalypse*, 193: von Soden, *Text*: Nestle-Aland[27]: UBSGNT[4]. (2) 엔(*ἦν*)의 탈락: Andreas it[gig] arm. (3) 호모스 엔(*ὅμοιος ἦν*) Oecumenius[2053]: *similis erat*: Primasius Tyc[2] Beatus it[z].

2.c. 이문: 레온톤(*λεόντων*) ℵ fam 1611[1611] 2351 Victorinus.

3.a. 1.a의 "원문주해"를 보라. 여기에서 미안(*μίαν*)이 1절에 나오는 에이돈(*εἶδον*, "내가 보았다")의 목적어 역할을 하지 않는다면, 대격이 맞지 않는다.

3.b. 이문: (1) 에크(*ἐκ*) ℵ A C 025 046 Andr f i l 94 Irenaeus[Lat] and Primasius (*ex capitibus*): it[gig] (*de capitibus*): Tyc[2] (*ex capitibus*): Beatus (*ex capitibus*): Irenaeus[Lat] (*ex capitibus*: Sanday-Turner, *Nouum Testamentum*, 197): cop[bo]: von Soden, *Text*: Nestle-Aland[27]: UBSGNT[4]. (2) 에크(*ἐκ*) 탈락: 046[*] fam 1611[1854] Oecumenius[2053] Andreas TR.

3.e-e. 호스 에스파그메넨 에이스 다나톤(*ὡς ἐσφαγμένην εἰς θάνατον*)에서 에스파그메넨(*ἐσφαγμένην*)은 스파제인(*σφάζειν*, "도살하다")의 여성 대격 완료 수동태 분사(미안[*μίαν*], "하나"를 수식하는)다. "마치…처럼"을 의미하는 호스(*ὡς*)와 함께 이 어구는 "치명적으로 상처를 받은 것처럼 보이는"을 의미한다.

3.d. 이 절을 도입하는 카이(*καί*)는 부사 카이(*καί*) 역할을 한다. 왜냐하면 이 절은 앞 절과 대조되는 놀라운 요소를 갖고 있기 때문이다.

3.e-e. 헤 플레게 투 다나투 아우투(*ἡ πληγὴ τοῦ θανάτου αὐτοῦ*, 직역하면 "그의 죽음의 상처"). 투 다나투(*τοῦ θανάτου*)는 명사 플레게(*πληγή*, "상처")를 수식하는 형용사 역할을 하는 설명의 여격이다(Mussies, *Morphology*, 96). 소유대명사 아우투(*αὐτοῦ*, "그의 것")는 셈어식 용법을 반영한다. 왜냐하면 히브리어와 하람어 명사절에서 마지막 단어에 접미되는 대명사가 전체 명사절을 지배하기 때문이다(히브리어 숙어에 대해서는 *GKC* § 440을 보라).

3.f. 홀로스(*ὅλος*, "전체, 온")는 여기에서 수식받는 명사 앞에 사용되는데, 아마 세계 전체 사람들에게 끼친 짐승의 놀라운 영향을 강조하기 위함인 것 같다. 요한계시록의 다른 곳에 홀로스(*ὅλος*)는 후치사로만 사용되어 주로 수식받는 실명사를 강조한다(3:10; 6:12; 12:9; 16:14; 참조. BDR § 276.5).

3.g. 호피소 (*ὀπίσω*)+속격. 다른 용법에 대해서는 "원문주해" 1:10.c를 보라.

4.a. 프로세퀴네산(*προσεκύνησαν*)은 3인칭 복수 동사로서, 이 동사의 주어는 3절의 명사구 홀레 헤 게(*ὅλη ἡ γῆ*, "온 땅")다. 이 곳에서 헤 게(*ἡ γῆ*)는 문법적으로 단수이지만 저자는 집합명사로 간주한다(헤 게[*ἡ γῆ*]는 3절의 3인칭 단수 동사 에다우마스데[*ἐθαυμάσθη*]의 주어도 된다). 이것은 의미 지향 구문의 한 유형의 예이다(서론, 제7부, 구문론을 보라).

4.b-b. 프로스쿠네인(προσκυνεῖν)의 사용에 대해서는 "원문주해" 4:10.b를 보라.

4.c. 토레이(Torrey, *Apocalypse*, 125)는 호티(ὅτι, "…때문에")가 여기에서 아무 의미도 없고 아람어 디(ד)의 오역이라고 한다. 그리고 아람어 디(ד)는 관계 대명사 "who"로도 번역될 수 있으므로, "그들이 짐승에게 권세를 준(who) 짐승에게 경배했다"라는 것이다.

4.d. 이문: 엑수시안(ἐξουσίαν) 앞에 텐(τήν) 탈락: 2351.

4.e-e. 𝔓[47]은 카이 프로세퀴네산 토 데리오 레곤테스 티스 호모이오스 토 데리오(καὶ προσεκύνησαν τῷ θηρίῳ λέγοντες τίς ὅμοιος τῷ θηρίῳ)를 빼는데, 분명히 필사자의 눈이 데리오(θηρίῳ)의 첫 번째 출현에서 세 번째 출현으로 건너뛴 중자 탈락(haplography)이다.

4.f-f. 이문: 토 데리온(τὸ θηρίον) A fam 1611[2344] Andr i[1876 2014 2043] Andr n[2066com]. 피(Fee)는 이 독법을 아마 원형일 것이라고 생각한다. 그 이유는 요한계시록의 다른 곳에서 중성 명사들, 특별히 토 데리온(τὸ θηρίον)이 프로스퀴네인(προσκυνεῖν)에 이어지는 대격이기 때문이다("원문주해" 4:10.b과 그 곳에 인용된 문헌을 보라). 그는 이 여격이 선행하는 토 드라콘티(τῷ δράκοντι)와 일치하여 생겨났다고 말한다.

5.a. "원문주해" 1.a를 보라.

5.b-b. 디도나이 스토마(διδόναι στόμα)는 "누군가가 무엇인가를 말하게 하다"라는 의미의 관용어다(Louw-Nida, § 33.105).

5.c. 이문: 랄룬(λαλοῦν) 대신 랄룬타(λαλοῦντα) 𝔓[47] Byz l[2256].

5.d-d. 이문: (1) 포이에사이(ποιῆσαι) 원문. (2) 폴레메사이(πολεμῆσαι) 2351. (3) 폴레몬 포이에사이(πόλεμον ποιῆσαι) 051 fam 1611[2329] Andr b[2081] c f[2023 2073] Byzantine. (4) 포이에사이 호 델레이(ποιῆσαι ὃ θέλει) ℵ. 7절을 볼 때 독법 (3)은 중요하다.

5.e. 이문: 마흔둘이라는 수는 사본들에서 세 가지 형태로 발견된다. (1) 뮈뉘(μβ) 𝔓[47] 046 051 Oecumenius[1678 1778 2080]. (2) 테쎄라콘타 뒤오(τεσσεράκοντα δύο) ℵ C Byzantine. (3) 테쎄라콘타 카이 뒤오(τεσσεράκοντα καὶ δύο) A fam 1006[1841] fam 1611[1854] Irenaeus[Lat] (*XL et duobus*: Sanday-Turner, *Nouum Testamentum*, 197): 2351. (4) 사라콘타뒤오(σαρακονταδύο) Oecumenius[2053](본문에서 어두 테스[τες]가 우연히 빠졌다. 주석에서는 빠지지 않았다). 카이(καί)의 탈락은 기수 문자를 알파벳 부호로 전환한 다음에 다시 기수 문자로 전환하면서 발생했을 것이다. 요한계시록에서 카이(καί)는 11:2(A 046 1611)과 13:5에서만 기수를 연결시키는 데 사용된다. 이 희귀한 출현은 카이(καί)를 원문으로 간주함에 있어 불리하게 작용한다(참조. 눅 13:16; 요 2:20; 5:5; 행 13:20; 갈 3:17).

6.a-a. 아노이게인 스토마(ἀνοίγειν στόμα)는 "말하기 시작하다, 발언하다"라는 의미의 셈어식 숙어다(Louw-Nida, § 33.29). 13:6의 "주석"을 보라.

6.b. 이문: (1) 에이스 블라스페미아스(*εἰς βλασφημίας*, 대격 복수) ℵ A C Andr a^{1} f^{2031} 94 598 1773; Andr/*Byz* 4a-^{2084} 4b-^{2018} $^{-2032}$ 598 fam 1006 fam 1611^{1854} Andr/*Byz* 4a^{2084}; it^{z} (*in blasphemias*); Nestle-Aland^{27}; UBSGNT^{4}. (2) 블라스페메사이(*βλασφημῆσαι*, 대격 부정사) $\mathfrak{P}^{47}$ syr^{ph} cop. (3) 에이스 블라스 페미안(*εἰς βλασφημίαν*, 대격 단수) 051 Andreas Oecumenius Byzantine it^{gig} (*in blasphemiam*); Tyc^{2} (*in blasphemiam*); Beatus (*in blasphemiam*); Irenaeus*Lat* (*ad blasphemium*; Sanday-Turner, *Nouum Testamentum*, 197); syr^{h} TR; von Soden, *Text*.

6.c. 부정사 블라스페메사이(*βλασφημῆσαι*, "훼방하다")는 짐승이 하나님을 어떻게 훼방했는지 정확하게 상술하기 위해 주석적으로 사용된다: "즉 그의 이름과 장막을 훼방하되."

6.d-d. 이문: 카이 텐 스케넨 아우투(*καὶ τὴν σκηνὴν αὐτοῦ*) 탈락 C.

6.e-e. 이문: (1) 투스 엔 토 우라노 스케눈타스(*τοὺς ἐν τῷ οὐρανῷ σκηνοῦντας*) ℵ* A C fam 1611^{1611} ^{2344} Oecumenius^{2053}. (2) 투스 엔 토 우라노 스케눈타스(*τοὺς ἐν τω οὐρανῷ σκηνοῦντας*) 탈락: Primasius (Vogels, *Untersuchungen*, 216). (3) 투스(*τούς*) 탈락: Andr/*Byz* 4b^{2018} fam 1611^{1854}. (4) 스케눈타스(*σκηνοῦντας*) 탈락: $\mathfrak{P}^{47}$. 이렇게(*τοὺς ἐν τῷ οὐρανῷ σκηνοῦντας*-투스 엔 토 우라노 스케눈타스) 관사와 그 관사가 시배하는 실명사 사이에 전치사구의 삽입은 요한계시록에서 희귀하며, 주로 각각의 일곱 선언의 도입에 나온다(2:1, 8, 12, 18; 3:1, 7, 14; 19:9). 독법 (1)은 우세한 외부 증거를 갖고 있다(*TCGNT* ^{1}, 746-47; *TCGNT* ^{2}, 674).

6.f. 이문: 카이(*καί*) 추가: ℵ^{2} 025 046* 051 2023 Oecumenius^{2053text} Andreas Irenaeus^{Lat} (Sanday-Turner, *Nouum Testamentum*, 197) lat syr^{ph} cop. 부자연스러운 구문을 유연하게 하기 위한 추가(*TCGNT* ^{1}, 746; *TCGNT* ^{2}, 674).

7.a-a. 이문: 카이 에도데 아우토 포이에사이 폴레몬 메타 톤 하기온 카이 네케사이 아우투스(*καὶ ἐδόθη αὐτῷ ποιῆσαι πόλεμον μετὰ τῶν ἁγίων καὶ νικῆσαι αὐτούς*) ℵ 046 051 94 fam 1006^{1006} fam 1611^{2344} Andr a^{1*} i-^{2042} f^{2073} l n *Byz* 2^{2138} 2019 syr^{ph} it^{gig} Tyc^{2} Beatus cop^{bo}; von Soden, *Text*. (2) 카이 에도데 아우토 폴레몬 포이에사이 메타 톤 하기온 카이 네케사이 아우투스(*καὶ ἐδόθη αὐτῷ πόλεμον ποιῆσαι μετὰ τῶν ἁγίων καὶ νικῆσαι αὐτούς*) fam 1611^{1611} ^{1854} 2351; Andr/*Byz* 4b^{1828} vg. (3) 카이 에도데 아우토 엑수시아 포이에사이 폴레몬 메타 톤 하기온 카이 니케사이 아우투스(*καὶ ἐδόθη αὐτω ἐξουσία ποιῆσαι πόλεμον μετὰ τῶν ἁγίων καὶ νικῆσαι αὐτούς*) *Byz* l^{1859} Andr l^{2020} Andr n^{2065} ^{2432}; Primasius (*et data est ei potestas*[*ἐξουσία*-엑수시아] *faciendi bellum cum sanctis et vicit eos*); Beatus. (4) 카이 에도데 아우토 포이에사이 폴레몬 메타 톤 하기온 카이 니케사이 아우투스(*καὶ ἐδόθη αὐτῷ ποιῆσαι πόλεμον μετὰ τῶν ἁγίων και νικῆσαι αὐτούς*) 탈락: $\mathfrak{P}^{47}$ A C Oecumenius^{2053} Andreas syr^{h} cop^{sa} arm Irenaeus^{Lat}. 독법

(2)에 이 절이 빠지는 중요한 증거들에도 불구하고, 이 탈락은 카이 에도데 아우투(*καὶ ἐδόθη αὐτῷ*)의 첫 번째 출현에서 두 번째 출연으로 필사자의 눈길이 건너뛴 실수의 결과로 보인다(*TCGNT* [1], 747; *TCGNT* [2], 674). 이것은 ℵ와 Byzantine 사본이 원문을 보존한 희구한 예들 중의 하나다(Schmid, *Studien* 2:120-21).

7.b-b. 오이 하기오이(*οἱ ἅγιοι*, "성도들, 거룩한 자들)를 "하나님의 백성"으로 번역하는 것에 대해서는 5:8의 "주석"을 보라.

7.c-c. 이문: (1) 카이 라온(*καὶ λαόν*) ℵ A 025 051 Andr $f^{2023\ 2073}$ g i^{-2042} l n 94 cop^{sa} it^{gig} it^{z} vg. (2) 카이 라우스(*καὶ λαούς*) C syr^{ph}. (3) 카이 라온(*καὶ λαόν*) 탈락: 051 fam 1006^{1006} Andreas cop^{bo}.

8.a. 아우톤(*αὐτόν*)은 중성 명사 데리온(*θηρίον*)가 남성을 상징하는 데 사용되기 때문에 이 명사를 언급하기 위해 사용된 남성 대격이다. ℵ 051 Oecumenius2053 fam 1006 fam $1611^{1611\ 1854}$ 792 Andreas에 의해 증거되는 이문 아우토(*αὐτῷ*)는 모호한 대명사 아우토(*αὐτῷ*, 남성도 될 수 있고 중성도 될 수 있다)를 바꾸어 아우톤(*αὐτόν*)으로 수정하기 위한 시도이며, 또한 프로스퀴네인(*προσκυνεῖν*)의 목적어 역할을 할 수 있는 격이다. 프로스퀴네인(*προσκυνεῖν*)은 대격과 여격을 교체하여 사용할 수 있다("원문주해" 3:9.h을 보라). 프로스퀴네인(*προσκυνεῖν*) + 여격 또는 대격의 사용에 대해서는 "원문주해" 4:10.b를 보라.

8.b-b. 이문: (1) 후 우 게그라프타이 토 오노마 아우투(*οὗ οὐ γέγραπται τὸ ὄνομα αὐτοῦ*) C fam $1611^{1854\ 2344}$ $Oecumenius^{2053}$ $Irenaeus^{Lat}$ Primasius; B. Weiss, *Johannes-Apokalypse*, 194; Charles, 2:315; $Nestle\text{-}Aland^{27}$; $UBSGNT^{4}$. (2) 우 아이게그랍타이 토 오노마 아우투(*οὐ αἰγέγραπται τὸ ὄνομα αὐτοῦ*)의 탈락. A. (3) 우아이 우아이 후 우 게그랍타이 토 오노마 아우투(*οὐαὶ οὐαὶ οὗ οὐ γέγραπται τὸ ὄνομα αὐτοῦ*) Andr l. (4) 혼 우 게그랍타이 토 오노마 아우톤(*ὧν οὐ γέγραπται τὸ ὄνομα αὐτῶν*) fam 1611^{1611} Andr h n Beatus. (5) 혼 우 게그랍타이 타 오노마타 아우톤(*ὧν οὐ γέγραπται τὰ ὀνόματα αὐτῶν*) $\mathfrak{P}^{47}$ (ℵ*는 우[*οὐ*]를 뺀다) ℵ 025 051 fam $1006^{1006\ 1841}$ fam 1611^{2329} Andr h n lat. (6) 혼 우 게그랍타이 토 오노마(*ὧν οὐ γέγραπται τὸ ὄνομα*) 2351 Andreas Byzantine; von Soden, *Text*. (7) 혼 우 게그랍타이 토 오노마타(*ὧν οὐ γέγραπται τὰ ὀνόματα*) 025 Andr a c f^{-2023} h i n 2019. (8) 토 오노마 아우투(*τὸ ὄνομα αὐτοῦ*)의 탈락: Tertullian (*De coron.* 13). 아마 원문은 독법 (1)에서 발견되는 것 같고, 독법 (2)와 (3)에서는 전제되는 것 같다. 독법 (2)와 (3)은 우우(*ουου*) 대신 우아이(*ουαι*)의 그릇된 독법을 반영한다. 독법 (2)에서 우 아이게그랍타이(*ου αἰγέγραπται*)는 아마 완료 형태 에게그랍토(*ἐγέγραπτο*)에 대체된 이타시즘(itacism = 코이네 헬라어에서 유사한 모음들의 대용)의 오류이거나 또는 우아이 게그랍타이(*οὐαι γέγραπται*)에 근거했을 가능성도 있다. 독법 (4), (5), (6)은 선행하는 남성 복수 명사

군 판테스 호이 카토이쿤테스(πάντες οἱ κατοικοῦντες)와 일치시키기 위해 후(οὗ)를 혼(ὧν)으로 수정했고, 독법 5에서 분배의 단수 토 오노마(τὸ ὄνομα)도 유사하게 복수형으로 수정되었다. 그러나 독법 (4)에서 복수를 나타내는 오노마(ὄνομα)의 사용은 히브리어식 표현으로 생각될 수 있는데, 그렇게 볼 때 혼…아우톤(ὧν …αὐτῶν)에서 우…아우투(οὗ…αὐτοῦ)로의 수정이 설명될 것이며, 또한 오노마(ὄνομα)에서 오노마타(ὀνόματα)로의 수정도 설명될 것이다(Charles, 1:354). 이 이문들에 관한 논의에 대해서는 B. Weiss, *Johannes-Apokalypse*, 105-6; Schmid, *Studien* 2:90; *TCGNT*[1], 747를 보라.

8.c. 후…아우투(οὗ …αὐτοῦ)는 요약 대명사의 예이다(참조. 3:12; 7:2, 9; 13:12; 17:2; 20:8). 요약 대명사는 종종 셈어식 표현으로 간주되었지만 이교 헬라어에서도 발견된다(Turner, *Syntax*, 325).

8.d. "창조"를 나타내는 카타볼레(καταβολή)에 대해서는 *Ep. Arist.* 129와 Louw-Nida, § 42.37를 보라.

8.e-e. 이문: (1) 토 비블리오(τῷ βιβλίῳ) A 2351 Andreas Byzantine; von Soden, *Text*. (2) 비블리오(βιβλίῳ) C. (3) 토 비블리오(τῷ βιβλίῳ) 𝔓[47] 250 Andr[com] a c i[2042] l TR. (4) 비블로(βίβλῳ) ℵ fam 1611[1611 1854 2344] 2019 Andr e[2026 2091] h[2060 2286 2302] Andr/*Byz* 4[2070 2305] 2084. (5) 토 비블로(τῷ βίβλῳ) ℵ 181 256. 이문 (1)은 사본들의 큰 다양성을 나타낸다. 또한 분명히 이문 (1)은 단지 정관사 토(τῷ)가 없을 뿐인 이문 (2)의 지지를 얻는 유력한 독법이다(Schmid, *Studien* 2:228). 저자는 헤 비블로스 테스 조에스(ἡ βίβλος τῆς ζωῆς, 3:5; 20:15)와 토 비블리온 테스 조에스(τὸ βιβλίον τῆς ζωῆς, 17:8; 20:12; 21:27)를 번갈아 사용하는 것으로 보인다.

8.f-f. 이문: 투 우라누 투 에스프라기스메누(τοῦ οὐρανοῦ τοῦ ἐσφραγισμένου) Oecumenius[2053]. 여기에서 투 우라누(τοῦ οὐρανοῦ)는 필사자의 우발 사고에 의해 투 아르니우(τοῦ ἀρνίου)를 대신한다(참조. 21:27, 여기에서 ℵ는 아르니우[αρνιου] 대신 단축형 우누[ουνου]로 나타낸다). 투 에스파그메누(τοῦ ἐσφαγμένου)는 완료 중간태 분사다. 무씨즈(Mussies, *Morphology*, 348)에 의하면, 이 분사는 셈어 동사 카툴(*qatul*) 범주의 속격 의미를 모방한 것으로, 이 어구는 "창세부터 죽임을 당한 어린양"으로 번역될 수 있다고 한다.

10.a-a. 이문: (1) 에이스 아이크말로시안(εἰς αἰχμαλωσίαν) A C fam 1006 fam 1611 Oecumenius[2053 2062]; W Hort; von Soden, *Text*. (2) 에이스 아크말로시안 아파게이(εἰς αἰχμαλωσίαν ἀπάγει) 2351 Andr/*Byz* 4a[616] Andr/*Byz* 4b[1828 1862 1888] it[(ar) e dem div gig haf z]; vg[A] (*qui in captivitatum ducit*); vg[I Φ Clem] (*in captivitatum duxerit*); syr[ph h] Irenaeus[*Lat*] Primasius; Bousset (1906) 364. (3) 아이크말로타제이(αἰχμαλωτίζει) Andr/*Byz* 2a[104 459] 2019 cop[sa]. (4) 에케이 아이크말로시안(ἔχει αἰχμαλωσίαν) Andr d f[051* 2023 2073] Byzantine. (5) 아이크말로시안(αἰχμαλωσίαν) Andr a c. 독법 (1)에는 동사

가 없기 때문에 독법 (2)와 (3)에서 필사자에 의한 수식이 생겨나게 되었다. 독법 (4)는 에케이($\check{\epsilon}\chi\epsilon\iota$)가 그릇되게 에이스($\epsilon i\varsigma$)로 판독된 분명한 필사자의 실수다. *TCGNT* [1], 747-48: *TCGNT* [2], 674-75를 보라.

10.b-b. 이문: (1) 에이스 아이크말로시안($\epsilon i\varsigma$ $ai\chi\mu a\lambda\omega\sigma ia\nu$) A fam 1611[2344] Primasius (*qui captivum duxerit et ipse capietur*): it[gig] (*si quis in captivitatem duxerit in captivitatem vadit*): WHort:[von Soden, *Text*]: Nestle-Aland[27]: UBSGNT[4]: (*TCGNT* 1, 747). (2) 에이스 아이크칼로시안($\epsilon i\varsigma$ $ai\chi\mu a\lambda\omega\sigma ia\nu$) 탈락: $\mathfrak{P}^{47}$ ℵ C 051 Oecumenius[2053] fam 1006 fam 1611[1611 1854] Andreas Byzantine Beatus (*si quis in captivatem vadit*): arm cop[bo]. (3) 에이스($\epsilon i\varsigma$) 탈락: 1678 1778. 이 이문에 포함된 문제들에 대한 철저한 토론은 Schmid, *Studien* 2:139-41과 J. Delobel, "Le texte de l'Apocalypse," 162-65를 보라. 슈미트(Schmid, *Studien* 2:141)는 A사본의 13:10 독법을 그 사본의 총체적 우월성의 증거로 생각한다. 이 이중 표현은 중복 오사(dittography, 즉 한 문자나 문자군의 반복)의 실수로 설명될 수도 있지만, 중자 탈락(haplography, 즉 반복되어야 할 한 문자나 문자군의 탈락)으로 우연히 빠졌다는 주장이 더 그럴듯한 것 같다. 이 이중 표현은 분명히 칠십인역 렘 15:2에서 발견되는 양식과 일치한다(참조. 칠십인역 렘 50:11[맛소라 사본 43:11], 카이 호소이 에이스 아이크말로시안 에이스 아이크말로시안[$\kappa a\grave{\iota}$ $\H{o}\sigma o\iota$ $\epsilon i\varsigma$ $ai\chi\mu a\lambda\omega\sigma ia\nu$ $\epsilon i\varsigma$ $ai\chi\mu a\lambda\omega\sigma ia\nu$; 10절의 "주석"을 보라]). 델로벨(J. Delobel)은 칠십인역 렘 15:2에 대한 사본의 증거를 수집하여 사본 전승에서 네 개의 유사구(칠십인역 렘 15:2을 포함하는)가 중자 탈락된 것을 증명했다("Le text de l'Apocalypse," 164 n. 55).

10.c. 이문: (1) 휘파게이($\acute{\upsilon}\pi\acute{a}\gamma\epsilon\iota$) A C 025 046 051 fam 1006 fam 1611 Oecumenius[2053 2062] Andreas Byzantine. (2) 쉬나게이($\sigma\upsilon\nu\acute{a}\gamma\epsilon\iota$) Andr a b c. (3) 아이크말로티스데세타이($ai\chi\mu a\lambda\omega\tau\iota\sigma\theta\acute{\eta}\sigma\epsilon\tau a\iota$) 94. 무씨즈(Mussies, *Morphology*, 337)에 의하면, 현재 직설법 휘파게이($\acute{\upsilon}\pi\acute{a}\gamma\epsilon\iota$, "그가 가다")는 "명백하게 명령법"이므로 "그로 하여금 가게 하라"(let him go)로 번역될 수도 있다고 한다. 그러나 이 구문은 미래적 현재 직설법 "그가 갈 것이다"로 보는 것이 더 적절할 것이다(참조. S. Thompson, *Apocalypse*, 120 n. 88). 이 문장의 잠언 형식도 휘파게이($\acute{\upsilon}\pi\acute{a}\gamma\epsilon\iota$)를 격언적 또는 개괄적 현재로 해석하는 것을 지지한다(Burton, *Syntax*, § 12).

10.d-d. 아포크탄데타이($\grave{a}\pi o\kappa\tau a\nu\theta\hat{\eta}\nu a\iota$) A: Charles, 1:355: Mussies, *Morphology*, 190: Nestle-Aland[27]: UBSGNT[4]. (2) 아포크테네이($\grave{a}\pi o\kappa\tau\epsilon\nu\epsilon\hat{\iota}$) $\mathfrak{P}^{47}$ ($\grave{a}\pi$[$o\kappa\tau\epsilon\nu\epsilon\hat{\iota}$]만 완전히 보인다) C 025 051 fam 1611[2329] Andreas lat syr[h] Irenaeus[Lat]; Tischendorf, *NT Graece*: B. Weiss, *Johannes-Apokalypse*, 194: WHort: Bousset (1906) 365: von Soden, *Text*: Nestle-Aland[25]. (3) 아포크테이네이($\grave{a}\pi o\kappa\tau\epsilon\acute{\iota}\nu\epsilon\iota$) fam 1006[1841] fam 1611[1611 1854] it[gig] syr[ph] h eth Irenaeus: WHort[mg]. (4) 아포크텐네이($\grave{a}\pi o\kappa\tau\acute{\epsilon}\nu\nu\epsilon\iota$) fam 1006[911 1006 1841] fam $1611^{1854\ 2344}$ 2351 Andr n^{2432} Andr/*Byz* $4a^{250\ 424}$ Andr/*Byz* $4b^{1862\ 2018}$. (5) 아포크타이네이(ἀποκταινεῖ) Andr f^{051*} h. (6) 아포크테네인(ἀποκτενεῖν) $Oecumenius^{2053}$. (7) 아포크테이네인(ἀποκτείνειν, 현재 직설법) 또는 아포크테이나이(ἀποκτεῖναι, 부정과거 부정사)는 Westcott와 Hort, *Introduction*, 138*에 의해 추측된다. 독법 (1)은 A사본에 의해서만 지지된다(이 독법의 정확하다고 주장하는 토론들에 대해서는 Charles, 1:355-56; Schmid, *Studien* 2:138-41; *TCGNT* ¹, 748; *TCGNT* ², 675를 보라[여기에서는 이 독법이 이용 가능한 독법들 중 "불만족이 가장 적다"고 한다]). 웨스트코트와 호르트(Westcott and Hort, *Introduction*, 138)는 "A 사본의 독법은 바른 의미를 부여한다. 왜냐하면 앞 절과 두 절이 모두 발견되는 렘 15:2은 보복이 아니라 하나님의 약속의 성취가 의도되는 것을 나타내기 때문이다"라고 말한다. 이 단일 독법의 용법에 대한 비평은 J. Delobel, "Le text de l'Apocalypse," 162-65에 나온다. 이 이문들 중의 일부는 다양한 헬라어 방언들에서 비롯되었다. 독법 (4)에서 유음 뉘(ν)의 겹침은 아이올리스(Aeolis) 방언의 특징인 반면에(참조. 6:11), 독법 (6)의 도리스(Doris) 어원을 갖고 있다. 독법 (1)은 다음과 같이 해석될 수 있다: 에이 티스 엔 마카이레 아포크탄데나이 아우톤 엔 마카이레 아포크탄데나이(εἴ τις ἐν μαχαίρῃ ἀποκτανθῆναι[부정과거 수동태 부정사]) *αὐτὸν ἐν μαχαίρῃ ἀποκτανθῆναι*, "만일 누군가가 칼로 (사람을) 살해한다면, 그는 칼로 죽임을 당해야 한다"). 독법 (3): 에이 티스 엔 마카이레 아포크테네이 데이 아우톤 엔 마카이레(εἴ τις ἐν μαχαίρῃ ἀποκτενεῖ[미래 직설법 능동태] δεῖ αὐτὸν ἐν μαχαίρῃ, "만일 누군가가 칼로 죽일 것이라면, 그는 칼로 죽임을 당해야 한다"). 독법 (3), 에이 티스 엔 마카이레 아푸크테이네이 데이 아우톤 엔 마카이레 아포크탄데나이(εἴ τις ἐν μαχαίρῃ ἀποκτείνει[현재 직설법 능동태) δεῖ αὐτὸν ἐν μαχαίρῃ ἀποκτανθῆναι, "만일 누군가가 칼로 죽인다면, 그는 칼로 죽임을 당해야 한다").

10.e. 이문: (1) 아우톤(αὐτόν) A *Byz* 12^{2048} it^{gig} $cop^{sa\ bo}$ Beatus; $Nestle\text{-}Aland^{27}$; $UBSGNT^{4}$. (2) 데이 아우톤(δεῖ αὐτόν) $\mathfrak{P}^{47}$ ℵ C 025 051* $Oecumenius^{2053}$ fam $1006^{911\ 1006\ 1841}$ fam $1611^{1611\ 1854\ 2329\ 2344}$ 2351 Andreas Andr/*Byz* $4a^{250\ 424}$ Andr/*Byz* $4b^{1862\ 2018}$ latt eth $syr^{ph\ h}$ $Irenaeus^{Lat}$; Tischendorf, *NT Graece*; B. Weiss, *Johannes-Apokalypse*, 194; WHort; Bousset (1906) 365; von Soden, *Text*. 10:11; 11:5; 17:10; 20:3(이문 ℵ)에서 부정사들의 주어 역할을 하는 대격 대명사들이 부정사 앞에 위치한다는 사실은 독법 (1)을 지지한다. 이 모든 예들은 부정사와 함께 비인칭 동사 데이(δεῖ)를 갖고 있다.

10.f-f. 이문: 엔 마카이레(ἐν μαχαίρῃ) 탈락: Andr $f^{051cor\ 2073cor}$ Byzantine.

10.g-g. 비교적 화자와 가까운 위치를 나타내는 장소의 부사로 사용되는(Louw-Nida, § 83.1) 부사 호데(ὧδε)는 여기에서 이어지는 진술이 렘 15:2의 변경된 인유와 관련이 있음을 나타내는 데 사용된다. 즉 이 부사는 인유의 진정한 의미를 소개하는 역할을 한다. 그러므로 호데(ὧδε)는 진하게 표기된 부분처럼 의역된다. "**이는** 성도의 인내와 믿음이

필요하다는 것을 나타낸다." 일부 현대 역본들은 호데(ὧδε)를 불확실한 방식으로 번역한다. RSV와 NRSV는 "Here is a call for"(여기 …에 대한 요구가 있다)로 번역하고 NIV와 REB는 "This calls for"(이는 …를 요구한다)라고 번역한다. 이 두 번역은 모두 해석이 아니라 권고가 필요하다는 그릇된 인상을 준다. NEB의 더 설명적인 의역이 적절하다. "Here the fortitude and faithfulness of God's People have their place"(여기에서 하나님의 백성의 인내와 성실이 제 자리를 소유한다).

10h-h. "원문주해" 13:7.b-b를 보라.

11.a. 이문: 91) 아나바이논(*ἀναβαῖνον*) ℵ A C fam 1006 fam 1611 Oecumenius$^{2053\ 2062}$ 2351 Andreas Byzantine. (2) 아나바이논(*ἀναβαῖνων*) 𝔓^{47} 792 Andr h$^{2060\ 2286}$ *Byz* 12^{2048} Andr/*Byz* 2$^{104\ 459\ 628\ 680\ 922}$ Andr/*Byz* 3$^{1894\ 2061}$. 이 이문은 *ο* = *ω*의 혼동(Gignac, *Grammar* 1:275-77) 또는 사람을 나타내는 상징들(예를 들어, 중성 데리온[*θηρίον*, "짐승"])을 남성으로 간주하는(8절에서 남성 대격 대명사 아우톤[*αὐτόν*]의 사용을 참조하라) 묵시록의 경향에서 나온 결과다. "원문주해" 11:7.d-d를 보라.

11.b. 이 절은 앞의 분사와 대등한 두 정형 동사의 예를 내포한다: 아나바이논…에이켄…엘랄레이(*ἀναβαῖνον …εἶχεν …ἐλάλει*). Burney, *JTS* 22(1921) 321ff를 참조하라. 그러나 무씨즈(Mussies, *Morphology*, 326-27)는 이 절이 두 문장으로 분해될 수 있기 때문에 아마 이 구문이 존재하지 않을 것으로 생각한다.

11.c. 이문: 뒤오(*δύο*)의 탈락: Byzantine arm^{3}.

11.d. 이문: 호모이오(*ὁμοίῳ*) 𝔓^{47}. 호모이오스(*ὅμοιος*)가 지배하는 명사에 동화되는 것에 대해서는 1:13.c-c와 9:10.c-c를 보라.

11.e. 이 곳의 용어는 대개 "어린양"으로 번역되는 아르니오(*ἀρνίῳ*, 즉 호모이오스[*ὅμοιος*]와 관계가 있는 여격)이지만, 어린양은 뿔이 없기 때문에 이 용어는 "숫양"으로 번역되어야 한다. 아르니온(*ἀρνίον*)은 여기에서 분명히 작은 것을 나타내어 사용된다. 그러므로 이 용어는 성인 남성을 나타내는 "숫양"으로 번역되어야 한다(참조. Louw-Nida, § 4.25).

11.f. 접속사 카이(*καί*)에 의해 연결되는 이 절들은 대구를 이루기 때문에 이 카이(*καί*)는 부사 기능을 하며, 따라서 "그러나"로 번역되어야 한다.

11.g. 이문: (1) 랄레이(*λάλει*) 𝔓^{47} it^{gig}. (2) 엘랄레센(*ἐλάλησεν*) Andr i^{2042}.

12.a. "원문주해" 1.a를 보라.

12.b. 역사적 현재 동사 포이에이(*ποιεῖ*)는 주목할 가치가 있다. 왜냐하면 이 동사는 12-16절에 네 번(14절에 부정과거 부정사로 두 번, 13절에 현재 가정법으로 한 번, 그리고 15절에 부정과거 가정법으로 한 번) 나오기 때문이다.

12.c-c. 이문: 에노피온 아우투(*ἐνώπιον αὐτοῦ*)의 탈락 Hippolytus(*de Ant.* 49, 주석에는 빠졌으나 *de Ant.* 48에 인용되는 본문에는 빠지지 않는다). 유사 말미(homoioteleuton)에 의한 실수, 즉 필사자가 앞의 포이에이(*ποιεῖ*)에서 뒤의 포이에이(*ποιεῖ*)로 건너뛰는 것이다. 에노피온(*ἐνώπιον*) + 속격은 "…앞에" 또는 "…의 눈앞에"를 의미할 수 있지만, 이 어구를 이렇게 해석하는 것은 거의 의미가 없다(Bratcher-Hatton, *Revelation*, 201-2). 여기에서 이 표현은 "…의 권세로, …을 대신하여"를 의미한다(Thayer, *Lexicon*, 220; BAGD, 271).

12.d-d. 카이(*καί*)는 주석 또는 설명 기능을 한다(BDF § 142.9).

12.e. 이문: (1) 히나 프로스퀴네수신(*ἵνα προσκυνήσουσιν*) 𝔓[47] A C Oecumenius[2053] 2351 Andr h[2060] 598 2019. (2) 히나 프로스퀴네소시(*ἵνα προσκυνήσωσι*) 051 2351 Andreas Byzantine Hippolytus (*de Ant.* 48); von Soden, *Text*. (3) 프로스퀴네인(*προσκυνεῖν*) ℵ a vg. 요한계시록에서 히나(*ἵνα*)는 미래 직설법이나 가정법과 함께 사용되고 이문들이 있는 구절들(거의 전부)에서 미래 직설법이 가장 유력한 사본의 지지를 받는 것으로 보인다(3:9; 6:4, 11; 8:3; 9:4, 5, 20; 13:12; 14:13; 22:14을 보라); Schmid, *Studien* 2:220을 참조하라.

12.f-f. 프로스퀴네인(*προσκυνεῖν*) + 여격 또는 대격의 용법에 대해서는 4:10.b를 보라.

12.g. 대명사구 후…아우투(*οὗ …αὐτοῦ*)는 요약대명사(*pronomen abundans*로 칭해지며 종종 셈어식 표현으로 생각된다)로 끝난다. 이 관용 표현은 요한계시록에 아홉 번 나온다(3:8; 7:2, 9; 12:6, 14; 13:8, 12; 17:9; 20:8). 13:12에 나오는 관계절은 예속적이며, 따라서 셈어식 표현으로 간주되어야 한다. 이 관계절은 선행사 토 데리온 토 프로톤(*τὸ θηρίον τὸ πρῶτον*, "그 짐승")을 정의한다. 자세한 논의에 대해서는 3:8.c의 주석과 서론, 제7부, 구문론을 보라.

13.a. 이문: (1) 포이에이(*ποιεῖ*) 원문. (2) 에포 이에이(*ἐποίει*) 051 cop[bo]. (3) 포이에세이(*ποιήσει*) 1006 Andr f[2032 2056] h Andr/*Byz* 4a Andr/*Byz* 4b cop[sa] Irrenaeus[Lat].

13.b-b. 히나 카이 퓌르 포이에 에크 투 우라누 카타바이네인(*ἵνα καὶ πῦρ ποιῇ ἐκ τοῦ οὐρανοῦ καταβαίνειν*, "심지어 불이 하늘로부터 땅에 내려오게 하고")이라는 어구는 설명 기능을 하며, 포이에이 세메이아 메갈라(*ποιεῖ σημεῖα μεγάλα*, "그는 큰 이적을 행한다")에 종속된다(Mussies, *Morphology*, 245: "and he does great signs, so that [namely that] he makes even fire to come down[그리고 그는 큰 이적들을 행하니, 심지어 불이 내려오게까지 한다]"). BDR § 391.5은 이 히나(*ἵνα*) 절을 결과절로 해석한다(참조. 마 24:24).

13.c. 이문: (1) 포이에(*ποιῇ*) 원문. (2) 포이에세(*ποιήσῃ*, 부정과거 가정법) 𝔓[47] Andr b[2081 11678 2080] 1773. (3) 포이에이(*ποιεῖ*) 025 051 Oecumenius[2053]. (4) 포이에세이(*ποιήσει*, 미래 직설법) fam 161 2329 Victorinus. (5) 포이에(*ποιῇ*) 탈락: Hippolytus (*de Ant.* 48).

13.d-d. 이문: (1) 에크 투 우라누 카타바이네인(ἐκ τοῦ οὐρανοῦ καταβαίνειν) 𝔓[47] A C fam 1006 fam 1611 Oecumenius[2053]. (2) 에크 투 우라누 카타바이네(ἐκ τοῦ οὐρανου καταβαίνῃ) 2351 2377 Byzantine (3) 카타바이네인 에크 투 우라누(καταβαίνειν ἐκ του οὐρανοῦ) 025 051 Andreas. (4) 카타베 에크 투 우라누(καταβῆ ἐκ τοῦ οὐρανοῦ) Hippolytus (*de Ant.* 48).

13.e. 이문: (1) 에이스(εἰς) 원문. (2) 에피(ἐπί) 𝔓[47].

14.a-a. 위의 "원문주해" 12.c-c를 보라.

14.b. 남성 단수 분사 레곤(λέγων)은 서술 형용사 역할을 하며, 중성 단수 명사 데리온(θηρίον)을 수식한다(11절). 이것은 명백히 셈어식 표현이지만 구문은 저자가 남성을 상징하는 중성 명사를 수식하는 데 남성 형용사, 대명사, 분사를 사용하는 관습을 반영한다(Mussies, *Morphology*, 138).

14.c-c. 포이에사이(ποιῆσαι)는 분사 레곤(λέγων)을 보완하고 간접 화법을 도입하는 부정사다.

14.d-d. 이문: 에이코난(εἰκόναν) A Andr Ø[598 2038]. 제국 시대에 3인칭 어형 변화 명사들에 -뉘(-ν)를 추가한 것에 대해서는 "원문주해" 12:13.c-c를 보라.

14.e. 여격 토 데리오(τῷ θηρίῳ)는 간접 목적어("짐승을 위하여 우상을 만들라")의 여격일 수도 있지만, 문맥은 이 어구가 우월성을 나타내는 여격임을 명백하게 나타내므로 "짐승에게 공경을 표하여 우상을 만들라"로 번역되어야 한다.

14.f. 이문: (1) 호스 에케이(ὅς ἔχει) 𝔓[47] A C 025 046 051 fam 1611[1854] Andreas Primasius (*qui*); it[gig] (*qui*); B. Weiss, *Johannes-Apokalypse*, 195; Nestle-Aland[27]; UBSGNT[4]. (2) 호 에케이(ὅ ἔχει) ℵ fam 1006[-911] fam 1611[2329] 2377 Byzantine Andr a c d f[2093] g l 94 TR; von Soden, *Text*. (3) 호스 에케이(ὡς ἔχει) Oecumenius[2053]. (4) 호스 에이켄(ὡς εἶχεν) 2351. 남성 단수 관계대명사 호스(ὅς)는 중성 단수 토 데리오(τῷ θηρίῳ)를 수식한다. 왜냐하면 후자가 남성을 나타내는 상징이기 때문이다(참조. Mussies, *Morphology*, 138). 따라서 독법 (2), (3), (4)는 수정으로 간주되어야 한다. 그러나 13:2과 17:11의 특정한 독법들이 토 데리오 호(τὸ θηρίον ὅ)로 나타내는 것을 주목하라.

14.g-g. 이문: 카이 에제센 아포 테스 마카이레스(καὶ ἔζησεν ἀπὸ τῆς μαχαίρης) 2351 2377 Byzantine.

14.h. 접속사 카이(καί)에 의해 연결되는 절들이 대구를 이루기 때문에, 이 접속사는 부사 카이(καί)의 예라는 사실을 나타내며 "그러나"로 번역되어야 한다. 이 접속사는 예상 외의 개념을 갖고 있다(Louw-Nida, § 91.12). 따라서 전체 어구는 "칼로 상처를 당했으나 (놀랍게도) 살아난"으로 번역될 수도 있다.

14.i. 이문: 제사스(ζήσας) 𝔓[47].

15.a. 이문: (1) 아우토(αὐτῷ) ℵ 025[corr] 046 Andreas Byzantine; Tischendorf, *NT Graece*; B. Weiss, *Johannes-Apokalypse*, 136; von Soden, *Text*; Nestle-Aland[27]; UBSGNT[4]. (2) 아우테(αὐτῇ) A C 025; WHort; Charles, 1:cxlvi; 2:318. 웨스트코트와 호르트(Westcott and Hort, *Introduction*, 1383)는 아우토(αὐτῷ)와 아우테(αὐτῇ)가 모두 가필이거나 테 게(τῇ γῇ)가 아우테(αὐτῇ) 뒤에서 사라졌거나 대치되었다는 제안을 한다. 아우토(αὐτῷ)에서 아우테(αὐτῇ)로의 변경은 설명하기가 어렵다. 왜냐하면 후자가 분명히 난문이기 때문이며(참조. Westcott, *Introduction*, 138*) 아마 필사자의 실수로 발생했을 수도 있기 때문이다(Schmid, *Studien* 2:90 91; *TCGNT* 1, 748). 토레이(Torrey, *Apocalypse*, 129)는 저자가 아우테(αὐτῇ)를 쓸 때 마음속에 아람어 하이타(חיותא, "짐승", 여성 명사)를 생각했다는 제안을 한다.

15.b-b. 이문: (1) 두나이 프뉴마(δοῦναι πνεῦμα) 원문. (2) 프뉴마 뒤나이(πνεῦμα δοῦναι) 2351 Andr c f [2023] i[2042] 94 Byzantine. 프뉴마(πνεῦμα, 직역하면 "영")를 본서는 "life"(생명)로 번역했다(개역. "생기").

15.c-c. 이 절의 본문 역사는 매우 복잡하며 큰 차이의 대상이다. 일부 사본들은 Nestle-Aland[27]에서 큰 탈락들을 증거한다. (1) 데리우 히나 카이 랄레세 헤 에이콘 투 데리우 카이(θηρίου ἵνα καὶ λαλήσῃ ἡ εἰκὼν τοῦ θηρίου καί)의 탈락 𝔓[47]. (2) 히나 카이 랄레세 헤 에이콘 투 데리우(ἵνα καὶ λαλήσῃ ἡ εἰκὼν τοῦ θηρίου)의 탈락: Andr c[2033] h[2302] i[1876 2014 2034 2036 2043 2047 2082] n[2429] *Byz* 14[468*] *Byz* 15[367] *Byz* 16[61 69] *Byz* 18[617] *Byz* 19[2016] Andr/*Byz* 2[336 620 628 1918] Andr/*Byz* 3[2196] cop arm Beatus. (3) 히나 카이 랄레세 헤 에이콘 투 데리우 카이 포이에세 (히나) 호소이 에안 메 프로스퀴네소신 테 에이코니 투 데리우(ἵνα καὶ λάλησῃ ἡ εἰκὼν τοῦ θηρίου καὶ ποιήσῃ [ἵνα] ὅσοι ἐὰν μὴ προσκυνήσωσιν τῇ εἰκόνι τοῦ θηρίου)의 탈락: Oecumenius[2053]. 이 중자 탈락의 실수들은 투 데리우(του θηρίου)가 두 번 나오기 때문에 발생된 것이다.

15.d-d. 이문: (1) 포이에세 히나 호소이(ποιήσῃ ἵνα ὅσοι) A 046 fam 1006[1006] fam 1611[2329 2344] 2019 Andreas TR; [von Soden, *Text*]; [Nestle-Aland[27]]; [UBSGNT[4]]. (2) 포이에세 호소이(ποιήσῃ ὅσοι) 𝔓[47] ℵ 598 fam 1611[1611] 2351 2377 Andreas Byzantine vg[st] Hippolytus (*de Ant.* 48); Tischendorf, *NT Graece*. (3) 투 포이에(사이) 호소이(τοῦ ποιῆ[σαι] ὅσοι) 𝔓[47]; 단일 독법(정관사 + 부정사의 속격은 요한계시록에 희귀하고 다른 곳으로는 12:7에만 나온다; 논란이 되는 구절에서 투(τοῦ) + 부정사는 계 14:15에 나온다[TR]). (4) 아포크탄도신(ἀποκτανθῶσιν) 앞에 히나(ἵνα) 051 1 fam 1611[1854] Andr f2073 TR. 호스테(ὥστε)와 마찬가지로 히나(ἵνα)는 "성취하다, 만들다, 설득하다, 배풀다, 강제하다" 등의 의미를 나타내는 동사들과 함께 사용된다. 그러므로 포이에세 히나(ποιῆσῃ ἵνα)는 완벽한 의미를 나타낸다. 본문에서 히나(ἵνα)는 필수적이다. 왜냐하면 강력한 본문 증거를 갖고 있는 부정과거 가정법 아포크탄도신(ἀποκτανθῶσιν)과 어울리

기 때문이다(A C 025 046 051 fam 1611[1854 2329]); 참조. Schmid, *Studien* 2:91. 일부 안드레아스 사본들은 히나(ἵνα)를 바로 앞에 위치시킴으로써 부정과거 가정법 아포크탄도신(ἀποκτανθῶσιν)의 문제를 해결했다: Andr a c e[2026*] f i[2074]. 독법 (1)은 난문으로 이 어구를 삽입하는 것보다는 빼는 것이 더 설명하기가 쉽다. *TCGNT* [1], 748-49; *TCGNT* [2], 675-76를 보라.

15.e. 에안(ἐάν) = 안(ἄν)은 칠십인역과 신약성경에서 이 곳처럼 관계대명사를 따른다(BDF § 107; BDR § 107).

15.f. 이문: 프로스퀴네수신(*προσκυνήσουσιν*) ℵ 051 598 1006[corr] 2019 2351 Andr c e[2091] f-[2023 2073] g[2045] h[2286] i[2074] n[2429] *Byz* 9[452 467 2021] *Byz* 1[22-48] *Byz* 16[69] *Byz* 17[459] *Byz* 19[2016] Andr/*Byz* 2[104 459].

15.g-g. 이문: 텐 에이코나(*τὴν εἰκόνα*) A. 프로스퀴네인(*προσκυνεῖν*) + 여격 또는 대격에 대해서는 "원문주해" 4:10.b를 보라.

15.h. 이문: (1) 아포크탄도신(*ἀποκτανθῶσιν*) 원문. (2) 아포크탄데나이(*ἀποκτανθῆναι*) 1773 2351. (3) 히나 아포크탄도신(*ἵνα ἀποκτανθῶσιν*) Andr a c e[2026] f i[2074mg] Andr/*Byz* 3.

16.a-a. 이문: (1) 히나 도신 아우토이스(*ἵνα δῶσιν αὐτοῖς*, 부정과거 가정법) 𝔓[47] ℵ* A C Andreas Hippolytus (*de Ant.* 48). (2) 히나 도세이 아우토이스(*ἵνα δώσει αὐτοῖς*, 미래 직설법) Oecumenius[2053] Andr a-[1] Andr f[2031 2056] Andr h[2060] Hippolytus (*de Ant.* 48; MS E). (3) 히나 도신 아우토(*ἵνα δῶσιν αὐτῷ*, 부정과거 가정법) Andr l[1678-1778]. (4) 히나 도소신 아우토이스(*ἵνα δώσωσιν αὐτοῖς*, 부정과거 가정법) 2377 Andr g i-[2042] Byzantine. (5) 히나 도스신 아우토이스(*ἵνα δώσουσιν αὐτοῖς*) 94 Andr d. (6) 히나 도세 아우토이스(*ἵνα δώσῃ αὐτοῖς*, 부정과거 가정법) 051[corr] fam 1611[2329] Andr b[2286] Hippolytus (*de Ant.* 48; MS R). (7) 히나 라보신 토 카라그마 아우투(*ἵνα λάβωσιν το χάραγμα αὐτοῦ*) fam 1006 Andr n; Victorinus. 독법 (1)은 분명히 원문이며 극히 유력한 본문 증거에 의해 지지된다. 동사 도신(δῶσιν)은 부정 3인칭 복수이고(2:24; 12:6; 16:15; 18:14; 20:4도 보라; 참조. Charles, 1:362; Mussies, *Morphology*, 231-32) 수동태와 동등하며(15에서 에도데[ἐδόθη]를 참조하라), 따라서 "주어지는"으로 번역되었다.

16.b. 이문: 카라그마타(*χαράγματα*) 2351. 카라그마(*χάραγμα*)는 종종 "표"(mark)와 같은 막연한 용어로 번역되지만, 사람이나 동물의 피부에 적용될 때는 항상 **낙인**이다(Ysebaert, *Greek Baptismal Terminology*, 285).

16.c-c. 이 절에서 에피(ἐπί)+속격과 에피(ἐπί)+대격이 두 개의 어구 에피 테스 케이로스 아우톤(*ἐπὶ τῆς χειρὸς αὐτῶν*, "표시를 하다", "손에": 에피[ἐπί]+대격)과 에피 토 메토폰 아우톤(*ἐπὶ τὸ μέτωπον αὐτῶν*, "이마에": 에피[ἐπί]+대격)에서 같은 의미로 독특하게 사용되는 것을 주의하여 보라. 요한계시록의 독특한 문체는 하나님의 백성

이 인침을 받을 때 "이마"라는 용어가 항상 복수형 톤 메토폰(τῶν μετώπων)인 반면에 (7:3; 9:4; 14:1; 22:4), 단수 톤 메토폰(τὸν μέτωπον)이나 투 메토푸(τοῦ μετώπου)는 항상 짐승의 협력자들에게 사용된다는 것이다(13:16; 14:9; 17:5; 20:4). 슈미트(Schmid, *Studien* 2:211)는 이 현상을 주목하기는 하지만 저자의 문체 변화로 돌린다.

16.d-17.d. Oecumenius[2053]의 필사자가 우연히 16절의 카라그마(χάραγμα)와 17절의 카라그마(χάραγμα) 사이의 어구들을 빠뜨렸다.

17.a. 이문: (1) 카이(καί) 𝔓[47] ℵ A (lacuna); 025 046 051 fam 1006[1006] fam 1611[1854 2344] it[gig ar] vg arm eth. (2) 카이(καί)의 탈락: ℵ* C fam 1611[1611] syr[h ph] cop[sa bo] Hippolytus Irenaeus Tyc[2] Beatus. 이어지는 히나(ἵνα) 절이 16절의 도신(δῶσιν)에 예속될 때 카이(καί)가 생략된 반면에, 히나(ἵνα) 절은 포에이(ποιεῖ)에 예속되고 히나 도신(ἵνα δῶσιν) 절과 동격이다(*TCGNT*[1], 749; *TCGNT*[2], 676). 카이(καί)의 탈락은 16절과 17절 간의 관계에 대한 오해에 의한 것이다(Schmid, *Studien* 2:104).

17.b. 이문: (1) 뒤네타이(δύνηται, 현재 가정법) 𝔓[47] ℵ A C (lacuna in Oecumenius[2053]) fam 1006[1841] 2351 Hippolytus Aretas; WHort. (2) 뒤나타이(δύναται, 현재 직설법) 051 Andreas Byzantine; WHort[mg]; B. Weiss, *Johannes-Apokalypse*, 103. 히나(ἵνα)+현재 가정법은 고전 헬라어에서는 희귀하고 신약성경에만 나온다(요일 5:20, 히나 기노스코멘[ἵνα γινώσκομεν]). 두 개의 다른 구절에서 이 동사는 가정법으로 또는 직설법으로 해석될 수 있다(고전 4:6의퓌시우스데[φυσιοῦσθε]와 갈 4:17의 젤루테[ζηλοῦτε]). Robertson, *Grammar*, 984를 참조하라.

17.c-c. 중성 대격 토 카라그마(τὸ χάραγμα)는 분사 호 에콘(ὁ ἔχων)의 직접 목적어인 반면에, 이어지는 중성 대격 토 오노마(τὸ ὄνομα)와 남성 대격 톤 아리드몬(τὸν ἀριθμόν)은 토 카라그마(τὸ χάραγμα)와 동격으로, 전체절은 "낙인, 즉 짐승의 이름이나 짐승의 이름의 수를 지닌 자"로 번역될 수 있다.

17.d. "원문주해" 13:16.d-17.d를 보라.

17.e-e. 이문: (1) 토 오노마 투 데리우(τὸ ὄνομα τοῦ θηρίου) A fam 1006 fam 1611[-1611 -2329] 051 Andreas Byzantine. (2) 투 데리우(τοῦ θηρίου) fam 1611[1611] Andr e[2026] i[1685 2074] n-[2429]. (3) 투 오노마토스 투 데리우(τοῦ ὀνόματος τοῦ θηρίου) C Andr c h[2302] 598 1773 it[a] vg syr arm[3] eth. (4) 에 토 오노마 투 데리우(ἢ τὸ ὄνομα τοῦ θηρίου) 𝔓[47] it[gig] Beatus. (5) 투 데리우 에 토 오노마 아우투(τοῦ θηρίου ἢ τὸ ὄνομα αὐτοῦ) ℵ Andr l 2019 cop. (6) 에피 투 메토푸 아우투 토 오노마 투 데리우(ἐπὶ τοῦ μετώπου αὐτου τὸ ὄνομα τοῦ θηρίου) fam 1611[2329]. 이문 (1)은 카라그마(χάραγμα,) 뒤에 쉼표를 찍는 일부 본문이 표현하는 동격의 대격이지만, Nestle-Aland[27]에는 나오지 않는다.

18.a-a. "a number referring to human being"(사람을 나타내는 수)이라는 번역에 대해서는 Peerbolte, *Antichrist*, 151를 보라.

18.b-b. 이문: 카이 호 아리드모스 아우투(*καὶ ὁ ἀριθμὸς αὐτοῦ*) 탈락: Oecumenius^{2053com} syr^{ph} cop^{sa}.

18.c. 이문: (1) 헥사코시오이 헥세콘타 헥시(*ἑξακόσιοι ἑξήκοντα ἕξ*) A. 다음의 사본들에는 *χξϛ* = 666으로 나온다: 𝔓^{47} 051 fam 1611$^{1611\ 2329}$ Andreas Byzantine. (2) 헥사코시아이 헥세콘타 헥시(*ἑξακόσιαι ἑξήκοντα ἕξ*) ℵ. (3) 헥사코시아이 데카 헥시(*ἑξακόσιαι δέκα ἕξ*) C arm^{4} Tyc^{2}. (4) 헥삭시아 헥세콘타 펜테(*ἑξακόσια ἑξήκοντα πέντε*) fam 1611^{2344}. (5) 헥사코시아 헥세콘타 헥시(*ἑξακόσια ἑξήκοντα ἕξ*) 025 fam 1611^{1854} Oecumenius^{2053} Andreas. (6) *χξϛ* 탈락: 2351. 헥사코시오이(*ἑξακόσιοι*)의 문법 형식에 나타나는 변형에도 불구하고 666이라는 수는 독법 (1)과 (2), 그리고 (5)에 의해 지지를 받는다. 독법 (5)는 𝔓^{47} ℵ A 025 046 051, 대부분의 소문자 사본들 그리고 많은 초기본들(it^{gig} vg Beatus syr^{ph} cop arm)에 근거할 때 아마 원문일 것이다. ℵ A 025 051 Hippolytus (*de Ant.* 48) Andr d e f^{2073} n 598과 비잔틴 본문에도 숫자 역할을 하는 이 문자들 *χξϛ*이 나오는데, 마지막 문자는 다이개머(digamma, 처음 문자와 마지막 문자가 크리스토스[*Χριστός*]의 처음 문자와 마지막 문자와 동일하게 보인다; 참조. E. Zellweger, *Das neue Testament im Lichte der Papyrusfunde*[Frankfurt am Main: Lang, 1985] 151). 이 문자 조합의 숫자 자치는 666이다: *χ* = 600; *ξ* = 60; *ϛ* 또는 다이개머 = 6. 헥세콘타(*ἑξήκοντα*)와 헥시(*ἕξ*)는 모두 어미 변화를 하지 않는 형용사인 반면에, 헥사코시오이(*ἑξακόσιοι*)는 어미 변화를 한다(-아이[-*αι*], -아[-*α*]). 확실히 정확한 독법인 복수 남성 주격 형태인 헥사코시오이(*ἑξακόσιοι*)는 안드로푸(*ἀνθρώπου*)와 남성과 일치한다. 복수 중성 주격 형태인 헥사코시아(*ἑξακόσια*)는 025와 안드레아스 사본의 지지를 받는데, 아마 토 데리온(*τὸ θηρίον*, "짐승")이 중성 명사이기 때문에 생겨났을 것이다. 여성 복수 주격인 헥사코시아이(*ἑξακόσιαι*)는 ℵ와 C에서 발견되는 독법이다(그러나 C는 열등한 독법이다: 헥사코시아이 데카 헥시[*ἑξακόσιαι δέκα ἕξ*, "육백십육"]). 여성 형태의 의미는 설명하기가 어렵다. 대부분의 소문자 사본들은 알파벳 표시 *χξϛ*을 사용하여 666이란 수를 기록한다. 독법 (3)에는 헥사코시오이 데카 헥시(*ἑξακόσιοι δέκα ἕξ*, "육백십육")로 나오는데, C와 일부 사본들에서 발견되고 이레네우스(그는 이 독법을 필사자의 실수로 생각했다, Irenaeus, *Adv. Haer.* 5.30.1)와 Tyc2에 언급되는 이 독법은 분명히 열등한 독법이다. 오벨바이스(M. Onerweis)는 이 이문의 원인이 계 13:18에 나오는 헬라어 일반 명사 데리온(*θηρίου*, "짐승")을 תריון תְּרִיו과 같은 히브리어 문자들(이 히브리어 어구는 616의 수치를 갖고 있다[ת=400; ר=200; י=10; ו=6])로 번역한 결과라는 제안을 했다. 이 이름은 "짐승(에게 속한)"을 의미할 수 있기 때문에 사람의 이마나 손에 기록된 표시를 나타낼 수 있다는 것이다. 그러나 헬라어 데리온(*θηρίον*)의 수치는 666이다. 616은 보통 칼리굴라(Caligula)로 칭해지는 가이우스 카이사르(Gaius Caesar, 주후 37-41년)의 수치이기 때문에 추측의 가능성은 무제한인 것 같다.

양식/구조/배경

I. 개요

3. 두 짐승의 환상(12:18-13:18)
   a. 도입의 변화: 짐승이 바다 모래 위에 섰다(12:18)
   b. 바다로부터 첫 번째 짐승의 출현(13:1-10)
      (1) 서론적인 환상 관용구: "그 때에 내가 보니"(1a절)
      (2) 환상의 대상: 바다에서 나오는 짐승(1a절)
         (a) 최초의 묘사(1b절)
            [1] 열 뿔을 갖고 있다
            [2] 일곱 머리를 갖고 있다
         (b) 보다 자세한 묘사(1cd절)
            [1] 뿔에 열 개의 면류관
            [2] 머리들에 참람한 이름들
         (c) 짐승에 대한 세부 묘사(2a절)
            [1] 표범과 비슷하고
            [2] 발은 곰 같고
            [3] 입은 사자 같다
      (4) 용이 그 짐승에게 위임한다(2b절)
         (a) 그에게 자기 능력을 준다
         (b) 그에게 자기 보좌를 준다
         (c) 그에게 큰 권세를 준다
      (5) 짐승의 치료된 상처(3a절)
         (a) 그의 머리 중 하나가 치명적인 상처를 받는다
         (b) 그 죽게 되었던 상처가 낫는다
      (6) 용과 짐승에 대한 세상 사람들의 반응(3b-4절)
         (a) 그들은 짐승에 놀란다(3b절)
         (b) 용이 짐승에게 권세를 주었기 때문에 용에게 경배한다(4a절)
         (c) 짐승에 대한 창송 같은 경배(4bc절)
            [1] 누가 이 짐승과 같으뇨(4b절)
            [2] 누가 능히 이로 더불러 싸우리요(4c절)
      (7) 짐승의 계획(5-10절)
         (a) 하나님에 짐승에 권세를 부여한다(5절)

[1] 말할 권세를 준다(5a절)
[a] 큰 말
[b] 참람된 말
[2] 마흔두 달 일할 권세를 얻는다(5b절)
(b) 짐승의 활동(6-8절)
[1] 하나님을 훼방한다(6절)
[a] 하나님의 이름을 훼방한다
[b] 하나님의 장막, 곧 하늘에 거하는 자들을 훼방한다
[2] 하나님의 백성에 반하는 행동
[a] 하나님의 백성과 싸우는 권세를 받는다
[b] 하나님의 백성을 이기는 권세를 받는다
[3] 세계적인 권세를 받는다
[a] 각 족속을 다스리는 권세
[b] 각 백성을 다스리는 권세
[c] 각 방언을 다스리는 권세
[d] 각 나라를 다스리는 권세
[4] 짐승에게 경배하는 자들(8절)
[a] 긍정적인 묘사: 땅의 모든 거민들(8a절)
[b] 부정적인 묘사: 생명책에 녹명되지 못한 자들(8b절)
{1} 어린양에게 속한 책
{2} 기록되지 않은 때: 창세 때에
(c) 인내에 대한 삽입적인 요구(9-10절)
[1] 선언적 관용구: 누구든지 귀가 있거든 들을지어다(9절)
[2] 예언의 말(10ab절)
[3] 권유의 말(10c절)
c. 또 다른 짐승이 땅에서 올라온다(11-18절)
(1) 서론적인 환상의 관용구: "그 때에 내가 보니"(11a절)
(2) 환상의 주제: 땅에서 올라오는 또 다른 짐승(11a절)
(3) 두 번째 짐승의 묘사(11b절)
(a) 새끼 양처럼 두 뿔이 있고
(b) 용처럼 말한다
(4) 첫 번째 짐승과 관계(12a절)
(a) 첫 번째 짐승의 모든 권세를 행사한다
(b) 첫 번째 짐승을 대신하여 행동한다

(5) 첫 번째 짐승에게 경배하게 하는 두 번째 짐승의 계획(12b-17절)
(a) 첫 번째 짐승에 대한 경배를 강요한다(12b-13절)
[1] 강요당하는 대상(12b절)
[a] 땅
[b] 땅에 거하는 자들
[2] 그들이 강요받는 것: 경배(12b절)
[3] 경배의 대상(12c절)
[a] 첫 번째 짐승
[b] 칼에 상하였다가 살아난 자
[4] 경배를 강요하는 수단(13a절)
[a] 인상적인 기적을 행한다(13a절)
[b] 예: 불이 내려오게 한다(13b절)
{1} 하늘로부터 땅으로
{2} 사람들 앞에서
(b) 사람들을 미혹시킨다(14절)
[1] 미혹당하는 자들: 땅에 거하는 자들
[2] 미혹의 수단: 사람들에게 우상을 만들게 한다
[a] 짐승을 위하여
[b] 칼에 상하였다가 살아난 짐승
(c) 첫 번째 짐승의 우상(15절)
[1] 두 번째 짐승은 우상에게 생기를 주는 권세를 받는다(15절)
[a] 짐승의 우상으로 말하게 한다(15b절)
[b] 그 우상에게 경배하지 않는 자들을 죽이게 한다(15c절)
[2] 두 번째 짐승이 모든 사람에게 낙인을 받으라고 요구한다(16절)
[a] 낙인을 요구받는 모든 사람(16a절)
{1} 작은 자와 큰 자
{2} 부자와 빈궁한 자
{3} 자유한 자와 종들
[b] 낙인의 위치(16b절)
{1} 오른손
{2} 이마
[c] 낙인이 없으면 할 수 없는 일(17a절)
{1} 아무것도 살 수 없다

{2} 아무 것도 팔 수 없다

[d] 낙인의 내용(17b절)

{1} 짐승의 이름

{2} 그 이름의 수

(6) 결론적인 수의 수수께끼(18절)

(a) 서론: "지혜가 여기 있으니"(18a절)

(b) 짐승의 숫자를 해독하라는 촉구(18ab절)

[1] 이 숫자는 인간을 나타낸다(18a절)

[2] 이 숫자는 666이다(18b절)

II. 문학적 분석

요한계시록 11:19-12:17은 요한계시록 내에서 일관된 본문 단락을 구성한다(11:19-12:17의 **"양식/구조/배경"**을 보라). 이와 유사하게 12:18-13:18도 요한계시록의 마지막 개정판에서 일관된 본문 단락을 구성한다. 이 두 개의 단락은 12:18, "그리고 그(즉 "용")가 바다 모래에 섰다(*ἐστάθη* – 에스타데)"에 의해 연결된다. 이것은 두 대단락의 본문을 함께 연결시키고자 하는 편집적 시도다(J. Weiss, *Offenbarung*, 85). 이 변이적이며 편집적인 어구의 문제성은 3인칭 단수의 에스타데(*ἐστάθη*, "그가 섰다")가 1인칭 단수 에스타덴(*ἐστάθην*, "내가 섰다"[요한을 언급하여])으로 변경 또는 수정되어 13:1-10에 기술되는 환상의 서론 역할을 하는 사본 전승에 뚜렷하게 나타난다. 용이 바닷가 모래에 선 이유는 여자를 추격하는 것이 좌절되어(12:1-17) 분노를 그녀의 자손에게로 돌렸기 때문이다. 두 짐승은 바다와 땅에서 나와 용에게 그리스도인들과 싸움을 벌릴 능력을 부여받을 것이다. 그러나 문제는 이 설명이 마지막 편집자의 의도인 것 같으나 본문에서 정확하게 발견되지 않는다는 것이다(Charles, 1:344). 12:18(개역성경에서는 12:17에 속하는 부분)은 12:1-17을 13:1-18과 결합시키는 편집적 연결부다. 그렇기 때문에 용은 원래 13:1-10과 13:11-18의 부분이 아니라 이 단락들을 12:1-17(*δράκων*이 여덟 번 나오는 부분)과 더 밀접하게 잇기 위해 이 환상들에 도입된 것 같기도 하다. 따라서 13:2d의 문장은 편집이다. "용이 자기의 능력과 보좌와 큰 권세를 그에게 주었더라." 이와 유사하게 4a절도 제 자리에 있는 것처럼 보이지 않는다. "용이 짐승에게 권세를 주므로 (그들이) 용에게 경배하며." 땅에서 올라온 짐승이 "용처럼 발하더라"(13:11)는 말도 아마 편집일 것이다. 또한 3a절도 편집으로 보인다. "그의 머리 하나가 상하여 죽게 된 것 같다니 그 죽게 되었던 상처가 나으매." 이 삽입은 네로의 재생 전설을 반영한다. 이 편집적 해설들을 괄호 안에 넣으면 2-4절은 다음과 같이 된다.

2a절 내가 본 짐승은 표범과 비슷하고 그 발은 곰의 발 같고 그 입은 사자의 입 같은데
[2b절] [용이 자기의 능력과 보좌와 큰 권세를 그에게 주었더라]
3a절 [그의 머리 하나가 상하여 죽게된 것 같더니] [그 죽게 되었던 상처가 나으매]
3b절 온 땅이 이상히 여겨 짐승을 따르고
[4a절] [용이 짐승에게 권세를 주므로 용에게 경배하며]
4a절 짐승에게 경배하여 가로되 누가 이 짐승과 같으뇨
4b절 누가 능히 이로 더불어 싸우리요 하더라"

부쎄트는 요한계시록 13장이 전체적으로 마지막 편집자에 의해 작성되었다는 견해를 가지고 있다([1906] 379).

요한계시록 12:18-13:10에 나오는 장면의 최종본은 요한계시록 5장에 나오는 어린양의 서임식을 비꼬아 반영한다(Roloff, 135). 어린양이 보좌에 앉으신 이에게서 인봉된 책을 받은 것(5:7)과 똑같이, 바다에서 나온 짐승도 용에게서 권세를 받는다(13:2). 어린양이 각 족속과 방언과 백성과 나라를 다스리는 통치자인 것(5:9)과 똑같이, 바다에서 나온 짐승도 각 족속과 백성과 방언과 나라를 다스리는 권세를 받는다(13:7). 창조의 질서 전체를 대표하는 하늘의 그룹들이 어린양에게 신하의 예를 드리는 것(5:12)과 똑같이, 온 땅의 거민들이 짐승에게 경배하여 신하의 예를 표하며 찬양을 바친다(13:4). 어린양을 알아보게 되는 표적이 죽임을 당했던 상처 자국인 것(5:6)과 똑같이, 짐승도 죽게 되었다가 나은 상처를 가지고 있다(13:3).

"양식/구조/배경"에서 요한계시록 11:1-13을 논하면서 나는 요한계시록의 구절과 락타니우스(Lactantius, *Div. Inst.* 7.17.1-3)에 사용된 자료의 뚜렷한 유사점들과 차이점들에 대한 고찰에 근거하여 요한계시록 13:11-16의 근저에 있는 자료에 대한 증거를 제시했다. 그 주장은 요한계시록 13:11-16과 락타니우스가 동일한 자료에서 도출한 것으로 보이는 *Div. Inst.* 7.17.4-8 간의 일련의 유사한 점들의 수에 의해 더 확실한 지지를 얻는다. 요한계시록 11:1-13과 13:11-16의 근저에 있는 공통 자료에 대한 가설를 강화해 주는 사실은 요한계시록의 종말론적 기술이 11:14-12:18에 의해 중단되는 반면에, 락타니우스 *Div. Inst.* 7.17.1-8은 요한계시

록 11:1-13 및 13:11-16과 유사한 기술을 이어나간다는 것이다. 다음의 *Div. Inst.* 7.17.4-8의 번역에서 진하게 표시된 부분은 요한계시록 13:11-16에 유사 내용이 없는 부분이다(tr. McDonald, *Lactantius* 518).

> [4]실로 그 왕은 가장 더럽고 스스로를 더럽게 할 것이나, 거짓말쟁이들의 선지자이기 때문에 그는 스스로를 높이고 스스로 신이라 칭할 것이다. 그는 스스로에게 하나님의 아들로 경배를 받으라고 명할 것이다. 그리고 그에게 권세가 주어짐으로 그는 사람들이 보고 그를 경배하게 하는 표적과 이적들을 행할 수도 있다. [5]그는 불이 하늘로부터 땅에 내려오게 하고, 해가 그 행로에서 멈추어 서게 하고, 우상이 말하게 할 것이니, 이런 일들이 그의 말로 이루어질 것이다. 이 기적들에 의해 심지어 많은 현자들까지 그에게 마음을 빼앗길 것이다. [6]그 다음에 그는 하나님의 성전을 무너뜨리려 할 것이고, 의인들을 박해할 것이며, 태초로부터 있었던 적이 없는 곤궁과 회한이 있을 것이다. [7]그를 믿고 그에게 오는 자들은 그에 의해 마치 가축처럼 낙인이 찍힐 것이다. 그의 표를 거부한 사람들은 산으로 도망치거나, 그렇지 않으면 붙잡혀 악랄하게 고안된 고문에 의해 죽임을 당할 것이다. 그는 의인들 위에 선지자들의 책을 쌓은 다음 불사를 것이다. [8]그리고 그는 마흔두 달 동안 땅을 황폐하게 할 권세를 받을 것이다.

플러써(Flusser)는 락탄티누스 *Div. Inst.* 7.17.1-8의 배경이 된 자료가 히스타스페스의 신탁(*Oracle of Hystaspes*)이라고 주장하고 그 자료가 본래 유대교의 기원을 갖고 있다고 생각한다("Hystaspes," 390-453). 두 본문을 개관적으로 제시함으로써 유사성을 더 명확하게 볼 수 있다(여기서 계 13:15b과 13:5b은 원래의 순서로 배열되지 않았다).

요한계시록 13:11-16	Lactantius Div. Inst. 7.17.4-8
[13]큰 이적을 행하되	[4b]그리고 그에게 권세가 주어짐으로 그는 사람들이 보고 그를 경배하게 하는 표적과 이적들을 행할 수도 있다
심지어 사람들 앞에서 불이 하늘로부터 땅에 내려오게 하고	[5]그는 불이 하늘로부터 땅에 내려오게 하고
[15a]저가 권세를 받아 그 짐승의 우상에게 생기를 주어 그 짐승의 우상으로 말하게 하고	우상이 말하게 할 것이니

16저가 모든 자 곧 작은 자나 큰 자나 부자나 빈궁한 자나 자유한 자나 종들로 그 오른손에나 이마에 표를 받게 하고	7그를 믿고 그에게 오는 자들은 그에 의해 마치 가축처럼 낙인이 찍힐 것이다
17누구든지 이 표를 가진 자 외에는 매매를 못하게 하니 이 표는 곧 짐승의 이름이나 그 이름의 수라	
15b또 짐승의 우상에게 경배하지 아니하는 자는 몇이든지 다 죽이게 하더라	그의 표를 거부한 사람들은 산으로 도망치거나, 그렇지 않으면 붙잡혀 악랄하게 고안된 고문에 의해 죽임을 당할 것이다
5b또 마흔두 달 일할 권세를 받으니라	그리고 그는 마흔두 달 동안 땅을 황폐하게 할 권세를 받을 것이다

락탄티우스 *Div. Inst.* 7.17.4-8(또한 7.17.1-3에 나오는 기술의 더 이전 부분)을 본래 요한계시록의 독자적인 자료로 생각할 수 있는 많은 이유들이 있다. (가장 명백하게 락탄티우스 *Div. Inst.* 7.17.1-8의 종말론적 기술은 끊기지 않는 반면에, 요한계시록 11:1-13과 13:11-16의 종말론적 기술은 두 개의 매우 다른 본문 단락, 즉 11:14-18(계 9:21에 의해 중단되었던 나팔 재앙들을 종결하는 일곱 번째 나팔 소리로 일곱 나팔 시리즈의 종결)과 11:19-12:18(용과 여자와 아이에 대한 기술)에 의해 중단된다. 만일 락탄티우스의 증거가 없다면, 요한계시록 11:1-13과 13:11-16의 기술이 하나의 연속적인 이야기의 부분이라고 생각할 사람은 아무도 없을 것이다(Flusser, "Hystaspes," 449). (2) 요한계시록 13:11-16과 락탄티우스 *Div. Inst.* 7.17.4-8 모두에서 발견되는 주제들의 순서는 명백하고, 락탄티우스(주후 250-325년)가 요한계시록이 기록된 지 2세기 후에 저술되었지만 그가 요한계시록에 문학적으로 의존했다는 명백한 징후는 없다. 한 가지 예외는 *Div. Inst.* 7.17.8에 나오는 신성 수동태와 함께 사용되는 마흔두 달에 대한 언급이다. (3) "작은 자나 큰 자나 부자나 빈궁한 자나 자유한 자나 종들"(계 13:16), 경제적인 주제(계 13:17a) 그리고 요한계시록의 짐승에 대한 언급(13:17b)과 같은 락탄티우스의 "왕"에 대한 언급(적그리스도를 다루는 내용에 사용되는)과 같은 분명히 요한계시록의 저자에게 속하는 편집적인 특징들이 락탄티우스에게 나오지 않는다는 사실은 락탄티

우스가 이 자료에서 그의 기사를 끌어낸 것이 아님을 나타낸다.

III. 전승 역사

요한계시록 12:18-13:18은 두 개의 주요 단락(바다에서 나온 짐승에 대한 12:18-31:10과 땅에서 올라온 짐승에 대한 13:11-18)으로 이루어진다. 이 두 짐승은 분명히 바다의 여자 괴물 리워야단(Leviathan, 개역. 악어)과 사막의 남자 괴물 베헤모트(Behemoth, 개역. 하마)에 대한 유대의 신화를 반영한다. 리워야단-베헤모트 신화는 모두 원초론적 특징들을 갖고 있다(즉 이들이 종말에 의인들에게 양식이 된다는 것이다). 이 신화는 주후 1세기 말, 즉 대략 요한계시록과 동시대에 창작된 유대 묵시록의 짧은 구절에 단편적인 형태로 발견된다. (1) (1) *1 Enoch* 60:7-11, 24(12-13절은 삽입된 것으로, 인위적으로 7-11절을 24절과 분리한다; 참조. Caquot, *Semitica* 25[1975] 115-16), (2) 4 Ezra 6:49-52, (3) *2 Apoc. Bar.* 29:4. 4 Ezra와 *2 Apoc. Bar*이 이 신화를 언급하면서 *1 Enoch*에 의존했을 가능성이 있다(Black, *1 Enoch*, 227). 이 이야기의 더 완전한 형태는 탈무드와 미드라쉬에서 발견되고(*b. B. Bat.* 74b-75a) 긴즈버그(Ginzberg *Legends* 1:27-28)에 의해 종합적으로 다루어졌다. 하나님께서 다섯째 날에 큰 바다 물고기의 창조를 묘사하는 창세기 1:21을 반영하는 이 전설은 그때 하나님께서 암수를 구별하여(4 Ezra 6:47-52) 리워야단은 바다에(욥 41:1-34; 시 104:25-26; 4 Ezra 6:52), 베헤모트는 땅에 살도록 정하셨다고 한다(욥 40:15-24; 4 Ezra 6:51). 이렇게 땅으로부터 바다의 분리를 상징하는 베헤모트로부터 리워야단의 분리(아마 창조의 셋째 날에 더 적합할 듯한 특징; 참조. Caquot, *Semitica* 25[1975] 120-21)는 원초론적 행위였다. 그러나 이들이 그들에게 지정된 영역인 바다(계 13:1)와 땅(계 13:11)으로부터 등장하는 것은 질서로부터 혼돈의 등장을 나타내는 종말론적 행동이다. 즉 회복과 갱신의 시기 직전에 노쇠하고 낡은 창조 체제의 마지막 임종의 헐떡거림으로서 혼돈의 세력들의 난입이다. 요한계시록에는 없지만 유대의 묵시과 랍비에는 리워야단과 베헤모트가 종말에 의인들을 위한 식량이 될 것이라는 기대가 나온다(*1 Enoch* 60:24; 4 Ezra 6:52; *2 Apoc. Bar.* 29:4; *b. B. Bat.* 75a).

요한계시록 13:11-18의 베헤모트 인유가 피상적이라는 사실은 요한계시록의 다른 곳에서는 이 짐승이 거짓 선지자로만 언급된다는 사실에서 분명히 알 수 있다(16:13; 19:20; 20:10). 땅에서 올라온 짐승의 선지자와의 동일시는 16:13과 20:

10에서 추정되지만 19:20에 나오는 13:12-13에 대한 언급에 의해 명시된다. "그 앞에서 이적을 행하던 거짓 선지자도 함께 잡혔으니 이는 짐승의 표를 받고 그의 우상에게 경배하던 자들을 이적으로 미혹하던 자라." 용과 짐승과 거짓 선지자는 16:13, 19:20, 20:10에만 매우 짧게 언급되기 때문에, 이 언급들은 여러 가지 신화들을 비교적 일관된 형태로 결합하기 위한 편집적 시도로 간주되어야 할 것이다. 게다가 짐승과 거짓 선지자는 사람들에게 식량이 되는 것이 아니라 결국 패배하여 불못에 던져진다(계 19:20).

요한계시록 12:18-13:18은 종말론적 적대자(또는 적그리스도)를 두 명의 별개의 역사적 실체로 제시함으로써 전통적인 유대 신화에 나타나는 이들에 대한 두 가지 주요 가닥을 반영한다. 이들은 각각 피상적으로 리워야단-베헤모트 심상에 의해 변장된 "불경건한 전제적 통치자"(안티오쿠스 4세를 모델로 한다)와 "속임을 베푸는 거짓 선지자"다(Bousset-Gressmann, *Religion des Judentums*, 254). **부록 13B: 종말론적 적대자 신화**를 보라. 두 적대자에 대한 종말론적 전통은 히스타페스의 신탁(*Oracles of Hystaspes*)에서 기원을 찾을 수 있을 것이다. 락탄티우스에 의하면 열 명의 왕이 세상을 분할하여 통치한 다음에 강력한 적이 아시아를 다스리는 세 명의 왕을 정복할 것이고, 이 정복자는 나머지 왕들의 군주로 여김을 받을 것이며, 이로부터 혼돈의 시대가 시작된다는 것이다(*Div. Inst.* 7.16.1-14). 그러나 하나님께서 보내신 한 선지자가 나타난 다음에(*Div. Inst.* 7.17.1-2) 다른 왕이 시리아에서 일어날 것이니, 그는 이전 왕을 타도하고 하나님께서 보내신 선자자와 싸움을 벌여 그를 죽일 것이다(*Div. Inst.* 7.17.2-11). 물론 요한계시록의 두 대적은 동맹자들인 반면에, 락탄티우스 *Div. Inst.* 7.16-17에서 두 대적은 역할을 계승한다. 이와 유사하게 코모디안(Commodian, *Carmen de duobis gentibus* 827-32)은 종말론적 대적 역할을 하는 두 왕에 대해 말한다(한 명은 고트족의 왕이 되고, 또 한 명은 시리아 왕이 될 것이다). 적그리스도는 큰 선지자 엘리야를 죽일 것이다(*Carmen* 833-64). 여기에서 락탄티우스(*Div. Inst.* 7.17.1-3)와 코모디안(*Carmen* 833-64; *Instr.* 41)은 모두 한 명의 큰 선지자의 살해를 말한다.

13:1-10의 바다에서 나온 짐승은 한 개인이 아니라 로마 제국을 상징하는 것으로 보이는 반면에, 13:11-18에 나오는 첫 번째 짐승의 대행자인 땅에서 올라오는 짐승은 아시아 공동체(*commune Asiae*)를 상징하는 것 같다. 이 점은 개념적 문제를 일으킨다. 왜냐하면 이 단락에 스며든 적대자 신화는 이 적대자를 어떤 집단이나 국가가 아니라 악마적 개인과의 동일시에 크게 의존하기 때문이다. 그러나 적대

자에 대한 비유적 표현의 상당 부분이 13:11-18에 집중되는 반면에, 거짓 선지자는 두 번째 짐승, 즉 베헤모트의 가면을 쓰고 등장한다. 초기 유대교에서 이 적대자에 어울리는 역사적 패러다임은 안티오쿠스 4세 에피파네스(Antiochus IV Epiphanes)였다(단 11:36-39; 1 Macc 1:20-61; 2 Macc 5:11-6:11).

이 주제들 중 다수가 *Asc. Isa.* 4:2-12에 분명하게 나온다. 이 부분은 기독교에 의한 확대 추가 부분(3:13-4:22)에 속하는 것으로, 아마 연대는 주후 1세기 말경일 것이다(Knibb in Charlesworth, *OTP* 2:147-49). 아래의 인용에서(tr. Knibb in Charlesworth, *OTP* 2:161-62) *Asc. Isa.* 4:2-12에 나오는 관련된 주제들은 진하게 표시되었다.

> [2]그리고 이 일이 완성된 다음에 벨리알이 내려올 것이니(계 12:9), 그는 대천자이며, 이 세상이 존재한 이래 지배해 온 이 세상의 왕이다. 벨리알은 그의 천계(天界)로부터 사람의 형상, 곧 불법의 왕(살후 2:18), 그 어미를 살해한 자의 형상으로 내려올 것이니, 바로 이것이 세상의 왕의 모습이라. [3]그리고 그는 주님의 열두 사도들이 심은 것을 박해할 것이며(계 12:17), 열두 사도들 중 몇 명이 그의 손에 넘겨질 것이다. [4]이 천사 벨리알은 그 왕의 형상으로 올 것이며(계 17:11), 이 세상의 모든 권력자들이 그와 함께 등장할 것이고(계 12:9b), 그들은 그가 바라는 대로 그에게 복종할 것이다. [5]그의 말에 의해 밤에 해가 뜨기도 하고 달이 여섯 시에 나타나기도 할 것이다(계 13:13; 살후 2:9; 막 13:22[=마 24:24]). [6]그리고 그는 세상에서 자기가 바라는 모든 일을 행할 것이다. 그는 주님과 같이 행동하고 말하며(Did. 16:4), "나는 주님이니, 내 앞에 아무도 존재하지 않았다"라고 말할 것이다(막 13:6[=마 24:5; 눅 21:8]; 살후 2:4-7). [7]그리고 세상 모든 사람들이 그를 믿을 것이다(계 13:4, 8). [8]사람들은 그에게 제사를 드리고(계 13:14-15), 그를 섬기면서 "이는 주님이시라 그 외에 다른 자가 없도다"라고 말할 것이다(계 13:4). [9]그리고 그는 함께 교제하며 주님을 영접한 사람들 대다수를 돌이켜 자신을 따르게 할 것이다(막 13:22; Did. 16:3). [10]그리고 그의 이적을 행하는 능력(계 13:13; 살후 2:9; 막 13:22[=마 24:24]; Did. 16:4)이 모든 성과 [11]모든 지역에서 나타날 것이며, 그가 모든 성에 자신의 우상을 세울 것이다(계 13:15-16). [12]그리고 그는 삼 년 일곱 달 이십칠 일 동안 지배할 것이다(계 13:5).

괄호 안의 참고 구절들이 시사하는 바와 같이, 이 묵시적 기술에 나오는 주제들의 순서는 요한계시록 13:1-18, 마가복음 13장, 마태복음 24장, 데살로니가후서 그리고 *Did.* 16에 나오는 종말론적 시나리오와 많은 유사성을 나타낸다.

네로의 재생이라는 주제는 벨리알(=사단)의 성육신이 모친 살해로 묘사되고,

그가 묘목 즉 그리스도인들을 박해하는(주후 64년의 악명 높은 네로의 박해) 자로 묘사되는 *Asc. Isa.* 4:2에 분명히 나타난다. 벨리알을 "불법의 왕"으로 묘사하는 것은 히브리어 벨리야알(בליעל, "벨리알"은 "가치 없는"이라는 의미를 나타낸다)이 데살로니가후서 2:8의 호 아노모스(*ὁ ἄνομος*, "불법한 자")의 배경이 되는 전승을 반영한다(신 13:14에 나오는 히브리어 어구 아나쉼 베네 벨리야알[בני בליעל אנשים]은 칠십인역에서 안드레스 파라노모이[*ἄνδρες παράνομοι*, "불법한 자들"]로 번역된다: 참조. Hartman, *Prophecy*, 199; Bousset, *Antichrist*, 136-37; Flusser, *IEJ* 3 [1953] 32 n. 6). 네로의 재생 신화는 *Sib. Or.* 3.63-74에서도 중심을 이루는데(13:13의 주석에서 이 본문의 번역을 보라), 여기에서 *Sebastenoi*에서 오는 벨리랑에 대한 묘사는 그가 로마 황제들 중 하나가 될 것임을 나타낸다.

IV. 요한계시록 13:9-10의 형식

요한계시록 13:9-10은 세 개의 단위로 이루어진다. (1) 도입의 선언적 관용 표현(9절), (2) 격언 형식의 예언(10ab절), (3) 종결하는 삽입의 말(10c절).

(1) 요한계시록 13:9의 선언적 관용 표현은 일곱 선언들 각각의 결말(2:7, 11, 17, 29; 3:6, 13, 22)에서 발견되는 선언의 관용 표현의 변형을 담고 있다. 여기에서 관용 표현은 본문의 한 단위를 종결한다기보다는 도입하는 데 사용된다. 선언의 관용 표현은 각 일곱 선언의 예언적인 문맥에 사용되기 때문에, 이 본문과의 관계는 여기에서도 역시 성격에서 예언임을 시사한다.

(2) 10ab절의 격언은 부분적으로 예레미야 15:2(그리고 아마 렘 43:11[칠십인역 50:11])에 근거한다.

아쉐르 람마웨트 라마웨트 와아쉐르 라헤레브 라헤레브
(אֲשֶׁר לַמָּוֶת לַמָּוֶת וַאֲשֶׁר לַחֶרֶב לַחֶרֶב)
와아쉐르 라라아브 라라아브 와아쉐르 랏쉐비 랏쉐비
(וַאֲשֶׁר לָרָעָב לָרָעָב וַאֲשֶׁר לַשְּׁבִי לַשְּׁבִי)

호소이 에이스 다나톤 에이스 다나톤
(*ὅσοι εἰς θάνατον, εἰς θάνατον*)
카이 호소이 에이스 마카리안 에이스 마카리안
(*καὶ ὅσοι εἰς μάχαιραν, εἰς μάχαιραν*)
카이 호소이 에이스 리몬 에이스 리몬

(καὶ ὅσοι εἰς λιμόν, εἰς λιμόν)
카이 호소이 에이스 아이크말로시안 에이스 아이크말로시안
(καὶ ὅσοι εἰς αἰχμαλωσίαν, εἰς αἰχμαλωσίαν)

사망할 자는 사망으로 나아가고
칼을 받을 자는 칼로 나아가고
기근을 당할 자는 기근으로 나아가고
포로 될 자는 포로 됨으로 나아갈지니라.

유사한 공식이 칠십인역 예레미야 50:11(맛소라 사본 43:11)에서도 발견된다.

후스 에이스 다나톤 에이스 다나톤
(οὓς εἰς θάνατον, εἰς θάνατον)
카이 후스 에이스 아포이키스몬 에이스 아포이키스몬
(καὶ οὓς εἰς ἀποικισμόν, εἰς ἀποικισμόν)
카이 후스 에이스 롬파이안 에이스 롬파이안
(καὶ οὓς εἰς ῥομφαίαν, εἰς ῥομφαίαν)

죽일 자는 죽이고
사로잡을 자는 사로잡고
칼로 칠 자는 칼로 칠 것이라.

10ab절의 예언적 성격은 예레미야 15:2이 "여호와께서 이같이 말씀하신다"는 상투적인 어구로 도입되는 예언을 종결하는 문답 도식 형식이라는 사실에 의해 뒷받침된다(B. O. Long, "Two Question and Answer Schemata in the Prophets," *JBL* 90 [1971] 129-39). 반면에 내용과 어법에 있어 매우 유사한 예레미야 43:11(맛소라 사본 50:11)은 문답 도식과 무관한 긴 예언의 부분이다(렘 43:8-13).

요한계시록 13:10ab은 조건 접속사 에이(εἰ, "만일")에 의해 도입되는 두 조건문을 절충하는 동의어 대구로 이루어진다. 여기에서 에이(εἰ)는 이 조건이 사실이거나 가능하다고 추정한다(Aune, "Aphorisms," 229-31). 요한계시록 13:10ab의 각 행은 용어상 매우 유사한 조건절과 귀결절을 담고 있다.

에이 티스 아이크말로시안 에이스 아이크 말로시안 휘파게이
(εἴ τις εἰς αἰχμαλωσίαν, εἰς αἰχμαλωσίαν ὑπάγει)
에이 티스 엔 마카이레 아포크탄데나이 아우톤 엔 마카이레 아포크탄데나이
(εἴ τις ἐν μαχαίρῃ ἀποκτανθῆναι, αὐτὸν ἐν μαχαίρῃ ἀποκτανθῆναι)

만일 누군가 포로가 된다면 사로잡혀 갈 것이고,
만일 누군가 칼로 죽임을 당해야 한다면 칼로 죽임을 당할 것이다.

이 말은 분명히 고난 또는 순교라는 매우 실제적인 가능성과 관계가 있다. 이와 관련하여 에스더에게 돌려지는 유사한 말이 에스더 4:16에 수사적 반복(aandiplosis)의 말로 나온다. "죽으면 죽으리이다." 또한 이 말은 창세기 43:14에 나오는 수사적 반복과도 유사하다. "내가 자식을 잃게 되면 잃으리로다"(참조. Westermann, *Genesis* 3:123의 번역, "But I-I am bereaved, bereaved!").

주석

18(개역성경은 17절) "바다 모래 위에 섰더라"(*καὶ ἐστάθη ἐπὶ τὴν ἄμμον τῆς θαλάσσης*－카이 에스타데 에피 텐 암몬 테스 달라쎄스). 이 문장은 구조적으로 문제가 있다. 왜냐하면 이 문장이 앞 단락(11:19-12:17)에 속하는지, 아니면 다음 단락(13:1-18)을 도입하는지가 불확실하기 때문이다. 오에쿠메니우스(Oecumenius, *Comm. in Apoc.*)는 12:18-13:4을 주석하기 위해 인용하는데, 이 사실은 그가 12:18을 13:1-4 단락을 시작하는 것으로 이해했다는 것을 나타낸다. 그러나 에스타데(*ἐστάθη*, "그가 섰다")는 17절에 나오는 두 개의 다른 3인칭 동사, 오르기스데(*ὠργίσθη*, "분노했다")와 아펠덴(*ἀπῆλθεν*, "돌아갔다")의 뒤를 따른다. 이 두 동사의 주어는 분명히 용이며, 이 문장은 그가 13:1-10에 묘사된 바다에서 나오는 짐승의 등장을 기다리기 위해 또는 그를 호출하기 위해 바다 모래 위에 섰다는 의미를 나타내는 것으로 보인다(B. Weiss, *Johannes-Apokalypse*, 193; Charles, 1:344; Lohse, 76). 그러나 13:1-18의 서론으로서 이 구절은 어색하다(이문들에서 반영되는 바와 같이). 왜냐하면 여기에서 용이 짐승을 어떻게 호출했는지에 대한 더 상세한 내용이 기대되기 때문이다(Bousset[1906] 358). 따라서 이 절은 12:1-17을 13:1-18과 연결하는 편집적 구조일 가능성이 매우 높다(Bousset[1906] 357). 17:1과 21:9에서 유추하여, 버그마이어(Bergmeier, *ANRW* II. 25/5:3908)는 12:18a을 "(그리고 그가 영으로 나를) 바닷가로 (데리고 갔다)"라고 재구성했다. 그러나 17:1-3a과 아마 21:9-10a 자체가 각각 17:3b-19:10과 21:10b-22:7의 서론이기 때문에(17:1-3a은 21:9-10a에 근거하여 구성된 것이지만; 두 구절의 "주석"을 보라), 이 재구성은 받아들이기가 어렵다.

13:1a "내가 보니 바다에서 한 짐승이 나오는데"(*καὶ εἶδον ἐκ τῆς θαλάσσης*

θηρίον ἀναβαῖνον – 카이 에이돈 에크 테스 달라쎄스 데리온 아나바이논). 카이 에이돈(*καὶ εἶδον*)에 대해서는 5:1의 "주석"을 보라. 동사와 동사의 목적어에 바로 이어지는 전치사구 에크 테스 달라쎄스(*ἐκ τῆς θαλάσσης*, "바다에서")는 통상적이 아니지만(통상적인 어순을 갖고 있는 11절과 칠십인역 Theod Dan 7:3을 비교해 보라), 이 어구는 "바다에서"라는 어구를 강조하는 역할을 하며, 13:1이 12:18(용이 선 장소로 바다를 언급하는 절)과 연결되는 것을 나타낸다(Kraft, 172). 이 절이 인유하는 구절인 칠십인역 다니엘 7:3의 헬라어구는 카이 테싸라 데리아 아네바이논 에크 테스 달라쎄스(*καὶ τέσσαρα θηρία ἀνέβαινον ἐκ τῆς θαλάσσης*, **그리고 네 짐승이 바다에서 나타났다**; 참조. Theod Dan 7:3, 카이 테싸라 데리아 메갈라 아네바이논 에크 테스 달라쎄스[*καὶ τέσσαρα θηρία μεγάλα ἀνέβαινον ἐκ τῆς θαλάσσης*])이다. 게다가 데리온(*θηρίον*, "짐승")에 관사가 없는 것은 이 짐승이 독자들에게 알려지지 않았다고 저자가 추정하는 것을 나타낸다(또한 이것은 11:7의 정관사 있는 토 데리온[*τὸ θηρίον*]이 편집임을 시사한다). 또한 명백한 사실은 11:7에서 나타내는 바와 같이 최종 편집자가 바다를 무저갱으로 이해했다는 것이다.

바다에서 나온 짐승은 창조 다섯째 날에 베헤모트와 분리되어 바다에 위치가 정해진 여성 괴물 리워야단에 대한 유대 전설의 인유다(적어도 부분적으로)(*1 Enoch* 60:7-11, 24; 4 Ezra 6:47-52; *2 Apoc. Bar.* 29:4; *b. B. Bat.* 74b-75a). 베헤모트에 대해서는 13:12의 "주석"을 보라. 본 절 이전에 이런 짐승에 대한 유일한 언급은 11:7, "무저갱으로부터 올라오는 짐승"이다. 11:7에서 토 데리온(*τὸ θηρίον*)이 관사를 갖고 있다는 사실은 저자가 자신의 독자들이 이미 이 괴물을 익히 잘 알고 있다고 추정한다는 것을 나타낸다. 그리고 이 절에서 데리온(*θηρίον*)에 관사가 없다는 사실은 이 짐승이 11:7에 언급된 것과 다른 짐승이거나 또는 (더 있음직한 견해로) 앞에 인용된 11:7의 구절이 삽입임을 시사한다.

아르테미도루스(Artemidorus, *Oneirocritica* 2.16)에 의하면, 바다의 괴물 꿈을 꾸는 사람은 상서롭지 못하다고 한다. 유대교에서 바다 괴물은 압제하는 외국 민족들을 나타낼 수 있다(단 7:1-8). 간혹 혼돈의 괴물 라합 또는 리워야단은 이집트와 같은 특별한 외국의 압제자를 상징하여 사용될 수도 있다(시 74:14; 87:4; 사 30:7; 겔 29:3; 32:2-3). 예를 들어, 예레미야 51:34에서 느부갓네살은 이스라엘을 삼키는 괴물에 비교된다. 악의 상징으로 리워야단의 비유는 이스라엘이 가나안 설화에서 이끌어 낸 것이다(Gordon, "Leviathan," 1-9). 초기 유대교 문헌에서 드라콘(*δράκων*, "용")은 혼돈의 상징으로(*Sib. Or.* 8.85), 그리고 사단을 나타내는 용어로(*Apoc. Abr.*

23:7) 사용된다. CD 8:10에서 신명기 32:33의 탄니님(תַּנִּינִם, "용들": 개역성경의 "뱀": 창 1:21; 욥 7:12; 시 74:13; 겔 29:3; 32:2에도 동일한 단어가 나온다)은 "사람들의 왕들"로 해석된다. 탄니님(תַּנִּינִם)이라는 용어는 팔레스타인을 침입하고 예루살렘을 점령한 외국인들에 대해 사용된다(G. R. Driver, "The Number of the Beast," 80). 이런 침입자들 중에 첫 번째가 느부갓네살이다(맛소라 사본 렘 51:34 [칠십인역 28:34]에서 탄닌[תַּנִּין, "괴물"]으로 묘사되고 칠십인역에서 드라콘[*δράκων*]으로 번역된다). *Pss. Sol.* 2:25에서는 주전 63년에 예루살렘을 정복한 폼페이(Pompey)가 드라콘(*δράκων*, "용, 괴물")으로 지칭된다.

바다에서 나온 짐승은 종종 로마의 지방 총독(proconsul)으로 해석되어 왔다. 즉 매년 로마의 아시아 식민지에 도착하는 로마 황제를 대표하는 지방 총독은 에베소에 첫발을 디디게 되어 있었다(*CAH* 11:581). 반드시 그는 배를 타고 도착했기 때문에, 그가 "바다에서" 왔다고 말할 수 있었다(Rowland, *Open Heaven*, 431-32). 로마의 가장 중요한 두 식민지인 아시아와 아프리카의 지방 총독들은 항상 증경 총독(ex-consuls)이었다(Magie, *Roman Rule* 1:446). 아우구스투스 시대부터 아시아의 원로원 식민지에도 황제의 대리자가 있었다는 사실은 이 식민지에 황제에게 속한 광대한 재산이 존재했다는 것을 나타낸다(Magie, *Roman Rule*, 1:679). 바다에서 나온 짐승은 로마 국가를 상징할 가능성도 있다.

[1]b "뿔이 열이요 머리가 일곱이라"(*ἔχον κέρατα δέκα καὶ κεφαλὰς ἑπτά* – 에콘 케라타 데카 카이 케팔라스 헾타). 이 어구(이상하게 NRSV의 초기판들에는 나오지 않는다)는 역순으로 12:3과 17:3에 나오는데, 12:3에서는 열 뿔과 일곱 머리를 가진 것이 용인 반면에, 17:3에서는 짐승이 이런 모양을 하고 있다(그러나 데리온[*θηρίον*, "짐승"]이 17:3에서는 정관사가 없기 때문에 계 13장의 데리온[*θηρίον*]을 언급하는 것이 아니다). 열 뿔과 일곱 머리가 여기에서 해석되지 않는다는 사실은 이 어구가 (12:3의 어구와 마찬가지로) 17:3에 근거한 가필임을 시사한다. 왜냐하면 이 어구는 열 뿔과 일곱 머리가 통치자들로 해석되는 문맥에 나오기 때문이다(17:9-14). 다니엘 7:7에 나오는 환상의 네 번째 짐승은 열 뿔을 가지고 있고 그 열 뿔은 열 왕으로 해석된다(7:24). 이레네우스는 다니엘 7장의 열 뿔을 로마 제국을 분할할 열 왕으로 이해했다(*Adv. Haer.* 5.26.1; followed by Hippolytus *de Ant.* 25; *Comm. in Dan.* 4.5.3).

[1]c "그 뿔에는 열 면류관이 있고"(*καὶ ἐπὶ τῶν κεράτων αὐτοῦ δέκα διαδήματα* – 카이 에피 톤 케라톤 아우투 데카 디아데마타). 12:3에 나오는 붉은 용은

일곱 머리 각각에 한 개씩 일곱 면류관을 갖고 있다(아마 일곱 머리는 일곱 명의 통치자를 의미할 것이다). 여기에서 머리띠(diadem) 또는 면류관은 분명히 보통 머리에 쓰는 왕의 권능과 권세의 상징이다(그렇게 해석한다면 열 면류관은 열 명의 통치자를 나타낼 것이다). 고대에 일곱 면류관을 쓰는 것은 많은 국가를 지배하는 주권을 나타냈다(1 Macc 11:13; Jos. *J. W.* 13.113). 따라서 만일 이 용이 로마 제국을 상징한다면, 분명히 일곱 면류관은 바다에서 나온 짐승에게 적절한 상징이다. 그러나 로마 황제들은 왕의 신분을 나타내는 면류관을 전혀 쓰지 않았다는 사실을 주목할 필요가 있다. 뿔에 추가하여 면류관에 대한 언급은 모두 권능의 상징으로 해석될 수 있기 때문에 약간 중복되는 것 같다. 다니엘 7:7, 20은 열 뿔을 언급하지만 이 뿔들이 왕을 상징하는 것을 나타내는 식으로 면류관을 언급하지는 않는다.

[1]d "그 머리들에는 참람한 이름들이 있더라"(*καὶ ἐπὶ τὰς κεφαλὰς αὐτοῦ ὀνόματα βλασφημίας*－카이 에피 타스 케팔라스 아우투 오노마타 블라스페미아스). "참람한 이름들"이라는 어구는 17:3에도 나오는데, 그 곳에서는 큰 음녀가 참람한 이름들(*ὀνόματα βλασφημίας*－오노마타 블라스페미아스)이 몸에 가득하고 역시 일곱 머리와 열 뿔을 가진 짐승이 앉아 있는 것으로 묘사된다. 그러나 그 이름들이 머리와 뿔에 쓰여진 것으로 상술되지는 않는다. 몸이 마술 명각들로 덮여 있는 마술 조각상들이 있다(Eitrem, *Papyri Osloenses*, 41). *PGM* XXXVI(Betz, *Greek Magical Papyri*, 269를 보라)에 나오는 이런 마술 조각상들 중의 하나는 여러 부분으로 나누어지고 팔, 다리, 목, 가슴, 목에 마술적인 이름들이 새겨져 있다. 1절의 짐승은 강제적으로 모든 사람들의 이마와 손에 낙인을 찍게 한다(13:16, 17; 참조. 14:9, 11; 16:2; 19:10; 20:4).

요한계시록에서 짐승과 음녀와 그들을 따르는 자들만이 구별되는 표시를 갖고 있는 것은 아니다. 그리스도께서는 오직 자신만 아시는 이름을 가지고 있고(19:12), 그분의 옷과 다리에는 "만왕의 왕이요 만주의 주라"는 말이 쓰여져 있다(19:16). 또한 십사만 사천 명도 이마에 어린양과 어린양의 아버지의 이름을 갖고 있고(14:1), 새 예루살렘에 있는 어린양의 종들도 이마에 어린양의 이름을 갖고 있다(22:4).

"참람한 이름들"이라는 말로 저자는 로마 황제들이 사용하던 칭호와 별명들, "주"(*κύριος*－퀴리오스), "구세주"(*σωτήρ*－소테르) 그리고 "신의 아들"(*divi filius*)을 나타낼 수 있었을 것이다. Cuss, *Imperial Cult*, 53-74를 참조하라. 헬라 문화 시대의 다양한 통치자 숭배에서, 그 제사 의식들을 감독하는 책임을 맡은 제사장 집단을 나타내는 특징적인 장구들(paraphernalia) 중에는 특별한 신적 통치자의 모습을 새긴 면류관이 있었다. 주전 193년에 안티오쿠스 2세(Antiochus II)는 나신의 아내 라오디케(Laodice)의 예배를 관리할 여제사장 집단을 구성하라고 선포했는데, 이 여제사장 집단은 "왕비의 초상들로 꾸민 금 면류관"을 써야 했다(C. B. Welles, *Royal Correspondence in the Hellenistic Age*[New Haven: Yale UP, 1934] nos. 36-37).

[2]a "내가 본 짐승은 표범과 비슷하고 그 발은 곰의 발 같고 그 입은 사자의 입 같은데"(*καὶ τὸ θηρίον ὃ εἶδον ἦν ὅμοιον παρδάλει καὶ οἱ πόδες αὐτοῦ ὡς ἄρκου καὶ τὸ στόμα αὐτοῦ ὡς στόμα λέοντος*—카이 토 데리온 호 에이돈 엔 호모이온 파르달레이 카이 호이 포데스 아우투 호스 아르쿠 카이 토 스토마 아우투 호스 스토마 레온토스). 이 환상은 바다에서 나온 네 짐승에 대한 다니엘의 환상(단 7:1-8)에 근거한 모방의 혼합이다. 네 왕국의 계승이 아니라 단일 왕국에 관심을 갖고 있는 저자는 다니엘서에 나오는 네 짐승 중 세 짐승의 특징을 가지고 하나의 짐승을 만들어 냈다. 다니엘서에 나오는 첫 번째 짐승은 사자와 같고(단 7:4), 두 번째는 세 개의 큰 이빨을 갖고 있는 곰 같고(7:5), 세 번째는 네 개의 날개와 네 개의 머리를 갖고 있는 표범 같았다(7:6). 네 번째 짐승은 열 개의 뿔이 있어 형용할 수 없이 끔찍했는데(7:7, 20), 요한계시록 13:1에 묘사된 바다에서 나온 짐승의 특징과 유사하다. 이 짐승의 일곱 머리는 다니엘 7:1-8에 묘사된 짐승들과는 직접적인 일치점을 갖고 있지 않다. 그러나 세 번째의 표범 같은 짐승은 네 개의 머리를 갖고 있는 것으로 묘사된다(단 7:6).

초기 기독교 문헌들에서 다니엘 7:1-8은 여러 가지로 해석되었다. *Barn.* 4:4-5은 다니엘 7:24과 7:7-8을 인용하고 있는데, 이 두 개의 본문은 모두 일련의 로마 황제들을 언급하는 수수께끼 같은 구절에서 네 번째 짐승의 열 뿔과 작은 뿔을 다룬다. 이와 유사하게 4 Ezra 11:1-12:39에서, 에스라는 열두 개의 날개과 세 개의 머리를 갖고 바다에서 올라온 독수리(*et ecce ascendebat de mari aquila*)의 꿈을 꾼다(11:1). 이 독수리는 다니엘의 환상의 부분을 이룬 네 번째 나라를 상징하는 네 번째 짐승이다(4 Ezra 11:36-46; 12:11). 다니엘 7:7-8의 네 번째 짐승의 묘사에는 나오지 않지만, 19-27절은 이 짐승을 독수리와 동일시하고 있음을 시사한다. 이 독수리를 택한 이유는 아마 독수리가 로마를 상징하기 때문일 것이다(Myers, *Esdras*, 295-96). 요한계시록 13:1-18을 4 Ezra 11:1-12:39과 연결시키는 명백한 문헌이나 주석의 전통은 없지만, 이 두 저자가 모두 다니엘 7:1-9의 환상을 재해석했고, 모두 한 짐승에 관심을 두고 있으며, 모두 로마를 상징하는 짐승을 사용한다는 사실은 의미심장하다. *2 Apoc. Bar.* 39:5-7과 일부 초기 기독교 저자들은 다니엘 7장의 네 번째 짐승이 로마를 나타낸다는 견해를 표현했다(Hippolytus *de Ant.* 25.1-3; 28.1; 참조. Irenaeus *Adv. Haer.* 5.25.3). *os leoni*, 곧 "사자의 입" 심상은 아마 로마 황제가 갖고 있는 권세를 암시할 것이다. 왜냐하면 사자는 로마 황제에 대해 사용된 상징이었기 때문이다(*Ant.* 18.228). 디모데전서 4:17의 바울은 "사자의 입"(*ἐκ στόματος λέοντος* – 에크 스토마토스 레온토스)에서 건짐을 받는데(이 어구는 시 22:21[참조. 히 11:33]에서 큰 위험으로부터의 구조를 나타내어 사용되었다), 이 말은 초기 기독교 전승에서 네로와 동일시되는 로마 황제의 권세를 언급하는 것이다(Eusebius *Hist. eccl.* 2.22.4).

아람의 마술 사발에 새겨진 긴 비문에는 귀신 바그다나(Bagdana)의 머리부터 발끝까지를 묘사하는 내용이 있는데(Naveh-Shaked, *Amulets*, bowl 13, lines 4-5), 이는 바다에서 나온 짐승의 묘사와 상당히 유사하다.

> 그의 머리는 사자의 머리이고, 그의 어금니는 암늑대의 어금니이고, 그의 이빨은 호랑이의 이빨이고, 그 입으로 삼킴은 용광로와 같고, 그의 눈은 번뜩이는 번개이고, 그의 어깨는 구름의 영역이고, 그의 관자놀이는 철모루(anvil of iron)이고, 그의 가슴은 악인의 가슴이고….

2b "용이 자기의 능력과 보좌와 큰 권세를 그에게 주었더라"(*καὶ ἔδωκεν αὐτῷ ὁ δράκων τὴν δύναμιν αὐτοῦ καὶ τὸν θρόνον αὐτοῦ καὶ ἐξουσίαν μεγάλην* – 카이 에도켄 아우토 호 드라콘 텐 뒤나민 아우투 카이 톤 드로논 아우투 카이 엑수시안 메갈렌). 데살로니가후서 2:9에 의하면, 불법한 자(종말의 대적에 대한 칭호)는 사단의 대행자로 등장한다. 이 견해는 후기 기독교 작가들에게서도 발견된다(Irenaeus *Adv. Haer.* 5.25.1). 이 말은 아마 편집자가 땅으로 쫓겨난 용(12:13-17)의 활동을 13:1에 소개되는 바다에서 나온 짐승의 활동과 연결시키는 내용에 삽입한 것 같다. 4a절을 보라(J. Weiss, *Offenbarung*, 84-85; Bergmeier, *ANRW* II, 25/5: 3909). 이 견해는 이 말이 요한의 환상 부분이 아니라 전지(全知)의 작가로서 요한이 짐승과 용의 관계에 대해 알고 있는 그 무엇인가로 제시된다는 사실에 의해 뒷받침된다. 12:1-17에서 중심적인 역할을 했던 용은 본질적으로 13:1-18의 기사와 무관하며, 편집적 추가들에서만 언급된다(12:18; 13:2d, 4a).

이 권세의 이동은 짧은 "즉위식" 장면을 구성하는데(Roloff, 136-37), 여기에서 짐승이 용, 즉 사단의 대리자 또는 전권 대사라는 사실이 밝혀진다. 따라서 로마 제국의 권세는 그 근원에 있어 마귀적이라는 것이다. 1QM 15:2-3에는 "깃딤의 왕"과 사단 간의 밀접한 관계가 다음과 같이 가정되고 있다(tr. Vermes, *Dead Sea Scrolls*).

> 전투를 위해 준비된 모든 자는 전진하여 깃딤의 왕 앞에, 그리고 하나님의 칼에 의한 (בחרב אל-베헤레브 엘) 신원의 날에 맞서기 위해 사단 주위에 모인 사단의 전 군대 (חיל בליעל-헬 벨리야알) 앞에 막사를 칠지어다.

"깃딤"이란 용어에 대한 이 동일시는 문제가 있다. 전쟁 두루마리(War Scroll)에서 이 용어는 이스라엘의 대적 국가들을 가리키는 반면에, 하박국 주석과 나훔 주석에서 이 용어는 아마 로마인들을 나타낼 것이다(Ringgren, *Qumran*, 26-31; J. Carmignac, "Les Kittim dans la Guerre des fils de lumière contre les fils de ténèbres," *NRT* 77[1955] 737ff.; Horgan, *Pesharim*, 8, 26). 그러나 요한계시록 13:2에서 말하는 바와 같이, 벨리알 또는 사단은 세상 권세의 배후에 존재하는 궁극적인 권세다. 이와 유사하게 *Asc. Isa.* 2.4에서, 이스라엘 왕 므낫세는 이 세상을 지배하는 불의의 왕인 벨리알의 종이 되었다고 한다.

자신에게 복종하는 자에게 권세와 영광을 부여하는 사단의 능력에 대해서는 Q 문서(눅 4:1-13=마 4:1-11)에서 발견되는 예수님의 시험 기사를 보라. 마귀는 예수님에게 천하 만국(오이쿠메네[οἰκουμένη], 누가가 눅 2:1과 행 17:6에서 로마를 나타내어 사용한 용어; 마 4:8은 코스모스[κόσμος]로 나타낸다)을 보여 준 다음 누가복음 4:6에서 다음과 같은 약속을 한다. "가로되 이 모든 권세(ἐξουσίαν-엑수시안)와 그 영광을 내가 네게 주리라(δώσω-도소). 이것은 내게 넘겨 준(παραδέδοται-파라데도타이) 것이므로 나의 원하는 자에게 주노라(δίδωμι-디도미)." 사단은 로마를 소유하고 있고 이 주권을 누구에게나 마음대로 양도할 수 있다. 요한계시록 13:2에서는 이 주권이 로마 황제들에게 이전되는 반면에, 누가복음 4:5-8에서는 사단이 동일한 주권을 예수님에게 제안한다(Morgenthaler, *TZ* 12[1956] 289-304를 보라). 데이슨(Theissen, *Gospels*, 212-15)에 의하면, 가이우스 황제는 (그의 전 황제 아우구스투스와 마찬가지로) 지상 나라들을 지배하는 권세를 갖고 있고 이 나라들을 자신이 원하는 아무에게나 줄 수 있는 통치자였다. 데살로니가후서 2:9의 종말론 시나리오와 유사한 관계가 불법한 자와 사단 간에 존재한다. 데살로니가후서 2:9은 "악한 자의 임함은 사단의 역사를 따라(κατ᾽ ἐνέργειαν τοῦ σατανᾶ-카트 에네르게이안 투 사타나) 모든 능력과 표적과 거짓 기적…으로 임하리니"라고 주장한다. 그노시스교도 저스틴(Justin)의 우주 신화에서, 에뎀(Edem)은 자신의 세 번째 천사 나아스(Naas)에게 큰 권세를 부여한다(*καὶ δίδωσιν ἐξουσίαν ἡ Ἐδὲμ μεγάλην*-카이 디도신 엑수시안 헤 헤뎀 메갈렌; Hippolytus *Ref.* 5.26.21; ed. Marcovich, *Hippolytus*).

용의 보좌에 대한 언급은 2:13에서 은유적으로 버가모에 위치하는 것으로 언급되는 사단의 위(보좌)를 생각나게 한다. 짐승의 보좌는 16:10에서 다시 언급되는데, 그 곳에서는 다섯 번째 천사가 자신의 대접을 짐승의 보좌에 부어 그의 나라를 어두워지게 한다. 사단의 보좌는 *2 Apoc. Enoch*[Rec. J] 29:4(사단은 하나님의 보좌와 동등한 곳에 자신의 보좌를 배치하려고 하여 하늘에서 축출된다)과 *Apoc. Mos.* 39:2=*Adam and Eve* 47:3에서도 언급된다.

3a "그의 머리 하나가 상하여 죽게 된 것 같더니 그 죽게 되었던 상처가 나으매"(*καὶ μίαν ἐκ τῶν κεφαλῶν αὐτοῦ ὡς ἐσφαγμένην εἰς θάνατον καὶ ἡ πληγὴ τοῦ θανάτου αὐτοῦ ἐθεραπεύθη*-카이 미안 에크 톤 케팔론 아우투 호스 에스파그메넨 에이스 다나톤 카이 헤 플레게 투 다나투 아우투 에데라퓨데). 여기에서 기수 미안(*μίαν*, "하나")은 서수일 수도 있다(Sweet, 209; 참조. Court, *Myth and History*, 128). 이 용어는 주전 44년 3월 15일에 암살당한 줄리어스 시이저(Plutarch *Caesar* 66.4-14; Suetonius Julius 82; Dio Cassius 44.19.1-5)를 언급하거나, 또는 아마 17:9-10에 열거되는 황제들 중의 하나인 네로를 언급한 것이다(Court, *Myth and History*, 128). 그리고 두 번째 나오는 대명사 아우투(*αὐτοῦ*, "그것의")는 머리를 언급하는 것이 아니라 짐승을 언급하는 것이다. 이 사실은 1절에 언급된 일곱 머리가 한 명이 분명히 치명적인 상처를 받은 후에 살아나는 일곱 왕들의 상징임을 암시한다. 11-18절에 나오는 두 번째 짐승의 활동에 대한 기사에서 첫 번째 짐승이 되풀이하여 언급된다. 13절에서는 그는 "죽게 되었다 살아난 짐승"(*τὸ θηρίον τὸ πρῶτον, οὗ ἐθεραπεύθη ἡ πληγὴ τοῦ θανάτου αὐτοῦ*-토 데리온 토 프로톤 우 에데라퓨데 헤 플레게 투 다나투 아우투)으로 언급되고, 14절에서는 "칼에 상하였다가 살아난 짐승"(*τῷ θηρίῳ, ὃς ἔχει τὴν πληγὴν τῆς μαχαίρης καὶ ἔζησεν*-토 데리오 호스 에케이 텐 플레겐 테스 마카이레스 카이 에제센)으로 언급된다. 3절에서 상처를 받은 것은 첫 번째 짐승의 일곱 머리 중의 하나인 반면에, 12절과 14절에서는 죽게 될 정도로 상처를 받은 것이 짐승 자신이다. 17:3의 붉은 빛 짐승의 일곱 머리는 분명히 일곱 왕을 나타낸다고 말한다(17:9-10). 이 기형적인 짐승의 머리들은 종종 왕들을 나타내는 것으로 생각되었다(4 Ezra 12:22-26; Philostratus *Vita Apoll.* 5.13). 칼리굴라는 중병을 앓았고, 사람들은 그가 회복되지 않을 것으로 생각했다(Suetonius *Caligula* 14.2; Dio Cassius 59.8.1-2; Philo *Leg.* 14-21; 참조. A. A. Barrett, *Caligula*, 73-75). 그러나 칼리굴라는 여기에서 배제되어야 할 것 같다. 왜냐하면 13:14은 특별히 칼에 의한 상처를 언급하기 때문이다. 한편, 네로는 목구멍에 칼(*ferrum*)을 밀어넣어 자살했다(Suetonius *Nero* 49.3-4). 빅토리누스(Victorinus, *Comm. in Apoc.* XIII and XVII.3; ed. Haussleiter, *Victorinus*, 120)는 이 머리를 네로와 동일시했다. 치명적인 상처의 치유는 아마 네로의 재림 전설을 암시할 것이다(부록 13A를 보라).

3b "온 땅이 이상히 여겨 짐승을 따르고"(*καὶ ἐθαυμάσθη ὅλη ἡ γῆ ὀπίσω τοῦ θηρίου*－카이 에다우마스데 홀레 헤 게 오피소 투 데리우). "온 땅"이라는 어구는 "세상의 모든 사람"을 나타내는 은유다. 이 비유적 표현은 17:8의 이중어 "땅에 거하는 자들"에서 명백하게 밝혀진다. 비교적 가까운 유사구는 거의 동시대의 유대 묵시록 4 Ezra 12:3에서 발견되는데, 그 곳에서 독수리(= 로마)의 몸체를 태우는 것에 대한 반응이 "그리고 땅은 극히 놀랐다"(*et expavescebat terra valde*)라고 묘사된다. 또 하나의 가까운 유사구는 Jdt 11:16b에서 발견된다. "그리고 하나님께서 나(유디트[Judith])를 보내서 너와 함께 온 세상이 놀랄 일들을 이루게 하셨다"(*πράγματα ἐφ᾽ οἷς ἐκστήσεται πᾶσα ἡ γῆ*－프라그마타 에프 호이스 에카테세타이 파사 헤 게). 홀로페르네스(Holofernes)에게 그녀가 승리를 거두었을 때, 그 반응으로 "모든 사람이 크게 놀라고 하나님께 경배하였다"(Jdt 13:17).

카이 에다우마스데 홀레 헤 게 오피소 투 데리우(*καὶ ἐθαυμάσθη ὅλη ἡ γῆ ὀπίσω τοῦ θηρίου*)라는 어구는 난해하고 생략된 구문이다. BDR § 196.3의 제안에 의하면, 에다우마센 오피소 투 데리우(*ἐθαύμασεν ὀπίσω τοῦ θηρίου*, "그것이 짐승의 뒤에 놀랐다")는 에다우마센 에피 토 데리오 카이 에포류데 오피소 아우투(*ἐθαύμασεν ἐπὶ τῷ θηρίῳ καὶ ἐπορεύθη ὀπίσω αὐτοῦ*, "그것이 놀라고 짐승을 따랐다")를 대신하는 함축 구문이다(다우마제인[*θαυμάζειν*]은 대개 에피[*ἐπί*]+여격 또는 페리[*περί*]+대격과 함께 사용된다). 동사 엘데(*ἦλθε*, "갔다")나 에콜루테(*ἠκολούθη*, "따랐다") 또는 에포류데(*ἐπορεύθη*, "갔다")는 오피소(*ὀπίσω*, "…의 뒤에")가 보완되어야 한다. BDR § 196.3도 칠십인역 신명기 31:16에 나오는 비교적 가까운 유사구를 제안한다: 호 라오스 후토스 에크포르뉴세이 오피소 데온 알로트리온(*ὁ λαὸς οὗτος ἐκπορνεύσει ὀπίσω*[אחרי－아하레] *θεῶν ἀλλοτρίων*, "이 백성이 창기와 즐기고 [따랐다] 이상한 신들을"). 토레이(Torrey, *Apocalypse*, 124)는 오피소(ὀπίσω)가 아람어 아하레(אחרי는 알[על]과 마찬가지로 "…에 대하여"를 의미할 수 있다)의 과도한 직역으로 해석한다. 따라서 이 구절은 "온 땅이 짐승에 **대하여** 놀랐다"로 번역되어야 한다는 것이다. 속격을 수반하는 중요한 전치사로 오피소(ὀπίσω)는 "…의 뒤에"(after)를 의미할 수 있고 에르케스다이(ἔρχεσθαι) 및 아콜루데인(ἀκολουθεῖν)과 함께 사용되어 "…의 뒤에 가다"(to go after) 또는 "…의 뒤를 따르다"(to follow after), 즉 "…의 신봉자가 되다"라는 의미를 나타낼 수 있다(BAGD, 575; Bauer- Aland, 1166).

여기에서 "땅"은 4절에서 짧지만 중요한 말을 하는 땅의 사람들을 나타낸다. 성경 저자들은 일반적으로 직접 화법을 기피하는 경향이 있다(R. Alter, *The Art of Biblical Narrative*[New York: Basic Books, 1981] 63-87를 보라). 그러므로 이 간접 화법은 짐승에게 경배하는 모든 사람의 태도를 드러내는 저자의 방법이다. 단일 진술을 큰 집단의 사람들에게 돌리는 문학적 기법은 구약성경과 초기 유대 문헌에서 자주 발견된다(창 11:3-4; 룻 1:19; 삼상 4:6-9; 5:7; 7:6; 1 Macc 1:11; 2:37, 40-41; 3:43; 5:57; 7:6-7). 이 기법은 그리스 문학에서도 발견된다. *Pericles* 12.1-2에서 플루타크는 페리클레스(Pericles)를 비난하는 사람들이 공공연하게 한 말을 인용하는데, 사실상 이 말은 페리클레스의 정책에 대한 반대를 분명하게 말하는 것을 나타내는 문학적 기법이다.

부록 13A: 네로의 부활의 전설

참고문헌

Anderson, J. G. C. "Trajan on the Quinquennium Neronis." *JRS* 1(1911) 173-79. **Bastomsky, S. J.** "The Emperor Nero in Talmudic Legend." *JQR* n.s. 59(1969) 321-25. **Bishop, J.** *Nero: The Man and the Legend.* London, 1965. **Bodinger, M.** "Le mythe de Néron de l'Apocalypse de Saint Jean au Talmud de Babylone." *RHR* 206(1989) 21-40. **Borleffs, J. W. P.** "Institutum Neronianum." *VC* 6(1952) 129-45. **Bradley, K. R.** *Suetonius' Life of Nero: An Historical Commentary.* Bruxelles: Revue d'Études Latines, 1978. **Charlesworth, M. P.** "Nero: Some Aspects." *JRS* 40(1950) 69-76. **Chilver, G. E. F.** *A Historical Commentary on Tacitus' Histories I and II.* Oxford: Clarendon, 1979. **Collins, J. J.** *The Sibylline Oracles of Egyptian Judaism.* Missoula, MT: Scholars, 1974. **Gallivan, P. A.** "The False Neros: A Re-examination." *Historia* 22(1973) 364-65. **Geffcken, J.** *Studien zur ältern Nerosage.* Göttingen: Nachrichten von der königl. Gesell. d. Wissen. zu Göttingen, 1899. **Griffin, M. T.** *Nero: The End of a Dynasty.* New Haven: Yale UP, 1984. **Henderson, B. W.** *The Life and Principate of the Emperor Nero.* London: Methuen, 1903. **Jakob-Sonnabend, W.** *Untersuchungen zum Nero-Bild der Spätantike.* Hildesheim; Zürich; New York: Olms-Weidmann, 1990. **Kreitzer, L.** "Hadrian and the Nero *Redivivus* Myth." *ZNW* 79(1988) 92-115. **Lawrence, J.** "Nero Redivivus." *Fides et Historia* 11(1978) 54-66. **Millar, F.** *A Study of Cassius Dio.* Oxford: Clarendon, 1964. **Momigliano, A.** "Nero." *CAH* 10:702-42. **Pappano, A. E.** "The False Neros." *CJ* 32 (1937) 385-92. **Scullard, H. H.** *From the Gracchi to Nero.* 4th ed. London: Methuen, 1976. **Syme, R.** "Flavian Wars and Frontiers." *CAH* 11:131-87. ______. *Some Arval Brethren.* Oxford: Clarendon, 1980. ______. *Tacitus.* 2 vols. Oxford: Clarendon, 1958. **Trudinger, P.** "The 'Nero Redivivus' Rumour and the Date of the Apocalypse of John." *St Mark's Review* 131(1987) 43-44.

네로 클라우디우스 카이사르(Nero Claudius Caesar)는 주후 37년 12월 15일에 태어났고 주후 54-68년에 로마 황제를 역임했다. 주후 68년 7월 8일에 그는 원로원에 의해 폐위되고 공적(公敵), 즉 사회 전체의 적으로 선포되었다. 그는 주후 68년 7월 9일에 자살했다. 그러나 그의 시체와 매장을 본 목격자들이 거의 없었기 때문에 그의 죽음을 둘러싼 혼란(자세한 내용은 Chilver, *Commentary,* 42를 보라)은 네로가 다시 살아났다는 소문이 널리 퍼지는 것을 가능하게 했다. 수에토니우스(Suetonius)는 네로가 곧 돌아와서 그의 대적들을 멸망시킬 것이라는 믿음을 기록한 최초의 인물이었다(*Nero* 57). 네로가 파르티아(parthia)로 도피했다가 군대를 이끌고 돌아올 것이라는 믿음은 시빌(Sybil)의 신탁(*Sibylline Oracles,* 4.119-22, 137-39; 5.137-54, 214-27; 8.68-72; 12.78-94)에 반영되었다. 이 "네로의 귀환"(Nero *redux*) 설화는 그가 죽었다는 소문을 사실로 인정하는 것에 대한 거부에 기초하고, "네로의 부활"(Nero *redivius*) 설화는 그가 비록 죽었으나 다시 살아날 것이라는 생각에 기초한 것이었다. 살아 있던 동안 네로가 파르티아인들과 지속시켰던 좋은 관계는 그가 파르티아에 망명을 요청했다는 믿음에 기여했다. 디오 크리소스톰(Dio Chrysostom, 주전 40-112년 이후)은 "지금까지도 모두 네로가 살아 있기를 바라며 대부분의 사람들이 실제로 그렇게 믿는다"라고 기록했다(*Orat.* 21.10). 네로의 자살 후에, 그의 적들을 위협하고 그의 높은 명성을 알리는 거짓 칙령들이 그의 이름으로 게시되었다.

네로는 동부 그리스인들 중에서는 인기가 있었던 반면에, 서부 그리스인들 중에서는 멸시를 받았다. 그리고 때때로 가짜 네로들이 출현했다. 루키안(Lucian)은 호 프슈도네론(*ὁ ψευδονέρων*)을 단수로 언급하는 반면에(*Adv. ign.* 20), 많은 학자들은 두 명의 가짜 네로가 출현했다고 생각한다(Bastomsky, *JQR* n.s. 59[1969] 321-25; Henderson, Life, 420; Momigliano, *CAH* 10:741; Bishop, *Nero*, 167; Scullard, *Gracchi to Nero*, 332). 그러나 세 명의 가짜 네로가 존재했을 가능성이 있다(Syme, *Arval*, 87; id., *CAH* 11:144-45; id., *Tacitus*, 518; Gallivan, *Historia* 22[1973] 364-65; Bradley, *Suetonius' Life*, 295; Pappano, *CJ* 32[1937] 385-92; E. Hohl, *RE*, suppl. III, col. 393). (1) 폰투스(Pontus) 출신의 노예이거나 또는 이탈리아 출신의 자유인으로(Tacitus *Hist.* 2.8) 네로와 닮은 무명의 사기꾼(Dio Cassius 63.9.3)이 주후 69년에 출현했다. 그는 탈영병 군대를 모아 그리스에서 동쪽으로 배를 몰아 가다가 폭풍을 만나 어쩔 수 없이 키클라데스(Cyclades)의 킨투스(Cynthus) 섬에 상륙했다. 그리고 그 곳에서 그는 갈라디아와 밤빌리아의 새 총독 칼푸르니우스 아스프레나스(Calpurnius Asprenas)에 의해 처형되었고, 그의 시체는 아시아를 경유하여 로마로 이송되었다(Tacitus *Hist.* 2.8-9; Zonaras 11.15, p. 45, 11-16D). (2) 주전 80년의 가짜 네로는 네로와 같은 모습을 하고 있고 네로처럼 말하는 아시아인 테렌티우스 막시무스(Terentius Maximus)였다(Dio Cassius 66.19.3). 그는 아시아에서 유프라테스까지 수많은 추종자들을 모았다. (3) 수에토니우스(Suetonius *Nero* 57.2; Gallivan, *Historia* 22[1973] 365; against Bastomsky, *JQR* n.s. 59 [1969] 321-25)에 언급되는 세 번째 자칭 네로는 주후 88년에 등장했다(테렌테우스 막시무스와의 유사점들은 가짜 네로들이 왕의 행진 형식을 모방하는 경향으로 설명될 수 있다. "이 왕의 행진에서 가짜 네로는 자신이 동일인으로 주장하는 네로의 외모를 가장하고 보호와 적절한 영예를 얻는다"[Millar, *Study*, 217]). 타키투스(Tacitus, *Hist.* 2.8.1)는 "우리가 이 작업을 하면서 말하고자 하는 다른 가장자들의 기담과 계획들"(*ceterorum casus conatusque in contextu operis dicemus*)이라고 말한다. 이 말은 타키투스가 적어도 두 명의 가짜 네로의 간단한 경력을 논하려고 했던 것을 나타낸다. 그러나 불행하게도 타키투스의 그 부분의 작업은 행방이 묘연하다. 이와 관련하여 도미티안(Domitian)이 주베날(Juvenal, *Satires* 4.38)에 의해 "네로"로 칭해졌다는 사실은 주목할 만한 가치가 있을 것이다.

아시아에서 비롯된 것으로 보이는 가장 오래된 형태의 네로의 귀환 설화는 네로가 파르티아 군대를 이끌고 동방의 투사로서 동쪽으로부터 귀환하여 로마 황제의 왕좌를 되찾는다는 것이다. 이 기본적 설화 형태는 *Sib. Or.* 4.138-39에 반영된다(tr. Charlesworth, *OTP* 1:387). "이 로마의 도망자는 무수한 군대를 이끌고 유프라테스 강을 건너 큰 창을 휘두르며 임할 것이다"(참조. *Sib. Or.* 5.28-34, 138-53, 215-24, 363-70; 3.63-74; 8.70-72, 140-47; 참조. Jakob-Sonnabend, *Nero-Bild*, 138-44).

그러나 유대교와 기독교 전설에서, 이 대체로 긍정적인 승리의 구세주적 심상은 악의 괴물적 화신으로 변하여 종말의 대적 설화의 일부분이 된다. 유대교 전설에서 네로는 벨리알과 동일시되는데(*Sib. Or.* 3.63-74; *Asc. Isa.* 4:1-14), 이 동일시는 *Asc. Isa.* 4:2(tr. Hennecke-Schneemelcher, NTA 2:648)에서 볼 수 있다.

> 그리고 그것(즉 세상)이 종말이 이른 다음에, 이 세상이 존재한 이래로 이 세상을 지배해 왔던 대군주, 이 세상의 왕이 내려올 것이다. 그는 인간, 불법한 왕, 그 어미를 살해한 자의 형태로 내려올 것이니, 그 자신이 이 왕이 되어 사랑하는 주님의 열두 사도가 심은 식물을 박해할 것이고 열두 사도 중 한 명(즉 베드로)이 그의 손에 넘겨질 것이다.

기독교 전승에서 코모디안(Commodian, *Instr.* 41.7; Martin, *Commodiani,* 33)이 지옥으로부터 네로의 부활(*Cum fuerit autem Nero de inferno leuatus*)을 예상했다. 그러나 그는 동시에 엘리야가 사랑받는 성도들에게 인을 칠 것이라고 예상했다(*Instr.* 41.8; Martin, *Commodiani,* 34).

유대인들과 그리스도인들에 의해 네로의 설화가 완전히 부정적인 방식으로 해석되고 네로 자신이 악의 화신으로 간주될 수 있었던 이유는 이해하기가 어렵지 않다. 유대인들과 그리스도인들은 모두 네로가 살아 있을 때 로마 제국의 동부에 그가 신이라는 소문을 퍼뜨린 황제의 선전 활동에 불쾌감을 가졌을 것이다(Griffin, *Nero,* 215-20). 예를 들어, 네로는 태양신이 쓰는 빛을 발하는 면류관을 쓴 자신의 모습을 묘사한 주화의 제조를 인가했다(K. Scott, *Imperial Cult,* 32-33; Griffin, *Nero,* 217-18; Bodinger, *RHR* 206[1989] 26-27). 통치 초기에 네로는 조심스러운 태도를 보였다. 그는 보통 신들의 조각상을 만드는 데 사용되는 금과 은으로 자신의 조각상을 만들겠다는 계획에 거부권을 행사했다(Tacitus *Annals* 13.10). *Sib. Or.* 5.28-34(tr. J. J. Collins in Charlesworth, *OTP* 1:393)에서 돌아온 네로가 끔찍한 뱀으로(*δεινὸς ὄφις* – 데이노스 오피스), 즉 요한계시록 17:8과 비교될 수 있는 식으로 묘사된다.

> 머릿글자가 50(N = 50)인 자가 극악한 전쟁의 기운을 불어넣는
> 끔찍한 뱀 사령관이 될 것이니,
> 언젠가 그는 자신의 가족을 덮쳐 살해하고,
> 모든 것을 혼돈으로 몰아 넣을 것이다.
> 그는 체육 경기자, 전차 경기자, 살인자 등 수만 가지에 도전한다.
> 또한 그는 두 바다 사이에 산을 만들어 피로 더럽힐 것이다.
> 그는 보이지 않을 때도 해를 끼칠 것이고,
> 그 다음에 그는 자신이 하나님과 동등하다고 선언하며 돌아올 것이지만,
> 그렇지 않다는 것을 알게 될 것이다.

어떤 요인들이 귀환한 네로 또는 부활한 네로 설화의 형성과 유포를 조장했을까? 분명

히 네로의 죽음을 둘러싼 혼란이 이 설화의 유포를 부추겼다. 또한 주후 1세기의 하반기 동안 동부 지중해 연안 제국에 널리 퍼졌던 "구세주"(메시아)를 기대하는 분위기에 의해서도 부활한 네로 설화를 촉진시켰을 것이다(Bodinger, *RHR* 206[1989] 22).

과거의 위대한 자들이 다시 나타난다는 소문을 보여 주는 다른 예들도 있다. 주후 221년에는 가짜 알렉산더 대왕이 출현했다(Dio Cassius 80.18.1-3; Lucian *Adv. indoctum* 20). 실명이 아드라밋티움의 안드리쿠스(Andricus of Adramittium)인 "가짜 필립" (*ψευδοφίλιππος* - 프슈도필립포스)이 마케도니아의 페르세우스(Perseus, 주전 165년 또는 162년에 사망) 왕의 아들인 필립를 자칭했다. 그러나 진짜 필립은 페르세우스의 사망 2년 후(주전 163년 또는 160년)에 알바 푸켄스(Alba Fucens)의 감옥에서 죽었다(Diodorus Siculus 32.17.1-7; Lucian *Adv. indoctum* 20; Strabo 13.4.2; Polybius 36.10.1-7; 이 인물에 대한 논의는 Walbank, *Polybius* 3:668-69를 참조하라). 아피안(Appian)은 마리우스(Marius)의 손자라고 자처한 "가짜 마리우스"(*ψευδομάριος* - 프슈도마리오스)를 언급한다(*Bell. civ.* 3.1.2). 헤롯 대왕이 주전 7년에 처형한 알렉산더의 아들이라고 자처하는 또 한 명의 알렉산더는 주전 4년 헤롯이 죽은 직후에 크레테에 나타났다(Jos. *J. W.* 2.101-10; *Ant.* 7.24-38). 키클라데스(Cyclades)에 나타난 가짜 드루수스(Drusus)는 체포되어 티베리우스에게 송환되었다(Dio Cassius 58.25; Tacitus *Annals* 5.10). "가짜 안토니누스"(*ψευδοαντωνῖνος* - 프슈도안토니노스)는 디오 카시우스(Dio Cassius, 80.17-19)에 몇 번 언급된다. 프레데릭 대왕(Frederick the Great)과 루이 16세(Louis XVI)가 죽은 다음에도 사기꾼들이 그들을 흉내냈다. 심지어 20세기의 미국에서는 많은 사람들이 가짜 엘비스 프레슬리(Elvis Presley)들을 목격하고 있다.

4a "용이 짐승에게 권세를 주므로 용에게 경배하며"(*καὶ προσεκύνησαν τῷ δράκοντι, ὅτι ἔδωκεν τὴν ἐχουσίαν τῷ θηρίῳ* - 카이 프로세퀴네산 토 드라콘티 호티 에도켄 텐 에쿠시안 토 데리오). 사단 숭배는 *Mart. Isa.* 2:7에서 므낫세의 이교적 행동들과 관련하여 언급된다. 유대 전통에서는 오직 하나님만이 예배를 받으실 수 있다(칠십인역 에 4:17e[13:14], "나는 나의 주 당신 외에 아무에게도 경배하지 않겠나이다"[*οὐ προσκυνήσω οὐδένα πλὴν σοῦ τοῦ κυρίου μου* - 우 프로스퀴네소 우데나 플렌 수 투 퀴리우 무]). 13:1-10에서 바다에서 나온 짐승으로 제시되는 종말의 대적이 갖고 있는 두드러진 특징들 중의 하나는 그가 노골적으로 자신이 하나님이라고 주장하고 그에 근거하여 경배를 요구하지 않는다는 것이다. 또한 그는 성전에 거하면서 거기에서 자신의 주장을 퍼뜨리지 않는다. 많은 유대교 종말론에 뚜렷하게 나타나는 위와 같은 종말의 대적의 행동들이 없는 것은 아마 저자가 나타내고자 하는 역사적 사실들에 비추어 종말의 대적 설화를 재구성한 결과일 것

이다. 이 기사가 디아스포라에서 구성되었기 때문에 또는 주후 70년 예루살렘 성전의 멸망 후에 구성되었기 때문에 성전이 언급되지 않을 가능성도 있다. 종말의 대적 설화에서, 자신이 하나님이라고 하는 대적의 주장(살후 2:4)은 부분적으로 신을 자부했던 안티오쿠스 4세 에피파네스(Antioches IV Epiphanes; Dan 11:36-37; "에피파네스"는 "명백한 [신]"이라는 의미이고, 안티오쿠스 4세는 주화에 데오스[*θεός*]라는 칭호를 사용했다), 가이우스(Gaius; Philo *Leg.* 197-337; Jos. *J. W.* 2.184 203; *Ant.* 18.256-309), 네로(*Sib. Or.* 5.33-34)의 행동을 반영하며, 또한 사단이 타락한 이유가 하나님과 동등하기를 요구한(사 14:13-14에서는 바벨론 왕의 말이며, 겔 39:2에서는 두로 왕의 말이다) 그의 오만이었다는 해석도 부분적으로 반영한다. 이 주제는 초기 유대교에서 사단의 타락에 대한 설화의 일부가 되었다(*Asc. Isa.* 4:6; Lactantius *Div. Inst.* 7.17.4; *2 Apoc. Enoch*[Rec. J] 29:4).

2d절("주석"을 보라)과 마찬가지로, 이 문장은 아마 짐승을 용과 연결시키기 위한 편집적 삽입일 것이다(본질적으로 용은 13:1-10과 11-18의 환상과 관계가 없다). Bergmeier, *ANRW* II, 25/5:3909를 보라. 이 문장은 빠뜨려도 이 단락의 의미가 훼손되지 않는다. 그리고 이어지는 문장이 이 문장과 어구에서 동일하다는 사실을 주지할 필요가 있다: "그 …에게 경배하여"(*καὶ προσεκύνησαν τῷ* – 카이 프로세퀴네산 토). (요한계시록에 나오는 프로스퀴네인[*προσκυνεῖν*, "경배하다"; 여기에서 경배의 대상은 사단의 별명인 용이다]의 사용에 대해서는 3:9의 "주석"을 보라.)

4b "짐승에게 경배하여 가로되 누가 이 짐승과 같으뇨"(*καὶ προσεκύνησαν τῷ θηρίῳ λέγοντες· τίς ὅμοιος τῷ θηρίῳ* – 카이 프로세퀴네산 토 데리오 레곤테스 티스 호모이오스 토 데리오). 바다에서 나온 짐승에 대한 경배(로마의 황제 예배를 상징한다) 또는 그 우상에 대한 경배는 요한계시록에서 이 취지로 이 곳과 다른 곳에 몇 번 더 언급되는데(13:8, 12, 15; 14:9, 11; 16:2; 20:4), 경배(예배) 방식에 대해서는 아무것도 명백하게 진술되지 않는다. 동사 프로스퀴네인(*προσκυνεῖν*, "경배하다, 예배하다")은 신전에서 가이우스 황제를 상징하는 빈 의자에 강제적으로 경배했던 원로원 의원들에 대해 사용된다(Dio 59.24.4; 참조. Philo *Leg.* 116). 기도와 제사는 황제 예배의 중요한 두 가지 방식이다. 그리고 개인적인 기도는 살아있는 황제와 죽은 황제 모두에게 드렸던 반면에(Price, *JHS* 104[1984] 91), 황제숭배에서 제사는 보통 황제를 위해 또는 황제에게 드려졌다. 그러나 식민지의 황제예배에서 이 두 가지 유형의 제사의 구분은 간혹 모호했다(Price, *JRS* 70[1980] 30).

이 구절은 "누가 …와 같으뇨"라는 아포리아(*aporia*=의심이나 어려움을 표현하며 알지 못하는 체하는 문학적 장치), 즉 수사의문문으로 도입되는 짧은 찬송이며(Labuschagne, *Incomparability*, 16-23; Weiser, *Psalms*, 54), 구약성경의 찬송들에 사용되는 유사한 수사의문문들의 풍자적 모방으로 해석되어야 한다(Charles, 1:351; Deichgräber, *Gotteshymnus*, 55). 구약성경의 몇몇 시편들에 유사한 수사의문문들의 예가 조금 있긴 하지만(출 15:11; 시 18:31; 35:10; 89:6, 8; 113:5; 참조. 삼상 26:15; 사 40:25; 46:5; 미 7:18; *Mek. de-Rabbi Ishmael, Shirata* 8[Lauterbach, 2:59-63]), 이와 같은 의문문이 구약성경 시편들의 구조에 기본적 특징은 아니다. 사실상 이 의문문은 출애굽기 15:11, "여호와여 신 중에 주와 같은 자 누구니이까"의 모방으로 보인다(참조. 시 35:10; 71:19; 1QM 10:8-9; 13:13). 이와 관련하여, 천사의 이름 "미가엘"(מיכאל – 미카엘)이 "하나님과 같은 자 누구니이까"를 의미한다는 사실은 흥미롭다. 이와 동일한 수사의문문이 쿰란 문헌의 찬송 부분들에서 발견된다. (1) 1QH 15:28(= 7:28; 참조. 1Q*35* = 1QHymnsb frag. 1, line 2), "주여 당신의 백성 중에 당신과 같은 자 누구니이까?"(מי כמוכה באלים אדוני – 미 카모카 바엘림 아도나이). (2) 1QM 10:8-9, "이스라엘의 하나님이여 당신과 같은 자가 누구니이까?…그리고 당신의 백성 이스라엘과 같은 자가 누구니이까?" (3) 4Q*381*=4QNon-Canonical Psalms B frag. 15, line 6(tr. García Martínez, *Dead Sea Scrolls*, 313), "나의 하나님이여 하늘에서 당신과 같은 자 누구니이까? 그리고 신의 아들들 중에 누가 당신과 같으니이까?" 유사한 의문문이 *Ma'aseh Merkavah* § 548.2(tr. Swartz, *Prayer*, 226)에도 나온다. "능력이 크신 하나님이여, 당신에게 찬양을 드리나이다. 하늘이나 땅에서 당신과 같은 자 누구니이까 – 누가 하늘과 땅에서 거룩하신 당신과 같으니이까?"(§§ 548.4, 7도 보라). 요한계시록에서 아포리아로 도입되는 찬송의 가장 긴 예는 요한계시록 5:2, 9-10, 12, 13, 14이다(계 5장의 "양식/구조/배경"을 보라). Ign. *Eph.* 19에 나오는 별의 찬송도 아포리아로 도입된다. "그 때에 어떻게 영원무궁히 그가 계시되었나이까?"

이 구절은 요한계시록에서 동사 프로스퀴네인(προσκυνεῖν, "엎드려 경배하다")이 짐승에게 사용되는 첫 번째 예로, 황제 예배의 의전을 반영한다. 엎드림 또는 부복(俯伏, prostration)은 페르시아 궁정 의식의 한 부분인데, 알렉산더가 이 의식을 자신의 궁정 의식에 도입했다. 그러나 그리스인들은 대체로 이 의식을 못마땅하게 생각했다. 로마인들은 부복(무릎 꿇는 것도 포함하여)을 그들이 주전 6세기에 폐지한 군주제와 연결시켜 연상했기 때문에, 부복과 무릎 꿇음은 공화국 후기와 제국 초기에 매우 희귀하게 그리고 특별한 상황에서만 볼 수 있다(Cicero *Phil.* 2.86 [Alföldi, *Repräsentation*, 51, 54]를 보라. 그 곳에서 마크 안토니[Mark Antony]가 줄리어스 시이저에게 왕관을 바치기 위해 그 앞에 무릎을 꿇은 것은 왕권에 대한 요구를 나타내는 것으로 해석되어 그의 암살로 이어졌다; Suetonius *Tiberius* 20). 그러나 가이우스 황제는 분명히 부복(*proskynesis*)을 자신의 왕궁 의식에 포함시켰다(Seneca *De benef.* 2.12.1-2; Suetonius *Vitellius* 2; Dio Cassius 59.19.5; 59.24.4; 59.27.4-6; Philo *Leg.* 116-17; 참조. Alföldi, *Repräsentation*, 50). 가이우스는 이 상징적인 행동을 자신에게 신적 경의를 표하는 공적인 형식이라고 주장했으나, 원로원의 귀족들은 이 행동을 독재자의 그릇된 요구라고 생각했다. 가이우스와는 대조적으로 클라우디우스는 부복을 금지했다(Dio Cassius 60.5.4). 그러나 이 행동은 네로와 도미티안에 의해 왕궁의 의식으로 재도입되었다.

4c "누가 능히 이로 더불어 싸우리요 하더라"(*καὶ τίς δύναται πολεμῆσαι μετ' αὐτοῦ*-카이 티스 뒤나타이 폴레메사이 메트 아우투). 무력과 절망을 모두 표현하는 유사한 수사의문문으로 사무엘상 4:8, "누가 우리를 이 능한 신들의 손에서 건지리요"를 보라. 또한 사무엘상 10:27; 예레미야애가 5:8도 보라. 사드락(Sedrah)도 마귀에게 대항함에 있어 인간의 무력함을 유사하게 표현한다(*Apoc. Sedrach* 5:4; tr. Charlesworth, *OTP* 1:610). "누가 보이지 않는 영과 싸울 수 있으리요?"

5a "또 짐승이 큰 말과 참람된 말하는 입을 받고"(*καὶ ἐδόθη αὐτῷ στόμα λαλοῦν μεγάλα καὶ βλασφημίας*-카이 에도데 아우토 스토마 랄룬 메갈라 카이 블라스페미아스). 5절에서 짐승은 하나님의 대적으로 행동할 수 있는 허가를 받는다. 그러나 그는 6절까지 자신의 권세를 행사하지 않는다. 이 어구는 작은 뿔이 "큰 말을 하는 입"(*στόμα λαλοῦν μεγάλα*-스토마 랄룬 메갈라)을 갖고 있다고 하는 칠십인역 Theod 다니엘 7:8, 20의 명백한 인유다. 그러나 다니엘서에서 작은 뿔에 입이 있는 것은 이 뿔이 사람을 상징하고 말을 할 수 있다는 것을 나타내는 방법이다. 반면에 요한계시록 13:5a에서 짐승은 아마 입을 갖고 있는 것 같다. 그리고 "입을 주다"(*διδόναι στόμα*-디도나이 스토마)라는 어구는 "누군가에게 무엇인가 말할 것을 주다"라는 의미의 셈어식 관용 표현이다(예를 들어, 눅 21:15; 참조. Louw-Nida, § 33.105; see *Note* 13:5.b).

다니엘 11:36에서와 마찬가지로, 이 절에도 교만과 신성 모독이라는 이 두 주제가 언급된다. 때때로 이 두 주제는 에스겔 28:2과 다니엘 11:36을 기초로 하는 본문들, 종말의 대적이 신적 영광, 즉 하나님 또는 하나님의 아들이기를 요구하는 본문들에서 결합된다(살후 2:5; *Did.* 16:4; *Asc. Isa.* 4:6, 12; Irenaeus *Adv. Haer.* 5.25.1, 4; 5.28.2; Hippolytus *de Ant.* 18.1-4[겔 28:2-5의 인용]; 53[겔 28:2과 사 14:13의 인용]; Origen *Contra Celsum* 6.46[살후 2:4의 인용]). 이 두 주제는 종말의 대적을 다루는 본문에서 드물게 결합된다. 다니엘 7:25을 기초로 하는 신성모독의 주제는 Justin, *Dial.* 32.4에서 발견되는데, 여기에서 저스틴은 지극히 높으신 분에 대해 불손하고 불경한 말을 할 죄의 사람(*καὶ τοῦ βλάσφημα καὶ τολμηρα εἰς τὸν ὕψιστον μέλλοντος λαλεῖν*–카이 투 블라스페마 카이 톨메라 에이스 톤 휘프시스톤 멜론토스 랄레인; 아마 살후 2:3의 인유인 것 같으나, Peerbolte, *Antichrist,* 91-93는 이에 대한 반론을 편다)이 나타나려고 한다고 말한다. 저스틴, *Dial.* 110도 보라. 가이우스 황제는 알렉산드리아에서 온 유대 사절단에게 신성 모독하는 말을 했다고 한다(Philo *Leg.* 352). 다니엘 8:10-11의 안티오쿠스 에피파네스에 대한 묘사와 이사야 14:13-14의 루시퍼에 대한 묘사를 근거로 하는 오만의 주제는 *2 Apoc. Bar.* 67:7(Charlesworth, *OTP* 1:644)에서 발견된다. "그러나 바벨론 왕, 곧 시온을 멸망시킨 자가 일어날 것이니, 그는 백성에게 자랑을 떠벌리고, 지극히 높으신 분 앞에서 마음속으로 교만하게 말할 것이다(4 Ezra 11:43; *Apoc. El.* 4:8-12; Hippolytus *de Ant.* 16.2; 17.6-7[사 14의 일부분 인용]; Cyprian *Ep.* 59.3[사 14:13의 인용])을 보라.

5b "또 마흔두 달 일할 권세를 받으니라"(*καὶ ἐδόθη αὐτῷ ἐξουσία ποιῆσαι μῆνας τεσσεράκοντα καὶ δύο*–카이 에도데 아우토 엑수시아 포이에사이 메나스 테쎄라콘타 카이 뒤오). 이 말은 다니엘 7:25; 8:14; 9:27에 근거하여 적그리스도의 시대가 삼 년 반 동안 지속될 것이라는 견해를 반영한다(단 7:25의 "한 때와 두 때와 반 때"라는 어구에서 "때"는 년[年]을 의미한다; 11:2의 "주석"을 보라). 저스틴(Justin, *Dial.* 32.3-4)에 의하면, 다니엘 7:25에 언급된 종말의 폭군이 250년 동안 다스릴 것이라는 유대교의 주석은 카이로스(*καιρός*)라는 용어가 100년을 의미한다는 그들의 해석에 근거한 것이다. 종말의 대적이 "한 때와 두 때와 반 때" 동안 통치할 것이라는 견해는 초기 기독교에서 널리 신봉되었다(Justin *Dial.* 32.3-4; Irenaeus *Adv. Haer.* 5.25.3; 5.30.4; Hippolytus *de Ant.* 61.9; *Asc. Isa.* 4:12[벨리알=네로는 *III annos et VII men년 et dire XVIII*, "3년 7개월 18일" 동안 통치했다고 한다]; *Apoc. El.* 2:52; Victorinus *Comm. in Apoc.* 11.2). 여기에 근거하여 빅토리아누스(Vitorianus)는 요한계시록 20:3에 나오는 미크론 크로논(*μικρὸν χρόνον*, "잠깐")이라는 어구를 3년 6개월이라고 해석했다. 락탄티우스(Lactantius, *Div. Inst.* 7.17.8, tr. McDonald, *Lactantius*, 518)에 의하면, 온 땅을 괴롭히는 동일한 기간이 시리아 왕에게 부여되었다고 한다. "그리고 마흔두 달 동안 땅을 황폐하게 하는 임무가 그에게 부여될 것이다."

아마 그리스의 *Oracle of Hystaspes*(Flusser, "Hystaspes," 390-453)의 부분이었던 것 같은 이 구절은 다니엘 7:25과 12:7의 인유인 것 같기도 하다. 이 구절은 신의 활동을 나타내는 수동태와 유사한 어구들을 사용한다: *et dabitur*(미래 수동태 직설법) *ei*=카이 에도데(*καὶ ἐδόθη*, 부정과거 수동태 직설법) 아우토(*αὐτῷ*)(카이 에도데 아우토[*καὶ ἐδόθη αὐτῷ*]의 벌게이트역 *et datum est ei*를 참조하라. 벌게이트는 완료 수동태 분사 *datum*을 현재 *est*와 함께 사용한다). 신의 활동을 나타내는 수동태(*passivum divinum*)에 대해서는 9:3b의 "주석"을 보라.

마흔두 달의 시기는 요한계시록 11:2에서 이방인들이 거룩한 성을 점령할 기간으로 언급되었다. 또한 두 증인도 일백이십육 일, 즉 삼십 일로 이루어지는 마흔두 달 동안 예언할 권세를 받는다(11:3). 12:6에서 여자는 광야에서 일천이백육십일 동안 보호를 받는데, 12:6에는 "한 때와 두 때와 반 때"로 언급된다(단 7:25; 12:7의 인유). 분명히 저자는 첫 번째 짐승이 활동하는 시기와 거룩한 성이 이방인들에게 짓밟히는 기간과 두 증인이 예언을 하는 기간이 일치한다는 사실을 독자로 하여금 깨닫게 하려고 한다. 그러므로 두 증인의 죽음은 이 예정된 기간과 일치한다.

5-7절에서 단수 부정과거 수동태 동사 에도데(*ἐδόθη*, "주어졌다, 받았다")는 동일한 어구 카이 에도데 아우토(*καὶ ἐδόθη αὐτῷ*, "그리고 그것이 주어졌다")로 네 번 나온다. 각각의 예에서 동사의 수동태는 신의 활동을 나타내는 수동태, 즉 동사의 주어로 하나님을 직접 언급하는 정황으로 해석될 수 있다. 이 사실은 요한이 하나님과 사단 간의 대립을 우주적 이원론 식으로 보는 것이 아님을 명백하게 나타낸다. 오히려 요한은 세상에서 일어나는 사건에 대한 하나님의 궁극적인 주권과 지배를 강조한다. 바울이 로마서 13:1-2에서 모든 정치적 권세가 하나님에 의해 제정된다고 단언할 때, 본질적으로 그는 동일한 견해를 표현한 것이다(Venetz, *BK* 43 [1988] 160). 15절에서도 카이 에도데 아우토(*καὶ ἐδόθη αὐτῷ*)라는 어구는 15-17절로의 도입으로 나온다(14절의 밀접하게 관련된 어구 타 세메이아 하 에도데 아우토 포이에사이[*τὰ σημεῖα ἃ ἐδόθη αὐτῷ ποιῆσαι*, "받은 바 이적을 행함으로"]와 3절의 카이 에도켄 아우토 호 드라콘[*καὶ ἔδωκεν αὐτῷ ὁ δράκων*, "용이 그에게 주었더라"]에서 능동태의 사용을 참조하라).

6a "짐승이 입을 벌려 하나님을 향하여 훼방하되"(*καὶ ἤνοιξεν τὸ στόμα αὐτοῦ εἰς βλασφημίας πρὸς τὸν θεόν* – 카이 에노익센 토 스토마 아우투 에이스 블라스페미아스 프로스 톤 데온). 이 구절은 다니엘 7:25a, "그것이 하나님께 대해 참람한 말을 하기 시작했다"의 인유다(단 11:36c, "그[왕]가 비상한 말로 신들의 신[하나님]을 대적할 것이다"와 단 8:9-14을 참조하라). 블라스페메인(*βλασφημεῖν*, "불경스러운 말을 하다, 훼방하다")이라는 용어는 칠십인역에 몇 번밖에 나오지 않지만 그 주어가 대개 하나님이다(왕하 19:4, 6, 22; 사 52:5; 단 3:29[칠십인역 3:96]). "입을 벌리다"라는 어구는 유대교와 기독교 문헌에서 상당히 자주 발견되는 셈어식 관용 표현이다. 히브리 어구 파타 페(פָּתַח פֶּה, "입을 벌리다")는 맛소라 사본에 약 40회 정도 나온다(BDB, 835). "입을 벌리다"라는 어구만으로는 단순히 말하다라는 의미밖에 나타낼 수 없다(욥 35:16; 시 38:13; 39:9; 78:2; 잠 24:7; 31:8; 사 53:7; 겔 16:63; 애 2:16; 칠십인역 출 4:12, 15; 마 13:35 시 78:2의 인용; 행 18:14; *Adam and Eve* 10:3; 21:3; *Jos. As.* 11:15-18; *Sib. Or.* 3.497). 그러나 "그가 입을 벌려 말했다" 또는 "그가 입을 벌려 말하게 시작했다"와 같은 어구에서 "입을 벌리다"라는 어구는 셈어의 중복을 반영하여 말을 하기 위한 준비를 나타내며 종종 말이나 기도의 엄숙한 도입으로 사용된다(욥 33:1-2; 겔 3:27; 단 10:16; 칠십인역 Theod Dan 3:25; *1 Enoch* 106:3; *T. Abr.*[Rec. B] 10:15; 마 5:2; 행 8:35; 10:34). 요한계시록 13:6에서 이 어구의 사용은 짐승이 공적으로 말하고 있음을 시사한다.

6b "그의 이름과 그의 장막을 훼방하더라"(*βλασφημῆσαι τὸ ὄνομα αὐτοῦ καὶ τὴν σκηνὴν αὐτοῦ* – 블라스페메사이 토 오노마 아우투 카이 텐 스케넨 아우투). 동사 블라스페메인(*βλασφημεῖν*, "훼방하다, 신성을 모독하는 말을 하다")은 요한계시록에서 네 번 사용되는데, 두 번은 목적어가 하나님이고(16:11, 21) 두 번은 하나님의 이름이 목적어다(13:6; 16:9; 참조. 롬 2:24; 딤전 6:1; 약 2:7). 신약성경의 다른 곳에서 이 동사는 종종 자동사로 사용된다(마 9:3; 26:65; 막 2:7; 행 26:11; 딤전 1:20). 밀접한 유사어는 사도행전 6:11에서 발견된다. 스데반에 대한 날조된 고소는 "이 사람이 모세와 및 하나님을 모독하는 말하는 것"(*ῥήματα βλάσφημα εἰς Μωυσῆν καὶ τὸν θεόν* – 레마타 블라스페마 에이스 모우센 카이 톤 데온)을 들었다는 것이다. 이 말은 사도행전 6:13에서 "이 거룩한 곳과 율법을 거스려 말하기"(*κατὰ τοῦ τόπου τοῦ ἁγίου τούτου* – 카타 투 토푸 투 하기우 투투)로 해석된다. 성전을 거스려 말하는 것은 하나님을 거스려 말하는 것이다(참조. 행

21:28; 25:8). 이 본문은 성전에 대한 비판이 총괄적으로 하나님에 대한 비판이 될 수 있었다는 사실을 증명한다. 하나님 또는 하나님의 이름을 훼방하는 것은 세 번째 계명, 즉 하나님의 이름을 망령되이 사용하는 것에 대한 경고를 위반하는 것이고(출 20:7=신 5:11), 사형에 처할 만한 중대한 위반이다(레 24:16); Reicke, *Die zehn Worte*, 54-56를 참조하라. 디모데전서 6:1에서도 "하나님의 이름"은 동사 블라스페메인(*βλασφημεῖν*)의 목적어다. 하나님의 이름을 비방한다는 주제는 분명히 다니엘 7:25과 11:36과 결합된 이사야 52:5의 인유다.

초기 기독교에서 칠십인역 이사야 52:5은 두 가지의 근본적인 방식으로 사용되었다(Schoedel, *Ignatius*, 150). (1) 이 구절은 이방인들로 하여금 하나님의 이름을 비방하도록 한 책임이 있는 유대인들에게 적용되며(롬 2:24; Justin *Dial.* 17.2; Tertullian *Adv. Marc.* 3.23.4; 4.14.16; 5.13.7), (2) 다양한 유형의 죄악된 행동으로 말미암아 이교도들로부터의 비판을 유발시킨 그리스도인들에게 적용된다(벧후 2:2; Ign. *Trall.* 8.2; Pol. *Phil.* 10.3; *2 Clem.* 13:2-4; Tertullian *De idol.* 14). 이 용법들은 칠십인역 이사야 52:5의 독특한 형태의 본문에 의해 조장되었다: "너희로 인하여 내 이름이 이방인들 중에서 계속 비방당한다"(*δί ὑμᾶς διὰ παντὸς το ὄνομά μου βλασφημεῖται ἐν τοῖς ἔθνεσιν*-디 휘마스 디아 판토스 토 오노마 무 블라스페메이타이 엔 토이스 에드네신). "너희로 인하여"(*δί ὑμᾶς*-디 휘마스)와 "이방인들 중에서"(*ἐν τοῖς ἔθνεσιν*-엔 토이스 에드네신)라는 어구는 히브리어 본문에는 없다.

이 곳의 한 가지 해석상의 문제는 스케네(*σκηνή*, "장막, 거처")가 예루살렘의 성전을 언급할 수 있는가 하는 것이다. 위에서 언급한 사도행전 6:11, 13의 유사구는 성전에 대한 훼방이 하나님에 대한 훼방으로 해석될 수 있었다는 사실을 나타낸다. 다음의 검토는 첫 번째 성전이나 두 번째 성전이 이 용어와 함께 언급되었다는 사실을 시사하는 증거가 전혀 없음을 나타낸다. 왜냐하면 스케네(*σκηνή*)는 벽돌이나 석재로 만든 영구적인 건물을 언급하지 않고 항상 일시적인 구조물을 언급하기 때문이다. 헤 스케네(*ἡ σκηνή*, "천막, 장막") 또는 헤 스케네 투 마르튀리우(*ἡ σκηνὴ τοῦ μαρτυρίου*, "증거의 장막")라는 어구는 신약성경과 초기 기독교 문헌에서 고대 이스라엘 백성의 천막에 대해 사용된다(행 7:44; 히 8:5; 9:2, 6, 8, 21; 13:11; *1 Clem.* 43:2-3, 5). 그러나 이 어구는 성막 안의 가장 거룩한 곳을 언급할 수도 있는데(히 9:3) 이 곳은 히브리서에서 대개 타 하기아(*τὰ ἅγια*, "성소")로 칭해진다(히 8:2; 9:2, 3, 12, 24, 25). 또한 스케네(*σκηνή*)는 하늘의 장막을 언급할 수도 있다(히 8:2; 9:21; 계 15:5). 한편, (타) 하기아([τὰ] ἅγια)도 하늘의 지성소에 대해 사용된다(히 9:12; 10:19). 히브리서 9:6, 8에서 헤 프로테 스케네(ἡ πρώτη σκηνή)는 하늘의 장막이나 솔로몬의 성전(Jos. *Ag. Ap.* 2.12에 사용되는 의미)과 대조되는 "첫 장막"을 의미하는 것이 아니라, 히브리서 8:7에서 "둘째 장막"(ἡ δευτέρα[σκηνή] – 헤 듀테라[스케네])으로 칭해지는 내부 장막(דביר – 데비르)에 대조되는 "바깥뜰"(היכל – 헤칼)을 의미한다(Attridge, *Hebrews*, 218, 232). 이 의미는 칠십인역에서 성막을 헤 스케네 투 마르튀리우(ἡ σκηνὴ τοῦ μαρτυρίου, "증거의 장막"; 출 27:21; 29:4; 레 1:1; 민 1:1) 또는 단순하게 헤 스케네(ἡ σκηνή; 미쉬칸 – משכן)로 묘사하는 것과 연관된다. 이 용어들은 초기 유대교에서 계속 사용되어 온 것이다(*Vit. Proph.* 12.12; 18.1; Eupolemus frag. 2[Eusebius *Praep. evang.* 9.30.1; 9.34.7; 9.34.14; C. R. Holladay, *FHJA* 1:114, 126, 130]). 4Q372 = Apocryphon of Joseph, frag. 1, line 13(tr. García Martínez, *Dead Sea Scrolls*, 225)에 의하면, 외국인들은 "시온의 성전을 훼방하는" 죄를 범했다고 한다.

간혹 종말의 대적은 하나님의 성전을 습격하거나 차지하여 자신을 하나님을 나타내는 것으로 묘사된다(살후 2:4; *Sib. Or.* 5.33-34). 때로 마케돈의 필립과 안티오쿠스 3세와 같은 왕들이 과도한 교만으로 인해 신전들을 공격하고 파괴했다가 나중에 신의 보복을 받은 것으로 생각되었다(Diodorus 28.3; 29.15; 31.18a; *Ant.* 12.358-59; Porphyry, *FrGrHist*, 260 F56). 안티오쿠스 4세 에피파네스(Antiochus IV Epiphanes)는 예루살렘 성전뿐만 아니라(1 Macc 1:20-24; Jos. *Ag. Ap.* 2.83-84) 몇몇 신전들을 모독하거나 모독하려는 시도를 했던 것으로 기억된다(Polybius 31.9; 1 Macc 6:1-5; 2 Macc 1:14-17). 로마 황제 가이우스(Gaius, 주후 12-41년)는 자신의 조각상을 예루살렘 성전에 세우려고 했으나(*Ant.* 18.261; *J. W.* 2.184-85; Philo *Leg.* 188, 207-8; Tacitus *Hist.* 5.9), 그의 죽음으로 인해 이 문제로 인한 유대인들과의 심한 갈등이 종식되었다. 종말의 대적이 하나님이라고 주장하는 종말론적 시나리오에 대한 몇몇 묘사들이 있다(살후 2:4; *Asc. Isa.* 4.6, 11; *Sib. Or.* 5.33-34; Hippolytus *de Ant.* 52; Lactantius *Div. Inst.* 7.17; *Epitome* 71). 그러나 성전(ὁ ναὸς τοῦ θεοῦ – 호 나오스 투 데우)의 점거는 데살로니가후서 2:4에만 언급된다. 이 곳은 후기 기독교 작가들에게서 되풀이되는(막 13:14=마 24:15[참조. 단 9:27; 11:31; 12:11; 1 Macc 1:54]; Irenaeus *Adv. Haer.* 5.25.1; 5.30.4; Victorinus *Comm. in Apoc.* 13 and 17.4[ed. Haussleiter, *Victorinus*, 128]; Bousset, *Antichrist*, 160-64를 보라) 이 주제의 가장 초기 언급이다. 데살로니가후서 2:4은

다니엘 11:36, 에스겔 28:2 그리고 아마도 이사야 14:13-14의 결합된 영향을 반영하는 것 같으며(B. Rigaux, *L'Antéchrist,* 281; Ernst, *Gegenspieler,* 37), 가이우스의 통치 때에 실패로 끝난 사건과 안티오쿠스 4세 에피파네스가 주요 모델이었던 종말의 대적에 의해 저질러지는 불법 행위의 새로운 주제가 혼합된 것으로 보인다(Ernst, *Gegenspieler,* 40는 살후 2:4을 역사적 관계로 해석하기를 주저하는데, 이는 적절한 태도다).

6c "곧 하늘에 거하는 자들"(*τοὺς ἐν τῷ οὐρανῷ σκηνοῦντας*–투스 엔 토 우라노 스케눈타스). 이 대격 어구는 텐 스케넨(*τὴν σκηνήν*, "장막")과 동격으로 사용되며 요한계시록의 마지막 편집에서 헤 스케네 아우투(*ἡ σκηνὴ αὐτοῦ*, "그[즉 하나님]의 장막")와 21:3("하나님의 장막(*σκηνή*–스케네)이 사람들과 함께 있으니"라고 말하지만 새 예루살렘에는 성전이 없다[21:22]) 간의 모순을 제거하기 위해 추가된 해석적 주석으로 보인다. 하나님의 성소를 거스려 말하는 것은 가능하지만(참조. 행 6:13), 하늘에 거하는 자들을 훼방한다는 것은 이해되지 않는다. 그러므로 하나님의 거처를 훼방하는 것은 은유적으로 하나님의 백성에 대한 비방을 언급하는 것으로 해석된다. 이그나티우스(Ignatius *Trall.* 8:2)는 소수의 그리스도인들의 어리석은 행동으로 인해 하나님의 전체 회중을 비방하는(*βλασφημεῖν*–블라스페메인) 이방인들을 언급한다.

7a "또 권세를 받아 성도들과 싸워 이기게 되고"(*καὶ ἐδόθη αὐτῷ ποιῆσαι πόλεμον μετὰ τῶν ἁγίων καὶ νικῆσαι αὐτούς*–카이 에도데 아우토 포이에사이 폴레몬 메타 톤 하기온 카이 니케사이 아우투스). 이 어구는 다니엘 7:21을 인유하며, 아마 칠십인역 다니엘 7:8도 인유할 것이다. 다니엘 7:21은 작은 뿔이 "성도들과 싸워 이겼다"고 말한다(참조. Theod Dan 7:21, "그가 성도들과 대적하여 전쟁을 하여 그들을 이겼다"[*ἐποίει πόλεμον μετὰ τῶν ἁγίων καὶ ἴσχυσεν πρὸς αὐτούς*–에포이에이 폴레몬 메타 톤 하기온 카이 이스퀴센 프로스 아우투스]). 유사한 어구가 칠십인역 다니엘 7:8에 추가되었다: "그리고 그가 성도들과 전쟁을 벌였다"(*καὶ ἐποίει πόλεμον πρὸς τοὺς ἁγίους*–카이 에포이에이 폴레몬 프로스 투스 하기우스: 이 구절은 J. W. van Henten이 나에게 지적해 준 것이다). 요한계시록 11:7에 의하면, 짐승이 "저희(두 증인)로 더불어 전쟁을 일으켜 저희를 이기고 저희를 죽였다"고 하는데, 이것은 13:7을 언급하는 예변적 삽입이다. 용이 바다에서 나온 짐승에게 했던 것과 똑같이(12:17) 여기에서 짐승은 하나님의 백성을 박해하는 것이 허용된다. 그리스도인들로서의 "하나님의 백성"(개역성경의 "성도"; 직역으로는

"거룩한 자들")에 대해서는 5:8의 "주석"을 보라.

7b "각 족속과 백성과 방언과 나라를 다스리는 권세를 받으니"(*καὶ ἐδόθη αὐτῷ ἐξουσία ἐπὶ πᾶσαν φυλὴν καὶ λαὸν καὶ γλῶσσαν καὶ ἔθνος*-카이 에도데 아우토 엑수시아 에피 파산 퓔렌 카이 라온 카이 글로싼 카이 에드노스). 민족 구성 단위의 목록에 대해서는 5:9의 "주석"을 보라. 이 목록은 바다에서 나온 짐승이 행사하는 세계적인 권세를 강조하며 로마 제국의 관대성을 나타낸다.

8a "이 땅에 사는 자들은 다 짐승에게 경배하리라"(*καὶ προσκυνήσουσιν αὐτὸν πάντες οἱ κατοικοῦντες ἐπὶ τῆς γῆς*-카이 프로스퀴네수신 아우톤 판테스 호이 카토이쿤테스 에피 테스 게스). 1-7절에 묘사된 환상 부분은 아마 미래와 관련된 것이 아니라 로마의 중요성에 대한 계시와 관련된 것이다. 앞 절의 부정과거(에도데[*ἐδόθη*, "받았다"])에서 이 곳의 미래 직설법으로의 갑작스러운 전환은 이 부분의 환상, 즉 세상 모든 백성들의 짐승에 대한 예배가 미래에 속한다는 사실을 시사한다. "이 땅에 사는 자들"이라는 어구는 요한계시록에 아홉 번 나오는데(3:10의 "주석"을 보라), 이 곳에서만은 이 땅에 사는 자들 "모두"(=다)가 언급된다. 따라서 이 말은 과거나 현재의 어떤 상황을 언급하는 것이 아니라 짐승의 통치에 인간이 알고 있는 모든 세상이 포함될 종말론적 미래를 언급하는 것이 분명하다.

8b "죽임을 당한 어린양의 생명책에 창세 이후로 녹명되지 못하고"(*οὗ οὐ γέγραπται τὸ ὄνομα αὐτοῦ ἐν τῷ βιβλίῳ τῆς ζωῆς*[*τοῦ ἀρνίου τοῦ ἐσφαγμένου*] *ἀπὸ καταβολῆς κόσμου*-후 우 게그라프타이 토 오노마 아우투 엔 토 비블리오 테스 조에스 [투 아르니우 투 에스파그메누] 아포 카타볼레스 코스무). 이 구절의 구문은 불명료하며, 이 본문의 의미는 전혀 다른 두 가지 방법으로 해석된다. 언뜻 보기에는 본문의 현재 어순대로 아포 테스 카타볼레스 코스무(*ἀπὸ τῆς καταβολῆς κόσμου*, "창세 이후로")를 에스파그메누(*ἐσφαγμένου*, "죽임을 당한")와 연결하여 "창세 이후로 죽임을 당한 어린양의 생명책에 그 이름이 기록되지 않은"(whose name has not been written in the book of life of the Lamb slaughtered from the foundation of the world)이라고 번역하는 것이 더 자연스러워 보인다(AV; NIV; REB; Caird, 168; Mounce, 256; Sweet, 212; Harrington, 139). 전치사구 아포 테스 카타볼레스 코스무(*ἀπὸ τῆς καταβολῆς κόσμου*)를 게그라프타이(*γέγραπται*, "기록된")와 연결시키는 것도 문법적으로 가능하다. 왜냐하면 17:8에 나오는 유사한 구절은 반드시 그렇게 해석되어야 하기 때문이다(Beckwith, 638). 그럴 때에 이 구절은 "죽임을 당한 어린양의 생명책에 창세 이후로 그 이름이 기록되지 않은"

(whose name has not been written from the foundation of the world in the book of life of the Lamb slaughtered)으로 번역된다(RSV; NRSV; B. Weiss, *Johannes-Apokalypse*, 194). 이 해석이 더 바람직한 이유는 어린양이 창세 전에 죽임을 당했다고 말하는 것은 논리적으로나 신학적으로 불가능하기 때문이다. 사도행전 2:23에 의하면, 예수님께서는 "하나님의 정하신 뜻과 미리 아신 대로(*τῇ ὡρισμένῃ βουλῇ καὶ προγνώσει* - 테 호리스메네 불레 카이 프로그노세이) 내어준 바" 되셨다. 좀더 밀접한 유사구는 베드로전서 1:19-20에 나온다. "오직 흠 없고 점 없는 어린양 같은 그리스도…그는 창세 전부터(*προεγνωσμένου μὲν πρὸ καταβολῆς κόσμου* - 프로에그노스메누 멘 프로 카타볼레스 코스무) 미리 알리신 바 된 자나…." 그리스도께서 세상의 죄를 대신하여 죽으시도록 정해졌다고 생각하는 것은 가능하지만, 그가 창세 전에 죽임을 당했다고 말하는 것은 다른 문제다. 17:8에는 이 어구와 매우 유사한 어구가 나온다. 두 어구의 유사점과 차이점은 아래의 비교에서 알 수 있다.

요한계시록 13:8	**요한계시록 17:8**
후 우 게그라프타이 토 오노마 아우투 (*οὗ οὐ γέγραπται τὸ ὄνομα αὐτοῦ*) 녹명되지 못한	혼 우 게그라프타이 토 오노마 (*ὧν οὐ γέγραπται τὸ ὄνομα*) 녹명되지 못한
엔 토 비블리오 테스 조에스 (*ἐν τῷ βιβλίῳ τῆς ζωῆς*) 생명책에	에피 토 비블리온 테스 조에스 (*ἐπὶ τὸ βιβλίον τῆς ζωῆς*) 생명책에
투 아르니우 투 에스파그메누 (*τοῦ ἀρνίου τοῦ ἐσφαγμένου*) 죽임을 당한 어린양의	
아포 카타볼레스 코스무 (*ἀπὸ καταβολῆς κόσμου*) 창세 이후로	아포 카타볼레스 코스무 (*ἀπὸ καταβολῆς κόσμου*) 창세 이후로

이 유사구는 명사군 투 아르니우 투 에스파그메누(*τοῦ ἀρνίου τοῦ ἐσφαγμένου*, "죽임을 당한 어린양", 위의 번역에 괄호로 묶은)가 조에스(*ζωῆς*, "생명")와 아포(*ἀπο*, "…이후에") 사이에 삽입된 편집적 추가 또는 주석일 가능성을 시사한다(Bousset[1906] 364; Charles, 1:353). 이 추정은 위에서 검토한 바와 같이 이 어구의 구문론적 어색함에 의해 뒷받침된다. 왜냐하면 투 아르니우 투 에스파그메누

(*τοῦ ἀρνίου τοῦ ἐσφαγμένου*)를 빼버리고 17:8과 같이 아포 카타볼레스 코스무(*ἀπὸ καταβολῆς κόσμου*)를 게그라프타이(*γέγραπται*)와 연결하면 자연스럽기 때문이다. 이 구절은 어린양의 죽음, 즉 예수님의 십자가에 못 박히심이 창조 전부터 예정된 사건임을 암시하는 효과를 갖고 있는 반면에, 요한계시록 17:8은 짐승을 따르는 땅의 백성들의 이름이 창세부터 생명책에 기록되지 않았다는 특별한 진술을 포함하고 있다. 이 이상하고 부정적인 형식의 말로 인해 편집 수정이 조장된 것으로 보인다. 즉 편집자가 17:8에 나오는 선언을 이 곳 13:8에 두 가지 변화를 주어 삽입한 것 같다. (1) 문제가 있는 속격 복수 관계대명사 혼(*ὧν*)이 후(*οὗ*)로 바뀌었고, (2) 투 아르니우 투 에스파그메누(*τοῦ ἀρνίου τοῦ ἐσφαγμένου*)가 삽입되었다. 가필된 어구를 빼버리면 이 선언의 독특하고 부정적인 형태는 "창세부터 그 이름이 생명책에 기록된"이라는 긍정적인 말이 된다. 베드로전서 1:18-20에는 요한계시록 13:8과 두드러진 유사점이 있으며, 몇 가지 동일한 주제가 나온다. "너희가… 구속된 것은…오직 흠 없고 점 없는 어린양(*ἀμνοῦ*-암누) 같은 그리스도의 보배로운 피로 한 것이니라 그는 창세 전부터 미리 알리신 바 된 자(*πρὸ καταβολῆς κο*-프로 카타볼레스 코)나…."

8b절과 매우 밀접한 유사구는 콥트 그노시스교 책자 *Gos. Phil.* 53.8-9(tr. J. M. Robinson, *Nag Hammadi*, 142)에서 발견된다. "그(그리스도)는 세상이 생겨난 바로 그 날부터 자발적으로 자신의 생명을 내어놓으셨다." 요한계시록 13:8과 매우 가까운 또 다른 변형은 *Jos. As.* 15:4에서 발견된다.

> 왜냐하면 보라, 네 이름이 생명책에(*ἐν τῷ βίβλῳ τῶν ζώντων*-엔 토 비블리오 톤 존톤), 책의 처음에 맨처음으로 기록되었음이라. 네 이름이 네 손가락으로 기록되었으니 영원히 지워지지(*ἐξαλειφθήσεται*-엑살레이프데세타이) 않을 것이라.

이 말은 대구 형식을 취하고 있다("기록된"/"지워지지 않는"). ("생명책" 주제에 대한 더 자세한 논의는 3:5의 "주석"을 보라.) 아포 카타볼레스 코스무(*ἀπὸ καταβολῆς κόσμου*, "창세부터/전에")라는 관용 표현은 요한계시록 외의 신약성경에 네 번(마 13:35을 포함하면 다섯 번) 나오고(마 13:35[*var. lect.*]; 25:34; 눅 11:50; 히 4:3; 9:26), 요한계시록에는 두 번 나오며(이 곳과 17:8), 교부들의 저서에는 *Barn.* 5:5에 한 번 나온다. *Barn.* 5:5에서 하나님께서는 창세에(*ἀπὸ καταβολῆς κόσμου*-아포 카타볼레스 코스무) 주님에게 "우리의 형상을 따라 우리의 모양대로 사람을 만들자"고 말씀하신다. 매우 유사한 관용 표현 "창세 전에"(*πρὸ κατα-*

βολῆς κόσμου—프로 카타볼레스 코스무)는 신약성경에 세 번 나온다(요 17:24; 엡 1:4; 벧전 1:20). 창조의 행동을 다양한 방식의 원초적 관점으로 사용하는 이 관용 표현은 신약성경과 초기 기독교 문헌에서 널리 사용되는 것을 볼 때 분명히 초기 유대교에서 널리 사용되고 있었다. H.-F. Weiss, *Kosmologie*, 139-45를 보라. 비교적 유사한 관용 표현으로 "만세 전에"(*πρὸ τῶν αἰώνων*—프로 톤 아이오논; 고전 2:7) 또는 "만고 전부터"(*πρὸ παντὸς τοῦ αἰῶνος*—프로 판토스 투 아이오노스; 유 25절)가 있다. "영원부터 감취었던"(*τὸ ἀποκεκρυμμένον ἀπὸ τῶν αἰώνων*—토 아포케크륌메논 아포 톤 아이오논=엡 3:9)을 참조하라. 콥트 그노시스 책자 *Treat. Seth* 65.33-37에서는 오그도아드(Ogdoad)에 아에온들(Aeons)의 집회가 "창세 전에" 마련된다고 한다. 마태복음에 몇 번 나오는 종말론적 관점을 갖고 있는 보충적 관용 표현으로 "세상 끝"(*συντέλεια τοῦ αἰῶνος*—쉰텔레이아 투 아이오노스)이라는 표현이 있다(마 13:39, 40, 49; 24:3; 28:20; 참조. 고전 10:11). 이 관용 표현은 형태상 특별히 유대-기독교의 표현이 아니다. 왜냐하면 우주(*kosmos*)가 시작은 있었지만 끝은 없을 것이라는 견해는 그리스-로마 세계에 널리 피져 있었기 때문이다(Hesiod, Pythagoras, Plato, the Stoics; 참조. Arnim, *SVF* 2:574-78; Plato *Timaeus* 29d-30c). 아리스토텔레스(그리고 매우 소수의 다른 고대 철학자들)는 우주가 시작이나 끝이 없고 영원하다는 색다른 견해를 갖고 있었다(Aristotle *De caelo* 1.10; Philo *Op.* 7). 카타볼레(*καταβολή*)는 "시작" 또는 "기초"를 의미할 수도 있고(*1 Clem.* 57:1; 참조. Polybius 1.36.8; 24.8.9; 13.6.2; Diodorus Siculus 12.32.2; *Ant.* 2.409, 417), 보다 특별하게 "창조"를 의미할 수도 있다(*Ep. Arist.* 129). 이 어구들은 칠십인역에 전혀 나오지 않고, *T. Mos.* 1:13, 14에 전자의 어구가 두 번 나온다. 한편, 랍비 문헌에는 매우 희귀하게 나온다(Str-B, 1:982). *Barn.* 5:5에서는 창세기 1:26이 "창세 직후에"(*ἀπὸ καταβολῆς κόσμου*—아포 카타볼레스 코스무) 한 발언으로 인용되어, 이 관용 어구를 창세기 1:3-25에 서술되는 창조 기사들과 연결한다. 그러나 신약성경에서 이 관용 어구는 다음과 같이 사용된다. (1) 창조 전에 성부와 성자의 관계에 대해(요 17:24), (2) 하나님께서 창조 활동을 시작하실 때부터 하나님의 백성의 선택에 대해(마 25:34; 엡 1:4; 계 17:8; 참조. O. Hofius, "Erwählt vor Grundlegung der Welt[Eph 1:4]," *ZNW* 62[1971] 123-28), (3) 역사의 시작 이후로 내내 일어나고 있는 사건들에 대해(눅 11:50; 히 9:26; 참조. *T. Mos.* 1:13), (4) 우주의 창조에 대해(히 4:3; *Barn.* 5:5) 그리고 (5) 세상의 창조 전에 예정된 그리스도의 임무에 대해(벧전 1:20; 계 13:8; 참조.

T. Mos. 1:14, 모세의 예정된 임무에 대해: "하나님께서는 세상의 기초를 세우기 전에 내가 그의 언약의 중간 전달자가 될 것을 미리 아셨다"[*καὶ προεθεάσατό με ὁ θεὸς πρὸ καταβολῆς κόσμου εἶναι με τῆς διαθήκης αὐτοῦ μεσίτην* – 카이 프로에데아사토 메 호 데오스 프로 카타볼레스 코스무 에이나이 메 테스 디아데케스 아우투 메시텐]: Greek text in Denis, *Fragmenta*, 63). 유대교에서는 창조 때 있었던 이스라엘의 선택을 강조한다(*Jub.* 2:19-20). *Jos. As.* 8:9는 "당신께서 만물이 생기기 전에 택하신 당신의 백성"을 언급한다.

9-10 이 두 절은 13:1-8에 서술된 환상과 비교할 때 완전히 다른 문학적 특성을 갖고 있다. 왜냐하면 9-10절은 그 환상의 의미에 대한 주석 역할을 하기 때문이다. 이 해석 부분은 저자에 의한 편집적 추가인 것 같다(유사한 설명적 해석에 대해서는 13:18의 "주석"을 보라). 이에 대한 더 자세한 논의는 위의 "양식/구조/배경"을 보라.

9 "누구든지 귀가 있거든 들을지어다"(*εἴ τις ἔχει οὖς ἀκουσάτω* – 에이 티스 에케이 후스 아쿠사토). 3인칭 명령법을 사용하는 이 선언적 관용어구에 대해서는 2:7의 "주석"을 보라(Mussies, *Morphology*, 322-23). 이 관용어구는 이어지는 예레미야 15:2의 인유에 주의를 환기시키고 13:1-8이 10a절에 비추어 이해되어야 한다고 암시한다. 즉 13:1-6은 그리스도인들이 바다에서 나온 짐승의 위협에 어떻게 맞서야 하는지에 대한 지시라는 것이다. 10a절에 나오는 예레미야 15:2의 인유는 이것을 어떻게 이해해야 하는지를 지시하는 설명적인 어구에 의해 10b절로 이어진다. 독자를 향한 이 말은 일곱 교회에 대한 선언의 결론에도 나올 뿐 아니라(2:7, 11, 17, 29; 3:6, 13, 22), 13:18, 14:12과 17:9에도 기능적 유사구가 나온다(막 13:14과 J. Weiss, *Das älteste Evangelium*[Göttingen: Vandenhoeck & Ruprecht, 1903] 71-80의 토론을 참조하라).

10a "사로잡는 자는 사로잡힐 것이요"(*εἴ τις εἰς αἰχμαλωσίαν, εἰς αἰχμαλωσίαν ὑπάγει* – 에이 티스 에이스 아이크말로시안 에이스 아이크말로시안 휘파게이). 에이(*εἰ*, "만일")로 도입되는 이 조건절에는 동사가 없다. 그 결과 본문 전승에서 적절한 동사들이 계속 삽입되어 왔다("원문주해" 13:10.a-a를 보라). 10a절과 10b절의 잠언식 진술의 형식은 칠십인역 예레미야 15:2의 인유에 기초된 것이다.

> 호소이 에이스 다나톤 에이스 다나톤
> (*ὅσοι εἰς θάνατον, εἰς θάνατον*)

카이 호소이 에이스 마카이란 에이스 마카이란
(*καὶ ὅσοι εἰς μάχαιραν, εἰς μάχαιραν*)
카이 호소이 에이스 리몬 에이스 리몬
(*καὶ ὅσοι εἰς λιμόν, εἰς λιμόν*)
카이 호소이 에이스 아이크말로시안 에이스 아이크말로시안
(*καὶ ὅσοι εἰς αἰχμαλωσίαν, εἰς αἰχμαλωσίαν*)

역병을 받을 자는 역병으로 나아가고
칼을 받을 자는 칼로 나아가고
기근을 당할 자는 기근으로 나아가고
포로 될 자는 포로 됨으로 나아갈지니라.

유사한 형식이 칠십인역 예레미야 50:11(맛소라 사본 43:11)에서도 발견된다.

호스 에이스 다나톤 에이스 다나톤
(*ὃς εἰς θάνατον, εἰς θάνατον*)
카이 후스 에이스 아포이키스몬 에이스 아포이키스몬
(*καὶ οὓς εἰς ἀποικισμόν, εἰς ἀποικισμόν*)
카이 후스 에이스 롬파이안 에이스 롬파이안
(*καὶ οὓς εἰς ῥομφαίαν, εἰς ῥομφαίαν*)

역병을 받을 자는 역병으로 나아가고
포로 될 자는 포로 됨으로 나아가고
칼을 받을 자는 칼로 나아갈지니라.

요한이 이 본문들을 전체적으로 인유하지 않는 이유는 충성된 그리스도인들이 매우 가까운 미래에 직면해야 할 바에 대한 시나리오에 기근이나 역병을 포함시키고 싶지 않았기 때문이다. 예레미야서에 나오는 이 본문들은 인과응보(*lex talionis*)의 원리를 포함하는 것이 아니라, 죽음이나 칼이나 기근이나 포로 될 운명에 처한 사람들은 그 운명을 견뎌야 한다고 말하는 것이다. 예레미야서에서 이런 처벌들은 백성의 죄의 결과이지만, 요한계시록에서 포로와 칼(즉 죽음)의 운명은 믿음과 인내를 실행하는 사람들에게 운명지워진 결과다. 이 사실은 13:7에서 볼 수 있다. 13:7을 보면, 땅에서 올라온 짐승은 하나님의 백성들과 전쟁을 하여 이기도록 허용된다. 에스더 4:16에 가까운 유사구가 나온다. 즉 에스더는 허락을 받지 않고 아하수에로 왕의 앞으로 나아가기 전에 비장하게 "죽으면 죽으리라"(맛소라 사본:

וכאשׁר אבדתי אבדתי – 웨카아스테르 아바다티 아바다티)고 말한다. 이 본문의 난해함은 수많은 이문들을 대량 생산했다(위의 "원문주해" 10.a-a, 10.b-b, 10.c를 보라).

[10]b "칼에 죽이는 자는 자기도 마땅히 칼에 죽으리니"(*εἴ τις ἐν μαχαίρῃ ἀποκτανθῆναι, αὐτὸν ἐν μαχαίρῃ ἀποκτανθῆναι* – 에이스 티스 엔 마카이레 아포크탄데나이 아우톤 엔 마카이레 아포크탄데나이). 이 이행 연구는 불가능한 헬라어다. 그래서 이 구절의 의미를 통하게 하려는 필사자들의 시도로 다양한 이문들이 생겨났다(Nestle-Aland[27]와 UBSGNT[4]에 의해 채택된 위의 본문은 A에 의해서만 입증된다). 이 부정사들을 해석하는 몇 가지 가능한 방법들이 있다. 첫 번째 나오는 아포크탄데나이(*ἀποκτανθῆναι*, "죽이다", 부정과거 수동태 부정사)는 없지만 보충하여 해석되는 정형 동사의 목적어로 볼 수 있다. 즉 "만일 누군가가 칼로 죽을 운명이라면"이라는 의미로 해석될 수 있다. 대부분의 사본들은 아포크탄데나이(*ἀποκτανθῆναι*)를 동일 동사의 정형 동사 형태(예를 들어, 미래 능동태 직설법 아포크테네이[*ἀποκτενεῖ*]나 아포크텐네이[*ἀποκτεννεῖ*, "그가 죽일 것이다"], 현재 능동태 직설법 아포크텐네이[*ἀποκτείνει*]나 아포크텐네이[*ἀποκτέννει*, "그가 죽인다"]; "원문주해" 13:10.d-d를 보라)로 대치시킴으로써 이 절을 해석하는 문제를 풀어 왔다. 두 번째 절에서 아포크탄데나이(*ἀποκτανθῆναι*)은 아마 명령법의 부정사(Turner, *Syntax*, 78; 그러나 BDF § 389에 의하면, 신약성경에는 모두 주어가 없는 두세 개의 명령법 부정사밖에 없다. 롬 12:15; 빌 3:16; 눅 9:3에는 명령법과 부정사가 번갈아 나온다) 또는 미래 명령법 부정사로 해석될 수 있을 것이다(Zerwick-Grosvenor, *Grammatical Analysis* 2:762). 그러나 이문들은 아포크탄데나이(*ἀποκτανθῆναι*)가 생략되고 데이(*δεῖ*)와 같은 비인칭 동사(대부분의 사본들에 나온다; "원문주해" 13:10.d-d를 보라)의 주어임을 시사한다.

또한 적어도 첫 번째 절에서 조건절 아포크탄데나이(*ἀποκτανθῆναι*)가 직역으로 헬라어에 번역된 히브리어 숙어를 나타낸다고 보는 것도 가능하다. 이 견해를 위한 유일한 신약성경의 유추는 요한계시록 12:7이다(Charles, 1:355; Schmid, *Studien* 2:140; Moulton-Howard, *Accidence*, 449-50). 여기에서 추측되는 히브리 숙어는 아쉐르 베헤레브 라무트 후 베헤레브 라무트(אשׁר בחרב למות הוא בחרב למות)일 것이다(Charles, 1:355). 그러나 두 번째 절 또는 조건절도 역시 문제를 제시한다. 여기에서 부정과거 수동태 부정사 아포크탄데나이(*ἀποκτανθῆναι*, "죽임을 당하다") 대신 아포크탄데세타이(*ἀποκτανθήσεται*, "그/그녀/그것이 죽임을 당할 것이다")와 같은 미래 수동태가 예상될 수 있다. 찰스(Charles, 1:356)는 이 두 절을 다음과 같은 식으로 번역한다. "만일 어떤 사람이 칼로 죽임을 당할 것이라면, 그는 칼로 죽임을 당할 것이다"(If any man is to be slain with the sword, he is to be slain with the sword). 히브리어에서 독립 부정사는 정형 동사 대용 역할을 할 수 있다(*GKC* § 113y). 그리고 칠십인역에서 이런 부정사들은 간혹 헬라어 부정사를 사용하여 직역으로 번역되기도 한다(대상 9:25, "그들의 형제들이 와야 했다" (*ἀδελφοὶ αὐτῶν…τοῦ εἰσπορεύεσθαι* – 아델포이 아우톤…투 에이스포류에스다이; 참조. Soisalon-Soininen, *Infinitive*, 31). 찰스의 제안이 갖고 있는 문제는 아우토스(*αὐτός*, "그가")가 아우톤(*αὐτόν*, "그를")으로 전와되었다고 가정해야 한다는 것이다. 예레미야 15:2의 적용은 투옥과 순교라는 현실적인 가능성 앞에서 인내를 권고하는 것으로 해석될 수 있다(Prete, *Studii biblici franciscani liber annuus* 27 [1977] 102-18, followed by Prigen, in loc.).

10c "성도들의 인내와 믿음이 여기 있느니라"(*Ὧδέ ἐστιν ἡ ὑπομονὴ καὶ ἡ πίστις τῶν ἁγίων* – 호데 에스틴 헤 휘포모네 카이 헤 피스티스 톤 하기온). 이 말은 10ab절의 어려운 진술에 대한 설명 역할을 한다. 이 절에 나오는 예레미야 15:2의 인유가 9절에 나오는 선언 형식으로, 그리고 10절 상반부 진술의 의미를 이해하는 특별한 방식을 제시하는 해석 형식으로 주의 깊게 구성되었다는 사실을 아는 것은 중요하다. 요한계시록에는 호데(*ὧδε*)가 암시적인 저자의 견해를 도입하는 네 구절이 나온다(13:10, 18; 14:12; 17:9). 그 중 이 첫 번째 구절은 설명적 방백(傍白) 역할을 한다(Lee, "Narrative Asides," 121). 그리스도인들을 나타내는 "하나님의 백성"(직역으로는 "성도")이라는 어구에 대해서는 5:8의 "주석"을 보라. 헤 휘포모네 카이 헤 피스티스 톤 하기온(*ἡ ὑπομονὴ καὶ ἡ πίστις τῶν ἁγίων*, "성도들의 인내와 믿음")이라는 어구에서 관사의 사용은 이 두 명사 각각에 강조를 두는 역할을 할 것이다. 동일한 성(gender)을 갖고 있는 두 개의 명사가 카이(*καί*)로 연결될 때, 관사는 첫 번째 명사에만 사용되고 반복되지 않는 경우가 종종 있다. 그러나 요한계시록에는 이 관행에 대한 많은 예외들이 나온다.

부록 13B: 종말의 대적

참고문헌

Bilde, P. "The Roman Emperor Gaius(Caligula)'s Attempt to Erect His Statue in the Temple of Jerusalem." *ST* 32(1978) 67-93. **Bousset, W.** "Antichrist." *ERE* 1:578-81. ______. *The Antichrist Legend: A Chapter in Christian and Jewish Folklore.* Tr. A. H. Keane. London: Hutchinson, 1896. ______ and **Gressmann, H.** *Die Religion des Judentums.* Tübingen: Mohr-Siebeck, 1966. 254-59. **Buzy, D.** "Antéchrist." *DBSup* 1:297-306. **Charles, R. H.** *The Ascension of Isaiah.* London, 1900. li-lxxv. ______. *Revelation* 2:76-87. **Erbes, K.** "Der Antichrist in der Schriften des Neuen Testaments." *Theologische Arbeiten des rheinischen wissenschaftlichen Prediger-Vereins* n.s. 1(1897) 1-59. **Ernst, J.** *Die eschatologischen Gegenspieler in den Schriften des Neuen Testaments.* Regensburg: Pustet, 1967. **Flusser, D.** "The Hubris of the Antichrist in a Fragment from Qumran." *Immanuel* 10(1980) 31-37. **Förster, W.** "*Βελιάρ*." *TDNT* 1:607; "*διάβολος*." *TDNT* 2:72 -81; "*δράκων*." *TDNT* 2:281-83; "*θηρίον*." *TDNT* 3:133-36; "*ὄφις*." *TDNT* 5:566-82. **Friedländer, M.** *Der Antichrist in den vorchristlichen jüdischen Quellen.* Göttingen: Vandenhoeck & Ruprecht, 1901. **Geffcken, J.** "Die Sage vom Antichrist." *Preussische Jahrbücher* 102(1900) 385-99. **Grayston, K.** *The Johannine Epistles.* Grand Rapids, MI: Eerdmans, 1984. 76-82. **Hartman, S. S., Böcher, O.,** and **Benrath, G. A.** "Antichrist." *TRE* 3(1978). **Henle, F. A.** *Der Evangelist Johannes und die Antichristen seiner Zeit.* Munich: Stahl, 1884. **Hilgenfeld, A.** "Nero der Antichrist." *ZWT* 12(1869) 421-45. **Jenks, G. C.** *The Origins and Early Development of the Antichrist Myth.* BZNW 59. Berlin; New York: de Gruyter, 1991. **Keresztes, P.** "Nero, the Christians and the Jews in Tacitus and Clement of Rome." *Latomus* 43(1984) 404-13. **Lebram, J. C. H.** "König Antiochus im Buch Daniel." *VT* 25(1975) 737-72. **Lohmeyer, E.** "Antichrist." *RAC* 1:450-57. **McGinn, B.** "Antichrist." *EncRel* 1:321-23. **Osten-Saken, P. von der.** *Gott und Belial.* SUNT 6. Göttingen: Vandenhoeck & Ruprecht, 1969. **Peerbolte, L. J. L.** *The Antecedents of Antichrist: A Traditio-Historical Study of the Earliest Christian Views on Eschatological Opponents.* Leiden: Peerbolte, 1995. **Piper, O. A.** "1 John and the *Didache* of the Primitive Church." *JBL* 66(1947) 437-51. **Preisker, H.** "Antichrist."

RGG[2] 1:375-78. **Preuss, H.** *Der Antichrist.* Berlin, 1901. **Rigaux, B.** *L'Antéchrist et l'opposition du royaume messianique dans l'Ancien et le Nouveau Testament.* Gembloux: Duculot; Paris: Gabalda, 1932. Renan, **E.** *L'Antéchrist.* Paris, 1871. **Rosenstiel, J.-M.** "Le portrait de l'Antichrist." In *Pseudépigraphs de l'Ancien Testament et Manuscrits de la Mer Morte.* Paris: Presses Universitaires de France, 1967. 45-60. **Schlier, H.** "Vom Antichristen: Zum 13. Kapital der Offenbarung Johannes." In *Die Zeit der Kirche.* 2nd ed. Freiburg: Herder, 1958. 16-29. **Schmid, J.** "Der Antichrist und die hemmende Macht." *TQ* 129(1949) 323-43. **Sirard, L.** "La Parousie de l'Antéchrist: 2 Thess. 2:3-9." In *Studiorum Paulinorum Congressus.* AnBib 18. Rome: Pontifical Biblical Institute, 1963. 2:89-100. **Stählin, W.** "Die Gestalt des Antichristen und das Katechon." In *Festgabe Joseph Lortz,* ed. E. Iserloh and P. Manns. Baden-Baden: Grimm, 1958. 2:1-12. **Stone, M. E.** "Antichrist." *EncJud* 3:59-62. **Strecker, G.** "Der Antichrist: Zum religionsgeschichtlichen Hintergrund von 1 Joh 2,18.22; 4,3 und 2 Joh 7." In *Text and Testimony: Essays on New Testament and Apocryphal Literature.* FS A. F. J. Klijn, ed. T. Baarda, A. Hilhorst, G. P. Luttikhuizen, and A. S. van der Woude. Kampen: Kok, 1988. 247-54. **Weinrich, W. C.** "Antichrist in the Early Church." *CTM* 49(1985) 135-47. **Yate, R.** "The Antichrist." *EvQ* 46(1974) 42-50.

안티크리스토스(*ἀντίχριστος*, "적그리스도")라는 용어는 초기 기독교 문헌에서는 최초로 요한 서신에 나오는데, 네 번은 단수로 사용되고(요일 2:18, 22; 4:3; 요이 7절), 한 번 복수로 사용되었다(요일 2:18). 요한일서 2:18(이 용어가 최초로 나오는 곳)에서는 안티크리스토스(*ἀντίχριστος*)에 관사가 없지만, 저자는 이 인물이 독자들에게 알려진 것으로 가정하고 있다. 왜냐하면 그는 "적그리스도가 이르겠다 함을 너희가 들은 것과 같이"라고 말하기 때문이다. 따라서 독자들은 이 인물이 맡을 것으로 예상되는 종말론적 역할을 알고 있었고, 아마 안티크리스토스(*ἀντίχριστος*)라는 용어까지도 알고 있었을지 모른다. 또한 요한일서의 저자가 이 명칭을 만들었을지도 모른다. 왜냐하면 후기 문헌에서 이 용어는 항상 그리스도인들에 의해 사용되기 때문이다.

요한일서의 저자는 이 "적그리스도"라는 인물(또는 인물들)을 요한일서 3:8, 10에서 언급하는 마귀와 구별한다. 전치사 안티(*ἀντί*)는 접두어로 사용될 때 "…에 반대하여"(against, in opposition to) 또는 "…대신에"(instead of, in place of), 즉 "대체하다, 위조하다"라는 의미를 나타낼 수 있다(LSJ 153; Strecker, "Der Antichrist," 247 n. 2). 따라서 적그리스도라는 인물은 주로 그리스도의 대적으로 또는 위장하는 자로 해석될 수 있다

(후자의 의미는 Weinrich, *CTM* 49[1985] 142에서 강조된다: Origen *Comm. in Matt.* 27를 보라). 그러나 이 두 가지 어원에서 반드시 한 가지를 택할 필요는 없다. 왜냐하면 적그리스도라는 인물은 두 가지 역할을 다 하는 것으로 보이기 때문이다. 요한일서 2:22은 적그리스도의 역할을 아버지와 아들을 부인하는 자(즉 하나님과 그리스도의 반대자)로 정의한다. 분명히 요한일서 4:2-3과 요한이서 7절에 의존하여 "적그리스도"라는 용어를 사용하는 폴리캅(Brown, *Epistles*, 8-9)은 *Phil.* 7:1에서 다음과 같이 말한다. "예수 그리스도께서 육신으로 오셨다고 고백하지 않는 모든 자는 적그리스도(ἀντίχριστος-안티크리스토스)이고 십자가의 증거를 고백하지 않는 자는 누구나 마귀의 자식이다." 이 대구에서 "적그리스도"는 "마귀의 자식"과 유사어다. 그리고 이 마귀의 자식이라는 어구는 적그리스도라는 인물의 배후에 존재하는 악한 초능력을 암시할 뿐만 아니라 적그리스도와 마귀가 요한일서의 저자의 생각에서 구별되는 것과 마찬가지로 폴리캅의 생각에서도 구별된다는 사실을 명백하게 나타낸다. 요한일서 2:18, 22; 4:3; 요한이서 7; Polycarp *Phil.* 7:1의 선례를 따르는 "적그리스도"라는 용어는 초기 기독교 저자들에 의해 이단들에 대해 사용되었다(Tertullian *Praescr.* 3.12 4.5; *Adv. Marc.* 3.8; *Ieiun.* 11; Cyprian *Ep.* 70.3).

안티크리스토스(ἀντίχριστος)라는 용어는 그리스도의 대적 또는 가짜 그리스도를 나타내는 기독교 용어다. 따라서 이 용어는 너무 특수하기 때문에 약간 다른 역할을 담당한 유대교와 기독교의 다른 인물들을 묘사할 수가 없다(Jenks, *Origins*, 23-24). 그 이유는 안티크리스토스(ἀντίχριστος)라는 용어가 메시아에 적극적으로 대항하는 마귀 또는 사단의 인간 대리자(또는 대리자들)를 나타내는 데 사용된 많은 명칭들 중의 하나이기 때문이다. 심지어 기독교 문서들에도 종말의 대적들을 나타내는 여러 가지 다른 명칭들이 나온다. 여기에는 마가복음 13:22(=마 24:24)에서 발견되고 몇몇 다른 초기 기독교 저자들의 작품에(몇 가지 다른 유형의 종말의 반대자의 명칭들과 함께) 나오는 프슈도크리스토스(ψευδόχριστος, "거짓 그리스도", 의미상 안티크리스토스[ἀντίχριστος]와 매우 밀접한 용어)가 포함된다. 이 용어를 사용한 초기 기독교 저자들은 유세비우스(Eusebius *Hist. eccl.* 4.22.6)에 나오는 헤게시푸스(Hegesippus, 그는 거짓 그리스도들과 거짓 선지자들이 일곱 이단들에서 나타난다고 주장한다), 저스틴(Justin *Dial*, 35.3, 거짓 그리스도들과 거짓 사도들), 8.2(거짓 선지자들과 거짓 그리스도들), 이레네우스(Irenaeus *Hist. eccl.* 5.25.1-5; 5.28.1-4)이다. 이 구절들 대부분은 사실상 마가복음 13:22과 마태복음 24:24을 인유한다. 사단을 대리하며, 따라서 거짓 그리스도들뿐만 아니라 하나님의 대적들의 역할도 행하는 인간들을 나타내는 다른 지칭들은 다음과 같은 명칭들이 포함된다. (1) 거짓 사도들(계 2:2; Justin *Dial.* 35.3; Hegesippus in Eusebius *Hist. eccl.* 4.22.6; *Apost. Const.* 6.9.6), (2) 거짓 선지자들(막 13:22=마 24:24; 마 7:15; 요일 4:1-3; 계 16:13; 19:20; 20:10; Hegesippus in Eusebius *Hist. eccl.* 4.22.6; *Didascalia* 11.5.6), (3)

거짓 교사들(벧후 2:1, 과거의 거짓 선지자들과 비교되는 명칭), (4) 불법의 사람(살후 2:3, 8, 9; Justin *Dial.* 32.4; 110.2), (5) 멸망의 아들(살후 2:3; 이 인물은 살후 2:3, 8, 9에서 불법의 사람의 다른 명칭이다), (6) 불법의 아들(*Apoc. El.* 1:10; 3:1, 5, 13, 18; 4:2, 15, 20, 28, 31; 데살로니가후서에 근거한 명칭). 간혹 사단과 적그리스도는 동일시된다. 즉 *Sib. Or.* 3.63-74와 *Asc. Isa.* 4:1-7에서 네로(=적그리스도)는 벨리알(사단)이 화신한 것으로 간주된다).

이레네우스 시대 이후부터 안티크리스토스(ἀντίχριστος)라는 용어는 초기 기독교 문헌에 상당히 자주 나오는데, 이는 분명히 발전된 비유적 표현이다(다니엘서의 기독교 주석가 주다스[Judas]는 Eusebius *Hist. eccl.* 6.7; Hippolytus *de Ant.*; Origen *Contra Celsum* 6.45에 인용된다). 이레네우스에서부터 4세기 초까지의 기독교 문헌에 나오는 적그리스도의 주요 특징은 다음과 같다(Jenks, *Origins*, 49-76). (1) 사단의 대리인, (2) 속이는 자, (3) 그는 거짓 표적들과 이상들을 행한다(Irenaeus *Adv. Haer.* 5.28.2; Tertullian *De anima* 50.7; Origen *Contra Celsum* 2.50; 6.45; *Apoc. El.* 3:13), (4) 그는 극히 악하다(Irenaeus *Adv. Haer.* 5.25.3), (5) 하나님의 백성을 핍박한다(Irenaeus *Adv. Haer.* 5.25.3; Hippolytus *de Ant.* 56.1; 58.4; 61.9; *Comm. in Dan.* 4.50.3; *Apoc. El.* 4:8-12), (6) 심히 교만하다(Hippolytus *de Ant.* 16.2; 17.6-7; 18.1-4), (7) 하나님의 영광을 요구한다(Irenaeus *Adv. Haer.* 5.25.1, 4; 5.28.2; Hippolytus *de Ant.* 53; Tertullian *Adv. Marc.* 5.16; Origen *Contra Celsum* 6.46).

2세기 말의 기독교 작가들에게서 발견되는 발전된 적그리스도라는 인물은 최초에는 독립적이었던 두 가지 종말의 대적 전설로부터 구성된 것으로 보인다. 이 두 가지 종말의 대적 전승은 초기 기독교 문서들에서 때로 결합되거나 나란히 나온다(Bousset-Gressmann, *Religion des Judentums*, 254; Strecker, "Der Antichrist," 247-54). (1) 불경하고 포악한 통치자의 전설(아마 다니엘서의 안티오쿠스 4세에 대한 묘사에서 비롯되었고 로마 황제 칼리굴라와 네로에 대한 전설로 보강되었을 것이다)과 (2) 속임수를 쓰는 거짓 선지자들에 대한 전설(원래 신 13:1-6에 근거한 전설). 데살로니가후서 2:3-12에서 이 두 전설은 결합되는 반면에 요한계시록 13:1-10, 11-18과 아마도 마가복음 13장에서는 나란히 나온다(14절을 6, 22절과 비교해 보라; 참조. Strecker, "Der Antichrist," 253). 찰스(Charles 2:76-87)는 세 가지 전설, 즉 적그리스도 전설, 벨리아 전설 그리고 네로 전설을 지지하는 주장을 편다. 그에 의하면 앞의 두 전설은 주후 50년에 융합되었고, 약 주후 88년에 세 가지 전설이 모두 융합되었다는 것이다. 언스트(Ernst *Gegenspieler*, 198-210)는 특별히 곡과 마곡으로 묘사된(겔 38-39) "북방의 적"이라는 주제(렘 1:15; 4:13; 5:15; 6:22; 사 5:27-28; 8:8-9; 17:4-5; 겔 1:4; 욜 2:20)가 종말의 대적에 대한 기독교의 개념에서 중요하다는 제안을 한다.

초기 유대교와 기독교의 다양한 문서들에서 종말의 대적은 기사와 이적을 행할 것으로 예상된다(살후 2:9-10; 계 13:13; 16:14; 19:20; *Sib. Or.* 2.167; 3.63-67; *Asc. Isa.* 4.10-11; *Apoc. El.* 3:5-13; *Apoc. Dan.* 13:1-13; *Gk Ap. Ezra* 4:26-27; *Apoc. Pet.* 2). 기독교 시대 이전의 초기 유대교 문서들은 마술을 행하는 종말의 대적을 언급하지 않지만, 아마 이 개념은 신명기 13:2-6을 종말론적으로 해석한 결과였을 것이다(13:13의 "주석"을 보라). 아마 그노시스주의의 영향을 받았을 클레멘트 문헌은 인류의 역사 시작부터 대립하는 일련의 참된 선지자와 거짓 선지자들이 다양한 모습으로 출현해 왔다는 대립(syzygies) 교리의 발전을 반영하고 있다(G. Strecker, *Die Pseudoklementinen*, 3rd ed. [Berlin: Akademie, 1992] 145ff., 154ff.).

신약성경의 요한 문서와는 별도로, 묵시에 나타나는 종말의 대적은 하나님과 하나님의 메시아의 적이 되는 세상의 통치자 개념이 부여된다. 그리고 이 개념은 전형적으로 전투 신화(계 11:19-12:17의 "양식/구조/배경"에서 자세하게 논의되었다)의 역사화(historicization)를 수반한다. 매우 오래되고 널리 퍼진 이 신화에는 우주의 지배를 놓고 싸우는 두 신적 존재(하나는 질서와 선을 대표하고, 다른 하나는 혼돈과 악을 대표하는)와 그들의 초자연적 동맹자들이 나온다. 이 두 초자연적 전투자의 정반대되는 역할은 이 신적 존재들의 뜻을 받은 또는 그들의 화신으로 간주되는 역사상의 거인들로 해석될 수 있다. 그러므로 이스라엘과 이스라엘의 전통적인 적들은 적대하는 영적 능력들의 역사적 대표자들로 해석될 수 있었던 것이다. 전투 신화의 역사화를 지향하는 이 경향을 나타내는 초기의 증거는 구약성경에서 발견할 수 있다. 즉 구약성경은 간혹 혼돈의 괴물들인 라합과 리워야단을 애굽과 같은 외국의 압제자들을 나타내는 은유로 사용한다(시 74:14; 87:4; 사 30:7; 겔 29:3; 32:2-4). 예레미야 51:34(칠십인역 28:32)에서 느부갓네살은 이스라엘을 삼킬 괴물에 비유된다. *Pss. Sol.* 2:25-29에서는 폼페이(Pompey)의 오만함을 "용의 오만함"(*ἡ ὑπερηφανία τοῦ δράκοντος*—헤 휘페레파니아 투 드라콘토스)에 비유한다(H. E. Ryle and M. R. James, *Ψαλμοὶ Σολομῶντος: Psalms of the Pharisees, Commonly Called the Psalms of Solomon* [Cambridge: Cambridge UP, 1891] 23). 초기 유대교에서 바다의 괴물은 압제하는 여러 외국 민족들을 나타내는 데 줄기차게 사용되었다(단 7:1-8). 말세에 일어날 악한 전제 군주에 대한 개념, 즉 적대자 신화에서 중요한 요소를 이루는 주제는 구약성경에 선례를 갖고 있다(겔 28:2; 단 7:24-25). 그러나 다니엘 8:23-25; 11:29-39의 안티오쿠스 에피파네스(Antiochus Epiphanes)에 대한 묘사는 단지 안티오쿠스의 역사적 특징들에만 기초한 것이 아니라 이미 존재하는 예표론에 기초하는 것으로 보인다(Lebram, *VT* 25[1975] 737-72). 또 한 가지 중요한 주제는 마지막 전투에서 악의 군대를 지휘하는 자를 중심으로 구성되는 것이다(1QM 18:1; 1QS 4:18-19; *T. Dan* 5:10-11; *T. Mos.* 8). 그리스도의 역사적 성육신 교리는 그리스도에 대응하는 악한 상대(종종 적그리스도로 명칭되는)가 초기 기독교의 종말론적 예상에 혼합되었다는 사실을 거의 확실하게 나타낸다(안티크리스토스[*ἀντίχριστος*]에 관한 광범위한 목록은 *PGL*,

160-62를 보라).

적대자 신화는 유대교를 적대한 여러 군왕들의 역사적 특징을 전투 신화의 다양한 변형에 나오는 오래된 주제들과 결합하면서 계속적으로 발전했다. 안티오쿠스 4세 에피파네스의 생애는 신화의 특징과 혼합되어 악의 화신을 대표하는 인물로 바뀌었다(Lebram, *VT* 25[1975] 737-72). 안티오쿠스의 반 유대적인 활동은 1 Macc 1:20-61; 2 Macc 5:11-6:11에 기술되고, 다니엘 8:23-25; 11:29-39에는 묵시 형태로 제시된다. 다니엘 8:23-25에 나오는 안티오쿠스의 성격 묘사, 특별히 그의 지혜에 대한 강조(겔 28:3에 나오는 유사 내용을 보라)는 그 이전에 예표론이 존재한 것을 나타낸다(Lebram, *VT* 25[1975] 738-43).

이 네 나라 마지막 때에
　패역자들이 가득할 즈음에
한 왕이 일어나리니
　그 얼굴은 엄장하며 궤휼에 능하며
그 권세가 강할 것이나
　자기의 힘으로 말미암은 것이 아니며
그가 장차 비상하게 파괴를 행하고
　자의로 행하여 형통하며
강한 자들과
　거룩한 백성을 멸하리라.
그가 꾀를 베풀어
　제 손으로 궤휼을 이루고
　마음에 스스로 큰 체하며
또 평화한 때에 많은 무리를 멸하며
　또 스스로 서서 만왕의 왕을 대적할 것이나
그가 사람의 손을 말미암지 않고 깨어지리라.

종말의 대적 개념을 구성하는 특징적 주제들 중의 하나는 신이라는 주장이다. 역사적 안티오쿠스 4세 에피파네스는 신성을 주장한 것으로 기억되었고(단 11:36-37), 그 주장은 유대의 종말의 대적 신화에서 빠뜨릴 수 없는 요소가 되었다(살후 2:4; *Sib. Or.* 5.33-34; *Asc. Isa.* 4.6; *2 Enoch*[Rec. J] 29:4). 이 주장은 Lactantius *Div. Inst.* 7.17.4(tr. McDonald, *Lactantius*, 518)에 반영된다. "참으로 그 왕은 가장 무례할 것이며, 거짓말쟁이들의 예언자로 스스로를 높일 것이며, 신으로 자칭할 것이다. 그는 스스로에게 하나님의 아들로 경배를 받으라고 명할 것이다." 가이우스 황제는 신이라고 주장하며 예루살렘 성전에 "가이우스 새로운 제우스 에피파네스"라는 이름을 새긴 자신의 동상을 세우려고 했는데(Philo *Leg.* 188, 346; Jos. *J. W.* 2.184-85; *Ant.* 18.257-61; Tacitus *Hist.* 5.9), 이 행동은 "광기"(*μανία*-마니아)와 "교만"(*ὕβρις*-휘브리스)으로 묘사되었다(*Ant.* 18.277-78, 280).

메시아의 최고 대적으로 간주되는 종말의 압제자는 *2 Apoc. Bar.* 40:1-3(Klijn in Charlesworth, *OTP* 1:633)에 다음과 같이 묘사된다.

> 그 때에 살아 남아 있는 마지막 통치자가 결박될 것이고, 군대 전체가 죽임을 당할 것이다. 그리고 그는 시온 산에 끌려 가리니, 나의 기름부음을 받은 자가 그의 모든 악행을 깨닫게 하고 자신의 군대의 모든 행위를 모아 그 앞에 둘 것이다. 그리고 이 모든 일 후에 나의 기름부음을 받은 자는 그 마지막 통치자를 죽이고 내가 택한 곳에서 만나게 될 나의 백성들 중에 남은 자들을 보호할 것이다.

11a "내가 보매 또 다른 짐승이 땅에서 올라오니"(*καὶ εἶδον ἄλλο θηρίον ἀναβαῖνον ἐκ τῆς γῆς*-카이 에이돈 알로 데리온 아나바이논 에크 테스 게스). (카이 에이돈[*καὶ εἶδον*]에 대해서는 5:1의 "주석"을 보라.) 저자는 새로운 장면의 전조로 형용사 알로스(*ἄλλος*, "또 다른")를 상당히 자주 사용한다(7:2; 8:3; 10:1; 18:1; 20:1). 이 두 번째 짐승은 요한계시록에서 이 곳에서만 데리온(*θηρίον*, "짐승")으로 언급된다. 이 단락(11-18절) 나머지에서 그는 여덟 번 3인칭 단수 동사로 언급되고(13:11[2x], 12[2x], 13[2x], 14, 16) 두 번 대명사 아우토스(*αὐτός*)로 언급된다(13:14, 15). 다른 곳에서 이 짐승은 "거짓 선지자"로 언급되는데(16:13; 19:20; 20:10), 이 지칭은 저자가 그에게 부여한 역할을 분명하게 나타낸다.

"땅에서 올라오니"라는 어구는 분명히 "바다에서 나온" 첫 번째 짐승의 묘사에 대한 보완적 대구다. "바다에서 나온다"는 것이 의미하는 바는 명확한 반면에(즉 무저갱에서 나온다는 것), "땅에서 올라오는 것"이 의미하는 바는 전혀 명확하지 않다. 확실히 이 어구는 땅의 표면에 있는 굴이나 균열 같은 것의 구멍을 연상하게 한다. 11:7에서 "무저갱으로부터 올라오는 짐승"은 예기적 해설로 언급된다. 그러나 이 어구가 바다에서 나온 짐승을 언급하는지 또는 땅에서 나온 짐승을 언급하는지 즉각적으로 확연하지는 않지만, 거의 확실히 이 어구는 땅에서 나온 짐승을 언급한다.

땅에서 올라온 두 번째 짐승은 분명히 바벨론의 인유다. 유대 전설에 따르면 이 신화적 남성 괴물은 창조의 다섯째 날에 리워야단에서 분리되어 땅에 위치가 정해졌다고 한다(*1 Enoch* 60:7-11, 24; 4 Ezra 6:47-54; *2 Apoc. Bar.* 29:4). 리워야단에 대해서는 13:1의 "주석"을 보라. *b. B. Bat.* 74b-75a에 나오는 신화는 하나님께서 베헤모트를 제거하셨다고 언급한다. 근동에서 유래한 몇몇 그리스 신화에서, 땅으로부터 하늘의 분리는 하늘의 제거로 인해 이루어진다(Hesiod *Theog.* 178-87; 참조. H. Staudacher, *Die Trennung von Himmel und Erde*[Tübingen: Mohr-Siebeck, 1942]).

땅에서 올라온 짐승의 정체는 불확실하다. 그의 행동이 종말에 거짓 선지자의 도래를 예고하는 종말의 적대자 신화를 빌려 진술된 것은 명백한 반면에, 저자가 단순하게 종말의 거짓 선지자를 생각하고 있는 것인지(이레네우스는 종말의 거짓 선지자를 적그리스도의 "갑옷을 들고 다니는 시종"이라고 칭한다, *Adv. Haer.* 5.28.2), 아니면 저자가 황제 예배를 조장하는 당시의 어떤 특별한 인물 또는 제도를 염두에 두고 있는지는 명확하지 않다. 황제 예배를 조장하는 당시의 어떤 특별한 인물 또는 제도는 로마 황제 자신(Koester, *Introduction* 2:255), 로마 식민지의 총독들(Mommsen, *Römisches Staatsrecht*), 그레코로마의 제사장, 식민지의 황제 예배 제사장(Bousset[1906] 365-66; J. Weiss, *Offenbarung*; Charles, 1:357; Müller, 253-54; Talbert, 55), 일반 행정과 종교적 행정이라는 이중직 양상에 있어서의 아시아 속령, 지방 총독과 지방 자치(Ramsay, *Letters*, 97), 황제 예배를 위한 선전 활동의 보다 일반적인 개념(Sweet, 214), 황제 예배 제사장들에 의해 대표되는 아시아의 코이논(*koinon*, Caird, 171) 또는 황제 예배를 적극적으로 조장하는 이 모든 인물들과 제도들(Roloff, [ET] 161)을 예로 들 수 있다.

이 가능성들 중에 가장 그럴듯한 해답은 땅에서 올라온 짐승이 주로 황제 예배를 조장하는 일에 관여했던 황제 예배 제사장을 나타낸다는 것이다(Cuss, *Imperial Cult*, 96; Beasley-Murray, 216). 그러나 실제로 황제 예배 제사장들에 대해서는 거의 알려진 것이 없다. 주전 29년에서 주후 28년 사이에 아시아 식민지의 황제 예배 제사장은 버가모에 단 한 명뿐이었는데, 그의 직함은 "여신 로마와 신의 아들 황제 카이사르 아우구스투스의 대제사장"(*ἀρχιερεὺς θεᾶς Ῥώμης καὶ Αὐτοκράτορος Καίσαρος θεοῦ υἱοῦ Σεβαστοῦ*-아르키에류스 데아스 로메스 카이 아우토크라토로스 카이사로스 데우 휘우 세바스투)이었다. 아우구스투스 시대 이후에 아시아 식민지의 첫 번째 대제사장은 아르키에류스 아시아스(*ἀρχιερεὺς Ἀσίας*, "아시아의 대제사장")로 알려졌다(Friesen, *Twice Neokoros*, 77-81를 보라). 일반적으로 학자들은 비문들에 언급된 여대제사장들이 대제사장들의 아내들이라는 의견을 받아들이지만(Magie, *Roman Rule* 1:149; Deininger, *Provinziallandtage*, 154), 이 여대제사장들은 독자적인 권리를 소유한 합법적인 제사장들이었고(Kearsley, *GRBS* 27

[1986] 183-92; Friesen, *Twice Neokoros*, 81-89) 주후 1세기 중엽에 이르러서는 아시아 식민지에서 대제사장 역할을 했던 것으로 보인다. 반대 주장(LSJ, 256)에도 불구하고, 아시아 관원(Asiarch)이라는 지위를 소유한 사람들이 로마 속령 아시아의 황제 예배에서 제사장 역할을 했다는 증거는 없는 것 같다(Acts 19:31; Strabo 14.1.42; *Digest* 27.1.6.14). Friesen, *Twice Neokoros*, 92-112를 보라.

황제 예배의 제사장들은 신격화된 황제들의 흉상과 그들이 예배드리는 신들의 흉상을 그린 관을 머리에 썼다. 수에토니우스(Suetonius, *Dom.* 4.4)는 주피터와 주노와 미네르바를 그린 금관을 쓰고 체육 경기를 주관했고, 주피터의 제사장과 플라빌레스(Flaviles) 단체(신격화된 플라비안 황제들의 사제들 또는 제사장들)는 주피터, 주노, 미네르바 그리고 도미티안을 그린 관을 썼다고 기록한다. 식민지들의 황제 예배 제사장들도 분명히 유력한 인물들로 대중 앞에서 제사장의 관을 머리에 썼다(*Acts Paul* 26-39와 Price, *Rituals*, 170-71를 보라). 주후 1세기에서 3세기까지의 몇몇 조각들은 신격화된 로마 황제들의 작은 흉상들을 붙인 관을 쓴 황제 예배 제사장들의 그림을 보존하고 있다(Inan and Rosenbaum, *Sculpture*, 109[plate LXV], 124[plate LXXXV, 1-2], 139-40[plate CIII, 1-2]; Inan and Alföldi-Rosenbaum, *Porträtplastik*, no. 230, pp. 252-53, plate in vol. 2, no. 164; Hanfmann, *Sardis*, 65, figure 43). 그러나 이들 중 일부는 신들만 그리고 신격화된 황제들은 그리지 않았다(Inan and Rosenbaum, *Sculpture*, 31-32).

11b "새끼 양같이 두 뿔이 있고 용처럼 말하더라"(*καὶ εἶχεν κέρατα δύο ὅμοια ἀρνίῳ καὶ ἐλάλει ὡς δράκων*—카이 에이켄 케라타 뒤오 호모이아 아르니오 카이 엘랄레이 호스 드라콘). 이 두 개의 뿔은 해석되지 않는다(보통 묵시록의 구절들에서는 비정상적인 뿔들만 해석된다). 그러나 첫 번째 짐승의 열 뿔과 대조적으로 두 번째 짐승의 뿔이 두 개뿐이라는 사실은 분명히 두 번째 짐승이 첫 번째 짐승에게 종속된다는 것을 나타낸다. 이 부분은 다니엘 8:3에서 하나님의 백성의 대적들인 메대와 바사의 두 왕을 상징하는 두 뿔을 가진 숫양의 인유일 것이다. 구약성경에서 뿔은 능력과 권위의 상징으로 사용되고(KB3, 1068-69), 때로는 강력한 민족들의 상징으로(슥 1:18-21[맛소라 사본 2:1-4]), 특별한 민족에 의해 행사되는 능력(렘 48:25) 또는 왕들의 상징으로 사용되기도 한다(겔 29:21과 시 132:17에서는 미래 다윗가의 왕; 단 8:8a에서는 알렉산더 대왕; 단 8:8b에서는 마게도니아의 알렉산더 후계자들 또는 디아도키[Diadochi]). 부분적으로 이 구절은 다니엘 8:3의 인유인데, 다니엘 8:20에 따르면 이 두 뿔 달린 숫양은 페르시아 제국을 상징한다

(칠십인역과 데오도션의 단 8:3에서는 크리오스[*κριός*, "숫양"]가 모두 히브리어 아일[אַיִל, "숫양"]에 대해 사용된다). 아르니온(*ἀρνίον*)은 대개 "어린양"으로 번역되지만, 그 번역은 불확실하다. 왜냐하면 어린양은 (숫양과 달리) 뿔이 없기 때문이다. 저자는 5:5-6에서 "사자"를 "어린양"과 대조했던 것과 마찬가지로 의도적으로 "숫양"을 "용"과 대조하고 있다. 마태복음 7:15(유사 구절이 없다)에 보존된 예수님의 말씀은 속은 노략질하는 이리지만 양으로 나타나는 거짓 선지자들에 대해 경고한다(Justin *Dial.* 35.3; *1 Apol.* 16.13; Irenaeus *Adv. Haer.* 1, praef. 2; *Acts Thom.* 79에서 발견되는 말의 인유 ; 참조. *Did.* 16:3; Ign. *Phld.* 2:1-2; Ps.-Ign. *Eph.* 5; Ps.-Ign. *Hero* 2).

"용처럼 말하는 것"은 무엇을 의미할까? 아엘리안(Aelian)은 드라콘(*δράκων*)이 쉿쉿 소리를 내거나 휘파람 소리를 낸다고 말한다(그는 *De nat. anim.* 6.63에서 동사 쉬리제인[*συρίζειν*]을 사용하고 16:39에서는 동족 명사 쉬리그모스[*συριγμός*]와 쉬링크시[*σῦριγξ*]를 사용한다). 아에리안은 *De nat. anim.* 15.21에서 쉬리그모스(*συριγμός*, "쉿쉿 소리를 내다")와 퓌세마(*φύσημα*, "포효하다")를 함께 사용한다. 안드레 행전(*Acts of Andrew*), 그레고리의 초록 19(Gregory's Epitome 19, ed. MacDonald, *The Acts of Andrew*, 262-63)에서는 발이 80개 달린 뱀이 "낮고 굵게 으르렁거린다(*emittens gravem rugitum*)." 그 다음에 뱀은 안드레 앞에서 물러났다. 피누스(Pinus)와 용에 대한 소설에서 아엘리안이 암시하는 바에 의하면, 피누스는 누가 말하고 있는지 볼 수 없었지만 아마도 용이 "그 새끼 사슴들을 건드리지 말라"고 말하는 소리(*φωνή*-포네)를 들었을 것이다(*De nat. anim.* 10.48). 그러나 여기에서 "용처럼 말하는 것"은 분명히 두 번째 짐승이 첫 번째 짐승의 대리자로 행동했다는 것을 의미한다.

12a "저가 먼저 나온 짐승의 모든 권세를 그 앞에서 행하고"(*καὶ τὴν ἐξουσίαν τοῦ πρώτου θηρίου πᾶσαν ποιεῖ ἐνώπιον αὐτοῦ*-카이 텐 엑수시안 투 프로투 데리우 파산 포이에이 에노피온 아우투). 12-18절에서 저자는 과거 시제로부터 현재 시제로 전환한다. 그러나 좀더 생생한 기술이기는 하지만, 이 문체가 변경된 이유는 분명하지 않다.

첫 번째 짐승의 "모든 권세"는 용이 그에게 부여한 권세에 기초한 것이었다(13:2). 따라서 두 번째 짐승이 행사하는 삼차적인 수준의 권세는 약간 모호한데, 아마 11-18절의 내용을 1-10절의 내용과 연결시키려는 저자의 시도를 반영할 것이다. 두 번째 짐승은 분명히 완전히 인정된 대표 또는 대리자 역할을 한다. 에노피온 아우투(ἐνώπιον αὐτοῦ, 직역으로는 "그 앞에서")라는 어구는 사실상 "그의 권세로, 그를 대신하여"(Thayer, *Lexicon*, 220; BAGD, 271) 또는 "그의 위임으로"(K. Krämer, *EDNT* 1:462)를 의미한다. 에노피온(ἐνώπιον)+속격을 직역하여 첫 번째 짐승의 "앞에서"(Beckwith, 640; Bratcher-Hatton, 201-2) 또는 황제의 공적 대표자들 "앞에서"(Charles, 1:360)라고 해석해야 한다는 견해는 의문의 여지가 있다. 그 이유는 11-18절에서 첫 번째 짐승이 전혀 능동적인 방식으로 언급되지 않기 때문이다. 에노피온 아우투(ἐνώπιον αὐτοῦ)는 13:14에서도 사용되는 셈어식 관용어로, 그 곳에서 두 번째 짐승은 "짐승의 권세로"(ἐνώπιον τοῦ θηρίου－에노피온 투 데리우) 이적을 행한다(참조. 개역. "짐승 앞에서"). 13:14의 이 구절은 뒤에서 19:20에 언급되는 구절인데, 그 곳에서는 거짓 선지자가 "그의 권세로"(ἐνώπιον αὐτοῦ－에노피온 아우투), 즉 짐승의 권세에 의지하여 기적을 행한다. 이 부적절한 전치사로 이루어지는 표현은 보통 요한계시록에서 하나님의 임재에 대한 언급과 함께 사용되는 것으로 저자에 의해 공식화된 것 같다.

에노피온(ἐνώπιον)+속격은 요한계시록에서 주로 다음과 같이 사용된다: 에노피온 투 데우(ἐνώπιον τοῦ θεοῦ, "하나님 앞에" 3:2; 8:2; 9:13; 11:16; 12:10; 16:19; 참조. 15:4), 에노피온 투 드로누 투 데우(ἐνώπιον τοῦ θρόνου [τοῦ θεοῦ], "하나님의 보좌 앞에"; 1:4; 4:5, 6, 10; 7:9, 11, 15; 8:3; 14:3; 20:12), 에노피온 투 카데메누 에피 투 드로누(ἐνώπιον τοῦ καθημένου ἐπὶ τοῦ θρόνου, "보좌에 앉으신 이 앞에": 4:10), 에노피온 투 퀴리우(ἐνώπιον τοῦ κυρίου, "주 앞에": 11:4), 에노피온 투 파트로스 무(ἐνώπιον τοῦ πατρός μου, "내 아버지 앞에": 3:5), 에노피온 투 아르니우(ἐνώπιον τοῦ ἀρνίου, "어린양 앞에": 5:8; 7:9; 14:10). 두 번째 짐승 또는 거짓 선지자가 짐승 앞에서 권세를 행사하고 기적을 행한다는 것은 거짓 선지자의 제사장 역할을 암시한다.

12b "땅과 땅에 거하는 자들로 처음 짐승에게 경배하게 하니"(καὶ ποιεῖ τὴν γῆν καὶ τοὺς ἐν αὐτῇ κατοικοῦντας ἵνα προσκυνήσουσιν τὸ θηρίον τὸ πρῶτον－카이 포이에이 텐 겐 카이 투스 엔 아우테 카토이쿤타스 히나 프로스퀴네수신 토 데리온 토 프로톤). 첫 번째 짐승이 땅에 거하는 자들에 대해 갖고 있는 능력은 바로 그의 대리자로 행동하는 두 번째 짐승이 사람들로 하여금 그의 뜻대로 행동하게 하는 것이다. "땅과 땅에 거하는 자들"이라는 어구는 요한계시록에서 이 곳에서만 발견되는데, 더 특징적인 어구들로 아홉 번 나오는 "땅에 거하는 자들"(3:10의 "주석"을 보라)과 "온 세상, 온 천하, 온 땅"(3:10; 12:9; 13:3; 16:14)이 있다.

찰스는 이 어구를 다른 저자의 필적을 무심코 드러내는 것으로 생각하는 반면에(Charles 1:336), 보크햄은 이 어구를 12:12의 "하늘과 그 가운데 거하는 자들"에 대한 계획적이며 포착하기 힘든 대구로 생각한다(Bauckham "Conversion," 240). 그러나 이 대구법을 의도적으로 간주할 근거는 없다.

12c "곧 죽게 되었던 상처가 나은 자니라"(*οὗ ἐθεραπεύθη ἡ πληγὴ τοῦ θανάτου αὐτοῦ*–후 에데라퓨데 헤 플레게 투 다나투 아우투). 이 형용사구는 첫 번째 짐승의 머리들 중 하나가 "상하여 죽게 된 것 같더니 그 죽게 되었던 상처가 나으니"(*ὡς ἐσφαγμένην εἰς θάνατον, καὶ ἡ πληγὴ τοῦ θανάτου αὐτοῦ ἐθεραπεύθη* –호스 에스파그메넨 에이스 다나톤 카이 헤 플레게 투 다나투 아우투 에데라퓨데)라고 말하는 3절로 되돌아가 언급한다. 그러나 3절에서 죽게 될 상처를 받은 것은 머리들(즉 왕들) 중의 하나였으나, 이 곳과 14절(이 곳에서도 유사한 관계절이 사용된다)에서 상처를 받은 것은 짐승 자신이다. 만일 여섯 개의 머리가 살아 있는데 어떻게 짐승 자신이 죽게 될 상처를 받을 수 있었겠는가? 따라서 이 말은 가필로 보인다(J. Weiss, *Offenbarung*, 33-34). 즉 이 가필은 땅에서 올라온 짐승의 환상(11-18절)을 바다에서 나온 짐승의 환상(1-10절)과 연결시키는 보완적 역할을 하는 것이다. 역시 편집적 추가인 14c절은 보다 구체적이다: "칼에 상하였다가 살아난"(*ὃς ἔχει τὴν πληγὴν τῆς μαχαίρης καὶ ἔζησεν*–호스 에케이 텐 플레겐 테스 마카이레스 카이 에제센). 이 관계절은 3a절에 기술된 사건을 언급함으로써 독자에게 짐승을 확인시키는 역할을 한다. 한편, 주변의 기술들은 마지막 편집 때 포함된 설명적 가필인 것으로 보인다. 이 극적인 사건에 나오는 주요 역할들을 확인하기 위해 사용된 유사한 절들에 대해서는 14절을 참조하라.

13 "큰 이적을 행하되 심지어 사람들 앞에서 불이 하늘로부터 땅에 내려오게 하고"(*καὶ ποιεῖ σημεῖα μεγάλα, ἵνα καὶ πῦρ ποιῇ ἐκ τοῦ οὐρανοῦ καταβαίνειν εἰς τὴν γῆν ἐνώπιον τῶν ἀνθρώπων*–카이 포이에이 세메이아 메갈라 히나 카이 퓌르 포이에 에크 투 우라누 카타바이네인 에이스 텐 겐 에노피온 톤 안드로폰). 포이에인 세메이아/세메이온(*ποιεῖν σημεῖα/σημεῖον*, "이적들/이적을 행하다")이라는 관용어는 요한계시록에 네 번 나오는 데 반하여(13:13, 14; 16:14; 19:20) 요한복음에는 열한 번 나오는 표현이다(요 2:23; 3:2; 4:54; 6:2, 14, 30; 7:31; 9:16; 10:41; 11:47; 12:18, 37; 20:30). Ruckstuhl-Dschulnigg, *Stilkritik*, 153를 보라. 바다에서 나온 짐승에 의해 행해지는 "큰 이적들"은 엘리야의 불의 이적을 생각나게 하는데(왕상 18:38; 왕하 1:10; 참조. 눅 9:54), 아마 의도적으로 엘리야

의 불의 이적을 모방했을 것이다. 아르테미도루스(Artemidorus, *Oneirocritica* 2.9; tr. White, *Dreams*)는 "무엇보다 가장 나쁜 것은 불이 땅에 떨어지는 것을 보는 꿈이다"라고 말한다. 이 짐승(거짓 선지자)이 행하는 이적들은 19:20에서 다시 언급되며, 용의 입과 짐승의 입과 거짓 선지자의 입에서 나온 악령들도 이적을 행한다(16:14). 종말의 대적자에 의해 행해지는 이적들은 이 구절을 데살로니가후서 2:9-10과 밀접하게 연결시킨다.

> 악한 자의 임함은 사단의 역사를 따라(*κατ᾽ ἐνέργειαν τοῦ σατανᾶ* - 카트 에네르게이안 투 사타나) 모든 능력과 표적과 거짓 기적과 불의의 모든 속임으로 멸망하는 자들에게 임하리니 이는 저희가 진리의 사랑을 받지 아니하여 구원함을 얻지 못함이니라.

종말의 악한 존재들의 다양한 출현(거짓 그리스도, 거짓 선지자, 종말의 대적)에 대한 예언들에서, 이들은 종종 사람들을 미혹하기 위해 기사와 이적들을 행할 것으로 예상된다(막 13:21-23=마 24:23-25; *Did.* 16:4; *Asc. Isa.* 4.10; *Sib. Or.* 2.167 [벨리알에게]; 3.63-67; *Apoc. El.* 3:5-13; *Apoc. Dan.* 13:1-13; *Gk Ap. Ezra* 4:26-27[대적은 돌을 떡으로 바꾸려고 하지만 실패한다]; *Apoc. Pet.* 2; Tertullian *De anima* 50.7; Hippolytus *Haer.* 528.2; Origen *Contra Celsum* 2.50; 6.45). "내가 그리스도다"라고 말하는 많은 자들이 나타날 것이라는 예언은 *Apoc. Pet.* 1-2에서 발견되고, "많은 거짓 구세주들과 거짓 사도들이 일어나 많은 신실한 자들을 속일 것이다"라는 예언은 저스틴(Justin *Dial.* 35.3)에게서 발견된다. 마술사 시몬(베드로의 적으로 묘사되지만 전혀 종말의 대적으로 등장하지는 않는)은 사람들로 하여금 자신을 추종하도록 하기 위해 이적을 행했다고 한다(*Acts Pet.* 12). 하트맨(Hartman *Prophecy,* 199)과 몇몇 학자들(Strecker, "Der Antichrist," 248-49를 보라. 그는 신 13:2-6이 초대 교회에서 이미 종말론화되었을지 모른다는 제언을 한다)에 따르면, 이 주제들(거짓 선지자/이적과 기사/미혹)의 순서는 신명기 13:1-3에서 비롯되었다.

> 너희 중에 선지자나 꿈꾸는 자가 일어나서 이적과 기사를 네게 보이고 말하기를 네가 본래 알지 못하던 다른 신들을 우리가 좇아 섬기자 하며 이적과 기사가 그 말대로 이룰지라도 너는 그 선지자나 꿈꾸는 자의 말을 청종하지 말라 이는 너희 하나님 여호와께서 너희가 마음을 다하고 성품을 다하여 너희 하나님 여호와를 사랑하는 여부를 알려 하사 너희를 시험하심이니라.

그러나 초기 유대교와 초기 기독교 문학에서 사람들을 속이기 위해 이적들을 행하는 거짓 선지자 또는 거짓 그리스도들에 대한 언급은 명확하게 신명기 13장을 언급하지 않는데, 그 이유는 이 주제들이 빠르게 묵시 전승으로 변화되면서 신명기 13장과의 직접적인 관련성을 상실했기 때문이다. 요한계시록 13:11-18에 나오는 두 번째 짐승은 뒤에서 거짓 선지자로만 언급됨으로써(계 16:13; 19:20; 20:10) 이 두 종말론 시나리오들을 연결시킨다. 로마 세계에서 종교의 기적들이 정치적 동기로 꾸며졌다는 증거에 대해서는 G. W. Bowersock, "The Mechanics of Subversion in the Roman Provinces," in *Opposition et Résistances a l'Empire d'Auguste a Trajan*, Fondation Hardt, Entretiens 33(Geneva: Fondation Hardt, 1987) 291-320를 보라.

하나님의 심판으로 불이 하늘에서 땅으로 떨어지는(종종 번개로 해석된다. 참조. 4 Ezra 4:16) 주제는 요한계시록 20:9에서 발견되는데, 거기에서는 불이 하늘에서 내려와 예루살렘을 에워싼 대군을 멸망시킨다. 이 주제는 구약성경과 초기 유대교 문헌에 자주 나온다(창 19:24[참조. Wis 10:6; *Gk Ap. Ezra* 2:19]; 왕하 1:10, 12, 14[참조. Sir 48:3]; 욥 1:16; 시 11:6; 렘 1:13; 겔 38:22; 39:6; *Sib. Or.* 2.196-200; 3.53-54, 84-85; 8.243; Aristeas *Hist.* frag. 1[Holladay, *FHJA* 1:268 69; Denis, *Fragmenta*, 196]; Ep 렘 6:63; *T. Abr.*[A] 10:11). 구약성경에서는 하나님의 사람이 기도를 드리면 불이 하늘에서 내려와 제물을 불사르는 내용이 몇 번 발견된다(레 9:24; 대상 21:26; 대하 7:1[참조. 2 Macc 2:10]; 왕상 18:36-39[참조. *Vit. Proph.* 21.10]). 이런 구절들 중 일부에서 하나님의 대리자로 행하는 사람은 하늘에서 불을 불러 내리는 능력을 갖기도 한다(왕상 18:38; 왕하 1:10, 12, 14; *T. Abr.* [A] 10:11; *T. Abr.* [B] 12:3, 4; 참조. 눅 9:54). 초기 기독교 문헌에도 하나님의 심판으로 하늘로부터 내려오는 불에 대한 언급이 몇 번 나온다(눅 9:54; *1 Clem.* 11:1; 계 20:9). *Sib. Or.* 3.63-74(약 주후 70년 이후의 문서에 추가된 내용)는 네로(= 벨리알)와 네로가 "사람들에게 보이기 위해 많은 표적들"(*σήματα πολλὰ ποιήσει ἀνθρώποις*—세마타 폴라 포이에세이 안드로포이스)을 행한 것과 불로 인한 그의 멸망을 다루고 있다(번역: Collins in Charlesworth, *OTP* 1:363).

그 때에 벨리알이 세바스테노이(*Sebastenoi*)로부터 올 것이다
그리고 그는 높은 산들을 일으킬 것이며
바다와 큰 불타는 태양과 빛나는 달을 일으키고,
또한 죽은 자들을 일으키며, 사람들에게 보이기 위한

많은 표적들을 행할 것이나,
그런 표적들이 그에게 효력을 발하지는 못할 것이다.
그는 사람들을 미혹하고
많은 신실하고 택함을 받은 히브리인들과
무법한 자들을 타락시킬 것이니,
곧 하나님의 말씀에 귀기울이지 않는 무법한 자들이라.
그러나 크신 하나님의 위협들이 가까이 이르고,
뜨거운 세력이 바다를 통해 땅에 이를 때에는 언제나
벨리알을 불사를 것이며 모든 교만한 자들을 불사를 것이니,
바로 벨리알을 신봉하는 많은 자들이라.

14a "짐승 앞에서 받은 바 이적을 행함으로 땅에 거하는 자들을 미혹하며"(*καὶ πλανᾷ τοὺς κατοικοῦντας ἐπὶ τῆς γῆς διὰ τὰ σημεῖα ἃ ἐδόθη αὐτῷ ποιῆσαι ἐνώπιον τοῦ θηρίου*－카이 플라나 투스 카토이쿤타스 에피 테스 게스 디아 타 세메이아 하 에도데 아우토 포이에사이 에노피온 투 데리우). 이 문맥에서 "미혹하다"는 말은 "땅과 땅에 거하는 자들로 처음 짐승에게 경배하게 하다"(12절)는 말을 다른 식으로 하는 것이다. (부정적인 지칭 "땅에 거하는 자들"에 대해서는 3:10의 "주석"을 보라.) "온 천하를 꾀는 자"(*ὁ πλανῶν τὴν οἰκουμένην ὅλην*－호 플라논 텐 오이쿠메넨 홀렌)는 이미 사단에게 사용된 바 있다(12:9; 참조. 20:10). 이제 대등한 어구가 여기에서 땅에서 올라온 짐승, 즉 요한계시록의 다른 곳에서는 거짓 선지자로 칭해지는(16:13; 19:20) 종말의 대적자 중 한 유형에 대해 사용된다. 미혹자로서 종말의 대적에 대한 주제는 초기 기독교 전승에 간혹 나온다(살후 2:9-10; 요이 7; *Did.* 16:4; Hippolytus *Comm. in Dan.* 4.7.1; 4.16.1; 4.21.3; *de Ant.* 6). 에도데 아우토(*ἐδόθη αὐτῷ*, 직역으로는 "그것이 그에게 주어졌다"이지만 보다 관용적으로 "그가 허락 받았다"로 번역된다)는 하나님이 이름을 완곡하게 에둘러 표현하는 데 사용되는 "신성 수동태"(*passivum divinum*)다(9:3b의 "주석"을 보라). 이렇게 하나님에 의해 허락된 거짓 표적을 행하는 것과 유사한 구절은 데살로니가후서 2:9-11에서 발견되는데, 거기에서는 종말의 대적이 표적과 기적을 행하고, "하나님이 유혹을 저의 가운데 역사하게 하심"(11절)으로 멸망할 자들은 그것들을 믿게 된다. 포이에인 세메이아(*ποιεῖν σημεῖα*, "기적을 행하다")에 대해서는 13:13의 "주석"을 보라.

14b "땅에 거하는 자들에게 이르기를 우상을 만들라 하더라"(*λέγων τοῖς κα-*

τοικοῦσιν ἐπὶ τῆς γῆς ποιῆσαι εἰκόνα τῷ θηρίῳ – 레곤 토이스 카토이쿠신 에피 테스 게스 포이에사이 에이코나 토 데리오). 저자는 분명히 다니엘 3:4을 14-17절의 모델로 삼았다. 다니엘 3:4에서 바벨론 왕 느부갓네살은 금상을 세워 놓고 백성들과 나라들과 각 방언하는 자들에게 위반하면 죽임을 당한다는 조건으로 그 우상에게 절하라고 명한다. 다니엘서에는 금상이 왕을 상징한다는 암시가 없지만, 힙폴리투스(Hyppolytus, *Comm. in Dan.* 3.4)는 느부갓네살이 자신의 금상을 만드어 하나님처럼 모든 사람에게 숭배를 받으려고 했다고 주장했다. *Asc. Isa.* 4:1-13(다른 유대 문서에 나오는 3:13-4:22에 대한 기독교의 가필)에 의하면, 벨리알의 화신은 모든 도시에 자신의 우상을 세운다고 한다(4:11). 헬라와 로마 시대의 통치자 예배에서 초상화는 매우 중요했다. 그래서 수많은 초상화와 흉상과 우상들이 통치자를 예배하는 사당들을 위해 제작되었다.

헬라인들은 "상"(statue)으로 번역될 수 있는 두 가지 용어 아갈마(*ἄγαλμα*)와 에이콘(*εἰκών*)을 사용했다(Isocrates *Evagoras* 57). 일부 학자들은 아갈마(*ἄγαλμα*)가 (라틴어 *similacrum*와 마찬가지로) 숭배를 위한 우상, 즉 신전에서 가장 중요한 조상을 나타내는 반면에, 에이콘(*εἰκών*)은 (라틴어 *imago*와 마찬가지로) 예배와 관련하여 사용되지 않는 "표상, 상징"을 나타낸다는 오래된 견해를 지지한다(Nock, *Essays* 1:204를 보라). 그러나 월뱅크(F. W. Walbank *CAH* 7/1:87-88)는 이 두 단어 간의 구별이 항상 지켜지는 것이 아니라고 기술한다. 로버트(L. Robert)는 에이콘(*εἰκών*)이 살아 있는 황제나 지방 관리와 같이 인간을 나타내는 반면에, 아갈마(*ἄγαλμα*)는 신이나 신격화된 황제(대개 우상)를 나타낸다고 말한다. 라틴어 동의어들인 *imago*(=*εἰκών* – 에이콘)와 *simulacrum*(=*ἄγαλμα* – 아갈마)에 의해 확인되는 이 구별은 Pliny *Ep.* 10.96.5-6에 나온다. 여기에서 플리니는 그리스도인들에게 "트라얀의 상(*imagini tuae*)에 포도주와 향의 제물을 드리라고 명령한다"(그 트라얀의 상은 내가 이 목적을 위해 여러 신상들[*simulacris*]과 함께 궁전에 가져오도록 명령했던 것이다). 그러나 Tacitus *Hist.* 5.5와 Suetonius *Div. Iul.* 88에서는 줄리어스 카이사르의 상에 대해 *similacrum*라는 용어가 사용된다(Schowalter, *Emperor,* 5 n. 22를 보라). 프라이스(Price *Rituals,* 178)에 의하면, 에이콘(*εἰκών*)과 아갈마(*ἄγαλμα*)의 차이는 주로 위치였다고 한다. 신전에 위치한 상들은 일반적으로 아갈마타(*ἀγάλματα*)로 칭해졌으며, 신이나 신격화된 황제들에게만 제한된 호칭이 아니라 공식적으로 예배되지 않는 평민들의 상들을 나타낼 수도 있었다는 것이다(이 점은 Koonce, *AJP* 109[1988] 109에서 확인된다). 프라이스는 아갈마타

(*ἀγάλματα*)와 에이코네스(*εἰκόνες*)가 모두 예배를 받을 수 있었다는 사실을 강조한다(*Rituals*, 78). *Mart. Apollonius* 7에 의하면 지방 총독 페렌니스(Perennis)는 아폴로니우스(Apollonius)에게 "신들과 황제 코모두스(Commodus[주후 180-92년]는 당시 황제였다)의 상(*εἰκόνι*-에이코니)에 제사를 드리라"고 명령했다. *Mart. Pionius* 5.2에서 주인공은 "우리는 너희 신들에게 예배하지 않으며, 또한 황금상(*τῇ εἰκόνι τῇ χρυσῇ*-테 에이코니 테 크뤼세)을 숭배하지 않을 것이다"라고 말한다(후자는 단 3장에 나오는 느부갓네살의 황금상의 암시다). *Mart. Dasius* 7에서 그리스도인들은 "우리의 주 황제들의 상들(*τοῖς εἰκόσι*-토이스 에이코니)을 받들어 모시라"는 요구를 받는다. 쿤스(Koonce *AJP* 109[1988] 109-10)는 최근에 테살로니키(Thessaloniki) 지역에서 발견된 것으로 발표된 주후 1년경의 비문에 근거하여 아갈마타(*ἀγάλματα*)가 어떤 광장의 사람들에게 잘 보이는 부분, 즉 제사와 무관한 장소에 위치될 수도 있다고 주장한다(이미 Isocrates *Evagoras* 57에서 알려진 사실). 따라서 요한계시록 13:14에 나오는 짐승의 "우상"(*εἰκών*-에이콘)에 대한 언급은 황제를 숭배하는 우상을 만든 것을 나타낸다. 황제 예배의 우상들에 대해서는 Cuss, *Imperial Cult*, 104-12를 보라.

고대 유대교의 보편적인 우상 반대 자세는 잘 알려진 사실이다. P. Prigent, *Le Judaïsme et l'image*(Tübingen: Mohr-Siebeck, 1990)를 보라. 구약성경에서 유대인들은 우상을 파괴하라는 권고를 받는 반면에(출 32:20; 34:13; 신 7:5; 12:3; 삿 6:25-26; 왕하 10:26-27; 23:6, 11-15, 20; 또한 1 Macc 5:68; 13:47-48; Jos. *Ag. Ap.* 2.75도 보라), 랍비 유대교의 우상을 반대하는 자세는 폭력을 피하고 이교의 우상을 경시하거나 무가치한 것으로 만드는 전략을 사용했다(Blidstein, PAAJR 42-43[1973-74] 1-44). 황제의 상들에 대한 배척은 팔레스타인의 유대교에서 특별히 중요했다. Urbach, *IEJ* 9(1959) 149ff., 229ff를 보라.

14c "칼에 상하였다가 살아난 짐승을 위하여"(*ὃς ἔχει τὴν πληγὴν τῆς μαχαίρης καὶ ἔζησεν*-호스 에케이 텐 플레겐 테스 마카이레스 카이 에제센). 이 부분은 데리온(*θηρίον*, "짐승")이 3a절에서 서술되고 12절에 추가 내용과 함께 반복된 사건을 동일시하기 위해 사용되는 관계절이다. 즉 짐승의 상처는 칼로 말미암았다는 것이다. 네로가 단도로 자살했다는 것은 역사적으로 사실이지만(Suetonius *Nero* 49), 설명적인 이 부분의 의미는 알 수 없다. 유사한 관계절로는 12b절을 보라. 12절의 관계절과 마찬가지로 이 곳의 관계절도 3절에 묘사되는 사건(즉 짐승의 일곱 머리 중 하나의 치명적인 상처)를 변경하는 것으로 보이고 보강적인 역할을 하는

해석 같다(J. Weiss, *Offenbarung*, 33-34). 즉 이 관계절은 바다에서 나온 짐승에게로 되돌아가서 이 환상을 그 환상과 연결시킨다.

15a "저가 권세를 받아 그 짐승의 우상에게 생기를 주어"(*καὶ ἐδόθη αὐτῷ δοῦναι πνεῦμα τῇ εἰκόνι τοῦ θηρίου*-카이 에도데 아우토 두나이 프뉴마 테 에니코니 투 데리우). 이 부분은 신상들의 움직임이 신탁을 보증하는 데 중요한 수단이었던 고대 마술의 세계를 반영한다. 보편적인 그리스의 견해는 신상이 실제의 신이 아니라 단지 실제 신을 상기시킬 뿐이라는 것이었다(Cicero *De nat. deor.* 2.17; Dio Chrysostom *Or.* 12.60-61; Origen *Contra Celsum* 7.62). 헤라클리투스(Heraclitus)에 의하면, 무생물을 신과 같이 다루는 사람들은 집과 대화를 하는 사람과 같다고 한다. 그들은 신이나 영웅들의 본성에 대해서는 전혀 모른다(H. Diels and W. Kranz, *Die Fragmente der Vorsokratiker*, 6th ed. [Zürich; Hildesheim: Weidmann, 1951] 1:151-52[Herakleitos, frag. B5]). 플라톤은 이 견해를 반영한다. "신상들이 비록 생명이 없지만(*ἀψύχους*-아프쉬쿠스) 우리가 그들에게 예배를 드릴 때 살아 있는 신들은(*τοὺς ἐμψύχους*-투스 엠프쉬쿠스) 우리에게 큰 호의와 감사를 느낀다"(*Laws* 11.931A; LCL tr.). 신상들을 봉헌하는 데 의식들이 사용되었지만(Dionysius of Halicarnassus *Ant. Rom.* 8.56.2; Minucius Felix *Octavius* 23; 봉헌을 나타내는 용어로는 종종 이드뤼에인[*ἱδρύειν*]이 사용된다; Dio Chrysostom *Or.* 12.84를 보라), 고대 그리스인들이 이런 신상들에 생명을 부여하기 위해 마술 의식을 사용했다는 증거는 없다(E. Bevan, *Holy Images: An Inquiry into Idolatry and Image-Worship in Ancient Paganism and in Christianity*[London: Allen & Unwin, 1940] 32; Burkert, *Greek Religion*, 91). 그러나 헬레니즘 로마 세계의 대중적인 견해는 신들이 자신의 신상에 거한다는 것이었다(Plutarch *De Iside et Osiride* 379C-D; MacMullen, *Paganism*, 59-60).

고대 세계에는 상들이 돌거나(Dio Cassius 41.61; 54.7), 땀을 흘리거나(Cicero, *De div.* 1.43.98; Plutarch *Cor.* 38.1; *Anton.* 60), 울거나(Augustine *Civ. dei* 3.11), 말을 했다(Dionysius of Halicarnassus *Ant. Rom.* 8.56.2)는 많은 기록들이 있다. 몇몇 유사한 설화들이 플루타크(Plutarch *De pyth. orac.* 397E-398B)에 의해 수집되었다. C. Clarc, *Les théories relatives au Culte des Images chez les auteurs grecs du iime siècle aprés J.-C.*(Paris: Fontemoing, 1915) 45-49와 O. Weinreich, *Antike Heilungswunder*(Giessen: Töpelmann, 1909) 146를 보라. 이 대중적인 견해는 "살아 있는 신상들"(*ἔμψυχα ἀγάλματα*-엠프쉬카 아갈마타)의 교리와 연결되었다.

이 교리는 신플라톤파 철학자들(Porphyry and Iambichus와 같은)에 의해 신봉되었고 일부 연금술 문헌에 반영된다. 신상에 생명력을 얻기 위한 마술 의식들은 마술 파피루스들에 보존되었다(*PGM* XII.14-95; Hopfner, *Offenbarungszauber* 2:210-18를 보라). 미누키우스 펠릭스(Minucius Felix)와 같은 그리스도인들은 더러운 영들이 우상 안에 숨어 신탁을 내릴 수 있다고 확신했다(*Octavius* 27). 이보다 훨씬 전에, 바벨로니아인들에게는 신상들에 생명을 부여하기 위한 의식들이 있었다(A. L. Oppenheim, *Ancient Mesopotamia*[Chicago: University of Chicago, 1964] 186). 그보다 더욱 이른 시대에 시작된 고대 이집트에서 신상들은 "입을 여는" 의식을 통해 생명이 부여되었다(Morenz, *Egyptian Religion*, 155-56; E. Otto, *Das altägyptische Mundöffnungsritual*[Wiesbaden, 1960]). 미라들에게는 마술적인 생명 의식들도 행해졌다(E. A. W. Budge, *Egyptian Magic*[New York: Dover, 1971] 201-3). 이집트에서 신상에 활력을 주는 마술 의식들이 마법사 줄리안(Julian, the Theurgist, *Chaldean Oracles*의 저자로 추정되는 인물; R. Majercik, *The Chaldean Oracles: Text, Translation, and Commentary*[Leiden: Brill, 1989] 1-5를 보라)과 연결되는 마법(theurgy)의 특별한 분파에 영향을 끼쳤을 것이다.

이 마법사들은 텔레스티케(*τελεστική*)로 칭해지는(Iamblichus *De myst.* 5.23는 헤 데우르기케 테크네[*ἡ θεουργικὴ τέχνη*]로 칭하기도 한다) 마술의 특별한 복합체를 개발했는데, 아마 이 마법은 신상들에게서 신탁을 받기 위해 신상을 봉헌하고 생명을 부여하는 의식과 관련되었을 것이다(Proclus *In Tim.* 3.6.13; Asclepius 3.37; 참조. H. Lewy, *Chaldaean Oracles and Theurgy*[Paris: Études Augustiniennes, 1978] 495-96; E. R. Dodds, "Theurgy," Appendix II in *The Greeks and the Irrational*[Berkeley: University of California, 1951] 291-95). 텔레스티케(*τελεστική*)는 분명히 신상의 구멍 속에 쉼볼라(*σύμβολα*, 돌, 약초, 짐승, 향과 같은 마술적인 물질)를 집어넣은 행위를 포함한다. 그리고 이 행위의 목적은 신과 교감 관계를 이룩하기 위함이었다(Iamblichus *De myst.* 5.23; Asclepius 3.38; *Chaldaean Oracles* frag. 224). 그러니까 신상 내부의 신과 교감적 연결을 갖고 있는 물질들을 집어넣음으로 신상들이 움직일 수 있으며, 또한 어떤 봉헌 의식의 자극에 의해 그 신이 출두하여 마법사가 신탁을 요구하면 응할 수 있다는 것이다Majercik, *Chaldean Oracles*, 27). 연금술 논문인 Asclepius 3.38(tr. W. Scott, *Hermetica* 1:361)에는 이 절차가 다음과 같이 반영된다.

> 그러면 트리스메기스투스(Trismegistus)여, "지상에 사는 신들"이라고 칭해지는 신들, 그들은 어떤 수단에 의해 우리 중에 거처를 정하게 되는가? 아스클레피우스(Asclepius)여, 그들은 어떤 신성을 내재하는 약초와 돌과 향들에 의해 설득되는 것이다.

엠프쉬카 아갈마타(*ἔμψυχα ἀγάλματα*)의 교의는 Asclepius 3.23B에서도 발견된다. "그러나 인류에 의해 그 형상이 만들어지는 신들은 두 가지 물질, 즉 더 순수하고 고귀한 신적 본질, 또한 인간보다 저급한 물질로 이루어진다"(tr. W. Scott, *Hermetica* 1:339). 트리스메기스투스가 신상들을 이야기하고 있다는 사실을 아스켈피우스가 의심하자, 신은 다음과 같이 답변한다(3.24a; W. Scott, *Hermetica* 1:339-41).

> 내가 말하는 의미는 신상이지만, 단순한 신상이 아니라 살아 있고 의식하는 신상, 생기로 가득한 신상[*statuas animatas sensu et spiritu plenas*], 많은 놀라운 일을 행하는 신상, 예지를 갖고 있고, 제비뽑기로, 예언의 감동으로, 꿈으로, 그 밖의 많은 방법으로 미래를 예언하는 신상 그리고 질병을 일으키기도 하고 그 질병들을 치료하기도 하고, 인간의 공과에 따라 슬픔과 기쁨을 베푸는 신상이다.

생명을 갖는 상이라는 주제는 그리스 신화에도 나온다. 예를 들어, 오비드(Ovid)는 피그말리온(Pygmalion)이 갈라테아(Galatea)라는 이름의 상아로 만든 상을 사랑함으로 그것이 살아 있는 여인으로 변했다는 이야기를 한다(*Metamorphoses* 10. 243-97).

15b "그 짐승의 우상으로 말하게 하고"(*ἵνα καὶ λαλήσῃ ἡ εἰκὼν τοῦ θηρίου* – 히나 카이 랄레세 헤 에이콘 투 데리우). 고대인들에게 말을 하는 신상은 곧 신탁을 내리는 신상이었다. 견유학파 철학자인 가다라의 오에노마이우스(Oenomaeus of Gadara, 주후 120년)는 신탁을 의심하여 "허풍쟁이들의 발견에 대해"(*Γοήτων φώρα* – 고에톤 포라)라는 사라진 작품을 기술했다. 그의 이 작품은 유세비우스(Eusebius)의 단편적인 인용으로 남았다. 유세비우스는 그의 견해를 다음과 같이 요약한다(*Praep. evang.* 5.21.213c; Eusebius, *Preparation for the Gospel*, tr. E. H. Gifford [Oxford: Clarendon, 1903]).

> 그(오에마이우스)는 모든 그리스인들이 찬미하는 신탁들이 다이몬(daemon)에게서 기인한다는 것을 인정하지 않을 것이며, 신에게서 기인한다고는 더더구나 인정하지 않을 것이다. 그는 신탁들이 인간 사기꾼들이 대중을 속이기 위해 교활하게 고안한 협잡과 속임수라고 말한다.

객관적인 보고자라고는 거의 볼 수 없는 루키안(Lucian, *Alex.* 12-26)은 아보누테이코스의 알렉산더(Alexander of Abonuteichos)를 사기꾼으로 나타냈다. 루키안에 의하면, 알렉산더는 글라우콘-아스클레피오스(Glaucon-Asklepios)를 상징하는 뱀상을 만들었는데, 그 뱀상에는 움직이는 입이 달려 있었고 신탁을 내리는 통화관(a speaking tube)이 숨겨져 있었다고 한다. 이와 유사하게, 힙폴리투스(Hippolytus)는 인간의 해골과 통화관을 결합하여 꾸며진 "말하는 해골"을 묘사한다(*Ref.* 4.41). 이 밖에도 말하는 상들을 언급하는 기록들이 있다(Suetonius *Gaius* 57.1; Ps.-Lucian *De Syria Dea* 10). 아데나고라스(Athenagoras, *Legatio* 26.3-4)에 의하면, 트랄레스(Tralles)의 네룰리누스(Nerullinus) 상과 파리움(Parium)의 페레그리누스 프로테우스(Peregrinus Proteus) 상은 신탁을 내렸다고 한다(그러나 이런 신탁들이 움직임, 땀을 흘림 등과 같은 신상의 "행동"에 대한 해석에 근거한 것인지 또는 인간의 말로 전달된 것인지는 언급되지 않는데, 아마 후자라기보다는 전자였을 것이다). Nilsson, *GGR* 2:525를 보라. 그러나 황제 숭배를 위한 상들이 실제로 신탁을 내리는 것으로 사람들이 믿었다는 증거는 없다. 요한계시록 13:15과 매우 유사한 내용이 *Oracle of Hystaspes*(Lactantius *Div. Inst.* 7.17.5; tr. McDonald, *Lactantius*, 518)에서 발견된다. "그(시리아에서 온 왕)는 하늘에서 불을 내리라고 명하고, 해를 명하여 멈추게 하고, 우상을 명하여 말하게(*imaginem loqui*) 할 것이다." 플루타크는 어떤 상을 신전에 세웠을 때 그 상이 두 번 말을 했다고 기록한다(*Coriolanus* 37.3). 그러나 항상 합리주의자인 플루타크는 생명이 없는 물체가 말을 한다는 것은 불가능하다고 생각했다(*Coriolanus* 38.2). 우상이 말을 하게 하는 이 세 번째 이적은 고대 마술사들의 실행 목록의 일부분이었다.

종교적 사기는 고대 세계에 알려져 있었다. 쉐러(Sherrer, *JBL* 103[1984] 601-10)는 황제 예배에 뇌성과 번개를 가장할 뿐만 아니라 황제의 상이 말을 하고 움직이게 하는 "특수 효과 장비"가 사용되었다고 주장한다. 아데나이우스(Athenaeus, *Deipn.* 5.198F)는 움직이는 상을 말한다. 마술사 시몬은 베드로에게 "나는 상들이 움직이게 했고, 생기가 없는 물체에 생기를 주었다"(*statuas moveri feci, animavi exanima*)고 말했다고 한다(Ps.-Clem. *Recog.* 3.47.2; 참조. Ps.-Clem. *Hom.* 2.32). 데오필루스(Theophilus, *Ad Autolycum* 1.8)는 이교도들에게 "너희는 사람들에 의해 만들어진 우상들(*ἀγάλματα*-아갈마타)이 신이며 기적을 행하는 것으로 믿는다"라고 말한다. 필로스트라투스(Philostratus, *Vita Apoll.* 1.27)에 의하면, 바벨론 성문을 관리하는 페르시아 태수(satrap)는 성에 들어가는 모든 사람이 먼저 왕의 황금상(χρυσῆν εἰκόνα – 크뤼센 에이코나)에 경배를 하라고 요구했는데, 이 요구는 로마 황제의 사자들에 의한 것이 아니었으며, 아폴로니우스(Appolonius)는 이 의식을 거부했다고 한다(1.28).

15c "또 짐승의 우상에게 경배하지 아니하는 자는 몇이든지 다 죽이게 하더라" (καὶ ποιήσῃ ὅσοι ἐὰν μὴ προσκυνήσωσιν τῇ εἰκόνι τοῦ θηρίου ἀποκτανθῶσιν – 카이 포이에세 호소이 에안 메 프로스퀴네소신 테 에이코니 투 데리우 아포크탄도신). 이 부정과거 가정법 포이에세(ποιήσῃ, "그가 하게 하다")의 주어는 불명료하다. 이 말은 주어가 헤 에이콘(ἡ εἰκών, "그 우상")인 15b절의 할레세(λαλήσῃ, "그가 말하게 하다")의 대구이기 때문에, 헤 에이콘(ἡ εἰκών)을 포이에세(ποιήσῃ)의 주어로 해석하는 것이 논리적이다. 그럴 때 우상에게 절하기를 거부하는 사람들을 죽이게 하는 것이 말하는 우상이 된다. 그러나 포이에세(ποιήσῃ)의 논리적 주어가 첫 번째 짐승을 대행하여 사형을 명하는 두 번째 짐승일 수도 있다. 반항을 하는 사람들의 처형은 7절과 짝을 이루는 것으로 보인다. 7절에서는 첫 번째 짐승이 성도들과 전투를 벌여 이겼다. 필로는 유대인들이 황제 가이우스에게 예배하기를 거부했기 때문에 가이우스가 유대인들과 "휴전 없는 대전투"를 계획했다고 주장한다(*Leg.* 119). 그러나 이 주장의 사실성은 의심스럽다(Bilde, *ST* 32[1978] 72-73). 여기에서 짐승의 우상은 분명히 독점적으로 경배를 받는다. 그러나 이런 경배의 독점은 그리스의 종교에서나 로마의 종교 전례에서 발견되지 않는다.

일부 학자들에 의하면, 로마에 대한 충성은 카이사르에게 예배하는 것과 동등했다고 한다(Syme, *Tacitus* 2:469). 그러나 자료들에 나타나는 중요한 문제는 황제에게 제사하는 것만이 아니라(엄밀하게 말하여 살아 있는 황제는 죽은 다음에 원로원의 결의에 의해 공적으로 신으로 등록되기 전까지는 "신"[*divus*]이 아니었다. 예외로 두 명의 황제, 즉 가이우스와 도미티안[Gaius and Domitian]은 살아 있는 동안 신으로 공언되었다; 4:11의 "주석"을 보라) 신들에게 제사하는 것이다(Pliny *Ep.* 10.97.1; *Acts Carpus*[Greek Rec.] 4; *Mart. Fruct.* 2.2; *Mart. Justin* 5.8). 하지만 주후 2세기 말경에 터툴리안(Tertullian, *pro imperatoribus*; *Apol.* 10.1)은 그리스도인들에 대한 짝을 이루는 두 가지 비난이 있었으니, 바로 그리스도인들이 신들을 예배하지 않고 황제를 위한 제물을 바치지 않는다는 것이라고 했다. 문제는 프로스퀴네인(προσκυνεῖν, "예배, 경배")이라는 용어에 무엇이 포함되는가 하는 것이다. 이 용어에는 다른 신들과 함께 황제에게 강제적으로 제물을 바친다는 의미가 포함되었을까? Pliny *Ep.* 10.96.5(LCL tr.)는 변절한 그리스도인들의 거짓 여부가 단지 그들이 신들에게 제물을 바치는가를 묻는 것만으로 검증되었다고 말한다.

> 이들(즉 그리스도인들로 고발된 사람들) 중에 나를 따라 신들에게 드리는 정해진 기도를 되풀이하고 당신의 상(내가 이 목적을 위해 다른 신들의 상들과 함께 법정에 가져올 것을 명령한 바로 그 상)에 포도주와 향을 바치는 자, 그리고 그들이 그리스도인이거나 그리스도인이었던 것을 부정하고 그리스도의 이름을 욕하는 자는 누구나 소송을 각하하려고 생각했다. 그러나 진짜 그리스도인에게는 이런 일들 중 어느 것도 하도록 설득할 수 없다는 것을 나는 알고 있다.

종말의 대적에 대한 거부와 관련된 그리스도인들이나 유대인들의 처형은 *Apoc. Pet.* 2에도 나오는데, 그 곳에서는 그리스도라고 속이는 자를 거부할 때 그가 칼로 많은 사람들을 죽일 것이라고 한다.

16a "저가 모든 자 곧 작은 자나 큰 자나 부자나 빈궁한 자나 자유한 자나 종들로"(*καὶ ποιεῖ πάντας, τοὺς μικροὺς καὶ τοὺς μεγάλους, καὶ τοὺς πλουσίους καὶ τοὺς πτωχούς, καὶ τοὺς ἐλευθέρους καὶ τοὺς δούλους*－카이 포이에이 판타스 투스 미크루스 카이 투스 메갈루스 카이 투스 플루시우스 카이 투스 프토쿠스 카이 투스 엘류데루스 카이 투스 둘루스). 포이에이(*ποιεῖ*, "강제로 하게 했다": 개역성경에는 번역되지 않음)의 주어는 분명히 두 번째 짐승이다. 첫 번째 용어 판타스(*πάντας*, "모든 자")는 포괄적이고, 그 다음에 이어지는 용어들은 "모든 자"를 이루는 사회적으로 대립되는 구성원들을 다양한 방식으로 묘사한다. 이 대조적인 용어들(수사학적 용어는 *divisio* 또는 *merismus*, 즉 전체를 부분으로 분류하는 것이다)은 전체의 생각을 표현하는 데 사용되는 비유적 표현이다(P. Boccaccio, "I termini contrari come espressione della totalità in ebraico," Bib. 33[1952] 173-90; A. M. Honeyman, "Merismus in Biblical Hebrew," *JBL* 71[1952] 11-18를 보라). 상투적인 표현 "천한 자와 높은 자"(직역으로는 "작은 자와 큰 자")는 요한계시록에 네 번 나오는데(11:18; 19:5, 18; 20:12), 종종 이 표현은 이 저술을 단일화하기 위해 사용된 편집적 요소로 보인다. 19:18에서 이 표현은 이 곳 13:16에서와 마찬가지로 유사한 대구 "자유한 자와 종들"을 동반한다. 그리고 19:18에는 유사하지만 훨씬 더 광범위한 포괄적 목록이 나온다(그 곳의 "주석"을 보라). 사회적 포괄성을 내포하는 관용어로 "가장 작은 자들과 가장 큰 자들"이라는 어구는 신약성경에 자주 나오고(행 8:10; 26:22; 히 8:11[렘 38:34의 인용]) 구약성경과 초기 유대 문헌에도 자주 나온다(창 19:11; 신 1:17; 왕상 22:31; 왕하 23:2; 25:26; 대상 12:14;

25:8; 26:13; 대하 18:30; 34:30; 욥 3:19; Wis 6:7; Jdt 13:4, 13; 렘 6:13; 31:34[칠십인역 38:34]; 1 Macc 5:45). 이런 식으로 사용될 때, "작고 큰"이라는 이 어구는 셈어와 헬라어 문학 모두에서 발견되는 관용어로 세상의 모든 세대와 모든 신분의 사람들 전체를 의미한다.

특별히 셈어 관용어는 믹카톤 와아드 가돌(מִקָּטֹן וְעַד־גָּדוֹל, "작은 자로부터 큰 자에 이르기까지")로서(창 19:11, 개역. "무론 대소하고"), 구약성경에 30회 이상 나온다(*TDOT* 2:398-400). 그러나 헬라어에도 이 셈어 관용어에 필적하는 표현들이 있다(예를 들어, Ign.[long rec.] *Ad Philippenses* 15.1, *ἀπὸ μικροῦ ἕως μεγάλου*; 참조. *Ad Antiochenos* 12.3; *Ad Hieronem* 8.2). 이 관용어의 좀더 전형적인 헬라어 형태는 미크로 테 카이 메갈로(*μικρῷ τε καὶ μεγάλῳ*, "작고 큰 사람 모두에게," 행 26:22, 개역. "높고 낮은 사람 앞에서")이다. "작고 큰"이라는 어구는 작은 또는 보다 중요하지 않은 사물과 큰 또는 중요한 사물들에도 적용된다(대하 36:18; 암 8:5; 2 Macc 5:20; 1 Esdr 1:54; Sir 5:15; 29:23; Plutarch *Pericles* 17.1; *Pompey* 57.1; *Quaest.* conv. 730A; Epictetus 2.19.29; 2.23.28; Ign.[long rec.] *Phld.* 6.9). 또한 마술 파피루스에서 이 어구는 마술을 행하는 자가 포함시키는 판에 박힌 형식적인 문맥들에 나온다. *PGM* 21.21의 "크고 작은 모든 사람을 위하여"(*πρὸς πάντας ἀνθρώπους, μικροὺς καὶ μεγάλους*－프로스 판타스 안드로푸스 미크루스 카이 메갈루스)는 *merismus*(전체를 부분으로 분류하는 것)의 예이다. *PGM* XXXV. 17-19에서 마술사는 "검투사들, 병사들, 민간인들, 여인들, 소녀들, 소년들 그리고 모든 사람(*καὶ πάντων*－카이 판톤)"뿐만 아니라 "작은 자들과 큰 자들, 모든 사람 앞에서(*ἔμπροσθεν πάντων, ἀνδρῶν μικρῶν καὶ μεγάλων*－엠프로스덴 판톤 안드론 미크론 카이 메갈론)" 은총과 권세와 승리와 힘을 요구한다. 사회의 피라미드형 조직의 반대쪽의 집단 또는 계급들로서 "작은 자들과 큰 자들"은 요한계시록 11:18; 20:12에서도 언급된다(Wis 6:7; 욘 3:5; 렘 6:13을 보라). *PGM* XII.49은 마술사가 지배하고 싶어하는 사람들, "남자나 여자들, 작은 자나 큰 자들"을 언급한다. 이와 유사하게, *PGM* XV.18은 마술사가 자신의 통제하에 두고 싶어하는 "남자 영과 여자 영들, 크고 작은 영들"을 언급한다. *Sepher ha-Razim* 1.135-40(tr. Morgan, 34)에 나오는 마술 절차에서 우리는 동일하게 포괄적인 말을 발견한다. "세상을 돌아다니는 너희 천사들아, 이 도시의 모든 시민, 크고 작은 자, 나이든 자와 어린 자, 비천한 자와 고귀한 자들을 모두 나에게 데려오라." 최근에 소콜로우스키(Sokolowski, *Lois*, 53-58, no. 20)가 발표한 신비 종교의 창립과 규정들을 묘사하는 유명한 비문에는 이 종교에 접근할 수 있는 사람들 중에 "남자와 여자, 자유한 자와 종들(즉 모든 사람)"이라는 어구가 세 번 나온다(lines 5-6, 15-16, 53-54). 직역으로 "작은 자들"인 미크로이(*μικροί*)라는 용어는 권세나 영향력이 거의 없는 사람에 대한 지칭이고 때로는 예수님의 제자들을 나타내는 용어다(마 10:42; 18:6 =막 9:42=눅 17:2; 마 18:10).

16b "그 오른손에나 이마에 표를 받게 하고"(*ἵνα δῶσιν αὐτοῖς χάραγμα ἐπὶ τῆς χειρὸς αὐτῶν τῆς δεξιᾶς ἢ ἐπὶ τὸ μέτωπον αὐτῶν*–히나 도신 아우토이스 카라그마 에피 테스 케이로스 아우톤 테스 덱시아스 헤 에피 토 메토폰 아우톤). 짐승의 낙인과 예배라는 두 주제는 이 곳에서만 연결되는 것이 아니라 14:11; 15:2; 19:20; 20:4에도 연결되고 있다. 그러나 매매의 금지는 이 곳에만 나온다. 낙인을 받는 것은 사적으로 경건(또는 불경건)한 행동으로 보이는 반면에, 짐승의 예배는 공적인 활동이다(J. Weiss, *Offenbarung*, 18). 요한계시록에 오른손과 이마에 모두 표를 받는 가능성을 말하는 유일하게 다른 곳은 14:9이다. 이와 동일한 결합은 아마 요한계시록에 의존한 것으로 보이는 콥트어 *Apoc. El.* 2.7-8에서 발견된다(tr. Pietersma-Comstock, *Apocalypse of Elijah*). "내가 나의 이름을 그들의 이마에 적고 그들의 오른손에 인을 칠 것이다."

Lactantius *Div. Inst.* 7.17.7(tr. McDonald, *Lactantius*, 518)에는 16b절과 현저하게 유사한 구절이 나온다. "그를 믿고 그에게 나아오는 자들은 마치 가축처럼 그에 의해 낙인이 찍힐 것이다(*signabuntur ab eo tamquam pecudes*). 그의 표를 거부하는 자는 산 속으로 달아나거나 붙잡혀 잘 고안된 고문에 의해 죽임을 당할 것이다." 3 Macc 2:28-29에 의하면, 프톨레마이우스 4세 필로파텔(Ptolemy IV Philopater, 주전 221-204년)이 이집트의 유대인들에 대한 박해 계획을 시작하면서 그들에게 인구 조사에 등록을 하고 디오니수스(Dionysus, 술의 신; 로마 신화의 바커스)의 담쟁이 넝굴 잎 모양의 낙인을 받으라(*χαράσσεσθαι*–카라쎄스다이)는 요구를 했다고 한다. 그리고 여기에 협력하지 않은 사람들은 처형을 받았다(프톨레마이우스 4세는 특별히 디오니수스에게 헌신했고, 자신의 담쟁이 넝굴 잎 모양의 낙인을 자랑했던 것 같다; M. Hadas, *The Third and Fourth Book of Maccabees*[New York: Ktav, 1953] 45를 보라).

"짐승의 표"는 에스겔 9장과 *Pss. Sol.* 15:9-10에 전승의 근거를 갖고 있으며, 일부 학자들은 이 어구를 전통적인 종말론적 주제로 해석하기를 좋아한다(Bousset [1906] 132-33). 한편, 다른 학자들은 당시의 어떤 역사적 관례도 가정된다는 제안을 한다(Charles, 1:362-63; Judge, *TynBul* 42[1991] 158-60). 여기에는 적어도 네 가지의 가능성이 존재한다. (1) 유대의 성구함(*tephillin* 또는 philactery, 성경 구절을 기록한 양피지를 넣은 작은 가죽 상자, 마 23:5에서는 "경문"으로 번역된다)에 대한 언급(Charles, 1:362-63; C. Schneider, *TDNT* 4:635-37), (2) 노예, 군병 또는 특별한 신에게 헌신한 자들의 문신에 대한 언급, (3) 일용품을 사고 파는 데 사용된 로마 주화에 대한 언급(Caird, 173; Stauffer, *Die Caesaren*, 126, 179; Kraft, 182-83; Yarbro Collins, *JBL* 96[1977] 253-54), (4) 황제의 인장에 대한 언급(Deissmann, *Light*, 341).

이 가능성들은 각각 약간의 해설을 요한다. (1) 유대인의 성구함(퓔라크테리아[*φυλακτήρια*]로 칭해지기도 하는)은 성경 구절을 담은 가죽 상자로 손과 이마에 부착한다(*Ep. Arist.* 159; 마 23:5; *Ant.* 4.213; *m. Seáb.* 3:8, 11). 손의 성구함은 전통적으로 왼쪽 팔(심장을 향하여)에 부착하지만, 짐승의 카라그마(*χάραγμα*)는 오른손과 이마에 표시하는 것으로 묘사된다. 이 근소한 차이에도 불구하고, 성구함을 차는 것이 짐승의 표의 모델일 가능성이 있다. (2) 노예나 군병의 문신과 관련하여, 카라그마(*χάραγμα*)는 항상 사람의 피부나 짐승의 가죽에 새기는 낙인을 의미한다(Ysebaert, *Greek Baptismal Terminology*, 285). 구체적인 증거는 없지만, 저지(Judge, *TynBul* 42[1991] 158-60)는 에베소의 시장에 들어가는 사람들이 먼저 제물을 바친 다음에 손목이나 이마에 먹물로 표시를 받는데(겔 9:2-6과 같이), 그 표시는 그들에게 매매의 권리를 부여하는 것이라고 추측한다. (3) 짐승의 카라그마(*χάραγμα*)와 매매의 관계는 로마 황제의 초상과 이름을 새긴 로마 주화의 사용을 언급하는 것으로 해석되어 왔다(Kraybill, *Imperial Cult*, 138-39). 따라서 로마의 주화를 사용하기를 거부하는 결과는 매매를 할 수 없게 되는 것이다. 이 가능성은 유대교의 우상 금지에서 비교를 찾을 수 있다. 일부 사람들, 예를 들어 열심당원과 같은 사람들에게 우상 금지는 로마 주화에 있는 황제의 모습도 포함되었다(Hengel, *Zealots*, 190-95). 그러나 짐승의 표는 오른손과 이마에 받는다고 말하기 때문에 주화는 포함되지 않을 것이다(Beckwith, 641; Charles, 1:363 n. 1). (4) 데이스맨(Deissmann *Bible Studies*, 240-47; id., *Light*, 345)은 판매 증서에 당시 황제의 이름과 연도와 함께 찍힌 인장이 존재했고 카라그마(*χάραγμα*)로 칭해졌던 증거를 파피루스들에서 발견했다고 한다. 데이스맨은 그 인장이 짐승의 이름 또는 수를 포함했고(17절), 매매와 관계가 있었으며(16절), 카라그마(*χάραγμα*)로 알려졌다고 말한다(*Bible Studies*, 241-42). 이와 같은 황제의 인장의 예는 *Bible Studies*, 243와

Light, fig. 51에서 그림으로 묘사된다. 파피루스들에서 발견된 이 인장들에는 "황제"([*Αὐτ*]*οκρ*[*άτορος*]-아우트[오크르]아토로스)와 "도미티안"(*Δομ*[*ιτιανοῦ*]-돔[이티아누])을 표시하는 인장과 소인의 바깥 원에 "황제 카이사르 네로 트라얀"([*Αὐτ*]*οκράτορος Καίσαρος Ν*[*ερούα Τραι-ανοῦ*]-[아우트]오크라토로스 카이사로스 느[에루아 트라이-아누])을 표시하는 또 다른 인장이 포함된다. Deissmann, *Bible Studies*, 243-44를 보라. 그러나 사람들이 손과 이마에 날인을 받았다는 증거는 없다(Swete, 173; Roloff[ET] 164).

요한계시록에 카라그마(*χάραγμα*)라는 용어는 일곱 번 나오는데, 항상 짐승에 대한 충성을 표시하는 낙인에 대해 사용된다(13:16, 17; 14:9, 11; 16:2; 19:20; 20:4). 이 낙인은 이마나 오른손에 찍히는 것으로 세 번 언급된다(13:16; 14:9; 20:4). 반면에 그리스도인들은 이마에 하나님의 "인"(*σφραγίς*-스파라기스)을 받는다고 한다(7:4; 9:4). 7:2에서는 천사가 이 인을 가지고 이스라엘의 열두 지파 중에서 각각 일만 이천 명씩에게 인을 친다고 말한다(7:4[2x], 5, 8). 따라서 짐승의 낙인은 하나님의 종들의 이마에 찍히는 하나님의 인을 서투르게 모방한 것임이 거의 확실하다(7:3; 9:4).

17a "누구든지 이 표를 가진 자 외에는 매매를 못하게 하니"(*καὶ ἵνα μή τις δύνηται ἀγοράσαι ἢ πωλῆσαι*-카이 히나 메 티스 뒤네타이 아고라사이 에 폴레사이). "매매"를 못한다는 것은 분명히 기본적이며 필수적인 경제 활동의 금지를 나타낸다. 이 구절이 실제 상황을 언급하는지 또는 상상의 상황을 언급하는지는 논란이 되는 주제다. 램세이(Ramsay, *Letters*, 105-8)는 이 구절이 그리스도인들에 대한 달리 알려지지 않은 공식적 또는 비공식적인 매매 거부를 언급하는 것으로 해석했다. 헤머(Hemer, *Letters*, 126-27)는 현존하는 문제를 언급하는 것으로 생각하고 황제 숭배가 "우상 숭배 제도"와 연결된 가장 있음직한 장소로 두아디라를 제안한다. 이런 우상 숭배 제도에 참여하지 않은 그리스도인들은 경제적 파산에 직면할 수밖에 없다는 것이다(*Letters*, 108-9; 여러 가지 상인 조합의 존재에 대한 지리적 증거는 p. 246 n. 10에 열거된다). 헤머는 이런 상인 조합들의 종교적 근거, 크레이빌(Kraybill, *Imperial Cult*, 113-41)에 의해 자세하게 분석된 특징을 강조한다. 상인 조합의 몇 가지 두드러진 특징은 다음과 같다. (1) 이들은 자발적이며 사적인 연합이었다. (2) 다양한 사회 계층 출신의 사람들이 같은 상인 조합에 속할 수 있었다(예를 들어, 로마 시민, 재류 외국인, 자유인, 종). (3) 원래 이들은 자신이 속한 단체 구성원들의 상업 활동에 직접 관계하지 않는 사회 조직체였다. (4) 일반적으

로 이들은 이교적 특성을 갖고 있었으며, 제국 시대의 많은 상인 조합들은 황제 숭배에 상당한 관심을 나타냈다. 일반적으로 상인 조합들은 이 용어의 현대적인 의미에서의 노동 조합 역할을 했던 것은 아니었으며 거의 파업이나 불매 동맹에 관여하지 않았다. 그러나 상인 조합의 회원은 반드시 우상 숭배 의식에 참여해야 했고, 여기에는 요한이 변함없이 반대했던 제물의 고기를 먹는 의식이 포함되었다(Charles, 1:69; Giesen[1997] 314-15). 따라서 저자에게 상인 조합의 회원이 되는 것은 기독교 신앙과 정반대되는 것이었다(Yarbro Collins, *Crisis and Catharsis*, 124). 저자가 17a절에 나오는 짐승의 표의 경제적 기능을 17b절과 나란히 최후의 편집적 주석으로 추가시켰다는 생각은 가능하다(Flusser, "Hystaspes," 58). 일반적으로 신비 종교, 유대교 그리고 기독교의 종교적 관례들에 대한 로마의 반감은 경제적 제재 형태를 취하지는 않았다(Caird, 173).

17b "이 표는 곧 짐승의 이름이나 그 이름의 수라"(*εἰ μὴ ὁ ἔχων τὸ χάραγμα τὸ ὄνομα τοῦ θηρίου ἢ τὸν ἀριθμὸν τοῦ ὀνόματος αὐτοῦ* – 에이 메 호 에콘 토 카라그마 토 오노마 투 데리우 에 톤 아리드몬 투 오노마토스 아우투). Pindar *Olymp.* 3.29-30에서, 시인은 타이게테(Taygete)가 "아르테미스"라는 이름을 헌정하고 짐승을 바친 황금 뿔들을 갖고 있는 암사슴을 언급한다. 여기서 시사하는 바는 이 신의 이름을 지니는 것이 곧 신의 소유권을 나타낸다는 것이다.

18a "지혜가 여기 있으니 총명 있는 자는 그 짐승의 수를 세어 보라 그 수는 사람의 수니"(*Ὧδε ἡ σοφία ἐστίν. ὁ ἔχων νοῦν ψηφισάτω τὸν ἀριθμὸν τοῦ θηρίου, ἀριθμὸς γὰρ ἀνθρώπου ἐστίν* – 호데 헤 소피아 에스틴 호 에콘 눈 프세피사토 톤 아리드몬 투 데리우 아리드모스 가르 안드로푸 에스틴). 이 절은 저자-편집자가 13:11-17에 기술된 환상에 추가한 설명적 주석으로, 13:1-8에 추가된 13:9-10의 설명적 주석과 매우 유사하다. 도입 어구 호데 헤 소피아 에스틴 호 에콘 눈(*Ὧδε ἡ σοφία ἐστίν. ὁ ἔχων νοῦν*, "지혜가 여기 있으니 총명 있는 자")은 17:9의 호데 호 누스 호 에콘 소피안(*ὧδε ὁ νοῦς ὁ ἔχων σοφίαν*, "지혜 있는 뜻이 여기 있으니")과 매우 유사하다. 에케인 누스(*ἔχειν νοῦς*)는 "총명을 갖고 있다"는 의미인데 아마 다니엘 12:10, "악한 자는 아무도 깨닫지 못하되 오직 지혜 있는 자는 깨달으리라"(칠십인역 호이 디아누메노이 프로섹수신[*οἱ διανοούμενοι προσέξουσιν*]; Theod. 호이 노에모네스 쉬네수신[*οἱ νοήμονες συνήσουσιν*])의 인용일 것이다(계 22:11에도 유사한 구절이 인용된다). 독자의 총명에 대한 유사한 호소가 다른 묵시 또는 계시 문맥들에서 발견된다. 마가복음 13:14에서 "멸망의 가증한 것이 서

지 못할 곳에 선 것을 보거든"이라고 언급한 다음, 저자는 다니엘 11:31; 12:11의 새로운 해석에 주의를 요하는 괄호 단평 "읽는 자는 깨달을진저"(*ὁ ἀναγινώσκων νοείτω*–호 아나기노스콘 노에이토)를 삽입한다(H. A. Guy, "Mark 13:14: *ὁ ἀναγινώσκων νοείτω*," *ExpTim* 65[1953-54] 30를 보라). 이와 유사하게 *Barn.* 4:4-6에서 저자는 다니엘 7:24과 7:7-8을 인용하고(네 번째 짐승의 열 뿔과 작은 뿔) 그 다음에 "너희는 깨달을진저"(*συνιέναι οὖν ὀφείλετε*–쉬니에나이 운 오페일레테)라고 말한다. 그러나 요한계시록 13:18이나 요한계시록 17:9, 또는 다른 인용 유사구들에는 요셉 기사(창 40:8; 41:15-16)와 다니엘의 궁전 기사들(1:17; 2:19, 30; 5:11-12; 8:15)에 나오는 것과 같이 문제의 환상의 의미를 깨달음에 있어 신성한 도움을 받는 통찰력의 필요성에 대한 명확한 언급이 나오지 않는다. 묵시적이 아닌 문맥으로, "이 말을 받을 만한 자는 받을지어다"라는 말씀은 마태복음 19:12의 결혼에 대한 일련의 말씀을 결론짓는데, 이 말씀의 인유는 Ign. *Smyrn.* 6:1, "이 말을 받을 자는 받을지어다"일 것이다.

사람의 수이기도 한 "짐승의 수"(*τὸν ἀριθμὸν τοῦ θηρίου*–톤 아리드몬 투 데리우)는 헬라어 데리온(*θηρίον*, "짐승")이 히브리어 테리온(תריון)로 음역될 때 문자들의 수치가 666이 된다는 사실을 언급할 것이다: ת=200; ר=200; י=10; ו=6; ן=50(Hadorn, 146; *TDNT* 1:463; Bauckham, "Nero and the Beast," 389).

아리드모스 가르 안드로푸 에스틴(*ἀριθμὸς γὰρ ἀνθρώπου ἐστίν*, "그 수는 사람의 수니")이라는 어구는 문제가 있다. 왜냐하면 안드로푸(*ἀνθρώπου*, "사람")는 적어도 두 가지 다른 방식으로 해석될 수 있기 때문이다. (1) 안드로푸(*ἀνθρώπου*)는 포괄적 의미로 사용될 수 있다(Mussies, *Morphology*, 81-82). 즉 아리드모스 안드로푸(*ἀριθμὸς ἀνθρώπου*)는 알 수 없는 신의 수(참조. 계 21:17)나 단지 짐승의 수가 아니라(Swete, 174-75) 인간의 계산에 따라 셀 수 있는 수를 의미할 수 있다. (2) 안드로푸(*ἀνθρώπου*)는 비포괄적이 될 수 있으며(Mussies, *Morphology*, 81-82) 특별한 개인을 언급할 수 있으니, 즉 "그 수는 (일정한) 사람의 수이다"(Bousset[1906] 370- 71; Charles, 2:365; Prigent, 214). 이 번역은 두 번째 견해가 정확한 번역임을 시사한다. 독자에 대한 이 호소(13:9-10; 14:12; 17:9에 유사구가 나온다)는 짐승이 미래의 인물이 아니라 아마 독자들에게 그의 정체가 잘 알려진 현재의 인물이라는 사실을 나타낸다. 안드로푸(*ἀνθρώπου*)에 관사가 없는 이유는 항상 관사가 없는 히브리어 연계형을 따르기 때문일 것이다. 중요한 유사구는 메트론 안드로푸 호 에스틴 앙겔루(*μέτρον ἀνθρώπου ὅ ἐστιν ἀγγέλου*, "사람의 척량 곧 천사의 척량이라")라는 요한계시록 21:17인데, 여기에서 안드로푸(ἀνθρώπου)는 분명히 포괄적으로 사용된다. 요한계시록 21:17과 아마 13:18은 우주에서 활동하는 두 개의 언어 또는 두 개의 체계, 즉 신의 체계와 인간의 체계가 존재한다는 고대의 견해를 반영한다.

18b "육백육십육이니라"(*καὶ ὁ ἀριθμὸς αὐτοῦ ἑξακόσιοι ἑξήκοντα ἕξ* – 카이 호 아리드모스 아우투 헥사쿠시오이 헥세콘타 헥시). 짐승의 수 "육백육십육"이 남성이라는 사실은 짐승이 남성임을 뒷받침하는 논거로 사용될 수 없다. 왜냐하면 이 수가 남성인 것은 선행 명사 아리드모스(*ἀριθμός*, "수")의 격에 견인된 것이기 때문이다(Mussies, *Morphology*, 225를 보라).

육백육십육이라는 수의 상징적 의미는 요한계시록의 해석에서 가장 논란이 된 문제들 중의 하나였다. 이 분명히 상징적인 수의 의미를 푸는 데는 다음과 같은 세 가지 접근법이 있다.

(1) 게마트리아(gematria), (2) 삼수(triangualr mumbers), (3) 묵시 문헌에 나오는 수의 일반적인 상징적 의미(자세한 논의는 부록 13C를 보라). 선동적인 피타고라스의 "구두 교육"(akousmata) 중의 하나는 "무엇이 가장 지혜로운 것인가? 숫자나 사물에 이름을 부여하는 것"이다(Aelian *Varia Historia* 4.17; 참조. Iamblichus *Vita Pythagorica* 82; see W. Burkert, *Lore and Science in Ancient Pythagoreanism*, tr. E. L. Minar, Jr.[Cambridge: Harvard UP, 1972] 169 n. 22).

고대 기독교 주석가들은 이 숫자 암호에 적합할 수 있는 이름에 대해 숙고했다. 요한계시록 13:18에 나오는 666의 수수께끼를 풀고자 최초로 시도한 인물은 이레네우스였고(Irenaeus *Adv. Haer.* 5.30.3, followed by Hippolytus *De ant.* 50), 이레네우스는 힙폴리투스(Hippolytus , De ant. 50)를 따랐다. 힙폴리투스는 이 이름을 분명히 헬라어라고 가정하고 구성 문자들의 수치가 합계 666이 되는 세 가지 이름, 에반다스(Evanthas), 라테이노스(Lateinos) 그리고 테이탄(Teitan)을 제시했다: 유안다스(*ΕΥΑΝΘΑΣ*: *E*=5; U=400; A=1; N=50; Q=9; A=1; S=200; 합계=666), 라테이노스(LATEINOS: L=30; A=1; T=300; E=5; I=10; N=50; O=70; S=200; 합계=666), 테이탄(TEITAN: T=300; E=5; I=10; T=300; A=1; N=50; 합계=666). Ps.-Hippolytus *De consummatione mundi* 28(ed. H. Achelis, *Schriften*, 301)에서, 미상의 저자는 아르누메(*APNOYME*: A=1; R=100; N=50; O=70; U=40; M=400; E =5; total=666)라는 이름을 제시하는데, 이 이름은 "나를 부정하다"는 의미다. 빅토리누스(Victorinus, *Comm. in Apoc.*: Haussleiter,

Victorinus, 124)도 수치가 합계 666이 되는 이름의 예로 "테이탄"이라는 이름을 사용하고, 역시 유사하게 합계 666이 되는 *세리코스(ΣΗΡΙΚΟΣ)*와 안테모스(*ANTEΜΟΣ*)라는 이름을 제시한다(Haussleiter, *Victorinus*, 125, 127).

이 게마트리아 수수께끼는 아마 의도하는 어떤 특별한 인물의 이름으로 만들어졌을 것이다. 많은 주석가들은 이 인물이 분명히 네로라고 생각해 왔다. "네로 카이사르"를 헬라어에서 아람어로 음역하면 נרון קסרא 인데, 마지막 알렙으로 총계는 667이 되며, 따라서 타당한 해결이 못된다(만일 마지막 묵음 알렙을 계수하지 않으면 합계 666이 된다: Driver, "The Number of the Beast," 79를 보라). 그러나 "네로 카이사르"의 통상적인 히브리어 음역은 נרון קיסר 이고, 이 문자들의 수치는 676이다. 왜냐하면 코프에 이어지는 요드가 10의 수치를 갖고 있기 때문이다). 만일 "네로 카이사르"라는 이름이 נרון קסר 의 형태로 헬라어에서 히브리어로 음역된다면 그 수치는 666이다: נרון=360+קסר=360은 666이 된다(ן=50; ר=200; ו=6; ן=50; ק=100; ס=60; ר=200). 이 가능성은 와디 무라바아트(Wadi Murabbaʿat)에서 발견된 아람어 문서에 네로의 이름과 직함을 헬라어에서 수치 666의 נרון קסר로 음역한 것으로 확증된 것 같다(Benoit et al., *Les grottes*, 100-104; Hillers, *BASOR* 170 [1963] 65). 그리고 대부분의 학자들은 이것이 가장 그럴듯한 해결책이라고 동의한다. 사본 전승에서 666의 이문 616의 가능한 기원은 히브리어 문자로 음역된 라틴어 형태의 "네로 카이사르"가 נרו קסר로 철자화되고 그 수치가 666이라는 것이다: נרו=256+קסר=360(ן=50; ר=200; ו= 6; ק=100; ס=60; ר=200). 네로와 요한계시록에 나오는 짐승의 관계에서 중요한 점은 네로를 데리온(*θηρίον*, "짐승")으로 칭하는 고대 작가들의 증거를 고려하는 것이다(Philostratus *Vit. Apoll.* 4.38; *Sib. Or.* 5.343; 8.157).

보다 복잡한 해결책은 스타우퍼(Stauffer "666," 237-41)에 의해 제안되었다. 그는 도미티안의 헬라어 이름 도미티아노스(*ΔΟΜΙΤΙΑΝΟΣ*=755)가 그의 직함과 함께 유토크라토르 카이사르 도메티아노스 세바스토스 게르마니코스(*ΑΥΤΟΚΡΑΤΩΡ ΚΑΙΣΑΡ ΔΟΜΕΤΙΑΝΟΣ ΣΕΒΑΣΤΟΣ ΓΕΡΜΑΝΙΚΟΣ*)였다고 주장한다. 이 직함과 이름은 간혹 동전에 아 카이 도메트 세브 게(*Α ΚΑΙ ΔΟΜΕΤ ΣΕΒ ΓΕ*, 666)로 축소되어 발견된다.

아우토크라토르(*Aυτοκρατωρ*)	= 1	= 1
카이사르(*KAIσαρ*)	= 20 + 1 + 10	= 31

도메티아노스(*ΔOMETιavoς*) = 4 + 70 + 40 + 5 + 300		= 419
세바스토스(*ΣEBaστoς*) = 200 + 5 + 2= 207		
게르마니코스(*ΓEρμavικoς*) = 3 + 5		= 8
합계		666

부록 13C: 666과 게마트리아(Gematria)

참고문헌

Bauckham, R. "Nero and the Beast." In R. Bauckham, *Climax*. 384-452. **Bergh van Eysinga, G. A. van den.** "Die in der Apokalypse bekämpfte Gnosis." *ZNW* 13(1912) 293- 306. **Bohak, G.** "Greek-Hebrew Gematrias in *3 Baruch* and in Revelation." *JSP* 7(1990) 119-21. **Bonner, C.** "The Numerical Value of a Magical Formula." *JES* 16(1930) 6-9. **Dornseiff, F.** *Das Alphabet in Mystik und Magie*. 2nd ed. Leipzig: Berlin: Teubner, 1925. 91-118. **Forstner, D.** *Die Welt der Symbole*. 2nd ed. Innsbruck: Tyrolia, 1967. **Hvalvik, R.** "Barnabas 9.7-9 and the Author's Supposed Use of Gematria." *NTS* 33(1987) 276-82. **Lieberman, S.** *Hellenism*. **Sambursky, S.** "On the Origin and Significance of the Term 'Gematria.'" *JJS* 29(1978) 35-38. **Stauffer, E.** "666," *ConNT* 11(1947) 237-44.

(1) 대부분의 주석가들은 요한계시록에 나오는 숫자 666이 게마트리아(gematria, "숫자 조작"이라는 의미의 헬라어 게오메트리아[*γεωμετρία*]에서 온 히브리 외래어)의 명백한 성경적 실례라고 가정해 왔다. 게마트리아는 알파벳 문자들이 그 위치에 근거한 수치를 부여 받는 일종의 암호화된 단어 기교다(Forstner, *Symbole*, 29-63). 여기에 적절한 헬라어는 이소프세포스(*ἰσόψηφος*, "수치에 있어 동등한")이다. 32 미도트(*Middot*)의 법칙 29(즉 하가다[Haggadah]의 해석 "법칙들")는 게마트리아다(이 미도트의 번역에 대해서는 H. L. Strack, *Introduction to the Talmud and Midrash*[New York: Jewish Publication Society of America, 1931] 95-98를 보라). 게마트리아의 예들은 구약성경에서도 발견되고(G. R. Driver, "The Number of the Beast," 75-77) 신약성경에서도 발견된다(Driver, "The Number of the Beast," 77-78).

게마트리아에는 두 가지 유형이 있다. (a) 주석 방법으로서의 게마트리아는 신성한 또는 전통적인 본문에 나오는 숫자들에 부여되는 신비적 의미에 기초했다. 전통적인 본문에 나오는 일정한 단어의 전체 또는 부분이 암시적인 숫자로 전환되거나, 또는 전통적인 본문에 나오는 특별한 숫자가 알파벳의 상당하는 문자로 전환되는데, 이 경우 그 알파벳 문자는 숫자에 숨겨진 또는 암호화된 의미를 설명해 주는 것이다. 세네카(Seneca *Ep.* 88.40-41)는 아피온(Apion)이라는 이름의 한 문법학자의 주장을 기록했다. 그 문법학자에 의하면 호우머는 일리아드의 처음 두 문자, 메(*MH*, *M* = 40; *H* =8)로 일리아드와 오딧세이가 나누어지는 숫자(즉 각각 24편이며, 총계는 48편)를 나타냈다는 것이다(그러나 이 고대의 이론에 대해서는 유감스럽게도, 호우머 서사시의 분할은 저자-편집자에 의한 것이 아니라 아마도 헬레니즘 시대에 이루어졌을 것이다). 랍비 전통에서 창세기 14:14에 언급된 아브라함의 종들의 수 318은 아브라함의 종 엘리에셀을 나타내는 게마트리아로 해석되었다. 왜냐하면 엘리에셀이라는 이름의 자음들의 수치 합계가 318이기 때문이라는 것이다(*b. Ned.* 32a). 해석 방법으로서 이런 유형의 게마트리아의 위와 관련된 초기 기독교의 예는 *Barn.* 9:8에 나온다. 아브라함이 할례한 남자들의 숫자 318(창 17:23을 14:14과 결합함)은 예수님의 이름(*Ἰησοῦς*-예수스) 중 처음 두 문자(*I*=10; *H*=8)와 헬라어 타우(*T*= 300) 모양의 십자가에 대한 언급으로 해석된다.

(b) 두 번째 유형의 게마트리아에서는 전통적인 본문과 관련 없는 단어나 이름들이 숫자로 바뀌어 암호화되고 수수께기로 변한다. 이런 숫자 수수께끼의 예는 *Alex.* 11(아부노테이코스의 알렉산더[Alexander of Abunoteichos]의 예언), *Palatine Anthology* 14.20, 105(문자의 수치에 기초한 수수께끼들이 나온다), *Sib. Or.* 1.137-46 (아직 풀리지 않은 하나님을 나타내는 이름에 대한 수수께끼), 1.324-30(888이라는 숫자가 예수스[*Ἰησοῦς*]의 이름의 헬라어 형태를 나타낸다는 기독교의 가필: *I*=10; *H*=8; *Σ*=200; *O*=70; *Υ*=400; *Σ*=200)에서 발견된다. *Sib. Or.* 5.1-51(*Sib. Or.* 5의 가장 뒷부분으로 아마 주후 132년 이전에 기록되었을 것이다)은 알렉산더에서 하드리안에 이르는 세계 지도자들에 대한 예언인데, 여기에는 11명의 황제들을 게마트리아로, 즉 그들의 이름의 첫 글자를 대표하는 숫자들로 나타낸다. 데이스맨(Deissmann, *Light*, 276)은 이 범주에 드는 폼페이에서 발견된 두 개의 헬라어 낙서를 인용한다. "나는 이름이 545(*ΦME*-프메)인 그녀를 사랑한다". "그녀의 고귀한 이름의 수는 45(또는 1035)이다." 후기의 *Sibylline Oracles*(11권과 12권은 약 주후 235년으로 추정되고, 13권은 약 주후 265년 그리고 14권은 주후 7세기에 최종적인 형태가 이루어졌다)에서 통치자들, 주로 로마의 황제들이 그들의 이름을 상징하는 숫자들로(11.91), 또는 더 자주 그 이름들의 첫 글자들로(11.29-30, 92, 114, 189-90, 208, 256, 266; 12.39, 49-50, 68, 78, 96, 101, 121, 125, 144, 148, 189, 207, 246, 250, 258; 13.83-84; 14.21, 28, 44, 59-60, 79, 95, 106, 126, 137, 150, 163, 227, 248) 언급된다.

게마트리아 암호 해독의 주요 문제점은 많은 다른 단어나 이름들이 동일한 수치를 가질 수 있다는 사실에 있다. 그러나 위에 인용된 모든 수수께끼들에서 고유명사가 수수께끼의 해답이라는 것을 주목하는 것이 중요하다.

이 두 번째 유형의 게마트리아의 변형(M. Oberweis, *ZNW* 77[1986] 226-41에 제시된)은 분명히 대등한 알파벳으로 바뀐 숫자에 있다. 6에 해당하는 알파벳 숫자가 고어 다이개머(digamma, F와 비슷한 초기 그리스 문자; 음가는 [W])이기 때문에, 상용 헬라어에서는 666을 쓸 수 없다(𝔓[47]과 051은 이 숫자를 알파벳 숫자들 χ=600, ξ=60, 다이개머=6으로 기록한다). 그래서 오버웨이스(Oberweis)는 모든 문자가 알파벳 숫자를 대표하는 히브리어를 선호한다. 그는 요한계시록 13:18의 헬라어 동사 프세피사토(*ψηφισά-τω*)가 "숫자 문자로 수를 기록하라"(write the number in numerals/letters)로 번역되어야 한다는 제안을 하고, 따라서 666에 대등한 히브리 알파벳은 תרסו(2인칭 남성 복수 단순형 능동태 미완료로 "너희가 멸망시켜야 한다"는 의미)이고 요한계시록 13:16에도 반영된 아모스 6:11의 인유라고 가정한다. 그러나 이 히브리어 동사는 2인칭 남성 복수이기 때문에 문맥에서 거의 무의미하다.

(2) 삼수(triangular number)로서의 666. 삼수(Aristotle *Meteorologica* 1092b에 알려진)는 1로 시작되는 일련의 정수들의 합계다. 따라서 (Lohmeyer, 118-19에 따르면) 666은 36의 삼수이고(즉 1에서 36까지의 정수들의 합계가 666이다), 한편 36은 8의 삼수다(즉 1에서 8까지의 정수들의 합계). 17:11에서 짐승은 특별히 "여덟째"로 불린다. 삼수는 계산하는 데 사용된 마지막 정수와 동일한 상징적 의미를 갖는 것으로 해석된다. 그러나 이 견해의 약점은 유어 반복(tautologic)이다. 즉 짐승의 수(666)가 짐승을 나타내는 또 다른 수(36)로 바뀐다. 그러면 왜 이렇게 극히 단순한 과정이 13:18a이 시사하는 것처럼 지혜와 총명이 필요할까(Oberweis, *ZNW* 77[1986] 227를 보라)? 베르 반 에이싱가(Bergh van Eysinga *ZNW* 13[1912] 293-306)는 요한계시록 17:11에 나오는 여덟 번째 왕의 언급이 8이라는 수의 중요성을 강조한다고 주장한다. 1부터 8까지의 숫자들의 합계는 38이다(1+2+3+4+5+6+7+8=36). 1부터 36까지의 숫자들의 총계가 888이기 때문에 36이라는 수의 의의는 명백하다. 그러나 이 사실은 단지 666이라는 수의 인물이 여덟 번째 왕과 동일하다는 것을 드러낼 뿐이고, 그 왕의 정체를 나타내지는 않는다(Peerbolte, *Antichrist*, 151).

(3) 상징 또는 묵시 숫자로서의 666. 요한계시록은 분명히 상징적 의미를 갖고 있지만 암호화된 단어나 이름을 나타내지는 않는 많은 수를 포함하고 있다(예를 들어, 7, 12, 1,000, 12,000, 144,000). 666은 요한계시록에서 단지 게마트리아의 개연적인 예일 뿐이기 때문에 보다 일반적으로 해석되어야 한다는 주장이 가능하다. 신의 이름을 나타내는 유사한 암호가 *PGM* II.128에 나온다. "당신은 그 수(*ψῆφος*-프세모스)가 9999인 당신의 위대한 이름에 대한 지식을 나에게 선물로 주셨나이다." 이 파피루스는 헬라어로 기록되었지만, 9999라는 숫자는 요한계시록 13:18에서와 같이 수를 나타내는 형용사로 기록된 것이 아니라 알파벳 숫자와 기호들로 기록되었다(theta=9; sampi=900; koppa=90; theta prime=9,000). 따라서 9999는 헬라어 알파벳에 없는 두 개의 기호로 기록되었기 때문에

상용 헬라어로 전환될 수 없다. 이 수는 마술 파피루스와 보석에서 발견된 소위 카브락스(Chabrax) 문구에 나온다("그 수가 9999인 가장 위대한 이름" – *χαβραχ φνεσχηρ φιχρο γνυρω φωχω βωχ*, 카브라크 프네스케르 피크로 그뉘로 포코 보크). 이 카브락스 문구의 모든 문자들이 갖고 있는 수치의 총계가 9999이다(Bonner, *JES* 16[1930] 6-9; id., *Magical Amulets*, 141-42; id., "A Miscellany of Engraved Stones," *Hesperia* 23[1954] 145). 피타고라스 전설은 숫자들을 신들과 관련시킨다. 그러나 9는 힘 및 강제와 관련된다. 그 이유는 10을 향하는 다른 숫자들을 막고 있고, 오케아노스(Okeanos), 땅의 경계 그리고 프로메테우스(Prometheus)라고 칭해지기 때문이다(P. Gorman, *Pythagoras*[London: Routledge & Keegan Paul, 1979] 151).

부록 13D: 아시아 지방 동맹(코이논)

참고문헌

Buckler, W. H., and **Robinson, W. H.** *Greek and Latin Inscriptions.* Sardis: Publications of the American Society for the Excavation of Sardis 7/1. Leiden: Brill, 1932. **Deininger, J.** *Die Provinziallandtage der römischen Kaiserzeit von Augustus bis zum Ende des dritten Jahrhunderts n. 2 Chr.* Munich: Berlin: Beck, 1965. **Duckworth, H. T. F.** "The Roman Provincial System." In *The Beginnings of Christianity.* Part 1: *The Acts of the Apostles,* ed. F. J. Foakes Jackson and K. Lake. London: Macmillan, 1920. 1:171-217. **Ehrenberg, V.** *Der Staat der Griechen.* 2nd ed. Leipzig: Teubner, 1957. ______ and **Jones, A. H. M.** *Documents Illustrating the Reigns of Augustus and Tiberius.* 2nd ed. Oxford: Clarendon, 1955. **Frank, T.** "Representive Government in the Ancient Polities." *CJ* 14(1918-19) 549. **Guiraud, P.** *Les Assemblées provinciales dans l'Émpire romain.* Paris: Impremerie Nationale, 1887. **Horsley, G. H. R.** "The Inscriptions of Ephesos and the New Testament." *NovT* 34(1992) 105-68. **Jones, A. H. M.** *The Cities of the Eastern Roman Provinces.* 2nd ed. Ed. M. Avi-Jonah. Amsterdam: Hakkert, 1983. **Kearsley, R. A.** "Asiarchs, *Archiereis,* and the *Archiereiai* of Asia." *GRBS* 27(1986) 183-92. **Kornemann, E.** "Concilium." *RE* 4/1:803-20. ______. "*Κοινόν.*" *RESup* 4:929-41. **Larsen, J. A. O.** *Representative Government in Greek and Roman History.* Berkeley; Los Angeles: University of California, 1955. ______. "The Position of Provincial Assemblies in the Government and Society of the Late Roman Empire." *CP* 29(1934) 209-20. **Magie, D.** *Roman Rule* *in Asia Minor.* 2 vols. Princeton: Princeton UP, 1950. **Monceaux, P.** *De communi Asiae provinciae*(*KOINON ΑΣΙΑΣ*). Paris: Thorin, 1885. **Moretti, L.** "*KOINA ΑΣΙΑΣ.*" *RF* n.s. 32(1954) 276-89. **Oliver, J. H.** *The Sacred Gerousia.* Athens: American School of Classical Studies, 1941. **Rossner, M.** "Asiarchen und *Archiereis Asiae.*" *Studii Clasice* 16(1974) 101-42. **Taylor, L. R.** "The Asiarchs." In *The Beginnings of Christianity.* Part 1: *The Acts of the Apostles.* London: Macmillan, 1920. 5:256-62.

요한계시록이 쓰여진 시기 동안, 한 세기 이상에 걸쳐 존재했던 아시아 도시들의 지방 동맹은 "아시아 헬라인들의 동맹(또는 공동체)"(*τὸ κοινὸν τῶν ἀπὸ τῆς Ἀσίας Ἑλλήνων*-토 코이논 톤 아포 테스 하시아스 헬레논) 또는 "아시아의 헬라인들"(*οἱ ἀπὸ τῆς Ἀσίας Ἕλληνες*-호이 아포 테스 하시아스 엘레네스), 즉 아카이아 반도의 헬라인들과 같지만 그들과 떨어져 사는 헬라인들이라고 칭해졌다(Ehrenberg-Jones, *Documents*, no. 300.3-4; Deininger, *Provinziallandtage*, 36를 보라). 또한 이 조직은 단순하게 "아시아 동맹"(*κοινὸν Ἀσίας*-코이논 하시아스) 또는 라틴어로 *Commune Asiae*라고 언급되기도 했다. 그러나 유감스럽게도 비문과 주화의 증거들, 소수의 고대 작가들의 작품에 나오는 정보(Tacitus, Pliny, and particularly Strabo 14.3.3), 그리고 후기 로마법 편찬물들에 보관된 황제의 포고령들 외에는 이 지방 동맹들(*concilia* 또는 코이나[*κοινά*])의 조직과 성격에 대해서는 알려진 것이 거의 없다.

로마 제국의 거대한 규모에도 불구하고, 지방 동맹들은 주후 300년 동안 내내 변화가 없었던 것으로 보인다(Deininger, *Provinziallandtage*, 6). 로마인들은 헬라 문명에서 이런 유형의 정치 조직을 받아들였다. 따라서 로마 동부 지방의 동맹들은 그 성격상 근본적인 헬라식을 유지했다. 헬라 코이나(*κοινά*)의 사실상의 정치적 의의는 주전 146년에 로마의 그리스 세계 정복과 함께 끝이 났다. 지방 동맹의 기본 구조는 로마의 황제 숭배와의 관계를 자연스럽게 했다. 왜냐하면 헬라 왕국들의 통치자 예배가 그리스 도시 국가들을 연결시키는 지방 자치 동맹들과 밀접하게 연결되어 왔기 때문이다. 지방의 황제 숭배가 기존의 지방 동맹과 결합되었을 때 지방 동맹에 새로운 중요성을 부여한 특징, 즉 로마 제국의 지방 동맹의 기본 형태가 만들어졌다(Deininger, *Provinziallandtagc*, 19).

아시아 지방 동맹이 존재했다는 최초의 증거는 주전 1세기로 거슬러 올라간다(*OGIS*, 438; Deininger, *Provinziallandtage*, 15). 주전 30/29년 겨울에, 옥타비안은 아시아로 가서 버가모에 로마와 아우구스투스(즉 자기 자신)를 숭상하는 예배를 제정했다. 그의 이 활동에는 신전 건립과 코이나 하시아스(*κοινὰ Ἀσίας*)라고 칭하는 신성한 경기들의 제정이 포함되었다(Cassius Dio 51.20.7-9; Tacitus *Annals* 4.37; 참조. Suetonius *Aug.* 52;

Moretti, *RF* n.s. 32[1954] 276-89; Deininger, *Provinziallandtage*, 54-55). 주후 26년에는 서머나에 티베리우스를 숭상하는 신전이 세워졌다(Tacitus *Annals* 4.15, 55-56; Cassius Dio 59.28.1). 싸이지쿠스(Cyzicus), 에베소, 사데 그리고 아마도 밀레도에도 황제 숭배를 위한 신전들이 세워졌다. 처음에 아시아 지방에는 대제사장이 있는 한 개의 신전이 버가모에만 있었지만, 다른 신전들이 속속 세워졌다. 이 신전들은 각각 자체의 "아시아의 대제사장"을 갖고 있었는데(Deininger, *Provinziallandtage*, 38-39에서 비문의 증거를 보라) 이 제사장들은 모두 지위상 동등했고, 아마 모두 아시아 지방 회합의 의원 자격을 갖고 있었던 것 같다. 이 회합은 한 명의 관리(하시아르케스[Ἀσιάρχης, "Asiarch, 아시아 관원"] 또는 아르키에류스[ἀρχιερεύς, "대제사장"])와 일 년 동안 그 회합(쉬네드리온[συνέδριον] 또는 *concilium*)의 대표와 의장에 의해 주도되었다. 이들은 종교 전문가들이 아니라 지방 귀족 사회의 저명한 구성원들로서 단기간 또는 장기간(여기에는 평생 임기도 포함되었다) 동안 임무를 수행할 수 있었다. 지방의 주요 도시들 중 한 곳에서 매년 1회 모이는 지방 회합은 입법권이나 과세권은 절대로 소유할 수 없었다.

아시아 관원(Asiarch, Strabo 14.1.42; 행 19:31에는 복수형이 나온다)의 직무는 큰 논란의 대상이었다. 일부 학자들은 아시아 관원과 아르키에류스(ἀρχιερεύς, "대제사장")라는 용어들이 무관하다고 주장해 왔는데, 그 이유는 전자가 국한된 지방의 명예로운 직함인 반면에 후자는 선임된 관리를 나타내는 직함이기 때문이라는 것이다(Magie, *Roman Rule* 1:448-50, notes 59, 61; 2:1279-1301). 한편, 다른 학자들은 이 두 직함이 동의어라고 주장한다(Taylor, "Asiarchs," 258-62; Deininger, *Provinziallandtage*, 44-50; Rossner, *Studii Clasice* 16[1974] 101-7). 아시아 관원에 대한 증거는 거의 모두 비문이다. 현재 비문의 증거로 알려진 200명 이상의 아시아 관원들 중에 106명은 에베소와 관련이 있다(Horsley, *NovT* 34[1992] 137). 이 광대한 증거에 근거하여, 키어슬레이(Kearsley)는 아시아 관원(Asiarch)과 대제사장(Archiereus)의 역할이 완전히 달랐고 아시아 관원이라는 직함의 용법은 주후 1세기와 2세기 동안 동일했다는 결론을 내렸다.

아시아 지방 동맹의 중요한 한 가지 특징은 세 명의 지방 총독(*legati pro praetore*)과 한 명의 재판관(quaestor, 후에는 재무관)으로 이루어지는 로마의 지방 통치로부터 완전히 독립되었다는 것이다. 총독이 에베소나 버가모에 주재했는지 또는 그렇지 않았는지는 논쟁이 되고 있는 문제다(*CAH* 11:581; *Kleine Pauly* 1:636). 로마 시민들로 이루어진 상설 조직체(*conventus civium Romanorum*)는 로마 속주들의 지방 회의와 병존했지만 전혀 관계를 갖고 있지 않았으며, 고유 권리에 있어서도 큰 영향력을 갖고 있지 않았다.

다음은 아시아 동맹의 주요 특징들과 직무들이다. (1) 다른 지방 동맹들과 마찬가지로 아시아 지방 동맹도 에클레시아(ἐκκλησία) 또는 쉬네드리온(συνέδριον), "회합"(라틴어 *concilium*)을 갖고 있었는데, 이 회합은 간부 회의라기보다는 대표 회의였다. 대표 선출은 보통 인구 비례로 이루어졌다. 비문의 증거는 주전 4년에 아시아 지방 동맹 회합의 인원이 150명이었음을 알려 준다(Buckler-Robinson, *Inscriptions*, no. 8, doc. 7). 아토니누스 피우스(Antoninus Pius)의 통치 기간 동안(주후 137-61년) 아시아의 도시들은 세 등급으로 분류되었는데, 아마 대도시들은 세 명의 대표를 갖고 있었고, 중간 도시들은 두 명의 대표를 그리고 소도시들은 한 명의 대표를 갖고 있었던 것 같다(*Digest* 27.1.6.2). (2) 아시아 지역 동맹은 자체 관리들을 선택하는 행정 자치권을 갖고 있었다. 여기에는 가장 중요한 관리인 지방 대제사장 또는 아시아 관원을 선택하는 권리도 포함되었다. (3) 또한 아시아 지역 동맹은 일련의 특별한 은화를 주조하는 자치권도 갖고 있었다. 이 은화는 주전 약 19/18년에 등장했고 네로의 통치와 함께 종말을 고했다(이 주화의 뒷면에는 ROM ET AUG라는 헌정의 말과 COM ASIAE[*Commune Asiae*]라는 명각과 함께 지방의 신전이 묘사되어 있었다). (4) 주전 29년 이후 아시아 지방 동맹의 주요 기능은 황제 숭배를 관리하는 것이었다. 여기에는 신전 건축과 달력 개정의 실시, 즉 율리우스 달력을 도입하여 아우구스투스의 생일인 9월 23일로 한 해를 시작하는 것이었다. 도시들에 국한되던 헬라 문화 시대의 왕족들에 대한 예배와 대조적으로, 황제 숭배는 지역 회합들에 의해 조직화되었다. 황제 숭배가 거행되는 지방 신전을 소유하는 영예를 얻기 위해 도시들 간에 치열한 경쟁이 벌어졌다. 주후 1세기 말경에 네오코로스(*νεωκόρος*, "신전 행정관")라는 직함은 한 도시가 이 영예를 얻도록 선발되었다는 것을 나타냈다(Friesen, *Twice Neokoros*, 50-75를 보라). 로마 지방 총독의 임기가 끝날 때, 지방 회합은 그의 기록을 자세히 검토하여 그에게 명예의 표창을 수여할 것을 가결하거나 그의 착취를 소추할 수 있었다(Tacitus *Annals* 3.66-69; 4.15; 13.33, 43). (6) 또한 아시아 지방 동맹은 사소한 "정치" 활동들(Deininger, *Provinziallandtage*, 55-60에서 논의된다)에도 관여했는데, 여기에는 지방을 위해 황제에게 호소하는 활동도 포함되었다(Sherk, *Documents*, 328-37).

부록 13E: 소아시아의 로마 황제 숭배

참고문헌

Alföldi, A. "Die Ausgestaltung des monarchischen Zeremoniells am römischen Kaiserhofe." In *Mitteilungen des deutschen archaeologischen Instituts*. Römische Abteilung 49. Munich: Bruckmann, 1934. 3-118.(="Die Ausgestaltung des monarchischen Zeremoniells am römischen Kaiserhofe." In *Die monarchische Repräsentation im römischen Kaiserreiche*. Darmstadt: Wissenschaftliche, 1970. 3-118). **Barrett, A. A.** *Caligula: The Corruption of Power*. London: Batsford, 1989. **Bickermann, E.** "*Consecratio*." In *Le culte des souverains dans l'empire romain*, ed. W. den Boer. Geneva:

Fondation Hardt, 1972. 1-37. ______. "Die römische Kaiserapotheose." *ARW* 27 (1929) 1-34. **Boer, W. den,** ed. *Le culte des souverains dans l'empire romain.* Entretiens sur l'Antiquité Classique 19. Geneva: Fondation Hardt, 1972. **Botha, P. J. J.** "God, Emperor Worship and Society: Contemporary Experiences and the Book of Revelation." *Neot* 22(1988) 87-102. **Bowersock, G. W.** *Augustus and the Greek World.* Oxford: Clarendon, 1965. ______. "Greek Intellectuals and the Imperial Cult in the Second Century A.D." In *Le culte des souverains dans l'empire romain,* ed. W. den Boer. Geneva: Fondation Hardt, 1972. 177-212. ______. "The Imperial Cult: Perceptions and Persistence." In *Jewish and Christian Self-Definition,* ed. B. E. Meyer and E. P. Sanders. Philadelphia: Fortress, 1982. 3:171-82. **Cerfaux, L.,** and **Tondriau, J.** *Le culte des souverains dans la civilisation gréco-romaine.* Tournai: Desclee & Cie, 1957. **Charlesworth, M. P.** "Some Observations on Ruler Cult, Especially in Rome." *HTR* 28 (1935) 5-44. ______. "The Virtues of a Roman Emperor." *Proceedings of the British Academy* 23(1937) 105-33. **Fayer, J. C.** *Il culto della dea Roma: Origine e diffusione nell'Impero.* Pescara: Trimestre, 1976. **Fishwick, D.** "AUGUSTUS DEUS and DEUS AUGUSTUS." In *Hommages à Martin Vermaseren.* Leiden: Brill, 1978. 1:375-80. ______. "The Development of Provincial Ruler Worship in the Western Roman Empire." *ANRW* II, 16/2: 1201-53. ______. *The Imperial Cult in the Latin West: Studies in the Ruler Cult of the Western Provinces of the Roman Empire.* Vol. 1/1. Leiden: Brill, 1987. **Fredricksmeyer, E.** "Three Notes on Alexander's Deification." *AJAH* 4(1979) 1. **Friesen, S. J.** *Twice Neokoros: Ephesus, Asia and the Cult of the Flavian Imperial Family.* Leiden: Brill, 1993. **Geiger, F.** *De sacerdotibus Augustorum municipalibus.* Halle, 1913. **Habicht, C.** *Gottmenschtum und griechische Städte.* 2nd ed. Munich: Beck, 1970. ______. "New Evidence on the Province of Asia." *JRS* 65(1975) 64-91. **Hänlein-Schäfer, H.** *Veneratio Augusti: Eine Studie zu den Tempeln des ersten römischen Kaisers.* Archaeologica 39. Rome: Bretschneider, 1985. **Herzog-Hauser, G.** "Kaiserkult." *RESup* 4:823ff. **Hopkins, K.** *Conquerors and Slaves: Sociological Studies in Roman History.* Vol. 1. Cambridge: Cambridge UP, 1978. **Jones, D. L.** "Christianity and the Roman Imperial Cult." *ANRW* II, 23/2:1023-54. **Keil, J.** "Die erste Kaiserneokorie von Ephesos." *Numismatische Zeitschrift* n.s. 12(1919) 115-20. **Kornemann, E.** "Zur Geschichte der antiken Herrscherkulte." *Klio* 1(1901) 51- 146. **Langer, P.** "Alexander the Great at Siwah."

Ancient World 4(1981) 109-27. **Le Glay, M.** "Le culte de Rome et de Salus a Pergame, ou l'annonce du culte impérial." In *Studien zur Religion und Kultur Kleinasiens.* FS F. K. Dörner, ed. S. Sahin, E. Schwertheim, and J. Wagner. EPROER 66. Leiden: Brill, 1978. 2:546-64. **Liebeschuetz, J. H. W. G.** *Continuity and Change in Roman Religion.* Oxford: Clarendon, 1979. **MacCormack, S. G.** *Art and Ceremony in Late Antiquity.* Berkeley; Los Angeles: University of California, 1981. **Mellor, R.** "The Goddess Roma." *ANRW* II, 17/2:950-1030. ______. *ΘΕΑ ΡΩΜΗ: The Worship of the Goddess Roma in the Greek World.* Göttingen: Vandenhoeck & Ruprecht, 1975. **Millar, F.** "The Emperor, the Senate and the Provinces." *JRS* 56(1966) 156-66. ______. "The Imperial Cult and the Persecutions." In *Le culte des souverains dans l'empire romain,* ed. W. den Boer. Geneva: Fondation Hardt, 1972. 145- 65. ______. *The Roman Emperor in the Roman World(31 B.C.-A.D. 337).* Ithaca, NY: Cornell UP, 1977. **Momigliano, A.** "How Roman Emperors Became Gods." *American Scholar* 55(1986) 181-93. **Nock, A. D.** "Religious Developments from the Close of the Republic to the Death of Nero." *CAH* 10:465-511. **Pick, B.** "Die Neokorien von Ephesos." In *Corolla Numismatica.* London: Oxford UP, 1906. 234-44. **Pleket, H. W.** "An Aspect of the Emperor Cult: Imperial Mysteries." *HTR* 58(1965) 331. **Price, S. R. F.** "Between Man and God: Sacrifice in the Roman Imperial Cult." *JRS* 70(1980) 28-43. ______. "Gods and Emperors: The Greek Language of the Roman Imperial Cult." *JHS* 104(1984) 79-95. ______. "Noble Funeral to Divine Cult: The Consecration of Roman Emperors." In *Rituals of Royalty: Power and Ceremonial in Traditional Societies,* ed. D. Cannadine and S. Price. Cambridge: Cambridge UP, 1987. ______. *Rituals and Power: The Roman Imperial Cult in Asia Minor.* Cambridge: Cambridge UP, 1984. **Schowalter, D. N.** *The Emperor and the Gods: Images from the Time of Trajan.* HDR 28. Minneapolis: Augsburg, 1993. **Scott, K.** *The Imperial Cult under the Flavians.* Stuttgart: Berlin: Kohlhammer, 1936. **Taeger, F.** *Charisma: Studien zur Geschichte des antiken Herscherkultes.* 2 vols. Stuttgart: Kohlhammer, 1957-60. **Taylor, L. R.** *The Divinity of the Roman Emperor.* Middletown, CT: American Philological Association, 1931. **Wardman, A.** *Religion and Statecraft among the Romans.* Baltimore: Johns Hopkins UP, 1982. **Weinstock, J.** *Divus Julius.* Oxford: Clarendon, 1971. **Wlosok, A.,** ed. *Römischer Kaiserkult.* Darmstadt: Wissenschaftliche, 1978. **Wrede, H.** *Consecratio in Formam Deorum: Vergöttlichte Privatpersonen* *in der römischen Kaiserzeit.* Mainz am Rhein: von Zabern, 1981.

아우구스투스에서 콘스탄틴까지, 총 60명의 로마 황제들 중 36명이 27명의 황제 가족들과 함께 신격화되어 *divus*("신성한, divine")라는 칭호를 부여받았다(Price, "Divine Cult," 57). 로마 황제 숭배의 선례는 그리스 왕들에 대한 숭배였다. 그리스 왕들에 대한 숭배가 여러 통치자들(Lysander of Sparta, Dion of Syracus, Philip of Macedon)의 경의에 기초를 두었던 반면에, 알렉산더 대왕이 종교적 예배를 요청했다는 증거는 불확실하다(Fishwick, *Imperial Cult* 1/1:8-11를 보라). 알렉산더가 신격화되기를 원했다는 것을 시사하는 증거가 있다. 그러나 이 증거가 알렉산더의 유명한 리비아의 시와(Siwah) 오아시스 여행 때였고(P. A. Brunt, ed. and tr., *Arrian,* LCL [Cambridge: Harvard UP, 1976] 1:467-80; extensive bibliography in Langer, *Ancient World* 4 [1981] 109-27를 보라), 그 곳에서 한 제사장이 그를 제우스-암몬의 아들로 인정했고, 그로 인해 알렉산더가 자신의 신적 탄생을 확신했다는 주장(Fredricksmeyer, *AJAH* 4[1979] 1)은 의심스럽다.

그리스의 통치자들에게서 여러 가지 특권과 유익을 얻은 그리스 도시들은 종종 그들을 공경하는 예배 의식을 제정했다. 기존의 신들에게 드리는 예배 의식을 모델로 한 이 의식들은 그리스 도시들이 새로운 형태의 권력에 익숙해지는 주요 수단들 중의 하나였다(Price, *Rituals,* 29-30). 프라이스(Price *Rituals,* 52)는 통치자들을 신적 용어들로 분류함으로써 그리스 군주 정치의 새로움이 위장되었다고 주장한다. 통치자 숭배가 창시될 때는 대개 도시들에 의해 주도되었고, 그 후 이 숭배 의식들은 각 도시의 종교적 관심사들의 필수 구성 요소가 되었다. 통치자 숭배와 전통적인 종교 의식의 관계가 후자를 부흥시키는 데 중요한 역할을 담당했다는 주장은 가능하다. 통치자가 특별한 도시들에 대한 지배력을 잃었을 때, 때로 그 도시들은 이런 종교 의식들을 계속하기도 했고, 때로 공식적으로 종결하기도 했으며(마케도니아의 필립 4세의 경우에 아테네인들이 했던 것처럼: Livy 31.44.4-8를 보라), 또는 새로운 통치자들과 그들의 왕조에게 드려지는 의식들로 대치되기도 했다.

그리스의 종교 의식의 또 한 가지 중요한 특징은 도시에 큰 공헌을 한 평시민들을 숭상하는 공적 종교 의식들을 제정하는 것이다(Price, *Rituals,* 47-51). 그러나 주전 29년 이후 로마의 관리나 그리스의 시민들을 숭상하는 새로운 종교 의식의 제정은 상당히 드물어졌다. 로마 관리를 숭상하는 종교 의식들 중 우리에게 알려진 마지막 종교 의식은 밀레투스의 카피토(Capito in Miletus)를 위해 제정된 것이다(Bowersock, *Augustus,* 120).

그리스의 통치자 예배는 살아 있는 통치자에게 신적 경의를 표하는 것에 초점을 맞춘 반면에, 로마의 황제 숭배는 사망한 황제들에게 부여되는 사후의 신성을 강조하는 경향이 있었다. 로마인들은 사망한 황제들이 신격화 의식에 의해 별나라로 승천하는 것으로 생각했다(Cicero *Phil.* 1.13; 2.110; Pliny *Pan.* 10.4; 24.5; 89.2; Manilius 1.799-804; Herodian 4.2). 한편, 로마 속령에 사는 사람들은 살아 있는 황제를 예배함에 있어서 비교적 자유로웠다(Bickerman, "*Consecratio*," 9-10). 그러나 여기에서 지역적이며 지역의 관습에 종속되는 자치 도시의 종교 의식과 로마 속령의 종교 의식을 구별하는 것이 중요하다. 지역 동맹의 요청에 따라 원로원과 황제의 승인을 얻어야 하는 속령의 종교 의식은 로마의 전통을 인정할 수밖에 없었고, 따라서 대체적으로 데오스(*θεός*, "신")라는 칭호를 원로원에 의해 공적으로 신격화된 사망한 황제들에게 제한했다(Friesen, *Twice Neokoros*, 22-23; 참조. *IGRom* 1:55-56; 4:1756). 하지만 도미티안의 경우에는 이 노선이 어긋났다. 왜냐하면 그는 로마 자체에서 제사 형식의 예배를 요구했던 것으로 보이기 때문이다(Pliny *Pan.* 52.1, 7).

매우 최근까지, 로마의 황제 숭배는 고대인들에게 종교적인 의미보다는 정치적인 의미였던 것으로 간주되어 왔다(Liebeschuetz, *Continuity*, 65-90). 노크(A. D. Nock *Conversion: The Old and the New in Religion from Alexander the Great to Augustine of Hippo*[Oxford: Oxford UP, 1933] 229)에 의하면, "클라디우스 시대까지 그것(통치자 숭배)은 감정은 거의 포함되지 않는 충성의 외견적 표시였나." 노크의 견해에서 통치자 숭배는 예배가 아니라 신하의 충성을 수반하는 것이었다(Nock, *CAH* 10: 481-82). 그러나 최근의 연구에서 황제 숭배의 종교적 의미는 차츰 분명하게 드러나고 있다(Hopkins, *Conquerors*, 1:197-242; Price, *Rituals*, passim). 헬라 문화 시대 이전에는 신성 왕권이 그리스와 로마 역사에 존재하지 않기 때문에, 이 시기에 신성 왕권이 유력했다고 설명하는 것은 문제가 있다. 모미글리아노(Momigliano *American Scholar* 55[1986] 193)에 의하면, "황제 숭배는 주로 신들에 대한 무관심이나 의심 또는 불안의 표시였다. 또한 더 나아가 황제 숭배는 효과적이면서 이질적인 통치에 대한 감탄의 표현이었다."

그리스와 로마 시대의 통치자 숭배의 종교적 선례들 중 하나는 그리스의 "영웅", 즉 죽은 후에 그의 무덤이 예배 의식의 대상이 되고 그의 유물에 능력이 스며들어 있는 것으로 생각되는 사람들에 대한 개념이었다. 그러나 한 가지 다른 특징이며 본질적으로 그리스적인 현상은 통치자 숭배가 살아 있는 군주의 신성에 초점을 맞추었다는 것이다. 그리스의 통치자들은 이전에 신들에게서 얻은 축복과 보호를 나누어 줄 수 있었기 때문에, 폴리우코스(*πολιοῦχος*, "도시의 보호자") 숭배는 전통적인 신들에 대한 예배와 병행되었다.

헬라 문화 시대가 시작되면서 전통적인 인간과 신의 구별이 희미해지는 경향이 증대되었다. 로마 관리들의 수많은 종교 의식들은 주전 3세기 말에서 주후 1세기 초까지 그리스 도시들에 존재했다(Bowersock, *Augustus*). 로마에는 통치자 숭배에 여러 제한들이 있었다(Momigliano, *American Scholar* 55[1986] 187). "일반적으로 황제는 통치자 숭배를 승인하고, 제한하고, 때로는 거부해야 했다. 그는 예배를 받았지만 그럼에도 불구하고 '군주'

역할을 하기로 되어 있는 로마의 귀족 사회와 좋은 관계로 지내기 위해 인간으로 머물러야 했다." 따라서 황제는 살아 있는 동안 "그의 있는 곳에서보다는 없는 곳에서 더 신에 가까웠다"(Momigliano, *American Scholar* 55[1986] 187). 속령들에서, 특별히 아시아 속령에서 황제 숭배는 존재하지 않는 황제의 존재를 전달하는 것이었다. 주후 29년에 아시아와 비두니아에서 아우구스투스는 로마와 함께 속령의 숭배를 받았다. 신 아우구스투스에게 온전히 또는 부분적으로 봉헌된 신전들의 목록에서 헨레인-쉐퍼(Hänlein-Schäfer, *Veneratio Augusti*)는 66개의 건물을 열거했다. 아우구스투스 이후, 티베리우스와 클라디우스와 같은 특별한 황제들을 숭상하여 제정된 종교 의식들의 수는 빠르게 감소했다. 그러나 대체로 황제들을 숭상하는 수많은 종교 의식들이 있었고, 이 종교 의식들은 아우구스투스가 갖고 있던 카리스마의 성공적인 제도화를 상징할 것이다(Price, *Rituals*, 57-58). 주후 89-90년의 것으로 추산되는 13개의 비문들이 에베소의 도미티안 신전(Price, *Rituals*, 255), 또는 더 정확하게 말해서 "세바스토이의 신전"(*ναὸς τῶν Σεβαστῶν* – 나오스 톤 세바스톤)에서 발굴되었는데, 이 비문들은 최초의 공적인 속령의 황제 숭배와 관계가 있다(*I. Eph.* 2.233, lines 9-10); *I. Eph.* 2.232, 232a, 233, 234, 235, 237, 238, 239, 240, 241, 242; 5.1498; 6.2048; Friesen, *Twice Neokoros*, 29-49를 보라.

네오코로스(*νεωκόρος*)에서 파생된 "신전 관리자"가 의미하는 *neokorate*라는 용어는 원래 종교 의식의 집행에서 제사장들과 여제사장들을 돕는 관리를 나타내는 용어였다. 주후 1세기에 이 용어는 도시들에 사용되었다. 프라이스(Friesen, *Twice Neokoros*, 53-56)은 이 용법을 보여 주는 최초의 세 가지 예를 논했다. 주후 1세기 말에 이 용어는 황제 숭배에 혼합되어 원로원과 황제에 의해 황제 예배를 제정하는 것이 허용된 도시들에 적용되었다(이 용어에 대한 중요한 논의가 Friesen, *Twice Neokoros*, 50-75에 나온다). 대부분의 예에 도미티안의 이름은 삭제되고 베스파시안의 이름이 삽입되어 있다(Price, *Rituals*, 256).

많은 기독교 순교자들의 행동은 때로 잔인 무도한 면을 보이기도 한 황제 예배 강요의 이면을 보여 준다. 그리스도인들에 대한 일반적인 비난은 그들이 황제에게 제물을 드리지 않는다는 것이었다(Tertullian *Apol.* 10, *deus non colitis et pro imperatoribus sacrificia non penditis*). 충성에 대한 시험에는 황제 예배의 인정이 포함되었다(Pliny *Ep.* 10.96; *Martyrdom of Polycarp; Acts of the Scillitan Martyrs; Martyrdom of Pionius*). 타키투스와 같은 일부 로마의 지식인들은 황제 예배에 대해 멸시적으로 "그리스식 아첨"(*Graeca adjulatio*)이라고 말했다.

팔레스타인에도 로마의 황제 예배가 존재했다. 헤롯 대왕은 가이사랴 마리티마(Caesarea Maritima)에 신전(주전 22년과 10년 사이에 건설)을 세워 그 도시의 조상신들, 그리고 로마와 아우구스투스를 숭상했다(Jos. *J. W.* 1.414-15; *Ant.* 15.339; 참조. *NEAEHL* 1:238). 1961년에 가이사랴에서 발견된 한 비문은 주후 26-36년의 유다 총독 본디오 빌라도가 가이사랴 마리티마에 티베리우스(주후 14-37년)를 숭상하는 작은 예배당을 헌당했다고 기술한다.

로마 황제들의 신격화의 흥미 있는 한 가지 배경은 개인들의 신격화 전통이다. 이 전통은 로마와 로마 제국의 서부 도시들에 한정된 비그리스 전통으로 주로 미술 작품들로 표현되었다(Wrede, *Consecratio*, 2-3). 이 신화 전통은 두 가지 형태를 취한다. (1) 신화적 주제와 사례들의 사용을 통한 고인들에 대한 묘사와 (2) 신화 자체에 대한 묘사.

해설

서술론적 시각으로 볼 때, 요한계시록 12:18-13:18은 12:18(개역성경의 12:17 하반부, "그가(용이) 바닷가에 섰더라"[ἐστάθη – 에스타데])의 편집적 전환에 의해 11:19-12:17과 느슨하게 연결된다. 요한계시록 12:18-13:18은 두 개의 소단락으로 이루어진다. 첫 번째 소단락은 바다에서 나온 짐승에 대한 것이다(12:18-13:11). 앞에서 그는 짧은 장면에 두 증인의 죽음의 원인으로 등상한 바 있다(11:7). 그리고 두 번째 소단락은 땅에서 올라온 짐승에 대한 것이다(12-18절). 이 두 번째 짐승은 첫 번째 짐승을 완전히 추종하기 때문에, 그의 모든 활동은 첫 번째 짐승을 섬기는 가운데 수행된다. 따라서 12-18절에는 첫 번째 짐승도 역시 두드러진다. 용의 부섭정으로 바다에서 나온 짐승의 서임은 요한계시록 5장에 나오는 어린양의 서임에 대한 기술과 완미한 대조를 이룬다. 이 두 짐승은 바다의 암괴물 리워야단과 광야의 숫괴물 베헤모트에 근거를 두고 있다. 이 인유가 12:18-13:18의 환상에 골격을 제공하지만, 본문 구성의 통일성은 비교적 치밀하지 못한데, 그 이유는 리워야단과 베헤모트 신화의 중요한 특색들이 빠지고 종말의 대적 또는 적그리스도 신화에서 비롯된 주제들로 대치되기 때문이다(부록 13B를 보라). 어떤 일개인의 통치자라기보다는 아마 로마 제국을 상징하는 바다에서 나온 짐승은 "포악한 통치자"를 모델로 삼는 반면에, 땅에서 올라온 짐승은 첫 번째 짐승의 대행자 역할을 하며 아시아 공동체(로마의 정책을 용이하게 하는 지방 징치 조직체)를 상징하는 것으로 보인다. 또한 땅에서 올라온 짐승은 주로 "속임수를 쓰는 거짓 선지자"를 모델로 하고 있다.

신들과 바다의 용 또는 유사한 괴물들 간의 전투, 즉 질서와 혼돈 간의 대립을 나타내는 전투에 대한 원시 신화의 수많은 변형들이 고대 세계 곳곳에 존재했다. 그리스인들은 제우스와 타이폰의 전투, 그리고 아폴로와 파이돈의 전투에 대해 이야기했고, 바빌로니아인들은 마르둑과 티아마트(Marduk and Tiamat)의 전투에 대해 이야기했으며, 이스라엘인들은 여호와와 라합 또는 여호와와 리워야단의 전투에 대해 이야기했다. 유대의 원시 신화에 의하면, 하나님께서는 창조의 다섯째 날에 두 괴물, 즉 리워야단와 베헤모트를 창조하셨다. 암괴물 리워야단은 바다에 감금되었고 그의 짝인 숫괴물 베헤모트는 광야에 감금되었다.

13장에서 요한이 익히 알고 있음을 드러내는 유대의 종말론적 예상에 따르면, 메시아가 나타난 다음에 베헤모트가 모습을 드러내고, 곧이어 리워야단이 바다에서 올라올 것이라고 한다. 요한은 첫 번째 괴물(유대 전설의 암괴물 리워야단)이 "바다"(심연 또는 무저갱을 의미하고 악과 혼돈을 상징한다)에서 올라오는 것을 본다. 그 첫 번째 괴물은 참람한 이름들이 쓰여진 일곱 개의 머리와 각각 면류관을 쓴 열 뿔을 가지고 있다(1절). 이 짐승의 모습(2절)은 다니엘 7:2-7의 바다에서 나온 네 짐승의 혼합임을 나타낸다. 뿔들은 권세를 상징하고 열 면류관은 그리스도의 통치(19:10)를 서투르게 모방한 세계적 주권을 암시한다.

유대교에서 바다의 괴물은 포악한 외국 민족들을 상징하게 되었다. 그리고 간혹 혼돈의 괴물 라합 또는 리워야단은 이집트를 의미할 수 있었다. 이 괴물은 용의 왕좌와 권세를 소유하기 때문에 사단의 지상 대표자 역할을 하며, 또한 그리스도의 서투른 모방 역할을 하기도 한다. 이 짐승에게 바치는 예배(4절)는 황제 예배와 같다. 1절에 언급된 "참람한 이름들"은 지방의 황제 예배에서 살아 있는 황제에게 사용된 존경의 호칭들("주", "신"과 같은)일 것이다. 짐승의 머리들 중의 하나로 죽게 되었던 머리가 기적적으로 치유되는데(3절), 이것은 그리스도의 죽음과 부활의 서투른 모방이다.

일곱 머리가 일곱 왕을 나타내기 때문에, 이 모호한 언급은 대개 부활한 네로의 전설을 언급하는 것으로 생각된다. 네로가 주후 68년 6월 9일에 자살했지만, 그의 시체를 보거나 그의 매장을 목격한 사람은 거의 없다. 네로는 이탈리아에서는 경멸을 받았지만 동부 지방에서는 인기가 있었다. 주후 68년 이후 적어도 세 번 가짜 네로가 등장했는데, 첫 번째는 주후 69년, 두 번째는 주후 80년 그리고 세 번째는 주후 88년이었다. 이 짐승이 성도들과 싸워 패배시켰다는 말(7절)은 안디바(2:13; 참조. 6:9-11; 20:4)처럼 황제 예배와 관련된 제사를 드리기를 거부함으로 사형당한 사람들을 언급할 것이다.

땅에서 올라온 두 번째 짐승(유대 전설의 숫괴물 베헤모트)은 새끼 양처럼 두 뿔이 있고 용처럼 말했다 - 양의 옷을 입은 늑대(11절). 후에 "거짓 선지자"로 언급되는(16:13; 19:20; 20:10) 두 번째 짐승은 미혹시키는 기적들을 행하여 짐승의 우상, 말하는 능력을 갖고 있는 우상을 만들도록 설득한다(13-15절). 기독교 종말론은 기적을 행하는 "거짓 그리스도"와 "거짓 선지자들"과 같은 대적들이 나타날 것으로 예상했다. 종교적 사기는 고대 세계에서 드문 일이 아니었다. 그러나 이런 종교적 사기가 황제 예배와 관련되어 벌어졌다는 증거는 없다.

두 번째 짐승은 첫 번째 짐승의 예배와 관련이 있는 지역의 권세, 아마 아시아 지역의 가장 중요한 종교 의식인 황제 예배의 제사장직을 상징한다. 1세기 말 에베소에 도미티안 예배(아시아 전 지역이 참여하게 된)의 제정은 그리스도인들에게 충성된 국민이 되어 황제 예배에 참여하라는 큰 압박이 가해지는 풍토를 조성했다. 대개는 황제 자신에게 제사와 기도를 드리지 않고 신들에게 드려졌지만, 그리스도인들은 이 미묘한 차이를 납득할 수 없었을 것이다. 황제들은 사후에 로마 원로원에 의해 "신"으로 선언된 후에라야 공적으로 신으로 여김을 받을 수 있었다(가이우스와 도미티안은 예외다). 그러나 지방들, 특별히 아시아에서 로마 황제들은 종종 그들의 통치 기간 동안에 예배를 받았다.

두 번째 짐승은 모든 사람에게 오른손과 이마에 짐승 이름의 낙인을 받으라고 강권한다. 그리하여 하나님의 인을 받은 신실한 그리스도인들과 대조적으로 불신자들은 하나의 동일 집단을 형성한다(7:2-8). 첫 번째 짐승의 암호화된 이름은 666이다. 이 수는 아람어로 "네로 카이사르"(팔레스타인 와디 부라바트에서 발견된 한 편의 문서에 나오는)의 철자들이 갖고 있는 수치의 합계다. 그러나 이것은 이 수수께끼를 푸는 수많은 방법들 중의 한 가지에 불과하다.

4. 종말의 구원과 심판의 환상(14:1-20)

참고문헌

Altink, W. "Theological Motives for the Use of 1 Chronicles 16:8-36 as Background for Revelation 14:6-7." *AUSS* 24(1986) 211-21. **Aune D. E.** "Following the Lamb: Discipleship in the Apocalypse." In *Patterns of Discipleship in the New Testament*, ed.

R. N. Longenecker. Grand Rapids, MI: Eerdmans, 1996. 269-84. ______. "Luke 20:34-36: A 'Gnosticized' Logion of Jesus?" In *Geschichte - Tradition - Reflexion.* FS M. Hengel, ed. H. Cancik, H. Lichtenberger, and P. Schäfer. Tübingen: Mohr-Siebeck, 1996. 3:187-202. **Avemarie, F.** "Esaus Händer, Jakobs Stimme: Edom als Sinnbild Roms in der frühen rabbinischen Literatur." In *Die Heiden: Juden, Christen und das Problem des Fremden,* ed. R. Feldmeier and U. Heckel. WUNT 70. Tübingen: Mohr-Siebeck, 1994. 177-208. **Bauckham, R.** "The Apocalypse as a Christian War Scroll." In R. Bauckham, *Climax.* 210-37. ______. "The Conversion of the Nations." In R. Bauckham, *Climax.* 238-337. ______. "The Use of Apocalyptic Traditions." In R. Bauckham, *Climax.* 38-91. **Baus, K.** *Der Kranz in Antike und Christentum.* Theophaneia 2. Bonn: Hanstein, 1940. **Bentzen, A.** "Der Sichel." *VT* 1(1951) 216-17. **Bergmeier, R.** "Die Erzhure und das Tier: Apk 12,18 und 17f. Eine quellen- und redaktionskritische Analyse." *ANRW* II, 25/5:3899-3916. **Betz, O.** "Jesu Heiliger Krieg." *NovT* 2(1957) 116-37. **Borsch, F. H.** *The Son of Man in Myth and History.* London: SCM, 1967. **Brock, S. P.** "Early Syrian Asceticism." *Numen* 20 (1973) 1-19. **Brongers, H. A.** "Der Zornesbecher." *OTS* 15(1969) 177-92. **Brown, S.** "Concerning the Origin of the *Nomina Sacra.*" *SPap* 9(1970) 7-19. **Burrows, M.** "The Origin of the Term 'Gospel.'" *JBL* 44(1925) 21-33. **Casey, P. M.** *Son of Man: The Interpretation and Influence of Daniel 7.* London: SPCK, 1979. **Cerfaux, L.** "L'Evangile Eternel (Apoc. XIV:6)." *ETL* 39(1963) 672-81. **Coppens, J.** "La mention d'un Fils d'homme angélique en Ap 14,14." In *L'Apocalypse,* ed. J. Lambrecht. 229. **Culianu, I. P.** *Psychanodia:* Vol 1. *A Survey of the Evidence concerning the Ascension of the Soul and its Relevance.* EPRO 99. Leiden: Brill, 1983. **Deer, D. S.** "Whose faith/loyalty in Revelation 2.13 and 14.12?" *BT* 38(1987) 328-30. **Devine, R.** "The Virgin Followers of the Lamb." *Scripture* 16(1964) 1-5. **Feuillet, A.** "Les 144.000 Israélites marqués d'un sceau." *NovT* 9(1967) 191-224. ______. "La moisson et la vendange de l'Apocalypse(14,14-20): La signification chrétienne de la révélation johannique." *NRT* 94(1972) 113-32, 225-50. **Ford, J. M.** "The Meaning of 'Virgin.'" *NTS* 12(1966) 293-99. **Frankmölle, H.** *Evangelium: Begriff und Gattung.* Stuttgart: Katholisches Bibelwerk, 1994. **Galling, K.,** and **Altaner, B.** "Babylon." *RAC* 1:1118-34. **Grillmeier, A.** "'Ihre Werke folgen ihnen nach' (Offb 14:13)." *GL* 37(1964) 321-24. **Huntzinger, C.-H.** "Babylon als Deckname für Rom und die Datierung des

1. Petrusbriefes." In *Gottes Wort und Gottes Land.* FS H.-W. Hertzberg, ed. H. G. Reventlow. Göttingen: Vandenhoeck & Ruprecht, 1965. 67-77. **Jeremias, Joachim.** *Jesu Verheissung für die Völker.* 2nd ed. Stuttgart: Kohlhammer, 1956 (ET: *Jesus' Promise to the Nations. SBT* 24. Rev. ed. London: SCM, 1967). **Kang, S.-M.** *Divine War in the Old Testament and in the Ancient Near East.* BZAW 177. Berlin: de Gruyter, 1989. **Lietzmann, H.** *Der Menschensohn: Ein Beitrag zur neutestamentlichen Theologie.* Freiburg i. B.:Leipzig: Mohr-Siebeck, 1896. **Lindijer, C. H.** "Die Jungfrauen in der Offenbarung des Johannes XIV 4." In *Studies in John.* FS J. N. Sevenster. NovTSup 24. Leiden: Brill, 1970. 124-42. **Lindsay, D. R.** *Josephus and Faith: Πίστις and Πιστεύειν as Faith Terminology in the Writings of Flavius Josephus and the New Testament.* AGJU 19. Leiden: Brill, 1993. **Lohse, E.** "Der Menschensohn in der Johannesapokalypse." In *Jesus und der Menschensohn.* ed. R. Pesch and R. Schnackenburg. Freiburg: Basel: Vienna: Herder, 1975. 415-20. **Masson, C.** "L'Évangile Eternel 14,6-7." In *Hommage de Reconnaissance à K. Barth.* ed. J.-J. von Allmen. Neuchâtel: Paris: Delachaux & Niestlé, 1946. 63ff. **McArthur, H.** "Celibacy in Judaism at the Time of Christian Beginnings." *AUSS* 25(1987) 163-81. **McCarthy, D. J.** "Vox bśr praeparat vocem 'evangelium.'" *VD* 42(1964) 26-33. **McKane, W.** "Poison, Trial by Ordeal and the Cup of Wrath." *VT* 30(1980) 474-92. **McNamara, M.** *Palestinian Targum.* 209-14[14:1-5]. **Olson, D. C.** "'Those Who Have Not Defiled Themselves with Women': Revelation 14:4 and the *Book of Enoch.*" *CBQ* 59(1997) 492-510. **Paap, A. H. R. E.** *Nomina Sacra in the Greek Papyri of the First Five Centuries.* Leiden: Brill, 1970. **Poucouta, P.** *La dynamique missionnaire de l'Apocalypse.* Paris: Cerf, 1991. **Power, E.** "A Pretended Interpolation in the Apocalypse(14:4e, 5ab)." *Bib* 4(1923) 108-12. **Rad, G. von.** *Der heilige Krieg im alten Israel.* 3rd ed. Göttingen: Vandenhoeck & Ruprecht, 1958. **Ringgren, H.** "Vredens kalk." *SEÅ* 17(1953) 19-30. **Roberts, C. H.** *Manuscript, Society and Belief in Early Christian Egypt.* London: Oxford UP, 1979. **Rückert, K.** "Die Begriffe *παρθένος* und *ἀπαρχή* in Apok. 14:4, 5." *TQ* 68(1886) 391-448; 69(1897) 105-32. **Schaik, A. P. van.** "*Ἄλλος ἄγγελος* in Apk 14." In *L'Apocalypse*, ed. J. Lambrecht. 217-28. **Schüssler Fiorenza, E.** "The Followers of the Lamb: Visionary Rhetoric and Social-Political Situation." In *Discipleship in the New Testament,* ed. F. F. Segovia. Philadelphia: Fortress, 1985. 144-65. **Schwartz, J.** "Treading the Grapes

of Wrath: The Wine Press in Ancient Jewish and Christian Tradition." *TZ* 49(1993) 215-28, 311-24. **Seltman, C.** *Wine in the Ancient World.* London: Routledge & Kegan Paul, 1957. **Sissa, G.** *Greek Virginity.* Cambridge: Harvard UP, 1990. **Skrinjar, A.** "Virgines enim sunt." *VD* 15(1935) 331-39. **Slater, T. B.** "*Homoion huion anthropou* in Rev 1.13 and 14.14." *BT* 44(1993) 349-50. **Stadelmann, L. I. J.** *The Hebrew Conception of the World.* AnBib 39. Rome: Biblical Institute, 1970. **Steinberger, G.** *Der Weg dem Lamme nach(Apc. 14,4).* Munich, 1948. **Strecker, G.** "Das Evangelium Jesu Christi." In *Jesus Christus in Historie und Theologie.* FS H. Conzelmann, ed. G. Strecker. Tübingen: Mohr-Siebeck, 1975. 503-48. **Stuhlmacher, P.** *Das paulinische Evangelium: Vol. 1. Vorgeschichte.* Göttingen: Vandenhoeck & Ruprecht, 1968. **Tambyah, T. I.** "'Virgins' in Rev. XIV.4." *ExpTim* 32(1920-21) 139. **Thiede, C. P.** "Babylon, der andere Ort: Anmerkungen zu Petr 5,13 und Apg 12,17." *Bib* 67(1986) 532-38. **Tissot, Y.** "Encratisme et Actes Apocryphes." In *Les Actes Apocryphes des Apôtres,* ed. F. Bovon. Geneva: Labor et Fides, 1981. 109-19. **Traube, L.** *Nomina Sacra: Versuch einer Geschichte der christlichen Kürzung.* Munich: Beck, 1907. **Vööbus, A.** *Celibacy: A Requirement for Admission to Baptism in the Early Syrian Church.* Stockholm: Estonian Theological Society in Exile, 1951. **Weicht, W.** *Die dem Lamme folgen: Eine Untersuchung der Auslegung von Offb 14,1-5 in den letzten 80 Jahren.* Untermerzbach/Bamberg, 1976. **Wolff, C.** *Jeremia im Frühjudentum und Urchristentum.* Berlin: Akademie, 1976. **Yarbro Collins, A.** "The Political Perspective of the Revelation to John." *JBL* 96(1977) 241-56. ______. "Women's History and the Book of Revelation." In *Society of Biblical Literature 1987 Seminar Papers,* ed. K. H. Richards. Atlanta: Scholars, 1987. **Zondervan, P.** "Het Woord 'Evangelium.'" *TT* 43(1914) 178-213.

본 문

1 또 내가 보니 어린양이 시온 산에 섰고 그와 함께 십사만 사천이 섰는데 그 이마에 어린양의 이름과 그 아버지의 이름을 쓴 것이 있도다

1 I[a] saw, and, behold, the[b] Lamb was standing[c] on[d] Mount Zion and with him a group of[e] 144,000 with[f] his name and the name of his Father written[g] on their foreheads.[h]

2 내가 하늘에서 나는 소리를 들으니 많은 물소리도 같고 큰 뇌성도 같은데 내게 들리는 소리는 거문고 타는 자들의 그 거문고 타는 것 같더라

2 I[a] heard a sound[b] [c]from heaven like the roar of the sea[d] and like the sound of loud thunder. [e]The[f] sound which[g] I heard was like[h] that[i] of kitharists[e]

3 저희가 보좌와 네 생물과 장로들 앞에서 새 노
래를 부르니 땅에서 구속함을 얻은 십사만 사천
인밖에는 능히 이 노래를 배울 자가 없더라

4 이 사람들은 여자로 더불어 더럽히지 아니하고
정절이 있는 자라 어린양이 어디로 인도하든지
따라가는 자며 사람 가운데서 구속을 받아 처음
익은 열매로 하나님과 어린양에게 속한 자들이니

5 그 입에 거짓말이 없고 흠이 없는 자들이더라

6 또 보니 다른 천사가 공중에 날아가는데 땅에
거하는 자들 곧 여러 나라와 족속과 방언과 백성
에게 전할 영원한 복음을 가졌더라

7 그가 큰 음성으로 가로되 하나님을 두려워하며
그에게 영광을 돌리라 이는 그의 심판하실 시간
이 이르렀음이니 하늘과 땅과 바다와 물들의 근
원을 만드신 이를 경배하라 하더라
8 또 다른 천사 곧 둘째가 그 뒤를 따라 말하되
무너졌도다 무너졌도다 큰 성 바벨론이여 모든
나라를 그 음행으로 인하여 진노의 포도주로 먹
이던 자로다 하더라
9 또 다른 천사 곧 셋째가 그 뒤를 따라 큰 음성
으로 가로되 만일 누구든지 짐승과 그의 우상에
게 경배하고 이마에나 손에 표를 받으면

10 그도 하나님의 진노의 포도주를 마시리니 그
진노의 잔에 섞인 것이 없이 부은 포도주라 거룩
한 천사들 앞과 어린양 앞에서 불과 유황으로 고
난을 받으리니

11 그 고난의 연기가 세세토록 올라가리로다 짐
승과 그의 우상에게 경배하고 그 이름의 표를 받
는 자는 누구든지 밤낮 쉼을 얻지 못하리라 하더
라
12 성도들의 인내가 여기 있나니 저희는 하나님
의 계명과 예수 믿음을 지키는 자니라

playing on their kitharas.
3 Then they sang,[a] as it were,[b] a new song before
the throne and before the four cherubim[c] and[d] the
elders.[c] No one[e] could learn the song except the
144,000 who had been redeemed[f] from the earth.
4 These[a] are those who have not polluted themsel-
ves with women, for they are[b] chaste. These are
those who follow the Lamb [c]where he would go.[c]
These are those who have been redeemed[d] from
humanity, servants devoted to[e] God and the Lamb,
5 and "in their mouths[a] guile was not found."[b]
They are blameless.
6 Then I saw another[a] angel flying in midheaven,
with an eternal message to proclaim[b] among[c] those
who dwell[d] on the earth and among[e] every nation
and tribe and language and people,
7 proclaiming[a] with a loud voice, "Fear God and
give[b] him glory, because the hour of his judgment
has come, and [c]worship the one who made[c] the hea-
ven and the earth and the[d] sea and the springs."
8 Then another [a]angel, a second one,[a] followed,[b]
[c]saying, "Fallen, fallen is Babylon the great who[d]
gave all nations [e]to drink[e] of[f] the wine which is her
immoral[g] passion."
9 Another angel, a third one, followed them,[a] pro-
claiming with a loud voice, "If anyone worships
[b]the beast[b] and his cultic image and receives a
[c]brand[d] [e]on his forehead or upon his hand,[e]
10 then[a] he too[b] will drink some[c] of the wine,
which is[d] the fury[e] of God poured unmixed [f]into the
cup, which is[g] his anger,[f] [h]with the result that[h] he
will be tormented[i] in fire and sulfur before the holy
angels and before the Lamb.
11 The[a] smoke of their[b] torment ascends forever.
Those who worship [c]the beast[c] and its cultic image
will have no rest day and night, and [d]whoever[d]
receives the brand[e] with its name.[f]
12 [a]This[b] indicates that[a] the perseverance of[c] God's
people[c] involves[d] [e]keeping the commands of God
and [f]maintaining [g]faithfulness to Jesus.[g]

13 또 내가 들으니 하늘에서 음성이 나서 가로되 기록하라 자금 이후로 주 안에서 죽는 자들은 복이 있도다 하시매 성령이 가라사대 그러하다 저희 수고를 그치고 쉬리니 이는 저희의 행한 일이 따름이라 하시더라

13 Then I heard a voice from heaven saying,[a] "Write, [b]'How fortunate[b] are the dead who die in [c]the Lord.[c] [d]Truly, says[d] the Spirit, [e]that[f] they might rest[e] from their labors, for their works follow[g] after them.'"

14 또 내가 보니 흰 구름이 있고 구름 위에 사람의 아들과 같은 이가 앉았는데 그 머리에는 금 면류관이 있고 그 손에는 이한 낫을 가졌더라

14 [a]Then I looked,[a] and behold, a white cloud, and [b]upon the cloud was seated[bc] one like a [d]human[e] being[d] with[f] a golden wreath upon his head and a sharp sickle in his hand.

15 또 다른 천사가 성전으로부터 나와 구름 위에 앉은 이를 향하여 큰 음성으로 외쳐 가로되 네 낫을 휘둘러 거두라 거둘 때가 이르러 땅에 곡식이 다 익었음이로다 하니

15 Then another angel came out of the [a]temple,[b] exclaiming[c] with a loud voice to the one seated upon the cloud, [d]"Use your[e] sickle[d] for[f] harvesting, for the hour to harvest has arrived,[g] because the harvest of the earth is ripe."[h]

16 구름 위에 앉으신 이가 낫을 땅에 휘두르매 곡식이 거두어지니라

16 The one sitting upon [a]the cloud[a] [b]began to swing his sickle[b] on the earth, and the earth was [c]harvested.[c]

17 또 다른 천사가 하늘에 있는 성전에서 나오는데 또한 이한 낫을 가졌더라

17 Then another angel came [a]out of the temple[b] which is in[c] heaven,[a] and he also had a sharp sickle.

18 또 불을 다스리는 다른 천사가 제단으로부터 나와 이한 낫 가진 자를 향하여 큰 음성으로 불러 가로되 네 이한 낫을 휘둘러 땅의 포도송이를 거두라 그 포도가 익었느니라 하더라

18 Yet another angel emerged[a] from the sanctuary[b] ([c]the one[c] with authority over fire) and[d] called with a loud voice to the one who had[e] the[f] sharp sickle, "Use your[g] [h]sharp sickle and gather the grape clusters [i]from the vineyard which is the earth,[i] for its grapes are ripe.

19 천사가 낫을 땅에 휘둘러 땅의 포도를 거두어 하나님의 진노의 큰 포도주 틀에 던지매

19 Then the[a] angel began to swing his sickle toward[b] the earth and gathered the vintage of the earth and cast it into the great winepress[c] of the wrath of God.

20 성 밖에서 그 틀이 밟히니 틀에서 피가 나서 말굴레까지 닿았고 일천육백 스다디온에 퍼졌더라

20 The winepress was trodden[a] outside of the city, and blood flowed from the winepress to[b] the height of the bridles of horses for [c]one thousand six hundred stadia.[c]

원문주해

1.a. 이 문장을 시작하는 카이(*καί*)는 새로운 문장의 시작을 나타내는 표시이며 독자적인 의미를 갖고 있지 않기 때문에 번역되지 않는다.

1.b. 이문: (1) 아르니온(ἀρνίον) 앞에 토(τό) ℵ A C 046 fam 1006 fam 1611[1611 2329] Oecumenius[2053] Andr f[2073] i-[2042] l 94: von Soden, *Text*. (2) 토(τό) 탈락: 𝔓[47] 051 fam 1611[1854] Andreas TR: Spitta, 146-47. 이 정관사는 의심할 바 없이 원문이며 (스피타[Spitta]의 사변적 제안에도 불구하고) 조응적 기능을 갖고 있다. 이 정관사는 이전에 언급된, 즉 관사 없이 처음 나왔던 개념이나 사물을 거슬러 올라가 언급한다(즉 아르니온[ἀρνίον]은 5:6에 언급될 때 관사 없이 나오는데, 5:8에 다시 언급될 때는 관사를 갖고 있다). 요한계시록에 예수님에 대한 은유로 아르니온(ἀρνίον)은 28번 더 나오는 중에서 유일하게 5:8에서만 관사 없이 나온다. 여기에서 관사의 생략은 분명히 난문이지만, 사본의 증거는 독법 (1)을 선호한다. *TCGNT*[2], 677에 나오는 이 이문에 대한 논의는 이해하기가 어렵다.

1.c. 이문: (1) 헤스토스(ἑστός, 중성 주격 또는 대격 단수 완료 분사) ℵ A C 025 fam 1611[2344] Andr h-[2286] i-[1685 -2074] 2019: Tischendorf, *NT Graece*: WHort: von Soden, *Text*: Bousset (1906) 379: Charles, 2:322: Merk, *NT*: Schmid, *Studien* 2:234: Nestle-Aland[27]: UBSGNT[4]. (2) 헤스토스(ἑστώς, 주격 또는 대격 단수 완료 분사) 𝔓[47] Oecumenius[2053] Andreas. (3) 헤스테코스(ἑστηκός, 주격 또는 대격 단수 중성 완료 분사) 2377 Andr d f[2023] Byzantine. 원문은 아마 헤스토스(ἑστός)일 것이다. 헤스토스(ἑστώς)의 사용[음성 동일시 ο = ω(Gignac, *Grammar* 1:275-77)의 결과이거나 의도적 남성(계 13장에서 토 데리온〈τὸ θηρίον〉을 나타내는 대명사들과 같이)일 수 있다]은 주격일 수밖에 없으므로, 불명료한 중성 헤스토스(ἑστός)도 주격이라는 것을 나타낸다. 대격은 보통 에이돈(εἶδον)을 따르는 반면에, 여기에서 저자는 이두(ἰδού)에 이어 주격을 사용하는 자신의 경향을 따른다. 이 문맥에서 헤스토스(ἑστός)는 정형 동사와 같은 역할을 한다(참조. Mussies, *Morphology*, 325). 분사가 정형 동사 역할을 하는 요한계시록의 다른 예들에 대해서는 계 1:16: 4:2, 4: 5:6: 10:8: 14:6, 14: 21:14을 보라.

1.d. 에피(ἐπί)+대격은 대개 어떤 장소를 향한 이동을 의미하지 않고 어떤 장소에 머무는 것을 의미한다(이것이 이 곳의 의미다). 그러나 요한계시록에서 보통 에피(ἐπί)는 일관적으로 사용되지 않는다.

1.e. 헤카톤 테쎄라콘타 테싸레스 킬리아데스(ἑκατὸν τεσσεράκοντα τέσσαρες χιλιάδες) 앞에 정관사 하이(αἱ)의 부재(이 무리를 두 번째 언급하는 데 정관사가 사용되는 3절을 참조하라)는 수의 유사성에도 불구하고 이 무리가 전에 7:4에 언급된 무리와 다르다는 것을 나타낸다(Spitta, 145).

1.f. 에쿠사이(ἔχουσαι)는 킬리아데스(χιλιάδες, "천")를 수식하기 때문에 주격 여성 복수 현재 분사다. 이 무리는 요한이 본(εἶδον-에이돈) 바의 부분이기 때문에 대격이어야 하지만, 항상 그는 이두(ἰδού) 다음에 주격으로 되돌아간다.

1.g. 분사 게그람메논(γεγραμμένον)은 분사 에쿠사이(ἔχουσαι)의 목적어인 토 오노

마(*τὸ ὄνομα*)와 동격에 있다. 에케인(*ἔχειν*)+목적어+완료 분사 양식은 요한계시록에 몇 번 나오는데(12:6; 19:12, 16; 21:12), 각각의 예에서 분사는 에케인(*ἔχειν*)을 수식하는 형용사다. 이것이 완곡 구문(에케인-*ἔχειν*+분사)이라는 제안은 근거가 없다(참조. W. J. Aerts, *Periphrastica*[Amsterdam: Hakkert, 1965] 161). 12:6.d를 참조하라.

1.h. 톤 메토폰 아우톤(*τῶν μετώπων αὐτῶν*, "그들의 조상들"; 개역. "그 아버지")은 대개 단수로 발견되는(예를 들어, 13:16, 토 메토폰 아우톤[*τὸ μέτωπον αὐτῶν*]) 배분 명사로 한 집단의 모든 사람이 소유하는 무엇인가를 언급한다. 이 곳의 복수형 메토폰(*μετώπων*)은 이 집단의 모든 사람이 소유하는 것들의 전체를 나타낸다(Mussies, *Morphology*, 84).

2.a. 1.a의 "원문주해"를 보라.

2.b. 여기에서 포네(*φωνή*)는 "소리"(sound)로 번역되어야 하며, NRSV가 번역하는 식으로 "음성"(voice)이 될 수 없다. 왜냐하면 "음성"은 집단이 아니라 개인이 내는 소리여야 하기 때문이다.

2.c. 이문: 에크 투 우라누(*ἐκ τοῦ οὐρανοῦ*) 앞에 호스(*ὡς*) 삽입: 𝔓^{47}; 단일 독법.

2.d. 호스 포넨 휘다톤 폴론(*ὡς φωνὴν ὑδάτων πολλῶν*, 직역으로 "많은 물 소리같이")은 보다 관용적으로 "바다(물)의 노호와 같이" 또는 "물의 거센 소리같이"로 번역될 수 있다.

2.e-e. 이문: (1) 카이 헤 포네 헨 에쿠사 호스 키다로돈(*καὶ ἡ φωνὴ ἣν ἤκουσα ὡς κιθαρῳδῶν*) ℵ A C 046 051 fam 1611^{1611} fam 1006^{1841} 2020 2080; Andr f$^{-2031\ -2056}$ g l n 94 2019 Andr/*Byz* 4b^{1862}; Byzantine. (2) 카이 포넨 에쿠사 키다로돈(*καὶ φωνὴν ἤκουσα κιθαρῳδῶν*) 𝔓^{47} Oecumenius^{2053} Andreas; Kraft, 187-88. (3) 카이 포넨 에쿠사 호스 키다로돈(*καὶ φωνὴν ἤκουσα ὡς κιθαρῳδῶν*) Andr i-^{2042}. 정관사를 수반한 헤 포네(*ἡ φωνή*)에 중심을 두고 있는 이문 (1)은 이어지는 내용이 2a절에서 언급된 동일한 포네(*φωνή*, 관사가 없는)를 묘사하는 또 다른 방법이다. 반면에 이문 (2)와 (3)에서 포네(*φωνή*)에 관사가 없기 때문에, 이 말은 분명히 두 번째 소리를 언급한다. 현재 모든 중요한 헬라어 사본들은 독법 (1)을 받아들인다.

2.f. 1.a의 "원문주해"를 보라.

2.g. 이문: 헨(*ἥν*, 여성 단수 대격 관계대명사) 탈락: 𝔓^{47}.

2.h. 이문: (1) 키다로돈(*κιθαρῳδῶν*) 앞에 호스(*ὡς*) ℵ A C 025 fam 1611^{2329} Oecumenius^{2053comm} *Byz* 7^{2024} *Byz* 17^{469} Andr/*Byz* 3$^{1248\ 1894\ 2196}$ Andr i$^{-1685\ -2042}$ Andr m$^{2037\ 2046}$; von Soden, *Text*. (2) 호스(*ὡς*) 탈락: Andreas.

2.i. 이문: 키다로돈(*κιθαρῳδῶν*) 앞에 호스 포넨(*ὡς φωνήν*) 𝔓^{47} Oecumenius^{2053}.

3.a. 아두신(*ᾄδουσιν*)은 현재 시제이지만, 여기에서는 통상적인 영어 용법에 맞추어 과거 시제로 번역된다. 또한 이 3인칭 복수 동사의 주어의 신원은 모호하다(분명히 십사

만 사천 명은 아니다). 아마 이 동사는 비인칭 3인칭 복수로 해석될 수 있을 것이다. 즉 "사람들이 노래하고 있다" 또는 이 경우에는 "하늘의 존재들이 노래하고 있다"라고 해석될 수 있을 것이다. 이 관용어는 보통 말하거나 서술하는 동사들과 함께 사용된다. 예를 들어, 단 4:22, 28-29; 스 4:13; 눅 12:20; 마 5:15; 9:2; 17:27; 막 2:18; 3:21; 14:2 (참조. Turner, *Syntax*, 292-93; Black, *Aramaic*, 126-28; N. Turner, "Markan Usage," *JTS* 25[1924] 377-86)이다. 부정 복수 또는 비인칭 복수는 수동태와 같이 하나님의 이름에 대한 완곡한 표현으로 사용될 수도 있다(Zerwick, *Greek*, §§ 1-6).

3.b. 이문: (1) 호스(ὡς) A C 051 fam 1006 Andreas it[ar] syr[ph]; WHort; Bousset; [von Soden, *Text*]; Charles; Merk, *NT*; [Nestle-Aland[27]]; [UBSGNT4]. (2) 호스(ὡς) 탈락: 𝔓[47] ℵ 025 046 Oecumenius[2053] fam 1611[-2050] 2377 Andr d e f[2023 -2031] g-[2045] l n[2429] 94 2019 Byzantine it[gig] syr[h] Primasius; Tischendorf, *NT Graece*. 이것은 어려운 결정이다. 호스(ὡς)는 난문이지만, 𝔓[47]과 Oecumenius[2053]과 같은 고대 사본에 대한 다른 증거들에 이 단어가 빠진 이유는 어렵지 않다. *TCGNT* [1], 750; *TCGNT* [2], 677를 보라. 슈미트(Schmid)는 호스(ὡς)를 원문이라고 생각한다(*Studien*, 2:137; 참조. 225-26에서 그는 논란의 호스[ὡς]가 있는 모든 문제의 본문들을 인용한다). 여기처럼 비교의 첫 번째 용어가 생략되는 문맥에서 호스(ὡς)의 용법은 요한계시록의 문체와 일치한다(4:6; 6:6; 9:7; 19:1, 6[3x]을 보라).

3.c-c. 이문: 카이 톤 프레스뷔테론(καὶ τῶν πρεσβυτέρων) C arm[1].

3.d. 이문: 톤 프레스뷔테론(τῶν πρεσβυτέρων) 앞에 에노피온(ἐνώπιον) ℵ 2019 it[gig] syr arm.

3.e. 1.a의 "원문주해"를 보라.

3.f. 명사적 분사 호이 에고라스메노이(οἱ ἠγορασμένοι, 남성 주격 복수 완료 수동태, "구속함을 얻은 사람들")는 파격 어법이다. 왜냐하면 이 어구는 하이 헤카톤 테쎄라콘타 테싸레스 킬리아데스(αἱ ἑκατὸν τεσσεράκοντα τέσσαρες χιλιάδες, 여성 주격 복수, "십사만 사천 인")와 동격이기 때문이다. 동일한 파격 어법이 7:4, 킬리아데스 에스프라기스메노이(χιλιάδες ἐσφραγισμένοι)에도 나온다. 호이 에고라스메노이(οἱ ἠγορασμένοι)는 이 조건을 만든 행동을 강조한다기보다는 주어의 결과적 상태를 강조한다(Fanning, *Verbal Aspect*, 160).

4.a. 후토이(οὗτοι)는 호이 에고라스메노이(οἱ ἠγορασμένοι)의 동격 주격이다.

4.b. 헬라어 파르테노이(παρθένοι, "동정"[남성])가 여기에서는 "정절"로 번역된다(14:4의 "주석"을 보라).

4.c-c. 이문: (1) 호푸 안 휘파게(ὅπου ἂν ὑπάγῃ) ℵ Andreas Byzantine; B. Weiss, *Johannes-Apokalypse*, 98; Nestle-Aland[27]; UBSGNT[4]; Schmid, *Studien* 2:91. (2) 호푸 안 휘파게이(ὅπου ἂν ὑπάγει) A C (lacuna in 𝔓[47]) fam 1611[2329] Andr i[2015] e[2091] f[2031] g[2071] Andr/*Byz* 2a[104 459 628 680] Andr/*Byz* 2b[336 620] Andr/*Byz* 3[1745] Andr/*Byz* 4a[2084] Andr/*Byz* 4b[172] *Byz* 1[2256] *Byz* 2[2138] *Byz* 4[1719] *Byz* 18[256] 181 598 792 2019; WHort; Charles, 1:10, 323. 직설법을 수반하는 안(ἄν)에 대해서는 Porter, *Verbal Aspect*, 125-26를 보라. 직설법을 수반하는 안(ἄν)이 비교적 드물기 때문에 독법 (2)는 난문이다. 신약성경에는 부정과거 직설법을 수반하는 안(ἄν)의 예가 몇 번 나온다(Mark 6:56; 눅 19:23=마 25:27; 히 10:2). 계 8:1에는 부정과거 직설법 에노익센(ἤνοιξεν)을 수반하는 호탄(ὅταν)이 나온다. 또한 비완료 직설법을 수반하는 안(ἄν)의 예도 몇 번 나오지만(막 6:56; 행 2:45; 4:35; 고전 12:2) 신약성경에 현재 직설법을 수반하는 안(ἄν)의 예는 계 14:4 외에는 없다. 독법 (2)는 난문이지만, A와 C의 강력한 결합에 의해 입증되며 분명히 뛰어난 독법이다. 그러나 슈미트(Schmid)는 원래 직설법이라기보다는 오류(η = ει; Gignac, *Grammar* 1:239-42를 보라)로 보는 것이 더 그럴듯하다고 주장한다(*Studien* 2:91, 218). 그리고 원래 이 곳의 현재 직설법은 매우 의심스럽게 보인다.

4.d. 이문: 휘포 예수(ὑπὸ Ἰησοῦ) Andr f[051 2023 2073] Byzantine.

4.e. 아파르케(ἀπαρχή, "충실한 종들": 이 번역에 대해서는 14.4의 "주석"을 보라)는 선행하는 후토이(οὗτοι)와 동격이다. 이문: 아파르게(ἀπαρχή) 대신 아프 아르케스(ἀπ' ἀρχῆς) Andr h-[2302] Andr/*Byz* 2b; Primasius (*ab exordio*); Beatus (*ab initio*). 유사한 이문이 살후 2:13에서 발견되는데, 그 곳의 아파르켄(ἀπαρχήν)은 B F G[gr] P 33 81; Nestle-Aland[27]; UBSGNT[4]에 의해 지지되며 분명히 난문인 반면에, 아프 아르케스(ἀπ' ἀρχῆς)는 ℵ D K L Ψ(*TCGNT* [1], 636-37의 증거)에 의해 증명된다.

5.a. 토 스토마티(τῷ στόματι, "입")는 배분 명사로 이 곳에 단수로 나오지만 복수로 번역되어 왔다. 1.h의 "원문주해"를 참조하라.

5.b. 이문: (1) 가르(γάρ) 탈락: A C 025 fam 1611[1854] Oecumenius[2053]; Andr b e f-[2023] h i[2042] 598 it[c diu gig haf] Augustine *(sine macula sunt)*; Beatus (*immaculati sunt*). (2) 아모모이(ἄμωμοι) 다음에 가르(γάρ) 𝔓[47] 046 fam 1006[1006 1841] fam 1611[1611 2329] 2351; [Andreas] (Schmid, *Studien* 1/1:148); Byzantine; it[dem t] vg[A D DO P T Z] (*sine macula enim sunt*); syr cop. (3) 아모모이(ἄμωμοι) 앞에 호티(ὅτι) Andr f-[2023]. 가르(γάρ)의 원래 존재를 지지하는 한 가지 논증은 그럴 때에 이 행이 4a절의 파르데노이 가르 에이신(παρθένοι γάρ εἰσιν)과 대응된다는 것이다. 그러나 유사한 접속사 생략 구문이 16:6에 나온다(ἄξιοί εἰσιν – 악시오이 에이신). 독법 (1)은 *TCGNT* [1], 750 51; *TCGNT* [2], 677의 지지를 받는다.

6.a. 이문: (1) 알론(ἄλλον) ℵ A C 025 fam 1006 fam 1611[1611 2329 2344] Oecumenius[2053] Andr f-[2073corr] i-[2042] l n-[2429]. (2) 알론(ἄλλον) 탈락: 𝔓[47] ℵ* 046 Andreas Byzantine. 독법 (1)의 강력한 증거는 원문이 A와 C에 의해 보존된다는 것을 나타낸다(Schmid, *Studien* 2:91). 반면에 알론(ἄλλον)의 생략은 이 구절 전에 천사가 언급되지 않기 때문에 본문을

수정하려는 시도다. 또한 독법 (1)은 난문인데, 아마 11:15 이후에 천사가 언급되지 않았기 때문에 의도적으로 삭제되었을 것이다(*TCGNT* [1], 751; *TCGNT* [2], 678). 웨이스(J. Weiss)는 8:3의 첫 번째 천사로 되돌아가 알론 앙겔론(*ἄλλον ἄγγελον*)을 알론 아에톤(*ἄλλον ἀετόν*, "다른 독수리")으로 수정함으로써 이 문제를 풀어 보려는 시도를 했다(*Offenbarung*, 96). 이 시도는 교묘하기는 하지만 설득력이 없다.

6.b. 이문: (1) 유앙겔리사이(*εὐαγγελίσαι*) 원문. (2) 유앙겔리사스다이(*εὐαγγελίσασθαι*) 𝔓[47] ℵ fam 1611[1854 2329] Andr e[2026] f-[051 -2073] i-[2042] l 2019. 분명히 원문인 독법 (1)은 부정과거 능동태 부정사다. 동사 유앙겔리제인(*εὐαγγελίζειν*)의 능동태는 신약성경에서 이 곳과 계 10:7에만 나온다(행 16:17에서 유앙겔리존테스[*εὐαγγελίζοντες*]는 D에서만 증명되는 이문으로 나온다). 이 동사의 능동태의 유일한 다른 출현은 PGiss 27=*CPJ*, vol. 3, no. 439이다. 유앙겔-(*εὐαγγελ-*) 단어들에 관한 유용한 논의에 대해서는 Horsley, *New Docs* 3:12-15를 보라. 유앙겔리제인(*εὐαγγελίζειν*)은 사역 동사 형태이지만 "복음이 선포되게 하다"는 의미가 아니라 중간태 유앙겔리제스다이(*εὐαγγελίζεσθαι*)와 유사한 의미다(BDR § 309.1).

6.c. 이문: (1) 에피(*ἐπί*) 𝔓[47] ℵ A C P fam 1611[1611 1854 2329] Oecumenius[2053] Andr l syr[ph]. (2) 에피(*ἐπί*) 탈락: 051 Andreas Byzantine syr[h]; Bousset[1906] 384는 에피(*ἐπί*)를 괄호 안에 둔다. 슈미트(Schmid)는 정확하게 안드레아 사본들에만 에피(*ἐπί*)[1]과 에피(*ἐπί*)[3]이 일관되게 나오지 않으며, 첫 번째 에피(*ἐπί*)가 비잔틴 사본들에 빠져 있는 것은 이 단어가 없는 것이 수정임을 입증하는 것이라고 주장한다(*Studien* 2:78). 원문에 에피(*ἐπί*)가 모두 있는 것은 저자가 유앙겔리제인 에피(*εὐαγγελίζειν ἐπί*)를 "…중에서 선포하다"라는 의미로 이해했음을 시사한다(참조. Stuart, 2:294-95). 포티제인(*φωτίζειν*)은 요한계시록에서 정확하게 유앙겔리제인(*εὐαγγελίζειν*)과 동일한 구문 방식으로 사용된다. 즉 21:23에서 이 용어는 단순한 대격을 수반하여 사용되는 반면에(*ἐφώτισεν αὐτήν* – 에포티센 아우텐), 22:5에서는 에피(*ἐπί*)와 함께 사용된다(*φωτίσει ἐπ᾽ αὐτούς* – 포티세이 에프 아우투스).

6.d. 이문: (1) 투스 카데메누스(*τοὺς καθημένους*) 𝔓[47] ℵ C 025 Andr d e[2026] f[2023 -2073corr] i[1685] l 94 Byzantine. (2) 투스 카토이쿤타스(*τοὺς κατοικοῦντας*) A 051 cop[bo] eth[comm] Beatus TR. 독법 (1)은 더 어려운 독법이며(요한계시록의 다른 곳에서 이 동사는 유사하게 사용되지 않는다) 아마 원문일 것이다. 𝔓[47] ℵ C의 원 독법은 A에서 수정되고 혼합되어 안드레아 독법인 투스 카데메누스 투스 카토이쿤타스(*τοὺς καθημένους τοὺς κατοικοῦντας*)를 생겨나게 했다(Schmid, *Studien* 2:137). 카데스다이(*καθῆσθαι*)는 "살다, 거하다, 주재하다"를 의미할 수 있다(BAGD, 389; Louw-Nida, § 85.63; 참조. 눅 21:35, "그것이 온 땅에 거하는 모든 사람들에게 임할 것이다"[*ἐπεισελεύσεται γὰρ ἐπὶ πάντας τοὺς καθημένους ἐπὶ πρόσωπον πάσης τῆς γῆς* – 에페이셀류세타이 가르 에

피 판타스 투스 카데메누스 에피 프로소폰 파세스 테스 게스]). 행 2:2을 참조하라.

6.e. 이문: 에피(ἐπί) Andreas.

7.a. 이문: (1) 레곤타(λέγοντα) 𝔓[47] 051 fam 1611[1611] Oecumenius[2053]. (2) 레곤타(λέγοντα) 탈락: ℵ.

7.b. 이문: 독사사테(δοξάσατε) 𝔓[47].

7.c-c. 이문: (1) 토 데오 토 포이에산티(τῷ θεῷ τῷ ποιήσαντι) fam 1611[2329] it[gig]. (2) 아우톤 톤 포이에산타(αὐτὸν τὸν ποιήσαντα) Byzantine. 독법 (1)은 토 데오(τῷ θεῷ)가 프로스퀴네인(προσκυνεῖν)의 목적어로 자주 사용되는 것에 근거한 이차적 확대다(4:10b의 "원문주해"를 보라). 독법 (2)는 아테네 어법식 변화일 것이다. 즉 후기의 문법학자들은 프로스퀴네인(προσκυνεῖν)+여격을 부적당하다고 비판하고 대격을 추천했다(4:10b의 "원문주해"를 보라).

7.d. 이문: (1) 달라싼(θάλασσαν) 앞에 텐(τήν) 탈락: A C 025 fam 1006 [Andreas] (Andr e h n[2065] Andr Ø[1773] 2019). (2) 달라싼(θάλασσαν) 앞에 텐(τήν) 𝔓[47] ℵ 051 fam 1611[1854] Oecumenius[2053] 2329 Byzantine. (3) 관사 없는 달라싸스(θαλάσσας) Andr a b. 슈미트(Schmid)는 유사하지만 관사가 없는 어군 페가스 휘다톤(πηγὰς ὑδάτων)이 강력하게 시사하는 바와 같이 독법 (2)가 아마 후기에 본문에 추가되었을 것이라고 주장한다(Schmid, *Studien* 2:91). 카이(καί)가 연결시키는 일련의 명사에서 두 번째 명사와 그 다음 명사의 정관사가 종종 생략되지만(*Apoc. Mos.* 29:11; *T. Abr.* [Rec. A] 15:12), 요한계시록의 저자의 관행은 아니기 때문에 이 관사의 결여는 난문이다. 달라싸(θάλασσα)는 대개 관사를 가지고 있고(BDR § 253.2), 요한계시록에 26회 나오는 중에 세 번 관사 없이 나온다(4:6; 14:7; 15:2). 그러나 이렇게 세 번 관사 없이 나오는 중에서 두 번(4:6; 15:2)은 호스 달라싸(ὡς θάλασσα)라는 어구를 사용한다(15:2.b의 "원문주해"를 참조하라).

8.a-a. 이문: (1) 알로스 앙겔로스 듀테로스(ἄλλος ἄγγελος δεύτερος) ℵ* C (δεύτερον-듀테론); 051 fam 1611[1611 2344] Oecumenius[2053] Andreas it[gig] syr[h] Primasius; Tischendorf, *NT Graece*; B. Weiss, *Johannes-Apokalypse*, 132; Nestle-Aland[27]; UBSGNT[4]. (2) 알로스 듀테로스(ἄλλος δεύτερος) 𝔓[47](듀테로스[δεύτερος] 대신 β); ℵ* fam 1006[1006 1841] fam 1611[1854] syr[ph]. (3) 알로스 듀테로스 앙겔로스(ἄλλος δεύτερος ἄγγελος) A 1 fam 1611[2329] Byzantine. 독법 (2)는 앙겔로스(ἄγγελος)가 우연히 탈락한 것으로 보인다. ℵ*의 예에서 앙겔로스(ἄγγελος)는 분명히 알로스(ἄλλος)에 이어진다. 왜냐하면 알로스(ἄλλος)가 이어진다면 앙겔로스(ἄγγελος)는 듀테로스(δεύτερος)에 이어지는 것보다 탈락하기가 더 쉽기 때문이다(Schmid, *Studien* 2:104-5). 일부 학자들에 의하면, 독법 (1)은 다른 이문들의 원인을 가장 잘 설명해 준다(*TCGNT* [1], 751-52; *TCGNT* [2], 678). A는 형용사를 수식 받는 명사들 앞에 두는 경향을 보여 준다(참조. 계

2:4; 4:4; 6:4; 19:14; B. Weiss, *Johannes-Apokalypse*, 87-88). 9절에 나오는 알로스 앙겔로스 트리토스(ἄλλος ἄγγελος τρίτος)도 독법 (1)이 원형임을 시사하다.

8.b. 이문: 에콜루데이(ἠκολούθει) 𝔓[47].

8.c-9.a. 이문: ℵ에서는 탈락: 필사자의 눈이 8절의 에콜루데산(ἠκολούθησεν)에서 9절의 에콜루데센(ἠκολούθησεν)으로 건너뜀으로 인해 그 사이의 모든 내용이 탈락되었다. 유사한 중자탈락(haplography)의 오류가 눅 10:32의 ℵ에도 나온다(참조. Metzger, *Text*, 109-10).

8.d. 이문: (1) 헤(ἥ) A C fam 1006 fam 1611[2344] Oecumenius[2053] Andr l Andr/*Byz* 4ab. (2) 헤 (ἥ) 탈락: 𝔓[47] ℵ[1] (lacuna in ℵ*) 051 Andreas Byzantine it[gig]. 독법 (1)은 가장 유력한 외부적 지지를 받고 있기 때문에 분명히 원문이다. 헤(ἥ)는 앞에 메갈레(μεγάλη)가 나오기 때문에 중자탈락의 오류로 인해 쉽게 탈락되었다.

8.e-e. 이문: (1) 페포티켄(πεπότικεν) A C 025 fam 1611[2329] *Byz* 2[2004 2138] *Byz* 7[2024] *Byz* 17[99 1852] Andr/*Byz* 3[1894]. (2) 페포티케(πεπότικε: 포티제인[ποτίζειν, "마시다"]의 3인칭 단수 완료 직설법 능동태) Oecumenius[2053] Andreas Byzantine Tyc[2] (*potavit*). (3) 에포티세(ἐπότισε) Andr i[2074]. (4) 페프토칸(πέπτωκαν: 피프테인[πίπτειν, "떨어지다"]의 3인칭 복수 완료 직설법 능동태) ℵ[2] (hiatus in ℵ*) Primasius (*ceciderunt*). (5) 페프토켄(πέπτωκεν: 피프테인[πίπτειν]의 3인칭 단수 완료 직설법 능동태) fam 1611[1854]; Beatus (*cecidit cecidit babylon illa magna cecidit babylon magna*). (6) 피프토(…)ㄴ(πέπτω[…]ν) 𝔓[47]. (7) 페프토칸(πέπωκαν: 피네인[πίνειν]의 복수 완료 직설법 능동태)은 헬라어 사본에 증거가 없고 단지 it[gig] (*biberunt*)에 의해서만 입증된다. 14:8과 18:3("주석"을 보라)은 모두 칠십인역 렘 28:7(맛소라 사본 51:7)의 인유를 담고 있다. 칠십인역 렘 28:7에서 동사는 에피오산(피네인[πίνειν, "마시다"]의 3인칭 복수 부정과거 능동태(ἐπίοσαν)이다. 따라서 페포티켄(πεπότικε[ν])이 원문인 것 같다. 그러나 원문 페프토칸(πέπτωκαν)이 칠십인역을 따라 수정되었을 가능성도 있다. 이 페프토칸(πέπτωκαν)의 대체는 아마 이 절의 처음에 나오는 에페센 에페센(ἔπεσεν ἔπεσεν)의 영향 때문일 것이다(Schmid, *Studien* 2:143).

8.f. 에크 투 오이누(ἐκ τοῦ οἴνου)는 부분을 나타내는 속격으로 동사 페포티켄(πεπότικεν)의 목적어 역할을 한다. 따라서 이 절은 "그녀가 자신의 음행의 **포도주 일부**를 모든 나라들로 마시게 했다"로 번역될 수 있다.

8.g. 투 뒤무(τοῦ θυμοῦ)는 동격의 속격으로, 사실상 투 오이누(τοῦ οἴνου)의 우의적 해석이다. 명사군 투 뒤무 테스 포르네이아스 아우테스(τοῦ θυμοῦ τῆς πορνείας αὐτῆς)에서 관사가 있는 두 번째 명사는 질을 나타내는 속격으로 형용사와 같은 역할을 한다: "그녀의 음란한 정욕"(Zerwick, *Greek*, § 40; BDF § 165). 뒤모스(θύμος)는 두 개의 다른 의미를 가지고 있는데, 여기에서는 "강한 욕망"을 의미한다(Louw-Nida, § 25.19). 반

면에 10절에서 이 단어는 "격노, 강한 분노"(Louw-Nida, § 88.178)를 의미하는 동음이의 곁말(paronomasia)의 예다(BDF § 488). 그러나 대체로 주석가들은 저자의 언어 기교를 인식하지 못했다.

9.a. 이문: 아우토(*αὐτῷ*) A cop[bomss] Primasius.

9.b-b. 이문: 토 뒤시아스테리온(*τὸ θυσιαστήριον*) A의 실수는 생략을 잘못 해석함으로 인한 것으로 보인다. 프로스퀴네인(*προσκυνεῖν*) + 여격 또는 대격의 용법에 대해서는 4:10.b의 "원문주해"를 보라.

9.c. 카라그마(*χάραγμα*, "낙인")에는 정관사 토(*τό*)가 있어야 한다. 왜냐하면 카라그마(*χάραγμα*)가 이미 13:16에서 언급되었기 때문이다. 그러나 이 정관사의 결여는 이 구절이 13:16의 언급을 알지 못하고 쓰여졌거나 삽입되었음을 암시한다.

9.d. 이 번역에 대해서는 13:16.b의 "원문주해"를 보라.

9.e-e. 동일한 문맥에서 첫 번째 에피(*ἐπί*)가 속격 투 페토푸(*τοῦ μετώπου*)와 함께 사용되고, 두 번째는 대격 텐 케이라(*τὴν χεῖρα*)와 함께 사용되는 것은 독특하다. 𝔓[47] fam 1611[1611 2329] Andr d 94 1773에 의해 입증되는 테스 케이로스(*τῆς χεῖρος*)는 대격을 앞의 소격과 일치시키려는 시도다(Schmid, *Studien* 2:212).

10.a. 카이(*καί*)는 9절에서 시작된 조건절의 귀결절을 도입한다. 찰스(Charles 2:16, 423)는 이 용법을 히브리어 방식으로 분류하는 반면에, 베이어(Beyer *Semitische Syntax*, 69-71)는 칠십인역 방식이라고 생각한다.

10.b. 주격 아우토스(*αὐτός*)는 아마 강조일 것이다. 그리고 8절에 언급된 나라들처럼 "그도 마실 것이다"(he *too* will drink)를 의미할 것이다(Mussies, *Morphology*, 169-70).

10.c. 전치사구 에크 투 오이누 투 뒤무 투 데우(*ἐκ τοῦ οἴνου τοῦ θυμοῦ τοῦ θεοῦ*, "하나님의 진노의 포도주를")는 분리의 속격으로(전치사 에크[*ἐκ*]에 의해 강조된다) 동사 피에타이(*πίεται*, "마실 것이다")의 목적어 역할을 한다. BDR § 164를 참조하라. 분리의 속격이 동사의 목적어로 사용될 때, 동사는 목적어의 부분에만 영향을 끼친다. 그러므로 보통 티나(*τινά*, "약간의")와 같은 부정(否定) 복수가 전제된다.

10.d. 여기에서 투 뒤무(*τοῦ θυμοῦ*, " 그 진노")는 포도주 은유를 해석하는 주석의 또는 동격의 속격이다.

10.e 여기에서 뒤모스(*θυμός*)는 "격노"를 의미하는 반면에(Louw-Nida, § 88.178), 8절에서 이 단어는 "강한 욕망"을 의미한다(Louw-Nida, § 25.19). 이것은 소위 동음이의 곁말이라고 칭하는 표현의 예이다.

10.f-f. 이문: 에크 투 포테리우(*ἐκ τοῦ ποτηρίου*) A *Byz* 1[7469] Andr/*Byz* 2a 2b.

10.g. 이문: (1) 테스 오르게스(*τῆς ὀργῆς*) 원문. (2) 텐 오르겐(*τὴν ὀργήν*) A. (3) 탈락. 여기에서 테스 오르게스(*τῆς ὀργῆς*)는 분명히 원문이며, 잔의 은유를 우의적으로 해석하는 주석의 또는 동격의 속격이다.

10.h-h. 이 어구를 도입하는 카이(*καί*)는 결과를 나타내는 불변사로 결과절을 도입한다(Zerwick, *Greek*, § 455; Ljungvik, *Syntax*, 62-63; Mussies, *Morphology*, 342; Aejmelaeus, *Parataxis*, 14-18). 카이(*καί*)는 3:7; 11:13; 20:10; 참조. 2:23; 3:10(이 구절들의 "원문주해"를 보라)에서도 유사한 역할을 한다.

10.i. 이문: (1) 바사니스데세타이(*βασανισθήσεται*, 3인칭 단수 미래 수동태 직설법) C(lacuna in 𝔓[47]) ℵ Oecumenius[2053] Andreas Byzantine arm eth[comm] it[gig] Primasius Beatus; Charles, 2:326. (2) 바사니스데손타이(*βασανισθήσονται*, 3인칭 복수 미래 수동태 직설법) A fam 1006 2019 *Byz* 16[61 69] vg cop; B. Weiss, *Johannes-Apokalypse*, 109; Bousset (1906) 385. 10절부터 11절까지 단수(*καὶ αὐτὸς πίεται* – 카이 아우토스 피에타이)에서 복수(*ὁ κάπνος…αὐτῶν* – 호 카프노스…아우톤)로의 전환이 나온다. A와 독법 (2)의 나머지 증거들에는 이 전환이 더 일찍 나온다. 외적 증거가 더 유력하기 때문에 독법 (1)이 선호된다. 그러나 독법 (2)도 원문일 수 있다(Schmid, *Studien* 2:105).

11.a. 10.d의 "원문주해"를 보라.

11.b. 일련의 단수 대명사들 다음에, 여기에 아우톤(*αὐτῶν*, 남성 복수 속격)이 나온다.

11.c-c. 프로스퀴네인(*προσκυνεῖν*) + 여격 또는 대격의 용법에 대해서는 4:10.b의 "원문주해"를 보라.

11.d-d. 종종 한 단어로 간주되었던(BDF § 475.2) 에이 티스(*εἴ τις*)가 여기에서 호스티스(*ὅστις*)에 상당하고 관계절을 도입할 수 있는(예를 들어, 마 18:28) 그리스 어법식 헬라어로 생각되었다(BDF § 376; Ljungvik, *Syntax*, 11). 에이 티스(*εἴ τις*)에 대한 자세한 논의는 Ljungvik, *Syntax*, 9-18를 보라. 예를 들어, 찰스(Charles 2:18)는 에이 티스 람바네이(*εἴ τις λαμβάνει*)가 호이 람바논테스(*οἱ λαμβάνοντες*)에 상당한다고 말한다. 막 4:23의 에이 티스 에케이 오타(*εἴ τις ἔχει ὦτα*)를 계 2:7의 호 에콘 우스(*ὁ ἔχων οὖς*)와 비교해 보라.

11.e. 13:16의 "원문주해"를 보라.

11.f. 투 오노마토스(*τοῦ ὀνόματος*)는 주석의 또는 해설의 속격으로, 따라서 카라그마 투 오노마토스 아우투(*χάραγμα τοῦ ὀνόματος αὐτοῦ*)는 "그것의 이름으로 이루어지는 낙인"을 의미한다.

12.a-a. 호데(*ὧδε*)는 바로 앞에 나온 말이 현재의 내용과 관련이 있음을 나타내기 위해 사용되며, "이에 있어, 이 경우에"로 번역될 수 있다(Louw-Nida, § 92.35). 주요 영역본들은 모두 이 용어를 적절하지만 다양하게 번역한다. (1) here is call for("…의 요구가 여기 있다", RSV와 NRSV), (2) this is call for("이것이 …의 요구다", NIV), (3) this calls for("이것이 …를 요구한다", REB)(참조. 개역. "…가 여기 있으니").

12.b. 이문: 𝔓[47]은 에스틴(*ἐστίν*)의 자리를 하기온(*ἁγίων*) 다음에서 호데(*ὧδε*) 다음으로 바꾼다(단일 독법).

12.c-c. 호이 하기오이(*οἱ ἅγιοι*, 직역으로 "성도들")를 "하나님의 백성들"로 해석하는 것에 대해서는 5:8의 "주석"을 보라.

12.d. 이문: 호데(*ὧδε*) 삽입: 051 Andreas. 이것은 호이 테룬테스(*οἱ τηροῦντες*)의 문제를 제거하기 위한 수정이다(14:12e의 "원문주해"를 보라).

12.e. 이문: (1) 호이 테룬테스(*οἱ τηροῦντες*) 원문. (2) 톤 테룬톤(*τῶν τηρούντων*) ℵ fam 1006[1006 1841] fam 1611[1611] 2019 Andr l. 호이 테룬테스(*οἱ τηροῦντες*, 주격 복수 남성 분사)는 톤 하기온(*τῶν ἁγίων*, 속격 복수 명사)과 동격이기 때문에 난문이다. 따라서 톤 테룬톤(*τῶν τηρούντων*)이어야 하는 파격 어법으로 독법 (2)에서 수정되었다.

12.f. 마치 한 개의 분사(*οἱ τηροῦντες* – 호이 테룬테스)가 두 개의 목적어 타스 엔톨라스(*τὰς ἐντολάς*)와 테스 피스틴(*τὴν πίστιν*)을 갖고 있는 것처럼 "인내"라는 용어가 삽입되었다. 그 이유는 영어에서는 한 개의 동사가 두 개의 목적어 "the commandments"(계명)와 "the faith"(믿음)와 함께 사용될 수 없기 때문이다.

12.g-g. 텐 피스틴 예수(*τὴν πίστιν Ἰησοῦ*)라는 어구에서 예수(*Ἰησοῦ*)는 목적 속격으로 해석된다(1:9과 14:12의 "주석"을 보라).

13.a. 이문: (1) 모이(*μοι*) 탈락: ℵ A C 025 046 fam 1006 fam 1611. (2) 모이(*μοι*) 삽입: 051 Oecumenius[2053 2062] Andreas it[dem diu gig] vg[D] Primarsius Cassiodorus. 여격 대명사 모이(*μοι*)에 레게인(*λέγειν*)의 다양한 형태가 13번 이어지는데(7:13, 14; 10:9, 11; 17:7, 15; 19:9[2x], 10; 21:6; 22:6, 9, 10), 모이(*μοι*)가 이 구절들에서 유추되어, 그리고 통상 헬라어 용법에 따라 삽입되었음을 시사한다.

13.b-b. "얼마나 복이 있는지"(개역. "복이 있도다")라는 번역에 대해서는 1:3b의 "원문주해"를 보라.

13.c-c. 이문: (1) 크리스토(*Χριστῷ*) C 025 fam 1611[1854] 792 Beatus. (2) 데오(*θεῷ*) fam 1611[1611] eth syr[h]. 원문 엔 퀴리오(*ἐν κυρίῳ*)는 하나님이나 그리스도를 나타낼 수 있는 반면에, 두 가지 수정 엔 크리스토(*ἐν Χριστῷ*)와 엔 데오(*ἐν θεῷ*)는 이 애매함을 제거한다.

13.d-d. 이문: (1) 아파르티 레게이(*ἀπαρτὶ λέγει*) A. Debrunner의 판독("Über einige Lesarten der Chester Beatty Papyri des Neuen Testaments," *ConNT* 11[1947] 45-59)은 독법 (2)에 근거한다. (2) 아프 아르티 레게이(*ἀπ᾽ ἄρτι λέγει*) 𝔓[47] ℵ* Andr g[205] *Byz* 3[522] *Byz* 6[218] Andr/*Byz* 2[-336] cop[bo] arm. (3) 아프 아르티 레게이 나이(*ἀπ᾽ ἄρτι λέγει ναί*) fam 1611[2329] 94 Andr f[2023] Andr/*Byz* 3 Byzantine. (3) 아프 아르티 나이 레게이(*ἀπ᾽ ἄρτι ναὶ λέγει*) ℵ[c] A C 025 Andreas vg; Nestle-Aland[27]; UBSGNT[4]. (5) 아프 아르티 카이 레게이(*ἀπ᾽ ἄρτι καὶ λέγει*) Oecumenius[2053]. (6) 아포 아르티 나이 레게이(*ἀπὸ ἄρτι ναὶ λέγει*) Andr i-[2042]. 독법 (4)는 가장 유력한 외적 지지를 갖고 있는 반면에, 독법 (2)는 가장 짧다(*TCGNT* [1], 752; *TCGNT* [2], 678-79). 독법 (5)는 아마 카이

(*καί*)와 나이(*ναί*)를 혼동한 단순한 필사자의 실수일 것이다.

독법 (6) 이외의 모든 독법들에는 구두점의 문제가 있다. 즉 아프 아르티(*ἀπ᾽ ἄρτι*, "자금 이후로")가 앞의 문장에 속하는가, 아니면 뒤의 문장에 속하는가 하는 문제다. Nestle-Aland[27]은 아프 아르티(*ἀπ᾽ ἄρτι*) 뒤에 마침표를 찍는데, 이것은 이 문장이 "지금부터 주 안에서 죽는 자들은 복이 있도다"라고 번역된다는 것을 나타낸다. 이 구두점은 Tischendorf, *NT Graece*; B. Weiss, *Johannes-Apokalypse*, 198; Bousset(1906) 386; Charles, 2:321; Merk, *NT*; UBSGNT[4]의 지지를 받는다. 그러나 내 견해는 아프 아르티(*ἀπ᾽ ἄρτι*)를 아티카어 용법으로 아멘(*ἀμήν*, "아멘, 진실로")과 동일한 의미 영역에 속하는 아파르티(*ἀπαρτί*, "확실히, 정확하게, 진실로")처럼 이해해야 하며 다음 문장의 시작, 즉 독법 (1)로 해석해야 한다는 것이다(BDF § 12.3; BDR § 12.3). 마 26:29에서 우 메 피오 아프 아르티(*οὐ μὴ πίω ἀπ᾽ ἄρτι*)라는 어구는 눅 22:18의 유사 어구에 나오는 우 메 피오 아포 톤 뉜(*οὐ μὴ πίω ἀπὸ τοῦ νῦν*)으로 해석되지만, 요 13:19의 관련된 내용에서 아프 아르티 레고 휘민(*ἀπ᾽ ἄρτι λέγω ὑμῖν*)은 아프 아르티(*ἀπ᾽ ἄρτι*)를 아파르티(*ἀπαρτί*, 아멘[*ἀμήν*]의 동의어)로 해석하지 않으면 거의 의미가 없다. 따라서 아프 아르디 레고 휘민(*ἀπ᾽ ἄρτι λέγω ὑμῖν*)은 아파르디 레고 휘민(*ἀπαρτὶ λέγω ὑμῖν*, "확실히 내가 너에게 말한다" = 아멘 레고 휘민[*ἀμὴν λέγω ὑμῖν*, "내가 진실로 너에게 말한다"])으로 해석되어야 할 것이다. 이 혼동의 또 다른 예는 마 26:64, "이후에(*ἀπ᾽ ἄρτι*-아프 아르티) 인자가 권능의 우편에 앉은 것과 하늘 구름을 타고 오는 것을 너희가 보리라"에서 발견된다. 눅 22:69에는 유사 어구가 다음과 같이 나온다. "그러나 이제 후로는(*ἀπὸ τοῦ νῦν*–아포 투 뉜) 인자가 하나님의 권능의 우편에 앉아 있으리라." 밀접하게 관련된 말씀이 요 1:51에 다음과 같이 나온다. "진실로 진실로 너희에게 이르노니 하늘이 열리고 하나님의 사자들이 인자 위에 오르락내리락하는 것을 보리라." 여기에서도 요 1:51의 아멘 아멘 레고 휘민(*ἀμὴν ἀμὴν λέγω ὑμῖν*)은 아파르티 레고 휘민(*ἀπαρτὶ λέγω ὑμῖν*)과 동등 어구가 될 수 있다.

13.e-e. 이문: (1) 히나 아나파에손타이(*ἵνα ἀναπαήσονται*, 3인칭 복수 미래 수동태 직설법) A ℵ WHort. (2) 호티 아나파에손타이(*ὅτι ἀναπαήσονται*) 𝔓[47]. (3) 히나 아나파우손타이(*ἵνα ἀναπαύσωνται*, 3인칭 복수 부정과거 중간태 가정법) 051[c] Oecumenius[2053] Byzantine. (4) 히나 아나파우손타이(*ἵνα ἀναπαύσονται*, 3인칭 복수 미래 중간태 직설법)] C 046 fam 1611[2329] 792 2019 2084 Andr a[1] b[2059] c e f[051* 2013 2056] g[2071] h-[2302] i[2015] Ø[181 598] *Byz* 1[2256] *Byz* 3[429] *Byz* 4[1719] *Byz* 7[2024] *Byz* 12[2048] *Byz* 13[2058] *Byz* 17[1852 2017] Andr/*Byz* 1[922] Andr/*Byz* 2a[104 459 620 680] Andr/*Byz* 2b[336] Andr/*Byz* 3[2061] Andr/*Byz* 4[1828]. 아나파우손타이(*ἀναπαύσονται*)와 아나파우손타이(*ἀναπαύσωνται*)는 모두 아나파우손타이(*ἀναπαήσονται*)의 수정으로(Schmid, Studien 2:105, 220), 전자는 미래 수동태 직설법에서 미래 중간태 직설법으로 바뀐 반면에, 후자(히나[*ἵνα*]에 의해 도입되는)는 미

래 직설법에서 보다 일반적으로 사용되는 부정과거 가정법으로 바뀐다.

13.f. 이 곳의 히나(ἵνα)는 문제가 있으며 여러 가지로 해석될 수 있다(16:15; 22:14도 참조하라). (1) 이 곳의 히나(ἵνα)는 원인으로(여기에서 𝔓[47]은 호티 아나파에손타이[ὅτι ἀναπαήσονται]로 나타내는 것을 주의하라), 즉 호티(ὅτι)와 사실상의 동등어로 해석될 수 있다. 그리고 아마 그 때문에 이 곳의 히나(ἵνα)는 부정과거 직설법보다 미래 직설법과 연결된다(BDF § 369.2; 원인의 히나[ἵνα]에 대한 논의는 BDR § 456.2; 참조. D. C. Hesseling and H. Pernot, "ἵνα = omdat," *Philologus* 12[1927] 43-44에서 발견된다). 요한계시록에서 히나(ἵνα)가 원인절을 도입하는 것으로 해석될 수 있는 세 가지 예(14:13; 16:15; 22:14)는 형식적으로 유사하다. 왜냐하면 모두 마카리오이(μακάριοι)의 진술들이기 때문이다. 마 5:3-10에는 여덟 개의 마카리오이…호티(μακάριοι…ὅτι)가 나온다(한편, 눅 6:20-21에는 세 개만 나온다). 히나(ἵνα)의 원인 용법에 대해서는 A. T. Robertson, "The Causal Use of ἵνα" in *Studies in Early Christianity*, ed. S. J. Case (New York: Century, 1928) 51-57를 보라. (2) 이 곳의 히나(ἵνα)는 명령의 또는 독립된 의미, 즉 "저희를 저희 수고에서 쉬게 하라"는 의미로 해석될 수 있다(Zerwick, *Greek*, § 414; A. R. George, "The Imperatival Use of ἵνα in the New Testament," *JTS* 45[1944] 56-60). 엡 5:33을 참조하라. (3) 이 곳의 히나(ἵνα)는 목적절("그러므로")을 도입하는 것으로 해석될 수 있다.

13.g. 단수 동사 아콜루데이(ἀκολουθεῖ)는 헬라어 구문법을 따라(BDF § 133) 중성 복수 주어 타 에르가(τὰ ἔργα)를 갖고 있다. 이 현상의 다른 예는 18:14; 20:5; 19:14; 20:7에서 발견된다.

14.a-a. 이문: 카이 에이돈(καὶ εἶδον) 탈락: ℵ fam 1611[1854] 2324 syr[ph].

14.b-b. 이문: 호 에피 텐 네펠렌 카데메노스(ὁ ἐπὶ τὴν νεφέλην καθημένος) 𝔓[47]; 전치사가 관사와 실명사 사이에 위치할 수 없는 저자의 구문법을 위반하는 단일 독법. 그러나 이 "법칙"은 2:1, 8, 12, 18; 3:1, 7, 14에 나오는 일곱 선포의 부언들에서도 위반된다. 이 문제에 대한 논의는 2:1.a-a의 "원문주해"를 보라. 이 수정은 간투사 이두(ἰδού)에 이어 주격을 위치시키는 저자의 경향을 따른다(14:14.c의 "원문주해"를 보라). 그러나 부연의 전치사구가 관사와 실명사적 분사 사이에 삽입되는 계 19:9을 참조하라: 호이 에이스 토 데이프논 투 가무 투 아르니우 케클레메노이(οἱ εἰς τὸ δεῖπνον τοῦ γάμου τοῦ ἀρνίου κεκλημένοι).

14.c. 간투사 이두(ἰδού, "보라") 다음에 규칙적으로 주격이 이어진다(계 4:1, 2; 5:5; 6:2, 5, 8; 7:9; 12:3; 14:1; 19:11; 21:3). 그러나 저자는 카데메논 호모이온 휘온 안드로푸(καθήμενον ὅμοιον υἱὸν ἀνθρώπου, "사람의 아들같이 앉아 있는 이")라는 어구(아마 이 어구는 부정과거 에이돈[εἶδον, "내가 보았다"]의 목적어 역할을 할 것이다)로 대격으로 되돌아간다. 게다가 이 대격 명사구 다음에 저자는 형용 분사 에콘(ἔχων, "가지

고 있는")과 함께 남성 주격 단수로 다시 전환한다(14:14.b-b의 "원문주해"를 보라). 참조. *PGM* XII.367 9, 에피칼루마이 세 톤 에피 케노 프뉴마티 데이논 아오라톤 메간 데온 톤 파탁산타 겐 카이 세이온타 톤 코스몬 호 필론 타라카스(*ἐπικαλοῦμαί σε τὸν ἐπὶ κενῷ πνεύματι δεινόν, ἀόρατον, μέγαν θεόν, τὸν πατάξαντα γῆν καὶ σείοντα τὸν κόσμον, ὁ φιλῶν ταραχάς*, "내가 강하며 눈에 보이지 않으며 크신 하나님께 청하오니, 당신께서는 무질서를 좋아하는 땅을 치고 우주를 흔드시나이다"). 여기에서 호 필론(*ὁ φιλῶν*)은 톤 필룬타(*τὸν φιλοῦντα*)가 되어야 하지만, 분명히 저자는 호격 실명사적 분사를 사용하고 싶어한다. 그 이유는 톤 데온(*τὸν θεόν*)이 호격과 같은 역할을 하기 때문이다(에피칼루마이 세[*ἐπικαλοῦμαι σε*]가 일련의 호격들에 이어지는 *PGM* XIII.618을 참조하라).

14.d-d. 휘오스 안드로푸(*υἱὸς ἀνθρώπου*)는 1:13에서와 마찬가지로 관사를 갖고 있지 않다. 이 두 인유는 모두 단 7:13에 근거하는 것으로 보인다(그러나 Casey, *Son of Man*, 144, 148는 이 추측을 부정한다). 이 어구는 시 8:4의 인용인 히 2:6에서도 관사를 갖고 있지 않다. 정경의 복음서들에서 호 휘오스 투 안드로푸(*ὁ υἱὸς τοῦ ἀνθρώπου*)는 항상 관사를 갖고 있는데, 단 하나의 예외는 요 5:27이다. 이 어구에 관사를 사용하는 것이 인자에 대한 조응적 언급을 암시한다는 주장에 대해서는 C. F. D. Moule, *The Origin of Christology*(Cambridge: Cambridge UP, 1977) 11-22를 보라. 휘오스 안드로푸(*υἱὸς ἀνθρώπου*)라는 어구는 아마 높임을 받으신 예수님을 언급하는 것이 아니라 천사를 언급하는 것으로 보이기 때문에(14:14의 "주석"을 보라) 영역에서는 "human being"(인간)으로 번역되어 왔다.

14.e. 이문: (1) 휘온(*υἱόν*) A ℵ 046 fam 1611^{2329} Byzantine vg^{mss} Tyc^{2} Beatus. (2) 휘오(*υἱῷ*) 𝔓^{47} C 051 fam 1006 fam 1611^{1611} Oecumenius^{2053} Andreas lat syr. (3) 휘오스(*υἱός*) fam 1611^{1854}. (4) 휘우(*υἱοῦ*) 025 cop. 이 독법의 유력한 증거에도 불구하고, 여격이 호모이오스(*ὅμοιος*)에 이어지기 때문에 파격 구문 휘온(*υἱόν*)을 수정하려는 시도다. 1:13.c-c의 "원문주해"를 보라. 호모이오스(*ὅμοιος*)는 요한계시록에 21회 나오는데, 19회의 예에서는(이 중 하나가 1:15에 나온다) 무엇인가와 비교되는 사람 또는 사물의 대격과 함께 사용되고, 사실은 1:15과 14:14에서 모두 저자가 고정된 전통을 따르고 있음을 나타낸다. 독법 (1) 휘온(*υἱόν*)은 이 곳과 1:13에서 모두 난문이며, 1:13에서는 휘온(*υἱόν*)이 분명히 원문이다(Schmidt, *Studien* 2:249를 보라).

14.f. 이문: (1) 에콘타(*ἔχοντα*) 𝔓^{47} ℵ* fam 1006 (2329) Oecumenius^{2053text} Andr g^{2071} i$^{-1685\ -2042}$ l$^{1678\ 1778\ 2080}$ Andr Ø^{254} *Byz* 1^{911} *Byz* 3^{385} *Byz* 5$^{808\ 1893}$ *Byz* 9$^{203\ 452\ 467\ 506}$ *Byz* 10$^{935\ 1728\ 2305}$ *Byz* 14$^{325\ 456\ 517}$ *Byz* 15$^{42\ 367}$ *Byz* 17^{469} Andr/*Byz* 3^{2196} Andr/*Byz* 4^{2305}. (2) 에콘(*ἔχον*) ℵ^{1} C와 소수의 가치 없는 후기 사본들(*Byz* 4^{141} *Byz* 6$^{218\ 1352}$ *Byz* 7^{2024} Andr/*Byz* 4^{2018}): 이 이문은 아마 오(*ο*)와 오(*ω*) 간의 음성상의 유사성에서 비롯되었을

것이다. 현재 남성 단수 분사 에콘(ἔχων, "갖고 있는", 안드레아 사본들의 지지를 받는다)은 파격 구문이다. 왜냐하면 이 분사는 선행 명사구 휘온 안드로푸(υἱὸν ἀνθρώπου, "사람의 아들")를 수식하며, 따라서 에콘타(ἔχοντα)가 되어야 하기 때문이다(그러나 ο=ω 발음에 있어 상호 호완성의 가능성이 고려되어야 한다[Gignac, *Grammar* 1:275-7; 참조. BDR § 28]). 여기에서 에콘(ἔχων)은 동격 주격 기능을 하는데, 요한계시록에서 사격을 수식하는 주격은 비교적 자주 사용된다. 동일한 문법 현상이 1:13-16에 나오는데, 여기에서 13절의 휘온 안드로푸(υἱὸν ἀνθρώπου)는 16절의 에콘(ἔχων)의 수식을 받는다. 그리고 이것이 바로 여기에서 에콘(ἔχων)의 원문을 지지하는 논증이다.

15.a. 이문: (1) 나우(ναοῦ) 원문. (2) 우라누(οὐρανοῦ) 051 Oecumenius[2053] Andreas. (3) 나우 아우투(ναοῦ αὐτοῦ) Andr l. 나우(ναοῦ) 앞의 정관사는 하늘의 성전이 보이는 것으로 나타내지만, 독법 (2)는 천사가 어디에서 나오는지를 명확하게 하기 위한 시도다. 아마 이 독법은 두 번째 천사가 "하늘에 있는 성전에서"(ἐκ τοῦ ναοῦ τοῦ ἐν τῷ οὐρανῷ –에크 투 나우 투 엔 토 우라노) 나온다고 말하는 17절에 근거했을 것이다.

15.b. 아우투(αὐτοῦ) ℵ Andr l[1678 1778 2080] eth.

15.c. 이문: 아나크라존(ἀνακράζων) 𝔓[47]. 단일 독법이다. 예외로 Primasius는 크라존(κράζων)을 *proclamans*로 번역한다. 그러나 it[gig] Beatus는 *clamans*로 번역한다.

15.d-d. 펨페인 토 드레파논(πέμπειν τὸ δρέπανον, 직역으로는 "낫을 보내다")이라는 어구는 "낫으로 익은 곡식을 자름으로 농작물을 거두기 시작하다"는 의미의 숙어다 (Louw-Nida, ?43.17).

15.e. 이문: 드레파논(δρέπανον) 앞에 토(τό) 탈락: 𝔓[47]: 단일 독법.

15.f. 카이 데리손(καὶ θέρισον, 직역으로는 "그리고 추수하라")이라는 어구에서 카이(καί)는 목적절 "거두라"를 도입하기 위해 사용된다(참조. Ljungvik, *Syntax*, 68-76, esp. 75).

15.g. 이문: 엑셀덴 호 데리스모스(ἐξῆλθεν ὁ θερισμός) 𝔓[47]. 단일 독법이지만 엑셀덴(ἐξῆλθεν)은 Andr/*Byz* 4a[172 2018]의 지지를 받는다. 엑셀덴(ἐξῆλθεν)은 엘덴(ἦλθεν)의 강의형으로, 15a절과 17절에 엑셀덴(ἐξῆλθεν)이 두 번 나오기 때문에 이 곳에 삽입되었다.

15.h. 크세라이네인(ξηραίνειν)은 보통 "마른, 건조한"을 의미하지만, 곡식의 경우에는 "익은"을 의미한다(Louw-Nida, § 23.198). BAGD, 548과 Bauer-Aland, 1111는 좋은 뿌리를 갖지 못한 식물들을 가리키는 크세라이네인(ξηραίνειν)의 언급에 계 14:15을 잘못 포함시킨다.

16.a-a. 이문: (1) 텐 네펠렌(τὴν νεφέλην) C 051 fam 1006[1006 1841] fam 1611[1854 2329 2344] Oecumenius[2053] Andreas; WHortmg Bousset (1906) 389. (2) 테스 네펠레스(τῆς νεφέλης) ℵ A fam 1611[1611] Andr i-[2042] Tischendorf, *NT Graece;* WHort; von Soden, *Text;* Charles, 2:327. (3) 테 네펠레(τῇ νεφέλῃ) 046 Byzantine. 독법 (1)이 저자의 통

례적 용법과 일치하기 때문에 아마 원문일 것이다(Schmid, *Studien* 2:105, 209-10). 즉 주격 또는 대격의 호 카데메노스(*ὁ καθήμενος*) 다음의 에피(*ἐπί*)에 이어지는 격은 대격인 반면에, 만일 호 카데메노스(*ὁ καθήμενος*)가 속격이나 여격이면 에피(*ἐπί*)에 이어지는 격은 여격이다. 웨이스(B. Weiss)는 독법 (1)이 14절의 에피 텐 네펠렌(*ἐπὶ τὴν νεφέλην*)의 영향을 받아 수정되었다고 주장했다(*Johannes-Apokalypse*, 129).

16.b-b. 발레인 토 드레파논(*βάλλειν τὸ δρέπανον*)이라는 어구는 "추수하기 시작하다"는 의미의 숙어다(Louw-Nida, § 43.17).

16.c-c. 이문: 에카다리스데(*ἐκαθαρίσθη*) fam 1611[2329]; 단일 독법.

17.c-c. 이문: 에크 투 나우 투 엔 토 우라노(*ἐκ τοῦ ναοῦ τοῦ ἐν τῷ οὐρανῷ*) 대신 에크 투 우라누(*ἐκ τοῦ οὐρανοῦ*) fam 1611[1854] cop[bo].

17.b. 이문: 투(*τοῦ*) 대신 아우투(*αὐτοῦ*) 𝔓[47] eth; 분명한 필사자의 실수다.

17.c. 이문: 토(*τῷ*) C; 단일 독법.

18.a. 이문: (1) 엑셀덴(*ἐξῆλθεν*) 탈락: 𝔓[47] A fam 1611[1611] 2038 Oecumenius[2053] Andr g[2045] Andr h[2060 2286 2302] Andr i[2042] Andr Ø[598] it [ar c gig] (*et alius angelus de altare*); vg. (2) 엑셀덴(*ἐξῆλθεν*) 삽입: ℵ C 025 fam 1006[1006] it[dem div h haf] syr[h ph] cop[sa bo] arm Beatus (*et alius angelus exiit de ara*). 𝔓[47], A, Oecumenius[2053]의 동일한 탈락은 크게 불균형을 이루기 때문에, 아마 엑셀덴(*ἐξῆλθεν*)은 요한계시록의 고대본에서 빠져 있었던 것 같다(Schmid, *Studien* 2:105). 독법 (1)의 엑셀덴(*ἐξηλθεν*)은 우연한 탈락일 수 있는 반면에, 엑셀덴(*ἐξῆλθεν*)의 존재는 요한계시록의 특징인 반복을 반영한다. 참조. 17절(*TCGNT* [1], 752; *TCGNT* [2], 679).

18.b. 뒤시아스테리온(*θυσιαστήριον*)은 보통 "제단"(altar)을 의미하지만(11:1의 "주석"을 보라), 여기에서 문맥은 (11:1에서와 마찬가지로) 이 언급이 제단이 있는 방, 즉 "성전" 또는 "성소"에 대한 언급이라고 규정한다. 11:1b의 "주석"과 그 곳에서 뒤시아스테리온(*θυσιαστήριον*)이 동일한 의미를 갖고 있다는 Ignatius *Eph.* 5:2-3와 *Trall.* 7:2에 대한 언급을 보라.

18.c-c. 이문: 에콘(*ἔχων*) 앞에 호(*ὁ*) A C fam 1611[2329] WHort[mg] B. Weiss, *Johannes-Apokalypse*, 199; Merk, *NT*. 관사가 있는 명사적 분사 호 에콘(*ὁ ἔχων*)은 원문이다. 왜냐하면 이 본문의 해설에 의하면, 이 특별한 천사가 호 에콘 엑수시안 에피 투 퓌로스(*ὁ ἔχων ἐξουσίαν ἐπὶ τοῦ πυρός*, "불을 다스리는 천사")라고 확인되기 때문이다(Schmid, *Studien* 2:91). 찰스(Charles, 2:328)는 호 에콘 엑수시안 에피 투 퓌로스(*ὁ ἔχων ἐξουσίαν ἐπὶ τοῦ πυρός*)를 주석으로 보고 뺀다.

18.d. "원문주해" 14:1.a를 보라.

18.e. 여기에서 형용 분사 토 에콘티(*τῷ ἔχοντι*, 남성 단수 여격, "가진[who had]")는 파격 구문이다. 그 이유는 이 어구가 명사구 알로스 앙겔로스(*ἄλλος ἄγγελος*, "다른

천사")를 수식하므로 호 에콘(ὁ ἔχων)의 형태이어야 하는데, 포네 메갈레(φωνῇ μεγάλῃ, "큰 음성")의 격에 견인되었기 때문이다.

18.f. 소속을 나타내는 한정 어구 토 드레파논 토 옥쉬(τὸ δρέπανον τὸ ὀξύ, "이한 낫")의 관사는 17절에 처음 언급된 드레파논 옥쉬(δρέπανον ὀξύ)를 언급하는 조응적 관사다.

18.g. 소유대명사 수(σου)는 수식받는 관사 있는 명사보다 앞선 반면에, 요한계시록에 나오는 대다수의 예(302)에서 이 소유대명사는 명사보다 뒤에 나오고, 11회의 예에서만 적용되는 명사에 선행한다. 그리고 이 11회의 예외 중 일곱 번이 계 2-3장에 나오고(참조. "원문주해" 2:9.k), 나머지 네 번은 계 4-22장에 퍼져 있다(10:9 14:18 18:5, 14 참조. Mussies, *Morphology*, 120). 히브리어와 아람어에서 인칭 대명사들은 단어의 마지막 음절에 위치하기 때문에, 무(μου)와 수(σου) 같은 칠십인역 속격들에서는 대부분 수식하는 실명사 바로 뒤에 나온다. A. Wifstrand, "Die Stellung der enklitischen Personalpronomina bei den Septuaginta," *Bulletin Soc. Royale des Lettres de Lund*(1949-50) 44ff를 참조하라.

18.h. "원문주해" 18.f를 보라.

18.i-i. 테스 암펠루 테스 게스(τῆς ἀμπέλου τῆς γῆς, "땅의 포도원[또는 포도송이]으로부터"), 여기에서 테스 게스(τῆς γῆς, "땅")는 동격의 속격이다. 왜나하면 포도원 또는 포도송이는 땅을 상징하기 때문이다(M. Zerwick, *Greek*, § 33). 암펠로스(ἄμπελος)는 "포도원"(=ἀμπελών-암펠론)이라는 의미 대신, 대개 "포도" 또는 "포도송이"를 의미한다. Aelian *De natura animalium* 11.32; MM, 27; Bauer-Aland, 91; BAGD 46를 보라.

19.a. 이문: 앙겔로스(ἄγγελος) 앞에 호(ὁ) 𝔓[47].

19.b. 이문: 에이스(εἰς) 대신 에피(ἐπί) 𝔓[47].

19.c. 이문: (1) 톤 메간(τὸν μέγαν) C 025 046 051 Andreas Tyc[2] (*magnum*); Primasius(*magnum*); Nestle-Aland[27] UBSGNT[4] *TCGNT* [1], 752-53. (2) 톤 메가(τὸν μέγα) A fam 1611[2329] Andr b-[2081] 94. (3) 텐 메갈렌(τὴν μεγάλην) ℵ fam 1006[1006 1841] fam 1611[1854] Oecumenius[2053] Andr d f[2023] g i l n-[2429] cop[sa bo]. (4) 투 메갈루(τοῦ μεγάλου) 𝔓[47] fam 1611[1611] Andr n[2429] 2019. 톤 메간(τὸν μέγαν, 남성 단수 대격)은 텐 레논(τὴν ληνόν, 여성 단수 대격)을 수식하기 위한 것이기 때문에 여성 단수 대격형 텐 메갈렌(τὴν μεγάλην)이어야 하고, 따라서 이문 (2)는 아마 수정일 것이다. 문제는 제2어형 변화 여성 명사 헤 레노스(ἡ ληνός)의 이중 의미의 특성에 있을 것이다(Radermacher, *Grammatik*, 48). 이 어형 변화는 관사와 별도로 남성 단수 명사처럼 어형 변화를 한다. 그러나 톤 메간(τὸν μέγαν)의 성이 투 뒤무(τοῦ θυμοῦ, 제2어형 변화 남성 명사)의 성과 일치 관계에 있을 수도 있다. 이 경우에 이 어구는 "하나님의 큰 진노의 포도주틀"로 번역되어야 한다. 독법 (4)의 뒤무(θυμοῦ)나 데우(θεοῦ) 어느 쪽에든 어울릴 수

있게 필사자가 수정한 투 메갈루(*τοῦ μεγάλου*)는 이 문제를 해결하려고 의도된 것이다. 그러나 이 경우에 투 뒤무(*τοῦ θυμοῦ*)의 속격은 텐 레논(*τὴν ληνόν*)의 대격과 조화되지 않는다. 토레이(Torrey, *Apocalypse*, 133-34)는 오역된 아람어 본문에 의지함으로써 이 일치의 문제가 해결될 수 있다고 생각했다. 그는 이 어구가 아람어(די אלהא ההא רבא רמא לדצרתא די לוטא, "하나님의 진노의 큰 포도주 틀")에서 헬라어로 축어적 번역을 통해 문자적으로 번역되었다는 제안을 했다. 그 이유는 아람어 형용사 ההא רבא가 남성 단어 לוטא("저주, 진노")를 언급하기 때문이라는 것이다. 웨일랜드(Weyland *Omwerkings*, 136-37)는 레노스(*ληνός*) 뒤에 숨어 있는 히브리어가 남성이며 저자가 이 문장을 기록할 때 이 단어를 생각했다고 제안했다. 다이어(Thayer *Lexicon*, 377)는 이 구문을 언급하면서 "성에 있어 이문은 (비록 히브리어에서는 드물지 않지만) 헬라어에서 거의 맞출 수 없다"고 말한다. 히브리어에서는 여성형이 남성형을 언급하는 데 사용될 수 있다(*GKC* §§ 110k, 144a; 히브리어의 성의 용법에 나타나는 다른 불규칙 변화들에 대해서는 *GKC* §§ 145p, 145t, 145u를 참조하라). 래플린(Laughlin *Solecisms*, 13)은 사 63:3의 맛소라 사본을 이중 성의 예로 제안한다(푸라[פורה, "포도주 틀"]는 여성이지만, 에드레켐[אדרכם, "내가 그것들을 짓밟을 것이다"]은 남성이다). 그러나 래플린은 잘못 해석했다. 왜냐하면 에드레켐(אדרכם)의 복수 남성 접미사는 푸라(פורה)를 언급하는 것이 아니라 우메암뭄(ומעמום, "그리고 백성으로부터")을 언급하기 때문이다.

20.a. 이문: (1) 엑소덴(*ἔξωθεν*) A C 025 046 fam 1006 fam 1611$^{1611\ 2329}$ Oecumenius^{2053text} Andr f^{2023} n-^{2429}. (2) 엑소(*ἔξω*) ℵ 051 fam 1611^{1854} Oecumenius^{2053com} Andreas.

20.b. 이문: 아크리(*ἄχρι*) 대신 메크리(*μέχρι*) $\mathfrak{P}^{47}$.

20.c-c. 이문: (1) 킬리온 헥사코시온(*χιλίων ἑξακοσίων*, "일천육백 스다디온") ℵ* A C 025 046 Andreas; *TCGNT* ^{1}, 753; *TCGNT* ^{2}, 679. (2) 킬리온 디아코시온(*χιλίων διακοσίων*, "일천이백 스다디온") ℵ* syr^{ph}. (3) 킬리온 헥사코시온 헥시(*χιλίων ἑξακοσίων ἕξ*, "일천육백육 스다디온") Andr i$^{1876\ 2014\ 2036\ 2042\ 2043\ 2047\ 2074\ 2082}$ m$^{2037\ 2046}$.

양식/구조/배경

I. 개요

4. 종말의 구원과 심판의 환상(14:1-20)
   a. 종말의 구원: 어린양과 십사만 사천 명(1-5절)
      (1) 서론적 관용구: "또 내가 보니 보라"(1a절)
      (2) 어린양과 십사만 사천 명의 환상(1절)
         (a) 어린양이 시온 산에 서다(1a절)

(b) 십사만 사천 명이 그와 함께 있다(1b절)
(c) 그들의 이마에 쓰여진 이름들(1c절)
[1] 어린양의 이름
[2] 그의 아버지의 이름
(3) 새 노래가 들림(2-3절)
(a) 하늘에서 들린 소리에 대한 묘사(2절)
[1] 자연의 직유(2a절)
[a] 많은 물 소리 같고
[b] 큰 뇌성 같다
[2] 인간 생활의 직유: 연주되는 거문고 소리 같다(2b절)
(b) 새 노래를 부름(3절)
[1] 노래하는 장소(3a절)
[a] 보좌 앞
[b] 그룹들 앞
[c] 장로들 앞
[2] 노래의 비밀성(3bc절)
[a] 땅에서 구속을 받은 십사만 사천 명 외에
[b] 아무도 그 노래를 배울 수 없다
(4) 십사만 사천 명에 대한 묘사(4-5절)
(a) 그들의 성적 순결(4a절)
[1] 그들은 여자로 더불어 더럽히지 아니했다
[2] 정절이 있다
(b) 그들은 어린양이 어디로 인도하든지 따라간다(4b절)
(c) 그들은 사람 가운데서 구속을 받았다(4c-5절)
[1] 그들은 충실한 종들이다(4c절)
[a] 하나님에게
[b] 어린양에게
[2] 도덕적 품성
[a] 그들은 거짓말을 하지 않는다
[b] 그들은 흠이 없다
b. 세 천사의 말에 대한 환상(6-12절)

(1) 첫 번째 천사의 말: 참되신 하나님께 경배하라는 권유(6-7절)
    (a) 계시하는 천사(6-7a절)
        [1] 다른 천사(첫 번째 천사)(6a절)
        [2] 위치: 공중을 날고 있다(6a절)
        [3] 영원한 복음을 가지고 있다(6a절)
        [4] 의도된 청중(6b절)
            [a] 땅에 거하는 자들
            [b] 모든 민족적 집단들
                {1} 모든 나라
                {2} 모든 족속
                {3} 모든 방언
                {4} 모든 백성
        [5] 전달 방법: 큰 음성으로(7a절)
    (b) 천사의 메시지(7절)
        [1] 하나님을 향한 필수적인 태도(7a절)
            [a] 하나님을 두려워하라
            [b] 하나님께 영광을 돌리라
        [2] 이유: 그의 심판의 시간이 이르렀다(7b절)
        [3] 하나님을 경배하라(7c절)
            [a] 하늘을 만드신 분
            [b] 땅을 만드신 분
            [c] 바다를 만드신 분
            [d] 물들의 근원을 만드신 분
(2) 두 번째 천사의 말: 바벨론의 멸망(8절)
    (a) 계시하는 천사(8a절)
        [1] 또 다른(두 번째) 천사
        [2] 첫 번째 천사를 따른다
    (b) 천사의 메시지(8bc절)
        [1] 심판의 공표: 바벨론이 무너진다(8b절)
        [2] 이유: 모든 나라를 타락시켰기 때문에(8c절)
(3) 마지막 천사의 말: 짐승에게 경배한 자들의 정죄(9-12절)

(a) 계시하는 천사(9a절)
[1] 또 다른(세 번째) 천사
[2] 두 번째 천사를 따른다
[3] 큰 음성으로 선포한다
(b) 천사의 메시지(9a-11절)
[1] 처벌의 이유(9a절)
[a] 그릇된 경배
{1} 짐승 자신에게
{2} 짐승의 우상에게
[b] 낙인을 받음(9b절)
{1} 이마에
{2} 손에
[2] 심판의 묘사(10a-11a절)
[a] 심판의 은유들(10a절)
{1} 하나님의 진노의 잔으로부터
{2} 하나님의 진노의 포도주를 마셔야 한다
[b] 심판의 실재(10b-11b절)
{1} 고난의 종류(10b절)
{a} 불로
{b} 유황으로
{2} 고난의 장소(10b절)
{a} 거룩한 천사들 앞
{b) 어린양 앞
{3} 고난의 길이(11ab절)
{a} 고난의 연기가 세세토록 올라간다(11a절)
{b) 밤낮 쉬임이 없다(11b절)
[3] 반복되는 처벌의 조건들(11bc절)
[a] 그릇된 경배(11b절)
{1} 짐승 자신에게
{2} 짐승의 우상에게
[b] 짐승의 낙인을 받은 것(11c절)

(4) 하나님의 백성의 인내에 대한 권유(12절)
  (a) 하나님의 계명을 지키는 자들
  (b) 예수 믿음을 지키는 자들
c. 지복의 교창이 들림(13절)
(1) 지복의 근원: 하늘의 음성에 의한 기록하라는 명령(13a절)
(2) 순교자들을 위한 지복(13b-d절)
  (a) 자금 이후로 주 안에서 죽는 자들은 복이 있도다(13b절)
  (b) 성령에 의한 확인(13cd절)
    [1] 그들이 수고를 그치고 쉴 것이다(13c절)
    [2] 그들의 행한 일들이 따른다(13d절)
d. 땅을 수확하는 천사의 환상(14-20절)
(1) 곡식 추수(14-16절)
  (a) 두 명의 천사 행동자(14-15절)
    [1] 사람 같은 자(14절)
      [a] 구름 위에 앉아 있다
      [b] 금 면류관을 썼다
      [c] 예리한 낫을 들고 있다
    [2] 또 다른 천사(15절)
      [a] 성전에서 나온다(15a절)
      [b] 구름 위에 앉은 자에게 명령한다(15a-c절)
        {1} 네 낫을 휘둘러 거두라(15b절)
        {2} 이유(15c절)
          {a} 거둘 때가 이르렀다
          {b} 땅에 곡식이 다 익었다
  (b) 구름 위에 앉은 자의 추수 행동(16절)
    [1] 그가 낫을 땅에 휘두른다
    [2] 땅이 추수된다
(2) 포도 추수(17-20절)
  (a) 두 명의 행동하는 천사(17-18절)
    [1] 또 다른 천사(17절)
      [a] 하늘의 성전에거 나온다

[b] 예리한 낫을 들고 있다
[2] 또 다른 천사(18절)
[a] 제단에서 나온다(18a절)
[b] 신분: 불을 다스리는 권세를 갖고 있는 천사(18a절)
[c] 첫 번째 천사에게 명한다(18b절)
{1} 네 낫을 사용하여 땅에서 포도를 거두라
{2] 이유: 포도가 익었다
(b) 포도를 모아 압착하는 행동(19-20절)
[1] 포도를 모음(19절)
[a] 천사가 낫을 땅에 휘드른다(19a절)
[b] 천사가 땅의 포도를 모은다(19a절)
[c] 천사가 포도를 하나님의 진노의 큰 포도주 틀에 넣는다(19b절)
[2] 포도의 압착(20절)
[a] 포도가 압착된다(20a절)
[b] 위치: 성 밖(20a절)
[c] 은유적 결과: "피"(20b절)

II. 문학적 분석

요한계시록 14장의 구성과 구조는 이례적으로 복잡하다. 이 본문은 네 개의 독립적인 단위로 이루어지며, 14:1에서 "내가 보았다 그리고 보라"는 저자가 자주 새로운 주제를 도입하는 데 즐겨 사용하는 도입 문구로 시작되어 15절에서 역시 새로운 주제를 나타내는 "그 다음에 내가 다른 이적을 보았다"(15:1의 "다른"이라는 용어는 12:1, 3을 되돌려 언급한다)는 새로운 단위를 도입하는 어구로 끝난다. 중요한 구문의 문제는 14:14-20을 14:1-20의 대단락에 속하는 것으로 생각해야 하느냐, 아니면 하나의 갈라진 동등한 단위로 생각해야 하느냐는 것이다. 카이 에이돈 카이 이두(*καὶ εἶδον, καὶ ἰδού*, "그 다음에 내가 보았다 그리고 보라")라는 어구는 14:14을 도입하는데, 이것은 새로운 본문이 14:1-13에 대응하여 도입됨을 시사하는 것으로 보인다. 반면에, 14:6-13에 세 번 나오는 알론 앙겔론(*ἄλλον ἄγγελον*, "다른 천사")이라는 어구는 14:14-20에도 세 번 나오며 이 본문의 단위들 사이의 문학적 연결부로 보인다.

14:1-20을 앞의 내용 및 뒤의 내용과 연결하는 몇 가지 주제가 있다. 첫째로, 13:11-18에 나오는 짐승 예배의 도입과 오른손이나 이마에 짐승의 이름 또는 수의 낙인은 14:1-5에서 하나님과 어린양의 이름이 기록된 십사만 사천 명과 대조된다. 둘째로, 13:11-18에서 짐승에게 경배하고 낙인을 받는 자들은 14:9-11에서 영원한 고통을 선고받는데, 이것은 13:11-18에서는 언급되지 않는 결과다. 셋째로, 14:12에 나오는 인내의 요구는 형태상 13:10에 나오는 요구와 유사하며, 내용상으로는 12:17의 요구와 유사하고 하나님의 계명을 지키는 것과 예수님의 증거 또는 예수님에 대한 충성을 유지하는 것을 언급한다. 넷째로, 14:13의 강복의 말씀은 자신의 믿음을 위해 죽는 사람들을 향한 것으로 보인다. 이 가능성은 13:15에 언급된다. 이 요소들은 14:1-5, 14:9-11, 14:13 그리고 14:13을 12:17-13:18과 연결시키는 한편, 요한계시록 14장(6-7, 8, 14-20절)의 다른 세 단위는 이런 분명한 관계를 보이지 않는다.

요한계시록 14장에는 네 개의 본문 단위가 있다. (1) 14:1-5, (2) 14:6-12, (3) 14:13, (4) 14:14-20. 각각의 단위는 내적인 구조와 의미 그리고 다른 본문 단위들과의 구조적 관계를 포함하는 일련의 특별한 문제들을 나타낸다. 알로스 앙겔로스(*ἄλλος ἄγγελος*, "다른 천사")라는 어구는 6-18절에서 두드러지는데, 이 부분에서 이 어구는 여섯 번이나 나온다(6, 8, 9, 15, 17, 18절). 이 절들에 동일한 도식이 나오기 때문에, 6-20절이 저자가 현재의 문맥에 통합시킨 최초의 통합된 본문을 형성했을 수 있다. 그러나 1-20절에 나오는 네 개의 단위가 요한계시록의 다른 곳에서 끌어낸 주제들의 혼합을 대표한다는 생각이 더 그럴듯하다. 다음은 요한계시록 14:1-20과 요한계시록의 유사한 다른 부분들(괄호의 절들은 문자 그대로 유사하지는 않지만 유사한 내용들이다)의 개관적인 목록이다. 두드러진 점은 요한계시록 14:14-20과 요한계시록의 나머지 부분 간에 거의 유사한 곳이 없다는 것이다.

	계 14:1-20	**요한계시록의 유사한 곳들**
1절	또 내가 보니	4:1; 6:2, 5, 8; 7:9; 14:14; 19:11
	어린양이 서 있었다	5:6
	십사만 사천 명	7:4
	이마에 기록된 어린양과	7:3; 22:4b
	그 아버지의 이름	
2절	내가 하늘에서 나는	10:4

	소리를 들으니	
	물 소리	19:6a
	큰 뇌성	19:6a
	거문고 타는 것 같더라	[19:6a]
3절	그들은 새 노래를 불렀다	5:9
4절	그들은 어린양을 따른다	[7:17]
6절	공중에 날아가는	8:13
	땅에 거하는 자들	6:10; 8:13; 11:10; 13:8, 14; 17:3, 8
	여러 나라와 족속과	5:9; 7:9; 10:11; 13:7; 17:5
	방언과 백성	
8절	무너졌도다 무너졌도다	18:2
	큰 성 바벨론이여	
	그 음행으로 인하여	17:2; 18:a
	포도주로 먹이던 자	
9절	만일 누구든지 짐승과	13:15; 16:2b; 19:20b; 20:4b
	그의 우상에게 경배하고	
	이마에나 손에 표를 받으면	13:16b; 16:2b; 19:20b; 20:4b
10절	하나님의 진노의 포도주	16:19b; 19:15
	불과 유황	19:20; 20:10; 21:9
11절	짐승과 그의 우상에게 경배한 자들	9절을 참조하라
	밤낮 쉼을 얻지 못하리라	4:8
	그 이름의 표를 받은 자	9절을 참조하라
12절	성도들의 인내가 여기 있으니	13:10
	하나님의 계명과 예수 믿음을 지키는	12:17
13절	또 내가 들으니	10:4, 8; 12:10; 4:2; 18:4
14절	또 내가 보니	4:1; 6:2, 5, 8; 7:9; 14:14; 19:11
	사람의 아들 같은 이	1:13
15절	또 다른 천사가 성전으로부터 나와	[15:6]
16절	[유사한 내용이 없다]	
17절	[유사한 내용이 없다]	
18절	천사와 제단	[8:3, 5]
19절	하나님의 진노의 큰 포도주 틀	19:15
20절	[유사한 내용이 없다]	

A. 요한계시록 14:1-5: 어린양과 십사만 사천 명

이 단락은 요한계시록 13장에 기술된 무서운 전개들과 효과적인 대조를 제공하는 명백하게 규정된 단위를 구성한다(Bousset[1906] 146). 저자가 이 단락과 요한계시록 7:4-8의 두 장면을 모두 다른 자료들에서 각색했는지 그렇지 않은지와 관계없이 문학적 수준에서 분명히 전자는 요한계시록 7:4-8에서 인침을 받은 십사만 사천 명에 대한 언급과 연결된다. 이 전체 단락은 "내가 보았으니 보라"는 관용 표현으로 도입되며(1절) 세 개의 구조적 단편이 이어진다. (1) 땅의 십사만 사천 명에 대한 환상(1절), (2) 하늘에서 부르는 새 노래의 소리(2-3절), (3) 세 개의 후토이(οὗτοι) 절에서 십사만 사천 명의 신원을 상세히 설명하는 4-5절의 해석적 설명. 이 설명 부분이 구성상 문제인 이유는 저자가 특징적으로 사용하는 개인이나 집단을 더 명확하게 밝히는 분사구를 상술하기 때문이다(참조. 11:7; 17:1; 18:9, 15; 19:20; 21:9, 15).

14:1-5과 7:1-17은 주제의 유사성뿐만 아니라 구조의 유사성도 갖고 있다. 14:1-5과 마찬가지로 7:1-17도 3부 구조를 보인다. (1) 땅의 십사만 사천 명에 대한 환상(7:1-8), (2) 하늘의 보좌 앞에서 하나님을 찬양하는 큰 무리에 대한 환상(7:9-12), (3) 해석적 설명(7:13-17). 유사한 구조에 더하여, 두 주제가 두 구절을 연결한다. (1) 십사만 사천 명에 대한 언급(7:4; 14:1)과 (2) 하나님의 인(7:2-8; 14:1). 그러나 14:1에서만 이 인이 어린양과 그의 아버지의 이름으로 이루어진다는 사실을 명백하게 나타낸다. 이 두 구절 간의 현저한 구조와 주제의 유사성은 해석의 문제를 제출하니, 바로 이 이중성의 근원이 무엇인가 하는 문제다.

B. 요한계시록 14:6-12

이 단락은 네 개의 소단락을 도입한다(6-7, 8, 9-11, 12절). 그리고 이 소단락들은 내용의 차이에도 불구하고 하나의 문학적 단위를 형성한다. 앞의 세 소단락은 카이 에이돈(καὶ εἶδον, "그 다음에 내가 보았다")이라는 어구로 시작하는 하나의 환상으로 제시된다. 세 천사의 말은 각각 "다른 천사"(6절), "또 다른 천사 곧 둘째"(8절), "또 다른 천사 곧 셋째"(9절)로 언급되는 다른 계시 천사를 소개한다. 그리고 둘째와 셋째 천사는 앞의 천사를 "따르는"(ἠκολούθησεν–에콜루데센) 것으로 묘사된다. 그러나 내가 앞에서 "천사의 발언"이라고 칭한 바 있는 문학 형식(계 7:1-17, "양식/구조/배경", III. 문학 형식을 보라)을 따르는 이 단락 사이에는 네 번째의 형식적 연결이 존재한다.

첫 번째 형식인 **천사의 행동**은 네 번 나오며(7:1; 8:2; 15:1; 20:1-3) 다음과 같은 구조적 특징을 나타낸다. (1) 도입의 어구: 카이 에이돈(*καὶ εἶδον*, "그 다음에 내가 보았다"; 메타 투토 에이돈[*μετὰ τοῦτο εἶδον*, "이 일 후에 내가 보았다"]: 7:1; 8:2; 15:1), (2) 환상의 대상: 앙겔론(*ἄγγελον*, "천사") 또는 앙겔루스(*ἀγγέλους*, "천사들"; 7:1; 8:2; 15:1; 20:1), (3) 천사에 의해 또는 천사에게 행해지는 행동에 대한 간결한 묘사(7:1; 8:2; 15:1; 20:1-3), (4) 갑작스러운 주제의 변화(7:2; 8:3; 15:2; 20:4). 게다가 저자는 이 천사의 출현에 대한 간결한 묘사를 완전히 관찰자의 입장으로 제시한다. 그가 보는 천사들과 그가 묘사하는 천사의 행동은 그에게 영향을 주지 않으며, 또한 그가 천사들이나 천사들의 행동에 영향을 주지도 않는다. 두 번째 형식인 **천사의 발언**은 요한계시록에 아홉 번 나오며(7:2-3; 10:1-7; 14:6-7, 8, 9-11, 14-16, 18-20; 18:1-3; 19:17-18) 한 번은 **천사의 행동**에 바로 이어 삽입된다(7:2-3). 요한계시록에서 **천사의 발언**은 다음과 같은 구조적 특징을 보여 준다. (1) 도입의 어구: 카이 에이돈(*καὶ εἶδον*, 7:2; 10:1; 14:6; 18:1; 19:17), (2) 환상의 대상: 알론 앙겔론(*ἄλλον ἄγγελον*, 7:2; 10:1; 14:6, 8, 9; 18:1; 19:17), (3) 천사의 동작(올라가다, 내려오다, 날아가다, 출현하다, 따라가다, 7:2; 10:1; 14:6, 8, 9, 15, 18; 18:1; 19:17), (4) 천사가 "큰 소리로 외치다"라는 진술(7:2; 10:3; 14:7, 9, 15, 18; 18:2a; 19:17), (5) 천사의 짧은 진술(7:3 10:3[천사가 말하는 바는 명백하게 나타나지 않고, 단지 그가 "사자의 부르짖는 것같이 큰 소리로 외치다"라고만 묘사한다]; 14:7, 8, 9b-11, 15b, 18b; 18:2b-3; 19:17b-18). 이 문학 형식의 중심점은 이 짧은 진술이다.

요한계시록 14:9-11은 교차 형식을 나타낸다. 9a절의 도입 다음에 천사의 발언이 9b-11절에 이어지는데, 그 중에서 9b절과 11b절은 매우 유사하며 이 짧은 단락의 뼈대를 구성한다.

요한계시록 14:9b	**요한계시록 14:11b**
에이 티스 프로스퀴네이 토 데리온 (*εἴ τις προσκυνεῖ τὸ θηρίον*) 만일 누구든지 짐승에게 경배하면	호이 프로스퀴눈테스 토 데리온 (*οἱ προσκυνοῦντες τὸ θηρίον*) 짐승에게 경배하는 자는
카이 텐 에이코나 아우투 (*καὶ τὴν εἰκόνα αὐτοῦ*)	카이 텐 에이코나 아우투 (*καὶ τὴν εἰκόνα αὐτοῦ*)

그리고 그의 우상에게	그리고 그의 우상에게
카이 람바네이 (καὶ λαμβάνει) 그리고 받으면	카이 에이 티스 람바네이 (καὶ εἴ τις λαμβάνει) 그리고 받는
카라그마 (χάραγμα) 표를	토 카라그마 투 오노마토스 아우투 (τὸ χάραγμα τοῦ ὀνόματος αὐτοῦ) 그 이름의 표를
에피 투 메토푸 아우투 (ἐπὶ τοῦ μετώπου αὐτοῦ) 그의 이마에	
에 에피 텐 케이라 아우투 (ἢ ἐπὶ τὴν χεῖρα αὐτοῦ) 또는 그의 손에	

이 단락이 인상적인 이유는 단수 대명사들과 동사 형식들로 시작하여 10-11a절에서 복수 형식으로 바뀌고, 곧이어 11b절에서는 다시 단수 티스 람바네이(τὶς λαμβάνει, "받는 자")로 되돌아가기 때문이다. 이 구조는 12절이 9-11절의 부분이 아니라 첨부 부분을 이루고 있음을 나타낸다. 세 번째 천사의 환상(9-11절)은 요한계시록의 다른 부분에서 따온 진술들로 구성된 확장인 것 같다.

요한계시록 14:12은 호데(ὧδε)에 의해 이야기를 중단시키며 도입되는 삽입구적 진술이다. 이 진술을 도입하는 호데(ὧδε)는 직전의 내용에 주의를 환기시키는데, 그러므로 이 진술은 9-11절의 결론 부분으로 간주되어야 한다. 요한계시록에는 호데(ὧδέ)로 도입되는 세 개의 유사한 진술이 나온다(13:10, 18; 17:9). 이 세 개의 유사한 진술들은 각각 앞의 본문에 대한 주석으로 해석되는데, 그 주석은 그 단락에서 충성된 그리스도인들에게 일어난 것으로 진술되는 사건들의 예상되는 영향에 비추어 진술된다. 14:12과 13:10 간의 유사성은 매우 밀접하다.

요한계시록 13:10	**요한계시록 14:12**
호데 에스틴 (ὧδέ ἐστιν) 여기 있느니라	호데 (ὧδε) 여기 있나니

헤 휘포모네 (ἡ ὑπομονὴ) 인내가	헤 휘포모네 (ἡ ὑπομονὴ) 인내가
카이 헤 피스티스 (καὶ ἡ πίστις) 믿음이	
톤 하기온 (τῶν ἁγίων) 성도들의	톤 하기온 에스틴 (τῶν ἁγίων ἐστίν) 성도들의

이 어구의 유사성은 14:12이 13:10에서 나온 것이라는 사실을 시사한다.

C. 요한계시록 14:13

13절에 나오는 결론의 강복은 두 부분으로 이루어진다. (1) 관찰자에게 기록하라고 명령하는 하늘에서 들려온 확인되지 않는 음성과 (2) 요한계시록에 나오는 일곱 강복(1:3; 14:13; 16:15; 19:9; 20:6; 22:7, 14) 중 두 번째. 이 결론도 역시 저자-편집자에 의한 부연(주석이 아니고)이었던 것으로 보인다.

D. 요한계시록 14:14-20

초기의 비평들은 14:14-20을 독립된 묵시의 결론 또는 요한계시록의 기초가 되는 기초 저술(*Grundschrift*)로 간주하는 경향이 있었지만, 이 견해는 문제가 있다. 이 본문 단락은 새로운 주제를 시작하는 저자의 습관적인 관용 어구들 중의 하나인 "내가 보았다 그리고 보라"로 도입되고(14절) 이 저술의 중요한 새 구분의 시작을 나타내는 도입 어구 "내가 다른 이적을 보았다"(15:1)에 이어지는 20절에서 종결된다. 요한계시록 14:14-20은 두 개의 단락으로 이루어지는데, 14-16절의 첫 번째 단락과 17-20절의 두 번째 단락은 본질적으로 짝을 이룬다(Wellhausen, *Analyse*, 24). 요한계시록에는 이와 유사한 다른 짝들도 나오기 때문에(예를 들어, 14:1-5과 7:1-17), 풀어야 하는 문제는 이 두 이형 간의 관계다. 그러면 이 두 이형은 저자의 묵시 자료들을 이용하여 의도적으로 이 곳에 짝을 이루어 배열한 것일까? 그리고 14:15-17은 보간으로 생각해야 할까(Charles, 2:20-21)?

요한계시록 14:14-16	**요한계시록 14:17-20**
낫을 들고 구름 위에 앉은 인물	낫을 들고 성전에서 나오는 인물
다른 천사가 성전에서 나온다	다른 천사가 제단에서 나온다
큰 음성으로 첫 번째 천사에게 말한다	큰 음성으로 첫 번째 천사에게 말한다
내 낫을 휘둘러 펨프손 토 드레파논 수 (*πέμψον τὸ δρέπανόν σου*)	내 낫을 휘둘러 펨프손 수 토 드레파논 (*πέμψον σου τὸ δρέπανον*)
거두라	포도송이를 거두라
거둘 때가 이르러	포도가 익었느니라
첫 번째 인물이 낫을 땅에 휘두르다	첫 번째 천사가 낫을 땅에 휘두르다
곡식이 거두어지니라	땅의 포도를 거두다

이 대구는 19c-20절로 끝나는데, 그 곳에서 포도 추수의 비유적 표현은 "하나님의 진노의 큰 포도주 틀"의 언급으로 이어진다. 그 다음에 포도주 틀은 성 밖에서 밟히고, 거기에서 흘러나오는 피가 말굴레까지 닿았다는 상투적인 묵시 용어로 묘사된다(Bauckham, "Apocalyptic Traditions," 40-48를 보라).

요한계시록 14:14-20의 구성은 요한계시록에서 독특하며 저자가 요한계시록의 다양한 정황에서 사용하는 두 가지 문학 형식 **천사의 발언**과 **천사의 행동**(위의 B. 요한계시록 14:6-12을 보라)을 혼합 형식으로 결합시키는 것으로 보인다(계 7:1-17, "양식/구조/배경", III. 문학 형식). 이 사실은 이 부분이 기존의 자료에서 이끌어 낸 것이 아니라 저자의 저술임을 암시한다. 하지만 여기에도 많은 상투적인 묵시 주제들이 포함되어 있다. 이 부분은 다음과 같은 몇 가지 요소로 이루어진다. (1) 도입의 어구: 카이 에이돈(*καὶ εἶδον*, 14:14), (2) 환상의 대상: 천사 같은 인물(14:14의 "사람의 아들과 같은 이", 17), (3) 그 인물에 대한 묘사(14:14. 17), (3) 두 번째 천사의 소개(14:15a, 18a), (5) 두 번째 인물이 첫 번째 인물에게 내리는 명령(14:15b, 18b), (6) 첫 번째 인물에 의한 그 명령의 이행(14:16, 19-20).

14-20절에서 하나님의 심판을 나타내는 은유로 곡식 추수와 포도 추수 비유의 병렬은 요엘 3:13(맛소라 사본 4:13)에 근거하고 있다.

너희는 낫을 쓰라. 곡식(קָצִיר – 카치르)이 익었도다.
와서 밟을지어다. 포도주 틀이 가득히 차고
포도주 독이 넘치니 그들의 악이 큼이로다.

원래 이 구절은 포도 수확 은유에 중심을 두고 있는 반면에, 요한은 곡식 추수와 포도 추수를 모두 언급하는 것으로 해석했다(카치르[קָצִיר]는 대개 곡식 추수에 대해 사용되는 반면에, 포도 수확에 대해서는 바치르[בָּצִיר]가 사용된다). 요한계시록 14:14-16의 관습은 역시 요엘 3:13을 곡식 추수로 인용하는 마가복음 4:29에도 반영된다(Bauckham, "Conversion," 290-96를 보라). 다른 곳에서는 포도 송이를 자르는 것이나 수확된 포도를 밟는 것만 따로(애 1:15; 사 63:1-6; 렘 25:30-31) 또는 곡식 추수의 은유나 타작 마당의 비유만(사 17:4-5; 렘 51:33; 미 4:13; 마 3:12[=눅 3:17]; 마 9:37-38[=눅 10:2 *Gos. Thom.* 73]; 막 4:29 참조. 갈 6:7-9) 하나님의 심판의 은유로 사용된다. 찰스(Charles)는 15-17절에 억지로 유사한 짝이 삽입되었으며, 그것을 제거하면 14, 18-20의 의미가 된다는 제안을 한다. 이 제안은 사실이기는 하지만 역시 받아들일 수 없는 해법이다.

III. 요한계시록 14:14-20의 해석

14:14-20에 나타나는 중심적인 해석의 문제는 두 가지다. (1) 14절에서 "사람의 아들과 같은 이"로 확인되는 인물은 메시아 또는 그리스도를 나타내는가? 아니면 천사로 생각해야 하는가? (2) 모든 해석자들이 17-20절의 포도 추수가 심판의 은유라고 동의하지만, 14-16절에 기술되는 곡식 추수도 역시 심판을 나타내는가? 아니면 곡식 추수는 종말에 그리스도께서 선택 받은 사람들을 모으시는 것일까?

A. "사람의 아들과 같은 이"(계 14:14-16)

요한계시록 14:16-16에 대한 대부분의 해석들은 이것을 유대교의 묵시론적 저작의 단편으로 보고 "사람의 아들과 같은 이"를 메시아(Bousset[1906] 388) 또는 승귀된 그리스도(van Schaik, "Ἄλλος ἄγγελος," 222-25; Müller, 269-70)를 가리키는 것으로 결론을 내린다. "사람의 아들과 같은 이"라는 인물을 승귀된 그리스도와 동일시하는 가장 강력한 논거는 요한계시록 1:13에 나오는 이와 동일한 어구인 "인자 같은 이"(휘온[υἱόν]이 3격으로 사용되어서 문법상의 파격을 보이기 때문에 독특한 표현이 된 호모이온 휘온 안드로푸[ὅμοιον υἱὸν ἀνθρώπου])가 다니엘 7:13에 대한 간접 인용으로서 대부분의 주석가들이 동의하듯이 1:13-1에 나오는 인물을 분명히 승귀된 그리스도로 묘사하고 있다는 사실이다(Prigent, 233; Roloff, 154). 이 두 인물을 동일시함에 있어서 한 가지 장애물은 14절에 언급된 금 면류관인데, 이것은 1:13에는 나오지 않는다(Kraft, 197). 이 인물이 세 천사보다 앞서서 행하고(14:6, 8, 9) 그 뒤를 세 천사가 따르며(14:15, 17, 18) 그들의 머리로서 중앙에 선다는 점을 지적함으로써(Lohse, 86) "사람의 아들과 같은 이"의 지위가 높다는 것이 종종 강조된다. 이것은 6-20절에 대한 허구적인 읽기일 뿐이고, 본문이 의도적으로 그런 식으로 구성되어 있는지는 결코 분명하지 않다. 우리가 알아두어야 할 것은 14:14-16과 1:12-16의 공통적인 유일한 특징은 다니엘 7:13에서 가져온 "인자 같은 이"(사람의 아들과 같은 이)라는 어구뿐이라는 것이다. "사람의 아들과 같은 이"(14b절)와 "그의 머리에 면류관이 있고"(14c절)라는 어구를 저자가 나중의 편집 단계에서 이전의 글을 개정할 때 삽입한 것으로 볼 수 있다면, 14절에 나오는 인물은 그리스도가 아니라 천사라고 주장하는 것이 얼마든지 가능하다. 또한 이것은 최종 편집 단계에서 저자 또는 편집자가 이 두 인물을 동일시했고, 14:14-16에 나오는 "사람의 아들과 같은 이"를 승귀된 그리스도로 여기고 있다는 것을 의미한다.

일단 이 중요한 장애물을 뛰어넘고 나면, "사람의 아들과 같은 이"라는 인물을 승귀된 그리스도가 아니라 천사와 같은 존재를 나타내는 것으로 해석하는 것을 지지해 주는 여러 비중 있는 논거들이 존재한다(Zahn, 2:524; Kiddle-Ross, 274-77; Kraft, 197-98; Coppens, "Fils d' homme angélique," 277). 14-16절에 대한 주석에 나오는 자세한 설명을 보라). (1) "사람의 아들과 같은 이"라는 어구는 다니엘 7:13에 대한 간접 인용이긴 하지만, 정경 복음서들에 나타난 인자 전승들을 알고 있었다는 표지를 전혀 보여 주지 않는다. 이 어구는 칭호로 사용되고 있는 것이 아니라 하나의 직유로 사용되고 있기 때문에 "사람과 같은 이"로 번역되어야 한다. 1:13과 14:14이 다니엘 7:13에 대한 공통의 간접 인용을 보여 준다는 것을 제외하면, 이 두 인물이 동일하다는 것을 보여 주는 것은 아무것도 없다(Coppens, "Fils d'homme angélique," 229). (2) "사람의 아들과 같은 이"는 금 면류관(στέφανος-스테파노스)을 쓰고 있는데, 요한계시록에서는 그 어디에도 금 면류관이 메시아 또는 승귀된 그리스도가 걸치고 있는 장식으로 나오지 않는다(6:2이 예외일 가능성이 있지만, 해당 부분에 대한 "주석"을 보라). (3) "사람의 아들과 같은 이"는

"또 다른 천사"로부터 추수를 하라는 명령을 받는다(15절). 물론 승귀된 그리스도가 천사의 명령을 받는다는 것은 부적절해 보이지만 말이다(Zahn, 2:525). 학자들은 이러한 난점을 흔히 천사는 "성전으로부터" 나왔기 때문에 사실 천사의 명령은 곧 하나님으로부터 나온 것이라고 주장함으로써 해결하고자 한다(Roloff, 154-55; Müller, *Messias*, 194; Harrington, *Apocalypse*, 192). 이러한 난점으로부터 빠져나갈 수 있는 또 하나의 길은 인자는 종말의 날 또는 그 시(時)를 모르기 때문에(막 13:32; 행 1:7) 그것에 관하여 하나님으로부터 전해듣게 되어 있다고 주장하는 것이다(Wikenhauser, 102). (4) "또 다른 천사"(15a절)라는 어구는 "사람의 아들과 같은 이"가 사실 천사적인 인물이라는 것을 암시해 준다(Zahn, 2:524; Bousset [1906] 388; Coppens, "Fils d'homme angélique," 229). (5) 15-16절의 곡식 추수와 18-20절의 포도 수확이 둘 다 심판을 상징한다면(이 문제에 대한 아래의 논의를 보라), "사람의 아들과 같은 이"는 오직 첫 번째 추수에만 참여하고 두 번째 추수에는 참여하지 않는다. (6) "사람의 아들과 같은 이"는 이 땅에 강림하는 것으로 묘사되는 것이 아니라, 구름 위에 앉아서 이 땅을 추수하는 것으로 묘사된다. (7) 첫 번째 인물이 15절과 16절에서 두 번 언급될 때, 그 인물은 "사람의 아들과 같은 이"가 아니라 "구름 위에 앉은 이"라는 별칭으로 언급된다. 이것은 전자의 별칭이 저자에게 특별히 중요한 것이 아니었다는 것을 보여 준다. (8) 이 땅을 추수하는 일은 천사들에게 맡겨진 과제다. 호이 데 데리스타이 앙겔로이 에이신(*οἱ δὲ θερισταὶ ἄγγελοί εἰσιν*, "추수꾼은 천사들이니", 마 13:39; 재림하는 인자가 천사들을 보내어 땅의 모든 것들로부터 택하신 자들을 모으실 것이라고 말하고 있는 막 13:26-27=마 24:30-31을 참조하라).

B. 곡식 추수(14:15-16)

14-16절에 나오는 곡식 추수는 흔히 종말론적인 심판을 가리키는 은유로 해석되어 왔는데, 이것은 본 주석서가 취하고 있는 입장이다. 바이스-하이트뮐러(Weiss-Heitmüller, 4:298-99)에 의해서 제시된 이 견해의 한 변형은 곡식 추수를 일반적인 심판으로 해석하고, 17-20절에 나오는 포도 수확을 이스라엘에 대한 심판으로 보는 것이다("포도원"은 흔히 이스라엘을 가리키는 은유이기 때문에). 하지만 몇몇 학자들은 곡식 추수는 메시아 또는 승귀된 그리스도가 택하신 자들을 불러 모으는 것(Hadorn, 156; Lohmeyer, 129; Prigent, 234) 또는 세상의 열방들로부터 사람들이

회심하는 것(Bauckham, "Conversion," 283-96)이라는 적극적인 의미로 이해되어야 한다고 주장해 왔다. 이 견해에 대한 한 변형은 14-16절에 나오는 곡식 추수는 좋은 알곡과 무익한 잡초를 둘 다 거두어들여서 잡초를 불태워 버리는 것을 포함한다는 주장인데(Zahn, 2:525), 이것은 분명히 마태복음 3:12=누가복음 3:17과 마태복음 13:36-43 같은 본문들의 영향을 받은 견해다.

가장 설득력 있는 주장은 14-16절에 나오는 곡식 추수를 종말론적인 심판을 가리키는 은유(본질적으로 17-20절에 나오는 포도를 모아서 밟는 것에 대한 은유와 병행되는)로 이해하는 것인데, 이것은 대부분의 학자들이 취하는 입장이다(예를 들어, Wikenhauser, 102; Roloff, 154-55). 이러한 견해가 제시하는 주된 논거들은 다음과 같은 것들이다. (1) 요한계시록 14:14-16은 14:17-21과 마찬가지로 오직 하나님의 심판만을 다루고 있는 본문인 요엘 3:13(MT 4:13)에 대한 분명한 간접 인용이다. (2) 14절에서 추수할 때 사용되는 도구는 드레파논 옥쉬(*δρέπανον ὀξύ*, "이한 낫": 17절에서 포도 수확을 위하여 사용되는 도구와 관련해서도 이와 동일한 어구가 사용된다)로 불리는데, 낫은 주로 부정적인 상징이기 때문에(14:14에 대한 "주석"을 보라), 이것은 심판과 징벌이 염두에 두어지고 있다는 것을 보여 주는 것이다. (3) 15절에서 천사가 외치는 엘덴 헤 호라 데리사이(*ἦλθεν ἡ ὥρα θερίσαι*, "거둘 때가 이르러")라는 어구는 7절에 언급된 엘덴 헤 호라 테스 크리세오스(*ἦλθεν ἡ ὥρα τῆς κρίσεως*, "심판하실 시간이 이르렀음이니")라는 어구를 가리키는 것으로 해석될 수 있다(Müller, *Messias*, 194). (4) 하나님의 심판을 가리키는 은유로 사용되고 있는 추수(곡식, 포도, 감람유)에 대해서는 이사야 17:5; 18:4-5; 24:13; 예레미야 51:33; 호세아 6:11; 요엘 3:13(MT 4:13); 미가 4:12-13; 마태복음 13:24-30, 36-43; 마가복음 4:29; 4 Ezra 4:28-32; *2 Apoc. Bar.* 70:20를 보라. 마태복음 3:11-12에서 타작 마당은 악인들로부터 의인들을 분리해 내는 것을 가리키는 데 사용되는 이미지로 나오는데, 그 결과는 의인들의 구원과 악인들의 단죄다. 하지만 몇몇 랍비 본문들은 요엘 3:13(MT 4:13)에 나오는 두 추수를 모두 부정적으로 이해한다. 이러한 관점은 *Midr. Ps.* 8.1(16절에 대한 "주석"에서 인용된) 속에 반영되어 있다. (5) 밀 추수를 택하신 자들을 불러 모으는 것으로 해석하거나 세상의 열방들로부터 사람들이 회심하는 것으로 해석하는 것은 문제가 있다. 한편으로, 종말에 택하신 자들을 불러 모은다는 모티프는 초기 기독교의 종말론적인 이야기들(막 13:26-27=마 23:30-31; 살전 4:16-17; 살후 2:1)에서 종종 등장하기는 하지만, 요한계시록에서는 특이하게도 전혀 나오지 않는다. 일반적으로 승귀된 예수의 파루시아(재림)를 반영하고 있다고 여겨지는 요한계시록의 한 본문은 19:11-21이지만, 이 본문은 오직 백마 탄 자와 그의 하늘 군대가 땅의 열왕들의 군대를 정복하는 것만을 다룰 뿐이다. 요한계시록 7:9-17에 묘사되고 있는 하늘의 무수한 순교자들이 거기에 있는 것은 종말에 주께서 그들을 불러 모으셨기 때문이 아니라 순교를 당해서 죽으셨기 때문이다. 다시 하나가 된 하나님의 백성에 관한 이상은 이스라엘의 열두 지파의 이름을 지닌 열두 대문과 열두 사도의 이름이 새겨진 열두 기초석을 지닌 새 예루살렘에 의해서 상징적으로 나타내지고 있지만(21:12에 대한 "주석"을 보라), 하나님의 백성들을 불러 모으는 종말론적인 사건 자체는 그 어디에도 묘사되어 있지 않다. 요한계시록 7:4-8에서 144,000명을 인친 것은 하나님의 백성을 불러 모으는 것으로 해석될 수 있지만(참조. 14:1-5), 데살로니가전서 4:16-17 같은 본문들과 그 어떤 모티프도 공유하지 않는다.

14-16절을 긍정적인 방식으로 해석하는 것을 지지하는 몇 가지 논거들이 제시되어 왔다. (1) 14:17-20에 나오는 포도 이미지가 동일한 장(章)에서 이미 나온 이미지인 것과 마찬가지로(8, 10절), 15-16절에 나오는 곡식 추수라는 이미지도 하나님과 어린양을 위한 첫 열매들(즉 곡식 추수에서 얻은 첫 번째 단; 레 23:9-14을 보라)인 144,000명이라는 선행적인 이미지를 가지고 있다. 14:4의 순교자들은 모든 열방의 첫 열매들이고, 전체적인 추수는 회심한 열방들을 불러 모으는 것에 대한 은유로서 15-16절에서 묘사되고 있다(Bauckham, "Conversion," 291-92). (2) 곡식 추수(그리고 타작 마당)라는 은유가 하나님의 심판이라는 부정적인 의미로 사용될 수 있지만, 곡식 추수는 택하신 자들을 불러 모으는 것(눅 10:2=마 9:37-38=*Gos. Thom.* 73; 마 13:30, 43; 요 4:35-38) 또는 의인들에 대한 상급(4 Ezra 4:35)에 관한 은유로서 긍정적인 의미로도 사용된다. (3) 만약 저자가 곡식 추수를 심판을 가리키는 은유로 사용하고자 했다면, 그는 하나님의 심판을 가리키는 은유들로 자주 사용되는 타작과 키질이라는 은유들을 포함시킬 수 있었을 것이다(참조. 렘 51:33; 미 4:12-13; 합 3:12; 마 3:2 = 눅 3:17). 18-20절에 나오는 포도 수확이라는 은유는 분명히 심판을 가리키는 은유인데, 이것은 이 절들이 하나님의 진노의 포도주 틀에서 포도들을 밟는 것으로 끝나기 때문이다. (4) "사람의 아들과 같은 이"가 흰 구름 위에 앉아 있다는 것은 그 자체로 상서로운 징조다(Allo, 243).

주석

[1]a "또 내가 보니 어린양이 시온 산에 섰고"(*καὶ εἶδον, καὶ ἰδοὺ τὸ ἀρνίον ἑστὸς ἐπὶ τὸ ὄρος Σιών*–카이 에이돈 카이 이두 토 아르니온 헤스토스 에피 토 오로스 시온). (*καὶ εἶδον*–카이 에이돈에 관해서는 5:1에 대한 "주석"을 보라.) 양식상으로 볼 때, 이 환상의 배경을 서술하는 1-5절은 땅(1절), 하늘(2-3절), 다시 땅(4-5절)이라는 ABA의 반복 패턴을 보여 준다. 이와 비슷한 ABA 반복 패턴은 요한계시록 12장에 분명하게 나타나는데, 거기에서 1-6절과 13-17절은 땅이라는 배경을 전제하고 있고, 7-12절은 하늘이라는 배경으로 바뀐다는 것에 주목하라.

어린양이 시온 산에, 즉 예루살렘에 서 있는 것으로 묘사되고 있다는 것은 이 단락과 에스라4서 13:29-50이 공통의 자료 또는 전승에 의존하고 있다는 것을 보여 준다. 왜냐하면 에스라4서 13:35은 "그러나 그는 시온 산 꼭대기에 서리라"(*Ipse autem stabit super cacumen montis Sion*)고 분명하게 말하고 있기 때문이다. 1절의 장면은 땅으로 설정되어 있고(Swete, 177; Bousset[1906] 380; Beckwith, 657; Charles, 2:4-5; Allo, 195; Ladd, 189), 2절은 하늘로부터 들려온 소리를 도입하고 있기 때문에 시온 산과 하늘은 분명하게 구별된다. 유대교의 종말론적인 기대 속에서 시온 산 = 예루살렘이라는 등식은 종말론적인 하나님 나라의 중심 역할을 했다(욜 2:32; 사 24:23; 31:4; 미 4:7; 슥 14:4-5; *Jub.* 1:28; 4 Ezra 13:29-50; *2 Apoc. Bar.* 41:1-4; 참조. *Sib. Or.* 5.414-33; 계 17:14; 또한 Volz, *Eschatologie*, 372를 보라). 다윗 가문의 메시아를 가리키는 약간 베일에 가려진 은유인 어린양이 서 있는 것으로 묘사되고 있는 것은 그가 대적들을 멸할 채비를 갖춘 전사로서의 역할을 하고 있다는 것을 암시한다(또한 어린양은 요한이 5:6에서 그를 처음으로 보았을 때 "서 있는" 것으로 묘사된다).

요한계시록 14:1에 나오는 어린양은 왜 보좌에 앉아 있는 것이 아니라 서 있는 것으로 묘사되고 있는 것인가? 이러한 전승의 전례(前例)가 적어도 하나 존재하는데, 그것은 시편 2:6이다. 거기에서 하나님은 "나의 왕을 내 거룩한 산 시온에 세웠다"고 말씀하시는데, 거기로부터 그분은 원수들을 정복하실 것이다(8:11) – 보좌에 앉은 것에 대한 명시적인 언급이 없다(이 본문은 *Pss. Sol.* 17:21-25에서 메시아적으로 해석된다). 나아가 사도행전 7:56에 나오는 이미지는 그리스도께서 아버지의 우편에 앉아 계신다는 개념에 토대를 두고 있지만, 그럼에도 불구하고 인자는 하나님의 우편에 "서 있는" 것으로 묘사된다.

일부 주석가들은 이 단락에 나오는 시온 산을 하늘을 가리키는 것으로 이해하고, 144,000명이 하늘로 올리워 간 것으로 보는데(Kiddle-Ross, 262-71; Lohmeyer; Mounce, 267; Giesen, 320), 이것은 에스라5서 2:42-48에 반영되어 있는 견해인 것 같다. 거기에서 "에스라"는 무수한 큰 무리가 시온 산에서 노래들로 주님을 찬양하고 있는 환상을 말한다. 아주 키가 큰 한 젊은이가 그들의 머리 위에 승리의 관을 씌워 주고, 그들에게는 승리의 종려나무 가지도 주어진다. 해석하는 천사는 이 사람들이 지금 불멸(不滅)을 입은 사람들이고, 젊은이는 그들이 이 세상에서 신앙을 고백했던 하나님의 아들이라고 설명한다. 요한계시록 7:9, 14:1, 히브리서 12:22과의 분명한 유사점들은 에스라5서 1-2장과 에스라6서 15-16장의 기독교계 저자가 문헌상으로 신약성경에 의존한 결과임이 틀림없다. 이 경우에 시온 산은 하늘의 예루살렘이다(Myers, *Esdras*, 153). 하지만 에스라4서 중에서 좀더 오래된 유대교적인 부분(3-14장)은 시온 산을 땅에 있는 산으로 이해한다(13:33-36).

> 모든 열방이 그의[하나님의 아들의] 음성을 들을 때, 각 사람이 서로에 대한 전쟁을 멈추고 자기 땅을 떠나서 너희가 알다시피 그를 정복하기 위하여 무수한 무리가 모여들리라. 그러나 그는 시온 산 꼭대기에 서리라. 너희가 손으로 깎지 않은 산을 보았듯이, 시온이 준비되고 지어져서 임하여 모든 사람들에게 나타나리라. 그, 곧 내 아들은 모인 열방들을 불경건함으로 인하여 책망하리라.

여기서 "시온 산 꼭대기"는 예루살렘에 있는 성전 산을 가리키는 것으로 보이고, "시온이 임하여"라는 어구는 하늘의 예루살렘이 내려오거나 나타나는 것을 가리키는 것 같다. 이사야 24:23의 마소라 본문은 "만군의 여호와께서 시온 산에서 다스리리라"는 종말론적인 소망을 표현하고 있지만, Tg. *Isa.* 24:23(tr. Chilton, *Isaiah Targum*)에서는 하나님 자신의 오심을 하나님 나라의 나타남으로 수정한다. "만군의 여호와의 나라가 시온 산에 나타날 것임이라." 마찬가지로, Tg. *Isa.* 31:4(tr. Chilton)에서도 "만군의 여호와의 나라가 나타나서 시온 산과 그 언덕 위에 세워지리라"고 말한다.

"시온"이라는 용어는 요한계시록에서는 오직 여기에만 나오고, 신약성경에서는 이 곳 이외에 6번 나오며(마 21:5; 요 12:15; 롬 9:33; 11:26; 히 12:22; 벧전 2:6), 사도 교부들의 저작에는 오직 한 번 나온다(*Barn.* 6:2). "시온"(예루살렘)은 요한계시록에서 오직 여기에만 나오기 때문에 이 단락은 저자에 의해서 사용된 특정한 자료에 토대를 두고 있는 것으로 보인다. 14:1-5의 장면 전체는 적어도 부분적으로는 "아름다운 소식을 시온에 전하는 자여 너는 높은 산에 오르라"(9절)는 말씀을 들은 백성들이 "목자같이 양무리를 먹이실"(11절) 하나님의 임하심을 기다린다고 말하고 있는 이사야 40:9-11을 토대로 만들어진 것으로 보인다. 유대교의 묵시론적 본문들에서 시온 산은 메시아가 자신의 대적들을 물리치고 그들을 심판하게 될 장소다(*2 Apoc. Bar.* 40:1-3).

[1]b "그와 함께 십사만 사천이 섰는데"(*καὶ μετ αὐτοῦ ἑκατὸν τεσσεράκοντα τέσσαρες χιλιάδες*―카이 메트 아우투 헤카톤 테세라콘타 테싸레스 킬리아데스). 144,000이라는 숫자는 요한계시록 7:4에서 이미 사용되었는데, 독자들로 하여금 이 숫자가 나오는 두 본문의 맥락들을 서로 연결시켜서 보도록 하려는 것이 저자의 의도임에 틀림없다. 하지만 144,000명이 앞서 7:4에서 무관사의 어구 가운데 언급되었지만 여기 14:1에서도 이 어구가 무관사라는 것이 주목할 만한데(Spitta, 145), 이것은 두 본문이 서로 다른 무리를 염두에 두고 있다는 것을 보여 준다(Bousset [1906] 380). 하지만 144,000명이 순교자들이나 유대 그리스도인들 같은 엘리트 계층에 속한 그리스도인들을 나타내는 것인지, 아니면 하나님의 백성 전체를 나타내는 것인지에 대한 문제가 존재한다. 앞서 7:4에서 언급된 144,000명은 모든 그리스도인들을 포괄한다는 것을 분명하게 보여 주지 않지만, 14:1-5에 나오는 이 무리는 그리스도인들 중에서 끝까지 살아 남은 남은 자들로 이해되어야 할 것이다. 여기에서 및 3절에서 144,000명에 대한 언급은 수미쌍관법적 구조를 이루고 있고, 이것은 1-3절이 작은 본문 단위를 이루고 있음을 보여 주는 것이다. 144,000명이라는 숫자가 주전 1세기 말에 지중해 세계에 살고 있던 그리스도인들의 개략적인 숫자를 나타내고 있다고 보는 것이 불가능하지는 않지만, 저자는 당시에 지중해 세계에 살고 있던 그리스도인들이 얼마나 되었는지를 개략적으로라도 알지 못했을 것이다(7:4에 대한 "주석"을 보라).

[1]c "그 이마에 어린양의 이름과 그 아버지의 이름을 쓴 것이 있도다"(*ἔχουσαι τὸ ὄνομα αὐτοῦ καὶ τὸ ὄνομα τοῦ πατρὸς αὐτοῦ γεγραμμένον ἐπὶ τῶν μετώπων αὐτῶν*―에쿠사이 토 오노마 아우투 카이 토 오노마 투 파트로스 아우투 게그람메논 에피 톤 메토폰 아우톤). 이 구절은 분명히 7:3-8에 나오는 144,000명이 인침 받은 것을 가리키는 것으로 보이기 때문에, 요한계시록의 최종 편집 단계에서 이 두 본문에 나오는 무리는 서로 동일한 것으로 여겨지게 된 것 같다. 144,000명의 이마에 인침을 받은 것이 7:3-8에서는 자세하게 묘사되고 있지 않지만, 여기에서는 어린양과 그 아버지의 이름으로 인침을 받았다는 것이 분명하게 드러난다(참조.

3:12; 22:4). 이 대목은 요한계시록에서 하나님을 아버지라고 지칭하는 다섯 번의 경우 중 하나이고(1:6; 2:28; 3:5, 21; 14:1; 또한 1:6에 대한 "주석"을 보라) 첫 번째 판본(4:1-22:9)에 나오는 유일한 경우이기 때문에, 이것은 이 단락이 비교적 후대에 첨가된 것임을 보여 주는 것일 수 있다. 요한계시록 14:1에 대한 병행은 *Odes Sol.* 42:20(J. H. Charlesworth, tr. and ed., *The Odes of Solomon: The Syriac Texts*[Missoula, MT: Scholars, 1977])에서 발견된다. "내가 내 이름을 그들의 머리 위에 두었는데 / 이는 그들이 자유하고 나의 것이기 때문이다." 참조. *Odes Sol.* 39:7(tr. Charlesworth, *Odes Sol.*). "그들에게 있는 표[수리아어로, *ʾtʾ*]는 여호와이고 / 그 표[수리아어로, *ʾtʾ*]는 여호와의 이름으로 행하는 자들을 위한 도(道)이기 때문이다." 여기에서 수리아어 *ʾtʾ*는 "표지, 표, 증표"를 의미한다(R. P. Smith, *A Compendious Syriac Dictionary*[Oxford: Clarendon, 1903] 31). 헬라-로마 세계로부터의 또 다른 병행은 물리적인 표들을 영적인 표들과 대비시킨다. "수 놓는 자들로 불렸던 테베 사람들은 그들의 몸에 출신을 나타내는 표[*σημεῖον*-세메이온]로서 창 표시 같은 것을 지니고 있었고, 이 표시를 지니고 있지 않은 자는 수 놓는 자들에 속한 사람으로 여겨지지 않았다. 너희는 제우스의 후손들의 영혼 속에도 장차 심판할 권세를 지닌 자들이 과연 누가 제우스의 씨에 속하는지 아닌지를 알아볼 수 있는 표[*σημεῖον*]가 있어야 한다고 생각하지 않는가?"(Dio Chrysostom *Or.* 4.23[LCL tr.]; Mussies, *Dio*, 251).

분명히 하나님을 가리키는 이스라엘 및 유대적인 이름은 신성사문자인 יהוה(아도나이)로 표현되었을 것이기 때문에 지나치게 길지 않았겠지만, 예수와 그 아버지의 이름이 축약된 형태로 기록된 것으로 이해하지 않는다면, 1절의 묘사는 이해하기가 어렵게 된다. 기독교적인 노미나 사크라(*nomina sacra*), 즉 신약성경의 사본들 속에서 자주 발견되는 "신성한 이름들"의 축약 형태가 요한계시록에서 이 본문 및 그 밖의 다른 본문들에 의해서 전제되고 있을 가능성이 있다(7:1-4; 19:16; Roberts, *Manuscript*, 41-42를 보라).

> 기독교의 파피루스들에서 축약된 이름들은 주로 신성한 이름들이었고(축약된 형태임을 보여 주는 윗줄을 약어 위에 사용했다), 그러한 축약된 형태들의 완전한 목록은 전부 합해서 단지 열다섯 단어에 불과했다. 축약된 형태들은 격을 나타내기 위하여 어떤 격으로 사용되느냐에 따라서 표기가 달라졌다. 가장 중요한 노미나 사크라는 퀴리오스(*κύριος*)와 데오스(*θεός*: 이 이름들의 주격 형태는 *κς*와 *θς*였다), 예수스(*Ἰησοῦς*)와 크리스토스(*Χριστός*: *ιη* 또는 *ιης*, *χς*로 축약되었다) 등 네 개의 이름이었다. 그 밖의

다른 약어들로는 프뉴마(*πνεῦμα*, "성령")는 *πνα*로, 안드로포스(*ἄνθρωπος*, "사람")는 *ανος*로, 스타우로스(*σταυρός*, "십자가")는 여러 다양한 약자들로, 파테르(*πατήρ*, "아버지")는 *πρ*로, 소테르(*σωτήρ*, "구원자")는 *σρ*로, 메테르(*μήτηρ*, "어머니")는 *μηρ*로, 우라노스(*οὐρανός*, "하늘")는 *ουνς*로 축약되었다(Paap, *Nomina Sacra*, 76-99). 주화들에 나오는 이름들과 마찬가지로, 이러한 신성한 노미나 사크라(*nomina sacra*)는 이름의 첫 두세 글자로 이루어졌다.

트라우베(Traube)는 몇몇 노미나 사크라(*nomina sacra*, 즉 *κς*와 *θς*)가 유대교에서 생겨났다고 주장했지만(*Nomina Sacra*, 30; Paap, *Nomina Sacra*, 125-26), 이 견해는 잘못된 것임이 입증되었다(Roberts, *Manuscript*, 34). 또한 트라우베는 노미나 사크라는 히브리어의 신성사문자에 해당하는 것으로 하나님의 거룩한 이름을 온전히 다 드러내는 것을 막기 위한 것이었다고 주장했지만(*Nomina Sacra*, 30-32), 이 견해는 브라운(Brown, *SPap* 9[1970] 7-12)에 의해서 반박되었다. 파아프(Paap, *Nomina Sacra*, 124)는 노미나 사크라가 유대 그리스도인들이 데오스(*θεός*)라는 축약의 시용을 통해서 유래된 것이라고 주장했는데, 이는 이 단어가 헬라어에서 יהוה(아도나이)에 해당하는 것이었기 때문이라고 그는 말한다. 알렉산드리아의 유대인들이 종종 신성사문자를 황금 문자들로 썼다는 것을 보여 주는 증거가 있는데(성경 두루마리 전체를 황금으로 썼다고 잘못 설명하고 있는 *Ep. Arist.* 176과 Jos. *Ant.* 12.89; 또한 Traube, *Nomina Sacra*, 21를 보라), 이것은 하나님의 이름을 강조하는 기능, 칠십인역의 헬라어 사본들에서 히브리어 문자로 된 신성사문자를 그대로 남겨 둠으로써 행해진 그러한 기능을 했다(Brown, *SPap* 7[1970] 13-14). 주후 6세기에 쓰여진 복음서들의 대문자 사본인 022(Codex Purpureus Petropolitanus)는 주, 하나님, 예수, 그리스도, 아버지, 성령, 아들이라는 이름을 황금으로 썼다. 이 점에서 볼 때, 기독교의 노미나 사크라의 기능은 유대교에서 신성사문자를 사용했던 목적, 즉 신성사문자를 그 문맥으로부터 구분함으로써 하나님의 이름을 강조하고자 한 것과 동일한 것이었다.

헬라의 도자기 단편들과 금석문들로부터의 증거는 축약을 통해서 간략하게 기록하는 방식은 헬라-로마 세계에서 잘 알려져 있었다는 것을 보여 준다(Nachmanson and Rudberg; Paap, *Nomina Sacra*, 3에 언급되어 있음). 예수스(*Ἰησοῦς*)라는 이름을 *ιη*로 축약했음을 보여 주는 가장 초기의 증거(이것은 축약이라기보다는 첫 글자를 딴 약어이다)는 *Barn.* 9:8(주후 100년경; Clement of Alex. *Strom.* 6.11을 보라)에서 찾아볼 수 있다. 이것은 후대의 파피루스들 속에서 종종 발견되는 형태인데, 아마도 수비학(數秘學)적인 의미 때문인 것으로 보인다(Paap, *Nomina Sacra*, 93). 중요한 노미나 사크라(하나님, 주, 성령, 아버지, 위격, 이스라엘, 예수)의 대부분이 출현한 시기는 주후 2세기 전반이다(Paap, *Nomina Sacra*, 119). 증거들을 뛰어넘는 주장이긴 하지만, 로버츠(Roberts)는 노미나 사크라가 그리스도인들의 혁신적인 발명품이었다고 전제하고, 거룩한 이름들을 축약할 때 사용할 지침들이 주후 70년 이전에 예루살렘 교회에 의해서 규정되었으며, 그 지침들은 원시 기독교 공동체에 의해서 표명된 "붕아적인 형태의 신조"였다고 생각한다 (Roberts, *Manuscript*, 46; 특히, 26-48: "*Nomina Sacra*: Origins and Significance"를 보라).

[2]-[3] 이 짧은 단락은 중간에 끼워넣어진 환상을 말하고 있다. 즉 하늘의 합창대가 노래하는 장면을 묘사하고 있는데, 이 합창대는 144,000명과 동일시되어서는 안 된다. 하지만 이 하늘의 합창대가 천사들로 구성되어 있는지, 아니면 144,000명이 아닌 다른 그리스도인들로 이루어진 것인지는 알 수가 없다. 저자는 이 단락 전체를 메시아가 시온 산에 나타나고, 원수들을 결정적으로 물리치며, 자기 백성을 불러 모으는 것을 다루는 전승 단위에 속한 좀더 큰 앞뒤가 잘려 나간 환상 속에 삽입한 것으로 보인다.

[2]a "내가 하늘에서 나는 소리를 들으니 많은 물소리도 같고 큰 뇌성도 같은데" (*καὶ ἤκουσα φωνὴν ἐκ τοῦ οὐρανοῦ ὡς φωνὴν ὑδάτων πολλῶν καὶ ὡς φωνὴν βροντῆς μεγάλης* – 카이 에쿠사 포넨 에크 투 우라누 호스 포넨 휘다톤 폴론 카이 호스 포넨 브론테스 메갈레스). 여기서 선견자는 하늘에서 들려오는 엄청나게 큰 노래 소리를 듣지만, 그 노래 소리가 흘러 나오는 천상의 보좌가 있는 방을 보지는 못한다. 요한계시록에서 정체를 알 수 없는 소리라는 모티프에 관해서는 10:4에 대한 "주석"을 보라. 이 소리는 144,000명의 소리가 아니라, 하늘에 있는 무리가 발하는 소리다(Swete, 177). 선견자는 이 장면을 땅에서 보고 있기 때문에 1절의 배경은 땅 위다. 지극히 큰 소리를 가리키는 은유로서 뇌성이라는 표현을 사용하고 있는 것은 요한계시록에서 이 곳과 6:1, 19:6인데, 특히 14:2과 19:6a의 표현이 서로 비슷하고, 이 두 본문에는 저자가 자기가 듣고 있는 큰 소리의 특징을 나타내기 위하여 사용하는 호스(*ὡς*, "같은")를 도입어로 하는 세 개의 직유가 나온다.

계 14:2	**계 19:6a**
카이 에쿠사(*καὶ ἤκουσα*) 내가 들으니	카이 에쿠사(*καὶ ἤκουσα*) 내가 들으니
포넨(*φωνὴν*) 소리를	
에크 투 우라누(*ἐκ τοῦ οὐρανοῦ*) 하늘에서 나는	

	호스 포넨(ὡς φωνὴν) 음성도 같고
	오클루 폴루(ὄχλου πολλοῦ) 허다한 무리의
호스 포넨(ὡς φωνὴν) 소리도 같고	카이 호스 포넨(καὶ ὡς φωνὴν) 소리도 같고
휘다톤 폴론(ὑδάτων πολλῶν) 많은 물소리	휘다톤 폴론(ὑδάτων πολλῶν) 많은 물소리
카이 호스 포넨(καὶ ὡς φωνὴν) 소리도 같고	카이 호스 포넨(καὶ ὡς φωνὴν) 소리도 같고
브론테스 메갈레스(βροντῆς μεγάλης) 큰 뇌성	브론톤 이스퀴론(βροντῶν ἰσχυρῶν) 큰 뇌성
카이 헤 포네 헨 에쿠사 (καὶ ἡ φωνὴ ἣν ἤκουσα) 내게 들리는 소리는	
호스 포넨 키다로돈 (ὡς φωνὴν κιθαρῳδῶν) 거문고 타는 자들의…것 같더라	
키다리존톤(κιθαριζόντων) 거문고 타는	
엔 타이스 키다라이스 아우톤 (ἐν ταῖς κιθάραις αὐτῶν) 그들의 거문고로	

이 두 본문의 주요한 차이점은 자연으로부터 가져온 두 개의 직유가 14:2에서는 처음 부분에 배치되어 있는 반면에, 19:6에서는 마지막 부분에 배치되어 있다는 것이다. 따라서 인간 생활로부터 가져온 두 직유, 즉 19:6에 나오는 큰 무리의 사람들과 14:2에 나오는 거문고 타는 사람들의 무리는 둘 다 약간 어색하다. 왜냐하면 이 두 경우에 거론된 무리들은 단순한 직유들이 아니라 노래하는 무리들이기 때문이

다. 요한계시록 14:2은 일종의 시청(試聽) 테스트(오디션)로 묘사되는데, 저자는 오직 점진적으로만 자기가 듣는 소리를 인식해 간다. 왜냐하면 그는 처음에는 그 소리를 자연에서 발견되는 큰 소리들, 즉 많은 물 소리와 큰 뇌성에 비교하고 있기 때문이다. 반면에 2b절에 이르러서는 그 소리에 대한 그의 인식이 훨씬 더 뚜렷해진다.

[2]b "내게 들리는 소리는 거문고 타는 자들의 그 거문고 타는 것 같더라"(*καὶ ἡ φωνὴ ἣν ἤκουσα ὡς κιθαρῳδῶν κιθαριζόντων ἐν ταῖς κιθάραις αὐτῶν* – 카이 헤 포네 헨 에쿠사 호스 키다로돈 키다리존톤 엔 타이스 키다라이스 아우톤). 이 절의 구문은 어색한데, 이는 헤 포네(*ἡ φωνή*, "소리")가 주격으로 사용됨으로써 이 문장의 나머지 부분과 구문상의 관계를 맺고 있지 않아서 절대 주격 또는 현수격으로 보아야 하기 때문이다(이와 동일한 구문이 10:8에 나온다; 요한계시록에서 사용된 현수격에 대해서는 2:26; 3:12, 21을 보라). 여기서 포네(*φωνή*)는 2a절에서 무관사로 사용된 포네(*φωνή*)라는 선행사를 가리키는 정관사를 지니고 있는데, 이것은 거문고 타는 자들에 관한 은유가 2a절에서 언급된 것과 동일한 소리를 가리킨다는 것을 보여 준다. 두 번째 나오는 포네(*φωνη*)를 무관사 형태로 읽는 이독(異讀)을 선호하는 유일한 학자인 크라프트(Kraft; "원문주해" 14:2.e-e.를 보라)는 여기에서 두 무리, 즉 하늘에 있는 무리와 땅에 있는 144,000명 – 그는 이들이 거문고 타는 자들과 동일한 무리들이라고 생각한다 – 이 지칭되고 있다고 주장한다(187-88).

이 대목은 저자가 자기가 듣고 있는 소리를 설명하기 위하여 사용하고 있는 세 개의 직유 중에서 세 번째이고(2a절에 대한 "주석"을 보라), 반복적인 도입구인 "내가 소리를 들으니"(2a절)는 저자가 자기가 듣고 있는 소리에 대한 좀더 분명한 인식을 갖게 되어서 인간 생활로부터 가져온 직유, 즉 거문고 타는 자들의 소리를 사용해서 자기가 듣고 있는 소리를 규정하고 있다는 것을 강조한다. 키다로돈 키다리존톤 엔 타이스 키다라이스 아우톤(*κιθαρῳδῶν κιθαριζόντων ἐν ταῖς κιθάραις αὐτῶν*, "거문고 타는 자들의 그 거문고 타는 것")이라는 어구는 영어에서나 헬라어에서나 불필요한 말들이 중복적으로 사용되고 두운법이 적용되고 있다.

[3]a "저희가 보좌와 네 생물과 장로들 앞에서 새 노래를 부르니"(*καὶ ᾄδουσιν ὡς ᾠδὴν καινὴν ἐνώπιον τοῦ θρόνου καὶ ἐνώπιον τῶν τεσσάρων ζῴων καὶ τῶν πρεσβυτέρων* – 카이 아두신 호스 오덴 카이넨 에노피온 투 드로누 카이 에노피온 톤 테싸론 조온 카이 톤 프레스뷔테론). 3인칭 복수형 동사인 아두신(*ᾄδουσιν*, "저

희가 부르니")의 논리상의 주어는 2b절의 거문고 타는 자들이지만, 그들은 2a절에 언급된 하늘로부터의 소리를 가리키는 세 번째 직유로서 호스(ὡς)라는 도입어를 지니고 있기 때문에 문법상으로는 반드시 이 동사의 주어가 아니다. 거문고 타는 자들은 누구인가? 앞서 하늘의 궁정 장면에서 나온 이십사 장로는 거문고를 가지고 있긴 하지만(5:8), 그들 앞에서 새 노래가 불러지는 것이기 때문에 그들은 당연히 배제된다. 15:2에서는 짐승을 정복한 자들이 그들의 노래를 반주하기 위하여 거문고를 사용하는 것으로 묘사된다. 그렇다면 두 가지 가능성이 있다: 하늘의 천사들의 무리(4:11-12; 7:11-12에서도 언급되었다; Bousset[1906] 380-81; Charles, 2:7; Beckwith, 651; Loymeyer, 119; Müller, 262) 또는 구속받은 자들의 무리(7:9-10; 15:3-4). 무수한 천사들의 무리가 염두에 두어지고 있는 것이라면, 그것은 144,000명이 결국 천사들의 예배에 참여하게 될 것임을 보여 주는 것이다.

여기서 구속받은 자들의 무리가 의도되고 있는 것이라면, 그것은 144,000명이 순교를 통해서 그들과 합류하게 될 것임을 보여 주는 것이다. 큰 무리가 노래를 부르는 또 다른 대목들이 있지만, 거기에서는 여기에서처럼 자세하게 묘사되지는 않는다(19:1-3, 6-8; 참조. 12:10-12). 게다가 아두신(*ᾄδουσιν*, "저희가 부르니")이 현재 시제로 된 것은 문제가 있다. 왜냐하면 이 오디션은 과거에 일어난 사건으로서 단순과거 시제로 묘사되고 있기 때문이다("원문주해" 3.a.를 보라).

요한계시록에 두 번 나오는 "새 노래"라는 어구에 관해서는 5:9에 대한 "주석"을 보라. 바우크햄(Bauckham)은 "새 노래"라는 어구가 성전(聖戰)과 관련된 어휘에 속한다고 주장하지만("War Scroll," 230), 고대에서 전쟁에 승리하고 나서 노래를 부른 장면들을 고찰해 보면(대하 20:27-28; 1 Macc 13:51; 1QM 4:4-5) "새 노래"와 그러한 승전가의 연관 관계는 오직 드물게 나타난다(시 114:9-10). 에노피온 투 드로누(*ἐνώπιον τοῦ θρόνου*, "보좌 앞에서")라는 어구는 "하나님 앞에서"를 의미한다. 왜냐하면 여기서 드로누(*θρόνος*)는 요한계시록에서 단지 네 번 사용되고 있는 하나님의 이름을 나타내는 완곡어법이기 때문이다(4:10; 7:9; 8:3; 14:3). 게다가 새 노래가 보좌 앞에서 불러진다는 것(즉 하나님, 네 생물, 장로들 앞에서)은 이 곳이 새 노래가 불러져야 할 유일하게 적절한 장소라는 것을 보여 주는 것이고, 이것은 6b절에 나오는 서술을 이해할 수 있게 해준다. 복된 자들, 즉 신들의 노래라는 모티프는 헬라-로마 문학 속에서 자주 등장한다(Festugière, *Hermès Trismégiste* 2:133-37). Diodorus 2.47.1-3(Hecataeus에 의거하고 있는 기사)을 보면, 저자는 켈트인들의 땅 북쪽에 있는 대양 속의 한 섬, 레토(Leto)가 태어났다고 하는 바로 그 섬을 묘사한다(2.47.2; LCL tr.).

> 게다가 이 신(아폴로)에게 거룩한 한 성이 거기에 있으니, 그 거민들의 대다수는 거문고[*κιθαριστάς*-키다리스타스]를 타는 자들이다. 그들은 성전에서 끊임없이 거문고를 타면서, 이 신과 그의 행사(行事)를 찬양하며 영광을 돌리는 찬가들을 노래한다[*συνεχῶς ἐν τῷ ναῷ κιθαρίζοντας ὕμνους*-쉬네코스 엔 토 나오 키다리존타스 휨누스].

3b "십사만 사천 인밖에는 능히 이 노래를 배울 자가 없더라"(*καὶ οὐδεὶς ἐδύνατο μαθεῖν τὴν ᾠδὴν εἰ μὴ αἱ ἑκατὸν τεσσεράκοντα τέσσαρες χιλιάδες*-카이 우데이스 에뒤나토 마데인 텐 오덴 에이 메 하이 헤카톤 테쎄라콘타 테싸레스 킬리아데스). 저자가 새 노래의 가사를 제시하지 않고 있다는 사실은 그가 144,000명에 속한 자가 아니기 때문에 그 노래를 스스로 이해할 수 없었다는 것을 보여 준다! 이 대목은 요한계시록에서 노래 또는 찬송이 언급되고 있으면서도 그 가사가 인용되고 있지 않은 유일한 대목이다(하나의 부분적인 예외는 4:9에서 찬송을 간접적인 방식으로 언급하고 있는 것이다). (이 땅에서) 144,000명을 제외하고는 새 노래를 이해할 수 있는 자가 아무도 없었다는 사실을 강조하고 있는 것은 이 노래가 하나님의 보좌 앞에서만 불러지기에 합당했다는 것을 보여 준다.

이러한 서술은 저자 자신이 그 소리를 "들었다"고 주장하지만(2절) 시온 산 위에 있던 144,000명도 이 새 노래를 들었다는 것을 의미하는 것인가? 아마도 그렇지 않을 것이다. 여기서 만다네인(*μανθάνειν*)이라는 단어는 통상적인 의미에서 "배우다, 가르침을 받다"를 의미할 수도 있고, 좀더 높고 비유적인 유형의 지식을 "이해할 수 있는" 능력을 가리킬 수도 있다(Hadorn, 150; K. Rengstorf, *TDNT* 4:407). 여기서 이 단어는 두 번째 종류의 "이해"를 가리킬 가능성이 있는데, 만약 그렇다면 바울이 어떤 사람(아마도 자기 자신을 가리킬 것이다)이 삼층천으로 이끌려 가서 "말할 수 없는 말[*ἄρρητα ῥήματα*-아레타 레마타]을 들었으니 사람이 가히 이르지 못할 말이로다"라고 주장하고 있는 고린도후서 12:4과 흥미로운 병행을 보여 주는 것이라고 할 수 있다(Boll, *Offenbarung*, 19). 144,000명과 마찬가지로, 바울은 다른 사람들이 듣거나 이해할 수 없었던 그 무언가를 하늘에서 들었다. 노아의 주술책, 즉 "신비들의 책"(*Sepher ha-Razim*)을 편집한 자에 의하면 그 책을 읽을 때의 한 가지 유익은 "하늘의 노래들을 이해하는" 능력을 얻게 된다는 것이다(pref. 18; tr. M. Morgan, *Sepher ha-Razim*). 마찬가지로, *T. Abr.* 1:5(이 저작의 좀더 오래되고 분명히 유대교적인 부분)에서 "아담"은 자기가 스랍들(trisagion)의 찬양을 듣곤 했는데, 범죄한 후에는 더 이상 그것을 들을 수 없었다고 주장한다. 이것은 헬라-로마 쪽 문헌으로부터의 병행(Boll, *Offenbarung*, 19-20)은 *Corp. Herm.* 13.15-16(tr. Grese, *Corp. Herm.*)에서 찾아볼 수 있다.

> 타티아누스: 아버지, 저는 포이만드레스가 팔층천에 관하여 예언했던 대로 아버지께서 팔층천에 갔을 때 권세들[*τῶν δυνάμεων*-톤 뒤나메온]로부터 들었다고 하신 찬양[*τὴν διὰ τοῦ ὕμνου εὐλογίαν*-텐 디아 투 휨누 율로기안]을 좋아합니다[아마도 *Corp. Herm.* 1.26를 언급하고 있는 것 같다: Nock-Festugière, *Hermès Trismégiste* 2:215-16 n. 65를 보라].
>
> 헤르메스: 얘야, 네가 지금 순수해졌기[*κεκαθαρμένος*-케카다르메노스] 때문에 몸을 떠나려고 애쓰는 것은 옳다. 절대 권세의 정신인 포이만드레스는 네게 기록된 것 이상으로 전해 주지 않았다. 왜냐하면 그는 네가 스스로 모든 것을 이해하고 네가 원하는 것을 들으며 모든 것을 볼 수 있게 될 것을 알았기 때문이지. 그는 아름다운 일들을 하도록 네게 맡겨 두었다.
>
> 타티아누스: 아버지, 저는 이러한 것들을 듣고자 하고, 그것들을 이해하기를[*νοῆσαι*-노에사이] 원합니다.
>
> 헤르메스: 얘야, 조용하고, 이제 모든 것의 마지막에[*ἐπὶ τέλει τοῦ παντός*-에피 텔레이 투 판토스] 너를 제외하고는 쉽게 밝히기를 주저해 왔던 적절한 축복, 즉 중생(重生)의 찬양을 들어보아라. 이것은 가르쳐지는[*διδάσκεται*-디다스케타이] 것이 아니라 침묵 속에 숨겨져 있다.

요한계시록 14:3에서처럼, 하늘의 권세들이 부르는 찬송이 언급되고 있다(*Corp. Herm.* 13.17-20에 이 찬송이 인용된다). 하지만 하늘의 찬송들에 대한 지식을 갖는 것은 순수한 사람들에게만 국한된다.

3c 호이 에고라스메노이 아포 테스 게스(*οἱ ἠγορασμένοι ἀπὸ τῆς γῆς*, "땅에서 구속함을 얻은"). 여기서 게(*γῆ*, "땅")라는 단어는 지리적인 의미에서의 땅을 가리킬 수도 있고(구속함을 얻은 자들이 세상의 모든 곳으로부터 왔다는 것을 강조하기 위하여), 요한이 코스모스(*κόσμος*)를 하나님과 그의 백성에게 적대적인 세상으로 이해했던 것과 비슷하게(요 15:18-19; 참조. 7:7; 17:14; 요일 3:13; Weicht, *Folge*, 89-90를 보라) 하나님을 반대하는 곳, 즉 "불신앙의 장소"인 땅을 가리킬 수도 있다(Lohmeyer, 122). 이 두 견해는 모두 가능성이 있지만, 첫 번째 견해가 다음과 같은 두 가지 이유로 인해서 더 가능성이 높은 것으로 보인다. (1) 5:9에서 아고라제인(*ἀγοράζειν*)이라는 단어는 "각 족속과 방언과 백성과 나라 가운데서"

온 구속받은 자들에게 적용되는데, 이것은 그들이 온 세상으로부터 왔다는 것을 강조하고 있는 것이다. (2) 후토이 에고라스데산 아포 톤 안드로폰(*οὗτοι ἠγοράσθησαν ἀπὸ τῶν ἀνθρώπων*, "사람 가운데서 구속을 받아")이라는 어구(14:4에 나오는)는 분명히 호이 에고라스메노이 아포 테스 게스(*οἱ ἠγορασμένοι ἀπὸ τῆς γῆς*, "땅에서 구속함을 얻은": 3절)와 병행되고 있기 때문에 "땅"과 "사람"은 상호 대체적인 것으로 이해되어야 한다. 즉 이 두 용어는 모두 하나님의 백성의 보편성을 강조하고 있다. 한편으로 우리가 주목해야 할 것은 "이 땅에 거하는 자들", 즉 사람은 요한계시록에서 흔히 하나님에게 대적하는 자들이라는 부정적인 의미로 사용되는 어구라는 것이다(3:10; 6:10; 8:13; 11:10; 13:8, 12, 14; 14:6; 17:2, 8). 아고라제인(*ἀγοράζειν*)은 요한계시록에 6번 나오지만, 오직 5:9과 14:3, 4에서만 이 단어는 구원을 가리키는 은유로서 종교적인 의미를 지닌다(그리고 위에서 보았듯이 이 세 본문은 모두 밀접하게 서로 연결되어 있다). 4-5절은 이 일련의 이야기 속에 나중에 첨가된 것으로 보이기 때문에(4-5절에 대한 "주석"을 보라), 4절에서 아고라제인(*ἀγοράζειν*)이 나오는 구절은 3절에 나오는 아고라제인(*ἀγοράζειν*)과의 단어상의 연결로 인해서 이 대목에 포함된 것일 수 있다. 찰스(Charles)는 이 어구가 첨가된 것이라고 생각한다(2:7-8; id., *Lectures*, 27).

4a "이 사람들은 여자로 더불어 더럽히지 아니하고 정절이 있는 자라"(*οὗτοι εἰσιν οἳ μετὰ γυναικῶν οὐκ ἐμολύνθησαν, παρθένοι γάρ εἰσιν* – 후토이 에이신 호이 메타 귀나이콘 우크 에몰륀데산 파르데노이 가르 에이신). 이 구절은 5절의 "그 입에 거짓말이 없고 흠이 없는 자들이더라"와 수미쌍관법을 이룬다. 4a절은 제의적 정결을 다루고, 5절은 도덕적 정결에 초점을 맞추고 있다. 이것은 4-5절이 144,000명의 특성을 서술하는 것을 목적으로 하는 부연 설명을 위한 첨가라는 것을 말해 준다. 찰스(Charles, 2:8-9; id., *Lectures*, 27, 43)는 이 구절이 첨가라고 생각했고, 그의 견해는 파워(Power, Bib. 4[1923] 108-12)에 의해서 반박되고 있지만 반박의 논거들이 약하다.

후토이 에이신(*οὗτοί εἰσιν*, "이 사람들은…이라")이라는 어구는 4-5절을 포함하는 부연 설명을 위한 구절의 도입문으로서(*οὗτοι* – 후토이의 삼중적 사용을 주목하라), 1-3절에서 설명된 환상을 해석해 주는 확장이다. 이 지시대명사들이 앞에 나오는 선행사들을 가리키고 있다는 것은 그 대명사들이 요한계시록에서 문장들의 처음에 사용될 때 저자 자신에 의해서 제시된 해석적 설명으로서(11:4, 6, 10; 20:5, 14), 또는 초자연적인 계시자의 직접적인 말을 도입하는 문장 속의 첫 단어로서(7:13, 14; 17:13, 14; 19:9; 21:5; 22:6) 결코 그 앞에 카이(*καί*)가 나오지 않는다는 것을 의미한다.

동사 몰뤼네인(*μολύνειν*)의 단순과거 수동형은 문자적으로 요한계시록 3:4에서처럼 "더럽히다, 더럽게 만들다"를 의미할 수도 있고(Louw-Nida, § 79.56), (계 14:4에서처럼) 비유적으로 심각한 더럽힘을 함축하는 "더럽히다, 오염시키다", 즉 "어떤 것으로 하여금 제의적으로 부정하게 만들다"를 의미할 수도 있다(Louw-Nida, § 53.34). 이것은 불특정한 기간 동안에 이 정결한 사람들의 일관된 행실을 요약하는 사실 확인의 의미를 지니는 단순과거다(계 3:4에서처럼). 몰뤼네인(*μολύνειν*)은 바울행전(*Acts of Paul*)에서 이와 비슷한 맥락 속에서 사용된다. "너희가 순결을 지키고 육체를 더럽히지[*μολύνητε*-몰뤼네테] 않고 순결하게 지키지 않는다면 너희에게 부활이 없으리라." 이러한 소극적인 진술은 "그들은 정절이 있는 자라"는 적극적인 선언과 짝을 이룬다. 몰뤼네인(*μολύνειν*)은 성적인 교섭으로 인한 제의적 부정(不淨)을 가리키는 것으로 이해될 수 있는데, 이것은 구약의 세계 속에서 널리 받아들여지고 있던 견해였다(레 15:18, 24; G. F. Moore, *Judaism* 2:76; C. M. Doughty, *Travels in Arabia Deserta*[Cambridge: Cambridge UP, 1888] 1:572). 안드레행전 14장(ed. D. R. MacDonald, *Acts of Andrew*, 98-99)에서는 제사장들이 여자와 성적인 교섭을 가진 후에는 칠 일 동안 스스로를 정결케 한 후에 성전에 들어가야 한다는 규정에 대하여 언급한다. "여자로 더불어 더럽히다"라는 어구는 천사들로서 혼인하는 것이 금지된(*1 Enoch* 15:2-7; 참조. 눅 20:35; Aune, "Luke 20:34-36," 187-202) 파수꾼들(Watchers)의 행실과 관련하여 사용된다(*1 Enoch* 7:1; 9:8; 10:11; 15:3; 69:5에서). 여기에 에녹1서 1-36장에 대한 간접 인용이 존재한다는 것은 야브로 콜린스(Yarbro Collins, "Women's History," 89)에 의해서 발견되었고, 올슨(Olson)에 의해서 요한계시록의 저자가 14절에 나오는 144,000명의 천사적인 지위를 에녹1서 1-36장의 타락한 천사들과 근본적으로 대비되는 입장에서 묘사하고 있다는 것을 논증하기 위하여 사용되었다(*CBQ* 59[1997] 496-500). 성적인 순결 또는 처녀성에 대한 이러한 강조는 제자도라는 맥락 가운데 이루어진 것으로서(4b절에 나오는 "좇음"의 모티프를 참조하라), 복음서들에는 아내와 자녀들을 버리는 것 같은 금욕을 강조하는 제자도의 말씀들이 나온다(눅 14:26-27; 18:29; Aune, "Following the Lamb," 272-74; Roloff[ET] 171-72; Yarbro Collins, "Women s History," 96를 보라).

성적인 금욕주의에 대한 강조는 특히 누가복음의 특징이다(Cadbury, *Luke-Acts*, 264-65, 272). 마가복음 10:29에서 포기해야 할 것의 일곱 가지 목록(집, 형제, 자매, 어머니, 아버지, 자녀, 밭)은 모두 마태복음 19:29에서는 반복되는데, 누가복음 18:29에서는 다섯 가지로 축소됨과 동시에 "아내"가 첨가된다(집, 아내, 형제, 부모, 자녀). 누가복음 14:26-27(=마 10:37-38)에 나오는 Q본문에서는 아내가 예수를 따르는 자들이 "미워해야" 할 것들의 목록 속에 포함된다(*Gos. Thom.* 53의 병행문에서는 오직 아버지, 어머니, 형제, 자매만이 언급된다). 하지만 버메스(Vermes, *Jesus*, 246 n. 79)는 마가복음 10:29과 마태복음 19:29에 나오는 "집"이라는 용어가 "아내"와 동의어라고 주장한다. 왜냐하면 통속적인 아람어에서 "그의 집에 속해 있는 자"는 그 집 주인의 아내를 가리키기 때문이다. 큰 잔치 비유(눅 14:15-24; 마 22:1-14)에서 오직 누가만이 최근의 혼인을 잔치에 참여할 수 없는 변명으로 포함시킨다(20절; 혼인은 *Gos. Thom.* 64에 나오는 병행문에서는 언급되지 않는다).

파르데노이(*παρθένοι*)라는 단어는 이례적이다. 왜냐하면 그것은 항상 처녀성을 함축하고 있지는 않지만 통상적으로 혼인할 나이가 된 젊은 여인을 가리키는 데 사용되는 용어이기 때문이다(Horsley, *New Docs* 4:221-27). 여기에서 이 단어는 분명히 남자들에 대하여 사용되고 있다(1-5절에서 실명사로 사용된 분사들과 대명사들의 남성형은 남자들과 여자들 모두를 포괄하는 것으로 해석될 수 있지만, 4a절에 의해서 이러한 결론은 필연적이다). 이렇게 파르데노스(*παρθένος*)라는 단어를 남자에게 적용한 것은 극히 드문 일로서, 주후 1세기 이전에는 분명히 알려져 있지 않은 용법이었다. 일부 학자들은 고린도전서 7:25-27에 나오는 파르데노스(*παρθένος*)가 여자들에 대하여 사용된 파르데노이(*παρθένοι*)와 아울러서 남자를 가리키는 것으로 이해될 수 있다고 주장하지만(J. Weiss, *Korintherbrief*, 194-95; Black, *Scrolls*, 84-85), 고린도전서 7:28, 34, 36-38에서 파르데노스(*παρθένος*)라는 단어가 여자들에 대하여 사용되고 있는 것을 볼 때 그와 같은 주장은 가능성이 없다. 요셉은 *Jos. As.* 4:9에서 파르데노스(*παρθένος*)로 불린다(tr. Burchard in Charlesworth, *OTP* 2:206: "요셉은 하나님을 경배하고 자기 통제를 잘 하는 남자이고, 오늘날 너[즉 아세넷]와 같이 동정[*παρθένος*-파르데노스]이다; 또한 그는 8:1에서 파르데노스[*παρθένος*]로 불린다). 요한계시록 14:4과 더불어서, 이것은 파르데노스(*παρθένος*)라는 단어가 남자들에 대하여 사용된 최초의 예들 중 하나다(C. Burchard, *Untersuchungen zu Joseph und Aseneth*, WUNT 8[Tübingen: Mohr(Siebeck), 1965] 110 n. 1을 보라). Achilles Tatius 5.20.5에서 클리토폰(Clitophon)은

류키페(Leucippe)에게 편지를 통해서 "남자들 속에 어떤 동정이 존재한다면[ἐν ἀνδράσι παρθενία – 엔 안드라시 파르데니아] 내가 너의 동정[παρθενίαν – 파르데니안]과 닮았다는 것을 너는 알게 될 것이다"라고 말한다. 또한 헬라어에서 빌어온 단어인 파르데노스(παρθένος)를 사용해서 사도 요한을 가리켜 "거룩한 동정 요한"(Epiphanius *Pan.* 28.7.5)이라거나 "동정 요한"(*Pistis Sophia* 1.41[ed. Schmidt-Till, p. 42, line 27; ed. Schmidt-MacDermot, p. 68]; 2.96[ed. Schmidt-Till, p. 148, line 25; ed. Schmidt-MacDermot, p. 233)이라고 할 때처럼, 파르데노스(παρθένος)는 남자들에 대해서도 사용된다. 또한 이 단어는 예레미야(Olympiodorus *Frag. in Jer.* 52:1; Migne, *PG* XCIII.724), 아벨(Adler, *Suidae Lexicon* 1:16), 멜기세덱(Adler, *Suidae Lexicon* 2:773) 등과 같은 구약의 인물들에게도 적용된다. Lindijer, "Die Jungfrauen," 128에 나오는 전거들을 보라. 파르데노스(παρθένος)와 파르데니코스(παρθενικός)라는 용어들은 종종 유대인들의 비문에서 남자들에 대하여 사용되지만(*CIJ*, 81, 242), 여기에서 그것은 단지 죽은 자들이 죽을 당시에 혼인하지 않았다는 것을 나다낼 뿐이다. 이것은 144,000명이 젊을 때 처형당함으로써 그들이 죽을 당시에 혼인을 하지 않았기 때문에 파르데노이(παρθένοι)로 지칭되고 있는 것일 수도 있다는 것을 말해 준다. 로마의 유대인들의 무덤에서 나온 두 금석문을 보면, 헬라어 형용사인 파르데니코스(παρθενικός, "동정인")와 라틴어 형용사인 비르기네움(*virgineum*= *virginio*)은 이전에 한 번도 혼인하지 않았던 초혼인 남편들에 대하여 사용된다(A. J. Leon, *The Jews of Ancient Rome*[New York: The Jewish Publication Society of America, 1960] 130, 231-32, 274-75[no. 81], 299[no. 242]). 이러한 것을 배경으로 생각할 때, 요한계시록 14:4에서 144,000명을 파르데노이(παρθένοι)라고 한 것은 그들이 오직 한 번만 혼인했다는 것을 의미하는 것으로 해석될 수도 있을 것이다(Ford, *NTS* 12[1966] 293-99).

4절에서 해석과 관련된 중심적인 문제는 흔히 이러한 서술들이 문자 그대로의 금욕주의, 즉 육체적인 정결을 가리키는 것으로 이해해야 하는지, 아니면 온갖 형태의 다양한 죄들로부터의 비유적인 절제 즉 도덕적인 정결을 의미하는 것으로 이해해야 하는지로 압축된다. 파르데노이(παρθένοι, "정절이 있는 자들")라는 용어는 몇 가지 서로 다른 방식으로 이해될 수 있다. (1) 파르데노이(παρθένοι)라는 용어는 종종 혼인을 했든지 안 했든지 성적인 음행을 멀리한 자들을 의미하는 것으로 이해된다(Beckwith, Zahn, Hadorn). 이 견해는 일반적으로 설득력이 없다. (2) 이 용어는 좀더 문자적으로 독신으로 남아 있는 자들을 가리키는 것으로 이해되는데

(Bousset, Lohmeyer, Lindijer, "Die Jungfrauen"). 과거에 어거스틴은 이 견해를 취했다(Migne, *PL* XL.410-11). 또한 저자가 그리스도와 그의 공동체, 즉 새 예루살렘의 관계를 나타내는 데 혼인이라는 은유를 사용하고 있다는 것도 주목할 필요가 있다(계 19:7-10; 21:2, 9-14; 22:17). (3) 이 용어에 대한 또 하나의 전통적인 이해는 이 용어를 짐승을 숭배하기를 거부한 자들이 지닌 신앙의 정결을 가리키는 비유적인 표현으로 보는 것이다. 구약에서 부정(不貞)은 흔히 하나님에 대한 참된 예배로부터 등을 돌리고 떠나서 거짓된 신들에 대한 우상 숭배적인 예배로 나아가는 것에 대한 은유로 사용된다(렘 3:2; 13:27; 겔 16:15-58; 23:1-49; 43:7; 호 5:4; 6:10; 또한 2:14에 대한 "주석"을 보라). 고린도후서 11:2에 나오는 "정결한 처녀"라는 은유는 그리스도인 공동체의 도덕적 및 영적 정결을 상징하는데, Hermas *Vis.* 4.2.1-2에서 헤르마스는 파르데노스(*παρθένος*)를 교회를 나타내는 것으로 본다. 이 견해는 초대 교회에서 Ps.-Augustine(Migne, *PL* XXXV.2437), Ps.-Ambrose (Migne, *PL* XVII.891), Ambrosiaster(Migne, *PL* XVII.319-20)에 반영되어 있다. (4) 끝으로, 144,000명의 정절은 성전(聖戰)에 참여하는 자들에게 요구된 정결 규례들(레 15:16; 신 23:9-10; 삼상 21:5; 삼하 11:11; 1QM 7:3-7) 또는 특별한 제의적 상황 아래서 제사장들에게 요구된 절제(레 15:18)를 반영하는 것으로 볼 수도 있다. 군사들과 제사장들은 둘 다 오로지 남자들로 구성되었다. 이 견해의 여러 변형들이 학자들에 의해서 널리 주장된다(Lohmeyer, 120; Caird, 179; Beasley-Murray, 223; Sweet, 222; Yarbro Collins, *Combat Myth*, 129-30; id., *JBL* 96 [1977] 248).

4b "어린양이 어디로 인도하든지 따라가는 자며"(*οὗτοι οἱ ἀκολουθοῦντες τῷ ἀρνίῳ ὅπου ἂν ὑπάγῃ* – 후토이 호이 아콜루둔테스 토 아르니오 호푸 안 휘파게). 어린양을 목자이자 안내자라고 말하는 특이한 은유는 여기에서 및 요한계시록 7:17에서 발견되고, 메시아를 목자라고 하는 좀더 관습적인 은유(왕을 백성의 목자라고 본 고대 근동의 은유를 토대로 한)는 *Frg.* Tg. Exod 12:42(tr. Klein, *Fragment-Targums* 2:126)에서 발견된다. "모세는 광야의 한복판으로부터 앞으로 나아갈 것이고, 메시아 왕은 로마의 한복판으로부터 나아갈 것이다. 이 사람(모세)은 양무리의 선두에서 인도할 것이고, 저 사람(메시아 왕)은 양무리의 선두에서 인도할 것이다." 메시아가 하나님의 양무리(즉 하나님의 백성)의 목자가 될 것이라는 개념은 훨씬 이른 시기의 본문인 *Pss. Sol.* 17:40-42에도 나오고, 이사야 40:11과 에스겔 34:23에서 그 성경적인 전례들을 찾아볼 수 있다.

144,000명에 대한 한 해석은 그들의 성적인 절제는 어린양을 따르기 위해서 모든 것, 특히 정상적인 부부관계를 포기한 결과라고 주장한다. 신약성경에서 아콜루데인(*ἀκολουθεῖν*, "따라가다")은 주로 복음서들에 나오고(70번), 요한계시록에는 6번, 사도행전에는 3번, 바울 서신에는 1번 나온다. 아콜루데인(*ἀκολουθεῖν*)은 두 가지 문자적인 의미를 지니는데, 하나는 "따르다, 뒤따라가다"(Louw-Nida, § 15.144)이고, 다른 하나는 "수행하다"라는 의미에서 "좇아가다"이다(Louw-Nida, § 15.156). 비유적인 확장을 통해서 이 용어는 "한 지도자의 가르침들을 추종하여 그 지도자의 주장을 널리 알리다"라는 의미에서 "누구의 제자가 되다"를 뜻한다(Louw-Nida, § 36.31; 또한 Str-B, 1:187-88, 527-29를 보라). 이러한 의미는 오직 사복음서와 요한계시록 14:4에서만 발견된다(*TDNT* 1:213-15). 요한계시록 14:4에서 "어디로 인도하든지"라는 어구는 144,000명이 어떤 희생을 치르더라도, 즉 심지어 죽을 각오를 하고서 어린양을 따르고 있다는 것을 보여 준다(마 10:38=눅 14:27; 막 8:34-35=마 16:24-25=눅 9:23-24; 눅 17:33; 요 12:25-26; 벧전 2:21; 계 12:11을 보라). 요한계시록 14:4에 나오는 해석적 부연 설명 속에서 아콜루데인(*ἀκολουθεῖν*)이라는 단어는 Q(마 8:19-20; 눅 9:57-58)에 나오는 크레이아(chreia)와 같이 "길 가실 때에 혹이 여짜오되 어디로 가시든지 저는 좇으리이다"(*ἀκολουθήσω σοι ὅπου ἐὰν ἀπέρχῃ*–아콜루데소 소이 호푸 에안 아페르케)라는 진술을 도입문으로 하는 제자도와 관련된 복음서 전승들을 본뜬 것임이 거의 분명하다. 이러한 도입문을 가진 말씀("여우도 굴이 있고…")은 *Gos. Thom.* 86(Kloppenborg, *Formation of Q*, 191)에 나오는 밀접한 병행문과 마찬가지로 독립적인 말씀으로 유포되다가, 57절에 나오는 짤막한 서사적 요소를 도입문으로 삼음으로써 크레이아로 바뀌었을 것이다(Bultmann, *Geschichte*, 27). 이러한 서사적 틀은 "어디로 가시든지 예수를 따른다"는 제자도에 관한 그리스도인들의 총체적 이해를 토대로 해서 만들어졌을 것이다. 하지만 아콜루데인(*ἀκολουθεῖν*, "따르다, 따라가다")이라는 용어가 복음서 밖에서는 오직 요한계시록 14:4에서만 예수와 관련하여 사용되고, 또한 비유적인 의미로 사용되고 있다는 것은 사실이다(Hengel, *Leader*, 62). 그리고 물론 여기에서 염두에 두고 있는 것은 역사적 예수가 아니라 승귀된 그리스도다(Hengel, *Leader*, 86 n. 9). 이와 비슷한 말씀은 바울행전(*Acts of Paul*) 25장에서 찾아볼 수 있다. "데글라가 바울에게 말하기를 나는 머리를 밀고 당신이 어디를 가든지 따르겠나이다[*ἀκολουθήσω σοι ὅπου δἂν πορεύῃ*–아콜루데소 소이 호푸 단 포류에]라고 하였다." 이러한 가능성은 요한복음에 이와 비슷한 단어들을

사용한 몇몇 서술들이 나오는 것에 의해서 부분적으로 확증된다. 예를 들면, 요한복음 13:36에는 이렇게 되어 있다. "나의 가는 곳에[*ὅπου ὑπάγω* – 호푸 휘파게] 네가 지금은 따라올[*ἀκολουθῆσαι* – 아콜루데사이] 수 없으나 후에는 따라 오리라." 여기에서 제자도는 죽기까지 예수를 따르는 것을 의미한다(요 21:18-19; 막 8:34-35과 그 병행문들). 요한복음 13:36은 주제상으로 요한복음 12:26과 연결되어 있다. "사람이 나를 섬기려면 나를 따르라[*ἐμοὶ ἀκολουθείτω* – 에모이 아콜루데이토]. 나 있는 곳에[*ὅπου εἰμὶ ἐγώ* – 호푸 에이미 에고] 나를 섬기는 자도 거기 있으리니."

끝으로, 요한복음 14:3에서 예수는 죽기까지 자신을 따른 제자들에게 주어질 상급에 관하여 말씀하신다. "나 있는 곳에[*ὅπου εἰμὶ ἐγώ* – 호푸 에이미 에고] 너희도 있게 하리라 내가 가는 곳에 그 길을 너희가 알리라[*ὅπου ἐγὼ ὑπάγω οἴδατε τὴν ὁδόν* – 호푸 에고 휘파고 오이다테 텐 호돈]." 요한복음에 나오는 이러한 본문들은 요한계시록 14:1-5에서 발견되는 전승의 한 형태를 제시해 주고 있지만 묵시록적 특징들이 내재되어 있다. 즉 참된 제자도는 "아버지와 예수의 사귐 속으로 받아들여지는 것"에 대한 약속을 바라보는 가운데 죽기까지 예수를 따르는 것을 의미한다(Schnackenburg, *John* 3:55-56). 제자도의 결과들 중에서 몇몇은 마태복음 19:28에서 좀더 전통적으로 종말론적인 견지에서 묘사된다. "내가 진실로 너희에게 이르노니 세상이 새롭게 되어 인자가 자기 영광의 보좌에 앉을 때에 나를 좇는[*οἱ ἀκολουθήσοντες* – 호이 아콜루데손테스] 너희도 열두 보좌에 앉아 이스라엘 열두 지파를 심판하리라"(메시아 잔치라는 모티프를 첨가하고 있는 눅 22:28-30을 보라). 아콜루데인(*ἀκολουθεῖν*)이라는 단어는 Ign. *Phld.* 2:1에서 은유적으로 사용된다. "목자가 있는 곳에는 양떼가 따른다[*ὅπου δὲ ὁ ποιμήν ἐστιν, ἐκεῖ ὡς πρόβατα ἀκολουθεῖτε* – 호푸 데 호 포이멘 에스틴 에케이 호스 프로바타 아콜루데이테]"; 참조. *Smyrn.* 8:17. *Ep. Lugd.* 10(Eusebius *Hist. eccl.* 5.1.10; Musurillo, *Acts*, 64에 보존되어 있다)에서는 요한계시록 14:4을 간접 인용해서, 베티우스 에파가두스(Vettius Epagathus)라는 이름을 지닌 그리스도인 순교자에 관하여 "그는 어린양이 어디로 인도하든지 따라간[*ἀκολουθῶν τῷ ἀρνίῳ ὅπου ἂν ὑπάγῃ* – 아콜루돈 토 아르니오 호푸 안 휘파게] 그리스도의 참된 제자였고, 또한 참된 제자다"라고 말한다. 요한계시록 14:4에 대한 이러한 간접 인용 속에서 그리스도를 따른다는 것은 분명히 순교를 가리키는 은유로서 참된 제자도로 인식되고 있다.

4c "사람 가운데서 구속을 받아 처음 익은 열매로 하나님과 어린양에게 속한

자들이니"(*οὗτοι ἠγοράσθησαν ἀπὸ τῶν ἀνθρώπων ἀπαρχὴ τῷ θεῷ καὶ τῷ ἀρνίῳ ἀρνιῳ* – 후토이 에고라스데산 아포 톤 안드로폰 아파르케 토 데오 카이 토 아르니오). 이 본문은 요한계시록 5:9에 나오는 어린양에게 드리는 찬송 속에서 사용된 어구와 병행을 이룬다. "일찍 죽임을 당하사 각 족속[*ἐκ πάσης φυλῆς* – 에크 파세스 퓔레스]과 방언과 백성과 나라 가운데서 사람들을 피로 사서 하나님께 드리시고[*ἠγόρασας τῷ θεῷ* – 에고라사스 토 데오]"). 144,000명은 이미 사람들 가운데 구속을 받아서 처음에는 시온 산 위에 어린양과 함께 있는 것으로 묘사되고(1절), 다음으로는 어린양이 어디로 가든지 그를 따르는 것으로 묘사되고 있기 때문에(4b절), 그들이 수행하는 어린양은 분명히 이미 죽임을 당한 상태다. 1절에 언급된 "시온"이 지상의 예루살렘과 동일하다면, 144,000명은 불경건한 열방들을 최종적으로 도륙하기 위하여 기다리고 있는 군사들인 것으로 보인다(참조. 16:12-16; 20:7-10). 하지만 "시온"이 천상의 예루살렘으로 해석된다면, 14:1-5은 7:9-17 및 15:2-4(여기에 나오는 모세의 노래와 어린양의 노래는 오직 144,000명만이 배울 수 있었던 14:3의 새 노래일 것이다)과 밀접한 병행을 이루게 되고, 144,000명은 신실한 믿음으로 인해서 죽임을 당한 자들이 된다. 14:1-5의 장면은 대단히 상징적인 것으로 이해되어야 하고, 동시에 이 땅을 배경으로 하고 있는 것으로 이해되어야 한다. 144,000명이라는 숫자가 이것을 확증해 준다. 왜냐하면 144,000이라는 수는 대단히 큰 수이기는 하지만 분명히 유한한 수로서(그러므로 이 땅의 존재들을 나타낸다), 종말의 때에 믿음을 지킨 그리스도인들로 남은 자들을 상징하기 때문이다.

여기서 "헌신된 종들"(영역본에서)로 번역된 아파르케(*ἀπαρχή*, "처음 익은 열매")라는 단어는 고대 지중해 세계 전역에 걸쳐서 발견되는 제의 및 희생 제사와 관련된 언어로부터 가져온 전문용어다. 고대 지중해 세계에서는 신들에게 바치는 세 가지 주된 유형의 "희생 제사" 또는 봉헌물들이 있었다(즉 인간이 통상적으로 사용하는 것들로부터 가져온 물품들): 음식으로 이루어진 제물, 물건으로 이루어진 제물(서원제), 짐승으로 드리는 희생제물. 첫 번째 범주에 속했던 처음 익은 열매(*ἀπαρχή* – 아파르케)로 드리는 제사는 헬라인들에 의해서 "더럽혀지지 않은 경건의 가장 단순하면서도 기본적인 형태"로 여겨졌다(Burkert, *Mythology and Ritual*, 52). 하지만 처음 익은 열매를 드리는 방법은 천차만별이었다. 처음 익은 열매를 신에게 드리기도 했고, 썩을 때까지 성소에 놓아 두기도 했으며, 짐승들이나 썩은 음식을 먹는 새들이 먹도록 놓아 두기도 했고, 강이나 하천 또는 바다에 던지기도 했으며, 불태워지기도 했다.

히브리어 베코르(בְּכוֹר)와 그 여성 복수형 베코로트(בְּכֹרוֹת)는 짐승과 사람의 "처음 난 것"을 가리켰고, 남성 복수형인 빅쿠림(בִּכּוּרִים)은 제의적 상황 속에서 하나님에게 드려진 곡식과 과실의 "처음 익은 열매"를 가리켰다(출 23:19; 34:22; 레 23:9-14; 민 28:26-27; 신 16:9-12; 신 26:1-11; 왕하 4:42; 느 10:35[MT 36]; 잠 3:9-10; *Ep. Arist.* 158; *T. Levi* 9:7, 14; *T. Jud..* 21:5; *T. Iss.* 5:6; 1QS 6:5-6; 1QSa 2:18-19; *Ant.* 4.70; 9.273; *Apost. Const.* 8.40.2); 또한 *TWAT* 1:644-45; 7:292-93; *EDNT* 1:116-17; J. Milgrom, "First Fruits," OT, *IDBSup*, 336-37; R. O. Rigsby, "First Fruits," *ADB* 2:796-97를 보라. 이상하게도, 빅쿠림(בִּכּוּרִים)은 칠십인역에서 결코 아파르케(ἀπαρχή)로 번역되지 않는다. 레쉬트(רֵאשִׁית)도 제의적인 의미에서 (밭의) "처음 익은 소산들"을 가리키는 데 사용되지만, 이스라엘의 희생 제사 제도 속에서 레쉬트(רֵאשִׁית)와 빅쿠림(בִּכּוּרִים) 사이에 어떤 차이가 존재했는지는 분명치 않다(Tsevat, *TDOT* 2:122). 이러한 의미론상의 문제점은 드물게 사용되는 어구인 레쉬트 빅쿠레(רֵאשִׁית בִּכּוּרֵי), 아파르카스 톤 프로토게네마톤(ἀπαρχὰς τῶν πρωτογενημάτων, "처음 익은 열매의 첫 것들"(출 23:19[참조. Philo *De sacr.* 72]; 34:26; 겔 44:30)이라는 표현에 의해서 더욱 가중된다. 흔히 가돌(גָּדוֹל "가장 오래된")과 동의어로 사용되는 단어인 베코르(בְּכוֹר, "처음 난")는 빅쿠림(בִּכּוּרִים, "처음 난 열매들")과 동일한 어근에 토대를 두고 있는데, 그 전제는 짐승들이나 사람들의 장자 또는 첫 새끼들(즉 제일 처음에 나온 것이자 가장 좋은 것)은 밭의 첫 소산물들과 마찬가지로 하나님께 속한다는 것이다(출 13:2-16; 레 27:26-27; 민 3:44-51; 18:13-17; 신 14:23-26; 느 10:36[MT 37]; *Ant.* 4.70; 참조. 겔 20:25-26). 제물을 드리는 자가 스스로 먹을 수 없었던(렘 2:3b) 수확의 첫 열매들의 봉헌은 나머지 전체 수확을 거룩하게 하는 역할을 했다–이 나머지 전체 수확은 그 소유자가 임의대로 소비할 수 있었다(레 23:14; 참조. 잠 3:9-10). 구약에서 첫 열매로 드린 제물들은 제사장들과 레위인들의 몫이었는데(민 18:12-13; 신 18:4; 겔 44:30; Sir 45:20), 이러한 관행은 초기 기독교의 일부 진영들 속에서 지속되었다고 *Did.* 13:3-7은 말한다. 아파르케(ἀπαρχή)라는 용어는 하나님께 드려진 전리품에 대해서도 사용될 수 있었고(Jos. *Ant.* 5.26), *Pss. Sol.* 15:3에서는 아파르케(ἀπαρχή)가 은유적으로 하나님을 찬양하는 입술의 말에 대하여 사용된다. 구약 속에는 레쉬트(רֵאשִׁית)가 "가장 좋은 것"이라는 의미를 지니고 있었다는 것을 보여 주는 증거들이 있다(민 24:20; 삼상 15:21; 렘 49:35; 암 6:6; Weicht, *Folge*, 96-99; *TWNT* 1:644; 7:293; Rigsby, "First Fruits," *ADB* 2:796를 보라).

우리가 주의해야 할 것은 아파르케(ἀπαρχή)라는 용어가 구약성경 또는 초기 유대교 문헌들 속에서 짐승들이나 사람들의 처음 난 것에 대해서는 결코 사용되지 않았다는 것이다. 그러므로 개인이든 집단이든 사람들에게 적용될 때 아파르케(ἀπαρχή)라는 용어의 비유적 용법은 밭의 첫 소산들(밀, 보리, 떡, 포도 등등)로부터 가져온 은유다.

아파르케(ἀπαρχή)라는 용어는 칠십인역에서 다음과 같은 은유로 76번 나온다(Lust, *Lexicon*, 45). (1) "제물"(출 25:3), (2) "첫 제사"(신 26:10), (3) "분깃"(삼상 10:4),(4) "첫 제물들"(출 23:19), (5) "첫 열매들"(출 22:28). 동사 아파르코마이(ἀπάρχομαι, "처음 난 열매들을 드리다")는 5번 나온다(대하 30:24[2x]; 35:7, 8, 9). 아파르케(ἀπαρχή)는 히브리어의 여러 가지 서로 다른 단어들을 번역하는 데 사용된다: 테루마(תְּרוּמָה, "제물": 37x), 레쉬트(רֵאשִׁית, "처음, 우두머리": 17x), 테누파(תְּנוּפָה, "거제": 1x: 출 39:1[MT 38:24]), 헬레브(חֵלֶב, "기름": 2x: 민 18:12), 마아세르(מַעֲשֵׂר, "십일조": 1x: 신 12:16) —물론 칠십인역에서 아파르케(ἀπαρχή)는 종종 히브리어 본문을 반영함이 없이 사용되기도 한다(예를 들어, 출 22:29; 민 18:1; 왕상 10:4; 겔 20:31). 빅쿠림(בִּכּוּרִים)은 "첫 열매들"을 의미할 수 있지만, 이 단어는 이상하게도 칠십인역에서는 아파르케(ἀπαρχή)로 번역되지 않고 주로 프로토게네마타(πρωτογενήματα, "첫 열매들")로 번역되며(출 23:16, 19; 34:26; 레 2:14; 23:17, 20; 민 18:13; 왕하 4:42), 아르케(ἀρχή, "처음": 출 34.22), 프로드로모이(πρόδρομοι, "처음 익은 것들": 민 13:20), 타 네아(τὰ νέα, "새 것들": 민 28:26)로 각각 한 번씩 번역된다.

칠십인역에서 아파르케(ἀπαρχή)라는 용어가 사람들에 대하여 사용된 경우는 오직 두 번인데, 시편 77:51(MT 78:51) 및 그것과 밀접하게 병행을 이루는 시편 104:36(MT 105:36)이 그것이다. 이 두 본문에서 아파르케(ἀπαρχή)는 동일한 이행시의 두 번째 행에서 <u>프로토토코스</u>(πρωτότοκος)와 병행되는 용어로 사용되면서, 출애굽기 12:29-36에서 역병에 의하여 죽은 애굽의 장자들을 가리킨다.

시 78:51

카이 에파탁센 판 프로토토콘 엔 아이귑토
(καὶ ἐπάταξεν πᾶν πρωτότοκον ἐν Αἰγύπτῳ)
애굽에서 모든 장자를 치셨으나

아파르케 톤 포논 아우톤 엔 토이스 스케노마시 캄

(ἀπαρχὴν τῶν πόνων αὐτῶν ἐν τοῖς σκηνώμασι Χαμ)
곧 함의 장막에 있는 그 기력의 시작

시 104:36

카이 에파탁센 판 프로토토콘 엔 테 게 아우톤
(καὶ ἐπάταξεν πᾶν πρωτότοκον ἐν τῇ γῇ αὐτῶν)
또 저희 땅의 모든 장자를 치시니

아파르켄 판토스 포누 아우톤
(ἀπαρχὴν παντὸς πόνου αὐτῶν)
곧 저희 모든 기력의 시작이로다

두 본문(그 근저에 있는 히브리어 본문에 대한 문자적 번역문들인)에서 프로토토코스(πρωτότοκος)는 베코르(בְּכוֹר)를 번역하는 데 사용되었고, 아파르케(ἀπαρχή)는 레쉬트(רֵאשִׁית)를 번역하는 역어로 사용되었다. 아파르케(ἀπαρχή)는 시편 77:51과 시편 104:36에서 사람들에 대하여 사용되고 있기는 하지만 제의적 의미를 지니고 있지 않기 때문에 비유적으로 또는 은유적으로 사용되고 있는 것이 아니라 단지 "(여러 개 중의) 첫 번째"(Louw-Nida, § 61.8), 즉 이 경우에는 프로토토코스(πρωτότοκος)와 의미상으로 밀접하게 연관되어 있는 장자 또는 맏아들을 의미한다.

동일한 어원에서 나온 용어인 아르케(ἀρχή)는 예레미야 2:3에서 비유적으로 사용되어 온 이스라엘을 가리키는데, 이 경우에는 "첫 열매들"을 의미한다.

하기오스 이스라엘 토 퀴리오
(ἅγιος Ἰσραὴλ τῷ κυρίῳ)
이스라엘은 나 여호와의 성물

아르케 게네마톤 아우투[רֵאשִׁית תְּבוּאָתֹה - 레쉬트 테부아토]
(ἀρχὴ γενημάτων αὐτοῦ)
곧 나의 소산 중 처음 열매가 되었나니

판테스 호이 에스돈테스 아우톤 플렘멜레수신
(πάντες οἱ ἔσθοντες αὐτὸν πλημμελήσουσιν)
그를 삼키는 자면 다 벌을 받아

아르케 게네마톤 아우투(ἀρχὴ γενημάτων αὐτοῦ)의 근저에 있는 레쉬트 테부아토(רֵאשִׁית תְּבוּאָתֹה)라는 어구는 "그의 수확의 첫 열매들"로 번역될 수 있다. 이것은 이스라엘의 불가침성을 강조하는 은유다. 첫 열매들을 먹는 것이 율법의 징벌을 초래하는 것과 마찬가지로(하지만 토라에는 어떤 벌을 받게 되는지가 언급되어 있지 않다), 이스라엘을 해치는 것은 여호와의 징벌을 초래하게 될 것이다. 이 은유는 Tg. *Jer.* 2:3(Hayward, Tg. *Jeremiah*, 48-49)에 그 뜻을 풀어서 번역되어 있다.

> 이스라엘의 집은 사람들이 먹으면 죽음을 면치 못하게 되는 수확 때의 요제(heave-offering)의 열매들과 같이 하나님 앞에서 거룩하다－그들을 노략질하는 자들과 관련해서. 또한 이스라엘의 집은 아론의 아들들인 제사장들이 제단 위에 제물로 드리기 전에 먹는 자는 범죄한 것이 되는 수확의 맏물들, 요제의 첫 단과 같다. 따라서 이스라엘의 집을 노략질하는 모든 자들은 죄를 범한 것이 된다. 그들에게 재앙이 임할 것이라고 주께서 말씀하신다.

미쉬나에는 특별히 현재의 논의와 관련된 두 개의 단원이 있는데, 빅쿠림("첫 열매들")과 베코로트("맏물들")라는 두 단원은 이 두 가지 제의적 제사의 여러 다양한 측면들에 관한 미쉬나적 논의의 대부분을 담고 있다. 미쉬나에서 빅쿠림(בִּכּוּרִים)의 모든 용례들은 문자적이면서 제의적이다. *M. Bik.* 1:3에서는 첫 열매들을 가져와서 제물로 드려야 하는 농사의 일곱 가지 유형의 소산물들을 언급하는데, 이것은 아마도 신명기 8:8에 나오는 일곱 가지 목록과 동일한 것 같다: 밀, 보리, 포도, 무화과, 석류, 감람유, 꿀(참조. *m. Ber.* 6:4). 첫 열매들은 성전 산으로 가져와야 했고(*m. Bik.* 1:9; 2:10; 3:2; 참조. 신 26:2), 제사장들에게 주어진다(*m. Bik.* 2:1; *m. Ma'as. Š*. 5:6). 랍비들은 토라에 첫 열매들의 양이 구체적으로 규정되어 있지 않았다는 사실을 매우 잘 알고 있었고(*m. Pe'a* 1:1), 따라서 어떤 사람이 밭의 곡식 전체를 첫 열매라고 말하는 것도 가능했다(*m. Bik.* 2:4). 필로(Philo)는 농사를 지어서 얻은 소산물의 십일조를 첫 열매로 드리는 관행을 언급한다(*De virt.* 95).

필로는 자신의 주석서들에서 아파르케(*ἀπαρχή*) 또는 아파르카이(*ἀπαρχαί*)를 자주 언급한다. 아포 톤 프로토토콘 타스 아파르카스(*ἀπὸ τῶν πρωτοτόκων τὰς ἀπαρχάς*; *De sacrificiis* 136)라고 말할 때, 그의 말이 의미하는 것은 "장자의 첫 열매들"이 아니라 "장자의 제물"일 가능성이 아주 높다. 다른 곳에서 그는 장자들을 일종의 아파르케(*ἀπαρχή*, "제물")－그가 카리스테리온(*χαριστήριον*, "감사제")으로 지칭하고 있는－로 드리는 것에 관하여 말한다(*Spec. leg.* 138).

아파르케(ἀπαρχή) 또는 아파르카이(ἀπαρχαί: 통상적으로 복수형으로 나온다)는 헬라어 문헌 속에서 여러 가지 서로 구별되는 의미들을 보여 준다. Euripides *Orestes* 96에서 헬렌은 자신의 코메스 아파르카스 카이 코아스(*κόμης ἀπαρχὰς καὶ χοάς*), 즉 "머리카락의 제사와 전제(drink-offering)"를 언급한다. 하지만 이 맥락 속에서 아파르카이(*ἀπαρχαί*)의 좀더 적절한 의미는 "대표성을 띤 제사"일 것이기 때문에, 아파르카이(*ἀπαρχαί*)의 이러한 독특한 의미에 대한 적절한 정의는 "신에게는 단지 전체의 작은 일부만을 드릴 뿐이지만 전체가 제물로 드려졌다는 것, 즉 거룩해졌다는 의미를 지니는 제사"가 될 것이다. 헬라어 문헌 속에서 아파르카이(*ἀπαρχαί*)의 제의적 의미는 구약성경 및 초기 유대교 문헌들에서와 마찬가지로 대체로 농사의 소산물들을 가리키기 때문에(*Odyssey* 14.422[동사 *ἀπάρχεσθαι*]; Herodotus 4.71; Sophocles *Trach.* 183, 761; Euripides *Phoen.* 857, 1524; Thucydides 3.85; Isocrates *Archidamus* 96; Aristotle *Nic.* Eth. 8.11[1160a]; *SIG*, 83.55; 200.10; 455.2; 502.40; 739.5; see Stephanus, *TGL* 1/2:1208-9; Delling, *TDNT* 1:484-85), 이 경우에는 "첫 열매들"이라는 의미가 "대표성을 띤 제물"보다 더 적절하다. 헬라 문헌에서 아파르케(*ἀπαρχή*)가 나오는 가장 오래된 용례 속에서, 이 단어는 아나데마(*ἀνάθεμα*)의 밀접한 동의어로서 아버지로부터 막대한 재산을 물려받은 그로에수스가 드린 "대표성을 띤 제물"을 가리킨다(Herodotus 1.92). 헬라 제의들에는 신들에게 바치는 세 가지 주요한 형태의 제사가 있었는데-짐승의 희생 제사, 음식을 드리는 제사, 서원 제사-이 모든 것은 아파르카이(*ἀπαρχαί*)로 지칭될 수 있었다(Stengel, "*Ἀπαρχαί*," PW 1:2666-68; Burkert, *Mythology and Ritual*, 52-54). 일반적으로 긍정적으로 평가되었던(피타고라스 학파 또는 신피타고라스 학파 같은 헬라의 몇몇 철학 학파들이 반대했던 짐승의 희생 제사들과는 대조적으로) 아파르카이(*ἀπαρχαί*)는 곡물들, 포도주, 전리품들로 이루어질 수 있었고(Sophocles *Trach.* 183; Euripides *Phoen.* 857), 은유적인 의미에서는 아폴로를 찬양하는 말로 이루어질 수도 있었다(Euripides *Ion* 401-2). 라틴어에서 이것에 해당하는 용어는 프리미티아에(*primitiae*)인데, 그것은 로마의 제사 제도에서 수확의 첫 열매들을 드리는 제사를 의미했다(Pliny *Hist. nat.* 18.2.8; 18.30.119; Varro *De lingua latina* 6.16; Ovid *Fasti* 2.520; *Metam.* 8.274; Livy 26.11.9; Dionysius Hal. *Ant. Rom.* 7.72.15; Dio Cassius 73.16).

요한계시록 14:4에 나오는 아파르케(*ἀπαρχή*)의 의미를 이해하는 열쇠는 헬라의 문학 또는 비문학 자료들에서 종종 등장하는 아파르케 안드로폰(*ἀπαρχὴ ἀνθ-*

ρώπων)이라는 어구("사람들로 이루어진 첫 열매들" 또는 "사람들을 대신한 첫 열매들")인데(Plutarch *Theseus* 16.2; *Quaest. Graec.* 298f; *De Pyth. orac.* 402a; Diodorus Siculus 4.66), 거기에서 이 용어는 신들에게 바치기 위한 사람들로 이루어진 제물들을 가리키는 데 사용되었다-제사가 드려진 후에, 이 사람들은 성전의 종들이 되거나 방면되기도 했다(Stengel, PW 1:2667; Bömer, *Sklaven* 2, 3:10-24). 또한 아파르카이(*ἀπαρχαί*)는 엘류시스에 있는 데메테르 신전의 제관들이 거둔 곡물의 십일조 같은 종교세를 가리킬 수도 있었다(Stengel, *Kultusaltertümer*, 174, 178, 235; Burkert, *Homo Necans*, 249-50 n. 7). 또한 이 단어는 유대교에서 종교세를 가리키는 데 사용되기도 했다(*Ant.* 16.172).

신약성경에서 아파르케(*ἀπαρχή*)는 결코 문자적인 의미로는 사용되지 않지만 몇 가지 확장된 의미들을 지닌다. (1) 나머지 것들을 사용하기 전에 하나님에게 구별하여 드려진 것의 "첫 분깃"(롬 11:16; Louw-Nida, § 53.23), (2) 한 집단 또는 계층의 "첫 번째"(고전 15:20; Louw-Nida, § 61.8), (3) 아르라본(*ἀρραβών*)과 비슷한 의미를 지닌 "미리 맛보는 것이자 보증물"(롬 8:23; *Barn.* 1:7; Louw-Nida, §57.171). 여기 요한계시록 14:5에서 특히 주목해야 할 중요한 것은 아파르케(*ἀπαρχή*)라는 용어가 동사 아고라제인(*ἀγοράζειν*, "구속을 받다")의 주어로서 후토이(*οὗτοι*)와 동격인 주격으로 사용되고 있다는 것이다. 이것은 농업 생산물의 첫 소산을 드리는 제사들은 나머지 곡물을 구속하는 기능을 지니기 때문이다. 구약에서 "첫 열매들"이라는 용어가 은유적으로 사용되고 있는 곳은 오직 예레미야 2:3인데, 거기에서 이 단어는 온 이스라엘을 가리킨다. "이스라엘은 나 여호와의 성물 곧 나의 소산 중 처음 열매가 되었나니."

아파르케(*ἀπαρχή*)는 신약성경에 9번 나오는데, 이 중에서 7번이 바울 서신에 나오고(롬 8:23; 11:16; 16:5; 고전 15:20, 23; 16:15; 살후 2:13; 약 1:18; 계 14:4), 사도 교부들의 글 속에는 9번 나온다(*Did.* 13:3[2x], 5, 6, 7; *Barn.* 1:7; *1 Clem.* 24:1; 29:3; 42:4). 아파르케(*ἀπαρχή*)는 신약에서 비유적인 의미로 5번 사용된다(이 단어가 여러 가지 문자적인 의미로 사용되고 있는 용례들은 롬 11:16, 고전 15:20, 23; 계 14:4에 나온다). 사도 교부들의 글 속에서는 아파르케(*ἀπαρχή*)가 비유적인 의미로는 단지 한 번 사용된다(*Barn.* 1:7; *1 Clem.* 24:1; 42:4). 유대-기독교 문헌에서 이 단어는 통상적으로 집합 단수형으로 나오지만, 헬라의 이교 문헌들에서는 통상적으로 복수형으로 나온다. 하지만 *Barn.* 1:7과 *1 Clem.* 42:4에는 복수형들이 나온다. 칠십인역과는 달리, 초기 기독교 문헌들은 아파르케(ἀπαρχή)를 사람들과 관련하여 사용하고 있는데, 그리스도에 대하여 특이한 방식으로 사용하기도 하고(고전 15:20, 23; *1 Clem.* 24:1), 기독교로 최초로 개종한 자들을 가리키는 데 사용하기도 한다(롬 16:5; 고전 16:15; 살후 2:13; 약 1:18; *1 Clem.* 42:4).

신약에서 좀더 문제가 되는 아파르케(ἀπαρχή)의 용례들 중의 하나는 144,000명을 후토이 에고라스데산 아포 톤 안드로폰 아파르케 토 데오 카이 토 아르니오(*οὗτοι ἠγοράσθησαν ἀπὸ τῶν ἀνθρώπων ἀπαρχὴ τῷ θεῷ καὶ τῷ ἀρνίῳ*, "사람 가운데서 구속을 받아 처음 익은 열매로 하나님과 어린양에게 속한 자들이니")라고 언급하고 있는 요한계시록 14:4에 나오는 용례다. 여기에서 아파르케(ἀπαρχή)는 후토이(οὗτοι)를 수식하는 동격의 주격으로서의 집합 단수형의 기능을 하고, 이 본문에 대한 난외주 역할을 한다. 요한계시록 5:9에 나오는 병행되는 본문(어린양에게 드려진 찬송의 일부) 속에 아파르케(ἀπαρχή)라는 용어가 생략되어 있다는 것이 이러한 가능성을 시사해 준다: 카이 에고라사스 토 데오 엔 토 하이마티 수 에크 파세스 퓔레스 카이 글로쎄스 카이 라우 카이 에드누스(*καὶ ἠγόρασας τῷ θεῷ ἐν τῷ αἵματί σου, ἐκ πάσης φυλῆς καὶ γλώσσης καὶ λαοῦ καὶ ἔθνους*, "일찍 죽임을 당하사 각 족속과 방언과 백성과 나라 가운데서 사람들을 피로 사서 하나님께 드리시고"). 아포 톤 안드로폰(*ἀπὸ τῶν ἀνθρώπων*, "사람 가운데서")이 좀더 전형적인 에크 파세스 퓔레스 카이 글로쎄스 카이 라우 카이 에드누스(*ἐκ πάσης φυλῆς καὶ γλώσσης καὶ λαοῦ καὶ ἔθνους*, "각 족속과 방언과 백성과 나라 가운데서")의 요약이라는 점을 주목하면, 이 두 본문 간의 병행관계는 한층 더 분명해진다. 후토이 에고라스데산(*οὗτοι ἠγοράσθησαν*, "이 사람들은 구속을 받아")과 아파르케(ἀπαρχή) 간의 연결관계는 분명치 않다. 후토이 에고라스데산(*οὗτοι ἠγοράσθησαν*)이 노예 해방과 관련된 관행으로부터 가져온 은유인 반면에, 아파르케(*ἀπαργή*)는 고대의 제사들 중의 한 유형에 대한 은유적인 언급이다. 어쨌든 이것은 은유들을 이상하게 혼합하고 있다. 이와 같은 맥락 속에서, 아파르케(ἀπαρχή)는 훨씬 더 큰 집단인 모든 인류의 일부로서의 144,000명을 나타낸다. 하지만 아파르케(ἀπαρχή)를 일련의 것들 중의 첫 번째의 것으로 해석하면, 즉 144,000명이 첫 번째이고 나머지 모든 인류는 그 뒤를 따르게 된다는 식으로 해석하면 의미가 잘 통하지 않게 된다. 오히려 여기에 나오는 아파르케(ἀπαρχή)를 위에서 언급한 이 용어에 대한 헬라적인 보편적 이해라는 관점에서 보는 것, 즉 신에게 종들로 드려진 사람들이라는 의미로 보는 것이 더 적절할 것이다.

부록 14A: 고대에서의 독신 생활

참고문헌

Anderson, G. "Celibacy or Consummation in the Garden? Reflection on Early Jewish and Christian Interpretations of the Garden of Eden." *HTR* 82(1989) 121-48. **Baumgarten, J. M.** "The Qumran-Essene Restraints on Marriage." In *Archaeology and History in the Dead Sea Scrolls*, ed. L. H. Schiffman. JSPSup 8. Sheffield: Sheffield Academic, 1990. 13-24. **Blinzler, J.** "*Εἰσὶν εὐνοῦχοι*." *ZNW* 48(1957) 254-70. **Boring, M. E.** *The Continuing Voice of Jesus*. Louisville: Westminster/John Knox, 1991. **Brock, S. P.** "Early Syrian Asceticism." *Numen* 20(1973) 1-19. **Burkitt, F. C.** *Early Eastern Christianity*. London: John Murray, 1904. **Cadbury, H. J.** *The Making of Luke-Acts*. London: SPCK, 1958. **Frank, S.** *Angelikos Bios*. Münster: Aschendorff, 1964. **Isaksson, A.** *Marriage and Ministry in the New Temple: A Study with Special Reference to Mt. 19:3-12 and 1 Cor. 11: 3-16*. Lund: Gleerup, 1965. **Kretschmar, G.** "Ein Beitrag zur Frage nach dem Ursprung frühchristlicher Askese." *ZTK* 61(1964) 27-67. **McArthur, H.** "Celibacy in Judaism at the Time of Christian Beginnings." *AUSS* 25(1987) 163-81. **Michel, J.** "Engel IV(christlich)." *RAC* 5:156-58. **Pervo, R. I.** *Profit with Delight: The Literary Genre of the Acts of the Apostles*. Philadelphia: Fortress, 1987. **Qimron, E.** "Celibacy in the Dead Sea Scrolls and the Two Kinds of Sectarians." In *The Madrid Qumran Conference*, ed. J. L. Barrera and L. V. Montaner. STDJ 11. Leiden: Brill; Madrid: Editorial Complutense, 1992. 287-94. **Rad, G. von.** *Der heilige Krieg im alten Israel*. 4th ed. Göttingen: Vandenhoeck & Ruprecht, 1965. **Theissen, G.** "Wanderradikalismus." *ZTK* 70(1973) 245ff. **Vermes, G.** *Jesus the Jew*. New York: Macmillan, 1974. **Vööbus, A.** *Celibacy: A Requirement for Admission to Baptism in the Early Syrian Church*. Stockholm: Estonian Theological Society in Exile, 1951.

문자적으로 이해하든 비유적으로 이해하든, 요한계시록 14:4의 언어는 성적 금욕에 대한 긍정적인 평가를 반영하고 있다. 요한계시록 14:5에서 예수를 따르는 자들의 성적 금욕에 대한 이러한 이례적인 강조는 설명을 필요로 한다. 하지만 중요한 것은 이 본문을 고대 세계에 존재했던 독신 생활 또는 성적 금욕에 대한 여러 가지 긍정적인 평가들이라는 비교학적인 틀 안에서 고찰하는 것이다. 고대 세계에서 독신 생활 또는 성적 금욕(일시적이든 영속적인 것이든)이라는 현상은 여러 가지 판이하게 다른 이유들로 인해서 실행되었다. (1) 성전에 참여하는 남자들에게 제의적으로 요구된 것, (2) 신적인 세계와의 친교를 위하여 제의적으로 요구된 것, (3) 예수의 제자 또는 (주후 2세기와 3세기의 기독교의 몇몇 시기에 있어서) 그리스도인이 되기 위한 전제 조건, (4) 육신적인 몸의 필요와 충동에 대한 부정을 통해서 좀더 영적인 형태의 실존을 추구했던 금욕적 프로그램의 일부, (5) 초기 유대교 전승의 몇몇 흐름들 속에서의 예언자적 특징, (6) 이스라엘의 제의에 대한 참여를 보여 주는 표지(출 19:10-15; Jos. *J. W.* 5.227; CDa 12:1-2).

(1) 이러한 성인 남자들에 대한 성적 금욕은 종종 구약성경에 규정된 대로 성전에 참여하는 사람들에게 일시적으로 독신 생활이 요구되었다는 것을 배경으로 설명된다(삼상 21:4-5[MT 21:5-6]; 삼하 11:11-12; 참조. 신 23:9-14; von Rad, *Krieg*, 7; de Vaux, *Ancient Israel*, 258-59; J. Pedersen, *Israel*, 4 vols. in 2[London: Cumberlege; Copenhagen: Branner og Korch, 1926] 3-4:10). 144,000명의 성적 금욕을 이러한 이데올로기적인 배경 속에서 이해하는 것이 지니는 일차적인 문제점은 그들이 1-5절에서 이스라엘의 성전 이데올로기에 토대를 둔 군사적인 은유들이나 모티프들을 사용해서 묘사되고 있지 않다는 것이다(그들이 7:4-8에 나오는 144,000명과 연결되거나, 후자의 본문이 군인들의 명부로 여겨지지 않는다고 할 때) - 하지만 4a절이 그들이 모두 남자라는 것을 보여 준다는 것은 사실이다. 또한 13:7에서 짐승이 성도들과 싸움을 벌여 성도들을 정복한다는 것도 사실이다. 성전(聖戰) 개념은 이스라엘의 먼 과거에만 국한되어 있지 않았다. 성전 개념은 임박한 종말론적 전투에 관한 허구적인 기사들과 관련해서도 활용되었다(Giblin, 222-31를 보라). 예를 들면, 쿰란 공동체에서는 독신 생활과 성전 이데올로기는 서로 밀접한 연관 관계가 존재했다(G. Anderson, *HTR* 82[1989] 140). 1QM 7:3-6(tr. Vermes, *Dead Sea Scrolls*, 132-33)에서는 이렇게 말한다.

> 그들이 예루살렘을 떠나서 전쟁에 나아가는 때로부터 다시 돌아올 때까지는 소년이나 여자는 그들의 진영에 들어가서는 안 된다…전투의 날에 자신의 샘(즉 밤중의 사정)으로 인하여 부정한 자는 그들과 함께 내려가지 말지니라. 왜냐하면 거룩한 천사들이 그들의 군대들과 함께 할 것이기 때문이다.

필로(Philo, *Apol.* 11.14-17), 플리니(Pliny, *Hist. nat.* 5.15), 요세푸스(Josephus, *J. W.* 2.120-21; *Ant.* 18.21)에 의하면, 에세네파 사람들은 혼인하기를 거부했다고 한다 - 물론 요세푸스는 이 분파의 한 부류는 혼인을 했다고 말하고 있지만(*J. W.* 2.160-61). 에세네파 사람들이 독신 생활의 관습을 지니고 있었다는 것은 사해 두루마리들 속에서 직접적으로 확인되고 있지는 않지만(1QM 7:3-4에서 종말론적인 성전을 위하여 40일 동안 지속되는 "일시적인" 성적 금욕을 요구하고 있는 것을 제외하면), 에세네파가 독신 생활을 했다는 것은 필로(*Apol.* 11.14; Eusebius *Praep. evang.* 8.11), 요세푸스(*J. W.*

2.120-21; *Ant.* 18.21), 플리니(*Hist. nat.* 5.17)에 의해서 확인된다. 필로와 요세푸스는 에세네파 사람들이 독신 생활을 한 것은 혼인을 싫어했기 때문이라고 말하지만(Philo *Apol.* 11.14-17; Jos. *J. W.* 2.121), 이 말은 터무니없는 말이다(Baumgartner, "Marriage," 13-14를 보라). 하지만 요세푸스는 에세네파의 한 부류가 혼인을 했다는 것을 언급한다(*J. W.* 2.160-61).

플리니우스, 필로, 요세푸스는 모두 에세네파가 혼인에 대하여 부정적인 태도를 지니게 된 이유들에 대하여 한 목소리로 말한다: 쾌락을 멀리한 금욕적인 태도와 여자들의 비교적 낮은 도덕성. 하지만 이러한 태도들은 사해 두루마리들 속에서는 확인되지 않는 것으로 보아서, 주로 헬레니즘적인 가치관에 토대를 둔 것으로 보인다. 쿰란 공동체에 거주했던 자들이 독신 생활을 했다는 증거는 모호하다. 쿰란 공동체의 중심부에 있는 커다란 공동묘지에는 오직 남자들만이 묻혔고(대략 1100기의 무덤이 안치되었다), 나머지 여자들과 어린아이들은 인접한 매장지들에서 발견되었다(F. M. Cross, *The Ancient Library of Qumran*, rev ed.[Garden City, NY: Doubleday, 1961] 96-99; J. C. VanderKam, *The Dead Sea Scrolls Today*[Grand Rapids, MI: Eerdmans, 1994] 14-15, 90-91). 한 여자의 두개골은 원래의 공동묘지에 있는 다른 무덤들로부터 어느 정도 분리된 채로 발견되었다. 하지만 거기에서는 오직 26기의 무덤만이 발굴되었다. 쿰란 공동체의 구성원들 중에서 25살 이상의 남자들이 성적인 금욕을 요구받았을 가능성이 있는데, 이것은 그들이 종말론적인 성전을 준비하기 위하여 소집된 군사들로 여겨졌기 때문이다. 20살과 25살 사이의 젊은이들(נער זעטוט – 나아르 자아투트: 1QM 7:3)은 독신으로 살도록 요구받았다(Isaksson, *Marriage*, 55-56). 이러한 조치는 일부 외부인들에게 쿰란 공동체의 모든 지체들이 독신자들이라는 인상을 주었을 것이다. 하지만 바움가튼(Baumgarten)과 킴론(Qimron)에 의한 논의를 고려할 때, 쿰란 공동체 가운데는 두 부류의 지체들이 존재했던 것으로 보인다. (a) 키르벳 쿰란(Khirbet Qumran)에 살면서 스스로를 예루살렘과 그 성전을 일시적으로 대신하는 자들로 여겼던 사람들은 예루살렘에 대하여 요구되었던 고도의 제의적 정결, 즉 성적인 관계로부터의 영속적인 금욕을 유지했다(Qimron, "Celibacy," 291-92). (b) "진영들", 즉 팔레스타인의 촌락들에 살고 있던 사람들은 혼인을 해서 자녀들을 가졌다(CD 7:6-7; Qimron, "Celibacy," 289-90). 따라서 쿰란 공동체의 금욕주의는 성전(聖戰)의 수행에 필수적이라고 여겨졌던 구약의 규정들에 따른 성적인 금욕을 비롯한 엄격한 관리를 최후의 전투를 위하여 끊임없이 준비한다는 종말론적인 동기(1QM 7:3-6)와 아울러서 성전(聖殿) 내에서의 성적 금욕이라는 제의적 요구들이 예루살렘에까지 확대되었고(11QTemple 47:5-12; 46:16-18; CD 12:12), 공동체의 지체들은 성전을 대표했기 때문에 영속적인 성적 금욕을 실행했다는 제의적 동기를 지닌다.

데라퓨타이파(이 파를 일부 학자들은 에세네파의 애굽 지부로 여긴다: G. Vermes, "Essenes and Therapeutae," *RQ* 3[1962] 495-502를 보라)에 관한 논의 속에서 필로는 그들이 재산, 형제, 자녀, 아내, 부모, 고향을 버렸고(*Vit. Cont.* 18), 그들 가운데 있는 여자들은 나이든 처녀들이었다고 말한다(*Vit. Cont.* 68). 하지만 종말론적인 동기에서 독신 생활을 한 것인지에 대해서는 언급이 없다. 또한 우리가 주목할 것은 군 복무를 하고 있던 한 로마인이 군에 있는 동안에는 법적인 혼인(*matrimonium iustum*)을 행하도록 허용되지 않았다는 것이다(이것은 로마의 군단들, 황제 근위병들, 성읍 수비대, 용병 부대들에 속한 군사들과 함대에 속한 수병들을 포함했다). Dio Cassius 60.24.3를 보라. 하지만 이러한 고대의 규제는 직업 군인들이 부인을 두는 것을 막지 않았고, 결국에는 셉티무스 세베루스(Septimus Severus)에 의해서 폐지되었다(Herodian 3.8.5).

(2) 앞에서 말한 것과는 완전히 다른 역할을 독신 생활에 부여하는 것이 초기 유대교 전승의 몇몇 흐름들 속에서 확인되는데, 거기에서는 독신 생활이 계시를 받는 것, 하나님의 영을 소유하는 것, 예언하는 것과 결부되어 있다. 선지자와 지혜자의 독신 생활에 관한 유대교 전통은 랍비 전승 속에 반영되어 있다(Vermes, *Jesus,* 99-102; A. Büchler, *Types of Jewish Palestinian Piety from 70 b.c.e. to 70 c.e.*[Oxford: Clarendon, 1926] 42-67; Boring, *Voice of Jesus,* 134-37). 후대에 미쉬나에 첨가된 것으로 널리 생각되어 온 한 본문 속에서 주후 2세기의 지혜자였던 비느아스 벤 야이르(Phineas ben Jair)는 일련의 등급이 매겨진 덕목들을 제시한다(tr. Danby, *Mishnah,* 306-7).

> 세심한 주의는 정함을 낳고, 정함은 정결을 낳고, 정결은 금욕을 낳고, 금욕(פרישות –페리쇼트)은 거룩을 낳고, 거룩은 겸비를 낳고, 겸비는 죄를 삼가함을 낳고, 죄를 삼가함은 성인 됨을 낳고, 성인 됨은 성령[의 은사]을 낳고, 성령은 죽은 자의 부활을 낳는다.

여기서 페리쇼트(פרישות, "분리, 절제")는 성적인 금욕을 가리킨다(Büchler, *Palestinian Piety,* 48-59). 탈무드 전승에 의하면, 모세는 하나님으로부터 부르심을 받은 후에는 자신의 아내와 성적인 관계를 갖지 않았다. 왜냐하면 하나님과의 일시적인 친교는 일시적인 성적 금욕을 요구하지만 하나님과의 끊임없는 친교는 영속적인 성적 금욕을 요구했기 때문이다(*b. Šabb.* 87a; Vermes, *Jesus,* 100-101). 이와 비슷한 전승이 Philo *Mos.* 2.68-69(LCL tr.)에 보존되어 있다.

> 그러나 먼저 그(모세)는 몸과 영혼에 있어서 그 어떤 열정과도 거래하지 않고 정하게 되어서 스스로를 유한한 성격의 모든 필요들, 음식과 마실 것과 여자와의 성적 교섭으로부터 정결케 해야 했다. 그는 영에 사로잡혀서 선지자로서의 사역에 들어갈 때로부터 오랫동안 이 마지막의 것을 금해 왔는데, 이는 그가 신탁의 메시지를 받을 준비를 항상 하고 있는 것이 마땅하다고 생각했기 때문이다.

십보라(모세의 아내)가 엘닷과 메닷이 예언하기 시작했다는 것을 들었을 때, 그녀는

"이 사람들의 아내들에게 화로다"라고 말한 것으로 미리암이 들었다고 한다(*Sipre Num.* 12:1[99]). 이 본문들은 비교적 후대의 것이긴 하지만, 모세가 선지자로서 독신 생활을 했다는 전승은 주후 1세기까지 거슬러 올라간다. 왜냐하면 필로도 모세가 선지자의 역할을 하기 시작한 후부터는 성적 관계를 금했다고 주장하고 있기 때문이다(*Mos.* 2.68-69). 그렇지만 랍비들의 관점에서 볼 때 예언은 대체로 지난 과거의 현상이었기 때문에 예언과 관련된 독신 생활은 당시의 관행이 아니었다(Vermes, *Jesus*, 101-2).

빌립의 일곱 딸들은 구체적으로 파르데노이(*παρθένοι*)로 지칭되는데, 이것은 아마도 처녀성과 예언의 은사 간에는 상관관계가 존재한다고 전제되었기 때문일 것이다(Lindijer, "Die Jungfrauen," 129). 이와 비슷한 관념은 바울행전(*Acts of Paul*) 5장에 표현되어 있다. "하나님께서 그들에게 말씀하도록 하기 위하여 금욕하는 자들[*ἐγκρατεῖς* – 엥크라테이스]은 복되도다."

(3) 성적 금욕은 종종 예수의 제자가 되기 위한 선결 조건으로 인용되었다. 누가복음-사도행전의 저자는 독신 생활을 비롯한 금욕주의의 여러 가지 측면을 강조하고 있지만(아래를 보라), 단지 비교적 약한 형태로 강조하고 있을 따름이다. 디모데전서 4:3(주후 100년경 또는 그 이후에 쓰여진)은 혼인을 금하고 여러 가지 음식에 대한 절제를 명하는 그리스도인들에 대한 반대를 표명하고 있다 – 이 저자의 대적자들의 정체가 알려져 있지는 않지만. 제자도와 성적 금욕 간의 강력한 상호 연관 관계는 주후 175년에서 225년 사이에 소아시아에서 유래한 것으로 알려지고 있는 외경 사도행전(Apocryphal Acts)에서 찾아볼 수 있다 – 성적 금욕에 관한 기독교적인 관행은 분명히 훨씬 후대의 것이고(Tissot, "Encratisme," 109-19), 수리아 기독교에서는 세례를 받기 위한 전제 조건으로 독신이 요구되었지만(Brock, *Numen* 20[1973] 1-19; Vööbus, *Celibacy*).

필로(*Vit. Cont.* 18)가 데라퓨타이파는 재산, 형제, 자녀, 아내, 부모, 고향을 버렸다는 것을 강조했던 것과 마찬가지로, 복음서들은 예수를 따르도록 부르심을 받은 자들이 포기해야 할 것들을 구체적으로 열거하면서 강조한다. 마가복음 10:29과 마태복음 19:29에는 예수를 따르는 자들이 포기해야 할 일곱 가지의 것(집, 형제, 자매, 어미, 아비, 자녀, 밭)이 열거되어 있고, 이것이 누가복음 18:29에서는 다섯 개로 축소됨과 동시에 "아내"가 추가되어 있다(독신 생활에 대한 누가의 관심을 보여 주는 단서). 아마도 Q로부터 유래한 것으로 보이는 본문(눅 14:26; 마 10:37-38)에서 오직 누가만이 예수를 따르는 자들이 "미워해야" 할 것들에 관한 목록 속에 아내를 포함시킨다. 누가복음 20:34-36(막 12:24-25과는 대조적으로)은 성적인 금욕이 부활에 참여하기 위한 선결 조건이라는 것을 보여 준다. Q에서 나온 큰 잔치에 관한 비유(눅 14:15-24; 마 22:1-14)에서 오직 누가만이 최근에 혼인한 것을 잔치에 참석하지 못하는 변명으로 언급한다. 이러한 본문들은 모두 성적인 관계의 포기, 금욕주의에 대한 좀더 큰 강조의 일부로서의 성적 금욕에 대한 누가의 특별한 강조를 반영하고 있다(Cadbury, *Luke-Acts*, 264-65, 272; Pervo, *Profit*, 127,

181-82 n. 79).

(4) 성적 금욕은 흔히 육신적인 몸의 필요와 충동에 대한 부정(否定)을 통해서 좀더 영적인 형태의 실존을 추구한 금욕 프로그램의 일환으로 여겨졌다. 필로는 데라퓨타이파 가운데서 독신 생활을 포함한 금욕적인 관행들이 행해졌다고 설명한다(*Vit. Cont.* 18, 32-33, 68-69, 83ff.). 마태복음 19:12에 의하면, 세 가지 유형의 고자가 있다. (1) 나면서부터 고자 된 사람들(즉 정상적인 성적 기관들을 지니지 않은 채로 태어난 경우), (2) 사람들에 의해서 고자로 만들어진 자들(즉 거세된 자들), (3) "하나님의 나라를 위하여 스스로 고자가 된" 자들(즉 스스로 거세한 자들 또는 자발적으로 독신 생활을 선택한 자들). J. Blinzler, "*Εἰσὶν εὐνοῦχοι*: Zur Auslegung von Mt. 19,12," *ZNW* 48(1957) 254-70를 보라. 혼인을 하지 않고 독신으로 산 랍비였던 벤 앗자이(Ben Azzai)는 자신의 영혼이 토라와 하나가 되었기 때문에 혼인을 할 수 없다고 주장했다고 한다(Str-B, 1:807). 아마도 바울도 자신의 사역과 "혼인했기" 때문에 결혼을 하지 않은 것으로 보인다(고전 9:5; 참조. 7:33-34). 집과 가족을 버리는 것에 관한 예수의 말씀 속에서(막 10:28-30=마 19:27-29=눅 18:28-30; *Ap. James* 4:1), 오직 누가만이 자신의 아내를 버리는 것에 관하여 언급한다(29절). 누가복음 14:26에 나오는 그러한 말씀의 소극적 판본 속에서 아내를 미워하는 것이 제자도를 위한 판별 기준으로서 다른 가족 구성원들을 미워하는 것과 아울러서 언급된다. 마찬가지로, 부활에 관한 질문의 누가복음 판본(막 12:18-27=마 22:23-33=눅 20:27-40)은 장차 도래할 세상과 부활을 얻기에 합당하게 여겨질 자들에게는 독신 생활이 적절하다는 것을 강조한다(20:34-36; Aune, "Luke 20:34-36," 187-202를 보라). 고린도전서 7:1에서 바울은 남자가 여자를 가까이 하지 않는 것이 좋다고 권면하는데, 이것은 종말이 가깝다는 것을 근거로 해서 제시된 권면이다(고전 7:29-31). 즉 독신 생활은 종말론적인 동기를 지닌다. 클레멘트1서 35:1-2에 의하면, 하나님의 은사들 중의 하나는 "거룩함 안에서의 금욕"(*ἐγκράτεια ἐν ἁγιασμῷ* – 엥크라테이아 엔 하기아스모; 참조. *1 Clem.* 38:2)이다. 엥크라테이아(*ἐγκράτεια*)는 주후 2세기의 기독교에서 점점 더 강조되기 시작한다(딤전 4:3; Ign. *Pol.* 5:2; *2 Clem.* 15:1; Hermas *Vis.* 1.2.4; 3.8.4; Justin *1 Apol.* 15.6; Athenagoras *Legatio* 33.1; Tatian, Marcion, Saturninus는 독신을 강조했다; Eusebius *Hist. eccl.* 4.29.3; Tertullian *Ad uxorem* 1.3-4; *De exhort. cast.* 9-10; Minucius Felix *Oct.* 31를 보라).

(5) 이스라엘 제의 속에서 제사장들이 제사에 참여하기 위해서는 일시적으로 성적인 금욕이 요구되었다(출 19:10-15; Jos. *J. W.* 5.227). CDa 12:1-2(참조. 4Q*268* =4QDc 3 i 17)에서는 제사장의 일시적인 독신 생활에 대한 규정들은 성전 자체로부터 확대되어 예루살렘 도성 전체를 포괄한다.

5 "그 입에 거짓말이 없고 흠이 없는 자들이더라"(*καὶ ἐν τῷ στόματι αὐτῶν*

οὐχ εὑρέθη ψεῦδος, ἄμωμοί εἰσιν – 카이 엔 토 스토마티 아우톤 우크 휴레데 프슈도스 아모모이 에이신). 이 문장들은 4a절의 "이 사람들은 여자로 더불어 더럽히지 아니하고 정절이 있는 자라"와 더불어서 수미쌍관법적 구조의 마지막 부분을 구성하는데, 이것은 4-5절이 짤막한 본문 단위라는 것을 보여 준다. 5절은 144,000명의 도덕적인 정결을 나타내고 있는 반면에, 4a절은 그들의 제의적 정결을 강조한다. 아모모이(*ἄμωμοι*, "흠이 없는")는 아파르케(*ἀπαρχή*, "처음 익은 열매")와 마찬가지로 희생 제사와 연관된 용어로서(Charles, 2:7), 4a절의 파르데노이(παρθένοι)라는 단어를 해석하면서 그것에 은유적인 의미를 부여하는 것으로 보인다(적절한 희생제물에 관한 묘사로서의 아모모스[*ἄμωμος*]에 대해서는 레 22:21; 벧전 1:19; 히 9:14을 보고, 암노스 아모모스[*ἀμνὸς ἄμωμος*, "흠 없는 어린양"] 또는 암노이 아모모이[*ἀμνοὶ ἄμωμοι*, "흠이 없는 어린양들"]라는 어구가 칠십인역에서 하나님께서 받으실 만한 희생 제물이라는 의미로 13번 가량 나온다는 것을 주목하라). "흠이 없는"이라는 용어는 그리스도인들에 대해서도 사용된다(빌 2:15; 골 1:22; 엡 1:4; 5:27).

"그 입에 거짓말이 없고"는 진실을 말한다는 것을 가리키는 셈어의 관용어구이고, 유대교에서는 이 도덕적인 가치를 소극적으로 표현하는 것을 선호하는 경향이 있었다. 이 표현은 윤리와 관련하여 상투적으로 사용된 어구인 것으로 보이지만, 이스라엘의 남은 자들에 관하여 카이 우 메 휴레데 엔 토 스토마티 아우톤 글로싸 돌리아(*καὶ οὐ μὴ εὑρεθῇ ἐν τῷ στόματι αὐτῶν γλῶσσα δολία*, "입에 궤휼한 혀가 없으며")라고 말하고 있는 스바냐 3:13에 의해서 영감을 받은 것일 수 있다. (하지만 이것은 저자가 144,000명을 이스라엘의 남은 자로 이해하고 있다는 것을 의미하지는 않는다.) 이 말씀이 여러 다양한 문맥들 속에서 상투적인 형태로 등장하는 것으로 보아서, 스바냐 3:13에 의존하고 있을 가능성은 별로 없는 것 같다. 이와 비슷한 말씀이 여호와의 종에 관하여 다음과 같이 말하고 있는 이사야 53:9(벧전 2:23과 클레멘트1서 16:10에 인용된)에서 발견된다: 우데 휴레데 돌로스 엔 토 스토마티 아우투(*οὐδὲ εὑρέθη δόλος ἐν τῷ στόματι αὐτοῦ*, "그 입에 궤사가 없었으나"). 이 말씀의 비슷한 형태들이 시편 31:2의 칠십인역 본문(MT 32:2)에서 축복문이라는 맥락 가운데 등장한다: 마카리오스 아네르 후 우 메 로기세타이 퀴리오스 하마르티안 우데 에스틴 엔 토 스토마티 아우투 돌로스(*μακάριος ἀνήρ, οὗ οὐ μὴ λογίσηται κύριος ἁμαρτίαν, οὐδὲ ἔστιν ἐν τῷ στόματι αὐτοῦ*[MT בְּרוּחוֹ – 베루호, "그의 영에"] *δόλος*, "마음에 간사가 없고 여호와께 정죄를 당치 않은 자는 복이 있도다"; 또한 유딧서 5:5: 카이 우크 엑셀류세타이 프슈도스 에크 투 스토마토스 투 둘루 수(*καὶ οὐκ ἐξελεύσεται ψεῦδος ἐκ τοῦ στόματος τοῦ δούλου σου*, "네 종의 입에서 거짓말이 나오지 않을 것이다"). 요한계시록에서 오직 여기에만 나오는 아모모스(*ἄμωμος*, "흠이 없는")라는 용어는 흠 없는 희생 제물(출 29:1; 레 1:3; 4:3; 5:15; 겔 43:22-23; Philo *Leg. All.* 1.50; 벧전 1:19에서 그리스도), 제의적인 정결의 상태 속에 있는 제사장(1 Macc 4:43), 한 걸음 더 나아가서 도덕적으로 흠이 없는, 즉 잘못이 없는 자(엡 1:4; 5:27; 골 1:22; 빌 2:15; Ign. *Trall.* 13:3)를 가리킬 수 있다.

구약성경 및 초기 유대교 문헌들 속에는 속임수와 협잡이라는 개념과 관련된 극히 많은 수의 어휘들이 존재했는데, 이것은 (우상 숭배, 살인, 성적인 음행과 더불어서) 거짓말이 주요한 악덕들 중의 하나로 여겨졌다는 것을 보여 주는 것이다 – 하지만 이율배반적으로 거짓 증언을 하지 말 것(출 20:16; 잠 21:28)과 위증을 하지 말라는 것(레 19:12)에 관한 명령들은 있지만, 구약성경에서 일반적으로 거짓말을 금하는 규정은 전혀 나오지 않는다. 구약에서 하나님은 진리와 연결되어 있고, 우상 숭배는 거짓말과 연결되어 있는데, 제2성전 시대 말에는 이것이 하나님을 진리와 결부시키고 사탄을 거짓말하는 것과 결부시키는 것으로 변형된다(1QS 4:9; 10:22; 딛 1:22; 요 8:41-47; 롬 3:4); *NIDNTT* 2:470-74를 보라.

6a "또 보니 다른 천사가 공중에 날아가는데"(*καὶ εἶδον ἄλλον ἄγγελον πετόμενον ἐν μεσουρανήματι* – 카이 에이돈 알론 앙겔론 페토메논 엔 메수라네마티). 카이 에이돈(*καὶ εἶδον*)에 관해서는 5:1에 대한 "주석"을 보라. 요한계시록 14장에 5번 나오는(6, 8, 15, 17, 18절) 알로스 앙겔로스(*ἄλλος ἄγγελος*, "다른 천사")라는 어구는 설명을 필요로 하는 문체상의 장치다. 왜냐하면 형용사 알로스(*ἄλλος*)가 가리킨다고 생각되는 앞서의 천사가 본문 속에서는 언급되어 있지 않기 때문이다(van Schaik, "*Ἄλλος ἄγγελος*," 217-28). 게다가 8절에 나오는 알로스 앙겔로스 듀테로스(*ἄλλος ἄγγελος δεύτερος*, "또 다른 천사, 두 번째")라는 어구는 여기 6절에 나오는 알로스 앙겔로스(*ἄλλος ἄγγελος*)가 이 일련의 천사들 중에서 첫 번째라는 것을 보여 준다. 요한계시록에서 "다른 천사"가 언급되고 있는 곳에서는 (예를 들어, 7:2; 8:3) 한 천사가 이미 앞에서 언급된 경우다(예를 들어, 7:1; 8:2). 바이스(J. Weiss)는 이 어구를 알론 아에톤(*ἄλλον ἀετόν*, "다른 독수리")으로 수정해서, 페토메누 엔 메수라네마티(*πετομένου ἐν μεσουρανήματι*, "공중에 날아가는데")로 묘사되고 있는 8:13의 독수리를 가리키는 것으로 이해해야 한다고

주장했다(*Offenbarung*, 96). 찰스(Charles, 2:12)는 알론 앙겔론(*ἄλλον ἄγγελον*) 이라는 어구를 "또 다른 자, 한 천사"라고 번역함으로써 이 문제를 해결할 수 있다고 주장하지만, 그의 주장은 설득력이 없다.

흥미로운 것은 이 대목이 유대교 또는 기독교 문헌들 속에서 천사(스랍들과 그룹들을 제외한)가 날아가는 것으로 묘사한 가장 오래된 언급이라는 것이다. 그룹들과 스랍들은 날개를 가지고 있어서 날아다니는 것으로 묘사되지만, 일반적으로 천사들은 그렇지 않다(대상 21:16은 단지 주의 천사가 하늘과 땅 사이에 서 있다고 말할 뿐, 천사가 날개를 가지고 있다거나 날아다니고 있다고 말하지는 않는다). 하지만 요한계시록 14:6에서조차도 날아다니는 천사는 반드시 날개를 지닌 것으로 묘사되지 않는다. 천사들(그리고 귀신들)이 날개를 지니고 있다고 분명하게 언급하고 있는 최초의 본문은 Tertullian *Apol.* 22.8에서 발견된다. 에녹1서 61:1은 천사들이 "날개들을 얻어서 날아다녔다"고 말한다(Knibb, *Enoch* 2:148) – 에녹 비유서(에녹1서 37-71장)는 주후 70년 이후의 저작일 테지만 말이다(Milik, *Enoch*, 95-96는 주후 270년으로 그 연대를 늦은 시기로 설정한다).

페토메논 엔 메수라네마티(*πετόμενον ἐν μεσουρανήματι*, "공중에 날아가는 데")라는 어구(8:13에 대한 "주석"을 보라)는 그 천사가 모든 사람들이 땅에서 보고 들을 수 있는 곳에 나타났다는 것을 의미한다(Masson, "L Evangile," 63-64). 왜냐하면 이 천사의 메시지는 모든 인간을 향한 것이었기 때문이다. 물론 이것은 지구가 구면체가 아니라 평평한 원반처럼 생겼다는 것을 전제한다. 아리스토텔레스는 지구가 구면체라고 생각했지만(*Cael.* 2.14; 298a), 고대인들은 통상적으로 지구가 델피 신전을 중심으로 해서 대양으로 둘러싸인 평평한 원반 모양을 하고 있다고 생각했거나(Herodotus 5.49) 또는 평평한 사각형 모양을 하고 있다고 생각했다(Ephorus of Cyme; Strabo 1.2.28). 이렇게 평평한 원반 모양처럼 생긴 지구라는 개념은 헬레니즘과 로마 시대에까지 이어졌다(*Anth. Graec.* 9.778[Gow-Page, *Greek Anthology* 1:300-301]). 8:13은 이 절의 복사판인데, 아래의 대조표를 보면 서로 병행되는 어구들이 분명하게 드러난다.

계 8:13	**계 14:6**
카이 에이돈(*καὶ εἶδον*) 내가 또 보고	카이 에이돈(*καὶ εἶδον*) 또 보니
카이 에쿠사(*καὶ ἤκουσα*)	

들으니

헤노스 아에투(*ἑνὸς ἀετοῦ*) 독수리가	알론 앙겔론(*ἄλλον ἄγγελον*) 다른 천사가
페토메누 엔 메수라네마티 (*πετομένου ἐν μεσουρανήματι*) 공중에 날아가는	페토메논 엔 메수라네마티 (*πετόμενον ἐν μεσουρανήματι*) 공중에 날아가는데
	에콘타 유앙겔리온 아이오니온 (*ἔχοντα εὐαγγέλιον αἰώνιον*) 영원한 복음을 가졌더라
	유앙겔리사이(*εὐαγγελίσαι*) 전할
레곤토스 포네 메갈레 (*λέγοντος φωνῇ μεγάλῃ*) 큰소리로 이르되	
우아이 우아이 우아이 (*οὐαὶ οὐαὶ οὐαὶ*) 화, 화, 화가 있으리로다	
투스 카토이쿤타스 에피 테스 게스 (*τοὺς κατοικοῦντας ἐπὶ τῆς γῆς*) 땅에 거하는 자들에게	에피 투스 카데메누스 에피 테스 게스 (*ἐπὶ τοὺς καθημένους ἐπὶ τῆς γῆς*) 땅에 거하는 자들에게

6b "땅에 거하는 자들 곧 여러 나라와 족속과 방언과 백성에게 전할 영원한 복음을 가졌더라"(*ἔχοντα εὐαγγέλιον αἰώνιον εὐαγγελίσαι ἐπὶ τοὺς καθημένους ἐπὶ τῆς γῆς καὶ ἐπὶ πᾶν ἔθνος καὶ φυλὴν καὶ γλῶσσαν καὶ λαόν* – 에콘타 유앙겔리온 아이오니온 유앙겔리사이 에피 투스 카데메누스 에피 테스 게스 카이 에피 판 에드노스 카이 퓔렌 카이 글로싼 카이 라온). 유앙겔리온(*εὐαγγέλιον*, "복음")이라는 명사는 신약성경에는 자주 등장하지만 요한계시록에서는 오직 여기에만 나온다. 하지만 이 용례는 독특하다. 왜냐하면 유앙겔리온(*εὐαγγέλιον*)이 통상적으로 정관사와 함께 사용되는 것과는 달리(잘 알려진 것, 즉 메시아이신 예수의 죽음과 부활을 통한 구원에 관한 복음의 선포를 가리키기 위하여), 여기에서 이 단

어는 신약에서는 유일하게 정관사가 없는 형태로 사용되고 있기 때문이다. 능동형 동사인 유앙겔리제인(*εὐαγγελίζειν*, "전하다")은 요한계시록에서 오직 2번 나오는데, 이 곳과 10:7에 나온다. 이 두 본문은 신약성경에서 능동형 동사인 유앙겔리제인(*εὐαγγελίζειν*)이 나오는 유일한 대목들이다. 이 능동형 동사는 드물게 사용되기 때문에 칠십인역에서는 오직 2번 나오고(1 Kgdms 13:9과 2 Kgdms 18:19), 사도행전 16:17의 이독(Codex Bezae)에서 나오며, 통속 헬라어에서는 주후 2세기 초에 처음으로 등장한다. 반면에, 중간태 동사인 유앙겔리제스다이(*εὐαγγελίζεσθαι*)는 신약성경에서 52번 사용된다. 요한의 나머지 글들 속에는 유앙겔(*εὐαγγελ-*)로 시작되는 단어들이 전혀 나오지 않는다. 이 유앙겔리온(*εὐαγγέλιον*)의 내용은 7절에 주어져 있다. 그것은 임박한 심판이라는 맥락 속에서 하늘과 땅을 창조하신 하나님께로 회개하고 돌아오라는 호소다(8절). 주목할 만한 것은 유앙겔리제인 유앙겔리온(*εὐαγγελίζειν εὐαγγέλιον*, "복음을 전하다")이라는 어구의 이러한 용법은 예수의 죽음과 부활에 관한 복음 메시지를 가리키는 이 용어의 기독교적인 특수 용법(바울 서신들에서 가장 먼저 발견되는)과는 거의 공통점이 없다는 것이다.

이 어휘와 관련된 사전적인 중요한 문제점은 유앙겔리제인(*εὐαγγελίζειν*)이 "좋은 소식을 전하다"를 의미하고(Louw-Nida, § 33.215) 거기에서 파생된 단어인 유앙겔리온(*εὐαγγέλιον*)이 "좋은 소식"을 의미하는 것인지(Louw-Nida, § 33.17), 아니면 이 두 단어(칠십인역에서 *εὐαγγελ-*이라는 어원에서 나온 단어들로 일관되게 번역되는 히브리어 단어들인 바사르[בשר] 및 베소라[בשורה]와 마찬가지로)가 "중립적인"(즉 이 동사는 "[긍정적 또는 부정적] 메시지를 선포하다"를 의미하고, 이 명사는 "[긍정적 또는 부정적] 메시지"를 의미한다는 것[KB, 1:165; *TDOT* 2:313-15]) 것인지에 관한 것이다. 이상한 일은 아니지만, 유앙겔(εὐαγγελ-)로 시작되는 단어들에 관한 최근의 사전적 연구들은 이 단어들이 긍정적인 경향을 보여준다는 것, 즉 좋은 소식을 가리킨다는 것을 입증해 주고 있다(Horsley, *New Docs* 3:11-15).

반샤이크(A. P. van Schaik, "*Ἄλλος ἄγγελος*", 219-21)는 이사야 40:9-10과 52:7-9에 나오는 두 장면이 요한계시록 14:1-5을 위한 모델 역할을 했고, 14:6에 나오는 유앙겔리제인(*εὐαγγελίζειν*)이라는 단어는 이사야 40:9(2번)과 52:7(2번)의 칠십인역 본문 속에 나오는 유앙겔리제스다이(*εὐαγγελίζεσθαι*)로부터 유래한 것이기 때문에 14:1-5과 14:6-7이 서로 연결되고 있다고 주장했다. 명사 유앙겔리온(*εὐαγγέλιον*)은 관사가 붙어 있지 않기 때문에 "그 복음"이 아니라 "하나의 메시지"를 가리킨다(Bousset[1906] 383; Lohse, 85). 10:7에 나오는 동사 유앙겔리제인(*εὐαγγελίζειν*)의 용법에 대해서도 동일한 설명이 적용된다(10:7에 대한 "주석"을 보라).

슈툴마허(Stuhlmacher)는 유앙겔리온(*εὐαγγέλιον*)과 유앙겔리제인(*εὐαγγελίζειν*)의 바울 이전의 기독교적인 용법은 초기 팔레스타인의 유대 그리스도인 공동체로 소급될 수 있다고 주장했다. 이러한 용례의 예들은 요한계시록 10:7; 14:6에 나오고(*Evangelium*, 1:210-18; Zondervan, *TT* 43[1914] 200-201), 신약성경의 몇몇 다른 본문들, 즉 마태복음 4:23; 9:35; 11:5=누가복음 7:22; 마태복음 16:13; 24:14; 마가복음 1:14(*Evangelium*, 209-44)에도 나온다. 하지만 이러한 주장은 몇 가지 이유로 인해서 의심스럽다. (1) 요한계시록 10:7; 14:6에 나오는 유앙겔리제인(*εὐαγγελίζειν*)과 유앙겔리온(*εὐαγγέλιον*)의 의미들은 유대 묵시문학이라는 관점으로부터 온전히 설명이 가능하다. (2) 이 용어들은 바울의 용례들과는 의미론상으로 아무런 연관 관계를 가지고 있지 않다. (3) 이 용어들은 요한계시록의 후기 편집층에 속한 것으로서, 초기 기독교 전승을 위한 증거가 되지 못한다(Strecker, "Evangelium," 515-17; id., "*εὐαγγέλιον*", *EDNT* 2:74; followed by Frankmölle, *Evangelium*, 122-23, 130).

칠십인역은 세 글자로 된 어간인 바사르(בשׂר)에 토대를 둔 용어들을 번역하는데 오로지 유앙겔(*εὐαγγελ-*)로 시작되는 단어들을 사용했다. 구약에 6번 나오는(삼하 4:10; 18:20, 22, 25, 27; 왕하 7:9) 베소라(בשׂורה, "메시지")라는 단어는 언제나 칠십인역에서 유앙겔리온(*εὐαγγέλιον*)으로 번역된다. 유앙겔리제인 유앙겔리온(*εὐαγγελίζειν εὐαγγέλιον*, "메시지를 전하다")이라는 어구 속에서 동족목적어로 유앙겔리온(*εὐαγγελίζειν*)이 사용되고 있는 것은 슈툴마허가 "번역 헬라어"라고 지칭했던(*Evangelium*, 213-14) 것으로서, 히브리어 어구인 베사르 베소라(בשׂר בשׂורה; 구약성경에서는 확인되지 않는)와 상응하는 것으로 보인다. 14:6b에서 천사는 선포하는 자로 등장하고, 유앙겔리온(*εὐαγγέλιον*)은 영원한 것으로 규정된다. 즉 그 메시지는 언제나 존재해 왔고, 앞으로도 언제나 유효할 것이다.

초기 기독교와 유대교 문헌들에 나오는 몇몇 본문들에서 동사 유앙겔리사스다이(*εὐαγγελίσασθαι*)는 선포하는 자로서의 천사와 관련하여 사용된다(*Ant.* 5.282; 눅 1:19; 2:10; 갈 1:8-9; Stuhlmacher, *Evangelium*, 212-13를 보라). 요한계시록 14:6-7에서 선포자로서의 천사와 관련하여, 예레미야스(Jeremias)는 선포자로서의 천사는 예수에게 돌려질 수 있는 원래 독립적이었던 말씀들인 마태복음

24:14 = 마가복음 13:10("복음이 먼저 만국에 전파되어야 할 것이니라")에서 전제되고 있다고 주장했다. 원래 마태복음 24:14=마가복음 13:10은 이방 선교를 배경으로 하고 있었던 것이 아니라(현재의 맥락 속에서와는 달리), 종말에 있을 하나님의 승리를 천사가 선포하는 것에 관한 것이었다고 그는 주장한다(Joachim Jeremias, *Jesus' Promise*, 22-23, 69). 하지만 이러한 본문들 속에서 선포하는 자들로 나오는 존재들은 명시적으로 그 정체가 밝혀져 있지 않기 때문에 그들이 천사들이었다고 주장하는 것은 별로 신빙성이 없다.

유앙겔리온 아이오니온(*εὐαγγέλιον αἰώνιον*, "영원한 복음")이라는 어구는 몇 가지 방식으로 해석되어 왔다. 형용사 아이오니오스(*αἰώνιος*: 요한계시록에서는 오직 여기에만 나온다)는 유앙겔리온(*εὐαγγέλιον*)의 이례적인 성격을 강조하고, 그 선포의 영속적인 유효성, 그 선포에 권세를 부여한 영원한 하나님만큼이나 영속적인 것을 가리킨다("불멸의 왕[*ἀθανάτου βασιλῆος* – 아다나투 바실레오스]의 매우 큰 나라"를 언급하는 *Sib. Or.* 3.47-48를 참조하라). 문맥은 이 메시지가 순전히 종말론적인 것임을 보여 준다. 즉 이 메시지는 세상의 임박한 종말과 하나님의 심판이라는 견지에서 회개와 회심이 꼭 필요하다는 것을 선포한다. 세르포(Cerfaux)는 지나가는 말로 이 어구가 이른바 황제 숭배 제의에 관한 복음에 대한 항의로 만들어진 것으로서, 그 황제 숭배에 관한 복음이 오직 잠정적인 의미만을 지닌다는 것을 보여 준다고 주장한다(*ETL* 39[1963] 673).

병행 어구인 아다나톤 케뤼그마(*ἀθάνατον κήρυγμα*, "불멸의 선포")는 안티오쿠스 1세의 금석문을 위한 명칭으로 사용되었는데(M. Guarducci, *Epigrafia Graeca* [Rome: Istituto Poligrafico dello Stato, 1969] 2:425-29, line 12), 덴커(Danker)는 이것을 공문서 문체의 한 예라고 생각한다(*Benefactor*, 253). 이와 비슷한 어구인 토 히에론 카이 아프다르톤 케뤼그마(*τὸ ἱερὸν καὶ ἄφθαρτον κήρυγμα*, "거룩하고 쇠하지 않는 선포")가 마가복음의 소위 짧은 결말 속에서 복음을 가리키는 표현으로 사용된다. 이 어구의 출처일 가능성이 있는 본문은 시편 96:2b의 "그 구원을 날마다 선포할지어다"(MT בשרו מיום־ליום ישועתו – 벳세루 미욤 레욤 예슈아토; LXX[95:2b] *εὐαγγελίζεσθε ἡμέραν ἐξ ἡμέρας τὸ σωτήριον αὐτοῦ* – 유앙겔리제스데 헤메란 엑스 헤메라스 토 소테리온 아우투)인데, 이것을 저자는 유앙겔리온 아이오니온(*εὐαγγέλιον αἰώνιον*)으로 번역했을 것이다(Bauckham, "Conversion," 286-89). 이러한 간접 인용의 가능성이 있는 것은 시편 96:3a(LXX 95:3a)이 계속해서 "그 영광을 열방[*ἔθνεσιν*] 중에, 그 기이한 행적을 만민[*λαοῖς*] 중에 선포할

지어다"라고 말하고 있고, "영원한 복음"은 명시적으로 "여러 나라와 족속과 방언과 백성"(14:6)에게 선포되고 있기 때문이다.

천사가 이 땅의 모든 사람들에게 말하고 있다는 것은 두 개의 병행적인 어구로 표현된다. 첫 번째 어구인 호이 카데메노이 에피 테스 게스(*οἱ καθήμενοι ἐπὶ τῆς γῆς*, "땅에 거하는 자들")는 호이 카토이쿤테스 텐 겐(*οἱ κατοικοῦντες τὴν γῆν*; LXX 렘 1:14; 4:7[*var. lect.*]; 6:12; 10:18; 13:13; 29:2[MT 47:2])이라는 표현과 더불어서 칠십인역 예레미야 32:29, 30[MT 25:29, 30](참조. 51:13, 26[MT 44:13, 26])에서 발견되는데, 이것은 이 두 표현이 실질적으로 동일하다는 것을 보여 준다. 두 번째 어구인 판 에드노스 카이 퓔렌 카이 글로싼 카이 라온(*πᾶν ἔθνος καὶ φυλὴν καὶ γλῶσσαν καὶ λαόν*, "여러 나라와 족속과 방언과 백성")은 요한계시록에서 여러 가지 변형된 모습으로 자주 등장한다(5:9에 대한 "주석"을 보라). 이렇게 복음의 선포를 모든 사람들이 듣는다는 점에서, 요한계시록 14:6-7에 대한 병행문으로 자주 인용되는 본문은 마태복음 24:14, "이 천국 복음이 모든 민족에게 증거되기 위하여 온 세상에 전파되리니 그제야 끝이 오리라"(참조. 막 13:10)이다. 임박한 하나님의 종말론적인 심판에 비추어서 사람들에게 회개하라고 호소하는 메시지의 선포가 명확하게 보편성을 지니고 있다는 것은 오직 특정한 민족 집단, 통상적으로는 유대인들의 남은 자만이 세상에서의 하나님의 구원 사역의 대상이라고 말하는 유대교의 묵시문학 속에 내재하는 통상적인 국수주의와 반대된다(*Pss. Sol.* 17-18; *2 Apoc. Bar.* 53-57; 4 Ezra 10-13; *Apoc. Abr.* 21-32). 요한계시록의 저자는 유대인이든 이교도이든 종교적인 민족주의를 옹호하기를 거부하고, 사람들을 오직 어린양에 대한 신실함(계 7:9-10, 14, 17; 12:11; 13:16-17; 14:1, 4-5; 19:6-8) 또는 회개하지 않고 짐승을 좇는 것(9:20-21; 13:3-4, 8, 16-17; 14:9-11; 20:15)이라는 관점에서만 분류한다.

7a "그가 큰 음성으로 가로되 하나님을 두려워하며 그에게 영광을 돌리라"(*λέγων ἐν φωνῇ μεγάλῃ, φοβήθητε τὸν θεὸν καὶ δότε αὐτῷ δόξαν* – 레곤 엔 포네 메갈레 포베데테 톤 데온 카이 도테 아우토 독산). 하늘과 땅을 창조하신 참 하나님을 경배하도록 초청하는 것(7절)은 신명기 10:12-15에서 발견되는 주제로서 세 번째 계명을 적극적으로 표현한 것으로 해석될 수 있다(출 20:4-6). 이 어구는 천사가 선포한 메세지(*εὐαγγέλιον* – 유앙겔리온)의 내용을 설명한다. 즉 그것은 하나님의 심판이 도래했다는 것을 근거로 회개를 촉구하는 것이다(7b절). 11:13에서 멸망을 피한 도성의 거민들의 회심은 이와 비슷한 언어로 묘사된다: 카이 에도칸 독

산 토 데오 투 우라누(*καὶ ἔδωκαν δόξαν τῷ θεῷ τοῦ οὐρανοῦ*, "두려워하여 영광을 하늘의 하나님께 돌리더라": 11:13에 대한 "주석"을 보라). 이것은 초기 기독교의 복음이 아니라 헬레니즘적인 유대교에 의해 선포되었고 초기 기독교에 의해 계승된 메시지로서, 이것의 반영들이 신약성경 속에서 발견된다(살전 1:9-10; 행 14:15-17; 17:22-31).

이 절은 네 개의 핵심적인 단어를 포함하고 있다: 포베인(*φοβεῖν*, "두려워하다"), 독사(*δόξα*, "영광"), 크리시스(*κρίσις*, "심판"), 프로스퀴네인(*προσκυνεῖν*, "경배하다"). 이 단어들이 나란히 사용되고 있다는 것은 저자가 시편 96편과 아울러서 역대상 16:8-36의 칠십인역 본문을 활용하고 있다는 것을 보여 준다(Altink, *AUSS* 24 [1986] 187-96). 좀더 정확하게는 "하나님에 대한 외경" 또는 "하나님에 대한 존경"으로 번역되는 "하나님을 두려워함"(*φόβος τοῦ θεοῦ* – 포보스 투 데우)이라는 개념은 구약에서 자주 발견되는 개념으로서, 사람들이 하나님의 권세에 대하여 마땅히 가져야 하고, 그들로 하여금 그분의 명령들을 지킬 수 있게 해주는 경외감을 가리킨다(창 22:12; 렘 32:40; 시 111:10; 잠 8:13; *T. Reub.* 4:1; *T. Levi* 13:1; *T. Sim.* 3:4; 행 9:31). "하나님을 두려워함" 또는 "주를 두려워함"이라는 어구는 흔히 참 신앙과 동의어로 사용된다(시 34:11). 포부메노이 톤 데온(*φοβούμενοι τὸν θεόν*) 또는 세보메노이 톤 데온(*σεβόμενοι τὸν θεόν*, "하나님을 경외하는 자들")이라는 어구는 누가복음과 사도행전에서 유대교를 신봉하게 된 이교도들을 가리키는 전문용어다(행 10:2, 22; 13:16, 26).

7b "이는 그의 심판하실 시간이 이르렀음이니"(*ὅτι ἦλθεν ἡ ὥρα τῆς κρίσεως αὐτοῦ* – 호티 엘덴 헤 오라 테스 크리세오스 아우투). 7a절에서 회심의 촉구가 지닌 절박성은 세상에 대한 하나님의 심판의 날이 이미 도래했다는 것을 함축하고 있다. 물론 단순과거 동사인 엘덴(*ἦλθεν*, "이르렀다")은 분명히 예변법적인(proleptic) 또는 선취적인 의미로 사용되고 있지만 말이다. 이 어구를 둘러싼 해석상의 주된 문제점은 하나님의 종말론적인 심판이 사실상 도래했다면 어떻게 회개 또는 회심이 실제적인 가능성으로 여전히 존재하는가라는 것이다. 구약이나 신약에 나오는 그 밖의 다른 회개하라는 권면은 종말론적인 심판이 이미 도래했다는 것을 전제하고 있지 않다. 물론 마가복음 1:15에서 예수는 하나님 나라가 "도래하였기" 또는 "가까이 왔기"(*ἤγγικεν* – 엥기켄) 때문에 회개해야 한다고 요구하고 계신다(이 어구에 대한 해석들의 개관은 Guelich, *Mark*, 43-44를 보라). 단순과거 동사인 엘덴(*ἦλθεν*)이 여기에서 "확신의 완료"(*perfectum confidentiae*), 즉 예언적 완료로 사

용되었을 수 있지만(14:8a절에 대한 "주석"을 보라), 그것은 이러한 문제점을 실제로 해결해 주지는 못한다. 단순과거 동사인 엘덴(*ἦλθεν*)은 여기에서 완료적인 의미로 사용되고 있을 가능성이 많다(Mussies, *Morphology*, 339; 참조. Turner, *Syntax*, 72). 즉 강조점은 종말론적인 심판의 도래가 지닌 지속적인 함의들에 두어지고 있다.

엘덴(*ἦλθεν*)은 요한계시록의 다른 곳에서 여러 번 종말론적인 심판이라는 맥락 가운데 사용된다. (1) 6:17, "진노의 큰 날이 이르렀으니[*ἦλθεν*]"(여섯 번째 봉인이 개봉되면서 쏟아져 나온 역병들을 겪는 자들이 집단으로 괴로워하며 울부짖는 가운데 하는 말의 일부). (2) 11:18, 카이 엘덴 헤 오르게 수(*καὶ ἦλθεν ἡ ὀργή σου*, "주의 진노가 임하여"; 일곱 번째 나팔이 불어진 후에 이십사 장로가 부르는 찬송의 일부). (3) 18:10, 미아 호라 엘덴 헤 크리시스 수(*μιᾷ ὥρᾳ ἦλθεν ἡ κρίσις σου*, "일시간에 네 심판이 이르렀다"; 바벨론의 갑작스러운 멸망에 충격을 받아서 땅의 왕들이 집단적으로 내뱉는 말의 일부). (4) 14:15, 엘덴 헤 오라 데리사이(*ἦλθεν ἡ ὥρα θερίσαι*, "거둘 때가 이르러"; 이 땅에서 추수를 해야 할 이유를 제시하는 천사의 말 중의 일부).

명사 크리시스(*κρίσις*, "심판")는 요한계시록에 나오는 4번의 용례 중에서 처음으로 여기에 나온다(또한 16:7; 18:10; 19:2을 보라). 이 명사에 관사가 함께 사용되고 있다는 것은 그것이 초기 유대교와 기독교의 종말론적 기대의 아주 중요한 일부였던 최후의 심판의 날을 가리키고 있다는 것을 의미한다(아래 열거된 본문들을 보라). 유대교 및 기독교의 종말론적인 전승들 속에서 "심판하실 시간"이라는 어구는 드물게 사용되고, 마찬가지로 최후의 종말론적인 심판을 가리키는 이와 비슷한 어구인 헤 헤메라 테스 크리세오스(*ἡ ἡμέρα τῆς κρίσεως*, "심판의 날")는 자주 등장한다(히브리어에서 이 어구에 해당하는 표현인 욤 함미쉬파트[יום המשפט]는 사해 두루마리들 속에 나온다): 1QpHab 12:14; 13:2; 1QpMic 10:6-7; Jdt 16:17; *Frag. Jub.* 3:9; 10:7 (Denis, *Fragmenta*, 77, 86); *Jub.* 24:30; *Apoc. Adam* 12:2; 26; 4; *T. Levi* 1:1; *1 Enoch* 10:12; 16:1; 19:1; 22:4, 13; 27:3, 4; 100:4; 104:5; 참조. 97:3; 98:8; 4 Ezra 7:38 (*die iudicii*), 102, 104, 113; 12:34; *Gk Ap. Ezra* 2:27, 29; *3 Apoc. Bar.* 1:7; 또한 *1 Enoch* 10:6; 19:1; 22:11; 84:4; 94:9; 98:10; 99:15; 마 10:15; 11:22, 24; 12:36; 벧후 2:9; 3:7; 요일 4:17에 나오는 심판의 날 또는 심판의 큰 날; *Gk Ap. Ezra* 7:11에 나오는 그의 심판의 날을 참조하라(Volz, *Eschatologie*, 272-309를 보라).

7c "하늘과 땅과 바다와 물들의 근원을 만드신 이를 경배하라"(*καὶ προσκυνήσατε τῷ ποιήσαντι τὸν οὐρανὸν καὶ τὴν γῆν καὶ θάλασσαν καὶ πηγὰς ὑδάτων* – 카이 프로스퀴네사테 토 포이에산티 톤 우라논 카이 텐 겐 카이 달라싼 카이 페가스 휘다톤). "하늘과 땅을 만드신 이"라는 하나님을 가리키는 칭호는 요한계시록에서는 오직 여기에만 나오지만, 구약성경에서는 하나님을 가리킬 때 자주 사용된 칭호였고(창 1:1; 14:18, 22; 왕하 19:15; 대하 2:12; 사 37:16; 시 115:15; 121:2; 124:8; 134:3; 146:6; *Pr. Man.* 2; *Paral. Jer.* 5:32를 보라), 초기 기독교에서도 종종 사용되었다(행 4:24; 14:15; 참조. 17:24). 마찬가지로, 하나님을 "하늘과 땅의 하나님"(창 24:3; 스 5:11) 또는 "하늘과 땅의 주님"(마 11:25=눅 10:21; 행 17:24)이라고 부를 때 만유에 대한 하나님의 주권이 강조된다. 세 부분으로 이루어진 두 층의 우주를 묘사하는 하나님의 별칭인 "하늘과 땅과 바다를 만드신 이"에 관해서는 5:3, 13; 10:6에 대한 "주석"을 보라.

"바다와 물들의 근원"은 우주의 한 부분이다. 왜냐하면 고대인들은 바다, 강들, 샘들이 모두 지하에 있는 대양에 의해서 공급된다고 생각했기 때문이다(욥 38:16; Stadelmann, *World*, 154-64). 문자적으로 "물의 근원들"을 의미하는 페가스 휘다톤(*πηγὰς ὑδάτων*)이라는 어구(이와 동일한 어구가 8:3에 나온다)는 지표 아래로부터 흘러 나와서 저수지들로 흘러 들어가는 물의 근원들을 가리키는 것이기 때문에 사람들에 의해서 만들어진 샘들 및 우물들과 구별되어야 한다(Louw-Nida, § 1.79). 믿을 만한 물의 근원들은 도시 지역에서 중요했기 때문에, 여행 안내자였던 파우사니아스(Pausanias, 주후 2세기)는 폴리스(*πόλις*, 도시 국가)를 정부 관리들, 경기장, 극장, 시장, 수로를 통해서 샘으로 흘러 들어가는 물로 이루어졌다고 정의했다(10.4.1).

8a "또 다른 천사 곧 둘째가 그 뒤를 따라 말하되 무너졌도다 무너졌도다 큰 성 바벨론이여"(*καὶ ἄλλος ἄγγελος δεύτερος ἠκολούθησεν λέγων, ἔπεσεν ἔπεσεν Βαβυλὼν ἡ μεγάλη* – 카이 알로스 앙겔로스 듀테로스 에콜루데센 레곤 에페센 에페센 바빌론 헤 메갈레). ("또 다른 천사"라는 어구에 관해서는 6절에 대한 "주석"을 보라.) 천사가 선포한 메시지는 18:2b에 동일한 단어들을 사용한 병행문을 가지고 있기 때문에 아마도 이 절은 거기로부터 유래한 것 같다(많은 점들에서 계 14장은 요한계시록의 여러 부분에서 내용들을 가져와 짜깁기한 것이다; 14:1-20에 대한 "양식/구조/배경", II. 문학적 분석을 보라). 이 절은 분명히 예레미야 51:7-8(LXX 28:7-8)에 대한 간접 인용을 포함하고 있지만, 동사 에페센(*ἔπεσεν*)

을 2번 사용하고 있는 것은 이사야 21:9의 칠십인역 본문(B사본은 *πέπτωκεν πέπτωκεν Βαβυλών*–펩토켄 펩토켄 바뷜론으로 되어 있다)의 영향을 보여 준다(Wolff, *Jeremia*, 167). 이것은 히브리어 나플라 나플라 바벨(נָפְלָה נָפְלָה בָּבֶל, "무너졌도다 무너졌도다 바벨론이여")을 문자 그대로 직역한 것이다. 단순과거 동사들인 에페센 에페센(*ἔπεσεν ἔπεσεν*, "무너졌도다 무너졌도다")은 화자의 관점에서 볼 때 아직 일어나지 않은 사건인 바벨론-로마의 멸망이 확실하다는 것을 강조해 준다(이런 식의 표현은 18:2에도 나온다). 란셀로티(Lancellotti, *Sintassi Ebraica*, 42)는 이러한 단순과거형들을 "예변법적인" 단순과거라고 지칭한다. 즉 단순과거의 이러한 용법은 "확신의 완료"(*perfectum confidentiae*) 또는 "예언적 완료"(*perfectum propheticum*)라는 용법으로서, 여기에서는 미래의 사건이 마치 그것이 이미 일어난 것처럼 과거 시제로 표현된다(*GKC* § 106n; Mussies, *Morphology*, 338). 구약에서 "예언적 완료"의 사용에 대해 유스티누스는 *1 Apol.* 26:1에서 이렇게 설명한다. "장차 일어날 것을 완전히 알고 있는 것들을 그[구약의 선지자]는 마치 그 일들이 이미 일어난 것처럼 말한다." 로마에 대한 상징적 이름인 바벨론은 요한계시록에서 6번 나오는데(16:19; 17:6; 18:2, 10, 21), 여기에서 최초로 나온다. 바벨론과 로마는 세계 제국들의 중심지였고 예루살렘을 함락시켜 성전을 파괴했다는 점에서 서로 비슷하다. "영원한 도성"(*urbs aeterna*)–로마를 가리킬 때 사용되었던 호칭–의 멸망은 로마인들로서는 거의 상상하기가 힘든 일이었을 것이다(주후 410년에 고트인들이 로마를 습격하는 일이 발생하자, 아우구스티누스는 옛 제의를 기독교 종교로 대체한 것 때문에 이러한 재앙이 일어났다고 말한 이교도들에게 답변하기 위하여 주후 413-26년에 『하나님의 도성』이라는 책을 서둘러 저술했다). 로마에 대한 암호명으로서 "바벨론"이라는 용어는 유대교의 묵시문학 속에 종종 등장한다. 하지만 이 용어의 모든 용례들이 예루살렘이 디도(Titus)에게 멸망당했던 해인 주후 70년 이후의 문헌들 속에 나오기 때문에 많은 학자들은 바벨론과 로마를 동일시하는 것은 주후 70년 이전에는 생겨나지 않았고, 따라서 요한계시록은 주후 70년 이후에 쓰여졌음에 틀림없다고 주장해 왔다(Yarbro Collins, *Crisis and Catharsis*, 57-58). 주후 80년경에 쓰여진 베드로전서 5:13은 로마를 가리키는 암호명으로 "바벨론"을 최초로 사용한 본문인 것으로 보이고, 유세비우스(*Hist. eccl.* 2.15.2)는 클레멘트가 로마를 이렇게 불렀다고 말하고 있으며, 이러한 동일시는 소문자 사본 2138에서 바뷜론(*Βαβυλών*)을 로메(*Ῥώμη*)로 대체한 것, 다른 두 소문자 사본들에서 엔 로메(*ἐν Ῥώμῃ*)를 첨가한 것 속에 반영되어 있다. 베드로전서 5:13에서

"바벨론"은 저자가 있는 곳이고, 이 서신의 수신자들인 "흩어진 자들"(벧전 1:1)이 있는 곳이기도 하다. 베드로전서에는 "바벨론"에 대한 반감이 표현되어 있지 않기 때문에 "바벨론"은 일차적으로 "포로생활 중에 있는 자들"을 의미하고, 로마를 가리키는 경멸적인 암호명이 아니다(Souza Nogueira, "Widerstand," 154-55). 베드로전서에서 "바벨론"의 사용을 위한 모델이 되었던 것들은 예레미야 29:1-23(LXX 36:1-23)과 *2 Apoc. Bar.* 78-87에 나오는 바벨론에 있는 포로 된 자들에게 보내질 예정이었던 예레미야의 서신들이다. 에스라4서와 제2바룩 묵시록의 허구적인 배경은 저자가 로마와 동일시하고 있는 바벨론이다. 물론 이 저작들은 각각 주후 1세기 말과 2세기 초에 기록된 것이지만 말이다(4 Ezra 3:1-2, 28-31; 16:44, 46; *2 Apoc. Bar.* 10:2; 11:1; 67:7).

바벨론과 로마를 비교하고 있는 것은 암묵적으로 주전 587년에 바벨론이 예루살렘을 정복한 것과 주후 70년에 로마가 예루살렘을 정복한 것의 유사성에 그 토대를 두고 있다. 이 두 비극적인 사건을 암묵적으로 비교하고 있는 동일한 허구적 관점은 주후 2세기 초에 쓰여진 것으로 보이는 *Paraleipomena Jeremiou*(바룩4서)에서도 발견된다(Nickelsburg, *Jewish Literature*, 315). 로마를 가리키는 암호명으로 "바벨론"이라는 표현을 사용한 것은 *Sib. Or.* 5.143, 159(주후 70년에 씌어짐)에서도 찾아볼 수 있다. 또한 바벨론은 *Sib. Or.* 5.434에 언급되어 있고, 5.440에도 바벨론 사람들에 대한 언급이 있지만, 이러한 인용문들은 바벨론을 가리키는 것으로 보인다. 그렇지만 유대교 자료들과 베드로전서 5:13에서 "바벨론"이라는 용어는 요한계시록에서와는 달리 적대감이 없이 사용된다. 요한은 구약의 예언서들을 읽었고, 거기에서 바벨론과 로마를 동일시하는 법을 배워 역사상의 바벨론에 대한 선지자들의 적대감을 로마를 향한 자신의 태도 속에 이전시켰던 것으로 보인다(구약성경 속에는 바벨론을 치는 다섯 개의 예언이 나와 있다: 사 13:1-22; 14:22-23; 21:1-10; 렘 25:12-14; 50:1-51:64을 보라). 또한 초기 유대교에서는 에돔, 깃딤(단 11:30에 나오는 아람어 כתים – 킷팀은 칠십인역 본문에서는 로마이오이[Ῥωμαῖοι]로 번역된다), 애굽이라는 표현들을 로마를 가리키는 상징적인 명칭들로 사용했다. 깃딤은 1QpHab과 1QM에 자주 언급된다(H. Ringgren, *The Faith of Qumran: Theology of the Dead Sea Scrolls*[Philadelphia: Fortress, 1963] 26-31).

요세푸스는 다니엘과 마찬가지로(*Ant.* 10.276-77) 예레미야가 예루살렘의 멸망(주후 70년)을 예언했다고 주장했다(*Ant.* 10.79). 그러므로 요세푸스는 바벨론을 아주 최근에 예루살렘을 멸망시켰던 로마인들에 대한 암호명으로 이해했던 것으로 보인다(Wolff, *Jeremia*, 11). Aune, *Revelation*, WBC 52A, lxi, lxix에서, 나는 요한계시록에서 "바벨론"이라는 명칭을 로마를 가리키는 암호명으로 사용하고 있다는 것은 이 저작이 주후 70년 이후에 쓰여졌다는 것을 보여 준다는 야브로 콜린스(A. Yarbro Collins)의 견해를 받아들였다. 하지만 요한계시록의 저작 연대와 관련된 이러한 논거는 취약하다. 왜냐하면 "바벨론"이라는 명칭이 분명히 주후 70년 이전에 쓰여진 페셰르 주석서인 4QpIsac 6-7 ii 4에서 이사야 10:13-19(사 10:5-19에 나오는 앗수르를 치는 예언의 일부)에 나오는 "앗수르"를 해석하기 위하여 사용되고 있기 때문이다(본문의 이러한 특징에 대하여 주해하고 있지는 않지만 Horgan, *Pesharim*, 97를 보라). "바벨론"이라는 명칭이 다니엘 1:1-8; 3:8-12; 6:2-24에서 세상의 강대국을 가리키는 종말론적인 상징으로 사용되었다는 미드(D. G. Meade)의 주장은 분명히 옳지 않다. 왜냐하면 "바벨론"은 바벨론 왕 벨사살의 통치 원년을 언급하면서 단 한 번 나올 뿐(7:1)이고, 다니엘서에서 묵시 부분인 7-12장에서는 그 어디에도 나오지 않기 때문이다(*Pseudonymity and Canon*, WUNT 39[Tübingen: Mohr-Siebeck, 1986] 165).

이 대목은 바벨론-로마의 멸망에 관한 일련의 예언들 중 첫 번째 예언이다(또한 계 16:19; 17:16-17; 18:1-24을 보라). 동부 지중해 연안에서는 로마의 통치에 대한 상당히 거센 정치적 저항이 있었는데, 이것은 여러 가지 유형의 묵시문학 속에 표현되어 있다(몇몇 경우들에는 헬라인들을 치는 과거의 신탁들이 로마인들에게 다시 적용되었다). *Oracles of Hystaspes*는 로마 제국의 멸망과 동방에서 신흥 제국이 등장할 것을 예언했다(Bidez-Cumont, *Mages* 1:215-23; 2:359-77). 6천 년 후에 로마는 붕괴할 것으로 예상되었고, 이 사건은 자연 재앙들과 전쟁들의 신호탄이 될 것이었다. *Oracles of Hystaspes* frag. 13b에서는 이렇게 말한다(Bidez-Cumont, *Mages* 2:366-67; Lactantius *Div. Inst.* 7.15.11; tr. McDonald, *Lactantius*).

> 이것은 파괴와 혼돈의 원인이 될 것이다. 지금 세상을 지배하고 있는 로마라는 이름은 땅에서 없어질 것이고…권력은 다시 아시아로 넘어가서 동방이 지배하고 서방이 섬기게 될 것이다.

그 후에 천 년에 걸친 평화의 시대가 뒤따를 것으로 예언되었다. 로마의 멸망 가능성을 내다본 한 로마인 작가는 Ps.-Sallust, *Epistula ad Caesarem Secunda* 13.6 (LCL tr.)였다. "이 제국이 쇠퇴하거나 멸망당하게 된다면, 전 세계에 걸쳐서 초토화, 전쟁들, 피흘림이 뒤따르리라는 것을 누가 의심할 수 있겠는가?"

"큰 성 바벨론"이라는 어구는 요한계시록에 4번 나오는데(14:8; 16:19; 17:7; 18:2; 참조. 18:10, 21), 이는 다니엘 4:27의 바빌론 헤 메갈레(*Βαβυλὼν ἡ μεγάλη*; 아람어로 בבל רבתא – 바벨 랍타)로부터 가져온 것으로 보인다. 또한 바벨론 메갈레(*Βαβυλὼν μεγάλη*, "큰 성 바벨론")라는 어구는 *Sib. Or.* 4.93에도 나온다. 헬라의 시가 전승에서 "큰 도성"은 트로이(Troy)였다. 아리스티데스(Aelius Aristides)는 서머나에 대한 찬사에서 서머나 성에 헤 메갈레 폴리스(*ἡ μεγάλη πόλις*, "큰 성")라는 칭호를 부여하고(*Or.* 18.3), *Indica* 1.8에서 아리안(Arrian)은 마싸카(Massaca)를 관사를 붙이지 않은 어구를 사용하여 "큰 성"이라고 지칭한다. 요한계시록 11:8에서의 용법(여기에서는 예루살렘을 가리킨다)을 제외하면, "큰 성"이라는 어구는 요한계시록에서 다른 곳에서는 직·간접적으로 "바벨론"이라고 지칭되는 로마를 가리킨다(16:19; 17:18; 18:10, 16, 18, 19, 21). 고대 세계에서는 알렉산더 대왕이 바벨론을 자신의 제국의 수도로 삼고자 계획했었다는 것이 널리 알려져 있었다(Strabo 15.2.10; Quintus Curtius 5.1.42; Arrian *Anab.* 3.16.4; 7.17.2). 요나가 니느웨를 "큰 성"이라고 지칭했던 것을 근거로, "큰 성"이라는 어구는 경멸적으로 원수의 성읍이라는 의미로도 사용될 수 있었다(욘 1:2; 3:2, 3; 4:11; Jdt 1:1; *Vit. Proph.* 10.3[10:6B in Denis, *Concordance*, 869]; Rosenstiehl, *L'Apocalypse d Élie*, 43). 예루살렘은 여러 다양한 저작들 속에서 "큰 도성"으로 불린다(계 21:20의 이독["원문주해"를 보라]; 렘 22:8; Jos. *Ag. Ap.* 1.197; *Sib. Or.* 5.154, 226, 413; *Apoc. El.* 4:13[3 :31, ed. Rosenstiehl]). 이 어구는 *T. Abr.*[Rec. A] 2:6에서 하늘에 대하여 사용되고, *Sib. Or.* 4.82에서는 시실리아의 성읍인 크로톤(Croton)을 가리키는 데도 사용된다. Horace *Carmina* 4.3.13에서 로마는 "성읍들 중 가장 큰 성읍"(*princeps urbium*)이라 불렸다.

8b "모든 나라를 그 음행으로 인하여 진노의 포도주로 먹이던 자로다"(*ἣ ἐκ τοῦ οἴνου τοῦ θυμοῦ τῆς πορνείας αὐτῆς πεπότικεν πάντα τὰ ἔθνη* – 헤 에크 투 오이누 투 뒤무 테스 포르네이아스 아우테스 페포티켄 판타 타 에드네). 4개의 서로 나란히 병치되어 있는 속격들 가운데서 투 오이누(*τοῦ οἴνου*, "포도주")는 부분을 나타내는 속격이고, 투 뒤무(*τοῦ θυμοῦ*, "진노")는 동격 또는 부연 설명의 속격이며, 테스 포르네이아스(*τῆς πορνείας*, "음행")는 서술적 속격 또는 속성의 속격인데(BDF § 165), 일부 학자들은 여기에 "히브리적" 속격이라는 불필요한 명칭을 붙였고(Zerwick, *Greek*, § 40; Turner, Syntax 3:212-14; 또한 Horsley, *New*

Docs 4: 58-59에 나오는 짤막한 비판을 보라). 아우테스(*αὐτῆς*)는 소유의 속격이다. 뒤모스(*θυμός*)라는 단어는 여기에서는 "강렬한 욕구"를 의미하고, 10절에서는 "격분, 강렬한 분노"를 의미한다. 이것은 요한계시록에 많이 나오는 언어 유희들 중의 하나다(또한 2:2[2x], 22; 3:10; 18:6[3x], 20, 21; 22:18, 19을 보라). 판타 타 에드네(*πάντα τὰ ἔθνη*, "모든 나라")라는 어구는 요한계시록에 4번 나오는 정형 어구다(12:5; 14:8; 15:4; 18:3, 23). 12:5에 대한 "주석"을 보라.

14:8c과 18:3 간에는 밀접한 어휘상의 병행들이 존재한다. 요한계시록 14장과 그 밖의 다른 부분들 간의 많은 어휘상의 유사점들을 고려하면, 이것은 이 장의 대부분이 요한계시록의 이전 부분들로부터 빌어온 내용들에 의해서 형성되었다는 것을 보여 준다.

계 14:8c	**계 18:3a**
헤 에크 투 오이누 투 뒤무 (*ἡ ἐκ τοῦ οἴνου τοῦ θυμοῦ*) 진노의 포도주로	호티 에크 투 오이누 투 뒤무 (*ὅτι ἐκ τοῦ οἴνου τοῦ θυμοῦ*) 진노의 포도주를 인하여
테스 포르네이아스 아우테스 (*τῆς πορνείας αὐτῆς*) 그 음행으로 인하여	테스 포르네이아스 아우테스 (*τῆς πορνείας αὐτῆς*) 그 음행의
페포티켄 판타 타 에드네 (*πεπότικεν πάντα τὰ ἔθνη*) 모든 나라를 먹이던	페포칸 판타 타 에드네 (*πέπωκαν πάντα τὰ ἔθνη*) 만국이 무너졌으며

이것과 비교적 밀접한 병행을 보여 주는 어구는 요한계시록 17:2에서 발견된다: 에크 투 오이누 테스 포르네이아스 아우테스(*ἐκ τοῦ οἴνου τῆς πορνείας αὐτῆς*, "그 음행의 포도주에"). 이 두 본문은 모두 예레미야 28:7의 칠십인역 본문(MT 51:7)에 대한 간접 인용이다: 포테리온 크뤼순 바뷜론 엔 케이리 퀴리우 메뒤스콘 파산 텐 겐 아포 투 오이누 아우테스 에피오산 에드네 디아 투토 에살류데산 카이 아프노 에페센 바뷜론 카이 쉬네트리베(*ποτήριον χρυσοῦν Βαβυλὼν ἐν χειρὶ κυρίου μεθύσκον πᾶσαν τὴν γῆν· ἀπὸ τοῦ οἴνου αὐτῆς ἐπίοσαν ἔθνη, διὰ τοῦτο ἐσαλεύθησαν. καὶ ἄφνω ἔπεσεν Βαβυλὼν καὶ συνετρίβη*, "바벨론은 여호와의 수중의 온 세계로 취케 하는 금잔이라[계 17:4을 보라] 열방이 그 포도주를

마시고 인하여 미쳤도다 바벨론이 졸지에 넘어져 파멸되니"). 이 본문은 "바벨론"이라는 용어가 최초로 나오는 대목이고, 바벨론이라는 주제는 17:1-19:10(여기에서 이 명칭은 4번 나온다: 17:5; 18:2, 10, 21)까지는 다시 나오지 않기 때문에(16:19을 예외로 하면), 요한계시록 14:8은 17:1-19:10에서의 바벨론-로마에 대한 심판을 다루는 긴 단원에 대한 복선을 제시할 목적으로 편집에 의해서 삽입된 것으로 보인다. 16:19도 동일한 기능을 하고 있고, 마찬가지로 편집에 의한 것이다(Bergmeier, *ANRW* II, 25/5: 3906).

9a "또 다른 천사 곧 세째가 그 뒤를 따라 큰 음성으로 가로되 만일 누구든지 짐승과 그의 우상에게 경배하고"(*καὶ ἄλλος ἄγγελος τρίτος ἠκολούθησεν αὐτοῖς λέγων ἐν φωνῇ μεγάλῃ· εἴ τις προσκυνεῖ τὸ θηρίον καὶ τὴν εἰκόνα αὐτοῦ* – 카이 알로스 앙겔로스 트리토스 에콜루데센 아우토이스 레곤 엔 포네 메갈레 에이 티스 프로스퀴네이 토 데리온 카이 텐 에이코나 아우투). "만일 누구든지"라는 도입구로 시작되는 긴 구절은 조건이 현실적인 것으로 전제되는 제1조건문의 전제절을 이룬다(귀결절은 10절에서 카이[*καί*]로 시작된다). 이 전제절에는 프로스퀴네이(*προσκυνεῖ*, "경배하다")와 람바네이(*λαμβάνει*, "[표를] 받다")라는 두 동사가 나오는데, 둘 다 현재 시제로 되어 있다. 이것은 짐승과 그의 우상을 경배하는 것과 오른손이나 이마에 그의 인을 받는 것에 관한 주제들(16절)이 처음으로 언급되는 13:15-18에 나오는 기사를 상기시킨다. 짐승을 경배한다는 주제는 이미 13:4, 8, 12의 기사 속에 언급되었고, 짐승의 우상을 경배한다는 주제는 13:15에 언급되었다. 이 두 주제는 11bc절에서 반복되면서 9b절과 교차대구법적 구조를 형성한다. 이 주제들은 나중에 나오는 본문들에서도 여러 번 반복된다.

16:2 투스 안드로푸스 투스 에콘타스 토 카라그마 투 데리우
(*τοὺς ἀνθρώπους τοὺς ἔχοντας τὸ χάραγμα τοῦ θηρίου*)
짐승의 표를 받은 사람들

카이 투스 프로스퀴눈타스 테 에이코니 아우투
(*καὶ τοὺς προσκυνοῦντας τῇ εἰκόνι αὐτοῦ*)
그 우상에게 경배하는 자들

19:20 투스 라본타스 토 카라그마 투 데리우
(*τοὺς λαβόντας τὸ χάραγμα τοῦ θηρίου*)
짐승의 표를 받고

카이 투스 프로스퀴눈타스 테 에이코니 아우투
(*καὶ τοὺς προσκυνοῦντας τῇ εἰκόνι αὐτοῦ*)
그의 우상에게 경배하던 자들

20:4 호이티네스 우 프로세퀴네산 토 데리온 우데 텐 에이코나 아우투
(*οἵτινες οὐ προσεκύνησαν τὸ θηρίον οὐδὲ τὴν εἰκόνα αὐτοῦ*)
짐승과 그의 우상에게 경배하지도 아니하고

카이 우크 엘라벤 토 카라그마 에피 토 메토폰 카이 에피 텐 케이라 아우톤
(*καὶ οὐκ ἔλαβεν τὸ χάραγμα ἐπὶ τὸ μέτωπον καὶ ἐπὶ τὴν χεῖρα αὐτῶν*)
이마와 손에 그의 표를 받지도 아니한 자들

9b "이마에나 손에 표를 받으면"(*καὶ λαμβάνει χάραγμα ἐπὶ τοῦ μετώπου αὐτοῦ ἢ ἐπὶ τὴν χεῖρα αὐτοῦ* – 카이 람바네이 카라그마 에피 투 메토푸 아우투 에 에피 텐 케이라 아우투). 특이한 것은 카라그마(*χάραγμα*, "표")가 관사 없이 나온다는 것이다. 이 용어는 13:16에서 처음 나올 때 당연히 관사 없이 사용되지만, 13:17에서 두 번째로 사용될 때는 선행사를 가리키는 관사가 붙은 채로 나온다. 이 단어는 14:9c에서 관사 없이 나온 후에, 그 뒤로 4번의 용례들 속에서는 예상대로 관사가 붙은 채로 나온다(14:11; 16:2; 19:20; 20:4). 이것은 이 단락(적어도 9-11절)이 13장을 염두에 두지 않은 채로 쓰여졌다는 것을 보여 주는 것일 수 있다.

10a "그도 하나님의 진노의 포도주를 마시리니 그 진노의 잔에 섞인 것이 없이 부은 포도주라"(*καὶ αὐτὸς πίεται ἐκ τοῦ οἴνου τοῦ θυμοῦ τοῦ θεοῦ τοῦ κεκρασμένου ἀκράτου ἐν τῷ ποτηρίῳ τῆς ὀργῆς αὐτοῦ* – 카이 아우토스 피에타이 에크 투 오이누 투 뒤무 투 데우 투 케크라스메누 아크라투 엔 토 포테리오 테스 오르게스 아우투). 카이(*καί*)는 조건문의 귀결절의 도입어로 사용되고 있고(참조. Ign. *Smyrn.* 4:2), 전제절은 9절에 이미 나왔다. "진노의 잔"이라는 은유는 구약성경에서 꽤 자주 발견된다: 시 11:6; 75:9; 사 51:17, 22; 렘 49:12; 51:7; 애 4:21; 겔 23:31-33; 합 2:15-16; 옵 16; 슥 12:2(Ringgren, *SEÅ* 17[1953] 19-30; A. T. Hanson, *Wrath*, 27-36; Brongers, OTS 15[1969] 177-92; McKane, *VT* 3[1980] 474-92). 이러한 구약 본문들의 공통적인 요소는 여호와가 그의 원수들로 하여금 강제로 잔을 마시게 하여 취하게 만든다는 내용 – 이것은 심판을 가리키는 것으로 이해된다 – 이다(Holladay, *Jeremiah 1*, 673). 여기에서 아우토스(*αὐτός*, "그")는 강조적 용법으로 사용되고 있다(요한계시록에서 모두 11번 사용되고 있는 카이 아

우토스[καὶ αὐτός]는 강조적 용법으로 사용된다: 3:20; 6:11; 14:17; 17:11; 18:6; 19:12, 15 [2x]; 21:3, 7; Mussies, *Morphology*, 169-70를 보라). 카이 아우토스(καὶ αὐτός)의 비강조적인 용법은 요한계시록에는 한 번도 나오지 않는데, 이 어구는 히브리어 웨후(והוא)를 번역하는 데 사용된 칠십인역의 어법이고, 누가복음에는 20번 이상 나온다는 점을 감안하면 이것은 이상한 일이다(Fitzmyer, *Luke* 1:120-21).

포도주가 아크라토스(ἄκρατος, "섞인 것이 없이")라는 것은 물과 섞지 않은 포도주의 강력한 효능을 강조하는 표현이다. 왜냐하면 헬라인들은 크라테르(κρατήρ, "혼합을 위한 잔")라 불린 특별한 잔에 포도주를 담아서 물로 희석시키는 관습이 있었기 때문이다. 물과 포도주의 비율은 1:1 또는 3:2(Blümner, *Greeks*, 209-10), 또는 3:1(Seltman, *Wine*, 91)로 사용되었다. 아크라토스(ἄκρατος)라는 형용사는 포도주에 적용될 때 "순전한", "섞지 않은", "희석되지 않은", 그러므로 "극히 강력한"을 의미한다(Herodotus 1.207; Xenophon *Anab.* 4.5.27; Theocritus *Idylls* 2.152; 3 Macc 5:2). 아미크토스(ἄμικτος)라는 형용사도 동일한 방식으로 사용된다(Plutarch *De garrul.* 6.504e). 아크라토스 오르게(ἄκρατος ὀργή, "희석되지 않은 진노")라는 어구는 고대의 몇몇 저술가들의 글 속에 나온다(Aeschylus *Prom.* 678; Aristotle *Rhet.* 3.3[1406A.9-10]; *Ant.* 5.150; 17.148). 칠십인역에는 두 개의 밀접한 병행이 존재한다: 예레미야 32:15[MT 25:15], 라베 토 포테리온 투 오이누 투 아크라투 투투 에크 케이로스 무 카이 포티에이스 판타 타 에드네(Λαβὲ τὸ ποτήριον τοῦ οἴνου τοῦ ἀκράτου τούτου ἐκ χειρός μου καὶ ποτιεῖς πάντα τὰ ἔθνη, "너는 내 손에서 이 진노의 잔을 받아 가지고 모든 나라로 마시게 하라")와 시편 74:9[MT 75:8], 호티 포테리온 엔 케이리 퀴리우 오이누 아크라투 플레레스 케라스마토스(ὅτι ποτήριον ἐν χειρὶ κυρίου οἴνου ἀκράτου πλῆρες κεράσματος, "여호와의 손에 속에 섞은 것이 가득한 잔이 있어"). 이 두 본문에서 아크라토스 오이노스(ἄκρατος οἶνος)는 혹독한 심판을 가리키는 은유다.

또한 우리가 주목해야 할 것은 포테리온(ποτήριον, "잔")이라는 용어는 운명(사 51:17, 22; 애 4:21; 시 75:8[MT 74:9]; 요 18:11; 또한 시 11:6[MT 10:6]을 보라), 폭력적인 죽음(*Asc. Isa.* 5:13)을 가리키는 은유로 사용될 수 있는데, 이 경우들에 폭력적인 죽음은 하나님의 심판의 결과라는 것이다(막 10:38-39=마 20:22-23; 막 14:36=눅 22:42; 요 18:11; *Mart. Pol.* 14:2). 공관복음서의 본문들에 나오는 "잔"이라는 표현 속에는 하나님의 심판이라는 의미가 함축되어 있다는 견해에 대해서는 W. Lotz, "Das Sinnbild des Bechers," *NKZ* 28(1917) 396-407; R. Feldmeier, *Die Krisis des Gottessohnes*, WUNT 2/21(Tübingen: Mohr-Siebeck, 1987) 176-85를 보라.

투 오이누 투 뒤무 [테스 오르게스] 투 데우(*τοῦ οἴνου τοῦ θυμοῦ* [*τῆς ὀργῆς*] *τοῦ θεοῦ*)라는 어구는 요한계시록에서 여러 차례 등장한다.

14:10a	*ἐκ* [약간의]	*τοῦ οἴνου* 포도주의	*τοῦ θυμοῦ* 진노의	*τοῦ θεοῦ* 하나님의
14:10b	*τῷ ποτηρίῳ* 잔			*τῆς ὀργῆςαὐτοῦ* 진노의그의
14:19	*τὴν ληνὸν* 포도주틀		*τοῦ θυμου* 진노의	*τοῦ θεοῦ* 하나님의
15:7	*φιάλας* 대접들		*τοῦ θυμοῦ* 진노의	*τοῦ θεοῦ* 하나님의
16:1	*τὰς…φιάλας* 대접들		*τοῦ θυμου* 진노의	*τοῦ θεοῦ* 하나님의
16:19	*τὸ ποτήριον* 잔	*τοῦ οἴνου* 포도주의	*τοῦ θυμοῦ* 맹렬한	*τῆς ὀργῆςαὐτοῦ* 진노의그의
19:15	*τὴν ληνὸν* 포도주틀	*τοῦ οἴνου* 포도주의	*τοῦ θυμοῦ* 맹렬한	*τῆς ὀργῆςτοῦ θεοῦ* 진노의하나님의

이러한 서술들과 뒤모스(*θυμός*)가 "강렬한 욕구"라는 의미로 사용되고 있는 두 서술 간에는 두드러진 구문상의 유사성이 존재한다.

14:8	*ἐκ* [일부의]	*τοῦ οἴνου* 포도주의	*τοῦ θυμου* 진노의	*τῆς πορνείας* 음행의	*αὐτῆς* 그녀의
18:3	*ἐκ* [일부의]	*τοῦ οἴνου* 포도주의	*τοῦ θυμου* 진노의	*τῆς πορνείας* 음행의	*αὐτῆς* 그녀의

고전 헬라어에서 뒤모스(*θυμός*)는 분노라는 내적인 감정을 나타내는 데 사용되고, 오르게(*ὀργή*)는 그 분노의 외적인 표현을 가리키는 데 사용되지만, 이 용어들

은 요한계시록에서와 마찬가지로 칠십인역에서도 상호 대체적으로 사용된다(14:10; 16:19; 19:15; S. H. Travis, *ABD* 6:996를 보라). 악한 행실에 의해 촉발되어서 범죄자들에 대한 심판을 가져오는 하나님의 진노에 대한 강조는 요한계시록에서 자주 발견되는 성경적인 모티프다(14:10, 19; 15:7; 16:1, 19; 19:15). 분노라는 감정과 적절한 응보라는 정의는 헬라 사상에서 많이 논의되었다. 인간의 분노에 관한 대체적인 전제는 옳기만 하다면 분노하는 사람은 자신의 원수를 해치고자 해야 한다는 것이었는데(Pindar *Pyth.* 2.83-85; Euripides *Medea* 807-10; *Ion* 1046-47; Plato *Meno* 71E; Isocrates *Ad Dem.* 26), 이것은 구약성경에 반영되어 있는 정서다(출 21:24 -25; 레 24:19-20; 신 19:21). Plato *Critias* 48B에 나오는 보도가 역사적으로 사실이라면, 소크라테스는 "불의에 대하여 결코 되갚아서는 안 되며[*οὐδαμῶς δεῖ ἀνταδικεῖν* – 우다모스 데이 안타디케인], 그리고 "악에 대하여 악으로 되갚아서는[*ἀντικακουργεῖν* – 안티카쿠르게인] 안 된다"고 주장한 헬라의 최초의 사상가였다(참조. Vlastos, *Socrates,* 179-99). 이 노선을 따라서, 에피쿠로스 학파는 분노는 연약함의 표현으로서 사람들 또는 신들의 복된 상태와는 조화되지 않는다고 여겼다(Nussbaum, *Desire,* 239-79). 특히 그들은 교란되지 않는 평화와 평온 속에 거하는 신들은 결코 화를 내지 않으며 사람들을 벌하지 않는다고 역설했다(Diogenes Laertius 10.76-77; Lucretius *De rerum nat.* 6.71-79). *Kyriai Doxai*(Diogenes Laertius 10.139; 또한 Diogenes Oen. *Frag.* 24[C. W. Chilton, ed., *Diogenis Oenoandensis fragmenta*[Leipzig: Teubner, 1967]에도 보존되어 있다)의 첫 번째에서 에피쿠로스는 이렇게 역설한다. "복되고 영원한 존재는 스스로 그 어떤 괴로움도 가지고 있지 않고 다른 존재에게 괴로움을 주지도 않는다. 그런 까닭에, 그러한 존재는 분노와 편파성의 움직임들로부터 면제되어 있다. 왜냐하면 그러한 모든 움직임은 연약함을 함축하는 것이기 때문이다." 응보를 금하는 명령들은 예수의 가르침 속에 반영되어 있고(마 5:38-42=눅 6:27-31), 신약성경의 다른 곳에도 반영되어 있다(롬 12:17; 고전 6:7; 벧전 2: 19-20; 3:9).

10b "거룩한 천사들 앞과 어린양 앞에서 불과 유황으로 고난을 받으리니"(*καὶ βασανισθήσεται ἐν πυρὶ καὶ θείῳ ἐνώπιον ἀγγέλων ἁγίων καὶ ἐνώπιον τοῦ ἀρνίου* – 카이 바사니스데세타이 엔 퓌리 카이 데이오 에노피온 앙겔론 하기온 카이 에노피온 투 아르니우). 고통을 주는 수단으로서 "불과 유황"이 결합된 표현은 요한계시록에서 4번 나오고(14:10; 19:20; 20:10; 21:8), 이 중에서 3번은 "불과 유황 못"이라는 정형적인 표현 속에 나오며(19:20; 20:10; 21:8), "불, 연기, 유

황"이라는 표현으로 2번 더 나온다(9:17, 18). 창세기 19:24(눅 17:29; *1 Clem.* 11:1; *PGM* XXXVI.302에 간접 인용된)에 의하면, 불과 유황이 소돔에 비처럼 내렸다고 한다(*Sib. Or.* 3.690-92; Philo *Mos.* 2.56를 보라). 유황은 흔히 구약성경에서 하나님의 징벌과 관련하여 언급되고(신 29:23; 욥 18:15; 사 30:33; 34:9-10), "불과 유황"이라는 어구는 시편 12:6과 에스겔 38:22에서 하나님의 징벌을 나타내기 위하여 사용된다. 헬라어에서 토 데이온(*τὸ θεῖον*, "유황")은 데이오스(*θεῖος*, "신적인")로부터 유래한 것으로 보이는데, 이것은 "하나님의 향"을 의미하는 것 같다. 유황은 화산 지대에서 비교적 순수한 형태로 채굴될 수 있었고(Jos. *J. W.* 7.189; Ulpian *Digest* 47.2.57.8; 48.19.9.10), 고대인들은 유황과 화산 활동 간의 연관 관계를 알고 있었다. 또한 유황은 낮은 온도에서 불이 붙었기 때문에 제의와 관련해서 향을 피울 때 사용될 수 있었고(*PGM* VII.490; XXXVI.295-96; Odyssey 22.481, 493; Parker, *Miasma*, 227-28), 성이 포위되었을 때 방어 무기로서(종종 역청과 함께) 사용될 수 있었는데, 유황은 몸에 달라붙었기 때문에 대단히 효과적인 방어 무기가 될 수 있었다(Herodian 8.4.9-10).

초기 유대교 또는 초기 기독교의 종말론적인 시나리오들에는 천사들과 메시아를 나타내는 것으로 이해되는 어린양 앞에서 악인들이 영원한 징벌을 받는다는 내용에 대한 병행이 존재하지 않는다(10c절). "어린양 앞에서"라는 어구는 본문에 첨가된 난외주일 가능성이 대단히 높다. 왜냐하면 어린양은 실질적으로 천사들에 대하여 종속된 구문으로 되어 있기 때문이다(Spitta, 149; Müller, *Messias*, 166). 하지만 주석가들이 자주 지적하듯이, 악인들이 의인들 앞에서 영원히 심판받고 고통을 당하게 될 것이라는 사상은 에녹1서 27:2-3과 90:26-27에 나온다. 이와 관련된 사상은 에녹1서 48:9과 62:12-13에서도 발견되는데, 거기에서 악인들은 의인들 앞에서 일시적으로 고통을 받은 후에 영원히 사라지게 된다. 따라서 에녹1서 48:9 (tr. Knibb)에서는 이렇게 말한다. "그들은 의인들 앞에서 불태워져 거룩한 자들 앞에서 점점 가라앉아, 결국 그들의 흔적은 사라지고 말 것이다." 에스라4서 7:36에서는 악인들이 의인들 앞에서 고통을 당하게 된다고 명시적으로 언급하고 있지는 않지만, 고통의 구덩이와 안식의 장소는 아주 서로 가깝게 인접해 있다고 말한다. 부자와 나사로 비유(눅 16:19-31)에 의하면, 음부에서 고통받는 부자는 아브라함의 품 속에 있는 나사로를 볼 수 있었다(23절).

우리는 이 절이 어떤 종류의 우주 구조를 전제하고 있는 것이냐고 물을 수 있을 것이다. 죽은 자들이 거하는 지하 세계로 이해되는 음부가 여기에서 묘사되고 있는 영원한 징벌의 장소일 가능성은 거의 없어 보인다. 주후 1세기에 이르러서는 지하 세계로 여겨졌던 음부 또는 스올이라는 개념은 그러한 곳이 천상의 어느 곳엔가 있을 것이라고 생각하는 경향으로 바뀌었다. 옛적부터 계신 이가 심판을 위하여 앉아 있는 것을 묘사하고 있는 다니엘 7:10에서는 "불이 강처럼 흘러 그 앞에서 나오며" [נהר די־נור – 네하르 디 누르, '불의 강']"라고 말하고 있다. 심판이라는 배경과 "불의 강"의 존재는 하나님과 천군 천사 앞에서 징벌이 행해질 가능성을 보여 주지만, 이러한 결론은 다니엘서에서 명시적으로 서술되지는 않는다. Plato *Republica* 10.13 (6:14c-d)에서는 영혼들에 대한 심판이 "하늘의 문들"과 "땅의 문들" 사이의 어느 지점에서, 즉 분명히 땅 위에 있는 장소에서 일어난다고 말한다(Culianu, *Psychanodia*, 41). 플루타르크는 플라톤이 말한 지하에 있는 음부의 강들을 하늘로 옮겨놓았다. *De genio Socratis* 509d-f에서 티마르쿠스(Timarchus)는 땅 위로 아주 높은 곳에 바다 또는 호수가 있는데 거기로 두 개의 불의 강이 흘러 들어가는 것을 보았다(Pyriphlegeton과 Cocytus; Plato *Phaedo* 111d를 보라; 참조. Culianu, *Psychanodia*, 45). 삼도천(Styx)은 "음부로 들어가는 길목"으로 묘사되고, 음부로부터 흘러 나와서 달 바로 아래 지점까지 흐른다(*De genio Socratis* 591a-c).

호이 앙겔로이 호이 하기오이([οἱ] ἄγγελοι [οἱ] ἅγιοι, "거룩한 천사들")라는 어구는 요한계시록에서 오직 여기에만 나오는데, 이것은 저자가 정형화된 전승을 사용했다는 것을 보여 준다. 이 어구는 초기 유대교 문헌들, 특히 에녹1서의 여러 구성 단락들 속에 꽤 자주 등장하는 어구를 반영한 것으로서(*1 Enoch* 20:2-7; 21:5, 9; 22:3; 23:4; 24:6; 27:2; 32:6; 46:1; 69:5; 71:1, 8, 9; 72:1; 74:2; 93:2; 100:5; 108:5; *Adam and Eve* 7:2; Tob 11:14), 마가복음 8:38(=눅 9:26); 사도행전 10: 22; *1 Clem.* 39:7; Hermas *Vis.* 2.2.7; 3.4.1, 2; *Sim.* 5.5.3)에도 나온다. 이 표현은 구약성경(슥 14:5; 단 4:17[MT 4:14], 37; 욥 5:1; 15:15), 특히 초기 유대교 문헌들(Tob 12:15[MSS. B A]; *1 Enoch* 1:9; 8:1; 12:2; *Jub.* 17:11; 31:14; 33:12; *Pss. Sol.* 17:43; 1QS 11:7-8), 초기 기독교 문헌(골 1:12; 엡 1:18; 살전 3:13; 살후 1:10)에서 천사들을 가리키는 데 하기오이(ἅγιοι, "거룩한 자들") 또는 케도쉼(קדשים)이라는 용어를 사용하고 있는 것을 반영하고 있는 것이다.

11a "그 고난의 연기가 세세토록 올라가리로다"(καὶ ὁ καπνὸς τοῦ βασανισμοῦ αὐτῶν εἰς αἰῶνας αἰώνων ἀναβαίνει – 카이 호 카프노스 투 바사니스무 아우톤 에이스 아이오나스 아이오논 아나바이네이). 이 구절은 적에게 정복되어서 불타는

성읍을 멀리서 지켜보는 것에 관한 이미지에 토대를 두고 있다(수 8:20; 삿 20:40; 계 18:9-10, 18). 더 구체적으로 말하면, 여기에는 에돔에 관하여 "그 연기가 끊임없이 떠오를 것이며"라고 말하고 있는 이사야 34:10에 대한 간접 인용이 있는 것으로 보인다(Fekkes, *Isaiah*, 206-8를 보라). 만약 그렇다면, 여기에서는 히브리어 본문을 염두에 두었을 가능성이 높다. 왜냐하면 칠십인역에는 히브리어 레올람(לְעוֹלָם)에 해당하는 헬라어 단어인 "세세토록"이 없기 때문이다. 20:10에서는 마귀, 짐승, 거짓 선지자에 대하여 "세세토록 밤낮 괴로움을 받으리라"고 말한다. 바벨론의 멸망을 묘사하는 19:3에 밀접한 어휘상의 병행이 존재한다: 카이 호 카프노스 아우테스 아나바이네이 에이스 투스 아이오나스 톤 아이오논(*καὶ ὁ καπνὸς αὐτῆς ἀναβαίνει εἰς τοὺς αἰῶνας τῶν αἰώνων*, "그 연기가 세세토록 올라가더라"). 에이스 투스 아이오나스 톤 아이오논(*εἰς τοὺς αἰῶνας τῶν αἰώνων*, "세세토록")이라는 어구는 요한계시록에서 12번 나오고(1:6[*var. lect.*], 18; 4:9, 10; 5:13; 7:12; 10:6; 11:15; 15:7; 19:3; 20:10; 22:5), 신약성경의 다른 곳에는 7번 나오는데(갈 1:5; 엡 3:21; 빌 4:20; 딤전 1:17; 딤후 4:18; 히 13:21[*var. lect.*]; 벧전 4:11), 관사가 붙지 않은 어구인 에이스 아이오나스 아이오논(*εἰς αἰῶνας αἰώνων*, "세세토록")은 신약성경에서 오직 여기에만 나온다는 것을 주목하라.

11b "짐승과 그의 우상에게 경배하는 자는 밤낮 쉼을 얻지 못하리라"(*καὶ οὐκ ἔχουσιν ἀνάπαυσιν ἡμέρας καὶ νυκτὸς οἱ προσκυνοῦντες τὸ θηρίον καὶ τὴν εἰκόνα αὐτοῦ* – 카이 우크 에쿠신 아나파우신 헤메라스 카이 뉙토스 호이 프로스퀴눈테스 토 데리온 카이 텐 에이코나 아우투). 처음 여섯 개의 헬라어 단어들은 4:8c, 카이 아나파우신 우크 에쿠신 헤메라스 카이 뉙토스(*καὶ ἀνάπαυσιν οὐκ ἔχουσιν ἡμέρας καὶ νυκτός*, "그들이 밤낮 쉬지 않고 이르기를 [거룩하다 거룩하다 거룩하다]")와 실질적으로 동일하다. 4:8에서는 하늘의 네 그룹의 천사들이 하나님께 끊임없이 찬양의 제사를 드리는 것을 묘사하고 있는 반면에, 14:11에서는 짐승을 경배한 자들이 끊임없이 고통당한다는 것을 강조한다. 이 후자의 본문은 분명히 전자와 대비하기 위하여 의도적으로 쓰여진 후대의 삽입으로서(9-11절과 아울러), 요한계시록의 첫 번째 판본의 본론 부분(4:1-22:5)에 나오는 여러 주제들을 결합시키는 역할을 한다. 밀접한 병행이 되고 있는 것은 20:10에 의하면 "밤낮으로 세세토록" 고통을 받게 될 마귀, 짐승, 거짓 선지자의 운명이다. "밤낮"이라는 이사일어가 "이십사 시간" 또는 좀더 확장해서 "끊임없이"를 의미한다는 것에 관해

서는 4:8에 대한 "주석"을 보라. 짐승을 경배하는 것에 대한 언급은 13:4, 8, 12, 15의 기사 속에 나오는 동일한 모티프들을 되돌아보게 하면서 다시 한 번 강조하는 역할을 하는 첨가이고(16:2과 20:4에서 이와 비슷한 보강적 삽입들을 보라), 여기에서는 요한계시록 13장에 대한 연결고리로 사용되고 있는데, 이것은 14:9-11이 후대의 삽입이라는 것을 확증해 준다.

11c "그 이름의 표를 받는 자는 누구든지"(*καὶ εἴ τις λαμβάνει τὸ χάραγμα τοῦ ὀνόματος αὐτοῦ* – 카이 에이 티스 람바네이 토 카라그마 투 오노마토스 아우투). 여기서 표는 666이라는 숫자로 구성되어 있다. 13:17-18에 대한 "주석"을 보라. 투 오노마토스(*τοῦ ὀνόματος*, "그 이름")는 동격의 속격으로서, 토 오노마(*τὸ ὄνομα*)가 동격의 주격으로 사용되고 있는 13:17의 토 카라그마 토 오노마(*τὸ χάραγμα τὸ ὄνομα*, "이 표, 곧 이름")라는 어구와 동일하다.

12 "성도들의 인내가 여기 있나니 저희는 하나님의 계명과 예수 믿음을 지키는 자니라"(*Ὧδε ἡ ὑπομονὴ τῶν ἁγίων ἐστίν, οἱ τηροῦντες τὰς ἐντολὰς τοῦ θεοῦ καὶ τὴν πίστιν Ἰησοῦ* – 호데 헤 휘포모네 톤 하기온 에스틴 호이 테룬테스 타스 엔톨라스 투 데우 카이 텐 피스틴 예수). 이 절은 문법적으로 문제가 있다. 저자는 호이 테룬테스(*οἱ τηροῦντες*, "지키는")로 시작되는 분사구를 통해서 헤 휘포모네(*ἡ ὑπομονή*, "인내")를 정의하고자 하는 것으로 보인다. 즉 "인내라는 것은 하나님의 계명을 지키는 것이다." 현대의 영역본들 중에서는 NEB가 이 절을 그런 식으로 해석하는 데 가장 근접해 있다. "이것은 하나님의 백성의 꿋꿋함이 발휘되어야 할 곳이다 – 하나님의 계명을 지키고 예수 믿음을 지키는 것" – REB는 이러한 번역을 포기했다. 테레인 타스 엔톨라스(*τηρεῖν τὰς ἐντολάς*, "계명들을 지키다")라는 어구는 분명히 토라에 대한 순종과 관련되어 있는데(주로 윤리적인 의미에서 이해된), 이것은 유대인들의 순교에 관한 이야기들 속에서 중요한 모티프였다(하지만 거기에서의 강조점은 특히 할례, 음식법들, 안식일 준수 같은 토라의 제의적인 측면들에 두어져 있다). 부록 12B: 하나님의 계명들과 토라를 보라. 동일한 어휘로 된 어구는 요한계시록의 다른 곳에서는 핍박을 배경으로 하는 12:17에만 나온다. 여기에서와 마찬가지로 거기에서도 첫 번째 어구는 이행시의 일부이고, 이 이행시의 제2행은 예수에 대한 믿음(또는 신실함)에 관하여 말한다(12:17에 대한 "주석"을 보라). 1QpHab 8:1-3에는 12절에 대한 두드러진 병행문이 나온다.

그 해석은 유다 집에서 율법을 행하는 모든 자들[עוֹשֵׂי הַתּוֹרָה – 오세 핫토라]에게 속해 있고, 하나님은 그들을 환난과 의의 교사에 대한 충성[וֶאֱמֻנָתָם בְּמוֹרֵה הַצֶּדֶק – 웨에무나탐 베모레 핫체데크]으로 인하여 심판의 집으로부터 구원하실 것이다.

여기에서 "하나님의 계명을 지키는 자들"이라는 어구는 "율법을 행하는 자들"과 밀접한 병행을 이루고, "예수 믿음을 지킴"은 "의의 교사에 대한 충성"과 병행을 이룬다. 신약성경과 초기 기독교 문헌들에서 "계명을 지키다"라는 어구는 자주 나온다(마 19:17; 요 14:15, 21; 15:10; 요일 2:3; 3:22, 24; 5:3; Herm. *Mand.* 7.7.5; 12.3.4; 12.6.3; *Sim.* 5.1.5; 5.3.3; 참조. 딤전 6:4). 카이 텐 피스틴 예수(*καὶ τὴν πίστιν Ἰησοῦ*, "그리고 예수 믿음")라는 어구는 요한계시록의 두 번째 판본을 만들 때 행해진 수정들로 첨가된 난외주인 것으로 보인다. 왜냐하면 요한계시록에서 피스티스(*πίστις*)는 오직 2:13, 19, 13:10에 나오는 2개의 호데(*ὧδε*) 본문들(이것들은 아마도 난외주들일 것이다) 그리고 여기 14:12에만 사용되기 때문이다. 또한 이러한 맥락 속에서 명사 텐 피스틴(*τὴν πίστιν*, "믿음")이 동사 테레인(*τηρεῖν*, "지키다")의 목적어로 사용되고 있는 것은 다소 어색해 보인다. 왜냐하면 그런 경우에는 테레인(*τηρεῖν*)이 타스 엔톨라스(*τὰς ἐντολάς*, "계명들")와 관련해서는 "순종하다"라는 의미를, 그리고 텐 피스틴(*τὴν πίστιν*)과 관련해서는 "머무르다, 유지하다"라는 의미를 동시에 갖는 것으로 이해되어야 하기 때문이다. 피스틴 테레인(*πίστιν τηρεῖν*)이라는 어구는 요세푸스의 작품에서 "맹세를 지키다"라는 의미로 여러 번 나오지만(*Ant.* 13.207; *J. W.* 6.345), 이와 비슷한 어구인 피스틴 퓔라테인(*πίστιν φυλάττειν*)은 "맹세 또는 서원을 지키다"(*Ant.* 1.321; 10.97, 101, 230; 12.8, 396) 또는 "신의를 지키다"(*Ant.* 7.43; Life 39, 43, 93, 349; *Ps.-Phocylides Sententiae* 13; see Lindsay, *Faith*, 95)라는 의미로 더 자주 사용된다. 하지만 디모데후서 4:7에는 이러한 용법으로 사용된 예가 나오는데, 거기에서 저자(바울이라는 인물)는 텐 피스틴 테테레카(*τὴν πίστιν τετήρηκα*, "내가 믿음을 지켰고")라고 말한다. 피스틴 테레인(*πίστιν τηρεῖν*, "믿음을 지키다, 여전히 충성을 지키다")이라는 어구는 헬라어에서 흔한 표현이었지만(Polybius 6.56.13; 10.37.9; Jos. *J. W.* 2.121[*τηρεῖν⋯τὴν πρὸς ἕνα πίστιν* – 테레인⋯텐 프로스 헤나 피스틴, "한 사람에게 충성을 지키다"]; 6.345; *Ant.* 13.207, 415[*var. lect.*]; *BMI* 3:587b, lines 5ff.[MM, 515에 인용됨]; Dittenberger, *OGIS*, 1:339, line 47 [MM, 515에 인용됨]; M. Dibelius and H. Conzelmann, *The Pastoral Epistles*, tr. P. Buttolph and A. Yarbro[Philadelphia: Fortress, 1972] 121 n. 18을 보라), 칠십인역에서는 결코 흔하게 사용되지 않았다. 바울 서신에서 피스티스 예수 크리스투(πίστις Ἰησοῦ Χριστοῦ)라는 어구가 "예수 그리스도에 대한 믿음"을 의미하는 것인지, 아니면 "예수 그리스도의 믿음"을 의미하는 것인지를 놓고는 여전히 논란이 되고 있다. 텐 피스티스 예수(τὴν πίστιν Ἰησοῦ)라는 어구에서 "예수"는 목적격적 소유격일 것임이 거의 분명하기 때문에 이 어구 전체는 "예수에 대한 (그들의) 신실함"을 의미한다(Deer, *BT* 38[1987] 328-30). 요한계시록 2:13을 참조하라. 피스틴 테레인(πίστιν τηρεῖν)은 이러한 의미를 지니고 널리 사용된 관용 표현이었기 때문에 요한계시록 14:12에서 이 어구는 "계속해서 충성하다, 신실한 채로 남아 있다"를 의미할 것이다.

13a "또 내가 들으니 하늘에서 음성이 나서 가로되 기록하라"(*καὶ ἤκουσα φωνῆς ἐκ τοῦ οὐρανοῦ λεγούσης· γράψον* – 카이 에쿠사 포네스 에크 투 우라누 레구세스 그라프손). 요한계시록에는 기록하라는 명령이 서너 차례 나오는데, 여기 나오는 것은 그것들 중의 하나로서 요한계시록이라는 저작 전체를 염두에 두고 말하는 것으로 보인다(1:11, 19; 21:5; 참조. 10:4). 요한계시록에서 정체를 알 수 없는 음성이라는 모티프에 관해서는 10:4에 대한 "주석"을 보라.

13b "주 안에서 죽는 자들은 복이 있도다"(*μακάριοι οἱ νεκροὶ οἱ ἐν κυρίῳ ἀποθνῄσκοντες* – 마카리오이 호이 네크로이 호이 엔 퀴리오 아포드네스콘테스). 이 문장의 끊어 읽기에 대해서는 "원문주해" 14:13.d-d.를 보라. 이 구절은 요한계시록에 나오는 일곱 개의 축복문들 중의 하나다(1:3; 14:13; 16:15; 19:9; 20:6; 22:7, 14; 또한 1:1-3에 대한 "양식/구조/배경"을 보라). 이 축복문은 19:9과 22:14에 나오는 것들과 마찬가지로 복수형으로 표현되어 있다(마 5:3-12과 눅 6:20-23에 나오는 축복문들과 마찬가지로). 단수형과 복수형 간에는 실질적인 차이점이 없는 것으로 보인다. 왜냐하면 20:6에 나오는 축복문은 단수형으로 시작해서 복수형으로 끝나고, 4Q*525*=4QBéat 2 ii 1-3에 나오는 일련의 다섯 개의 축복문들은 단수형으로 시작해서 단수형으로 끝나지만, 그 사이에 세 개의 복수형으로 된 축복문들이 나오기 때문이다(tr. García Martínez, *Dead Sea Scrolls*, 395).

> 순전한 마음으로 [진실을 말하고]
> 그 혀로 비방하지 않는 자는 [복되도다.]
> 그의 율법을 지키며
> 어그러진 길로 나아가지 않는 자들은 복되도다.
> 지혜를 기뻐하며

잘못된 길들로 나아가지 않는 자들은 복되도다.
순전한 손으로 지혜를 찾고
속이는 마음으로 지혜를 괴롭히지 않는 자들은 복되도다.
지혜를 얻고
지극히 높으신 이의 율법 안에서 행하는 자는 복되도다.

여러 명의 순교자를 발생시킨 핍박은 이미 과거에 일어났지만(6:9-11; 17:6), 이 말씀은 임박한 일련의 순교들에 관한 예언이다. 예수의 죽음이 승리였던 것과 마찬가지로, 이 저자는 순교를 사실상 승리로 여긴다(계 3:21; 5:5; 참조. 요 16:33). 짐승이 성도들을 "이길"(*νικῆσαι*–니케사이) 수 있다고 할지라도(13:7), 실제로 순교를 통해서 "이기는" 자는 바로 성도들이다(12:11). 비록 순교를 염두에 두고 있는 것은 아니지만, 요한1서 2:13; 5:4-5에서는 그리스도인들이 "이긴다"라고 말한다. "큰 환난에서 나오는 자들"(7:14)로 이루어진 무수한 무리를 장래의 순교자들로 보는 것도 가능하다. 클레멘트1서 44:5에 나오는 한 축복문은 양식과 내용 면에서 이 축복문과 여러 가지 점에서 유사점들을 보여 준다.

> 앞서 이 땅의 여정을 마치고 완전하고 열매 있게 떠난 장로들은 복되도다. 그들은 더 이상 그들을 위해 예비된 곳을 누군가에게 빼앗길 것을 염려하지 않아도 되기 때문이다.

하지만 이 경우에 고린도 교회의 살아 있는 장로들과는 달리, 죽음은 이러한 장로들이 직분으로부터 쫓겨나는 것을 막아 주었다. 엔 퀴리오(*ἐν κυρίῳ*, "주 안에서")라는 어구는 바울 서신에서 자주 나오는 정형어구이지만, 다른 곳에서는 오직 요한계시록 14:13과 Ign. *Pol.* 8:3에만 나온다. 고대의 문학들에서 애용되던 주제는 죽음은 재앙이 아니라 축복이고 재앙들을 막아 주는 치료제라는 견해였다(Plato *Phaedo* 62a; *Apol.* 40c; Stobaeus 3.120; Cicero *In Cat.* 4.4; Lucretius *De rerum nat.* 3.915ff.; Seneca *Marc.* 19-20; see Moran, *Consolations*, 31-39).

13c "성령이 가라사대 그러하다 저희 수고를 그치고 쉬리니"(*ἀπαρτὶ λέγει τὸ πνεῦμα, ἵνα ἀναπαήσονται ἐκ τῶν κόπων αὐτῶν*–아파르티 레게이 토 프뉴마 히나 아나파에손타이 에크 톤 코폰 아우톤). Nestle-Aland 27 본문(이 본문에는 나이 레게이 토 프뉴마[*ναί, λέγει τὸ πνεῦμα*]로 되어 있다)에서 나이(*ναί*, "그러하다")는 아멘(*ἀμήν*, "진실로")과 동일한 기능을 지닌 단어로 사용된다(이 두 용어는 다음과 같은 본문들 속에서 상호 대체적으로 사용된다: 마 23:26=눅 11:51; 고후 1:20; 계 1:7; 22:20; *Acts Thom.* 121; K. Berger, *Amen-Worte*, 6-9를 보

라: "원문주해" 14:13.d-d.를 보라). 아나파우에인(ἀναπαύειν) 및 아나파우시스(ἀνάπαυσις)와 동일 어원에서 나온 단어들이 죽은 자들의 안식 또는 쉼을 가리키기 위하여 사용되는 용법에 관해서는 6:11에 대한 "주석"을 보라. 디모데전서 4:1은 이 본문의 첫 번째 부분과 양식상 병행을 이룬다: 토 데 프뉴마 레토스 레게이(τὸ δὲ πνεῦμα ῥητῶς λέγει, "성령이 밝히 말씀하시기를"). 이 본문의 마지막 부분에 대한 밀접한 병행은 히브리서 4:10에 나온다. "이미 그의 안식[κατάπαυσιν αὐτοῦ – 카타파우신 아우투]에 들어간 자는 하나님이 자기 일을 쉬심과 같이 자기 일을 쉬느니라[κατέπαυσεν ἀπὸ τῶν ἔργων αὐτοῦ – 카테파우센 아포 톤 에르곤 아우투]." 마찬가지로, 필로는 "하나님 안에서 안식하고[ἀναπαυομένης – 아나파우오메네스] 그 어떤 죽을 일[ἔργων – 에르곤]을 하느라고 더 이상 수고하지 않는[ἔτι πονουμένης – 에티 포누메네스] 영혼"에 관하여 말한다(*Deus immut.* 12).

13d "이는 저희의 행한 일이 따름이라"(τὰ γὰρ ἔργα αὐτῶν ἀκολουθεῖ μετ' αὐτῶν – 타 가르 에르가 아우톤 아콜루데이 메트 아우톤). *M. 'Abot* 6:9에서는 이렇게 말한다(tr. Danby, *Mishnah*). "게다가 사람이 세상을 떠날 때는 금이나 은이나 보석을 가지고 가지 못하고, 오직 율법[에 대한 지식]과 선한 행실들만을 가지고 갈 뿐이다." "행한 일들"은 요한계시록 2-3장에서 자주 언급된다(2:2, 19; 3:2, 15). 14:13이 권면의 성격을 지니고 있는 것과 주제상으로 요한계시록 2-3장과 연결된다는 것은 이 본문이 요한계시록의 최종적인 편집 과정 속에서 삽입된 것임을 보여 준다. 추가적인 랍비 문헌들 속에서의 병행들이 Str-B, 3:817에 열거되어 있고, 몇몇 병행들은 에스라4서에 나온다. (1) 에스라4서 7:35: "그리고 보상이 따르리니, 상급이 나타나게 되리라. 의로운 행실들은 깨어날 것이고, 불의한 행실들은 잠자지 않을 것이다." (2) 에스라4서 7:77: "너희는 지극히 높으신 자에게 쌓아둔 행위들의 보화가 있다. 그러나 마지막 때에 가서야 그것이 너희에게 보여지리라". (3) 에스라4서 8:33: "주께 많은 행위들을 쌓아둔 의인들은 자기가 행한 행위들로 인해서 상급을 받게 될 것이다."

14a "또 내가 보니 흰 구름이 있고"(καὶ εἶδον, καὶ ἰδοὺ νεφέλη λευκή – 카이 에이돈 카이 이두 네펠레 류케). 14-16절은 해석자에게 두 가지 주된 문제점을 제시하는 본문 단락이다. "사람의 아들과 같은 이"는 그리스도로 보아야 하는가 아니면 천사로 보아야 하는가, 그리고 추수는 심판을 나타내는 것인가 아니면 구원을 나타내는 것인가? (카이 에이돈[καὶ εἶδον]에 관해서는 5:1에 대한 "주석"을 보라.) 요한계시록에 나오는 묘사들을 보면, 저자는 먼저 환상 속에 나오는 인물이

앉아 있는 곳을 묘사한 후에, 다음으로 그 인물 자체를 묘사하는 경향을 보여 준다(4:2에 대한 "주석"을 보라). 구름이 지닌 흰색은 긍정적인 징조로 해석될 수 있을 것이다.

14b "구름 위에 사람의 아들과 같은 이가 앉았는데"(*καὶ ἐπὶ τὴν νεφέλην καθήμενον ὅμοιον υἱὸν ἀνθρώπου*―카이 에피 텐 네펠렌 카데메논 호모이온 휘온 안드로푸). (1:7, 13과 아울러서) 이 구절은 요한계시록에서 다니엘 7:13에 대한 세 번의 간접 인용 중의 하나인데, 이것들 중 두 본문에는 호모이온 휘온 안드로푸(*ὅμοιον υἱὸν ἀνθρώπου*, "인자," "사람": 1:13; 14:14)라는 어구가 나온다. 에피 텐 네펠렌(*ἐπὶ τήν νεφέλην*, "구름 위에")이라는 어구는 다니엘 7:13의 칠십인역 본문에 대한 간접 인용임을 보여 주는 반면에(마 24:30; 26:64; Irenaeus Adv. Haer. 3.19.2; 4.33.1, 11; Tertullian Carn. 15.1; Acts Peter[Latin] 24), 요한계시록 1:7에 나오는 메타 톤 네펠론(*μετὰ τῶν νεφελῶν*, "구름들과 함께")이라는 어구는 다니엘서의 테오도션 역본을 잘 알고 있었다는 것을 보여 준다(막 14:62; 계 1:7; Justin Dial. 31.3; Tertullian Marc. 3.7.4; 4.10.12; 4.39.11; Adv. Iud. 14.4; Hippolytus de Ant. 22, 26, 44; Comm. in Dan. 4.11.1; 참조. P. Grelot, "Les versions grecques de Daniel," Bib. 47[1966] 386-87; Bodenmann, Naissance, 46-47). 저스틴은 대략 칠십인역 본문과 일치하는 다니엘 7:13의 에판 톤 네펠론(*ἐπάνω τῶν νεφελῶν*)이라는 어구를 4번 간접 인용하고(1 Apol. 51.9; Dial. 14.8; 31.1; 120.4), 테오도션 역본과 일치하는 메타 톤 네펠론(*μετὰ τῶν νεφελῶν*)을 한 번 간접 인용한다(Dial. 31.3). 엔(*ἐν*)이라는 전치사는 마가복음 13:26(*ἐν νεφέλαις*―엔 네펠라이스, "구름들과 함께")과 누가복음 21:27(*ἐν νεφέλῃ*―엔 네펠레, "구름과 함께")에서 사용된다. 다니엘 7:13의 마소라 본문에 나오는 아람어 어구는 임 아나네 셰마이야(עם ענני שמיא, "하늘의 구름들과 함께")인데, 칠십인역에서는 에피 톤 네펠론 투 우라누(*ἐπὶ τῶν νεφελῶν του οὐρανοῦ*, "하늘의 구름들 위에")로 번역되었고―여기에서 에피(*ἐπί*)는 아람어 전치사인 알(על, "~위에")을 전제하고 있는 것으로 보인다(S. P. Jeansonne, The Old Greek Translation of Daniel 7-12, CBQMS 19[Washington, DC: Catholic Biblical Association, 1988] 65)―테오도션 역본에서는 메타 톤 네펠론 투 우라누(*μετὰ τῶν νεφελῶν τοῦ οὐρανοῦ*, "하늘의 구름들과 함께")로 번역되었다. 일부 학자들은 전치사 에피(*ἐπί*, "~위에")의 사용은 신학적인 동기를 보여 주는 것으로서, 하나님이 구름을 타고 오신다는 것을 가리키는 것으로만 해석될 수 있다고 주장한 반면에(우가릿어로 된 바알에 대한 별칭인 *rkb ʿrpt*, "구름을 타고 다니는 자"를 반영해서 가나

안 신화에서 바알을 구름 병거를 타고 다니는 것으로 묘사한 것에 토대를 두고; 사 14:14과 19:1의 칠십인역 본문과 마소라 본문을 참조하라), 전치사 메타(*μετά*, "~와 함께")는 하나님보다 못한 존재인 구름을 타고 다니는 자를 가리킨다고 주장한다(Jeansonne, *Daniel* 7-12, 109-10; Montgomery, Daniel, 303). 하지만 (Jeansonne, Daniel, 7-12, 112)는 다니엘 7:13이 구약성경에서 하나님이 아닌 다른 존재가 구름을 탄다고 말하고 있는 유일한 대목이기 때문에 임(עם, "~와 함께")이 알(על, "위에") 대신에 사용되었을 것임에 틀림없다고 주장하는 것은 증거가 너무 빈약하다고 주장한다.

요한계시록 14:4, 6(참조. 11:12)에서 발견되는 단수형 네펠레(*νεφέλη*, "구름")는 구름들이라는 복수형이 사용되고 있는 다니엘 7:13에 대한 간접 인용들 가운데서 특이한 경우다. 신약성경의 다른 곳에서는 단수형은 오직 누가복음 21:27에만 나오고, 교부들의 간접 인용들 속에서는 더 자주 나온다(*Acts Peter* [Latin] 24; Irenaeus *Adv. Haer.* 3.19.2; 4.33.1, 33; Tertullian *Carn.* 15.1; Bodenmann, *Naissance*, 45 n. 107을 보라.). 이것은 요한계시록 14:14, 16이 누가복음 21:27에 의존해 있다는 것을 의미하지는 않는다(Vos, *Synoptic Traditions*, 146-47). 왜냐하면 요한계시록 14:14에 나오는 "사람의 아들과 같은 이"는 구름 위에 앉아 있는 것으로 묘사되고 있어서, 만약 여기서 복수형의 구름이 상정된다면 이 이미지는 어색해지고 말 것이기 때문이다.

14-16절과 17-20절의 병행적인 구조와 주제들에 비추어 볼 때, 저자는 기존의 내용에 "사람의 아들과 같은"(14b절)과 "그 머리에는 금 면류관이 있고"(14c절)라는 두 어구를 첨가한 것으로 보인다.

구름은 여러 가지 방식으로 수송 수단으로 사용된다(Vermes, *Jesus*, 186-88: "Excursus I: the cloud, a means of heavenly transport"). (1) 땅에서 하늘로 이동하는 수송수단(계 11:12; 왕하 2:11; *1 Enoch* 14:8; 39:3; 52:1; 70:2; *2 Enoch* 3:1; *T. Abr.* [Rec. A] 10:1; [Rec. B] 8:3; 10:2; 행 1:9; *b. Yoma* 4a["모세는 구름을 타고 승천하였다"]; *Pesiq. R.* 20.4[96b]: "구름이 모세를 뒤덮어서 그를 올리워 갔다"[A. Jellinek, *Bet Ha-Midrasch* 1:59]); *Iliad* 5.867에서 Ares는 "구름을 타고"(*ὁμοῦ νεφέεσσιν* – 호무 네페에씬) 승천한다. (2) 하늘의 한 지역에서 다른 지역으로 이동하는 수단(시 68:4; 104:3; 사 19:1; 단 7:13; *T. Abr.*[Rec. B] 12:1, 9; 4 Ezra 13:3). (3) 흔히 초기 기독교 자료들에서 인자의 강림과 관련하여 하늘에서 땅으로 내려오는 수단(계 1:7; 10:1; 막 13:26=마 24:30=눅 21:27; 막 14:62=마 26:64; *T. Abr.*[Rec. A] 9:8; 15:2). (4)

보좌에 좌정해 있는 모습(계 14:14 16; Sir 24:4; Vergil *Aeneid* 9.638 39: "구름 보좌에 좌정한[*nube sedens*] 아폴로"). (5) 신 또는 천사의 현현과 관련된 현상(계 10:1; 출 14:24; 16:10; 24:16; 레 16:2; 민 12:5; 신 1:33; 애 3:44; 2 Macc 2:8; 막 9:7=마 17:5=눅 9:34 35).

"사람의 아들과 같은 이"가 구름 위에 앉아 있다는 이례적인 이미지는 마가복음 14:62(참조. 마 26:64)에서 발견되는 것과 같은 시편 110:1과 다니엘 7:13의 결합된 형태로 존재했던 본문에 대한 간접 인용들을 보존하고 있는 것일 가능성이 있다: 카이 옵세스데 톤 휘온 투 안드로푸 에크 덱시온 카데메논 테스 뒤나메오스 카이 에르코메논 메타 톤 네펠론 투 우라누(*καὶ ὄψεσθε τὸν υἱὸν τοῦ ἀνθρώπου* [단 7:13] *ἐκ δεξιῶν καθήμενον τῆς δυνάμεως*[시 110:1], *καὶ ἐρχόμενον μετὰ τῶν νεφελῶν τοῦ οὐρανοῦ*[단 7:13], "인자가 권능자의 우편에 앉은 것과 하늘 구름을 타고 오는 것을 너희가 보리라"). 카이(*καί*)로 연결되어 있는 두 개의 분사구는 인자로서의 예수의 "앉아 있는 것"과 "오시는 것"을 병렬적으로 연결시켜서 결국 요한계시록 14:14에서 발견되는 본문상의 발전, 즉 구름 위에 앉아 있는(즉 보좌에 좌정한) 사람의 아들과 같은 이라는 본문 형태로 귀결될 수 있었을 것이다. 다니엘 7:13과 시편 110:1의 결합 형태에 대한 간접 인용을 보여 주는 그 밖의 다른 본문들로는 누가복음 22:69; 사도행전 7:56; Justin *Dial.* 32.3, 6 등이 있다(Lindars, *Apologetic*, 48-49; Bodenmann, *Naissance*, 204-6를 보라). 에녹의 비유서에서 인자는 에녹1서 69:27에 묘사된 심판을 위하여 자신의 영광의 보좌 위에 앉아 있다. 결국, 다니엘 7:13에 대한 간접 인용은 분명하지만 시편 110:1 또는 마가복음 14:62에 대한 간접 인용의 가능성은 극히 의심스럽다(Yarbro Collins, "Son of Man," 563).

호모이온 휘온 안드로푸(*ὅμοιον υἱὸν ἀνθρώπου*, "사람의 아들과 같은 이")라는 어구에서 대격으로 사용된 휘온(*υἱόν*, "아들")이라는 단어는 문법상의 파격이다(BDR § 183.4). 왜냐하면 이 단어는 3격인 휘오(*υἱῷ*; "원문주해" 14.e.를 보라)로 사용되었어야 하기 때문이다("원문주해" 14.e.를 보라). 이러한 문법상의 파격은 요한계시록의 저자가 특이하면서도 문법적으로 틀린 헬라어 문체를 사용하고 있다는 것과 잘 부합하고, 또한 이 저자가 다니엘 7:13의 마소라 본문에 나오는 아람어 어구인 케바르 에나쉬(כבר אנש, "인자 같은")를 토대로 이 표현을 스스로 만들어 냈다는 것을 보여 준다—이 마소라 본문에서 접두사인 케(-כְּ, "~같은")는 호스(*ὡς*, "~같은")로 번역될 수도 있고, 그 동의어인 비교를 나타내는 형용사 호모이오스(ὅμοιος, "동일한 종류의, 비슷한")로 번역될 수도 있다. 이 어구는 1:13에서도 발견되는데, 이 두 경우 모두에서 이 어구는 다니엘 7:13에 대한 간접 인용이다. 하지만 칠십인역 본문과 테오도션 역본 모두에서 비교를 나타내는 불변사인 호스(ὡς, "~같은")가 나온다. 또한 중요한 것은 여기에서 및 1:13에서 휘오스 안드로푸(υἱὸς ἀνθρώπου)라는 어구는 무관사 형태이기 때문에(즉 이 어구는 복음서 전승들 속에 나오는 인자같이 청중들이 이미 잘 알고 있는 인물을 가리키지 않는다는 뜻이다) 다니엘 7:13에 대한 간접 인용이라는 것이다. 저스틴은 다니엘 7:13의 인자(복음서 전승에 나오는 인자와 반대되는)를 간접 인용할 때 무관사 형태인 휘오스 안드로푸(υἱὸς ἀνθρώπου)라는 어구를 사용한다(Justin *1 Apol.* 51.9; *Dial.* 31.3; 76.1; 79.2; Borsch, *Son of Man*, 43-44). 그런 후에 세 명의 그 밖의 다른 천상의 존재들이 출현하는데, 각각은 5, 17, 18절에서 알로스 앙겔로스(ἄλλος ἄγγελος, "다른 천사")로 지칭된다. 문맥상으로 보아서, 휘오스 안드로푸(υἱὸς ἀνθρώπου)는 승귀된 예수가 아니라 천사적인 존재를 가리킨다(Kiddle-Ross, 285; Casey, *Son of Man*, 148-49). 베네 아담(בני אדם, "사람의 아들들")이라는 용어가 다니엘 10:16에서 천사적인 존재에 대하여 사용되고 있는 것을 주목하라. 저자가 의도적으로 호 휘오스 투 안드로푸(ὁ υἱὸς τοῦ ἀνθρώπου)를 이 어구로 대체했다는 홀츠(Holtz, *Christologie*, 16; Rusam, "Formeln," 7도 이 견해를 따른다)의 주장은 설득력이 없다. 어쨌든 분명한 것은 문맥상으로 볼 때 이 어구(1:13과 14:14 모두에서)는 복음서들에 나오는 인자 전승들을 알고 있었다는 것을 보여 주지 않고, 직접적으로 다니엘 7:13을 간접 인용하고 있다는 것이다(Borsch, *Son of Man*, 238-40).

14c "그 머리에는 금 면류관이 있고 그 손에는 이한 낫을 가졌더라"(ἔχων ἐπὶ τῆς κεφαλῆς αὐτοῦ στέφανον χρυσοῦν καὶ ἐν τῇ χειρὶ αὐτοῦ δρέπανον ὀξύ – 에콘 에피 테스 케팔레스 아우투 스테파논 크뤼순 카이 엔 테 케이리 아우투 드레파논 옥쉬). 금 면류관은 여러 다양한 함의들을 지니고 있지만(부록 2C: 고대의 화관과 면류관 이미지를 보라), 여기에서는 면류관을 쓴 자의 신분과 권세를 암시하고 있는 것으로 보인다. 이 은유는 너무도 다양하게 사용되고 있기 때문에 많은 학자들이 주장하는 것과는 달리, 여기서 승리를 상징하고 있다고 말할 수 없다. 금 면류관은 요한계시록에서 오직 여기와 4:4, 10(이십사 장로들이 쓴 금 면류관), 6:2(흰 말을 탄 자가 금 면류관을 쓰고 있다), 9:7(마귀에게 속한 황충 기병대가 쓴 면류관)에서만 언급된다. 위에서 지지를 받은 견해, 즉 이 면류관을 쓴 자가 천사라는 견해는 그가 금 면류관을 쓰고 있다는 사실에 의해서 반박되지 않는다. 왜

냐하면 천사들도 종종 방백들로 인식되어 왕관을 쓰고 있거나(*Apoc. Zeph.* A[Clement of Alex. *Strom.* 5.11.77]; *3 Enoch* 16:1; 17:8; 18:25; 21:4) 또는 금 면류관을 쓰고 있는 것으로(*Jos. As.* 14:8-9; Kropp, *Koptische Zaubertexte*, vol. 3 § 371, fig. 10; Baus, *Kranz*, 221) 묘사되기 때문이다. Mach, *Engelglaubens*, 191-208를 보라. 19:12에 나오는 흰 말을 탄 인물은 "많은 면류관"을 쓰고 있지만 금 면류관으로 묘사되고 있지는 않다. 용(12:3)과 바다로부터 올라온 짐승(13:1)은 각각 일곱 개의 왕관과 열 개의 면류관을 쓰고 있는 것으로 묘사된다. 베드로 묵시록 6장(주후 2세기 전반에 쓰여진 것으로 보이는 본문)은 아버지 하나님이 그리스도에게 면류관을 씌워 주시는 것으로 묘사한다. 왕 메시아가 하나님의 면류관을 쓴다는 전승은 극히 후대의 것이다(*Exod. Rab.* 8.1; *Midr. Ps.* 21:1; Braude, *Midrash* 1:204).

벤첸(Bentzen, *VT* 1[1951] 216-17)이 이 절에 나오는 "낫"이 마치 잘 알려져 있는 묵시론적 개념인 것처럼 관사가 붙은 형태로 해석하고자 하는 것은 잘못된 것이다 —사실 여기에서 드레파논(*δρέπανον*)은 무관사 형태로 사용되고 있다. 하지만 드레파논(*δρέπανον*)이 관사가 붙은 형태로 사용되어서 잘 알려진 묵시론적 개념을 가리키는 것으로 보이는 몇몇 본문들이 존재한다(예를 들어, 막 4:29; *T. Abr.*[Rec. A] 4:11; 8:9, 10; *Vit. Proph.* 3.6-7). 수확의 도구가 드레파논 옥쉬(*δρέπανον ὀξύ*, "이한 낫"; 이 동일한 어구는 17절에서 포도 수확을 위하여 사용되는 도구를 묘사하는 데도 사용된다)라는 것은 심판이 염두에 두어지고 있다는 것을 보여 준다.

15a "또 다른 천사가 성전으로부터 나와 구름 위에 앉은 이를 향하여 큰 음성으로 외쳐 가로되"(*καὶ ἄλλος ἄγγελος ἐξῆλθεν ἐκ τοῦ ναοῦ κράζων ἐν φωνῇ μεγάλῃ τῷ καθημένῳ ἐπὶ τῆς νεφέλης*—카이 알로스 앙겔로스 엑셀덴 에크 투 나우 크라존 엔 포네 메갈레 토 카데메노 에피 테스 네펠레스). "또 다른 천사"라는 어구에 관해서는 6절에 대한 "주석"을 보라. 형용사 알로스(*ἄλλος*, "또 다른")는 14절에서 "사람의 아들"로 지칭된 인물이 천사적인 존재로서 유대교적인 관점을 반영하고 있다는 것을 보여 준다(Bousset[1906] 388; Müller, *Messias*, 197; Coppens, "Fils d'homme angélique," 229; Casey, *Son of Man*, 148-49). 부세트(Bousset)는 형용사 알로스(*ἄλλος*)는 저자가 그의 자료에 첨가한 것이라고 주장하지만([1906] 388-89), 요한계시록의 최종 편집자가 14절에 나오는 인자를 천사로 강등시켰을 가능성(Bousset의 견해가 보여 주는 논리)은 거의 없다. 이 천사가 하늘의 성전으로부

터 나왔다는 것은 "구름 위에 앉은 이"에게 수확을 시작하라고 하는 명령이 하나님으로부터 나왔다는 것을 함축하고 있다. 주목할 만한 것은 여기에서 및 16절에서 "사람과 같은 이" 또는 직역하면 "사람의 아들과 같은 이"로 묘사된 첫 번째 인물이 그런 식으로 지칭되지도 않고 면류관을 쓴 자로 지칭되지도 않으며 "구름 위에 앉은 이"로 지칭되고 있다는 것이다. 그러므로 이 인물의 세 가지 특징 중에서 오직 이 측면만이 이야기 속에서 강조되고 있다. 두 번째 인물이 첫 번째 인물에게 수확을 시작하라고 명령하고 있다는 사실은 후자를 메시아 또는 승귀된 예수로 보지 말아야 할 강력한 이유가 된다.

15b "네 낫을 휘둘러 거두라"(*πέμψον τὸ δρέπανόν σου καὶ θέρισον* – 펨프손 토 드레파논 수 카이 데리손). 18절(*πέμψον σου τὸ δρέπανον τὸ ὀξύ* – 펨프손 수 토 드레파논 토 옥쉬, "네 이한 낫을 휘둘러")에서 약간 변형되어 반복되고 있는 펨프손 토 드레파논 수(*πέμψον τὸ δρέπανόν σου*, "네 낫을 휘둘러")라는 어구는 요엘 3:13(MT 4:13)의 쉴후 막갈(שִׁלְחוּ מַגָּל, "낫을 쓰라": 15c절에서 계속되는 간접 인용), 요엘 3:13의 칠십인역 본문의 엑사포스테일라테 드레파나(*ἐξαποστείλατε δρέπανα*, "낫을 휘둘러")에 대한 간접 인용이다. 마가복음 4:29의 아포스텔레이 토 드레파논(*ἀποστέλλει τὸ δρέπανον*, "낫을 대나니")을 참조하라. 요엘 4:13("너희는 낫을 쓰라 곡식이 익었도다"와 "와서 밟을지어다 포도주 틀이 가득히 차고")에 나오는 두 개의 명령이 15절과 18절에서 한 천사가 다른 천사에게 한 명령들로 변화된 이유가 즉각적으로 분명하지는 않지만, 그 대답은 *Midr. Ps.* 8.1.73 (tr. Braude, *Midrash* 1:119)에 나오는 이 본문에 대한 전통적인 유대교적 석의 속에서 찾아볼 수 있을 것이다.

> 성경의 다른 곳에서는 이렇게 말씀한다. "너희는 낫을 대라. 이는 수확할 때가 무르익었음이라. 너희는 와서 밟으라. 이는 포도주 틀이 가득 찼고 그 통들이 넘쳐 흐름이라(욜 4:13)." 하나님은 "너희는 낫을 대라…너희는 밟으라. 이는 포도주 틀이 가득 찼고"라고 누구에게 말씀하실 것인가? 비느아스는 힐기야의 이름으로 이렇게 가르쳤다. 하나님은 이것을 천사들에게 말씀하실 것이다.

이 미드라쉬에서 하나님은 천사들에게 수확할 것과 포도주 틀을 밟을 것을 명령하시지만, 요한계시록 14:14-20에서는 천사들이 다른 천사들에게 하나님의 심판을 가리키는 은유들인 작업들을 행하도록 명령한다. 추수할 일꾼으로서의 천사들의 역할은 마태복음 13:39에 나오는 씨 뿌리는 자의 비유에 대한 마태의 해석에서 명시

적으로 언급된다: 호이 데 데리스타이 앙겔로이 에이신(*οἱ δὲ θερισταὶ ἄγγελοι εἰσιν*, "추수꾼은 천사들이니": Str-B, 1:672에 인용되어 있는 *b. B. Meṣ.* 83b의 별 상관없는 본문을 제외하면 이 절에 대한 랍비 문헌 속의 병행문들이 존재하지 않는다는 것을 유의하라). 마가복음 13:26-27=마태복음 24:30-31에는 인자가 다시 오실 때 그의 천사들을 보내어 세상의 모든 곳으로부터 택하신 자들을 불러 모으는데, 이 더 오래된 본문이 아마도 마태복음 13:39의 자료였을 것이다. 하지만 유대교 전승 속에서는 요한계시록 9:15에서처럼(해당 "주석"을 보라) 사람들을 벌하고 멸망시키는 일에서 하나님의 대리자들인 징벌의 천사들이 존재한다(*1 Enoch* 53:3; 56:1; 62:11; 63:1; 66:1; *3 Enoch* 31:2; 32:1; 33:1; *b. Šabb.* 55a; 88a; 참조. P. S. Alexander in Charlesworth, *OTP* 1:285 nn. 31-32; K. E. Grözinger, "Engel III," *TRE* 9:591; Michl, "Engel II," *RAC* 5:75-76).

드레파논(*δρέπανον*)이라는 용어는 여러 다양한 맥락들에서 극히 부정적인 의미, 즉 죽음, 멸망, 심판을 암시하는 은유적인 용법으로 사용된다. 스가랴 5:1-5의 칠십인역 본문에서 이 선지자는 드레파논 페토메논(*δρέπανον πετόμενον*, "날아가는 낫")을 본다. 여기에서 낫은 온 땅의 지면에 임하여 모든 도적들과 거짓 맹세한 자들을 벌하는 저주를 가리키는 은유다. 이것은 자음 본문에 대한 오독이지만("날아가는 두루마리"를 의미하는 미글라 에파[מגלה עפה]는 막갈 아파[מגל עפה, "날아가는 낫"]로 오해되었다), 스가랴 5:1-5의 문맥 속에서 완벽하게 의미가 통한다. 헤 투 다나투 드레파네(*ἡ τοῦ θανάτου δρεπάνη*, "죽음의 낫")라는 어구는 *T. Abr.*[Rec. A] 4:11; 8:9, 10에서 3번 발견되는 어구다. 이 어구는 분명히 죽음을 가리키는 은유다(참조. Horace *Ep.* 2.2.171-79; Claudian *Eutrop.* 2.141-46; *Neuer Wettstein*, vol. 2/2, ad loc.). *Vit. Proph.* 3.6-7에서 에스겔은 "땅 끝까지 황폐의 낫"(*τὸν δρέπανον τῆς ἐρημώσεως εἰς πέρας τῆς γῆς* – 톤 드레파논 테스 에레모세오스 에이스 페라스 테스 게스)이 올 것을 예언했다고 하는데, 이것은 분명히 온 우주적인 하나님의 심판을 가리키는 은유다(Schwemer, "Vitae Prophetarum," 244-47). 소아시아 지방의 아크모니아(Acmonia)에서 나온 헬라-유대의 장례와 관련된 금석문(주후 2세기경)에서 저자는 무덤을 범하는 자들을 벌할 때 사용할 수단으로서 토 아라스 드레파논(*τὸ ἀρᾶς δρέπανον*, "저주의 낫")을 언급하는데, 이것은 아마도 스가랴 5:1에 대한 간접 인용인 것으로 보인다(*CIJ*, 769; Trebilco, *Jewish Communities*, 74-76). 꿈 해석과 관련해서 낫은 극히 부정적인 의미를 지니고 있었다(Artemidorus *Oneir.* 2.24).

드레파논(*δρέπανον*)이라는 용어는 낫(LXX 신 16:9; 23:25), 쇠스랑(LXX 미 4:3; 욜 3:10[MT 4:10]; 사 2:4), 포도 수확을 하는 자가 쓰는 칼, 초승달처럼 굽은 칼(LSJ, 449) 등 여러 가지 모양의 굽은 칼들을 가리킬 수 있었다(Jos. *J. W.* 3.95, 225). 벤첸(Bentzen, *VT* 1[1951] 216-17)은 초승달처럼 굽은 칼은 바빌로니아, 애굽, 페니키아에서의 면류관처럼 왕권의 상징이었기 때문에 이 절에 나오는 인자는 왕으로 묘사되어 있고, 스가랴 5:1에 대한 칠십인역 본문의 읽기(위에서 논의한)는 고대 근동의 제왕 이데올로기에 토대를 두고 있는 것이라고 주장한다. *Vit. Proph.* 22.11에 의하면, 이 용어는 도끼에 대해서도 사용될 수 있다고 한다. 예레미야 50:16과 요엘 3:13(MT 4:13)에 나오는 히브리어 단어인 막갈(מגל)은 그 의미가 좀더 좁지만, 이 단어는 낫과 포도를 수확하는 자가 쓰는 칼을 둘 다 가리킬 수 있었다(Galling, *BibReal*, 475-76).

15c "거둘 때가 이르러 땅에 곡식이 다 익었음이로다"(*ὅτι ἦλθεν ἡ ὥρα θερίσαι, ὅτι ἐξηράνθη ὁ θερισμὸς τῆς γῆς* - 호티 엘덴 헤 호라 데리사이 호티 엑세란데 호 데리스모스 테스 게스). 추수(곡물, 포도, 감람유)를 하나님의 심판을 가리키는 은유로 사용한 것에 대해서는 이사야 17:5; 18:4-5; 24:13; 예레미야 51:33; 호세아 6:11; 요엘 3:13(MT 4:13); 미가 4:12-13; 마태복음 13:24-30, 36-43; 마가복음 4:29; 4 Ezra 4:28-32; *2 Apoc. Bar.* 70:20을 보라. 마태복음 3:11-12에서 타작 마당은 의인들과 악인들을 구분해서 의인들에게는 구원을, 악인들에게는 정죄를 가져오는 것에 대한 이미지다. 곡식 수확은 택하신 자들을 불러모으거나(눅 10:2=마 9:37-38=*Gos. Thom.* 73; 마 13:30, 43; 요 4:35-38) 의인들의 상급(에스라4서 4:35)을 가리키는 은유로서 긍정적인 의미로 사용되기도 한다. 14:14-16에 나오는 곡식 추수는 종종 택하신 자들을 불러모으는 것을 가리키는 은유로서 종말론적인 추수를 가리키는 것으로 해석되지만, 그러한 견해는 근거가 없다.

16 "구름 위에 앉으신 이가 낫을 땅에 휘두르매 곡식이 거두어지니라"(*καὶ ἔβαλεν ὁ καθήμενος ἐπὶ τῆς νεφέλης τὸ δρέπανον αὐτοῦ ἐπὶ τὴν γῆν καὶ ἐθερίσθη ἡ γῆ* - 카이 에발렌 호 카데메노스 에피 테스 네펠레스 토 드레파논 아우투 에피 텐 겐 카이 에데리스데 헤 게). 이 절은 15절에서 시작된 요엘 3:13(MT 4:13)에 대한 간접 인용을 계속 이어간다. 요엘서에 나오는 이 본문 전체는 포도 송이들을 모으는 일과 포도들을 포도주 틀에 넣어서 즙을 짜기 위하여 밟는 일을 포함한 포도 수확에 관한 두 개의 병행적인 이행시(그러므로 칠십인역에서는 카치르[קָצִיר]를 트뤼게토스[*τρύγητος*]로 올바르게 이해하고 있다)로 이루어진 은유를

사용한다. 하지만 요한계시록 14:15-16은 요엘 3:13을 마치 곡식 추수와 관련이 있는 것처럼 읽고 있는데, 이것은 요엘 3:13에 대한 전통적인 유대교의 석의를 반영하고 있는 것이다(참조. 막 4:29; *Midr. Ps.* 8.1[아래에서 부분적으로 인용됨]). 그러므로 요한계시록 14:15-20은 두 번의 추수, 즉 곡식 추수(15-16절)와 포도 수확(17-20절)을 연속적으로 다루고 있는데, 이 두 번의 추수는 모두 요엘 3:13(MT 4:13)을 특정한 방식으로 읽는 것으로부터 유래한 것이다. 바우크햄(Bauckham, "Conversion," 283-96)은 15-16절에 나오는 곡식 추수를 세상의 열방들로부터 백성들이 회심하는 것이라는 긍정적인 의미로 해석하고, 17-20절에 나오는 포도 수확을 세상의 열방들로부터 회개치 않은 백성들을 벌한다는 부정적인 의미로 해석한다. 곡식 추수에 관한 은유는 16절에서 갑자기 중단되고, 흔히 하나님의 심판을 가리키는 은유들로 사용되는 타작과 키질에 대한 언급을 통해 계속해서 발전되지는 않는다(렘 51:33; 미 4:12-13; 합 3:12; 마 3:2[=눅 3:17]). 이것은 심판에 대한 분명한 은유로서 포도주 틀에서 포도들을 밟는 것으로 끝나는 18-20절의 포도 수확에 관한 은유와 대조를 이룬다. 통상적으로 부정적인 은유적 의미를 지니는 타작과 키질과는 별도로, 곡식을 거두어들이는 것 자체는 분명히 긍정적인 의미를 가질 수 있지만(요 4:35-38), 성경 본문들에서는 종종 부정적인 의미도 지닐 수 있다(사 17:4-5; 렘 51:33; 호 6:11). 하지만 몇몇 랍비 본문들 속에서 요엘 3:13에 나오는 두 번의 수확에 관한 전승은 부정적으로 이해되었다. 이것은 *Midr. Ps.* 8.1(tr. Braude, *Midrash* 1:119-20)에 반영되어 있다.

> "추수"는 바벨론의 멸망을 의미한다[렘 51:33]…"포도 수확"은 헬라의 멸망을 의미한다(슥 9:13)…"감람 열매를 따는 것"은 메대의 멸망을 의미한다(에 7:10)…"포도주 틀을 밟는 것"은 에돔의 멸망을 의미한다(사 63:3).

(랍비 유대교에서 에돔은 바벨론과 마찬가지로 흔히 로마 제국을 가리키는 상징으로 사용되었다; Hadas-Lebel, *Jérusalem*, 460-73; Avemarie, "Edom," 177-208를 보라.) *Iliad* 11.67-71에서는 밀이나 보리의 수확에 관한 직유는 트로이 사람들과 헬라인들이 전투 중에 서로를 베는 것을 묘사하는 데 사용된다. 마크로비우스(Macrobius)는 호머가 많은 사람들을 도륙하는 것을 묘사하기 위하여 "사람들의 추수"(*messem hominum*)라는 표현을 사용하고 있다고 주장한다.

이 첫 번째 추수에 관한 묘사는 17-20절에서 포도들을 모은 후에 포도주 틀에서 포도들을 밟는다는 것을 강조하는 두 번째 수확과는 대조적으로 모아들인 곡식을 어떻게 했다는 것(즉 타작 과정)에 관하여 전혀 말하지 않은 채로 갑자기 끝난다. 그러한 타작 과정은 거의 언제나 부정적인 은유이기 때문에 그러한 과정이 서술되고 있지 않다는 것은 이 곡식 추수를 "추수된" 자들의 종말론적인 구원을 가리키는 은유로 해석할 수 있는 여지를 남겨 준다(반드시 그렇게 해석해야 되는 것은 아니지만) - 택하신 자들을 종말에 불러모은다는 주제는 초기 기독교 문헌들 속에 종종 등장한다: 살전 4:17; 살후 2:1; 막 13:27=마 24:31). "양식/구조/배경", III. 요한계시록 14:14-20에 대한 해석을 보라. 이 점에서 이 두 단락은 문학적으로 비대칭적으로 되어 있다. 낫을 대는 것과 땅에 있는 것을 추수하는 것은 단일한 행동으로 볼 수 있고, 이 경우에 단순과거 수동형인 에데리스데(*ἐθερίσθη*, "거두어지니라")는 추수를 행하는 "구름 위에 앉으신 이"와 관련되어 있다. 또는 이 두 가지 행위는 서로 구별되는 두 개의 행위로 볼 수도 있는데, 이 경우에 에데리스데(*ἐθερίσθη*)의 주어는 정해지지 않는다(Lohmeyer, 128; Kraft, 198).

끝으로, 에데리스데 헤 게(*ἐθερίσθη ἡ γῆ*, "땅이 수확되었다"[개역성경에서는 "곡식이 거두어지니라"])라는 어구는 분명히 호 데리스모스 테스 게스(*ὁ θερισμὸς τῆς γῆς*, "땅의 추수"; 15절)를 나타내는 비유적인 언어로서, 이것은 마태가 마태복음 13:38(*ὁ δὲ ἀγρός ἐστιν ὁ κόσμος* - 호 데 아그로스 에스틴 호 코스모스, "밭은 세상이요")에서 가라지 비유(마 13:24-30)의 여러 특징 중 하나의 의미를 설명하면서 알레고리적으로 동일시한 것들 가운데 하나와 아주 유사하다. 알레고리적인 동일시들 중의 또 다른 하나는 거두는 자들이 천사들이라고 구체적으로 명시하고 있기 때문에(마 13:39), 마태복음 13:36-43과 요한계시록 14:14-16 간에는 전승상의 연결고리가 존재하는 것으로 보인다.

17 "또 다른 천사가 하늘에 있는 성전에서 나오는데 또한 이한 낫을 가졌더라"(*καὶ ἄλλος ἄγγελος ἐξῆλθεν ἐκ τοῦ ναοῦ τοῦ ἐν τῷ οὐρανῷ ἔχων καὶ αὐτὸς δρέπανον ὀξύ* - 카이 알로스 앙겔로스 엑셀덴 에크 투 나우 투 엔 토 우라노 에콘 카이 아우토스 드레파논 옥쉬). "또 다른 천사"라는 어구에 관해서는 6절에 대한 "주석"을 보라. 15절에 나오는 천사의 경우에서와 마찬가지로, 이 천사가 하늘의 성전으로부터 출현한다는 것은 그의 임무가 하나님으로부터 나왔다는 것을 보여 준다.

18a "또 불을 다스리는 다른 천사가 제단으로부터 나와"(*καὶ ἄλλος ἄγγελος [ἐξῆλθεν] ἐκ τοῦ θυσιαστηρίου [ὁ] ἔχων ἐξουσίαν ἐπὶ τοῦ πυρός* - 카이 알로스 앙겔로스 엑셀덴 에크 투 뒤시아스테리우 호 에콘 엑수시안 에피 투 퓌로스).

("또 다른 천사"라는 어구에 관해서는 6절에 대한 "주석"을 보라.) 뒤시아스테리온(*θυσιαστήριον*)이라는 용어는 요한계시록에 8번 나오는데, 향단(8:3[2x], 5; 9:13) 또는 번제단(6:9; 9:13; 14:18; 16:7)에 해당하는 하늘에 있는 것들을 가리킬 수도 있고, 좀더 확대해서 나오스(*ναός*)의 동의어로 "성소"를 의미할 수도 있다(6:9에 대한 "주석"을 보라).

"불을 다스리는 다른 천사"라는 어구는 몇 가지 문학적인 기능을 수행한다. 전체적으로 이 어구는 여러 인물들을 서술적인 분사구로 규정하는 저자의 경향과 일치하고(계 11:7; 17:1, 7, 8, 11; 21:9), 좀더 구체적으로는 이 특정한 천사를 저자에 의해서 언급된 그 밖의 다른 많은 익명의 천사들과 구별시키는 역할을 한다. 또한 이 어구는 이 천사를 특별히 중요한 천사로 규정하기도 한다. 왜냐하면 불을 다스리는 권세를 지닌 천사는 하나님의 원수들을 벌하는 하나님의 대리자이기 때문이다. 유대교 전승에 의하면, 천사들마다 네 바람(계 7:1), 무저갱(계 9:11), 물들(계 16:5)을 포함해서 세상의 여러 측면에 대한 권세를 지니고 있다고 한다. *Bib. Ant.* 38.3에서는 "불을 관장하는 천사 나다니엘"에 대하여 언급하고 있고, *T. Abr.*[Rec. A] 13:10에서는 "부루엘은 불을 관장하는 대 천사"(*Πυρουὴλ ὁ [ἀρχ] ἄγγελος ὁ ἐπὶ τὸ πῦρ ἔχων τὴν ἐξουσίαν*—퓌루엘 호 아르크 앙겔로스 호 에피 토 퓌르 에콘 텐 엑수시안)인데(이 천사는 *T. Abr.*[Rec. A] 12:14에서 "불을 관장하는 맹렬한 천사"로 언급된다), 그의 임무는 불로써 사람들의 행위들을 시험하는 것이라고 말한다. 마찬가지로, CD[MS A] 2:5-6에서는 "모든 멸망의 천사들[כל מלאכי הבל בלהבי אש בי—벨라하베 에쉬 비 콜 말아케 헤벨], 즉 악인들을 고문하는 것을 그 임무로 삼는 천사들에 의해서 맹렬한 화염으로" 고통당할 것을 경고한다. 소아시아 지방의 키드라마(Kidrama)에서 발견된 한 저주 문서는 휘포 톤 퓌로스 안겔론(*ὑπὸ τῶν πυ[ρὸς] ἀνγέλω[ν]*, "불의 천사들의 손에 고통당하기를")이라는 어구를 포함하고 있다(J. and L. Robert, *La Carie*[Paris, 1954] 366, no. 191, frag. A). 또한 이라크의 텔 카파예(Tell Khafaje)에서 나온 아람어로 된 주문이 적힌 그릇(주후 3세기에서 7세기의 것)에는 "불의 나라의 우두머리"인 천사적인 존재에 관하여 기록하고 있다(E. M. Cook, "An Aramaic Incantation Bowl from Khafaje," *BASOR* 285[1992] 79-81). 천사들이 불로부터 창조되었다는 사상은 초기 유대교에 널리 퍼져 있었는데, 이것은 시편 104:4에 토대를 둔 것으로 히브리서 1:7에도 인용되어 있고(*Jub.* 2:2; *2 Apoc. Bar.* 21:6; 48:8; *2 Enoch* 39:5; *Apoc. Abr.* 19:6; *Gen. Rab.* 78:1; 1QH 1:10-11; *Hekalot Rabbati* 15:8-16:2; *Masseket Hekalot* 4; *Sep-*

her ha-Razim 1.9 -10[tr. Morgan, 21]). "불의 천사(들)"라는 어구는 *Sepher ha-Razim*(3.23, 28, 57-58; 4.9)에 서너 번 등장한다. 에녹2서 29:2-3에는 천사들이 불로부터 창조되었다는 것에 대한 언급이 있고, 따라서 그들의 병기와 옷은 모두 불이라고 말하고 있다.

18b "이한 낫 가진 자를 향하여 큰 음성으로 불러 가로되 네 이한 낫을 휘둘러 땅의 포도 송이를 거두라"(*καὶ ἐφώνησεν φωνῇ μεγάλῃ τῷ ἔχοντι τὸ δρέπανον τὸ ὀξὺ λέγων· πέμψον σου τὸ δρέπανον τὸ ὀξὺ καὶ τρύγησον τοὺς βότρυας τῆς ἀμπέλου τῆς γῆς* – 카이 에포네센 포네 메갈레 토 에콘티 토 드레파논 토 옥쉬 레곤 펨프손 수 토 드레파논 토 옥쉬 카이 트뤼게손 투스 보트뤼아스 테스 암펠루 테스 게스). 이 절은 요엘 3:13(MT 4:13)에 대한 간접 인용을 계속해서 이어 나가고 있는데, 여기에서 포도 수확은 하나님의 심판을 가리키는 은유다. 또한 이사야 63:1-6, 예레미야애가 1:15도 보라(Fekkes[*Isaiah*, 195-96]는 진노와 피라는 모티프들이 사 63:2-3에는 나오지만 욜 3:13에는 나오지 않는다는 점을 근거로 이 절에서는 욜 3:13[MT 4:13]만이 아니라 이사야 63:3에 대한 간접 인용도 존재한다고 주장한다). 17절에서 하늘의 성전으로부터 출현한 천사는 단지 하나의 특성만이 규정되어 있다(세 가지 특성으로 묘사되고 있는 14절에 나오는 인물과는 대조적으로). 이 천사는 날카로운 낫을 들고 있기 때문에 단순히 "이한 낫을 가진 자"로 지칭된다 – 17절에 나오는 천사도 날카로운 낫을 가진 것으로 묘사되고 있지만.

19a "천사가 낫을 땅에 휘둘러 땅의 포도를 거두어"(*καὶ ἔβαλεν ὁ ἄγγελος τὸ δρέπανον αὐτοῦ εἰς τὴν γῆν καὶ ἐτρύγησεν τὴν ἄμπελον τῆς γῆς* – 카이 에발렌 호 앙겔로스 토 드레파논 아우투 에이스 텐 겐 카이 에트뤼게센 텐 암펠론 테스 게스). 포도를 거두어들이는 것 자체는 종말론적인 심판을 나타내는 은유이지만, 19b절에서 포도주 틀이 강조되고 있는 것은 심판에 대한 두 번째 은유다(참조. 19:15c). 하나님의 심판을 가리키는 은유들로서 포도 수확과 포도주 틀은 위에서 언급한 요엘 3:13(MT 4:13)에서 발견된다.

19b "하나님의 진노의 큰 포도주 틀에 던지매"(*καὶ ἔβαλεν εἰς τὴν ληνὸν τοῦ θυμοῦ τοῦ θεοῦ τὸν μέγαν* – 카이 에발렌 에이스 텐 레논 투 뒤무 투 데우 톤 메간). 이 구절은 하나님을 포도주 틀에서 포도를 밟는 자가 입은 의복과 마찬가지로 원수들의 피로 얼룩진 옷을 입고 나타나는 전사로 묘사하고 있는 이사야 63:1-6에 대한 간접 인용이다(19:15에 대한 "주석"을 보라). 포도 수확과 최후의 종말론적인 전투 간의 연결고리들(이것은 20절에서 분명해진다)은 Tg. *Isa.* 63:3-4(tr. Chilton,

Isaiah Targum)에 나온다(강조체는 마소라 본문에 대한 첨가들을 나타낸다).

> **보라, 포도들이 포도주 틀에서 밟히듯이** 열방의 **군대들 가운데서 도륙이 심해질 것이고,** 내 **앞에서 그들에게는 어떤 힘도 있지 않을 것이다.** 나는 나의 분노로써 그들을 **죽이겠고,** 나의 진노로써 그들을 밟으리라. **나는 내 앞에서 그들의 강한 자들의 힘을 부술 것이고, 그들의 지혜로운** 모든 **자들을 허사로 만들 것이다. 보수**의 날이 **내 앞에 있고,** 내 **백성의 구원**의 해가 도래했다.

이와 비슷한 연관 관계는 Tg. *Neb.* Joel 4:13-14(tr. Cathcart-Gordon, *Targum*)에도 나온다(강조체는 마소라 본문에 대한 첨가를 나타낸다).

> **그들에게 칼**을 대라. 이는 **그들의 종말의 때가 도래했음이라. 내려가서 포도들을** 포도주 틀에서 **밟는 것처럼 그들의 전사를 밟아서 죽여라. 그들의 피를 쏟게 하라.** 이는 그들의 악함이 큼이니라. **판결** 골짜기에서 **군대** 위의 **군대**라. 이는 **판결** 골짜기에서 하나님으로부터 **임할** 날이 가까움이니라.

요한계시록에서 레노스(*ληνός*, "포도주 틀")라는 용어는 여기 19-20절과 19:15에 나온다.

20a "성 밖에서 그 틀이 밟히니"(*καὶ ἐπατήθη ἡ ληνὸς ἔξωθεν τῆς πόλεως* – 카이 에파테데 헤 레노스 엑소덴 테스 폴레오스). 이 성이 구체적으로 어느 성인지는 나와 있지 않지만, 정관사가 함께 사용되고 있다는 것은 이 성이 예루살렘이라는 것을 보여 주고(Lohmeyer, 129), 포도를 밟는다는 것은 예루살렘 근처에서 일어나게 될 최후의 종말론적인 전투를 가리키는 은유일 가능성이 크다(욜 3:2, 12; 슥 14:2-4; 4 Ezra 13:33-35; *2 Apoc. Bar.* 40.1; 참조. 계 19:17-21; 20:7-9). 단순과거 수동형의 동사 에파테데(*ἐπατήθη*, "밟히니")는 극히 모호하고, 신성 수동태(*passivum divinum*) 즉 하나님의 행위를 나타내는 완곡어법으로 사용되는 수동태일 수 있기 때문에 포도주 틀을 밟는 자의 정체도 분명하게 명시되어 있지 않다. 하지만 19:15에서 하나님의 진노의 포도주 틀에서 포도들을 밟는 자는 흰 말을 탄 자(즉 심판을 수행하기 위하여 천군을 이끌고 다시 오시는 승귀된 그리스도)다.

성의 "밖"에 대한 언급은 여기에서 예수 자신이 예루살렘 밖에서 처형되었다는 복음서 전승에 따라서 탈리오의 법칙(*ius talionis*)이 적용되고 있음을 보여 주는 것일 수 있다(마 27:33=막 15:22=눅 23:33=요 19:17; 히 13:12-13). 따라서 이 심판은 일종의 권선징악적인 성격을 지니게 된다. 물론 포도주 틀은 규모가 작든 크든 언제나 모든 포도원에 설치되어 있었고, 포도원은 통상적으로 예루살렘을 포함한 성읍들의 성벽 밖에 위치해 있었다. 부세(Bousset)는 이 본문이 원래는 묵시문학의 단편이었는데 개작된 것이라고 생각한다([1906] 390).

20b "틀에서 피가 나서 말굴레까지 닿았고 일천육백 스다디온에 퍼졌더라"(*καὶ ἐξῆλθεν αἷμα ἐκ τῆς ληνοῦ ἄχρι τῶν χαλινῶν τῶν ἵππων ἀπὸ σταδίων χιλίων ἑξακοσίων*–카이 엑셀덴 하이마 에크 테스 레누 아크리 톤 칼리논 톤 힙폰 아포 스타디온 킬리온 헥사코시온). 고대에는 피와 포도주를 결부시키는 경향이 널리 퍼져 있었다. 포도즙은 흔히 하이마 스타퓔레스(*αἷμα σταφυλῆς*, "포도즙의 피"), 그리고 이와 비슷한 표현들(창 49:11; 신 32:14; Sir 39:26; 50:15; 1 Macc 6:34; *ANET*, 133; Achilles Tatius 2.2.5[*αἷμα βότρυος*]; Clement Alex. *Paed.* 2.19.3; 2.29.1; *Strom.* 5.8.48.8)로 지칭되었는데, 이것은 분명히 붉은 포도즙이 피를 닮았기 때문이다(St ephanus, *TGL* 1:972).

바우크햄(Bauckham)은 엄청난 규모의 도륙을 보여 주는 엄청난 양의 피에 대해서 말하고 있는 이러한 과장법은 고대 문헌들 속에서 흔히 발견되는 상투적인 표현법이라는 것을 보여 주었다("Traditions," 40-48).

이 상투적인 표현이 가장 먼저 발견되는 대목은 에녹1서 100:3이다(tr. Knibb, *Enoch*). "그 말은 죄인들의 피가 가슴까지 차 있는 가운데 걷게 될 것이다." 주후 2세기에 나온 이와 병행되는 본문은 4 Ezra(6 Ezra) 15:35b-36에서 발견된다. "칼에서 나온 피가 말의 배, 사람의 장단지, 낙타의 무릎까지 차게 될 것이다." 이러한 자료들이 서로 문헌적인 의존관계에 있었다는 것을 보여 주는 증거는 존재하지 않지만, 주목할 만한 것은 이러한 자료들이 도륙의 정도에 대한 과장법, 즉 말들이 3-4피트나 되는 피의 물결 속을 헤엄쳐 가게 될 것이라는 공통의 과장법을 공유하고 있다는 것이다. 그 밖의 다른 병행들로는 *y. Ta'an.* 4.8; *Lam. Rab.* 2.2.4; *b. Giṭ.* 57a 등이 있다. Bauckham, "Traditions," 40-43; Str-B, 3:817를 보라. 요세푸스는 주후 70년에 예루살렘이 함락되었을 때 로마인들에 의해 많은 유대인들이 죽임을 당한 것을 언급하면서 이 상투적인 표현을 역사화한다(*J. W.* 6.406). 수많은 시체들이 "도성 전체를 피로 홍수가 나게 했기 때문에 많은 불들이 피의 강물에 의해서 꺼질 정도였다." 이 묵시론적 과장법 속에 말굴레에 대한 언급을 포함시키고 있다는 것은 저자가 19:11-21에 반영되어 있는 결정적인 종말론적 전투를 간접 인용하고 있다는 것을 보여 준다(Charles, 2:26; Yarbro Collins, *Combat Myth*, 37). 말굴레에 대한 언급은 19:14에서처럼 승리한 천군의 존재를 암시하는 것으로 보인다(Charles, 2:26; Bornkamm, *TDNT* 4:256). 보른캄(Bornkamm)은 14:20이 문자적으로 19:11-20에 의존하고 있다고 주장한다(*TDNT* 4:256).

해설

요한계시록 14장은 도입어인 "또 내가 보니 보라"(1절)를 통해서 시작되고 15:1의 "또 하늘에 크고 이상한 다른 이적을 보매"라는 표현을 통한 새로운 주제의 분명한 시작에 의해서 그 앞과 뒤가 정확하게 구분되어 있는 네 개의 자족적인 본문 단위로 이루어진 특히 복잡한 대단락이다(1-5, 6-12, 13, 14-20절). 이 대단락이 요한계시록에 나오는 다른 본문들과 많은 병행들을 가지고 있다는 것은 요한계시록 14장이 저자가 좋아하는 주제들과 정형 문구들을 모아서 짜깁기한 것임을 보여 준다. 이 장은 6-20절에서 "또 다른 천사"에 대한 6번의 언급을 통해서 부분적으로 통합되어 있다. 짐승을 경배하고 그의 인을 받는 자들을 묘사하는 요한계시록 13장에 대한 짝으로서 14:1은 어린양과 그의 아버지의 이름을 그들의 이마에 지니고 있는 144,000명(7:3-8에 대한 간접 인용)을 소개하고, 14:9-11은 짐승을 경배하고 그의 인을 받은 자들을 영원한 고통에 배정한다.

본문의 첫 번째 단락(1-5절)은 목자와 인도자라는 역설적인 역할 속에서 다윗 가문의 메시아를 나타내는 어린양(7:17을 보라)과 사람들로부터 구속을 받아서 예루살렘이 있는 곳인 시온 산에 불러 모아진 144,000명(시편 2:6에 대한 간접 인용)을 중심으로 한 종말론적인 장면에 초점을 맞춘다. 144,000이라는 숫자는 두 번 나오는데, 이것은 우리에게 7:4-8에서 인침을 받은 144,000명을 연상시킨다. 1절과 4-5절 사이에 배치된 정체를 알 수 없는 천상의 합창대에 의해서 불려진 신비한 새 노래는 오직 144,000명만이 알아듣고 배울 수 있다고 함으로써 144,000명의 특별한 지위가 강조되고 있다. 144,000명의 정체는 4-5절에서 세 개의 병행절을 통해서 주의 깊게 설명된다. (1) 그들은 여자로 스스로를 더럽히지 않았다. 그들은 "동정들" 또는 "독신들"이다(그들의 도덕적 및 영적 순결을 가리키는 은유). (2) 그들은 어린양이 어디로 인도하든지 따라간다(제자도에 관한 언어). (3) 그들은 땅으로부터 구속을 받아서 하나님과 어린양에게 바쳐진 종들이고, 그들의 입 속에는 거짓이 없고 (다른 희생 제물들과 마찬가지로) 흠이 없다.

두 번째 단락(6-12절)은 세 개의 병행적인 천사들의 말로 이루어져 있고, 9-11절을 토대로 한 인내하라는 권면(12절)으로 끝난다. 첫 번째 천사의 메시지는 영원한 하나님의 복음, 그리고 임박한 세상의 종말과 하나님의 심판에 비추어 볼 때 회개와 회심이 반드시 필요하다는 것을 선포하는 종말론적인 메시지를 온 우주에 선포하는 것이다. 두 번째 천사의 메시지는 나중에 요한계시록 17:1-19:10에서 설명이 될 종말론적 사건인 바벨론-로마의 멸망을 18:3과 어휘상으로 아주 비슷한 형태로 미리 선포하는 것으로 이루어져 있다. 세 번째 천사의 메시지는 짐승을 경배하고 그들의 몸에 그의 인을 받은 자들을 기다리고 있는 영원한 고통을 선언한다(9-11절). 핍박을 참고 인내하라는 권면은 하나님의 계명을 지키고 예수에 대한 믿음을 지킨 하나님의 백성을 향한 것이다.

세 번째 단락은 기록하라는 명령으로 시작하여 그들의 믿음 때문에 죽임을 당한 자들에 대하여 축복을 선언하는 13절의 축복문인데, 이것은 앞 장에서 예언된 내용(13:7), 즉 짐승이 바다로부터 출현해서 하나님의 백성에 대하여 핍박과 살해를 수행하는 것에 대한 간접 인용이다.

네 번째 단락(14-20절)은 14-16절, 그리고 17-20절에 나오는 이행시로 이루어져 있다. 14절의 "사람의 아들과 같은 이"(단 7:13에 대한 간접 인용)는 메시아 또는 (좀더 구체적으로 말해서) 승귀된 그리스도가 아니라 천사적인 존재다. 물론 요한계시록 1:13에 나오는 동일한 간접 인용은 분명히 승귀된 그리스도를 가리키기 위하여 사용되고 있지만 말이다. 14-16절에 묘사된 곡식 추수와 17-20절에 나오는 포도 수확(이 둘은 모두 욜 3:13에 대한 극화된 간접 인용들이다)은 모두 하나님의 대리자들인 천사들에 의해서 수행되는 종말론적인 심판을 나타내는 은유들이다. 하나님의 진노의 큰 포도주 틀 속에서 포도를 밟는다는 것에 대한 명시적인 언급(19절)은 피가 말굴레에 닿을 정도까지 넘쳐 흘렀다는 것에 대한 언급과 더불어서 하나님이 최후의 종말론적인 전투에서 결정적으로 승리하신다는 것을 보여 주는 것이다(19:17-21과 20:7-10을 보라).

5. 일곱 대접(15:1-16:21)

참고문헌

Amiram, D. H. K., Arieh, E., and **Turcotte, T.** "Earthquakes in Israel and Adjacent Areas: Macroseismic Observations since 100 B.C.E." *IEJ* 44(1994) 260-305. **Aune, D. E.** "A Latinism in Revelation." *JBL* 110(1991) 691-92. **Betz, H. D.** "On the Problem of the Religio-Historical Understanding of Apocalypticism." *JTC* 6(1969) 134-56. **Brown, J. P.** "The Ark of the Covenant and the Temple of Janus: The Magico-Military *Numen* of the State in Jerusalem and Rome." *BZ* 30(1986) 20-35. **Brox, N.** *Der Hirt des Hermas.* KAV 7. Göttingen: Vandenhoeck & Ruprecht, 1991. **Cérny, L.** *The Day of the Lord and Some Relevant Problems.* Prague: Náskladem Filofické Fakulty University Karlovy, 1948. **Charlesworth, M. P.** "The Virtues of a Roman Emperor." *PBA* 23(1937) 105-34. **Davies, G. I.** *Megiddo.* Grand Rapids, MI: Eerdmans, 1986. **De Moor, J. C.,** and **Staalduine- Sulman, E. van.** "The Aramaic Song of the Lamb." *JST* 24(1993) 266-79. **Everson, A. J.** "The Days of Yahweh." *JBL* 93(1974) 329-37. **Eybers, I. H.** "Shephelah and Armageddon - What Do They Signify?" *Theologia Evangelica* 10(1977) 7-13. **Ford, J. M.** "The Structure and Meaning of Revelation 16." *ExpTim* 98(1987) 327-30. **Goldin, J.** *The Song at the Sea.* New Haven, CT: Yale UP, 1971. **Haran, M.** *Temples and Temple-Service in Ancient Israel.* Oxford: Clarendon, 1978. **Hartman, L.** *Prophecy Interpreted: The Formation of Some Jewish Apocalyptic Texts and of the Eschatological Discourse Mark 13 par.* ConBNT 1. Lund: Gleerup, 1966. **Hoffmann, Y.** "The Day of the Lord as a Concept and a Term in the Prophetic Literature." *ZAW* 93(1981) 37-50. **Jeremias, Joachim.** "Har Magedon(Apc 16:16)." *ZNW* 31(1932) 73-77. ______. "*Har Magedon*(Apk. 16:16) and Megiddo." *JPOS* 12(1932) 49-50. **Jørgensen, G.** "Gravhulen på Makpelas mark: Mosebøgerne." In *Sola Scriptura,* ed. K. M. Andersen, E. Hviid, and H. J. Lundager Jensen. Frederiksberg, 1993. 102-15. **LaRondelle, H. K.** "The Biblical Concept of Armageddon." *JETS* 28(1985) 21-31. ______. "The Etymology of *Har-Magedon*(Rev 16:16)." *AUSS* 27(1989) 69-73. **Loasby, R. E.** "'Har-Magedon' according to the Hebrew in the Setting of the Seven Last Plagues of Revelation 16." *AUSS* 27(1989) 129-32. **Michael, J. H.** "Har-Magedon." *JTS* 38(1937) 168-72. **Müller, H.-P.** "Die Plagen der Apokalypse: Eine formgeschichtliche Untersuchung." *ZNW* 51(1960) 268-78. **Nielsen, K.** *Incense in Ancient Israel.* Leiden: Brill, 1986. **Rad, G. von.** "The Origin and the Concept of the Day of Yahweh." *JSS* 4(1959) 97-108. **Schäfer, P.** *Rivalität zwischen Engeln und Menschen: Untersuchungen zur rabbinischen Engelvorstellung.* SJ 8. Berlin: New York: de Gruyter, 1975. **Schieber, A. S.** *The Flavian Eastern Policy.* Ann Arbor, MI: University Microfilms, 1975. **Shea, W. H.** "The Location and Significance of Armageddon in Rev 16:16." *AUSS* 18(1980) 157-62. **Spiekermann, H.** "Die Irae: Der alttestamentliche Befund und Seine Vorgeschichte." *VT* 39(1989) 194-208. **Staalduine-Sulman, E. van.** "The Aramaic Song of the Lamb." In *Verse in Ancient Near Eastern Prose,* ed. J. C. de Moor and W. G. E. Watson. Neukirchen: Neukirchener, 1993. 265-92. **Stanley, D. M.** "'Carmenque Christo quasi Deo dicere.'" *CBQ* 20(1958) 173-91. **Staples, P.** "Rev XVI 4-6 and its Vindication Formula." *NovT* 14(1972) 280-93. **Thomas, D. W.** "A Consideration of Some Unusual Ways of Expressing the Superlative in Hebrew." *VT* 3(1953) 209-24. **Torrance, T. F.** "Liturgie et Apocalypse." *VCaro* 11(1957) 34. **Torrey, C. C.** "Armageddon(Apoc. 16:16)." *HTR* 31(1938) 237-48. **Ward-Perkins, J. B.** "The Roman West and the Parthian East." *PBA* 51(1966) 175-99. **Weiss, M.** "The Origin of the 'Day of the Lord' - Reconsidered." *HUCA* 37(1966) 29-60. **Yarbro Collins, A.** "The History-of-Religions Approach to Apocalypticism and the 'Angel of the Waters'(Rev 16:4-7)." *CBQ* 39(1977) 367-81. **Ziegler, K.-H.** *Die Beziehungen zwischen Rom und dem Partherreich.* Wiesbaden: Steiner, 1964.

본 문

1 또 하늘에 크고 이상한 다른 이적을 보매 일곱 천사가 일곱 재앙을 가졌으니 곧 마지막 재앙이라 하나님의 진노가 이것으로 마치리로다

2 또 내가 보니 불이 섞인 유리 바다 같은 것이 있고 짐승과 그의 우상과 그의 이름의 수를 이기고 벗어난 자들이 유리 바다 가에 서서 하나님의 거문고를 가지고

1 Then I saw another [a]great and wonderful[a] sign in heaven, [b]seven angels[b] with the seven [c]last plagues, for [d]with them the wrath of God was spent.[d]

2 Then I saw [a]something like[a] a [b]sea of glass mingled with fire, and [c]those who were victorious[c] over the beast, that is,[d] over[e] its image and over the number [f]of its name, stood[g] near the sea[f] of glass with [h]kitharas of [i]God.[h]

3 하나님의 종 모세의 노래 어린양의 노래를 불러 가로되 주 하나님 곧 전능하신 이시여 하시는 일이 크고 기이하시도다 만국의 왕이시여 주의 길이 의롭고 참되시도다

4 주여 누가 주의 이름을 두려워하지 아니하며 영화롭게 하지 아니하오리이까 오직 주만 거룩하시니이다 주의 의로우신 일이 나타났으매 만국이 와서 주께 경배하리이다 하더라

5 또 이 일 후에 내가 보니 하늘에 증거 장막의 성전이 열리며

6 일곱 재앙을 가진 일곱 천사가 성전으로부터 나와 맑고 빛난 세마포 옷을 입고 가슴에 금 띠를 띠고

7 네 생물 중에 하나가 세세에 계신 하나님의 진노를 가득히 담은 금 대접 일곱을 그 일곱 천사에게 주니

8 하나님의 영광과 능력을 인하여 성전에 연기가 차게 되매 일곱 천사의 일곱 재앙이 마치기까지는 성전에 능히 들어갈 자가 없더라

16:1 또 내가 들으니 성전에서 큰 음성이 나서 일곱 천사에게 말하되 너희는 가서 하나님의 진노의 일곱 대접을 땅에 쏟으라 하더라

2 첫째가 가서 그 대접을 땅에 쏟으매 악하고 독한 헌데가 짐승의 표를 받은 사람들과 그 우상에게 경배하는 자들에게 나더라

3 둘째가 그 대접을 바다에 쏟으매 바다가 곧 죽은 자의 피같이 되니 바다 가운데 모든 생물이 죽더라

4 세째가 그 대접을 강과 물 근원에 쏟으매 피가 되더라

5 내가 들으니 물을 차지한 천사가 가로되 전에도 계셨고 시방도 계신 거룩하신 이여 이렇게 심판하시니 의로우시도다

3 They[a] sang[b] the song of Moses[c] the servant of God and the song of the Lamb:[d] "Great and wonderful are your deeds, [e]Lord God Almighty;[e] Righteous and true are your ways, King[f] of the nations.[g]

4 Who,[a] Lord, [b]does not fear[b] [c]and glorify[d] your name? Because you alone [e]are holy,[e] Because all the nations will come [f]to worship[f] before you, Because your righteous judgments are evident."[g]

5 After this I saw the temple, namely,[a] the tent of testimony [b]in heaven, open,[c]

6 and [a]the seven angels [b]with the seven plagues emerged from the temple clothed in pure, shining linen[c] and with golden sashes encircling[d] their waists.

7 Then one[a] of the four cherubim[b] gave to the seven angels [c]seven golden libation bowls full of the wrath of the God who lives for ever and ever.

8 Thereupon the temple was filled with [a]smoke from the glory of God and from his power, and no one was able to enter the temple until the seven plagues of the seven[b] angels had been accomplished.

16:1 Then I heard a [a]loud voice[a] [b]from the temple[b] telling the seven angels, "Be on your way[c] to[d] begin pouring out[e] the seven[f] libation bowls containing[g] the wrath of God [h]upon the earth."[h]

2 The[a] first one departed[b] and poured out[c] his bowl on the earth, with the result that[d] a harmful [e]and festering[e] sore afflicted those people who have the brand[f] of the beast and who worship [g]his image.[g]

3 Then [a]the second one poured out his bowl on the sea, and it became blood as from a corpse, with the result that[b] every living creature[c] died which[d] was in the sea.

4 Then the third one poured out his bowl on [a]the rivers and [bc]springs of water,[c] with the result[d] that they became[e] blood.

5 Then I heard the angel over the waters saying: "Righteous are you, who is and who[a] was, the holy one, [b]for you have decided to inflict these punishments,[b]

6 저희가 성도들과 선지자들의 피를 흘렸으므로 저희로 피를 마시게 하신 것이 합당하니이다 하더라

6 because they[a] poured out the [b]blood [c]of God's people[c] and the prophets, and [d]you have given[d] them blood [e]to drink:[e] they are[f] worthy."

7 또 내가 들으니 제단이 말하기를 그러하다 주 하나님 곧 전능하신 이시여 심판하시는 것이 참되시고 의로우시도다 하더라

7 I then heard someone[a] from the altar say: "Yes, Lord God Almighty, True and just are your judgments."[b]

8 네째가 그 대접을 해에 쏟으매 해가 권세를 받아 불로 사람들을 태우니

8 The fourth one[a] poured out his bowl upon the sun, and it[b] was permitted[c] to burn people [d]with fire.[d]

9 사람들이 크게 태움에 태워진지라 이 재앙들을 행하는 권세를 가지신 하나님의 이름을 훼방하며 또 회개하여 영광을 주께 돌리지 아니하더라

9 People were [a]burned by the intense heat.[a] They reviled the name of God who had the[b] authority over these plagues, but[c] they did not repent so as to give[d] glory to him.

10 또 다섯째가 그 대접을 짐승의 보좌에 쏟으니 그 나라가 곧 어두워지며 사람들이 아파서 자기 혀를 깨물고

10 Then the fifth one poured out his libation bowl upon the throne of the beast, so that[a] his kingdom [b]became darkened.[b] Consequently,[c] people[d] bit their[e] tongues because of the pain,

11 아픈 것과 종기로 인하여 하늘의 하나님을 훼방하고 저희 행위를 회개치 아니하더라

11 and [a]they reviled[a] the God of heaven because of their sufferings and their sores, yet[b] they[c] did not [d]repent of[d] their behavior.

12 또 여섯째가 그 대접을 큰 강 유브라데에 쏟으매 강물이 말라서 동방에서 오는 왕들의 길이 예비되더라

12 Then the sixth [a]one poured out his bowl on the great river [b]Euphrates, [c]with the result that[c] its[d] waters dried up, so that a road was made ready for the kings from the[e] east.

13 또 내가 보매 개구리 같은 세 더러운 영이 용의 입과 짐승의 입과 거짓 선지자의 입에서 나오니

13 Then I saw three unclean spirits [a]like frogs[a] emerge from the mouth of the dragon and from the mouth of the beast and from the mouth of the false prophet.

14 저희는 귀신의 영이라 이적을 행하여 온 천하 임금들에게 가서 하나님 곧 전능하신 이의 큰 날에 전쟁을 위하여 그들을 모으더라

14 For they are[a] spirits, that is, demons producing signs, who [b]travel[b] to the kings of the whole world to gather them for the[c] battle on [d]the great day[d] of God the Almighty.

15 보라 내가 도적같이 오리니 누구든지 깨어 자기 옷을 지켜 벌거벗고 다니지 아니하며 자기의 부끄러움을 보이지 아니하는 자가 복이 있도다

(15 "Indeed, [says Jesus,] I am coming[a] like a thief. [b]How fortunate[b] is the one who watches and remains fully clothed, lest[c] he go about naked and people[d] see[e] his shameful state."[f])

16 세 영이 히브리 음으로 아마겟돈이라 하는 곳으로 왕들을 모으더라

16 The [a]demonic spirits[a] gathered[b] them together to [c]the [d]place called [e]Armageddon in Hebrew.

17 일곱째가 그 대접을 공기 가운데 쏟으매 큰 음성이 성전에서 보좌로부터 나서 가로되 되었다

17 [a]The seventh[a] poured out his libation bowl [b]into the air, and a [c]loud voice came [d]from the [e]temple,

하니
18 번개와 음성들과 뇌성이 있고 또 지진이 있어 어찌 큰지 사람이 땅에 있어 옴으로 이같이 큰 지진이 없었더라

19 큰 성이 세 갈래로 갈라지고 만국의 성들도 무너지니 큰 성 바벨론이 하나님 앞에 기억하신 바 되어 그의 맹렬한 진노의 포도주 잔을 받으매

20 각 섬도 없어지고 산악도 간데 없더라

21 또 중수가 한 달란트나 되는 큰 우박이 하늘로부터 사람들에게 내리매 사람들이 그 박재로 인하여 하나님을 훼방하니 그 재앙이 심히 큼이러라

that is, [f]from the throne, saying,[f] "It is finished."
18 Then there were [a]lightning and rumbling and thunder,[a] and there was a great earthquake such[b] as has never been since people have been[c] on the earth, so great[d] was the earthquake.
19 The great city [a]split into[a] three parts, and [b]the cities of the nations[b] fell. God remembered[c] [d]to give[d] Babylon the great [e]the[f] cup of[g] wine, that is, his[h] furious wrath.[e]
20 and every island fled,[a] and the mountains disappeared.[b]
21 Then large hailstones weighing nearly a hundred pounds fell on people from the sky,[a] so that people reviled God as the result of[b] the plague of hail,[c] because that plague[d] was so terrible.

원문주해

1.a-a. 형용사들인 메가 카이 다우마스톤(*μέγα καὶ θαυμαστόν*, "크고 이상한")은 전치사구인 엔 토 우라노(*ἐν τῷ οὐρανῷ*, "하늘에") 때문에 그것들이 수식하는 명사구인 알로 세메이온(*ἄλλο σημεῖον*, "다른 징조[이적]")과 분리되어 있다. 저자는 다른 곳에서 명사를 수식하기 위하여 알로스(*ἄλλος*)를 다른 형용사와 함께 사용할 때 알로스(*ἄλλος*)는 명사 앞에 두고, 다른 형용사는 명사 뒤에 둔다(6:4; 10:1; 14:8, 9). 이 특이한 문장 배열은 신약성경의 다른 곳에는 나오지 않고, 칠십인역에는 오직 한 번 나온다(1 Esdr 2:13). 칠십인역에서 알로스(*ἄλλος*)는 명사를 수식할 때 통상적으로 명사 뒤에 온다.

1.b-b. 앙겔루스 헵타(*ἀγγέλους ἑπτά*, "일곱 천사")는 처음으로 언급되고 있기 때문에 관사가 붙어 있지 않다. 이들이 다시 언급될 때는 선행사를 가리키는 관사가 함께 사용된다(15:6, 7, 8; 16:1; 17:1; 21:9).

1.c. 타스 에스카타스(*τὰς ἐσχάτας*, "마지막")는 무관사 형태의 실명사 플레가스(*πληγάς*, "재앙")를 수식하는 관사가 붙은 형용사다. 이러한 현상은 요한계시록에서 오직 여기에만 나오는데, 고유명사로서 무관사 형태로 나오는 바벨론 헤 메갈레(*Βαβυλὼν ἡ μεγάλη*, "큰 [성] 바벨론": 14:8; 16:19; 17:5; 18:2, 21; 참조. 18:10)는 예외다(Mussies, *Morphology*, 194). 15:1에서 플레가스(*πληγάς*, "재앙")는 추후적으로만 한정적이 된다(BDF § 270.3; BDR § 270.2; 참조. 눅 23:49; 요 14:27; 행 7:35; 9:22; 딤후 1:13).

1.d-d. 이독들. (1) 엔 아우타이스 에텔레스데(*ἐν αὐταῖς ἐτελέσθη*), 원래의 읽기.

(2) 에텔레스데 엔 아우타이스(ἐτελέσθη ἐν αὐταῖς), 𝔓[47]: 특이한 읽기. (3) 엔 타우타이스 에텔레스데(ἐν ταύταις ἐτελέσθη), 051 Andreas. 여기서 텔레인(τελεῖν)은 "완료하다"(Louw-Nida, § 68.22) 또는 "끝마치다"(Louw-Nida, § 67.67)를 의미할 수 있다. 텔레인(τελεῖν)은 10:7에서는 (구약의 예언을) "완료하다, 이루다"라는 의미로 사용되지만, 여기서 의도된 개념은 "끝마치다"로서 진노와 결부시켜 번역하면 "다하다"가 된다.

2.a-a. 비교의 불변사 호스(ὡς, "같은")는 여기서 환상 속에서 보여진 것의 신비로운 성격을 강조하기 위하여 전형적으로 묵시론적 의미로 사용되고 있다(2a절에 대한 "주석"을 보라).

2.b. 달라싸(θάλασσα, "바다")는 요한계시록에서 26번 나오는데, 3번을 제외하고는 (4:6; 14:7; 15:2) 모두 관사가 붙어 있다. 참조. BDR § 253.2. 전치사구에서 관사는 사용할 수도 있도 사용하지 않을 수도 있지만, 요한계시록에서 전치사구에서 달라싸(θάλασσα)가 나오는 12번의 용례는 모두 관사가 있다. 4:6과 15:2에는 호스 달라싸(ὡς θάλασσα)라는 어구가 나온다. 참조. T. Jude 21:6에 나오는 호스 달라싸(ὡς θάλασσα). 관사가 없이 나오는 14:7의 본문은 논란이 되고 있다(참조. "원문주해" 14:7.d.).

2.c-c. 찰스(Charles, 2:33)와 로버트슨(Robertson, Grammar, 881)은 현재분사 투스 니콘타스(τοὺς νικῶντας)가 완료로서의 기능을 한다고 주장한다(참조. S. Thompson, *Apocalypse*, 76). 하지만 여기서 고려되고 있는 것은 시간적 측면이 아니라 완료로서의 양태적 측면이다. 이러한 관사가 붙은 실명사 분사들은 명사로서의 기능을 하고 시간 개념을 배제하기 때문에 특별히 시간적인 의미를 부여하는 것은 불필요하다(Winer, *Grammar*, 444; Porter, *Verbal Aspect*, 293-301). 투스 니콘타스(τοὺς νικῶντας)는 여기서 "이긴 자들"로 번역하는 것이 더 좋을 것이다 — 문맥상으로는 이러한 번역은 관용어법에 어긋나긴 하지만.

2.d. 여기서 카이(καί)는 보충 설명을 위한 것이다.

2.e. 이독: 테스 에이코노스(τῆς εἰκόνος) 앞에서 에크(ἐκ)를 생략한다, 𝔓[47].

2.f-f. 여기서 𝔓[47]의 읽기는 특이하다. 제8단 뒷면의 마지막 행은 [토스 아우]투 에스토타스 에피 텐 달라스([τος αυτο]υ εστωτας επι την θαλας)로 되어 있고, (적어도 두 행이 멸실된 후에) 제9단 앞면은 이렇게 되어 있다(재구성된 대로): 오노마토스 아투 에스토타스 에피 텐 달라스([ονοματος α]του ε[στ]ωτας επι την θαλας). 이것은 중복오사(重複誤寫)로 인해 서너 행이 겹쳐서 필사된 것으로 보인다.

2.g. 여기서 완료 분사 헤스토타스(ἑστῶτας)는 연속적으로 나오는 세 개의 실명사 분사들 가운데서 나머지 두 분사는 현재 분사인데 유일하게 완료 분사인 것이 특이하다: 투스 니콘타스… 헤스토타스…에콘타스(τοὺς νικῶντας…ἑστῶτας…ἔχοντας).

2.h-h. 명사구 키다라이 투 데우(κιθάραι τοῦ θεοῦ)는 약간 모호하다(몇 가지 가능성이 BAGD, 432에 언급되어 있고, Bauer-Aland, 878에는 오직 한 가지 가능성만이 고려되

고 있다). (1) 투 데우(τοῦ θεοῦ)를 소유의 속격으로 해석한다면, 이 어구는 "하나님의 거문고" 즉 "하나님께 속한 거문고"로 번역될 수 있다. (2) 또한 이 어구는 "하나님을 찬양하기 위한 거문고"를 의미할 수도 있다(Bauer-Aland, 878). 이러한 구문의 예는 LXX 대하 16:42에 나오는데, 거기에는 카이 오르가나 톤 오돈 투 데우(*καὶ ὄργανα τῶν ᾠδῶν τοῦ θεοῦ*, "하나님을 위한 노래의 도구들"(참조. RSV, "거룩한 노래의 도구들"; NRSV, "거룩한 노래를 위한 도구들"; REV, "거룩한 노래를 위하여 사용되는 도구들")로 되어 있다. (3) 한때는 학자들이 신약성경의 몇몇 본문들에서 투 데우([τοῦ] θεοῦ)가 따라나오는 명사는 히브리어에서 최상급을 나타내는 우회적인 방식이라고 주장했다(예를 들어, 골 2:19; 고후 1:12; 살전 4:16; 약 5:11; 이 견해에 반대하는 Winer, *Grammar*, 309-10를 참조하라). 예를 들면, 시편 36:7에 나오는 치드카테카 케하르레엘(צדקתך כהררי־אל, 직역하면 "당신의 의는 하나님의 산들과 같다")이라는 어구에서 엘(אל)은 최고의 높이와 위용을 자랑하는 산들을 표현하기 위하여 사용되고 있기 때문에 이 어구는 "당신의 의는 높은 산들과 같다"(REB) 또는 "당신의 의는 장엄한 산들과 같다"로 해석될 수 있다(P. C. Craigie, *Psalms 1-50*, WBC 19[Waco, TX: Word, 1983] 289-90; 또한 구약에서 엘로힘(אלהים) 또는 엘(אל)이 강조 또는 최상급의 의미를 지닌 별칭으로 사용되는 8개의 본문을 열거하는 Thomas, *VT* 3[1953] 210-19를 참조하라: 창 23:6; 30:8; 출 9:28; 삼상 14:15; 욘 3:3; 시 36:7; 80:11; 욥 1:16). 엘(אל)이 명사 뒤에서 연계형으로 나오는 다른 예들로는 시 50:10; 80:11; 사 14:13(참조. BDB 42)을 보라.

2.i. 이독: 퀴리우(κυρίου)가 투 데우(τοῦ θεοῦ) 앞에 나오는 것, א: 특이한 읽기. 이 읽기는 자주 등장하는 하나님의 이름인 퀴리오스 호 데오스(κύριος ὁ θεός)에 토대를 둔 첨가인데(1:8; 4:8; 11:17; 15:3; 16:7; 18:8; 19:6; 21:22; 22:5, 6), 이러한 예는 바로 다음 절에 나온다(15:3).

3.a. "원문주해" 16:2.a.를 보라.

3.b. 아도신(ᾄδωσιν), 𝔓[47]; ο=ω 간의 혼동에 의한 오류(Gignac, *Grammar* 1:275-77). 동사 아두신(ᾄδουσιν, "불러")은 3인칭 현재 직설법인데, 나는 과거 시제로 번역했다. 이것은 저자가 환상 이야기를 과거 시제들로 시작한 후에 현재 직설법으로 전환하는 패턴을 보여 주는 또 하나의 예이다. 참조. Mussies, *Morphology*, 334. 또한 이 동사는 2-3절에서 정형 동사 뒤에서 분사가 이어지는 히브리적 표현 방식의 한 예로 인용되기도 한다: 에이돈…니콘타스…헤스토타스…에콘타스…아두신(εἶδον…νικῶντας…ἑστῶτας…ἔχοντας…ᾄδουσιν; Schmid, *Studien* 2:243).

3.c. 모세오스(Μωυσέως, "모세")는 앞에 나온 관사가 있는 명사와 함께 단어군을 이루는 속격이기 때문에 관사가 없다(참조. Mussies, *Morphology*, 192).

3.d. 중복적인 분사 레곤테스(λέγοντες, 남성 주격 복수 분사)는 호티(ὅτι)와 마찬가지로 단순히 직접화법을 도입하는 기능을 하는 셈어적 표현이기 때문에 번역문에서 생략

했다.

3.e-e. 퀴리에 호 데오스 호 판토크라토르(κύριε ὁ θεὸς ὁ παντοκράτωρ, "주 하나님 전능하신 이시여")라는 부름말은 호격으로 시작해서 호격과 동일한 기능을 하는 동격의 두 주격이 나온다. 이 정형어구는 요한계시록에 3번 나온다(11:17; 15:3; 16:7). 이와 비슷한 구문은 최초의 호격인 우라네(οὐρανέ) 뒤에 호격 기능을 하는 동격의 세 개의 관사가 붙은 주격이 나오는 18:20에서 발견된다(οὐρανὲ καὶ οἱ ἅγιοι καὶ οἱ ἀπόστολοι καὶ οἱ προφῆται – 우라네 카이 호이 하기오이 호이 아포스톨로이 카이 호이 프로페타이). 이 구문에 대해서는 서론을 참조하라.

3.f. 호 바실류스(ὁ βασιλεύς, "왕")는 동격 기능을 하는 관사가 붙은 주격 명사다. 이 구문은 요한계시록의 다른 곳에서 18번 나온다(참조. "원문주해" 4:11.a.). 15:3에서 호격 형태인 바실류(βασιλεῦ)는 ℵ* fam 1611[1854] Andr d Andr Ø[94]에서 약하게 확인된다.

3.g. 이독들: (1) 에드논(ἐθνῶν), A 025 046 051 Andreas Byzantine it[gig h] cop[bo] arm eth Cyprian Primasius Beatus (omnium gentium): Tischendorf, NT *Graece*; Bousset ([1906] 393); Merk, NT; Nestle-Aland[27]; UBSGNT[4]. (2) 아이오논(αἰώνων), 𝔓[47] ℵ*[c] C fam 1006 fam 1611[1611 2344] 1778 2040 Andr Ø[94] vg syr copsa. 이 본문은 *TCGNT*[1], 753-54; *TCGNT*[2], 679-80에서 자세하게 논의되는데, 거기에서는 딤전 1:17의 토 데 바실레이 톤 아이오논(τῷ δὲ βασιλεῖ τῶν αἰώνων, "만세의 왕에게")이 필사자에게 영향을 미쳤을 것이라고 주장한다. "만세의 왕"이라는 어구는 널리 통용되었기 때문에 필사자에게 영향을 미쳤겠지만, 이러한 주장은 그리 설득력이 없다: 렘 10:10[מל עולם' – 멜렉 올람]), 칠십인역에는 없지만 테오도션 역본에는 있다; Tob 13:7, 11; Tg. Jer. 10:7, 10; 1QapGen 2:7(במל' כול עלמים); Gk. 1 Enoch 9:4; 12:3; 25:3, 5, 7; 참조. 90:5; T. Reub. 6:12; Jos. As. 16:16. 멜렉 하올람(מל העילם, "만유의 왕")은 아미다(Amidah)의 축도문을 제외하고 모든 랍비의 축도문의 첫머리에서 발견되는 정형구다. 몇몇 유대 학자들은 하나님의 왕권에 대한 이러한 강조가 황제 숭배에 대한 의식적인 반대 속에서 형성되었다고 주장한다. 참조. E. J. Wiesenberg, "The Liturgical Term *melekh ha-olam*," JJS 15(1964) 1-56; J. Heinemann, "Once Again *melekh ha-olam*," JJS 15(1964) 149-54; id., *Prayer in the Talmud: Forms and Patterns* (Berlin; New York: de Gruyter, 1977) 93-95. 이 어구의 한 변형이 이교의 주술 문서(*PGM* XII.247, Αἰώνων βασιλεῦ – 아이오논 바실류, "만세의 왕이시여")에 한 번, 주후 300년경에 나온 기독교의 주술 문서인 PGM 21.42에 한 번 나온다. 이와 비슷한 어구들에 대해서는 Str-B, 2:320을 참조하라.

4.a. 이독: 우 메(οὐ μή) 앞에 세(σε)를 첨가, 𝔓[47] ℵ fam 1006[1006 1841] fam 1611[1854 2329].

4.b-b. 이독: (1) 우 메 포베데(οὐ μὴ φοβηθῇ), A C 025 046 fam 1611[1611] Oecumenius[2053] it[gig h] cop[bo] arm eth Cyprian. (2) 메(μή)를 생략, ℵ fam[1006] Andr n[-2429]. (3) 우

(*οὐ*)를 생략, fam 1611[1854]. 우 메(*οὐ μή*)는 여기서 수사의문문에서 단순과거 가정법과 함께 강조적 미래로 사용된다(BDR § 365.4; BDR § 364.4). 참조. 요 18:11; 눅 18:7. 읽기(1)이 원래의 것일 가능성이 많은 것은 다른 읽기들은 이 읽기의 수정들로 설명될 수 있기 때문이다(*TCGNT* [1], 754).

4.c. 이독: 세(*σε*)의 삽입, Andr f[051 2023] h 94 Byzantine.

4.d. 이독들: (1) 독사세이(*δοξάσει*), 𝔓[47] 독세세이(*δοξήσει*) A C 025 046 051 Oecumenius[2053] fam 1611[2329] Andreas. (2) 독사세(*δοξάσῃ*), א fam 1006[1006 1841] fam 1611[1611] Oecumenius[2062] Andr a c[2069] d e f[2023] l[-2080] Byzantine; von Soden, Text. (3) 독사소이(*δοξάσοι*), Andr f[2056] n[2065] 2019. (4) 다우마세(*θαυμάσῃ*), fam 1611[1854]. 읽기(2)는 분명히 독사세이(*δοξάσει*)를 그것과 병행되는 앞의 포베데(*φοβηθῇ*)에 동화시킨 것이다(참조. Schmid, *Studien* 2:120, 224).

4.e-e. 이독: 호시오스(*ὅσιος*) 대신에 에이(*εἶ*), 𝔓[47].

4.f-f. 카이 프로스퀴네수신(*καὶ προσκυνήσουσιν*)은 목적절 역할을 하기 때문에 "그들이 경배하도록"으로 번역될 수 있다(참조. S. Thompson, *Apocalypse*, 99). 요한계시록에 나오는 몇몇 목적절들은 이와 동일한 구문으로 되어 있다(4:1; 5:10; 9:19; 11:7; 13:7-8; 20:10; 참조. S. Thompson, *Apocalypse*, 99).

4.g. 이독: 에파네로데(*ἐφανερώθη*), 𝔓[47]; 중성 복수형 주어를 가진 3인칭 단수형 동사를 사용한 필사자의 수정.

5.a. 부세트(Bousset, 1906) 394는 테스 스케네스(*τῆς σκηνῆς*, "장막")를 동격의 속격으로 번역한다(Charles, 2:37는 이에 반대다).

5.b. 호 나오스(*ὁ ναός*)를 수식하는 엔 토 우라노(*ἐν τῷ οὐρανῷ*) 앞에 예상되는 관사인 호(*ὁ*)가 없고, 요한계시록에서는 관사가 붙은 실명사를 수식하는 전치사구 앞에는 통상적으로 관사가 오기 때문에 호 나오스(*ὁ ναός*)와 엔 토 우라노(*ἐν τῷ οὐρανῷ*) 사이에 놓인 테스 스케네스 투 마르튀리우(*τῆς σκηνῆς τοῦ μαρτυρίου*)는 문제가 있다. 참조. 1:4; 2:24; 5:5; 8:3, 9; 11:16, 19; 14:17; 19:14; 20:8, 13(아래의 "주석"을 보라). 찰스(Charles, 2:37-38)는 이 구절을 히브리어로 거꾸로 옮기면서, 헬라어 본문 배후에 있는 헤칼 오헬 모엣 바샤마임(היכל אהל מועד בשמים, "하늘에 있는 증거 장막의 성전")은 원래 헤칼 엘로힘 셉바샤마임(היכל אלהים שבשמים, "하늘의 하나님의 성전," 즉 호 나오스 투 데우 호 엔 토 우라노(*ὁ ναὸς τοῦ θεοῦ ὁ ἐν τῷ οὐρανῷ*)로 되어 있던 본문의 훼손이라고 주장한다. 하지만 엔 토 우라노(*ἐν τῷ οὐρανῷ*) 앞에 관사가 생략된 것은 이 전치사구가 걸리는 관사가 붙은 명사인 호 나오스(*ὁ ναός*)로부터 멀리 떨어져 있기 때문이라는 부세트(Bousset, [1906] 174)의 주장이 옳다.

5.c. 제2단순과거 수동형 동사 에노이게(*ἠνοίγη*, "열렸다")는 신성 수동태로서(9:3에 대한 "주석"을 보라), 요한이 접속사 없이 문장을 나열한 것의 한 예이다. 왜냐하면 여기

에서는 종속문에서 사용되는 종속적인 분사가 예상되기 때문이다(참조. BDR, § 471; Ljungvik, *Syntax*, 80).

6.a. 호이 헵타 앙겔로이(*οἱ ἑπτὰ ἄγγελοι*)와 함께 사용된 정관사는 선행사를 가리키는 것으로서, 15:1에 무관사로 처음으로 나온 이 천사들의 무리를 가리킨다.

6.b. 이독들: (1) 에콘테스(*ἔχοντες*) 앞에 호이(*οἱ*), A C fam 1611$^{1611\ 2329}$ fam 1006$^{911\ 1841}$ Andreas; Tischendorf, *NT Graece*; [WHort]; Bousset ([1906] 394); Merk, *NT*; [UBSGNT^{4}]; [Nestle-Aland^{27}]. (2) 호이(*οἱ*)의 생략, 𝔓^{47} ℵ 025 046 fam 1006$^{1006\ 1854}$ fam 1611^{2344} Oecumenius$^{2053\ 2062}$ Andr a^{1} d f$^{051\ 2031\ 2056}$ i^{-2042} n^{2065} 598 Byzantine. 읽기(1)의 A, C와 읽기(2)의 𝔓^{47}, ℵ, Oecumenius^{2053}의 결합들은 둘 다 매우 강력하다. 그럼에도 불구하고 요한계시록에서 그러한 경우들에 나타나는 관사의 용례들을 고려할 때 관사가 원래부터 있었고, 에콘테스(*ἔχοντες*)는 실명사적인 분사가 된다. 이것은 관사가 붙은 실명사 다음에 나오는 형용사는 관사를 갖는다는 구문상의 규칙을 따른 것이다(참조. 8:6; 9:15; 11:4; 14:13; 17:18; 21:9; Bousset[1906] 173-74; Schmid, *Studien* 2:196). ℵ에서는 형용사 앞에서 반복된 관사를 생략하는 경향을 보여 준다(참조. 5:6; 8:6; 9:15; 11:4; 17:18).

6.c. 이독들: (1) 리논(*λίνον*), 025 051 fam 1006^{1006} fam 1611^{1611} Andreas Byzantine syr$^{ph\ h}$ it$^{c\ dem\ div\ haf}$ vg^{ww} arm Primasius (*linea*); Tyc^{2} (*lino*); Beatus (*linum*). (2) 리돈(*λίθον*), A C Oecumenius$^{2053\ 2062}$ 2020^{mg} Andr $^{11778mg\ 2080}$ vg; WHort, Charles, 2:331. (3) 리눈(*λινοῦν*), 𝔓^{47} 046 Andr f$^{2031\ 2056}$ it^{gig}(*lintheamen*); it^{h} (*linteamina*). (4) 리누스(*λινοῦς*), ℵ. (5) 생략, Cassiodorus cop^{sa} eth. 리논(*λίνον*; 요한계시록에서 오직 여기에만 나온다)이 "세마포 옷"이라는 의미로 사용되는 경우는 드물기 때문에 읽기 (1)이 원래의 독법일 가능성이 크다(Westcott-Hort, *Introduction*, Appendix I, 139는 리논[*λίνον*]은 결코 아마(亞麻)로 만들어진 직물이나 옷을 가리키지 않는다고 주장한다 – 이 단어의 이러한 몇몇 용례가 나중에 MM, 376에 언급되고 있지만). 그렇지만 읽기 (2)가 어려운 독법(*lectio difficilior*)으로 여겨져야 한다. 왜냐하면 천사가 돌로 된 옷을 입고 있다고 생각하기는 어렵고, 분명히 리돈(*λίθον*)을 리논(*λίνον*)으로 바꾸는 것이 반대의 경우가 더 쉽기 때문이다. 이 구절과 관련된 본문상의 이독들은 극히 다양한데(Hoskier, *Text*, 2:407-9), 위에서는 단지 중요한 것들만을 살펴보았다. 겔 28:13은 읽기 (2)의 판 리돈 크레스톤 엔데데사이(*πᾶν λίθον χρηστὸν ἐνδέδεσαι*, "값진 돌로 된 옷을 입은")를 밑받침해 주는 병행구로 인용되어 왔지만, 실제로는 별 연관성이 없다. 왜냐하면 15:6의 형용사 카다로스(*καθαρός*)는 리도스(*λίθος*)와 함께 사용하기에 적절하지 않기 때문이다. 사본상의 증거들은 읽기 (2)를 강력하게 지지하지만, 그러한 읽기는 이 문맥 속에서 의미가 잘 통하지 않기 때문에 드물게 사용된 단어인 리논(*λίνον*=세마포 옷)을 초기에 수정한 것임에 틀림없다(B. Weiss, *Offenbarung*, 98; Charles, 2:38; *TCGNT* 1, 751; *TCGNT* ^{2},

680). 찰스(Charles)는 리도스(*λίθος*)가 히브리어 원문에 대한 오역을 보여 주는 것이라고 주장하면서, 히브리어 셰스(שֵׁשׁ)는 "세마포," 즉 뷔씨노스(*βύσσινος*)를 의미할 수도 있고(KB3, 4:1534; 창 41:42; 출 28:5, 39; 겔 16:13; 잠 31:22), "설화석고" 즉 리도스(*λίθος*)를 의미할 수도 있다고(KB4, 4:1535-35; 더 1:6; 아 5:15) 지적한다. Ep Jer 71은 "그들 위에서 썩는 자주색 옷과 대리석[*τῆς πορφύρας καὶ τῆς μαρμάρου*-테스 포르퓌라스 카이 테스 마르마루]"으로 되어 있는데, 이것은 분명히 셰스(שֵׁשׁ)를 투 뷔씨누(*τοῦ βυσσίνου*, "세마포")가 아니라 테스 마르마루(*τῆς μαρμάρου*, "대리석")로 잘못 번역한 것이다. 그럼에도 불구하고, 찰스의 주장이 지닌 약점은 셰스(שֵׁשׁ)가 칠십인역에서 결코 리도스(*λίθος*)로 번역되지 않는다는 사실에 있다. 읽기 (3)은 *ο=ου*의 소리상의 유사성으로 인한 오류이거나(Gignac, *Grammar* 2:211-14) 형용사 리네오스(*λίνεος*, "세마포의")의 축약형-축약되지 않은 형태는 리네온(*λίνεον*)이다-을 대체한 것이다. 읽기 (4)는 남성 주격 *λίνεος*의 축약형이다. 읽기 (3)과 (4)는 필사자들이 리논(*λίνον*)을 "세마포 옷"으로 이해하는 데 어려움을 느꼈음을 보여 준다. 읽기 (1)이 원래의 것임에 분명하다 -리논(*λίνον*)의 이례적인 의미 때문에 리돈(*λίθον*)으로 수정되긴 했지만.

6.d. 페리에스조메노이(*περιεσζωμένοι*), 𝔓[47]; 특이한 읽기; 시그마의 위치를 잘못 쓴 필사 오류.

7.a. 이독: 에크 톤 테싸론(*ἐκ τῶν τεσσάρων*) 앞에서 엔(*ἕν*)을 생략, 𝔓[47] ℵ Andreas.

7.b. 이독: 조온(*ζῴων*)의 생략, 𝔓[47]; 특이한 읽기.

7.c. 헵타 피알라스 크뤼사스(*ἑπτὰ φιάλας χρυσᾶς*, "금 대접 일곱")에 관사가 붙지 않은 것은 이 대접들이 여기에서 처음으로 소개되고 있고 분명히 독자들에게 알려져 있지 않은 것들이기 때문이다. 이 대접들은 개별적으로나 집합적으로 요한계시록에서 10번 이상 언급되는데, 그 때마다 선행사를 가리키는 정관사와 함께 사용되었다(16:1, 2, 3, 4, 8, 10, 12, 17; 17:1; 21:9).

8.a. 이독: 카프누(*καπνοῦ*) 앞에 에크 투(*ἐκ τοῦ*)를 삽입, 𝔓[47] Byzantine.

8.b. 이독들: (1) 앙겔론(*ἀγγέλων*) 앞에 헵타(*ἑπτά*), 𝔓[47]. (2) 헵타(*ἑπτά*)의 생략, 051 Andreas it[gig].

16:1.a-a. 이독들: (1) 포네스 메갈레스(*φωνῆς μεγάλης*), ℵ 025. (2) 메갈레 포네(*μεγάλη φωνή*), fam 1611[1611 2050 2329P] 형용사+명사 순서로 된 메갈레 포네(*μεγάλη φωνή*)는 요한계시록에서 오직 여기에만 나온다-엔 이스퀴라 포네(*ἐν ἰσχυρᾷ φωνῇ*)가 18:2에 나오지만; 포네 메갈레(*φωνὴ μεγάλη*)는 요한계시록에 19번 나오기 때문에 수정을 위한 동기를 제공해 준다. 헬라-유대의 문헌들에서 포네 메갈레(*φωνὴ μεγάλη*)는 비교적 흔하게 나온다(*Adam and Eve* 5:2; 29:11; *T. Abr.*[Rec. A] 5:9; 14:13; *Jos. As.* 28:9; *Paral. Jer.* 3:2; *3 Apoc. Bar.* 11:3; *Sib. Or.* 3.669; 5.63) -물론 반대 순서로도 나오지만(*Paral. Jer.* 5:32; 7:15; *T. Job* 3.1).

1.b-b. 이독들: (1) 에크 투 나우(*ἐκ τοῦ ναοῦ*), ℵ A C 025 fam 1611^{2329} vg Primasius Andreas. (2) 에크 투 나우(*ἐκ τοῦ ναοῦ*)의 생략, 046 94 Byzantine. (3) (*ἐν τῷ ναῷ*–엔 토 나오), $arm^{1\ 2}$. 읽기 (1)이 가장 강력한 지지를 받고 있다(*TCGNT* ^{1}, 754-55; *TCGNT* ^{2}, 680).

1.c. 이독: 휘파게타이(*ὑπάγεται*), ℵ C $Oecumenius^{2062}$ Andr b^{2059} $c^{(2033)}$ e^{2091} f^{2031} i^{2043} n^{2065} Andr Ø181 2038 Andr/Byz 4c Byz^{2022} 1^{2256}.

1.d. 성전에서 들려온 음성의 짧은 말을 시작하는 어구는 휘파게테 카이 엑케에테(*ὑπάγετε καὶ ἐκχέετε*, 직역하면 "가서 쏟으라")이지만, 문맥상으로 볼 때 카이(*καί*)로 시작되는 등위절은 목적을 나타내기 위한 목적절 역할을 한다. 카이 엑케에테(*καὶ ἐκχέετε*)는 가정법을 이끄는 히나(*ἵνα*) 절, 즉 "너희가 쏟도록"과 동일한 기능을 한다(Ljungvik, *Syntax*, 72-76에는 파피루스들에 나오는 많은 예들이 열거되어 있다). 목적절을 이끄는 카이(*καί*)의 이러한 용법은 마 5:15에서 분명하게 볼 수 있다: 우데 카이우신 뤼크논 카이 티데아신 아우톤 휘포 톤 모디온, 알르 에피 텐 뤼크니안 카이 람페이 파신 토이스 엔 테 오이키아(*οὐδὲ καίουσιν λύχνον καὶ τιθέασιν αὐτὸν ὑπὸ τὸν μόδιον, ἀλλ' ἐπὶ τὴν λυχνίαν, καὶ λάμπει πᾶσιν τοῖς ἐν τῇ οἰκίᾳ*, "사람이 등불을 켜서 말 아래에 두지 아니하고 등경 위에 두나니 이러므로 집 안 모든 사람에게 비치느니라"). 더 좋은 번역은 "사람은 말 아래에 두기 위해서가 아니라 등경 위에 두어서 집 안 모든 사람에게 비치게 하기 위하여 등불을 켠다"이다. 공관복음서의 병행문들에서 막 4:21은 이 두 절에서 카이(*καί*)+직설법 대신에 히나(*ἵνα*)+가정법을 사용하고, 눅 8:16(그리고 눅 11:44에 나오는 비슷한 본문)은 첫 번째 절을 종속적 분사+정형 동사로 대체하며, 두 번째 절을 히나(*ἵνα*)+가정법으로 대체한다. 051 1854 Andr에서는 엑케에테(*ἐκχέετε*) 앞에서 카이(*καί*)를 생략하고, 025 Andr c d f2073 l에는 카이(*καί*)가 나온다.

1.e. 이독들: (1) 엑케에테(*ἐκχέετε*), A 025 fam 1006 $Oecumenius^{2053\ 2062}$ Andr a1 $b^{2059\ 2081}$ $e^{2026\ 2091}$ n^{2065} $1^{1678\ 1778\ 2080}$ Andr $Ø^{598}$. (2) 엑케에타이(*ἐκχέεται*), ℵ C 2329 Andr $Ø^{181}$ *Byz* 2^{2200}. 두 개의 현재 명령형인 휘파게테(*ὑπάγετε*, "떠나라")와 엑케에테(*ἐκχέετε*, "쏟으라, 부으라")는 둘 다 행위 동사들로서, 여기서 기동(起動)의 의미로 사용된다. 즉 이 명령은 앞으로 일곱 대접을 쏟는 활동의 개시라는 의미를 지닌다.

1.f. 이독: 헵타(*ἑπτά*)의 생략, 051 1854 Andr h cop Beatus.

1.g. 명사구 투 뒤무 투 데우(*τοῦ θυμοῦ τοῦ θεοῦ*)에서 첫 번째의 관사가 붙은 명사는 내용의 속격이고, 두 번째 명사는 주어적 속격으로 해석될 수 있다.

1.h-h. 이독: 에이스 텐 겐(*εἰς τὴν γῆν*)의 생략, $\mathfrak{P}^{47}$.

2.a. 이 문장을 시작하는 카이(*καί*, "그리고")는 새로운 문장의 시작을 나타내는 표지로서의 역할을 하는 것이기 때문에 여기서는 번역하지 않았다.

2.b. 여기서 저자는 앞에서 사용해 왔던 휘파게인(*ὑπάγειν*, "떠나다")의 현재 명령형

대신에 아페르케스다이(ἀπέρχεσθαι, "떠나다")의 단순과거 직설법 형태를 선택함으로써 자신의 어휘를 변경한다.

2.c. 이독: 엑세케엔(ἐξέχεεν) 대신에 엑세케엔(ἐξεχέην), 𝔓47: 특이한 읽기. 아마도 다음에 나오는 두 단어가 모두 -엔(-ην)으로 끝나기 때문에 착시 현상으로 인한 오류인 것 같다.

2.d. 접속사 카이(καί)로 시작되는 절은 앞 절과 원인-결과의 관계를 가지기 때문에 여기서 카이(καί)는 결과(*consecutivum*)의 카이(καί) 역할을 하므로, "~라는 결과를 가지고"로 번역될 수 있다. 참조. Aejmelaeus, *Parataxis*, 15-18.

2.e-e. 이독: 카콘 카이(κακὸν καί)의 생략, 𝔓47.

2.f. 이 번역문에 대해서는 "원문주해" 13:16.b.를 보라.

2.g-g. 이독들: (1) 프로스퀴눈타스 테 에이코니 아우투(προσκυνοῦντας τῇ εἰκόνι αὐτοῦ), A C 025 046 051 Oecumenius[2053 2062] fam 1006 fam 1611[1611 1854 2329] Andreas Byzantine. (2) 프로스퀴눈타 텐 에이코나 아우투(προσκυνοῦντα τὴν εἰκόνα αὐτοῦ), ℵ 𝔓43 (오직 τήν만 알아볼 수 있다); Andr a b c d e[2091] f[35] cop. 프로스퀴네인(προσκυνεῖν)+여격 또는 대격 구문에 관해서는 "원문주해" 4:10.b.를 보라.

3.a. "가다, 떠나다"를 의미하는 동사는 일곱 번째 천사를 통한 두 번째 행위에 관한 묘사에 나오지 않는다. 16:2의 3인칭 단수 단순과거 직설법 동사인 아펠덴(ἀπῆλθεν)은 오직 첫 번째 천사에만 적용된다.

3.b. "원문주해" 16:2.d.를 보라.

3.c. 조에스(ζωῆς, "생명의")는 명사 프쉬케(ψυχή, "존재"; 개역성경에서는 "[생]물")를 수식하는 형용사 역할을 하는 속성의 속격이다. 이 어구는 히브리어 네페쉬 하야(נפש חיה)에 대한 문자적인 번역이다(LXX 창 1:20 [ψυχῶν ζωσῶν – 프쉬콘 조손], 30[ψυχὴν ζωῆς – 프쉬켄 조에스]). 조사(ζῶσα)라는 읽기(ψυχή – 프쉬케를 수식하는 주격 단수 여성 현재분사)가 사본상의 강력한 지지를 받고 있긴 하지만(𝔓47 ℵ 046 051 fam 1611[1854 2344] Oecumenius[2053 2062] Andreas lat syr[ph] cop TR), 히브리적 표현인 조에스(ζωῆς)는 극히 소수이긴 하지만 매우 중요한 사본들의 지지를 받는 어려운 읽기(*lectio difficilior*)다: A C fam 1006 fam 16111611.

3.d. 이독: 엔 테 달라쎄(ἐν τῇ θαλάσσῃ) 앞에서 타(τά)의 생략, 𝔓47.

4.a. 이독: 에이스(εἰς) 대신에 에피(ἐπί), 𝔓47 ℵ.

4.b. 이독들: (1) 타스 페가스(τὰς πηγάς) 앞에 에티(ἐπί), 𝔓47. (2) 타스 페가스(τὰς πηγάς) 앞에 에이스(εἰς), Byzantine.

4.c-c. 타스 페가스 톤 휘다톤(τὰς πηγὰς τῶν ὑδάτων, 직역하면 "물들의 샘들")이라는 어구에서 두 번째 관사가 붙은 명사는 동격의 속격으로서의 역할을 하기 때문에 이 명사구 전체는 "샘들, 즉 물들" 또는 단순히 "샘들"로 번역될 수 있다. 이 어구는 (단수

또는 복수로) 칠십인역에서 통상적으로 엔 마임(עין מים) 또는 에노트 마임(עינת מים)의 역어로서 자주 나온다(창 24:13; 출 15:27; 레 11:36; 민 33:9; 수 15:9; 사 35:7; 49:10). 요한계시록에서 (타스) 페가스 (톤) 휘다톤([τὰς] πηγὰς [τῶν] ὑδάτων)은 4번 나오지만(7:17; 8:10; 14:7; 16:4), 단수형 테스 페게스 투 휘다토스(τῆς πηγῆς τοῦ ὕδατος)는 21:6에 한번 나온다. 관사의 유무와 관련해서 두 명사 사이의 일치는 칠십인역의 영향을 보여 준다(참조. Mussies, *Morphology*, 82 n. 1).

4.d. "원문주해" 16:3.b.를 보라.

4.e. 이독들: (1) 에게논토(ἐγένοντο), $\mathfrak{P}^{47}$ A fam 1006 fam $1611^{1854\ 2329}$ 1773 2019 $\text{Oecumenius}^{2053\ 2062}$ Andr e^{2091} $f^{2073\ 2254}$ i^{2042} n^{2432} Byz 4^{1719} Byz $5^{808\ 1893}$ Byz $17^{469\ 2078\ 2436}$ cop eth syr it^{gig} Primasius; Charles, 2:333 (2:44에서 그는 에게네토(ἐγένετο)가 옳다고 전제한다). (2) 에게네토(ἐγένετο), ℵ C 025 046 051 Andreas Beatus; itar vg arm; Tischendorf, *NT Graece*; WHort; Bousset (1906) 396; Merk, *NT*; Nestle-Aland^{27}; UBSGNT^{4}. 사본상의 강력하고 폭넓은 지지로 보아서, 읽기 (1)이 원래의 것일 가능성이 높다. 일부 학자들은 읽기 (1)이 이 동사를 앞에 나온 복수형들에 기계적으로 맞춘 것이라고 주장한다(*TCGNT*^{1}, 755; *TCGNT*^{2}, 681). 읽기 (2)는 어려운 읽기(*lectio difficilior*)로서, 몇몇 꽤 중요한 사본들의 지지를 받고 있기는 하지만 사본상의 증거들이 약한 것은 분명하다. 이 동사의 주어는 나와 있지 않기 때문에 독자들은 흔히 3인칭 단수 동사를 취하는 중성 주격 복수형 명사인 타 휘다타(τὰ ὕδατα, "물들")를 보충해서 해석할 수 있다. 그리고 그것이 바로 에게논토(ἐγένοντο)를 에게네토(ἐγένετο)로 수정한 이유일 것이다. 물론 3절에서 사용된 에게네토(ἐγένετο)도 영향을 미쳤겠지만 말이다. 하지만 이 동사의 의미상의 주어는 호이 포타모이 카이 하이 게가이 톤 휘다톤(οἱ ποταμοὶ καὶ αἱ πηγαὶ τῶν ὑδάτων, "강들과 물 근원들")임에 틀림없기 때문에 동사는 에게논토(ἐγένοντο)와 같이 3인칭 복수형이 되어야 한다.

5.a. 이독들: (1) 호 엔 호 호시오스(ὁ ἦν ὁ ὅσιος), ℵ 051 Andreas cop^{sa}; [WHort]. (2) ὅς ἦν καὶ ὅσιος] $\mathfrak{P}^{47}$ fam 1611^{2329} Andr c e. (3) 호 엔 카이 호 호시오스(ὁ ἦν καὶ ὁ ὅσιος), fam $1006^{1006\ 1841}$ $\text{Oecumenius}^{2053\ 2062}$. (4) 호 엔 호시오스(ὁ ἦν ὅσιος), A C fam $1611^{1611\ 1854}$; Charles, 2:355. 이 어구는 호 온 카이 호 엔 카이 호 에르코메노스(ὁ ὢν καὶ ὁ ἦν καὶ ὁ ἐρχόμενος; 1:4, 8; 4:8)라는 정형구의 한 변형이다. 처음 두 칭호는 11:17과 여기에 나오는데, 거기에서는 호 호시오스(ὁ ὅσιος)도 발견된다. 접속사를 수반한 세 개의 칭호에 호 판토크라토르(ὁ παντοκράτωρ)가 첨가되어 있는 1:8과 비교해 볼 때, 읽기 (1)에서 ℵ이 관사가 없는 원래의 호시오스(ὅσιος)를 보존하고 있는 것으로 보인다(Schmid, *Studien* 2:120, 138).

5.b-b. 동사구 호티 타우타 에크리나스(ὅτι ταῦτα ἔκρινας)는 번역하기가 어렵다. 대명사 타우타(ταῦτα, "이 일들"; 개역성경에서는 "이렇게")는 앞에 나온 세 재앙을 가리

키기 때문에 적절한 번역이 되기 위해서는 이 점이 반영되어야 한다. 호티 타우타 에크리나스(*ὅτι ταῦτα ἔκρινας*)라는 어구 전체는 지금까지 두 가지 주된 방식으로 번역되어 왔다. (1) 동사절로: (a) LJV, "당신이 이렇게 심판하시니". (b) Charles, 2:435, "당신이 심판하셨다는 점에서". (c) NRSV, "이는 당신이 이 일들을 심판하셨기 때문입니다". (2) 명사구로: (a) RSV, NEB, "당신의 이러한 심판들에서"; NIV, "이러한 심판들에서". (b) REB, "당신의 이러한 심판들에서." 헬라어 본문은 부사적으로 어떻게 하나님이 의로우신가(예를 들어, "당신의 이러한 심판들에서")가 아니라 왜 의로우신가(예를 들어, "이는 당신이 심판하셨기 때문입니다")에 초점을 맞추고 있기 때문에 많은 번역문들이 이 점을 빠뜨리고 있다고 할지라도, 호티(*ὅτι*)가 지닌 이유의 의미는 보존되어야 한다. 위의 번역문들 중에서 가장 받아들이기 어려운 것은 NRSV이다. 왜냐하면 거기서는 "이 일들을 심판하였다"는 것이 무엇을 의미하는지가 전혀 분명하지 않기 때문이다. 헬라어 본문의 취지를 잘 살리면서도 관용적인 표현을 사용한 번역들은 이런 것들이다. "당신은 이러한 징벌들을 가하기로 결심하셨다"와 "당신은 이러한 심판들을 작정하셨다."

6.a. 3인칭 복수 단순과거 동사 엑세케안(*ἐξέχεαν*, 직역하면, "그들이 쏟아 부었다")의 주어는 직접적으로 분명하지 않은데, 이것은 이 동사가 "사람들이 쏟았다"는 일반적인 의미 또는 "부어졌다"는 수동의 의미로 사용된 부정(不定)의 3인칭 복수형이라는 것을 보여 준다(요한계시록에서 부정의 3인칭 복수 동사의 다른 예들에 대해서는 "원문주해" 2:24.a-a.를 보라).

6.b. 이독: 하이마타(*αἵματα*), ℵ fam 336 2019.

6.c-c. 이독: 하기온(*ἁγίων*) 대신에 하기온(*ἅγιον*), C Andr c^{2033} h Byz 19^{1094}. 분명히 *ο* = *ω*의 소리가 비슷해서, 하기온(*ἅγιον*)을 하이마(*αἷμα*)를 수식하는 형용사로 해석한 이러한 오류가 생겨났음에 틀림없다(Gignac, *Grammar* 1:275-77).

6.d-d. 이독들: (1) 데도카스(*δέδωκας*), A C fam 1611$^{1611\ 2329}$; WHort; B. Weiss, *Johannes-Apokalypse*, 106; Charles, 2:355; Merk, *NT*; 그리고 Nestle-Aland27과 UBSGNT4에서는 데도카스([*δ*]*έδωκας*)를 괄호 안에 넣는다. (2) 에도카스(*ἔδωκας*), 𝔓^{47} ℵ 051 Andreas Byzantine; Tischendorf; WHortmg; Bousset (1906) 396; von Soden, *NT Graece*; Charles, 2:355^{mg}. (3) 에도켄(*ἔδωκεν*), fam 1611^{1854}. 읽기 (2)는 필사자가 엑세케안(*ἐξέχεαν*)의 형태와의 동화를 토대로 수정한 것이다(B. Weiss, *Johannes-Apokalypse*, 106; Schmid, *Studien* 2:92, 207).

6.e-e. 이독들: (1) 페인(*πεῖν*), A C (*πῖν*); Tischendorf, *NT Graece*; WHort; B. Weiss, *Johannes-Apokalypse*, 105; Charles, 2:355. (2) 피에인(*πιεῖν*), 𝔓^{47} ℵ Andreas Byzantine; Bousset(1906) 396; von Soden, *Text*; Nestle-Aland^{27}; UBSGNT4. (3) 포이에인(*ποιεῖν*), Andr d^{2051} e^{2057} g^{2071} i$^{2014\ 2043\ 2082}$ n^{2429} Andr Ø^{2038} Byz 3$^{429\ 522}$ Byz 4^{1719} Byz 7^{2024} Byz 11^{368} Byz 16^{69} Andr/Byz 2b^{336} Andr/Byz 3$^{1248\ 1551}$ Andr/Byz 4a^{616} Andr/Byz

4b[2018]. 읽기 (1)은 주전 2세기에 처음으로 확인되는 비(非)아틱 정서법을 보여 주는 것으로서 칠십인역의 사본들에 자주 나오는데(Thackeray, *Grammar*, 63-64), 여기에서는 두 개의 *I*음이 하나로 축약되어서 다음과 같은 형태들이 생겨났다: *πιεῖν* 〉 *π(ε)ῖν*; *ὑγίεια* 〉 *ὑγ(ε)ῖα*; *ταμιεῖον* 〉 *ταμ(ε)ῖον*. 이러한 형태들은 초기의 대문자 사본들에 반영되어 있다 – 물론 아틱 방언의 2음절의 축약들이 많은 소문자 사본들에도 영향을 미쳤지만(Moulton, *Prolegomena*, 44-45; Moulton-Howard, *Accidence*, 89-90; MM, 513). 핀(페인)(*π(ε)ῖν*)은 폰 소덴(von Soden, *Text* 1:1377)과 바이스(B. Weiss, *Johannes-Apokalypse*, 105)가 주장하는 것과는 달리 잘못 필사된 형태가 아니다. 읽기 (2)에 나오는 피에인(*πιεῖν*)이라는 형태는 신약성경에서 여러 번 확인되고(마 27:34; 막 10:38; 행 23:12, 21; 롬 14:21; *T. Sim.* 3:2; *Jos. As.* 21:21; *Vit. Proph.* 1.2를 보라), 페인(*πεῖν*)은 요 4:7, 9; 고전 9:4; 10:7에 나온다(*1 Enoch* 102:8을 보라). 비아틱 형태들이 자주 아틱 형태들로 대체되었다는 사실은 읽기 (1)이 원래의 것임을 보여 준다.

6.f. 이독들: (1) 악시오이(*ἄξιοι*), A Andreas vg[C F T]; Beatus. (2) 호페르 악시오이(*ὅπερ ἄξιοι*), ℵ vg[mss] Byzantine. (3) 아라 악시오이(*ἄρα ἄξιοι*), fam 16112329. (4) 악시오이 가르(*ἄξιοι γάρ*), Oecumenius[2053 2062] it[gig] (*digni enim sunt*). (5) 호티 악시오이(*ὅτι ἄξιοι*), 2019 it[c dem diu] (*ut digni sunt*); i[thaf] (*ut digni enim sunt*); vg[II] (*quod digni sunt*); vg[A G I K O U V W] (*ut digni sunt*); Primasius (*quoniam digni sunt*) cop syr eth. (6) 카이 악시오이 가르 에이신(*καὶ ἄξιοι γάρ εἰσιν*), 792 i[thaf] (*ut digni enim sunt*). 읽기 (1)이 원래의 것임에 틀림없다. 왜냐하면 이 어구에 접속사가 없는 것이 필사자들로 하여금 이행어구를 삽입하게 했을 것이기 때문이다 – 물론 이와 비슷한 구문이 14:5에 나오긴 하지만(*ἄμωμοί εἰσιν* – 아모모이 에이신). 하지만 호티 악시오이 에이신(*ὅτι ἄξιοι εἰσιν*)이라는 어구가 3:4에 나온다는 점에 유의하라.

7.a. 에쿠사 투 뒤시아스테리우 레곤토스(*ἤκουσα τοῦ θυσιαστηρίου λέγοντος*)는 "나는 향단이 말하는 것을 들었다"로 번역될 수 있다(속격을 동사의 목적어로 보아서). 또 하나의 대안은 속격을 동사의 목적어 역할을 하는 부분의 속격으로 해석해서 티나(*τινά*) 또는 티노스(*τινός*, "어떤 사람, 누군가") 같은 부정대명사를 보충하여 "나는 향단으로부터 어떤 사람이 말하는 것을 들었다"로 번역하는 것인데, 이것은 저자의 문체와 부합한다. 투 뒤시아스테리우(*τοῦ θυσιαστηρίου*)라는 단순한 형태가 분명히 원래의 것이지만(ℵ A C Oecumenius2053의 지지를 받고 있다), 그것이 동사 에쿠사(*ἤκουσα*)의 목적어로서의 부분의 속격으로 해석될 수 있다는 사실은 투 뒤시아스테리우(*τοῦ θυσιαστηρίου*) 앞에 에크(*ἐκ*)를 삽입하고 있는 약간의 사본들, 포넨 에크(*φωνὴν ἐκ*)를 보충해 넣는 2019에 의해서 확증된다. 이독들. (1) 투 뒤시아스테리우(*τοῦ θυσιαστηρίου*), ($\mathfrak{P}^{47}$에서는 공백) ℵ A C 025 051 Oecumenius[2053] Andreas Andr/Byz 2[620 628] syr cop arm Beatus(*et audivi aram dei dicentem*); it[gig] (*et audivi alterum dicentem*). (2) 에크 투 뒤시아스테리우(*ἐκ* τοῦ θυσιαστηρίου), 046 fam 1611[2311] Andr a b c d m[2037 2046]. (3) 알루 에크 투 뒤시아스테리우(ἄλλου ἐκ τοῦ θυσιαστηρίου), TR. (4) 포넨 에크 투 뒤시아스테리우(φωνὴν ἐκ τοῦ θυσιαστηρίου), 2019. 읽기 (1)이 어려운 읽기(*lectio difficilior*)이고, ℵ A C Oecumenius[2052]의 압도적인 지지를 받고 있기 때문에 아마도 원래의 것일 가능성이 매우 크다. 그 밖의 다른 읽기들은 투 뒤시아스테리우(τοῦ θυσιαστηρίου)로부터 모호성을 제거하기 위한 시도들이다.

7.b. 이독: 하이 크리시스(αἱ κρίσις), 𝔓[47] C: ει와 Ι의 음운상의 유사성으로 인한 필사상의 오류(Gignac, *Grammar* 1:249-51를 보라).

8.a. 이독: 엑세케엔(ἐξέχεεν) 앞에 앙겔로스(ἄγγελος), ℵ 051 fam 1611[1854 2329 2344] Andreas cop Primasius Beatus.

8.b. 에도테(ἐδόθη)의 주어는 해일 수 있지만, 그런 후에 톤 헬리온(τὸν ἥλιον)이 대격으로 되어 있기 때문에 이 단어 다음에 종지부가 삽입되어야 한다. 또는 이 동사가 네 번째 천사를 가리킬 수도 있는데, 이 경우에는 호 테타르토스(ὁ τέταρτος)가 주격이기 때문에 톤 헬리온(τὸν ἥλιον) 다음에 쉼표가 삽입될 수 있다.

8.c. 이독: 아우토(αὐτῷ)의 생략, 𝔓[47] Byz 1[-1872]. 필사자가 중복적인 대명사를 제거하여 구문을 개선한 것이다.

8.d-d. 엔 퓌리(ἐν πυρί)는 도구의 여격이다.

9.a-a. 카우마 메가(καῦμα μέγα)는 에카우마티스테산(ἐκαυματίσθησαν)에 걸리는 동족목적어로서(Winer, *Grammar*, 281; Robertson, *Grammar*, 478; Turner, *Syntax*, 245; BDR § 153.2), 더 구체적으로는 부사적인 방식의 대격으로서의 역할을 한다. 요한계시록에서 동족목적어의 또 다른 예는 유일하게 17:6에 나온다.

9.b. 이독들: (1) 엑수시안(ἐξουσίαν) 앞에서 텐(τήν) 생략, C fam 1006[1006 1841] fam 1611[1611] Oecumenius[2053 2062] Andr a c d h i[-2074] 94 Byzantine TR. (2) 엑수시안(ἐξουσίαν) 앞에 텐(τήν), ℵ A 025 051 209 fam 1611[1854 2329] 2019 Andr b[2059] d-[2051] f g[205 2045] i[2074] l[1778 2080] n[2065] Andr Ø[181 598] Byz 2[2076] Byz 17[2078 2436] Byz 19[2075 2077] Andr/Byz 3 Andr/Byz 4[2070 2305]. 텐(τήν)의 생략을 보여 주는 증거가 강력하지만(특히 C와 2053의 결합), ℵ과 A의 결합도 무게가 있기 때문에 원래의 본문에서 텐(τήν)이 존재했다는 쪽에 비중이 실린다.

9.c. 여기서 카이(καί)는 역접(*adversativum*)의 카이(καί)이기 때문에 "그러나"로 번역된다.

9.d. 부정사 두나이(δοῦναι)는 결과절을 도입하는 기능을 한다. 신약성경에서 결과를 나타내는 절의 가장 흔한 형태는 호스테(ὥστε)+부정사다.

10.a. 여기서 카이(καί)는 앞 절에서 언급된 행위의 결과들을 제시하는 결과절을 도입하는 기능을 한다.

10.b-b. 이독들: (1) 에스코토메네(*ἐσκοτωμένη*), 𝔓^{47} ℵ* A C Andreas Byzantine. (2) 에스코티스메네(*ἐσκοτισμένη*), ℵ^{1} 046 Andr d f$^{2031\ 2056}$ i n^{2065}. 읽기 (1)은 동사 스코툰(*σκοτοῦν*)의 아틱 형태이고, 읽기 (2)는 동사 스코티제인(*σκοτίζειν*)의 헬레니즘화된 형태다. 아틱 방언의 단어들이 더 대중적이었던 헬레니즘적인 단어들로 수정되었음을 보여 주는 증거들이 있다. 참조. "원문주해" 12:5.f-f.(*ἡρπάσθη*). "원문주해" 9:2.d-d.(*ἐσκοτώθη*)를 보라.

10.c. "원문주해" 16:10.a.를 보라.

10.d. 3인칭 복수 미완료 직설법 동사인 에마손토(*ἐμασῶντο*)는 여기서 "사람들"로 번역된 비인칭 주어를 표현하기 위하여 3인칭 복수형을 사용한다.

10.e. 이독: 타스 글로싸스(*τὰς γλώσσας*) 앞에서 아우톤(*αὐτῶν*)의 생략, 𝔓^{47}: 특이한 읽기.

11.a-a. 이독: 에블라스페문(*ἐβλασφημοῦν*), 𝔓^{47} Andr l it^{gig} cop^{sa}. 3인칭 복수형 동사는 부정(不定)의 복수이고, 10절에 나오는 에마손토(*ἐμασῶντο*)와 동일한 주어를 갖는다.

11.b. 카이(*καί*)는 여기서 역접의 의미로 사용되기 때문에 "그러나, 그렇지만"으로 번역되어야 한다(Mussies, *Morphology*, 231-32).

11.c. 메테노에산(*μετενόησαν*)은 11a절에 나오는 에블라스페메산(*ἐβλασφήμησαν*)과 10절의 에마손토(*ἐμασῶντο*)의 주어를 가리키는 부정(不定)의 복수로서, 그 주어는 "사람들"로 번역될 수 있다.

11.d-d. 메타노에인 에크(*μετανοεῖν ἐκ*)에 대해서는 "원문주해" 2:21.c-c.를 보라.

12.a. 이독: 앙겔로스(*ἄγγελος*)의 첨가, 051 fam 1611$^{2329\ 2344}$ Andreas it vg syr^{ph} copbo Primasius Beatus.

12.b. 이독들: (1) 톤(*τόν*)의 첨가, 𝔓^{47} A C fam 1006$^{1006\ 1841}$ fam 1611$^{1611\ 2329}$ Andr a c d e^{2026} i$^{-1685\ -2074}$ 94. (2) 톤(*τόν*)의 생략, ℵ 025 051 fam 1611^{1854} Oecumenius$^{2053\ 2062}$ cop$^{bo\ mass}$.

12.c-c. "원문주해" 16:10.a.를 보라.

12.d. 이독: 아우투(*αὐτοῦ*)의 생략, fam 1611^{2344} Andreas cop$^{bo\ mass}$.

12.e. 이독: 아나톨론(*ἀνατολῶν*), A 051 Andreas syr^{ph}.

13.a-a. 이독들: (1) 호스 바트라코이(*ὡς βάτραχοι*), A (lacuna in C) Oecumenius 2053 Andreas. (2) 호세이 바트라쿠스(*ὡσει βατράχους*), 𝔓^{47} ℵ* 94 2019. (3) 호모이아 바트라코이스(*ὅμοια βατράχοις*), Andr a^{1} b$^{2059\ 2081}$ d e2$^{057\ 2091}$ h$^{2060\ 2286\ 2302}$ Andr Ø$^{181\ 598}$ Andr/Byz 3^{2186} TR. (4) 생략, fam 1621^{2344}. 프뉴마타(*πνεύματα*)는 에이돈(*εἶδον*)의 목적어로서 대격이어야 한다. 호스(*ὡς*)로 시작되는 실명사는 호스(*ὡς*) 절이 수식하는 실명사(즉 *πνεύματα*–프뉴마타)와 동일한 격이 되어야 하기 때문에 더 올바른 읽기는

호스 바트라쿠스(ὡς βατράχους)일 것이다. 읽기 (1)은 프뉴마타(πνεύματα)가 주격이고 카이 에이돈(καὶ εἶδον)이 그 동사에 걸린다는 것을 전제하거나, 프뉴마타(πνεύματα)가 문법상의 파격이라는 것을 전제한다. 통상적으로 요한계시록에서 이것은 오직 카이 에이돈 카이 이두(καὶ εἶδον καὶ ἰδού) 다음에서만 일어난다(6:2, 5, 8; 7:9; 14:1, 14). 칠십인역에는 번역자들이 호스(ὡς) 뒤에 나오는 명사의 통상적인 격을 포기하는 예들이 나온다: 신명기 10:3(ἐλάξευσα τὰς δύο πλάκας τὰς λιθίνας ὡς αἱ πρῶται[τὰς πρώτας 대신에])과 1 Macc 11:1(ἤθροισεν δυνάμεις πολλὰς ὡς ἡ ἄμμος ἡ[τὴν ἄμμον τὴν 대신에] παρὰ τὸ χεῖλος τῆς θαλάσσης); T. Muraoka, "The Use of ΩΣ in the Greek Bible," *NovT* 7(1964-65) 58를 보라. 그럼에도 불구하고, 이 읽기는 어려운 읽기(*lectio difficilior*)로서 원래의 것일 가능성이 크다. 읽기 (2)와 (3)은 이러한 문법상의 파격을 해결하고자 한 시도들이다.

14.a. 중성 복수 주격 명사인 프뉴마타(πνεύματα, 13절)는 3인칭 복수형 동사 에이신(εἰσίν)의 주어이지만, 3인칭 단수형 동사 에크포류에타이(ἐκπορεύεται)를 주목하라. 하지만 하 에포류에타이(ἃ ἐπορεύεται)가 프뉴마타(πνεύματα)가 아니라 세메이아(σημεῖα)를 가리킬 가능성이 있다. 신약성경에는 생물들을 가리킬 때는 3인칭 복수형 동사를 사용하고(중성 복수형으로 표현된), 무생물들을 가리킬 때는 3인칭 단수형 동사를 사용하는(중성 복수형으로 표현된) 경향이 있다. 참조. Mussies, *Morphology*, 230-31. 하지만 부정사 쉬나가게인(συναγαγεῖν, "모으다")은 오직 프뉴마타(πνεύματα)에 적용될 수 있기 때문에 에크포류에타이(ἐκπορεύεται)의 주어는 세메이아(σημεῖα)가 아니라 프뉴마타(πνεύματα)이다. 요한계시록에서 복수형 동사는 흔히 복수 중성의 주어와 함께 사용된다(예를 들어, 1:19; 3:2, 4; 5:14; 9:20; 11:18; 15:4; 참조. Charles, 1:cvli). 하지만 단수형 동사도 중성 복수 주어와 함께 사용될 수 있다(예를 들면, 1:19, ἃ μέλλει; 2:27; 4:8; 13:14; 14:13; 18:14; 19:14; 참조. Charles, 1:cvli).

14.b-b. 이독들: (1) 하이 에크포류에타이(ἃ ἐκπορεύεται]), 원래의 본문. (2) 하 에크포류온타이(ἃ ἐκπορεύονται), א. (3) 에크포류에스다이(ἐκπορεύεσθαι), $\mathfrak{P}^{47}$ א* 051 fam $1006^{1006\ 1841}$ Andr.

14.c. 이독: $\mathfrak{P}^{47}$ A 051 fam 16111854에서는 관사 톤(τόν)이 폴레몬(πόλεμον) 앞에서 생략되어 있다. 이 관사는 분명히 원래의 것이다. 왜냐하면 이 관사는 선행사를 가리키는 관사로서 잘 알려져 있던 종말론적인 전투를 가리키고 있기 때문이다.

14.d-d. 이독: 테스 헤메라스 테스 메갈레스(τῆς ἡμέρας τῆς μεγάλης) 대신에 테스 메갈레스 헤메라스(τῆς μεγάλης ἡμέρας)로 읽는다, $\mathfrak{P}^{47}$.

15.a. 현재 시제 동사(여기서는 ἔρχομαι – 에르코마이)는 이 본문과 다른 곳들에서(특히 22장) 저자가 독자들을 향하여 말할 때 사용된다(Mussies, *Morphology*, 333).

15.b-b. "얼마나 복된지"라는 번역에 대해서는 "원문주해" 1:3.b.를 보라.

15.c. 히나 메(ἵνα μή)는 원인의 의미로 해석될 수 있다. 참조. "원문주해" 14:13.f.

15.d. 동사 블레포신(βλέπωσιν)은 여기서 "사람들"로 번역되는 비인칭 주어 역할을 하는 3인칭 복수형과 함께 사용된 3인칭 복수 현재 가정법이다. 2:24; 10:11; 12:6; 13:16; 18:14; 20:4에 대한 "원문주해"들을 보라(Mussies, *Morphology*, 231-32).

15.e. 이독들: (1) 블레푸신(βλέπουσιν), $\mathfrak{P}^{47}$ 051 fam 1611^{2329} 2351 Andr a^{1} e^{2091} i^{2082} Andr $Ø^{181\ 598}$. (2) 블레푸시(βλέπουσι), 209 fam 1611^{1854} 2019 Andreas Byz 12^{2048} Byz 2^{2200} Byz 13^{2058} Byz 18^{256} Andr/Byz 3^{35}. (3) 블레포신(βλέπωσιν), ℵ A Andr e2057 f l n 94 1773 Byzantine. (4) 블레포시(βλέπωσι), Oecumenius2053 TR. 여기서 별로 중요치 않은 유동적인 -ν의 유무와는 상관없이, 여러 이독들은 ω와 ου의 음운상의 유사성으로 인해서 생겨난 것으로 보인다(Gignac, *Grammar* 1:275-77을 보라). 신약성경에는 히나(ἵνα) + 현재 직설법의 예가 없기 때문에 블레푸시(신)(βλέπουσι[ν]가 원래의 읽기일 가능성은 희박해 보인다.

15.f. Louw-Nida, § 25.202.

16.a-a. 3인칭 단수 단순과거 동사 쉬네가겐(συνήγαγεν)의 주어는 14a절의 프뉴마타(πνεύματα)이다. 왜냐하면 중성 복수 동사는 흔히 3인칭 단수 동사 형태의 주어를 지니기 때문이다. 이와 같은 연결관계는 편집에 의해서 본문에 첨가된 15절로 인해 약간 모호해져 있다("주석"을 보라).

16.b. 이독들: (1) 쉬네가겐(συνήγαγεν), 원래의 읽기(*lectio originalis*). (2) 쉬네가곤(συνήγαγον), ℵ vg^{ms} (*congraegaverunt*, MS I); syr^{ph}. 읽기 (2)는 14절의 프뉴마타(πνεύματα)가 주어라는 것을 분명히 하기 위한 수정이다. 쉬네가겐(συνήγαγεν)은 복수 중성 명사 프뉴마타(πνεύματα)를 주어로 하는 3인칭 단수 단순과거 동사이기 때문에 이 동사는 영어 어법에 맞춰서 복수로 번역되어 왔다.

16.c. 이독: 톤(τόν)의 생략, ℵ Andr c.

16.d. 이독들: (1) 포타몬(ποταμόν), A 1773. (2) 폴레몬(πόλεμον), cop^{sa}.

16.e. 이독들: (1) 하르마게돈(Ἁρμαγεδών), A ℵ 051 fam 1006 fam 1611^{2329} Andreas Beatus syr^{ph} arab eth. (2) 마게(겟)돈(Μαγε[δ]δών), fam 1611^{1611} $Oecumenius^{2053\ 2062}$ Byzantine vg^{mss} syr^{ph} $cop^{bo\ mss}$. 읽기 (1)의 철자상의 변형들이 여러 가지 있다: 아마게돈(ἀμαγεδών), Andr a^{1} 1773; 하르메게돈(ἁρμεγεδών), Andr a^{2186} Andr c; 하르마게돈(ἁρμαγεδόν), Andr n; 하르마게돔(ἁρμαγεδώμ), Andr g. 읽기 (1)의 "아마겟돈"이라는 명칭은 계 16:16에서만 발견된다. 읽기 (2)의 "므깃도"는 구약에서 많은 전투들이 벌어졌던 팔레스타인의 한 성읍을 가리킨다(히브리어와 헬라어로 여러 가지로 철자되는데, 그 중에서 가장 흔한 것은 히브리어로 므깃도[מְגִדּוֹ], 헬라어로 마겟도[Μαγεδδώ, 삿 5:19]; Μαγεδδώρ – 마겟도르[수 17:11 A]; 마게다온[Μαγεδαών, 4 Kgdms 9:27 B]; 마겟다이[Μαγεδδεί, 대상 7:29]; 마겟도[Μαγεδώ, 삿 1:27 B; 4 Kgdms 23:29 B]). 여

러 가지 철자들은 *TCGNT* 2, 755; *TCGNT* 2, 681에서 논의되고 있다. 슥 12:11에서 히브리어 므깃돈(מְגִדּוֹן)은 엔 페디오 에크콥토메누(*ἐν πεδίῳ ἐκκοπτομένου*), 즉 "잘라내진 것의 평지에서"로 번역되었는데, 이것은 므깃돈(מגדון)이 히브리어 어근 가다드(גדד, "잘라내다")에서 파생된 것으로 이해했음을 보여 준다. 그러므로 필사자들은 알려져 있지 않았던 지명이자 어려운 읽기(*lectio difficilior*)인 읽기 (2)를 잘 알려져 있던 지명인 읽기 (1)로 대체한 것이다.

17.a-a. 이독들: (1) 호 헵도모스(*ὁ ἕβδομος*), A 046 fam 1006 fam 1611[1611] Oecumenius[2053text] Andr l: 94 Byzantine. (2) 호 헵도모스 앙겔로스(*ὁ ἕβδομος ἄγγελος*), ℵ2 (*ὁ ζ´ ἄγγελος*): 051 fam 1611[1854 2329 2344] Andreas it vg cop[bo] Primasius Beatus. (3) 호 앙겔로스 헵도모스(*ὁ ἄγγελος ἕβδομος*), syrph arab. (4) 호테(*ὅτε*), ℵ.

17.b. 이독들: (1) 에피(*ἐπί*), ℵ A 046 Oecumenius[2053 2062] fam 1006 fam 1611[1611 2050] Andr l: 94. (2) 에이스(*εἰς*), 051 fam 1611[1854 2329 2344] Andreas.

17.c. 이독들: (1) 메갈레(*μεγάλη*), 𝔓[47] ℵ fam 1006 fam 1611[-2344] Oecumenius[2053 2062] Byzantine. (2) 메갈레(*μεγάλη*)의 생략, A fam 1611[2344] Andreas.

17.d. 이독들: (1) 에크(*ἐκ*), ℵ A 046 fam 1006 fam 1611 Oecumenius[2053 2062] lat syr. (2) 아포(*ἀπό*), Andr f[051 2023 2073] i Byzantine.

17.e. 이독들: (1) 나우(*ναοῦ*), 𝔓[47] A fam 1006[1006] Andr l n. 불행히도 A와 밀접하게 일치하는 0163은 이 대목에서 모호하다. 왜냐하면 투 나우([*τοῦ ναο*]*ῦ*)라는 읽기가 편집자들에 의해서 POxy 848 (= 0163)의 첫부분에서 복원되었지만, 우라누([*οὐρανο*]*ῦ*)라는 글자가 (축약되지 않았다면) 여기서의 공백에 잘 맞기 때문이다. (2) 나우(*ναοῦ*) 대신에 우라누(*οὐρανοῦ*), 051* fam 1611[1854] Andreas it[gig]. (3) 투 나우 투 우라누(*τοῦ ναοῦ τοῦ οὐρανοῦ*), Andr d f051c-2023-2073 i Byzantine. *TCGNT* 2, 681에 나오는 짤막한 논의를 보라.

17.f-f. 이독: 생략, Andr f[051 2031 2056].

18.a-a. 이독들: (1) 아스트라파이 카이 포나이 카이 브론타이(*ἀστραπαὶ καὶ φωναὶ καὶ βρονταί*), A (C에서는 공백) 0163 fam 1006 Oecumenius2053 Andr l1678; Tischendorf, *NT Graece*; WHort; B. Weiss, *Johannes-Apokalypse*, 205; Charles, 2:336; Merk, *NT*; Nestle -Aland[27]; UBSGNT4. (2) 아스트라파이 카이 브론타이 카이 포나이(*ἀστραπαὶ καὶ βρονταὶ καὶ φωναί*), 𝔓[47] 051 2329 Byzantine Andr/Byz syr[h]. (3) 브론타이 카이 아스트라파이 카이 포나이 카이 브론타이(*βρονταὶ καὶ ἀστραπαὶ καὶ φωναὶ καὶ βρονταί*), ℵ* cop[bo]. (4) 아스트라파이 카이 브론타이(*ἀστραπαὶ καὶ βρονταί*), Andr l[1778] fam 1611[2344] syr[ph]. 4:5과 11:19에 판에 박힌 표현인 아스트라파이 카이 포나이 카이 브론타이(*ἀστραπαὶ καὶ φωναὶ καὶ βρονταί*)가 나오는 것으로 보아서 읽기 (1)이 원래의 것일 가능성이 크다(Schmid, *Studien* 2:227-28). 8:5에 나오는 어구도 비슷한 요소들

을 가지고 있지만, 본문상의 증거들은 주요한 사본들이 4:5, 11:19, 16:18과 합치하는 읽기를 지지하고 있지 않다는 것을 보여 준다. 브론타이 카이 포나이(βρονταὶ καὶ φωναί)는 "우뢰의 우르르 하는 소리"(참조. 4:5)를 나타내는 이사일어(즉 접속사로 연결된 두 단어를 통해서 전달되는 단일한 복합적 개념)를 구성한다.

18.b. 2:7, 17; 6:4; 21:6에서 발견되는 히브리적 표현 방식과 유사한 패턴 속에서 상관대명사 호이오스(οἷος) 뒤에 중복적인 상관대명사 텔리쿠토스(τηλικοῦτος)가 나온다(Zerwick, *Greek*, § 202; BDR § 297.1).

18.c. 이독들: (1) 안드로포스 에게네토(ἄνθρωπος ἐγένετο), A (C에서는 공백) Andr Ø[254]; Tischendorf, *NT Graece*; WHort[marg]; B. Weiss, *Johannes-Apokalypse*, 205; Bousset (1906) 400 (in parentheses); Charles, 2:336. (2) 안드로포스 에게논토(ἄνθρωπος ἐγένοντο), 𝔓[47]. (3) 안드로포이 에게논토(ἄνθρωποι ἐγένοντο), ℵ 051 Oecumenius 2053 Andreas Byzantine TR latt syr; Bousset (1906) 400; Charles, 2:51; Merk, *NT*. 이러한 문제점은 부분적으로 에겐(ἐγέν-)으로 시작되는 단어들이 이 한 절에서 4번 나온다는 사실에서 기인한다. 읽기 (1)은 다른 이독들의 기원을 설명해 주는 것으로 보인다(*TCGNT* [1], 755-56).

18.d. 지시대명사 텔리쿠토스(τηλικοῦτος, "이같이 큰, 아주 큰")는 중복적인 어구인 후토 메가스(οὕτω μέγας, "아주 큰")를 통해서 반복된다.

19.a-a. 기네스다이 에이스 티(γίνεσθαι εἴς τι)는 "무엇이 되다"를 의미하는 히브리적 표현 또는 칠십인역의 표현 방식으로서(창 20:12; 1 Kgdms 4:19; Jdt 5:18; 1 Macc 2:11, 43; 3:58; Conybeare-Stock, *Septuagint*, 81), 목표 또는 결말의 상태를 표현하는 전치사 에이스(εἰς)는 8:11에서처럼 술어를 도입하기 위하여 사용된다: 에게네토…에이스 아프신돈(ἐγένετο…εἰς ἄψινθον, "쓰게 되었다"(BDR § 145.1 n. 2; Turner, *Style*, 70를 보라). 16:19에 대한 밀접한 병행은 *Jos. As.* 24:20에 나온다: 게고나신 에이스 테싸라스 아르카스(γεγόνασιν εἰς τέσσαρας ἀρχάς, "그들[2,000명의 전사들]은 네 대(隊)로 나누어졌다." 이에 대한 예들로는 마 19:5; 21:42; 눅 13:19; 요 16:20; 행 5:36; 롬 5:18; 요일 5:8; Herm. *Sim.* 9.13.5; *1 Clem.* 11:2; Ign. *Eph.* 11:1; *3 Apoc. Bar.* 4:15; *T. Job* 32.11을 보라. *Vit. Proph.* 10.8b는 기독교적인 개작으로 다음과 같이 되었다. "요나는 주님의 부활의 모형이 되었다"[γενόμενος εἰς τύπον－게노메노스 에이스 튀폰].

19.b-b. 이독들: (1) 하이 폴리스 하이 톤 에드논(αἱ πολῖς αἱ τῶν ἐθνῶν), 𝔓[47]; singular reading. (2) 헤 폴리스 톤 에드논(ἡ πόλις τῶν ἐθνῶν), ℵ*. 읽기 (1)에서 폴리스(πολῖς; 하이 폴리스[αἱ πολῖς]는 ℵ[1]에서도 발견된다)의 음운 변화(itacism)와는 상관없이, 두 번째 하이(αἱ)의 첨가는 헬라어 문체를 개선하고자 하는 시도다.

19.c. 동사 밈네스케스다이(μιμνῄσκεσθαι)는 "기억하다"만이 아니라 정보를 알고 있

어서 그에 따라서 적절하게 행동하는 것을 의미한다(Louw-Nida, § 29.16). 엠네스데(ἐμνήσθη)는 "큰 성 바벨론이 하나님 앞에서 언급되었다", 즉 바벨론에 대하여 보수해 주시라는 기도가 하나님 앞에 상달되었다는 것을 의미할 수도 있다(BAGD, 522). 행 10:31에는 밀접한 병행이 나온다. "고넬료야 하나님이 네 기도를 들으셨고[εἰσηκούσθη – 에이세쿠스데] 네 구제가 하나님 앞에 기억되었으니[ἐμνήσθησαν ἐνώπιον τοῦ θεοῦ – 엠네스데산 에노피온 투 데우]." 그렇지만 여기서 엠네스데산(ἐμνήσθησαν)은 아네베산 에이스 므네모쉬논 엠프로스텐 투 데우(ἀνέβησαν εἰς μνημόσυνον ἔμπροσθεν τοῦ θεοῦ, "[네 기도들과 네 구제들이] 하나님 앞에 올라가서 기억되었다"를 대신한 표현이다. 하지만 계 18장의 본문 속에서는 하나님께 기억해 달라는 호소가 나오지 않기 때문에 밈네스케스다이(μιμνῄσκεσθαι)는 "기억하고 응답하다"를 의미하는 것으로 보인다.

19.d-d. 두나이(δοῦναι)는 동사 엠네스데(ἐμνήσθη)를 더 자세하게 규정하는 부연 설명의 부정사다(참조. Votaw, *Infinitive*, 14-15). 두나이(δοῦναι) 앞에 투(τοῦ)가 붙은 이독이 א와 Andr i에서 발견된다.

19.e-e. 이 4개의 속격의 연쇄(이러한 구문 현상에 대해서는 J. H. Moulton, *Grammar* 3:218을 보라; 계 19:15에서는 5개의 속격이 연속으로 나온다)에서 투 오이누(τοῦ οἴνου, "포도주")는 내용의 속격이고, 투 뒤무(τοῦ θυμοῦ, "맹렬함")는 동격 또는 부연 설명의 속격이며, 테스 오르게스(τῆς ὀργῆς, "진노")는 뒤모스(θυμός)의 의미를 강화시키는 속성의 속격(BDR § 165) 또는 소위 히브리적 속격이고(Zerwick, *Greek*, § 40-41), 아우투(αὐτοῦ, "그의")는 소유의 속격이다.

19.f. 이독: 토(τό)의 생략. א fam 1006 fam 1611^{1854} Oecumenius$^{2053comm\ 2062comm}$ Andr n Andr/Byz 2b^{1918} Andr/Byz 3$^{1551\ 2061}$ Andr/Byz 4c^{2070}.

19.g. 이독: 투(τοῦ)의 생략. א cop^{bo}.

19.h. 이독: 아우투(αὐτοῦ)의 생략. א cop^{bo} it^{gig}.

20.a. 여기서 퓨게인(φεύγειν)은 "존재하기를 신속하게 그치다, 신속하게 사라지다"(Louw-Nida, § 13.95) 또는 "눈에 보이지 않게 되다, 사라지다"(Louw-Nida, § 24.6)를 의미할 수 있다.

20.b. 부정(否定)의 불변사와 함께 수동형으로 사용된 휴리스케인(εὑρίσκειν)은 "사라지다"를 의미할 수 있다(BAGD, 324) – 이 관용 표현은 Louw-Nida에는 나오지 않지만. 여기서 𝔓^{47}만이 단수형 동사 앞에 나오는 중성 복수형을 확인해 준다: 오레 우크 휴레데산(ὄρη οὐχ εὑρέθησαν) 대신에 오레 우크 휴레데(ὄρη οὐχ εὑρέθη). 단수형 동사는 비인칭적인 의미를 지닌 중성 복수형 주어들과 함께 사용되기 때문에(BDR § 133), 이것은 분명히 필사자가 구문을 개선한 것이다. 저자는 중성 복수형 주어 뒤에 복수형 동사를 사용할 수 있지만(예를 들어, 1:19, ἅ εἰσίν; 3:2, 4; 5:14; 9:20; 11:18; 15:4; 참조. Charles, 1:cvli), 몇몇 경우들에서는 중성 복수형 주어 뒤에 단수형 동사를 사용하는 경

우도 있기 때문에(예를 들어, 1:19, ἃ μέλλει; 2:27; 4:8; 13:14; 14:13; 18:14; 19:14; 참조. Charles, 1:cvli) 일관성이 없다.

21.a. 여기서 우라노스(οὐρανός)는 분명히 하나님의 거소(居所)가 아니라 궁창을 가리킨다.

21.b. 여기서 에크(ἐκ)+속격은 근거, 이유를 나타내는 것으로 해석될 수 있다(Robertson, *Grammar*, 599; Louw-Nida, § 89.25).

21.c. 테스 칼라제스(τῆς χαλάζης)는 서술적 속격으로서 "우박 재앙"을 의미할 수도 있고, 부연 설명의 속격으로서 "재앙, 곧 우박"을 의미할 수도 있다.

21.d. 헤 플레게 아우테스(ἡ πληγὴ αὐτῆς, 직역하면 "그것의 재앙")에서 아우테스(αὐτῆς)는 아마도 앞에 나온 테스 칼라제스(τῆς χαλάζης)를 가리킬 것이기 때문에 "그 재앙"으로 번역될 수 있다. 하지만 여성 명사 바벨론 헤 메갈레(βαβυλὼν ἡ μεγάλη)가 19절에서 언급되고 있기 때문에 아우테스(αὐτῆς)는 바로 그것을 가리킬 수도 있는데, 이 경우에는 "그녀의[즉 바벨론의] 재앙"으로 번역된다(참조. 18:8, αἱ πληγαὶ αὐτῆς–하이 플레가이 아우테스). 하우테(αὕτη)는 두 개의 중요한 소문자 사본(fam 1006[1006] fam 1611[1611])과 몇몇 다른 증거들(Andr c i Byzantine)에서 발견되는 수정이다.

양식/구조/배경

I. 개요

5. 마지막 일곱 재앙을 가진 일곱 천사들(15:1-16:21)
  a. 서론(15:1-4)
  (1) 표제(1절)
    (a) 도입문: "또 내가 보매"(1a절)
    (b) 환상에 대한 요약(1a-c절)
      [1] 또 다른 징조(1a절)
        [a] 환상의 장소: 하늘
        [b] 환상의 특징들
          {1} 크다
          {2} 기이하다
      [2] 환상의 성격: 일곱 천사(1bc절)
        [a] 마지막 일곱 재앙을 가졌다

[b] 이것들을 통해서 하나님의 진노가 마쳐진다
(2) 승리한 순교자들이 부르는 찬송이 있는 하늘 궁정에 관한 환상(2-4절)
(a) 환상 도입문: "또 내가 보니"(2a절)
(b) 찬송의 배경(2a-c절)
[1] 불이 섞인 유리 바다(2a절)
[2] 승리한 자들(2bc절)
[a] 짐승을 이김(2b절)
{1} 그 우상을 이김
{2} 그 이름의 수를 이김
[b] 유리 바다 가에 서 있음(2c절)
[c] 하나님의 거문고를 가지고 있음(2c절)
(c) 찬송의 제목: 모세의 노래와 어린양의 노래(3a절)
(d) "2인칭 양식"으로 된 서술적 찬송(3b-4절)
[1] 하나님에 대한 찬양(3bc절)
[2] 수사학적 의문문(4a절)
[3] 찬송의 이유들(4bc절)
[a] 주만이 거룩하시다(4b절)
[b] 만국이 와서 주 앞에 경배할 것임(4b절)
[c] 주의 심판들은 명백히 의로움(4c절)
b. 일곱 천사의 위임(5-8절)
(1) 환상 도입문: "또 이 일 후에"(5a절)
(2) 환상의 배경(5b-6절)
(a) 성전 또는 증거의 장막(5b절)
[1] 장소: 하늘에서
[2] 상태: 열려 있다
(b) 일곱 재앙을 가진 일곱 천사의 출현(6절)
[1] 성전으로부터 출현
[2] 맑고 빛난 세마포 옷을 입고 있음
[3] 가슴에 금띠를 띠었음
(3) 위임식(7-8절)
(a) 대접들의 분배(7절)

[1] 네 그룹 중 하나에 의해서
[2] 일곱 천사에게 주어짐
[3] 대접의 내용물들: 영원한 하나님의 진노가 가득히 담김
(b) 하나님의 현현(8절)
[1] 성전이 연기로 가득 차다(8a절)
[a] 하나님의 영광을 인하여
[b] 하나님의 능력을 인하여
[2] 일곱 재앙이 마치기까지는 성전에 들어갈 자가 없음(8b절)
c. 마지막 일곱 재앙(16:1-21)
(1) 대접 천사들의 위임(1절)
(a) 명령의 출처: 정체 불명의 음성(1a절)
[1] 음성의 특성: 크다
[2] 음성이 난 장소: 성전으로부터
(b) 명령의 내용(1b절)
[1] 너희는 가라
[2] 일곱 대접을 쏟기 시작하라
[a] 대접들의 내용물: 하나님의 진노
[b] 목적지: 땅에
(2) 대접 천사들이 나아감(2-21절)
(a) 첫 번째 대접을 가진 첫 번째 천사(2절)
[1] 행동: 땅에 쏟음(2a절)
[2] 결과: 고통스러운 종기가 짐승을 경배하는 자들을 괴롭힘(2b절)
(b) 두 번째 대접을 가진 두 번째 천사(3절)
[1] 행동: 바다에 부음(3a절)
[2] 일차적 결과: 바다가 피로 변함(3b절)
[3] 이차적 결과: 모든 바다 생물이 죽음(3b절)
(c) 세 번째 대접을 가진 세 번째 천사(4-7절)
[1] 행동: 강들과 물 근원들에 부음(4a절)
[2] 일차적 결과: 강들과 물 근원들이 피로 변함(4b절)
[3] 교창되는 찬송들(5-7절)
[a] 심판 송영(5-6절)

[b] 제단으로부터의 화답(7절)
(d) 네 번째 대접을 가진 네 번째 천사(8-9절)
[1] 행동: 해에 쏟음(8절)
[2] 일차적 결과: 해가 사람들을 태움(9a절)
[3] 해를 입은 자들의 이차적 결과(9bc절)
[a] 하나님의 이름을 훼방함(9b절)
[b] 회개하지 않음(9c절)
(e) 다섯 번째 대접을 가진 다섯 번째 천사(10-11절)
[1] 행동: 짐승의 보좌에 쏟음(10a절)
[2] 일차적 결과:
[a] 어둠이 짐승의 보좌를 덮음(10a절)
[b] 어둠이 짐승의 나라를 덮음(10b절)
[3] 이차적 결과들:
[a] 사람들이 고통스러워서 혀를 깨묾(10c절)
[b] 사람들이 하나님을 훼방함(11a절)
[c] 사람들이 회개치 아니함(11b절)
(f) 여섯 번째 대접을 가진 여섯 번째 천사(12-16절)
[1] 행동: 큰 강 유프라테스에 쏟음(12a절)
[2] 결과:
[a] 강이 마름(12b절)
[b] 동방의 왕들을 위한 길이 예비됨(12c절)
[3] 귀신의 영들이 전쟁을 위하여 천하의 왕들을 불러모음(13-14절)
[4] 재림의 약속과 신실하라는 권면을 담은 삽입구(15절)
[5] 군대들이 아마겟돈에 모임(16절)
(g) 일곱 대접을 가진 일곱 천사(17-21절)
[1] 행동: 공기에 쏟음(17a절)
[2] 보충설명: 보좌에서 나온 음성이 "되었다"고 선언함(17b절)
[3] 대기와 지진의 이상 현상들(18절)
[a] 지진이 "큰 성"을 셋으로 가름(19a절)
[b] 만국의 성들이 무너짐(19b절)
[c] 섬들과 산들이 사라짐(20절)

[d] 한 달란트나 되는 우박이 떨어지고, 사람들이 하나님을 훼방함 (21절)

II. 문학적 분석

요한계시록 15:1-16:21에 나오는 마지막 일곱 재앙을 담은 일곱 대접에 관한 이야기는 일곱 봉인이 열리는 것에 관한 이야기(6:1-8:1) 또는 일곱 나팔에 관한 이야기(8:2-11:18)와 몇 가지 점에서 다른 문학적 특성을 지닌다. (1) 일단 일곱 대접 재앙이 부어지는 것이 16:2에서 시작된 후에는 그 이야기를 중단시키거나 확장시키는 다른 단락들이 존재하지 않는다. (2) 15:1-16:21에는 그 밖의 다른 일곱 봉인이나 일곱 나팔에 관한 대단락들에서보다도 정형화된 상투적인 모티프와 문구들이 더 자주 등장한다. (3) 이 대단락에서는 다른 일곱 봉인이나 일곱 나팔 이야기에서보다도 앞서의 본문 단락들과의 어휘상의 연결고리들이 더 많이 존재하는데, 이것은 15:1-16:21의 많은 부분이 요한계시록 전체의 편집에서 비교적 후기의 단계에 형성되었다는 뚜렷한 인상을 준다.

새로운 본문 단락은 15:1에서 "또 하늘에 크고 이상한 다른 이적을 보매"라는 어구로 시작된다. "또 보매"(*καὶ εἶδον* – 카이 에이돈)라는 어구는 요한계시록에서 32번 사용되는데, 가끔 대단락의 도입구로 사용되기도 하지만(6:1; 8:2; 10:1; 13:1; 14:1; 19:11; 20:1; 21:1) 흔히 대단락에 속한 하위 단락들을 시작하는 도입구로 사용된다. 하지만 "또 다른 징조"(개역성경에서는 "다른 이적")라는 어구는 요한계시록에서 언급되고 있는 그러한 징조들 중에서 세 번째 것이다. 처음 두 가지 징조는 12:1, 3에서 언급된다. 선견자는 일곱 천사가 15:1-6에서 하늘의 장막 성전으로부터 나와 15:7에서 한 그룹 천사로부터 하나님의 진노로 가득 채워진 일곱 대접을 받을 때까지는 마지막 일곱 재앙을 지닌 일곱 천사를 볼 수 없었기 때문에(Wellhausen, *Analyse*, 25), 알로 세메이온(*ἄλλο σημεῖον* "또 다른 징조")이라는 어구의 사용은 15:2-16:21을 앞에 나온 이야기와 연결시키는 문학적 장치로서 이 본문 단위 전체를 위한 표제로서의 기능을 한다. 벨하우젠(Wellhausen, *Analyse*, 25)은 이 본문 단위가 1절에서 시작해서 2-4절로 끝나고 본론 부분이 없어진 것으로 본다(그는 이 없어진 부분이 본질적으로 일곱 대접의 각각에 의해서 일어난 재앙들과 동일한 내용을 담고 있었을 것이라고 추정한다).

두 번째 본문 단락인 15:2-4은 카이 에이돈(*καὶ εἶδον*)이라는 정형문구로 시작되는데, 이것은 15:1이 별개의 본문 단위라는 것을 보여 주는 또 하나의 지표다. 15:2-4은 서사적 서론(15:2-3a)과 15:3b-4에 나오는 찬송 부분으로 이루어진 본론으로 되어 있고, 하늘 보좌 장면을 담은 도입부로서의 기능을 한다(참조. 4:1-5:14; 8:2-5). 물론 보좌 자체나 하나님의 임재는 구체적으로 언급되고 있지 않다. 양식상으로 이 찬송은 서술적 찬송이다(Deichgräber, *Gotteshymnus*, 55). 이 찬송은 하나님의 종 모세의 노래이자 어린양의 노래로 소개된다(3a절) – 하지만 이 찬송은 출애굽기 15:1-18에 나오는 출애굽의 승리를 송축하는 모세의 노래나 신명기 31:30-32:43에 나오는 모세의 노래와의 사이에 그 어떤 분명한 문학적인 연관관계도 보여 주지 않는다(Schüssler Fiorenza, *Revelation*, 135). 출애굽기 15:1-18에 나오는 모세의 노래를 개작한 또 하나의 글은 하나님께서 포로 된 자들을 새 출애굽을 통해서 되돌이키실 때 불려질(사 11:11-16) 두 개의 감사 찬송으로 구성된(1-2절, 4-6절) 이사야 12:1-6에 나온다. 첫 번째 찬송에서 이사야 12:2은 분명히 출애굽기 15:2을 간접적으로 인용하고, 두 번째 찬송에서 이사야 12:5a은 출애굽기 15:1을 간접적으로 인용하고 있다.

세 번째 본문 단락은 15:5-8인데, 이 단락의 중요성은 요한계시록에서 4번 나오면서 각각의 경우에 모두 대단락을 시작하는(4:1; 7:1[*μετὰ τοῦτο εἶδον* – 메타 투토 에이돈]; 여기에서; 18:1) 도입구로 사용되고 있는 카이 메타 타우타 에이돈([*καὶ*] *μετὰ ταῦτα εἶδον*, "또 이 일 후에 내가 보니")에 의해서 드러난다. 15:5은 이러한 규칙에 대한 예외인 것으로 보이기 때문에, 15:1-4은 일곱 대접 재앙을 말하는 본문 단위에 서문으로 덧붙여졌을 가능성이 있다. 현재의 맥락 속에서 15:5-8은 16:1-21의 대접 환상에 대한 서론의 역할을 한다.

네 번째 본문 단락은 일곱 대접이 차례로 땅에 부어지고 그로 인한 결과들을 말하고 있는 16:1-21로 이루어져 있다. 16:1에서 대접을 지닌 천사들은 그 대접들을 땅에 부으라는 하나님의 위임을 받는다. 이어지는 이야기에 나오는 일곱 개의 하위 단락들 가운데는 두드러질 정도로 대칭성이 결여되어 있다.

1. 땅에 부어진(1절에서 성전으로부터 나온 음성의 명시적인 명령) 첫 번째 대접에 의해서 생겨난 재앙(계 16:2)은 짐승의 인을 받고 그 우상을 섬긴 자들에게만 영향을 미친다. 짐승의 우상을 경배한다는 모티프는 13:15에서 처음으로 언급되고, 우편 손이나 이마에 짐승의 인을 받는 것은 13:16에 처음으로 언급된다. 이 두 가지 모티프는 그 후에 결합되어서 5번 사용된다(14:9, 11; 16:2; 19:20; 20:4; 좀 더 자세한 논의는 14:9에 대한 "주석"을 보라).

2. 두 번째 대접(16:3)은 바다에 부어져서 바다가 피로 변하고, 이것으로 말미암아 바다의 모든 생물들이 죽게 된다. 이것은 두 번째 나팔의 효과와 비슷한데, 두 번째 나팔의 경우에는 바다의 3분의 1이 피로 변하고, 바다 생물의 3분의 1이 죽으며, 배들의 3분의 1이 파괴된다(8:8-9).

3. 세 번째 대접은 강들과 물의 근원들(*τοὺς ποταμοὺς καὶ τὰς πηγὰς τῶν ὑδάτων*-투스 포타무스 카이 타스 페가스 톤 휘다톤)에 부어지고, 이에 따라서 그것들은 피로 변하게 된다(4절). 4절은 원래의 내용에 속해 있었던 것인 반면에, 5-7절은 첨가된 것들이다(Yarbro Collins, *CBQ* 39[1977] 372-73). 즉 5-7절은 이 특정한 문학적 배경 속에 삽입하기 위하여 지어진 것이거나 또 다른 본문의 단편이다. 5a절에 나오는 찬송의 도입부(*καὶ ἤκουσα τοῦ ἀγγέλου τῶν ὑδάτων λέγοντος*-카이 에쿠사 투 앙겔루 톤 휘다톤 레곤토스)와 5b-7절에 나오는 물의 천사의 찬송이 이차적인 본문으로서의 성격을 지니고 있다는 것은 탈리오의 법칙(*lex talionis*)의 패턴을 따라서 하나님의 징벌을 말하기 위하여 사용되고 있는 피에 대한 알레고릭적 해석에 의해서 드러난다(즉 그들은 선지자들의 피를 흘렸고, 따라서 하나님은 그들에게 피를 마시게 하셨다[5-6절]). 즉 여기서 천사는 해석의 천사[*angelus interpres*]로서의 역할을 한다. 물론 이 설명은 선견자에 의해서 제기된 질문에 대한 대답이라는 형식으로 주어지고 있지는 않다. 5b-7절의 이차적인 성격을 보여 주는 또 하나의 단서는 요한계시록의 다른 곳으로부터 가져온 "전에도 계셨고 시방도 계신"이라는 하나님의 칭호다("전에도 계셨고 시방도 계신"이라는 칭호는 다른 곳에서는 오직 11:17에서만 나온다. "전에도 계셨고 시방도 계시며 장차 계실"이라는 삼중적인 칭호는 1:4, 8; 4:8에 나온다). 세 번째 나팔(8:10-11)도 강들과 샘들(*τῶν ποταμῶν καὶ ἐπὶ τὰς πηγὰς τῶν ὑδάτων*-톤 포타몬 카이 에피 타스 페가스 톤 휘다톤)에 영향을 미치지만, 그것들을 피로 변하게 하는 것이 아니라 쓰고 독이 있게 만듦으로써 마실 수 없게 한다. 찰스(Charles, 2:122)는 이 찬송을 19:4 다음에 놓아야 한다고 주장하지만 근거가 희박하다.

16:5b-6에 나오는 찬송은 "심판 송영"(*Gerichtsdoxologie*)의 양식으로 되어 있는데(Deichgräber, *Gotteshymnus*, 56; 참조. von Rad, *Wisdom*, 196-97, 211-13; id., OT *Theology*, 1:357-59; R. Knierim, *Die Hauptbegriffe für Sünde im Alten Testament*[Gütersloh: Mohn, 1965] 125-26; Betz, *JTC* 6[1969] 139), 이 송영은 흔히 디카이오스 에이 퀴리에(*δίκαιος εἶ κύριε*, "주여, 당신은 의로우십니다"; 히브리어로는 찻디크 앗타 아도나이[צדיק אתה יהוה])라는 어구로 시작된다. 이 양식은 칠십

인역(시 118: 137[MT 119:137]; 렘 12:1; 단 3:27[MT에는 없는 다니엘서에 대한 첨가]; 에 4:17n[MT에는 없는 에스더서에 대한 첨가들]; Tob 3:2)과 다른 초기 유대교 문헌들(*Apoc. Moses* 27:5)에 종종 나온다. 요한계시록에는 이것 외에도 "심판 송영"의 두 가지 예가 더 존재한다(16:7b; 19:1-2). "심판 송영"이 "묵시론적 단락"이라는 주장(그는 이 주장을 Betz가 한 것이라고 잘못 오인한다)을 반박하는 스테이플즈(Staples)는 "신원 정형문"(그는 이 용어가 독일의 구약 양식비평에서 사용되고 있다는 사실을 모르고 있는 것 같다)이라는 명칭을 더 선호한다. 왜냐하면 이 송영은 하나님의 의(義)가 의문시되어 온 그러한 맥락들 속에서 등장하는 것을 특징으로 하기 때문이다. 이 특별한 상투적 도입문은 그리 자주 등장하지 않는다. 하지만 "심판 송영"의 내용은 이 상투적인 도입 문구보다 더 특징적이고, 하나님에 의해서 시행되는 징벌들은 의롭고 합당하다는 단언(찬송들과 기도들 속에서)을 중심으로 한다(대하 12:6; 스 9:15; 느 9:33; 시 7:11; 9:4; 렘 46:28; 3 Macc 2:3). 이 찬송에서 5b-6절과 7b절은 서로 결합되어 있는데(Deichgräber, *Gotteshymnus*, 46), 이러한 관계를 요른스(Jörns, *Evangelium*, 132)는 서로 번갈아 노래 부르는 교창(交唱)으로 본다.

베츠(H. D. Betz)는 헬레니즘적인 "만유의 원소들"(흙, 공기, 불, 물)은 요한계시록의 배후에 있는 전승들 속에서는 요한계시록의 현재의 본문에서보다 더 두드러진 역할을 했기 때문에 5-7절의 심판 송영은 네 원소에 대한 관심을 반영하고 있는 더 오래된 전승으로부터 유래된 것이라고 주장했다. 그의 논의의 의도는 묵시 사상이 오직 초기 유대교에서만 발견되는 현상이 아니라 유대교 및 헬레니즘적인 혼합주의적 종교의 한 측면이라는 것을 보여 주는 것이었다. 왜냐하면 요한계시록 6:4-7은 광범위한 헬레니즘의 종교 문헌들과의 유사성을 보여 주고 있기 때문이다. 예를 들어, 요한계시록에서 일곱 나팔(8:7-9:21; 11:15-19)과 일곱 대접(16:1-21)을 통해 종말론적으로 재해석된 출애굽의 재앙 전승은 이미 헬레니즘적인 유대교에서 네 원소와 연결되어 있었다(Philo *Mos.* 96-146; 이와 관련하여 베츠가 지혜서 12장 이하를 언급하고 있는 것은 문제가 있다). 특히 16:5-7에서 발견되는 심판 송영에서 "물들의 천사"는 물들(만유의 그 밖의 다른 기본적인 원소들과 마찬가지로)이 초자연적인 존재들이라고 본 헬레니즘적 견해에 대한 유대교적인 변형이다(지혜서 13:2). 베츠는 요한계시록 16:5-7의 가장 밀접한 병행은 헤르마스의 글인 *Corp. Herm.* 23, "Kore Kosmou"라고 주장하는데(Nock-Festugière, *Herm.ès Trismégiste* 4:1-22), 거기에서 사람들이 서로를 죽임으로써 오염된 네 원소는 하나님께 정결케 해줄 것을 부르짖는다(*Corp. Herm.* 23.54-63). 네 개의 탄원 중에서 우리의 본문과 가장 관계가 있는 것은 물의 탄원이다(tr. W. Scott, *Hermetica* 1:489).

> 다음으로 나의 도량이 큰 아들인 물에게 말할 짬이 주어졌고, 물은 이렇게 말했다. "스스로 나셨고 자연의 조성자이신 아버지여, 당신의 기쁨을 위하여 만물을 창조하신 그 능력으로 당신이 나의 물줄기들을 정결하게 되도록 명령하실 최고의 적기입니다. 강들과 바다들은 살인자들의 더러움을 항상 씻겨 왔고 죽임을 당한 자들의 시체들을 받아 왔기 때문입니다."

만유의 아버지는 이러한 탄원들에 대하여 오시리스(Osiris)와 이시스(Isis)를 이 땅에 보내어 세상에 신적인 것을 주입시키고 종교적인 제의를 도입하는 것으로 응답한다. *Corp. Herm.* 23에서는 베츠가 인용한 다른 본문들에서와 마찬가지로(예를 들어, 에녹1서 7:6: "그 때에 땅이 불법한 자들에 관하여 탄식하였다"; 참조. 에녹1서 9:2) 이 세상에서의 진정한 악은 살인과 그것으로 인한 오염이라고 말한다.

하지만 베츠가 세시한 논서들 속에는 몇 가지 중대한 약점들이 있다(다음에 나오는 비판은 부분적으로 A. Yarbro Collins, *CBQ* 39[1977] 367-81에 의거한 것이다). (1) 요한계시록 16:5-7(이것은 실제로 5b-6절과 7b절이라는 두 개의 보완적인 찬송들로 이루어져 있다)은 더 오래된 전승을 반영한 것이라기보다는 요한계시록의 편집 과정에서 비교적 후기의 단계에 저자에 의해서 쓰여진 것으로 보인다(자세한 것은 5-7절에 대한 "주석"을 보라). 일곱 재앙 중에서 다섯 재앙은 땅(첫 번째 대접, 16:2), 물(두 번째 대접은 바다에 부어져서 바다를 피로 변하게 만든다, 16:3; 세 번째 대접은 강들과 물 근원들에 부어져서 그것들을 피로 변하게 만든다, 16:4-7), 불(네 번째 대접은 해에 부어져서, 이로 인해 사람들이 화상을 입는다, 16:8-9), 공기(일곱 번째 대접은 공기 속에 부어져서 종말론적인 완성을 가져온다, 16:17-21)를 포함하긴 하지만, 그러한 사중적인 도식은 요한계시록의 현재의 본문 속에서 분명하게 입증되지 않고, 요한계시록의 자료들이라고 전제되는 것으로부터도 확실하게 재구성될 수 없다. (2) 요한계시록의 현재의 최종적인 본문은 잘 알다시피 헬레니즘 사상의 전통적인 만유의 네 원소에 대한 관심을 거의 보여 주고 있지 않기 때문에, 요한계시록 16:5-7이 그러한 관심을 전제하고 있다는 견해(즉 오직 물이라는 요소만이 등장하는 것은 단지 빙산의 일각을 보여 주는 것일 뿐이라는 견해)는 베츠가 인용하고 있는 병행들이 설득력이 있는 경우에만(즉 빙산의 나머지 부분이 드러날 경우에만) 유지될 수 있다. (3) 불행하게도, *Corp. Herm.* 23.58에 나오는 병행문은 문제가 있다. 왜냐하면 거기에서는 물이 죽임을 당한 사람들의 피와 시체들에 의해서 (비자발적으로) 오염되었고, 정화를 위해서 부르짖고 있기 때문이다. 하지만 요한계시록 16:5-7에서 강들과 물 근원들은 피 흘림에 대해서 오염된 것이 아니다. 오히려 그것들은 하나님의 심판의 행위로 말미암아 피로 변한다. 이 심판의 결과로서의 죽음들은 필로(Philo, *Mos.* 1.98-101)와 요세푸스(Josephus, *Ant.* 2.294-95)의 작품에서와는 달리 여기에서는 자세하게 서술되지 않는다.

4. 네 번째 대접(16:8-9)은 해에 쏟아 부어져서 사람들로 하여금 화상을 입게 만드는데, 네 번째 나팔은 단지 해와 달과 별들의 3분의 1을 어둡게 만들었을 뿐이다(8:12).

5. 다섯 번째 대접(16:10-11)은 짐승의 보좌 위에 부어지고(이러한 언급은 앞에서 오직 13:2에만 나오는 것으로서, 16:2에 나오는 언급과 마찬가지로 계 13장과의 또 다른 연결고리를 이룬다), 그의 나라를 어둠 속에 빠지게 만든다(참조. 출 10:21). 이것은 이 본문 단위가 요한계시록 13장이 쓰여진 후에 쓰여졌다는 것을 보여준다.

6. 여섯 번째 대접(16:12-16)은 유프라테스 강을 마르게 하는 결과를 가져왔고, 이렇게 함으로써 동방의 왕들이 침략할 길이 열리게 된다. 여섯 번째 나팔(9:13-21)을 통해서 유프라테스 강에 결박된 천사들이 놓여남을 얻게 되고, 이로써 엄청난 수의 군대가 인류의 3분의 1을 죽이는 결과를 초래하게 된다. 여섯 번째 재앙은 여섯 번째 대접을 쏟아 부은 것의 효과들이 직접적이지 않다는 점에서 독특하지만, 이 특정한 종말론적 시나리오를 잘 알고 있는 사람들은 이것이 최후의 종말론적 전투를 위한 전주곡이라는 것을 알았을 것이다. 이 재앙은 17:14에 나오는 편집된 본문 속에서 짤막하게 언급되고 19:19-21에서 좀더 자세하게 설명되는 큰 군대의 소집을 포함한다. 16:12-16이 그 자체로 완결되지 않고 "속편으로 이어지고 있다는" 것은 원래는 16:12-16과 19:19-21로 이루어졌던 하나의 본문 단위가 16:19b에서 19:10에 이르는 바벨론에 관한 큰 단락과 19:11-16에 나오는 하늘의 전사에 대한 도입문을 수용하기 위하여 도중에 단절되어 나누어졌다는 것을 보여준다. 이것은 부분적으로 16:19에서 두 개의 별개의 모티프가 어색하게 병렬적으로 배치되어 있는 것에 의해서 드러난다(아래의 16:17-21에 대한 설명을 보라). 게다가 용, 짐승, 거짓 선지자라는 악의 삼위일체는 13절에서 언급된다(계 13장과의 또 하나의 연결고리) -16:13에서 땅에서 올라온 짐승은 처음으로 "거짓 선지자"로 지칭되지만, 이 세 인물에 대한 언급도 부분적으로는 16:13-14, 19:19-21의 유기적인

통일성을 확증해 준다. 왜냐하면 19:20에서 짐승과 거짓 선지자는 불못에 던지워지기 때문이다. 이 본문들을 나란히 놓고서, 그것들을 에녹1서 56:5-8에 나오는 거룩한 땅에 대한 바대인들과 메대인들의 종말론적인 공격과 비교해 보자.

계 16:13-14

또 내가 보매[*καὶ εἶδον*–카이 에이돈] 개구리 같은 세 더러운 영이
용의 입과 짐승의 입과 거짓 선지자의 입에서 나오니
저희는 귀신의 영이라 이적을 행하여 온 천하 임금들에게 가서 하나님 곧 전능하신 이의 큰 날에 전쟁을 위하여 그들을 모으더라[*συνήγαγειν*–쉬네가게인].

계 16:16

세 영이 히브리 음으로 아마겟돈이라 하는 곳으로 왕들을 모으더라[*συνήγαγεν*–쉬네가겐].

계 19:19-21

또 내가 보매[*καὶ εἶδον*–카이 에이돈] 그 짐승과 땅의 임금들과 그 군대들이 모여[*συνηγμένα*–쉬네그메나] 그 말 탄 자와 그의 군대로 더불어 전쟁을 일으키다가 짐승이 잡히고 그 앞에서 이적을 행하던 거짓 선지자도 함께 잡혔으니 이는 짐승의 표를 받고 그의 우상에게 경배하던 자들을 이적으로 미혹하던 자라 이 둘이 산 채로 유황불 붙는 못에 던지우고 그 나머지는 말 탄 자의 입으로 나오는 검에 죽으매 모든 새가 그 고기로 배불리우더라.

에녹1서 56:5-8

5그 날에 천사들이 함께 모여서 바대인들과 메대인들을 향하여 동방으로 질주하리라. 그들은 왕들을 부추겨서, 혼란의 영이 왕들 위에 임하고, 그들은 왕들을 보좌로부터 쫓아낼 것이다. 그들은 굴에서 나온 사자들 같이 나올 것이요, 짐승 떼 가운데서 굶주린 이리들과 같이 나올 것이다. 6그들은 올라와서 나의 택한 자들의 땅을 짓밟겠고, 나의 택한 자들의 땅은 그들에게 짓밟힌 땅이요 다져진 길이 될 것이다. 7그러나 나의 의로운 자들의 도성은 그들의 말들에게 장애물이 될 것이고, 그들은 서로를 죽이도록 부추겨지고, 그들의 우편 손은 그들을 치는 데 강할 것이다. 거기에 죽음을 통해서 충분한 시체들이 있을 때까지 사람들은 이웃이나 형제를 알아보지 못할 것이고, 아들은 아비나 어미를 알아보지 못할 것이다. 그들의 징벌은 헛되지 않을 것이다. 8그 날에 스올이 입을 벌려서, 그들이 그 속으로 가라앉을 것이다. 그들의 멸망–스올이 택함받은 자들의 보는 앞에서 죄인들을 삼킬 것이다(tr. Knibb, *Enoch*).

실제로 요한계시록 16:12-16은 세 개의 본문 단위로 이루어져 있다. (1) 12절,

(2) 13-14절과 16절(13절의 도입구인 카이 에이돈[$\kappa\alpha\grave{\iota}$ $\epsilon\hat{\iota}\delta o\nu$]은 새로운 주제 또는 본문 단위가 시작된다는 것을 보여 주고, 쉬나게인[$\sigma\upsilon\nu\acute{\alpha}\gamma\epsilon\iota\nu$, "모으다"]이라는 동사는 용, 짐승, 거짓 선지자가 끼어 들어 있고 "온 세상의 왕들"이 "동방의 왕들"[12절에 언급된]과 긴장관계를 이루고 있는 16절[그리고 19:19]과 14절을 연결시키는 주제어 역할을 하고 있다는 점을 주목하라), (3) 요한계시록의 본론보다는 2:1-3:22 및 22:5-21과 성격상으로 더 비슷한, 삽입된 권면 부분인 15절(13-14절과 16절에 의해서 둘러싸여진).

7. 일곱 번째 대접(16:17-21)은 공기 속에 부어져서 "큰 성"(19절)의 멸망을 가져온다. 이 본문 단위는 하나님의 진노의 일곱 대접을 지닌 일곱 천사에 관한 대단락(15:1-16:21)에 대한 결론부의 역할을 함과 동시에, 바벨론의 멸망에 관한 대단락(17:1-19:10)에 대한 도입부의 역할을 한다. 이 단락은 17:1-18:24에 대한 도입부로서의 역할을 하기 위하여 수정된 것으로 보인다. 왜냐하면 19a절에서 "큰 성"(즉 바벨론-로마)은 세 부분으로 갈라지는데 – 이것은 분명히 지진에 의한 멸망을 말한다 – 열방의 성읍들의 멸망이 언급된 직후에 19b절은 "큰 성 바벨론이 하나님 앞에 기억하신 바 되어"라고 말함으로써 마치 그 성이 19a절에서 멸망된 것으로 언급된 적이 없었던 것처럼 말하고 있기 때문이다. 그러므로 16:19b은 17:1-18:24에 이어지는 바벨론에 관한 대단락으로의 이행을 위하여 16:17-21에 나오는 일곱 번째 대접 재앙에 첨가된 것으로 보인다.

하나님의 진노의 일곱 대접을 쏟아 붓는 것을 묘사하고 있는 요한계시록 16장의 모든 본문 단락들 속에는 몇 가지 특징이 공통적으로 존재한다. (1) 숫자가 매겨진 천사가 자신이 맡은 대접을 쏟는다. (2) 재앙의 엄청난 결과들이 서술되고, 또한 (선택적으로) (3) 재앙에 대한 회개치 않은 자들의 반응이 언급된다(9, 11, 21절). 세 번째 재앙과 여섯 번째 재앙은 독특하다.

III. 요한계시록 16:1-11의 정형적인 특징들

요한계시록에 언급된 다른 두 가지 일곱 재앙에 관한 이야기들, 즉 일곱 봉인(6:1-17; 8:1)과 일곱 나팔(8:7-9:22; 11:15-19)에 관한 이야기들에서보다도 16:1-21에 나오는 일곱 대접에 관한 환상을 말하는 이야기 속에는 좀더 많은 정형적인 특징들이 존재한다. 뮐러(H.-P. Müller)는 일곱 대접을 쏟는 것에 관한 이야기들이 다섯 가지 모티프로 이루어져 있다고 주장했다.

1. 마지막 일곱 재앙을 가져오는 천사들은 권능을 수여받는다(15:5-16:1). 즉 천사들은 네 그룹 천사들로부터 일곱 대접을 받고(15:7), 하늘 성전으로부터 들려오는 정체 불명의 음성에 의해서 위임된다(16:1).

2. 각각의 환상은 상투적 표현인 카이 X 엑세케엔 텐 피알렌 아우투 에이스/에피(*καί* [X(천사)] *ἐξέχεεν τὴν φιάλην αὐτοῦ εἰς*/*ἐπί* …, "[X(천사)]가 그 대접을 ~에 쏟으매": 16:2a, 3a, 4a, 8a, 10a, 12a, 17a)로 시작된다. 대접의 내용물들은 순차적으로 땅(16:2a), 바다(3a절), 강들과 물 근원들(4a절), 해(8a절), 짐승의 보좌(10a절), 유프라테스 강(12a절), 공기(17a절)에 부어진다. 오직 첫 번째 천사의 경우에만 가라는 명령에 상응하여(16:1의 *ὑπάγετε*-휘파게테) 행위의 동사 아펠덴(*ἀπῆλθεν*)이 사용된다(16:2a).

3. 일곱 대접 중에서 다섯 개의 대접이 부어진 결과들이 소개될 때 정형적 표현인 카이 에게네토(*καὶ ἐγένετο*, "~가 일어났다")가 도입문으로 사용된다.

환상1(2b절): 카이 에게네토 헬코스(*καὶ ἐγένετο ἕλκος*)
환상2(3b절): 카이 에게네토 하이마 호스 네크루(*καὶ ἐγένετο αἷμα ὡς νεκροῦ*)
환상3(4b절): 카이 에게네토 하이마(*καὶ ἐγένετο αἷμα*)
환상5(10b절): 카이 에게네토 헤 바실레이아 아우투 헤스코토메네
(*καὶ ἐγένετο ἡ βασιλεία αὐτοῦ ἐσκοτωμένη*)
환상7(18a절): 카이 에게논토 아스트라파이 카이 포나이 카이 브론타이
(*καὶ ἐγένοντο ἀστραπαὶ καὶ φωναὶ καὶ βρονταί*)
(18b절): 카이 세이스모스 에게네토 메가스(*καὶ σεισμὸς ἐγένετο μέγας*…)
(19a절): 카이 에게네토 헤 폴리스 헤 메갈레 에이스 트리아 메레
(*καὶ ἐγένετο ἡ πόλις ἡ μεγάλη εἰς τρία μέρη*)

카이 에게네토(*καὶ ἐγένετο*)의 정형문구로서의 성격은 적절하지 않은 구절인 카이 에게네토…에이스 트리아 메레(*καὶ ἐγένετο · εἰς τρία μέρη*, "세 갈래로 갈라지고")가 나오는 19a절에서 드러난다. 이 에게네토(*ἐγένετο*)라는 정형문구의 변형들은 다섯 번째 봉인(6:12)과 일곱 번째 봉인(8:1), 첫 번째 나팔(8:7b), 두 번째 나팔(8:8c), 세 번째 나팔(8:11b)과 관련해서 등장한다.

4. 대부분의 환상들은 영향이 미치는 지역 내에 있는 생물들에 대한 재앙의 효과들에 관하여 말한다(첫 번째 환상과 세 번째 환상은 예외다).

환상2(3b절): 카이 파사 프쉬케 포에스 아페다넨

(*καὶ πᾶσα ψυχὴ ζωῆς ἀπέθανεν*)
환상4(9a절): 카이 에카우마티스데산 호이 안드로포이
(*καὶ ἐκαυματίσθησαν οἱ ἄνθρωποι*)
환상5(10c절): 카이 에마손토 타스 글로싸스 아우톤
(*καὶ ἐμασῶντο τὰς γλώσσας αὐτῶν*)
환상6(12c절): 히나 헤토이마스데 헤 호도스 톤 바실레온
(*ἵνα ἑτοιμασθῇ ἡ ὁδὸς τῶν βασιλέων*)
[환상7(19a절): 카이 에게네토 헤 폴리스 헤 메갈레 에이스 트리아 메레
(*καὶ ἐγένετο ἡ πόλις ἡ μεγάλη εἰς τρία μέρη*)

5. 세 경우에서는 재앙에 대한 사람들의 부정적인 반응이 언급된다.

환상4(9bc절): 카이 에블라스페메산…카이 우 메테노에산
(*καὶ ἐβλασφήμησαν…καὶ οὐ μετενόησαν*)
환상5(11절): 카이 에블라스페메산…카이 우 메테노에산
(*καὶ ἐβλασφήμησαν…καὶ οὐ μετενόησαν*)
환상7(21b절): 카이 에블라스페메산(*καὶ ἐβλασφήμησαν*)

주석

1a "또 하늘에 크고 이상한 다른 이적을 보매"(*καὶ εἶδον ἄλλο σημεῖον ἐν τῷ οὐρανῷ μέγα καὶ θαυμαστόν*—카이 에이돈 알로 세메이온 엔 토 우라노 메가 카이 다우마스톤). (카이 에이돈[*καὶ εἶδον*]이라는 환상의 도입문구에 관해서는 5:1에 대한 "주석"을 보라.) 1절은 15:2-16:21에 대한 요약 또는 표제의 기능을 한다(1b절에 대한 "주석"을 보라). "또 다른 징조"(개역성경에서는 "다른 이적")라는 어구는 세 번째의 하늘의 징조, 아마도 12:1과 12:3에서 언급된 후에 해석되고 있는 앞서의 두 징조 또는 별들의 배치와 연결되어 있는 징조를 가리킬 것이다(12:1에 대한 "주석"에서 논의되고 있는 *Did.* 16:6에 나오는 세 개의 하늘의 징조를 주목하라). 이것은 요한계시록 15-16장을 앞에 나오는 환상들과 좀더 긴밀하게 연결시키고자 하는 편집자의 시도다. 병렬적으로 배치되어 있는 형용사들인 메가 카이 다우마스톤(*μέγα καὶ θαυμαστόν*, "크고 이상한")은 요한계시록에서 오직 여기와 15:3에서 하나의 쌍으로 나온다. 신명기 28:59에서는 막코트 게돌로트 웨네에마노트(מַכּוֹת גְּדֹלוֹת וְנֶאֱמָנוֹת, "크고 오래가는 재앙들"; LXX *πληγὰς μεγάλας καὶ θαυμαστάς*—플레가스 메갈라스 카이 다우마스타스, "크고 기이한 재앙들"; Tob 12:

22을 보라)에 대하여 언급한다. 에녹1서 8:3의 헬라어 본문(Syncellus)은 점성술을 비롯한 비의적(秘儀的)인 학문들을 가르치는 천사들의 목록을 크게 확장시키고 있다(Black, *Apocalypsis*, 22). "여덟 번째 천사는 해의 징조들[*τὰ σημεῖα τοῦ ἡλίου*-타 세메이아 투 헬리우]을 가르쳤고, 스무 번째 천사는 달의 징조들[*τὰ σημεῖα τῆς σελήνης*-타 세메이아 테스 셀레네스]을 가르쳤다."

1b "일곱 천사가 일곱 재앙을 가졌으니"(*ἀγγέλους ἑπτὰ ἔχοντας πληγὰς ἑπτὰ τὰς ἐσχάτας*-앙겔루스 헵타 에콘타스 플레가스 헵타 타스 에스카타스). 남성 복수형 대격 명사인 앙겔루스(*ἀγγέλους*, "천사들")는 그것을 좀더 자세하게 규정하고 있는 알로 세메이온(*ἄλλο σημεῖον*, "다른 징조[이적]"; 1a절)과 동격 관계에 있다(비슷한 문법적인 현상이 나타나는 12:1, 3을 참조하라). 이 장면은 얼핏 보면 5-8장과 잘 연결되지 않고 제자리에 놓여 있지 않은 것처럼 보인다. 왜냐하면 선견자는 일곱 천사가 6절에 묘사된 대로 하늘 성전으로부터 출현하기 전까지, 그리고 그들이 7절에서 묘사된 대로 대접들을 받기 전까지 마지막 일곱 재앙을 지닌 일곱 천사들을 볼 수 없었을 것이기 때문이다(Wellhausen, *Analyse*, 25). 그래서 일부 학자들은 15:1이 본문 속에 끼어든 첨가라고 판단해 왔다(Charles, 2:29-32). 하지만 이 절은 15:2-16:21에서 보도되고 있는 환상에 대한 요약이고, 따라서 17:1-2과 비슷하게(해당되는 곳의 "주석"들을 보라) 표제로서의 기능을 하는 것으로 보인다(Bousset [1906] 394-95; Lohse, 86; Beasley-Murray, 233-34). 이 표제는 두 개의 별개의 장면, 즉 카이 에이돈(*καὶ εἶδον*, "또 보매")이라는 도입문구로 시작되는 2-4절에 나오는 첫 번째 장면과 카이 메타 타우타 에이돈(*καὶ μετὰ ταῦτα εἶδον*, "이 일 후에 내가 보니")이라는 도입문구로 시작되는 5-8절의 두 번째 장면을 도입하는 역할을 한다. 2-4절에 나오는 첫 번째 장면은 나중에 삽입된 것으로 보인다. 왜냐하면 내용상으로 이 첫 번째 장면은 1절 또는 5-8절과 아무런 연결관계도 보여주고 있지 않기 때문이다. 그렇지만 이 절에서 유리 같은 바다에 대한 언급(4:6을 보라)은 이것이 보좌 장면으로서 각각의 일곱 재앙에 관한 이야기들의 도입부를 이루는 것들과 비슷한 보좌 장면을 구성하고 있는(일곱 봉인의 도입부인 4:1-5:14과 일곱 나팔의 도입부인 8:1-5을 보라) 2-8절의 일부로서 의도적으로 여기에 배치되어 있다는 것을 보여 준다. "일곱 재앙"이라는 어구는 대접 재앙과 관련하여 사용되지만(15:1, 6, 8; 21:9), "마지막 일곱 재앙"이라는 어구는 오직 15:1과 21:9에만 나온다. 여기에 나오는 재앙들을 마지막 일곱 재앙이라고 묘사하고 있는 것은 그것들을 일곱 봉인(6:1-17; 8:1) 및 일곱 나팔(8:1-9:21; 11:15-18)과 결부되어 있

는 앞서의 일련의 재앙들과 연결시킨다. 물론 일곱 봉인이나 일곱 나팔은 "재앙들"이라고 불리지 않지만 말이다(9:20을 제외하고는 재앙이라고 불릴 가능성이 없다). 요한계시록에서 언급되는 하나님의 징벌들은 22:18에서 집합적으로 "재앙들"이라고 지칭되고 있고, 여섯 번째 나팔과 결부된 불, 연기, 유황은 "이 세 재앙"(9:18)으로 불린다.

[1]c "하나님의 진노가 이것으로 마치리로다"(*ὅτι ἐν αὐταῖς ἐτελέσθη ὁ θυμὸς τοῦ θεοῦ* – 호티 엔 아우타이스 에텔레스데 호 뒤모스 투 데우). 단순과거 수동형 동사 에텔레스데(*ἐτελέσθη*: 10:7의 *καὶ ἐτελέσθη τὸ μυστήριον τοῦ θεοῦ* – 카이 에텔레스테 토 뮈스테리온 투 데우, "하나님의 비밀이 이루리라"를 보라)는 하나님이 역사(役事)를 마무리한다는 것을 보여 주는 신성 수동태다. 텔레인(*τελεῖν*)은 구약의 예언 또는 하나님의 말씀의 성취를 가리키는 데 사용된다(계 10:7; 17:17; 눅 18:31; 22:37; 행 13:29). "하나님의 진노"라는 어구는 요한계시록에서 6번 나온다(14:10, 19; 15:1, 7; 16:1; 참조. 19:15). 구약에서 아프 아도나이(אַף יְהוָה, "여호와의 진노")라는 어구는 40번 가량 나오고 호 뒤모스 투 퀴리우([*ὁ*] *θυμὸς* [*τοῦ*] *κυρίου*) 또는 헤 오르게 투 퀴리우([*ἡ*] *ὀργὴ* [*τοῦ*] *κυρίου*)로 번역될 수 있는 반면에(민 16:22; 32:14; 왕하 22:13; 대하 34:21; 36:16; 사 30:33; 34:2; 51:20), 아프 엘로힘(אַף אֱלֹהִים, "하나님의 진노")이라는 어구는 단지 2번 나온다(민 22:22; 시 78:31). 사해 두루마리에서 아프 엘(אף אל, "하나님의 진노")이라는 어구는 더 자주 나온다(1QM 4:1; 6:3; CD 1:21; 3:8; 10:9; 20:16; *DCH* 1:354를 보라). 구약에서 하나님의 진노는 하나님의 왕권과 통치를 거역하는 이스라엘의 반역에 의해서 불러일으켜지기 때문에, 그것은 이스라엘을 치는 징벌이자 교정책으로서 일차적으로 이스라엘 내적인 현상이다(*TDOT* 1:357; G. A. Herion in *ABD* 6:994). 후대의 저술가들에게서 하나님의 진노는 종말론적인 사건으로 변화된다(사 26:20; 겔 7:19; 22: 24; 습 1:15, 18; 2:2-3; *1 Enoch* 62:12; 1QM 3:9; 1QH 15:17; 1QS 4:12). 포로기 이후 시대에는 하나님의 진노는 종종 이스라엘에 대하여 간섭하고 방해했다는 이유로 다른 열방들을 향하는 것으로 생각되었지만(사 13:1-22; 옵 1-14; 나 1:2; *Jub.* 24:30), 이스라엘과는 아무 상관없이 하나님의 진노가 열방들을 향한 것에 관하여 말하는 다른 본문들도 존재한다(렘 10:25-26; 습 3:8). 요한계시록에서 이 땅의 거민들에 대한 하나님의 종말론적 진노는 보편적인 하나님의 법 또는 표준을 전제하고 있고, 이 법에 대한 반복적인 침해들은 이제 하나님의 진노의 최후의 종말론적인 나타남을 초래한 것으로 생각된다(A. T.

Hanson, *Wrath*, 85, 110; Dunn, *Romans* 1:54). 신약에서 하나님의 진노는 일차적으로 그리스도에 대한 믿음을 통해서 피할 수 있는(요 3:36; 롬 5:9; 살전 1:10; 5:9) 하나님의 최후의 심판이라는 종말론적인 의미로 사용된다(눅 3:7=마 3:7; 롬 1:18; 2:5, 8; 3:5; 5:9; 골 3:6; 엡 5:6). 하나님의 진노는 분명히 신인동형론적인 표현에 속하지만, 이 은유의 초점은 하나님의 법들을 범하는 자들은 벌을 받게 될 것에 대한 경고다.

2a "또 내가 보니 불이 섞인 유리 바다 같은 것이 있고"(*καὶ εἶδον ὡς θάλασσαν ὑαλίνην μεμιγμένην πυρί* - 카이 에이돈 호스 달라싼 휘알리넨 메미그메넨 퓌리). (카이 에이돈[*καὶ εἶδον*]이라는 환상의 도입문구에 관해서는 5:1에 대한 "주석"을 보라.) 2-8절은 이 땅에 대한 하나님의 심판 행위를 도입하기 위하여 사용된 하늘 궁정 장면을 묘사한다(4:1-5:14; 8:2-5). 비교를 나타내는 불변사인 호스(*ὡς*)는 환상 속에서 보여지는 것이 지닌 신비하고 수수께끼 같은 성격을 강조하기 위하여 묵시론적 환상들에서 전형적인 독특한 방식으로 사용된다(단 7:4, 7, 13; 4 Ezra 11: 37; 14:39; Volz, *Eschatologie*, 11-12). 호스(*ὡς*)는 요한계시록 4:6; 5:6; 6:6; 8:8; 9:7; 13:2; 14:2; 19:6에서도 여기에서와 비슷하게 사용된다. 무관사 형태의 비교 어구인 호스 달라싸 휘알리네(*ὡς θάλασσα ὑαλίνη*, "유리 바다 같은")는 4:6에서 보좌 장면의 일부로 언급되었다(4:6에 대한 "주석"을 보라). 이 동일한 어구의 두 번째 사용은 이상하게도 관사가 붙어 있지 않다 - 우리가 예상할 수 있듯이, 이 어구는 2c절에서는 정관사가 붙은 형태로 나온다. "불이 섞인 유리 바다"는 하나님의 보좌가 놓여 있는 천상의 바다라는 모티프(4:6에 대한 "주석"을 보라)와 하나님의 보좌로부터 흘러 나오는 불의 강(또는 강들)이라는 모티프(단 7:10; *1 Enoch* 14:19; 71:2; *3 Enoch* 18:19[네 개의 불의 강]; 19:4[하나님의 보좌로부터 흘러나오는 네 개의 불의 강에 대한 언급은 창 2:10-14에 대한 간접인용이다]; 33:4[일곱 개의 불의 강]; 36:1-2; 37:1; *Sepher ha-Razim* 7[tr. Morgan, 81]; 랍비 문헌들 속에서의 전거들에 대해서는 P. Alexander in Charlesworth, *OTP* 1:273 n. a2를 보라)를 결합시킨 것이다. 4:6에는 나오지 않는 "불이 섞인"이라는 어구는 아마도 여기에서 임박한 심판을 상징하기 위하여 포함된 것으로 보인다(Lohmeyer, 130). 물론 이것은 천상의 실재이지만, 우주 속에서 이에 해당하는 것은 불신자들을 처벌하는 영원한 형벌의 장소인 불못이다(19:20; 20:10, 14 [2x], 15; 21:8).

2b "짐승과 그의 우상과 그의 이름의 수를 이기고 벗어난 자들이"(*καὶ τοὺς*

νικῶντας ἐκ τοῦ θηρίου καὶ ἐκ τῆς εἰκόνος αὐτοῦ καὶ ἐκ τοῦ ἀριθμοῦ τοῦ ὀνόματος αὐτοῦ－카이 투스 니콘타스 에크 투 데리우 카이 에크 테스 에이코노스 아우투 카이 에크 투 아리드무 투 오노마토스 아우투). 이 구절은 아마도 저자-편집자가 이전 판본을 편집할 때 첨가한 것 같다(Wellhausen, *Analyse*, 25). 요한계시록 2-3장 이외에서는 니칸(*νικᾶν*)이라는 단어는 오직 12:11과 21:7에서만 그리스도인들이 이긴 것을 나타내는 데 사용된다(이 두 본문은 모두 후대의 삽입들이다). 동사 니칸(*νικᾶν*, "이기다, 승리하다")의 의미는 예기치 않은 전치사구인 에크 투 데리우(*ἐκ τοῦ θηρίου*, "짐승에 대하여")에 의해서 제한을 받는데, 여기에서 단순한 대격인 토 데리온(*τὸ θηρίον*, "짐승")을 사용하는 것이 적절할 것이다. 이것은 매우 난해한 형태의 표현이다. 동사 니칸(*νικᾶν*)＋에크(*ἐκ*)는 그 어떤 다른 헬라어 본문들에도 나오지 않는다. 그렇지만 명사 니케(*νίκη*, "승리")를 사용한 이와 비슷한 표현들이 발견된다. 핀다로스(Pindar)는 *Isthmian Ode* 7.21-22에서 니케(*νίκη*)를 이런 식으로 사용했다: 포레이 가르 이스드모이 니칸 팡크라티우(*φέρει γὰρ Ἰσθμοῖ νίκαν παγκρατίου*, "이스트무스에서 벌어진 격투기 시합에서 그는 승리를 거두었다": 여기에서 팡크라티우[*παγκρατίου*]는 목적격적 속격이다: Aristophanes *Equites* 521과 Plato *Leges* 840C, *τῆς τῶν ἡδονῶν νίκης*－테스 톤 헤도논 니케스, "쾌락들에 대한 승리"에서 니케[*νίκη*]를 목적격적 속격으로 사용하고 있는 것을 참조하라). 핀다로스의 다른 글 속에서 니케(*νίκη*)＋아포(*ἀπό*)를 속격과 함께 사용하고 있는 예는 *Isthmian Ode* 6.60-61에 나온다: 아란토 가르 니카스 아포 팡크라티우 트레이스 아프 이스드무(*ἄραντο γὰρ νίκας ἀπὸ παγκρατίου τρεῖς ἀπ' Ἰσθμοῦ*, "그들은 이스트무스에서 열린 격투기 시합에서 세 번의 승리를 이끌어 냈다").

이 절에 나오는 니칸(*νικᾶν*)＋에크(*ἐκ*)라는 표현은 세 가지 매우 다른 방식으로 해석되어 왔다. (1) 생략법(*constructio praegnans*), (2) 아람어적인 표현, (3) 라틴적인 표현(Aune, *JBL* 110[1991] 691-92). 전치사 에크(*ἐκ*)가 "～으로부터 승리를 이끌어 내다"라는 개념으로 사용되고 있다는(Thayer, *Lexicon*, 426) 벡위드(Beckwith)의 주장(674)은 의미론상으로 가능성이 없다. 그는 그 어떠한 병행들도 인용하지 못한다. (1) 생략법이라는 해석. 이 어구를 생략법, 즉 생략적인 또는 간결한 표현으로 이해하면서, 스튜어트(Stuart, 2:305)는 전치사 에크(*ἐκ*)와 함께 자연스럽게 사용될 수 있는 단어인 소조메노이(*σωζόμενοι*, "구원받다")라는 개념이 여기에 함축되어 있다고 주장한다. 터너(Turner, *Style*, 260)는 "～로부터 스스로를 구별함으로써" 또는 "그리고 ~로부터 스스로를 건진"을 의미하는 어구가 보충되어야 한다고 주장한다. BDR § 212.3(Prigent, 239 n. 4도 이에 동의한다)에서는 투스 니콘타스 에크 투 데리우(*τοὺς νικῶντας ἐκ τοῦ θηρίου*)가 테레산타스 헤아우투스 에크 투 데리우(*τηρήσαντας ἑαυτοὺς ἐκ τοῦ θηρίου*, "짐승으로부터 스스로를 보호한")를 의미한다고 주장한다. (2) 아람어적인 표현이라는 해석. 토레이(Torrey, *Apocalypse*, 108-9)는 요한계시록의 번역자가 여기에서 "정한, 깨끗한, 무죄한"을 의미하는 아람어 동사인 자카(זכא)에 대한 표준적 역어로 니칸(*νικᾶν*)을 사용했는데, 이것은 법정에서 "무죄한" 사람은 "승리한" 것이기 때문이라고 주장했다. 히브리어 동사 자카(זכה)는 "~에 대하여 무죄한"이라는 의미로 민(מן[=*ἐκ*])과 함께 사용되는데, 토레이는 이러한 구문을 보여 주는 몇 가지 본문들을 인용한다(민 5:31; 수 2:17, 20; 삼하 3: 28; 시 19:14). 하지만 문제점은 이 모든 본문들이 히브리어 동사 자카(זכה)가 아니라 닉카(נקה)를 사용하고 있기 때문에 그의 주장이 상당히 악화된다는 것이다. (토레이에 의하면) 니간(*νικᾶν*)은 요한계시록 15:2에서 자카(זכא)를 번역하는 데 사용되고 있기 때문에 그 의미는 "짐승과 그의 우상과 그의 이름의 수에 대하여 무죄한 자들"이 된다. 토레이에 의하면, 이긴다는 개념은 완전히 잘못된 것이다. 요한계시록 15:2에 나오는 니칸 에크(*νικᾶν ἐκ*)와 관련된 문제점에 대한 토레이의 상상력 풍부한 해법이 지닌 주된 난점은 어떤 사람이 "짐승에 대하여 무죄하다"라고 말하는 것은 "짐승에 의하여 더럽혀지지 않았다"를 의미하는 것으로 – 이것은 그 어떤 분명한 병행도 존재하지 않는 의미다 – 해석되지 않는다면, 여기서 전혀 의미가 통하지 않는다는 것이다. (3) 라틴적인 표현이라는 해석. 찰스(Charles, 2:33)의 항변에도 불구하고 이 표현은 라틴적인 표현으로 해석하는 것이 가장 좋을 것 같은데, 명사 윅토리아(*uictoria*, "승리")는 종종 동사 페르레(*ferre*, "지니다, 가지고 다니다")와 함께 술어로 사용되기도 하고, 전치사 데(*de*, "~로부터") 또는 엑스(*ex*, "~로부터")는 정복된 자 또는 물건의 탈격과 함께 사용된다(*OLD*, 2057). 예를 들어, 윅토리암 데 한니발레(*uictoriam de Hannibale*, "한니발에 대한 승리": Livy 21.46.8); 위베니스…엑스 켄투리오네 라티노 빅토리암 툴리트(*iuvenis…ex centurione Latino victoriam tulit*, "그 젊은이는 라틴의 백부장에 대하여 승리를 거두었다": 참조. Livy 4.6.5; 5.15.11; 25.39.17; 29.9.5; 38.37.2); Velleius Paterculus 2.10.2, 에오뎀 트락투 템포룸 에트 도미티 엑스 아르베르니스 에트 파비 엑스 알로브로기부스 윅토리아 푸이트(*Eodem tractu temporum et Domitii ex Arvernis et Fabii ex Allobrogibus uictoria fuit nobilis*, "이와 동시에 아베르니에 대한 도미티우스, 알로브로게스에 대한 파비우스의 주목할 만한 승리가 있었다"). 요한계시록에는 라틴적인 표현들이 드물게 나오기는 하지만, 저자가 라틴어로부터 딱딱하게 번역된 헬라어 자료들 – 지금은 알려져 있지 않은 – 을 잘 알고 있었을 가능성이 있다. 만약 저자가 전치사 에크(*ἐκ*)를 생략했다고 본다면, 그 뒤에 나오는 관사가 붙은 속격인 투 데리우(*τοῦ θηρίου*)는 목적격적 속격으로 해석될 수 있다.

2c "유리바다 가에 서서 하나님의 거문고를 가지고"(*ἑστῶτας ἐπὶ τὴν θάλασσαν τὴν ὑαλίνην ἔχοντας κιθάρας τοῦ θεοῦ* – 헤스토타스 에피 텐 달라싼 텐 휘알리넨 에콘타스 키다라스 투 데우). 요한계시록 4:6에서는 하나님의 보좌 앞에 유리 또는 수정으로 된 바다 같은 것이 있었다고 말하고 있는데, 따라서 수정처럼 생긴 바다를 천상의 거민들이 서 있는 하늘의 "바다"로 여기는 것도 부적절한 것은 아닐 것이다(*ἑστῶτας ἐπί* – 헤스토타스 에피는 "~위에 서 있는" 또는 "~옆에 서 있는"으로 해석될 수 있다). 모세의 노래(3a절을 보라)는 악기들의 반주에 맞춰서 바다 가까이에서 불려졌다(출 15:8). *Mek. de-Rabbi Ishmael, Beshallah* 5(출 15:8에 대한: tr. Lauterbach, 1:224)에 나오는 내용을 보라. "바다는 양쪽 면이 얼어붙어서 일종의 수정체같이 되었으므로[כמין בולוס של זכוכית] 기록된 바 깊음이 바다의 한복판에서 얼어붙었다고 하였다."

3a "하나님의 종 모세의 노래, 어린양의 노래를 불러 가로되"(*καὶ ᾄδουσιν τὴν ᾠδὴν Μωυσέως τοῦ δούλου τοῦ θεοῦ καὶ τὴν ᾠδὴν τοῦ ἀρνίου* – 카이 아두신 텐 오덴 모우세오스 투 둘루 투 데우 카이 텐 오덴 투 아르니우). 모세는 흔히 특히 유대교 전승 속에서 하나님의 종으로 지칭된다(출 14:31; 민 12:7; 신 34:5; 수 1:1, 15; 8:31; 9:24; 왕상 8:53; 왕하 18:12; 21:8; 대하 24:9; 느 1:8; 시 105:26; 말 4:4 [MT 3:22]; Bar 1:20; *Ant.* 5.39; *1 Clem.* 4:17; 51:5, 8). 이것은 모세에 관한 노래(목적격적 속격)를 가리키는 것인가, 아니면 모세에 의한 노래(주격적 속격)를 가리키는 것인가? 구약에는 모세에 의한 노래가 3번 나오는데, 출애굽기 15:1-18, 신명기 31:30-32:43(참조. Philo *Virt.* 11.72-75), 시편 90편(모세라는 이름과 결부되어 있는 유일한 시편인데, 표제는 "하나님의 사람 모세의 기도[תפלה – 테필라]"로 되어 있다 – 물론 레모셰[למשה]는 "모세에게/에 의한/에 관한"을 의미할 수 있지만[Craigie, *Psalms 1-50*, 33-35]; LXX 시 89:1에서는 프로슈케 투 모우세 안드로푸 투 데우[*Προσευχὴ τοῦ Μωυσῆ ἀνθρώπου τοῦ θεοῦ*]로 번역되었다)에 나오는 것들이 바로 그것들이다. 요세푸스는 출애굽기 15:1-18과 신

명기 31:30-32:42에 나오는 노래들을 육보격(六步格)으로 지어진 노래라고 말하는데(*Ant.* 2.346; 4.303), 이것은 그가 이러한 성경 본문들을 토대로 해서 지어진 찬송들을 잘 알고 있었다는 것을 보여 준다(Thackeray, *Josephus*, 90-91). 요한계시록 15:3b-4에서 불려진 노래는 분명히 출애굽기 15장에 나오는 노래가 아니기 때문에, 일부 주석가들은 여기에 언급된 찬송은 신명기 31:30-32:43에 나오는 것이라고 주장한다(Beckwith, 677; Ford, 247). 하지만 출애굽기 15:1-18은 분명히 여기에서 더 적절하다(이것은 Oecumenius *Comm. in Apoc.* 15:3 같은 고대의 주석가들의 견해였다). 왜냐하면 출애굽기에 나오는 노래는 홍해를 기적에 의해서 건넌 후에 부른 승리의 노래이고, 바다와 승리라는 모티프들이 2절에서 명시적으로 강조되고 있기 때문이다. 그렇지만 요한계시록 15:3b-4에 나오는 노래와 출애굽기 15장 또는 신명기 30-32장 사이에는 문학적인 연관 관계가 존재하지 않는다는 것을 우리는 인정해야 한다(Schüssler Fiorenza, *Revelation*, 135).

"그리고 어린양의 노래"라는 끝부분의 어구도 마찬가지로 문제가 있다. 이 구절이 "모세의 노래"와 병행을 이루려면 "어린양에 의한 노래"(주격적 속격)를 의미해야 하는데, 그 어디에서도 우리는 어린양에 의해서 불려진 노래에 대하여 아는 것이 없기 때문이다. 그러므로 이 어구는 "어린양에 관한 노래"(목적격적 속격)를 의미할 가능성이 높고, 그 예는 요한계시록 5:9-12에서 발견된다. 텐 오덴(τὴν ᾠδήν)이라는 어구는 두 번 반복되고 있기 때문에 이 두 노래가 묘사되고 있는 것으로 보일 수 있지만(Zahn, 2:530), 문맥상으로는 3-4절에 나오는 단일한 찬송이 의도되고 있는 것으로 보인다. 하지만 3-4절의 송영(원래의 모세의 노래는 출 15:18에 나오는 송영으로 끝난다는 것을 주목하라)은 실제로는 불려지지 않았고 오직 언급만 되고 있는 노래의 끝부분일 가능성이 있다. 어쨌든 "어린양의 노래"는 이전의 본문 형태에 편집자가 첨가한 것일 가능성이 대단히 높다(Wellhausen, *Analyse*, 25). 물론 찰스(Charles, 2:34-35)는 "하나님의 종 모세의 노래"라는 어구가 난외주로 시작된 첨가일 것이라고 주장한다. 요한계시록에는 "어린양"이 첨가된 몇몇 본문들이 있다는 것을 주목하라. (1) "어린양 앞에서"(7:9), (2) "어린양에게"(7:10), (3) "어린양"(14:4), (4) "어린양 앞에서(14:10), (5) "어린양"(21: 22), (6) "그 등불인 어린양"(21:23), (7) "어린양"(22:1), (8) "어린양의"(22:3). 이러한 본문들 속에 어린양에 대한 언급을 삽입한 것은 저자의 편집에 의한 균일화 작업의 일부로서, 여기에서 후대의 자료층에 속하는 주제들과 모티프들은 이 저작 전체를 더 밀접하게 결합시키기 위하여 이전의 자료에 덧붙여진 것들이다.

랍비 전승은 성경에 나오는 열 가지 노래를 열거한다(Goldin, *Song*, 68-72). 한 랍비 전승에서는 모세가 갈대 바다에서 노래를 불렀던 것과 마찬가지로 장차 도래할 세상에서 하나님을 찬양하는 "새 노래"를 부를 것이라고 말한다(*Qoh. Rab.* 1.9; *Mek.* Exod 15:1). 또한 이 전승은 *Tanḥuma Exod.* 30b(S. Buber, ed., *Midrash Tanḥuma*, 2 vols.[Jerusalem: Eshkol, 1990])에도 반영되어 있다. "샤르(즉 완료 시제 또는 과거 시제, "그가 노래불렀다")가 아니라 야쉬르(즉 미완료 또는 미래 시제, "그가 노래하리라")로 되어 있다 - 이스라엘이 여호와께 찬송을 부르게 될 장래 도래할 세상에서." 드 무어(De Moor)와 반 스탈뒨 술만(van Staalduine-Sulman, *JST* 24[1993] 261-79)은 사무엘상 17:43에 대한 토세타-탈굼(*Tosepta-Targum*)의 일부 단편들 속에서 단편적인 형태로 발견된 아람어로 된 답관체의 "어린 양의 노래"가 여기에 나오는 것과 동일한 것이라고 주장하는데, 더 큰 시적인 글의 일부일 가능성이 있는 이 노래는 적그리스도적인 거대한 곰(짐승)으로 묘사된 골리앗을 정복한 다윗을 메시아적인 어린양으로 묘사하고 있다. 이 단편들은 "소년" 또는 "어린양" 둘 다를 의미할 수 있는 탈야(טליא)라는 애매한 용어를 사용한다. 물론 다윗도 임메라(אימרא)로 불리고 있지만 말이다. 와우로 시작되는 연(聯)은 다음과 같이 되어 있다(De Moor and Staalduine-Sulman, *JST* 24[1993] 269).

> 너 어린양[*'ymr'*]에게 화 있을진저
> 　곰과 싸움을 벌이고자 하는 너!
> 그러나 곰과 싸워서 버틸 수 있는
> 　어린양은 없다.

이 탈굼 본문들의 늦은 저작 연대에도 불구하고, 드 무어(De Moor)와 스탈뒨 술만(Staalduine-Sulman)은 이 글이 주전 100년과 주후 100년 사이에 쓰여졌다고 주장한다. 이러한 제안은 흥미롭지만, 이 본문의 저작 연대를 이른 시기로 설정하는 것은 대단히 의문스럽고, 그들이 제시한 요한계시록과의 병행들(*JST* 24[1993] 272-79)은 지나치게 사변적이고 억지로 꿰맞춘 느낌이 강하다.

3b "주 하나님 곧 전능하신 이시여 하시는 일이 크고 기이하시도다"(*λέγοντες· μεγάλα καὶ θαυμαστὰ τὰ ἔργα σου, κύριε ὁ θεὸς ὁ παντοκράτωρ* - 레곤테스 메갈라 카이 다우마스타 타 에르가 수 퀴리에 호 데오스 호 판토크라토르). 3-4절은 주로 시편들로부터 가져온 정형적인 찬송 어구들을 짜깁기해서 엮어 놓은 서술적인 찬송시의 형태로 된 하나님에 대한 송영이다(Westermann, *Praise*, 116-51; Deichgräber, *Gotteshymnus*, 55). 베스터만은 이 송영 양식을 구체적인 구원의 사례들을 말하지 않고, 그 대신에 요약적인 또는 서술적인 방식으로 하나님의 엄위하심에 초점을 맞춘 하나님을 향한 발화(speech)라고 설명한다(Westermann, *Praise*, 118). 이 찬송의 특별한 중요성은 2a절에서의 긴 소개와 이 노래의 제목에 대한 명시적인 언급(이러한 제목은 요한계시록에서 오직 여기에만 나온다)에 의해서 강조되고 있다. 하지만 서술적인 찬송시에 대한 전형적인 도입부, 즉 명령형으로 찬양하라고 부르는 것이 결여되어 있기 때문에 이 찬송은 찬송시의 일부로 보는 것이 적절하다(K. Berger, *Formgeschichte*, 242).

여기서 에르가(*ἔργα*)는 "이적들"을 의미할 가능성이 있는데, 그러한 경우에 이 대목은 요한계시록에서 에르곤(*ἔργον*)을 이러한 의미로 사용하고 있는 유일한 경우가 된다. 물론 이 단어는 제4복음서에 17번 나오지만(5:20, 36[2x]; 7:3, 21; 9:3, 4; 10:25, 32[2x], 33, 37, 38; 14:10, 11, 12; 15:24) 말이다. 이어지는 노래는 찬송 단편들을 짜깁기해 놓은 것이나. 한 찬송의 도입부인 토빗서 12:22에는 타 에르가 타 메갈라 카이 다우마스타 투 데우(*τὰ ἔργα τὰ μεγάλα καὶ θαυμαστα τοῦ θεοῦ*, "하나님의 크고 기이한 일들")라는 어구가 나온다(욥 42:3의 칠십인역 본문을 보라). 이러한 별칭들은 다니엘 9:4의 테오도션 역본에서 하나님 자신에게 적용된다: 퀴리에 호 데오스 호 메가스 카이 다우마스토스(*Κύριε ὁ θεὸς ὁ μέγας καὶ θαυμαστός*, "주, 크고 기이한 하나님"). 메갈라 카이 다우마스타(*μεγάλα και θαυμαστά*, "크고 기이한")라는 어구는 *3 Apoc. Bar.*(헬라어 본문) 4:1에서 바룩이 천사가 자기에게 보여 준 것을 묘사할 때 나오고, *Ep. Arist.* 155에서 이 어구는 신명기 7:18과 10:21을 결합한 인용문을 통해서 하나님이 행하신 "크고 기이한" 일들에 대하여 말할 때 사용된다(후자의 본문에서는 본질적으로 뜻이 같은 어구인 타 메갈라 카이 엔독사 타우타[*τὰ μεγάλα καὶ ἔνδοξα ταῦτα*, "크고 영광스러운 것들"]가 사용되고 있지만; LXX 대하 2:8; LXX 단 6:4; Jdt 16:13, 퀴리에 메가스 에이 카이 엔독소스[*κύριε, μέγας εἶ καὶ ἔνδοξος*, "주여, 당신은 크고 영광스러우니이다"]를 보라). 헤 칼로네 아우테 헤 메갈레 카이 다우마스테(*ἡ καλλονὴ αὐτὴ ἡ μεγάλη καὶ θαυμαστή*, "그녀의 크고 기이한 아름다움")라는 어구는 *Jos. As.* 18:11에 나오는데, 거기에서 이 형용사들은 아세넷의 아리따움을 묘사하는 데 사용된다. 사도 교부들의 글 속에서 메가 카이 다우마스톤(*μέγα καὶ θαυμαστόν*)은 여러 가지 다양한 특별한 일들에 대하여 사용되지만, 하나님 자신에 대해서는 결코 사용되지 않는다(*Barn.* 6:4[시 117:22, 24을 수정해서 인용하고 있음]; *1 Clem.*

26:1; 50:1; 53:3[LXX 신 9:14을 수정해서 인용하고 있음]; *2 Clem.* 5:5). 따라서 우리는 이 어구가 헬라어에서 사람(주로 하나님), 행위, 사물을 칭송하는 찬양과 감사의 맥락 속에서 사용된(여러 가지 히브리어 단어들을 반영하는 가운데) 정형어구였다고 결론내릴 수 있다. 또한 시편 111:2(LXX 110:2), "주의 행사가 크시도다"와 139:14(LXX 138:14), "주의 행사는 기이하시도다"를 보라. 에르가(*ἔργα*, "일들, 행사들")의 의미는 아레타이(*ἀρεταί*, "미덕들")의 의미, 즉 신이 자신의 능력을 나타내 보이는 행위들과 중복된다(Engelmann, *Aretalogy*, 26, line 31). 퀴리에 호 데오스 호 판토크라토르(*κύριε ὁ θεὸς ὁ παντοκράτωρ*, "주 하나님 곧 전능하신 이시여")라는 어구는 4:8; 11:17; 16:7; 19:6; 21:22에 나온다. 4:8에 대한 "주석"을 보라.

3c "만국의 왕이시여 / 주의 길이 의롭고 참되시도다"(*δίκαιαι καὶ ἀληθιναὶ αἱ ὁδοί σου, ὁ βασιλεὺς τῶν ἐθνῶν* – 디카이아이 카이 알레디나이 하이 호도이 수 호 바실류스 톤 에드논). "만국의 왕"이라는 어구는 예레미야 10:7(칠십인역 본문에는 없다)에도 나오는 것으로서, 예레미야 10:7이 15:4a에도 간접적으로 인용되고 있기 때문에 여기에서 중요하다. 중요한 것은 이것이 신명기 32:4(모세의 노래)에 대한 간접 인용이고(*ἀληθινὰ τὰ ἔργα αὐτοῦ καὶ πᾶσαι αἱ ὁδοὶ αὐτοῦ κρίσεις* –알레디나 타 에르가 아우투 카이 파사이 하이 호도이 아우투 크리세이스, "그 말씀은 참되고 그 모든 길은 공평하시도다"), 아마도 거기에 시편 145:17(LXX 144:17), 디카이오스 퀴리오스 엔 파사이스 타이스 호도이스 아우투(*δίκαιος κύριος ἐν πάσαις ταῖς ὁδοῖς αὐτοῦ*, "여호와께서는 그 모든 행위에 의로우시며")가 결합되어 있다는 것이다. *Res Gestae Divi Augusti* 34.2에서는 제국의 네 가지 덕목을 특별히 언급한다: 위르투스, 클레멘티아, 유스티티아, 피에타스(*virtus, clementia, iustitia, pietas*, "용기, 관용, 정의, 경건"). P. A. Brunt and J. M. Moore, *Res Gestae Divi Augusti: The Achievements of the Divine Augustus*(Oxford: Oxford UP, 1967) 78에 의한 "주석"을 보라. 헬라에서 이러한 네 가지 주요한 덕목에 해당하는 것들은 아레테, 에피에이케이아, 디카이오쉬네, 유세베이아(*ἀρετή, ἐπιείκεια, δικαιοσύνη, εὐσέβεια*)이다(Danker, *Benefactor*, 279). 통치자의 중요한 덕목이었던 정의(*Iustitia*)는 금석문들에서 자주 언급되지만 주화들에서는 드물게 발견된다. "아우구스투스의 정의"를 나타내는 동상이 주후 13년에 건립되었고, 그 후에 "왕족들 중 가장 의로운 자"에게 헌정된 동상들은 비교적 흔하게 되었다. 도미티아누스 황제를 전복시킨 후에, 네르바(Nerva)는 자신의 "정의"와 "로마 백성의 자유"를 선

언하는 주화들을 주조했다(Charlesworth, *PBA* 23[1937] 113).

하나님의 칭호로서의 호 바실류스 톤 에드논(ὁ βασιλεὺς τῶν ἐθνῶν, "만국의 왕")에 대해서는 시편 47:8을 보라; 참조. 대상 16:31; 시 22:28; LXX 시 46:3; 시 96:10; 99:2; 참조. 시편 9:7-8(느부갓네살은 Jos. *Ant.* 11.5에 나오는 고레스와 마찬가지로 단 4:11에서 "만국의 왕"으로 지칭된다). 바실류스(βασιλεύς, "왕")라는 용어는 라틴어인 임페라토라(*imperator*, "황제")를 헬라어로 번역할 때 통상적으로 사용하던 역어였지만, 비잔틴 시대에 이르기까지는 로마의 공식적인 언어로 편입되지는 못했다(Mason, *Greek Terms*, 120). 바실류스(βασιλεύς)라는 용어가 적용된 가장 초기의 예는 테살리의 안티파테르(Antipater of Thessaly)의 시들 속에서 아우구스투스를 이 용어로 언급한 대목이다(*Anth. Pal.* 10.25). 바실류스(βασιλεύς)와 동일 어원에서 나온 단어들은 플루타르크 시대에 이르러서 사용되었고(*Amatorius* 25.771), 요세푸스는 베스파시아누스 황제의 바실레이아(βασιλεία)에 관하여 말했으며(*J. W.* 5.409), 장차 황제가 될 사람들에 대하여 바실레이안(βασιλειᾶν)이라는 동사를 사용했다(*J. W.* 1.5; 4.546). 총칭적인 어구인 "만국의 왕들"[βασιλεῖς τῶν ἐθνῶν－바실레이스 톤 에드논]은 *Jos. As.* 21.8; *Sib. Or.* 3.663에 나온다.

4a "주여 누가 주의 이름을 두려워하지 아니하며 / 영화롭게 하지 아니하오리이까?"(τίς οὐ μὴ φοβηθῇ, κύριε, καὶ δοξάσει τὸ ὄνομά σου－티스 우 메 포베데 퀴리에 카이 독사세이 토 오노마 수). 이 두 콜론(colon)은 동의병행법을 보여 준다(Jörns, *Evangelium*, 130). 수사학적 의문문들은 찬송들에서 나타나는 특징이다(출 15: 11; 시 2:1; 6:3; 8:4; 10:13; 11:3; 13:2; 14:4; 15:1; 22:1; 35:10; 89:6, 8; 113:5; 삼상 26:15; 사 40:25; 46:5; 미 7:18; 1QH 1:25; 3:23-24; 7:28-29; 10:5-6). 13:4b에 대한 "주석"을 보라. 이 수사학적인 의문문은 예레미야 10:7(칠십인역에는 없다)에 대한 간접 인용이다. "열방의 왕이시여 주를 경외치 아니할 자가 누구리이까."

4b "오직 주만 거룩하시니이다 / 만국이 와서 주께 경배하리이다"(ὅτι μόνος ὅσιος ὅτι πάντα τὰ ἔθνη ἥξουσιν καὶ προσκυνήσουσιν ἐνώπιόν σου－호티 모노스 호시오스 호티 판타 타 에드네 헥수신 카이 프로스퀴네수신 에노피온 수). 형용사 모노스(μόνος)는 구약성경의 후대의 글들, 초기 유대교, 초기 기독교에서 하나님의 유일무이성이라는 측면들을 강조하기 위하여 하나님을 수식하는 표현으로 사용된다(왕하 19:15, 19; 느 9:6; 시 72:18; 83:18; 86:10; 136:4; 사 2:11, 17;

26:13; 37: 16, 20; 1 Esdr 8:25; 4 Ezra 8:7; 2 Macc 1:24-25; 7:37; 막 2:7; 롬 16:27; 딤전 1:17; 6:15-16; 유 25). 하지만 "오직 주만 거룩하시니이다"라는 표현은 요한계시록 15:4에만 나오기 때문에 이것은 저자가 만들어 낸 표현으로 보아야 한다. 하나님의 속성으로서의 호시오스(ὅσιος, "거룩한")는 요한계시록에서 오직 여기와 16:5에만 나온다. 호시오스(ὅσιος)라는 용어는 하나님의 거룩하심을 표현하는 데 드물게 사용된다(신 32:4; 시 144:17; *1 Clem.* 56:16; 58:1; 또한 계 16:5에 대한 "주석"을 보라). 여기와 4c절에는 시편 86:9-10(LXX 85:9-10)에 대한 간접 인용이 존재할 가능성이 있다.

> 판타 타 에드네 호사 에포이에사스 헥수신
> (*πάντα τὰ ἔθνη, ὅσα ἐποίησας, ἥξουσιν*)
> 주여 주의 지으신 모든 열방이 와서
>
> 카이 프로스퀴네수신 에노피온 수 퀴리에
> (*καὶ προσκυνήσουσιν ἐνώπιόν σου, κύριε*)
> 주의 앞에 경배하며
>
> 카이 독사수신 토 오노마 수
> (*καὶ δοξάσουσιν τὸ ὄνομά σου*)
> 주의 이름에 영화를 돌리리이다
>
> 호티 메가스 에이 쉬
> (*ὅτι μέγας εἶ σύ*)
> 대저 주는 광대하사
>
> 카이 포이온 다우마시아
> (*καὶ ποιῶν θαυμάσια*)
> 기사를 행하시오니
>
> 쉬 에이 호 데오스 모노스 호 메가스
> (*σὺ εἶ ὁ θεὸς μόνος ὁ μέγας*)
> 주만 하나님이시니이다

위의 병행 속에서 열방들이 이스라엘의 하나님을 경배하기 위하여 순례를 온다는 모티프는 두드러지게 나타나고, 하나님의 유일무이성에 관한 주제 및 하나님께서 기이한 일들을 행하셨다는 주제와 결합되어 있다(4c절에 대한 "주석"을 보라).

판타 타 에드네(*πάντα τὰ ἔθνη*, "만국")라는 어구는 요한계시록에 5번 나오는 정형구다(12:5; 14:8; 15:4; 18:3, 23). 12:5에 대한 "주석"을 보라. 열방들이 예루살렘으로 하나님을 경배하기 위하여 온다는 주제는 구약성경에 자주 나온다(사 2:2-4; 14:1-2; 45:14; 60:1-3; 66:18; 렘 16:19; 슥 8:20-23). 요한계시록 21:24에 대한 "주석"을 보라.

4c "주의 의로우신 일이 나타났으매"(*ὅτι τὰ δικαιώματά σου ἐφανερώθησαν* -호티 타 디카이오마타 수 에파네로데산). 타 디카이오마타 수(*τὰ δικαιώματά σου*)라는 어구는 "당신의 의로운 규례들" 또는 "당신의 의로운 판단들"을 의미할 수 있는데(롬 1:32; 2:26; 8:4), 아마도 불경건한 자들에 대한 징벌이라는 의미로 사용된 것 같다(왕상 3:28; 대하 6:35; Plato *Leg.* 9.864e; *CIJ*, 361). 왜냐하면 디카이오마(*δικαίωμα*)는 의로운 칙령 또는 의로운 판결을 가리킬 수 있기 때문이다(롬 5:16; Thayer, *Lexicon*, 151; Charles, 2:36-37; BAGD, 198; Prigent, 240; 또한 Spicq, *TLNT* 1:344 n. 96에 나오는 증거들). 또한 이 어구는 "당신의 의로운 행사들"이라는 의미로서(계 19:8; Bar 2:17[*GELS*, 115]), 하나님의 주권이 두드러지게 나타난 일들을 가리킬 수도 있다. 앞 행에서 만국이 하나님 앞에 경배하기 위하여 순례를 오는 것에 대하여 언급하고 있기 때문에 타 디카이오마타 수(*τὰ δικαιώματά σου*)는 부정적이 아니라 긍정적으로 해석하는 것이 적절하고, 따라서 "의로운 심판들"(REB, "의로운 칙령들")이라는 번역보다는 "의로운 행사들"이라는 번역이 더 옳을 것 같다(NIB; NEB, "just dealings"; Swete, 196; Bousset[1906] 394; Bratcher-Hatton, *Revelation*, 226). 이러한 문맥상의 논거는 이 절이 하나님은 크시고 또한 기이한 일들을 행하신다고 말하고 있는 시편 86:9-10(LXX 85:9-10)에 대한 간접 인용일 가능성이 높다는 사실에 의해서 더욱 강화된다. 일부 학자들은 좀더 모호한 번역인 "판단들"을 더 선호한다(RSV; NRSV; Kraft, 200[*Gerichte*]). 로마이어(Lohmeyer, 131-32)는 디카이오마(*δικαίωμα*)의 이러한 두 측면을 혼합해서 이 용어가 "의로운 행위"와 아울러서 "사법적인 판단"을 가리킨다고 주장하면서, 하나님의 심판은 하나님의 행위이기 때문에 둘 다 적절하다고 결론을 내린다.

5 "또 이 일 후에 내가 보니 하늘에 증거 장막의 성전이 열리며"(*καὶ μετὰ ταῦτα εἶδον, καὶ ἠνοίγη ὁ ναὸς τῆς σκηνῆς τοῦ μαρτυρίου ἐν τῷ οὐρανῷ* - 카이 메타 타우타 에이돈 카이 에노이게 호 나오스 테스 스케네스 투 마르튀리우 엔 토 우라노). (환상의 도입 문구인 카이 메타 타우타 에이돈[*καὶ μετὰ ταῦτα*

εἶδον]에 관해서는 4:1에 대한 "주석"을 보라.) 이와 병행되는 어구는 11:19(*καὶ ἠνοίγη ὁ ναὸς τοῦ θεοῦ ὁ ἐν τῷ οὐρανῷ*-카이 에노이게 호 나오스 투 데우 호 엔 토 우라노, "이에 하늘에 있는 하나님의 성전이 열리니")에 나오는데, 난해한 어구인 테스 스케네스 투 마르튀리우(*τῆς σκηνῆς τοῦ μαρτυρίου*, "증거 장막")가 거기에는 나오지 않는다는 것이 특이하다. 성전 문들이 저절로 열리는 것은 불가사이한 일로 여겨졌다. 현관을 예루살렘 성전의 성소와 연결시키고 있었던 문들은 크고 육중했는데(요세푸스는 *Ag. Ap.* 2.119와 *J. W.* 5.202; 6.293에서 이 문들의 규모가 어떠했는지와 그 문들을 여는 데 얼마나 많은 사람들이 필요했는지에 관한 두 개의 서로 상반되는 보도를 제시한다), 이 문들이 저절로 열렸다는 것(*αὐτομάτως ἠνοιγμένη*-아우토마토스 에노이그메네)은 하나님의 축복이 임한다거나 임박한 황폐화를 상징하는 것으로 해석되었다(*J. W.* 6.293-96).

통상적으로 "성전"으로 번역된 나오스(*ναός*)라는 용어는 이 시점에서 약간의 설명을 필요로 한다. 칠십인역과 후대의 유대교 및 기독교의 헬라어 문헌들 속에서 예루살렘에 있는 성전을 가리키는 데 네 가지 서로 다른 용어들이 사용되었다: 토 하기온(*τὸ ἅγιον*; 출 26:33; 민 3:38; 겔 45:18; 1 Macc 10:42), 토 히에론(*τὸ ἱερόν*; 2 Macc 3:2), 호 오이코스(*ὁ οἶκος*; 3 Kgdms 7:31; Jos. *J. W.* 4.281; 막 2:26; 마 12:4), 토 나오스(*τὸ ναός*; 3 Kgdms 6:5, 17; Jos. *J. W.* 5.207, 209, 211; *Ant.* 15.391; 마 23:16, 17, 21). 이 용어들은 상호 대체적으로 사용될 수 있었고(*TDNT* 9:882), 특정한 문맥들 속에서 이 네 가지 중 어떤 용어를 선택하느냐와 관련하여 특별한 이데올로기적 근거들이 확인되지는 않는다(Barr, *Semantics*, 282-87). 나오스(*ναός*)는 칠십인역에서 약 120번 사용되는데, 거의 언제나 "궁전", "성전" 또는 솔로몬 성전 한복판에 있었던 성소를 의미할 수 있는 헤칼(הֵיכָל)의 역어로 사용되었다(*DCH* 2:541-42에 나오는 전거들). 성전과 관련하여 사용된 헤칼(הֵיכָל)은 통상적으로 3개의 방으로 이루어진 성전 본체를 가리킨다. (1) 지성소로 불린 가장 안쪽의 성소(데비르[דְּבִיר] 또는 코데쉬 학카다쉼[קֹדֶשׁ הַקֳּדָשִׁים]), 성소라 불린 본당(קֹדֶשׁ-코데쉬), 울람(אוּלָם)으로 불린 현관. 현관은 문들에 의해서 성소로부터 분리되어 있었다(왕상 6:33-35; 겔 41:21-25; Jos. *Ag. Ap.* 2.119; *J. W.* 5.202; 6.293). 역대기의 번역자들은 종종 솔로몬 성전의 "현관"을 가리키는 울람(אוּלָם)이라는 단어를 번역하는 데 나오스(*ναός*)를 사용했지만(대상 28:11; 대하 8:12; 15:8; 29:7, 17; *DCH* 1:152-53에 나오는 전거들), 나오스(*ναός*)는 결코 지성소를 가리키는 용어로는 사용되지 않았다(그러므로 Bratcher-Hatton, *Revelation*, 227의 설명은 완전히 틀린 것이다). 이것은 신상이 안치되어 있던 신전 내의 성소를 가리키는 데 나오스(*ναός*)를 사용하고(Herodotus 1.183; 6.16), 성전 전체를 가리키는 데는 토 히에론(*τὸ ἱερόν*)을 사용했던 고전 시대 및 헬레니즘 시대의 헬라어 용법과 대비된다.

요한계시록에서 나오스(*ναός*)라는 용어는 네 가지 서로 다른 것들을 의미하는 데 사용된다. (1) 세 개의 방이 있는 건물로 이루어진 예루살렘의 성전 – 저자는 이차적으로 하늘의 성전을 지칭하는 데도 이 용어를 사용한다(11:1-23). (2) 하나님의 백성을 가리키는 은유로서의 성전(3:12). (3) 하늘의 성전(7:15; 11:19[2x]; 15:5, 6, 8[2x]; 16:1, 17). (4) 새 예루살렘에서의 성전으로서의 하나님의 임재(21:22[2x]).

부세트(Bousset, [1906] 394)와 로마이어(Lohmeyer, 129)는 문자적으로 "회막의 장막"을 의미하는 구약의 히브리어 어구인 미쉬칸 오헬 모에드(משכן אהל מועד; 출 40:2, 6, 29; 칠십인역에서는 미쉬칸[משכן]을 번역하지 않는다는 점에 주의하라)가 호 나오스 테스 스케네스 투 마르튀리우(*ὁ ναὸς τῆς σκηνῆς τοῦ μαρτυρίου*)의 배후에 있다고 주장하는 학자들에 속하지만 그러한 주장은 설득력이 없다. 왜냐하면 미쉬칸(מִשְׁכָּן)은 칠십인역에서 결코 나오스(*ναός*)로 번역되지 않고, 모에드(מועד)는 "증거"가 아니라 "만남"을 의미하기 때문이다. 하지만 히브리어 어구들인 오헬 하에두트(אֹהֶל הָעֵדֻת, "증거막")와 오헬 모에드(אֹהֶל מוֹעֵד, "회막")는 칠십인역에서 흔히 헤 스케네 투 마르튀리우(*ἡ σκηνὴ τοῦ μαρτυρίου*, "증거의 장막")로 번역된다. 이에 해당하는 히브리어 어구는 미크다쉬 오헬 하에두트(מִקְדַּשׁ אֹהֶל הָעֵדוּת, "증거 장막의 성소")가 될 것인데, 이것은 구약성경에서 오직 에트 함미쉬칸 레오헬 하에두트(אֶת־הַמִּשְׁכָּן לְאֹהֶל הָעֵדֻת, "성막, 곧 증거막")라는 형태로만 나온다(민 9:15). 민수기 9:15의 칠십인역 본문은 이러한 난해한 단어 구성을 반영하고 있다: 텐 스케넨 톤 오이콘 투 마르튀리우(*τὴν σκηνήν, τὸν οἶκον τοῦ μαρτυρίου*, "장막, 곧 증거의 집"). 하지만 Tg. *Neof.* Num 9:15과 Tg. *Ps.-J.* Num 9:15은 단지 "증거막"으로 읽고 있다. 호 나오스 테스 스케네스 투 마르튀리우(*ὁ ναὸς τῆς σκηνῆς τοῦ μαρτυρίου*, "성전, 곧 증거 장막")라는 어구에서 첫 번째 속격인 테스 스케네스(*τῆς σκηνῆς*, "장막")는 아마도 동격의 속격일 것이고(Bousset[1906] 394; Beckwith, 678; niv), 두 번째 속격인 투 마르튀리우(*τοῦ μαρτυρίου*, "증거의")는 서술적 속격이다. 찰스(Charles)는 이 어구가 너무 난해하다고 생각해서, 테스 스케네스 투 마르튀리우(*τῆς σκηνῆς τοῦ μαρτυρίου*)를 본문에 대한 후대의 첨가로 보았다(2:38). 아이크혼(Eichhorn, 2:170)은 이 구절 전체를 "하늘의 성전이 열렸고 거기에 언약궤가 놓여 있었다"(*periebatur templum illud coeleste, in quo arca foederis* [Eichhorn은 왜 *testimonii*를 사용하지 않았을까?] *reposita erat*)로 번역함으로써 이러한 문제점을 해결하고자 했다. 이와 동일한 해법이 TEV에서도 나타난다. "이 일

후에 나는 하늘의 성전이 열리고 거기에 언약의 장막이 있는 것을 보았다." "성전"과 "회막"을 이례적으로 병치시켜 놓는 것은 4QMMT 32-35(tr. García Martínez, *Dead Sea Scolls*, 77)의 복원된 본문 속에서도 발견된다. "우리는 성전이 회막의 장소이고, 예루살렘이 진영이라고 생각한다." 구약성경에서 장막(히브리어로 미쉬칸[משכן])이라는 용어는 성전을 가리키는 데 사용된다[시 26:8; 46:4(MT 5); 74:7(이 구절에서 미쉬칸〈משכן, "장막"〉과 미크다쉬〈מקדש, "성소, 성전"〉가 동의어로 사용되고 있다는 것이 흥미롭다); 84:2; 132:5, 7]. 하늘의 장막(ἡ σκηνή-헤 스케네)은 히브리서에 2번 언급되고(8:2; 9:11), 4Q*403* 1 ii 10과 4Q*405* 20-21-22 ii 7에도 언급된다. 구약에서 장막의 식양은 하나님에 의해서 모세에게 계시되는데, 이것은 성막이 하늘에 이미 존재해 있다는 것을 보여 주는 것이다(출 25:9, 40; 26:30; 27:8). 하늘의 성전이 열리는 것(11:19을 보라)은 일곱 대접의 심판들에 대한 도입부의 역할을 한다. 마찬가지로, 하늘의 문들이 열리는 것이 마카베오3서 6:18-19(tr. M. Hadas, *Maccabees*)에서는 심판에 앞서 묘사된다.

> 그 때에 극히 영광스럽고 전능하시며 참되신 하나님이 자신의 모습을 드러내시고 하늘의 문들을 여시니, 거기로부터 두 영화로운 천사가 무시무시한 모습으로 강림하였다…그들은 유대인들의 대적들의 군대와 대결하여서, 그들로 하여금 혼란과 공포로 가득 차게 하였고, 그들을 움직일 수 없는 족쇄로 묶어 놓았다.

로마에서는 "야누스 신전"(*Templum Iani*; 실제로 신전이라기보다는 대문)은 전쟁의 전주곡이나 선전포고를 할 때 열렸다(Vergil *Aeneid* 1.294; Servius on *Aeneid* 1.294; Macrobius *Saturnalia* 1.9.17-18; Livy 1.19.2-4; Varro *De lingua Latina* 5.165; Horace *Ep.* 2.1.255; Ovid *Fasti* 1.121-24). 아우구스투스는 야누스 신전의 문들을 세 번 닫았는데, 첫 번째는 주전 29년 1월에 내전이 끝나고 나서 "로마의 평화"(*pax Romana*)의 새 시대를 선포할 때였고, 두 번째는 주전 25년이었으며, 세 번째는 그 구체적인 시기가 알려져 있지 않다(*Res Gestae Divi Augusti* 13).

6a "일곱 재앙을 가진 일곱 천사가 성전으로부터 나와"(*καὶ ἐξῆλθον οἱ ἑπτὰ ἄγγελοι [οἱ] ἔχοντες τὰς ἑπτὰ πληγὰς ἐκ τοῦ ναοῦ*-카이 엑셀돈 호이 헵타 앙겔로이 호이 에콘테스 타스 헵타 플레가스 에크 투 나우). 일곱 천사가 이미 재앙들을 가지고 있다고 말하고 있지만(이것은 상징적이거나 은유적인 방식으로 묘사되고 있지 않다), 일곱 천사가 장차 이 땅에 일곱 재앙을 쏟아 부을 때 사용하게 될 일곱 대접에 관해서는 전혀 언급이 없다는 것이 특이하다.

6b "맑고 빛난 세마포 옷을 입고"(*ἐνδεδυμένοι λίνον καθαρὸν λαμπρόν* – 엔데뒤메노이 리논 카다론 람프론). 리논(*λίνον*, "세마포 옷")이라는 단어는 거룩한 옷을 가리키는 데 사용되고 있는데, 요한계시록에서는 오직 여기에만 나온다. 요한계시록의 다른 곳에서는 형용사 뷔씨노스(*βύσσινος*, "세마포로 된": 셈어로부터의 차용어인 뷔쏘스[*βύσσος*]에서 왔다: 대하 2:14[LXX 2:13]; 3:14에 나오는 부츠[בוץ]를 보라)가 5번 나온다(18:12, 16; 19:8[2x], 14). 세마포 옷은 제사장들이 입었다(레 16: 4, 23; 삼상 2:8). 바드(בד) 또는 밧딤(בדים)이라는 단어가 천사들이 입은 "세마포 옷"에 대하여 사용된다(겔 9:2, 3, 11; 10:2, 6, 7; 단 10:5; 12:6, 7). 요세푸스는 제사장들의 옷을 다루고 있는 오경의 대목을 다시 쓰면서 대제사장의 "띠"(*ζώνη* – 조네)를 언급한다(*Ant.* 3.153-54, 185). 제사장계의 기자(P)에 의하면 제사장의 기본적인 의상은 속옷, 고의, 띠, 관으로 이루어져 있었는데, 이것들은 모두 세마포로 만들어졌다(레 16:4, 10). *Jos. As.* 3:6에서는 아세넷이 입은 옷들은 자주색과 황금색이 섞여 짜여진 세마포 옷과 금으로 된 띠로 묘사된다(금으로 된 신발, 보석, 관, 면사포와 아울러). 헬레니즘 시대에 이시스(Isis)의 사제들은 세마포 옷을 입었다(Plutarch *De Iside* 352C).

6c "가슴에 금 띠를 띠고"(*καὶ περιεζωσμένοι περὶ τὰ στήθη ζώνας χρυσᾶς* – 카이 페리에조스메노이 페리 타 스테데 조나스 크뤼사스). 승귀된 그리스도가 "가슴에 금 띠를 띤" 모습으로 묘사되고 있는 1:13b을 참조하라. 금색은 흔히 신적인 또는 하늘의 실체들에 대한 상징이다.

7a "네 생물 중에 하나가 금 대접 일곱을 그 일곱 천사에게 주니"(*καὶ ἓν ἐκ τῶν τεσσάρων ζῴων ἔδωκεν τοῖς ἑπτὰ ἀγγέλοις ἑπτὰ φιάλας χρυσᾶς* – 카이 헨 에크 톤 테싸론 조온 에도켄 토이스 헵타 앙겔로이스 헵타 피알라스 크뤼사스). 이 행위(*ἔδωκεν* – 에도켄)는 적어도 부분적으로는 천사들에 대한 위임과 권능의 수여를 나타낸다. 이와 비슷한 모티프가 일곱 봉인(6:6-14)과 일곱 나팔(8:2, *ἐδόθησαν* – 에도데산)에 앞서 나온다. 저자는 흔히 하늘의 천군천사들 중에서 개별적인 몇몇 인물들을 이 연속적인 종말론적 이야기 속에서 영향력 있게 행동하는 자들로 사용한다(5:5; 7:13; 17:1; 21:9). 통상적으로 "대접"으로 번역되는(Louw-Nida, § 6.124) 피알레(*φιάλη*)라는 단어는 제의에 사용되는 그릇, 곧 제기(祭器)로 이해되어야 하기 때문에 "제사에 사용되는 대접"(BAGD, 858) 또는 제기(*Opferschale*; Bauer-Aland, 1711)로 번역되어야 한다. 이러한 대접들은 요한계시록에서 12번 언급된다(5:8; 15:7; 16:1, 2, 3, 4, 8, 10, 12, 17; 17:1; 21:9). 피알라이(*φιάλαι*)

가 제의에 사용되었다는 것은 타종교에서도 확인되는데(Diodorus 4.49.8), 거기에서 이 그릇은 주로 포도주로 된 전제(奠祭)를 붓는 데 사용되었다. 또한 이 용어는 주술 의식과 관련해서도 사용되었는데, 거기에서 환상들은 대접에 담긴 액체 표면에 반영된다(*PGM* IV.224, 3210; LXII.44, 48). 라틴어에서 이것에 해당하는 용어는 전제에 사용되는 얕고 넓은 접시를 의미하는 파테라(*patera*)다(*OLD*, 1308; Varro *De lingua Latina* 5.122[LCL tr.]를 보라). "관리들이 신들에게 제사를 드리면서 신에게 포도주를 바칠 때 사용하는 것은 바로 이런 종류의 잔이다." Vergil *Georgics* 2.192는 황금 대접에 포도주를 담아서 바치는 것에 대하여 언급한다(*qualem pateris libamus et auro*). 오경에서는 출애굽기 27:3; 38:3; 민수기 4:14에서 "전제에 사용하는 그릇들"(מזרקות - 미즈라코트: 미즈라크[מזרק]는 칠십인역에서 언제나 피알레[*φιάλη*]로 번역된다: 미즈라크[מזרק]는 "내던지다, 뿌리다"를 의미하는 동사 자라크[זרק]로부터 온 것이기 때문에 어떤 것을 던지거나 뿌릴 때 사용하는 그릇을 의미한다)을 언급한다. 유대의 관원들이 엘레판틴 성전과 관련하여 쓴 아람어 서신들은 그들의 성전이 파괴되었고, "금과 은으로 된 전제용 그릇들"(זי זהבא וזי כספא ומזרקיא)이 도난당했다고 보고한다(Cowley, *Aramaic Papyri*, no. 30, line 12; no. 31, line 11). 이러한 대접들은 기름과 섞은 밀가루(민 7:13, 19, 25, 31), 포도주(슥 9:15), 피를 담는 그릇들로 사용되었다. 출애굽기 24:6, 8; 29:16, 20; 열왕기하 16:13, 15에서는 동사 자라크(זרק)를 사용한다. 물론 그릇에 대한 구체적인 언급은 없다(Haran, *Temples*, 216 n. 13을 보라). 짐승의 희생 제사들은 일반적으로 포도주를 붓는 전제들이 수반되었을 가능성이 높다(호 9:4; 또한 창 35:14; 왕하 16:13; *T. Levi* 18:30[de Jonge, *Testaments*, 46-48에 수록된 사본 *e*에만 나온다]; T. H. Gaster, *IDB* 4:156를 보라). *Adam and Eve* 2:2에서는 천사들이 아버지 하나님 앞에 모인 것에 대하여 언급하면서, "어떤 천사들은 그 손에 향로를 들고 있었고, 또 어떤 천사들은 수금과 대접과 나팔을 들고 있었다"(*τινὲς ἔχοντες θυμιατήρια ἐν χερσὶν αὐτῶν ἄλλοι δὲ κιθάρας καὶ φιάλας καὶ σάλπιγγας* - 티네스 에콘테스 뒤미아테리아 엔 케이르신 아우톤 알로이 데 키다라스 카이 피알라스 카이 살핑가스)고 말한다. 또한 *Adam and Eve* 33:4에서는 "나는 금 향로들[*θυμιατήρια χρυσᾶ* - 뒤미아테리아 크뤼사]과 세 개의 대접[*τρεῖς φιάλας* - 트레이스 피알라스]을 보았고, 보라, 유향[*λίβανον* - 리바논]과 향로들[*θυμιατήρια* - 뒤미아테리아]을 든 모든 천사들이 황급히 향단[*θυσιαστήριον* - 뒤시아스테리온]으로 가서 그 위에서 불을 피웠다"고 말한다. 이러한 언급들은 천사들이 수금, 전제용 대접들, 향로들, 나팔들 같은 제의 도구들과 그릇들을 지닌 하늘의 제사장들로 생각되고 있다는 것을 보여 준다. *Ep. Arist.* 33(*Ant.* 12.40를 보라)에서는 프톨레미가 "여러 가지 그릇들, 대접들, 탁자, 금으로 만든 전제용 그릇들"(*κρατήρων τὲ καὶ φιαλῶν καὶ τραπέζης καὶ σπονδείων χρυσίου*—크라테론 테 카이 피알론 카이 트라페제스 카이 스폰데이온 크뤼시우)을 만들도록 금 50달란트와 은 70달란트를 기부했다고 말한다. *Ep. Arist.* 42에서는 20개의 금 그릇과 30개의 은 그릇이 만들어졌다고 보도하고 있고, "금 대접들"(*χρυσᾶς φιάλας*—크뤼사스 피알라스)에 관한 묘사는 *Ep. Arist.* 79(*Ant.* 12.82를 보라)에도 나온다.

[7]b "세세에 계신 하나님의 진노를 가득히 담은"(*γεμούσας τοῦ θυμοῦ τοῦ θεοῦ τοῦ ζῶντος εἰς τοὺς αἰῶνας τῶν αἰώνων*—게무사스 투 뒤무 투 데우 투 존토스 에이스 투스 아이오나스 톤 아이오논). 이 구절은 아마도 저자가 삽입한 해석을 위한 난외주이거나 괄호 속에 묶은 부연 설명일 가능성이 크다. "세세에 계신 하나님"이라는 어구에 관해서는 4:9에 대한 "주석"을 보라.

[8]a "하나님의 영광과 능력을 인하여 성전에 연기가 차게 되매"(*καὶ ἐγεμίσθη ὁ ναὸς καπνοῦ ἐκ τῆς δόξης τοῦ θεοῦ καὶ ἐκ τῆς δυνάμεως αὐτοῦ*—카이 에게미스데 호 나오스 카프누 에크 테스 독세스 투 데우 카이 에크 테스 뒤나메오스 아우투). 여기에서 "연기로 가득 찬"은 "하나님의 진노로 가득 찬"(7b절)과 병행이 되고, 이것은 "연기"의 은유적인 의미를 해석해 주는 역할을 한다. 여기에서 "연기"는 시내 산 전승에 나오는 연기의 은유적 의미와 레위기 16:2(P문서)에서처럼 지성소 앞에 있는 향단에서 향이 태워질 때 성소를 가득 채운 향연이라는 의미를 결합시킨 것을 토대로 한 하나님의 현현 이미지다. "내가 구름 가운데서 속죄소 위에 나타남이니라"(레 16:12-13; *m. Yoma* 5를 보라). 여호와의 현현 또는 그러한 현현에 대한 반응으로서의 구름 또는 연기라는 모티프는 출애굽기 19:18; 시편 18:7-9; 104:32; 이사야 6:4에서 발견되는데, 종종 땅이 흔들리는 것이 수반된다. 이사야가 선지자로 소명을 받는 것에 관한 이야기의 일부로 나오는 현현 장면인 이사야 6:4에서는 이렇게 말한다. "이같이 창화하는 자의 소리로 인하여 문지방의 터가 요동하며 집에 연기가 충만한지라"(LXX *ὁ οἶκος ἐπλήσθη καπνοῦ*—호 오이코스 에플레스데 카프누). 하지만 이사야 6장의 더 많은 내용이 주제상으로 이 맥락과 요한계시록 4:8의 맥락 속에 존재한다는 것은 지나친 것이다(Fekkes, *Isaiah*, 146-47를 보라). 여호와의 영광(כבוד יהוה—케보드 아도나이)과 이사야 6:1-4에 나오는 연기 구름(분명히 제의적인 맥락) 간에는 밀접한 연관 관계가 존재한다. 출애굽기

24:16(시내산 이야기의 일부)에서는 "여호와의 영광이 시내 산 위에 머무르고 구름이 육 일 동안 산을 가리더니"라고 말한다. 시편 97:2에서는 구름들과 짙은 어둠이 여호와를 둘러싸고 있다고 말하고 있고, 시편 97:8은 이 곳이 시내 산이 아니라 시온 산이라고 말한다. 열왕기상 8:10-12에는 이렇게 나와 있다.

> 제사장이 성소에서 나올 때에 구름이 여호와의 전에 가득하매 제사장이 그 구름으로 인하여 능히 서서 섬기지 못하였으니 이는 여호와의 영광이 여호와의 전에 가득함이었더라 그 때에 솔로몬이 가로되 여호와께서 [해를 궁창에 두셨사오나] 자신은 캄캄한 데 계시겠다 말씀하셨사오나.

이 모든 본문들(Nielsen, *Incense*, 81-84를 보라)은 하나님의 현현과 관련된 연기 구름과 예루살렘 성전 간에는 밀접한 연관 관계가 있다는 것을 보여 준다. 요한계시록 8:4에서는 천사에 의해서 태워진 향연이 하나님 앞으로 올라간다. 이 이야기의 논리를 따르면, 여기 15:8에서 하늘의 성전을 가득 채운 연기는 천사들이 금으로 된 향단에서 태운 향에 의해서 발생된 연기일 것이다. 시내 산에서의 계시는 하나님의 현현과 관련된 현상들인 우뢰, 번개, 숫양의 뿔로 만든 나팔인 쇼파르의 소리, 산을 뒤덮은 빽빽한 구름 등이 수반되었다(출 19:16). 출애굽기 19:18에서 강조점은 "주께서 불 가운데 임하셨기 때문에" 생긴 연기와 산의 요동에 두어져 있다. 출애굽기 34:5에서는 "여호와께서 구름 가운데 강림하사"라고 말한다. 시내 산 이야기는 성전의 향연을 광야 유랑 시대로 투영함으로써 형성된 것으로 보인다 (Nielsen, *Incense*, 85). 이러한 개념은 여호와께서 구름 기둥 속에 임재해 계신다고 생각했던 전승과 관련되어 있다. 후대에 예루살렘 성전에서 향을 태운 것에 의해서 형성되었음이 틀림없는 본문인 출애굽기 40:34-35을 보라.

> 그 후에 구름이 회막에[*τὴν σκηνὴν τοῦ μαρτυρίου* – 텐 스케넨 투 마르튀리우] 덮이고 여호와의 영광이 성막에 충만하매[*καὶ δόξης κυρίου ἐπλήσθη ἡ σκηνή* – 카이 독세스 퀴리우 에플레스데 헤 스케네] 모세가 회막에 들어갈 수 없었으니[*καὶ οὐκ ἠδυνάσθη Μωυσῆς εἰσελθεῖν εἰς τὴν σκηνὴν τοῦ μαρτυρίου* – 카이 우크 에뒤나스데 모우세스 에이셀데인 에이스 텐 스케넨 투 마르튀리우] 이는 구름이 회막 위에 덮이고 여호와의 영광이 성막에 충만함이었으며.

요한계시록 15:5-8이 출애굽기 40:34-35과 열왕기상 8:10-12을 간접 인용하고 있다는 것은 분명하다.

우리가 아울러 주목할 것은 요한계시록에서 연기는 사탄의 현존을 가리키는 은유로도 사용된다는 것이다. 요한계시록 9:2에 의하면, 무저갱으로부터 연기가 "올라왔다"(ἀνέβη καπνός - 아네베 카프노스)고 하는데, 이 언어는 요한계시록 8:4에서 향을 태움으로써 발생된 연기가 올라가는 것에 관한 묘사와 동일하다: 아네베 호 카프노스 톤 뒤미아마톤(ἀνέβη ὁ καπνὸς τῶν θυμιαμάτων, "향연이 올라가는지라"). 이것은 요한계시록에만 국한된 것이 아니다. 사탄을 가리키는 은유로서의 연기는 *Apoc. Sedr.* 5:4-5(Charlesworth, *OTP* 1:610)에도 반영되어 있다. "누가 눈에 보이지 않는 영과 대적하여 싸울 수 있겠는가? 그는 연기같이[ὡς καπνός - 호스 카프노스] 사람들의 마음속으로 들어가서 온갖 종류의 죄를 가르친다."

"하나님의 영광" 또는 "주의 영광"이라는 어구는 구약에서 흔히 하나님께서 스스로를 계시하시는 여러 가지 방식을 따른 하나님의 임재를 가리키는 완곡한 표현으로 자주 등장한다(출 16:7, 10; 24:16-17; 사 35:2). (1) 시내 산 위에서의 임재(출 24:16-17), (2) 성막에서의 임재(출 40:34-35; 레 9:6, 23; 민 14:10; 16:19, 42; 20:6), (3) 성전에서의 임재(왕상 8:11; 대하 5:14; 7:1-3; 겔 10:4, 18; 11:23; 43:4; 44:4), (4) 예언적 환상들 속에서 하나님의 임재를 가리키는 한 방식(겔 1:28; 3:12, 23; 10:4; 행 7:55).

8b "일곱 천사의 일곱 재앙이 마치기까지는 성전에 능히 들어갈 자가 없더라"(καὶ οὐδεὶς ἐδύνατο εἰσελθεῖν εἰς τὸν ναὸν ἄχρι τελεσθῶσιν αἱ ἑπτὰ πληγαὶ τῶν ἑπτὰ ἀγγέλων - 카이 우데이스 에뒤나토 에이셀데인 에이스 톤 나온 아크리 텔레스도신 하이 헵타 플레가이 톤 헵타 앙겔론). 여기와 1b절에 나오는 텔레인(τελεῖν, "마치다")의 단순과거 수동형은 요한계시록에서 이 땅에 대한 하나님의 행위에 관한 전주곡으로 사용되는 도입부의 하늘 궁정 장면(4:1-5:14; 8:2-5)을 구성하는 단락인 1-8절을 위한 수미쌍관법을 형성한다. 이것은 구약에서 하나님의 영광이 하나님의 집을 가득 채웠기 때문에 모세 또는 제사장들이 들어갈 수 없었다고 말하고 있는 세 개의 환상 속에서 언급되는 사건의 공통적인 특징들에 대한 간접 인용이다. 첫 번째 이야기는 출애굽기 40:16-38에서 회막을 건립하고 설비를 갖추는 것에 관한 것이다. 이러한 일들이 마쳐졌을 때, 구름이 회막을 덮었다고 기록되어 있다(출 40:34-35).

이것과 매우 유사한 기사가 예루살렘에서 솔로몬 성전이 봉헌되는 것에 관한 훨씬 더 자세한 이야기와 관련된 두 가지 이야기 속에 나온다(왕상 8:1-66=대하 5:1-7:10). 솔로몬 성전의 봉헌은 법궤를 지성소에 안치시키는 행렬에 초점이 맞춰져 있다. 이 일이 마쳐졌을 때, 출애굽기 40:34-35에 나오는 것과 매우 비슷한 이야기가 열왕기상 8:10-11에 나온다(8a절에 대한 "주석"에서 인용된 본문). 역대하 5:11-14에 나오는 병행 기사도 12-13절에서 추가적인 내용에 의해 많이 확장되어 있기는 하지만 매우 비슷하다. 하지만 역대기 사가는 솔로몬 왕의 긴 봉헌 기도(대하 6:12-42)가 끝난 후에 역대하 5:11-14에 나오는 기사의 한 변형을 삽입한다.

> 솔로몬이 기도를 마치매 불이 하늘에서부터 내려와서 그 번제물과 제물들을 사르고 여호와의 영광이 그 전에 가득하니 여호와의 영광이 여호와의 전에 가득하므로 제사장이 그 전에 능히 들어가지 못했고(대하 7:1-2).

구름과 하나님의 영광(출 40:34-35; 왕상 8:10-11) 또는 오직 하나님의 영광(대하 7:1-2)이 성소를 가득 채웠기 때문에 사람들이 하나님의 집에 들어갈 수 없었다는 것에 관한 이 짤막한 이야기들은 구약성경에서 단지 네 개의 본문에 나오는데, 각각의 본문 속에서 이 사건은 매우 긍정적인 의미를 지닌다. 하지만 요한계시록 15:8에서 이 본문들에 대한 간접 인용은 주로 부정적인 의미를 지니는데, 이것은 이 본문이 세상의 백성들에게 재앙들을 가하는 것을 다루고 있기 때문이다. 구약에서 긍정적인 의미를 지닌 사건들을 이런 식으로 부정적으로 사용하고 있다는 것은 8a절에서 "구름"을 "연기"로 대체한 것에 의해서 부분적으로 드러난다. 왜냐하면 "구름"과는 달리 "연기"는 하나님의 심판을 가리키는 은유로도 사용되기 때문이다(신 29:20; 삼하 22:9=시 18:8; 사 9:18-21; 34:10; 65:5-6; 또한 15:8a에 대한 "주석"을 보라). 그러나 저자는 왜 일곱 대접 재앙이 다 마쳐질 때까지는 아무도 하늘의 성전에 들어갈 수 없다고 힘주어 말하고 있는 것인가? 주석가들 가운데서 가장 널리 받아들여지고 있는 견해는 하나님이 자신의 임재가 진노와 심판의 임재가 되었기 때문에 일시적으로 사람들의 접근을 막은 것이라는 견해다(Bousset [1906] 395; Behm, 89; Lohmeyer, 132; Lohse, 90; Roloff[ET] 185). 위에서 논의된 구약의 병행들(출 40:34-35; 왕상 8:10-11=대하 5:11-14; 대하 7:1-2)을 강조하는 두 번째 견해는 하나님이 사람들의 접근을 일시적으로 막은 것은 하나님의 엄위와 권능이 온전히 현시되었기 때문이라고 주장한다(Beckwith, 679; Beasley-Murray, 238). 세 번째 견해는 최후의 심판의 때가 이제 도래했기 때문에 중보하는 천사(5:8과 8:3에서처럼)가 세상을 구원하기 위하여 하나님께 드리는 중보 기도를 하나님에게로 가져가기에 때가 너무 늦었다는 것이다(Charles, 2:40; Mounce, 290). 이 견해의 약점은 8:3에서 천사가 하나님께 가져간 기도들은 6:10-11에서처럼 하나님의 보수(報讎)를 요청하는 기도들로 이해되어야 한다는 것이다.

하나님이 자신의 임재를 특별히 강력한 방식으로 나타내실 때는 하나님에게 접근하는 것이 불가능하거나 위험하다는 모티프는 시내 산에서의 이스라엘에 관한 이야기에 속하는 것이기도 하다. 출애굽기 19:9, 16에 의하면 하나님의 임재는 빽빽한 구름 속에서 나타났고, 그 산에 범접하는 사람은 죽음의 형벌을 받게 되어 있었다(19:12-13). 제의적인 맥락 속에서 하나님의 현현과 관련된 구름의 역할은 레위기 16:2에서 발견되는데, 거기에서 아론은 하나님이 구름 가운데 속죄소 위에 나타나실 때 지성소에 들어가는 것이 금지된다.

16[1]a "또 내가 들으니 성전에서 큰 음성이 나서 일곱 천사에게 말하되"(*καὶ ἤκουσα μεγάλης φωνῆς ἐκ τοῦ ναοῦ λεγούσης τοῖς ἑπτὰ ἀγγέλοις* – 카이 에쿠사 메갈레스 포네스 에크 투 나우 레구세스 토이스 헵타 앙겔로이스). 이 구절은 "성전으로부터 나는 음성"이라는 어구가 나오는 이사야 66:6에 대한 간접 인용일 수 있지만, 이러한 개념은 극히 일반적인 것이다. 오직 여기에서와 17절에서 이 정체 불명의 음성은 "성전으로부터" 나왔다고 되어 있는데, 그 전제는 그 음성이 하나님의 음성이라는 것이다. 예루살렘 성전으로부터 나온 정체 불명의 음성은 로마인들에 의한 성전의 파괴를 예감하고 "우리가 여기에서 떠나고 있다"고 말했다고 한다(Jos. *J. W.* 6.299-300; Tacitus *Hist.* 5.13.1; 요 Malalas *Chron.* 10.26; see Kuhn, *Offenbarungsstimmen*, 176-84; 참조. *Ant.* 13.282-83). (요한계시록에서 정체 불명의 음성이라는 모티프에 대해서는 10:4의 "주석"을 보라.) 포네 메갈레(*φωνὴ μεγάλη*, "큰 음성")라는 어구는 요한계시록에서 20번 나오지만[1:10; 5:2, 12; 6:10; 7:2, 10; 8:13; 10:3; 11:12, 15(복수 형태인 포나이 메갈라이〈*φωναὶ μεγάλαι*〉는 오직 여기에만 나온다); 12:10; 14:7, 9, 15, 18; 16:1, 17; 19:1, 17; 21:3], 이 구절은 명사 앞에 형용사가 붙은 유일한 용례다. 포네 메갈레(*φωνὴ μεγάλη*)는 칠십인역에서 48번 나오는데, 통상적으로는 여격 형태인 포네 메갈레(*φωνῇ μεγάλῃ*)로 나오고, 대격으로는 3번(LXX 창 27:34; 1 Esdr 3:11; Sir 50:16), 주격으로는 1번 나온다(LXX 에 1:1). 4번의 추가적인 경우들에서 형용사가 여기에서처럼 명사 앞에 붙어서 메갈레 테 포네(*μεγάλῃ τῇ φωνῇ*)라는 형태로 되어 있다(1 Esdr 5:64; 9:10; 잠 2:3; 26:25; 또한 계 16:1을 보라). 포네 메갈레(*φωνὴ μεγάλη*)는 위경의 헬라어 본문들 및 단편들 속에서 7번 나오지만(*Adam and Eve* 5:2; 29:11; *T. Abr.*[Rec. A] 5:9; *Paral. Jer.* 2:2; *2 Apoc. Bar.* 11:3; *Sib. Or.* 3.669; 5.63), 셈어적인 패턴을 반영해서 형용사는 언제나 명사 다음에 나온다. 말씀하시는 자인 하나님의 이름을 명시적으로 언급하기를 회피하는 것은 요한계시록

에서 자주 발견되는 수사학적 장치다(6:6; 9:13; 16:17; 18:4; 19:5).

1b "너희는 가서 하나님의 진노의 일곱 대접을 땅에 쏟으라"(*ὑπάγετε καὶ ἐκχέετε τὰς ἑπτὰ φιάλας τοῦ θυμοῦ τοῦ θεοῦ εἰς τὴν γῆν*—휘파게테 카이 엑케에테 타스 헵타 피알라스 투 뒤무 투 데우 에이스 텐 겐). 동사 에크케인(*ἐκχεῖν*, "쏟다")은 전문적인 종교 용어는 아니지만, 흔히 전제를 붓는다는 제의적인 의미로 사용된다. 이 동사는 신약성경에서 오직 2번 나오면서 두 번 다 비유적으로 사용된 용어인(빌 2:17; 딤후 4:6) 구체적으로 "전제를 붓다"를 의미하는 스펜데인(*σπένδειν*)과 의미상으로 중복된다. 기름과 포도주의 전제는 이스라엘의 성전 제의의 일부였고(동사 스펜데인[*σπένδειν*]이 사용되고 있는 *Ant.* 3.234를 보라), 시락서 50:15에서는 오니아스의 아들인 제사장 시몬을 칭찬하면서 어떻게 그가 "그의 손을 잔에 대어서 포도의 피의 전제를 부었고[*ἔσπεισεν*—에스페이센], 그것을 제단 아래에 부었는지[*ἐξέχεεν*—엑세케엔]"를 묘사한다. 여기서 스펜데인(*σπένδειν*)과 에크케인(*ἐκχεῖν*)은 대체로 서로 중복되는 의미로 사용되고 있다. 또한 에크케인(*ἐκχεῖν*)은 칠십인역에서 물의 전제를 붓거나(1 Kgdms 7:6; 2 Kgdms 23:16), 포도주의 전제(사 57:6)를 붓는 것을 가리키는 데도 사용된다. 에크케인(*ἐκχεῖν*)은 자주 피 뿌림 또는 살인을 범한 것을 가리키는 데 사용된다(LXX 렘 7:6). 고대 세계에서 전제에 대해서는 O. Michel, *TDNT* 7:528-36; H. D. Betz, "Libations," *EncRel* 8:537-40; K. Hanell, "Trankopfer, Spenden, Libationen," *RE* vol. 6(1937)을 보라.

피알라이(*φιάλαι*, "전제용 대접들")와 관련해서 에크케인(*ἐκχεῖν*)이라는 단어를 사용하는 것은 분명히 제의적 관습들에 토대를 두고 있지만, 그 의미는 비유적으로 하나님의 진노를 쏟아 붓는 것을 가리키는 것으로 확대되었다. 이러한 용법의 전례는 예레미야 7:20의 칠십인역 본문 속에서 발견된다: 이두 오르게 카이 뒤모스 무 케이타이[이독: 에크케이타이] 에피 톤 토폰 투톤(*Ἰδοὺ ὀργὴ καὶ θυμός μου χεῖται* [*var. lect.* *ἐκχεῖται*] *ἐπὶ τὸν τόπον τοῦτον*, "보라, 나의 진노와 분한을 이곳에 붓되"). 마찬가지로, 예레미야 10:25의 칠십인역 본문은 에크케인 톤 뒤몬 수 에피 에드네(*ἔκχεον τὸν θυμόν σου ἐπὶ ἔθνη*, "열방들에게 주의 분노를 부으소서")로 되어 있고, 예레미야 14:16의 칠십인역 본문은 카이 에크케오 에프 아우투스 타 카카 아우톤(*καὶ ἐκχεῶ ἐπ' αὐτοὺς τὰ κακὰ αὐτῶν*, "내가 그들의 악을 그 위에 부음이니라")으로 되어 있다. 이러한 본문들은 예레미야가 탈리오의 법칙에 관한 언어를 사용하고 있다는 것을 보여 준다. 즉 피를 "뿌린"(즉 "쏟은") 자들은 하나님의 진노를 받게 될 것이고, 그들 자신의 악행들은 그들 위에 "부어질 것이다." 예레미야애가 2:4의 칠십인역 본문은 하나님의 심판을 나타내는 데 이와 동일한 은유를 사용한다: 엑세케엔 호스 퓌르 톤 뒤몬 아우투(*ἐξέχεεν ὡς πῦρ τὸν θυμὸν αὐτοῦ*, "노를 불처럼 쏟으셨도다"). 마찬가지로, 예레미야애가 4:11의 칠십인역 본문에서는 엑세에켄 뒤몬 오르게스 아우투(*ἐξέχεεν θυμὸν ὀργῆς αὐτοῦ*, "맹렬한 노를 쏟으심이여")라고 말한다. 이와 동일한 이미지는 에스겔서의 칠십인역 본문에서도 발견된다. 에크케인 톤 뒤몬/텐 오르겐 에피(*ἐκχεῖν τὸν θυμὸν/τὴν ὀργὴν ἐπί*, "~진노/분노를 쏟다")라는 어구는 에스겔 7:8; 9:8; 14:19; 20:8, 13, 21; 21:36[MT 21:31]; 22:22; 30:15; 39:29에 나온다.

2a "첫째가 가서 그 대접을 땅에 쏟으매"(*καὶ ἀπῆλθεν ὁ πρῶτος καὶ ἐξέχεεν τὴν φιάλην αὐτοῦ εἰς τὴν γῆν*–카이 아펠덴 호 프로토스 카이 엑세케엔 텐 피알렌 아우투 에이스 텐 겐). 오직 첫 번째 천사만이 그의 대접을 이 땅에 쏟아 부으라는 말을 실제로 듣는데, 이 말은 1절에서 성전으로부터 나온 음성의 명시적인 명령과 일치한다.

2b "악하고 독한 헌 데가 짐승의 표를 받은 사람들과 그 우상에게 경배하는 자들에게 나더라"(*καὶ ἐγένετο ἕλκος κακὸν καὶ πονηρὸν ἐπὶ τοὺς ἀνθρώπους τοὺς ἔχοντας τὸ χάραγμα τοῦ θηρίου καὶ τοὺς προσκυνοῦντας τῇ εἰκόνι αὐτοῦ*–카이 에게네토 헬코스 카콘 카이 포네론 에피 투스 안드로푸스 투스 에콘타스 토 카라그마 투 데리우 카이 투스 프로스퀴눈타스 테 에이코니 아우투). 종기가 생겨나게 하는 이 재앙은 출애굽기 9:8-12에 나오는 부스럼에 관한 여섯 번째 재앙과 유사하다. 벨하우젠(Wellhausen, *Analyse*, 26)은 투스 안드로푸스(*τοὺς ἀνθρώπους*)를 편집에 의한 확장으로 보았지만, "짐승의 표를 받은"과 "그 우상에게 경배하는"이라는 명사적인 분사구들은 14, 8, 12, 15절에 나오는 이야기 속의 동일한 모티프들을 가리키는 부연 설명을 위한 삽입으로 보인다(14:11과 20:4처럼). 또한 20:4에 대한 "주석"을 보라.

3a "둘째가 그 대접을 바다에 쏟으매"(*καὶ ὁ δεύτερος ἐξέχεεν τὴν φιάλην αὐτοῦ εἰς τὴν θάλασσαν*–카이 호 듀테로스 엑세케엔 텐 피알렌 아우투 에이스 텐 달라싼). 콥트어로 된 주술 문서 속에 이 구절에 대한 희미한 병행이 존재한다(London Ms. Or. 6796[4].6796; Kropp, *Zaubertexte* 2:57-58). "나는 예수 그리스도이고, 내 손에 물의 잔[콥트어로 '아포트'인데, 이것은 '성배'를 의미할 수도 있다]을 잡았노라. 나는 나의 물의 잔을 바다[달라싸]에 부었고, 바다는 반으로 갈라

졌다"(신약성경의 사히딕 판본은 계 16장 전체에 걸쳐서 일관되게 헬라어의 차용어인 피알레[*φιάλη*]를 사용하고 있다는 점을 주목하라).

3b "곧 죽은 자의 피같이 되니 바다 가운데 모든 생물이 죽더라"(*καὶ ἐγένετο αἷμα ὡς νεκροῦ, καὶ πᾶσα ψυχὴ ζωῆς ἀπέθανεν τὰ ἐν τῇ θαλάσσῃ* – 카이 에게네토 하이마 호스 네크루 카이 파사 프쉬케 조에스 아페다넨 타 엔 테 달라쎄). 고대 세계에서 피는 역설적이게도 오염의 원천이기도 했고 정화의 수단이기도 했다(Parker, *Miasma*, 370-74). 바다가 피로 오염된 것은 나일강이 피로 변해서 물을 먹을 수 없게 되고 물고기가 죽게 된 출애굽기 7:14-24에 나오는 첫 번째 재앙을 연상시킨다(시 78:44; 105:29을 보라). 피에 의해서 물이 오염된 것에 대한 그 밖의 다른 언급들은 이사야 15:9과 마카베오2서 12:16에서 발견된다.

4 "세째가 그 대접을 강과 물 근원에 쏟으매 피가 되더라(*Καὶ ὁ τρίτος ἐξέχεεν τὴν φιάλην αὐτοῦ εἰς τοὺς ποταμοὺς καὶ τὰς πηγὰς τῶν ὑδάτων, καὶ ἐγένετο αἷμα* – 카이 호 트리토스 엑세케엔 텐 피알렌 아우투 에이스 투스 포타무스 카이 타스 페가스 톤 휘다톤 카이 에게네토 하이마). 이 구절은 애굽에 있는 강물, 수로들, 샘들, 저수지들이 모두 피로 변한 출애굽의 첫 번째 재앙에 대한 간접 인용이다(출 7:14-19; 또한 시 78:44; 105:29을 보라). Ezekiel *Exagoge* 133-34에서는 이 재앙이 강들, 샘들, 저수지들에 영향을 미친다(*πρῶτον μὲν αἷμα ποτάμιον ῥυήσεται πηγαί τε πᾶσαι καὶ ὑδάτων συστήματα* – 프로톤 멘 하이마 포타미온 뤼에세타이 페가이 테 파사이 카이 휘다톤 쉬스테마타). 요한계시록 16:4에서(8:9과 16:3에서처럼) 물이 피로 변한 것은 하나님의 징벌의 행위이지만, 물들, 특히 강들이 죽은 자들의 피로 가득 찬 것을 묘사하는 몇몇 본문들이 있다. *Apoc. El.*(P. Chester Beatty 2018) 5-7(tr. Pietersma, *Elijah*)에서는 "피가 구스로부터 멤피스로 흘러가리니 애굽의 강이 피로 물들어서 아무도 사흘 동안 그 물을 마시지 못하리라"고 말한다. 마찬가지로, Asclepius 3.24b(tr. W. Scott, *Hermetica* 1:341)에서는 이렇게 말한다. "지극히 거룩한 나일강에게 내가 부르짖노니, 그대에게 내가 앞으로 될 일에 대하여 예언하리라. 피의 격류로 불어나서 너는 강둑까지 올라오고, 너의 거룩한 물결들은 피로 물들고 더렵혀지리라." *Sib. Or.* 4.61에서는 메대인과 페르시아인들 간에 커다란 전쟁이 일어나서 유프라테스 강이 피로 물들게 될 것이라고 예언한다. 이러한 언급은 불가사의한 일들에 관한 고대 로마의 인식과 일치하는데(자연에서의 이상 현상들은 신들로부터의 메시지 또는 경고로 이해되었다), 그 중의 한 가지 흔한 유형이 강이 피로 변하는 것이었다(Cicero *De div.* 1.43.97;

2.27.58; 부록 6A: 요한계시록에 나오는 고대의 징조들과 재앙들을 보라).

5a "내가 들으니 물을 차지한 천사가 가로되"(*καὶ ἤκουσα τοῦ ἀγγέλου τῶν ὑδάτων*–카이 에쿠사 투 앙겔루 톤 휘다톤). 이 구절은 여러 물질적인 원소들이 특정한 천사적 존재들에 의해서 주재되거나 의인화되고 있다는 것을 전제한다(*1 Enoch* 60:12-22[여기서는 바다, 흰서리, 우박, 눈, 안개, 이슬, 비를 관장하는 영들 또는 천사들에 관하여 언급한다]; 69:22; 75:3; *2 Enoch* 4-6; 19:1-4; *Jub.* 2:2; 1QH 1:8-13; Str-B, 3:818-20; *1 Enoch* 61:10은 물의 천사들을 언급한다). 랍비 문헌에서 사르 하올람(שר העולם, "세상의 방백")이라는 용어는 피조 세계의 여러 부분을 담당하는 천사를 가리킨다(Str-B, 2:552). 만유의 여러 측면의 수호자들인 여러 열등한 천사적 존재들은 요한계시록에서 언급된다: 요한계시록 7:1-2은 사방의 바람을 주관하는 천사들을 언급하고(*b. Git.* 31b; Schäfer, *Rivalität*, 57), 14:18(또한 *Apoc. Abr.*[Rec. A] 13:10)에서는 불을 주관하는 천사를 언급한다(14:18에 대한 "주석"을 보라). 랍비 문헌에서는 가브리엘을 불을 관장하는 천사로 알고 있었다(*Cant. Rab.* 3.11 § 1; Schäfer, *Rivalität*, 57). 에녹1서 66:2에서는 물을 주관하는 천사들 또는 권세들을 언급하고 있고, *Sepher ha-Razim* 4.10에서는 "물의 천사들"에 관하여 말한다. 랍비 문헌은 리드야(Ridja)가 물, 특히 비를 관장하는 천사라고 말한다(*b. Ta'an.* 25b; *b.* T. Yom 20b; Schäfer, *Rivalität*, 58). 히브리어로 된 중세의 신비주의 저작인 *Clasicula Salomonis*에서는 물의 천사인 탈리아하드(Taliahad)를 비롯해서 자연의 여러 원소들을 담당하는 몇몇 천사들을 언급한다(S. L. M. Mathers, *The Key of Solomon the King*[London, 1888] 74). *PGM* XIII.169-70, 481-84(병행문)에서는 한 신이 나타나서 "무저갱에 대한 권세를 부여받았는데, 그가 없이는 습기가 늘지도 줄지도 않는다"고 말한다. 유대교에 의해서 큰 영향을 받은 주술서의 일부인 *PGM* XXXV.7-10에서는 우주의 여러 부분을 관장하는 초자연적인 몇몇 존재들을 언급한다. "비를 관장하는 텔제(Telze)에게 비나이다. 바다를 관장하는 에다노트(Edanoth)에게 비나이다. 용들을 관장하는 사에세겔(Saesechel)에게 비나이다. 강들을 관장하는 타비움(Tabium)에게 비나이다."

5b "전에도 계셨고 시방도 계신 거룩하신 이여 이렇게 심판하시니 의로우시도다"(*δίκαιος εἶ, ὁ ὢν καὶ ὁ ἦν, ὁ ὅσιος, ὅτι ταῦτα ἔκρινας*–디카이오스 에이 호 온 카이 호 엔 호 호시오스 호티 타우타 에크리나스). 요한계시록 16:5-6은 "심판 송영", 즉 하나님의 심판이 옳다는 것을 일반적으로 또는 구체적으로 말하고 있는 짤막한 찬송 본문으로 설명되어 왔다(Deichgräber, *Gotteshymnus*, 45, 56; Betz,

"Apocalypticism," 139; Yarbro Collins, *CBQ* 39[1977] 368-70; K. Berger, *Formgeschichte*, 238). 스테이플즈(Staples)는 다니엘 9:14과 씨름하면서 비묵시적인 "신원 문구"라는 명칭을 주장하고(*NovT* 14[1972] 280-93), 야브로 콜린스(Yarbro Collins)는 심판 송영의 하위 장르라고 생각하는 "종말론적인 신원 문구"라는 명칭을 선호한다(*CBQ* 39[1977] 369). 이른바 심판 송영은 폰 라트에 의해서 짤막하게 논의된 바 있고—자세하게 분석되지는 않았지만—통상적으로 죄를 벌하시는 하나님의 정의에 대한 단언과 대비되는 죄의 고백을 포함하는 것으로 생각되어 왔는데(OT *Theology* 1:357-58; *Wisdom*, 196, 211-13), 이러한 특징이 요한계시록 16:5-6에는 분명히 빠져 있다. 이러한 양식의 분명한 예는 여호수아 7:19-21에 나오는 아간의 기도인데, 나는 Pr Azar 4를 후대의 예로 제시하고자 한다.

> 우리에게 행하신 모든 일에서 주는 의로우시고,
> 주의 모든 일들은 참되며, 주의 길들은 옳고,
> 주의 모든 판단은 진리이니이다.
> 주는 우리, 그리고 우리 조상의 거룩한 도성인 예루살렘에 대하여
> 참된 심판을 베푸셨는데,
> 이는 주께서 진리와 정의로 우리의 죄로 인하여 우리에게 이 모든 것을 행하셨기 때문이니이다.

하지만 "심판 송영"은 사실 문학적인 장르가 아니라, 구약성경에서 다양한 찬송 및 기도라는 맥락들 가운데 사용된 신학적인 모티프다. 구약성경에 나오는 여러 유형의 노래들과 기도들에 대한 양식상의 분석들(예를 들어, Gunkel, Mowinckel, Weiser)이 이 범주를 포함시키는 것이 꼭 필요하다고 생각하지 않았다는 것은 의미가 있다. 양식이라는 관점에서, 요른스(Jörns, *Evangelium*, 135)는 이 송영을 베스터만(Westermann, *Praise*, 81-101)의 견해를 따라 세 가지 반복적인 특징을 담고 있는 선언적 찬송시(*ein berichtende Lobpreis*)로 분류한다. (1) 하나님은 행하셨다. 그를 찬양하라! (2) 찬양은 하나님께서 방금 행하신 일에 대한 직접적인 반응이다. (3) 찬양은 기쁘게 표현된다. "심판 송영"은 사실 하나님의 응보적 행위들이 지닌 정의를 핵심적인 문제로 다루는 선언적 찬송시의 특별한 양식이다. 구약의 찬송들에서 심판자로서의 여호와에게 영광을 돌리는 것은 여호와를 창조주 또는 왕으로 송축하는 것보다 더 자주 등장한다(Weiser, *Psalms*, 64). 구약성경과 초기 유대교 문헌들 속에는 하나님이 심판을 자의적이거나 합당치 않은 방식으로가 아니라 적절

하게 베푸신다는 것을 단언하는 몇몇 기도문과 찬송들이 존재한다(느 9:33; 단 9:14; Tob 3:2; 3 Macc 2:3). "2인칭 문체"로 하나님에 대한 기도 또는 찬양을 시작하는 디카이오스 에이(*δίκαιος εἶ*, "주는 의로우시도다")라는 도입 문구는 칠십인역에 나온다(Tob 3:2; 에 4:17; 시 118:37; 119:137; 렘 12:1[צדיק אתה יהוה – 찻디크 앗타 아도나이, *δίκαιος εἶ, κύριε* – 디카이오스 에이 퀴리에로 번역됨]). 초기 유대교 문헌 속에는 요한계시록 16:7과 밀접한 두 개의 병행문이 존재하는데, 첫 번째 본문은 "2인칭 문체"로 되어 있고, 두 번째는 "3인칭 문체"로 되어 있다. (1) *Apoc. Moses* 27:7(천사들에 의해서 선포된 심판 송영이라는 맥락 속에서), "오 주여, 주는 의로우시고, 올바르게 심판하십니다"(*δίκαιος εἶ κύριε καὶ εὐθύτητας κρίνεις* – 디카이오스 에이 퀴리에 카이 유뒤테타스 크리네이스). (2) *T. Job* 43:13, "주는 의로우시고, 그의 심판은 참되시다"(*δίκαιός ἐστιν ὁ κύριος, ἀληθινα αὐτοῦ τὰ κρίματα* – 디카이오스 에스틴 호 퀴리오스 알레디나 아우투 타 크리마타). 이러한 도입 문구 뒤에는 부름말이 나온다. 호 온(*ὁ ὢν*)과 호 엔(*ὁ ἦν*)이라는 두 개의 하나님의 칭호도 11:17에 나오고(*ὁ παντοκράτωρ* – 호 판토크라토르가 먼저 나온 후에), 1:4, 8; 4:8에서는 호 온 카이 호 엔 카이 호 에르코메노스(*ὁ ὢν καὶ ὁ ἦν καὶ ὁ ἐρχόμενος*, "지금도 계시고 전에도 계셨으며 앞으로 오실")라는 삼중적인 문구의 일부로 나온다. 호 온(*ὁ ὢν*)과 호 엔(*ὁ ἦν*)은 함께 결합되어서 디카이오스(*δίκαιος*)와 호시오스(*ὅσιος*) 사이에 삽입되었는데, 이것들도 하나님의 속성을 나타내는 보충 설명적인 한 쌍의 표현을 이룬다. 찻디크(צדיק) 또는 디카이오스(*δίκαιος*)는 초기 유대교, 초기 기독교 문헌들 속에서 하나님의 속성으로 비교적 자주 등장하지만(출 9:27; 신 32:4; 수 7:19-21; 대하 12:6; 스 9:15; 느 9:8, 33; 렘 11:20; 12:1; 시 7:11; 116:5; 119:137; 145:17; Tob 3:2; 에 4:17; 단 9:14; 3 Macc 2:3; *Adam and Eve* 27:5; *Pss. Sol.* 2:18; Jos. *J. W.* 7.323; 요 17:25; 롬 3:26), 호시오스(*ὅσιος*; 15:4에서도 하나님의 속성으로 등장하는)는 하나님의 속성을 표현하는 단어로서는 매우 드물게 사용된다(이 단어는 자주 의인들의 복수형 속에서 사용된다). 물론 디카이오스(*δίκαιος*)와 호시오스(*ὅσιος*)라는 칭호들은 신명기 32:4과 솔로몬의 시편 10:5에서 한 쌍으로 나온다. 클레멘트1서 14:1을 보라[이와 같은 쌍으로 된 용어들은 초기 유대교 문헌들에서 단수형(*T. Abr.* 〈Rec. A〉 9:2)과 복수형의 의인이라는 표현 속에서 사용된다; 에녹1서 25:4; 104:12을 보라]. 요한계시록의 다른 곳에서 호 호시오스(*ὁ ὅσιος*)라는 칭호는 오직 15:4에만 나온다. 흔히 사람들(Men), 말탄 자 하나님(the Rider God), 제우스 브론톤(Zeus Bronton), 아폴로(Apollo) 같은 다른 신들과 결부된 호시오스(Hosios) 신과 디카이오스 신(Dikaios: 거룩과 정의)의 제의에 관한 상당히 많은 양의 금석문 증거들이 소아시아(주로 브리기아와 루디아)에서 나왔다. A. R. R. Sheppard, "Pagan Cults of Angels in Roman Asia Minor," *Talanta* 12-13(1980-81) 77-100를 보라. 호시오스와 디카이오스를 언급하고 있는 모든 관련된 금석문들은 M. Ricl, "Die Götter Hosios und Dikaios in Mäonien und Phrygien," *Epigraphica Anatolica* 18(1991) 1-70; 19(1992) 71-103에서 찾아볼 수 있고, R. A. Kearsley의 *New Docs* 6:206-9 속에는 호시오스와 디카이오스 제의의 주된 윤곽들에 대한 짤막한 요약이 들어 있다. 또한 Mitchell, *Anatolia* 2:25-26를 보라. 타우타 에크리나스(*ταῦτα ἔκρινας*, "이렇게 심판하시니; "원문주해" 16:5.b-b.를 보라)라는 어구는 15:1, 7에 언급된 하나님의 진노를 가리킨다.

6a "저희가 성도들과 선지자들의 피를 흘렸으므로"(*ὅτι αἷμα ἁγίων καὶ προφητῶν ἐξέχεαν*-호티 하이마 하기온 카이 프로페톤 엑세케안). "하나님의 백성"(직역하면 "성도들")이 그리스도인들을 가리킨다는 것에 관해서는 5:8에 대한 "주석"을 보라.

> 선지자들을 거부하여 죽인다는 것은 구약성경, 초기 유대교, 신약성경에서 발견되는 주제다(왕상 19:10, 14; 대하 36:16; 스 9:11; 느 9:26; *Jub.* 1:12; *Ant.* 9.265; 10.37; 마 5:11-12=눅 6:22-23; 마 23:34=눅 11:49; 마 23:37-39; 눅 13:34-35; 행 7:52; 롬 11:3; 살전 2:15; Justin *Dial.* 16:4; *Asc. Isa.* 5.1-14); Aune, *Prophecy*, 157-59; O. H. Steck, *Israel und das gewaltsame Geschick der Propheten* (Neukirchen: Neukirchener, 1967); O. Michel, *Prophet und Märtyrer* (Gütersloh: Mohn, 1932); H. J. Schoeps, "Die jüdischen Prophetenmorde," in *Aus frühchristlichen Zeit* (Tübingen: Mohr-Siebeck, 1950) 126-43; H. A. Fischel, "Martyr and Prophet," *JQR* 37(1946-47) 265-80, 363-86를 보라.

성도들과 선지자들의 죽음이라는 이러한 모티프는 큰 음녀가 "성도들의 피와 예수의 증인들의 피에 취한지라"고 말하고 있는 17:6에서 반복된다. 17:6과 18:24에서처럼(이 절들에 대한 "주석"들을 보라), 6-7절의 전부 또는 일부는 앞서의 본문을 최종 편집자에게 중요했던 순교라는 모티프와 연결시키기 위하여 편집에 의해서 첨가된 것으로 보인다. "선지자들"이라는 용어는 믿음의 용사들이기도 한 하나님에 의해서 파송된 자들을 가리키는 데 사용된다(눅 10:24; 마 13:17; 요 8:52; 히 11:32-38; 약 5:10; J. Barton, *Oracles of God*[New York: Oxford UP, 1988] 96-

98를 보라). 요한계시록에서 오직 여기에서만 발견되는 하이마 에크케인(*αἷμα ἐκχεῖν*)이라는 어구는 문자 그대로 "피를 흘리다" 또는 "피를 쏟다"(히브리어로 샤파크 담[שׁפך דם])로 번역될 수 있고, "살해하다"를 의미한다(창 9:6; 신 19:10; 렘 7:6; *1 Enoch* 9:1; *T. Levi* 16:3; *T. Zeb.* 2:2; *Pss. Sol.* 8:20; *Sib. Or.* 3.311, 320; *Vit. Proph.* 23.1; Aeschylus *Eum.* 653; 참조. Schwemer, "*Vita* Prophetarum" 2:287). 이러한 의미는 *Sib. Or.* 3.311-12(tr. Collins in Charlesworth, *OTP* 1:369에 분명하게 나타나 있다.

> 그런 후에 너희는 너희가 이전에 선한 사람들과 의로운 사람들의 피를 쏟았기 때문에[*ἐξέχεας*-엑세케아스] 피로 가득 차게 될 것이고, 그들의 피는 지금도 높은 하늘을 향하여 부르짖고 있다.

베츠(Betz, *JTC* 6[1969] 139-54)는 네 원소(흙, 공기, 불, 물)가 피흘림의 오염으로부터 정결케 해 달라고 하나님께 부르짖고 있다고 말하고 있는 고대의 몇몇 본문들을 인용한다. 에녹1서 7:6에서는 땅이 불법한 자들과 관련하여 탄식하고, 에녹1서 9:1에서는 그러한 탄식이 이 땅에 흘려진 피 때문이라는 것이 분명하게 드러난다(헬레니즘적인 전제들을 분명하게 반영하고 있는 본문들). 이교의 맥락 속에서 이와 동일한 모티프는 물의 탄식을 말하고 있는 *Corp. Herm.* 23.54-70에 나온다(58; tr. W. Scott, *Hermetica* 1:489).

> 다음으로 나의 도량이 큰 아들인 물에게 말할 짬이 주어졌고, 물은 이렇게 말했다. "스스로 나셨고 자연의 조성자이신 아버지여, 당신의 기쁨을 위하여 만물을 창조하신 그 능력으로 당신이 나의 물줄기들을 정결하게 되도록 명령하실 최고의 적기입니다. 강들과 바다들은 살인자들의 더러움을 항상 씻겨 왔고 죽임을 당한 자들의 시체들을 받아 왔기 때문입니다."

[6]b "저희로 피를 마시게 하신 것이 합당하니이다"(*καὶ αἷμα αὐτοῖς δέδωκας πιεῖν, ἄξιοί εἰσιν*-카이 하이마 아우토이스 데도카스 피에인 악시오이 에이신). 여기에서 가장 중요한 석의적인 문제는 아우토이스(*αὐτοῖς*, "저희로")의 정체를 밝혀내는 것이다. 그들은 엑세케안(*ἐξέχεαν*, "저희가 피를 흘렸다")의 주어인 정체불명의 3인칭 복수형(즉 살인자들)인가, 아니면 "성도들과 선지자들"인가? "누구에게 피를 마시게 하다"는 "죽다"를 의미할 수 있다(사 49:26, "내가 너를 학대하는 자로 자기의 고기를 먹게 하며 새 술에 취함같이 자기의 피에 취하게 하리니"). 이 경우에 이 어구는 탈리오의 법칙을 표현하고 있는 것이 된다. 그러나 이 어구는 "죽

이다"를 의미하는 경우가 더 흔하다(겔 17:6; 민 23:24; 삼하 23:17; 대상 11:19; 렘 46:10; 겔 39:17-19; 슥 9:15; *1 Enoch* 7:5; Aeschylus *Cho.* 577-78; Sophocles *Electra* 1417-21; Sophocles *Oed. Col.* 622; *PGM* IV.2594-95, 2656-57). 찰스(Charles)에 의하면, 이 구절(그는 이 구절을 "서로의 피를 마시다"로 번역한다)은 하나님이 로마와 그 동맹군들 사이에 내분을 일으켜서 서로 죽이게 하실 것을 의미하는데, 요한계시록의 편집자는 이것을 알지 못해서 이 구절을 로마인들이 그리스도인들의 피를 흘렸기 때문에 그들로 하여금 강제로 실제의 피를 마시게 할 것임을 의미하는 것으로 보았다고 한다(2:123). 그러한 내분은 에녹1서 7:5에 극명하게 나타나지만, 6절에서 말하고 있는 것은 그런 것이 아니다. 위에서 인용된 여러 병행들에도 불구하고, 이 구절이 하나님께서 성도들과 선지자들로 하여금 죽게 허용한다는 것을 의미하는 것으로 해석하는 것은 부적절해 보인다. 만약 그런 식으로 해석한다면, 아우토이스(*αὐτοῖς*)는 선지자들과 성도들을 가리키게 될 것이다. 하지만 아우토이스(*αὐτοῖς*)는 선지자들과 성도들의 죽음에 대하여 책임이 있는 자들을 가리킨다고 해석하는 것이 더 적절해 보인다. 이 무리들은 "짐승의 표를 받고 그 우상에게 경배하는 자들"(2절)일 것이다. Jörns, *Evangelium*, 134를 보라. 분명히 "저희로 피를 마시게 하다"는 강들과 물 근원들이 피로 변하여서, 땅의 거민들이 성도들과 선지자들을 죽인 그 피의 대가로서 문자 그대로 피를 마실 수밖에 없게 됨으로써 벌을 받게 된다는 사실을 가리킨다. 물론 사람들은 피를 마실 수 없기 때문에 찬송 속에 제시된 상징적인 해석은 이차적인 것으로 보인다. 형용사 악시오이(*ἄξιοι*, "합당하다")는 3:4에서의 용법과 비교할 때 아이러니컬하게 사용되고 있다. 땅의 강들과 물 근원들이 피로 변한 것에 대한 상징적인 해석은 5-6절에 나오는 찬송이 기존의 이야기 속에 삽입되었다는 것을 보여 준다. 찰스(Charles, 2:120-24)는 16:5-7의 위치가 잘못되었다고 생각하여, 그 구절들을 19:4 뒤에 삽입하는 것이 적절하다고 주장한다.

7a "또 내가 들으니 제단이 말하기를"(*καὶ ἤκουσα τοῦ θυσιαστηρίου λέγοντος*-카이 에쿠사 투 뒤시아스테리우 레곤토스). 여기에서 소리치는 것은 9:13에서처럼 의인화된 제단이 아니다(몇몇 현대어 역본들 속에 반영되어 있는 견해: RSV, "그리고 나는 제단이 소리치는 것을 들었다"; NRSV, "그 때에 나는 제단이 응답하는 것을 들었다"; NIV, "그리고 나는 제단이 응답하는 것을 들었다"[Charles, 2:123-24]). 왜냐하면 에쿠사(*ἤκουσα*, "내가 들으니")의 목적어는 부분적 속격인 투 뒤시아스테리우(*τοῦ θυσιαστηρίου*, "제단으로부터의 [누구]")이기 때문이다.

요한계시록의 최종 본문의 서사적 맥락 안에서 보면, 이 음성은 6:10에 나오는 제단 아래의 순교자들 중의 한 사람의 것일 것이다 – 보수해 달라는 그들의 요청은 아직 응답되지 않았다(Bousset[1906] 396). 요한계시록에서 뒤시아스테리온(*θυσιαστήριον*)의 용법에 관해서는 6:9에 대한 "주석"을 보라.

7b "그러하다 주 하나님 곧 전능하신 이시여 심판하시는 것이 참되시고 의로우시도다"(*ναί, κύριε ὁ θεὸς ὁ παντοκράτωρ, ἀληθιναὶ καὶ δίκαιαι αἱ κρίσεις σου* – 나이 퀴리에 호 데오스 호 판토크라토르 알레디나이 카이 디카이아이 하이 크리세이스 수). 나이(*ναί*)는 "그러하다"를 의미하고, 여기에서는 5-6절에 나온 심판 송영을 강조적으로 단언하는 데 사용되고 있다(Louw-Nida, § 69.1). 따라서 이 단어는 찬송이라는 맥락 속에서 교창 양식의 일부로서의 역할을 한다. 아멘(*ἀμήν*)의 동의어인 나이(*ναί*)는 요한계시록에서 긍정의 대답으로 4번 사용된다(1:7; 14:13; 16:7; 20: 22). 나이 퀴리에(*ναί, κύριε*)라는 표현은 마태복음 9:28; 15:27에서 예수에 대한 대답들로 나오고, 또한 몇몇 주술 문서들 속에도 나온다(예를 들어, Daniel and Maltomini, *Supplementum Magicum* I.42, line 35[commentary], II.57, line 14[commentary]). 이 구절은 5b-6절에 나오는 것에 대한 응답으로서 하나의 짝을 이루는 짤막한 심판 송영이다(Deichgräber, *Gotteshymnus*, 45, 56; K. Berger, *Formgeschichte*, 238). 요한계시록에서 5번 나오는(4:8; 11:17; 15:3; 16:7; 21: 22) 퀴리에 호 데오스 호 판토크라토르(*κύριε ὁ θεὸς ὁ παντοκράτωρ*)라는 하나님의 칭호에 관해서는 4:8에 대한 "주석"을 보라. 알레디나이 카이 디카이아이 하이 크리세이스 수(*ἀληθιναὶ καὶ δίκαιαι αἱ κρίσεις σου*, "심판하시는 것이 참되시고 의로우시도다")라는 어구는 19:2에서 동일한 단어들을 사용하여 다시 나온다. 디카이오스(*δίκαιος*)와 알레디노스(*ἀληθινός*)라는 속성을 나타내는 형용사들은 요한계시록에서 3번 서로 쌍을 이루어 나오지만, 하나님을 수식하는 데는 직접적으로 사용되지 않는다(Jos. *J. W.* 7.323; *Ant.* 11.55에서와는 달리). 이 형용사들은 하나님의 "길들"(*ὁδοί* – 호도이, 15:3) 또는 하나님의 "심판들"(*κρίσεις* – 크리세이스, 16:7; 19:2) 같은 복수형들을 수식하는 말들로 나온다. 하나님을 의로운 재판장이라고 강조하는 것은 LXX 시편 7:12[MT 7:11], "하나님은 의로운 재판장이시다"(*ὁ θεὸς κριτὴς δίκαιος* – 호 데오스 크리테스 디카이오스), 2 Macc 12:6, "의로운 재판장이신 하나님"(*τὸν δίκαιον κριτὴν θεόν* – 톤 디카이온 크리텐 데온), 디모데전서 4:8, "주…의로운 재판장"(*ὁ κύριος…ὁ δίκαιος κριτής* – 호 퀴리오스…호 디카이오스 크리테스)에서 발견된다. 또한 *1 Clem.* 27:1; 60:1을 보라.

8a "네째가 그 대접을 해에 쏟으매 해가 권세를 받아 불로 사람들을 태우니" (καὶ ὁ τέταρτος ἐξέχεεν τὴν φιάλην αὐτοῦ ἐπὶ τὸν ἥλιον, καὶ ἐδόθη αὐτῷ καυματίσαι τοὺς ἀνθρώπους ἐν πυρί – 카이 호 테타르토스 엑세케엔 텐 피알렌 아우투 에피 톤 헬리온 카이 에도데 아우토 카우마티사이 투스 안드로푸스 엔 퓌리). 이 구절은 (17절과 마찬가지로) 일곱 대접을 지닌 천사들에게 가서 대접의 내용물들을 땅에 부으라고 말하는 1절에 나온 하나님의 명령과 모순되는 것으로 보인다. 하지만 17절에 대한 "주석"에 나오는 흙, 물, 불, 공기라는 도식을 주목하라. 7:16에 의하면, 승리한 순교자들이 누리는 축복들은 해가 그들을 다치게 못하리라는 약속과 그들이 타는 듯한 열기에 의해서 해를 받지 않을 것이라고 한 보장(사 49:10에 대한 간접 인용)을 포함한다. 맹렬한 해에 의해서 이 땅이 거의 초토화될 것에 관한 신화는 Ovid *Metam.* 1.749-79, 2.1-366에 보존되어 있다(또한 Lucian *Dial. Deorum* 25를 보라). 헬리오스(해)와 클리메네의 아들인 파이돈은 아버지인 헬리오스로부터 자기가 원하는 것은 무엇이든 할 수 있다는 약속을 받았다. 그는 아버지의 충고를 무시하고 일출과 일몰 사이에 해가 운행을 하는 동안 해의 병거를 몰기로 성급하게 결심한다. 그의 미숙함으로 인해 말들이 날뛰어서 병거가 정상 궤도를 벗어남으로써 땅에 너무 가깝게 다가가게 되어 산들, 산림들, 목장들, 땅의 성읍들이 불타 버리게 된다. 해의 맹렬한 열기는 에디오피아 사람들의 피부를 검게 태웠고, 비옥한 리비아를 사막으로 만들었으며(2.235-38), 나일강을 말리워 버렸다(2.254-56). 이것이 해에 의해서 땅이 불태워지는 것에 관하여 말하고 있는 유일한 고전적 신화라는 것은 주목할 만하다.

9a "사람들이 크게 태움에 태워진지라"(καὶ ἐκαυματίσθησαν οἱ ἄνθρωποι καῦμα μέγα – 카이 에카우마티스데산 호이 안드로포이 카우마 메가). 이것은 히브리어의 절대 부정사의 한 예이다(17:6; 18:6; Turner, *Style*, 152를 보라).

9b "이 재앙들을 행하는 권세를 가지신 하나님의 이름을 훼방하며"(καί ἐβλασφήμησαν τὸ ὄνομα τοῦ θεοῦ τοῦ ἔχοντος τὴν ἐξουσίαν ἐπὶ τὰς πληγὰς ταύτας – 카이 에블라스페메산 토 오노마 투 데우 투 에콘토스 텐 엑수시안 에피 타스 플레가스 타우타스). 하나님의 보응을 받은 사람들이 하나님의 이름을 모독하거나 욕하는 반응을 보이는 것은 오직 여기에서와 11절, 21절에만 나오고, 16:1-21에서만 발견되는 요한계시록에서의 독특한 모티프를 형성한다(짐승이 하나님과 그의 거처를 욕한다고 말하는 내용이 13:6에 나오긴 하지만). 하나님의 이름을 욕하거나 모독하는 것은 암묵적으로 하나님의 이름을 그릇되게 사용하는 것을 경고하는

세 번째 계명을 깨뜨리는 것으로서(출 20:7=신 5:11; 참조. Reicke, *Die zehn Worte*, 54-56) 죽음에 처해질 수 있는 죄다(레 24:16). 이러한 반응은 일곱 번째 대접에 대한 사람들의 반응에서처럼 변형된 표현으로 반복된다.

9c "또 회개하여 영광을 주께 돌리지 아니하더라"(*καί οὐ μετενόησαν δοῦναι αὐτῷ δόξαν* - 카이 우 메테노에산 두나이 아우토 독산). 네 번째 재앙은 세상의 사람들로부터의 부정적인 반응을 만들어 낸다. 즉 그들은 회개하지도 않고 회심하지도 않는다. 블라스페메인 토 오노마 투 데우(*βλασφημεῖν τὸ ὄνομα τοῦ θεοῦ*, "하나님의 이름을 훼방하다," 19b절)와 디도나이 독산 토 데오(*διδόναι δόξαν τῷ θεῷ*, "하나님께 영광을 돌리다")라는 두 어구는 대조법을 이루는 것들로서, 초기 유대교 문헌들에서 함께 나온다(*T. Job* 16.4). 사람들이 회개하지 않았다는 것에 대한 이러한 강조는 모세를 통해서 애굽에 가해진 재앙들에 대한 파라오의 반응이 마음을 완악하게 하는 것이었다고 말하는 출애굽 모티프의 일부다(출 7:13, 22; 8:15, 19, 32; 9:7, 12, 34-35; 10:1, 20; 11:9-10; 14:4). 회개라는 모티프는 다섯 번째 대접(16:9) 및 여섯 번째 대접(16:11)과 마찬가지로 여섯 번째 나팔(9:20-21)과 관련해서도 하나님의 징벌이라는 맥락 속에서 사용된다.

10a "또 다섯째가 그 대접을 짐승의 보좌에 쏟으니"(*καὶ ὁ πέμπτος ἐξέχεεν τὴν φιάλην αὐτοῦ ἐπὶ τὸν θρόνον τοῦ θηρίου* - 카이 호 펨프토스 엑세케엔 텐 피알렌 아우투 에피 톤 드로논 투 데리우). 짐승의 보좌라는 표현은 용이 자신의 보좌를 큰 권세와 더불어서 짐승에게 주었다고 말하는 요한계시록 13:2에서만 언급된다. 많은 주석가들은 "짐승의 보좌"가 로마를 가리킨다고 생각한다(Swete, 204; Bousset[1906] 397; Charles, 2:45; Behm, 89; Lohse, 92; Mounce, 297).

10b "그 나라가 곧 어두워지며"(*καὶ ἐγένετο ἡ βασιλεία αὐτοῦ ἐσκοτωμένη* - 카이 에게네토 헤 바실레이아 아우투 에스코토메네). 이 재앙은 짙은 어둠이 애굽 땅을 3일 동안 뒤덮었다고 말하는 출애굽 전승의 아홉 번째 재앙(출 10:21-29; 참조. Wis 17:1-18:4)과 해와 달과 별들의 빛이 부분적으로 소멸되었다고 말하는(전형적인 묵시론적 사건; 참조. 사 13:10; 욜 2:10; 3:15; 암 8:9; 합 3:11; *Sib. Or.* 5.344-49; *Bib. Ant.* 19:13; *T. Mos.* 10:5; 막 13:24 = 마 24:29; 행 2:20[욜 2:10]) 네 번째 나팔 재앙(8:12)을 연상시킨다. 예수께서 십자가에 처형당하실 때도 해가 이적에 의해서 어두워졌다고 보도되고 있는데(막 15:33=마 27:45=눅 23:44), 이것은 표적으로 이해되었다(*TDNT* 7:439). 어둠은 심판(삼상 2:9; 암 5:20[여호와의 날은 빛이 아니라 어둠일 것이다]; 욜 2:2; 습 1:15), 무지와 악함

(시 82:5; 잠 2:13; 전 2:14; 4 Ezra 14:20), 죽음(시 143:3), 징벌의 장소로서의 지하 세계(*Jub.* 5:14; *1 Enoch* 17:6; *2 Enoch* 7:1; *Pss. Sol.* 14:9; *Bib. Ant.* 16:3; 51:1; 마 8:12; 22:13; 25:30; 유 13=벧후 2:17)의 상징이다. 사탄은 말아크 호셰크(מלאך חושך, "어둠의 천사"; 1QS 3:20-21)로 불린다. 해, 달, 별들의 교란으로 인한 어둠은 마지막 날들의 묵시론적 시나리오의 일부가 되었다(사 13:10; 욜 2:10; 3:15; 암 8:9; 합 3:11; *Sib. Or.* 5.344-49; *Bib. Ant.* 19:13; *T. Mos.* 10:5; 막 13:24 =마 24:29; 행 2:20[욜 2:10]; 계 8:12; 9:2).

10c "사람들이 아파서 자기 혀를 깨물고"(*καὶ ἐμασῶντο τὰς γλώσσας αὐτῶν ἐκ τοῦ πόνου*-카이 에마손토 타스 글로싸스 아우톤 에크 투 포누). 어둠의 재앙이 왜 짐승의 나라에 속해 있는 사람들에게 고통을 가져다 주었는지는 직접적으로 분명하게 설명되지 않다. 찰스(Charles)는 이것이 첫 번째 화, 즉 9:1-12에 나오는 다섯 번째 나팔 재앙을 가리키는 것으로 보았다. 왜냐하면 거기에서 무저갱으로부터 올라온 연기가 해와 공기를 어둡게 했고(9:2), 사람들은 마귀에게 속한 황충 떼에 의해서 고통을 당했기 때문이다. 찰스는 어둠과 사람들의 고통을 불러일으킨 원인들을 말하고 있던 몇몇 구절들이 여기서 본문으로부터 탈락되었다고 생각했다(2:45; 참조. Behm, 89; Lohmeyer, 135). 스웨테(Swete)는 사람들의 고통이 이전의 재앙들, 특히 8-9절에서 언급되고 있는 네 번째 재앙의 결과라고 생각했다(204; 또한 Kraft, 207; Sweet, 246를 보라).

11a "아픈 것과 종기로 인하여 하늘의 하나님을 훼방하고"(*καὶ ἐβλασφήμησαν τὸν θεὸν τοῦ οὐρανοῦ ἐκ τῶν πόνων αὐτῶν καὶ ἐκ τῶν ἑλκῶν αὐτῶν*-카이 에블라스페메산 톤 데온 투 우라누 에크 톤 포논 아우톤 카이 에크 톤 헬콘 아우톤). 10c절과 11a절은 동의병행법을 보여 준다. 어둠과 사람들이 겪는 고통 및 종기 사이에는 명백한 연결관계가 존재하지 않는다는 점에서, 이 본문 속에는 일관되지 못한 점이 존재한다.

11b "저희 행위를 회개치 아니하더라"(*καὶ οὐ μετενόησαν ἐκ τῶν ἔργων αὐτῶν*-카이 우 메테노에산 에크 톤 에르곤 아우톤). 회개라는 모티프에 관해서는 16:9에 대한 "주석"을 보라.

12a "또 여섯째가 그 대접을 큰 강 유브라데에 쏟으매"(*καὶ ὁ ἕκτος ἐξέχεεν τὴν φιάλην αὐτοῦ ἐπὶ τὸν ποταμὸν τὸν μέγαν τὸν Εὐφράτην*-카이 호 헥토스 엑세케엔 텐 피알렌 아우투 에피 톤 포타몬 톤 메간 톤 유프라텐). 유프라테스 강은 여섯 번째 나팔(9:14) 및 여섯 번째 대접과 관련하여 언급된다. 서남 아시아에서

가장 큰 강인 유프라테스 강은 여섯 번째 나팔(9:14)과 관련해서도 언급되었는데, 이 나팔로 인해서 유프라테스 강에 묶여 있던 네 천사가 놓임을 받아 인류의 3분의 1을 죽이는 마귀적인 군대가 출현하게 된다(9:15-19). 종종 "강"(신 11:24)과 "큰 강"(창 15:18; 신 1:7; 수 1:4)으로도 불리는 유프라테스 강은 고대 세계에서 자연물로 이루어진 큰 경계들 중의 하나였다(출 23:31; 신 1:7; 수 24:2; 왕상 4:21; 왕하 24:7; 1 Macc 3:32). 여섯 번째 대접은 세 개의 본문 단위로 구성된 12-16절의 단락에 대한 도입부를 이룬다. (1) 12절, (2) 13-14절과 16절, (3) 15절(13-14절과 16절로 갈라져 있는 본문에 의해서 둘러싸여 있는).

12b "강물이 말라서"(*καὶ ἐξηράνθη τὸ ὕδωρ αὐτοῦ* – 카이 엑세란데 토 휘도르 아우투). 서남 아시아에서 가장 큰 강인 유프라테스 강은 근동에 있던 대부분의 강들과는 달리 마른 적이 한 번도 없었다. 유프라테스 강이 말라서 동방의 왕들이 그 강을 건널 수 있었다는 것은 모세의 인도하에 이스라엘 백성이 갈대 바다를 건넜고 나중에 여호수아의 인도하에 요단 강을 건넜던 출애굽에 대한 모형론적인 대비다. 강들이 마른다는 것은 하나님의 오심에 대한 자연의 반응들 중의 하나다(사 50:2; 호 13:15; 나 1:4; Jörg Jeremias, *Theophanie*, 90-97를 보라). 또한 *Vit. Proph.* 3.7에서는 그러한 것을 에스겔이 행한 기적이라고 말한다(Schwemer, "Vitae Prophetarum," 242-48를 보라). 갈대 바다가 마른 것(출 14:21; 참조. 사 11:15; 렘 51:36 [LXX 28:36])과 요단 강이 마른 것(수 3:17)은 승리한 군대들이 이적을 통해서 건널 수 있게 해준 수단들로서의 역할을 한다.

12c "동방에서 오는 왕들의 길이 예비되더라"(*ἵνα ἑτοιμασθῇ ἡ ὁδὸς τῶν βασιλέων τῶν ἀπὸ ἀνατολῆς ἡλίου* – 히나 헤토이마스데 헤 호도스 톤 바실레온 톤 아포 아나톨레스 헬리우). 구약에서는 하나님이 종종 적대적인 민족들을 이스라엘에게 징벌을 가하는 도구들로 사용하신다(사 10:5; 렘 50:25; 애 3:1). 구약의 예언들에서는 종종 이스라엘의 원수들이 특정한 방향, 즉 북방(렘 1:15; 4:6; 6:22) 또는 동방(사 41:2; 46:11; 단 11:44)으로부터 올 것이라고 말한다. "동방의 왕들"이라는 어구는 동방이 통일되어 있지 않고 왕들의 연합, 좀더 구체적으로 말하면 로마에 복속된 분봉왕들에 의해서 다스려지고 있다는 것을 보여 준다. 모세의 유언서 3:1에서는 동방으로부터 온 왕이 도성과 성전을 불태울 것이라고 말하고 있는데, 이 왕은 느부갓네살을 가리킨다. 에녹1서 56:5은 천사들이 바대인들과 메대인들의 왕들을 충동질하여 동방에서 군대를 소집하여 팔레스타인을 침공하고 예루살렘을 공격하게 만든다고 말한다. 많은 주석가들의 견해에 의하면, "동방의 왕들"이

라는 어구는 부활한 네로가 이끄는 바대의 왕들을 가리킨다(Bousset[1906] 397). 부활한 네로에 관한 신화의 한 변형은 네로가 바대인들의 대군을 이끌고 동방으로부터 돌아올 것이라는 신앙을 포함하고 있었다(부록 13A: 부활한 네로에 관한 전설을 보라). 유프라테스 강은 구체적으로 "큰 왕"(즉 부활한 네로)이 도망칠 때 건넌 강(*Sib. Or.* 4.120), 그가 대군을 이끌고 건너게 될 강(*Sib. Or.* 4.139)으로 언급된다. 우리가 주목할 만한 것은 아우구스투스 시대 동안에는 근동에 많은 왕국들이 존재했지만, 주후 2세기 초에 이르러서는 유프라테스 강 서쪽에 있던 모든 왕국들은 소멸된 상태였다는 것이다.

부록 16A: 로마와 파르티아(바대)

참고문헌

Charlesworth, M. P. "The Fear of the Orient in the Roman Empire." *Cambridge Historical Journal* 2(1926) 9-16. **Colledge, M. A. R.** *The Parthians.* New York: Praeger, 1967. **Dabrowa, E.** *La politique de l'État Parthe à l'égard de Rome - d'Artaban II à Vologèse I(ca 11-ca 79 de n. e.) et les facteurs qui la conditionnaient.* Krakow: Uniwersytet Jagiellonski, 1983. **Debecq, J.** "Les Parthes et Rome." *Latomus* 10(1951) 459-69. **Debevoise, N. C.** *A Political History of Parthia.* Chicago: University of Chicago, 1938. **Ensslin, W.** "Die weltgeschichtliche Bedeutung der Kämpfe zwischen Rom und Persien." *Neue Jahrbücher für deutsche Wissenschaft* 4(1928) 399-415. **Frye, R. N.** *The History of Ancient Iran.* Munich: Beck, 1984. **Ghirshman, R.** *Iran: Parthians and Sassanians.* London: Thames and Hudson, 1962. **Schieber, A. D.** *The Flavian Eastern Policy.* Ann Arbor, MI: University Microfilms, 1976. **Ward Perkins, J. B.** "The Roman West and the Parthian East." *PBA* 51(1965) 175-99. **Ziegler, K.-H.** *Die Beziehungen zwischen Rom und dem Partherreich.* Wiesbaden: Steiner, 1964.

요한계시록 16:12에 나오는 "동방의 왕들"이라는 어구는 모호한 표현으로 보이지만, 헤로도투스와 에스킬루스가 주전 5세기 초에 페르시아인이 헬라를 침공한 사건을 처음으로 묘사하면서 사용했던 동방과 서방 간의 충돌을 가리키는 고대의 상투적인 표현을 반영하고 있다. 요한계시록 16:12은 흔히 파르티아인들을 가리키는 것으로 해석되어 왔고,

9:13-19과 17:10-12에도 파르티아인들에 대한 언급이 나와 있다고 종종 주장되어 왔다 (Wellhausen, *Analyse*, 26). 동방과 서방을 통합하고자 했던 알렉산더의 단기간의 시도는 셀류키드 제국 아래서 좀더 작은 규모로 실현되었다. 하지만 로마의 힘이 강성해지면서 동방과 서방의 해묵은 경쟁 관계는 되살아났고, 여러 왕국들이 동방의 역할을 담당하게 되었다: 폰투스(본도), 아르메니아, 아르사키드 왕조의 파르티아, 사산 왕조의 페르시아.

파르티아인들은 스스로 기록된 문서들을 거의 남겨놓지 않았기 때문에 파르티아와 파르티아인들에 대한 서양의 저술가들의 언급들은 일반적으로 적대적이다. 파르티아의 왕들은 통상적으로 그 왕위가 불안정했는데, 이것은 왕족 간의 경쟁 관계만이 아니라 흔히 자신의 영지를 왕적인 자율성을 가지고 통치했던 파르티아의 귀족층들 사이에서 왕에 대한 충성이 자주 바뀌었기 때문이기도 했다. 아르사키드 왕조는 주전 247년에 시작되어서 주후 224년까지 계속되다가 사산 왕조(주후 224-636년)로 대체되었다. 로마와 파르티아의 긴장 관계는 주로 영토 문제, 특히 전략적인 요충지를 차지하는 것과 관련된 것이었다 (Frye, "Wars with Rome," in *Iran*, 233-44를 보라). 분쟁이 가장 심한 지역들은 아르메니아, 그리고 티그리스와 유프라테스 강 사이의 땅이었다. 파르티아인들은 주전 141년에 바벨로니아를 침공했고, 파르티아와 로마 간의 최초로 알려진 접촉은 주전 92년에 파르티아 왕 미트리다테스 유파토르 2세(Mithridates II Eupator, 주전 124/3-87년경)의 사절이 유프라테스 강 서안에서 코르넬리우스 술라를 만나서 로마와의 화친을 요구할 때 일어났는데(Ziegler, *Beziehungen*, 20-24), 이 화친은 주전 70-69년까지 지속되었다. 그 후에 아르메니아의 티그라네스는 폰투스의 미트리다테스가 로마와 벌인 전쟁에서 폰투스를 도왔고, 이 두 나라는 파르티아 왕 프라아테스 3세(Phraates III, 주전 70-58년)에게 도움을 요청했지만, 파르티아 왕은 로마가 아르메니아를 침공한다고 할지라도 중립을 지키기로 결심하고 "화친과 동맹"(*φιλία τε καὶ συμμαχία*-필리아 테 카이 쉼마키아)을 맺었다. 아마도 "공식적인 조약"(*foedus*)은 아르메니아와 로마의 장군 로쿨로스 사이에 맺어졌던 것으로 보인다(Dio 36.3.2-3; Ziegler, *Beziehungen*, 24-28). 주전 67년에 수리아는 폼페이우스의 승리로 인해서 로마의 속주, 나중에는 "가이사의 속주" 또는 제국의 속주가 되었다. 주전 66년에 폼페이우스는 로쿨로스를 대신해서 폰투스의 미트리다테스와 전쟁을 벌였고, 그 후에 파르티아인들이 아르메니아를 침공했기 때문에 프라아테스 3세와 조약을 맺었는데, 이것은 유프라테스 강이 로마와 파르티아의 경계였다는 것을 보여 주는 것이다 (Dio 36.45.2-3; Ziegler, *Beziehungen*, 28-32) -물론 아르메니아 왕인 티그라네스는 곧 폼페이우스의 봉신(*amicus et socius populi Romani*; 계 17:12-13)이 되지 않을 수 없었지만, 폼페이우스가 프라아테스를 그의 서신들에서 "왕 중 왕"이 아니라 "왕"이라고 부름으로써 모욕을 주었을 때(Plutarch *Pompey* 38.2; Dio 37.6.1), 프라아테스는 로마인들이 유프라테스 강을 건너는 것을 금지한 후에 아르메니아를 성공적으로 침공했다.

일련의 사건들로 인해서 로마와 파르티아 사이에는 긴장 관계가 형성되었다. 주전 55

년에 리키니우스 크라수스는 수리아의 총독이 되었고, 자기가 파르티아를 정복할 수 있다고 호언장담했다(알렉산더의 업적을 모방하고자 한 욕구가 그 동기가 되었다). 크라수스는 주전 53년에 유프라테스 강을 건넜지만, 카르하이에서 말탄 궁수들과 중무장한 기병대(*ἡ καταφράκτος ἵππος* – 헤 카타프라크토스 힙포스; Polybius 30.25.9)에 의해서 대패했는데, 이것은 아마도 칸나이(Cannae) 이래로 로마군이 가장 무참하게 대패한 사건이었을 것이다(Plutarch *Crassus* 23-28). 율리우스 가이사는 아르메니아를 통해서 파르티아에 대하여 복수할 원정 계획을 세웠지만, 주전 44년에 그가 죽음으로써 이 계획은 실현되지 못했다(Debevois, *Parthia*, 106-7). 안토니우스도 파르티아에 대한 침공을 계획했었지만(Plutarch *Antony* 25.2), 팔미라에 대한 그의 미완의 공격은 주전 40년의 파르티아인들의 침공을 촉발시켰다(Appian *Bell. Civ.* 5.9) – 실제로 이것은 성공적으로 감행된 파르티아인들의 마지막 침공이었다(그러나 이 침공은 로마인들의 뇌리 속에 파르티아인들의 침공의 가능성이 항상 있다는 것을 심어 줄 수 있었다). 주전 34년경에 안토니우스는 아르메니아를 점령하여 로마의 속주로 만들고자 했고, 얼마 후인 주전 33년에 파르티아에 대한 침공을 시작했지만 옥타비아누스의 위협으로 인해서 중단했다. 주전 31년에 옥타비아누스는 악티움 해전에서 안토니우스를 대패시킨 후에 유프라테스 강을 로마와 파르티아의 국경으로 재확인하기로 결심했다 – 많은 로마인들은 파르티아를 정복하기를 원했지만(Vergil *Aeneid* 7.606; Horaces *Odes* 1.12.53). 하지만 아우구스투스는 아르메니아에 분봉왕을 세우고(*Res Gestae* 27.2) 카르하이에서 빼앗긴 로마 군기들의 반환을 받음으로써 외교적인 승리를 거두었다(*Res Gestae* 29.2). 악티움 해전 이후에 유프라테스 강의 주요한 도하 지점이였던 셀류키아 또는 제우그마("다리")는 로마의 수중에 들어갔고, 이렇게 함으로써 유프라테스 강은 로마와 파르티아 간의 주요한 상징적인 경계가 되었다(Strabo 16.1.28; Velleius 2.101; Millar, *Near East*, 33).

여러 해 동안의 긴장 관계 후에 가이우스 가이사는 주후 1년에 유프라테스 강의 한 섬에서 프라아테스 5세(주전 2년-주후 4년)를 만나 상호간의 국경에 합의했다. 파르티아인들은 아르메니아에 대한 권리를 포기했고, 프라아테스는 프라아테스 4세의 아들들인 자신의 네 명의 이복 동생들을 로마에 볼모로 남겨 두기로 약속했다(Velleius Paterculus 2.101; Dio 55.10a.4; Ziegler, *Beziehungen*, 54-55). 이로 인해서, 로마인들은 로마에 살면서 자녀들을 낳고 필요할 때마다 분봉왕들로 섬길 수 있었던 한 무리의 아르사키드 왕족을 가질 수 있었다. 주후 6/7년에 파르티아 왕 오로데스 3세가 죽자, 파르티아인들은 아우구스투스에게 프라아테스 4세의 아들들 중 한 사람을 파르티아로 보내어 왕이 되게 해 달라고 요청했다. 이 왕은 아르사키드의 또 한 사람의 왕족이었던 아르타바누스 3세(주후 12-38년)에 의해서 제거되었는데, 그는 로마에 적대적인 인물이었다. 아르타바누스는 주전 35년에 아르메니아를 침공했고, 로마인들은 수리아 총독이었던 비텔리우스를 파견하여 역공했는데, 그는 즉시 메소포타미아를 침공하여 그 수도인 크테시폰에서 한 파르티아의 분봉왕을 즉위시켰다. 하지만 아르타바누스는 곧 왕위를 회복했다. 티베리우스는 파르티아와의 화친을 유지하고 아르메니아를 장악한다는 아우구스투스의 정책을 이어갔지만, 아르메니아는 가이우스 시대에(주후 37-54년) 다시 파르티아의 수중에 떨어졌다. 아르타바누스 3세는 유프라테스 강에서 로마 총독과 정상 회담을 갖고(Suetonius *Gaius* 14.2), 두 제국 간의 동등한 지위를 확인했다. 티베리우스, 가이우스, 클라우디우스의 치세 전체에 걸쳐서 파르티아의 왕위를 놓고 내분이 지속되었다. 네로 시대에 파르티아와의 일련의 전쟁이 시작되었고, 주후 63년에 란데이아에서 맺은 화친 조약으로 끝이 났는데, 그 조약에서는 아르메니아 왕은 아르사키드 왕족으로 봉해진다는 것(이렇게 해서 파르티아를 만족시키는 조건)과 그 왕은 로마의 승인을 받거나 로마에 의해서 대관을 받는다는 데 동의했다. 이렇게 해서 아르사키드 왕족인 티르다테스가 아르메니아의 보위에 올랐다(Schieber, *Policy*, 36-51; Ziegler, *Beziehungen*, 67-78; R. Syme, *Tacitus*[Oxford: Clarendon, 1958] 1:237). 동방에서의 로마 총독 코르불로의 행위들(Schieber, *Policy*, 42-51)은 파르티아에서의 네로의 인기와 더불어서(Suetonius *Nero* 57; Ziegler, *Beziehungen*, 77-78) 적어도 네로가 살아 있는 동안에는(그는 주후 68년에 죽었다) 파르티아의 침공 가능성은 거의 없다는 것을 보장해 주었다. 유프라테스 강은 긴다로스 산 전투(주전 36년에 안토니우스가 패한 전투)로부터 트라야누스에 의한 파르티아의 침공에 이르기까지 로마와 파르티아 간의 국경 역할을 계속했다. 엑스 프레텐시스(X Fretensis)라는 한 군단은 주후 60년대에 제우그마에 주둔해 있었고, 베스파시아누스가 주후 66/67년에 유대 폭동을 진압하기 위하여 원정했을 때 거기에 합류했다. 이 군단은 제4군단 스키티아로 대체되었다(Jos. *J. W.* 7.17; Millar, *Near East*, 75).

파르티아인들에 대한 로마인들의 근거 없는 두려움은 팔레스타인의 유대인들에 의해서 공유되지 않았고, 따라서 유대인들은 파르티아 왕 볼로가이세스 1세(Vologaeses I, 주후 51/2-79/80년)가 그들을 도와서 로마인들을 물리쳐 주기를 희망했지만(Jos. *J. W.* 2.389), 이러한 희망은 실현되지 못했다. 주후 71년에 예루살렘이 정복된 후에 티투스는 레바논과 수리아를 방문해서 제우그마에서 볼로가이세스 왕의 사절들을 만났고, 그 사절은 티투스에게 유대인들에 대한 승리를 축하하며 황금 면류관을 선물했다(Jos. *J. W.* 7.105-6). 파르티아의 볼로가이세스 왕은 알라니의 침공을 맞아서 베스파시아누스에게 도움을 요청했지만, 베스파시아누스는 이러한 요청을 거부했고, 도미티아누스가 그 요청을 받아들였다(Suetonius *Dom.* 2.2). 주후 69년에 로마의 내전이 있는 동안에 볼로가이세스는 베스파시아누스에게 4만의 파르티아 기병대를 제공하려 했지만, 이러한 제안은 거부되었다(Tacitus *Hist.* 4.51). 아르메니아를 상실하게 되자, 베스파시아누스는 국경 지대의 속주들을 재건하고 새로운 도로들을 건설하며 카파도키아에 추가로 2개 군단을 주둔시킴으로써 파르티아와의 국경을 튼튼하게 하고자 시도했다. 주후 71년과 73년 사이에 소아르메니아와 코마게네가 로마에 합병되었다(Schieber, *Policy*, 130-33).

오스로에스 왕이 주후 110년에 로마의 분봉왕이었던 악시다레스 왕을 제거하자, 트라야누스는 주후 113년에 아르메니아를 병합할 목적으로 전쟁을 개시했고 결국 114년에 목적을 이루었다. 트라야누스는 남쪽으로 메소포타미아로 진군하여 주후 115년에 티그리스 강을 건너 파르티아의 수도인 크테시폰을 점령했다. 폭동을 진압한 후에, 그는 파르타마스파테스를 파르티아의 분봉왕으로 세웠다.

13 "또 내가 보매 개구리 같은 세 더러운 영이 용의 입과 짐승의 입과 거짓 선지자의 입에서 나오니"(*Καὶ εἶδον ἐκ τοῦ στόματος τοῦ δράκοντος καὶ ἐκ τοῦ στόματος τοῦ θηρίου καὶ ἐκ τοῦ στόματος τοῦ ψευδοπροφήτου πνεύματα τρία ἀκάθαρτα ὡς βάτραχοι* – 카이 에이돈 에크 투 스토마토스 투 드라콘토스 카이 에크 투 스토마토스 투 데리우 카이 에크 투 스토마토스 투 프슈도프로페투 프뉴마타 트리아 아카다르타 호스 바트라코이). (카이 에이돈[*καὶ εἶδον*]에 관해서는 5:1에 대한 "주석"을 보라.) 이 문장은 개구리를 닮은 한 더러운 영이 세 인물의 각각으로부터 나왔다는 의미가 함축되어 있기는 하지만 주동사가 결여되어 있다(보충해 넣어야 할 동사는 "나오다"이다). 이 세 인물은 모두 요한계시록 13장에 언급되어 있다. 물론 13:11-17에서 땅으로부터 나온 짐승은 여기에서 거짓 선지자로 지칭된다. 요한1서 4:1-3과 요한계시록 간에는 흥미로운 연결 관계가 존재한다. 요한1서 4:1에서는 "거짓 선지자들"을 말하고 있는 반면에, 4:3에서는 거짓 선지자들이 말하고 있는 것이 "적그리스도의 영"이라고 불린다. 요한계시록 13:11-18이 종말론적인 대적자, 즉 적그리스도에 관한 전승들에 토대를 두고 있기 때문에 이러한 묘사는 "거짓 선지자"라는 명칭이 어떻게 요한계시록 16:13; 19:20; 20:10에서 종말론적인 대적자에 대한 별명으로 등장하게 되었는지를 보여 준다. 짐승과 거짓 선지자는 19:20(이 본문의 맥락을 형성하고 있는 19:21은 원래 16:12-16 뒤에 나오는 내용이었다)과 20:10에서 다시 언급된다. 프슈도프로페테스(*ψευδοπροφήτης*, "거짓 선지자")라는 용어는 신약성경에서 구약의 인물들(눅 6:26), 대적자들 또는 이단자들(마 7:15; 행 13:6; 요일 4:1; 참조. Herm. *Mand.* 11.1-2, 4, 7; *Did.* 11:5-10; 16:3), (여기에서처럼) 종말론적인 인물들(막 13:22=마 24:11; 벧후 2:1)을 가리키는 데 몇 차례 사용된다. 전승에 의하면, 악한 영들과 그 영들이 사람에게 들어오거나 나갈 때 통로가 되는 것으로서의 입 또는 코 사이에는 연결 관계가 존재한다. 요세푸스(*Ant.* 8.46-49)에 의하면, 유대인 퇴마사 엘르아살은 귀신들린 자의 코로부터 귀신들을 뽑아내었다고 한다(Ps.-Plutarch *De fluv.* 16; Eitrem, *Demonology*,

48를 보라). *Gk Ap. Ezra* 6:3-15를 보면, 천사들이 에스라의 영혼을 가져가려고 시도하지만 성공하지 못하는데, 먼저는 영혼을 그의 입으로부터 빼내고자 했고(6:5), 다음으로는 그의 코로부터 빼내고자 했다(6:7). 이러한 인식들은 생기, 목숨(프쉬케)이 첫 사람의 코 속으로 불어넣어졌다는 신앙을 반영하고 있다(창 2:7을 보라). 또한 이러한 개념들은 프쉬케와 숨의 상관관계를 반영하는 것이기도 하다. 왜냐하면 초기 헬라 사상에서 프쉬케는 사람이 죽을 때 입을 통해서 몸으로부터 빠져나가는 것으로 생각되었기 때문이다(*Iliad* 9.409). 애굽의 중왕조 초기에 헤라클레오폴리탄의 한 왕이 그의 아들인 메리카레에게 준 교훈서를 보면, 그는 "태양신 레[Re]는 그들의 코에 생기를 주었는데, 이는 코가 태양신의 육체로부터 빠져나온 그의 복사판이기 때문이다"라고 말한다(L. H. Lesko, "Egyptian Religion," *EncRel* 5:41). 헤르마스가 본 짐승에 관한 환상 속에서 맹렬한 황충 떼가 그 입으로부터 나왔다고(*ἐξεπορεύοντο* – 엑세포류온토; 계 16:14b에서 사용된 것과 동일한 용어) 한다(*Vis.* 4.1.6); Brox, *Hirt*, 168를 보라.

14a "저희는 귀신의 영이라 이적을 행하여"(*εἰσὶν γὰρ πνεύματα δαιμονίων ποιοῦντα σημεῖα* – 에이신 가르 프뉴마타 다이모니온 포이운타 세메이아). 포이에인 세메이아(*ποιεῖν σημεῖα*, "이적을 행하여")라는 관용 표현에 관해서는 13:13에 대한 "주석"을 보라. 이 보충 설명을 위한 어구가 지닌 주된 해석상의 문제점은 최종 본문 속에서 용, 짐승, 거짓 선지자가 아니라 그들의 입으로부터 나온 귀신들이 나가서 싸움을 위하여 세상의 왕들을 불러 모은다는 것이다(이것은 16절에 나오는 쉬네가겐[*συνήγαγεν*, "모으더라"]의 주어라는 문제로 귀결된다. 그 주어는 용, 짐승, 거짓 선지자로 이루어진 악의 삼위일체 또는 귀신들일 수 있다). 이러한 문제점들로 인해서, 찰스(Charles, 2:47-48)는 호스 바트라코이…세메이아(*ὡς βάτραχοι …σημεῖα*)라는 구절 전체를 나중에 본문 속에 삽입된 난외주로 본다. 열왕기상 22:19-23에 병행되는 내용이 나오는데, 거기에서 선지가 미가야 벤 이믈라는 한 영이 자발적으로 "속이는 영"이 되어서 선지자들을 통해 아합을 부추겨 전쟁에 나가서 죽게 할 것이라는 하늘 궁정에서의 대화를 엿듣는다(참조. 렘 20:7-10; 겔 14:9). 프뉴마타 다이모니온(*πνεύματα δαιμονίων*, "귀신의 영들")이라는 어구에서 복수 속격인 다이모니온(*δαιμονίων*: 실명사로 사용된 형용사)은 서술적 속격으로 보아서 이 명사구를 "귀신에 속한 영들"로 번역할 수도 있고(그들은 이미 13절에서 "더러운 영들"[*πνεύματα ἀκάθαρτα* – 프뉴마타 아카다르타]로 규정되었기 때문에 별로 가능성이 없어 보인다), 또는 동격의 속격으로 보아서 영들=귀신들이라

고 해석해서 이 어구를 "영들, 곧 귀신들"이라고 번역할 수도 있다. 다이모니온(*δαιμόνιον*)은 일차적으로 헬레니즘적인 용어이기 때문에 이 어구는 좀더 모호한 셈어 용어인 프뉴마(*πνεῦμα*)의 의미를 분명하게 하기 위하여 제시된 헬라어 상당 어구일 것이다. 요세푸스는 다윗이 사울을 괴롭히는 "악한 영과 귀신들을 쫓아냈다[*τοῦ πονηροῦ πνεύματος καὶ τῶν δαιμονίων* - 투 포네루 프뉴마토스 카이 톤 다이모니온]"고 말할 때 *Ant.* 6.211에서 그와 같이 행한다. 다른 곳에서 요세푸스(*J. W.* 7.185)는 다이모니아(*δαιμόνια*)를 "악한 사람들의 영들"(*πονηρῶν ἐστιν ἀνθρώπων πνεύματα* - 포네론 에스틴 안드로폰 프뉴마타)로 정의할 필요성을 발견한다(헬라-로마 세계에서는 귀신들을 이렇게 이해했다: 참조. Plutarch *De* def. *orac.* 415B-C). "문체의 풍부함"을 보여 주는 이러한 어구(Eitrem, *Demonology*, 38 n. 5)는 누가복음 4:33에서 두 개의 속격을 동격으로 놓아서 "한 영, 즉 한 더러운 귀신"이라고 표현하고 있는 이와 비슷한 어구인 프뉴마 다이모니우 아카다르투(*πνεῦμα δαιμονίου ἀκαθάρτου*)보다 덜 어색하다(프뉴마[*πνεῦμα*]는 "더러운 귀신"에 의해서 괴롭힘을 당하는 사람의 영이라고 주장하는 Fitzmyer, *Luke* 1:544-45를 참조하라). 이와 비슷한 어구인 타 프뉴마타 톤 다이모논(*τὰ πνεύματα τῶν δαιμόνων*, "귀신들의 영들")이 *PGM* XV.15-16에 나오는데, 거기에서 복수형 속격은 마찬가지로 동격으로 사용되고 있다. 다이모니온 프뉴마(*δαιμόνιον πνεύμα*, "귀신의 영")라는 어구(여기에서 다이모니온[*δαιμόνιον*]은 형용사 역할을 한다)는 주술 문서들 속에도 나온다(*PGM* IV.3038-39, 3065-66, 3075; Deissmann, *Light*, 251-60에도 수록되어 있는 유대교 문헌; Denis, *Fragmenta*, 236-38; 한 헬레니즘적인 유대인에 의해서 쓰여졌고 Deissmann, *Bible Studies*, 273-300에 주석과 함께 수록된 Hadrumetum으로부터 나온 연판의 제1행). 그렇지만 *PGM* IV.3081에서 이 용어들은 서로 다른 유형의 초자연적인 존재들을 가리키는 데 사용된다. "모든 영과 귀신[*πνεῦμα καὶ δαιμόνιον* - 프뉴마 카이 다이모니온]은 너에게 복종할 것이다"(참조. *PGM* XII.261). 하지만 이것은 모든 것을 포괄하고자 하는 주술사의 시도를 반영하고 있는 것일 수 있다.

14b "온 천하 임금들에게 가서"(*ἃ ἐκπορεύεται ἐπὶ τοὺς βασιλεῖς τῆς οἰκουμένης ὅλης* - 하 에크포류에타이 에피 투스 바실레이스 테스 오이쿠메네스 홀레스). 동사 에크포류에스다이(*ἐκπορεύεσθαι*)는 "닫혀 있거나 잘 정의된 이차원 또는 삼차원의 지대로부터 나오는 것"을 의미하기 때문에(Louw-Nida, § 15.40), 귀신들이 용, 짐승, 거짓 선지자의 입들로부터 나오는 것을 가리킨다(행 19:12은 사

람들로부터 "나온"[ἐκπορεύεσθαι – 에크포류에스다이] 악한 영들에 대하여 말한다; 마 17:21을 보라). 에크포류에스다이(ἐκπορεύεσθαι)는 특히 이 악의 삼위일체의 입으로부터 "나온" 귀신들같이 입으로부터 출현한 것과 연결되어 있고(마 4:4; 막 7:15, 19, 20, 21, 23=마 15:11, 18; 눅 4:22; 엡 4:29; Herm. *Mand.* 3.1), 이러한 이미지는 19:15에서 하늘의 전사의 입으로부터 "나온"(ἐκπορεύεται – 에크포류에타이) 검과 대응을 이룬다(1:16을 보라). "온 천하 임금들"이라는 어구는 12c절에 언급된 "동방의 왕들"과 긴장 관계를 이룬다. 왜냐하면 이 두 부류의 왕들이 서로 같은 것인지, 아니면 이 두 부류의 왕들 사이에 어떤 관계가 성립하는 것인지가 분명하게 나와 있지 않기 때문이다. 이것은 13-14절이 하나님과 그의 백성들에게 적대적인 왕들이라는 주제를 나타내는 후대의 삽입이라는 것을 보여 준다. "온 천하 임금들"은 흔히 17:12-14, 16-17에 나오는 열왕과 동일시된다(Beckwith, 683; Bousset[1906] 397) – 물론 내가 보기에는 17:14에 나오는 전투 모티프는 후대의 삽입이지만. 1QM의 전쟁 두루마리에서 분명한 것은 종말론적인 전투에서 "빛의 아들들"의 대적자들은 "악한 모든 열방들"(כול גויי רשעה – 콜 학고임, 1QM 15:2)로도 불리는 "모든 열방들"(כול הגויים – 콜 학고임, 15:1; 16:1; P. R. Davies, 1QM, 79)이지만, 일차적인 대적자는 "깃딤의 왕"(מלך הכתיים – 멜렉 학킷티임, 15:2)이라는 사실은 모종의 연합군이 전제되고 있다는 것을 보여 준다. 1QM 2:10-14를 보면, 빛의 아들들은 전통적인 이스라엘의 동방의 원수들의 다수 – 이들은 성경에서 그들의 창시자들의 이름으로 규정된다 – 에 대하여 조직적으로 전쟁을 수행한다: 아람-나하라임(Aram-Naharaim), 루드(Lud), 아람(Aram), 우스(Uz), 훌(Hul), 토갈(Togal), 메사(Mesha), 아르박삿(Arpachsad), 앗수르(Assyria), 페르시아(Persia), 엘람(Elam), 이스마엘(Ishmael), 그두라(Ketura), 함(Ham), 야벳(Japhet).

14c "하나님 곧 전능하신 이의 큰 날에 전쟁을 위하여 그들을 모으더라"(*συναγαγεῖν αὐτοὺς εἰς τὸν πόλεμον τῆς ἡμέρας τῆς μεγάλης τοῦ θεοῦ τοῦ παντοκράτορος* – 쉬나가게인 아우투스 에이스 톤 폴레몬 테스 헤메라스 테스 메갈레스 투 데우 투 판토크라토로스). 쉬나게인(*συνάγειν*, "모으다")이라는 단어는 16절에서 반복되면서 주제상으로 13-14절을 16절과 연결시킨다(쉬나게인[*συνάγειν*]은 비슷한 문맥 속에서 19:19에 다시 나온다). 최후의 종말론적인 전투를 위하여 하나님의 백성에게 적대적인 열방들을 모으는 것은 16:16; 19:17, 19; 20:8 및 몇몇 구약성경 및 초기 유대교 문헌들 속에서 발견된다(겔 38-39; 욜 3:2; 슥 14:2; 시 2:1-2; 4 Ezra 13:34-35; *1 Enoch* 56:7; 90:16-19; *2 Apoc. Bar.* 70:7-10; *Sib.*

Or. 3.663-68; *T. Joseph* 19; LXX Esth 11:5-8; 1QM 1:10-11; 15:2-3). 폴레몬(*πόλεμον*, "전쟁")에 정관사가 붙어 있다는 것은 사람들이 잘 알고 있는 전투, 즉 종말에 벌어질 메시아적인 큰 전투를 염두에 두고 있다는 것을 보여 준다. 하르트만(Hartman)은 이러한 주제를 이교도들이 서로를 공격하거나 이스라엘을 공격하는 것으로 이루어지는 "이교도들의 소동과 침공"이라고 명명했다(*Prophecy Interpreted*, 77-101). 이 주제는 묵시 문학의 많은 본문들 속에서 발견된다(겔 38-39; 슥 12:1-9; *1 Enoch* 90:13-19; 99:4; *Jub.* 23:23). 1QM 1:10에서는 어둠의 아들들이 멸망하게 될 전투와 관련해서 욤 야우드(יום יעוד, "정한 날")라는 표현을 사용한다. 유딧서 16:17은 이스라엘과 싸우는 열방들에게 화를 선포하면서 "전능하신 주께서 심판의 날에 저희에게 보수하시리라"고 말을 맺는다. 이것이 종말론인지 또는 역사인지를 결정하는 것은 어렵지만(C. A. Moore, *Judith*, 251; Enslin-Zeitlin, *Judith*, 174-75), "심판의 날"이라는 어구는 하나님이 전투를 통해서 자기 백성의 원수들을 패배시키는 날을 의미한다. 에스겔 38-39장에서 미리 보여지고 있는 종말론적인 전투에서 많은 열방들은 하나님의 백성을 치기 위하여 전투를 벌이려고 모여든다(38:1-6).

15a "보라 내가 도적같이 오리니"(*Ἰδοὺ ἔρχομαι ὡς κλέπτης*–이두 에르코마이 호스 클렙테스). 이 구절은 앞이나 뒤의 내용과는 아무 상관이 없는 삽입된 말씀으로서, 화자는 누구인지 나와 있지 않지만 승귀된 예수라는 것은 분명하다. 예수가 도적처럼 오실 것이라는 은유는 3:3에 나온다(해당되는 곳의 "주석"을 보라). 따라서 15절은 요한계시록의 두 번째 판본, 즉 1:3-14; 2:1-3:22; 22:5-21의 틀에 속하는 권면적인 성격을 지닌 3:3에서 가져온 삽입구다.

15b "누구든지 깨어 자기 옷을 지켜…복이 있도다"(*μακάριος ὁ γρηγορῶν καὶ τηρῶν τὰ ἱμάτια αὐτοῦ*–마카리오스 호 그레고론 카이 테론 타 히마티아 아우투). 이 구절은 요한계시록에 나오는 일곱 개의 축복문 중 세 번째다(1:3; 14:13; 16:15; 19:9; 20:6; 22:7, 14; 1:1-3에 대한 "양식/구조/배경"을 보라). 돌연한 종말론적 완성을 기대하고 깨어 있으라는 모티프는 요한계시록의 다른 곳에서는 오직 3:2-3에만 나오는데, 거기에서 이 모티프는 예수가 그리스도인들이 알아차리지 못할 사건 속에서 도적처럼 올 것이라는 위협과 결합되어 있다. 3:2-3에 대한 "주석"을 보라. 또한 축복문의 형태로 되어 있으면서 깨어 있으라는 모티프를 강조하고 있는 도마복음서 103장과 밀접한 유사성이 존재한다(tr. B. Layton, *The Gnostic Scriptures*[Garden City: Doubleday, 1987] 397).

예수께서 말씀하시기를 도적들이 들어올 곳을 미리 알아차려서 일어나 자신의 영지의 군대를 모아서 도적들이 들어오기 전에 무장하는 자는 복되도다 하시니라.

요한계시록에서 오직 여기에서만 동사 테론(τηρῶν, "지키는 것")은 은유적으로 "옷"이라는 의미로 사용된다. 합당한 옷을 입고 있는 것의 중요성(참조. 3:4)은 *Acta Alexandrinorum* 7.101-7(Musurillo, *Acts*, 42)에서 강조되고 있는데, 거기에서 황제는 축제 때 입는 흰 옷을 입지 않고(οὐκ ἐν λευκαῖς ἐσθῆσιν – 우크 엔 류카이스 에스데신) 극장에 앉아 있던 사람을 사형에 처하라고 말한다.

15c "벌거벗고 다니지 아니하며 자기의 부끄러움을 보이지 아니하는(ἵνα μὴ γυμνὸς περιπατῇ καὶ βλέπωσιν τὴν ἀσχημοσύνην αὐτοῦ – 히나 메 귐노스 페리파테 카이 블레포신 텐 아스케모쉬넨 아우투). 이 구절은 그리스도의 예기치 않은 돌연한 재림이 구원과 동시에 심판도 가져올 것임을 보여 준다: 예비하고 있는 자들에게는 구원을, 그렇지 않은 자들에게는 심판을. 구약성경과 초기 유대교에서 "벌거벗음"과 "부끄러움"이라는 개념은 서로 밀접하게 결합되어 있었다(창 9:20-24; 사 20:4; 47:3; 호 2:10; 고전 12:23; *Apoc. Moses* 20). 아담이 "나는 주께서 내게 주신 계명을 게을리하였기 때문에 벌거벗어서 두려워하여 부끄러움으로 인해 숨었나이다"라고 말했다고 전하는 Tg. *Ps.-J.* Gen 3:10(tr. Maher)을 보라. 히브리어 에르와(עֶרְוָה, "벌거벗음")는 칠십인역에서 8번 헬라어 아이스퀴네(αἰσχύνη, "부끄러움, 수치")로 번역되는데(사 20:4; 47:3; 겔 16:36, 38; 22:10; 23:10, 18, 29), 이것은 요한계시록 16:15에서 아이스퀴네(αἰσχύνη)가 "벌거벗음"을 의미한다는 것을 보여 준다. 이와 동일한 관용 표현이 *Apoc. Moses* 20:4에도 나오는데, 거기에서 아담은 "나는 부끄러움을 감추기 위하여 내 근방에서 잎사귀들을 찾았다[ὅπως καλύψω τὴν αἰχύνην μου – 호포스 칼륍소 텐 아이퀴넨 무]"고 말한다. 이스라엘의 원형론(protology)에 의하면, 창세기 2:25이 분명하게 보여 주듯이 벌거벗음이 항상 부끄러움과 결부되어 있었던 것은 아니었다: "아담과 그 아내 두 사람이 벌거벗었으나 부끄러워 아니하니라." "벌거벗음"과 "부끄러움"이라는 개념은 요한계시록 3:18의 헤 아이스퀴네 테스 귐노테토스 수(ἡ αἰσχύνη τῆς γυμνότητός σου, "너의 벌거벗음의 수치")라는 어구에서도 서로 연결되어 있다(아이스퀴네[αἰσχύνη]와 귐노테스[γυμνότης]라는 단어들은 요한계시록에서 오직 거기에만 나온다). 그러므로 요한계시록 16:15은 "아담의 겉옷", 즉 후손들에 의해서 숭앙되다가 결국에는 막벨라 굴에 매장되어서 스무 세대 동안 보존되었던 마법의 옷에 관한 전승(창

3:7, 10-11에 토대를 둔)에 대한 간접 인용일 가능성이 있다(*Gen. Rab.* 63.13; Ginzberg, *Legends* 1:177; 2:139; 5:199, 276-77; Jørgensen, "Gravhulen," 102-15). 이 전승의 한 측면이 에스겔 28:13에 나오는 아담 전승의 시적인 신화적 변형 속에 반영되어 있는데, 거기에서 아담의 옷은 대제사장들이 입던 옷들에 박혀 있던 일련의 보석들과 비슷한 것으로 설명된다(Ginzberg, *Legends* 1:332; 5:104). 아담과 하와는 에덴에서 쫓겨날 때 천상의 "빛의 옷들"(עור – 오르, 창 3:21의 "가죽": 이 단어는 오르[אור, "빛"]로 해석되었다)을 상실했다(Irenaeus *Haer.* 3.23.5; Tertullian *De pudicitia* 9; *De resurrectione* 7; Ginzberg, *Legends* 1:79; 5:42, 97, 103-4). 이 전승의 또 하나의 흐름(희년서 3:26을 창 3:7, 9-10과 석의적으로 연결시켜 주고 있는)은 "부끄러움"이라는 용어를 벌거벗음을 가리키는 은유로 사용하고 있는 희년서 3:30에도 반영되어 있다(Charlesworth, *OTP* 2:60).

> 그러나 모든 짐승들과 모든 가축 떼 가운데서 하나님은 오직 아담에게만 자신의 부끄러움을 가릴 수 있도록 허용하셨다. 그러므로 하늘의 돌판들에서는 율법의 심판을 알게 될 모든 자들에게 그들이 자신의 부끄러움을 가려야 하고, 이방인들처럼 벌거벗은 채로 있어서는 안 된다고 명령한다.

벌거벗음은 4Q*166*=4QHosea Peshera 2:12-13(tr. García Martínez, *Dead Sea Scrolls*, 192)에서 하나님의 징벌들로서의 굶주림 및 부끄러움과 결부되어 있다. "하나님은 그들을 굶주림과 벌거벗음으로 벌하셨기 때문에, 그들은 그들이 의지했던 열방들의 눈 앞에서 부끄러움과 수치가 될 것이다." 헬라 세계에서 사람들 앞에서 벌거벗고 있는 것은 언제나 비교적 이례적인 일이었긴 하지만 몸에 대한 또 다른 태도도 존재했다. 옷을 벗고 있는 것은 몇몇 상황들에서는 부끄러운 것으로 인식되었지만, 경주나 전투 때와 같은 몇몇 상황들에서는 부끄러운 것으로 생각되지 않았다(*Odysseus* 22.1; F. Pfister, "Nacktheit," PW 16/2:1541-49; *Kleine Pauly* 3:1556-57). 헬라 문헌들에서 최초로 벌거벗은 사람으로 묘사되어 나오는 인물은 오디세우스인데, 그는 젊은 여인들 앞에서 자기가 벌거벗은 것에 대하여 부끄럽다는 감정을 표현한다(*Odyssey* 6.127-29, 221-22; Pfister, PW 16/2:1545). 오디세우스는 테르시테스를 두들겨 패고 벌거벗겨서 부끄러움을 당하게 하겠다고 위협하고(*Iliad* 2.261-62), 죽은 원수의 전사들은 최종적인 굴욕을 안겨 주기 위하여 벌거벗기운다(*Iliad* 11.99-100; 22.510). 이와는 대조적으로, 로마인들은 공적으로 벌거벗은 헬라인들의 모습을 혐오하는 경향을 보였다(Cicero *Tusc. disp.* 4.70). 헬라와 로마의 동상들을 비교하면서, 플리니우스는 유명한 남성들에 대한 헬라의 동상들은 벌거벗은 것이 특징이지만, 로마의 동상들은 옷을 입고 있다고 지적한다(*Hist. nat.* 34.18).

16a "세 영이 히브리음으로 아마겟돈이라 하는 곳으로 왕들을 모으더라"(*καὶ συνήγαγεν αὐτοὺς εἰς τὸν τόπον τὸν καλούμενον Ἑβραϊστὶ Ἁρμαγεδών*—카이 쉬네가게인 아우투스 에이스 톤 토폰 톤 칼루메논 헤브라이스티 하르마게돈). 오직 여기에만 나오는 "아마겟돈"이라는 지명은 귀신의 영들이 소집한 하나님을 대적하는 군대가 하나님과 그의 백성을 치기 위한 최후의 전투를 위하여 모이게 될 신화적이고 묵시론적인 세상의 산을 나타낸다(이 신화의 다른 판본들이 계 19:19; 20:9; 4 Ezra 13:34-35; *1 Enoch* 56:7; *Sib. Or.* 3.663-68에 보존되어 있다; 또한 욜 3:2; 슥 14:2을 보라). 에스겔 38-39장에 나오는 곡과 마곡에 관한 예언에서 북방의 원수가 모이고 또한 패배를 당하는 곳은 아마겟돈에 관한 언급과 일치하게 단순히 "이스라엘의 산들"(38:8; 39:2, 4, 17)이라고 불리지만, 이것은 요한계시록 19:19(여기에서는 모이는 장소가 언급되지 않는다) 및 20:9(여기에서 원수는 "사랑하시는 성"을 포위한다)과는 대조적이다. "아마겟돈"(Harmagedon)이라는 이름은 결코 만족스럽게 설명되어 오지 않았다(Charles, 2:50-51; Joachim Jeremias, *TDNT* 1:468; KB3, 515 -16). 이 이름에 대한 가장 흔한 설명은 하르(הר)가 "산, 작은 산"을 가리키는 히브리어이고, "마게돈"은 성경에 나오는 성읍인 "므깃도"를 가리킨다고 보아서, 이 단어 전체는 "므깃도의 산"을 의미한다는 견해다. 므깃도는 이스르엘 골짜기 또는 에스드라일론의 남서 지역에 있는 평지에 위치한 고대 성읍이었고, 이 곳은 주전 1468년에 투트모스 3세가 가나안의 군소 국가들의 왕들의 연합군을 맞아서 싸운 곳이며, 주전 1220년에 메르넵타의 원정이 있었고, 드보라와 바락이 이끄는 군대가 가나안의 동맹군과 싸웠던 곳이며(삿 4:6-16; 5:19), 기드온이 미디안인들에 대하여 승리를 거둔 곳이고(삿 7장), 블레셋인들에 의해서 사울이 패배당한 곳이며(삼상 29:1; 31:1-7), 주전 924년에 시삭이 원정했던 곳이고, 주전 609년에 요시야와 파라오 느보가 충돌하여 요시야가 전사한 곳으로서(왕하 23:29-30; 대하 35:22-24) 고대의 몇몇 중요한 전투들이 벌어졌던 곳이다. 솔로몬 시대에 므깃도(하솔 및 게셀과 더불어서)는 핵심적인 요새 성읍으로 다시 재건되었다(*Ant.* 8.151). 앗수르 왕 디글랏빌레셀 3세 시대에 앗수르의 총독이 므깃도에 주재했고, 므깃도는 새롭게 창설된 속주의 이름으로 사용되었다. 로마 시대에 므깃도 지역은 레기오(*Legio*) 또는 레게온 엔 토 메갈로 페디오(*Λεγεὼν ἐν τῷ μεγάλῳ πεδίῳ*, "대평원의 군단")라고 불린 로마군의 상설 주둔지가 되었다(Eusebius *Onomasticon*[ed. E. Klostermann] 14.31; 28.26; 58.1; 70.10; 90.12; 100.10; 108.6, 13; 110.21; 116.21; 140.1). 기손 강이 통과하여 북동쪽 방향으로 악고 만에 이르는 길목이었던 이스르엘 골짜기는 하부 갈릴리의 곡창 지대로서(사 28:1) 팔레스타인을 침공할 때 자연스러운 길목이 되었다. 나중에 비아 마리스(*Via Maris*)로 불린 "바닷길"(사 9:1[MT 8:23])은 애굽 북방의 해안을 따라 이스르엘 골짜기를 거쳐서 다볼 산 북방의 화산으로 인해 생긴 둑길을 통과하여 므깃도로 이어졌는데, 거기에서 이 길은 둘로 갈라져서 하나는 북서쪽으로 해안의 악고에 닿아 있었고, 또 하나는 하솔을 거쳐서 다메섹까지 이어졌다. 또 다른 주장은 하르마게돈(*Ἁρμαγεδών*)이 이르 메깃돈(עִר מגדון, "므깃도 성읍")으로부터 유래했다는 것이다. 이 장소에 대한 히브리어 명칭에 관한 이러한 언급은 문법상으로 문장의 구조를 흐트러뜨리지 않는 관계절의 형태로 된 삽입구로 분류될 수 있을 것이다(G. Rudberg, "Parentesen i Nya Testamentet," *SEÅ* 5[1940] 136; BDR § 465; BDF § 465). 요한계시록에서 그러한 삽입구의 또 다른 예들은 9:11; 20:8에서 발견된다. 이 절은 저자가 히브리어를 알고 있었다는 것을 보여 주는 하나의 작은 단서다(11:11을 보라). 로아스비(Loasby)는 홈멜(F. Hommel, *NKZ* 1[1890] 407-8)의 견해를 따라서 하르마게돈(*Ἁρμαγεδών*)의 근저에 있는 히브리어가 장차 메시아가 불경건한 자들을 멸하실 곳인 시온 산을 가리키는 하르 모에드(הַר מוֹעֵד, "회중의 산")라고 해석한다(히브리어 ע는 흔히 헬라어 *γ*로 음역된다). 이사야 14:13에서 사용되고 있는 이 용어는 "신들이 모이는 산"을 의미하는 것으로 보인다(J. D. W. Watts, *Isaiah 1-33*, WBC 24[Waco, TX: Word, 1985] 207). Oecumenius (Hoskier, *Oecumenius*, 180)와 Andreas of Caesarea(Schmid, *Studien*, 1/1:175)는 둘 다 하르마게돈(*Ἁρμαγεδών*)이 하나님에게 대적하는 원수들이 "끊어 버리고" 정복하고자 하는 시도를 벌이는 장소이기 때문에 디아코페(*διακοπή*) 또는 디아콥토메네(*διακοπτομένη*), 즉 "끊음" 또는 "끊어냄"을 의미한다고 주장한다. 이러한 해석은 스가랴 12:11의 칠십인역 번역으로부터 유래한 것인 듯한데(*ἐν πεδίῳ ἐκκοπτομένου*-엔 페디오 에크콥토메누[*var. lect.* *ἐν πεδίῳ μαγεδδών*-엔 페디오 마겟돈], "끊어짐의 평지에서": Ziegler, *Duodecim prophetae*, 320), 이것은 스가랴 12:11에 나오는 메깃돈(מְגִדּוֹן)이 히브리어 어근인 가다드(גדד, "끊어내다")로부터 유래했다는 칠십인역 번역자들의 견해를 반영하는 것이다.

17a "일곱째가 그 대접을 공기 가운데 쏟으매"(*καὶ ὁ ἕβδομος ἐξέχεεν τὴν*

φιάλην αὐτοῦ ἐπὶ τὸν ἀέρα—카이 호 헤브도모스 엑세케엔 텐 피알렌 아우투 에피 톤 아에라). 16:1에서 대접을 지닌 천사들은 그들의 대접을 땅에 쏟으라는 명령을 받는다. 여기에 나오는 이 재앙은 다른 재앙들과 밀접하게 연관되어 있지 않지만, 헬라의 자연철학자들의 시대로부터 기본적인 것으로 여겨져 온 네 원소에 대한 해악을 가져온다(예를 들어, Empedocles, frags. B96, B98, B107, B115 in H. Diels and W. Kranz, *Die Fragmente der Vorsokratiker*, 6th ed.[Zürich: Hildesheim: Weidmann, 1951]). (1) 흙(2절), (2) 물(바다, 3절; 강들과 물 근원들, 4절; 유프라테스 강, 12절), (3) 불(해, 8절), (4) 공기(17절). 짐승의 보좌(10절)는 분명히 이 도식에서 빠져 있다.

17b "큰 음성이 성전에서 보좌로부터 나서 가로되 되었다 하니"(*καὶ ἐξῆλθεν φωνὴ μεγάλη ἐκ τοῦ ναοῦ ἀπὸ τοῦ θρόνου λέγουσα· γέγονεν*—카이 엑셀덴 포네 메길레 에크 투 나우 아포 투 드로누 레구사 레고넨). 이 구절은 이사야 66:6에 나오는 "성전에서부터 나온 음성"이라는 어구에 대한 간접 인용인 것 같다(계 16:1을 보라). 이 구절은 이 일곱 대접으로 하나님의 진노가 마쳤다고 말함으로써 말을 맺고 있는 요한계시록 15:1에 나오는 요약문을 다시 반복하고 있다. 하지만 하나님의 진노가 끝난 것이라면, 왜 바벨론이 17:1-18:24의 초점이 되고 있는지가 여전히 불분명하다. 게고넨(*γέγονεν*, "되었다[it is finished]")의 완료 시제는 앞서 단순과거 시제들을 사용한 것과의 대비를 보여 주고, 하나님께서 세상에 가한 일련의 재앙들의 절정이자 끝을 보여 준다(Lambrecht, "Structuration," in *L Apocalypse*, ed. J. Lambrecht, 94 n. 45).

18 "번개와 음성들과 뇌성이 있고 또 지진이 있어 어찌 큰지 사람이 땅에 있어 옴으로 이같이 큰 지진이 없었더라"(*καὶ ἐγένοντο ἀστραπαὶ καὶ φωναὶ καὶ βρονταὶ καὶ σεισμὸς ἐγένετο μέγας, οἷος οὐκ ἐγένετο ἀφ' οὗ ἄνθρωπος ἐγένετο ἐπὶ τῆς γῆς τηλικοῦτος σεισμὸς οὕτω μέγας*—카이 에게논토 아스트라파이 카이 포나이 카이 브론타이 카이 세이스모스 에게네토 메가스 호이오스 우크 에게네토 아프 후 안드로포스 에게네토 에피 테스 게스 텔리쿠토스 세이스모스 후토 메가스). (대기 현상과 지진으로 이루어진 네 가지 목록[4:5; 8:5; 11:19; 16:18-21]의 의미에 관해서는 4:5에 대한 "주석"을 보라; 지진 모티프에 관해서는 8:5에 대한 "주석"을 보라.) 18b절은 다니엘 12:1에 대한 간접 인용으로서, 칠십인역 본문이나 마소라 본문보다는 다니엘 12:1의 테오도션 역본에 더 가깝다(단 12:1은 그 자체가 렘 30:7에 대한 간접 인용이다): "또 환난이 있으리니 이는 개국 이래로

그때까지 없던 환난일 것이며"(*θλίψις οἷα οὐ γέγονεν ἀφ᾽ οὗ γεγένηται ἔθνος ἐπὶ τῆς γῆς ἕως τοῦ καιροῦ ἐκείνου*－들립시스 호이아 우 게고겐 아프 후 게게네타이 에드노스 에피 테스 게스 헤오스 투 카이루 에케이누). 바벨론-로마가 지진에 의해서 평지가 될 것이라는 예언은 *Sib. Or.* 5.38-39에서 발견된다. 하나님의 징벌이라는 맥락 속에서 대기 현상 및 지진과 관련된 매우 비슷한 목록은 *Sib. Or.* 3.689-92(tr. Collins in Charlesworth, *OTP* 1:377)에 나온다.

> 하나님께서 모든 사람을 전쟁과 칼과
> 불과 억수 같은 비로 심판하시리라.
> 또한 하늘로부터 유황 불과 돌과
> 많은 엄청난 우박이 있으리라.

이것은 이사야 29:5b-6에 나오는 것과 같은 비슷한 목록들에 의존하고 있는 것으로 보인다.

> 그 일이 경각간에 갑자기 이룰 것이라.
> 만군의 여호와께서 벽력과 지진과 큰소리와
> 회리바람과 폭풍과 맹렬한 불꽃으로
> 그들을 징벌하실 것인즉.

또 하나의 그러한 목록은 이사야 30:30에 나온다.

> 여호와께서 그 장엄한 목소리를 듣게 하시며 혁혁한 진노로 그 팔의 치심을 보이시되 맹렬한 화염과 폭풍과 폭우와 우박으로 하시리니.

이러한 사건의 특이성과 강렬함은 그러한 사건이 세상의 역사 속에서 유일무이하다거나 그러한 엄청난 사건이 이전에 일어난 적이 없었다는 말을 통해서 강조되는데, 이것은 이스라엘, 초기 유대교, 헬라-로마, 초기 기독교의 문헌들 속에 나타나는 상투적인 표현이다[출 9:18, 24("애굽의 창건 이래로"라는 애굽 문헌의 병행들에 대해서는 C. Couroyer, "Un égyptianisme biblique: Depuis la fondation de l Égypte⟨Exode, IX,18⟩," *RB* 67⟨1960⟩ 42-48를 보라); 욜 2:2; 렘 30:7; 단 12:1; *T. Mos.* 8:1("창세로부터 그 때까지 없었던 징벌과 진노⟨*ira quae talis non fuit in illis*⟩가 그들에게 임하리라"); 1QM 1:12; 4QDb frag. 3 iv 1-2; 1 Macc 9:27; Jos. *J. W.* 1.12; 5.442; 6.429; Herodotus 6.109; Thucydides 1.21; 막 13:19 = 마 24:21(단 12:1에 대한 간접 인용)].

19a "큰 성이 세 갈래로 갈라지고"(*καὶ ἐγένετο ἡ πόλις ἡ μεγάλη εἰς τρία μέρη* –카이 에게네토 헤 폴리스 헤 메갈레 에이스 트리아 메레). "큰 성"의 정체를 밝히는 것이 문제가 된다(11:8에 대한 "주석"을 보라). 몇몇 이전의 주석가들은 이 성을 예루살렘이라고 주장하고(B. Weiss, *Johannes-Apokalypse*; Schlatter, *Apokalypse*; J. Weiss-Heitmüller, 301; Lohmeyer), 또 다른 주석가들은 이 성이 바벨론-로마라고 이해했다(Bousset[1906] 400; Charles, 2:52; Zahn; Behm; Hadorn, 166-67; Wikenhauser, 124). 이 성이 예루살렘임에 틀림없다는 견해를 지지하고 있는 것은 19c절에 가서 본문이 "하나님이 큰 성 바벨론을 기억하셨다"라고 말하고 있다는 사실인데, 이것은 19a절에 나오는 성이 바벨론이 아닌 다른 성이어야 한다는 것을 함축하고 있는 것이다. 하지만 "큰 성"은 바벨론-로마로 이해되어야 한다. 왜냐하면 이 성이 지진에 의해서 세 갈래로 갈라졌다는 사실은 그 성이 이제 적절하게 벌을 받았다는 것을 의미하지는 않기 때문이다. 게다가 바벨론-로마는 분명히 요한계시록 17:18; 18:10(2x), 16, 18, 19, 21(*ἡ μεγαλὴ πόλις*–헤 메갈레 폴리스)에서 "큰 성"으로 지칭된다. 이 어구는 예루살렘을 가리키는 데 한 번 사용되고 있기는 하지만(11:8), 여기에서의 문맥은 예루살렘을 가리킬 수 없다. 찰스(Charles, 2:52)는 이 구절이 나중에 삽입된 것이라고 보지만 적절한 근거를 제시하지는 못한다. 역사적으로 주후 30, 33, 48년에 예루살렘에서 지진들이 있었다는 증거들이 있지만, 그 지진들은 모두 비교적 경미한 것들이었다(Amiran et al., *IEJ* 44[1994] 260-305).

19b "만국의 성들도 무너지니"(*καὶ αἱ πόλεις τῶν ἐθνῶν ἔπεσαν*–카이 하이 폴레이스 톤 에드논 에페산). 만국의 성들의 "무너짐"은 그 성들도 18절에서 언급된 큰 지진에 의해서 파괴되었다는 것을 의미하는데, 따라서 이 큰 지진은 사람들이 거주하는 온 세상에 영향을 미친 것으로 이해되어야 한다. 핍테인(*πίπτειν*, "무너지다")이라는 단어는 14:8; 18:2(사 21:9; 렘 28:8)에서 바벨론의 멸망을 가리키는 "무너짐"과 관련하여 사용된 것과 동일한 용어다. 이 어구는 19a절에 나오는 큰 성을 예루살렘으로 보는 견해를 어느 정도 지지해 주는데, 그 어구는 여기에 나오는 "만국의 성들"이라는 어구와 암묵적으로 대비를 이루고 있기 때문이다.

19c "큰 성 바벨론이 하나님 앞에 기억하신 바 되어 그의 맹렬한 진노의 포도주 잔을 받으매"(*καὶ Βαβυλὼν ἡ μεγάλη ἐμνήσθη ἐνώπιον τοῦ θεοῦ δοῦναι αὐτῇ τὸ ποτήριον τοῦ οἴνου τοῦ θυμοῦ τῆς ὀργῆς αὐτοῦ*–카이 바빌론 헤 메갈레 엠네스데 에노피온 투 데우 두나이 아우테 토 포테리온 투 오이누 투 뒤무 테스 오르게스

아우투). ("큰 바벨론"이라는 명칭에 관해서는 14:8에 대한 "주석"을 보라.) 동사 밈네스케스다이(*μιμνῄσκεσθαι*, "기억하다")는 요한계시록에서 오직 여기에만 나온다(동사 밈네모뉴에인[*μνημονεύειν*]을 사용하는 병행문이 18:5에 나오긴 하지만 "하나님은 그의[바벨론의] 불의한 일을 기억하신지라"). 구약에서 하나님은 동사 자카르(זכר)의 주어로서 50번 이상 나오고(*TDOT* 4:69-72), 또한 이것은 고대 근동의 문헌들 전체에 걸쳐서 비교적 흔하게 사용되었던 표현 형태다. 기억한다는 모티프는 고대 헬라의 기도문과 서원제라는 맥락 속에서도 중요했다(Versnel, "Prayer," 59-60). 하나님의 정의는 흔히 하나님의 기억하심이라는 동기(motive)와 밀접하게 연결되어 있다. 왜냐하면 고대의 이스라엘과 초기 유대교의 하나님관에서는 하나님은 선을 행하는 자들을 상을 주지 않고 그대로 넘기시는 법이 없으며 악을 행하는 자들을 벌하지 않고 그냥 두시는 법이 없다는 것이었기 때문이다. 조금 놀랍게도, 하나님의 "응보적인 기억하심"이 구약성경과 초기 유대교에서는 비교적 드물게 언급된다(호 7:2; 8:13; 9:9; 렘 14:10; Sir 49:9). 기도문 속에서 사람들은 하나님에게 과거의 악한 일들을 기억하고 계속해서 악을 행하는 자들을 벌하여 달라고 요청할 수 있었다(시 137:7; 느 6:14; 13:29; 1 Macc 7:38; 2 Macc 8:4; 또한 6:9-11에 대한 "주석"을 보라). "그의 진노의 맹렬함" 또는 "그의 맹렬한 진노"라는 중복적인 어구에 대해서는 4Q*375* = 4QApocryphon of Moses B 1:3에 나오는 "그의 큰 진노의 맹렬함"이라는 비슷한 표현을 보라.

20 "각 섬도 없어지고 산악도 간 데 없더라"(*Καὶ πᾶσα νῆσος ἔφυγεν καὶ ὄρη οὐχ εὑρέθησαν*–카이 파사 네소스 에퓌겐 카이 오레 우크 휴레데산). 산들이 없어진다는 모티프는 흔히 구약성경과 초기 유대교에서 하나님의 현현 또는 종말론적인 심판–이 두 개념은 서로 융합되는 경향을 보여 준다–과 결부되어 있다(시 97:5; 사 40:4; 42:15; 45:2; 54:10; 겔 38:20; 4 Ezra 15:42). 산들을 흔드는 지진 현상이 더 자주 언급되기는 하지만(시 18:7; 46:2, 3; 사 5:25; 64:1, 3; Sir 43:16). 부정(否定)의 불변사가 붙어서 수동형으로 사용된 휴리스케인(*εὑρίσκειν*)은 "사라지다"를 의미할 수 있다(BAGD, 324; 이 관용 표현은 Louw-Nida에는 나오지 않는다). 우크 휴레데산(*οὐχ εὑρέθησαν*, "없어지고")은 신약성경에 몇 번 나오는(벧후 3:10[일부 학자들은 휴레데세타이[*εὑρεθήσεται*]를 우크 휴레데세타이[*οὐχ εὑρεθήσεται*]로 수정한다; Bauckham, *Jude*, 316-21에 나오는 논의를 보라]; 계 18:21) 히브리적인 표현 또는 칠십인역적인 표현이다(LXX 사 35:9; LXX Theod Dan 11:19; *Pss. Sol.* 14:19).

21a "또 중수가 한 달란트나 되는 큰 우박이 하늘로부터 사람들에게 내리매" (*καὶ χάλαζα μεγάλη ὡς ταλαντιαία καταβαίνει ἐκ τοῦ οὐρανοῦ ἐπὶ τοὺς ἀνθρώπους* – 카이 칼라자 메갈레 호스 탈란티아이아 카타바이네이 에크 투 우라누 에피 투스 안드로푸스). 출애굽기 9:13-35에 나오는 일곱 번째 재앙은 천둥, 우박, 번개로 이루어져 있었다. "우박의 내림과 불덩이가 우박에 섞여 내림이 심히 맹렬하니 애굽 전국에 그 개국 이래로 그 같은 것이 없던 것이라"(출 9:24; 참조. 시 105:32-33; *Ant.* 2.305). 우박은 종종 하나님의 심판의 도구로 언급된다. 여호수아 10:11은 거대한 우박의 이적을 통해서 벌을 내리는 것에 관하여 말하는데, 여호와께서 하늘로부터 아모리 족속에게 우박을 "던져서" 수많은 사람들을 죽였다고 말한다(사 28:17; 겔 38:22; 학 2:17; 욥 38:22-23; 시 78:47; *Sib. Or.* 3.691). 사람들이 그러한 육중한 물체들에 의해서 맞는다면 죽음은 기정사실인 것처럼 보이지만, 여기에서 상정하는 결과는 그런 것이 아닌 것으로 보인다(21b절에 대한 "주석"을 보라). 우박을 동반한 폭풍은 북부 지중해 연안의 나라들에서 이례적인 것으로 생각되지 않았지만(Ovid *Metam.* 5.158), 로마인들은 이례적인 우박을 진단과 복구를 필요로 하는 신들과의 관계의 균열을 나타내는 징조로 보았다. E. S. McCartney, "Greek and Roman Weatherlore of Hail," *Classical World* 28. 부록 6A: 요한계시록에 나타난 고대의 징조들과 재앙들을 보라. Diodorus Siculus(19.45.2; Wettstein, *Novum Testamentum* 2:819)는 로데스 지방에 큰 폭풍우가 있었는데, 그때 한 미나(오늘날의 한 파운드에 해당하는 무게)나 되는 "믿을 수 없을 정도의 규모를 지닌 우박"(*χαλάζης ἀπίστου τὸ μέγεθος* – 칼라제스 아피스투 토 메게도스)이 떨어져 말들이 무게를 못이겨 쓰러져서 많은 사람들이 죽었다고 보도한다. 요한계시록에서 대기 현상과 지진의 네 개의 목록(4:5; 8:5; 11:19; 16:18-21)에 우박을 첨가하고 있는 것은 오직 11:19과 16:18-21에 나오는 두 개의 목록이다.

계 11:19c 카이 에게논토 아스트라파이 카이 포나이 카이 브론타이 카이 세이스모스 카이 칼라자 메갈레
(*καὶ ἐγένοντο ἀστραπαὶ καὶ φωναὶ καὶ βρονταὶ καὶ σεισμὸς καὶ χάλαζα μεγάλη*)
번개와 음성들과 뇌성과 지진과 큰 우박이 있더라

계 16:18-21 카이 에게논토 아스트라파이 카이 포나이 카이 브론타이 카이 세이스모스 에게네토 메가스…카이 칼라자 메갈레
(*καὶ ἐγένοντο ἀστραπαὶ καὶ φωναὶ καὶ βρονταὶ καὶ*

σεισμὸς ἐγένετο μέγας…καὶ χάλαζα μεγάλη)
번개와 음성들과 뇌성이 있고 또 지진이 있어…큰 우박이

21b "사람들이 그 박재로 인하여 하나님을 훼방하니 그 재앙이 심히 큼이러라"(*καὶ ἐβλασφήμησαν οἱ ἄνθρωποι τὸν θεὸν ἐκ τῆς πληγῆς τῆς χαλάζης, ὅτι μεγάλη ἐστὶν ἡ πληγὴ αὐτῆς σφόδρα* – 카이 에블라스페메산 호이 안드로포이 톤 데온 에크 테스 플레게스 테스 칼라제스 호티 메갈레 에스틴 헤 플레게 아우테스 스포드라). 이 구절은 9절에 나오는 네 번째 재앙과 11절에 나오는 다섯 번째 재앙에 관한 사람들의 반응을 약간 표현을 고쳐서 반복한 것이다. 9절의 토 오노마 투 데우(*τὸ ὄνομα τοῦ θεοῦ*)라는 어구가 21절에 나오는 호 데오스(*ὁ θέος*)와 동일하다는 것은 분명하다. 거대한 우박이 떨어지는 것과 같은 이례적인 현상들을 고대인들은 신들의 진노를 보여 주는 징조(즉 상징적인 계시)로 여겼기 때문에(21a절에 대한 "주석"을 보라), 그들의 반응이 이토록 부정적이라는 것은 주목할 만하다.

해설

15:1-16:21에 나오는 일곱 대접 재앙에 관한 이야기는 요한계시록에 나오는 세 가지의 일곱 재앙 시리즈 중에서 마지막의 것이다. 하지만 일곱 대접 재앙은 일곱 봉인과 일곱 나팔(각각은 여섯 번째 재앙과 일곱 번째 재앙 사이에 여담들로 보이는 것을 삽입한다)과는 달리 그 어떠한 중단도 없이 16:2-21에서 연속적으로 서술된다. 저자가 하늘에 나타난 "또 다른 징조"(참조. 12:1, 3), 아마도 일곱 천사들이 마지막 일곱 재앙을 가지고 늘어선 것을 보았다고 보도하고 있는 1절에 나오는 서두의 진술은 15:2-16:21에 대한 표제 또는 도입부 역할을 한다.

앞서 보좌 장면들이 일곱 봉인에 관한 이야기(4:1-5:14)와 일곱 나팔에 관한 이야기(8:2-5) 앞에 놓여졌던 것과 마찬가지로, 다음 단락(2-8절)은 일곱 대접 재앙에 관한 이야기의 도입부 역할을 하는 하늘의 보좌 장면으로서 이러한 종말론적인 징벌들이 하나님으로부터 나왔다는 것을 보여 준다. 보좌의 존재나 하나님의 존재가 직접적으로 언급되고 있지는 않지만, 3-4절에 나오는 서술적 찬송은 짐승을 경배하지 않았던 하늘의 순교자들의 무리가 하나님을 향하여 부르는 찬송이다. 이 찬송은 하나님의 종 모세의 노래이자 어린양의 노래라고 설명되지만, 출애굽기 15:1-18과 31:1-43에서 모세에게 돌려지고 있는 두 개의 노래와 그 어떤 밀접한 유사성도 보여 주지 않는다.

이 일 후에 요한은 일곱 천사가 하늘의 장막 성전(이스라엘이 솔로몬 성전을 짓기 전에 사용했던 장막 성소에 대한 하늘의 모델: 출 25:27; 히 8:2-5을 보라)으로부터 나오는 것을 보았다. 그들에게는 하나님의 진노로 가득 찬 일곱 대접 또는 잔이 주어진다(7절) - 구약에 나오는 심판 은유(사 51:17-23).

일곱 대접 재앙은 요한계시록 16:2-21에서 자세하게 설명된다. (1) 종기 또는 부스럼의 재앙(2절; 출 9:9의 여섯 번째 재앙)은 짐승의 표를 받고 그 우상에게 경배한 자들에게 영향을 미친다(이 모티프들은 13:15-16에서 처음으로 언급되었고 14:9-11에서 다시 반복되었다). (2) 바다는 피로 변하고, 바다의 모든 생물들은 죽임을 당하는데(3절), 이것은 8:8-9에 나오는 두 번째 나팔 재앙의 효과와 비슷하고, 출애굽기 7:20-21의 첫 번째 재앙을 연상시킨다. (3) 강들과 물 근원들이 피로 변하는데(4절), 이것도 출애굽기 7:20-21의 첫 번째 재앙을 연상시킨다. 이 대접 재앙은 하나님의 선지자들과 성도들의 죽음에 보수하시는 하나님의 정의를 강조하는 "심판 송영"을 신비한 물의 천사가 노래하는 것을 수반한다(5-7절). (4) 해가 사람들을 태운다(8-9절; 이것은 부분적으로 출애굽기 9:22-24의 일곱 번째 재앙인 하늘로부터의 불과 유사하다). (5) 짐승의 보좌(이미 13:2에서 언급된)와 그 나라가 어둠으로 뒤덮이는데(10절), 이것은 출애굽기 10:21의 아홉 번째 재앙을 연상시킨다. (6) 유프라테스 강이 마르고(출애굽 이야기를 모델로 해서 서술되고 있는 전대미문의 이적적인 사건), 동방의 왕들에 의한 침공이 가능해지는데(12절), 이것은 아마도 바대인의 위협에 대한 암시인 것 같다. 용, 짐승, 거짓 선지자라는 악의 삼위일체는 하나님을 대적하는 이러한 반역의 원인자로 규정된다(13-14절). 이 재앙은 유프라테스 강에 묶여 있던 천사들이 놓임을 받아서 엄청난 군대를 이끌고 인류의 3분의 1을 죽이는(17:14; 19:19-21을 보라) 여섯 번째 나팔 재앙(9:18-21)과 비슷하다. (7) 일곱 번째 대접(16:17-21)은 "큰 성"(19절), 즉 바벨론-로마의 멸망을 가져온다. 이 단락은 일곱 대접 재앙에 관한 이야기의 결말부이자 바벨론의 멸망에 관한 대단락(17:1-19:10)의 도입부 역할을 한다.

일곱 번째 대접을 쏟는 것은 봉인, 나팔, 대접과 관련된 세 가지의 일련의 일곱 재앙에 대한 절정, 하나님께서 인류에게 가하는 마지막 재앙을 나타낸다. 왜냐하면 일곱 번째 대접이 부어지자, 하나님은 직접("보좌로부터 나온 음성"으로 규정된) "되었다"(16:17)고 선포하시기 때문이다. 이 최후의 재앙의 일부로서 "하나님은 큰 바벨론을 기억하셨다"(19절). 이것은 17:1-19:10에서 다루어질 바벨론에 대한 징벌이 일곱 번째 재앙의 효과로 포함되어야 한다는 것을 보여 준다. 저자는 일곱 대접에 관한 일련의 이야기들을 바벨론의 임박한 멸망과 연결시키기 위하여 16:17-20을 이행문으로 사용한다.

요한계시록(중)

■ 2010년 3월 10일 2쇄 발행
■ 지은이 : 데이비드 E. 아우내
■ 옮긴이 : 김 철
■ 펴낸이 : 박영호
■ 펴낸곳 : 도서출판 솔로몬
■ 등록번호 : 제 16-24호
■ 등록일 : 1990년 7월 31일
■ 주소 : 서울시 동작구 사당 3동 207-3
신주빌딩 1층
■ 전화 : 599-1482 FAX: 592-2104

ISBN 89-8255-353-3
ISBN 89-8255-267-7(세트)